정의로운 국가와 행복한 사회를 위한 신실용주의 철학과 정책

임양택 저

박영사

초록

인류는 어떠한 '이상적 사회'를 꿈꾸어 왔는가? 그것은 인간의 삶이 정신적으로 아름답고 물질적으로 편익하고 풍요로우며 인간적으로 보람을 느낄 수 있는 '지구촌 문화공동체(Global Cultural Community)'이다. 그렇다면, '지구촌 문화 공동체(Global Cultural Community)'는 어떠한 형태가 바람직할 것인가? 이는 '동양(東洋)과 서양(西洋)의 문화(文化)가 조화되고 정신(精神)과 물질(物質)이 융화되어 자유(自由)와 평등(平等)이 함께 보장되는 인류사회'라고 본 연구는 규정한다.

현재 인류사회는 5가지 위기: ① 글로벌 경제위기, ② 에너지 · 환경 위기(자원고갈 · 생태계 파괴), ③ 식량 위기, ④ 대량살상무기(핵무기) 위기, ⑤ '문명의 충돌'과 이슬람국가(IS) 테러 위기에 직면하고 있다. 상기 위기들을 야기한 가장 근본적인 요인은 '지구촌 문화공동체(Global Cultural Community)' 보편타당한 '글로벌 철학(Global Philosophy)'의 부재(不在)라고 저자는 주장한다. 따라서 인류사회는 세계평화와 공동번영을 지향하는 지구촌 문화공동체(Global Cultural Community)를 건설하기 위한 가치기준과 규범을 정립해야 할 필요가 있다.

따라서 본 연구는 상기한 인류사회의 5가지 위기 중에서 '글로벌 경제위기(Global Economic Crisis)'에 국한하여 2008년 하반기 글로벌 금융위기 이후 모순과 한계가 드러난 신(新)자유주의(New Liberalsim) 및 신(新)금융자본주의(New Financial Capitalism)를 대체할 수 있는 '신(新)실용주의(Neopragmatism)'를 정립하고 주창한다. 이것은 자유 vs 평등, 정의 vs 행복, 자원배분의 효율성 vs 소득분배의 형평성, 시장질서('경쟁원리', 경제적 자유) vs 사회질서('보완원리', 사회적 정의)의 상호갈등적 가치들을 조화시킬 수 있는 새로운 '경제철학(經濟哲學)'을 모색하기 위한 시도이다.

기존 동 · 서양 철학의 대부분이 '형이상학적 철학(Metaphysical Philosophy)'의 범주에서 관념론(Idealism)에 머물고 있다. 최근에, 인류사회의 위기 상황에 대한 사회적 인식이 고조됨에 따라 세계 철학계의 주요 관심은 '형이상학적 철학(Metaphysical Philosophy)'으로부터 '실천 철학(Practical Philosophy)'으로 전환하는 추세를 보이고 있다.

이와 더불어, 최근에 포스트 모더니즘(Post Modernism)의 '윤리적 전환(ethical return)',

유주의의 개인주의적 도덕에 대한 공동체주의(Communitarianism)의 비판, 카를 포퍼(Karl Popper, 1902~1994)의 '열린 사회(Open Society)'와 점진적 개혁주의(Piecemeal Refeormism), 위르겐 하버마스(Jürgen Habermas, 1929~현재)에 의해 제기된 의사소통의 소통 및 윤리(communicative discourse and ethics)와 관련된 논의와 도덕적 보편주의의 재구성 문제, 신유학(新儒學, Neoconfucianism) 등이 제기되고 있다. 그러나 상기 철학들은 그것의 실천방법론이 제시되지 못함으로써 전술한 인류사회의 5가지 당면과제에 접근조차 못하고 있다.

따라서 글로벌 철학(Global Philosophy)을 정립하기 위한 시도로서, 본 연구는 '실천 철학'(Practical Philosophy)인 '신실용주의(新實用主義,Neopragmatism)'를 제창하며 다음과 같이 정의(定義)한다(Yang-Taek Lim, 1978, 2006, 2007, 2010, 2011, 2012, 2014; 임양택 1981, 1985, 2007, 2008, 2011, 2013, 2014, 2017, 2021):

"신(新)실용주의(Neopragmatism)란 국가 정체성 및 절차적 민주주의를 바탕으로, 대내적으로는 '질서 정연한 자유민주주의 사회(A Well-Ordered Free Democratic Society)'와 '효율적이고 공정한 시장자본주의(An Efficient and Equitable Market Capitalism)'를 구축하여 사회구성원의 '생활권적 기본권(生活權的 基本權)': 직장, 주택, 교육, 의료, 연금을 보장함으로써 '인간의 비(非)인간화(Dehumanization)'를 방지하고 인간의 존엄성·자율성·창의성이 발휘되는 '완전고용기반형 복지사회(A Full Empioyment-based Welfare Society)'를 위한 '정의로운 국가(A Justice-based State)'와 '행복한 사회(A Happy Society)'로 지향하는 '실천 철학(Practical Philosophy)'이며, 대외적으로는 동양(東洋)의 정신적 문화(文化)와 서양(西洋)의 물질적 문명(文明)이 조화(調和)되며 자유 vs 평등, 정의 vs 행복, 시장질서('경쟁원리', 경제적 자유) vs 사회질서('보완원리', 사회적 정의)의 상호갈등적 가치들이 상호보완적으로 융합(融合)될 수 있는 '지구촌 문화공동체(Global Cultural Community)'의 공동번영을 위한 '글로벌 철학(Global Philosophy)'으로서 '인본주의적(人本主義的, Anthropocentric)' 사유 패러다임(인식론적 원리와 존재론적 원리)이다."

신(新)실용주의(Neopragmatism)의 철학적 범주(範疇)는 자연·과학의 관계와 인간·도덕(윤리)의 관계이며, 철학적 주제(主題)는 '정의(正義)'와 '행복(幸福)'이다. 상기 철학적 개념(概念)들을 각각 분석하기 위하여, 동·서양의 행복론(幸福論)과 정의론(正義論)을 각각 비교하고 임마누엘 칸트(Immanuel Kant, 1724~1804)와 존 롤즈(John Rawls, 1921~2002)의 「정의론」(A Theory of Justice, 1971년, 1985년, 1993년, 1999년, 2001년)에 입각하여 행복(幸福)과 정의(正義)의 관계를 정립하였으며, 나아가 '정의로운 국가(A Justice-based State)'와 '행복한 사회(A Happy Society)'를 위한 철학적 필요·충분조건과 실천철학적 구현 방안을 제시하였다. 철학적 필요조건(必要條件)은 인간의 존엄성을 위한 생활권적 기본권(生活權的 基本權): 고용 · 교육 · 주택 · 의료 · 연금의 보장이며, 철학적 충분조건(充分條件)은 법치주의(法治主義, Rule of Law)와 '질서자유주의(Ordo－Liberalsim)'이다.

신(新)실용주의(實用主義)의 실천철학적 목표는 '완전고용기반형 복지사회(A Full Empoyment－based Welfare Society)'이며, 이를 위한 신(新)실용주의(Neopragmatism)의 정책적 목표는 라이프－사이클 모형하에서 동태적 순환 구조: '지속적 경제성장(經濟成長)'→'완전고용(完全雇用)'→형평한 소득분배(所得分配)를 위한 '최소수혜자의 최대수익'을 위한 사회보장(社會保障)이다. 여기서 유의할 것은 '정부주도형 복지국가(A Government－driven Welfare State, 福祉國家)'는 포퓰리즘 복지정책으로 인하여 재정위기(財政危機)를 유발하고 있으며 이를 극복하기 위하여 계수적 파라미터 조정을 시도해왔으나 상기 복지제도의 구조적 문제를 근본적으로 해결하지 못하고 있다는 점이다.

본 연구는 신(新)실용주의(實用主義)의 실천철학적 목표: '완전고용기반형 복지사회'(A Full Empoyment－based Welfare Society)를 구현하기 위한 동태적 메커니즘: '고용창출형 경제성장(經濟成長)' → '완전고용(完全雇用)' → 형평한 소득분배(所得分配)의 작동을 보증하는 '슘페테리언 테크노－경제발전 모형(Schumpeterian Techno－Economic Development Model)'을 제시하였다. 상기한 정책기조의 정당성을 입증하기 위해 다음과 같이 증명하였다:

첫째, 비교정태적(comparative static) 왈라지언 일반균형 모형(Walrasian General Equilibrium Model)하에서, 본 연구는 자원배분의 효율성(Pareto Efficiency) 즉, 파렛토 최적(Pareto Optimism)과 소득분배의 공정성(Social Optimum) 즉, 사회적 최적(Social Optimism)의 공존(共存) 및 결합(結合)을 추구할 수 있다는 점을 수학적으로 증명하였다.

둘째, 상기한 모형을 자본축적률과 인구성장률의 변화가 도입된 '장기 균형성장과 최적 사회보장(The Long－Run Equilibrium Growth and Optimal Social Security)'의 동태적 모형(Dynamic Model)으로 확장하여, 본 연구는 동태적 메커니즘: '지속적 경제성장(經濟成長)'→'완전고용(完全雇用)'→형평한 소득분배(所得分配)의 동태적 균형(Dynamic Equilibrium)의 존재성(Existence)과 동태적 안정성(Dynamic Stability)을 다음과 같은 6개의 定理(Theorem)로써 증명하였다: <定理 1> 현재세대와 미래세대에 대한 최적의 '수직적' 자원배분, <定理 2> 민간경제부문과 사회보장부문에 대한 최적의 '수평적' 자원배분, <定理 3> 동태적 효율성(Dynamic Efficiency)을 위한 필요조건, <定理 4> 장기 균형성장과 최적 사회보장 정책의 관계, <定理 5> '장기 균형성장과 최적 사회보장'의 동태적 안정성(Dynamic Stability), <定理 6> '장기 균형성장과 최적 사회보장'에 대한 인구성장률의 파급효과이다. 상기한 동태적 모형(Dynamic Model)으로써 자유 vs 평등, 정의 vs 행복, 시장질서('경쟁원리', 경제적 자유) vs 사회질서('보완원리', 사회적 정의)의 상호갈등적 가치들이 조화될 수 있다는 점을 수학적 모형으로써 증명하였다.

나아가, 본 연구는 신(新)실용주의(Neopragmatism)를 철학적 범주(範疇)·주제(主題)·목표(目標)의 측면에서 미국 실용주의(實用主義)와 중국 실용주의(實用主義)를 각각 분석 및 비판하고 발전방향을 제시하였다.

우선, 미국의 실용주의(Pragmatism)는 '유용성(有用性, Usefulness)' = '실리(實利) = 진리(眞理)'라는 사변적 명제하에서 진화론(Evolutionary Theory)에 근간을 둔 약육강식(弱肉强食, the Law of the Jungle) 혹은 적자생존(適者生存, Survival of the Fittest)의 논리로서 지구촌 문화공동체(Global Cultural Community)를 위한 글로벌 철학(Global Philosophy)으로서는 부적합하다. 왜냐하면 누구를 위한 실리(實利)인가라는 본질적 문제에서 미국인의 소수 자본가들과 미국의 국가적 이해관계에 따라 '진리(眞理)'의 이름으로 '사회적 실행(Social Practice)'이 자행될 수 있기 때문이다. 또한, 유럽 문화의 몰락과 서구 사회의 '역사적 위기'를 유념할 필요가 있다. 예로서 오스발트 슈펭글러(Oswald Spengler, 1880~1936)의 '문화형태론'과 '서양 문명의 몰락', 아놀드 토인비(Arnold Toynbee, 1889~1975)의 '문명관'과 '유럽 문명의 위기'를 들 수 있다. 이어서 팍스 아메리카나(Pax Americana)의 퇴조가 경고되어 왔다. 예로서 다니엘 벨(Daniel Bell, 1919~2011)의 '미국 자본주의 위기', 존 나이스비트(John Naisbitt, 1929~현재)의 '미국 파워 퇴조', 프랜시스 후쿠야마(Francis Fukuyama, 1952~현재)의 '미국 주식회사 몰락', 라비 바트라(Ravi Batra, 1943~현재)의 '미국 비즈니스제국 몰락'을 들 수 있다. 따라서 미국은 대외정책의 본질적 특성: 가브리엘 콜코(Gabriel Kolko, 2009년)와 자케스 파우웰스(Jacques R. Pauwels, 2017년)가 일컫는 '펜타곤 시스템'과, 이 시스템으로 인한 미국경제의 구조적 위기: 재정적자 누증→공공부채 + 무역적자를 근원적으로 개혁하고 '워싱턴 컨센서스(Washington consensus)'를 신(新)실용주의(Neopragmatism)로 재구성함으로써 라비 바트라(Ravi Batra, 1943~현재)가 예언한 '뉴 골든 에이지(New Golden Age)'를 맞이하기를 저자는 소망한다. 이것은 기축통화(基軸通貨)인 미(美) 달러 발권력(시노리지)을 유용하게 활용함으로써 충분히 가능할 수 있을 것이다.

한편, 중국의 실용주의(즉 實事求是)는 덩샤오핑(Deng Xiaoping, 1904~1997)의 실사구시('黑猫白猫' 및 '南爬北爬')에 기초하여 헌법 위에 공산당(共産黨) 당규가 지배하는 정치체제하에서 국가자본주의(State Capitalism)에 근간을 두고 있는 국가목표 지향적 이데올로기이다. 사실, 중국의 실용주의(즉 實事求是)는 대내적으로 제조강국→무역대국→금융강국을 추구하고 대외적으로는 '일대일로(一帶一路)'와 아시아인프라투자은행(AIIB)을 내세운 도광양회(韜光養晦) → 유소작위(有所作爲) → 책임대국론(責任大國論) → 화평굴기(和平崛起) → 돌돌핍인(咄咄逼人) → 분발유위(奮發有爲)로 각각 도전할 수 있는 사상적 기초를 제공하였다.

그러나 중국(中國)의 상기 도전은 다음과 같은 개혁을 단행하지 않는다면 무위(無爲)로 끝날 것으로 전망된다. 왜냐하면 최근에 상기한 국가체제적 모순이 노정됨에 따라 정치체제로서 인민민주주의(人民民主主義, People's Democracy)와 경제체제로서 국가자본주의(國家資本主義, State Capitalism)라는 이원적(二元的) 구조의 '유용성(有用性, Usefulness)'이 한계에 이르고 있기 때문이다. 중국은 '선부론(先富論)' → '공부론(共富論)'을 추구하지만, 중국사회의 사회경제적 불균형 심화는 자유(自由)와 평등(平等), 즉 자원배분의 효율성(Pareto Efficiency)과 소득분배의 공정성(Social Optimum)의 공존(共存)을 필연코 요구할 것이다. 따라서 중국은 현행 정치체제(政治體制)를 공산당(共産黨) 통치체제의 인민민주주의(人民民主主義, People's Democracy)에서 민주사회주의(民主社會主義, Democratic Socialism) → '질서 정연한 자유민주주의 사회(A Well-Ordered Free Democratic Society)'로, 또한 현행 경제체제(經濟體制)를 국가자본주의(國家資本主義, State Capitalism)에서 시장자본주의(市場資本主義, Market Capitalism) → 효율적이고 공정한 시장자본주의(An Efficient and Equitable Market Capitalism)로 각각 점진적으로 변환해야 할 것이다. 즉, 중국은 새로운 '경제철학'으로서, 신유교(New Confucianism)가 아니라, 신(新)실용주의(Neopragmatism)를 수용함으로써 지구촌 문화공동체(Global Cultural Community)의 공동번영을 추구할 것을 권장한다. 비록 공자(孔子)의 유교 사상(Confucianism)을 변형하여 신유학(新儒學, Neoconfucianism)을 도입한다 하더라도 그것의 근간은 왕도정치(王道政治) 이념일 뿐이다. 이것은 청(淸)제국 멸망(1636.04~1912.02.12)의 근본적 요인이었다.

다른 한편으로, 카를 마르크스(Karl Marx, 1818~1883) 및 프리드리히 엥겔스(Friedrich Engels, 1820~1895)의 과학적 사회주의(Scientific Socialism) 즉 마르크스주의(Marxism)와 신(新)실용주의(Neopragmatism)의 차이점을 2가지 측면: ① '인간의 비(非)인간화(Dehumanization)' 혹은 '비인격화(非人格化, impersonalization)' 즉 인간소외(人間疎外, Human Alienation)와 ② '인간중심적 가치' 및 '인간성 회복'의 측면에서 각각 비교하였다. 과학적 사회주의(Scientific Socialism), 즉 마르크스주의(Marxism)와 신(新)실용주의(Neopragmatism)는 공히 산업사회에서 발생하는 '인간소외(人間疎外, Human Alienation)'를 인식하지만, '인간중심적 가치' 및 '인간성 회복'을 위한 방법론에서는 전혀 다르다.

과학적 사회주의(Scientific Socialism)은 '인간소외(人間疎外, Human Alienation)'의 근본적

원인이 사회구조와 발전 법칙[노동자 · 노동대상 · 노동수단 · 생산력의 관계, 생산력과 생산관계의 모순, '사회의 토대'로서 생산관계(生産關係), 계급과 계급투쟁]이라고, '인간성 회복'을 위하여 공산주의 사회로의 이행이 필요하며, 이를 위해서는 '프롤레타리아 혁명'이 필요하다고 각각 주장했다.

이와 대조적으로, 인간중심주의적 가치인 인류공영(corporeality)이라는 지구공동체적 가치를 추구하는 신(新)실용주의(Neopragmatism)는 현행 신(新)자유주의(New Liberalism) · 신(新)금융자본주의(New Financial Capitalism)→인본자본주의(人本資本主義, Anthropocentric Capitalism)로 전환하기 위해서는 인간의 존엄성(尊嚴性) · 자율성(自律性) · 창의성(倡義性)을 위한 5개 '생활권적 기본권(生活權的 基本權)': ① 직장, ② 주택, ③ 교육, ④ 의료, ⑤ 연금를 보장할 수 있는 정치 · 경제체제로서 '정의로운 국가(A Justice-based State)'를 실현할 것을 주장한다. 즉, 상기한 기본욕구(基本欲求)들을 충족시킬 수 있는 사회가 '행복한 사회(A Happy Society)'이며, 이러한 사회가 시장기능과 사회제도로서 보장될 수 있는 정치 · 경제체제가 바로 '정의로운 국가(A Justice-based State)'라고 각각 정의한다. 또한, 저자는 신(新)실용주의(Neopragmatism)의 실현 가능성을 담보하기 위하여 4개 이론: ① '지속적 경제성장(經濟成長)', ② '완전고용(完全雇用)', ③ 형평한 소득분배(所得分配), ④ 불황(不況) 타개를 위한 신(新)실용주의적 해법을 각각 제시했다.

한편, 마르크스주의(Marxism)에 대한 비판을 체계화하기 위하여, 우선 카를 마르크스(K. Marx)와 프리드리히 엥겔스(F. Engels)의 사상/철학을 그들의 4개 저서: ①『독일 이데올로기(The German Ideology, 1845~1846)』, ②「공산당 선언(Communist Manifesto, 1848년)」, ③『정치경제학 비판 요강(Critique of Political Economy, 1857~1858)』, ④『자본론(資本論, Das Kapital, 1867년)』을 중심으로 개관 및 논술하였다. 또한, 마르크시즘(Marxism)의 가설(假說) 즉 철학적 기초: ① 유물론적(唯物論的) 변증법(辨證法) 및 역사관(歷史觀), ② 노동의 착취설(잉여가치설)과 노동자 소외론(疏外論), ③ 사회구조와 발전 법칙[노동자 · 노동대상 · 노동수단 · 생산력의 관계, 생산력과 생산관계의 모순, '사회의 토대'로서 생산관계(生産關係), 계급과 계급투쟁], ④ 발전과 전면적 연관[대립물과 통일의 투쟁, 양(量)에서 질(質)로의 전환, 부정(否定)의 부정(否定)의 법칙]을 각각 논술하였다. 상기한 가설(假說), 즉 철학적 기초를 토대로 정립된 '과학적 사회주의(Scientific Socialism)'의 이론적 구조; ① 착취이론(搾取理論), ② 집중이론(集中理論), ③ 궁핍화(窮乏化)와 경기순환론(景氣循環論), ④ 계급투쟁에 의한 자본주의의 파멸불가피론(破滅不可避論), ⑤ 역사발전 5단계론: 원시 공산주의 사회 → 고대 노예사회 → 중세 봉건사회 → 근대 자본주의 사회 → 공산주의 사회, ⑥ '프롤레타리아 혁명'과

'국가 무용론'(無用論)을 각각 논술하였다.

상기한 '과학적 사회주의(Scientific Socialism)'에 대한 저자의 비판은 다음과 같다: 마르크스(K. Marx)와 엥겔스(F. Engels)가 분석대상의 역사(歷史)를 장기(長期)에 두지 않고 단기(短期)에 국한함으로써 자본주의 경제체제의 '생산력과 생산관계의 모순'과 궁핍화(窮乏化)를 장기(長期) 현상인 기술혁신(技術革新)에 의하여 해결할 수 있다는 점을 간과했었다. 즉, '과학적 사회주의(Scientific Socialism)'의 이론적 구조 중에서 ① 카를 마르크스(Karl Marx)의 '단기 경기순환론' 및 마르크시스트(니콜라이 콘드라티예프, 어네스트 멘델, 로버트 고든)의 장기파동(長期波動) 이론과 ② '궁핍화(窮乏化)와 경기순환론(景氣循環論)과 계급투쟁에 의한 자본주의의 파멸불가피론(破滅不可避論)'을 뒷받침하는 기본 가정: '이윤율 저하의 경향(TRPF)'은 계급투쟁(階級鬪爭)이 아니라 기술혁신(技術革新)에 의하여 제고될 수 있다는 것이 자본주의 경제발전의 역사적 사실이다.

머리말

인생은 '선택의 연속'이라고 말할 수 있다. 인생의 주인공에겐 선택의 자유도 있지만 선택에 대한 책임도 있다. 또한, 선택으로 인한 결실은 그 인생의 성과임과 동시에 사회적 자산이 될 수 있다. 그러나 한 생애의 선택과 결실을 위한 노력은 온전히 자신의 몫이다.

● 평생 학문으로서 '경제학'의 선택

저자의 인생도 수많은 '선택의 연속'이었다. 그중에서 가장 중요한 선택은 한평생의 학문으로서 '경제학'(Economics)을 전공분야로 선택한 것이었다. 서구(西歐)사회는 '경제학'(Economics)을 사회구성원의 복지극대화를 위한 효율적 자원배분에 관한 학문이라고 정의한다. 한편 동양사회의 용어를 빌리면, 경제학(經濟學)은 '정치'(政治)의 목적가치인 경세제민(經世濟民)을 위한 학문이라고 정의될 수 있다.

저자는 경세제민(經世濟民)의 목적가치와 과학적 방법론을 다루는 경제학(Economics)을 평생의 전공으로 선택하였기 때문에 잠시도 '공허감'을 느끼지 않고 *"놀라움에 끌리는 마음, 젖먹이 아이와 같은 미지(未知)에 대한 끝없는 탐구심"*(사무엘 울만의 「청춘」 중에서 일부 인용)으로써 '정의로운 국가와 행복한 사회'라는 궁극적 가치를 향해 끊임없는 도전을 할 수 있었다고 생각한다.

잠시 회고해 보면, 저자가 정치외교학 학부생으로서 20대 청년 시절, 최루탄이 난무하고 눈물과 콧물을 흘렸던 당시, 대다수 한국의 대학생들은 깊은 고뇌에 빠져 방황하였었다. 사실 1960년대 말과 1970년대 초, 한국 사회에는 양호한 직장(decent job)의 기회가 많지 않았었다. 더욱이, 당시에는 정치외교과 졸업생에게는 '말썽꾸러기'라고 아예 취업원서조차 제출할 기회가 없었다. "하나님, 저는 어떠한 길을 걸어야 합니까? 저에게 주신 사명은 무엇입니까?"하고 저자는 수없이 하나님을 찾았다. 때로는 밤 늦게 굳게 닫힌 교회 문을 두드리기도 했다.

고심 끝에, 도미(渡美) 유학을 떠나 경제학을 학부에서부터 시작하였다. 저자는 다시 태어나 학자의 길을 또 다시 걷는다고 하더라도 '경제학'(經濟學)을 전공으로 선택할 것이다.

저자는 1979년 가을에 귀국한 후 약 36년 동안 줄곧 「한양대학교」에서 경제학 교수로서 연구와 강의에 종사해왔으며 2014년 가을에 정년 퇴임했다. 이어서, '명예교수'로서, 퇴임 직후부터 현재까지 이 저서의 집필에 전력 투구해 왔다. 1948년 생(生)인 저자가 곧 칠순(七旬)을 바라보고 있으니, 실로 세월은 쏜살같다는 것을 새삼 느낀다.

● 평생 직업으로서 '교수'의 선택

저자는 평생의 직업으로서 '경제학 교수'를 선택했다. 그 선택의 덕분에, 저자는 대학교 캠퍼스에서 상대적으로 '맑은 공기'를 호흡하고 강의실에서 '신선한 영혼'들과 교류할 수 있었다.

1978년 미국 조지아주립대학교(Georgia State University)를 졸업한 후, 박사학위 지도교수님이셨던 John J. Klein 교수님(2008년 작고)의 배려로, 만 30세에 미국의 조그만 대학교(Union University, Tennessee)에서 생애 처음으로 교수 생활을 시작했다.

'파란 눈'의 미국인 학생들이 갓 고용시장에 나온 '새내기'일 뿐만 아니라 영어능력이 변변찮던 저자에게 "Dr. Lim" 혹은 "Professor Lim"이라고 부르면서 무척 따라주었을 때, "7년 전 미국으로 출국할 때, 감히 미국대학교 경제학 교수가 될 수 있을 것이라고는 꿈에도 상상하지 못했었는데…."하고 가슴이 두근거렸다.

1978년 7월, 교수로서 첫 여름방학을 맞이하여 고국의 부모님을 뵙기 위해 소위 금의환향(錦衣還鄕)했었다. 그러나 김포공항(당시)에서 마중 나와 주셨던 아버님의 건강 상태에 놀라 「한양대학교 부속병원」에서 종합검진을 받게 해드렸더니만 '위암 말기'로 판정받으셨다. 저자는 아버님께 '짧은' 효도라도 해드리기 위해, 미국 교수 생활을 과감히 청산하였고 1979년 9월(10 · 26 사태 1개월 전) 귀국하였다.

결국, 아버님은 「한양대학교 부속병원」에서 돌아가셨다. 마치, 천지(天地)가 무너지는 듯한 심리적 공황으로 약 3년 동안 괴로움과 그리움으로 보냈었다. 한편, 당시 「한양학원」 이사장이셨던 백남 김연준(白南 金演俊) 총장님의 권유로 저자는 한양대 상경대학 교수로 근무하게 되었다.

그 후 2014년까지 줄곧 만 36년을 한양대학교 교단을 지켰다는 것은 저자 개인의 의지만으로써는 불가능했었다는 것을 잘 알고 있다. 그렇기 때문에, 저자는 '교수'가 저자에겐 천직(天職)이었다는 것을 확신하고 있다. 따라서 저자로 하여금 교단에서 한평생을 보낼 수 있도록 인도해 주시고 지켜주신 하나님의 사랑을 항상 감사드린다.

1978년 가을, 고색창연한 테니시 주(州)의 유니온 대학교(Union University)에서 경제학 조교수를 시작하여 만 36년 동안, 저자는 훌륭한 학문적 업적을 남길 수 있는 '능력의 은

혜'(성령)를 베풀어 주십사하고 수많은 기도를 드려 왔다. 그러나 기도에 대한 응답은 '능력'이 아니라 '노력'이었으며 '자부심'이 아니라 '소명감'이었다. 저자의 가슴에는 불꽃 같은 지적 탐구욕이 용암류(鎔巖流)처럼 흐르고 있는 것 같다. 부디 마지막 숨을 거둘 때까지, 진리를 탐구하고 하늘의 이치를 깨닫는 '축복'이 주어지기를 기원한다.

● 부모님께 대한 사죄와 가족에 대한 감사와 축복

본 저서가 생애의 '마지막 저술'이라고 예감하고 있다. 따라서 저자는 이 기회를 빌려 하늘에 계신 부모님의 명복을 빌며 두 분의 기대에 못 미치는 큰 아들의 부족함을 사죄드린다. 실로, 큰 아들인 저자에 대한 아버님(故 林甲守 국회의원)의 기대는 끝이 없었다. 못난 아들은 아버님의 기대를 도저히 충족해드릴 수가 없었다. 다만, '독립운동가의 자손'이라는 긍지를 지키면서 불우한 일제(日帝)시대에서 학업의 기회를 갖지 못하셨던 아버님의 몫까지 채워야 하겠다고 저자는 한평생 열심히 공부했을 뿐이다. 어느덧, 저자가 시인 천상병(千祥炳) '귀천'(歸天)을 염두에 두지 않을 수 없는 칠순(七旬)이 되었으니, 더욱더 부모님이 무척 그립다.

한편, 다소 쑥스러운 이야기이지만, 학부시절 열애에 빠졌던 대상인 권오련(權五蓮)을 내자(內子)로 선택하였다는 것은 앞서 학문으로서 경제학의 선택과, 직업으로서 교수의 선택에 못지 않게 매우 중요한 선택이었다. 저자의 2007년도 저서인 『한국의 비전과 국가경영전략』(나남출판사)의 서문에서도 남겼듯이, 저자는 "다시 태어나더라도 '그녀'를 찾아 현세(現世)의 가정을 똑같이 꾸리겠다"는 고백을 남기고 싶다.

실로, 아내는 남편에게 헌신적이었다. 미국 유학생 시절, 명화(名畵)인 '바람과 함께 사라지다'('Gone with Wind')로 유명한 아틀란타(Atlanta) 소재 ADP 회사에 근무하면서 7년 동안 남편의 유학생 생활을 뒷바라지하였다. 귀국 후에도, 아내는 일(日)요일을 제외한 주 6일, 「한국예탁결제원」(KSD) 상임감사 재직기간(2012.08.12~2014.10.29)을 제외한 만 33년 동안(1979~2014) 남편의 도시락을 챙겨주었다. 이 결과, 저자는 하루에 1시간을, 한 달에 하루를, 한 해에 약 12일을 각각 절약함에 따라 지난 36년 동안 추가적으로 1년 반(半)을 더 산 셈이다.

가장(家長)이 선비이니 물질적 넉넉함을 주지 못하였지만 풍파(風波) 없이 사랑하는 채숙(采淑)·채윤(采潤)·채하(采河)를 낳아 기르고 해로(偕老)하고 있다는 것은 인간의 노력으로써만 가질 수 없는 하나님의 축복임을 깊이 깨닫고 항상 감사드리고 있다.

아내는 성격상 남편과는 이질적이지만 그것이 오히려 상호보완적이어서 다이나믹

(dynamic)한 저자에겐 유일한 '안장점(鞍裝點, Saddle Point)'이었다. 나이 칠순(七旬)이 되어, 왜 하나님께서는 인간에게 두 눈을 주셨는가를 깨닫게 된다. 저자는 제자들에게 "한 눈은 현재를 직시하는 육안(肉眼)이며 다른 눈은 미래를 바라보는 혜안(慧眼)이다"라고 가르쳤지만, 두 눈의 '비밀'을 부부의 경우에 적용해 보면 "한 눈을 감아도 상대를 바라 볼 수 있는 다른 눈이 있다"는 것을 의미하는 것 같다. 부디 아내도 그렇게 깨달아, 여러모로 부족한 남편이지만, 남편을 '하늘이 맺어준 짝'으로 생각해 주기 바랄 뿐이다.

어느 자식이 부모님의 기대를 한껏 충족시켜 드릴 수 있으랴! 그러나 남편은 아내의 사랑에 보답할 수 있다고 믿어왔다. 그러나 세월이 갈수록, 한평생 묵묵히 뒷바라지해온 아내의 사랑마저도 보답할 수가 없다는 것을 최근에 깨닫고, 가끔 무기력하게 먼 산을 바라볼 때도 있었다. 그러나 매우 다행스럽고 크게 위로가 되는 것은 우리들이 낳아 길러온 자식들이 건전하게 성장하고 있다는 점이다.

잠시 지난 세월을 회고해보면, 저자가 미국에서 유학생 시절 낳은 큰딸(宋淑)이 조지아 공과대학(Georgia Institute of Technology)에서 산업디자인 학위를 받아 「협성대학교」에서 산업디자인 교수로 재직하고 있고, 사랑과 배려가 깊은 큰 사위 홍성의 군을 만나 따뜻한 둥지를 틀어 늦은 나이에 외손주(준서)를 낳아 온 집안이 기쁨과 감사로 가득 차 있다. 또한, 저자가 미국 유니온 대학교(Union University)에서 경제학 조교수 시절 낳은 작은 딸(宋潤)이 중학교 교사로 재직하였다가 사랑과 책임감이 강한 작은 사위 문준석 군을 만나 낳은 두 외손녀(용주 · 용원)가 온 집안의 활력을 불어넣고 있다. 불과 1년 전에 조기 도미 유학을 떠난 외손녀들(용주와 용원)이 미국에서 두각(高 3년생으로서 미국 연방정부가 수여하는 'National Honor Society'와 'Science National Honor Society'을 수상; 초등학교 1년생으로서 'Student of the Year'을 수상)을 나타내고 있으니 좀 더 건강하게 오래 살아 그들의 미래를 지켜보고 싶다.

그리고 저자가 귀국(1979년 가을)하여 한국에서 낳은 아들(宋河)이 고려대학교 법대를 졸업하고 고려대학교 법학대학원에서 법학 박사학위과정을 이수하고 학위논문을 준비하면서 연성대학교 기획처에서 근무하고 있다. 저자는 아들 宋河가 아버지를 대신하여, 가문을 빛내주고 행복하기를 소망한다. 한국의 대문호(소설가)이셨던 고 이병주(李炳注) 선생께서 이름 지어주셨던 의미처럼!

지난 세월이 쏜살과도 같지만, 결코 허무한 것은 아니라고 저자는 생각한다. 부디, 형제들끼리 의좋게 지내고 각자 부부끼리 돈독한 가정을 가꾸면서, '빛나는 강'을 위한 꿈을 갖고 도전함으로써 생애의 보람을 거두고 이웃에게 베푸는 행복한 삶을 향유하기를 아비는 기도한다.

● 「박영사」(博英社)의 안종만(安鍾萬) 회장님과 편집부 직원과 제자들에 대한 감사

2019년 말에 사고로 「한양대학교 부속병원」에 입원/수술(왼쪽 어깨 골절)하고 퇴원 후 1년 동안 집에서 정양(靜養)하고 있었던 저자는 친지와 친구들을 가끔 만났을 때, 다음과 같이 심회(心懷)를 토로했다:

"이제, 우리의 나이는 떠날 준비를 해야 하지 않겠습니까?", "저는 인생의 목적함수가 '행복(幸福) 극대화(極大化)'가 아니라 '후회(後悔) 극소화(極小化)'라고 사유해왔습니다. 따라서 귀천(歸天)할 준비는 우선 과거 알게 모르게 지은 많은 죄(罪)들을 회개(悔改)하고 향후 후회(後悔)될 것 같은 일들을 미리 가능한 많이 제거해두는 것이 현명한 일이 아니겠습니까?"

곰곰이 생각해보니, 저자가 죽기 전에 꼭 해야 할 숙제는 3가지로 꼽았는데, 그 중에서 가장 중요한 것은 다음과 같다: 저자의 인생에서 '마지막' 저서(著書) 3권(박영사 2021.06 출간): ① <'정의로운 국가와 행복한 사회'를 위한 신(新)실용주의(實用主義) 철학과 정책>, ② <세계평화(世界平和)를 위한 신(新)실용주의적(實用主義的) 해법: 동아시아지역의 군사안보와 경제협력을 중심으로>, ③ <조선(朝鮮)의 망조(亡兆), 대한제국(大韓帝國)의 자멸(自滅), 대한민국(大韓民國)의 위기(危機)> 중에서 ③을 제외한 나머지: ①과 ②를 영문/중문/일문으로 각각 출판하여 세계 도서관에 꽂아두는 것이다. 여기서 ③을 제외한 이유는 한국의 치부(恥部)를 세계에 노출하고 싶지 않기 때문이다.

상기한 소원을 이루지 않고 훌쩍 떠나버리면 한 줌의 재(災)로 산화(酸化)해버릴 것이니 너무나도 억울하고 허망할 일이 아니겠는가? 만약 저자가 2019년 말 13층 아파트 계단에서 뒤로 넘어졌을 때, 만약 '왼쪽 어깨 골절'이 아니라 '뇌진탕'으로 죽었거나 식물인간이 되었다면, 지난 43년 동안 축적해두었던 지식들은 그 순간 무산(霧散)되어 버렸을 것이다.

저자는 2014년 2월 정년퇴임 후 2021년 3월 말까지 만 7년 동안, 칩거(蟄居)하여 하루 평균 15시간(오전 9시~다음날 새벽 1시 혹은 2시)을 집필에 쏟아부었다. 저자는 1978년 경제학 박사학위를 수여받자마자 미국 테네시 주(州) Union Uiversity 경제학 교수가 된 이후 지난 43년 동안 머리에 낙엽처럼 어지럽게 쌓여 있는 '지식 조각'들을 '용광로'에 집어넣어 '굵은 쇠뭉'을 쏟아내고 싶었다. 그리고 하나님께 '좋은 출판사'를 만나게 해주십사 기도했었다.

(1) 박영사(博英社)에 대한 감사 인사

결국 하나님의 은총(恩寵)으로, 금년 3월 8일, 「박영사」(博英社) 회장실에서 존경하는 안종만(安鐘萬) 회장님을 만나 상기 저서 출판 문제를 논의했었다. 회고하면, 30년 전에 「박영사」(博英社)는 저자의 <경제학 원론>(초판: 1991년, 3판: 1995년)을 발간해주었다.

이번에 참으로 고마운 것은 원고 분량이 너무 방대하여 염려하는 저자에게 "내용이 좋고 시의적절하니 큰 판(版)으로 만들면 됩니다"라고 호쾌하게 결정해주셨다는 점이다. 그리고 「박영사」(博英社)의 실무 책임자 조성호 기획이사님은 고맙게도 당시 미(未)완성된 제3권을 3월 28일까지 기다려주셨고 친절하게 출판계약으로 인도해 주셨다.

이 결과, 저자는 이번에 출판 역사에 신기록(新記錄)을 세운 셈이다: 무려 3권의 대작(大作)을 '동시적으로' 출판하게 되었다는 사실이다. 저자는 2014년 2월 정년퇴임한 명예교수일 뿐이다. 마치, 당(唐)나라 시인 왕창령(王昌齡, 798~756)이 읊었던 '부용루송신점(芙蓉樓送辛漸)'에 나오는 시(詩) 구절: 一片氷心在玉壺("玉 항아리 속에 있는 한 조각 얼음 같이 살고 있는") 七旬의 노(老)선비이다. 그럼에도 불구하고, 상기 3권 작품들을 「박영사」의 시민계몽을 위한 '전략적 상품'으로 다루겠다고 하니, 저자는 3월 8일(월) 「박영사」 회장실에서 나와 귀가(歸家)하면서 울먹였다. 나이가 드니, 자주 눈물이 쏟아진다.

사실, 꿈만 같았다. 2014년 2월 정년퇴임 후 8년 동안 피곤 및 수면과 싸우면서, 1년 전 골절 수술한 왼쪽 어깨의 통증을 참으면서, 오른손가락의 독수리 타법으로 줄달음쳐 왔었던 기억들이 쓰나미처럼 몰려왔다. 상기 3권의 원고들을 다시 훑어보면, 세계사(한국의 경우 조선 → 대한제국 → 대한민국/북한의 역사를 포함)/동양(중국)·서양 철학/방대한 경제이론/국제정치 이론/수학(저의 철학을 입증하기 위한) 등을 총망라하였다.

따라서 저자는 「박영사」의 3권 저서 동시적 출판은 분명코 '세계평화(世界平和)'를 원하시는 하나님의 뜻을 글로써 피력한 사명이자 은총이라고 확신한다. 사실, 자신이 제창하는 사상/철학[저자의 경우 신(新)실용주의(實用主義) 철학(Neopragmatism)]을 무려 250여 개의 수학 방정식으로 증명한 사례는 없다. 또한, 세계적 천재 수학자이자 1994년도 노벨 경제학상 수상자/2015년도 아벨상 수상자이며 영화 '뷰티풀 마인드(A Beautiful Mind)'의 주인공인 존 내시(John Forbes Nash Jr., 1928~2015) 교수(MIT 대학, 프린스턴 대학)의 '내시 균형(Nash equilibrium)' 이론을 '세계평화(世界平和)' 문제 해결에 적용하고자 시도한 예는 단연코 없다. 저자는 벤허(Ben-Hur) 영화(1959년)의 감독 윌리엄 와일러(William Wyler, 1902~1981)가 시연(試演)에서 "주여! 이 영화를 과연 제가 만들었습니까?"라고 고백한 말에 참으로 실감을 느낀다.

상기와 같은 장정(長征)의 길을 마치면서, 저자는 이 기회를 빌려 그동안 본 저서가 출판되기까지 헌신적 수고를 해 주신 많은 분들에게 감사한다. 우선, 본 연구의 결과물이 하나의 저서(著書)로서 세상에 나와 햇빛을 볼 수 있도록 배려해 주신 「박영사」(博英社)의 안종만(安鍾萬) 회장님께 깊은 감사와 존경을 표한다.

모든 역사의 장막에는 무대의 연출을 위한 숨은 공로자들이 있게 마련이다. 특히,「박영사」(博英社) 편집부 직원(황정원/최은혜/탁종민 편집자)의 수고가 매우 컸었다. 황정원 편집팀장의 프로다운 편집 실력과 솔선수범의 리더십(Leadership)은 최은혜/탁종민 편집자의 도전적 의욕과 실력 발휘를 촉구하고 이번 저자의 3권 저서들이 '상품'으로서 동시적으로 햇빛을 보게한 산파(産婆)였다. 그 과정에서 가사(家事)로 퇴직한 황정원 편집팀장의 바통을 이어받은 최은혜 편집팀장 역시 탁종민 대리와 함께 3권의 저서들이 '완성품'이 될 때까지 초지일관 헌신적으로 수고해 주셨다. 만약 사명감과 책임감을 바탕으로 한 전문적 편집기술을 갖춘 상기 두 분을 만나지 못했었다면, 짧은 기간 내에 3권의 대작(大作)이 햇빛을 볼 수 없었을 것이라고 저자는 단언한다. 참으로, 저자는 훌륭한 인재들을 만났다고 생각한다.

감히, 성경(聖經) 말씀: "너희는 세상의 소금과 빛이다"(신약 성서의 산상 수훈의 하나, 마태복음서의 5:13~16)을 인용하면, 저자가 강대국(특히 미국과 중국), 남·북한 국가 지도자에게 실로 따갑고 쓰디 쓴 '소금'을 뿌렸다면 최은혜 편집팀장과 탁종민 대리는 '빛'을 비추었으며, 안종만(安鍾萬) 회장님과 조성호 기획이사님께서는 '소금과 빛'을 담을 '큰 바구니'를 제공하셨다.

「박영사」(博英社)는 한국의 척박한 독서 환경에서 현재까지 수만 권의 양서(良書)를 보급해 온 한국의 대표적 출판사이다. 한국전쟁(1950~1953)의 포화(砲火) 속에서 1952년 대중문화사(博英社의 前身)가 설립(1954.09.01)되었으며, 선친(先親)의 유업(遺業)을 이어 받은 안종만(安鍾萬) 회장님(사장 취임: 1983.08.01; 회장 취임: 2000.05.03)이 '출판 & 문화 & 미래를 생각하는 박영사'로 도약하여 대한민국의 출판업계를 이끌고 있다. 나아가, 독서인구가 빈약한 한국을 벗어나서 2018년 베트남(Vietnam)에서 「벤스토리」를, 2019년 일본(日本)에서 「하쿠에이샤」를 각각 설립하여 '글로벌 출판사'로 웅비(雄飛)의 날개를 펼치고 있다. 가히 「박영사」(博英社)는 대한민국의 문화 창달은 물론이고 해외에서 한국이 '문화 국가'임을 홍보하고 있다.

(2) 사랑하는 제자들에 대한 감사

또한, 저자는 이 기회를 빌려 이번 3개 원고 집필과 관련하여 수고해주었던 사랑하는 옛 제자들을 축복하고 싶다. 그들의 대부분은 저자의 2개 강의과목: ＜세계경제와 한국의 비전＞과 ＜과학기술과 경제사＞를 수강했었던 한양대학교 제자들이다. 최현호 군(2015년 수강생) · 김영일 군(2016년 수강생) · 최원혜 양(2016년 수강생) · 김성종(2017년 수강생) 등은 컴퓨터에 미숙한 스승과 함께 방대한 원고의 정돈 작업을 충실히 수행해 주었다. 김영일 군(2016년 수강생)은 무려 130여 개의 그림들과 표들을 정돈해 주었다. 또한, 수업조교 김종윤 군은 '세계경제와 한국의 비전'의 정규 강의와 '토요일 특강'을 잘 수행할 수 있도록 헌신적 수고를 해 주었다.

마지막 단계에서, 저자가 한양대에서 정년 퇴임 후 방대한 원고를 손질할 때, 김찬일 군(한양대학교 경영학과 재학 중, 저자의 강의과목: 「과학기술과 경제사」를 수강했었던 제자)과 그의 「일산교회」 소속의 교우인 이원준 · 이태형 · 김성경 군이 함께 꼼꼼히 컴퓨터 작업을 헌신적으로 마무리 해주었다. 특히 이태형 군은 홀로 방대한 신문 스크랩 자료들을 컴퓨터로 정리해주었다. 또한, 저자의 지인(知人) 김선환 선생의 딸 김도연 양(동국대학교 경영학과 졸업)이 아빠의 명(命)을 받아 상기한 도우미들과 함께 컴퓨터 작업을 도와 주었다. 그들은 곧은 성품에다가 뿌리 깊은 기독교 신앙을 갖고 있는 유망한 청년들이다. 저자는 척박한 세상에서 '보석과 같은 인물'들을 만났다고 항상 생각하고 있다. 마지막으로, 스승은 어려운 시기에 사회로 진출한 제자들의 성공을 축원하며 그들의 행복을 기원한다.

목차

표 목차

그림 목차

I

서언

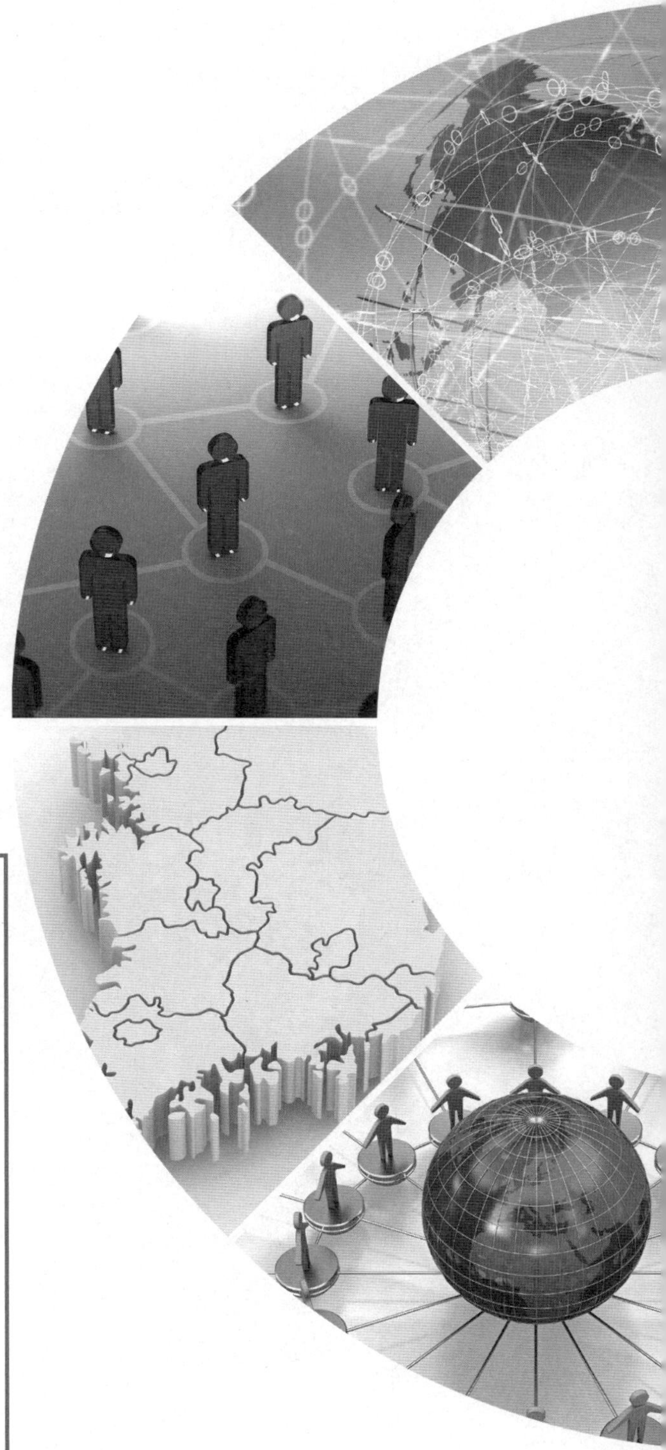

정의로운 국가와 행복한 사회를 위한
신(新)실용주의(實用主義) 철학과 정책

(The 'Neopragmatic Philosophy and Policy' for
'A Justice-based State' and 'A Happy Society')

01 연구 배경

인류사회의 궁극적 목표는 인간의 삶이 아름답고, 물질적으로 편익하고 풍요로우며, 정신적으로 보람을 느낄 수 있는 공동체를 이루는 것이다. 그렇다면, 인류가 추구해야 할 공동목표는 어떠한 형태가 바람직할 것인가? 이는 동양(東洋)과 서양(西洋)의 문화가 조화되어 정신(精神)과 물질(物質)이 합목적적으로 승화되고 자유(自由)와 평등(平等)이 함께 보장되어 인류가 공존·공영하는 '지구촌 문화공동체(Global Cultural Community)'가 되어야 할 것이다.[1)]

지구촌 문화공동체(Global Cultural Community)의 예로서, 공자(孔子, BC 551~479)의 '도덕 사회'와 덕치·인본·공생주의, 플라톤(Plato, BC 427~347)의 '이상적 국가', 아리스토텔레스(Aristotle, BC 384~322)의 '좋은 국가', 앨리기에리 단테(Alighieri Dante, 1265~1321)의 '보편군주제하의 세계제국론', 윌리엄 펜(William Penn, 1644~1718)의 '세계연방론', 임마누엘 칸트(Immanuel Kant, 1724~1804)의 '세계공화국론', 프리드리히 헤겔(Georg Wilhelm Friedrich Hegel, 1770~1831)의 '이성적 국가(A Rational State)', 에리히 프롬(Erich Fromm, 1900~1980)의 '정상적 사회(A Sane Society)', 카를 포퍼(Karl Popper, 1902~1994)의 '열린사회(An Open Society)', 존 케니스 갈브레이드(John Kennech Galbraith, 1908~2006)의 '풍요로운 사회(An Affluent Society)', 존 롤스(John Rawls, 1921~2002)의 '최소수혜자의 최대행복'을 위한 '질서 정연한 민주주의 사회(A Well-Ordered Demonstrate Society)' 등을 들 수 있다. 그러나 상기한 '이상적 사회'는 훌륭한 '밑그림'을 그렸으나 그 실현을 위한 구체적 청사진의 결여로 인하여 이상론(理想論)에 그쳤다.

사실, 서구 근대 과학문명은 자원고갈·생태계파괴·도덕과 인간성 상실·국제범죄의

---

1) 상기와 같은 사회의 구현은 우선 지역협동사회(RCS: Regional Cooperation Society)를 만들고, 확장하여 지구협동사회(GCS: Global Cooperation Society)로 확대하고, 그 다음 단계로 모든 여건이 성숙되었을 때 지구공동사회(Global Common Society)를 만들어야 하는데 이 사회는 사실상 모든 인류가 하나의 인간가족의 구성원이 되고 세계의 국가들이 하나의 문명을 향유하는 공동체로 통합되게 되며, 이러한 지구공동사회는 지구통합사회(Global Integrated Society)가 될 것이라고 조영식 선생은 주장했다. 그러나 본 연구는 경제학자인 저자의 지적 한계로 인하여, 경제문제를 중심으로 한 사상·철학적 고찰일 뿐이다. Young Seek Choue(1981), Oughtopia, Oxford: Pergamon Press를 참조. 박종철, 국제사회의 변화와 미래사회의 전망(인류사회의 재건: 그 당위와 방법).

증가·대량살상무기의 발달 등 부작용 및 한계성을 노정하고 있다. 또한 지구촌 사회(Global Village) 곳곳에 기아·질병·범죄·환경파괴가 만연하고 있으며 지진(고베, 후쿠시마, 네팔 등)과 같은 자연 재앙이 엄습하고 있다. 게다가, 기존의 국제질서가 와해되고 새로운 국제질서가 정착되지 않은 과도기에서 미래에 대한 불확실성이 높아지고 있다.

게다가, 지구촌 문화공동체(Global Cultural Community)의 보편타당한 '글로벌 철학(Global Philosophy)'이 부재(不在)한 상태에서, 세계화(Globalization)의 근간인 신(新)자유주의(New Liberalism)와 신(新)금융자본주의(New Financial Capitalism)는 강대국의 이익을 합리화하기 위한 슬로건에 불과하다. 이것은 2008년 하반기 글로벌 금융위기의 배경 및 전개과정이 증명해준다. 심지어, 신(新)자유주의(New Liberalism)는 개도국에서뿐만 아니라 그것의 본산지인 미국 및 유럽에서도 양극화(Polarization)를 심화시켰으며, 그 결과 세계 도처에서 반(反)신자유주의(新自由主義) 시위 내지 폭동이 일어났었다.

여기서 유의할 것은 자본주의의 최고 발전단계인 신(新)금융자본주의(New Financial Capitalism)의 메카인 영국의 유럽연합(EU) 탈퇴(BREXIT) 결정(2016.06.23)은 세계화(Globalization) 및 신(新)자유주의(New Liberalism)의 좌초와 서구적 자유민주주의 한계를 드러냈던 역사적 사건이었다는 점이다. 이로 인해 유럽인의 '유럽 통합의 꿈'이 좌절되지는 않겠지만, 인류문명사적 측면에서 그것의 의미와 파장을 숙고 및 반성해 볼 필요가 있다. 즉, 누구를 위한 세계화(Globalization)이며 신(新)자유주의(New Liberalism)인 것인가라는 자조적 의문이 제기될 수밖에 없다.

모름지기, 글로벌 철학(Global Philosophy)은 인류사회의 중요 당면과제인 글로벌 경제위기, 에너지·환경위기, 식량 위기, 핵무기 위기, '문명의 충돌'과 테러 위기를 해결하는 사상적 기초가 되어야 함과 동시에, 대내적으로는 지속적 경제성장과 형평한 소득분배(복지)가 조화되는 인간중심적 자본주의(Anthropocentric Capitalism)를 지향해야 하는 실천철학(Practical Philosophy)이어야 한다.

상기와 같은 맥락에서, 저자는 다음과 같이 주장한다: 14~16세기 르네상스 운동(Renaissance)이 '신(神)에서 인간(人間)으로' 눈을 돌려 이성(理性)에 바탕을 둔 '인본주의적 사회(Anthropocentric Society)'를 추구하려던 것이었으나 이젠 '물질에서 인간(人間)'으로 눈을 돌려 이성(理性)뿐만 아니라 도덕적 감성(感性)에 바탕을 둔 지구촌 문화공동체(Global Cultural Community)를 정립 및 추구하는 제2의 '르네상스 운동', 즉 '인간성 회복 운동'이 필요하다는 것이다.[2)]

2) 임양택, '오늘의 인간성 상실 문제, 어떻게 극복할 것인가?: 기본방향과 실천방안을 모색한다', 인간성 회

최근 철학적 관심의 흐름을 보면 현대 철학은 '형이상학적 철학(Metaphysical Philosophy)'에서 '실천 철학(Practical Philosophy)'으로 전환되고 있다. 예로서, 포스트모더니즘(Post Modernism)은 '윤리적 전환(Ethical Return)'을 주장하고 있으며, 공동체주의(Communitarianism)는 자유주의(Liberalism)의 '개인주의적' 도덕에 대하여 비판하고 있으며, 위르겐 하버마스(Jurgen Habermas, 1929~현재)는 의사소통적 규범론(Communicative Ethics)을 주창하면서 도덕적 보편주의의 재구성을 주장하였다.[3)]

한편, 노벨 경제학상 수상자인 케네스 애로우(Kenneth J. Arrow, 1921~2017)는 작고하기 1년 전 출판했던 그의 저서 「On Ethics and Economics」(2016년)를 통하여 경제학(經濟學)에 윤리(倫理)를 도입할 것을 주장했다.

상기한 배경하에서, 저자는 전술한 선각자들의 꿈과 지적 도전을 연장하여 동·서양의 철학(哲學)과 좌·우 이데올로기(Idealogy)를 아우르는 보편타당한 '글로벌 철학(Global Philosophy)'의 필요성을 강조하고 그러한 '실천 철학(Practical Philosophy)'을 구체적으로 제시하고자 한다.

복운동 추진협의회(약칭 '인추협', 창립 준비 기념 세미나, 1990.10.12).

3) Harbermas, Jürgen(1970), Toward a Rational Society, translated by Jeremy Shapiro. Boston: Beacon Press; Harbermas, Jürgen(1984), The Theory of Communicative Action, Volume I, translated by Thomas McCarthy. Boston: Beacon Press; Harbermas, Jürgen(1987a), The Theory of Communicative Action, Volume II translated by Thomas McCarthy. Boston: Beacon Press; Harbermas, Jürgen(1987b), The Philosophical Discourse of Modernity. translated by Frederick Lawrence. Cambridge: The MIT Press.

02 연구 목적/목표

본 연구의 목적/목표는 신(新)자유주의(New Liberalism)와 신(新)금융자본주의(New Financial Capitalism)의 대안으로서 '신(新)실용주의(Neopragmatism)'를 제시하고 자유 vs 평등, 정의 vs 행복, 자원배분의 효율성 vs 소득분배의 형평성, 시장질서('경쟁원리', 경제적 자유) vs 사회질서('보완원리', 사회적 정의)와 같은 상호갈등적 가치들을 철학적으로 조화시키고 사회경제정책으로 구현할 수 있는 실천철학(Practical Philosophy)을 정립하는 것이다.

그렇다면, 인류사회의 '글로벌 철학(Global Philosophy)'은 무엇인가? 저자는 지구촌 문화공동체(Global Cultural Community)를 위한 '글로벌 경제철학'을 모색 및 정립하기 위한 시도로서, 신(新)실용주의(Neopragmatism)을 주장해왔다(임양택, 1981, 1985, 2007, 2008, 2011, 2013, 2014, 2017; Yang-Taek Lim, 1978, 2006, 2007, 2010, 2011, 2012, 2014). 상기한 철학은 다음과 같이 정의(定義)된다: *"신(新)실용주의(Neopragmatism)란 국가 정체성 및 절차적 민주주의를 바탕으로, 대내적으로는 '질서 정연한 자유민주주의 사회(A Well-Ordered Free Democratic Society)'와 '효율적이고 공정한 시장자본주의(An Efficient and Equitable Market Capitalism)'를 구축하여 사회구성원의 '생활권적 기본권(生活權的 基本權)': 직장, 주택, 교육, 의료, 연금을 보장함으로써 인간의 비(非)인간화(Dehumanization)를 방지하고 인간의 존엄성·자율성·창의성이 발휘되는 '완전고용기반형 복지사회(A Full Employment-based Welfare Society)'를 위한 '정의로운 국가(A Justice-based State)'와 '행복한 사회(A Happy Society)'로 지향하는 '실천 철학(Practical Philosophy)'이며, 대외적으로는 동양(東洋)의 정신적 문화(文化)와 서양(西洋)의 물질적 문명(文明)이 조화(調和)되며 자유 vs 평등, 정의 vs 행복, 시장질서('경쟁원리', 경제적 자유) vs 사회질서 ('보완원리', 사회적 정의)의 상호갈등적 가치들이 상호보완적으로 융합(融合)될 수 있는 '지구촌 문화공동체(Global Cultural Community)'의 공동번영을 위한 '글로벌 철학(Global Philosophy)'으로서 '인본주의적(人本主義的, Anthropocentric)' 사유 패러다임(인식론적 원리와 존재론적 원리)이다."*

신(新)실용주의(Neopragmatism)는 관념론(Idealism)이나 유물론(Materialism) 중에서 어느 것에도 치우치지 않고 그 대신에 정신과 물질을 공히 다루는 르네 데카르트(Rene

Descartes, 1596~1650) 및 베네딕투스 스피노자(Benedictus De Spinoza, 1632~1677), 고트프리트 빌헬름 라이프니츠(Gottfried Wilhelm Leibniz, 1646~1716)의 합리론(Rationalism)과 존 로크(John Locke, 1632~1704) 및 데이비드 흄(David Hume, 1711~1776)의 경험주의 철학(Empiricism)을 모두 수용한다. 신(新)실용주의(Neopragmatism)는 특히 임마누엘 칸트(Immanual Kant, 1724~1804)의 「순수이성 비판」(1781년)과 「실천이성 비판」(1788년)에 기초를 둔다.

또한 신(新)실용주의(Neopragmatism)는 크게 3가지 서구의 정치·경제 사상, 즉 ① 대의 민주주의와 근대 자유주의 사상, ② 공리주의, ③ 복지국가 이념과 맥락을 같이 한다. 상술하면, ① 존 로크(John Locke, 1632~1704)의 「시민정부론」(Two Treatises of Civil Government, 1690년)과 장 자크 루소(Jean-Jacques Rousseau, 1712~1778)의 「사회계약론」(Du contrat social, 1762년), ② 프랑스 혁명(1789년)의 3대 정신(즉, 자유·평등·박애) ③ 존 스투아트 밀(John Stewart Mill)의 「공리주의」(功利主義, Utilitarianism, 1861년), ④ 임마누엘 칸트(Immanuel Kant, 1806~1873)의 '도덕철학', ⑤ 존 롤스(John Rawls, 1921~2002)의 사회계약론적 「정의론」(Theory of Justice, 1971년), ⑥ 아서 피구(Arthur Cecil Pigou, 1877~1959)의 「복지경제학」(Welfare Economics, 1932년), ⑦ 보 로스타인(Bo Rothstein, 1954~현재)의 「보편적 복지국가의 도덕적 및 정치적 논리」(Just Institutions Matter: The Moral and Political Logic of the Universal Welfare State, 1998년) 등을 배경으로 한다.

이와 동시에, 신(新)실용주의(Neopragmatism) 철학은 동양(특히, 고대 중국과 한국) 사상: 맹자(孟子, BC 372~289)의 민본주의(民本主義), 즉 무항산·무항심(無恒産·無恒心), 고증학(考證學)의 경세치용(經世致用), 조선(朝鮮) 후기의 이익(李瀷, 1681~1763) 및 정약용(丁若鏞, 1762~1836)의 위민(爲民) 및 애민(愛民)사상 등과 맥락을 같이 한다.[4)]

아무쪼록, 저자는 신(新)실용주의(Neopragmatism)는 자유(自由)·평등(平等)·정의(正義)·행복(幸福)을 주어진 사회경제 시스템에서 동시적으로 추구하는 하나의 철학(哲學)임과 동시에 경세제민(經世濟民)을 위한 정책(政策)이며, 나아가 세계경제 작동 원리를 현존 신(新)자유주의(New Liberalism)와 신(新)금융자본주의(New Financial Capitalism)로부터 신(新)실용주의(Neopragmatism)와 인본자본주의(Anthropocentric Capitalism)로 각각 전환시키고자 하

---

4) 이익(李瀷)은 경제개혁으로서 균전제(均田制)와 균세(均稅)를 실시할 것을, 정치개혁으로서 과거제도·노비제도·문벌제도 등을 개혁할 것을 각각 주장하였다. 또한 정약용(丁若鏞)은 그의 '원목(原牧)(통치론)'에서 반(反) '왕권신수설'을 역설하고 '아래에서 위'로의 민주주의 제도를 확립할 것을, 그의 '탕론(蕩論)(중국 봉건사회의 역성혁명론)'에서 민권사상을 역설하고 전제(田制) 개혁으로서 여전제(閭田制), 즉 토지공유와 농자수전(農者受田)을 원칙으로 한 집단농자제(集團農者制)를 실시할 것을 주장하였다.

는 지구촌 문화공동체(Global Cultural Community)의 비전(Vision)이라고 평가받고 싶다.[5)]

[그림 Ⅰ-1] 저자의 경제철학(經濟哲學) 구도

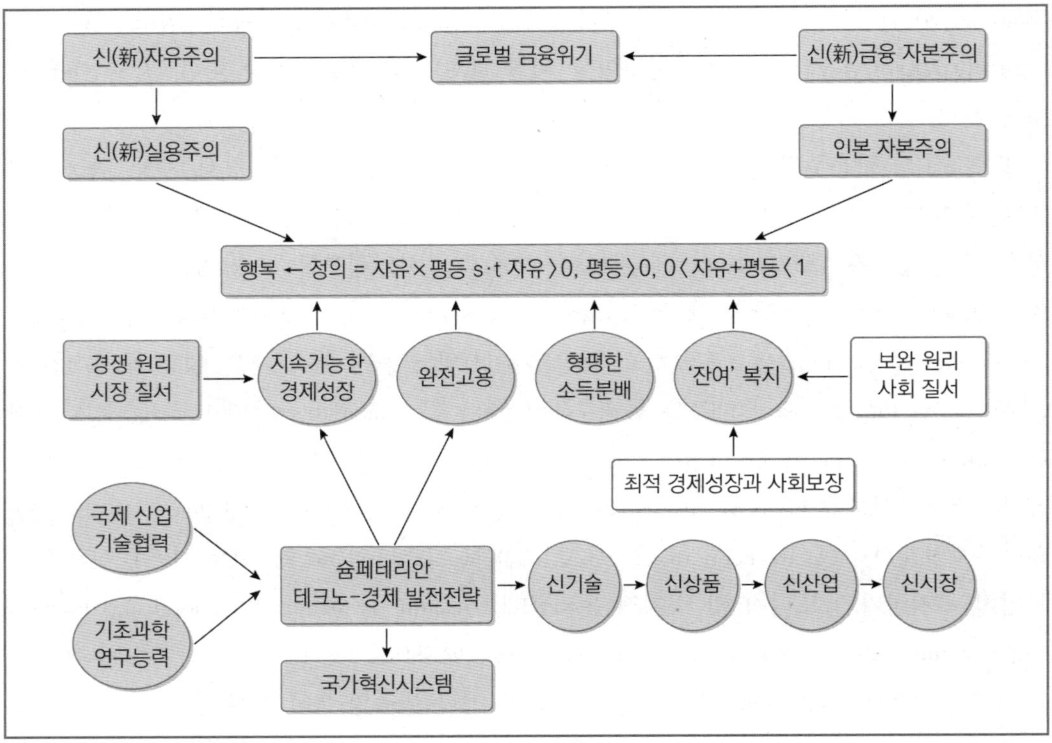

5) 신(新)자유주의(New Liberalism)는 최근에 '글로벌 경제위기'를 야기시켰듯이 미국시민(3억 450만 명) 뿐만 아니라 세계 인구(67억 4천만 명)를 위한 '금과옥조(金科玉條)'가 될 수 없음이 판명되었다.

03 연구 내용

제Ⅱ장에서 '인류사회의 당면과제'로서 5가지: ① 글로벌 경제 위기, ② 에너지 · 환경 위기, ③ 식량 위기, ④ 핵무기 위기, ⑤ '문명의 충돌'과 이슬람국가(IS) 테러 위기에 관하여 논술할 것이다.

세계대공황(1929~1939) 이후 2008년 하반기 미국발(發) 글로벌 금융위기(Global Financial Crisis)는 세계경제를 글로벌 경제위기(2011.08~현재)로 몰아넣었다. 글로벌 금융위기(Global Financial Crisis)의 후폭풍(後爆風)은 대서양을 횡단하여 2010년에는 그리스, 아일랜드, 2011년 포르투갈, 그리고 2012년 스페인과 이탈리아 등 유로존(Eurozone)의 재정위기(Fiscal Crisis)를 초래하였으며, 급기야 2016년 6월 영국의 유럽연합 탈퇴(BREXIT)가 야기되었다.

제Ⅲ장에서 지구촌 문화 공동체(Global Cultural Community)를 위한 글로벌 철학(Global Philosophy)으로서 본 연구의 신(新)실용주의(Neopragmatism)를 제창할 것이다. 상기 철학은 형이상학적 철학(Metaphysical Philosophy)이 아니라 실천 철학(Practical Philosophy)이며, 신(新)자유주의(New Liberalism)와 신(新)금융자본주의(New Financial Capitalism)의 대안이다.

존 미클스웨이트(John Micklethwait)와 에이드리언 울드리지(Adrian Wooldridge)는 그들의 공저 「제4의 혁명: 우리는 누구를 위한 국가에 살고 있는가」(The Fourth Revolution, 2014년)에서 제1혁명(국민 국가의 탄생: 17세기 유럽의 왕자들이 중앙집권적 국가를 건립) → 제2혁명(자유주의 국가의 형성: 18세기 말부터 19세기까지 미국과 프랑스에서 일어났었던 혁명) → 제3혁명(공산주의의 일탈과 복지국가의 탄생)을 거쳐 이젠 제4혁명(국가 · 정부의 스마트한 개혁 요구 증대)이 필요하다고 역설했다. 그들은 보편적 복지(Universal Welfare)에 집착하는 좌편향 정부나 자유시장을 맹신하는 우편향 정부 모두 '관료주의적인 큰 정부'의 함정에서 벗어나지 못했다고 비판했다.

상기한 본 연구의 신(新)실용주의(Neopragmatism)가 주장하는 2가지 정치 · 경제체제의 구조적 변환의 방향: ① 정치체제로서 '질서정연한 민주주의' 사회(A well-ordered Democratic Society), ② 경제체제로서 '완전고용기반형 복지사회(A Full Employment-based Welfare Society)는 존 미클스웨이트(John Micklethwait)와 에이드리언 울드리지(Adrian Wooldridge)가 주장하는 '제4의 혁명(The Fourth Revolution)'이라고 평가받기를 저자는 기대한다.

신(新)실용주의(Neopragmatism)의 철학적 범주(範疇)는 자연 · 과학과 인간 · 도덕(윤리)이다. '과학'과 '도덕(윤리)'의 관계는 동 · 서양의 자연철학(Natural Philosophy)으로써 설명될 수 있다. 우선, 동양(東洋)의 자연철학(Natural Philosophy): 유학(儒學)의 인간중심주의(人間中心主義) 자연관(自然觀), 도가(道家)의 탈(脫)인간중심주의(人間中心主義) 자연관(自然觀), 주자학(朱子學)의 격물치지설(格物致知說), 양명학(陽明學)의 격물치지설(格物致知說), 실학(實學)의 자연학적(自然學的) 격물치지설(格物致知說)에 관하여 논술할 것이다.

다음으로, 서양(西洋)의 자연철학(Natural Philosophy): 플라톤(BC 427~347)의 '관념주의적 자연철학', 아리스토텔레스(BC 384~322)의 '경험주의적 자연철학', 스토아학파(BC 340~160)의 '결정론적 및 목적론적 자연철학'과 '윤리적 철학(無慾)', 에피쿠로스학파(BC 341~270)의 '비(非)결정론적 및 기계론적 자연철학', 아르키메데스(BC 287~212)의 '기계론적 자연철학', 스콜라 철학(14~16세기)의 아리스토텔레스(BC 384~322)의 '경험주의적 자연철학'의 재(再)수용, 니콜라스 코페르니쿠스(1473~1543)의 '태양중심설(지동설)', 요하네스 케플러(1571~1630)의 '행성운동법칙', 갈릴레오 갈릴레이(1564~1642)의 '천문학과 근대 동력학(지상 역학)', 르네 데카르트(1596~1650)의 '기계론적 자연관과 二元論', 아이작 뉴턴(1642~1727)의 기계론적 '자연철학(케플러 '천체 물리학'과 갈릴레이 '지상 역학'의 통합)'과 아리스토텔레스(BC 384~322)의 '경험주의적 자연철학'의 붕괴에 관하여 논술할 것이다.

신(新)실용주의(Neopragmatism)의 철학적 주제(主題)는 '정의(正義)'와 '행복(幸福)'이다. 플라톤(Plato, BC 427~347)의 '정의론'과 '정의로운 국가', 아리스토텔레스(Aristotle, BC 384~322)의 '행복론'과 '좋은 국가', 임마누엘 칸트(Immanuel Kant, 1724~1804)의 아리스토텔레스(Aristotle)의 '행복주의 윤리학'에 대한 비판에 관하여 논술할 것이다.

신(新)실용주의(Neopragmatism)의 철학적 목표는 '정의로운 국가(A Justice-based State)'를 토대로 한 '행복한 사회(A Happy Society)' 추구이다. '정의로운 국가'와 '행복한 사회'의 기본가치는 자유(自由)와 평등(平等)이다. '정의로운 국가'와 '행복한 사회'를 위한 정치철학(政治哲學)은 자유민주주의(自由民主主義)이며, '정의로운 국가'와 '행복한 사회'를 위한 경제체제(經濟體制)는 시장자본주의(市場資本主義)이다.

정의(正義)와 '정의로운 국가(A Justice-based State)'의 개념 정립을 위하여, 우선 동양(東洋)의 정의관(正義觀): 고전적 유교사상: 孔子(BC 551~479)의 仁 · 孟子(BC 372~289)의 義 · 荀子(BC 298~238)의 禮, 공자(孔子)의 윤리적 경제철학: 德治主義, 見利思義, 節之以禮, 맹자(孟子)의 민본주의(民本主義) 경제철학: 修己以安百性, 無恒産 無恒心, 공생주의(共生主義) 경제철학: 井田制(토지균등배분)에 관하여 논술할 것이다. 다음으로, 서양(西洋)의 정의

관(正義觀): 토마스 홉스(Thomas Hobbes, 1588~1679)의 '정의론(正義論)', 아담 스미스(Adam Smith, 1723~1790)의 '정의론(正義論)': 도덕 감성과 사회적 정의, 경제적 효율성과 경제성장, 경제적 효율성과 사회적 정의, 정의(正義)를 위한 법률체계, 공리주의(功利主義, Utilitarianism)의 사회정의(Social Justice): '최대다수 최대행복'에 관하여 논술할 것이다.

행복(幸福)과 '행복한 사회(A Happy Society)'의 개념 정립을 위하여, 동양(東洋)의 '행복관(幸福觀)': 상고시대 「서경」(書經)의 오복(五福, The Five Blessings)과 맹자(孟子, BC 372~289)의 고대 유가(儒家) 사상에 관하여, 서양(西洋)의 '행복관(幸福觀)': 에피쿠로스(Epicurus)의 쾌락주의와 유물론적 행복론, 제러미 벤담(Jeremy Bentham, 1748~1832)의 '양적 쾌락주의(공리주의)', 존 스투아트 밀(John Stewart Mill, 1806~1873)의 '질적 공리주의('최대다수의 최대행복')'에 관하여 각각 논술할 것이다.

'정의로운 국가'와 '행복한 사회'의 기본가치인 자유(自由)와 평등(平等)의 개념 정립을 위하여, 우선 자유(自由)에 관한 사상 및 철학: 고전적 자유주의(Classic Liberalism), '적극적' 자유주의(Positive Liberalism), 신(新)자유주의(New Liberalism), 자유지상주의(Libertarianism)에 관하여 논술할 것이며, 다음으로 평등(平等)에 관한 사상 및 철학: '원인(原因)의 평등' vs '결과(結果)의 평등', 밀턴 프리드먼(Milton Friedman, 1912~2006)의 '평등한 자유', 조지프 스티글리츠(Joseph Eugene Stiglitz, 1943~현재)의 '불평등의 대가(The Price of Inequality)'에 관하여 논술할 것이다. 또한 자유(自由)와 평등(平等)에 대한 저자의 기본 시각을 각각 제시할 것이다.

이어서, 자유(自由)와 평등(平等)을 통합한 존 롤스(John Rawls, 1921~2002)의 정의론(正義論): '자유주의적 평등주의'를 정의(正義)의 원칙: ① 正義의 첫째 원칙: 평등한 '기본적 자유' 우선의 원칙, ② 正義의 둘째 원칙(차등의 원칙): '최소수혜자의 최대이익', ③ 正義의 우선순위, '질서정연한 민주주의 사회(A Well-Ordered Democratic Society)', '정의로운 경제체제(A Justice-based Economic System)'에 관하여 각각 논술할 것이다.

상기한 존 롤스(John Rawls)의 '정의론(正義論)'에 대한 마이클 샌델(Michael J. Sandel, 1953~현재)의 비판을 논술한 다음, 마이클 샌델(Michael J. Sandel)에 대한 저자의 비판을 3가지 측면: ① 공동선(共同善, the common good), ② 공동체주의(communitarianism), ③ 개인주의(자유주의) vs 공동체주의(공화주의)의 측면에서 논술할 것이다.

'정의로운 국가'와 '행복한 사회'를 위한 정치철학(政治哲學)으로서 자유민주주의(自由民主主義)에 관한 기존 이론: ① 토마스 홉스(Thomas Hobbes, 1588~1679): '국민주권주의(國民主權主義)'와 사회계약론(社會契約論), ② 존 로크(John Locke, 1632~1704): 「시민정부론」

(Two Treatises of Government, 1690년), 사회계약론(社會契約論)과 민주적 정치제도로서 '의회제도', ③ 장-자크루소(Jean-Jacques Rousseau, 1712~1778): 「인간불평등기원론」(1755년), 「정치경제론」(1755년), 「사회계약론, 정치적 권리의 원칙」(1762년)에 관하여 각각 논술할 것이다.

또한 '정의로운 국가'와 '행복한 사회'를 위한 경제체제(經濟體制)로서 시장자본주의(市場資本主義)에 관한 비판적 이론: ① 조지프 스티글리츠(Joseph Eugene Stiglitz, 1943~현재): 기후 위기, 불평등 위기 그리고 민주주의 위기, ② 한스-베르너 진(Hans-Werner Sinn, 1926~2012)의 「카지노 자본주의」(Kasino-Kapitalismus, 2010년), ③ 막스 베버(Max Weber, 1864~1920): 「프로테스탄티즘의 윤리와 자본주의의 정신」(1904년)에 관하여 각각 논술할 것이다.

상기한 신(新)실용주의(Neopragmatism)의 경제철학(經濟哲學)은 3가지 경제이론적 모형으로 구성된다: 모형 Ⅰ은 신(新)고전학파 일반균형(General Equilibrium) 모형이다. 모형 Ⅱ는 완전경쟁적 시장경제체제하의 '파레토 최적(Paretian Optimum)'이다. 모형 Ⅲ은 '사회적 최적(Social Optimum)'이다. 그리고 상기한 3가지 경제이론적 모형을 하나의 수학적 모형으로 통합하여 일반균형(General Equilibrium) 분석 모형하에서 '파레토 최적(Paretian Optimum)'과 사회적 최적(Social Optimum)의 조화/공존을 증명할 것이다.

신(新)실용주의(Neopragmatism)의 철학적 필요조건(必要條件)은 파레토 효율(자원배분의 효율성)과 사회적 최적(소득분배의 공정성)의 조화이다. 이를 위해서는 인간의 존엄성과 창의성을 위한 기본 생활권: 고용, 교육, 주택, 의료, 연금이 보장되어야 한다는 것이다. 한편, 신(新)실용주의(Neopragmatism)의 철학적 충분조건(充分條件)은 2가지: ① 법치주의(法治主義) 즉 '법의 지배(Rule of Law)'와 ② 독일 프라이부르크 학파의 '질서 자유주의(Ordo-Liberalism)': '자생적 질서(Spontaneous Order)'와 계획된 질서(Planed Order)에 의한 '사회적 시장경제': 시장질서('경쟁 원리')와 사회질서('보완 원리')의 결합이다.

제Ⅳ장에서 신(新)실용주의(Neopragmatism)의 경제철학(經濟哲學)을 정립하고 경제이론적 모형을 수립할 것이다. '실천철학(實踐哲學)'인 신(新)실용주의(實用主義)의 정책적 목표는 성장→고용→분배의 동태적 메커니즘에 의한 '완전고용기반형 복지사회(A Full Employment-based Welfare Society)'의 추구이다. 이것은 '정부주도형 복지국가(A Government-driven Welfare State)'와 대비된다. 본 연구의 '완전고용기반형 복지사회(A Full Employment-based Welfare Society)'는 시장(특히 노동/금융시장) 메커니즘에 의한 '가족중심적 시장주도형 복지사회(A Market-led, Welfare Society)'인 반면에 '정부주도형 복지국가(A Government-driven

Welfare State)'는 정부가 세금을 징수하여 정부가 복지지출을 행사하는 복지국가(A market-lead, Welfare State)이다. 서구 '복지국가(福祉國家, Welfare State)'의 발전과정 및 일반적 추세와 요스타 에스핑-안데르센(Gosta Esping-Andersen)의 '복지국가' 유형, 구조적 위기(특히 재정위기)와 개혁 동향(영국, 프랑스, 독일, 스웨덴, 핀란드 등)을 개관할 것이다.

제Ⅴ장에서 신(新)실용주의(實用主義) 철학을 구현할 수 있는 '청사진(靑寫眞)'을 제시한다. '실천철학(實踐哲學)'인 신(新)실용주의(新實用主義, Neopragmatism)의 정책적 목표는 '완전고용기반형 복지사회(A Full Employment-based Welfare Society)'이다. 이것은 '정부주도형 복지국가(A Government-driven Welfare State)'와 대비된다. 전자는 시장(특히 노동/금융시장) 메커니즘에 의한 '완전고용기반형 복지사회(福祉社會, Welfare Society)'인 반면에 후자는 정부가 세금을 징수하여 정부가 복지지출을 행사하는 복지국가(福祉國家, Welfare State)이다.

'완전고용기반형 복지사회(A Full Employment-based Welfare Society)'를 구현할 정책수단은 기술혁신(Technological Innovation)에 의한 고용창출형 경제성장(Job-creating Growth)을 추구하는 슘페테리언 테크노-경제발전 전략(Schumpeterian Techno-Economic Development Strategy)이다. 즉, 고용창출형 경제성장(Job-creating Growth) → 고용 → 분배'의 선(善)순환(循環)이다. 상기 전략에 의하여 '성장 → 고용'이 작동하게 되면, '고용 → 분배'는 노동생산성에 의하여 결정될 것이다.

한편, 형평한 소득분배(所得分配)를 위한 신(新)실용주의적 해법으로서 니콜라스 칼도어(Nicholas Kaldor)의 거시경제적 소득분배 이론을 논술할 것이다. 또한, 불황(不況) 타개를 위한 신(新)실용주의적 해법으로서 슘페테리언(Schumpeterian) 및 신(新)슘페테리언의 경기변동 이론(멘쉬(G. Mensch))의 혁신군집이론, 반 듀인(J. J. van Duijn)의 경기변동 이론, 크리스토퍼 프리만(Christopher Freeman)의 신(新)기술체계론, 칼로타 페레즈(Carleta Perez)의 기술-경제 패러다임 이론을 각각 논술할 것이다.

상기한 신(新)실용주의(Neopragmatism)의 정책적 목표: '완전고용기반형 복지사회(A Full Employment-based Welfare Society)'를 달성하기 위한 청사진(靑寫眞)은 5가지로 구성된다:

- '청사진 1': 합리적 복지 개혁방향으로서 정부주도형 복지국가(A Government-driven Welfare State)에서 '완전고용기반형 복지사회(A Full Employment-based Welfare Society)'로 전환할 수 있는 라이프-사이클 사회보장 모형이다.
- '청사진 2': '장기 균형성장과 최적 사회보장(The Long-run Equilibrium growth and

Optimal Social Security)'의 이론적 모형(목적함수, 거시경제 모형, 라이프-사이클 사회보장 모형, 최적 동태적 자원배분 모형)이다. 상기 모형으로부터 6개 「定理」를 도출할 것이다:

「定理 1」 현재세대와 미래세대에 대한 최적의 '수직적' 자원배분

「定理 2」 민간경제부문과 사회보장부문에 대한 최적의 '수평적' 자원배분

「定理 3」 동태적 효율성(Dynamic Efficiency)을 위한 필요조건

「定理 4」 장기 균형성장(The Long-run Equilibrium Growth)과 최적 사회보장(Optimal Social Security) 정책의 관계

「定理 5」 '장기 균형성장과 최적 사회보장'의 동태적 안정성(Dynamic Stability)

「定理 6」 '장기 균형성장과 최적 사회보장'에 대한 인구성장률의 파급효과

상기한 6개 「定理」로부터 4가지 정책적 시사점을 도출할 수 있다: ① 확정급여제(DBP)에서 확정기여제(DCP)로 전환하고, ② 합리적 복지 재원조달 방안으로서 '토지 불로소득(土地 不勞所得)'에 대한 가칭 '최적 사회보장세(Optimal Social Security Tax)'를 부과하며, ③ '초과' 적립방식(Over-funded System)을 도입하여 '사회보장기금(Social Security Fund)'을 조성하고, ④ 신기술을 보유한 유망한 중소기업에 대한 투자를 통하여 완전고용(Full Employment)을 추구하는 것이다.

- '청사진 3': 슘페테리언 테크노-경제발전 전략(Techno-Economic Development Strategy)에 의한 고용창출형 경제성장(Job-creating Growth)
- '청사진 4': 형평한 소득분배(所得分配)를 위한 신(新)실용주의적 해법
- '청사진 5': 불황(不況) 타개를 위한 신(新)실용주의적 해법

제Ⅵ장에서 기존 실용주의(Neopragmatism): ① 미국의 실용주의(實用主義): 찰스 샌더스 피어스(Charles Sanders Peirce, 1839~1914), 윌리엄 제임스(William James, 1842~1910), 존 듀이(John Dewey, 1859~1952)와, ② 중국의 실용주의(實用主義): '중국식 사회주의 시장경제'를 각각 비판할 것이다. 또한 '지구촌 문화 공동체(Global Cultural Community)'를 위한 시대적 사명으로서 5가지 '인류사회의 당면과제': ① 글로벌 경제위기, ② 에너지·환경위기, ③ 식량 위기, ④ 핵무기 위기, ⑤ '문명의 충돌'과 이슬람국가(IS) 테러 위기를 극복하는 데 미국과 중국의 협력을 촉구할 것이다.

또한 본 연구는 팍스 아메리카나(Pax Americana)에 대한 긍정적 전망(예로서 Joseph S. Nye Jr.) 및 부정적 전망(예로서 다니엘 벨, 존 나이스비트, 프랜시스 후쿠야마)과 라비 바트라(Ravi Batra, 1943~현재)의 '미국 비즈니스제국의 몰락'과 '뉴 골든 에이지(New Golden Age)'

의 도래에 관하여 논술한 후, '워싱턴 컨센서스'를 재조명하면서 미국의 본질적 위기(재정적자 누증→공공부채+무역적자)를 지적하고 '미국 우선주의(America First)'와 신(新)고립주의(New Isolationism) 및 보호무역주의(Trade Protectionism)를 비판할 것이다. 그리고 미국의 경제체제의 구조적 변환의 방향으로서 현행 신(新)자유주의(New Liberalism)·신(新)금융자본주의(New Financial Capitalism)→인본자본주의(Anthropocentric Capitalism)로 전환하여 플라톤(Plato, BC 427~347)의 '정의로운 국가'와 아리스토텔레스(Aristotle, BC 384~322)의 '행복한 사회(A Happy Society)'를 건설하기 위한 철학적 기초로서 '신(新)실용주의(Neopragmatism)'를 수용할 것을 제안할 것이다. 상기한 구조적 전환은 '대서양 시대'의 퇴조와 '아시아·태평양 시대의' 도래에서 오스발트 슈펭글러(Oswald Spengler, 1880~1936)와 아놀드 토인비(Arnold Toynbee, 1889~1975)가 주장한 서양(유럽) 문명의 몰락과 위기론에 대한 대안이 될 수 있을 것이다.

한편, 중국은 대내적으로 사회경제적 불균형 완화를 위하여 '선부론(先富論)'→'공부론(共富論)'과 제조강국→무역대국→금융강국(위안화: 국제통화(國際通貨))→준(準) 기축통화(基軸通貨)를, 대외적으로 팍스 시니카(Pax Chinica)의 도전을 위하여 '일대일로(一帶一路)'와 아시아인프라투자은행(AIIB)을 추진하고 있다.

그러나 본 연구는 중국이 당면한 '중진국의 함정(middle income trap)'의 가능성과 그것의 제반요인들을 지적할 것이다. 따라서 본 연구는 중국의 정치·경제체제의 구조적 변환의 방향으로서 2가지: ① 현행 인민민주주의(人民民主主義, People's Democracy)→민주사회주의(民主社會主義, Democratic Socialism)→'질서정연한 민주주의 사회(A Well-Ordered Democratic Society)', ② 현행 국가자본주의(國家資本主義, State Capitalism)→시장자본주의(Market Capitalism)→'완전고용기반형 복지사회(A Full Employment-based Welfare Society)'로 지향할 것을 권장하고 그것의 기대효과를 논술할 것이다.

제Ⅶ장에서 카를 마르크스(Karl Marx, 1818~1883)와 프리드리히 엥겔스(Friedrich Engels, 1820~1895)의 과학적 사회주의(Scientific Socialism), 즉 마르크스주의(Marxism)와 신(新)실용주의(Neopragmatism)의 차이점을 2가지 측면: ① '인간의 비(非)인간화(Dehumanization)' 혹은 '비인격화(非人格化, impersonalization)', 즉 인간소외(人間疎外, Human Alienation)와 ② '인간중심적 가치' 및 '인간성 회복 운동'의 측면에서 각각 비교할 것이다.

마르크스주의(Marxism)에 대한 비판을 체계화하기 위하여, 우선 카를 마르크스(K.Marx)와 프리드리히 엥겔스(F. Engels)의 사상/철학을 그들의 4개 저서: ① 「독일 이데올로기」(The German Ideology, 1845~1846), ② 「공산당 선언」(Communist Manifesto, 1848년), ③ 「

정치경제학 비판 요강」(Critique of Political Economy, 1857~1858), ④ 「자본론」(資本論, Das Kapital, 1867년)을 중심으로 개관 및 논술할 것이다.

또한, 마르크시즘(Marxism)의 가설(假說), 즉 철학적 기초: ① 유물론적(唯物論的) 변증법(辨證法) 및 역사관(歷史觀), ② 노동의 착취설(잉여가치설)과 노동자 소외론(疏外論), ③ 사회구조와 발전 법칙(노동자·노동대상·노동수단·생산력의 관계, 생산력과 생산관계의 모순, '사회의 토대'로서 생산관계(生産關係), 계급과 계급투쟁), ④ 발전과 전면적 연관(대립물과 통일의 투쟁, 양(量)에서 질(質)로의 전환, 부정(否定)의 부정(否定)의 법칙)을 각각 논술할 것이다.

상기한 가설(假說), 즉 철학적 기초를 토대로 정립된 '과학적 사회주의(Scientific Socialism)'의 이론적 구조; ① 착취이론(搾取理論), ② 집중이론(集中理論), ③ 궁핍화(窮乏化)와 경기순환론(景氣循環論), ④ 계급투쟁에 의한 자본주의의 파멸불가피론(破滅不可避論), ⑤ 역사발전 5단계론: 원시 공산주의 사회 → 고대 노예사회 → 중세 봉건사회 → 근대 자본주의 사회 → 공산주의 사회, ⑥ '프롤레타리아 혁명'과 '국가 무용론(無用論)'을 각각 논술할 것이다.

'과학적 사회주의(Scientific Socialism)' 중에서 4개 이론: ① 「공산당 선언」(The Communist Manifesto, 1848년), ② 「자본론」(資本論, Das Kapital, 1867년)의 '이윤율 저하의 경향(TRPF)' 법칙, ③ 카를 마르크스(Karl Marx, 1818~1883)의 '단기 경기순환론'과 마르크시스트(니콜라이 콘드라티예프, 어네스트 멘델, 로버트 고든)의 장기파동(長期波動) 이론, ④ 궁핍화(窮乏化)와 경기순환론(景氣循環論)과 계급투쟁에 의한 자본주의의 파멸불가피론(破滅不可避論)에 대응한 신(新)마르크시스트(NeoMarxist): ① 루돌프 힐퍼딩(Rudolf Hiferding, 1877~1941)의 「금융자본론」(Das Finanzkapital, 1910년), ② 안토니오 그람시(Antonio Gramsci, 1891~1937)의 「옥중수고」(Quaderni del carcere, 1929~1935)를 각각 비판할 것이다.

특히, 본 연구의 비판은 다음과 같다: 마르크스(K. Marx)와 엥겔스(F. Engels)가 분석대상의 역사(歷史)를 장기(長期)에 두지 않고 단기(短期)에 국한함으로써 자본주의 경제체제의 '생산력과 생산관계의 모순'과 궁핍화(窮乏化)를 장기(長期) 현상인 기술혁신(技術革新)에 의하여 해결할 수 있다는 점을 간과했었다는 점이다. 즉, '과학적 사회주의(Scientific Socialism)'의 이론적 구조 중에서 ① 카를 마르크스(Karl Marx)의 '단기 경기순환론' 및 마르크시스트(니콜라이 콘드라티예프, 어네스트 멘델, 로버트 고든)의 장기파동(長期波動) 이론과 ② '궁핍화(窮乏化)와 경기순환론(景氣循環論)과 계급투쟁에 의한 자본주의의 파멸불가피론(破滅不可避論)'을 뒷받침하는 기본 가정: '이윤율 저하의 경향(TRPF: The Tendency of the Rate of Profit to Fall)'은 계급투쟁(階級鬪爭)이 아니라 기술혁신(技術革新)에 의하여 제고될 수 있다는 것이 자본주의 경제발전의 역사적 사실이다.

제Ⅷ장에서 '한국사회에 대한 신(新)실용주의 적용'을 논술할 것이다. 여기서 한국 사회가 산업화(産業化)→민주화(民主化)→선진화(先進化)로 지향해야 하는데, 이를 위한 사상·철학적 기초가 바로 신(新)실용주의(Neopragmatism)라는 점을 논술한다. 이로써 이념 간 갈등을 극복하고 보수(保守)와 진보(進步)의 바람직한 발전 방향을 각각 제시한다. 대한민국의 비전(Vison)은 '정의로운 국가'와 '행복한 사회'를 위한 '완전고용 기반형 복지사회(A Full Employment－based welfare society)'이며, 이것의 실천 전략은 테크노－경제발전전략(Techno－Economic Development Strategy)이다. 보수(保守)와 진보(進步)는 상기한 비전(Vision)과 전략에 대한 구체적 실천방안에서 정책의 우선 순위가 다를 뿐이다.

마지막 장(章)인 제Ⅸ장에서 「요약과 결론」을 맺을 것이다.

II

인류사회의 당면과제

정의로운 국가와 행복한 사회를 위한
신(新)실용주의(實用主義) 철학과 정책

(The 'Neopragmatic Philosophy and Policy' for 'A Justice-based State' and 'A Happy Society')

01 인류사회의 당면과제
02 에너지 · 환경 위기
03 식량 위기
04 핵무기 위기
05 '문명의 충돌'과 IS 테러 위기

01 글로벌 경제위기

역사학자 아놀드 토인비(Arnold Joseph Toynbee, 1889~1975)는 그의 역저 「역사의 연구」(A Study of History, 발행 1934~1961)에서 인류 문명(文明)이란 유기체와 마찬가지로 발생·성장·쇠퇴·해체(소멸)의 과정을 밟으며, 역사(歷史)를 인류 문명의 생성과 소멸의 과정으로 파악했다. 그는 민족이나 국가가 아닌 문명(文明)을 기본단위로 분석하고 한 문명의 미래 운명이 '창조적 소수(creative minorities)'에 달려 있다고 사유했다. 그러나 새로운 도전(挑戰)에 대한 응전(應戰)을 제대로 못하는 경우 문명(文明)은 쇠퇴의 길을 걷게 되는데, 쇠퇴는 주로 내적 원인에서 연유된다고 주장했다. 즉, '창조적 소수(creative minorities)'가 현재의 성공에 만족해 자아도취에 빠지고 이로 인해 새로운 도전(挑戰)에 안이하게 대처함으로써 문명(文明)이 쇠퇴의 길을 겪게 된다는 것이다.

인류사회는 다음과 같은 당면과제에 봉착해 있다. 예로서, ① 글로벌 경제위기, ② 에너지·환경 위기, ③ 식량 위기, ④ 핵무기 위기, ⑤ '문명의 충돌'과 테러 위기 등을 들 수 있다. 각 위기상황을 간략히 개관하고자 한다.

세계대공황(1929~1939) 이후 2008년 하반기 미국발(發) 글로벌 금융위기(Global Financial Crisis)는 세계경제를 글로벌 경제위기(2011.08~현재)로 몰아넣었다. 글로벌 금융위기(Global Financial Crisis)의 후폭풍(後爆風)은 대서양을 횡단하여 2010년에는 그리스, 아일랜드, 2011년 포르투갈, 그리고 2012년 스페인과 이탈리아 등 유로존(Eurozone)의 재정위기(Fiscal Crisis)를 초래하였으며, 급기야 2016년 6월 영국의 유럽연합 탈퇴(BREXIT)가 야기되었다.

1) 미국발(發) 글로벌 금융위기

2008년 하반기 글로벌 금융위기(Global Financial Crisis)를 촉발 및 확산시켰던 미국의 서브프라임 모기지 사태(Sub-prime Mortgage Turmoil)의 '표면적 요인'은 미국 금융기관의 관리·감독기능이 부족하였고 비(非)효율적이었기 때문이었다. 그러나 상기 글로벌 금융위기(Global Financial Crisis)의 '근본적인 원인'은 신(新)자유주의(New Liberalism)와 금융자본주의

(Financial Capitalism)에 바탕을 둔 미국의 '만성적 무역적자(貿易赤字)'와 미국의 과도한 군사비 지출로 누적되었던 '만성적 재정적자(財政赤字)'이다.

[그림 II-1] 미국발(發) 글로벌 금융위기의 원인

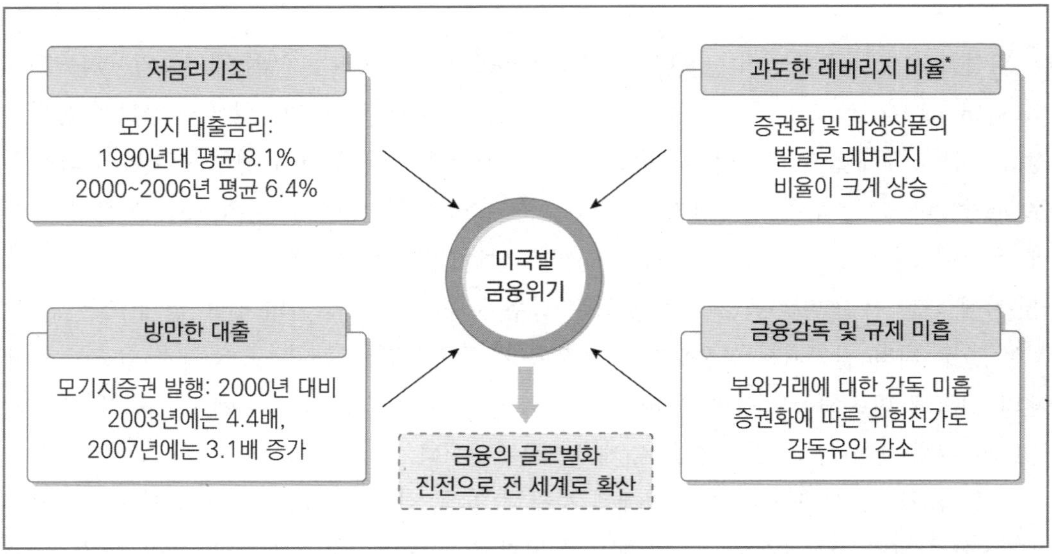

* '레버리지 비율(=총자산/총자본)'은 자기자본 규모에 비해 보유자산의 규모가 얼마나 큰지를 나타내는 지표이다. 이 수치가 높을수록 금융기관이 공격적인 영업을 한 것을 의미한다. 즉, 레버리지 비율이 높다는 것은 적은 자본으로 많은 부채를 끌어다 쓴 것을 의미한다. 이 결과, 대출 부문에서 손실이 발생할 경우 이를 감당할 수 있는 자본 '쿠션'이 적다는 것을 의미한다.

자료: 한국금융연구원(2008), "금융위기 이후 선진국 대응방안과 전망", 11.26.

신(新)자유주의(New Liberalism)는 '작은 정부'·정부규제 완화·세금 인하·공기업 민영화·노조파업 근절·금융 및 자본 자유화를 통한 세계화(Globalization) 등을 추진함으로써 2008년 하반기 글로벌 금융위기가 발발하기 전까지 정보통신혁명에 힘입어 20년 동안 '황금기'를 구가하였으나 소득분배구조를 악화시켰으며 양극화(Polarization)를 심화시켰다.

신(新)자유주의(New Liberalism)에 바탕을 둔 현대 자본주의의 '경제성장 메커니즘'은 '부채(負債)에 의한 성장(成長)'을 의미한다. 즉, 금융부문은 부채(負債) 공급을 위해 다양한 대출상품(특히 신용파생금융상품)을 쏟아냄으로써 가계(家計)로 하여금 금융상품을 구입하도록 하고, 부동산 및 자산 시장부문은 구조화된 채권(Structured Credit Products)을 이용한 금융공학 기법을 통하여 투기(投機)를 유도함으로써 가계의 저축(貯蓄)을 자산시장으로 유입시키고 가계부문은 부채(負債)로 소비(消費)하도록 유도함으로써 상품시장의 구매력을 유지시키는 것이다.

한편, 신(新)금융자본주의(New Financial Capitalism)은 고전적 금융자본주의(Classical Financial Capitalism)로부터 진화된 자본주의의 최종단계이다. 그 변화 과정은 다음과 같다: 고전적 금융자본주의(Classical Financial Capitalism)는 1933년 글라스 스티걸법(Glass Steagall Act)과 1938년 찬들러법(Chandler Act)에 의하여 투자은행을 상업은행과 분리시키고 투자은행 주도의 기업구조 재편을 제한시켰었다. 이와 반면에, 신(新)금융자본주의(New Financial Capitalism)는 1996년 금융감독규제 완화법(은행과 증권업의 겸업 확대 허용) 및 1999년 그람-리치-빌리법(Gramm-Leach-Bliley Act)에 의하여, 1933년 글라스 스티글법(Glass Steagall Act)을 폐지하고 금융지주회사를 출범시켰다. 이 결과, 금융(金融)이 제조업을 지배하는 경제구조가 정착되었으며, 따라서 금융위기(金融危機)는 곧 실물위기(實物危機)로 쉽게 전이(轉移)되는 메커니즘이 작동하게 되었다.

2008년 하반기 미국발(發) '글로벌 금융위기'는 복잡하게 설계된 각종 파생(派生) 금융상품을 중심으로 발전해 온 금융자본주의(Financial Capitalism)를 통해서 연결된다. 미국의 무역수지 적자는 무역수지 흑자국의 달러가 미국으로의 유입을 야기한다. 따라서 인위적인 환율 개입이 없다면 미(美)달러의 상대적 공급이 늘어나면서 미국 달러의 통화가치는 떨어지고 무역수지 흑자 국가의 통화가치는 올라간다. 이러한 환율변동은 무역수지 적자국가(미국)의 상품가격 하락과 무역수지 흑자 국가(예로서 중국)의 상품가격 상승을 통해 무역수지 불균형(不均衡)을 해소하는 자율조정 역할을 하게 된다. 그러나 무역수지 흑자국가들 중에서 수출에 의존하여 경제성장을 추구하는 국가들은 자국의 가격경쟁력을 유지하기 위해 통화가치가 평가절상(平價切上)되는 것을 원하지 않는다. 이것이 바로 미·중(美·中) 환율전쟁의 본질이다.

1990년대 후반 외환위기를 경험하였던 아시아 지역의 국가들은 무역수지 적자는 곧 외환위기로 이어질 수 있다는 뼈저린 교훈을 얻었다. 따라서 지속적인 무역수지 흑자를 통하여 가능한 한 많은 외환을 확보하고자 하였다. 결과적으로, 무역수지 흑자 국가(예로서 중국)의 정부들은 자국 통화가치의 평가절상(平價切上)을 제어하기 위해 수출을 통해 유입되는 미(美) 달러를 사들이게 되면 이를 다시 가장 안전한 금융자산으로 인식되는 미국 국채 혹은 주택저당증권(MBS: Mortgage-backed Securities)과 같은 구조화된 채권(Structured Credit Products)에 투자한다.

이 결과, 무역수지 적자국(예로서 미국)의 무역수지 적자액은 무역수지 흑자국(예로서 중국)의 해외간접투자 형태로 다시 미국으로 '귀환(歸還)'하게 되어 미국의 과다 유동성을 야기·팽창시켰다. 이것은 다시 미국의 금리가 장기간 낮은 수준에 머무를 수 있는 바탕이 되었다. 아시아 국가들에서 지속적으로 유입되는 달러자금으로 인해 투자가들은 자본의 조달 금리 상승에 대한 부담 없이 단기로 자금을 차입하여 수익률이 높은 장기 위험 자산에 투자하게 되었다. 특히, 부동산 시장이 매력적인 장기투자 대상으로 부상하였다. 구조화된 채권(Structured Credit Products)을 이용한 금융공학기법은 부동산 시장으로의 자금유입을 가속화시켰고, 결국 부동산 자산가격의 급격한 상승을 야기하였다.

그 덕분으로, 미국의 소비자들은 비록 소득은 증가하지 않았더라도 이와 같은 주택가격의 상승에 따른 자본이득(Capital Gain)을 통하여 가계 소비를 늘릴 여력을 가지게 되었다. 소비의 증가를 통해 미국의 경제는 성장하였고, 그 덕분으로 중국은 미국에 대한 무역수지 흑자를 유지할 수 있었다. 이것이 2000년대 이후 글로벌 무역수지 불균형 상황 속에서 세계경제가 5%에 이르는 고(高)성장을 할 수 있도록 만드는 선순환 구조가 되었다. 또한 저(低)금리 구조하에서 방만한 대출(모기지 증권 발행: 2000년 대비 2003년 4.4배, 2007년 3.1배 증가)이 이루어졌으며, 동시에 증권화 및 신용파생금융상품의 발달로 레버리지(Leverage)가 크게 상승하였다. 이에 따라 거래 상대방의 위험(Risk)이 크게 증가하였다.

상기한 '미국의 무역수지 적자→무역수지 흑자국(특히 중국)의 미국 국채 혹은 채권에의 해외 간접투자→미국의 과다 유동성' 구조하에서, 미국 민주당의 빌 클린턴(Bill Clinton, 재임: 1993~2001) 정부가 1995년 시장 원리에 역행하는 과도한 지원제도인 '공동체 재투자법(Community Reinvestment Act)'을 도입하였다. 그러나 상기 제도는 저(底)소득층 주택 소유를 늘리기 위해 금융회사에 주택대출 심사를 완화하도록 하고, 저(底)소득층 주택대출 실적을 금융회사의 평가 기준으로 삼도록 하였는데, 이것이 바로 미국의 주택버블을 촉발하였다.

따라서 담보 여력이 없고 신용상태가 좋지 않은 수많은 사람들에게 대출을 해주었을 뿐만 아니라 대출을 해줄 돈이 부족하다 보니 담보로 잡았던 부동산의 채권을 다시 모아서 이것으로 또 다른 담보를 제공하고 채권을 발행하여 이 채권을 투자자에게 판매하여 부동산 대출 자금을 다시 확보하였다. 이 자금은 또다시 신용이 좋지 않은 수많은 사람의 부동산 담보 대출로 활용되었다. 이와 같은 '자산 담보부 채권(MBO, CDO 등)'은 미국을 비롯한 세계의 금융기관에 소개되고 팔렸다. 물론, 이러한 채권들 역시 신용등급을 분류하여 투자 등급을 지정하고 이것을 프레디 맥(Freddie Mac)이나 페니 메이(Fannie Mae)와 같은 채권 보증 회사의 보증을 받고 투자하였다. 이러한 가운데, 국제 원자재 가격(특히 석유가격)이 상승하고 인플레이션이 확산됨에 따라 미국의 저(低)금리 정책이 고(高)금리 정책으로 전환하였다. 바로, 이것이 주택시장의 버블을 붕괴시켰던 것이다. 이 과정에서 부동산의 자산가치가 거품과 함께 폭락함에 따라 이를 담보로 대출해준 금융기관들(예로서 Lehman Brothers, Merrill Lynch 등)이 2008년 9월 15일 파산하였다.

그러나 부동산 시장의 붕괴로 인하여 담보로 잡았던 부동산 가격이 폭락하면서 부실화되었고 투자했던 '자산 담보부 채권(MBO, CDO 등)'들은 거의 휴지 조각이 되었다. 이 담보로 돈을 빌렸던 사람들이 상환불능 상태로 파산함에 따라 대출 업체는 부실화되어 파산하였고, 이들 채권들을 담보로 또 돈을 빌려줬던 투자은행(IB)들이 부실화되어 파산하였으며, 이들 채권들에 투자했던 수많은 금융기업들이 결손처리하거나 부실화되었고, 채권보증회사(Freddie Mac, Fannie Mae 등) 역시 부실화되었다. 결국, 미국정부가 공적자금을 투입하였다.

사실, 미국의 투자은행(IB)들이 개발하고 시장에 내놓았던 수많은 신용파생금융상품들은 아무런 규제 없이 검증되지도 않은 상태에서 일반 투자자들을 현혹시켰다. 월가(Wall Street)로 대표되는 미국의 금융시장이 전(全) 세계의 자본을 상대로 미국의 '사기도박'을 한 것이나 다름없었다. 왜냐하면 그 위험성을 이미 알고 있었으면서도 제대로 알리거나 통제하려는 생각 없이 엄청난 자금을 끌어모았고 그것으로 자신들의 배를 불리는 데 이용했기 때문이다. 여기에 전(全) 세계의 모든 금융기관들도 동참하여 들러리 역할을 하였고 엄청난 자금을 투자하였다. 이들은 미국 정부나 월가(Wall Street)의 발표를 맹신하고 제때에 적절한 조치를 취하지 못한 채 넋 놓고 당하였던 것이다.

이 결과, 투자은행(IB)들은 금융기관들을 외면하고 자금 회수에 들어갔으며, 이로 인해 자본이 빠져나간 수많은 국가들이 휘청거리기 시작하였다. 또한 금융기관들에 대한 신뢰를 잃은 고객들 역시 자금을 금융기관에 맡기는 것조차 두려워하고 있다. 이제는 세계가 하나의 경제권으로 묶여 있기 때문에 월가(Wall Street)를 덮친 2008년 하반기 글로벌 금융위기는 '쓰나미(tsunami)'가 되어 세계경제를 강타했던 것이다.

요컨대, 2008년 하반기 '글로벌 금융위기'의 발생 원인은 신(新)자유주의(New Liberalism)가 풍미(風靡)해왔던 지난 30년 동안 통제되지 않았던 금융기관의 관리·감독 기능의 부족 및 금융시스템의 위험성, 단기 수익 추구 방식의 주주자본주의 기업경영의 문제점뿐만 아니라 극심한 소득 및 부(富)의 불평등, 사회양극화의 심화라는 것이다. 결국, 2008년 하반기 글로벌 금융위기는 발생배경, 파급경로 및 확산범위의 측면에서 보면 세계대공황(1929~1939)과 유사한 패러다임 변화를 겪게 될 것으로 전망된다:

① 큰 정부(Big Government)로의 회귀이다. 최근 반(反)월가 시위 등 사회적 갈등은 1980년대 이후 풍미(風靡)해왔던 신(新)자유주의(New Liberalism)를 퇴조시킬 것이며, 이에 따라 친(親)서민정책(복지지출 확대, 부자세 도입)의 도입이 촉진될 것이고, 상대적으로 대기업 규제가 강화될 것이다.

② 신(新)보호주의(New Protectionism)가 확산될 것이다. 글로벌 무역수지 불균형은 해당 국가의 정치적 이해와 맞물려서 다시 신(新)보호주의 확산(무역 및 환율 분쟁의 상시화, 폐쇄적 경제 블록화, 자원무기화 심화 등)을 자극하고 있다.

③ 국제경제질서가 다극화(Diversification of International Economic Order)될 것이다. 중국 등 신흥국의 급부상에 따라 미국의 경제패권 약화 및 국제금융질서 재편이 가속화되고 있다. 이와 동시에, 미·중(美·中)의 기축통화 전쟁이 심화되고 있다.

그러나 역사는 보호무역주의(Trade Protectionism)의 폐해를 인류에게 가르친다. 세계대공황(1929~1939) 직후인 1930년 미국은 스무트 홀리 관세법(Smoot-Hawley Tariff Act)을 만들어 자국 업체 보호에 나섰다. 상기 법은 2만여 개 수입 공산품에 평균 59%, 최고 400%에 이르는 고율관세를 물렸다. 미국의 조치는 즉각 교역상대국들의 보복(환율 조작, 즉 경쟁적 평가절하와 무역 통제 등 각종 보호주의 처방)을 불러일으켰다. 그 결과, 미국의 수출은 1929년 52억 달러에서 1932년 16억 달러로 급락했고 동 기간 세계무역 총액은 360억 달러에서 120억 달러로 격감했다.

이와 같이 이웃의 희생을 발판으로 자국 경제를 살리려던 미국의 '근린궁핍화(beggar-thy-neighbor)' 정책은 지구촌을 궁핍으로 몰아넣었으며 나아가 세계경제를 공멸(共滅)의 지경에 몰아넣었다. 미국 주요 증시 지수인 다우존스지수가 사상최대인 25,000p를 돌파(2018.01.04 기준)하였고 일본 니케이, 중국 상하이, 홍콩H지수 또한 최고점이나 전고점에 육박하였다.

사실, 미국 무역수지 적자의 원인은 국가경쟁력(competitiveness) 상실이 아니라 재정적자(Budget Deficit) 증가라고 로널드 윌슨 레이건(Ronald Wilson Reagan, 1911~2004) 행정부(1981~1989) 시기 1982년 10월~1984년 7월 동안 대통령 경제자문위원장(Chair of the Council of Economic Advisers)을 역임한 마틴 펠드스타인(Martin Feldstein)이 1983년 대통령 경제 보고서(Economic Report of the President)를 통해 주장했다. 즉, 재정적자가 강(强)달러 및 무역적자를 초래한다는 것이다.

회고해보면, 1980년대 초·중반, 미국경제가 세계 GDP에서 차지하는 비중 감소·생산성 향상 둔화·실업률 폭등 등의 경제적 문제에 직면함에 따라 미국에서 신(新)보호주의(New Protectionism) 압력이 높아졌다. 이때 미국인들의 우려에 결정타를 날린 것이 '대(對)일본 무역수지 적자 확대'였다. 1980년 미국 GDP 대비 무역적자 비중은 0.7%였으나 1985년 2.8%, 1987년 3.1%로 대폭 증가하였는데, 이 중에서 대(對)일본 무역적자가 차지하는 비중은 절반 가까이에 달했다. 미국인들은 무역적자 폭 확대를 '세계 상품시장에서 미국의 국가경쟁력(competitiveness)이 악화됨을 보여주는 상징'으로 인식했으며, 특히 전자·반도체 등 하이테크 산업(high-tech) 및 제조업(manufacturing)에서 미국 기업이 일본 기업과의 경쟁에서 패배했다고 받아들였다. 따라서 "국가경쟁력을 회복하고 일본과의 경쟁에서 승리하기 위해서 보호주의(protectionism) 및 산업정책(industrial policy)이 필요하다"는 주장이 정치인·관료·대중들에게 영향력 있는 학자들 사이에서 강하게 제기되었다. 이처럼 1980년대 초·중반 미국에서는 어느 때보다 보호무역주의(Trade Protectionism) 압력이 증대되었고 자유무역 사상을 비판하는 목소리가 커졌다.

여기서 유의할 것은 다음과 같다: 최근의 경제위기는 2007년 여름에 시작되었다고 알려져 있지만, 실제로는 규제철폐(Deregulation)와 세계화(Globalization)로 완곡하게 불리며 20년간 계속되어온 방종(放縱)의 결과이라는 점이다. 세계 각국은 재정지출, 제로 금리, 세 차례의 통화량의 양적 완화(Quantitative Easing), 수조 달러의 구제 금융, 은행 유동성 공급 등을 들 수 있다.

그러나 2008년 하반기 글로벌 금융위기는 본질적으로 수습된 것이 아니라 정부와 중앙은행의 경기부양 정책으로 일시적으로 잠복된 것이다. 즉, 2008년 하반기 '글로벌 금융위기'의 발생 원인은 신(新)자유주의(New Liberalism)가 풍미(風靡)해왔던 지난 30년 동안 통제되지 않았던 금융기관의 관리·감독 기능의 부족 및 금융시스템의 위험성, 단기 수익 추구 방식의 주주자본주의 기업경영의 문제점뿐만 아니라 극심한 소득 및 부(富)의 불평등, 사회양극화의 심화라는 것이다.

마이클 무어(Michael Moore)의 다큐멘터리(2009년)는 미국 사회에서 '사회정의(Social Justice)'가 2008년 금융위기로 인하여 무참히 짓밟혔다는 것을, 그러나 대다수 시민들은 자조적으로 체념하고 있다는 것을 각각 알려준다. 미국 시민들의 허탈과 분노는 다음과 같은 사실에서 역력히 나타났다:

리먼 브라더스(Lehman Brothers Holdings Inc.)는 결국 무너졌고, 메릴 린치(Merrill Lynch)는 합병되었다. 그리고 5천 억 달러의 AAA의 CDO 채권을 가진 AIG 역시 무너져버렸다. 그 후, 미국 연방준비제도이사회 의장(당시)인 벤 버냉키(Ben Shalom Bernanke)의 적극적인 구조 작업이 이루어졌고 그의 작업은 '성공적'이었다. 그러나 벤 버냉키(Ben Shalom Bernanke)의 구조작업은 사실상 국회와 행정부의 권한을 침해하는 것이었고, 미국의 금융회사들을 모두 구제해줌으로써 심각한 도덕적 해이를 저질렀다.

벤 버냉키(Ben Shalom Bernanke)의 구제금융이 실시된 후, 미국 시민들은 AIG의 보너스 사태, 다른 거대 은행들의 호화파티 혹은 제트기 구입 등을 목격하였다. 이와 반면에, 미국 시민들은 은행으로부터 자신이 살아온 주택들을 가(假)압류당하고 자신들이 근무하는 공장이 정지되는 상황을 목격하게 되었다. 결국, 미국 시민들은 분노하였다. 거대 은행들은 시민들의 돈으로 도박을 하고 그것을 잃자 미국 정부가 앞장서서 그들을 모두 구제해준 반면에 가난한 미국시민들은 '카트리나 사태(2005년)'의 경우처럼 그저 당하기만 하였던 것이다.[1)]

여기서 저자가 제기하고자 하는 의문은 다음과 같다: 현재 미국사회의 참상(慘狀)은 존 스타인벡(John Steinbeck)의 「분노의 포도」(The Grapes of Wrath, 1939년)와 무엇이 다른가? 오클라호마로부터 캘리포니아로 이주한 빈농들과, 2008년 하반기 글로벌 금융위기로 인하여 20여 년 거주하던 아파트에서 쫓겨나는 도시빈민들의 차이는 무엇인가? 저자는 상기의 질문을, 마이클 무어(Michael Moore)에게보다는, 평범하되 선량한 미국 시민들에게 질문하고 싶다.

미국 의회 금융위기조사위원회는 세계대공황(1919~1929) 이후 최악의 글로벌 금융위기의 원인을 규명하기 위해 청문회(2010.01.13)를 열어 골드만 삭스(Goldman Sachs)의 로이드 블랭크페인(Lloyd Craig Blankfein), 제이피 모건 체이스(J. P. Morgan Chase & Co.)의 제이미 다이먼(James L. Dimon), 모건스탠리(Morgan Stanley)의 존 맥(John Mack), 뱅크 오브 아메리카(BOA: Bank of America)의 브라이언 모이니핸(Brian Moynihan)을 증언대에 세웠다. 필 앤절리데스(Phil Angelides) 위원장은 "정부 지원으로 수조달러를 받은 와중에 기록적인 이익과 보너스를 챙겼다는 보도는 생계를 유지하려고 분투하는 많은 가족들에게 혼란을 주었고, 국민들은 분노하고 있다"고 격노했다.

---

1) '카트리나 사태(2005년)'에서 허리케인 카트리나(Hurricane Katrina)는, 2005년 8월 말, 미국 남동부를 강타한 최고 시속 280km의 강풍과 폭우를 동반한 초대형 허리케인이다. 피해지역은 뉴올리언스 주, 루이지애나 주, 미시시피 주, 앨라배마 주 등 미국 남부지역이었다. 이 지역의 살고 있는 주민 중 2만 명 이상이 실종되었고, 구조된 사람들은 인근 슈퍼 돔에 6만 명 이상, 뉴올리언스 컨벤션 센터에 2만 명 이상 각각 수용되었다. 2006년 4월까지 집계된 바에 따르면, 카트리나로 인한 사망자 수가 1,605명에 달했다. 또한 인명피해와 더불어, 주택·상가가 완전히 침수되어 약탈과 전염병이 발생하였다. 이로 인해 미국 남부 산업시설이 마비되어 한동안 미국의 경기가 침체되었고 국제유가가 상승하는 등 세계경제에도 악영향을 끼쳤다.

누리엘 루비니(Nouriel Roubini) 교수(뉴욕대)는 그의 저서인 「위기경제학」(Crisis Economics, 2001년)에서 미국 금융기업의 도덕적 해이와 미국 정부의 사회정의 부재를 지적하고 있다. 그는 "파산 없는 자본주의는 지옥 없는 기독교와 같다"고 비판하였다.

그러나 벤 버냉키(Ben Shalom Bernanke)는 '파산 없는 자본주의'를 만듦으로써 특히 '부자들은 결코 무너지지 않는다'라는 일종의 신화(神話)를 만들어 버렸다. 이 신화(神話)를 위하여, 그는 가난한 시민들의 세금을 투입했다. 결과적으로, 글로벌 금융위기에서, 미국 정부는 부자들에게 최상의 '금융 복지'를 해준 셈이다. 그 대신에, 미국의 '사회정의(Social Justice)'는 고색창연한 조지아주 애틀랜타(Atlanta, Georgia)에서가 아니라 세계정치의 중심지인 워싱턴에서, 또한 허리케인 카트리나(Hurricane Katrina)가 휩쓸고 지나간 뉴올리언스(New Orleans)가 아니라 세계 경제의 중심지인 뉴욕에서 '바람과 함께 사라졌다.'

2) 유럽 재정위기

2008년 9월 15일 리먼 브라더스(Lehman Brothers)의 파산을 계기로 '글로벌 금융위기(Global Financial Crisis)'가 전면적으로 폭발하고 세계적 차원으로 확산되었다. 설상가상으로, 2010년 5월 그리스에서 재정위기(Fiscal Crisis)가 발발하였고 이것은 다시 남(南)유럽의 국가부채 위기로 확산되었다.

사실, 지난 30년 동안 신(新)자유주의(New Liberalism)의 한 축(軸)인 미국식 금융자본주의(Financial Capitalism)의 구조적 모순이 노출됨에 따라 글로벌 금융위기(Global Financial Crisis)가 발발한 것이며 신(新)자유주의(New Liberalism)의 또 다른 축(軸)인 유로 통화동맹(유로존)의 구조적 모순('재정통합 없는 통화동맹')이 야기시킨 것이 유럽의 재정위기(Fiscal Crisis)이다.

다시 말하면, 미국이 금융자본주의(Financial Capitalism)를 통해 과거 30년 동안 자본주의의 활로를 찾았듯이 유럽은 유로 통화동맹을 통하여 미국과 경쟁할 수 있는 활로를 찾았으나 미국식 금융자본주의(Financial Capitalism)가 규제 없는 자유시장과 시장의 자기조절 메커니즘의 실패로 인하여 붕괴된 것처럼, 재정이 통합되지 않은 상태에서 상품·자본·노동의 자유로운 이동과 유로(Euro)라는 하나의 통화로 경제권을 묶으려던 '유럽식 자유시장'의 실험도 유럽의 재정위기(Fiscal Crisis)로 인하여 실패하였다는 것이다.

유로체제의 역사는 1951년 파리조약에 기초한 유럽석탄 및 철강공동체(European Coal

and Steel Community)에서 시작되었다. 1957년 로마조약(Treaty of Rome)으로 시작된 유럽경제공동체(EEC)는 유럽의 정치 · 경제 통합을 실현하기 위하여 1993년 11월 1일 발효된 마스트리히트 조약(Maastricht Treaty)에 따라 유럽 12개국이 참가하여 유럽연합(EU: European Union)을 결성하기로 했다.2) 원래 유럽경제공동체(EEC: European Economic Community) 회원국은 벨기에 · 프랑스 · 서독 · 이탈리아 · 룩셈부르크 · 네덜란드였으며 1973년에 덴마크 · 아일랜드 · 영국, 1981년에 그리스, 1986년에 포르투갈 · 스페인, 1995년에 오스트리아 · 핀란드 · 스웨덴 등 유럽자유무역연합(EFTA: European Free Trade Association) 회원국이 모두 가입하였다. 2004년 폴란드 · 헝가리 · 체코 · 슬로바키아 · 슬로베니아 · 리투아니아 · 라트비아 · 에스토니아 · 키프로스 · 몰타 등 10개국이 가입하였고, 2007년 불가리아 · 루마니아가 새로 가입함으로써 가맹국 수가 총 27개국으로 늘어났다.

유럽연합(EU: European Union)의 역사를 개관하면 다음과 같다. 1950년 프랑스의 로베르 슈만(Robert Schuman)과 독일의 콘라드 아데나워(Konrad Adenauer)는 유럽석탄철강공동체(ECSC: European Coal and Steel Community)에 대한 구상을 발표하였다. 독일의 재무장을 억제하려는 프랑스와 전후 상실된 국제적 영향력을 제고하려는 독일의 이해, 유럽공동시장의 창출을 통한 경제적 효과를 기대한 이탈리아와 베네룩스 3국의 이해가 합치하여, 1951년 파리조약에 따라 유럽석탄철강공동체(ECSC)가 설립되었다.

또한 1957년 로마조약에 따라 유럽경제공동체(EEC: European Economic Community)와 유럽원자력공동체(Euratom: European Atomic Energy Community)가 출범하였으며, 1965년 합병조약(Merger Treaty)으로 각 공동체가 집행위원회, 유럽의회 등의 기관을 공유하게 되었다. 이후 유럽연합(EU)의 발전과정은 대략 다음과 같은 3단계로 나누어볼 수 있다:

① 유럽석탄철강공동체(ECSC)의 탄생부터 룩셈부르크 타협으로 회원국가의 거부권을 인정한 1966년까지가 탄생과 성장의 시기이다.

② 정체와 부활의 시기로 1966~1985년이다. 이 시기에 대부분의 유럽 국가들은 국민국가 단위의 발전전략, 즉 케인스주의적 모델에 입각한 복지국가 건설을 추진하였다. 따라서 각국이 일국적 발전전략을 추진하였기 때문에 일반적으로 이 시기를 EU의 정체기라고 평가하나 그 성과는 결코 무시할 수 없다.

2) 유럽의 정치 · 경제 통합을 실현할 목적으로 1957년 유럽경제공동체가 출범한 이후 단일 유럽법과 마스트리히트조약에 의한 유럽공동체(EC: European Community)의 새로운 명칭이다. 주요 활동은 관세동맹, 유럽정상회담 개최이며, 2008년 현재 가입국은 모두 27개국이다.

1968년 회원국 간의 관세장벽을 철폐하고 대외공동관세정책을 마련함으로써 관세동맹(Customs Union)을 창설하였으며, 1969년 대외정책에 대한 정기적인 자문을 수행하는 유럽정치협력체(EPC: European Political Cooperation)를 설치하였다. 또 1970년 회원국가의 부가가치세 일부를 공동체의 수입으로 할당하기로 결정하고, 1975년 공동체 예산결정 과정에서 유럽의회의 권한을 강화하는 조정절차를 도입하였다.

1975년부터 정책결정 과정에서 중요한 영향력을 행사하는 유럽정상회담(European Council)을 정기적으로 개최하기 시작하였다. 또한 이 단계에서는 1971년 베르너 보고서(Werner Report)에 기초하여 통화동맹을 모색하고, 1978년 유럽통화제도(EMS: European Monetary System)와 환율조정장치(ERM: Exchange Rate Mechanism)를 발족하여 통화정책에 대한 협의가 이루어졌다.

③ 새로운 도약의 시기로 1985년부터 현재까지이다. 이 시기의 특징은 1991년의 마스트리히트조약인데, 유럽단일통화의 창출을 추진하고 EC를 EU로 변경하여 공동체 통합에 일보 진전을 이룩하였다. 하지만 EU는 EC와 달리 법률적 실체는 아니며 유럽통합(European Integration)을 추진하는 추상적 주체 개념이다.

나아가, 유럽은 1999년 통화동맹을 만들면서 단일통화지역인 유로체제를 출범시켰다. 그 결과, 현재 27개국이 유럽연합(EU)에, 17개국이 유로 통화동맹(유로존)에 각각 가입했다. 유로체제의 목표는 유럽의 꿈인 '하나의 시장, 하나의 통화'라는 구호아래 상품, 자본, 노동의 자유로운 이동을 통해 유로 회원국가들 사이의 경제력 격차를 줄이고 유럽 경제를 부흥시키는 것이다. 이 시도는 정치적으로는 '유럽 연방주의' 이상을 실현하여 전쟁을 방지하고, 경제적으로는 '자유시장'을 통해 경제를 도약시키려는 목표를 겨냥하고 있다.

(1) 유럽 재정위기의 구조적 요인

미국은 금융자본주의(Financial Capitalism)를 통해 30년 동안 자본주의의 활로를 찾았다면 유럽은 유럽지역 경제동맹과 유로 통화체제 창설에 의해 미국과 경쟁할 수 있는 활로를 찾았다. 그러나 규제 없는 자유시장과 시장의 자기조절 메커니즘이 미국식 금융자본주의에서 붕괴된 것처럼, 상품·자본·노동의 자유로운 이동과 유로(Euro)라는 하나의 통화로 경제권을 묶으려던 유럽식 자유시장 실험도 실패하였다.

다시 말하면, 지난 30년 동안 신자유주의(New Liberalism)를 주도했던 한 축인 미국식 금융자본주의(Financial Capitalism)의 구조적 모순이 노출됨에 따라 또 다른 축인 유로 통화동맹(유로존)의 위기가 야기시킨 것이 바로 현재의 유럽의 재정위기(Fiscal Crisis)다. 즉, 미국식 자유시장 금융시스템이 실패한 것처럼 유럽식 통화동맹(Monetary Union)의 자유시장도 실패한 것이다.

유로 단일통화지역, 즉 유로체제는 컬럼비아대학 로버트 먼델(Robert Mundell) 교수의 '최적통화지역이론(A Theory of Optimum Currency Area)'3)에 기초하고 있다. 그의 '최적통화지역'은 각국 화폐의 환율이 일정한 범위 내에서 변동하는 것을 인정하는 느슨한 형태와 자국 화폐를 포기하고 단일 통화(유로)를 도입하는 강력한 형태로 구분할 수가 있다.

로버트 먼델(Robert Mundell) 교수에 따르면, 단일통화지역이 성공적으로 운영되기 위해서는 각국의 경상수지 불균형에 대한 조정메커니즘이 제대로 작동되어야 한다. 여기서 조정메커니즘의 핵심은 실질환율을 통한 경상수지 불균형 조정능력이다. 즉, 경상수지 흑자국의 물가가 오르면서 실질환율은 낮아지는 반면, 경상수지 적자국의 물가는 내려가면서 실질환율은 높아져 역내 흑자국과 적자국의 경상수지 불균형이 조정되는 것이다.

여기서 유의할 것은 2가지이다. 첫째, 로버트 먼델(Robert Mundell) 교수의 '최적통화지역이론(A Theory of Optimum Currency Area)'은 재정적자에 대한 조정메커니즘은 포함하고 있지 않으며, 재정 건전성이 훼손된 국가는 단일통화지역에서 탈퇴하는 것을 조건으로 하고 있다는 점이다. 둘째, 유럽은 1992년 마스트리히트 조약을 맺고 1999년 유로(Euro)를 창설하면서 '유럽의 꿈'을 실현하기 위한 대장정(大長程)으로서 통화(유로)를 통합했지만 재정은 통합하지 않았다는 점이다.

2011년 12월 5일 독일과 프랑스는 EU 회원국 회의에서 85%의 찬성을 얻으며 재정적자 기준을 충족시키지 못하는 국가에 대해 제재가 가능하도록 'EU 안정·성장 협약'의 절차를 개정하였다. 이어서, 2011년 12월 9일의 유럽 정상회의는 유럽연합(EU)이 당장 필요한 것은 '재정동맹(Fiscal Union)'인데 엉뚱하게도 재정긴축을 강화하자는 '재정안정동맹(Fiscal Stability Union)'을 결의했다. 즉, 현재까지는 EU 회원국의 재정적자의 상한선을 GDP 대비 3% 이내로, 정부부채 비율의 상한선을 GDP 대비 60% 이내로 각각 설정하고 있다.

2011년 12월 9일 재정위기(Fiscal Crisis)의 벼랑 끝에 몰린 유럽정상회의가 '재정통합(Fiscal Integration)'에 가까운 '신재정협약 체제'를 영국을 제외하고 대체로 합의했지만 그

3) R. Mundell(1961), "A Theory of Optimum Currency Area", American Economic Reviews.

협약은 재정적자를 내지 않도록 하는 규칙을 지키지 않으면 제재를 가한다는 것뿐이다. 현재, 유로존(Euro Zone, 유로화 사용 17개국)이 필요로 하는 것은 재정적자와 채무 한도를 지키지 못하는 회원 국가를 '제재하는 수단'이 아니라, 실질적으로 재정이나 자금을 '지원하는 수단'이다. 즉, '제제 협약'이 아닌 '지원 협약'이 필요한 것이다. 따라서 2011년 12월 9일 정상회의로 유럽의 재정위기는 해결될 수 없었다.

또한 EU 집행위원회, 유럽중앙은행(ECB) 또는 유럽사법재판소(ECJ)에 개별 회원국 예산 편성 개입과 위반국에 대한 실질적 처벌 권한을 부여하여야 하는데 일부 국가들이 이에 대해 반대 입장을 표명하였다. 따라서 상기의 규칙을 위반해도 제재할 수 없게 되어 있다. 사실, 지금까지 모두 60차례에 걸쳐 위반사례가 있었으나 실질적으로 제재를 받은 EU 회원국은 전무(全無)하다. 독일은 이러한 허점이 유로존(Euro Zone)에 대한 신뢰 상실을 가져왔다고 지적하였다.

조지프 스티글리츠(Joseph Eugene Stiglitz, 1943~현재) 교수는 "유럽이 그리스와 같이 심각한 경제난에 빠진 국가들에게도 필요한 도움을 주지 않고 재정긴축 정책만 편다면 유로존(Euro Zone)은 해체될 것이 거의 확실하다"고 비관적으로 전망했다.[4)]

그동안 독일은 유로존(Euro Zone, 유로화 사용 17개국)의 통화동맹(Monetary Union)으로 수출시장이 확대되고 마르크화에 비해 약세인 유로화를 사용함으로써 수출경쟁력 증진 등으로 최대 수혜를 누렸다. 따라서 남유럽의 재정위기 해결을 위해 당연히 책임 있는 자세를 보여야 하지만 독일은 1990년 동·서독 통일 후 10년간 막대한 돈을 투입한 경험을 재현할 생각이 전혀 없으며 남(南)유럽 국가들의 방탕을 비난함으로써 유럽공동체의 의무를 외면하고 있다고 비판을 받고 있다.

그러나 남(南)유럽 국가들의 방만한 재정지출에서 비롯된 유럽 재정위기(Fiscal Crisis)는 근본적인 측면에서 보면 환율의 조정메커니즘이 작동할 수 없는 유로체제의 구조적 위기라고 말할 수 있다.

첫째, 유로체제의 구조적 요인은 단일통화인 유로화를 채택함으로써 남(南)유럽 국가들은 환율이나 금리를 통제할 수 있는 권리를 포기했다는 점이다. 이 결과, 남(南)유럽 국가들의 대부분은 경상수지 적자 국가들로서 대외채무가 팽창했지만 환율정책이나 통화정책 등을 사용하여 무역수지 및 자본수지의 불균형을 개선할 수 없다. 그 이유는 이들 국가들이 단일 통화인 유로화를 공통으로 사용하고 있기 때문이다. 나아가, 통화동맹(Monetary Union)에 참여함으로써 스스로의 자국의 통화주권을 포기한 결과, 유로지역 국

4) Stiglitz, BBC interview, 2011.10.

가들은 금융시장에 위기상황이 발생해도 자신의 통화를 발행할 수 없다. 따라서 국채시장의 자금조달 경로가 붕괴된 상황에 직면하게 되었다.

예로서, 이탈리아나 스페인은 유로표시 국채를 발행하고 있지만, 국채금리를 조절하기 위한 통화정책에 개입할 수 없다. 따라서 경상수지가 적자인 남(南)유럽 국가들은 유로 표시의 국채를 발행함으로써 경상수지 흑자 국가들로부터 자본을 수입할 수밖에 없다. 이에 비해 독일, 오스트리아, 네덜란드 등의 경상수지 흑자는 더욱 늘어났다. 독일의 경우 1990년 통일 이후 경상수지 적자를 기록했으나, 유로화를 채택한 이후 2002년부터 경상수지 흑자를 기록하기 시작하여 현재 GDP의 5%가 넘는 막대한 경상수지 흑자를 기록하고 있다.

일반적으로, 경상수지 적자국의 명목환율을 평가절하하는 반면에 경상수지 흑자국은 명목환율을 평가절상함으로써 경상수지 불균형은 시정될 수 있다. 그러나 EU 회원국들은 '유로(Euro)'라는 단일통화를 채택하고 있기 때문에 명목환율의 조정은 불가능하다. 이 결과, 명목환율의 조정 메커니즘이 무용(無用)하게 됨에 따라 경상수지 적자는 지속적으로 확대되었다.

특히, 재정통합(Fiscal Integration)이 이루어지지 않은 상황에서, 재정지원 메커니즘은 아예 존재하지 않으며, 이 결과 재정위기에 직면한 유럽 국가들은 개별적으로 국채시장에서 유로 표시의 채권을 발행하여 자체 자금을 조달할 수밖에 없다.[5)]

그렇다면 '유로 차원의 국가 개입＝재정 통합'은 실현될 수 있는가? 거의 불가능에 가깝다. 왜냐하면 이웃 국가 시민들의 고통 경감을 위해 자국 시민의 세금을 기꺼이 더 납부할 수 있다는 '연대 의식(유럽 시민의식)'이 없고서는 진정한 '조세 통합＝재정 통합'은 불가능하기 때문이다.

과연 유럽의 각 국가 시민들은 유럽 시민(European Citizen)의식이 존재하는가? 그것은 현실적으로 존재하지 않는다. 예로서 유로 단일통화 덕분으로 막대한 경상수지 흑자를 시현한 독일이 유럽의 고통분담에 합류해야 함에도 불구하고 유럽중앙은행(ECB)으로 하여금 남유럽의 국채를 매입을 하는 것도, 유로 채권을 발행하는 것도 반대하고 있다.

통화통합(Monetary Integration)은 경상수지의 관점에서 볼 대 통합이전에 자국 화폐가치가 상대적으로 높은 국가에게 유리하다. 왜냐하면 단일통화를 통해 가격경쟁력을 강화할 수 있기 때문이다. 이와 반면에, 재정통합은 재정적자 국가에게 더 유리하다. 왜냐하면

---

5) 미국의 연방정부는 GDP의 20%에 달하는 예산을 통해 재정위기에 직면한 주(州) 정부에 자금을 이전할 수 있다. 그러나 유럽의회의 예산은 GDP의 1%에 불과하다. 또한 미국에서 주(州) 정부의 재정위기는 연방정부와 공동으로 책임을 지는 반면에 유럽에서는 각 국가의 재정위기는 해당 국가가 단독으로 떠안게 된다.

재정통합(Fiscal Integration)은 재정수지가 상대적으로 건전하거나 흑자인 국가로부터 그렇지 못한 국가로의 재정의 재분배를 가져오기 때문이다. 이와 같은 통합에 따른 편익의 비(非)대칭성으로 인하여, 독일 등 경상수지 흑자국은 재정통합을 서두르고 싶지 않은 반면에, 그리스 및 이태리 등 재정위기를 겪고 있는 국가들은 신속하고 충분한 재정통합을 원하고 있다.

그러나 재정통합(Fiscal Integration)은 중심국 국민들의 반대가 많고 정부 간 이견도 크기 때문에 제대로 진척을 보이지 못하고 있다. 신(新)재정협약은 각국의 재정건전화를 주요 목표로 삼고 있다. 상술하면, 실질적 의미의 재정통합(Fiscal Integration)은 제한적이나마 세입과 세출 기능을 갖는 단일 재무기구가 설립되고 유로존 차원의 정책 공조 및 정부부채 연대보증, 재정이전 등이 시행되는 것을 의미한다. 그러나 공동 채무 부담, 국가 간 재정 이전 등에 재정 우량국 국민들이 얼마나 동의할 수 있을지는 의문이다. 또한 국가 간 세입·세출 정책 공조 강화 및 재정주권의 부분적 이양 등도 달성하기 어렵다.

실질적인 재정통합(Fiscal Integration)을 당장 시행하기 어렵기 때문에 유럽은 '신(新)재정협약'을 통해 우선 각국의 재정건전화부터 달성하려 하고 있다. 2013년부터 시행될 예정인 '신(新)재정협약'은 헌법에 경기변동 요인을 제거한 구조적 재정적자가 GDP의 0.5% 이내가 되도록 제한하고 이를 위반할 경우 자동조정메커니즘의 가동을 명시하자는 것이다. 그러나 2011년 기준으로 동 기준을 초과하는 국가는 유로존 17개국 중 14개국에 달하고, 오차 규모도 큰 상황이어서 수년 이내 이의 달성은 어려울 것으로 전망된다.

둘째, 유로체제의 구조적 요인 중 또 하나는 유로 국채시장의 붕괴를 촉발시킨 근본적인 요인은 바로 유로체제 내부의 국가들 사이에 구조적으로 확대되고 있는 경상수지 불균형이다. 유럽과 달리 미국·일본·영국의 경우 중앙은행이 통화량의 양적 완화 정책을 통해 장기국채 매입을 함으로써 정부가 부담해야 할 국채 이자비용을 낮게 유지할 수 있도록 도와준다. 그런데 유럽중앙은행(ECB)은 '구제금융 금지 조항(리스본 조약 125조)'에 따라 EU 회원 국가의 국채를 원칙적으로 매입할 수 없다. 더구나 인플레이션을 걱정하는 독일이 EU 회원국의 국채 매입을 거부하고 있는 상황이다. 따라서 유럽 국채시장에서 개별 국가는 회사채나 지방채를 발행하는 기업이나 주정부와 크게 다를 바 없이 시장 논리에 따라 국채 이자를 부담해야 한다.

본래 통화동맹(Monetary Union)이라면 '최후의 대부자'로서 유럽중앙은행(ECB)이 할 수 있는 일이다. 미국 연준(Fed)이 이미 그렇게 하고 있다. 물론, 이것은 독일이 '남유럽 국채 매입으로 인한 통화 완화 부담=인플레 부담'을 나눠야 한다는 뜻이고, 유로 채권 발행으로 인한 독일의 추가 금리 부담을 나눠야 한다는 것을 의미한다. 현재 위기에 비하면 아주 작은 고통분담이라고 할 수 있는데, 이것도 못 하는 상황에서 조세와 재정을 함께 나누는 수준의 고통분담을 모든 유럽 회원 국가들이 기꺼이 할 수 있다고는 기대할 수 없는 것이다.

셋째, 유럽의 재정위기(Fiscal Crisis)는 해당 국가의 국제경쟁력 저하로부터 발생하였다고 볼 수 있다. 유로화 통합 이후, 남유럽 국가들은 독일이나 네덜란드 등과 같은 유럽 국가들에 비해 상대적으로 임금이나 물가상승률이 높아져 '고임금－고물가'의 어려움에 직면하게 되었다. 이는 곧 가격경쟁력의 상실로 이어졌고, 이들 국가들의 유로지역 내 무역수지는 만성적인 적자를 기록하게 되었다. 그리고 이 무역적자는 결국에는 외국으로부터 빌려온 돈으로 메꿀 수밖에 없었다. 또한 이들 남유럽 국가들은 유로화로 화폐가 통합되었기 때문에 환율절하라는 정책을 구사할 수 없었고, 오직 재정정책, 즉 재정적자만이 유일한 대응수단이었다.

이탈리아는 2011년 중 1인당 GDP가 3만 6천 달러를 상회하고 명목 GDP 기준으로는 유로지역에서 3위 국가이지만 경제구조가 취약하다. 상술하면, 유로화 출범 이후 환율조절기능이 상실됨에 따라 이탈리아의 높은 물가 상승 및 단위노동비용 증가가 대외경쟁력 약화 및 수출부진을 초래했다. 산업구조를 보면 최근 10년간 제조업 및 도소매·음식·숙박업의 비중이 하락하는 반면 부동산 및 공공부문의 비중이 크게 상승함에 따라 수출을 통한 성장동력이 약화되고 있다. 주력 업종인 섬유·가구산업 및 관광산업이 경기에 민감한 특성을 갖고 있어 2008년 하반기 글로벌 금융위기 이후 선진국의 성장세 둔화에 크게 영향을 받고 있으며 기업도 가족형 중소기업 위주로 구성되어 있어 부가가치 창출에 한계를 보이고 있다. 이와 반면에, 독일은 유로화 출범 이후 꾸준한 성장을 지속하고 있다. 독일은 제조업을 중심으로 산업기반이 견고하다.

한편, 펄 크루그먼(Paul Krugman, 1953~현재) 교수는 "사실 유로존 문제는 재정위기가 아니라 국제수지(balance of payment) 위기"라며 "스페인 등 어려움에 처한 유로존 국가들이 산업경쟁력을 끌어올릴 수 있는 개혁을 통해서만 위기를 극복할 수 있다"고 분석했다. 이와 관련하여, 펄 크루그먼(Paul Krugman) 교수는 "경쟁력 제고를 위해 지금 당장 필요한 것은 대규모 내적 평가절하(internal devaluation)"라며 "스페인 등 위기국들이 과거 호황기 때 과도하게 올려놓은 명목임금과 고비용 구조를 유로존 핵심국가인 독일과 경쟁할 수 있는 수준으로 대폭 삭감해야 한다"고 주장했다.

(2) 유로존의 트라이레마(Trilemma)

유럽은 '트라이레마(trilemma)': ① 국가채무위기, ② 은행위기, ③ 실물경제위기의 악순환 고리에서 좌충우돌하면서 '재정통합(Fiscal Integration) 없는 통화동맹(Monetary Union)'의 수렁에 빠져들었다. '국가채무위기'란 재정적자 확대와 정부부채 증가로 인하여 국가 신용등급이 하향 조정되고 국가부도 위험이 증가하는 상황을 말한다. '은행위기'란 은행부실 확대로 거래상대방 위험(counter-party risk)이 증가하여 은행 간 자금거래가 위축되고 예금인출도 급증하는 상황을 말한다.[6] '실물경제위기'란 긴축 및 신용경색으로 경제침체가 심화되고 고용이 악화됨으로써 세수(稅收)가 감소하여 채무상환 능력이 약화되는 상황을 말한다. 상기한 3가지 위기들은 악순환 고리(negative feedback loop)를 형성하고 있는데 이를 선순환 구조로 전환하지 않는 한, 유로존(유로화 사용 17개국) 위기는 지속적으로 반복할 것이다.

사실, 유로존(유로화 사용 17개국)은 금융이나 재정의 실질적인 통합 없이 단지 단일통화(유로)만을 매개로 한 불완전한 통합으로 출발하였기 때문에 태생부터 파국을 잉태하고 있었다. 정치경제학적 견지에서 보면, 국가 간에 완전한 경제통합(Economic Integration)을 이루기 위해서는 대외적으로 국가주권을 포기하거나 대내적으로 정치적 민주주의를 희생해야 한다. 이것은 소위 '3자(者) 선택의 모순(trilemma)'으로 설명할 수 있다. 즉, 3자(者): 경제통합, 국가주권, 민주정치가 동시에 존재할 수 없고 셋 중에서 둘만 선택할 수 있다는 것이다.

상기한 '늪(트라이레마)': ① 국가채무위기, ② 은행위기, ③ 실물경제위기에서 탈출하기 위해, 유로존(유로화 사용 17개국)은 방화벽 확충, 은행동맹, 재정통합 등을 추진하였다. 우선, 유럽중앙은행(ECB: European Central Bank)과 유럽안정화기구(ESM: European Stability Mechanism)를 중심으로 방화벽을 구축하였다. 유럽중앙은행(ECB)은 무제한 국채매입프로그램(OMTs: Outright Monetary Transactions)에 따라 무제한 국채매입에 나섰다. 2012년 10월 8일 설립한 유럽안정화기구(ESM)는 은행 직접지원, 국채매입 등을 수행하였다. 또한 유럽은 신(新)재정협약(2013년부터 연간 재정적자를 GDP의 0.5% 이내로 한정)을 체결하였고 유럽안정화기구(ESM)는 2013년 말까지 6,000여 개 은행의 감독전환을 유럽중앙은행(ECB)으로 통합했다.

상기한 유로존(Euro Zone)의 3가지 위기(Trilemma): ① 국가채무위기, ② 은행위기, ③

6) 스페인은 2012년 상반기에만 2,198억 유로(GDP의 20%)의 자금이 인출되는 등 뱅크런이 지속됐다.

실물경제위기는 유로존(유로화 사용 17개국)의 금융위기 해결을 지지부진하게 만들고 있다. 즉, 주요 플레이어들이 다차원의 '치킨게임(game of chicken)'[7]의 양상으로 치닫고 있다. 치킨게임의 중요한 축은 중심국가와 주변국가 간의 경제적 이해관계 대립, 유럽중앙은행과 각국 정부 간의 정책목표 차이에 따른 갈등, 그리고 각국 정부 또는 유럽중앙은행(ECB)과 시장투자자들 간의 신뢰성 상실이다. 유로권 국가 정부와 유로경제를 관리하는 기관들은 각자가 포기할 수 없는 정치적·경제적 입장을 지켜야 하기 때문에 서로 쉽게 양보할 수 없는 딜레마에 빠져 있다.

전술한 바와 같이, 유로존(유로화 사용 17개국)은 금융이나 재정의 실질적인 통합 없이 단지 단일통화(유로)만을 매개로 한 불완전한 통합으로 출발하였기 때문에 태생부터 이미 파국을 잉태하고 있었다. 정치경제학적 견지에서 보면, 국가 간에 완전한 경제통합(Economic Integration)을 이루기 위해서는 대외적으로 국가주권을 포기하거나 대내적으로 정치적 민주주의를 희생해야 한다.[8] 이것은 소위 '3자 선택의 모순(trilemma)'으로 설명할 수 있다. 즉, 경제통합, 국가주권, 민주정치가 동시에 존재할 수 없고 셋 중에서 둘만 선택할 수 있다는 것이다.

상술하면, 유로경제가 미국과 같은 완전한 정치통합(Political Integration)으로 발전하기 위해서는 개별국가의 주권을 포기하고 연방정부와 같은 중앙통제적 권력을 가진 주체가 필요하다. 그러나 정치 통합은 단기간에 실현하기 어렵기 때문에 현 상황에서 유로권 경제는 개별국가의 주권을 희생하지 않고 경제통합을 유지해야 한다. 그러나 이 경우 경제정책을 국민의 의사에 따라 민주적으로 선택할 수 없는 딜레마(경제통합, 국가주권, 민주정치를 동시적으로 모두 만족시킬 수 없는 모순)에 빠지게 된다.

결론적으로, '유럽의 위기'를 극복할 수 있는 방안은 재정위기(Fiscal Crisis)의 문제를 신(新)자유주의적 금융(타국 은행에 의한 국채 매입)으로 해결하려고 노력할 것이 아니라 다음과 같은 조치가 필요하다. 즉, 재정통합(Fiscal Integration) 같은 중장기 계획(헌법에 해당하는 리스본 조약을 개정해야 한다)을 실행하기 이전에 다음과 같은 긴급조치부터 취해야 한다. 일단 유럽중앙은행(ECB)이 최종 대부자로서 발권력을 동원하여 부실채권을 사들이고 그 다음에는 유로화의 통화공급 확대를 통하여 유로화 가치의 평가절하를 단행해야 할 것

7) 치킨게임(game of chicken)이란 어느 한쪽이 양보하지 않을 경우 양쪽이 모두 파국으로 치닫게 되는 극단적인 게임을 말한다.

8) 이에 관한 상세한 논의는 Dani Rodrik(2000), "How Far Will International Economic Integration Go?", Journal of Economic Perspectives, Vol. 14, No. 1, pp. 177~186을 참조.

[그림 Ⅱ-2] 유로존 위기는 3가지 위기(Trilemma)의 복합 현상

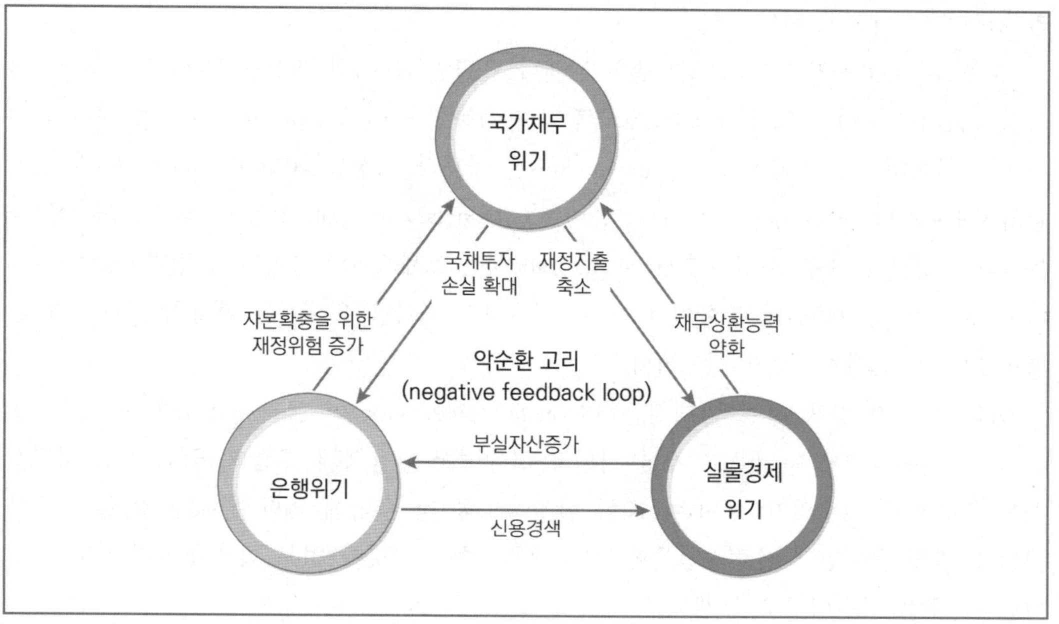

자료: 김득갑(2012), "유로존 위기 진단과 기업의 대응", CEO Information 제868호, 삼성경제연구소, 10.03.

[표 Ⅱ-1] 유로존 주요국의 위험요소와 입장

	위험 요소	입장
그리스	국가부도 직면, 연립정부 불안정, 유로권 탈퇴 임박	유로권 공멸 방지를 위한 대규모 지원
스페인	은행권 취약(부동산 버블 대출), 지방정부 파산, 긴축계획 이행 부실	구속력 약한 구제금융 및 지원
이탈리아	정부부채 과다, 방만한 재정운영	그리스, 스페인 지원에 편승
영국, 프랑스	자국은행의 채권 부실화(프랑스), 유로권 붕괴에 따른 경기침체 장기화	위기 전파 방지 및 파급효과 최소화
ECB (유럽중앙은행)	최후대부자로서의 역할 한계, 방만한 구제금융에 대한 독일의 견제	유로권 사수, 중심국과 주변국의 이해관계 조화
독일	역내 주도국으로서의 재정 부담 및 국내정치적 반발, 유로권 붕괴에 따른 피해 및 책임	피지원국의 강력한 긴축 및 구조조정

자료: 1) BBC, Reuter, Bloomberg, Financial Times 등의 기사를 종합.
2) 윤우진(2012), "세계경제의 위기 재연 가능성과 시사점", e-KIET 산업경제정보 제541호, 산업연구원, 09.04.

이다. 이와 동시에 재정적자를 감수하고라도 교육과 의료, 그리고 약한 유럽 국가의 인프라 건설에 투자해야 한다.

그 이후, 유럽중앙은행(ECB)의 권한 강화나 유럽연합(EU)의 재정통합(Fiscal Integration), 그리고 구조개혁이 필요할 것이다. 궁극적인 유럽통합(European Integration)을 달성하기 위해서는 현재의 통화통합(Monetary Integration)뿐 아니라 재정통합(Fiscal Integration)과 정치통합(Political Integration)이 필요하다. 통화통합(Monetary Integration)은 각 국의 금융주권을 통합하는 것인 반면에, 재정통합(Fiscal Integration)은 조세주권의 통합이고, 정치통합(Political Integration)은 선거주권의 통합이다. 통화와 재정의 통합을 위해서는 개별국가보다 더 큰 힘을 가진 유럽연방정부가 필요하다.

만약 유로존 전체 차원의 재정통합(Monetary Integration)이 불가능하다면, 통화주권을 다시 각 회원국에게 돌려주고 개별 회원국 차원에서 환율정책, 통화와 금리정책, 재정정책을 사용해서 재정위기(Fiscal Crisis)를 탈출하도록 할 수밖에 없다. 유로존 차원의 국가개입을 위해서는 현재 유럽중앙은행(ECB) 외에 준비된 것이 없고 합의를 이루기도 매우 어렵다. 유럽 시민의식도 부재하다.

(3) 위기확산 차단을 위한 체제 정비

유로존은 방화벽 확충, 은행동맹, 재정통합 등을 추진하고 있다. 먼저 유럽중앙은행(ECB: European Central Bank)과 유럽안정화기구(ESM: European Stability Mechanism)를 중심으로 방화벽 확충이 진전을 보이고 있다. ECB는 새로운 국채매입프로그램(OMTs)에 따라 무제한 국채매입에 나설 계획이다. 2012년 10월 8일 출범한 ESM도 은행 직접지원, 국채매입 등을 수행했다.

유럽연합(EU)은 은행동맹의 1차 과제로 은행감독권한의 통합을 추진하고 있다. 2013년 말까지 6,000여 개 은행의 감독권한을 유럽중앙은행(ECB)으로 통합한다는 계획인데, EU 회원국 간 견해 차이로 이 계획이 지연될 가능성이 높다. 재정통합은 위기 해소를 위한 가장 확실한 해법이지만, 리스본 조약(Treaty of Lisbon)[9]과 EU 회원국의 헌법을 개정해야

9) 리스본 조약(Treaty of Lisbon)은 2005년 프랑스와 네덜란드의 국민투표에서 부결된 유럽연합 헌법을 대체하기 위해 개정한 '미니 조약'이다. 유럽연합이사회 의장직과 외교안보정책고위대표직을 신설하는 내용 등을 담고 있다. 2008년 회원국들의 비준 절차를 거쳐 모두 통과되면 2009년부터 발효하기로 한 조약이다. 이 조약은 2009년 12월 1일 발효되었다. 유럽연합(EU) 27개 회원국 정상들이 2007년 10월 18~19일에 포르투갈의 수도 리스본에서 열린 EU 정상 회담에서 합의되었고, 동년 12월 13일에 조약에

하므로 단기간 내에 실현되기는 어렵다.[10)]

그럼에도 불구하고, 유럽연합(EU)은 재정·금융위기를 극복하기 위해 유동성 자금의 확충, 재정건전성의 강화, 국가경쟁력의 강화 등을 위한 조치를 취하고 있다.

첫째, 금융시장에서의 자금유동성 확보를 위한 지원 조치를 시행하고 있다. 그리스에 대한 구제금융 지급 직후, 유로권 국가들은 금융위기의 확대를 방지하기 위해 유럽금융안정기금(EFSF: European Financial Stability Facility)을 임시적으로 설립하였다가 2010년 12월에 유럽안정기구(ESM: European Stability Mechanism)을 도입하여 동일한 기능을 영속적으로 제도화하였다.

둘째, 유럽연합(EU)은 상기와 같은 자금의 유동성을 강화하기 위한 조치들과 더불어, 재정건전성을 근본적으로 강화하기 위한 조치들을 병행하였다. 기존의 마스트리히트(Maastricht) 기준을 '성장 및 안정 규약(Stability and Growth Pact)'의 개정을 통해 재정운용의 감시를 강화시켰다.

또한 각 회원국 사이의 재정정책들을 조정하고 조율하며 통합시키는 조치로서 European Semester가 최근에 도입되었다. 이 제도는 각 회원국들의 재정정책을 상호 평가하는 제도이다. 즉, 각 회원국은 자국의 의회에 예산안을 제출하기 전, 유럽이사회와 각료이사회에 예산을 제출하고 심의를 받는 제도이다. 특히 재정 건전성의 강화를 위한 2011년 12월의 '신(新)재정협약'[11)]이 실시되었다.

셋째, 유럽연합(EU)은 유럽 재정위기(Fiscal Crisis)의 근원적 원인으로 해당 나라들의 국가경쟁력의 하락임을 인식하고 역내 무역수지 불균형을 완화하기 위한 조치들을 2011년 3월의 '유로 협약(Euro Pact)'[12)]을 통해서 도입하였다. 이 협약과 더불어, 2011년 10월에는 '거시불균형 조정규약'을 새로이 제정하였다. 특히 '유로 협약(Euro Pact)'은 '경쟁력 협약(Competitiveness Pact)'이라고도 불리며, 주로 남(南)유럽 국가들의 경쟁력을 높이는 데 초

공식 서명하였다.

10) 김득갑(2012), "유로존 위기 진단과 기업의 대응", CEO Information 제868호, 삼성경제연구소, 10.03.

11) 신(新)재정협약에는 EU 27개국 중 영국과 체코를 제외한 25개국이 가입했다. 신재정협약은 연간 재정적자 비율을 명목 국내총생산의 0.5% 내로 제한하고, 적자가 GDP의 3%를 초과할 경우 자동적으로 제재가 가해지게 되는 것이 주요 골자이다. 또한 회원국들 중 협약을 지키지 않는 국가에 대해서는 유럽사법재판소에 제소할 수 있고, 벌금 집행 등 강제조항이 포함되어 있다. 이와 같은 강제독소조항으로 인해, 영국은 자국의 주권이 침해될 수 있다는 명목으로 가입을 거절했다.

12) 유로지역 내 경제력 격차가 EMU 체제의 안정을 위협할 가능성이 있어 유로지역 회원국들은 사전적 정책조율 및 경쟁력 강화를 위해 2011년 3월 EU 정상회의에서 '유로 플러스 협약'을 체결하였다.

점을 두고 있다. 이 협약은 특히 임금연동제의 폐지나 연금 수령 연령의 연장 등을 포함한 일련의 경제개혁 조치를 담고 있다.

3) 영국의 브렉시트(BREXIT) 배경 및 파장

유럽은 무려 천년 역사 동안 숱한 전쟁을 겪었고 20세기에는 제1, 2차 세계대전의 전장이 됐던 유럽은 '이상적인 사회'와 '항구적인 평화'를 원했다. 즉, 18세기 독일 철학자 임마누엘 칸트(Immanuel Kant, 1724~1804)가 '영구평화론(1975년과 1976년)'을 구현하려고 시도했었다.[13] 1952년 유럽석탄철강공동체(ECSC) 출범 이후 1992년 유럽연합(EU) 탄생에 이르기까지 유럽인의 이상(理想)은 ① 민주주의적 정치체제, ② 통합된 시장, ③ 법치주의, ④ 열린 국경 등의 실현이었다.

영국은 2016년 6월 국민투표(탈퇴: 51.9%, 잔류: 48.1%)로서 유럽연합(EU) 탈퇴(BREXIT=Britain+Exit)의 길을 선택(2016.06.23)했다. 영국이 유럽연합(EU)의 전신인 유럽경제공동체(EEC)에 가입(1973)한 지 43년 만의 일이다.[14] 그로부터 3년 7개월 후, 2020년 1월 31일 BREXIT는 단행되었다.

영국은 독일 · 프랑스와 함께 유럽연합(EU)의 삼각 축을 이루는 국가이며, 영국과 유럽연합(EU)의 경제규모를 합하면 전(全) 세계의 25%를 차지한다. 또한 영국의 경제규모는 세계 5위, 유럽연합(EU) 내 2위를 차지한다. 영국이 유럽연합(EU)에 내는 매년 분담금(30조 원, 전체 액수의 13%)도 두 번째로 많다. 런던은 유럽의 금융 중심지이다. 경제적 · 정치적 위상이 큰 국가이니만큼 브렉시트(BREXIT)가 불러올 파장이 클 수밖에 없다.

그렇다면, 브렉시트(BREXIT)의 원인은 무엇인가? 약 52%의 영국 유권자가 브렉시트

13) 임마누엘 칸트(Immanuel Kant, 1724~1804)는 경험주의와 합리주의를 통합하는 입장에서 인식의 성립 조건과 한계를 확정하고, 형이상학적 현실을 비판하여 비판 철학을 확립하였다. 저서에 「순수 이성 비판」, 「실천 이성 비판」, 「판단력 비판」, 「영구 평화론」과 같은 불후의 명저를 남겼다. 특히, 1975년에 "영원한 평화를 위하여(Zum ewigen Frieden)"라는 논문을 발표하고 그 이듬해 다시 보완된 논문을 출간했다. 1976년 보완된 논문에는 "영원한 평화를 위한 비밀조항"이 덧붙여져 있다. 상기 논문은 당장 평화를 실현하기 위한 구체적인 행동의 지침을 제공해주지는 않는 대신에 진정한 평화를 실현하기 위한 방향과 목표를 제시했다.

14) 영국 중앙은행이 수십조 원을 쏟아붓고도 파운드의 절하를 막지 못해 유럽 환율 메커니즘으로부터 강제 탈퇴했었던 1992년 9월 16일을 영국인들은 '수치의 날'로 기억하고 있다. 마거릿 대처(Margaret Thatcher) 총리(당시)도 2000년 그녀의 유명한 연설에서 "모든 문제는 유럽 대륙에서 나오고 모든 해결책은 영어 사용 국가에서 나온다"며 '유럽 회의론'을 부추길 정도였다.

(BREXIT)에 찬성한 이유는 '관리되지 않은 세계화'에 대한 불안과 불만으로 요약된다. 영국 국민이 세계화 자체를 반대하는 것은 아니지만 관리되지 않아서 다수의 국민을 패배자로 만드는, 소위 양극화(Polarization)를 발생시키는 세계화(Globalization)에는 반대했었던 것이다.

다시 말하면, 유럽 단일통화는 재정위기와 그리스 사태를 거치며 근본적 결함을 드러냈다. 시리아와 북아프리카 난민 사태, 이슬람국가(IS) 테러에 대처하는 EU의 능력은 실망스러웠다. EU 체제에 대한 회의가 당연히 커질 수밖에 없었다. 특히 양극화(兩極化)가 갈수록 심화되는 가운데 외국인 때문에 일자리를 잃거나 잃을 위기에 처한 노동자 계층의 불만이 회원국의 주권을 속박하는 EU를 향하여 표출되었다.

영국에서 유럽연합(EU) 탈퇴를 지지한 사람들은 지역별로는 잉글랜드와 웨일스에서, 연령으로는 고(高)연령층에서,[15] 학력으로는 저학력층에서,[16] 소득수준으로는 저소득층[17]에서 각각 더 많았다. 주로 사회적 약자층이 많은 지역에서 브렉시트(BREXIT)를 원한 셈인데, 언론에서는 빈부 격차의 심화와 정부의 긴축재정에서 그 원인을 찾고 있다. 즉, 가난하고 못 배운 계층이 "못 살겠다, 바꿔보자"에 찬성표를 더 많이 던졌다는 얘기다. 브렉시트(BREXIT)를 계층 간 갈등의 산물로 보는 이유가 여기에 있다. 유럽연합(EU)에 대한

15) 영국의 세대 간 갈등이 극명하게 표출된 것으로 조사됐다. 나이가 많을수록 탈퇴를 지지한 반면, 30대 이하 젊은 층은 잔류가 압도적으로 우세했다. 또한 영국 여론조사 업체인 로드 애슈크로프트가 유권자 1만 2,369명의 투표 결과를 분석한 데 따르면, 18~24세는 73%, 25~34세는 62%가 EU 잔류를 지지했다. 그러나 45~54세를 기점으로 잔류보다 탈퇴가 많아졌고, 65세 이상에서는 60%가 탈퇴에 투표했다. 유고브 조사에서도 18~24세의 4분의 3(75%)이 EU 잔류에 표를 던진 것으로 나타났다. 이 때문에 브렉시트(BREXIT) 국민 투표에서 EU 탈퇴파가 52% 대 48%로 승리한 것은 세대 간 대결에서 고령층의 승리를 의미한다는 분석이 나온다(조선일보, 2016.06.27). 인구·상품 이동이 자유로운 'EU 내 영국'에서 자란 젊은이들의 목소리가 대영제국에 대한 향수와 반(反)EU 정서가 강한 중년·고령층의 수적 우위에 묻혔다는 것이다. 브렉시트(BREXIT)에 따른 세대 간 갈등이 앞으로 영국의 사회통합을 저해하는 시한폭탄이 될 가능성도 있다. 영국 일간 가디언(2016.05.24)은 '75%의 청년은 무엇을 느꼈나'라는 제목의 기사에서 "어른들이 우리의 미래를 망쳤다", "부모 세대가 (EU로부터) 받았던 혜택을 우리는 받을 수 없게 됐다"는 등 탈퇴 결정에 격분한 젊은 독자들의 의견이 쇄도하고 있다고 보도했다. 브렉시트 국민투표 다음 날인 5월 24일 영국 런던 의사당 앞에는 10대 수백 명이 모여 '나는 영국인이 아니라 유럽인이다' 등의 문구를 쓴 팻말을 들고 시위를 벌였다. 고학력 젊은 층은 EU 기금의 연구활동비 지원 중단을 우려하고 있다. 영국 대학들은 연구비용의 16%를 유럽연합(EU)에서 지원받고 있다.

16) 가디언에 따르면 고등교육을 받은 주민이 35% 이상이 있는 모든 선거구에서 잔류가 높게 나온 반면 고등교육을 받지 않은 주민이 35% 미만인 선거구에선 탈퇴가 더 많았다.

17) 가디언에 따르면 연봉 중간값인 2만 5,000파운드(약 4,000만 원)를 넘어서는 곳에서는 유럽연합(EU) 잔류 성향이 압도적으로 많았다고 한다.

반발 이면에는 영국 내 가진 자, 기득권층에 대한 분노(憤怒)가 도사리고 있는 것이다.

그렇다면, 그들은 무엇에 대하여 분노(憤怒)했는가? 우선 실업률과 주거비용, 물가 상승에 따라 살림살이는 빡빡해져 갔지만 동(東)유럽 출신 이민자들과 이슬람 난민들의 유입으로 일자리도 줄고 임금도 하락하였다.[18] 영국으로 이주한 외국인은 약 900만 명으로 전체 인구의 13%를 차지할 정도로 늘어났으며, 이들이 지난 10년간 신규 일자리 중 대부분을 차지함으로써 영국민들은 고용시장에서 이주민들을 경쟁자로 인식하게 되었다. 게다가 생활고가 가중되자 영국 사회의식 조사(2015년)에서 응답자의 77%가 소득계층 격차가 심하다고 답했으며, 73%는 계층 간 이동도 어려워졌다고 생각하는 것으로 드러났다.

브렉시트(BREXIT)는 기성 정치권에 대한 대중(특히 젊은 5060)의 반란이다. 젊은 세대는 인구·상품 이동이 자유로운 'EU 내 영국'을 원했다. 청년들은 EU 탈퇴가 경제를 망치고 미래를 훼손할 것을 우려했다. '현재'와 '미래'의 대결은 수적 우위인 고령층 승리로 끝났다. 젊은 층은 "어른들이 우리의 미래를 결정해도 되느냐"며 거리로 쏟아져 나왔다.

영국의 집권당과 야당 모두 잔류를 호소했으나 국민은 외면했다. 대중은 정치 엘리트에 대한 반감을 드러냈다. 이 틈을 포퓰리즘이 파고들었다. 패라지 영국독립당 당수 같은 선동가들이 선정적 논리로 EU 탈퇴(BREXIT)를 선동했다. "영국이 매주 3억 5,000만 파운드(약 5,500억 원)의 분담금을 EU로 보낸다. 그 돈을 국민보건 비용으로 돌리겠다"며 서민의 마음을 샀다. 그런데 3억 5천만 파운드 중 2억 파운드를 EU 보조금으로 다시 회수한다는 사실은 얘기하지 않았다. 쓰는 돈만 부각하고 받는 돈은 말하지 않은 것이다. 이러한 상황에서 데이비드 캐머런 총리는 치명적 실수를 저질렀었다. 그것은 자신이 결정해야 할 'EU 탈퇴 문제'를 국민에게 떠넘긴 데 있다.[19] 영국이 세계사에서 했던 가장 빛나는 기여

18) 최근의 이민 문제가 브렉시트(BREXIT)에 영향을 준 것은 확실하다. 그러나 더 중요한 문제는 이민자를 받지 않겠다는 것보다 이 사안을 유럽연합(EU)이 아니라 영국 자신이 결정하겠다는 것이다.

19) 데이비드 캐머런 총리는 2015년 총선을 앞두고 보수당 내부의 공격과 극우당(영국독립당)의 보수표 잠식이라는 두 가지 도전에 시달렸었다. 도전 세력은 대중의 분노(憤怒)에 올라타 EU 탈퇴를 선동했다. 데이비드 캐머런 총리는 탈퇴파와 잔류파, 두 마리 토끼를 다 잡으려 시도했었다. 그래서 나온 어정쩡한 공약이 '집권 1년 뒤 국민투표'였다. 그는 그때 잔류든 혹은 탈퇴든 입장을 분명히 정해 총선 민심의 판단을 받았어야 했었다. 결국, 브렉시트(BREXIT) 투표는 '닥치고 집권!'밖에 모르는 정치인이 분노(憤怒)로 흥분 상태에 빠진 국민 앞에 국가 운명을 끌어들인 21세기 최악의 정치 이벤트였다. 결과적으로, 영국 브렉시트(BREXIT)의 1등 주범은 역설적으로 데이비드 캐머런 총리다. EU 잔류를 호소한 그가 브렉시트를 현실로 만든 장본인이 됐다. 그는 해선 안 될 국민투표를 강행했다. 순진하게도 데이비드 캐머런은 영국 국민이 합리적 선택을 할 것으로 믿었다. 데이비드 캐머런의 오판은 브렉시트(BREXIT)라는 괴물을 불러낸 초인종이 됐다. 데이비드 캐머런만큼 순진했던 정치인이 한국의 오세훈 전(前) 서울시장이다. '공짜 복지' 논쟁이 한창이던 2011년 그는 돌연 무상 급식 주민투표를 들고 나왔다. 그 역시 서울

는 아마 나치와의 전쟁일 것이다. 윈스턴 처칠은 전쟁 개시 여부를 국민투표(國民投票)에 부치지 않았다. 온전히 자기 책임으로 국민의 지지를 끌어내 나라를 구원했다. 나치와의 전쟁은 윈스턴 처칠의 고독한 결단과 의회의 결의로 수행됐던 것이다.

브렉시트(BREXIT)의 뿌리는 빈부(貧富) 격차다. 저(低)소득·저(低)학력층이 압도적으로 EU 탈퇴를 지지했다. 브렉시트(BREXIT)는 갑작스러운 돌출 사건이 아니다. 영국 사회엔 일자리를 위협받는 취약층의 불만이 휘발유처럼 뿌려져 있었다. 국민투표가 거기에 불을 댕겼다. 'EU가 내게 해준 게 뭐냐'는 불만이 브렉시트(BREXIT)를 통해 폭발했다.

양극화(Polarization)가 분노의 토양을 형성하는 구조는 한국의 경우가 더 심각하다. 상·하류층, 정규·비정규직, 대·중소기업 간 격차는 갈수록 커져만 간다. 그 격차는 양적(量的) 수준을 넘어 극복하기 힘든 질적(質的) 장벽이 됐다. 청년들은 아무리 노력해도 성공할 기회 자체가 사라졌다고 절망한다. 태어날 때 '흙수저'면 평생 벗어날 수 없다는 좌절의 운명론이 휩쓸고 있다.

양극화(Polarization)로 인한 저(低)소득·저(低)학력층의 분노는 언제 폭발할지 모를 휘발성 재료가 됐다. 여론이 들끓었던 구의역 스크린도어 사건이 상징적이다. 사망한 19세 수리공 김모씨의 인생엔 양극화가 빚어낸 처연한 스토리가 담겨 있다. 그는 고졸 청년이고 비정규직이며 하도급 노동자였다. 기득권자인 공기업의 착취 계약에 생명까지 던져야 했다. 그의 가방에 든 컵라면과 수저가 대중을 울렸다. 브렉시트(BREXIT)에 투표한 영국인이나 '구의역 사건'에 눈물을 흘렸던 한국인이나 분노의 구조는 비슷하다.

세계화(Globalization)와 '작은 정부(Small Government)'를 핵심 가치로 삼고 있는 신자유주의(新自由主義)는 1980년대부터 정착된 글로벌 경제질서다. 세계화(Globalization)를 통한 공동 번영이 모토다. 하지만 브렉시트(BREXIT)는 여기에 대한 도전이다. 영국 국민이 브렉시트(BREXIT)를 택한 건 일과 삶에 대한 불안감이 커졌기 때문이다. 불안은 세계화(世界化)의 후유증과 부작용 중 하나다. 반(反)세계화, 신자유주의(New Liberalism) 비판은 약소국과 힘없는 진보 진영의 단골 메뉴였다. 강대국이나 기득권층의 몫이 아니었다. 세계화(世界化)가 번영을 위한 만병통치약이라는 강대국의 주장은 허구에 가깝다는 건 많은 사람이 공감한다. 세계화(世界化)가 오히려 사람을 불행하게 하고 불안하게 한다는 것도 마찬가지다. 양극화(兩極化)의 주요 원인 중 하나가 세계화(世界化)의 진전이다. 세계화(世界化)는 시장 개방과 동의어(同義語)이다. 당연히 경쟁이 심해지고 빈부 격차가 커질 수밖에 없는 구조다.[20)]

시민이 냉정한 선택을 할 것이라 믿었을 것이다. 그러나 결과는 우리가 아는 대로다. 오 시장의 판단 착오는 무상 복지에 날개 달아준 결과가 됐다.

국제통화기금(IMF)에 따르면 1962년부터 40년간 세계의 경쟁 지수는 세 배 가까이 높아졌다. 세계화(世界化)가 진전되면서 경쟁 압력이 높아졌기 때문이다. 그러면서 양극화(兩極化)도 심화됐다. 특히 영국은 세계화의 원조국이기에 더욱 충격적이다. 세계화(世界化)의 뿌리가 제국주의 식민지라는 건 두말할 나위가 없다. 또 1970년대 후반 '작은 정부'와 규제 완화를 앞세운 신자유주의(New Liberalism)를 세계에서 가장 먼저 도입하고 전파한 나라가 영국이었다. 그런 국가가 세계화(世界化)에서 이탈하고 있는 것이다. 신자유주의(New Liberalism)의 첨병인 IMF도 변하고 있다. 외환위기 때 겪었듯이 IMF는 냉혈한 이미지를 갖고 있다. 그들은 성장을 위해 불평등은 불가피하다고 역설했었다. 하지만 2년여 전부터 "평등은 지속 가능한 성장에 도움이 된다"고 말을 바꿨다. 얼마 전에는 자신들이 전파하던 신자유주의(New Liberalism) 방식이 "옳은 것이 아닐 수도 있다"고 실토했다.

이런 와중에서, 재정적자(財政赤字)를 GDP의 3% 이하로 유지해야 한다는 유럽연합(EU)의 규범에 따라 회원국인 영국정부는 긴축재정을 유지해야 했다. 지속적인 이주민 유입으로 복지지출이 증가하고 영국민들이 받는 실질 복지 혜택은 과거보다 축소되었다. 또한 유럽연합(EU)에는 매년 30조 원(전체 액수의 13%)가량의 분담금을 납부해왔지만 대부분 저개발 회원국을 위해 사용되어 영국이 받는 혜택은 기대에 크게 미치지 못했다.

따라서 영국의 유럽연합(EU) 탈퇴를 촉발한 근본적 이유는 2가지로, 즉 ① 경제에 대한 영국인의 자신감과 ② 영국인의 정체성으로 모아진다.

첫째, 경제에 대한 영국인의 자신감을 보면, 2010~2015년 동안 영국의 연평균 경제성장률은 2% 이상으로 유럽연합(EU) 국가들의 평균 성장률인 1.2%를 크게 앞질렀다. 이와 반대로, 영국이 1961년 유럽경제공동체(EEC: European Economic Community)에 가입 신청한 것은 당시 경제성장률이 유럽 대륙보다 크게 낮았기 때문이었다. 물론, 프랑스의 드골(Charles De Gaulle) 대통령이 비토권(Veto, 거부권)을 행사해 그보다 12년이 지난 1973년에야 유럽연합(EU)에 가입되는 수모도 겪었다.

둘째, 영국인의 정체성을 보면, 영국인들의 3분의 2가 자신은 영국인일 뿐 유럽인이 아니라고 믿는다. 이는 독일과 프랑스 국민 중에서 자신을 독일인, 프랑스인으로만 인식하는 비중이 각각 25%, 36%인 것에 비하면 큰 차이이다.

영국 보수당의 18년간 집권을 종식시켰던 토니 블레어('Tony' Blair, 1953~현재) 노동당 정부 시기(1997~2007)에 유럽사법재판소는 모든 회원 국가에서의 아동 체벌을 금지했다.

---

20) Stiglitz, Joseph E.(2002), Globalization and Its Discontents, London: W.W. Norton & Co., Inc.; Stiglitz, Joseph E.(2006), Making Globalization Work, London: W.W. Norton & Co., Inc.

이에 찬성하는 사람들도 있었으나 자녀 훈육 문제까지 영국이 유럽의 지배를 받아야 하느냐며 반발하는 국민이 많았었다. 당시 토니 블레어(Tony Blair) 자신도 아이들을 키울 때 체벌을 했지만 영국은 유럽연합에 남아야 한다고 강조했었다. 영국과 프랑스를 잇는 해저터널을 놓을 때도 상당수 영국인은 유럽과는 거리를 두고 미국에 밀착해 있어야 한다며 이에 내심 반대했었다.

오히려, 브렉시트(BREXIT)는 영국보다 유럽연합(EU)의 미래에 대한 불확실성을 더욱 증가시켰다. 만약 브렉시트(BREXIT)의 부정적 효과가 나타나지 않는다면 영국의 전례를 따르는 국가들이 속속 나올 수 있다. 특히 영국이 협상을 통해 좋은 조건으로 탈퇴한다면 더욱 그러할 것이다. 혹은 영국이 협상을 통해 유럽 단일시장에 남아 있는 한, 브렉시트(BREXIT)의 장기적인 손실은 크지 않을 것이다.[21] 서로 경제적 이익을 볼 수 있기 때문에 유럽연합(EU)이 영국을 단일시장에서 완전히 축출하기는 어려울 것이다. 상품과 자본의 이동은 자유롭게 하면서도 사람의 이동은 제한하고 유럽의회나 재판소의 간섭을 받지 않는다면 영국인도 만족하고 경제도 나빠지지 않을 수 있다. 유럽연합(EU)에 가입하지 않았지만 여러 장치를 통해 유럽연합(EU)과 밀접한 관계를 유지하고 있는 스위스나 노르웨이의 경제성과도 결코 나쁘지 않다. 그리스에 대한 경제지원이나 난민 문제와 같이 복잡한 문제가 불거지면 유럽연합(EU)으로부터 탈퇴하자는 부정적 여론이 여러 나라에서 비등해질 것이다. 이 결과, 그리스와 같은 약한 고리들이 유로존(19개국)으로부터 떨어져 나갈 가능성도 있다.

4) 미 · 중(美 · 中) 환율전쟁

2008년 하반기 글로벌 금융위기 이후, 전술한 글로벌 불균형(Global Imbalance)과 관련하여 미 · 중(美 · 中) 환율전쟁이 촉발 및 격화되고 있다. 2008년 9월부터 2011년 10월까지 달러대비 위안화 환율은 약 7% 평가절상된 상태이다. 미국은 저(低)평가된 위안화 환율이 글로벌 불균형(Global Imbalance)을 야기한다고 주장하면서 2008년 글로벌 금융위기 이후, 미국 의회는 2008년 9월 중국 위안화를 겨냥해 "공정무역을 위한 환율개혁 법안"을 통과시켰다. 또한 2011년 8월 미국의 신용등급 하락으로 글로벌 재정위기가 가시화되면서, 위

21) 유럽연합(EU) 탈퇴파들은 그동안 "이민자는 거절하고 유럽 단일시장 접근은 가능하다"는 주장을 폈다. 하지만 EU의 중심인물인 메르켈 독일 총리는 "의무 부담은 안 하면서 특권을 누릴 수 없다. 체리피킹(Cherry-picking: 단물만 빨아먹기)은 안 된다"고 일축했다.

안화의 인위적 저(低)평가에 대응하여 동년 10월 12일 미 상원에서 2010년과 유사한 "환율 감시 개혁법"을 통과시켰다.

이에 대응하여, 중국은 위안화 절상이 미국 실업률과 무역적자 해결과 무관하다고 주장하고 있다. 중국은 위안화 위상이 미 달러와 대등한 수준으로 격상하는 것이 미·중(美·中) 환율전쟁의 해법으로 믿고 조만간 위안화(레드백)[22]의 하드 커런시(Hard Currency) 실현에 박차를 가하고 있다.[23] 한편, '화폐전쟁'의 저자 쑹훙빙(宋鴻兵) 중국 환추재경연구원장은 동아국제금융포럼(2013.05.31, 서울 중구 소공동 롯데호텔)의 기조연설에서 *"환율전쟁에 따른 통화량 급증으로 2년 후 '인플레이션 쓰나미'가 몰려오면 각국 중앙은행이 서로 금리를 높이려 할 것"*이라며 *"이렇게 되면 금리스와프(IRS) 시장이 타격을 받아 2008년보다 더 심각한 금융위기가 올 수 있다"*고 전망했다(한국경제, 2013.04.12).

상기의 전망은 환율전쟁 후유증으로 세계적으로 물가가 폭등하면 중앙은행은 금리를 경쟁적으로 올리기 마련인데, 이때 금리 변동 위험을 분산하는 금리파생상품시장에서 저금리 대출 채권을 많이 보유한 금융회사가 갑자기 높아진 금리를 감당하지 못하고 연쇄적으로 무너질 수 있다는 것에 근거를 둔 것이었다.[24]

도널드 트럼프(Donald Trump) 행정부(2017~2021)는 '미국 제조업 부활'을 위한 수출경쟁력 회복과 고용창출을 최우선으로 내걸고 있기 때문에 이를 위해서도 미(美)달러화 강세(强勢)는 막아야 한다. 그렇기 때문에, 로널드 윌슨 레이건(Ronald Wilson Reagan) 행정부(1981~1993) 시대처럼 경상수지 악화를 기다렸다가 사후적으로 대응하는 것이 아니라, 현재 경기부양정책의 효과를 높이기 위해 미(美)달러화 강세(强勢)를 막기 위한 환율 관련 압박을 선제적으로 행사하고 있는 것이다.

사실, 도널드 트럼프(Donald Trump) 대통령(당시)이 선거 때 중국을 '환율 조작국'으로 지정하겠다고 여러 차례 얘기한 바 있다. '환율조작국'이란 어떤 국가(이 경우 중국)가 자국의 수출을 증진하기 위하여 자국의 통화가치가 저(低)평가되도록 정부가 외환시장에 개입해 환율을 조작하는 국가이다.[25]

---

22) '레드백(Redback)'이란 그린백(Greenback, 달러화)에 빗대어 위안화를 일컫는 말이다.

23) '하드 커런시(Hard Currency)'란 국제적으로 유통되고 있는 기축통화(Key Currency)와 자유롭게 교환될 수 있는 통화를 말하며, '소프트 커런시(Soft Currency)'는 기축통화와의 교환이 자유롭지 못한 통화를 의미한다.

24) 금리파생상품시장은 2008년 글로벌 금융위기의 도화선이었던 신용부도스와프(CDS)나 부채담보부증권(CDO)시장보다 규모가 크다.

25) 그러나 문제는 어떤 정부가 환율에 인위적으로 개입하지 않아도 대(對)미국 무역수지 불균형이 확대되는 경우에는 언제든지 '환율조작국' 이슈가 갈등 사안이 될 수 있다는 점이다. 따라서 정부가 환율을 조

미국의 '환율조작국' 이슈는 2015년 제정된 베넷－해치－카퍼(BHC: Bennett－Hatch－Carper) 법안에 따라 논의되고 있다. 이 법에 따르면 '환율조작국'을 판단하는 기준은 3가지: ① 대(對)미국 무역수지 흑자 200억 달러 이상, ② GDP(국내총생산) 대비 3% 이상 경상수지 흑자, ③ GDP 대비 2% 이상 외환 순매수가 있는지 등이다. 상기 3가지에 모두 해당하는 경우를 '심층분석대상국'으로 분류하는데, 이것이 미국이 정의하는 '환율조작국'이다.[26]

미국 재무부가 종합무역법에 의거하여 매년 4월과 10월 의회에 제출하는 '환율보고서'를 작성하면서 상기 3가지 기준에 따라 '환율조작국'이 있는지를 조사한다. 현재는 '심층분석대상국'에 해당하는 국가는 없다. 다만 상기 2가지 조건에 해당하는 나라들이 '관찰대상국'으로 지정돼 있다. 특히, 트럼프 대통령이 '환율조작국'으로 지정하겠다고 하는 중국은 대(對)미국 무역수지 흑자 200억 달러 이상이라는 한 가지 조건에만 해당되지만, 바로 직전에 '관찰대상국'이었다는 이유로 여전히 '관찰대상국' 대상에 올려놨다.

[표 Ⅱ-2] 미국과 중국 간 환율 전쟁

		제1차 전쟁	제2차 전쟁
발생 시기		• 2008년 글로벌 금융위기	• 2011년 글로벌 재정위기
원인	미국 입장	• 저(底)평가된 위안화 환율이 글로벌 불균형 초래	左同
	중국 입장	• 미국경제 내부의 문제	• 위안화 절상은 미국 실업률 및 무역적자 해결과 무관
미국의 대응		• 공정무역을 위한 환율개혁 법안(2008년 9월)	• 환율 감시 개혁법(2011년 8월) • G20, APEC, EAS에서 위안화 절상 압력 재차 강조 • TPP에서 중국 제외(2011년 11월)
중국의 대응		• 위안화 점진적 평가절상 고수 • 위안화 하드 커런시 준비 시작 (2009년 9월)	• 동북아 FTA 추진(2011년 11월) • 위안화 하드 커런시 가속화

자료: 한재진(2011), "레드백, 하드커런시 되나 – 급증하는 위안화 무역결제 수요", Working Paper, 2011.11.30, 현대경제연구소.

작하지 않아도 미국의 무역수지 적자 중에서 한국의 무역수지 흑자가 상당한 비중을 차지하고 있다는 사실은 큰 부담이 된다.

26) 한국은 상기 첫 번째 2가지 사안: ① 대(對)미국 무역수지 흑자 200억 달러 이상, ② GDP(국내총생산) 대비 3% 이상 경상수지 흑자에 모두 해당되어 중국·독일·일본·스위스·대만과 함께 '심층분석대상국' 전(前) 단계인 '관찰대상국'으로 분류되었다.

여기서 유의할 것은 자유변동환율제도에 가까운 환율제도를 운용하고 있는 국가의 통화는 자연히 글로벌 금융불안에 대한 민감도가 높은 경향을 보일 수밖에 없다는 점이다. 특히 원화는 변동환율제도를 채택하고 있는 국가들의 통화 중에서도 금융불안에 대한 민감도가 더욱더 높다. 왜냐하면 금융시장 개방도가 높을수록, 단기외채 비율이 높을수록, 외환시장의 규모가 작을수록 소규모 개방경제(Small Open Economy)인 한국의 환율이 글로벌 금융불안(심지어, 외부 충격에 의한 소규모의 외화 유출·입)에 더욱더 민감하게 반응하기 때문이다.[27)]

제프리 삭스(Jeffrey Sachs) 교수는 미·중(美·中) 환율전쟁에 대해 "미국의 무역적자는 미국의 저축률이 낮기 때문에 발생한 것"이라며 "위안화 절상만으로 미·중 무역수지 불균형 문제를 해결할 수는 없다"고 주장했다(조선일보, 2010.11.06). 이 주장은 미국인들이 소득에 걸맞지 않은 과소비를 해서 미국의 무역적자가 커졌다는 것을 의미한다.

[표 Ⅱ-3] 주요 국가의 환율제도 비교

환율제도	해당국가
고정환율제도	아르헨티나 페소
기타 페그제도	덴마크 크로네, 러시아 루블
통화위원회제도 또는 통화동맹	홍콩 달러, 유로
관리변동환율제도	대만 달러, 말레이시아 링깃
변동환율제도	한국 원, 헝가리 포린트
자유변동환율제도	호주 달러, 일본 엔

자료: 1) IMF의 각국 Article IV Staff Reports 최신호; 대만 중앙은행 홈페이지.
2) 정대선(2011), "글로벌 금융불안이 원/달러 환율에 미치는 영향과 시사점", SERI 경제포커스 제358호, 삼성경제연구소.

"환율 논쟁은 계속될 것이다. 내가 우려하는 건 미국의 FRB(연방준비제도이사회)가 추진 중인 통화팽창 정책(시중 통화량을 늘리는 것)이다. FRB가 통화량을 늘리게 되면 미국

27) 실질적 금융시장 개방도는 [(국제투자대조표상 포트폴리오 투자+기타 투자 자산과 부채의 합)/명목GDP]로 측정될 수 있다. 상술하면, 금융시장 개방도와 환율 민감도 사이의 상관계수는 선진국은 마이너스 0.20인 반면에 신흥국은 0.45이다. 외환보유액 대비 단기외채 비율과 환율 민감도 사이의 상관계수는 선진국은 0.04인 반면에 신흥국은 0.44이다. 상기의 추정결과는 이명종(2010), "글로벌 자본통제 현황과 시사점", 국제금융센터로부터 인용.

달러 가치의 하락세가 더욱 빨라지면서 다른 나라 통화 가치는 상승 압력을 받는다. 아직 통화 정책에 대한 국제적 협력이나 합의가 이뤄지지 않은 상태이다. 그래서 미국의 통화 팽창정책은 환율 문제를 둘러싼 긴장감을 더 증폭시킬 것이다. 난 그 부분을 우려한다."

"위안화 절상으로만 무역 갈등을 해결할 수는 없다. 미국의 무역적자는 미국의 저축률이 낮기 때문에 발생했다. 미국이 저축률을 늘리지 않는 한 미국의 무역적자는 지속될 것이다."

이어서, 제프리 삭스(Jeffrey Sachs) 교수는 서울대 경영대 SK관에서 열린 '통화전쟁의 진행과 세계경제 회복' 국제회의(2010.10.09)에서 "글로벌 불균형의 핵심은 중국이 아니라 미국"이라고 주장했다. 그는 "중국의 경상수지 흑자가 미국 경상수지 적자의 원인은 아니다"라며 "중국의 경상수지 흑자는 세계총생산(GWP)의 0.6%에 불과하며, 이는 미국에 영향을 줄 만큼 크지 않다"고 말했다(중앙일보, 2010.10.10).

세계대공황 vs 최근 환율전쟁을 비교해 보면 다음과 같은 차이점들을 발견할 수 있다:

첫째, 지금은 세계대공황(1929~1939) 당시 각국의 정책 운영에 강한 구속력을 행사했던 금본위제가 아니다. 특히 이미 변동환율체제가 일반화되면서 독립적인 통화정책 여지가 확보되어 있다. 나아가 대공황 당시에는 주요한 경기조절 수단으로 간주되지 않았던 재정정책의 운영 여지도 크다. 다만, 지금은 이른바 제로금리의 구속으로 인해 기존 통화정책의 운용여력이 사실상 고갈된 처지다. 그래서 새로운 수단으로서 양적완화 등이 추구되고 있지만, 2008년 하반기 글로벌 금융위기 및 재정위기 이후 광범위한 디레버리징(Deleveraging, 부채 상환: 보유 자산과 부채를 '지렛대'로 투자 수익률을 높이는 레버리징의 반대로서 은행이 대출자들에게 빌려주었던 원금의 상환 추진) 압력으로 인해 전통적인 통화 파급 메커니즘이 와해되면서 통화정책의 역할을 둘러싸고 혼선이 크다.[28)]

둘째, 배리 아이켄그린(Barry Eichengreen) 교수가 강조하듯이 대공황기의 디플레이션 충격은 세계경제 전반에 대칭적이었던 반면 지금은 비대칭적이다.[29)] 가령 선진국은 지금도 극심한 디플레이션 위협에 시달리고 있지만, 신흥국에서는 충격이 덜한 것은 물론 예전에 비해 둔화되긴 했지만 여전히 상대적인 고성장 기조가 이어지고 있다. 이런 가운데 선진국의 일방적인 양적완화가 신흥국에 대한 자금유입 급증을 초래하여 신용과잉 부담을 가중시키는 '전염효과(spillover)'를 낳고 있다. 특히 선진국의 통화가치 절하 압력이 신

---

28) 유정석(2008), "디레버리지 시대의 도래와 글로벌 금융위기", 글로벌 경제동향 속보, 삼성경제연구소: Lorenzo Bini Smaghi(2013), "Why the Currency–War Deniers are wrong", Financial Times, 18 Feb.

29) Barry Eichengreen(2013), "Currency War or International Policy Coordination?", Jan.

흥국의 통화가치 절상에 대한 기대로 이어지면서 금리차익은 물론 환차익을 노린 투기적 행태가 확산되면서 자금흐름의 불안정성을 부각시키고 있다.

오히려 성급한 정책조율 시도로 인한 부작용도 간과해선 안 된다. 우선, 선진국의 재정확대로 인한 국가채무 급증이 문제다. 이미 글로벌 금융시장은 이른바 소버린 리스크(sovereign risk, 국가의 부도 위험 또는 채무상환 불능과 같은 국가의 위험도)에 촉각을 곤두세우고 있다. 보다 골치 아픈 문제는 선진국의 재정확대에 따른 수혜가 오히려 수입 증대 등을 통해 신흥국으로 전이되면서 선진국 내부에서 보호주의 열풍('Buy America' 등)이 확산될 소지가 있다는 점이다. 과거와 달리 상대국이 아니라 진원지에서 보호주의가 부각될 수 있다. 동시에 신흥국도 재정긴축에 따른 경기위축 부담을 상쇄하기 위해 다양한 무역제한이나 자본통제 등의 보호주의에 의존할 공산이 크다. 이런 맥락에서 지금 환율전쟁을 빌미로 국제적으로 무역전쟁이 확산될 가능성도 제기된다. 실제로 최근 도하라운드의 표류 등 세계 무역자유화의 지체가 각종 보호주의 경향을 여기하고 있다는 우려가 크다.[30)]

환율전쟁의 역사를 보면 적극적으로 통화가치 하락을 도모한 쪽이 승자(勝者)가 되었고 통화가치 상승을 막지 못한 쪽은 패자(敗者)가 되었다. 패자들이 통화가치 상승을 막지 못한 이유는 상당 부분 통화가치 상승이 가져올 영향에 대해 오판(誤判)을 했었기 때문이었다.

예로서, 일본이 환율전쟁의 패자였다면 승자는 단연 중국이다. 중국은 1994년 1월 하루아침에 위안화 가치를 30% 이상 큰 폭으로 떨어뜨리는 평가절하를 단행했다. 이후 최근까지 20년 가까이 저평가된 위안화를 무기로 수출주도형 고도성장을 구가했고 드디어 세계 2위의 경제 대국으로 발돋움했다. 더 큰 전리품은 위안화 저평가에 힘입어 그동안 2조 달러가 넘는 대규모의 경상수지 흑자를 기록하고 이를 고스란히 모아 3조 달러에 이르는 외환 보유액을 쌓아올렸다는 것이다. 위안화의 대폭적인 평가절하는 고도성장과 대외안정성 확보라는 두 마리 토끼를 잡는 데 결정적 역할을 했다는 점에서 중국 입장에서 보면 미래를 내다보는 혜안(慧眼)의 정책 선택이었다. 이와 반면에, 일본은 경쟁국들의 압력이 크기도 했지만 스스로도 보수적인 통화정책 기조를 견지함으로써 강한 저항 없이 엔화가치 상승을 용인하는 태도를 취했었다. 이런 태도의 이면에는 내수 비중이 높은 경제구조에 대한 과신이 자리 잡고 있었다. 즉 엔화 가치 상승이 수출에는 악영향을 주지만 내수 촉진에는 도움이 될 것이라는 기대가 있었다. 그러나 일본이 기대했었던 내수 촉진 효과는 나타나지 않았고 오히려 디플레이션 발생으로 내수가 위축되는 역효과만을 내고 말

---

30) Simon J. Evenett(2013), "Root Causes of Currency Wars", VOX, 14 Feb.

았다.

한편, 유로 체제의 출범도 환율전쟁과 관련된 승자와 패자를 낳았다. 승자는 독일이고 패자는 그리스다. 유로 체제는 산업경쟁력이 떨어지는 그리스 같은 회원국에는 통화가치의 고평가를, 경쟁력이 뛰어난 독일 같은 회원국에는 통화가치의 저평가 효과를 가져다주었다. 이로 인해 유럽 역내 국가들 간의 경상수지 불균형(internal imbalance)이 심각하게 발생했고 이런 상황이 장기간 고착화된 결과가 그리스 등 남유럽 국가들의 경제위기로 나타난 것이다. 이들은 자신들이 환율전쟁의 와중에 있는 줄도 모르고 위기에 빠져든 셈이다. 이와 반면 독일은 한편으로는 뼈를 깎는 구조 개혁과 다른 한편으로는 유로 체제의 이점을 한껏 활용해 통일 독일의 후유증을 떨쳐버리는 데 성공했고 지금은 세계에서 본받아야 할 경제로 칭송받고 있다. 즉, 플라자 합의로 일본과 함께 통화가치 상승을 강요받던 독일은 유로 체제를 매개로 해 환율전쟁의 패자가 될 위험에서 벗어나 오히려 승자로 극적인 반전을 할 수 있었다. 이와 반면에, 그리스의 경우 유로 체제 가입을 통해 누릴 수 있는 저금리의 해외자금 활용과 역내 교역 활성화 기회를 한껏 활용해 산업 경쟁력을 강화시킨다면 유로 체제 가입으로 인한 통화가치 고평가 문제는 걱정하지 않아도 될 것이라고 낙관했었으나 이 역시 오판이었다. 즉, 해외자금은 산업 경쟁력을 키우는 데 쓰이기보다는 비생산적인 부문으로 흘러들어갔고 경쟁력이 떨어지는 상황에서 역내 교역 활성화의 이점도 제대로 누리지 못했었다.

환율전쟁과 관련하여, 저자는 다음과 같은 근본적 문제를 제기한다: 사실, 킹스턴 체제(Kingston System)가 발효(1978.04)된 후, 환율의 불안정성이 확대되었고 금융위기가 자주 발생하였다. 그럼에도 불구하고, 왜 글로벌 금융위의 재발 방지책과 그것의 전이(轉移) 차단책을 강구하지 않는가?

특히, 1990년대 이후, 금융의 자유화 및 국제화로 인해 금융기관의 방만한 경영이 금융부실화를 야기시켜 곧바로 금융위기로 비화되는 사례들이 빈발하였고, 또한 금융 국제화의 세계적인 확산으로 세계 금융시장이 통합되었고, 이로 인해 한 국가의 금융위기가 다른 국가로 쉽게 전이(轉移)되는 경향이 심화되어 왔다.

회고해보면, 1976년 1월, 자메이카의 수도인 킹스턴(Kingston)에서 IMF 잠정위원회는 다음과 같은 내용을 합의하였다: ① 각국이 환시세의 안정을 위해 협력하는 '일반적 의무'를 지며, IMF는 상기 의무의 실행 여부를 감시한다; ② 각국의 현행 각종의 환(煥)협정을 존중하며, 장래에 있어서도 그 자유를 인정한다. 단, 장차 다시 고정환율제도로 복귀할 가능성을 고려하여 그 절차를 미리 정해 둔다; ③ 향후 통화체제에서는 금(金)이나 기축통화

(基軸通貨)를 베이스로 하는 방법을 지양하여 '특별인출권(特別引出權, SDR: special drawing rights)'과 같은 합성통화를 베이스로 한다. 이를 위해 유명무실하게 된 금(金)의 공정가격을 우선 폐지하고 종래의 협정에 있어서의 각종 금(金)에 관한 사항을 수정한다.

뒤늦게, 2008년 하반기 미국발(發) 글로벌 금융위기를 극복하기 위한 노력의 일환으로서, 브레턴우즈 체제(Bretton Woods System)가 출범(1944.07)한 이후 64년만이며, 또한 킹스턴 체제(Kingston System)가 발효(1978.04)된 후 40년 만인 2008년 10월, EU 정상회담(2008.10.16, 벨기에 브뤼셀), ASEM 정상회의(2008.10.24, 베이징), 특히 G20 정상회의(2008.11.15, 워싱턴)에서 새로운 국제금융체제(International Financial Architecture)로서 '21세기 판(版) 브레턴우즈 체제(Bretton Woods System)' 창설 필요성이 심도 있게 논의되었다.

상기한 G20 정상회의(2008.11.15)의 공동선언(共同宣言)을 요약하면, 국제금융시장(國際金融市場)의 안정화(安定化)와 실물경제(實物經濟)의 활성화(活性化)를 위한 각국의 통화·재정정책, 국제금융시장의 개혁을 위한 신용평가회사에 대한 관리·감독 강화, 국제통화기금(IMF)과 세계은행(The World Bank)의 지배구조 개선, 금융안정포럼(FSF)에 신흥개도국의 포함 등이다.31)

그렇다면, 과연 기존 국제금융체제(International Financial Architecture)는 전면적으로 개편되었는가? 이어서, G20 정상회의(2010.11.11~12)는 거듭 '보호무역주의 자제'를 다짐했었음에도 불구하고, 왜 무역분쟁은 급증하고 있으며 최근에 G2(미국과 중국) 사이에 무역보복이 점입가경(漸入佳境)인가? 설상가상(雪上加霜)으로, 왜 무역분쟁은 환율전쟁으로 치닫고 있는가?

사실, IMF 등 현재의 국제금융기구는 지배구조나 운영상의 제약 등으로 국제금융기구 본래의 취지와 역할을 제대로 수행하는 데 한계가 있다. 구체적으로 말하면, 글로벌 금융감독 및 금융위기 예방 기능이 미약하고 대체로 글로벌 금융위기 발생 이후에야 작동하고 있으며, 또한 글로벌 금융위기에 대한 처방에 있어서도 재원 제약 등으로 최종대부자로서의 기능이 미약하여 글로벌 금융위기 해결에 한계를 보이고 있다. 따라서 사전 규제와 사

---

31) 특히, 국제통화기금(IMF)은 신(新)자유주의(New Liberalism)의 첨병(尖兵) 역할을 수행해 왔었다. IMF는 경제성장을 위해 불평등은 불가피하다고 했었다. 최근에는 2년여 전부터 "평등은 지속 가능한 성장에 도움이 된다"고 말을 바꿨다. 얼마 전에는 자신들이 전파하던 신자유주의(New Liberalism)가 "옳은 것이 아닐 수도 있다"고 실토했었다. 이젠, IMF도 변해야 한다. 1997년 하반기 한국이 외환위기를 겪었던 당시 IMF는 냉혈했었다. 따라서 특히 유럽은 줄기차게 브레턴우즈 체제(Bretton Woods System)의 전면적 개편과 국제통화기금(IMF) 및 세계은행(The World Bank)의 지배구조와 운영방법의 개선 등을 요구하였다.

후 감독을 적절하게 하고 글로벌 금융위기에 신속하게 대응할 수 있는 새로운 국제금융체제(International Financial Architecture)를 설립하고 국제금융제도 전반에 걸친 개혁이 필요하다는 주장이 제기되었다.

이어서, 2011년 3월 중국 베이징에서 미국 컬럼비아대와 중국 중앙민족대가 공동으로 주최하는 국제금융시스템(International Financial System)에 관한 세미나가 열렸다. 이 자리에서 양국(美·中)의 경제학자와 정책 입안자들은 국제금융시스템의 개혁 방안에 대해 머리를 맞대고 논의했다. 상기 세미나의 결론은 '글로벌 경제의 불균형'을 해결하고 안정성을 강화하기 위해서는 국제금융시스템(International Financial System)의 개혁이 필요하며 주요 20개국(G20)이 2011년 동안에 적절한 개혁안을 마련해야 한다는 것이었다.

구체적으로, 달러 공급 부족에 따른 유동성 문제(외환위기 발생가능성 문제)의 해결을 위해 국제통화기금(IMF)의 '특별인출권(特別引出權, SDR: special drawing rights)'을 제한적으로 확대하자는 것이었다.[32] 특별인출권(SDR)은 IMF에 자금을 출자한 국가가 비상시에 IMF로부터 달러를 인출할 수 있는 권리다. 이 같은 SDR 개혁은 글로벌 경제의 허약한 체질을 강화하는 데 중요한 역할을 할 수 있다. 또한 상기한 방안은 G20이 이미 미국 피츠버그회의에서 합의했었던 "강하고 지속적이며 균형 잡힌 경제성장"을 이끌어내는 방안이기도 하다.

'특별인출권(特別引出權, SDR: special drawing rights)'을 확대하면 유동성 부족을 해결하는 데 도움이 될 뿐 아니라 각국이 외환보유액을 늘리기 위한 자금수요를 조절함으로써 글로벌 경제의 불균형을 해소하는 효과도 발휘할 수 있다. 왜냐하면 자금이 지나치게 특정 국가나 지역에 몰리지 않게 함으로써 각국의 경제발전을 위한 자금이 보다 효율적으로 배분될 수 있기 때문이다.

IMF의 특별인출권(SDR) 확대에는 당연히 효율적인 운용 방안이 뒤따라야 한다. 예를 들면 특별인출권(SDR)이 당장 필요하지 않은 국가의 경우, 이를 다른 국가에 빌려줄 수 있는 프로그램 등을 만드는 것이다. 위기 발생 시 새로운 특별인출권(SDR)을 제한 없이 확대하는 것도 필요하다. 또 특별인출권(SDR)의 상당 부분을 수요가 큰 신흥 경제국에 배당하는 것도 적극적으로 고려해야 할 것이다.

32) 앞서 이미 2009년 4월에도 영국 런던 G20 정상회의에서 2,500억 달러 규모의 SDR을 확대하기로 합의했었다.

02 에너지·환경 위기

(1) 에너지 위기

에너지 위기는 2개의 문제: ① 한정된 매장량의 에너지 자원의 고갈과 ② 에너지의 과도한 사용으로 발생한 기후변화에 의하여 야기된다. 에너지 자원 중에서 석유·석탄·천연가스의 매장량은 현재 사용량을 기준으로 각각 40년·170년·65년 정도 사용할 분량 밖에 남아 있지 않다. 전(全) 세계에서 사용되는 에너지 자원 중에서 석유(石油)가 차지하는 비중은 35.3%로 가장 높다. 석유(石油)는 20세기 초에 발견되었으며 사용량이 점차 증가하여 3,4년 후면 산유량(産油量)이 정점에 달할 것으로 전망된다. 그 배경은 유전(油田)이 1960년대에 가장 많이 발견되었으나 그후 점점 감소하여 최근에 발견되는 유전(油田)은 극히 적다.[33)]

그렇다면, '지속가능한 에너지'는 무엇인가? 그것은 신(新)에너지 및 재생(再生)에너지이다. '신(新)에너지'란 기존의 화석연료를 변환시켜 이용하거나 수소, 산소 등의 화학반응을 통하여 전기 또는 열을 이용하는 에너지로서 수소, 연료전지, 석탄을 액화 혹은 가스화한 에너지를 말한다. 한편, '재생(再生)에너지'란 햇빛, 물, 지열, 강수, 생물유기체 등을 태양에너지, 풍력, 수력, 해양에너지, 지열에너지, 바이오에너지, 폐기물에너지 등으로 변환시킨 것이다.

전(全) 세계의 화력, 원자력, 수력, 풍력, 태양열 등 전기(電氣)를 생산하는 방식 중에서 현재 가장 큰 비중을 차지하는 것은 화력 발전(發電)과 원자력 에너지(Atomic Energy) 발전(發電) 방식이다. 화력발전은 석탄·석유 가스와 같은 화석연료의 연소에 의한 에너지를 열(熱)에너지로 변환하여 증기를 생산한 후, 이 증기를 이용하여 터빈·발전기를 돌려 전기(電氣)를 생산하는 방식이다. 한편, 원자력 에너지(Atomic Energy) 발전(發電)은 핵(核)분

---

33) 석유자원 연구학자 캠프벨의 분석에 따르면 지금까지 발견된 유전에서 인간이 퍼내어 쓴 양은 부존량의 거의 절반에 달한다고 한다. 캠프벨이 지금까지 석유 채취량의 증가 추이를 분석해서 만들어낸 증가 모델에 따르면 채취량은 유전 발견이 가장 많이 이루어진 연도보다 40년 정도 늦게 정점에 달하는 것으로 되어있다. 이에 의하면 2005년경에 전세계 산유량이 절정에 달했다가 그 다음부터는 점차 줄어드는 것으로 되어있다. 이론적인 모델에서는 산유량이 정점을 지난 후 급격하게 감소하는 것으로 계산이 나오는데 실제의 경우는 모델에 따를 경우보다는 완만하게 감소할 것으로 전망된다.

열 반응에서 나온 에너지를 이용하여 물을 끓여 증기를 생산하고, 이 수증기의 힘으로 터빈을 돌려 전기(電氣)를 생산하는 방식이다. 두 방식 모두 물을 끓여 증기의 힘으로 터빈과 발전기를 돌려 전기(電氣)를 생산하지만, 에너지 발생 효율(效率)에서는 엄청난 차이가 난다.

원자력 에너지(Atomic Energy)는 군사(핵무기), 의학(방사선 치료기), 발전(發電, 전기 생산), 가속기(과학적 연구), 산업(비파괴 검사) 등 다양한 분야에서 이용되며, 그중에서도 가장 널리 이용되고 있는 분야가 발전(發電)이다. 핵(核)에너지 생성의 3가지 유형인 핵분열, 핵융합, 방사성 붕괴 중에서 현재 원자력 발전(發電)에 이용되는 것은 핵(核)분열 방식이다.[34] 핵융합 방식은 아직 연구 단계에 있으며, 방사성 붕괴에 의한 핵 에너지는 그 양이 상대적으로 미량(微量)이어서 직접 발전에 이용하기 힘들다.[35] 따라서 우라늄 같은 방사성 물질을 원자로에서 인공적으로 분열시켜 나오는 원자력 에너지(Atomic Energy)로 발전(發電)을 한다.[36] 최초의 원자력 발전소는 1956년에 영국에서 개통되었다. 현재 6개국 (미국, 프랑스, 일본, 독일, 러시아, 한국)의 핵(核) 전력(電力) 생산의 약 75%를 차지하고 있다.[37]

그러나 원자력 에너지(Atomic Energy)의 장/단점은 상당히 일반적인 논쟁 거리이다. 일

---

34) 핵분열로 생긴 중성자를 이용하여 어느 세대의 처음에 있었던 중성자 수에 대하여 그 세대의 마지막에 있는 중성자 수의 비, 즉 증배계수가 1이 되는 임계상태를 지속적으로 유지할 수 있도록 연쇄반응을 조절·운전하는 장치가 원자로이다. 다시 말해서 원자로는 우라늄(U), 플루토늄(Pu), 토륨(Th) 등이 핵분열성 물질을 연료로 사용하여 그 핵분열의 연쇄반응을 제어하면서 에너지를 끄집어 내거나 강한 중성자원을 만드는 장치이다.

35) 핵분열 시 방출되는 에너지는 아인슈타인의 질량－에너지 등가원리(E＝mc2)에 따라 핵분열 전후의 원자핵 내부에서 일어나는 질량변화에 의해 계산이 가능하다. 이렇게 계산된 에너지가 바로 핵분열에너지다. 실제로 1개의 우라늄－235 원자핵이 중성자를 흡수하면 핵분열 생성물(각종 방사성폐기물 포함)과 함께 평균 2.4개의 중성자를 재방출하며, 약 20만 KeV라는 엄청난 에너지를 방출한다.

36) 핵분열을 이용한 원자력 에너지가 처음 이용된 것은 무기(武器) 분야가 먼저이다. 제2차 세계대전 중에 미국에서 실시한 맨해튼 프로젝트의 결과 최초의 핵무기 폭발실험이 이루어진 뒤 1945년 8월 6일과 9일에 일본의 히로시마와 나가사키에 각각 원자폭탄이 투하되어 수십만 명을 사망에 이르게 하였다. 그 후 미국과 구소련을 중심으로 많은 나라가 경쟁적으로 핵무기 개발에 몰두하였지만 원자폭탄 투하의 참상을 목격한 과학자와 정치인들은 원자력의 평화적 이용을 강조하면서 원자로(原子爐)를 개발하기 시작해 원자력을 에너지 발전에 이용하게 되었다. 1896년 프랑스 과학자 베크렐이 방사선 현상을 처음 발견한 이후 퀴리 부부 등에 의해 자연계 원소들 중에는 이처럼 방사선을 방출하는 물질들이 다수 있음이 확인되었다. 또한 1905년 독일 과학자 아인슈타인에 의해 발표된 특수상대성이론에서 물질의 질량과 에너지 간에는 변환이 가능하다는 이론적 근거가 제시되고, 이후 여러 과학자들에 의해 원자핵의 구조가 상세히 밝혀지면서, 원자핵 내부의 질량 변화와 방사선에너지 방출의 관계가 증명되었다.

37) Fernández Durán, R., & Gonzalez Reyes, L. (2015), 에너지의 나선형. 제2권: 세계화되고 문명화된 자본주의의 붕괴.

부 사람들은 신뢰성 있고 값싼 에너지라고 주장하지만, 다른 사람들은 오용(誤用)될 수 있는 재난 가능성을 지적한다. 그러나 온실 가스 배출이 거의 없기 때문에 '깨끗한' 에너지(Clean Energy)로 간주한다.[38] 우선, 원자력 에너지(Atomic Energy)의 장점(長點)은 다음과 같다:

첫째, 원자력 에너지(Atomic Energy)의 우라늄은 높은 에너지 밀도(密度)를 갖고 있다. 우라늄은 전기를 생산하기 위해 원자력 발전소에서 일반적으로 사용되는 요소이다. 우라늄은 엄청난 양의 에너지를 저장하는 속성이 있다. 1그램의 우라늄은 18리터의 가솔린과 같고 1킬로그램은 100톤의 석탄과 거의 같은 에너지를 생산한다.

둘째, 우라늄은 화석 연료보다 저렴하다. 원칙적으로 우라늄 가격은 석유나 휘발유보다 훨씬 비싸지만, 상당한 양의 에너지를 생산하기 위해서는 소량의 원소만이 필요하다는 점을 감안하면 결국 에너지를 생산 비용은 더 낮아진다.

셋째, 원자력 발전소는 도시에 전기를 공급하기 위해 24시간 365일 언제나 작동할 수 있다. 이것은 연료 보급 기간이 플랜트에 따라 매년 또는 6개월이기 때문이다.

넷째, 화석 연료보다 온실 가스 배출량이 적다. 원자력 에너지(Atomic Energy)은 정부가 온실 가스 배출량 감축 약속을 이행하는 데 도움이 될 수 있다. 원자력 발전소에서의 운영 과정은 화석 연료를 필요하지 않기 때문에 온실 가스를 배출하지 않는다.

다섯째, 원자력 발전소는 다른 유형의 에너지 활동에 비해 공간(空間)이 거의 필요 없다. 선구자와 냉각탑을 설치하기 위한 토지 면적이 상대적으로 작다. 이와 반대로, 풍력 및 태양 에너지 활동은 전체 유용한 수명 동안 원자력 발전소와 동일한 에너지를 생산하기 위해 커다란 토지 면적이 필요하다.

상기한 원자력 에너지(Atomic Energy)의 장점(長點)과는 대조적으로, 원자력(原子力) 발전(發電)의 단점(短點)은 방사선과 방사성 폐기물 문제이다. 또한, 우라늄은 재생 불가능한 자원이다. 따라서 상기 단점(短點)들을 보완하기 위해 원자력(原子力) 발전(發電)은 안전성 보장을 최우선으로 하고 있다. 즉, 원자력(原子力) 발전(發電)의 사고로 방사선이 누설되지 않도록 사고를 방지하며 방사성 폐기물 관리를 안전하게 관리하고 있다. 그러나 원자력(原子力) 발전(發電)이 100% 안전하다고 말할 수는 없다.[39]

사실, 수년에 걸쳐 현재까지 원자력이 인구의 건강과 안전에 위험을 내포하고 있음을

38) Fthenakis, V. M., & Kim, H. C. (2007). 태양 전기 및 원자력의 온실 가스 배출량: 수명주기 연구. 에너지 정책, 35(4), 2549－2557.

39) Zehner, O. (2012). 원자력의 불안정한 미래. 미래파, 46, 17－21.

증거하는 몇 가지 사고가 있었다.[40] 예로서, 체르노빌 사고(Chernobyl Nuclear Power Plant Accident)는 1986년 4월 26일 소비에트 연방 우크라이나 원자력 발전소의 전원(電源) 공급이 끊어진 상태에서 터빈의 회전에너지가 원자로의 냉각 펌프 등에 얼마나 오랫동안 충분한 전력을 공급할 수 있는지를 확인하기 위한 부하 전기 제어 시스템 평가 중에 폭발하여 방사능 유출 사고(사고 레벨 7등급)가 발생했다. 이 사고 후 5~6년 만에 냉전(冷戰) 시대의 한 축을 이루던 소련이 붕괴되었다. 상기 재앙(災殃)은 원자로(原子爐) 근처에 거주하는 3만 명의 사람들을 각각 약 45분의 방사능에 노출시켰는데, 이는 히로시마 폭탄의 생존자들이 경험한 방사능 수준과 거의 같다[41].

또한, 2011년 3월 11일, 일본 동해안의 JMA진도 7, 규모 9도의 지진(地震)으로 치명적인 지진 해일(海溢)이 발생했다. 이로 인해 후쿠시마 다이이치(Fukushima Daiichi) 원자력 발전소(1967.09.29 착공하여 1971.03.26 운영에 들어갔다. 모든 原子爐는 제너럴 일렉트릭사에 의해 설계되었으며 시공은 카시마 건설이 맡았다. 총 1－6호기)의 1－4호기 원자로(原子爐)가 심각하게 피해를 입었다. 그 후 원자로 내부의 폭발로 핵분열 생성물(방사성 핵종)이 대기 중으로 방출되었다. 방사성 핵종(放射性 核種, 방사성 형태의 원소이며, 이는 방사선으로 에너지를 방출)은 빠르게 대기 에어러졸(Atmospheric Aerosol, 공기 중에 부유하는 미세한 고체 또는 액체 입자)과 결합하고 대기(大氣)의 순환으로 전(全) 세계에 확산되었다[42]. 이에 추가하여 다량의 방사성 물질이 해양에 유출되었으며 현재까지 후쿠시마 공장은 오염된 물(300t/d)을 지속적으로 방출하고 있다[43]

<한국전력>이 발간한 2020년판 <전력통계속보>에 따르면 한국의 2019년 에너지원별 발전(發電) 비중은 석탄이 40.4%로 가장 크고, 원자력 25.9%, 천연가스 25.6% 등으로 원자력이 큰 비중을 차지하고 있다. 한국에는 1개 사업자가 운영하는 24기의 원자력 발전소가 있다. 그런데 2016년 경주에서 발생한 지진과 2017년 발생한 포항 지진 등 자연재해는 큰 위협으로 다가오고 있다. 그렇다면, 한국의 원자력 발전소는 지진(地震)에 얼마

40) Zimmerman, M. B. (1982). 학습 효과 및 신 에너지 기술의 상용화: 원자력의 사례. Bell Journal of Economics, 297－310.

41) Zehner, O. (2012). 원자력의 불안정한 미래. 미래파, 46, 17－21.

42) Lozano, R.L., Hernandez－Ceballos, M.A., Adame, J.A., Casas－Ruíz, M., Sorribas, M., San Miguel, E. G., & Bolivar, J. P. (2011). 이베리아 반도에 대한 후쿠시마 사고의 방사능 영향: 진화와 이전 경로를 뒤덮는다. Environment International, 37(7), 1259－1264.

43) Fernández Durán, R., & Gonzalez Reyes, L. (2015), 에너지의 나선형. 제2권: 세계화되고 문명화된 자본주의의 붕괴.

나 안전한가? 발전(發電) 시설의 내진(耐震) 설계는 특등급(지진 시 매우 큰 재난이 발생하거나 기능이 마비된다면 사회적으로 매우 큰 영향을 줄 수 있는 시설의 등급)으로 분류돼 1등급인 일반 아파트 대비 25% 높은 기준을 적용하고 있다. 이는 미국과 캐나다, 칠레, 대만 등 주요 국가의 기준과 동일한 수준이다. 한국정부는 2019년 4월 '원전해체 산업 육성전략'을 발표하면서 2035년까지 점유율 10%를 달성하며 세계 원전해체 시장 TOP 5 국가로 도약하겠다고 밝혔다. 원전해체에서 중요한 것은 사용후핵연료의 처리다. 사용후핵연료는 원자력 발전 과정에서 나오는 방사성폐기물을 말한다. 한국의 경우, 방사능 농도가 낮거나 중간 정도인 중·저준위 폐기물은 경주에 있는 방사성 폐기물 처분장에 저장되고 있으며 방사능 농도가 높은 고준위 폐기물 저장시설은 아직 마련되지 않았다. 사용된 핵연료는 각 발전소에 마련된 사용 후 핵연로 수조에 보관하고 있다. 또한, 한국정부는 2020년 8월 20일 정세균 국무총리 주재로 '제101차 국정현안점검조정회의'를 열고 월성 원전 사용후 핵연료 임시저장시설 증설 추진을 결정했다.[44] 이는 7월 24일 사용후핵연료 관리정책 재검토위원회가 실시한 시민참여단 설문조사에서 증설 찬성이 81.4%, 반대가 11.0%로 나온데 따른 결정이다. 그리고 원전해체 산업 육성을 위해 고리 1호기 해체 착수 이전이라도 조기 일감 창출 및 시정 활성화를 위해 선제 투자를 추진할 계획이다.[45] 또한, 안전기준 명확화 및 원전해체 규제 기준의 조기마련 등을 추진하고 원전해체 과정상 충분한 안전성 확보와 관련 정보공개 확대를 통해 국민 안전과 신뢰 확보에도 나설 예정이다.

다른 한편으로, 석유 혹은 천연가스의 대체재(代替財)로서 셰일 가스(Shale Gas)이 있다. 셰일 가스(Shale Gas)란 오랜 세월 동안 모래와 진흙이 수평으로 쌓여 단단하게 굳은 퇴적암(堆積巖)인 셰일(Shale)이 형성하는 지층(地層)에 포함되어 있는 천연가스나 석유이다. 셰일(Shale)에서 추출한 천연가스와 석유를 가리켜 각각 '셰일 가스(Shale Gas)'와 '셰일 오일(Shale Oil)'이라고 부른다. 셰일 가스(Shale Gas)의 성분은 일반적인 천연가스와 거의 비슷

44) 한국은 1993년부터 방사성폐기물 처분시설 건설을 계획했지만 지역 주민의 반대에 부딪혀 2015년에 이르러서야 경주에 중·저준위 폐기물처리장을 준공했다. 월성 원전의 경우, 2020년 3월을 기준으로 임시 저장시설의 저장률은 95.36%이며 2022년이면 100%에 이를 것으로 추산된다.

45) 2022년까지 고리 1·2호기 터빈건물 격리공사와 월성1호기 최종해체계획서 작성 사전용역 등 25개 사업을 진행하고, 고도화·상용화 및 안전한 폐기물 관리를 위한 R&D를 확대하며, 산업육성 및 중소기업 지원의 핵심 인프라로 부산·울산(경수로)와 경주(중수로)에 원전해체 연구소 설립을 추진한다. 또한, 원전해체 연구소의 기업지원 센터화와 해체수요에 따라 재직인력 전환, 1,300여 명의 신규 전문인력 양성, 500억 원의 원전기업 사업전환 펀드조성 및 금리·대출 지원으로 원전해체 전문기업 육성에도 박차를 가할 계획이다. 고리 1호기 해체 실적 축적에 따라 해외시장 진출 확대 및 기반을 강화하며, 원전해체 기본계획 수립과 전문기업 확인제도 도입 근거 등을 마련한다는 계획이다.

하다. 천연가스를 품은 셰일(Shale)은 '가스가 풍부한 셰일(Gas-rich Shale)'이라고, 석유를 품은 셰일(Shale)을 '오일 셰일(shale)'이라고 각각 부른다. 사실, 미래의 에너지원(源)으로 주목받고 있는 셰일가스(Shale Gas)의 활용도는 매우 높다. 기본적으로 천연가스의 일종인 만큼 난방연료와 발전용, 에탄(에테인: 천연가스나 원유에 일부 함유된 탄화수소) 등 석유화학 원료, 액화천연가스(LNG)처럼 사용할 수 있다.

셰일 가스(Shale Gas)와 오일 셰일(Shale Oil)은 세계 31개국(미국, 캐나다, 멕시코 등 북아메리카와 브라질, 아르헨티나, 칠레, 우루과이 등 남아메리카, 오스트레일리아, 중국, 터키, 카자흐스탄, 카타르, 알제리, 리비아, 수단 공화국, 나이지리아 등)에 2017년 기준으로 약 207조㎥가 매장되어 있다. 이 매장양은 전(全) 세계가 향후 60년 동안 사용할 수 있는 양이다. 세계 매장양의 77% 이상이 상위 10개국에 분포되어 있다.

그러나, 천연가스는 셰일층에서 생성된 후 가스가 오랜 세월 동안 지표면 방향으로 이동해 한 군데에 고여 있기 때문에 비교적 쉽게 개발할 수 있지만, 셰일 가스(Shale Gas)는 전통가스와 달리 가스가 새어 나올 수 없는 암반층(巖盤層)에 갇혀 있기 때문에 개발이 어렵다. 즉, 셰일가스와 천연가스는 같은 천연가스이지만 셰일 가스(Shale Gas)는 단단한 셰일층에 넓게 퍼져 있어 전통적인 방법으로는 채굴이 어렵다.

따라서 셰일가스(Shale Gas)는 1800년대에 최초로 발견됐음에도 채굴할 기술 부족과 경제성이 떨어지는 문제 때문에 채굴이 이뤄지지 못했다. 그러나 2000년대에 들어 화석연료의 가격 폭등과 함께 셰일가스 생산기술의 개발로 경제성이 높아지면서 비로소 차세대 에너지 원(源)으로 떠오르게 된 것이다.[46)]

셰일 가스(Shale Gas)와 오일 셰일(Shale Oil)은 채굴기술의 발전과 함께 관련 제도 및 인프라 구비와 같은 사업환경이 다른 국가보다 뛰어난 미국을 중심으로 신(新)에너지원(源)으로 급부상하였다. 이것을 증명하듯 셰일자원 대부분이 미국에서 생산되고 있으며, 그 양은 2017년 기준으로 셰일가스 4,200억㎥에 달한다. 미국 내 산지는 유전(油田)으로 유명한 텍사스 주와 애팔래치아 유전(油井)이 있는 동부의 애팔래치아 산맥 일대이다.[47)]

46) 셰일층에 광범위하게 분포한 셰일자원의 특성에 맞게 기존의 수직시추법에 수압파쇄법과 수평시추법을 적용하여 채굴하게 되었다. 이러한 추출 기술의 발전을 통해 셰일 혁명이 시작되었다. 수압파쇄법이란 1998년 조지 미첼이 발견한 기술로 모래와 화학 첨가물이 섞인 물을 높은 압력(500~1,000기압)으로 셰일층에 뿜어 암층에 균열을 만든 뒤 천연가스를 뽑아내는 방식이다. 수평시추법이란 지표에서부터 가스와 석유가 있는 지하 3천m의 깊이까지 수직으로 관을 삽입한 후 시추관이 셰일층에 도달하면 진입 각도를 꺾어 가스층에서 가스를 채굴하는 기술이다.

47) Theobald, P. K., Schweinfurth, S. P., & Duncan, D. C. (1972). 미국의 에너지 자원(No. CIRC-650). 지질 조사, 워싱턴 DC.

2040년 기준으로 전 세계의 셰일 가스(Shale Gas)는 1조 1,180억㎥를 생산할 것으로 전망하고 있다.

미국에 풍부하게 매장된 셰일오일과 셰일가스는 미국의 완전한 에너지 독립이 가능하다는 것을 말해준다. 즉, 러시아, 이란, 베네수엘라, 중동 석유 산유국의 눈치를 보지 않아도 된다는 것이다. 따라서 셰일 혁명(Shale Revolution)을 이끄는 미국은 기존의 화석에너지를 대체할 셰일자원 활용을 위해 기술적·제도적 지원을 강화하고 있다. 미국 엑손모빌은 2009년 가스기업인 XTO에너지를 360억 달러에 인수하였다.

프랑스의 <토탈>은 미국 오하이오주의 우티카셰일 지대 지분 25%를 23억 달러에 사들였다. 캐나다는 시추 기술의 지속적인 개선으로 생산량 증가는 물론, 풍부한 셰일자원 매장량과 자본시장, 석유 운송 인프라 등을 바탕으로 빠른 발전과 경제성 향상을 기대하고 있다. 중국은 셰일가스 증산과 이용 확대를 목표로 셰일가스 LNG 플랜트 운영을 시작하였다. 시노펙, 중국해양석유총공사 등의 중국 기업들은 뒤떨어진 채굴기술을 확보하기 위해 해외 기업 인수와 합작투자를 적극적으로 추진하고 있다. 셰일 자원을 가장 많이 보유한 러시아는 가장 높은 셰일자원 잠재력을 보유했음에도 불구하고 경제성 문제로 셰일자원 개발에 소극적이다. 그러나 러시아 정부에서 기업들의 셰일오일 생산 기술 개발 촉진을 위해 광물법 개정을 진행 중이다. 불행히도, 한국은 셰일가스전을 보유하고 있지는 않다. 그러나 한국가스공사는 미국 에너지 유통업체인 셰니에르(Cheniere)와 2017년부터 20년 동안 연간 350만 톤의 가스를 공급받기로 계약했고, 캐나다 최대의 천연가스 생산기업으로부터 셰일가스 탐사와 기술력을 갖춘 엔카나(Encana)의 지분도 취득했다.

셰일 가스(Shale Gas)와 오일 셰일(Shale Oil)은 석유 값의 영향을 받는 산업에 큰 영향을 주고 있다. 셰일 가스(Shale Gas)와 오일 셰일(Shale Oil) 추출이 아직은 공정에 드는 단가가 높아서 경제적 효용가치는 전통적인 천연 가스/원유에 비하면 낮지만, 가격 상승 및 자원 고갈 등의 화두에 대비해 연구 및 상업적 채취가 활발히 진행 중에 있다.

구체적으로, 미국에서는 천연가스 가격이 셰일 가스 붐이 일기 전의 절반 이상으로 떨어졌으며, 노스다코타 주와 텍사스 주 등에서 각 주(州) 경제의 큰 견인차 역할을 하고 있다. 자동차산업의 경우 셰일 가스 혁명 이전에는 고유가의 영향으로 연비가 좋고 실용적인 중소형 차량과 하이브리드 자동차가 각광을 받았으나, 셰일 혁명(Shale Revolution)으로 석유 값이 폭락하면서 SUV처럼 연비가 떨어지는 차종들도 다시 인기를 얻기 시작했다. 또한, 정부가 전기차 및 수소차 사업에 대한 지원을 늘리게 만든 것도 셰일 가스(Shale Gas)이다. 그 이유는 기름값이 싸진다는 것 자체가 전기차나 수소차의 개발이 위축될 수 있는 요인이 되기 때문이다. 또한, 셰일 가스(Shale Gas)는 조선업(해양플랜트 산업)의 쇠퇴에도 영향을 미쳤는데, 그 이유는 높은 석유가격이 채굴원가가 비싼 해양석유 시추, 발굴에 대한 수요를 끌어낼 수 있었기 때문이다. 바야흐르, LNG 운반선의 대호황의 시대가 시작되고 있다.

상기와 같이, 셰일 가스(Shale Gas)와 오일 셰일(Shale Oil)는 지구촌의 에너지 고갈문제를 해결할 것으로 기대된다. 2000년대까지는 앞으로 석유가 30~40년이면 고갈된다며 대체에너지를 찾는 데 노력해야 한다는 주장이 자주 나왔으나, 인류가 2백년 넘게 쓸 수 있는 것으로 추산되는 새로운 에너지원이 등장한 것이다. 향후 셰일 가스 채굴이 활발해지면 국제 천연가스 가격이 안정될 것으로 기대된다. 천연가스 가격이 안정화되면서 가스 발전이 전력 수요의 대응 방안으로 부상할 것이며, 장기적으로 가스 발전이 석탄을 대체할 수 있을 것이다. 단, 아직 환경문제와 지구온난화 문제가 남아 있기 때문에 대체에너지 개발의 중요성이 낮아진 것은 아니다. 에너지자원의 고갈과 환경오염 문제에 직면한 오늘, 인류는 에너지를 절약하고 친환경 에너지의 개발과 활용에 힘을 써야 할 것이다. 모름지기, 국가의 지속가능 발전과 번영을 위해서는, 가장 핵심적 요소인 에너지를 안정적으로 확보하는 일은 정부를 비롯한 관련 기업들의 몫이지만 에너지를 효율적이고 합리적으로 사용하는 일은 온전히 국민들의 몫이라 할 수 있다.

(2) 환경 위기

환경문제는 한 지역이나 국가에 한정되지 않고 세계적인 차원에서 심각한 이슈로 부각되고 있다. 자연을 활용하는 과정에서 환경이 다소 파괴되는 것은 불가피한 일이지만 그 파괴 규모가 얼마나 되느냐가 문제가 된다. 자연의 복원력(復原力)이 이를 해결할 수 있었던 과거에는 보다 많은 자원의 개발과 그에 근거한 부가가치 창출이 주요한 목표였지만 오늘날과 같이 대량 생산과 소비는 이미 적절한 자원 활용의 한계를 넘어섰다. 예로서 자연 상태에서 분해되는 데에 수십 년 이상이 필요한 비닐, 플라스틱 제품, 인간의 생명에 치명적인 수은, 카드뮴, 납 같은 유독성 물질의 유출은 장기적으로 인류 생존에 커다란 위협으로 대두되고 있다.[48]

지난 20년 동안, 지구온난화와 기상이변을 막기 위한 인류의 노력 과정은 다음과 같이

48) Sachs, Jeffrey D.(2009), Common Wealth: Economics for a Crowded Planet, New York: Penguine Press.

점철되어 왔다: 1992년 6월, 브라질 리우데자네이루(Rio de Janeiro)에서 개최된 인류의 최초 선언인 '유엔기후변화협약(UNFCCC: United Nations Framework Convention on Climate Change)' → 1997년 12월, 일본 교토에서 38개 선진국 대표들이 모여 교토의정서(Kyoto Protocol): 동구(東歐)를 제외한 OECD 선진국(부속서 1국가군)은 이산화탄소(CO_2) 배출 감축목표율을 1990년 배출량을 기준으로 2012년까지 평균 5.2%로 감축 결의 → 2009년, 코펜하겐(Copenhagen) 기후회의로 점철되어 왔다. 그러나 이산화탄소(CO_2) 배출을 줄이는데 많은 노력을 하였으나 결국 모두 실패하였다.[49]

[표 Ⅱ-4] 온실가스 관련 국제협약

연도	국제협약	내용
1992	리우 UN 환경회의	기후변화협약(UNFCCC) 체결, 1994년 발효
1997	교토의정서 채택	부속서I국가(선진 37개국+유럽연합)에 대한 온실가스 배출 의무 규정, 2005년 발효
2001	마라케쉬 합의문	교토의정서에 대한 이행방안
2007	발리 로드맵	포스트-교토 협상을 위한 시한 및 선진국과 개도국 감축 명문화
2009	코펜하겐 협상	2013년 이후 온실가스 감축 협상

자료: UNFCCC; 이서원(2009), "주요국 전략을 통해 본 포스트-교토 협상", LG Business Insight, LG경제연구원, 9월.

그런데 2009년 코펜하겐(Copenhagen) 기후변화 협상에서도 미국은 중국의 적극적인 협조를 얻어내지 못했었다. 왜냐하면 중국은 온실가스배출 감축이라는 국제적 요구보다 자국 내에 미칠 부정적 효과에 더 신경쓰고 있기 때문이다. 이 결과, 제15차 코펜하겐 기후변화협약당사국총회(COP15, 2009.12.07~18)는 선·후진국 간 탄소감축 규모, 검증과 제재, 후진국에 대한 지원규모 합의 등에 실패함으로써 구속력 있는 결의를 도출하지 못했었다.

제15차 유엔기후변화협약 당사국 총회(이하 코펜하겐 회의)가 개발도상국들의 선진국 성토장이 됐다. 개막일인 2009년 12월 7일 130개 개발도상국의 모임인 G77은 선진국들이 "기후변화와 그 악영향에 대처할 책임을 개도국에 떠넘기려 한다"며 맹비난을 퍼부었다.

49) Lim, Yang－Taek(2003b), The Global Energy Crisis and Its Countermeasures, The Journal of Global Issues and Solutions, January~February issue, The Institute for the Advancement of Positive Global Solutions.

G77 의장국인 수단의 이브라힘 미르가니(İbrahim Mirghani) 대표는 개막 연설에서 "지금까지 부자 나라들은 그 어떤 실질적 리더십도 보여주지 못했다"며 "선진국들은 계속 (탄소) 배출을 늘려가면서, 개도국들한테는 이제 배출량 감축에서 리더십을 발휘하라고 요구한다"고 말했다. 그는 "교토 의정서가 선진국들에 부과한 의무, 그리고 개도국들에 대한 비슷한 조치들을 한데 묶어 또 하나의 법적 구속력을 갖는 장치를 마련하려는 선진국들의 목적"에도 반대한다고 말했다. 1997년 채택된 교토 의정서는 선진국들에 2008년부터 2012년까지 온실가스 배출량을 1990년 대비 평균 5.2% 낮출 것을 주문했다.

그러나 개도국들도 이해관계에 따라 의견이 갈린다. 4대 주요 개도국인 중국 · 브라질 · 남아프리카공화국 · 인도가 마련한 공동 합의문 초안에는 2020년까지 선진국들에 요구할 탄소 감축 수준에 관한 사항이 빠졌다. 중국과 인도 등 주요 개도국은 선진국들이 2020년까지 탄소 배출량을 1990년 대비 '최소 40%' 감축하라고 요구했다. 그러나 온난화로 수몰(水沒) 위기에 몰린 군소도서(島嶼)국가연합(AOSIS) 소속 42개국은 '최소 45%'를 고집했다.

한편, 선진국들 사이에선 이번 회의의 결과에 대해 낙관론이 조금씩 확산되는 양상이다. 온실 가스 규제에 미온적이었던 미국의 태도 변화를 구체적으로 보여줬기 때문이다. 각국은 미 국 환경보호청(EPA)이 이산화탄소 등 온실가스를 오염물질로 규정하여 의회를 통하지 않고 탄소 배출을 규제할 방법을 마련한 것을 반겼다.

당초 계획대로라면 2013년 이후 적용될 '법적으로 구속력 있는' 협정이 통과되어야 했었지만 세계 각국은 회의 막판까지 온실가스 감축 목표 설정 등 주요 쟁점에 대해 입씨름을 벌이다 '지구 평균기온의 상승 폭을 산업화 시대에 비해 섭씨 2도 이내로 제한한다'는 것을 골자로 한 합의문을 채택하는 데 겨우 성공했었다. 이에 대하여, 버락 오바마(Barack Obama) 대통령(당시)은 "유례없는 돌파구가 마련됐으며 국제사회가 앞으로 해야 할 행동의 토대를 구축했다"고 평가했었다.

그러나 2009년 코펜하겐(Copenhagen) 협정은 법적 구속력이 없었다. 게다가 상기의 목표를 달성하기 위해 대기 중 온실가스의 총량과 국가별 분담량을 어떻게 결정할지 등 핵심 수단은 전혀 언급되지 않았다. 실제로, 상기 '코펜하겐 합의' 문서엔 2010~2012년까지 선진국들이 향후 3년간 온실가스 배출 억제를 돕기 위해 개발도상국들에 긴급 지원할 300억 달러에 대해선 자금 부담의 주체가 '선진국'으로 명기돼 있었지만, 2013~2020년까지 연간 천 억 달러의 자금은 '다양한 원천(a variety of sources)'에서 조달한다고 적시되어 있었다.[50)]

---

50) 이에 따라 2009년 11월 17일 확정된, '2020년까지 2005년 대비 온실가스를 30% 감축한다'는 한국의 국가 목표는 2010년 말 16차 UNFCCC 총회 전까지는 어떤 '국제법적 의무' 없이 한국이 세운 일정과 방식

다행히, 2015년 12월 12일 세계 195개국 정부 대표들이 만장일치로 '신(新)기후체제'인 '파리협정(Paris Agreement)'에 합의하였고, 이에 따라 2020년 말 '교토의정서(Protocol)'가 만료되는 2021년 1월부터 동 협정이 적용된다. 이것은 '화석연료 시대의 종언'을 의미한다.

파리협정(2015.12.12)에 따라, 석탄 산업으로 매출의 30% 이상을 거두거나 석탄을 원료로 한 에너지를 30% 이상 사용하는 기업에는 더 이상 투자를 하지 않겠다고 세계 유수 금융회사들이 선언했었다. 또한 세계은행(WB)에 의하면, 신재생에너지 프로젝트 등 녹색산업과 관련된 그린본드(Green Bond) 시장이 확대되고 있다. 이와 더불어, 이산화탄소 배출량이 적은 신재생 에너지(태양광, 풍력), 전기자동차(EV), 2차 전지, 스마트 그리드(지능형 전력망) 등이 유망 산업으로 각광받고 있다.

미국 경제학자 제레미 리프킨(Jeremy Rifkin) 교수(펜실베이니아 대학)는 그의 저서 「3차 산업혁명」(2011년)과 「한계비용 제로 사회」(2013년) 등을 통해 환경 위기를 경고하고 그 해결 방안으로서 '공유경제(共有經濟)'를 제시했다. 즉, "세계는 인류사에 몇 번밖에 없는 중요한 변곡점에 와 있다"고 진단하고, *"기후변화가 이렇게 빨리 진행될 줄은 몰랐다. 공포심을 느낄 정도이다. 인류는 엄청난 양의 화석연료를 소비했고 그 결과 탄소 배출량도 폭발적으로 늘었다. 환경 재앙으로 3, 4세대 안에 인류가 멸망할 수도 있다. 그것이 '공유경제'를 강조해온 이유이다."*

또한, 그의 저서 「한계비용 제로 사회」(2013년)에서 제레미 리프킨(Jeremy Rifkin)은 '공유경제(共有經濟)'를 통해 한계비용(생산물을 추가로 생산할 때 필요한 총비용 증가분)을 감소시켜 나감으로써 결국 '한계비용이 제로(0)가 되는 사회'로 전환해야 한다고 주장했다. 여기서 '공유경제(共有經濟)'란 대량생산, 대량소비의 폐해를 극복하기 위해 각종 재화와 콘텐츠를 나눠 쓰는 경제 시스템을 말한다. 향후 전체 자동차의 80%가 사라지고 나머지 20%는 친환경 에너지로 움직일 것이다.

상기한 제레미 리프킨(Jeremy Rifkin) 교수의 '환경 위기 경고'를 본 연구는 최근 '코로나 19 재앙'과 관련지어 더욱 연장하고자 한다. 왜냐하면 '코로나 19'를 비롯하여 인류 사회를 위협했었던 주요 전염병들이 '기후변화'로부터 연유되었기 때문이다.

소빙하기(小氷河期, Little Ice Age)에서는 평균 기온이 2~3도 정도 강하(降下)해서, 농업 생산력과 어류 생태계가 크게 변화하는 사태가 나타난다. 16세기부터 시작되어 18세기까지 이어졌다. 이 시기의 기온저하는 전(全) 세계적인 추세였다. 예로서 지금보다 기온이 1.5~2도나 낮았다는 중국 명(明)나라 말기(1600~1640) 중국 경제의 중심지였던 양쯔강(揚

에 맞춰 자발적으로 진행해 나갈 수 있게 됐다.

子江) 이남 지역을 강타한 자연재해와 뒤이은 전염병(傳染病)은 '사람 고기를 먹을 만큼' 심각해졌다. 1641년 명(明) 말기 농민군 영수 이자성(李自成, 1606~1645)의 반란군이 당시 중국 인구의 70%의 이상이 기근(飢饉)과 전염병(傳染病)으로 소멸된 황허(黃河) 이남을 손쉽게 점령할 수 있었다. 당시, 가뭄·홍수 등 기상이변(氣象異變)이 빈발했다. 겨울에도 천둥번개가 치고, 5~6월까지 서리와 눈이 내리기도 했다. 겨울추위가 혹독해졌지만, 한편으로는 겨울철인데도 갑자기 봄날처럼 따뜻해져 꽃이 피기도 했다. 기상이변(氣象異變)은 굶주림과 위생불량을 낳았고, 이것은 곧 면역력(免疫力)의 저하를 부추겨 전염병(傳染病) 창궐로 이어졌다.

한편, 1392년부터 1917년까지 <조선왕조실록>에 수록된 전염병(傳染病) 발병은 햇수로 따지면 320년에 달하고 연평균 2.73회 발생했었다. 가히 '전염병의 시대'라 해도 과언이 아니다. '코로나 19' 사태가 겨울에 시작해서 봄철에 확산되는 추세와 비슷했었다. 1511~1560년과 1641~1740년, 1781~1890년 사이의 전염병(傳染病) 창궐은 소빙하기(小氷河期, Little Ice Age) 징후로 인한 기상이변(氣象異變)이 주된 원인이었다.[51)]

특히 현종(13회)－숙종(25회)－영조(19회) 등이 전염병(傳染病)의 절정기였다. 특히, 현종－숙종 시대는 소빙하기(小氷河期, Little Ice Age)가 극에 달한 17세기였다. 1670년(경술년·현종 11년)과 1671년(신해년·현종 12년)에 걸쳐 조선(朝鮮)을 덮친 이른바 '경신대기근'과, 1695년(을해년·숙종 21년)과 1696년(병자년·숙종 22년) 시작된 '을병대기근'은 참혹한 결과를 낳았다. 서울과 지방을 통틀어 호수는 129만 3,083호이고 인구는 577만 2,300명으로 집계됐다. 계유년(1693년)과 비교하면 호수로는 25만 3,391호가, 인구로는 141만 6,274명이 각각 줄었다. <숙종실록>은 1678년(숙종 4년) 9월 "경술년(1670년)과 신해년(1671년) 기근과 전염병으로 10만 명의 백성이 목숨을 잃었다"고 기록했다. 25년 뒤인 1695(을해년)~1696년(병자년)부터 시작된 이른바 '을병대기근'은 가뜩이나 도탄에 빠져있던 백성들을 막다른 골목으로 몰아넣었다. '을병대기근'으로만 140만 명이 넘는 백성이 목숨을 잃었다.[52)]

---

51) 이준호(2019), '조선시대 기후변동이 전염병 발생에 미친 영향', <한국지역지리학회지> 25권 102호, 한국지역지리학회; 김영환(2001), '조선시대 역병발생기록에 관한 분석연구', <보건과학논집> 제27권 2호; 김문기(2011), '17세기 중국과 조선의 재해와 기근', <이화사학연구>43권 43호, 이화여대 사학연구소; 조영헌(2014), '17세기 위기론과 중국의 사회변화－명조 멸망에 대한 지구사적 검토', <역사비평>, 역사비평사.

52) 조선왕조가 건국된 1392년부터 왕조 멸망 19년 전인 1891년까지 500년간의 전염병 발생 실태를 조사한 김영환 고려대 보건행정과 교수의 논문 '조선시대 역병 발생 기록에 관한 분석 연구'에서는 "500년간의 역병 발생 햇수는 160개년으로 32%를 보여, 3년마다 1회꼴로 질병이 유행하였다"고 했다. "역병 유행 횟수를 왕(王)별로 볼 때, 숙종(1675~1720) 시대에 25회로 가장 많았고, 다음이 영조(1725~1776) 시대

여기서 유의할 것은 IPCC(유엔 산하 '기후변화에 관한 정부간 협의체')는 "한반도의 경우 2100년 쯤 기온이 평균 1.4도 이상 상승한다"고 예측했다는 점이다. 따라서 향후 전혀 새로운 전염병과 전염매개층의 창궐, 감염성 질환의 증가 등이 우려된다.

최근에 중국에서 '코로나 19'가 발생하여 6개 대륙 110여 개 국가로 확산됨에 따라 2020년 지구촌 77억 명의 인류는 '코로나 19' 재앙(災殃) 앞에 떨었다. 확진자와 사망자 모두 세계 2위로 올라선 이탈리아는 인구 6천만 명에 대한 이동 제한을 선언해 '제2차 세계대전 급의 전시(戰時) 상태'에 놓였다. 프랑스·스페인·독일도 확진자가 천 명 선을 넘었다. 2020년 3월 세계적으로 누적 확진자는 11만 명을 넘었고, 사망자도 4천 명을 돌파했다. 14세기 흑사병, 20세기 스페인 독감을 떠올린다.

인류가 당했었던 전염병은 최근 신종 코로나바이러스 감염증(COVID－19·코로나 19)이 유일한 것이 아니다. 미국 시카고대학 윌리엄 맥닐(William H. McNeill) 교수는 ＜전염병의 세계사＞(Plagues and People, 1975년)라는 역작에서 "전염병은 인류의 역사를 바꿔왔다"고 지적했다. 전염병(傳染病)은 한 사회 내에서 인구 구조와 노동 조건, 정치적 역학관계를 바꿀 뿐 아니라 지구적인 차원에서 문명의 형성·전파와 인간의 대규모 이주에도 영향을 미친다. 미시적/거시적 양 측면에서 세계사의 흐름을 바꾼다는 것이다.

첫 사례는 165~180년 로마제국의 마르쿠스 아우렐리우스 안토니우스 황제 시절에 유행한 전염병이다. 역사학자들은 이 전염병이 천연두나 홍역이었을 것으로 추정한다. 근동지방(현재의 시리아·레바논·이스라엘·팔레스타인 지역)에 파병됐던 로마 군인들이 병에 걸려 귀국하면서 이탈리아 반도 전역으로 전염병이 퍼졌다. '안토니우스 역병'이라 불리는 이 병으로 500만 명 이상이 숨졌다. 이어서, 541~750년 비잔틴 제국에서 유행한 '유스티니아누스 역병'은 14세기 흑사병과 같은 선(腺)페스트로, 북아프리카 에티오피아와 이집트에서 유럽으로 넘어갔다. 전염병이 최고조에 달했을 때에는 콘스탄티노플(현 이스탄불)에서만 하루에 1만 명씩 사망했었다.

로서 19회, 그리고 세조(1455~1468) 시대에는 단 1회를 보였다."(고려대 보건과학연구소가 2001년 발행한 ＜보건과학논집＞ 제27권 제2호). 이때의 전염병은 기상이변에 따른 것으로 대기근과 함께 발생했다. 1670년은 경술년이고 1671년은 신해년이다. 그래서 이때의 재난은 경신 대기근으로 불린다. 경신대기근 당시 지구는 소빙기였다. 전반적으로 날씨가 추웠다. 기온이 떨어지고 자연환경이 변하니, 신체의 면역력과 농업생산이 함께 떨어졌다. 그래서 전염병과 기근이 퍼질 수밖에 없었다. 당시의 전염병이 얼마나 대단했는가는 이 시기의 인구 감소에서 드러난다. 김문기 부경대 연구교수의 논문 '17세기 중국과 조선의 재해와 기근'은 다음과 같이 논술한다: "수한(수재·한재) 재해와 냉해 그리고 전염병이 덥치면서, 경신대기근은 유례가 없는 엄청난 사망자를 낳았다"(이화여대 이화사학연구소가 2011년 발행한 ＜이화사학연구＞ 제43집).

한편, 소·말·양·돼지 같은 대형 포유류가 없었던 신대륙(카리브해 히스파니올라 섬)의 주민들은 동물에서 기원한 바이러스(Virus)들에 취약해 1518년 스페인인(人)들에게서 천연두(天然痘)가 옮아와 인구 절반을 잃었다. 멕시코 테노치티틀란에서도 비슷한 시기 천연두(天然痘)로 15만 명이 죽었다. 17세기 멕시코에서는 홍역(紅疫)으로 200만 명이 숨졌다.

다행히, 18세기 들어서야 영국 의사 에드워드 제너(Edward Jenner, 1749~1823)가 천연두(天然痘)의 근대적인 예방법인 종두법(種痘法)을 최초로 개발하였다. 또한, '전염병의 원인=병원성 미생물'이라는 학설은 19세기가 되어서야 프랑스의 생화학자로서 '미생물학의 아버지'라고 불리우는 루이 파스퇴르(Louis Pasteur, 1822~1895)가 완성했다. 조선(朝鮮)의 허준(許浚, 1539~1615)의 <신찬벽온방>(新撰辟瘟方)은 1613년 역병의 예방과 치료법에 대한 매뉴얼을 만들어 배포하였다. '운기(運氣)의 부조화'를 전염병 창궐의 원인으로 지적했다. 인간의 신체도 기의 균형이 깨지면 병이 나듯 자연의 기운도 조화를 잃으면 전염병이 발생한다는 것이다. 허준은 '운기의 부조화'를 두고 '따뜻해야 할 봄이 춥거나, 더워야 하는 여름이 서늘하거나, 서늘해야 하는 가을이 덥거나, 추워야 하는 겨울이 따뜻하거나 하는 경우'라 했다.

20세기 이후 항생제(抗生劑)가 개발되면서 세균성(細菌性) 전염병은 상당 부분 정복된다. 하지만 또 하나 변수가 생겼으니 그것은 바로 바이러스(Virus)이다. 바이러스(Virus)는 항생제(抗生劑)로 치료되는 세균(細菌)과 달리 변이가 쉬워 생길 때마다 백신을 개발해야 하고, 2차 감염까지 일으킬 수 있기 때문에 인류가 대처하기 어렵다. 지금까지도 RNA를 기반으로 하는 바이러스(Virus)는 그 유전적 전달구조가 완벽하지 않기에 돌연변이가 많이 발생하는 문제가 있다. 2000년대 이후 코로나 바이러스(사람과 동물에서 나타나는 호흡기 바이러스 중 하나)는 사스(중증급성호흡기증후군) 이후 메르스(중동호흡기증후군)와 코로나 19의 형태로 쉽게 돌연변이를 일으키며 잇달아 등장하였다.

그럼에도 불구하고, 보건·위생 분야의 국제적인 협력을 위하여 1948년 4월 7일 설립된 유엔 체제하의 정부 간 기관인 세계보건기구(WHO: World Health Organization)는 헌장(憲章)에 명기된 역할을 수행하지 못하고 있다. 그동안 '인류의 주치의'가 되어야 할 세계보건기구(WHO)의 처신은 매우 실망스럽다. '코로나 19'가 발생한 지 한 달 만인 2020년 1월 30일 뒤늦게 '국제 공중보건비상사태(PHEIC)'를 선포했다. "국경 폐쇄는 득(得)보다 실(失)이 크다"며 이동과 교역 제한에도 반대해 왔었다. 능력(能力) 부족이라기보다는 철학(哲學) 부재이다.

도널드 트럼프(Donald John Trump) 미국 대통령(당시)은 2020년 4월 14일에 세계 보건기구가 '코로나 19' 범유행 대응에 실패했다는 입장을 표명하고 세계보건기구(WHO)가 미국의 막대한 자금 지원에도 불구하고 중국에 편향되어 있다고 지적하는 한편, 미국에서 일어난 '코로나 19' 범유행과 관련된 피해에 대해 세계보건기구(WHO)에게 책임이 있다고 지적했다.[53)]

한 걸음 더 나아가, 도널드 트럼프(Donald John Trump) 대통령(당시)은 2021년도 세계보건기구(WHO)에 대한 기여금 예산을 2020년 규모(1억 2,200만 달러)의 절반 수준인 5,800만 달러로 축소할 것을 미국 의회에 요청했었다. 미국은 세계 보건 기구의 전체 예산 가운데 25% 수준인 5억 달러의 자금을 지원했다. 미국은 2019년에 세계 보건 기구에 4억 달러의 자금을 지원했었는데 이는 전체 예산 가운데 15% 가량에 해당하는 자금이다. 세계보건기구(WHO)의 연간 예산은 약 60억 달러 규모(2019년 기준)인데 미국은 전체 회원국들의 예산 분담금 중 10%에 이르는 5억 5,300만 달러를 분담했다.

그 후, 도널드 트럼프(Donald John Trump) 대통령(당시)은 2020년 5월 18일에 세계보건기구(WHO)에 대한 미국의 자금 지원을 중단한다고 선언했고 2020년 5월 29일에는 미국의 세계보건기구(WHO) 탈퇴를 검토하겠다고 밝혔다. 실제로, 그는 2020년 7월 7일에 유엔을 통해 미국이 2021년 7월 6일을 기해 세계보건기구(WHO)에서 탈퇴한다고 공식 통보했었다. 하지만 2020년 미국 대통령 선거에서 당선된 조 바이든은 자신이 대통령에 취임하면 미국의 세계보건기구(WHO) 탈퇴 결정을 무효 처리하겠다고 밝혔고, 2021년 1월 20일에 안토니우 구테흐스 유엔 사무총장에게 보낸 서한을 통해 미국의 세계보건기구(WHO)탈퇴 결정을 취소한다고 통보했다.

모름지기, 세계보건기구(WHO)의 목적은 '세계 모든 사람들이 가능한 한 최고의 건강 수준에 도달하는 것'으로 정해져 있으며, 그 규약에 의거하여 국제 보건에 대한 지도와 조정을 담당하고 구체적인 몇 가지 책임 중의 하나가 '유행성, 풍토성 등의 질병을 근절하도록 고무하는 것'이다. 구체적으로, 세계보건기구(WHO)는 연간 예산 약 60억 달러 규모(2019년 기준)을 인류의 생명을 위협하는 각종 전염병의 백신(Vaccine) 개발 및 공급과 치료제 개발에 쏟아부어야 할 것이다. 치료제는 발명 못할지라도 백신(Vaccine) 공급은 세계보건기구(WHO)가 주도할 수 있도록 해야 할 것이다. 또한, 비록 강제력이 없는 세계보건기구(WHO)라지만 크게 달라진 현실에 맞도록 국제 규범이나 매뉴얼을 정비해야 할 것이다.

53) 이와 함께, 도널드 트럼프(Donald John Trump) 대통령(당시)은 에티오피아의 외무장관을 역임했었던 테워드로스 아드하놈 거브러이여수스가 2017년 7월에 중국의 지지를 받아 세계보건기구(WHO) 사무총장에 당선되었다는 사실을 지적했다. 이에 세계보건기구(WHO)는 도널드 트럼프의 주장에 유감을 표명하면서 세계보건기구(WHO)가 코로나 19의 등장을 세상에 알렸다고 해명했다.

03 식량 위기

인류 사회는 심각한 식량위기 상황에 처해 있다. 식량은 인간이 삶을 영위하는 데 필수적인 요소다. 현재 끼니를 제대로 잇지 못하는 사람은 10억 명에 달한다. 재러드 다이아몬드(Jared Diamond, 1937~현재) 교수는 "세상에 70억 인구가 있지만, 120억 인구가 먹을 수 있는 식량이 생산되고 있다. 그런데도 매일 기아(飢餓)로 5만여 명이 굶어 죽고 있다. 이것은 '동족을 잡아먹는 식인적인 세계질서'이다"라고 말했다(동아일보, 2016.01.06).

특히, 아프리카에서만 매년 4천만 명 가까운 인구가 배고픔으로 죽어가고 있으며 굶어죽는 아이가 5초에 1명씩 발생하고 있다. 아프리카 사헬 지대(아랍어로 '가장자리'란 의미)에 사는 사람들이 굶주림에 허덕이고 있다. 먹을 것이 없어 고통을 호소하는 인구가 2,000만 명을 넘어섰고, 이 중 250만 명은 당장 목숨이 위태로운 상태다. 사헬 지대는 아프리카 사하라 사막 남쪽에 길게 분포하는 지역이다. 건조 기후인 이곳에서는 지구온난화 영향으로 수년째 비가 거의 오지 않고 있다. 이 때문에 국토 대부분이 사실상 황폐한 상태다.

유엔 인도주의업무조정국(OHCA)이 최근 발표한 보고서에 따르면 사헬 지대에서 식량 공급이 불안정한 상황에 처한 사람들이 2020만 명에 이르는 것으로 나타났다. 2013년 1,130만 명보다 배 가까이 증가한 것이다. 이 중 250만 명은 긴급 구호가 없으면 생존이 불가능한 지경이다. 나이지리아, 카메룬, 세네갈은 기아 위험에 직면한 인구가 40% 이상 늘었고, 니제르는 100만 명 이상 증가했다. 영양실조에 직면한 5세 미만 어린이도 500만 명이나 된다(국민일보, 2014.02.05). 특히 니제르는 홍수와 가뭄뿐 아니라 인근 나이지리아와의 분쟁에 전염병까지 퍼지면서 고통에 시달리고 있다. 병에 걸려도 의료진이 턱없이 부족해 손을 쓸 수가 없는 상황이다. 식량을 얻으려는 이 지역 사람들이 주변국으로 밀려들면서 매년 70만 명 정도의 난민이 발생하고 있다. OHCA는 사헬 지대에 사는 주민들을 돕기 위해 20억 2,500만 달러(약 2조 1,941억 원)가 필요하다고 추산했다. 그러나 이들을 지원하기 위한 자금을 마련하기는 쉽지 않을 것으로 보인다. 세계적인 경기침체의 회복이 더뎌 기부금을 모으기 어려울 뿐 아니라 시리아 난민 등을 돕는 데도 막대한 자금이 들어가기 때문이다. 2013년에도 유엔이 요청했던 17억 달러 중 63% 수준인 11억 달러만 모아졌다. 그럼에도 불구하고, 2009년 11월 유엔식량농업기구(FAO)가 주최한 식량 정상회의가 이탈리아 로마에서 열렸지만 전 세계 10억 명의 기아 인구에 식량을 공급할 명확한 대안을 제시하지 못했었다.

컨선월드와이드와 독일의 세계기아원조(Welthungerhilfe)가 공동으로 발표한 세계기아지수(GHI: Global Hunger Index)[54)]를 보면, 2016년의 경우, 전(全) 세계 118개 개발도상국의 평균 GHI는 21.3점의 수준을 보인다. 이는 2000년의 평균 GHI가 30점이었던 것을 감안한다면 무려 29퍼센트가 감소한 것으로 해당 기간 동안 기아상황이 상당히 개선되었음을 의미한다. 2019년 중앙아프리카공화국 GHI는 53.6으로 인구의 60%가 영양결핍 상태에 놓여 있으며 5세 미만 아동의 50%가 발육부진 상태에 놓여 있다.

개발도상국의 주요 지역을 보면 아프리카 사하라 사막과 남아시아가 각각 30.1점, 29.0점으로 2016 세계기아지수(GHI)가 가장 높다. 비록 과거와 비교해본다면 두 지역에서도 기아지수가 감소하고 있는 추세이지만 아직도 '심각' 단계에 해당하는 수치이므로 기아를 줄이기 위한 더 많은 노력이 필요해 보인다. 두 지역은 비슷한 세계기아지수(GHI) 수준을 가지고 있지만 그 구성에 있어서는 다소 차이가 있다. 남아시아는 발육 부진 아동과 허약 아동 지표로 측정되는 아동 영양부족이 다른 지역보다 심각했고 아프리카 사하라 사막 이남 지역은 인구 전체의 열량 결핍을 보여주는 영양 결핍 만연 지표와 영·유아 사망률이 다른 지역보다 높았다.

한편, 동아시아와 동남아시아, 북아프리카, 라틴아메리카와 카리브 해, 동유럽과 독립국가연합의 세계기아지수(GHI)는 7.8점과 12.8점 사이로 기아수준이 낮거나 보통이었다. 중앙아프리카공화국과 차드는 2000년부터 이어진 세계기아지수(GHI) 백분율의 감소폭이 낮을 뿐만 아니라 2016년 세계기아지수(GHI)가 가장 높다. 두 나라의 기아상태가 이처럼 심각한 가장 주된 이유는 내전으로 인해서 식량 안보가 위협을 받았기 때문이다. 여기에 기후변화로 인한 작물 생산량 감소, 대규모의 난민 유입 그리고 폭력적인 대립상황 등이 더해져 더욱 심각한 상황이다. 두 나라의 2016년 세계기아지수(GHI)는 각각 46.1점과 44.3점을 기록했다.

여기서 유의할 것은 식량이 부족하면 생명의 위기 상황을 느낀 사람들이 폭력적인 행

---

54) 세계기아원조와 국제식량정책연구소가 2006년 창간호에서 기아에 대한 싸움을 보다 효과적으로 모니터링하고 정책적으로 제언을 하기 위해서 '세계기아지수(GHI)'를 발표하였다. '세계기아지수(GHI)'는 기본적으로 한 국가의 기아 상태를 '0'에서 '100'까지의 수치로 나타내는데 '0'은 기아를 겪는 사람이 없다는 것으로 가장 이상적인 상태이고 반대 '100'은 인구 전체가 기아를 겪는다는 의미이므로 가장 나쁜 상황이다.

동에 뛰어들 가능성이 높아진다는 점이다. 예를 들어, 2008년 식량위기의 경우, 아시아, 아프리카, 남미 등의 개도국에서 수많은 폭동이 일어났다. 아랍권을 휩쓸었던 '재스민 혁명(2010~2011)'의 주요 원인 중에는 부족한 식량도 포함되어 있었다. 참고로, 2007~2008년 세계는 30년 내 가장 가파른 곡물 가격 상승을 경험했었다. 식량 가격 급등에 항의하는 폭동이 세계 30개국을 휩쓸었고, 아이티와 마다가스카르는 정권이 무너졌었다.

설상가상으로, 과학기술의 발달은 인간의 생명을 연장하는 방법들을 개발하였고 사람의 건강과 수명은 놀랄 만큼 증진되었다. 인간의 평균수명이 100세에 달하는 상황이 전개된다면 그것 자체가 큰 사회적 문제가 될 수 있다. 인구학 학자들은 서기 2300년의 인구는 현재의 500배인 3조 명에 달하고 한사람이 차지할 수 있는 지구상의 공간은 180제곱미터에 불과하게 될 것이라고 전망한다. 이는 인구를 조절하는 강력한 대책이 마련되거나 식량 및 생활에 필요한 소모품을 생산하는 획기적인 방법들이 강구되지 않는다면 수명연장과 관련된 과학기술 발달 자체가 인류사회 유지에 큰 문제가 된다는 점을 시사하고 있다.

폴 로버츠(Paul Roberts, 1939~현재)는 그의 저서 「식량의 종말」(The End of Food, 2009년)에서 지구촌 인구가 2050년에는 90억 명으로 전망되는데, 현재의 식량 체계로서는 인류 전체를 먹여 살릴 수 없다고 지적하면서 기존의 작물 재배방식은 3가지, 즉 안정적인 기후, 풍부한 물, 저렴한 에너지의 조건을 전제로 한다고 강조했다.

또한 찰스 고드프리(Charles Godfray) 교수(옥스퍼드 대학)는 미국과학진흥협회(AAAS: American Association for the Advancement of Science)의 연례대회(2011.02)에서 "2050년이면 90억에 달하는 인구를 어떻게 먹여 살려야 할까?(How Can The World Feed 9 Billion People By 2050 Sustainably and Equitably?)"라는 논문을 발표했다. 그는 산출물을 얻어내는 데는 한계가 분명히 존재한다는 점을 강조하고 새로운 재배방식과 관련기술을 개발하지 않은 채 재배면적만 늘려서는 안 된다고 지적했다.[55] 즉, 2007~2008년 당시의 곡물값 폭등이 이상기후나 정부의 정책 실수가 부른 일시적인 가격 상승이 아니라 세계 식량시스템의 구조적인 불균형 탓이라는 것이다. 이와 관련하여, 영국 경제지 「이코노미스트」(2009.11)는

55) 참고로, 남미의 아마존강이나 아프리카의 콩고강 유역을 농지로 개간하는 것은 환경적으로나 경제적으로도 쓸모없는 짓이라고 덧붙였다. 또한 그는 "지배된 식량 중 30퍼센트가 음식물 쓰레기로 버려지는 실정"이라며, "선진국이고 부유한 나라일수록 음식물 쓰레기의 양이 늘어난다"고 지적했다. 따라서 식량 공급체계뿐만 아니라 식량소비방식도 바꿔야 한다고 충고했다. 미국이나 유럽의 가정이 음식물 쓰레기를 줄이면 매년 1천 달러가량을 절약할 수 있으며 식량이 선진국으로 집중되는 것도 막을 수 있다. 매년 15조 원의 음식재료가 버려지는 한국도 음식물 쓰레기 비중이 높은 나라다.

'수급 시스템 문제'는 '세계 먹여 살리기(Feeding the world)'란 제목의 커버 기사에서 "농업 부문 투자는 급증하고 있지만 시장과 국제 곡물 거래에 대한 불신도 커지고 있다"고 보도 했었다.[56]

56) 2008년 식량 가격이 한창 급등할 당시, 곡물 생산국 다수가 자국의 식량 가격 상승을 억제하기 위해 농산품 수출을 금지하는 조치를 내렸다. 당시 세계 최대 쌀 수출국인 태국과 베트남도 그랬다. 최대 쌀 수입국인 필리핀은 더 이상 국제 곡물시장에만 의존해서는 수급 불안을 해결할 수 없다는 결론을 얻게 된다. 사우디아라비아·쿠웨이트·중국·한국 등 식량 수입국들이 해외에서 땅을 사거나 빌려서 현지 생산을 적극적으로 꾀하고 있는 것도 결국 국제 곡물시장에 대한 불신 탓이다(중앙일보, 2009.11.23).

04 핵무기 위기[57)]

핵(核)무기란 핵분열과 핵융합 방식의 원자폭탄, 중성자탄, 수소폭탄, 탄도미사일, 전술핵 등 대량살상 및 파괴 폭탄의 총칭이다. 국제원자력기구(IAEA)에 의하면 1993년 이후 2천 건 이상 핵·방사성 물질의 도난·분실사고가 있었다. 그중 60%는 아직 회수되지 못했다고 한다. 나아가, 현재 지구상에는 무려 12만 6,500개의 핵무기를 제조할 수 있는 약 1,600t의 고농축 우라늄과 약 500t의 플루토늄이 산재하고 있다. 이러한 핵물질이 테러리스트들의 수중에 들어가는 것을 막고 사전에 방지하는 것은 국제사회의 공동 과제이다.

핵무기를 처음으로 개발한 나라는 미국이다. 제2차 세계대전(1939~1945) 당시 독일에서 미국으로 망명을 온 과학자들이 미국 정부에 "독일보다 먼저 핵무기를 개발해야 한다"고 건의했었다. 프랭클린 루스벨트(Franklin Roosevelt) 대통령(재임: 1933~1945)은 이를 수락하면서 1942년 원자폭탄을 개발하기 위한 '맨해튼 프로젝트(일명 '트리니티 테스트')'가 시작됐었다.

독일계 유태인의 후손인 물리학자 로버트 오펜하이머(Robert Oppenheimer)가 주도했었던 상기 프로젝트에는 연인원 13만 명과 약 3천 억 달러의 예산이 투입됐었다. 1945년 7월 16일 뉴멕시코주 앨라모고도 인근에서 최초의 핵무기 실험이 성공하였다. 1945년 8월 6일 일본 히로시마, 8월 9일 나가사키에 각각 원자폭탄이 투하되었다. 단 두 발로 약 20만 명이 목숨을 잃었고 일본은 항복을 선언했었으며 제2차 세계대전(1939~1945)은 막을 내렸었다.

이어서, 1949년 구(舊)소련이 핵실험에 성공한 이후, 미·소(美·蘇) 양국은 경쟁적으로 핵무기 수를 늘렸었다. 미국은 1960년대 중반 핵탄두 3만 1천 기를 보유했었고, 구(舊)소련은 1980년대에 핵탄두 수를 4만기까지 늘렸다. 러시아와 미국 두 나라의 핵무기는 전 세계 핵무기 보유국(핵보유국)의 보유한 핵무기의 약 90%를 차지한다. 두 나라는 버튼 한 번만 누르면 서로를 완전히 파괴할 정도의 핵무기로 '공포의 균형(Balance of Terror)'을 유

57) 세계의 핵무기 위기 현황(북한의 핵무기 포함)과 본 연구의 해결방안에 관한 상세한 설명을 위해서, 임양택(2021), 「세계평화(世界平和)를 위한 신(新)실용주의적(實用主義的) 해법: 동아시아지역의 군사안보와 경제협력을 중심으로」, 도서출판 박영사를 참조.

지했었다.

미 · 소(美 · 蘇) 외에도 영국과 프랑스가 각각 1952년과 1960년에 핵실험에 성공하여 핵무기 보유국이 되었고, 중국은 1964년 핵무기를 보유하게 되었다. 상기 5개국은 모두 우라늄과 플루토늄의 핵분열 탄과 핵융합의 수소탄을 모두 보유하고 있다. 1970년 5개국(미국, 영국, 러시아, 프랑스, 중화인민공화국)만 핵무기를 보유할 수 있도록 한 핵확산금지조약(NPT: Non－proliferation Treaty)이 발효됐다. 그러나 인도와 파키스탄은 1974년과 1998년 각각 핵실험까지 하였고,[58] 이스라엘은 핵무기 보유 자체에 대해 부정도 긍정도 하지 않고 있으며, 핵무기 보유량도 밝히지 않고 있지만, 프랑스와 비슷한 시기(1960년)에 핵무기를 개발 보유한 것으로 알려졌다. 이란이 2006년 4월 11일 자국을 핵 클럽 국가로 선언하였다. 북한은 첫 핵무기 실험을 성공적으로 수행했다고 발표(2006.10.09)하였고, 2017년 9월 3일 100~300kt급 수소탄 실험에 성공했다. 남아프리카 공화국과 우크라이나, 카자흐스탄, 벨라루스는 한때 핵무기를 보유하고 있었지만 이후 폐기하였다.[59]

스톡홀름국제평화연구소(SIPRI) 데이터를 따르면, 세계 핵탄두 수는 2019년 1월 13,865개에서 2020년 1월 13,400개로 전년 대비 465개 감소했다. 2020년 1월 기준으로, 2020년 세계 최대 핵탄두 보유국의 현황은 다음과 같다: 러시아는 1위로 6,375개의 핵탄두를 보유하고 있으며 2019년에 비해 125개 감소했다. 미국은 2위로 5,800개를 보유하고 있으며 2019년에 비해 385개 감소했다. 중국은 3위로 320개를 보유하고 있으며 2019년에 비해 30개가 증가했다. 프랑스와 영국은 각각 290개(2019년에 비해 10개 감소)와 215개(2019년에

58) 인도는 핵확산방지조약(NPT)에 처음부터 가입하지 않았고, 1974년 첫 핵실험을 하였다. 인도의 수상 네루(1889~1964)는 국제적인 핵 개발은 반대했으나 국내에서의 핵 개발은 적극 지원했다. 인도가 핵 개발을 한 계기는 1962년 중국과의 국경분쟁에서의 패배, 1964년 중국의 핵실험 성공, 1965년 인도－파키스탄 전쟁을 들 수 있다. 그 후 국제사회 제재로 잠시 인도의 핵 개발이 중단되다가 파키스탄이 핵무장을 추진하면서 인도 역시 1998년부터 핵개발을 재개했다. 인도는 끝까지 핵확산방지조약(NPT)에 가입하지 않았으나 2006년 미국과 원자력협정을 체결하였고, 국제원자력기구(IAEA)의 사찰을 어느 정도 허용하고 있다. 한편, 파키스탄의 경우, 냉전 시대에 미국과 동맹이었으나 인도－파키스탄 전쟁을 겪으며 동맹이 약화됐고 파키스탄이 이때부터 비밀리에 핵 개발을 시작했다. 미국은 이에 반대했으나 1980년대 소련이 아프가니스탄을 침공하면서 미국은 파키스탄을 중요하게 여기기 시작했고 핵개발을 암묵적으로 용인했다. 냉전 이후 소련이 아프가니스탄에서 철수하자 다시 미국은 파키스탄의 핵 무장에 제재를 가했다. 그러나 이미 파키스탄의 핵 기술은 충분히 진보된 상태였다. 1998년 인도의 핵실험에 대응해 같은 해 두 차례의 핵실험을 했다. 파키스탄은 북한, 이란, 리비아에 핵 기술을 판매하기도 했다.

59) 남아프리카 공화국은 우라늄 매장량이 풍부했고 1960년대부터 미국의 원자로 기술을 받아들여 1970년대부터 핵개발을 시작했다. 당시는 냉전 시대였고 안보 불안 때문에 핵무장을 했었으나 냉전 이후 국제적 압박에 의해 1993년 핵무기를 폐기했다. 한편, 구소련 연방이 해체되면서 벨라루스, 카자흐스탄, 우크라이나 등 핵무기를 보유했던 연방 국가의 핵무기는 러시아로 옮겨졌다.

비해 15개 증가)로 4위와 5위를 차지했다. 파키스탄은 6위로 160개를, 인도는 7위로 150개(2019년에 비해 10개 증가)를, 이스라엘은 8위로 90개를, 북한은 9위로 40개(2019년에 비해 10개 증가)를 각각 보유하고 있다.

상기와 같이, 러시아와 미국은 세계 핵탄두의 90% 이상을 보유하고 있다. 지난 1년간(2019~2020) 두 양국의 핵탄두 감소량(125개+385개=510개)이 가장 많은 이유는 새로운 전략 무기 감축 협정인 '뉴 스타트(New START)' 덕분이다. 뉴 스타트는 2010년 4월 8일 체코 프라하에서 서명된 미국과 러시아 간의 핵무기 감축 협정으로 양국의 비준을 거쳐 2011년 2월 5일 발효되었으며 양국이 연장하기로 동의하지 않는다면 2021년에 조약이 종료된다.

그렇다면, 과거 세계 최대 핵탄두 보유국들은 핵무기 감축을 위해서 어떠한 노력을 경주(傾注)하였는가? 핵무기 감축은 1991년부터 본격적으로 시작되었다. 조지 부시(George H. W. Bush) 미국 대통령(재임: 1989~1993)과 미하일 고르바초프(Mikhail Gorbachev) 구(舊) 소련 서기장(재임: 1985~1990)이 대륙간탄도미사일 등 장거리 핵무기를 7년에 걸쳐 각각 30%, 38%씩 줄이기로 하는 전략무기감축협정(START)을 체결했었다. 구(舊)소련이 붕괴(1991.12.25)한 이후에도 러시아와 미국은 여러 차례 핵 감축 협상을 벌여 2만기 넘게 갖고 있던 핵무기를 현재 7,000여 개 정도로 줄였다.

다행히, 버락 오바마(Barack Obama) 대통령(2009~2017)은 2009년 5월 체코 프라하에서 '핵무기 없는 세계'를 만들자고 호소하며 핵안보정상회의를 제안했었다. 그는 드미트리 메드베데프(Dmitry Medvedev) 러시아 대통령(당시)과 함께 2010년 4월 양국의 핵무기를 대폭 감축하는 내용의 새로운 전략무기감축협정(SRART-Ⅰ)에 서명했었다. 그러한 뜻에 따라, 미국은 향후 4년간의 핵(核) 정책이 담긴 '핵 태세 검토보고서(NPR)'를 최근 발표했었다.

또한 버락 오바마(Barack Obama) 미(美)대통령(재임: 2009~2017)의 주도로 핵안보정상회의가 3회(2010년 제1차 워싱턴; 2012년 제2차 서울; 2012.03, 제3차 네덜란드)에서 각각 개최되어 '핵무기 위협'이 범(凡)지구적 이슈로 확산되었다. 2010년 제1차 워싱턴 핵안보정상회의가 개최되었으며, 2012년 제2차 서울 핵안보정상회의에서는 53개국 정상 및 정상급 수석대표와 4개 국제기구 수장이 참석한 가운데 2년 전 워싱턴 핵안보정상회의에서 제시된 포괄적 과제를 13개 항의 실천사항이 담긴 서울 코뮈니케(선언문)를 만장일치로 채택했다. 실로, 상기 회의는 인류의 이상이자 지향점인 '핵무기 없는 보다 평화롭고 안전한 세계'를 만들어 나가기 위한 국제협력의 장(場)이었다. 미국과 프랑스·네덜란드·벨기에는 고농축우라늄(HEU)을 사용하는 의료시설을 2015년까지 저농축우라늄(LEU) 사용시설로 바꾸는 연구를, 한국 · 미국 · 프랑스 · 벨기에 4개국은 연구용 원자로 원료를 HEU에서 LEU로 전환하는 연구를 각각 공동으로 한다는 협약을 맺었다(중앙일보, 2012.03.28).

이어서, 핵안보정상회의는 1차 워싱턴(미주) → 2차 서울(아시아) → 3차 네덜란드(유럽)로 장소를 옮겨 개최하면서 핵안보를 미국만이 아닌 범지구적 이슈로 확산시켰다.

[표 Ⅱ-5] 핵안보정상회의(2012.03.26~27., 서울)

① 핵물질 감축 분야
• 미 · 러 지난 2년간 핵무기 3,000여 개 HEU를 LEU로 전환
• 미 · 러 핵무기 1만 7,000여 개 플루토늄 제거 예정
• 8개국 480kg HEU(핵무기 18개 분량) 제거
• 멕시코 · 우크라이나, 미 · 러에 HEU 전량 반납
• 스웨덴도 25일 미국에 수 kg 플루토늄 반납
• 참가국들 2013년까지 자발적 HEU 감축 목표 제시
• 한 · 미 · 프 · 벨기에 HEU → 고밀도 LEU 기술 협력
② 국제규범과 다자협상 체제 강화
• 2014년까지 핵물질방호협약국 발표하는 것이 목표로 비준국 35개 → 55개
• 국제원자력기구(IAEA)에 대한지지
③ 핵 · 방사성 물질 불법거래 막는 국제 공조 강화
④ 원자력 평화적 이용을 위한 원전 안전과 방호 강화
⑤ 산업 · 의료용 방사성 물질에 대한 방호 조치 강화

한편, 클라우스 나우만(Klaus Naumann) 전(前) 북대서양조약기구(나토) 군사위원회 의장은 다음과 같이 주장했다(중앙일보, 2010.05.26): 핵무기 감축은 길고도 순탄치 않은 일이다. 핵탄두를 해체 · 파괴할 수 있는 수량은 한정돼 있다. 미국과 러시아 양국이 연간 파괴할 수 있는 핵무기의 양은 약 500개다. 상기 정도로써는 2025년까지 전 세계 핵무기를 2,000개 이하로 줄이자는 국제핵비확산군축위원회(ICNND: International Commission on Nuclear Non−proliferation and Disarmament) 보고서의 목표는 달성되기 힘들다.

상기 국제핵비확산군축위원회(ICNND) 보고서는 핵 위협 감소를 세계적 의제로 상정하여 문제를 해결해야 한다는 것이다. NPT 평가회의에서 공식 제출된 상기 보고서는 세계 각국에 전할 20개의 제안으로 구성돼 있다. 상기 ICNND 보고서는 핵무기 보유 국가들이 "핵공격 억지(抑止)가 핵 보유의 유일한 목적이며 핵무기를 더 늘리지 않겠다"는 선언을 해야 한다고 제안했다. 또한 '핵 선제 사용 금지 선언'도 제시했다. 물론, 여기엔 선언 위반을 막기 위한 강제 기구가 필요하다. 무엇보다 핵무기 생산을 도모하는 국가를 제재하는 의무조항이 필요하다.

그럼에도 불구하고, 2016년 12월 22일(현지 시각) 블라디미르 푸틴(Vladimir Putin, 1952~현재) 러시아 대통령이 전략핵무기 부대의 전력을 강화해야 한다고 발언하자 도널드 트럼프(Donald Trump) 미국 대통령 당선인(당시)은 이를 받아치듯 트위터에 *"세계가 핵무기에 대한 분별력을 가질 때까지 미국은 핵 능력을 강화해야 한다"*고 밝혔다. 이와 같이, 러시아와 미국의 두 대통령들이 동시에 핵 능력을 강화하겠다고 발언함에 따라 세계가 긴장하는 모습을 보였다.[60] 만약 미국과 러시아가 핵 경쟁을 재연하는 사태가 벌어지면, 핵확산금지조약(NPT) 체제의 정당성과 실효성이 손상될 것이다.

또한 미국과 러시아의 핵(核) 경쟁은 중국을 자극함으로써 '핵 도미노' 상황이 전개될 것이며, 특히 일본은 핵무기 보유를 위한 절호의 기회를 포착하게 될 것이다. 특히, '핵보유국 지위'를 노리는 북한의 김정은 국무위원장에게 대의명분을 제공해 줄 것이다. 만약 김정은이 원하는 대로 북한이 인도 혹은 파키스탄처럼 '사실상 핵보유국'으로 인정받게 되면, 북·미(北·美) 평화협정 체결과 한·미(韓·美) 동맹 종료 및 주한 미군철수 논의 등의 상황이 전개되어 한반도 정세는 요동치게 될 것이다.

2017년 10월 13일 도널드 트럼프(Donald Trump) 대통령(당시)은 '포괄적 대(對)이란 전략'을 발표하면서 다음과 같이 혹평하고 선언했다. *"이란 핵합의는 지금까지 미국이 체결한 가장 나쁘고, 가장 일방적인 거래 중 하나", "이란의 핵합의 준수를 인증할 수 없다."*

미(美) 행정부는 '이란 핵합의 검증법'에 따라 90일마다 이란이 핵합의를 제대로 지키고 있는지 평가해 인증 여부를 의회에 보고해야 한다. 그러나 도널드 트럼프(Donald Trump) 대통령(당시)은 이란이 합의 내용 중 무엇을 안 지키고 있는지에 대해 구체적으로 밝히지 않았다.

「워싱턴포스트」의 사설(2017.10.14)은 도널드 트럼프(Donald Trump) 대통령(당시)의 상기 조치를 '정치적 허영심과 지정학적 바보짓'이라며, 이란의 핵합의 준수 불(不)인증으로 중동을 다시 불안에 빠트리고, 한반도의 긴장을 더욱 고조시키는 위험한 자충수를 뒀다고 각각 비판했다. 크리스 머피(Chris Murphy) 미국 민주당 상원의원은 다음과 같이 반문했다: *"이란이 합의를 지키는데도 불구하고 미국이 플러그를 뽑는다면 미국의 신뢰는 의심받을 수밖에 없다"며 "김정은이 무얼 믿고 미국과 합의를 하겠느냐."*

60) 물론, 다음 날(2016.12.23), 트럼프(Trump) 당선인과 푸틴(Putin) 대통령은 "핵무기 경쟁을 하자는 취지는 아니었다"며 자신들의 발언이 너무 확대되었다고 해명했었다.

사실, 도널드 트럼프(Donald Trump)의 말 한마디로 이란 핵합의가 휴지조각이 될 수 있는 상황을 보며, 북한이 핵 협상에 응할 것으로 기대하는 것은 넌센스다.

이란 핵합의를 주도한 하산 로하니(Hassan Rouhani, 1948~현재) 대통령(2013~현재)이 국무회의(2021.01.20)에서 "트럼프 대통령이 4년간 압제와 부패를 가져왔다"고 비난했으며, "이제 트럼프는 죽고, 2015년 미국과 핵합의인 '포괄적 공동행동계획(JCPOA)'은 살아있다"면서 "조 바이든 미국 대통령 당선인은 (미국의) 과거 실수에 대해 보상하라"고 요구했다. 또한 "이란은 미국의 집권자들이 합의와 국제법으로 복귀하길 기대한다"면서 "그렇게 된다면 이란은 모든 약속을 준수할 것"을 강조했다(연합뉴스, 2021.01.20).

05 '문명의 충돌'과 IS 테러 위기

유럽은 3개 축, 즉 ① 정치공동체인 유럽연합(EU), ② 공동화폐인 유로화(貨), ③ 사람의 자유로운 이동을 보장하는 셍겐조약(Schengen Agreement, 회원국 간 입국 심사를 없앤 것)을 중심으로 전후(戰後) 유럽의 통합을 추구해 왔다. 그러나 유로화는 유럽의 재정위기(Fiscal Critic)를 야기하면서 남·북 유럽의 경제적 격차라는 치명적 약점을 노출했다.

게다가 이슬람 무장단체 '이슬람국가(IS)'가 도발한 '테러와의 전쟁'은 유럽이 제2차 세계대전(1939~1945) 이후 추진해 온 '하나의 유럽' 건설 작업을 뿌리째 흔들고 있다. 즉, 이슬람국가(IS)의 등장은 유럽통합(EU)과 셍겐조약(Schengen Agreement)을 무력화시키고 있는 것이다.

프랑수아 올랑드 프랑스(Francois Hollande) 대통령(당시)은 파리 연쇄 테러(2015.11.13)의 범인들이 프랑스와 벨기에 국경을 자유롭게 넘나들며 테러를 계획·실행한 상황에서 상·하원 연설(2015.11.15)을 통하여 다음과 같이 선언했다: *"EU가 국경을 효율적으로 통제하지 않으면 국가별로 국경을 통제할 수밖에 없고 결국 EU가 해체될 것."*

즉, 셍겐조약(Schengen Agreement)은 EU 회원국 간에도 이동을 제한해야 한다고 요구한 것이다. 또한 독일·오스트리아 등은 이미 대규모 난민 유입으로 국경 심사를 강화하고 있다. 헝가리의 빅토르 오르반(Viktor Orban) 총리는 *"테러범들이 난민들 속에 숨어서 들어왔다"*며 국경 통제에 나설 것임을 시사했다(조선일보, 2015.11.18).

1) '문명의 충돌'

일찍이, 사무엘 헌팅턴(Samuel Phillips Huntington) 교수는 그의 저서 「문명의 충돌」(The Clash of Civilizations and the Remaking of World Order, 1996년)에서 냉전 후 국가 간 무력충돌은 이념적 마찰이 아니라 서구(미국과 유럽)와 다른 문명권의 문화·종교 차이에서 비롯된 것이라고 주장했다. 상기한 연구에 의하면, 냉전 시대의 이념적인 경계선이 문명권 사이의 점화선으로 대체되었다고 한다. 즉, 유럽에서 '철의 장막(Iron Curtain)'이 걷어지면서 서양의 기독교 문명과 이슬람교회 문명의 사이에서, 또한 기독교 문명과 그리스정교회의 사이에서 각각 '충돌'이 시작되었다는 것이다.[61)]

우선, 서양의 기독교 문명과 이슬람의 교회 문명 사이에 벌어졌던 충돌은 11세기에서 13세기에 걸친 '십자군 전쟁(Crusade, 1096~1291)'으로 시작되었다. 약 1천 년 후인 최근에도, 중동(中東)에서 아랍과 이스라엘 사이에 일촉즉발의 전쟁 위기 상황이 전개되고 있다.

다음으로, 기독교 문명과 그리스정교회 문명 사이의 충돌은 14세기에서 17세기까지 오토만(Ottoman)제국이 이슬람을 대표해서 오스트리아 빈(Wien)까지 침공하였던 역사로 시작되었다. 19세기에 들어서 오토만(Ottoman) 제국이 쇠망한 후, 영국 · 프랑스 · 이탈리아가 북아프리카와 중동(中東)에서 세력을 구축하게 되었다.

한편, 아시아 지역에서, 힌두권과 무슬림권 사이의 충돌은 인도와 파키스탄의 투쟁으로 표출되고 있다. 또한 중국의 유교권과 티베트 등에 산재해 있는 불교 문명권 사이에서 분쟁이 지속되고 있다.

2) IS(이슬람국가) 테러

미국 메릴랜드 대학 국제테러연구기관(START)는 100명 이상 사망자를 낸 대규모 테러가 2015년 상반기에만 11차례, 2014년에는 26차례 각각 발생하여 1978~2013년 연간 평균치인 4.2회를 크게 웃돌았다고 분석했다.

호주 「경제평화연구소」가 발표한 '세계 테러리즘 보고서(2015.11.17)'에 따르면 2014년 테러로 목숨을 잃은 사람은 33,658명으로 1년 전보다 80%나 급증했었는데, 이것은 15년 전에 비해 10배 증가한 것이다. 2014년 세계가 테러에 대응하기 위해 치른 비용은 529억 달러로 역대 최대였다. '9 · 11 테러'가 일어났었던 2001년의 테러 대응조치 비용 515억 달러보다 더 많았다.

이슬람국가(IS) 등 테러단체들이 급격하게 세력을 키운 계기는 2011년 3월 '아랍의 봄' 이후 시리아 · 리비아 등에서 발생한 내전(內戰) 때문이다. 즉, 내전(內戰)의 혼란을 틈타 이슬람국가(IS) 등 극단주의 집단이 성장할 수 있는 '숙주(宿主)'가 됐다는 것이다. 내전(內戰)으로 고향을 떠나는 난민이 늘었다. 유엔난민기구(UNHCR)에 따르면, 시리아에서 발생한

61) Huntington, Samuel P.(1993), "The Clash of Civilization?", Foreign Affairs, Summer; Huntington, Samuel P(1996), The Clash of Civilizations and the Remaking of World Order, New York: Simon & Schuster.

난민은 1,160여만 명에 달한다. 시리아 인구의 절반이 넘는다.

시리아는 중동 지역의 세력 균형자(balancing force)로서 이란－이라크－레바논(남부 헤즈볼라 세력지)으로 이어지는 이른바 '시아파 초승달 지대'의 중심에서 이스라엘과 대치하고 있는 국가다. 따라서 이란이 직접 친정부 민병대 육성에 관여하는 등 적극적으로 시리아 상황에 개입하는 이유다. 이와 반대로 수니파의 맹주인 사우디아라비아 등 걸프 왕정 국가들은 반(反)정부 세력 편에 서 있다.

상술하면, 시리아에서는 소수인 알라위파(시아파 분파)가 다수 수니파를 통치하고 있다. 시아파는 전체 국민의 10% 내외밖에 되지 않지만 이들이 모든 권력과 부(富)를 독점하고 70% 이상인 수니파를 탄압해 왔다. 2011년 3월 바샤르 알아사드(Bashar al－Assad, 1965~현재) 대통령(재임: 2000.07~현재)을 조롱하는 낙서를 한 어린이가 보안부대에 끌려가 고문당하면서 시리아의 민주화(民主化) 시위가 시작됐다. 그러나 알아사드 정권(재임: 2000.07~현재)이 탱크와 군함까지 동원해 유혈진압에 나서자 바샤르 알아사드(Bashar al－Assad) 대통령을 옹호하는 시아파에 대한 반감은 극에 달하게 됐다. 시리아의 바샤르 알아사드(Bashar al－Assad) 정권(2000.07~현재)은 집권 4년 반 동안 25만 명을 학살했다. 6개월이 지나자 탈영병을 중심으로 한 반(反)정부 세력도 무장을 시작했고, 시아파와 수니파 사이에 피의 보복이 시작됐다. 이슬람국가(IS)를 지지하는 시리아 국민은 바샤르 알아사드 바샤르 알아사드(Bashar al－Assad) 정권의 만행에 눈을 감고 테러에만 분노하는 국제사회 분위기를 이해하지 못한다. 이슬람국가(IS)에는 800만～1천 만 명에 달하는 그들의 '국민'이 있다. 시리아의 반(反)정부 세력에는 민주화(民主化)라는 큰 명분보다는 시아파 궤멸이 더 큰 동기 부여가 되고 있다. 이슬람국가(IS)는 시리아에 이어 리비아·이집트까지 영향력을 확대한 데 이어 최근엔 터키·요르단·레바논 등에도 지부를 만들고 있다.

게다가 미국과 러시아·중국이 펼치는 대리전(代理戰)도 상기 내전(內戰) 상황을 더욱 꼬이게 만들고 있다. 러시아는 이슬람국가(IS) 격퇴를 위해서라도 바랴스 알아사드(Bashar al－Assad) 정권을 지원해야 한다고 생각한다. 이와 반면에, 미국은 바랴스 알아사드(Bashar al－Assad) 정권의 퇴진을 바란다. 그러므로 러시아와 미국이 합의점을 이루는 것이 중요하다.

미국은 2001년 아프간 전쟁과 2003년 이라크 전쟁을 통해 국제 테러리스트 조직인 알카에다의 지도자 빈 라덴(Osama Bin Laden, 1957~2011)과 이라크 대통령(재임: 1979~2003) 사담 후세인(Saddam Hussein, 1937~2008)을 제거했었지만 변종 테러 조직인 이슬람국가(IS)가 성장하는 것을 막지 못했다. 중동에는 서방에 대한 반발 정서가 강하다. 이슬람은 평등

(平等)을 중시한다. 아랍의 일반 대중이 느끼는 상대적 박탈감과 불만을 녹여낼 수 있는 구조적 접근이 필요하다. 따라서 '아랍의 민주화'가 완성돼야 근본 문제가 해결될 것이다.

미국은 이슬람 수니파 극단주의 무장세력인 '이슬람국가(IS)'[62]를 격퇴하기 위해 이슬람국가(IS) 거점인 시리아 북부도시 라카 공습과 병행해 북서부 알레포 근처에 있는 알카에다 분파인 '호라산 그룹' 시설물에도 폭탄을 퍼부었다. 바로 다음 날 2014년 9월 23일(현지시간) 오후 뉴욕 아스토리아호텔에서, 버락 오바마(Barack Hussein Obama, 1961~현재) 미국 대통령(당시)은 아랍 5개국(사우디아라비아 · 요르단 · 바레인 · 카타르 · 아랍에미리트(UAE))의 정상과 연합전선을 구축함으로써 이슬람국가(IS)와 대량 학살을 일삼는 또 다른 극단주의 세력을 격퇴하는 데 세계가 단결됐다는 분명한 메시지를 전달했다. 미국과 아랍 5개국은 다음 날 24일에도 이슬람국가(IS)를 겨냥해 시리아에 대한 공습을 이어갔다. 오바마 대통령(당시)은 2014년 9월 24일 뉴욕 유엔총회 연설에서 이슬람국가(IS)를 '죽음의 네트워크(network of death)'로 규정하면서 이슬람국가(IS) 격퇴작전에 국제사회가 적극적으로 동참해줄 것을 촉구했다. 수니파가 인구의 90%인 사우디아라비아가 동족 수니파인 이슬람국가(IS) 격퇴에 가장 적극 나섰다. 그 요인은 이슬람국가(IS)가 이슬람 전체를 파괴시킬 수 있다고 우려하기 때문이다.

이에 대응하여 이슬람국가(IS)는 2015년 2월 15일 공개한 동영상 자막에서 희생자들을 "(이슬람에) 적대적인 콥트교회(그리스도교 분파)[63]의 신봉자들"이라고 지칭하며 "이들이 탄압해 온 이슬람 여성들을 위해 복수한다"고 주장했다. 이슬람국가(IS)는 콥트교도가 서방인은 아니지만 서방과 손잡고 이슬람을 박해하는 '십자군'으로 규정해 왔다. 따라서 향후 이슬람국가(IS)와의 전쟁이 '종교전쟁'으로 비화할 개연성이 엿보인다.

미국 · 유럽연합군이 파상 공격으로 시리아 내 이슬람국가(IS) 전선(Front Line)을 압박해오자 이슬람국가(IS)가 전선을 세계 대도시로 옮기고 공격 목표를 일반 시민으로 확산시키는 전략으로 맞섰다. 윌리엄 매컨츠(William Mccants) 「브루킹스연구소」 연구원은 그의 저

---

62) IS의 전신은 '유일신과 성전'이다. 이 단체는 1999년 요르단 출신 아부 무사브 알 자르카위(Abu Musab Al Zarkawi)에 의해 결성된 수니파 극단주의 집단이다. 정치범이었던 자르카위는 본래 늦깎이 무자히딘(아프가니스탄에서 소련에 맞서 싸웠던 이슬람 전사) 출신이다. 자르카위는 2006년 사망했지만, 이 집단은 알카에다 이라크(AQI) 등으로 여러 차례 이름을 바꾸어 활동하다가 2014년 IS로 명명했다.

63) 콥트교는 이집트에서 가장 오래된 토착 기독교 교파로 전체 인구(8,500만 명)의 10%를 차지하고 있다. 콥트교를 제외한 대부분 이집트인은 이슬람 수니파다. 콥트는 '이집트'란 뜻의 아랍어. 사도 바울과 전도여행을 했던 예수의 제자 마가가 알렉산드리아에 교회를 세운 이후 이집트에서 자생적으로 발전했다. 예수의 인성을 믿지 않고 신성만을 믿는다는 점에서 단성설을 신봉한다. 수장은 알렉산드리아에 본산을 둔 교황이다.

서 「IS 묵시록」(The IS Apocalypse)에서 이슬람국가(IS)의 확장을 방해하는 누구든 벌하겠다고 이슬람국가(IS)가 결단을 내린 것이 파리 동시다발 테러(2015.11.13)라고 주장했다. 또한 미국 외교 전문지 「포린폴리시」(FP)(2015.11.16)는 "이슬람국가(IS)를 테러 조직으로만 생각해왔지만 이제 이슬람국가(IS)를 하나의 국가로 봐야 한다"고 주장했다.

상기한 배경하에서, 프랑스는 2015년 1월 풍자 잡지 '샤를리 에브도' 테러에 이어 동년 11월 13일 또다시 연쇄 테러 참사를 겪었다. 파리 동시다발 테러(2015.11.13)는 이슬람국가(IS)가 지금까지 시리아·이라크 내 세력 확장에 쏟았던 역량을 서방을 직접 겨냥한 테러 쪽으로 확대시키는 일대 전환점이었다. 여기서 유의할 것은 다음과 같다: 파리 동시다발 테러(2015.11.13)를 통해, 이슬람국가(IS)는 고도로 계산된 군사작전을 방불케 하는 전투능력을 보여주었고 프랑수와 올랑드(Francois Hollande) 대통령(당시)이 축구 경기를 보러 갈 것이라는 정보를 입수해 작전을 짜는 정보력까지 동시에 입증했었다는 점이다.

파리 동시다발 테러(2015.11.13) 발생 사흘 후, 프랑수아 올랑드(Francois Hollande) 대통령(당시)은 프랑스 파리 인근 베르사유의 대회의장에서, 취임 후 첫 상·하원 합동연설에서 다음과 같이 선언했다: *"프랑스는 지금 전시(戰時) 상황이다. 결국엔 우리가 테러 집단을 궤멸할 것이다. 승리를 위해 미국과 러시아도 하나의 연합군으로 맞서 싸우자. 공화국 만세! 프랑스 만세!"*

그 순간 회의장에 있던 900여 명의 의원들이 모두 일어나 프랑수아 올랑드(Francois Hollande) 대통령을 향해 기립박수를 보냈다. 그러고 모두 국가(國歌) '라 마르세예즈'를 합창했다. 좌와 우, 여당과 야당의 구분은 없었다. 일간 「르 피가로」는 *"매우 장엄한 장면이었다"*고 보도했다(2015.11.17).

물론, 테러로부터 국민을 보호하지 못한 최종 책임은 대통령이 질 수밖에 없다. 야당으로선 부실한 테러 대응을 지적하며 정부를 매섭게 몰아붙일 '정치적 기회'로 활용할 수 있다. 그러나 정파를 떠나 프랑수아 올랑드(Francois Hollande)의 사회당 정부에 전폭적 지지를 보냈다. 극우 정당인 국민전선(FN)의 마린 르 펜(Marine Le Pen) 대표는 *"테러리스트를 막기 위한 의지를 보여준 연설"*이라고 논평했다. 또한 '올랑드의 보수화'를 비판해 온 급진좌파당(PRG)도 프랑수아 올랑드(Francois Hollande) 대통령(당시)의 상·하원 합동연설 후 *"공화국의 가치를 지키려는 대통령에 지지를 보낸다"*고 밝혔다.

프랑스 정계의 이런 움직임은 국가 비상 상황에선 잘잘못을 따지기보다 단결을 통해 위기를 극복하는 것이 더 필요하다는 사회적 공감대 때문이었다. 테러 직후 시민들은 부상자가 있는 병원으로 달려가 3시간씩 기다려 헌혈했다. 약 10개월 동안 이슬람국가(IS)에 인질로 잡혀 있다가 풀려난 프랑스 기자 니콜라 에냉(Nicolas Henin)은 가디언 기고문(2015.11.16)에서 "붙잡혀 있는 동안 이슬람국가(IS)가 가장 두려워한 것은 공습이 아니라 우리들의 단결"이라고 밝혔다.

프랑수아 올랑드(Francois Hollande) 대통령(당시)은 파리 동시다발 테러(2015.11.13)가 발생한 바로 다음 날(2015.11.14) 제1야당 공화당(옛 대중운동연합) 대표인 니콜라 사르코지(Nicolas Sarkozy) 전(前) 대통령을 만나 테러 대처 방안에 대해 논의했었다. 「르 몽드」는 *"두 사람이 만나는 데 테러 발생 후 24시간도 걸리지 않았다"*고 보도(2015.11.17)했었다. 「르 피가로」는 사설(2015.11.14)에서 *"전쟁에서 승리하는 가장 효과적인 방법은 질서"*라며 시민 의식에 호소했다. 일반 시민도 정부의 지시를 따르며 질서정연한 모습을 보였다. 정부가 외출 자제령을 내리자, 샹젤리제 거리 인파는 평소의 3분의 1 수준으로 줄었다. 주요 백화점은 주말 영업을 자진해서 포기했다. 지금 파리 시내 다중 이용 시설 입구에선 경비원이 입장객의 가방을 샅샅이 뒤진다. 이 때문에 긴 시간 기다려야 하지만, 불평은 별로 들리지 않는다.

언론도 섣부른 예측이나 비판적 보도를 자제하였다. 피해자 인적 사항을 지나치게 드러내거나 희생자 유족을 대상으로 취재 경쟁을 하지도 않았다. 이것은 여론의 쏠림이나 사회의 과잉 반응을 차단하기 위한 언론사의 자체 결정이었다(조선일보, 2015.11.18).

그렇다면, 이슬람국가(IS) 테러를 못 막는 근본적 원인은 무엇인가? 그것은 서방의 대(對)중동 및 대(對)테러 전략이 잘못돼 있었기 때문이었다. 오드리 커스 크로닌(Audrey Kurth Cronin) 교수(조지메이슨 대학)는 *"지금까지 서방은 IS도 알카에다처럼 드론으로 공습하고 리더만 죽이면 된다고 봤지만 전략이 틀렸다"*며 *"IS 지도자와 전투원은 도시의 민간인에 둘러싸여 있어 드론 공습으론 효과를 보기 어렵고, 리더를 죽인다 해도 다른 리더가 나타날 것"*이라고 했다. 다시 말하면, 이슬람국가(IS)라는 괴물을 만들어낸 '숙주'는 시리아 내전인데, 이 문제가 근본적으로 해결 안 되면 IS 테러를 예방할 수 없다는 것이다. 그러나 미국은 시리아 국민 수십만 명을 학살한 알아사드 정권을 퇴진시키려 하고 러시아는 자신들과 밀접한 관계인 알아사드 축출에 반대하고 있다(조선일보, 2015.11.18).

사실, 서방 진영은 이슬람국가(IS)를 완전히 파괴할 것인지, 미국·유럽에 미치는 위협을 차단하겠다는 것인지에 대한 전략적 목표가 명확히 설정되어 있지 않다. 지금까지 서방의 주요 전략은 테러 조직과 싸울 수 있는 주변 세력을 육성하는 것, 즉 이슬람 '온건파'를 훈련시키고 돈과 무기를 대줘 대신 싸우게 한다는 이이제이(以夷制夷) 개념이었다. 그러나 미군이 돈을 대준 시리아 반군들이 이슬람국가(IS)에 흡수됐다.

주요 20개국(G20) 정상들이 이슬람국가(IS) 격퇴 공동전선을 선언했었지만 그것의 실효성은 의문이다. 지금까지 미국 주도의 동맹국들은 이슬람국가(IS) 근거지를 수천 차례 공습했지만 이슬람국가(IS)는 요지부동이다. 영국 일간 인디펜던트는 *"공습만으론 이슬람국가(IS) 격퇴가 불가능하다"*고 단정지었다(동아일보, 2015.11.18). 그 이유에 대해 이슬람국가(IS)에 인질로 잡혀 2014년 10개월 동안 잡혀 있으면서 수많은 이슬람국가(IS) 전사를 만나본 프랑스인 니콜라스 에냉(Nicolas Henin)은 가디언에 기고(2015.11.16)한 글에서 *"IS는 공습을 두려워하지 않는다"*라고 주장했다. 프랑스군이 이슬람국가(IS)의 수도 락까를 폭격(2015.11.16)했었지만 더 많은 민간인이 사망할수록 '무슬림을 학살하는 서방의 기독교 적들'이란 선전 효과를 얻을 수 있어 자신들의 동조 세력이 오히려 늘어난다고 생각한다는 것이다.

미국은 지난 1년여의 공습으로 이슬람국가(IS) 대원 수천 명을 죽였다고 평가하고 있지만, 동시에 그 이상의 조직원이 새로 합세했다는 관측도 있다. 미국도 공습을 통해 IS가 점령한 영토를 탈환하기는 불가능하며 이슬람국가(IS)의 공세도 막기에 역부족이란 점을 인정하고 있다. 미 국방부는 2015년 10월 이슬람국가(IS)가 시리아와 국경 사이의 요충지인 코바니를 재탈환하기 위해 공세를 재개하자 *"도시 안팎에서 집중적인 공습 작전을 수행하고 있지만, 공습만으로 코바니를 지켜 낼 수 없다는 점을 잘 알고 있다"*고 시인했다(동아일보, 2015.11.18).

공습 비용도 엄청나다. 공습 초기 6개월 동안 미군은 2,320회의 출격으로 18억 3,000만 달러(약 2조 1,400억 원)를 썼다. 한 번 출격할 때마다 790만 달러(약 9억 2,000만 원)를 날리는 셈이다. 미국 전략예산평가센터(CSBA) 소속 토드 해리슨 연구원은 *"3만 달러짜리 픽업트럭 1대를 부수는 데 50만 달러를 투입한 셈"*이라며 *"공습 성과만 놓고 봐도 비용 대비 효율이 처참할 정도"*라고 지적했다(동아일보, 2015.11.18).

또한 지상군 투입 대신 이라크 정부군과 시리아 온건 반군을 훈련시켜 이슬람국가(IS)와 싸우게 하겠다는 전략도 비참할 정도로 실패하고 있다. 2015년 초 미국은 터키에서 1년 안에 시리아 온건 반군 5,400명을 훈련해 시리아로 파병하겠다는 방안을 실행에 옮겼지만 모집 인원은 백여 명에 지나지 않았다. 이마저도 훈련을 마치고 2015년 9월에 시리아로 돌아간 제1진 70여 명은 도착하자마자 알카에다 시리아 지부로 이슬람국가(IS)와 동맹관계인 '알 누스라 전선'의 공격을 받고 와해됐다. 또한 2015년 9월 전선으로 출발한 제2진은 도착 첫날 '알 누스라 전선'에 자진 투항해 미군이 제공한 전투 차량 12대를 포함한 신형 무기와 탄약을 전부 넘겨주었다.

미국은 온건 반군 훈련 프로젝트를 위해 5억 달러의 예산을 투입했었지만 헛수고가 됐다. 미군이 훈련한 이라크군은 여전히 이슬람국가(IS) 깃발만 봐도 군 장비를 버리고 도주하기에 급급하다. 결국 이슬람국가(IS)를 격퇴할 지상군은 현재 존재하지 않는다. 이런 실정에서 서방의 'IS 궤멸'은 여전히 요원한 꿈에 불과하다는 관측이 우세하다(동아일보, 2015.11.18).

3) 헨리 키신저의 제안: '이이제이(以夷制夷)'

리처드 닉슨(Richard Nixon, 재임: 1969~1974) 정부 시절, 핑퐁외교로 미·중(美·中) 수교의 물꼬를 튼 헨리 키신저(Henry Alfred Kissinger, 1923~현재) 전(前) 국무장관은 미국 워싱턴 싱크탱크인 전략국제문제연구소(CSIS) 대회의실에서 개최되었던 '글로벌 안보' 포럼(2015.11.16) 좌담회에서 존 햄리(John Hamre) CSIS 소장과 나눈 내용을 요약하면 다음과 같다:

파리 동시다발 테러(2015.11.13)는 뉴욕의 9·11 테러(2001년), 스페인 마드리드 테러(2004년), 영국 런던 테러(2005.07)의 연장선에 있다. 미국을 포함한 서방 세계는 그야말로 '근본적 도전(fundamental challenge)'에 직면하게 됐다.[64] 이슬람국가(IS)는 제1, 2차 세계대전 후 형성된 국경, 즉 지금 세계를 유지하고 있는 물리적 틀을 완전히 무시하고 있다. 그들은 시리아와 이라크에 점령지를 만들고 자기 마음대로 국경을 그어 국가를 선포하면서 지금까지 누구든 지켜야 했던 최소한의 국제정치질서를 깡그리 무시하고 있다. 이슬람국가(IS)가 '현재 지구상에 존재하는 그 어떤 가치도 인정하지 않겠다'는 것이다. 이것은 이슬람국가(IS)의 '근본적 도전(fundamental challenge)'이다.

파리는 그냥 한 나라의 수도가 아니다. 현대의 공화국 제도를 만든 '정치 혁명의 어머니'와 같은 곳이고 서방 세계 정신의 한 축이다. 이슬람국가(IS)는 이것을 매우 잘 알고 있었고 '파리'를 공격함으로써 우리에게 충격파를 던지려 한 것이다. 아무튼 우리는 기존의 국제질서와 시스템을 바꾸어야 할 분기점에 와 있는 것 같다. 따라서 유럽은 파리 동시다발 테러(2015.11.13)를 계기로 미국이 주도하는 이른바 서방세계에 진정하고도 역동적인 멤

64) 헨리 키신저(Henry Alfred Kissinger)는 "파리 테러(2015.11.13)를 접한 뒤 '나는, 우리는 도대체 어디에 머물러 있는가', '우리가 지켜야 할 가치는 무엇인가'를 심각하게 되돌아보게 되었다"며 "수십 년간 외교 현장에 있던 나 스스로에게도 '어디로 가야 하는가(Where do we go from here)'라고 자문했을 정도였다"고 소감을 밝혔다.

버로 참여할 것인지를 결정해야 한다. 종전처럼 사안에 따라 서로 입장이 달라 결과적으로 방관할 게 아니라, 이슬람국가(IS)가 세계에 던진 '근본적 도전(fundamental challenge)'에 어떻게 대응해야 할지 심각하게 고민해야 한다.

그렇다면, 이슬람국가(IS)에 어떻게 대처해야 하는가? 적(敵)의 적(敵)은 나에게 친구가 될 수도 있다. 따라서 미국은 우선 러시아를 최대한 활용해야 한다. 러시아는 30여 년 전 중동 지역의 통제권을 사실상 미국에 내준 뒤 조용히 있었지만 이슬람국가(IS)가 등장한 뒤 시리아에 개입하고 있다. 그 이유는 이슬람국가(IS)가 시리아에서 세력을 확장하면 시리아에서 북쪽으로 멀지 않은 러시아 국경도 침범할 수 있고, 이는 러시아 정세 혼란으로 이어질 수 있기 때문이다. 러시아의 이런 고민을 활용해 미국이 러시아와 과감하게 손을 잡는다면 중동지역에서 이슬람국가(IS)에 대한 효과적 대처가 가능할 수도 있다. 러시아는 이슬람국가(IS)를 공격하면서 동시에 시리아 반군(反軍)을 공격하고 있다. 버락 오바마(Barack Obama) 정부(2009~2017)는 시리아의 바샤르 알아사드(Bashar al-Assad) 정권을 돕는 것으로만 이해하고 있다. 설혹, 그렇다고 하더라도 이슬람국가(IS)를 몰아내는 게 더 급선무이다.

도널드 트럼프(Donald Trump) 대통령(제45대: 2017~2021)은 "미국 내 이슬람 사원을 폐쇄하겠다"고 말했다. 그러나 정치권이든 혹은 정부든 간에 이슬람국가(IS)의 본질을 제대로 파악하고 현재와는 다른 대응책을 마련해야 한다. 그저 편하게 기존 정책을 반복하거나 정치적 슬로건을 즉흥적으로 낸다면 이슬람국가(IS) 문제를 제대로 해결할 수 없다. 상황을 길게 보고 대처해야 해법이 나온다는 것을 명심해야 한다.

4) 본 연구의 비판과 대안

이슬람 무장 단체 이슬람국가(IS) 소탕에 나선 미군 주도의 연합군은 2014년 9월 이후 시리아·이라크 지역에서만 공습 작전을 펼쳐왔었다. 그러나 이집트가 2015년 2월 16일 처음으로 리비아 내 이슬람국가(IS)의 훈련소와 무기 저장고를 집중 타격함으로써 리비아의 이슬람국가(IS) 대원 최소 40명이 사망했다. 그 배경은 자국민 21명을 살해한 것에 대한 보복이었다. 2015년 2월 15일 이슬람국가(IS)는 리비아 트리폴리 해변에서 이집트의 콥트정교회(Coptic Orthodox Church)[65]교도 21명을 참수(斬首)하는 5분짜리 동영상을 공개

65) 이집트의 콥트정교회(Coptic Orthodox Church)는 이집트에서 가장 오래되고 교세가 큰 기독교 종파로서 전체 인구 8,500만 명 중에서 10%를 점유하고 있다. 나머지 이집트 인은 이슬람 수니파이다. 상기 교회는 AD 40년 사도 바울과 전도 여행을 했었던 마가의 선교로 시작된 교회이다.

했다. 즉, 검은색 복면 괴한들이 주황색 죄수복을 입고 수갑을 찬 콥트정교회(Coptic Orthodox Church) 교도를 무릎 꿇리고 나서 살해하는 내용이었다(조선일보, 2015.02.17).

상기 사건이 시사하는 바는 이슬람국가(IS)가 시리아·이라크 지역에서만 준동(蠢動)하는 것이 아니라 정치적 혼란을 이용해 급기야 리비아 일부 지역을 장악하였다는 것을 의미한다. 상술하면, 2019년 3월 마지막 거점이었던 시리아의 바구즈가 붕괴되며 이슬람국가(IS)가 소멸된 것으로 미군 주도의 연합군은 알고 있었다. 심지어, 도널드 트럼프(Donald John Trump) 대통령(당시)의 호기로운 '승리 선언'도 뒤따랐다. 그러나 이슬람국가(IS)의 거점 붕괴가 곧 소멸은 아니었다. 최근 튀니지에서 벌어진 일련의 테러나 부활절 스리랑카 참극에서 보듯이 여전히 이슬람국가(IS)는 활동하고 있는 것이다.

그렇다면, 이슬람국가(IS)는 어떻게 계속 살아남았을까? 그 비결(祕訣)은 4가지 요인: 이슬람국가(IS) 지도부의 거점 분산, 무장 전투원들의 본국 귀환, 인터넷과 소셜 미디어 환경과 브랜드 파워, 그리고 알 카에다(Al-Qaeda)와의 경합 등으로 요약해 볼 수 있다(조선일보 2019.07.08)

첫째, 이슬람국가(IS)의 지도부는 일찍부터 거점 분산을 추진했었다. 2016년부터 미국을 위시한 국제사회의 합동 공격이 강화되고 반(反)테러 국제 공조가 이루어지면서 이슬람국가(IS)는 점차 위축되기 시작했다. 이때부터 이슬람국가(IS)은 거점 분산을 위하여 점차 일부 테러리스트와 물자의 이동하였다. 공권력이 작동하지 않는 내전 지역인 시리아·예멘 및 아프가니스탄 등 약한 고리 지역이 목표였다. 이슬람국가(IS)은 정치적 혼란을 이용하여 현지의 무장 세력과 연대했다. 시리아의 락까와 이라크의 모술 등 이슬람국가(IS)의 양대 수도 격인 도시 거점이 붕괴되었지만 소규모의 본부가 다시 만들어진 셈이다. 이들은 테러 전략과 전술, 기술 및 선전 선동의 노하우를 간직하고 있다. 이를 활용하여 다시 동남아시아·아프리카 및 코카서스 지역의 자생적 반(反)정부 집단과 연대하기 시작했다. 이 결과, 시리아와 이라크를 동심원(同心圓)의 중심으로 하여 원(圓)은 점점 커지고 있는 것이다.

둘째, 해외에서 이슬람국가(IS)에 자발적으로 가담했던 무장 전투원(FTFs: Foreign Terrorist Fighters)들이 본국으로 돌아가기 시작했다. 이슬람국가(IS)의 거점 붕괴와 함께 시리아와 이라크를 빠져나와 어디론가 흘러들고 있다. 대개 고국으로 돌아간다고 추정되며, 이 경우 튀니지와 사우디아라비아 등 해외 무장 전투원이 가장 많이 발생한 나라에서는 적지 않은 귀환 테러리스트들이 암약하고 있다. 귀환 테러리스트들은 마치 '걸어 다니는 시한폭탄'과 같은 존재다. 물론, 각국에서는 정밀 추적을 통해 테러리스트의 귀국을 걸러낸다고는 하지만 쉽지 않다. 1만 명에 가까운 테러리스트들이 이슬람국가(IS)의 이념과 전투 경험을 갖고 어딘가에 숨겨진 세포(sleeping cell)로 정착하고 있다. 그들은 언제, 어디서 테러에 나설지 모르는 위험한 이들이다. 이제는 굳이 폭발물이나 화기를 어렵게 구비하지 않아도 누구든 테러에 나설 수 있다. 운전면허증 하나로 트럭 빌려 수십 명을 살상하는 사례를 니스와 런던에서 볼 수 있었다.

셋째, 이슬람국가(IS)는 인터넷과 소셜 미디어에서 여전히 '브랜드 파워'를 보유하고 있다. 어디든 불만 세력은 있게 마련이고, 이들의 박탈감이 심화될 경우 폭력화되기 쉽다. 자기가 속한 사회에서 버림받았거나 소외되었다고 느끼면 대안을 찾게 된다. 이때 이슬람국가(IS)의 극단주의 메시지는 선명하게 다가온다. 모든 것이 불공정하고 불평등한 세상에서 이슬람국가(IS)는 이에 맞서 단호한 메시지로 정의(正義)를 추구하는 듯한 착시 현상을 불러 일으킨다. 자연스럽게 지역별 불만 집단은 인터넷을 통해 접한 이슬람국가(IS)에 자발적 충성 서약을 하게 된다. 이를 통해 스스로 존재 가치를 높이고 새로운 성원들을 충원하는 동력을 얻게 된다.

마지막으로, 알 카에다(Al-Qaeda)[66]가 등장한 이후 이슬람국가(IS)는 상대적으로 잘 드러나지 않았다. 이슬람국가(IS)가 구체적 국가로서의 통치 체제를 지향하는 데 반면에 세력이 약해진 알 카에다(Al-Qaeda)는 점차 이념 운동의 형태로 진화해나갔다. 이젠, 알 카에다(Al-Qaeda)의 이념 운동이 구체적 조직으로 변화되는 수순에 접어든 모양새다. 다양한 지역에서 이슬람국가(IS)와 알 카에다(Al-Qaeda)는 '프랜차이즈 경쟁'이 시작되었다. 지역에 따라 때로는 경쟁으로, 때로는 협력하며 움직인다. 서로 미묘한 긴장이 있지만, 이 과정에서 일종의 시너지가 나타나며 영역을 확장시키고 있다. 나아가 향후 연대 가능성도 내비치고 있다.

상기한 바와 같이, 이슬람국가(IS)는 결코 소멸되지 않았다. 오히려 각처로 확산되었다. 그렇다면, 세계 구석구석으로 전이되는 이슬람국가(IS)의 테러리즘을 어떻게 막아내야 할까? 그 비결(祕訣)은 협력과 공조가 답이다. 이 시점에서 이슬람국가(IS)의 테러를 근절하기 위한 중요한 과제는 국제사회가 테러리즘의 토양이 되는 구조적 요인들을 어떻게 다루어낼 것인가를 합의하는 것이다. 극단주의자들은 빈곤과 계급 격차, 차별 등을 빌미로 야금야금 자신의 입지를 넓혀간다. 따라서 저발전과 불균형을 교정할 수 있는 세계평화(世界平和)를 위한 글로벌 철학(본 연구의 Neopragmatism)에 입각한 국제사회의 신(新)실용주의

66) 알 카에다(Al-Qaeda)는 사우디 아라비아 출신인 오사마 빈 라덴이 창시하였으며 이슬람주의를 표방하는 수니파 무슬림을 주체로 한 국제 무장 세력망으로서 反미국/反유대를 표방한다.

적 협력과 공조가 절실하다. 특히, 일단 테러가 빈발하는 중동 지역에서는 반(反)테러 역량을 가진 터키·이집트·사우디 및 이란의 공조가 절실하다. 그러나 현재로서는 이란 문제로 인해 서로 갈등 관계이기에 협력을 기대하기 어렵다. 모두 근시안적 자국 이익에만 몰두하고 국경을 높이고 있다. 이것은 더 고통스러운 테러의 시대를 유발하고 있다. 게다가 역내 강대국 간의 갈등과 분쟁은 오히려 테러 세력의 역외 확산에 기여하고 있다.

여기서 저자는 전술한 헨리 키신저(Henry Alfred Kissinger, 1923~현재)가 제안하는 이이제이(以夷制夷, 오랑캐를 오랑캐로 제압한다는 뜻)[67]를 동의할 수 없다. 도대체, 누가 오랑캐를 만들었으며, 오랑캐는 누구인가? 그는 닉슨과 포드 대통령 시절 국가안전보좌관(National Security Advisor)과 국무장관을 역임하면서 소련과의 데탕트(détente, 긴장완화)를 실현하였으며, 닉슨의 중국 방문을 성사시켜 미·중 관계의 물꼬를 텄다. 참고로, 영국계 미국인 작가이자 언론인/평론가인 크리스토퍼 에릭 히친스(Christopher Eric Hitchens, 1949~2011)[68]는 헨리 키신저(Henry Alfred Kissinger)를 냉전 시대에서 미국이 저지른 온갖 더러운 행위의 배후로 지목하며, 그를 '전쟁 범죄자'로서(인본주의자 입장에서) 국제법정에 세워야 한다고 주장했다. 저자는 크리스토퍼 에릭 히친스(Christopher Eric Hitchens)의 주장에 동의한다. 예로서, 베트남 전쟁과 오늘날 미중 갈등의 단초(緞綃)는 바로 헨리 키신저(Henry Alfred Kissinger)가 마련한 것이었다. 그가 베트남 전쟁(1955.11.01~1975.04.30)을 끝낸 공로로 노벨평화상을 수상했다는 것은 참으로 우스꽝스러운 일이다.

---

67) 이이제이(以夷制夷)는 《후한서》의 <등구열전(鄧寇列傳)>의 <등훈전(鄧訓傳)>에 나오는 '이이벌이(以夷伐夷)'에서 비롯하였다.

68) 크리스토퍼 에릭 히친스(Christopher Eric Hitchens, 1949~2011)은 40여 년 동안 언론인 생활을 하였고, 많은 토크쇼와 순회 강연을 거치면서 대표적인 대중적 지식인이 되었다. 히친스는 영미 언론 선정 100대 지식인(그중 5위)에 오른 세계적 정치학자 겸 저널리스트로 활동하고 있으며 레넌문학상을 수상하는 등 글의 문학성까지 인정받고 있는 작가이다. 2005년 가을 미국의 외교 전문지 <포린 폴리시>와 영국 정치평론지 <프로스펙트>가 함께 실시한 '100대 공적 지식인' 독자 투표에서 5위에 올랐다. 그는 <월스트리트 저널>, <더 네이션>, <아틀란틱>등에서 기고가이자 문학 평론가로서 활동했으며, 저작으로는 <신은 위대하지 않다>, <자비를 팔다>, <키신저 재판>등이 있다.

III

'글로벌 철학(Global Philosophy)'으로서 신(新)실용주의 (Neopragmatism)

정의로운 국가와 행복한 사회를 위한
신(新)실용주의(實用主義) 철학과 정책

(The 'Neopragmatic Philosophy and Policy' for
'A Justice-based State' and 'A Happy Society')

01 '지구촌 문화 공동체'를 위한 '글로벌 철학(Global Philosophy)'의 필요성

본 연구는 '글로벌 철학(Global Philosophy)'으로서 신(新)실용주의(Neopragmatism)를 제창한다. 상기 철학은 '지구촌 문화 공동체(Global Cultural Community)'를 위한 '형이상학적 철학(Metaphysical Philosophy)'이 아니라 '실천 철학(Practical Philosophy)'이다.[1)]

우선, 철학(哲學)이란 무엇인가? 철학(哲學, philosophy)이라는 용어는 고대 희랍어 '필로소피아(고대 그리스어: φιλοσοφία, '지혜에 대한 사랑')'에서 유래하였는데 세계와 인간의 삶에 대한 근본 원리, 즉 세계관·인생관 등을 탐구하는 학문이다.[2)]

베네딕투스 스피노자(Benedictus de Spinoga, 1632~1677)는 그의 저서 「윤리학(1677년)」에서 '철학(哲學)'이란 삶의 지혜를 얻고 인간의 완성을 이루기 위한 개인적·도덕적 탐구

---

1) 임양택(2008), "'新실용주의' 철학의 논리 구조에 관한 연구: 동·서양 철학을 중심으로", 「경제연구」, 제29권 제2호, 한양대학교 경제연구소; 임양택(2017), "새로운 패러다임 하에서 경세제민을 위한 신(新)실용주의: 철학과 정책", 한국국제경제학회 2017년; Lim, Yang-Taek(2010), "Neopragmatic Solutions to the Structural Problems of South Korean Economy, the Korean Peninsula and the East Asian Community", The International Institute for Advanced Studies in Systems Research and Cybernetics, Symposium, Baden-Baden, Germany; Lim, Yang-Taek(2012a), "A Philosophical Foundation for Neopragmatism", The Journal of Global Issues and Solutions, November/December, The Institute for the Advancement of Positive Global Solutions; Lim, Yang-Taek(2012b), "Neopragmatism as an Alternative for New Liberalism", The Institue of Business and Economic Research Inha University; Lim, Yang-Taek(2014), "A New Philosophy, 'Neopragmatism' for Korea Reform", The Journal of Global Issues and Solutions, November/December, The Institute for the Advancement of Positive Global Solutions.

2) May Brodbeck(1968), Readings in the Philosophy of the Social Sciences, New York: Macmillan, Co.; 강대석(1991), 「현대철학의 이해」, 서울: 한길사; 옥정무 외(1986), 「서양철학사」, 일월서; 이규호(1965), 「현대철학의 이해」, 대영사; 철학문화연구소(1990), 「철학과 현실 1990 겨울호」, 철학문화연구소; 한국철학사상연구회(1993), 「한국철학강좌」, 예문서원; 윤병운(1996), 「서양철학사」, 서울: 삼광출판사.

라고 정의했었다. 나아가, 카를 야스퍼스(Karl Jaspers, 1883~1969)는 *"'철학함'이란 개인이 자신의 '참 자아(自我)', 즉 '잊혀진 자아(自我)'를 발견하고 자신이 되어가는 내면적 활동"* 이라고 정의하였고 인간의 내면적 성찰을 통한 철학 활동을 강조했었다.[3)]

현대의 철학적 관심은 '이론 철학(형이상학적 인식론, Metaphysical Philosophy)'에서 '실천 철학(Practical Philosophy)'으로 전환되고 있다. 예로서, 포스트모더니즘(Post Modernism)은 '윤리적 전환(Ethical Return)'을 주장하고 있으며, 공동체주의(Communitarianism)는 자유주의(Liberalism)의 개인주의적 도덕에 대하여 비판하고 있으며, 위르겐 하버마스(Jurgen Habermas, 1929~현재)는 의사소통적 규범론(Communicative Ethics)을 주창하면서 도덕적(道德的) 보편주의(普遍主義)를 재구성하였다.[4)]

한편, 세계 철학계의 최근 동향을 살펴보기로 한다. 모든 세계 지식인들의 향연이자 '철학계의 올림픽'이라 불리는 '세계철학자대회(WCP: World Congress of Philosophy)'[5)]는 최초

---

3) 현대 철학을 인식론(Epistemology)의 측면에서 개관할 수 있는 참고문헌으로서 이규호(1965), 강대식(1991), 황문수 역(1991), 이종옥·유주현 역(1998), 장동진 외 옮김(2006) 등을 참조할 수 있다. 그러나 본 연구의 철학적 주제는 상기한 '형이상적 철학(Metaphysical Philosophy)'이 아니라 '실천철학(Practical Philosophy)'이다.

4) Harbermas, Jürgen(1984), The Theory of Communicative Action, Vol.I translated by Thomas McCarthy. Boston: Beacon Press; Harbermas, Jürgen(1987a), The Theory of Communicative Action, Volume II. translated by Thomas McCarthy. Boston: Beacon Press; Harbermas, Jürgen(1987b), The Philosophical Discourse of Modernity. translated by Frederick Lawrence. Cambridge: The MIT Press.

5) '세계철학자대회(WCP: World Congress of Philosophy)'는 철학의 발전을 도모하고 국제문제에 대한 철학적 기여를 목적으로 삼고 있으며, 영국·미국과 유럽은 물론 아시아·중동·남미·아프리카 등 각국의 철학단체가 참가한다. 그리고 대회기간 동안 저명한 철학자들이 주제발표·토론·집담회(集談會) 등을 벌인다. '세계철학자대회(WCP)'의 창립대회는 1900년 프랑스 파리에서 열렸다. 상기 대회는 앙리 베르그송(Henri Bergson, 1859~1941), 모리스 블롱델(Maurice Blondel, 1861~1949), 버트런드 러셀(Bertrand Russell, 1872~1970) 등 프랑스와 영국 유럽 철학자들이 주도하였다. 지난 '세계철학자대회(WCP)'의 개최 주기는 불규칙적이었다. 이탈리아 로마(2회·1903년), 독일 하이델베르크(3회·1908년), 이탈리아 볼로냐(4회·1911년), 그 후 13년 만에 이탈리아 나폴리(5회·1924년), 미국 보스턴(6회·1926년), 영국 옥스퍼드(7회·1930년), 체코 프라하(8회·1934년)를 거쳐 1938년 제9회가 파리에서 다시 열리기까지 특정한 기준 및 규정 없이 불규칙적으로 개최돼 왔다. 그 후, 1948년 국제철학회연맹(FISP: International Federation of Philosophical Societies)이 결성되어 '세계철학자대회(WCP)' 개최 주기를 5년으로 확정 짓고 개최 국가 철학단체들이 대회 운영을 관리하기로 결정했었다. 이에 따라 10년 만에 1948년 국제철학연맹(FISP)에 의해 제10회 대회가 네덜란드 암스테르담에서 개최되었다. 1963년 13회 대회가 처음으로 유럽 대륙이 아닌 곳(멕시코시티)에서 개최됐다. 2008년 22회 대회는 사상 처음으로 아시아 대륙인 서울에서 열렸다. 서울 대회에는 세계 각 나라 철학자 2600명이 참가했으며 54개 분과 400여 세션에서 1,370여 편의 논문이 발표됐다. 23회 대회는 2013년 그리스 아테네에서 개최되었다. 가장 최근인 제24회 세계철학대회가 2018년 8월 13일부터 20일까지 8일간 중국의 베이징대에서 개최되었다.

로 1900년 프랑스 파리에서 개최됐었던 후, 1948년부터는 5년마다 열렸는데, 제22차 세계철학자대회(WCP)가 '오늘의 철학을 다시 생각한다(Rethinking Philosophy Today)'를 주제로 2008년 7월 30일 서울대학교 자연과학대학에서 개최됐었다. 104개국의 2,600명의 학자들이 1,370편의 논문을 발표하였으며, 전체 54개 분과에서 478개의 세션 토론을 벌였다.[6)]

예로서 엔리케 뒤셀(Enrique Dussell)[7)] 교수(멕시코 메트로폴리탄대학)는 다음과 같이 주장했다: *"철학이란 인류가 풀어가야 할 '세계의 핵심 문제들(core universal problems)'을 계속 제기해 왔으며, 이 문제들은 모든 문화에 적용돼야 한다."*

그의 주장은 근대 유럽 철학이 정치·경제적 우세를 바탕으로 '유럽 위주의 철학'을 만들었으나 이제 다른 문화권을 존중하며 서로 공유할 수 있는 철학적 사유를 찾아내야 한다는 것이다.

알렉산드르 추마코프(Alexander Chumakov) 선임연구원(러시아 과학아카데미 철학연구소)은 다음과 같이 주장하고 이 '보편'과 '특수'의 사이에서 철학의 역할이 중요하다고 강조했다. *"세계화(Globalization)가 아무리 진행된다 해도 다양한 지역의 문화와 민족주의와의 공존을 피할 수 없다."*

두웨이밍(杜維明) 하버드-옌칭 연구소장(미국의 대표적 동양철학자)은 서구적 가치에 맞서서 동아시아 유학(儒學)을 재해석하는 '현대 신(新)유학'을 주창했다. *"유교(儒敎)의 인문주의(人文主義)가 서구 민주주의(民主主義)의 함의를 풍부하게 하는 지적 자원이 될 수 있다."*

다시 말하면, 유교(儒敎)는 닫힌 개인주의(個人主義)를 넘어선 새로운 정치적 대안을 모색할 수 있게 하며, 정치에 대한 시민의 역동적인 참여와 책임윤리까지도 포괄할 수 있게 된다는 것이다.

또한 최근에 노벨 경제학상 수상자인 케네스 애로우(Kenneth J. Arrow, 1921~2017)는 작고하기 1년 전 출판했던 그의 저서 「On Ethics and Economics」(2016년)를 통하여 역사와 철학의 측면에서 경제학과 정치학에 윤리(倫理)를 도입할 것을 주장했다.

모름지기, 인류사회의 궁극적 목표는 인간의 삶이 정신적으로 아름답고, 물질적으로 편익하고 풍요로우며, 인간적으로 보람을 느끼는 사회를 이루는 것이다. 그렇다면, 인류가 추구해야 할 공동목표인 '지구촌 문화공동체(Global Cultural Community)'는 어떠한 형태가

6) "서양철학이 놓친 인류의 모든 문제를 한한다", 조선일보, 2008.07.31

7) 엔리케 뒤셀(Enrique Dussell) 교수(멕시코 메트로폴리탄대학)는 라틴아메리카를 대표하는 철학자이며 '해방 철학'의 주요 인물이다.

바람직할 것인가? 그것은 동양(東洋)과 서양(西洋)의 문화(文化)가 조화되고 동서(東西) 이념(理念)이 융화되어 분쟁이 해소되고 자유(自由)와 평등(平等)이 함께 보장되어 인류가 공영하는 '지구촌 문화공동체(Global Cultural Community)'가 되어야 할 것이다.[8)] 이와 함께 각 국가에서 인간의 삶이 정신적으로 아름답고, 물질적으로 편익하고 풍요로우며, 인간적으로 보람을 느끼는 사회일 것이다. '지구촌 문화공동체(Global Cultural Community)'에 대한 인류의 갈구(渴求)는 동·서양의 정치철학에서 공히 찾아볼 수 있다.

동양(東洋)의 경우, 유가(儒家)의 '대동사상(大同思想)'과, 강유위(康有爲, 1858~1927)가 그의 저서 「대동서」(大同書)에서 제창한 '대동사회(大同社會) 사상'과 '사해동포사상'을 들 수 있다. 서양(西洋)의 경우 앨리기에 리 단테(Alighieri Dante, 1265~1321)가 그의 저서 「모나르키아」(Monarchia)에서 설파했었던 '세계정부의 이상', 즉 '보편군주제하의 세계제국론', 임마누엘 칸트(Immanuel Kant, 1724~1804)가 그의 저서 「영구평화론」(Zum ewigen Frieden)에서 주창한 '세계공화국론', 버트란드 러셀(Bertrand Russell, 1872~1970)의 '정치적 세계공동체', 앨빈 토플러(Alvin Toffler, 1928~2016)의 '초국가적 시민사회' 등을 들 수 있다.

그러나 최근에 들어, 기존의 국제질서가 와해되고 미래에 대한 불확실성이 높아지고 있다. 또한 지구촌 사회(Global Village) 곳곳에 기아·질병·범죄·환경파괴가 만연하고 있으며 지진(고베, 후쿠시마, 네팔 등)과 같은 자연 재앙과 신종 코로나바이러스 감염증(코로나 19)가 세계를 강타하고 있다. 「세계보건기구」는 2020년 1월에 국제적 공중보건 비상사태를 선언하였고 3월에는 상태를 범유행으로 격상시켰다. 2021년 1월 20일을 기준으로 9,631만 명 이상의 '코로나 19' 확진자와 206만 명 이상의 '코로나 19' 사망자가 나타났다.[9)]

---

8) 상기와 같은 사회의 구현은 우선 지역협동사회(RCS: Regional Cooperation Society)를 만들고, 확장하여 지구협동사회(GCS: Global Cooperation Society)로 확대하고, 그 다음 단계로 모든 여건이 성숙되었을 때 지구공동사회(Global Common Society)를 만들어야 하는데 이 사회는 사실상 모든 인류가 하나의 인간가족의 구성원이 되고 세계의 국가들이 하나의 문명을 향유하는 공동체로 통합되게 되며, 이러한 지구공동사회는 지구통합사회(Global Integrated Society)가 될 것이라고 조영식 선생은 주장했다. 그러나 본 연구는 경제학자인 저자의 지적 한계로 인하여, 경제문제를 중심으로 한 사상·철학적 고찰일 뿐이다. Young Seek Choue(1981), Oughtopia, Oxford: Pergamon Press를 참조. 박종철, 국제사회의 변화와 미래사회의 전망(인류사회의 재건: 그 당위와 방법).

9) 국제통계사이트 월드오미터를 보면 2020년 12월 3일 현재 전 세계의 코로나 19 누적 확진자는 6천539만 9천여 명으로, 누적 사망자는 150만 9천249명으로 각각 집계되고 있다. 코로나 19 사망자가 가장 많은 국가는 28만 1천여 명을 기록한 미국이다. 미국에 이어선 브라질(17만 5천여 명), 인도(13만 9천여 명), 멕시코(10만 7천여 명), 영국(6만여 명) 등의 순서로 사망자가 많다. 미국에선 하루 17만 명 안팎의 신규 확진자가 나오고 있다. 최근 미국 제약사 화이자와 독일 바이오엔테크가 개발한 코로나 19 백신의

전술한 바와 같이, 본 연구는 인류사회의 당면과제를 5개 위기: ① 글로벌 경제위기, ② 에너지·환경 위기, ③ 식량 위기, ④ 핵무기 위기, ⑤ '문명의 충돌'과 테러 위기로 한정한다. 상기한 인류사회의 5개 위기를 야기시킨 가장 근본적인 요인은 '지구촌 문화 공동체(Global Cultural Community)'의 보편타당한 '글로벌 철학(Global Philosophy)'의 부재(不在)라고 저자는 주장한다.

'핵무기 위기'와 '문명의 충돌과 테러 위기'는 군사적 대결에 의해서는 해결될 수 없는 단계에 접어들었다. 이에 대한 대책으로서 다양한 국제기구와 초국가적 기업 등이 국민국가(國民國家)의 전통적 기능을 대체해야 한다[10]는 주장이 제기되었지만, 현존 UN조차 주어진 역할을 제대로 못하고 있는 상황이다.

전술한 인류사회의 3개 위기: ① 글로벌 경제위기, ② 에너지·환경 위기, ③ 식량 위기는 '글로벌 철학(Global Philosophy)'이 부재(不在)한 상태에서 강대국의 자국(自國)만의 탐욕과 무관심에 의하여 저질러진 비양심적(非良心的) 죄악(罪惡)들이다. 특히, 1997년 하반기 동아시아 금융위기로부터 딱 10년 후 2008년 하반기 미국발(發) 글로벌 금융위기(Global Financial Crisis)가 발발하였다. 이것은 '글로벌 철학(Global Philosophy)'이 부재(不在)한 상태에서 신(新)자유주의(New Liberalism)와 신(新)금융자본주의(New Financial Capitalism)[11]가 저질렀었던 집단적 및 체계적 범죄(犯罪)였다.

전술한 바와 같이, 2008년 하반기 미국발(發) 글로벌 금융위기(Global Financial Crisis)는 미국 주택시장에서 부동산 거품이 붕괴되면서 촉발되었다. 이것은 다시 유럽의 재정위기와 2016년 6월 영국의 유럽연합 탈퇴(BREXIT)를 야기했다. 그 후, 자본주의의 최고 발전단계인 신(新)금융자본주의(New Financial Capitalism)의 메카인 영국의 2016년 6월 23일 유럽연합

긴급사용을 결정한 영국은 이날 유럽 최초로 코로나 19 사망자가 6만 명을 넘었다. 프랑스의 코로나 19 확진자는 225만 7천 명, 사망자는 5만 4천여 명이다. 느슨한 방역조처를 취해 집단면역 전략을 추진한다는 논란을 일으킨 스웨덴은 코로나 19 사망자가 7천 명을 넘었다.

10) Paul Kennedy(1993), Preparing for the Twenty-First Century, London: Random House.

11) 신(新)금융자본주의(New Financial Capitalism)은 글로벌 경제위기의 근본요인인데(최소한 미국과 영국에서), 이것은 고전적 금융자본주의(Classical Financial Capitalism)로부터 진화된 자본주의의 최종단계이다. 그 변화 과정의 핵심내용은 다음과 같다: 고전적 금융자본주의(Classical Financial Capitalism)는 1933년 글라스 스티걸법(Glass Steagall Act)과 1938년 찬들러법(Chandler Act)에 의하여 투자은행을 상업은행과 분리시키고 투자은행 주도의 기업구조 재편을 제한시켰었다. 이와 반면에, 신(新)금융자본주의(New Financial Capitalism)는 1996년 금융감독규제 완화법(은행과 증권업의 겸업 확대 허용) 및 1999년 그램-리치-빌리법(Gramm-Leach-Bliley Act)에 의하여, 1933년 글라스 스티글법(Glass Steagall Act)을 폐지하고 금융지주회사를 출범시켰다. 이 결과, 금융이 제조업을 지배하는 경제구조가 정착되었으며, 따라서 금융위기는 곧 실물위기로 쉽게 전이되는 메커니즘이 작동하게 되었다.

(EU) 탈퇴(BREXIT) 결정은 세계화(世界化, Globalization) 및 신(新)자유주의(New Liberalism)의 좌초와 서구적 자유민주주의 한계를 드러냈던 역사적 사건이었다. 이로 인해 유럽인의 '유럽통합의 꿈'이 좌절되지는 않겠지만, 인류문명사적 측면에서 그것의 의미와 파장을 숙고 및 반성해 볼 필요가 있다. 즉, 누구를 위한 세계화(Globalization)이며 신(新)자유주의(New Liberalism)인 것인가? 사실, '글로벌 철학(Global Philosophy)'이 부재(不在)한 상태에서 세계화(Globalization)의 근간인 신(新)자유주의(New Liberalism)와 신(新)금융자본주의(New Financial Capitalism)는 강대국의 이익을 합리화한다는 슬로건에 불과하다. 지역적 특수성을 간과한 세계화(Globalization)의 진전으로 인해 지역별 문화적 다양성이 위협을 받고 있다.[12)]

세계화(Globalization)와 대칭적인 지역화(Regionalization)는 각종 자유무역협정(FTA)로 구체화된다. 그렇다면, 세계화(Globalization)와 지역화(Regionalization)는 상호보완적 관계인가, 혹은 상호대립적 관계인가? 일반적으로, 지역화(Regionalization)는 세계화(Globalization)를 위한 수단이고 과정이라고 말한다. 그렇다면, 자유무역(Free Trade)을 추구하는 세계화(Globalization)와, 차별적 관세동맹(關稅同盟)에 의하여 결속되는 지역화(Regionalization)는 상호모순이 아닌가?

한편, 대내적으로 보면, 2008년 하반기 미국발(發) 글로벌 금융위기(Global Financial Crisis)를 야기시킨 신(新)금융자본주의(New Financial Capitalism)와 신(新)자유주의(New Liberalism)는 '빈익빈(貧益貧) 부익부(富益富)'를 심화시키고 있다. 이 사실은 전술한 바와 같이 미국발(發) 2008년 하반기 글로벌 금융위기의 배경 및 전개과정이 증명해준다. 심지어, 신(新)자유주의(New Liberalism)는 개도국에서뿐만 아니라 그것의 본산지인 미국 및 유럽에서도 양극화(Polarization)를 심화시켰으며, 그 결과 세계 도처에서 반(反)신자유주의(新自由主義) 시위 내지 폭동이 일어났었다.[13)]

---

12) Stiglitz, Joseph E.(2002), Globalization and Its Discontents, London: W.W. Norton & Co., Inc.; Stiglitz, Joseph E.(2006), Making Globalization Work, London: W.W. Norton & Co., Inc.; Stiglitz, Joseph E.(2007), Fair Trade for All, London: W.W. Norton & Co., Inc.; Stiglitz, Joseph E.(2008), The Three Trillion Dollar War, London: W. W. Norton & Co., Inc.; Stiglitz, Joseph E.(2010), Freefall: America, Free Markets, and the Sinking of the World Economy, London: W.W. Norton & Co., Inc.

13) 예로서 미국의 '월가를 점령하라', 유럽의'신자유주의를 점령하라', 영국의 '런던 폭동'과 유럽연합 탈퇴, 프랑스의 빈민가 폭동 등을 들 수 있다. 상기한 반(反)월가 시위는 2011년 9월 17일 일자리를 구하지 못한 젊은이들이 월가의 탐욕·부패에 저항하면서 시작됐었지만 4주째로 접어들면서 보스턴·시카고·로스앤젤레스·워싱턴DC 등 미 전역 25개 도시로 확산됐었다(CBS 방송 2011년 10월 9일 보도). 시위대들은 "상위 1% 부유층의 탐욕 때문에 99%의 사람들이 정당한 몫을 받지 못하고 있다"며 기업의 탐욕과 실업, 경제적 불평등의 시정을 요구했었다. 유럽에서는 스페인의 긴축정책에 반대하며 시작된 시민운동 '분노한 사람들(Los Indignados)'이 2011년 10월 8일 유럽연합(EU) 수도인 벨기에 브뤼셀에서 집회를

급기야, 2008년 하반기 미국발(發) 글로벌 금융위기(Global Financial Crisis)에 대한 대응으로서 '새로운 정상적 경제(New Normal Economy)': 부채 축소(Deleveraging), 규제 강화(Reregulation), 탈(脫)세계화(DeGlobalization)이 글로벌 트렌드로 자리 잡아가고 있다. 이와 동시에, 세계 경제학자들은 '소 잃고 외양간 고치는 격'으로 정부실패 vs 시장실패(즉, 작은 정부 vs 큰 정부) 및 시장자본주의(市場資本主義, Market Capitalism) vs 국가자본주의(國家資本主義, State Capitalism)에 대한 논쟁을 벌였다.[14)]

그러나 상기의 논쟁에서 어느 쪽이든 간에, 저자는 동의할 수 없다. 즉, 상기한 선택의 문제는 단순히 정부의 '정책 실패'에 의하여 야기된 것이 아니라 '글로벌 철학(Global Philosophy)'의 빈곤 내지 부재 혹은 오류에 의하여 야기된 것이라고 저자는 주장한다. 왜냐하면 시장 자본주의(Market Capitalism)와 국가 자본주의(State Capitalism)의 선택에 관한 논쟁에서 당연히 자유시장경제 체제를 근간으로 삼는 자본주의(Capitalism)는 사회주의(Socialism)에 비하여 민주주의(Democracy)를 실행하는 데 효율적인 경제체제이기 때문이며, 나아가 2008년 하반기 미국발(發) 글로벌 금융위기(Global Financial Crisis)의 근본 요인은 시장실패(Market Failure)와 정부실패(Government Failure)를 모두 포함하고 있기 때문이다. 여기서 문제의 핵심은 정부의 크기가 큰 것이냐 혹은 작은 것이냐 하는 '정부의 크기(Size)'가 아니라 '정부의 역할(Role)'이라고 저자는 확신한다.

이제, 2008년 하반기 미국발(發) 글로벌 금융위기(Global Financial Crisis)가 야기했던 참사들을 목격한 세계는 이제 더 이상 시장 자본주의(Market Capitalism)의 만능을 신뢰할 수 없다는 것을 통감하면서 시장과 정부의 새로운 관계 설정, 즉 '자본주의 4.0'을 모색하고 있다. 상술하면, 현대 경제학은 소위 '자본주의 1.0 시대(19세기 자본주의 태동기에서 고전학파 경제이론)' → '자본주의 2.0 시대(1930년대 세계대공황 이후 케인지언 경제이론)'→ '자본주의 3.0 시대(1980년대 석유파동 이후 신고전학파이론)'를 거쳐 '자본주의 4.0 시대(2008년 하반기 글로벌 금융위기 이후 현재)'에서 '새로운 경제이론 패러다임 위기' 상황에 직면해 있다고 말할 수 있다.[15)]

시작했다. 시위대는 "탐욕과 부패의 물든 정치인과 금융가들은 물러가라"는 구호를 외쳤다.

14) 사실, 자원배분의 효율성(Efficiency)과 소득분배의 형평성(Equity)의 갈등에 관한 사유 패러다임과 상기 2개의 가치들을 조화시키고자 하는 정부의 역할에 관하여 세계적 경제학자들 사이에 뜨거운 논쟁이 계속되고 있다. 예로서 밀턴 프리드먼 vs 제임스 토빈, 니엘 퍼거슨 vs 폴 크루그먼, 로렌스 서머스 vs 벤 버냉키, 그레고리 멘큐 vs 등의 논쟁을 들 수 있다. 특히, 2008년 하반기 글로벌 금융위기에 대한 처방으로서 주요 경제정책을 보면 재정·통화정책을 망라한 '총력전', 재정정책론, 재정긴축론, 신(新)자유주의의 복구 등을 지적할 수 있다.

요컨대, 과거 시장자본주의(Market Capitalism)의 만능을 신봉했었던 '자본주의 3.0'이 불과 30여 년 만에 동요되고 있으며 이젠 소위 '자본주의 4.0'이 도래하고 있다. 즉, 기업의 존재 이유가 주주의 이익 극대화에 두던 소위 '주주 자본주의(Stockholder Capitalism)'가 아니라, 기업은 주주뿐만 아니라 직원·납품업자·채권자·고객 등 사회의 모든 이해관계자의 이익을 다 함께 도모해야 한다는 기업의 '사회적 책임(Social Responsibility)'을 요구하고 있다.

사실, 이윤극대화를 추구하는 시장경제하에서는 소비욕구의 무절제한 충동으로 인해 과잉소비와 과잉생산이 반복되고 있으며, 그 결과 자원고갈, 지구환경파괴와 같은 구조적 문제점이 야기되고 있다. 또한 국내총생산(GDP)이 증가함에도 불구하고 빈부(貧富) 격차는 더 확대되고 있으며, 소득증가에도 불구하고 인간성 상실로 인하여 인간의 삶은 오히려 피폐해지고 있다. 이 결과, 현대 자본주의는 과잉생산과 과잉소비를 촉구하는 시장의 노예가 될 것인가, 아니면 적정생산과 적정소비를 통해 인간이 자연과 화합하는 삶을 추구할 것인가의 선택 문제에 직면하고 있다.

그렇다면, 저자는 여기서 다음과 같은 화두(話頭)를 던진다: 21세기 인류사회에 가장 적합한 경제사상(철학) 혹은 경제이론 체계는 무엇일까? 이 문제에 대한 해답의 실마리는 현대사회에서 인류가 가장 추구하는 사회경제적 가치가 무엇인가에서, 즉 '글로벌 철학(Global Philosophy)'은 무엇인가에서 찾아야 할 것이다.

상기한 근본적 문제를 덮어둔 채, '정부 실패(Government Failure)'를 지적하고 '눈에 보이지 않는 손(invisible hand)', 즉 시장의 효율적 자원배분이라는 교과서적 신(新)고전학파(Neoclassic) 경제이론을 들먹이면서 신(新)자유주의(New Liberalism)의 글로벌 스탠다드(Global Standard)만을 마냥 역설하거나 혹은 시장 실패(Market Failure)를 지적하고 정부개입과 규제강화를 강조하는 신(新)케인지언(NeoKeynesian) 경제이론을 '만병통치약'으로 강조하고 있다.[16)]

조셉 스티글리츠(Joseph Stiglitz, 1943~현재) 교수는 '눈에 보이지 않는 손(invisible hand)'은 단지 존재하지 않기 때문에 보이지 않는 것이라고 일침을 놓았다. 또한 저자는 정부개입과 규제 강화는 필요하지만 그에 앞서 '깨끗한 손(clean hand)'이 더욱 중요하다고 강

---

15) Bell, Daniel and Irving Kristo(1981), The Crisis in Economic Theory, Basic Books Inc.

16) 이에 대한 참고 문헌은 수없이 많다. 가장 대표적인 것은 Joseph Stiglitz(2002, 2006, 2007, 2008, 2010)을 들 수 있다. 그러나 상기 문헌들은 세계화(Globalization)의 폐해와 미국 자본주의의 구조적 모순에 관한 것일 뿐, 새로운 경제철학은 제시되지 않았다.

조한다. 다시 말하면, 어떤 시장경제가 부정부패(不正腐敗)와 같은 탐욕(Greed)으로 팽배해 있다면, 아무리 '숙달된 손(skillful hand)'을 갖고 있는 정부라도 그 기능을 제대로 발휘할 수 없을 것이며, 심지어 정부 권력마저 부패하다면 그 사회는 희망이 없을 것이다.

일찍이, 조안 로빈슨(Joan Robinson, 1903~1983) 여사는 1971년 미국경제학회에서 '제2경제이론의 위기'를 지적하고 경제학자들의 책무 포기를 질타하였다.[17] 즉, 세계대공황(1929~1939)에 따른 '제1경제이론 위기'는 존 메이너드 케인즈(John Maynard Keynes, 1983~1946)의 「고용 · 이자 · 화폐에 관한 일반이론」(1936년)[18]으로 해결했었지만 그 후 '소득분배 악화'라는 '제2경제이론의 위기'는 누가, 어떻게 해결할 것인가였다.[19]

그렇다면, '지구촌 문화공동체(Global Cultural Community)'를 실현할 수 있는 근본적 방향은 무엇인가? 그것은 바로 보편타당한 '글로벌 철학(Global Philosophy)'의 정립 및 확산이라고 저자는 강조한다.

모름지기, 글로벌 철학(Global Philosophy)은 지속적 경제성장과 형평한 소득분배(복지)가 조화되는 인간중심적 자본주의(Anthropocentric Capitalism)를 지향해야 하며, 인류사회의 중요 당면과제인 글로벌 경제위기, 에너지 · 환경위기, 식량 위기, 핵무기 위기, '문명의 충돌'과 테러 위기를 해결하는 사상적 기초가 되어야 한다.

이와 같은 맥락에서, 저자는 다음과 같이 주장한다: 14~16세기 르네상스 운동(Renaissance)이 '신(神)에서 인간(人間)으로' 눈을 돌려 이성(理性)에 바탕을 둔 '인본주의적 사회(Anthropocentric

17) Robinson, Joan(1933), The Economics of Imperfect Competition, London: Macmillan Co.; Robinson, Joan(1937), Introduction to the Theory of Employment, London: Macmillan Co.; Robinson, Joan(1952a), Introduction to the Theory of Employment, London: Macmillan Co.; Robinson, Joan(1953a), Essay in the Theory of Employment, Oxford: Basil Blackwell; Robinson, Joan(1953b), "Imperfect Competition' Revisited", Economic Journal, Sept; Robinson, Joan(1956), The Accumulation of Capital, London: Macmillan Co.; Robinson, Joan(1962), Essays in the Theory of Economic Growth, New York: St. Martin's Press; Robinson, Joan(1970), Collected Economic Papers Ⅴ, Cambridge University Press; Robinson, Joan(1971), Economic Heresis: Some Old-Fashioned Questions in Economic Theory, New York: Basic Books; Robinson, Joan(1972), "The Second Crisis of the Economic Theory", American Economic Review; Robinson, Joan(1978), Contribution to Modern Economics, Oxford: Basil Blackwell; 오정근(2004), "조안 로빈슨의 생애와 경제사상: 탄생 100주년을 보내며", 「계간사상」, 봄 호, 사회과학원.

18) Keynes, John Maynard(1936), The General Theory of Employment, Interest and Money, New York: Harcourt Braceaed Co.

19) Robinson, Joan(1972), "The Second Crisis of the Economic Theory", American Economic Review. 상기 문제와 관련하여 Lionel Robbins(1932), Joan Robinson(1933, 1953b, 1955, 1956, 1962, 1970, 1978), Joseph A. Schumpeter(1954), Daniel Bell and Irving Kristo(1981)을 참조.

Society)'를 추구하려던 것이었으나 이젠 '물질에서 인간(人間)'으로 눈을 돌려 이성(理性)뿐만 아니라 도덕적 감성(感性)에 바탕을 둔 '지구촌 문화공동체(Global Cultural Community)'를 정립 및 추구하는 제2의 '르네상스 운동', 즉 '인간성 회복 운동'이 필요하다는 것이다. 그러한 기본 방향을 제시하는 철학적 시도가 바로 본 연구의 신(新)실용주의(Neopragmatism)이다(그림 Ⅲ-1 참고).

[그림 Ⅲ-1] 시장자본주의의 발전 과정과 인본자본주의에로 지향

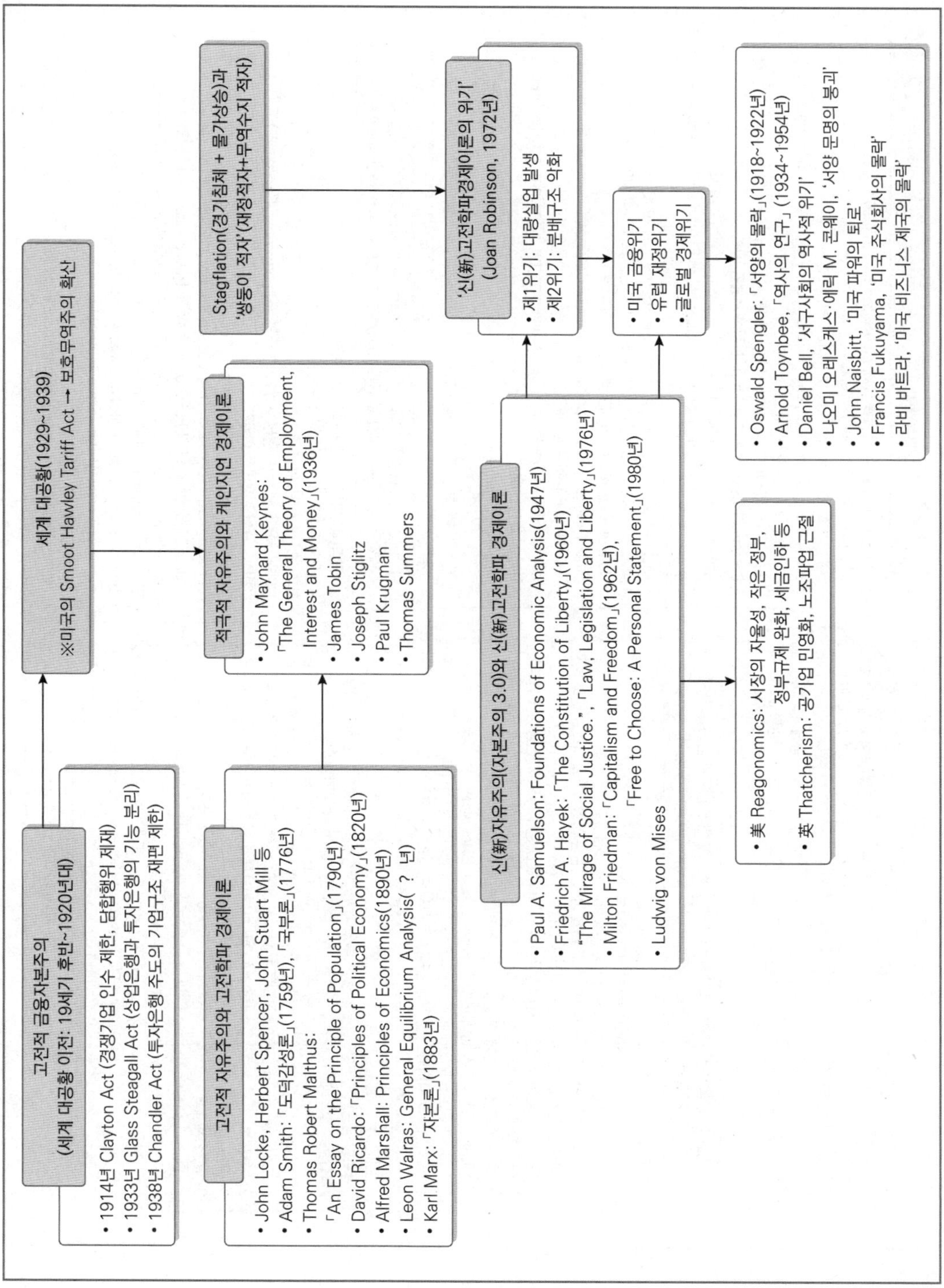

독점 자본주의

정보통신혁명

자본의 세계화 전략: 생산의 국제화 (Global Imbalance) 금융자유화, 자본자유화

신(新)금융자본주의(1980년대 이후 ~ 2008년 하반기 글로벌 금융위기): 20여년 동안 '대완화'(Great Moderation)에 의한 '황금기'

- 영국의 금융 빅뱅(1987년)
- 금융의 펀드화·복합화(신용파생상품화)·글로벌화
- 헤지펀드 등을 중심으로 그림자 금융(Shadow Banking)
- BASEL I 의 자기자본규제 제외하고 개별 금융기관은 자율적으로 리스크 관리 허용
- 1980년 통화관리법(예금은행 이자율 상한제 폐지)
- 1982년 예금취급 금융기관법(예금금리 규제의 완전 철폐, S&L의 상품취급 업무에 대한 제약 해제, 비상업용 주택 담보 대출 → 상업용 부동산, 개인 소비 대출 허용)
- 1996년 금융감독규제 완화법(은행과 증권업의 겸업 확대 허용)
- 1999년 금융서비스 현대화법 (Gramm-Leach-Bliley Act) : 1933년 Glass Steagall Act(산업은행과 투자은행기능 분리)의 폐지 (금융업무의 확대와 겸업 허용, 금융지주회사 근거 조항 마련)

글로벌 금융위기에 대한 글로벌 트렌드

(1) 부채축소 (Deleveraging)
(2) 규제강화 (Reregulation)
(3) 탈(脫)세계화 (Deglobalization)

논쟁: 정부 실패 vs 시장 실패; 큰 정부 vs 작은 정부; 시장 자본주의 vs 국가 자본주의

- Milton Friedman vs James Tobin / Joseph Stiglitz
- Niall Ferguson vs Paul Krugman(재정·통화정책)
- Thomas Summers(재정 정책론) vs Ben Bernanke (재정·통화정책)
- Nicholas Gregory Mankiw vs Thomas Piketty
- Paul Krugman: 「The Return of Depression Economics」(2009년)
- Joseph Stiglitz: 「Free Fall : America, Free Markets and the Sinking of the World Economy」(2010년)
- Thomas Piketty: 「Capital in the 21st century」(2012년)
- 중국의 '국가 자본주의'(State Capitalism)

지구촌 문화 공동체(Global Cultural Community)을 위한 사상적 배경

- 고대 중국의 儒家: '大同社會'(康有爲, 1858~1927; 大同書)
  고대 서양 정치철학: 'Hermeneia'
  현대 서양철학: 세계시민주의(Cosmopolitanism)
- 엘리기에리 단테(Alighieri Dante, 1265~1321): '세계정부의 이상'(Monarchia): '보편군주제 하의 세계제국론'
- Immanuel Kant(1724~1804): 「영구평화론」(Zum ewigen Frieden): '세계공화국'
- Bertrand Russell(1872~1970): '정치적 세계공동체'
- Samuel P. Huntington, "The Clash of Civiligations?"(1993년)
- M. Humbort, 「The Impact of Globalization on Europe's Firms and Industries」 (1993년)
- Paul Kennedy, 「Preparing for the 21st Century」(1993년)
- Alvin Toffler, F 「War and Anti-War」(1993년): '초국가적 시민사회'
- Nouriel Roubini: 「Crisis Economics」(2011년)
- Peter Drucker: 「Post-Capitalism Society」(1933년), 「The New Society」(1949년), 「The New Realities」(1989년)
- Kenneth Ewart Boulding: 「The Meaning of the 20th Century: The Great Transition」1964년)

〈인류사회의 당면과제〉

- 에너지·환경의 위기 • 식량 위기 • 핵무기 위기 • 종교·문화 갈등

林陽澤(2008, 2014) 및 Yang Taek Lim(2010, 2011): '자본주의 4.0'을 위한 신(新)실용주의 철학 (NeoPragmatism)

- 일반균형(파레토 최적)과 사회정의(사회적 최적)
- 시장질서(경쟁원리) + 사회질서(보충원리)
- 경제 성장 + 소득 분배(복지)
  신(新)실용주의의 목표: 인본(人本) 자본주의(anthropocentic Capitalism) ('행복한 사회와 정의로운 국가')

1) Joseph Schumpeter: 「Capitalism, Socialism and Democracy」(1943년)
2) John Kenneth Galbraith: 「The Affluent Society」(1958년), 「The New Industrial State」(1967년), 「Economics and Public purpose」(1973년)
3) John Rawls: 「Theory of Justice」(1971년), 「Political Liberalism」(1993년)
4) Francis Fukuyama: 「Trust」(1996년)
5) Bo Rothstein: 「Just Institutions Matter: the Moral and Political Logic of the Universal Welfare State」(1998년)
6) Joseph Stiglitz: 「Making Globalization Work」(2006년)
7) Jeffrey Sachs: 「Common Wealth: Economics for a Crowded Planet」(2008년)

02 신(新)실용주의 (Neopragmatism)의 제창

전술한 바와 같이, 최근 철학적 관심의 흐름을 보면 현대 철학은 '형이상학적 철학(Metaphysical Philosophy)'에서 '실천 철학(Practical Philosophy)'으로 전환되고 있다. 본 연구는 지구촌 문화공동체(Global Cultural Community)를 위한 '글로벌 철학(Global Philosophy)'을 정립하고 신(新)자유주의(New Liberalism)에 대응할 새로운 경제철학을 정립하기 위하여 동·서양 철학사(史)를 개관했다(그림 Ⅲ-2 참고). 즉, 동양(東洋)의 철학(유학, 훈고학, 주자학, 양명학, 고증학, 실용주의 등)을 비교하고 조선(朝鮮) 후기의 실학사상(實學思想)과, 서양(西洋)의 철학(르네상스, 계몽주의, 실증주의, 실존주의, 공리주의, 실용주의 등)을 재조명하였다.

그렇다면, 인류사회의 '글로벌 철학(Global Philosophy)'은 무엇인가? 저자는 지구촌 문화공동체(Global Cultural Community)를 위한 '글로벌 경제철학(Global Philosophy)'을 모색 및 정립하기 위한 시도로서 신(新)자유주의(New Liberalism)와 신(新)금융자본주의(New Financial Capitalism)에 대응하는 신(新)실용주의(Neopragmatism)을 주장해왔다(Yang-Taek Lim, 2010, 2011, 2012a and b, 2014; 임양택, 2008, 2011a and b, 2013, 2014, 2017a and b, 2018)[20]저자는 상기한 철학을 다음과 같이 정의(定義)한다:

20) Lim, Yang-Taek(2010), "Neopragmatic Solutions to the Structural Problems of South Korean Economy, the Korean Peninsula and the East Asian Community, " The International Institute for Advanced Studies in Systems Research and Cybernetics, Symposium, August 2~5, Baden-Baden, Germany; Lim, Yang-Taek(2011), "Neopragmatism as an Alternative for New Liberalism," The 8th Inha-LeHavre International Conference, Inha University, October 20~21; Lim, Yang-Taek(2012a), "A Philosophical Foundation for Neopragmatism", The Journal of Global Issues and Solutions, November/December; Lim, Yang-Taek(2012b), Neopragmatism as an Alternative for New Liberalism, The Institue of Business and Economic Research Inha University; Lim, Yang-Taek(2014), A New Philosophy, 'Neopragmatism' for Korea Reform, The Journal of Global Issues and Solutions: Published by the Bibliotheque: World Wide Society; 임양택(2008), "'新실용주의' 철학의 논리 구조에 관한 연구-동·서양 철학을 중심으로", 「경제연구」 제29권 제2호, 한양대학교 경제연구소, 11월; 임양택(2011a), 「쿼바디스 도미네: 성장·복지·통일을 위한 청사진」, 파주: 나남출판사; 임양택(2011b), 「한국형 복지사회를 위한 청사진」, 서울: 한양대학교 출판부; 임양택(2017a), "'글로벌 경제철학'을 위한 동·서양 철학의 비교분석", 국제지역학회, 2017년 동계학술대회, 경기대학교 강당, 12월 8일; 임양택(2017b), "새로운 패러다임하에서 경세제민을 위한 신(新)실용주의: 철학과 정책", 한국국제경제학회 2017년 동계학술대회, 고려대학교 경영관, 12월 15일; 임양택(2018), "정의로운 국가'와 '행복한 사회'를 위한 철학적 기초", 국제지역학회 동계학술대회, 12월 7일, 이화여자대학교 교육관 B동.

[그림 Ⅲ-2] 東·西洋 哲學의 비교

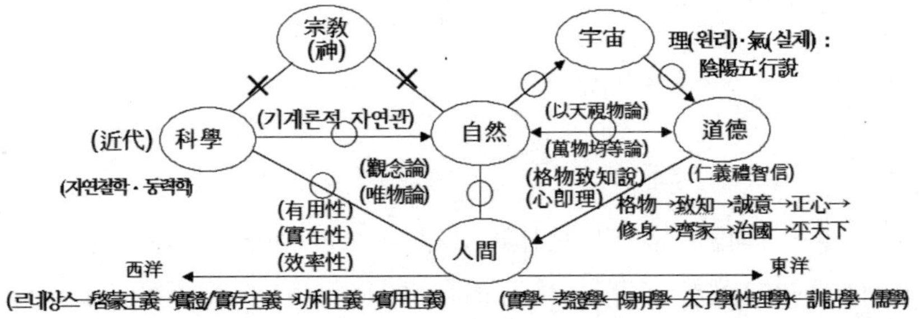

〈西壤哲學〉

(1) 르네상스(Renaissance)
- 신(新)플라톤주의: '태양중심설(Heliocentric Theory)'
- 기계론적 자연관(Mechanical Philosophy)
  - 아르키메데스(Archimedes): 기계론적 우주관
  - 데카르트(Rene Decartes): 기계론적 자연철학
  - 갈릴레이(Galileo Galilei)의 천문학 및 동력학
  - 뉴턴(Isaac Newton): Principle(1697년)

(2) 경험론(Empiricism)
- 흄(David Hume)

(3) 합리론
- 스피노자(Benedict Spinoza)
- 라이프니츠(Gottfried Wilhelm von Leibniz)

(4) 계몽주의(Illuminism)
- 베이컨(Francis Bacon)
- 로크(John Locke)
- 루소(Jean-Jacques Rousseau)

(5) 실증주의(Positivism)
- 화이트헤드(Alfred North Whitehead)의 사변적 철학
- 베르그송(Henri Bergson)의 '직관에 의한 진리 (자아, 세계, 생명)' 탐구
- 듀이(John Dewey)

(6) 실존주의(Existentialism)
- 후설(Edmund Husserl)
- 하이데거(Martin Heidegger)
- 야스퍼스(Karl Theodor Jaspers)
- 사르트르(Jean-Paul Sartre)

(7) 독일의 관념론(Idealism)
- 칸트(Immanuel Kant): '순수이성 비판', '실천이성 비판', '판단력 비판'
- 헤겔(Georg Wilhelm Friedrich Hegel): 변증법적 과정

(8) 공리주의(Utilitarianism)
- 벤담(Jeremy Bentham): 「효용원리」 (The Principle of Utility) '최대다수 최대행복'
- 밀(John Stuart Mill): 「공리주의」(Utilitarianism, 1861년)

(9) 실용주의(pragmatism)
- 퍼스(Charles Sanders Peirce)
- 제임스(William James)
- 듀이(John Dewey): 도구주의(Instrumentalism), '정신은 환경에 적응하기 위한 도구'

〈東洋哲學〉

(1) 儒學

(2) 訓詁學

(3) 朱子學(性理學)의 도덕적 규범론: 인의예지신(仁義禮智信)

(4) 陽明學의 심즉리(心卽理) 윤리론

(5) 考證學의 경세치용(經世致用), 민생론(民生論)

(6) 實學(朝鮮)
- 반계 유형원(柳馨遠)의 양민론(良民論)
- 성호 이익(李瀷)의 민본주의(民本主義)
- 다산 정약용(丁若鏞)의 위민(爲民), 애민(愛民)

(7) 實用主義
- 登小平의 '흑묘백묘(黑猫白猫)' 및 '남파북파(南爬北爬)' '先富論' (1978년 12월)
- 習近平의 共富論(2011년 9월초).

(8) 영국의 공리주의(Utilitarianism)
- 벤담(Jeremy Bentham): 「효용원리」(The Principle of Utility), '최대다수 최대행복'
- 밀(John Stuart Mill): 「공리주의」(Utilitarianism, 1861년)

(9) 실용주의(Pragmatism)
- 퍼스(Charles Sanders Peirce)
- 제임스(William James)
- 듀이(John Dewey)의 도구주의(instrumentalism): '정신은 환경에 적응하기 위한 도구'
- 로티(Richard Rotty)의 반(反)본질주의

즉, 합리성·객관성·필연성 등의 철학적 개념들을 부정

"신(新)실용주의(Neopragmatism)란 국가 정체성 및 절차적 민주주의를 바탕으로, 대내적으로는 '질서 정연한 자유민주주의 사회(A Well-Ordered Free Democratic Society)'와 '효율적이고 공정한 시장자본주의(An Efficient and Equitable Market Capitalism)'를 구축하여 사회구성원의 '생활권적 기본권(生活權的 基本權)': 직장, 주택, 교육, 의료, 연금을 보장함으로써 인간의 비(非)인간화(Dehumanization)를 방지하고 인간의 존엄성·자율성·창의성이 발휘되는 '완전고용기반형 복지사회(A Full Employment-based Welfare Society)'를 위한 '정의로운 국가(A Justice-based State)'와 '행복한 사회(A Happy Society)'로 지향하는 '실천 철학(Practical Philosophy)'이며, 대외적으로는 동양(東洋)의 정신적 문화(文化)와 서양(西洋)의 물질적 문명(文明)이 조화(調和)되며 자유 vs 평등, 정의 vs 행복, 시장질서('경쟁원리', 경제적 자유) vs 사회질서('보완원리', 사회적 정의)의 상호갈등적 가치들이 상호보완적으로 융합(融合)될 수 있는 '지구촌 문화공동체(Global Cultural Community)'의 공동번영을 위한 '글로벌 철학(Global Philosophy)'으로서 '인본주의적(人本主義的, Anthropocentric)' 사유 패러다임(인식론적 원리와 존재론적 원리)이다."

[그림 Ⅲ-3]에서 철학적 구도를 요약한 바와 같이, 신(新)실용주의(Neopragmatism)는 관념론(Idealism)이나 유물론(Materialism) 중에서 어느 것에도 치우치지 않고 그 대신에 정신과 물질을 공히 다루는 르네 데카르트(Rene Descartes, 1596~1650) 및 베네딕투스 스피노자(Benedictus De Spinoza, 1632~1677), 고트프리트 빌헬름 라이프니츠(Gottfried Wilhelm Leibniz, 1646~1716)의 합리론(Rationalism)과 존 로크(John Rocke, 1632~1704) 및 데이비드 흄(David Hume, 1711~1776)의 경험론(Empiricism)을 모두 수용한다. 신(新)실용주의(Neopragmatism)는 특히 임마누엘 칸트(Immanual Kant, 1724~1804)의 「순수이성 비판」(1781년)과 「실천이성 비판」(1788년)에 기초를 둔다.

한편, 신(新)실용주의(Neopragmatism) 철학은 동양(특히, 고대 중국과 한국) 사상: 맹자(孟子, BC 372~289)의 민본주의(民本主義), 즉 무항산·무항심(無恒産·無恒心), 고증학(考證學)의 경세치용(經世致用), 조선(朝鮮) 후기의 이익(李瀷, 1681~1763) 및 정약용(丁若鏞, 1762~1836)의 위민(爲民) 및 애민(愛民)사상 등과 맥락을 같이 한다.[21]

---

21) 이익(李瀷)은 경제개혁으로서 균전제(均田制)와 균세(均稅)를 실시할 것을, 정치개혁으로서 과거제도·노비제도·문벌제도 등을 개혁할 것을 각각 주장하였다. 또한 정약용(丁若鏞)은 그의 '원목(原牧)(통치론)에서 반(反) '왕권신수설'을 역설하고 '아래에서 위'로의 민주주의 제도를 확립할 것을, 그의 '탕론(蕩論)(중국 봉건사회의 역성혁명론)에서 민권사상을 역설하고 전제(田制) 개혁으로서 여전제(閭田制), 즉 토지공유와 농자수전(農者受田)을 원칙으로 한 집단농자제(集團農者制)를 실시할 것을 주장하였다.

또한 신(新)실용주의(Neopragmatism) 철학은 다음과 같은 서구의 정치·경제 사상: ① 존 로크(John Locke, 1632~1704)의 「시민정부론」(Two Treatises of Civil Government, 1690년),[22] ② 장-자크 루소(Jean-Jacques Rousseau, 1712~1778)의 「사회계약론」(Du contrat social, 1762년), ③ 프랑스 혁명(1789년)의 3대 정신(즉, 자유·평등·박애), ④ 임마누엘 칸트(Immanuel Kant, 1806~1873)의 '도덕철학', ⑤ 요한 고트리에프 피히테(Johann Gottlieb Fichte, 1759~1831)의 '행동하는 의지' = '실천이성' + '도덕적 의지'라는 철학,[23] ⑥ 존 롤스(John Rawls, 1921~2002)의 사회계약론적 「정의론」(Theory of Justice, 1971년),[24] ⑦ 아서 피구(Arthur Cecil Pigou, 1877~1959)의 「복지경제학」(Welfare Economics, 1932년), ⑧ 보 로스타인(Bo Rothstein, 1954~현재)의 「보편적 복지국가의 도덕적 및 정치적 논리」(Just Institutions Matter: The Moral and Political Logic of the Universal Welfare State, 1998년),[25] ⑨ 막스 베버(Max Weber, 1864~1920)[26]의 '윤리론' 등을 배경으로 한다.

상기한 신실용주의(新實用主義, Neopragmatism)의 정의(定義)에서 '국가정체성(國家正體性)'이란 정치적(政治的) 측면(側面)에서 '질서정연한 민주주의 사회(A well-ordered Democratic Society)'를, 경제적(經濟的) 측면(側面)에서 '시장자본주의(Market Capitalism)'를 각각 의미한

22) Locke, John(1689/1980), Second Treatise of Government, Hacket.

23) 요한 고트리에프 피히테(Johann Gottlieb Fichte, 1759~1831)는 '실천이성(Practical Reason)'과 '도덕적 의지'를 결합시켜 인식(認識)은 '행동하려는 의지'에서 나오는 것이라고, 그것으로부터 나타나는 행위로써 인간은 '자아(自我)'를 정립한다고 각각 주장했다. 즉, '행동하는 의지' = '실천이성' + '도덕적 의지'라는 것이다.

24) Rawls, John(1971), A Theory of Social Justice, Cambridge: Harvard University Press; Rawls, John(1980), "Kantian Constructivism in Moral Theory", Journal of Philosophy Vol. 77, No. 9; Rawls, John(1985), "Justice as Fairness: Political Not Metaphysical", Philosophy and Public Affairs Vol. 14, No. 3; Rawls, John(1993), Political Liberalism, New York: Columbia University Press; Rawls, John(1995), "Justice as Fairness: Political not Metaphysical", Philosophy and Public Affairs Vol. 14; Rawls, John(1999), A Theory of Justice, revised. ed., Cambridge: The Belknap Press of Harvard University Press; Rawls, John(2001), Justice as Fairness: A Restatement, Cambridge: Harvard University Press; Rawls, John and Erin Kelly, ed.(2001), Justice as Fairness, A Restatement, Cambridge, MA: The Belknap Press of Harvard University Press.

25) Rothstein, Bo(1998), Just Institutions Matter: The Moral and Political Logic of the Universal Welfare State, Cambridge University Press.

26) 배동인 외 7명(1995), 「막스 베버 사회학의 쟁점들」, 민음사. 막스 베버(Max Weber)는 그의 저서 「프로테스탄티즘의 윤리와 자본주의의 정신」(Die protestatische Ethikund der 'Geist' des Kapitalismus, 1903년 및 1905년)에서 자본주의 형성에 관한 역사학파의 견해를 비판함과 동시에 마르크스주의의 유물론적 역사해석에 대한 반론을 제시하였다.

다. 다시 말하면, 사회주의(1848.02, '공산당 선언'), 사회민주주의(1919년 제3인터내셔널) 혹은 민주사회주의(1951.06, 프랑크푸르트 선언; 1962.06, 오슬로 선언)가 아니라 자유민주주의(自由民主主義)이며, 또한 국가자본주의(國家資本主義, State Capitalism) 혹은 국가사회주의(國家社會主義, State Socilism)가 아니라 '시장자본주의(Market Capitalism)'이다.

그렇다면, 신실용주의(新實用主義, Neopragmatism)의 개념(概念)에서, 왜 국가자본주의(國家資本主義, State Capitalism) 혹은 국가사회주의(國家社會主義, State Socialism)가 적합하지 않는가? 그 이유는 상기 두 경제체제는 모두 인간의 기본권인 자유(自由)와 평등(平等)을 무시하기 때문이다. 다시 말하면, 신(新)실용주의(Neopragmatism)의 철학적 목표(目標)는 '정의로운 국가(A Justice-based State)'를 토대로 한 '행복한 사회(A Happy Society)' 추구인데, '정의로운 국가'와 '행복한 사회'의 기본가치는 자유(自由)와 평등(平等)이다. 또한 '정의로운 국가'와 '행복한 사회'를 위한 정치철학(政治哲學)은 자유민주주의(自由民主主義)이며 이를 위한 경제체제(經濟體制)는 시장자본주의(市場資本主義)이다. 그러나 국가자본주의(國家資本主義, State Capitalism)는 국가가 주체가 되는 자본주의(資本主義)인 반면에 국가사회주의(國家社會主義, State Socialism)는 국가가 경제를 간섭하고 주도하여 사회주의(社會主義)를 실현하려는 사상을 말한다. 참고로, 국가사회주의(國家社會主義, State Socialism)는 자유지상주의적 사회주의(Libertarian Socialism)와는 대립되는 개념이다.[27]

27) 리버테리언 사회주의(Libertarian Socialism)란 사회주의 흐름 중에서 리버테리어니즘 경향을 지닌 아나키즘과 좌파공산주의(리버테리언 마르크스주의라고도 부른다)를 포괄하는 사회주의 범주를 의미한다. 아나키즘이 리버테리언 사회주의에 포함되는 것이며, 두 용어는 동의어가 아니다. 리버테리언 사회주의(Libertarian Socialism)는 국가사회주의(State Socialism)라고 분류되는 사회주의 흐름과는 대립된다.

[그림 Ⅲ-3] 신(新)실용주의(Neopragmatism)의 철학적 구도

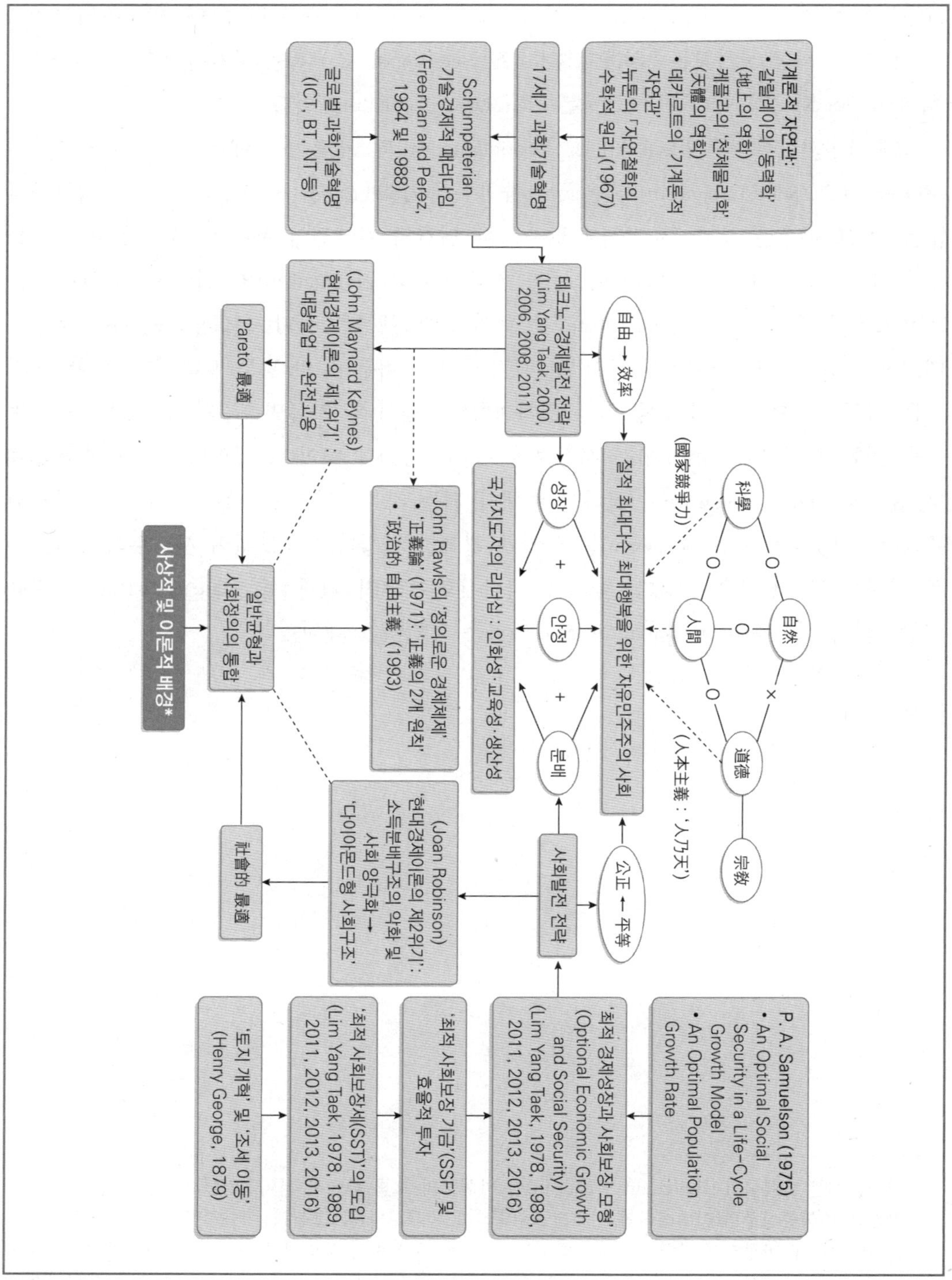

* 사상적 및 이론적 배경

① 주자학(朱子學)의 인의예지(仁義禮智)의 도덕적 규범론, 맹자(孟子)의 민본주의(民本主義), 양명학(陽明學)의 심즉리(心卽理) 윤리론, 고증학(考證學)의 경세치용(經世致用), 즉 민생론(民生論), 손문(孫文)의 민생(民生)

② 반계 유형원(柳馨遠)의 양민론(良民論), 성호 이익(李瀷)의 민본주의(民本主義), 다산 정약용(丁若鏞)의 위민(爲民) · 애민(愛民)

③ 플라톤(Plato)의 「법률」(Nomoi)에서의 '정의로운 국가'

④ 존 로크(John Locke)의 '시민정부론'(Two Treaties of Civil Government, 1690)

⑤ 잔-자크 루소(Jean-Jacques Rousseau)의 '사회계약론'(1762)

⑥ 임마누엘 칸트(Immanuel Kant)의 「순수이성비판」(1781), 「실천이성비판」(1788), 「판단력 비판」(1790)의 '원리론적 최소주의'(1785 및 1797)

⑦ 존 스튜아트 밀(John Stuart Mill)의 「자유론」(On Liberty, 1859) 및 「공리주의」(Utilitarianism, 1861)

⑧ 존 롤스(John Rawls)의 「정의론」(A Theory of Justice, 1971) 및 「정치적 자유주의」(Political Liberalism, 1993)의 '최소주의적 규범론'

⑨ 어스 피구(Arthur Cecil. Pigou)의 「복지경제학」(Welfare Economics, 1920)

⑩ 보 로스테인(Bo Rothtein)의 「보편적 복지국가의 도덕적 및 정치적 논리」(Just Institutions Matter: The Moral and Political Logic of the Universal Welfare State, 1998)

⑪ 슘페터(Joseph Alois Schumpeter)의 「자본주의 · 사회주의 · 민주주의」(Capitalism, Socialism and Democracy, 1941)

⑫ 프리만 및 페레즈(Freeman & Perez)의 '기술경제적 패러다임'

⑬ 레옹 발라스(Leon Walras)의 일반균형이론(General Equilibrium Theory)

⑭ 조안 로빈슨(Joan Robinson)의 '경제이론의 제2위기'(The 2nd Crisis of Economic Theory, 1971)

⑮ 펄 사무엘슨(P.A.Samuelson, 1975)의 "라이프 사이클 성장 모형하의 최적 사회보장(Optimal Social Security in a Life-Cycle Growth Model)" 및 "최적 인구 성장률(Optimal Population Growth Rate)"

⑯ 임양택(2008), "'新실용주의' 철학의 논리 구조에 관한 연구-동 · 서양 철학을 중심으로", 「경제연구」 제29권 제2호, 한양대학교 경제연구소, 11월.

임양택(2011), 「한국형 복지사회를 위한 청사진」, 한양대학교 출판부

임양택(2012), 「쿼바디스 도미네: 성장 · 복지 · 통일을 위한 청사진」, 파주: 나남출판사

임양택(2013), 「글로벌 경제와 한반도 위기: 한국의 비전 및 전략」 파주: 나남출판사

임양택(2017), "'글로벌 경제철학'을 위한 동 · 서양 철학의 비교분석", 국제지역학회, 2017년 동계학술대회, 경기대학교 강당, 12월 8일.

임양택(2018), "정의로운 국가'와 '행복한 사회'를 위한 철학적 기초", 국제지역학회 동계학술대회, 이화여자대학교 교육관 B동, 12월 7일.

Yang-Taek Lim(2010), "Neopragmatic Solutions to the Structural Problems of South Korean Economy, the Korean Peninsula and the East Asian Community," The International Institute for Advanced Studies in Systems Research and Cybernetics, Symposium, August 2~5, Baden-Baden, Germany.

Yang-Taek Lim(2011), "Neopragmatism as an Alternative for New Liberalism", Inha-LeHavre International Symposium, 10.20.

요컨대, 신(新)실용주의(Neopragmatism)의 핵심은 신(新)자유주의(New Liberalism)와 신(新)금융자본주의(New Financial Capitalism)의 대안으로서[28] '신(新)실용주의(Neopragmatism)'와 인본주의적 자본주의(Anthropocentric Capitalism)를 제시하고 자유 vs 평등, 정의 vs 행복, 자원배분의 효율성 vs 소득분배의 형평성, 시장질서('경쟁원리', 경제적 자유) vs 사회질서('보완원리', 사회적 정의)와 같은 상호갈등적 가치들을 철학적으로 조화시키고 사회경제정책으로 구현할 수 있는 실천철학(Practical Philosophy)이라는 점이다.

상기한 신(新)실용주의(新實用主義, Neopragmatism)의 정의(定義)를 철학적으로 규정하면 자유민주주의(自由民主主義)의 정치체제와 자유시장제도(自由市場制度)의 경제체제하에서 타인의 침해를 받지 않는 자연권(自然權)으로서 인간의 기본권(基本權)보다 더 중요한 사회공동체의 공동선(共同善)은 존재하지 않는다고 신념을 나타낸다. '민주주의의 아버지'로 불리우는 존 로크(John Locke, 1632~1704)는 자연상태(自然狀態, State of Nature)에서 사회계약(社會契約)을 통하여 보장되는 자연권(自然權)을 주장하였다.

구체적으로, 신실용주의(新實用主義, Neopragmatism)의 정의(定義)에서 대내적으로는 보장하고자 하는 사회구성원의 '생활권적 기본권(生活權的 基本權)': 직장 · 주택 · 교육 · 의료 · 연금이란 인간의 존엄성(尊嚴性) · 자율성(自律性) · 창의성(創意性)을 위한 인간의 '기본권(基本權)', 즉 자연권(自然權)을 의미한다. 특히, 본 연구가 사회구성원의 '기본욕구'로서 5개: 직장 · 주택 · 교육 · 의료 · 연금을 선정한 근거는 라이프 사이클의 측면에서 '행복한 삶'을 위한 기본요건이기 때문이며 이것은 세계적으로도 일반화할 수 있기 때문이다.

상기한 5개 '생활권적 기본권(生活權的 基本權)' 선정은 저자의 주관적 기준에 의한 것이 아니라, 예로서 다음과 같은 한국사회의 객관적 설문조사 결과에 바탕을 둔 것이다: 「현대경제연구원」의 2015년 설문조사에 의하면, '경제적 행복'을 가로막는 가장 큰 장애요인들의 순위를 보면 ① 노후 준비 부족(24.8%), ② 자녀 교육 문제(22.6%), ③ 주택 문제(16.6%), ④ 일자리 부족(16.3%)으로 나타났다. 상기의 표본조사를 세대별 불안감의 측면에서 보면 20대가 '일자리 불안(27.2%)', 30대가 '가계부채 부담(28.1%)', 40대가 '자녀 교육비 부담(39.8%)', 50대가 '노후준비 부족(25.3%)', 60대 이상이 '소득 감소(33.0%)'로 각각 나타났다. 물론, 상기한 설문조사 결과는 보편적으로 적용할 수는 없지만, 최소한 한국사회의 경우, 서구 사회(특히 핀란드)의 단순히 '기본소득(基本所得)'이 아니라 '생활권적 기본

28) Daniel M. Hausman(1984), The Philosophy of Economics, Cambridge University Press; Hausman, Daniel M. and Michael S. McPherson(1996), Economic Analysis and Moral Philosophy, Cambridge: Cambridge University Press; 조원희(2008), 「침몰하는 신자유주의 대안은 무엇인가」, 국회경제법 연구회 토론회 자료집.

권(生活權的 基本權)'의 보장이 필요하다는 것을 알 수 있다. 그것의 출발점은 바로 양호한 직장(Decent Job)의 창출이라고 본 연구는 주장한다.

상기한 본 연구의 주장은 맹자(孟子, BC 372~289)의 경제사상과 일맥상통한다. 그는 도덕적 평상심(平常心)을 가진 사회건설을 희망했으나 이는 가족의 생존과 부양을 일정하게 유지시켜 주는 생업(生業)이 보장될 때 가능하며, 그렇지 않으면 백성은 도덕심을 잃고 타락하게 된다고 '무항산 · 무항심(無恒産 · 無恒心論)'을 주장하였다.[29] 다시 말하면, 맹자(孟子, BC 372~289)는 백성이 생업(恒産)을 갖지 못하면 도덕적 항심(恒心)도 없어진다고 하여 다음과 같이 경제적 삶을 우선시했다: *"… 항산(恒産)을 가진 자는 항심(恒心)을 가질 수 있으나, 항산(恒産)이 없는 자는 항심(恒心)도 유지할 수 없다. 만약 항심(恒心)이 없으면 방벽사치하지 않을 수 없으니…"("民之爲道也 有恒産者 有恒心, 無恒産者 無恒心, 苟無恒心, 放辟邪侈, 無不爲已"), "항산(恒産)을 보장하지 않고 죄를 짓게 한 다음, 형(形)으로 다스리면 백성에 그물 치는 것과 같다…"("及陷乎罪, 然後從而形之, 是罔民也, 罔民而可爲也…") 「孟子」, 滕文公上 3장.*

모름지기, 인간은 결코 '돼지'가 아니기 때문에 '소득'만을 필요로 하는 것이 아니라 '사회적 동물(단순히 '경제적 동물'이 아니라)'로서 자유(Freedom) · 평등(Equality) · 사회연대(Social Solidarity)를 갈구한다. 이것은 인류 사회의 역사적 발전과정(프랑스 혁명, 미국 독립전쟁 등)에서 보듯이 인류의 보편적 가치인 것이다. '사회의 기본구조의 초석(礎石)'으로서 정의(正義)는 자유(自由)와 평등(平等)으로, '행복(幸福)의 사전조건'으로서 정의(正義)는 사회연대(社會連帶)로 각각 나타난다.

또한, 자유주의적(自由主義的) 평등주의자(平等主義者)인 존 롤스(John Rawls, 1921~2002) 교수는 그의 '정의론(正義論)'을 구성하는 2가지 평등한 '기본적 자유(基本的 自由)': ① '자유권적 기본권(自由權的 基本權)'(신앙과 종교의 자유, 거주와 이전의 자유, 언론과 출판의 자유, 집회 및 결사의 자유, 직업 선택의 자유, 재산권의 자유 등)과 ② '생활권적 기본권(生活權的 基本權)'(교육을 받을 수 있는 권리, 자유롭게 노동할 수 있는 권리, 노동자의 단결권, 단체교섭권, 단체행동권, 그리고 인간다운 생활을 할 권리 등)으로 구분했다. 그리고 존 롤스(John Rawls) 교수는 '정의로운 경제체제'를 현실적으로 정착시키기 위한 전제조건으로서 국민 전체의 물질적 생활수준이 안정되어야 하며 해당 국가가 "자유를 즐길 수 있을 정도로 발달한 문명의 수준"에 도달해 있어야 한다고 주장했다.

29) 「孟子」, 梁惠王章句 上, 7장, "… 若民則 無恒産 因無恒心 苟無恒心 放僻邪侈 無不爲己…"(滕文公上 3장 참조).

존 롤스(John Rawls, 1921~2002) 교수는 어떤 경제적 이득을 위해서 자유를 제한해서는 안 된다고 강조했다. 그러나 '정의의 첫째 원칙', 즉 '평등한 '기본적 자유' 우선의 원칙'이 적용되기 위해서는 사람들의 '기본적 욕구'가 충족될 수 있을 정도의 경제발전이 선행되어야 한다고 존 롤스(John Rawls, 1921~2002) 교수는 단서를 붙이고 있다. 왜냐하면 경제력이 빈약하여 '기본적 욕구'의 충족조차 어려운 사회에서는 '자유(自由)'의 권리를 누린다는 것이 사실상 불가능할 경우가 많기 때문이다. 이러한 저개발 사회의 경우에는, 최대한 많은 사람들이 "자유를 즐길 수 있을 정도로 문명의 수준을 끌어올리기 위해서 필요한 경우에만 '평등한 '기본적 자유"의 부정이 정당화될 수 있다"는 것이다. 그러나 존 롤스(John Rawls) 교수는 어느 정도의 물질적 최저 생활수준이 '정의로운 경제체제'를 위하여 필요한 것인가에 대하여 구체적으로 언급하지 않았다.

바로 이 점에서, 본 연구의 신실용주의(新實用主義, Neopragmatism)는 존 롤스(John Rawls, 1921~2002) 교수의 '정치적 자유주의'인 '정의론(Theory of Justice)'을 실천철학('완전고용기반형 복지사회'와 '고용창출형 테크노-경제발전 전략')의 입장에서 그의 '정의론(Theory of Justice)'을 보강하는 데 다소 기여했다고 말할 수 있다. 이와 관련하여 유의할 것은 존 롤스(John Rawls) 교수는 '최소 수혜자를 위한 최대 이익(가장 가난한 계층을 위한 '선별적 복지')'을 보장하는 '복지국가(Welfare State)'를 전제로 하는 반면에, 본 연구의 신실용주의(新實用主義, Neopragmatism)는 완전고용(完全雇用)을 기초로 '가족 중심형 생애주기 행복(고용 → 주택 · 교육 · 의료 · 연금)'을 추구하는 '완전고용기반형 복지사회(A Full Employment-based Welfare Society)'를 목표로 삼고 있다는 점이다.[30)]

따라서 본 연구의 신실용주의(新實用主義, Neopragmatism)는 존 롤스(John Rawls, 1921~2002) 교수의 '정의로운 경제체제(A Justice-based Economic System)'를 위한 실천방법론을 구체적으로 제시함으로써 그의 '정의론(正義論)'을 보완 및 보강한 것이라고 말할 수 있다. 이로써, 저자는 존 롤스(John Rawls) 교수의 '자유주의적 평등주의' 철학이 실천방법론을 제시하지 않았던 '미(未)완성의 문제'를 해결하려고 나름대로 '영혼의 불꽃'을 밝히는 영광을 갖게 되었다.[31)]

---

30) Rothstein, Bo(1998), Just Institutions Matter: The Moral and Political Logic of the Universal Welfare State, Cambridge University Press.

31) 사상 · 철학적 측면에서 저자는 '롤지언(Rawlsian)'인데, 그 이유는 저자가 자유(自由)와 평등(平等)의 통섭(統攝)을 추구한 하버드 철학교수이셨던 존 롤스(John Rawls, 1921~2002)의 「정의론」(1971, 1999), '공정으로서 정의'(1985, 2001), 「정치적 자유주의」(Political Liberalism, 1993)에 크게 공감하기 때문이다. 그러나 현직 하버드 철학교수인 마이클 샌델(Michael Sendal, 1953~현재)이 그의 저서 「자유주의의

한편, 분석방법론의 측면에서, 본 연구는 신실용주의(新實用主義, Neopragmatism)의 철학을 2가지: 미시경제이론적 측면과 거시경제이론적 측면으로 나누어 분석한다:

우선, 미시경제이론적 측면에서, 왈라스 일반균형(Walrasian General Equilibrium) 모형에서 파레토 최적(Pareto Optimum)과 사회적 최적(Social Optimum)을 결합시켰다. 상기한 경제이론적 모형을 하나의 수학적 모형으로 통합하여 '파레토 최적(Paretian Optimum)'과 사회적 최적(Social Optimum)의 조화/공존을 증명하였다.

다음으로, 거시경제이론적 측면에서 성장 → 고용 → 분배(복지)를 통하여 '복지 극대화'를 추구하는 동태적 경제발전 모형(Yang－Taek Lim, 1978, 2011, 2014)을 수립했다. 또한 저자는 신(新)실용주의(Neopragmatism)의 실천철학과 관련하여 조지프 슘페터(Joseph Schumpeter, 1883~1950)의 경기변동 이론[32]에 근간을 둔 고용창출형 '슘페테리언 테크노－경제발전 모형'(Schumpeterian Techno－Economic Development Model, Yang－Taek Lim, 2010, 2011; 임양택, 1996, 2008, 2011, 2014)을 수립했다.[33]

또한 본 연구는 '최적경제성장과 사회보장 모형(Optimal Economic Growth and Social Security Model)'에서 세대 간 자원배분의 동태적 효율성(Dynamic Efficiency) 및 동태적 안정성(Dynamic Stability)을 담보하는 수학적 모형을 제시한다.[34] 여기서 본 연구는 라이프－사이클 세대 간 자원배분 모형하에서 '과다 적립형 사회보장(Over－funded Social Security)'이 자원배분의 동태적 효율성 및 안정성을 담보할 수 있음을 최적통제이론(Optimal Control Theory)으로써 증명했다.[35]

한계와 정의」(Liberalism and the Limits of Justice, 1982년)에서 비판하였듯이, 저자 또한 정의(正義)의 한계를 인정하기 때문에 자유(효율)와 평등(정의)의 상호갈등적 가치들을 철학적으로 조화시키고 사회경제정책으로 구현할 수 있는 실천철학(Practical Philosophy)으로서 신(新)실용주의(Neopragmatism)를 주창(主唱)해왔다.

32) Schumpeter Joseph A.(1933), Business Cycle: A Theoretical Historical and Statistical Analysis of the Capitalistic Process, New York, McGraw－Hill. INC.

33) Lim, Yang－Taek(1996), "An International Comparative Study of Basic Science Research Capacity: OECD Countries, Taiwan and Korea", Technological Forecasting and Social Change Vol. 52, No. 1, May; Lim, Yang－Taek(2006), "A New Techno－Economic Development Model: The Case of South Korea", In George E. Lasker & Kensei Hiwaki, ed., Sustainable Development and Global Community Vol. VII, Niagara Falls: Coutts Library Services, Ltd.

34) Yang－Taek Lim(1978, 2007, 2011); 임양택(1981, 1985, 2011a, 2011b, 2011c, 2014).

35) Lim, Yang－Taek(1978), Optimal Economic Growth and Social Security, Ph.D. Dissertation, Atlanta: Georgia State University. 이와 대조적으로, Paul A. Samuelson 교수의 최적 사회보장 모형(1975a, 1975b)은 동태적 불안정성(Dynamic Instability)을 보였다. Lim, Yang－Taek(2011), "Optimal Social

신(新)실용주의(Neopragmatism)의 실천철학(Practical Philosophy)은 인간의 생활권적 기본권(生活權的 基本權): 직장, 주택, 교육, 의료, 연금을 충족시키기 위한 완전고용(Full Employment)을 추구하는 것이다.[36] '완전고용(Full Employment)'은 신(新)실용주의(Neopragmatism)의 '근본적 가치'이다. 이를 구현하기 위한 방법론은 슘페테리언 기술-경제 발전 전략(Schumpeterian Techno-Economic Development Strategy): 신기술 → 신상품 → 신시장 → 소득 → 소비 및 저축 → 투자 → 고용이다.[37]

따라서 본 연구의 신실용주의(新實用主義, Neopragmatism)는 형이상학(Methaphysics)이나 분석철학(Analytical Philosophy)의 한계를 넘어 실천철학(Practical Philosophy)이라고 말할 수 있다. 즉, 신실용주의(新實用主義, Neopragmatism)는 '이론 철학(유교의 도덕철학 및 임마누엘 칸트의 자유민주주의적 규범론)'과 '실천 철학(맹자의 민본주의 경제철학, 존 롤스와 아담 스미스의 '정의론', 막스 베버의 '윤리론', 슘페테리언의 테크노-경제발전이론)'의 종합이다.

신(新)실용주의(Neopragmatism)의 본질적 특징은 왈라지언 일반균형 모형(Walrasian General Equilibrium Model)하에서 자원배분의 효율성(Pareto Efficiency)과 소득분배의 공정성(Social Optimum)의 공존(共存) 및 결합(結合)을 추구함으로써 자유 vs 평등, 정의 vs 행복, 자원배분의 효율성(Paretian Optimum) vs 소득분배의 형평성(Social Optimum), 시장질서('경쟁원리', 경제적 자유) vs 사회질서 ('보완원리', 사회적 정의)의 상호갈등적 가치들을 조화시킬 수 있는 새로운 '경제철학'을 모색하기 위한 시도이다.

나아가, 신(新)실용주의(Neopragmatism)의 철학적 필요조건(必要條件)은 파레토 효율(자원배분의 효율성)과 사회적 최적(소득분배의 공정성)의 조화이다. 이를 위해서는 인간의 존엄성과 창의성을 위한 기본 생활권: 고용, 교육, 주택, 의료, 연금이 보장되어야 한다. 한편, 신(新)실용주의(Neopragmatism)의 철학적 충분조건(充分條件)은 2가지: ① 독일 프라이부르크 학파의 '질서 자유주의(Ordo-Liberalism)': '자생적 질서(Spontaneous Order)'와 계획된 질서(Planed Order)에 의한 '사회적 시장경제': 시장질서('경쟁 원리')와 사회질서('보완 원리')의 결합, ② 법치주의(法治主義): '법의 지배(Rule of Law)'이다. 이에 관해서는 각각 별도로 후술(後述)할 것이다.

Security for Intertemporal Resource Allocation", International Journal of Asian Economics, Vol.II, Spring, Seoul: Asian Peace & Economic Research Institute.

36) Groot, L. F. M. ed.(2004), Basic Income, Unemployment and Compensatory Justice, Boston: Kluwer Academic Publishers; 고용(雇傭)의 중요성에 관한 경제 철학적 접근을 위해서 Joan Robinson(1937, 1952, 1953a)을 참조.

37) 임양택(2007, 2008); Lim Yang-Taek(2010, 2011).

마지막으로, 본 연구의 신실용주의(新實用主義, Neopragmatism) 철학은 찰스 다윈(Charles Robert Darwin, 1809~1882)의 진화론(Evolution Theory), 즉 적자생존(適者生存)의 원리에 기초를 둔 미국의 실용주의(C. S. Peirce, W. James, John Dewey)와, 중국 덩샤오핑(Dengxiaoping, 鄧小平, 1904~1997)의 실용주의 즉 '흑묘백묘(黑猫白猫)' 및 '남과북과(南坡北坡)'는 다르다. 이에 관해서는 각각 별도로 후술(後述)할 것이다.

03 신(新)실용주의(Neopragmatism)의 철학적 범주 · 주제 · 목표

존 듀이(John Dewey, 1859~1952)는 그의 저서 「철학의 재건」(1920년)에서 철학(哲學)은 참된 관심사(인간과 그 생활)로부터 물러나 인식론(認識論, Epistemology)이라는 허물어질 듯한 건물 한구석에 쪼그리고 앉아있다고 통박했었다. 또한, 루트비히 비트겐슈타인(Ludwig Wittgenstein, 1889~1951)은 그의 저서 「논리철학 논고」(1922년)에서 "철학의 목표는 사유(思惟)의 논리적 명료화이다. 철학(哲學)은 이론이 아니라 활동이다"라고 명확하게 규정했었다.

1) 신(新)실용주의(Neopragmatism)의 철학적 범주: 자연 · 과학 · 인간 · 도덕(윤리)의 관계

[그림 Ⅲ－4]에서 철학적 시각을 요약한 바와 같이, 신(新)실용주의(Neopragmatism)의 철학적 범주(範疇)는 종교 · 인간 · 도덕의 관계와 자연 · 과학 · 인간의 관계를 나타낸다. 그러나 신(新)실용주의(Neopragmatism)는 '형이상학적 철학(Metaphysical Philosophy)이 아니라 '실천 철학(Practical Philosophy)으로서 상기의 2개 관계(종교 · 인간 · 도덕의 관계와 자연 · 과학 · 인간의 관계)를 한 개의 관계: 자연 · 과학 · 인간 · 도덕의 관계로 집약시켰다. 즉, 신(新)실용주의(Neopragmatism)의 철학적 범주에서는 종교(宗教) 혹은 신학(神學)이 제외된다.

따라서 신(新)실용주의(Neopragmatism)의 철학적 범주(範疇)에서 하기의 주제들은 제외된다: 예로서, 중세시대(4~15세기) 아울렐리우스 아우구스티누스(Aurelius Augustinus, BC 354~430)에 의한 신(新)플라톤주의(New platoism)와 기독교 사상의 종합, 알베르투스 마그누스(Albertus Magnus, 1193~1280)에 의한 아리스토텔레스(Aristotle, BC 384~322)의 경험주의 자연철학과 기독교 신앙의 접목, 토마스 아퀴나스(Thomas Acquirnas, 1225~1274)에 의한 철학과 신학의 조화와 '완전한 행복'='최고의 선(善)'으로서 신(神),[38] 베네딕투스 스피

38) 토마스 아퀴나스(Thomas Aquinsa, 1224~1274)는 '완전한 행복'이란 결국 최고의 존재이자 최고의 선

노자(Benedictus de Spinoza, 1632~1677)에 의한 자연(自然)은 신(神)이며 만물의 근원이라는 주장, 실존주의(實存主義, Existentialism) 철학자들인 블레즈 파스칼(Blaise Pascal, 1623~1662)의 안센주의(Jansenism), 앙리 루이스 베르그송(Henri Louis Bergson, 1859~1941)의 정적(靜的) 종교 vs 동적(動的) 종교의 구분, 장-폴 사르트르(Jean-Paul Sartre, 1903~1980)의 무신론적(無神論的) 실존주의(實存主義) 철학 등이다.

여기서 유의할 것은 신(新)실용주의(實用主義)의 범주(範疇)인 자연·과학·인간·도덕의 관계는 '거울의 반사'와 같은 2개의 짝: ① 자연·과학과 ② 인간·도덕으로 나눌 수 있다는 점이다. 즉, 자연관(기계론적 자연철학)으로부터 과학기술이 창출되는 반면에 윤리관으로부터 도덕의 문제를 도출할 수 있다는 점이다. 따라서 분석철학(Analytical Philosophy)의 측면에서 보면, 상기한 2개의 짝(자연·과학과 인간·도덕)은 다시 '자연과 인간의 관계'로 축약될 수 있다는 것이다.

[그림 Ⅲ-4] 신(新)실용주의의 철학적 시각: 과학과 도덕

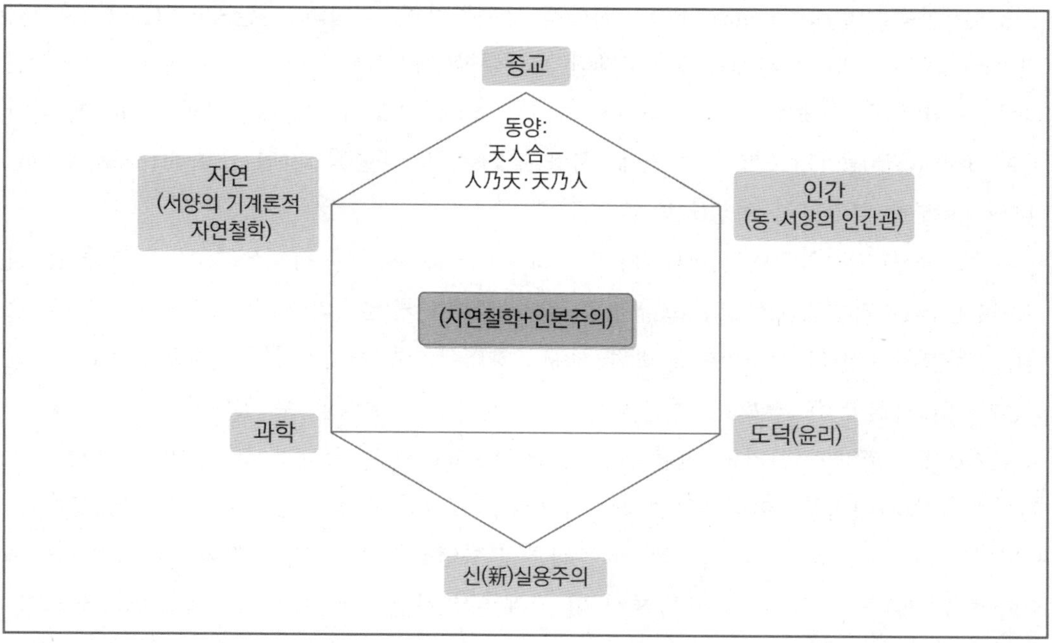

(善)인 '신(神)' 안에서만 발견된다고 주장했다. 다시 말하면, 이성(理性)의 인도를 통해 옳은 길을 가는 것이 가능하지만, 그것은 자연적인 덕(德)에 해당하는 것이고 부분적 행복(幸福)에 불과한 것이라며, 오직 신(神)이라는 근원으로 돌아가는 것이 '최고의 행복'이라는 것이다.

따라서 분석철학(Analytical Philosophy)의 측면에서, 신(新)실용주의(Neopragmatism)의 철학적 개념은 3가지 대상: ① 신(神) 혹은 종교, ② 자연, ③ 인간의 상호관계로서 [그림 Ⅲ-4]와 같이 구도화할 수 있다. 여기서 '자연(自然)'에 대응한 과학을, '인간(人間)'에 대응한 도덕(道德) 혹은 윤리(倫理)를 포함한다. 다시 말하면, 신(新)실용주의(Neopragmatism)의 철학적 구조에서 가장 근본적 개념은 자연철학적(自然哲學的) 과학(科學)과 인본주의적(人本主義的) 도덕(道德)인 것이다.

첫째, 철학(哲學)을 과학(科學)과 비교해 보면 다음과 같다: 과학(科學)은 일정한 연구대상을 중심으로 그 대상과 관계되는 원리와 법칙을 추구하는 학문이다. 여기서 유의할 것은 과학(科學)이 발견해 내는 법칙은 인간생활에 도움이 되지만 과학 자체는 '인간이 어떻게 살아야 하는가'를 총체적으로 제시하지 않는다는 점이다. 이와 반면에, 철학(哲學)은 모든 과학(科學)이 연구해 낸 성과를 토대로 하여 '인간이 어떻게 살아야 하는가'를 직접적으로 그리고 총체적으로 제시한다. 그러므로 '올바른 철학'일수록 '과학적 분석'에 토대를 두어야 한다고 저자는 사유한다.

신(新)실용주의(Neopragmatism)의 철학적 범주: 자연·과학과 인간·도덕(윤리) 중에서 '과학'과 '도덕(윤리)'의 관계는 동·서양의 자연철학(自然哲學, Natural Philosophy)으로써 설명될 수 있다. 동양(東洋)은 '인간중심적 자연관(Anthropocentric Natural Philosophy)'에 의거하여 도덕(道德)을 강조했던 반면에 서양(西洋)은 '기계론적 자연관(Mechanical Natural Philosophy)'에 의거하여 이성(理性)을 강조한다.

우선, 동양(東洋)의 자연철학(自然哲學, Natural Philosophy)은 유학(儒學)의 인간중심주의(人間中心主義) 자연관(自然觀), 도가(道家)의 탈(脫)인간중심주의(人間中心主義) 자연관(自然觀), 주자학(朱子學)의 격물치지설(格物致知說), 양명학(陽明學)의 격물치지설(格物致知說), 실학(實學)의 자연학적(自然學的) 격물치지설(格物致知說)로 설명할 수 있다.

다음으로, 서양(西洋)의 자연철학(自然哲學, Natural Philosophy): 플라톤(BC 427~347)의 '관념주의적 자연철학', 아리스토텔레스(Aristotle, BC 384~322)의 '경험주의적 자연철학', 스토아학파(BC 340~160)의 '결정론적 및 목적론적 자연철학'과 '윤리적 철학(無慾)', 에피쿠로스학파(BC 341~270)의 '비(非)결정론적 및 기계론적 자연철학', 아르키메데스(BC 287~212)의 '기계론적 자연철학', 스콜라 철학(14~16세기)의 아리스토텔레스(BC 384~322)의 '경험주의적 자연철학'의 再수용, 니콜라스 코페르니쿠스(1473~1543)의 '태양중심설(지동설)', 요하네스 케플러(1571~1630)의 '행성운동법칙', 갈릴레오 갈릴레이(1564~1642)의 '천문학과 근대 동력학(지상 역학)', 르네 데카르트(1596~1650)의 '기계론적 자연관과 二元論', 아이작 뉴턴(1642~1727)의 기계론적 '자연철학(케플러 '천체 물리학'과 갈릴레이 '지상 역학'의 통합)'과 아리스토텔레스(BC 384~322)의 '경험주의적 자연철학'의 붕괴로 설명할 수 있다.

상기한 동·서양의 자연철학(自然哲學, Natural Philosophy)의 차이는 19세기에 이르러 동·서양의 역사 방향을 결정지었다.[39] 서양(西洋)의 자연철학(自然哲學, Natural Philosophy)인 기계론적 '자연철학'은 영국의 산업혁명을 야기하였고 이에 바탕을 둔 영국의 함대는 '아편전쟁(阿片戰爭, 1840~1842)'을 일으켜 동양(東洋)의 자연철학(自然哲學, Natural Philosophy)인 자연학적(自然學的) 격물치지설(格物致知說)을 신봉하고 있었던 중국을 격파 및 유린하였다.

둘째, 철학(哲學)을 종교(宗敎)와 비교해 보면 다음과 같다: 물론 종교(宗敎)는 '인간이 살아가야 할 방향'을 제시해주지만 그 방향의 그 근거는 과학적 연구결과가 아니라 계시(啓示)이다. 그것은 '절대적 진리'로 규정되고 종교인은 무조건 믿어야 한다. 즉, 계시(啓示)된 진리(眞理)를 과학적 통찰로써 비판하려 하는 사람은 결코 종교인이 될 수 없다.

루트비히 안드레아스 폰 포이어바흐(Ludwig Andreas von Feuerbach, 1804~1872)[40]에 의

---

39) 전대호 역(2006), McClellan, James E., Dorn, Harold, 「과학과 기술로 본 세계사 강의」, 모티브북.

40) 루트비히 안드레아스 폰 포이어바흐(Ludwig Andreas von Feuerbach, 1804~1872)는 독일 철학자이자 인류학자이다. 그는 「근세철학사」(Geschichte der neueren Philosophie, 1833~1837), 「아벨라르와 엘로이즈」(Abelard und Heloise, 1834)와 「철학과 기독교」(Philosophie und Christentum, 1839)를 저술했다. 그는 여기서 "고정된 관념에 불과한 기독교는 사실 오래전에 이성적 측면에서나 인류의 삶의 측면에서나 사라졌다는 것을" 증명해냈다고 주장한다. 많은 비판을 받은 그의 주요 저작인 「기독교의 본질」(독일어: Das Wesen des Christentums, 1841)은 1853년 조지 엘리엇이 영어로 번역하였고, 이외에도 프랑스어, 스페인어, 러시아어 등으로 번역되었다. 이 저술의 목표는 간단히 말하면 신학에 인간성을 부여하는 것이라 할 수 있다. 포이어바흐(Feuerbach)에 따르면 신(神)이란 '이상화된 인간' 외의 어느 것도 아니라고 주장한다. 따라서 신(神)을 안다는 것은 인간이 자기 자신의 본질을 아는 것에 불과하다. 그는 맨 먼저 천상(天上)에 있는 신(神)을 지상(地上)으로 끌어내렸으며, 인간(人間)의 자기소외(自己疏外)=자기상실(自己喪失)을 지적하였다. 즉, 인간(人間)은 종교 속에서 자기가 만들어 낸 신(神)의 노예가 되어 자기 자신을 완전히 잃어버렸다는 것이다. 다시 말하면, 인간(人間)이 자기의 본질(인간다움)을 대상화함으로써 생겨난 신(神)이 더욱더 인간적이고 또 적극적일수록 개개의 인간은 점점 더 동물적이고 소극적인 존재로 왜소화되어 간다는 것이다. 그러므로 인간에게 있어 중요한 것은 종교 속에서 잃고 있는 자기, 즉 인간성을 회복하는 것이라고 하였다. 그러기 위해서는 기독교(基督敎)의 본질이 인간(人間)의 본질임을 자각하고 신학(神學)을 인간학(人間學)으로 개조하지 않으면 안 된다. 그리하여 신(神)이 아니고 인간(人間)이야말로 종교(宗敎)의 중심에 두어야 한다면서 현실적 인간학(인간에 있어서 인간만이 최고의 존재이다)으로 다가갔다. 포이어바흐(Feuerbach)는 인간은 그가 이성적인 한에서는 자기 스스로를 자신의 사고의 대상으로 할 수 있다고 주장했다. 포이어바흐(Feuerbach) 기념물의 전면에는 "인간이 자신의 형상을 따라서 신을 창조했다"라는 유명한 명제(命題)가 새겨져 있다. 이 명제는 "신이 자신의 형상을 따라서 인간을 창조했다"는 기독교(基督敎) 신학을 전복시킨 것이다. 포이어바흐(Feuerbach)는 종교(宗敎)는 인간(人間)이 자신의 본질을 추상화해서 절대적인 존재로 신격화한 것이라고 보았다. 그러므로 신(神)은 주체가 아니라 대상일 뿐이다. 주체는 어디까지나 인간(人間)이다. 따라서

하면 과학적 분석에 토대를 두는 철학(哲學)은 종교(宗敎)에서 멀어질수록 '참된 철학'이 될 수 있다고, 현대 철학의 역할은 자아(自我) 탐구에서 공동선(共同善)을 구현해야 한다고 각각 주장했었다.

따라서 본 연구는 논리적 전개에서 하기의 주제들을 제외한다. 예로서 중세시대(4~15세기) 아울렐리우스 아우구스티누스(Aurelius Augustinus, 354~430)에 의한 신(新)플라톤주의(New platoism)와 기독교 사상의 종합, 알베르투스 마그누스(Albertus Magnus, 1193~1280)에 의한 아리스토텔레스(Aristotle, BC 384~322)의 경험주의 자연철학과 기독교 신앙의 접목, 토마스 아퀴나스(Thomas Acquirnas, 1225~1274)에 의한 철학과 신학의 조화와 '완전한 행복'='최고의 선(善)'으로서 신(神), 베네딕투스 스피노자(Benedictus de Spinoza, 1632~1677)에 의한 자연은 신(神)이며 만물의 근원이라는 주장, 실존주의(實存主義, Existentialism) 철학자들인 블레즈 파스칼(Blaise Pascal, 1623~1662)의 안센주의(Jansenism), 앙리 루이스 베르그송(Henri Louis Bergson, 1859~1941)의 정적 종교 vs 동적 종교의 구분, 장-폴 사르트르(Jean-Paul Sartre, 1903~1980)의 무신론적(無神論的) 실존주의(實存主義, Existentialism) 철학 등이다.

결론적으로, 신(新)실용주의(Neopragmatism)의 철학적 구조에서 가장 근본적 개념은 자연철학적 과학(科學)과 인본주의적 도덕(道德)이다. 다시 말하면, 고대 그리스어(語)로 철학(哲學)이란 지혜(智慧)를 사랑하는 학문인데, 여기서 지혜(知慧)란 인간(自我)과 세계(자연과

종교에 대한 논의는 신학이나 철학에서 심리학과 인간학으로 전환되어야 한다. 포이어바흐(Feuerbach)는 '코페르니쿠스적 전환'이라 할 수 있는 일종의 정신사적 패러다임 전환을 가져왔다. 포이어바흐(Feuerbach)는 신에서 출발하는 기존의 신학(神學)은, 그리고 정신, 의식, 주체, 이성 등에서 출발하는 기존의 철학(哲學)은 인간의 본질을 추상화하여 초월적 신(神)의 세계로 투사시킴으로써, 즉 인간의 본질을 인간의 밖에서 찾음으로써 인간을 소외(疏外)시킨다고 비판한다. 그러므로 사변적 사고체계는 인간의 실존과 경험적 현실에서 출발하는 사고체계, 즉 유물론(唯物論)으로 대체되어야 한다. 따라서 포이어바흐(Feuerbach)의 철학은 한마디로 '인간학적 유물론'이라고 말할 수 있다. 물론, 유물론(唯物論)은 포이어바흐(Feuerbach) 철학의 전유물은 아니다. 기계론적 유물론은 인간을 물리적 존재로 간주한다. 이에 반해 포이어바흐(Feuerbach)의 유물론은 인간학적이다. 즉 총체적 인간을 철학적 인식의 대상으로 삼는다. 따라서 인간은 신체(육신)와 감각을 지니고 시간과 공간에 의해 조건지어지는 존재이다. 인간의 신체(육신)는 정신의 부수현상이 아니라 주체와 객체 그리고 자아와 세계가 주어지고 결합되는 통로이다. 따라서 포이어바흐(Feuerbach)가 정신, 의식, 주체, 이성 등 인간 본질의 또 다른 측면을 부정한다고 생각해서는 안 된다. 그것은 총체적 인간을 구성하는 중요한 요소이다. 다만 사변적 철학에서처럼 추상적 자아가 아니라 살이 있고 피가 흐르는 자아라는 점이 다를 뿐이다. 이러한 포이어바흐(Feuerbach)의 '인간학적 유물론'은 그 이후의 다양한 사상에 커다란 영향을 끼쳤다. 그 대표적인 것이 카를 마르크스이다. 마르크스는 포이어바흐(Feuerbach)의 유물론과 헤겔의 역사적, 변증법적 사고를 결합시켜 역사적, '변증법적 유물론'을 구축하여 인류 역사, 특히 근대 자본주의 사회의 작동원리를 규명해냈다.

사회)를 관조하는 지식(知識)이다. 따라서 신실용주의(新實用主義, Neopragmatism)는 자연철학(Natural Philosophy)에 바탕을 둔 '과학(科學)'과 동·서양의 윤리(倫理)에 바탕을 둔 '도덕(道德)'을 동시적으로, 또한 종합적으로 고찰하는 사유 패러다임인 것이다.

(1) '과학'과 '도덕(윤리)'의 관계: 자연철학(自然哲學)

그렇다면, 여기서 제기될 수 있는 문제는 분석철학(Analytical Philosophy)의 측면에서 어떻게 '과학'과 '도덕(윤리)'을 관련지을 것인가이다. 이에 대한 답변으로서, 과학(科學)은 '본래 인간'의 모습으로 회귀할 수 있는 '제2창조의 길'이라고 말했던 프랜시스 베이컨(Francis Bacon, 1561~1626)의 저서 「새로운 아틀란티스」(New Atlantis, 1627년)를 연상할 수 있다.[41)]

프랜시스 베이컨(Francis Bacon, 1561~1626)에 앞서, 토마스 모어(Thomas More, 1478~1535)는 그의 저서 「유토피아」(Utopia, 1516년)에서 '욕망 자제'를 통한 이상적 인류사회를 서술했었다. 그의 '이상적 사회'에서는 모든 시민들이 다 함께 6시간 노동을 통하여 필요한 물품을 생산하고, 그 나머지 여유시간을 이용해 지적·정서적 교양을 쌓음으로써 정신적 행복감을 느끼며 살아간다.

그 후, 프랜시스 베이컨(Francis Bacon, 1561~1626)은 그의 저서 「새로운 아틀란티스」(New Atlantis, 1627년)에서 '최초의 과학적 유토피아'를 서술했었다. 토머스 모어(Thomas More, 1478~1535)는 부(富)를 과시하는 사람들을 천박하다고 조롱했었던 반면에, 프랜시스 베이컨(Francis Bacon, 1561~1626)은 부(富)를 긍정하고 또한 그것을 과학기술 발전을 통해 적극적으로 획득하려 했었다.[42)]

---

41) 전술한 바와 같이, 토마스 모어(Thomas More, 1478~1535)는 그의 저서 「유토피아」(Utopia, 1516년)에서 '욕망 자제'를 통한 이상적 인류사회를 서술했었다. 그의 이상적 사회에서는 모든 시민들이 다 함께 6시간 노동을 통하여 필요한 물품을 생산하고, 그 나머지 여유시간을 이용해 지적·정서적 교양을 쌓음으로써 정신적 행복감을 느끼며 살아간다. 그는 부(富)를 과시하는 사람들을 천박하다고 조롱했었다. 이와 대조적으로, 프랜시스 베이컨(Francis Bacon, 1561~1626)은 부(富)를 긍정하고 또한 그것을 과학기술 발전을 통해 적극적으로 획득하려 했었다.

42) 상술하면, 페루에서 중국을 향해 항해하던 배가 폭풍우를 만나 조난당했다가 벤살렘이라는 섬나라에 들어가게 된다. 선원들은 이 나라가 하나님의 은총을 받아 온갖 지식을 얻었다는 사실을 알게 된다. 이곳에서는 '솔로몬 학술원'이라 불리는 최고의 권위를 갖는 기관을 중심으로 과학과 기술을 연구하고 있으며, 또한 세계의 발전된 과학기술을 수용한다. '솔로몬 학술원' 회원이 행차하는 광경은 다음과 같이 묘사되어 있다: "푸른 우단으로 장식한 두 필의 말이 끄는 화려한 전차는 금박에다 크리스털로 장식되어 있으며, 상단과 하단은 각각 금테두리가 둘러진 사파이어 판벽과 에메랄드 판벽이었다." 선원들은 '솔로

여기서 유의할 것은 프랜시스 베이컨(Francis Bacon, 1561~1626)의 과학기술 연구는 단지 세속적인 부(富)의 축적을 넘어서 신앙적인 것을 추구한다는 점이다. 즉, '과학적 유토피아'라고 말하면서도 지극히 신화적이고 종교적이다. 선원들이 죽음의 바다에서 벤살렘 성(城)을 찾아가는 과정에서 그의 신앙적 자세가 드러난다: *"식량도 없이 천애(天涯)의 고아처럼 광막한 바다 한가운데에 버림받게 되었으니 우리의 상황은 참으로 절망적이었다. 죽음을 각오할 수밖에 없었다. 그러나 낙담치 않고 우리는 소리를 높여 하늘에 계신 하나님께 기도를 올렸다. 어둠의 혼돈 속에서도 기적을 행하시는 하나님, 우리를 포기하지 않으시고 무사히 상륙하도록 은총을 베푸시리라 생각했었다."*

상기한 신앙적 자세는 마치 천지창조(天地創造) 이전 상태에 대한 창세기(創世記)의 서술과 유사하다. 선원들이 폭풍우를 벗어나 벤살렘 성에 상륙하는 것은 은총을 입어 하나님의 세계로 들어가는 것과 같다. 양 끝이 파랗게 칠해져 있는 노란 지팡이를 짚고 나타나서 천사의 날개와 십자가 표시가 그려진 양피지를 내밀면서 선원들을 맞이하는 섬나라의 공무원 모습은 하늘나라에서 하강하는 천사(天使)를 연상케 한다.

그런데 과학 연구를 통해 하나님의 뜻을 실현한다는 것이 구체적으로 어떤 의미일까? 성경(聖經)의 창세기(創世記)에는 하나님이 자신의 모습을 본떠 사람을 창조했고, 세상의 모든 생물을 다스리게 하였다고 되어 있다(창세기 1:26-30). 그러나 아담과 이브의 타락으로 인해 에덴동산에서 쫓겨난 후 사람은 원래의 뛰어난 능력을 상실하게 되었다. 이 잃어버린 능력을 되찾아 원래 하나님이 지은 대로의 인간으로 돌아가는 길이 다름 아닌 과학(科學)이라는 것이다.

따라서 벤살렘 섬은 곧 '제2의 에덴동산'이며, 이곳 주민들은 과학 발전에 힘입어 원래의 인간이 해야 할 일, 즉 우주 만물을 더 잘 이해하고 지배하는 임무를 해나간다. 이런 관점에서 '솔로몬 학술원'의 연구 내용을 보면 단순히 과학 수준을 발전시켜 나가는 정도가 아니라 하나님의 창조 작업을 이어받아서 '제2의 창조'를 하는 것임을 알 수 있다.

프랜시스 베이컨(Francis Bacon)이 생각하는 과학(科學)의 의미는 하나님의 창조 작업을 인간 스스로 보충하는 것이다. 인간의 이성과 믿음이 상호 배치되는 것이 아니라 내적으

몬 학술원'의 회원인 현자 한 명과 만나 이 기관의 학술 활동과 조직, 목표 등에 대해 자세한 설명을 듣는다. 이 나라의 과학 연구는 단순히 인간의 복지를 충족시키는 수단이 아니라 하나님의 성스러운 뜻을 따르는 길이다. '솔로몬 학술원'은 일명 "6일 작업 대학"이라고도 불리는데, 이는 하나님이 6일 동안 행한 천지창조의 비밀을 밝혀서 백성들에게 알려준다는 의미이다. "사물의 진정한 본질을 발견하기 위한 목적으로, 피조물을 창조한 신의 영광을 더욱 밝게 드러내면서 동시에 인간이 이들 피조물을 더욱 값지게 활용할 수 있도록" 한다는 것이 그들이 스스로 밝히는 과학 연구의 목표다.

로 서로 연결되어 있다는 것이다. 이것은 유럽의 근대 문명의 핵심이다: 그것은 '하나님이 허락하시는 지복(至福)의 상태'를 저 세상이 아니라 이 세상에서 인간의 힘으로 이루어 낼 수 있다는 믿음이다.

그렇다면, 상기한 프랜시스 베이컨(Francis Bacon, 1561~1626)의 과학기술 연구를 어떻게 '도덕(윤리)'과 관련지을 것인가를 논술하고자 한다. 사실, 고도로 전문화된 과학지식과 기술, 모든 산업의 기계화와 자동화, 사회조직의 관료화, 매스컴의 비약적 발달 등으로 오늘날 인간은 단지 산업사회의 부품으로서 존재하고 있다. 최근에 더욱 급속도로 발달한 오토메이션, 컴퓨터, 로봇 등에 의하여 인간은 육체적 노동에서 해방되고 있을 뿐만 아니라 정신적 노동마저도 기계가 대행하는 경우가 증가되고 있어 인간은 주체적 기능과 인간성을 상실하고 있다. 이러한 인간소외(人間疎外) 현상은 가치관의 혼란을 초래하고 있다. 즉, 현대 사회가 물질위주, 금전위주, 편의위주로 치닫게 되자 인간은 목적적 가치를 망각하게 되었다. 이와 같은 가치관의 혼란은 인간의 생활의 질서, 즉 윤리(倫理)를 파괴하고 있다.

한편, 미국의 경제학자 존 케네스 갈브레이드(John Kenneth Galbraith, 1908~2006)는 그의 저서 「신(新) 산업국가」(The New Industrial State, 1967년)에서 "우리들은 행동에 있어서와 마찬가지로 사상에 있어서도 우리가 우리에게 봉사하도록 만들어낸 기계(機械)의 하인이 되어가고 있다"고 말하였다.[43] 상기 주장은 영국의 중부와 북부의 직물 공업 지대에서 일어났던 기계 파괴 운동(1811~1817)을 상기시킨다. 당시, 산업혁명으로 인한 경제 불황, 임금 하락, 고용 감소, 실업자 증가의 원인을 기계의 탓으로 돌리고 기계 파괴 운동을 일으켰으며, 그 후로는 의회 개혁 운동으로 그 방향을 전환하였다.

따라서 과학기술 윤리(Ethics of scientific knowledge and technology)가 요구된다. 이 윤리는 지식과 이념의 체계인 과학기술(科學技術)로 인해 새롭게 대두된 군사무기, 환경오염 등의 문제들을 다루는 데 필요한 기본 도덕적 관념이다. 과거와는 다르게 현재는 과학기술(科學技術)과 윤리(倫理)가 상호보완적 관계를 유지하고 있다.[44]

43) Galbraith, John Kenneth(1973), Economics and The Public Purpose, Houghton Mifflin Company Boston; Galbraith, John Kenneth(1979), The Nature of Mass Poverty, Havard University Press.

44) 과학기술 윤리(Ethics of scientific knowledge and technology)는 다음과 같이 구체화된다: (1) 생명 윤리: 생명 과학이 발전한 미국에서는 1970년대 무렵부터 장기 이식과 유전자 조작, 환자의 권리 등에 대한 논란이 일어났었다; (2) 환경 윤리: 1980년대 지구 규모의 환경 파괴가 중요 과제가 되자 이를 막기 위하여 생태계나 생물종에도 인간과 동등한 가치가 있다는 '자연 생존권', 환경의 지속성을 주장하는 '세대 간 윤리', 지구의 유한성을 강조하는 '지구 전체주의' 등이 대두되었다; (3) 정보 윤리: 1990년대 이후 컴퓨터 네트워크가 폭발적으로 보급된 후, 소프트웨어의 지적 소유 문제, 네트워크 경유 컴퓨터 바이러

한편, 미래학자 앨빈 토플러(Alvin Toffler, 1928~2016)는 그의 명저 「제3의 물결」(The Third Wave, 1980년)에서 과학기술(科學技術)과 사회(社會)의 관계에 관한 '기술결정론(Technological Determinism)'을 주장했다. 즉, 기술의 발전과 변화가 사회 변화를 가져온다는 것이다: ① 과학기술은 인간의 상상을 실현; 첨단 과학기술 시대(정보 사회)의 도래, ② 사회의 모든 문제 해결; 과학기술의 이용을 통해 사회 문제를 해결, ③ 과학기술은 생명 의료 기술의 발전 등으로 인류에게 무한한 부(富)와 행복을 제공할 것으로 기대된다는 것이다.

'기술결정론(Technological Determinism)' 주장의 대표적 사례는 요하네스 구텐베르크(Johannes Gutenberg, 1398~1468)의 1440년 인쇄술이다. 이것은 삶의 양식뿐만 아니라 인간의 의식과 사회구조를 변화시켰다. 또한, 기계의 발명은 산업혁명을 통해 자본주의를 생성하였다. 그 후, 비행기의 발명은 글로벌 시대를 개막하였다. 그러나 상기한 '과학기술 지상주의(기술결정론)'의 문제점은 다음과 같다: ① 인간의 자연에 대한 지배 강화로 인하여 자원 고갈, 생태계 파괴, 기후 변화 등 심각한 환경 문제 초래, ② 생명 존엄성 훼손 및 정체성 상실 등의 도덕 문제(임신 중절, 안락사, 생명 복제 등)를 초래, ③ 정보 통신 기술 발달에 따른 사회적 문제(정보 격차에 따른 부의 불평등 심화, 소비 문화의 확산 등)를 야기한다. 따라서 과학기술(科學技術)의 긍정적 효과를 기대하면서도 부작용은 경계하면서 과학기술(科學技術)을 바람직한 방향으로 발전시키기 위해 노력해야 할 것이다.

특히 과학기술자는 자신에게 주어진 기능적 역할에 대한 책임과 인류와 사회에 대한 책임을 져야 한다. 또한 과학자는 자신의 노력이 전쟁 준비의 방향으로 전환하는 것에 대하여 반대해야 하며, 평화를 위한 안정된 기반을 구축하고자 하는 세력을 지원해야 한다. 사회제도적으로는 과학자가 연구 결과물을 거짓으로 만들어내거나(날조), 연구 재료나 절차 등을 인위적으로 조작한다거나(변조), 타인의 생각과 연구 결과 등을 자신의 것처럼 속이는 행위(표절) 등의 부정을 근절하기 위해서는, 과학 탐구에 대한 윤리성 제고 및 법과 제도를 통한 통제가 필요하다.

스와 해킹 방지, 개인 정보 보호, 정보화와 민주주의 등 연구 영역이 점차 확대되고 있다. 참고로, 판옵티콘(panopticon)은 그리스어로 '모두'를 뜻하는 'pan'과 '본다'라는 뜻을 가진 'opticon'의 합성어이다. 영국의 철학자이자 법학자인 제러미 벤담이 죄수를 감시할 목적으로 1791년 처음으로 설계한 감옥의 명칭이다. 프랑스의 철학자 미셸 푸코는 현대의 컴퓨터 통신망과 데이터베이스가 마치 죄수들을 감시하는 '판옵티콘(panopticon)'처럼 개인의 일거수일투족을 감시하고 통제한다고 지적하였다. 사실, 정보 기술이 발달하면서 개인에 대한 모든 정보가 각종 전자 증서에 저장되면서 권력 기관이 개인을 보다 쉽게 통제할 수 있는 인프라가 구축되는 현실에 대한 우려도 제기된다.

(2) 인간중심주의(Anthropocentrism)

산업사회에서의 인간소외(人間疎外)의 현상은 가치관의 혼란을 초래하고 있다. 오늘날 사회가 물질위주, 금전위주, 편의위주로 치닫게 되자 인간은 목적적 가치를 망각하게 되었다. 이와 같은 가치관의 혼란과 전도는 인간의 생활의 질서를 파괴하는 것이며 곧 윤리(倫理)의 중요문제를 야기하는 것이다.

기독교 이전의 그리스 사회는 신(神)이 존재하지 않았던 사회로서 인간(人間)이 주인이 되어 인간을 위한 사회였다. 그렇기 때문에 종교의 틀을 벗어나기 위해 이성(理性)으로 대표되는 그 시대의 정신을 탐구하는 것이 중요했었다.

그 후, 르네상스(Renaissance) 철학은 14~16세기의 르네상스(Renaissance) 시대에 이탈리아의 휴머니즘(Humanism, 人文學) 운동으로부터 시작되었으며, 교회의 지배를 벗어난 새로운 인간관 및 자연관을 낳았고 유럽 근대사상의 토대가 되었다. 따라서 '르네상스 운동'은 종교적 색채가 지배적이었던 중세(中世)의 예술에서 벗어나 세계와 인간에 대한 정확한 묘사를 통해 인간과 자연을 중심으로 예술 활동을 전개하면서 시작됐다. 즉, 인간을 중심으로 인간을 위한 학문과 예술의 운동으로서 권위에 굴종하고 관습 앞에 머리를 숙이는 시대를 마감하고 모든 권위와 관습을 넘어 고대의 그리스 정신을 계승하여 많은 사람들이 자신의 사유를 자유롭게 표현하는 것이었다. 르네상스(Renaissance) 운동은 인간의 이성(理性)을 낙관하고 신뢰하는 새로운 시대를 열었다는 점에서 인류 역사상 가장 중요한 사상적 사건의 하나로 기록된다.

이탈리아의 휴머니즘(Humanism) 운동은 페트라르카(Francesco Petrarca, 1304~1374), 보카치오(Giovanni Boccaccio, 1313~1375)를 선구적 지도자로 하여, 신(神)을 중심으로 한 인생관을 대체하는 세속적 인간의 이상상(理想像)을 추구하였다. 이러한 사상적 운동은 15세기에 이르러 이탈리아로부터 전(全) 유럽으로 퍼져 나갔다. 예로서, 피코델라 미란돌라(Picodella Mirandola, 1463~1494)는 이탈리아의 인문주의자 및 철학자로서 「인간의 존엄에 대하여」라는 책을 통해 신(神)이 부여한 인간(人間)의 자유(自由)를 강조하여 인간은 스스로 운명을 결정할 능력을 가지고 있다고 주장했다. 인간은 이제 자신의 운명을 신(神)과 같이 '더 큰 존재의 능력'에 의존하지 않고 스스로 길을 열어 나가자는 것이었다.

① 인간중심적 가치

우리가 현대사회의 문제 극복을 위한 '인간중심적 가치'를 모색하고자 할 때, 현대 사회의 위기적 문제들의 극복을 위해 당위적으로 요구되는 것으로서의 '가치(Value)'라는 행위

규범적 의미를 보다 확실히 정립하고서 '인간중심적 가치(Anthropocentric Value)'를 모색해야 된다. 여기서 '가치(Value, Wert)'라는 말은 원래 근대 자본주의 경제의 성립과 함께 근대 경제학의 핵심개념으로 등장한 것으로서 교환관계에서의 계량적 척도로 쓰인 개념이다. 그런데 '가치(Value)'라는 용어가 경제학적 의미영역을 넘어서서 '사실(fact)'과는 대립되는 의미로 사용되게 된 것은 19세기 주로 독일 철학자들에 의해서였다. 이들은 거의 모든 학문영역을 관통하여 존재하는 '당위적 요구'로서의 가치(Value)에 대한 일반론을 정립하고자 시도하였고, 이러한 '철학적 가치론(Axiology)'은 세계 철학계의 주요 관심사가 되었다.

'철학적 가치론(Axiology)'의 주류를 이룬 것은 쾌락(pleasure)이나 만족(satisfaction)의 대상을 가치로 보는 쾌락주의적(hedonistic) 가치론과 욕구(desire)나 이해관계(interest)의 대상을 가치로 보는 이해관계론적 가치론이었다. 이러한 가치론들은 근본적으로 자본주의적 산업화를 핵심으로 하는 서구적 근대화가 지향하는 당위적 요구로서의 행위 패턴을 철학적으로 입론하는 것이었다. 무한하고 다양한 욕구를 가지고 이를 충족하기 위해 합리적으로 행위하는 경제인으로서의 근대인(rational economic man)이라는 개인주의적 인간관을 전제로 인간으로서의 당위적 행위 유형을 '철학적 가치론(Axiology)'으로 일반화한 것이었다.

그렇다면, '인간중심주의(Anthropocentrism)'란 무엇인가? 인간중심주의적 가치로서 우선적으로 요청되는 것은 바로 인류공영(corporeality)이라는 지구공동체적 가치이다.[45] 주지하다시피, 인간은 '폴리스적 동물', 즉 '공동체(Gemeinwesen)적 동물'이다. 인간은 하나의 일정한 공동체의 전통 속에서 그 공동체의 한 구성원으로서 사회화 과정을 통해 자신의 인격적 정체성(personal identity)을 확립하고 이를 바탕으로 올바른 삶과 좋은 삶을 판단하고 추구하는 '성찰적 주체성(reflexive subjectivity)'을 발전시킨다. 이렇게 자기정체성 형성에 있어서나 가치판단의 주체로서의 자기정립에 있어서나 인간은 공동체적 가치들에 의해 영향을 받게 된다.

개인의 자유와 권리의 신장을 도모하는 근대적 사유는 이러한 공동체 논리에 대항하는 담론을 발전시켰고, 이것은 이후 자본주의 경제체제의 성공적 관철과 함께 개인주의적 인간관과 가치관의 관철로 이어졌다. 그러나 개인 인격의 존엄성 확립과 개인의 자유와 권리의 신장이라는 측면에서 이러한 발전은 문명사적으로 볼 때 매우 긍정적인 것이기는 하지만, 문제는 개인주의의 '절대화'이다. 공동체적 본질에 대한 망각은 곧 인간성에 대한 개인주의적 오해와 직결되어 있고, 도덕과 인간성 상실의 위기나 물질주의, 향락주의는 이

45) 여기서 '인간중심주의(Humancentrism)'는 자연과 동물에 대한 인간의 우월적이고 지배적인 위상을 강조하는 인간위주의 인간중심주의(Anthropocentrism)를 의미하는 것이 아니다.

러한 절대적 개인주의의 윤리적 귀결 양태이다.

상기한 절대적 개인주의에서 비롯된 사회윤리적 위기문제들에 직면하여 요구되는 것은 '공동체적 가치'의 회복이다. 물론, 이것은 단순한 회복이 아니라, 공동체적 가치의 인간중심주의적 회복이어야 한다. 다시 말하면, 개인의 자유와 권리의 신장과 함께, 더불어 사는 삶을 위한 공동체적 가치를 회복하는 것이어야 한다.

② 인간관(人間觀)과 인간(人間)의 본성(本城)

'인간성 회복(人間性 回復) 운동'의 전개에 있어서 가장 본질적인 문제는 과연 인간(人間)이란 무엇인가일 것이다. 인간관(人間觀)은 크게 나누어 3가지, 즉 (1) 이성적(理性的) 인간관(人間觀), (2) 신학적(神學的) 인간관(人間觀), (3) 역사적(歷史的) 인간관(人間觀)으로 나눌 수 있다:

첫째, '신학적(神學的) 인간관'이란 마틴 하이데거(Martin Heidegger, 1889~1976)를 중심으로 '신(神)이 인간을 그의 모습대로 창조했다'고 주장하는 것으로서 인간을 절대자(神)와의 관계에서 규명하고자 하는 특징을 갖는다.

둘째, '역사적(歷史的) 인간관'이란 빌헬름 딜타이(Wilhelm Dilthey, 1833~1911)를 중심으로 인간을 역사적인 피조물일 뿐만 아니라 역사의 창조자로서 파악하는 것을 말한다. 다시 말하면, 인간은 영원불변한 이데아와 같은 본질을 갖고 있지 않으며, 인간이 갖고 있는 초역사적인 것은 육체적인 기관과 초보적인 반사작용으로서의 사고방식뿐이다. 인간됨과 삶의 내용은 모두 역사적으로 형성되며, 인간의 이해 지식 세계관 신체적 발전도 역사적 현실에 의하여 결정된다는 것이다.

셋째, '이성적(理性的) 인간관'이란 소크라테스(Socrates, BC 470~399)와 플라톤(Plato, BC 427~347)을 중심으로 한 그리스 철학의 로고스(logos) 개념에 근거하에 "인간은 이성적(理性的) 존재이다"라는 것이다.

상기한 3가지 인간관(人間觀) 중에서, 저자는 이성적(理性的) 인간관(人間觀)을 선택한다. 물론, 이것은 저자가 17세기 영국의 경험주의(經驗主義, Empiricism)와 18세기 프랑스의 계몽주의(啓蒙主義, Illusionism)를 수용하되 이것을 더욱 발전시키고자 하는 저자의 철학적 시도임을 의미한다.

계몽주의(啓蒙主義) 사상가들은 '인간의 이성(理性)에 대한 확신'을 가진 사람들이었다. 그들은 종교나 풍습을 미신으로 간주하고 사유의 기준을 인간의 이성(理性)에서 찾자고 주장했다. 그들의 사상은 르네 데카르트(Rene Descartes, 1596~1650)의 합리주의(合理主義),

인간 이성(理性)을 통하여 사물을 설명하는 물리적 자연의 법칙을 찾을 수 있음을 증명한 아이작 뉴턴(Issac Newton, 1643~1727), 또한 인간 이성(理性)을 통하여 사회문제를 해결하고 조정할 수 있다고 믿었던 존 로크(John Locke, 1632~1704)의 영향을 각각 받았다.

따라서 계몽주의(啓蒙主義) 사상가들은 사물보다는 관념을, 본유적·필연적 원리보다는 경험(經驗)을 기반으로 철학을 연구했다. 그리고 그들은 인간의 이성(理性)으로 수립된 과학(科學)을 신뢰하고 세상의 모든 것을 변화시킬 수 있다는 낙관적인 전망을 가지고 있었다. 이성(理性)을 중시하는 계몽주의(啓蒙主義)는 현대 프랑스 철학에서 '이성(理性)'의 폭력적인 힘이 비판받기 시작했던 20세기까지 유럽 전체를 지배했었다. 그러나 21세기 현대사회의 제반 문제들은 인간의 이성(理性)만으로써 해결하고 조정할 수 있는 것이 아니다.

첫째, 장-자크 루소(Jean-Jacques Rousseau, 1712~1778)가 기존 계몽사상가들과 의견을 달리했던 것은 바로 인간 이성(理性)의 부정적 부분을 간파했기 때문이다. 그는 '인간성 회복'을 주장하여 인간의 본성을 '자연상태(自然狀態)'에서 파악했다.[46] 그는 인간이 자유롭고 행복하고 선량한 것은 '자연상태(自然狀態)'에 속해 있을 때라고 한다. '자연상태(自然狀態)'에서 벗어나 사회제도나 문화 속으로 들어가게 되면 인간은 부자유스럽고 불행한 상태로 빠져 사악한 존재가 된다고 주장했다. 그러한 시각에서, 그는 인간성(人間性)을 손상시키고 있는 당시의 사회문화를 가차 없이 비판하였고 다시 '자연상태(自然狀態)'를 회복하여 인간성(人間性)을 회복해야 한다고 주장했다. 또한 개인은 이기주의자가 될 수 있고 사회공동체의 이익을 짓밟고 자신의 이익을 추구하지만 사회공동체의 일원이 되면 개인은 '일반의지(국민주권)'를 실현하기 위해 자신의 이기심을 제쳐두고 국민주권으로서 사회의 공동선(共同善)을 결정하게 된다는 것이다.

둘째, 이성(理性)은 유물론(唯物論)의 방향으로 나아가고 있다는 '계몽주의(Illuminism)'의 주장에 대해 조지 버클리(George Berkeley, 1685~1753)는 '물질(物質)'이 존재하지 않는다고 반박했다. 나아가, 데이비드 흄(David Hume, 1711~1776)은 '정신(情神)'도 존재하지 않는다고 역습했다. 데이비드 흄(David Hume)은 자신의 경험주의 철학(Empiricism)을 전제로 하여 도덕(道德)에 있어서 이성(理性)의 역할을 불(不)충분한 것으로 간주하며 기존의 '합리주의(Rationalism)'를 다음과 같이 비판했다: 선·악(善·惡)의 판단이란 이성(理性)에서만 나오는 것이 아니라 감성(感性)에서 나오는 것이고, 또한 도덕(道德)의 문제 특히 도덕적 인정이나 비난의 문제는 감성의 영역으로 '도덕 감성(Moral Sentiment)'에 지배받는 것

46) 장-자크 루소(Jean-Jacques Rousseau)의 '자연상태'는 존 로크(John Locke)의 주장과 유사한 것 같으면서도 다른 것이었다.

이라고 각각 주장했다.

셋째, 임마누엘 칸트(Immanuel Kant, 1724~1804)는 그의 불후의 명저「순수이성 비판」(1781년)에서 이성(理性)을 비판적으로 고찰하여 '우리는 이성(理性)을 갖고 무엇을 할 수 있는가? 이성(理性)의 한계는 무엇인가?'를 논술하였다. 그는 형이상학(形而上學, Metaphysics)에서 확실한 인식을 얻을 수 있는 가능성을 부인하고 과학(科學)과 신(神)의 세계를 이성(理性)으로부터 각각 해방시켰다.47)

나아가, 본 연구의 이성적(理性的) 인간관(人間觀) 선택은 다시 인간(人間)의 본성(本性)을 어떻게 사유하는가라는 문제를 수반한다. 이 문제는 동양의 유학(儒學)과 서양의 근대철학을 비교함으로써 저자의 입장을 밝히고자 한다. 인간(人間)의 본성(本性)에 대한 공자(孔子, BC 551~479)와 임마누엘 칸트(Immanuel Kant, 1724~1804)의 차이점은 다음과 같이 2가지를 들 수 있다:

첫째, 공자(孔子, BC 551~479)는 인간을 '사회적(社會的) 존재(存在)'로, 인간의 본성(本性)을 '인(仁)'으로 각각 정의하였다. 이와 반면에 임마누엘 칸트(Immanuel Kant, 1724~1804)는 인간을 '도덕적(道德的) 존재(存在)'로, 인간의 본성(本性)을 '이성(理性)'으로 각각 정의했다.

둘째, 공자(孔子, BC 551~479)와 맹자(孟子, BC 372~289)는 성선설(性善說)로서 인간의 본성(本性)을 단일화(單一化)하였다. 이와 반면에 임마누엘 칸트(Immanuel Kant, 1724~1804)는 인간을 '선험적(先驗的) 자아(自我)'와 '경험적(經驗的) 자아(自我)'로 이원화(二元化)하였다. 그럼에도 불구하고, 맹자(孟子)와 임마누엘 칸트(Immanuel Kant)는 공히 '도덕적(道德的) 자아(自我)'를 계몽(啓蒙)하기 위한 사회적 수단(정책)으로서 교육(敎育)을 강조했다.

이제, 인간(人間)의 본성(本城)에 대한 본 연구의 철학적 입장은 다음과 같다: '인간은 개별적으로 보면 존 롤스(John Rawls, 1921~2002)가 주장하듯이 '합리적(合理的) 존재(存在)' 임과 동시에 '이기적(利己的) 존재(存在)'로서 2개의 자아, 즉 '선험적(先驗的) 자아(自我)'와 '경험적(經驗的) 자아(自我)'로 구성되며 사회전체로 보면 사회적(社會的) 존재(存在)이다. 인간의 본성(本性)은 '인(仁)'의 측면과 '이성(理性)'의 측면을 모두 갖고 있다. 플라톤(Plato, BC 427~347)이 주장하듯이, '개인적(個人的) 정의(正義)'를 고양시켜 '사회적(社會的) 정의(正義)'를 드높이기 위해서, 맹자(孟子)와 임마누엘 칸트(Immanuel Kant)가 공히 주장하였듯

47) Kant, Immanuel(1956), Critique of Practical Reason, translated by L.W. Beck. Indianapolis: Bobbs-Merrill; Kant, Immanuel(1964), Groundwork of the Metaphysics of Morals, translated by H. J. Paton. New York: Harper and Row; Kant, Immanuel(1970), Kant's Political Writings, edited by Hans Reiss. Cambridge: Cambridge University Press; Kant, Immanuel(1991), The Metaphysics of Morals, translated by Mary Gregor. Cambridge: Cambridge University Press.

이, 교육(教育)이 필요하다.

특히, 임마누엘 칸트(Immanuel Kant, 1724~1804)는 '도덕적 자아'의 내적 의식에 선험적 도덕원리, 즉 '도덕률(道德律)'이 존재하는데, 그것을 '절대적(絕對的) 명령(命令)', 즉 정언명령(定言命令, Categorical Imperative)이라고 명명하였다. 이를 수사학적으로 말하면, 임마누엘 칸트(Immanuel Kant)는 '머리 위에는 별이 빛나는 하늘이 있으며 마음속에는 '도덕법칙(道德法則)'이 존재하고, 따라서 인간은 '자유롭고 평등한 도덕적(道德的) 존재(存在)'라고 갈파했었다.

③ '인간성 회복(人間性 回復) 운동'의 본질과 접근방법[48)]

'합리적(合理的) 존재(存在)'임과 동시에 '이기적(利己的) 존재(存在)'인 인간성 회복(人間性 回復)의 본질은 무엇인가? 그것은 카를 야스퍼스(Karl Jaspers, 1883~1969)가 "인간임은 인간됨이다"라고 말하였듯이, 인간성 회복(人間性 回復)의 본질은 '人間됨'을 복구하기 위한 도덕과 윤리의 회복을 의미한다.

우선, 도덕(道德, Moral)이란 글자 그대로 道와 德으로서 구성되어 있다. 도(道)란 사람이 걸어다니는 길인 동시에 사람이면 마땅히 행하지 아니하면 안 되는 인간의 길로서 도덕의 객관적 요소를 구성한다. 즉, '인간의 當爲(sollen)'인 것이다. 이와 대조적으로, 덕(德)이란 인간의 '도(道)'를 실천할 수 있는 인간의 주관적 성품으로서 도덕의 주관적 요소를 구성하며, 즉 '인간의 能力(Konnen)'인 것이다.

다음으로, 윤리적(倫理的, ethics)이란 글자 그대로 '倫'과 '理'로서 구성되어 있다. '윤(倫)'이란 인간의 공동체를 의미하는 동시에 인간관계의 도덕적 권리를 나타낸다. 예를 들면, 삼강오륜(三綱五倫)은 君民, 父子, 夫婦, 長幼, 親舊라는 인간관계에 義, 親, 別, 書信이라는 도덕적 질서를 말하는 것이다. 한편, '이(理)'란 로고스(logos), 즉 이성(理性)을 뜻하는 것이다.

「작은 것이 아름답다」(Small is beautiful, 1973년)의 유명한 저자인 에른스트 프리드리히 슈마허(Ernst Friedrich Schumacher, 1911~1977)는 그의 다른 저서 「방황하는 현대인을 위한 길잡이」(A Guide for the Perplexed, 1981년)에서 현대사회의 위기는 '성장지상주의'와 '물질숭배'라는 현대적 우상에 의하여 인류사회가 과학적 및 도구적 합리주의(rationalismus)에 의하여 '인간이 소외(疏外)된 사회'로 전락하였으며 참다운 인간성(人間性)을 회복(回復)하

48) 저자(林陽澤)는 한때 '인간성 회복운동 추진 협의회(약어 '인추협')을 창립하여 부회장 및 상임위원(1990년 12월~1995년 12월)을 역임한 바 있다. 상기 창립 기념회(1990.10.12)에서 '오늘의 인간성 상실 문제; 어떻게 극복할 것인가? 기본방향과 실천방향을 모색한다'가 발표되었다.

자고 주장하였다. 그렇다면, 인간성 회복(人間性 回復)을 위해서 어떠한 노력과 접근방법이 필요한가?

첫째, 실존적 철학(Existentialism)의 심리 및 정신적 접근방법을 독일의 철학자 마틴 하이데거(Martin Heidegger, 1889~1976)의 저서 「존재의 철학」(1927년)에서 볼 수 있듯이, 현대사회에 있어서 인간의 주체적 상실 곧 인간소외(人間疎外, Alienation)를 극복함으로써 인간성 회복(人間性 回復)을 추구하자는 사상이다.

둘째, 사회구조적 접근방법에 의한 인간성 회복(人間性 回復)을 들 수 있다. 미국의 심층심리학자 에리히 프롬(Erich Fromm, 1900~1980)은 다음과 같이 주장했다: 인간은 동물적 존재이면서도 동시에 정신적 존재이다. 따라서 육신적 생존을 위해서 필요한 욕구를 만족시켜 주려고 물질에만 치중하면 인간에게는 '소유(to have)'와 '사용(to use)'만이 있고 '존재(to be)'는 상실되어 결국 비(非)인간화를 초래하게 된다. 따라서 현대사회에 있어서 인간성 회복(人間性 回復)을 위해서는 인간적 욕구와 다른 인간과의 연대성 및 그들에 대한 우애(友愛)가 필요하다는 것이다.

셋째, 미국의 경제학자 존 케네스 갈브레이드(John Kenneth Galbraith, 1908~2006)는 그의 저서 「신(新)산업국가」(The New Industrial State)에서 인간성 회복(人間性 回復)을 위한 접근방안으로서 다음과 같이 2가지를 제시하였다[49]:

① 냉전(冷戰)으로 인한 파괴적 무기생산의 경쟁으로부터 파괴적이 아닌 경쟁(예로서 우주개발경쟁)으로 전환해야 할 것이다.

② 사회공공영역에 대한 투자를 증대해야 할 것이다.

상기한 3가지 인간성 회복(人間性 回復) 방법 중에서, 본 연구는 존 케네스 갈브레이드(John Kenneth Galbraith, 1908~2006)의 접근방법을 공감하되 본서의 목적상 에리히 젤리히만 프롬(Erich Seligmann Fromm, 1900~1980)[50]의 사회구조적 접근방법을 선택한다. 그의

49) Galbraith, John Kenneth(1973), Economics and The Public Purpose, Houghton Mifflin Company Boston; Galbraith, John Kenneth(1979), The Nature of Mass Poverty, Harvard University Press.

50) 에리히 젤리히만 프롬(Erich Seligmann Fromm, 1900~1980)의 사상의 특징은, 프로이트 이후의 정신분석 이론을 사회 정세 전반에 적용한 것에 있다. 인간과 사회적 환경과의 관계에 주목했고 인간의 욕망에서 비롯된 개인과 사회 간의 갈등에 중점을 둔 논문들을 발표했다. 인간의 악덕(惡德)은 제반 사회조건을 개혁함으로써 감소시킬 수 있다고 보았으며 인본주의의 실현을 주장했다. 그의 대표작인 「자유로부터의 도피」에서는 파시즘의 심리학적 기원을 밝혀, 민주주의 사회가 나아갈 방향을 밝히고 있다. 에리히 젤리히만 프롬(Erich Seligmann Fromm)에 따르면 인간은 자신의 생물학적 성장이나 자아실현이 방해될 때에, 일종의 위기 상태에 빠진다. 이러한 위기는 인간에 대한 공격성이나 사디즘, 마조히즘

저서 「정상적 사회」(The Sane Society, 1955년)에서 공정하고 밝은 사회를 건설하기 위한 덕목(德目)으로서 3가지: 정의, 협동정신, 인간애를 들면서 다음과 같이 갈파하였다: *"아무도 다른 사람의 목적을 위한 수단이 아니고 예외 없이 자기 자신의 목적이며, 따라서 자기 자신의 인간적 능력의 발휘 이외의 다른 어떤 목적을 위해서 이용되거나 행동하는 일이 없는 사회가 건설되어야 한다."*

따라서 물질과 권력은 인간을 위해서 중요한 수단적 가치이며, 목적으로서의 가치는 어디까지나 인간에게 있다. 묵은 가치관의 잘못은 물질 내지 경제 혹은 권력을 중요시 한 바로 그 사실에 있는 것이 아니라 물질이 도리어 인간을 압도하게 되고 주객의 전도에 있는 것이다. 권력이 공동체의 번영 내지는 사회구성원의 행복을 위하여 사용되지 않고 사사로운 목적을 위해서 남용되고 있다는 데 문제가 있는 것이다. 여기서 말하는 새로운 가치관이란 물질 또는 경제의 중요성을 부인함에 있는 것이 아니라 인간과 물질의 관계를 올바르게 회복하자는 것이다.

에리히 젤리히만 프롬(Erich Seligmann Fromm, 1900~1980)는 그의 「나는 왜 무기력을

및 권위에 대한 복종 또는 자신의 자유를 부정하는 권위주의로 빠지게 된다. 이런 위기에서 벗어나기 위해 에리히 젤리히만 프롬(Erich Seligmann Fromm)은 자아를 실현하는 생활이 그 수단이 될 수 있다고 한다. 에리히 젤리히만 프롬(Erich Seligmann Fromm)은 베네딕투스 스피노자(Benedictus de Spinoga, 1632~1677)처럼 '행복(幸福)은 덕(德)의 증거이다'라고 생각하고 있었다. 즉, 생산적인 생활과 인간의 행복이나 성장을 바라는 인도주의적 윤리를 신봉할 때, 사람은 행복하게 될 수 있다는 것이다. 신경증이나 권위주의, 사디즘, 마조히즘 등은 인간성이 개화되지 않을 때에 일어나고 이것을 에리히 젤리히만 프롬(Erich Seligmann Fromm)은 '인간적 파탄'이라고 했다. 그는 1941년 「자유로부터의 도피」(Escape from Freedom)를 출간하였다. 이 책은 정치심리학의 선구적인 저서로 널리 알려졌다. 그가 젊은 시절 독일에서 직접 체험한 파시즘을 인간 심리를 통해 분석한 책으로, 민주주의 체제에서 어떻게 파시즘이 태어나고 지지를 얻는지, 이상적인 사회가 나아가야 할 방향과 구성원의 올바른 자세에 대해서 고찰하는 내용으로 그토록 자유를 갈망했던 독일인들이 혁명으로 세운 바이마르 공화국(1919~1933)을 붕괴시키고 나치를 지지함으로써 애써 얻은 '자유'를 버리고 스스로 '복종'을 선택했던 불가사의를 분석했다. 그는 이 책에서 개인이 자유라는 짐으로부터 도망쳐 새로운 의존과 종속을 통해 심리적 안정감을 찾는 존재라 분석했다. 고독을 피해 종교를 선택하거나, 독재자의 권위에 복종함으로써 정신적인 안정을 찾거나, 자본주의의 기계에서 톱니바퀴가 되어버린 개인은 여론이라는 익명의 권위에 복종함으로써 고독과 불안으로부터 도망치려 한다는 것이다. 나치와 같은 파시즘의 정치체제는 지도자에 대한 '맹목적 복종(마조히즘)'과 더불어 힘이 없는 자들에 대한 '강압적 지배(사디즘)'의 충동이 동시에 존재한다고 분석했다. 이어서, 그는 1947년 윤리에 대한 심리학적 고찰인 「인간 상실과 인간 회복」을 저술하였으며, 1956년 세계적인 베스트셀러가 된 「사랑의 기술」(The Art of Loving)을 출판하였으며, 1976년에는 「소유냐 존재냐?」(To Have or to Be)를 저술하였고, 마르크스주의에 대한 반대자들과 지지자들의 잘못된 지식들을 바로잡기 위해 「에리히 프롬, 마르크스를 말하다」를 저술하였다. 그의 사상은 당시 유행하던 프로이트의 정신 분석학과 카를 마르크스(Karl Heinrich Marx, 1818~1883)의 사회 철학을 묘하게 혼합해 놓았다.

되풀이하는가: 에리히 프롬 진짜 삶을 말하다」[51]에서 당신이 무기력한 이유는 '남이 바라는 나'로 살고 있기 때문이라고 갈파하고 인간이 자력을 되찾을 수 있는 방법을 가르쳐주고 있다. 상술하면, 내가 이렇게 사는 게 정상일까? 뭔가 잘못된 거 같은데, 잘 모르겠다. 문제가 외부에 있는지 내부에 있는지, 물질 때문인지 생각 때문인지조차 혼란스럽다. 현대인은 사회를 과거 그 어떤 시대보다 '최대다수의 최대행복'을 추구하는 방향으로 변화시켰다. 그리고 이 변화에 개인을 적극적으로 참여시키려 노력했다. 동시에 예상치 못했던 부(富)를 쌓았고, 그 부(富)로 역사상 처음으로 모든 인간의 물질적 욕망을 충족시킬 정도의 가능성을 열었다. 인간이 지금처럼 이 정도로 물질세계의 주인이 되었던 적은 없었다. 그러나 우리는 스스로가 만들어낸 멋진 사물들의 세계가 인간 삶의 방향과 속도를 지정하게 내버려둔다. 현대인은 자기 자신과 어떤 관계에 있을까? 자신이 주체가 된 진짜 삶을 살고 있는가? 다른 사람들의 눈에 비친 나는 진짜 나일까?

여기서 에리히 젤리히만 프롬(Erich Seligmann Fromm, 1900~1980)은 지그문트 프로이트(Sigmund Freud, 1856~1939)의 정신분석학(精神分析學)을 사회 분석에 사용한다. 현대인의 자존감이 사랑하고 생각하는 개별 인간으로서의 자기 활동에서 나오는 대신 사회·경제적 역할에서 나온다고 말한다. 우리의 목표는 시장에서 이윤을 남기고 자신을 판매하는 것이다. 행복과 편안함을 위해 인간의 손으로 탄생시킨 세계가 인간을 소외시키고, 현대인은 그 세계에 비굴하고 무기력하게 복종한다. 자신이 원하는 것, 고유의 생각, 자신의 감정을 알면 자신의 의지에 따라 행동할 것이다.

그러나 현대인은 바로 그것을 모르고, 그렇기 때문에 익명의 권위에 의지하며 외부의 기대에 따라 만들어진 자아를 받아들인다. 그리고 그 과정에서 점점 무력감을 느낀다. 이 모든 발전과 성취에도 불구하고 현대인은 깊은 무력감에 빠져 있다. 상기 저서에서 에리히 젤리히만 프롬(Erich Seligmann Fromm)은 현대인의 자존감이 사랑하고 생각하는 개별 인간으로서의 자기 활동에서 나오는 대신에 사회경제적 역할에서 나온다고 주장했다. 따라서 오직 자기 스스로를 아는 것만이 스스로를 보살필 수 있다. 그는 사람이 스스로의 자아와, 또 환경과 연결되어 있는 상태의 '진짜 삶'에 대해 명료하게 정의하고, 스스로 자신의 삶을 경험할 때에만 진짜 삶을 살 수 있다고 힘주어 강조했다.

다른 한편으로, 독일의 혁명적 정치경제학자인 카를 마르크스(Karl Heinrich Marx,

51) 에리히 프롬, 라이너 풍크 저(장혜경 역, 나무생각 출판, 2016년), 「나는 왜 무기력을 되풀이하는가: 에리히 프롬 진짜 삶을 말하다」는 에리히 젤리히만 프롬(Erich Seligmann Fromm)이 1930년대부터 쓴 강연록, 논문, 저서의 글을 그의 마지막 조교이자 정신과 전문의인 라이너 풍크가 모아 엮은 책이다.

1818~1883)는 게오르그 빌헬름 프리드리히 헤겔(Georg Wilhelm Friedrich Hegel, 1770~1831)의 형이상학적(形而上學的) '소외(疏外)' 개념을 유물론적(唯物論的)으로 변형하여 노동자가 자기 노동의 산출물을 누리지 못하는 소외현상(疎外現象), 인간의 노동을 단순한 상품으로 형편없이 취급하는 현상, 이윤을 추구하는 자본주의 사회에서 나타나는 '인간의 비(非)인간화(Dehumanization)' 현상 등을 지적했다.

그리고 카를 마르크스(Karl Heinrich Marx, 1818~1883)는 모든 역사(歷史)를 착취(搾取)하는 소수의 부르주아와, 밑바닥에 있는 다수의 프롤레타리아 사이에서 벌어지는 투쟁(鬪爭)이라고 규정했다. 따라서 공산당(共産黨)을 세워 권력을 장악하고 '정의롭고 민주적인 사회주의 사회'를 수립하기 위하여 프롤레타리아 계급의식을 일깨우자고 역설했다. 나아가, 그는 자신의 유명한 「공산당 선언」(Manifest der Kommunistischen Partei, 1848년)에서 기존 질서의 폭력적 전복을 요구했다. 그러나 공산주의(共産主義)는 붕괴되었다. 공산주의는 부(富)가 아니라 빈곤(貧困)을 창출하였다. 경제적 평등이 아니라 미증유(未曾有)의 경제적 특권을 누리는 노멘크라투라(nomen-klatura, 소련의 특권계급)를 양산하였다.

2) 신(新)실용주의(Neopragmatism)의 철학적 주제: '정의(正義)'와 '행복(幸福)'

신(新)실용주의(Neopragmatism)의 철학적 주제(主題)는 '인간중심적 지구촌 문화공동체'를 위한 '정의(正義)'와 '행복(幸福)'이다. 저자는 '정의(正義)'와 '행복(幸福)'의 철학적 개념을 명료화하기 위하여 고대 중국(공자, 맹자, 순자)의 유학(儒學)이 제시했었던 민본주의(民本主義)와 공생주의(共生主義), 플라톤(Plato, BC 427~347)의 '정의론', 아리스토텔레스(Aristotle, BC 384~322)의 '행복론', 임마누엘 칸트(Immanuel Kant)의 '행복관(幸福觀)'과 아리스토텔레스(Aristotle)의 '행복주의 윤리학'에 대한 비판론을 개관하고자 한다.

이제, 본 연구가 제기하는 근본문제는 어떻게 '정의로운 국가(A Justice-based State)와 '행복한 사회(A Justice-based State)를 실현할 것인가이다. 다시 말하면, 포스트모더니즘(Post Modernism)은 윤리적 전환(Ethical Return), 즉 '이론철학(理論哲學)'에서 '실천철학(實踐哲學)'으로의 전환하고 있는 추세에 따라, '정의로운 국가(A Justice-based State)'와 '행복한 복지사회(A Happy Society)'를 어떻게 실현할 것인가라는 철학적 및 사회경제적 방안을 제시하는 것이다.

[그림 Ⅲ-5] '정의로운 국가'와 '행복한 사회'를 위한 사상 · 철학적 기초

① 관념론적 철학: Platon(BC 427~347)의 '正義論'; Aristoteles(BC 384~322)의 '幸福論(윤리학)', Immanuel Kant(1724~1804)의 '자유민주주의적 규범론'
② 정치적 철학: John Rawls(1921~2002)의 「정의론」(1971), 「정치적 자유주의」(1993)
③ 경제적 철학: Adam Smith(1723~1790)의 「도덕감성론」(1759), 「국부론」(1776)
④ 사회적 철학: Max Weber(1864~1920)의 「프로테스탄티즘의 윤리와 자본주의의 정신」(1903, 1905): '합리적 경영 자본주의'

↑

- 孔子(BC 551~479): '도덕사회'
  儒學(고전적): 孔子·孟子·荀子
  經世濟民에 의한 '大同社會'
  德治主義·民本主義·共生主義
- Platon(BC 427~347): '이성적 국가'
- Aristoteles(BC 384~322): '좋은 국가'

- Platon(BC 427~347): '이상적 국가'
- Aristoteles(BC 384~322): '좋은 국가'
- Immanuel Kant(1724~1804): '합리적 국가'
- Erich Fromm(1900~1980): '정상적 사회(The Sane Society)'
- Karl Popper(1902~1994): '열린 사회(The Open Society)'
- John Rawls(1921~2002): '정의로운 경제체제'
- Freiburg학파: 시장경제체제하에서 '강한 국가'

↑

〈신(新)실용주의 철학: '이론 철학'(동·서양 철학)과 '실천 철학'의 종합〉

- 任陽澤(2008): '新실용주의 철학의 논리 구조에 관한 연구: 동·서양 철학을 중심으로', 「경제연구」, 제29권 제2호
- Yang Taek Lim(2010), "Neopragmatic Solutions to the Structural Problems of South Korean Economy, the Korean Peninsula and the East Asian Community," The International Institute for Advanced Studies in Systems Research and Cybernetics, Symposium, August 2~5, Baden-Baden, Germany.
- Yang Taek Lim(2011), "Neopramnatism as an Alternative for New Liberalism", Inha-LeHavre International Symposium, October 20th.
- Yang Taek Lim(1996), "An International Comparative Study of Basic Science Research Capacity: OECD Countries, Taiwan and Korea," Technological Forecasting and Social Change, Vol. 52, No. 1.
- Yang Taek Lim(2006), " A New Techno-Economic Development Model: The Case of South Korea," In Geroge E. Lasker & Kensei Hiwaki, ed., Sustainable Development and Global Community, Vol. Ⅶ, Niagara Falls: COutts Library Services, Ltd., pp. 19~33.

〈이론적 기초 및 경제사상적 배경〉

- 미시경제적 측면: Pareto Optimum (Walrasian General Equilibrium)과 Social Optimum (Kenneth Arrow의 Social Choice)의 결합
- 거시경제적 측면: 성장→고용→분배(복지)의 동태적 경제발전 모형
- 과학기술정책적 측면: Schumpeterian Techno-Economic Development Model

↑ ↑ ↑

Joseph Schumpeter(1883~1950): "Business Cycles"(1933) "Capitalism, Socialism and Democracy"(1942)

- W. Eucken의 '질서자유주의'(Ordo-Liberalism): '질서있는 경쟁'
- A Muller-Armack(1901~1978): 경제적 자유+사회적 정의+사회보장 자유·정의·안전·복지

- A.C.Pigou(1877~1959)의 「Welfare Economics」(1932): 복지 극대화를 위한 성장·분배·안정의 추구
- Yang Taek Lim(1948~현재): 「Optimal Economic Growth and Social Security」(1978, 2011, 2016)

상기의 근본문제는 4가지 철학: ① 관념(觀念) 철학으로서 맹자(孟子, BC 372~289)는 '무항산(無恒産) · 무항심(無恒心)', 플라톤(Plato, BC 427~347)의 「정의론」(正義論)과 아리스토텔레스(Aristotle, BC 384~322)의 「행복론」(幸福論), ② 정치철학(政治哲學)으로서 존 롤스

(John Rawls, 1921~2002)의 「정의론」(正義論, 1971년)과 「정치적 자유주의」(1993년), ③ 경제철학(經濟哲學)으로서 아담 스미스(Adam Smith, 1723~1790)의 「도덕감성론」(1759년)과 「국부론」(1776년), ④ 사회철학(社會哲學)으로서 막스 베버(Max Weber, 1864~1920)의 「프로테스탄티즘 윤리와 자본주의 정신」(1903년, 1905년) 등과 관련된다.

신(新)실용주의(Neopragmatism)의 철학적 목표는 '정의로운 국가(A Justice-based State)'와 '행복한 사회(A Happy Society)'를 추구하는 실천철학(Practical Philosophy)이다. 이를 위한 사상·철학적 기초는 [그림Ⅲ-5]에 요약되어 있다.

(1) 정의(正義)와 '정의로운 국가(A Justice-based State)'

신(新)실용주의(Neopragmatism)는 정의(Justice)의 개념은 아담 스미스(Adam Smith, 1723~1790)의 '경제적 효율성과 사회적 정의', 임마누엘 칸트(Immanual Kant, 1724~1804)의 '자유주의적 규범론', 즉 「실천이성 비판」(1788년)의 도덕적 법칙, 즉 정언명령(定言命令), 밀턴 프리드먼(1Milton Friedman, 1912~2006)의 '자유주의 철학', 존 롤스(1921~2002)의 '정의론'과 관련된다(그림 Ⅲ-1 참조).

여기서 본 연구는 다음의 문제를 제기한다: 행복(幸福)의 사전적 조건인 정의(正義)의 개념은 무엇인가? 그리고 '정의로운 국가(A Justice-based State)'는 어떠한 철학적 토대 위에 세워야 하는가?

우선, 정의(正義)의 개념은 일찍이 공자(孔子, BC 551~479)의 견리사의(見利思義)와 플라톤(Plato, BC 427~347)의 '정의론(正義論)'에서 시작하여 존 롤스(John Rawls, 1921~2002)의 「정의론」(Theory of Justice, 1971년)과 마이클 샌델(Michael Sandel, 1953~현재)의 「정의란 무엇인가?」(Justice: What's the right thing to do?, 2014년)에 이르기까지 약 2,400년 동안 동·서양을 막론하고 인류가 고민해 온 주제이다.[52)]

우선, 어원적(語源的) 의미로 보면, 정의(正義, Justice)는 그리스 로마 신화에서 정의(正義)를 담당하는 여신 유스티티아(Justitia)에서 이름을 따왔다. 이 때문에 유스티티아(Justitia)의 여신상이 법정 앞에 세워져 있는 것을 흔히 볼 수 있다. 'Justice'는 동양 철학의 '의(義)'와는 다른 개념이다. 영어에서 'Justice'는 사법적이며, 판결적인 의미가 있지만, 동양에서 말하는 의리, 도의의 의미를 포함하는 '의(義)'는 도덕적 당위성이 첨가된 개념으

52) 사회적 정의에 관한 연구의 예로서 Matthew Clayton and Andrew Williams ed.(2004), Joshua Cohen(1986), Friedich A Hayek(1976), John Rawls(1971, 1985, 1991, 2001) 등을 들 수 있다. 황경식 옮김(1971), 「사회정의론」, 서울: 서광사; 황경식 옮김(2006), 「정의론」, 서울: 이학사; 황경식·박정순 외(2009), 「존 롤스(John Rawls)의 정의론과 그 이후」, 서울: 철학과 현실사.

[표 Ⅲ-1] '정의로운 국가'와 '행복한 사회'를 위한 사상 · 철학적 기초

● 孔子(BC 551~479): '見利思義'
● 墨子(經上編): '義利也(천하를 이롭게 하는 義가 利이다)', 義가 利가 되는 사회 건설
● Plato(BC 427~347): 「국가론」, 「법률」
 • '국가형성이론'에서 正義를 ① '개인적 정의'로서 德 = 知識(교육을 강조); ② '사회적 정의'로서 '共同善'
● Thomas Hobbes(1588~1679): 「Levithan」(1651), 「물체론」(1655), 「인간론」(1658), 「시인론」(1642~1647)
 • 正義는 法을 준수하는 것(∵약육강식의 자연상태, '만인 대 만인의 투쟁')
● John Locke(1632~1704): 「인간오성론」(1690), 「시민정부론」(1690)
 • 자유와 평등을 위한 '자연권', '사유재산권', '사회계약론', '헌정 민주정치론'
● Jean-Jacques Rousseau (1712~1778)
 • 「인간불평등기원론」(1755)에서 '사회계약'은 부자와 권력자의 기만책에 불과하다며, 불평등을 정당화시키며, '정의롭지 못한 사회'를 정당화한다.
 • '국민주권'으로서 '共同善'을 위한 '사회계약론'및 정치체제
● David Hume(1711~1776):
 • 共感에 의한 正義 → 도덕적 승인을 위한 근거
● Adam Smith(1723~1790): '경제적 효율성'을 위한 '사회적 정의', 共感에 바탕을 둔 正義
● John Rawls(1921~2002): "Justice as Fairness"(1958), 「정의론」(1971), 「정치적 자유주의」(1993)
 • 자유주의적 평등주의로서 '최소수혜자와 최대이익'
 • 自由와 平等의 조화, 자유주의 경제체제에 '복지주의'를 접목
 • 제1원칙(평등한 기본적 자유의 원칙)
 • 제2원칙('차등의 원칙')
 • 正義의 우선순위: 제1원칙 〉 제2원칙
 • 正義의 제2원칙에서 우선순위: '기회균등의 원칙' 〉 '수혜의 원칙'
 • 복지국가의 기본원리: '최소수혜자의 최대수혜', 즉 가장 못사는 사람들의 복지 극대화
※ John Stuart Mill, 「Utilitarianism」(1861): '최대다수 최대행복(복지 평균 수준의 극대화)'

로, 영어로 번역하면 'Righteousness'에 가깝다.[53)]

다음으로, 사전적(辭典的) 의미로 보면, 정의(正義, Justice)는 진리에 맞는 올바른 도리를 뜻한다. 대부분의 도덕 교과서에서는 정의(正義)란 사회적 대우나 보상 처벌 등에 있어서 '마땅하게 받아야 할 몫'을 공정하게 받는 것을 의미한다고 서술한다. 정의(正義)와 반대되는 뜻은 악이 아니라 불의(不義)다. 악(惡)은 선(善)의 반대 개념이다. 이는 정의(正義)와 선(善)을 동일시 여기며 나오는 오류이다. 정의(正義)는 누군가의 시각에선 악(惡)일 수도 있

53) 성경(聖經)을 번역할 때, 일반적인 의미의 '정의(正義)'를 'Justice'로 쓰는 반면에, 하느님의 '공의(公義)'는 'Righteousness'로 번역하는 경우가 많다. 대개 'Justice'에 비해 'Righteousness'가 야훼의 의지를 좀 더 담고 있는 개념이라고 볼 수 있다.

다. 다만 보편적으로 정의로운 행동이라 여겨지는 것들은 선(善)하다고 여겨지는 행동과 관련되어 있다.

① 동양(東洋)의 정의관(正義觀)

고대 중국 '유학(儒學)의 정의론(正義論)'은 공자(孔子, BC 551~479)의 견리사의(見利思義)[54]와 묵자(墨子, BC 479~381)의 '의리야(義利也)'이다.[55] 즉, 개인적으로 '이로운 것(利)'을 추구하는 것이 아니라 '사회적으로 의로운 것(義)'을 추구하며, 천하(天下)를 이롭게 하는 의(義)가 이(利)라는 것이다. 즉, 개인의 이익(利益)보다 공동체의 공익(公益)을 추구하라는 것이며, 천하를 이롭게 하는 의(義)가 이(利)라는 것이다(노사광, 1986). 유교(儒敎)의 정의관(正義觀)은 자신이 욕망을 극복하고 남을 먼저 위하는 도덕적 사고, 즉 이타적(利他的) 사상을 통해 개인의 이익보다는 사회전체의 안정을 우선시하는 '공동체 사상'이다.[56]

공자(孔子, BC 551~479)는 논어(論語) 리인편(里仁篇)에서 *"군자는 의(義)에 밝고 소인은 이(利)에 밝다"*고, 논어(論語)의 위정편(爲政篇)에서 *"의(義)를 보고도 행하지 않는 것은 용기(勇氣)가 없는 것이다"*라고 각각 말했다. 사기(史記) 채택열전(蔡澤列傳)에 *"이렇게 군자(君子)는 난세에 의(義)로써 죽는데 죽음을 집으로 돌아가는 것처럼 여긴다"*라는 구절이 있다. 즉, 죽음을 집으로 가는 것처럼 여겨야 의(義)를 실천할 수 있다는 것이다.

공자(孔子, BC 551~479)의 정의론(正義論)은 그의 인성론(人性論)을 전제하고 있다.[57] 즉

---

54) 「論語」, 顔淵篇, "… 見利思義 見危授命…" 개인의 경제행위와 관련하여, 개인적인 이(利)를 보면 사회적 의(義)를 우선적으로 생각하라는 것이다. 한국동양철학회(1982), 「동양철학의 본체론과 인생론」, 연세대학교 출판부. 정인재 역, 勞思光(1986), 「중국철학사」, 서울: 탐구당.

55) 칼럼니스트 이덕일 선생은 중국(中國) 고전에 나타난 정의(正義)란 원래 경전(慶典)이나 역사서(歷史書)의 '옳은 뜻풀이'를 뜻했다고 주장한다. 사마천(司馬遷)의 「사기(史記)」에 당(唐)나라 장수절(張守節)이 주석을 달고 제목을 「사기정의(史記正義)」라고 붙인 것이 이를 말해준다. 청(淸)나라 건륭제(乾隆帝)의 명령으로 편찬한 「흠정 사고전서(欽定 四庫全書)」 중의 주역정의(周易正義)는 "여러 경전(慶典)의 정의(正義)는 전적(典籍)에 근거해야 한다"고 기록하고 있는데 이 역시 정의(正義)가 경전(慶典)의 뜻풀이임을 말해준다. 당(唐)나라 때 공영달(孔穎達)이 시경(時經)·서경(書瘞)·역경(易經)·예기(禮記)·춘추(春秋)에 주석한 책 제목이 「오경정의(五經正義)」인 것도 마찬가지다(중앙일보, 2011.09.02).

56) 칼럼니스트 이덕일(李德一) 선생은 중국 고전에 나타난 정의(正義)를 다음과 같이 해석했다(중앙일보, 2011.09.28): 정의(正義)란 원래 경전(慶典)이나 역사서의 옳은 뜻풀이를 뜻했다. 사마천(司馬遷)의 「사기(史記)」에 당나라 장수절(張守節)이 주석을 달고 제목을 「사기정의(史記正義)」라고 붙인 것이 이를 말해준다. 청(淸)나라 건륭제(乾隆帝)의 명으로 편찬한 「흠정 사고전서(欽定 四庫全書)」 중의 주역정의(周易正義)는 "여러 경전(慶典)의 정의(正義)는 전적(典籍)에 근거해야 한다"고 기록하고 있는데 이 역시 정의(正義)가 경전(慶典)의 뜻풀이임을 말해준다. 당나라 때 공영달(孔穎達)이 시경(時經)·서경(書瘞)·역경(易經)·예기(禮記)·춘추(春秋)에 주석한 책 제목이 「오경정의(五經正義)」인 것도 마찬가지다.

인간은 인(仁), 즉 타인을 사랑하고 덕(德)을 행하는 본성을 갖고 있다는 것이다. 그리고 공자(孔子)는 인(仁)의 실천 규범으로서 군주(君主)의 수기안인(修己安人)과 극기복례(克己復禮)를 강조하였다(노사광, 1986). 또한 유교(儒教)는 인(仁)의 실천 규범으로서 수기안인(修己安人)[58]과 극기복례(克己復禮)[59]를 강조하고 있으며 이를 통해 욕망의 절제를 가르친다. 중용(「中庸」)은 성경(誠敬) 사상을 통해 도덕·근면·면학의 길을 제시한다.

여기서 유의할 것은 전술한 공자(孔子, BC 551~479)의 사상은 임마누엘 칸트(Immanuel Kant, 1724~1804)의 「실천이성 비판」(1788년)과 일맥상통한다는 점이다. 상술하면, 임마누엘 칸트(Immanuel Kant)는 '도덕적 자아'의 내적 의식에 선험적 도덕원리, 즉 도덕률(道德律)이 존재하는데, 그것을 '절대적 명령', 즉 정언명령(定言命令, Categorical Imperative)이라고 명명하였다. 이를 수사학적으로 말하면, 임마누엘 칸트(Immanuel Kant)는 '머리 위에는 별이 빛나는 하늘이 있으며 마음속에는 도덕법칙이 존재한다'라고, 따라서 인간은 '자유롭고 평등한 도덕적 존재'라고 갈파했었다. 다만, 공자(孔子, BC 551~479)와 임마누엘 칸트(Immanual Kant, 1724~1804)의 차이점은 다음과 같이 2가지를 들 수 있다:

첫째, 공자(孔子)는 인간을 '사회적 존재'로, 인간의 본성을 인(仁)으로 각각 정의한 반면에 임마누엘 칸트(Immanuel Kant)는 인간의 본성을 이성(理性)으로, 인간을 '도덕적 존재'로 각각 정의했다는 점이다.

둘째, 공자(孔子, BC 551~479)와 맹자(孟子, BC 372~289)는 성선설(性善說)로서 인간의 본성을 단일화하였던 반면에 임마누엘 칸트(Immanuel Kant)는 인간을 '선험적 자아'와 '경험적 자아'로 이원화(二元化)하였다. 그럼에도 불구하고, 맹자(孟子)와 임마누엘 칸트(Immanuel Kant)는 공히 '도덕적 자아'를 계몽하기 위한 사회적 수단(정책)으로서 교육(教育)을 강조했다.

● 고전적 유교사상: 孔子의 仁·孟子의 義·荀子의 禮

유교(儒教)의 기본사상은 공자(孔子, BC 551~479)의 인(仁) 사상인데, 여기에 맹자(孟子, BC 372~289)의 의(義)와 순자(荀子, BC 298~238)의 예(禮)가 추가되면서 '고전적 유교(儒教)'가 발전해왔다. 고전적 유교(儒教)는 배움과 수양을 통한 도덕실천의 전제조건으로 민

57) 공자(孔子)의 인성론(人性論)은 조선후기의 성리학(性理學)의 '인·물성 동·이론(人·物性 同·異論)'으로 발전되었다. 이에 관한 설명은 양재열(1982) 및 배종호(1992)를 참조. 김태형(1997), "조선후기 실학에서의 현실과 이상", 「한국사상사방법론」, 소화.

58) 「論語」, 顔淵篇, "… 克己復禮爲人 一日 克己復禮 天下歸仁焉…"

59) 「論語」, 顔淵篇, "… 修己以安人…, … 修己以安百姓…"

생(民生)의 안정, 즉 백성의 경제적 안정의 중요성을 강조한다.

공자(孔子, BC 551~479)는 인간이란 본질적으로 '사회적 존재'라고 생각하였다. 그는 당시의 어지러운 사회를 버리고 자신의 깨끗한 삶만을 추구하는 은둔자처럼 은자(隱者)의 길을 갈 것인가 아니면 세상에 살면서 세상을 개조하려고 노력을 할 것인가 하는 선택의 기로에서 단연코 후자를 택하였다(鳥獸不可與同群 吾非斯人之徒與而誰與 天下有道 丘不與易也).

공자(孔子, BC 551~479)는 인간의 본성을 인(仁)이라고 주장했다. 인(仁)은 인간성이며 도덕성이다. 인(仁)이라는 글자는 원래 두 사람(二人)의 합자로서 사람의 기본적인 존재구조인 '너와 나'라는 인간관계를 뜻하는 것이다.

'인(仁)'은 남을 사랑하고 덕(德)을 행하는 것을 의미하며 '효(孝)'와 '제(悌)'를 통해 가족주의를 형성해 왔고, '충(忠)'을 통해 국가와 사회공동체의 결속을 도모해 왔다.[60]

또한 유교(儒敎)는 인(仁)의 실천 규범으로서 수기안인(修己安人)[61]과 극기복례(克己復禮)[62]를 강조하고 있으며 이를 통해 욕망의 절제를 가르친다. 중용(「中庸」)은 성경(誠敬)사상을 통해 도덕 · 근면 · 면학의 길을 제시한다.

여기서 유의할 것은 유교사상(儒敎思想)의 공통적 특징은 자신이 욕망을 극복하고 남을 먼저 위하는 도덕적 사유를 강조한다는 점이다. 이러한 이타적(利他的) 사상을 통해 개인의 이익보다는 사회전체의 안정을 우선시하는 공동체 사상이 형성되어 왔다. 개인의 경제행위와 관련하여, 개인적인 이(利)를 보면 사회적 의(義)를 우선적으로 생각하라는 '견리사의(見利思義)'[63] 정신을 강조한다.

첫째, 공자(孔子, BC 551~479)는 타율적으로 행해지기를 강요되었던 예(禮)에서 보편성의 근거를 인간에서 발견하고 인간의 자아(自我)에 내재되어 있는 '도덕률'을 자각하여 그 사상의 기초를 인간의 본성을 탐구하는 데 두었다(天命之謂性). 그리고 공자(孔子)는 사회변혁과 질서유지의 수단으로서 예(禮)를 중시하였다. 왜냐하면 예(禮)는 관습에 의하여 보존되고 관습은 집단 전체의 영혼을 창조하고 또한 습관은 집단전체의 영혼으로부터 그 생명력을 얻을 수 있기 때문이다. 다시 말하면, 관습에 대한 교육을 통하여 인간은 보편적인 것을 발견하고 보편적인 것을 자신의 것으로 만들 수가 있기 때문이다.

다시 말하면, 인간은 의식적인 사고를 무시하고 본능적으로 사는 존재가 아니라 삶을

60) 琴章泰(2006), 「仁과 禮 - 茶山의 論語 해석」, 서울: 서울대학교 출판부, pp. 118~121.

61) 「論語」, 顔淵편, "… 克己復禮爲人 一日 克己復禮 天下歸仁焉…"

62) 「論語」, 顔淵편, "… 修己以安人…, … 修己以安百姓…"

63) 「論語」, 顔淵편, "… 見利思義 見危授命…"

적극적으로 추구하여 본능을 초월한 인간적인 삶을 영위하여야 한다는 것이다. 즉, 인간은 본능적으로 욕망을 가지고 있는 존재인 동시에 본능적인 욕망을 극복하고 일반적으로 요구되어지는 예(禮)를 실행하여야 한다는 것이다. 예(禮)는 인간을 구속하고 질곡시키는 것이 아니라 인간에 내재되어 있는 도덕률의 자발적인 표현으로서 인간을 오히려 편하고 자유롭게 만들어주는 것이다. 따라서 예(禮)를 바르게 실행하기 위하여 예(禮) 실현의 도구로서 형식을 익혀야 하며 예(禮) 실현의 주체로서 개인의 수양이 선행되어야 한다는 것이다(克己復禮).

상기와 같이, 유교(儒教)는 삶을 위한 경제적 행위는 의(義)와 예(禮)에 어긋나지 않게 행할 것을 강조한다. 특히, 순자(順子)는 부족한 물(物)로 끝없는 욕(欲)을 채우고자 하면 분란이 일어나므로 물(物)과 욕(欲)을 조화할 수 있도록 인간의 욕(欲)을 절제해야 하며, 이러한 절제행위를 예(禮)라고 하였다. 다시 말하면, '절지이례(節之以禮)', 즉 '예로써 절제된 생활을 한다'는 것이다. 이것은 유가(儒家)의 윤리적 경제관이라고 말할 수 있다. 즉, 유가(儒家)의 경제사상은 절지이례(節之以禮)의 윤리적 경제관으로 설명될 수 있으며, 이것은 다시 덕치주의(德治主義)의 치세 철학 속에 용해되어 있는 것이다.

둘째, 공자(孔子, BC 551~479)는 인간을 다음과 같이 4가지의 유형으로 구별하였다: ① 날 때부터 지식을 가지고 태어난 성인(聖人)이 있고, ② 배워서 지식을 얻는 사람이 있고, ③ 배우는 데 어려움을 느끼지만 계속하여 노력하는 사람이고, ④ 배우기가 어렵기 때문에 노력조차 하지 않는 사람이다(生而知之 學而知之 困而學之 困而不學). 상기의 4가지 유형 중에서 둘째와 셋째 유형의 사람은 실패할지 모르지만 계속하여 노력하는 사람이고 넷째 유형의 사람은 자만하여 배우지 않거나 스스로 용기를 잃어 노력을 포기하는 사람을 말하는 것이다(自暴自棄).

상기와 같이 인간을 다음과 같이 4가지의 유형으로 구별되지만, 인간의 본성은 실제적인 인간존재에 있어서 여러 가지로 나타난다. 모든 인간이 본질적인 측면에서 선(善)을 지향하고 있다는 점에서는 서로 비슷하지만 개인의 습관, 성격, 연령, 발전단계, 지식에 있어서는 서로 다르다(性相近 習相遠). 연령에 따른 선(善)을 위하여, 공자(孔子)는 젊을 때는 혈기가 안정되지 않아서 여색(女色)을 경계해야 하며 장년에는 혈기가 왕성하기 때문에 싸움을 경계해야 하고 늙어서는 혈기가 쇠하였기 때문에 탐욕을 경계하여야 한다고 가르쳤다: *君子有三戒 小之時血氣未定戒之在色 及其壯也血氣方剛戒之在鬪 及其老也血氣旣衰戒之在得*.

셋째, 공자(孔子, BC 551~479)는 관념적인 사색보다도 실제 인간이 생활하는 현실의 토대에서 인간을 중심으로 실천적인 것을 문제 삼았기 때문에 형이상학적인 이론을 말하는 것이 아니고 평범한 가운데 일상행동에서 옳고 그름을 분별하여 인간이 살아나가야 하는 길인 '인도(人道)'를 사상의 중심과제로서 삼았다. 이와 같이 공자(孔子) 사상의 또 하나 중요한 개념은 도(道)라는 개념이다. 도(道)는 모든 원리의 원리요 모든 생명의 원천이라는 것이다. 그는 아침에 도(道)를 들으면 저녁에 죽어도 여한이 없다(朝聞道夕死可矣)고 할 정도로 도(道)를 절실하게 갈구하였다. 그러나 도(道)는 공자(孔子) 이전에는 구체적인 일상용어로 사용되었지만 공자(孔子)는 원리적인 의미로 전환하였다. 즉, 도(道)는 인간의 내면성을 탐구할 때 보이지 않는 궁극적인 신념과 모든 행위에 있어 기본이 되는 준칙이며 그것을 지키기 위하여 생명까지 바칠 수 있는 가치라는 것이다.

● 공자(孔子)의 윤리적 경제철학: 德治主義, 見利思義, 節之以禮

「論語」 및 「孟子」에 나타난 유가(儒家)의 경제사상은 크게 3가지, 즉 ① 도덕정치의 이념 속에서 내재된 윤리적(倫理的) 경제관, ② 백성중심의 민본주의(民本主義) 경제관, ③ 남과 더불어 살아가는 공생주의(共生主義) 경제관으로 나누어 설명하고 있다.

유가(儒家)의 윤리적 경제 철학은 군주나 관리가 백성에게 요구하는 경제윤리가 아니라 통치자 스스로 솔선하는 수행 철학이며, 자기의 욕망을 스스로 극복하고 남을 위하는 베풂의 철학이다. 즉, 덕치주의(德治主義)의 치세철학인 것이다.

공자(孔子, BC 551~479)와 맹자(孟子, BC 372~289)는 식생(植生)이 안정되어야 도덕 수행이 가능하다고 하여, 식(食), 생재(生財), 항산(恒産)의 균등분배를 보장하는 데 치세(治世)의 목적을 두도록 가르쳤다. 상기한 공·맹(孔·孟)사상은 바로 '경제적 정의(經濟的 正義)'의 실천 사상이라 말할 수 있다. 다시 말하면, 유교(儒敎)의 경제사상은 군주의 수기안인(修己安人) 사상을 통해 국민의 경제적 삶을 보장하자는 사상이다. 이를 위해 군주는 스스로 근검절약을 실천하고 백성들의 경제안정(즉 민생 안정)을 위해 적절한 정책을 수행해야 한다는 것이다.

다시 말하면, 경세제민(經世濟民)의 치세(治世) 철학으로 표현되는 유가(儒家)의 경제사상은 인(仁)에 기초를 둔 도덕정치의 실현에 그 목적을 두고 있다. 경제활동과 관련된 정책사상에서도 도덕적 요소인 '덕(德)'을 근본으로 삼고 경제적 요소인 '재(財)'를 부수적 요소(德本材末)[64]로 간주하고 있다.[65] 그러나 덕치사상(德治思想)은 덕(德)과 재(財) 사이의 역할을

64) 「大學」 十章 九節, "… 德者本也 財者末也…"(덕이 근본이고 재물은 그 결과물이다.) 懸吐完譯, 「大學, 中庸 集註」, 傳統文化硏究會(2003)(성백효 譯註 및 이기동 역해), 「大學 中庸 講說」, 성균관대학교 출판부를 참조.

구분할 뿐, 덕(德)만 중시하고 재(財)는 무시할 수 있다는 뜻은 아니다. 공자(孔子)나 맹자(孟子)에 있어서 삶을 위한 경제적 조건은 덕치(德治)의 선결조건으로 중시되고 있다.

공자(孔子)는 덕(德)을 베풀어 백성을 모이게 하되 그 다음에는 우선 그들에게 경제적 조건(恒産, 食이 우선)을 제공해야 하고, 그 다음에 그들을 교육(敎育)해야 한다고 가르쳤다.[66]

여기서 유의할 것은, 유교(儒敎)에서 강조하고 있는 윤리(禮)와 교육(學)조차도 경제적 조건(食)이 이루어진 다음의 일임을 일깨우고 있다는 점이다. 맹자(孟子) 또한 일반 백성은 생업(恒産)이 없으면 도덕적 항심(恒心)도 없어진다고 하여 경제적 삶을 우선시하고 있다. 다만 유가(儒家)에서는 삶을 위한 경제적 행위는 의(義)와 예(禮)에 어긋나지 않게 행할 것을 요구한다.

한편, 공자(孔子)는 부(富)의 추구는 모든 사람이 원하는 당연한 일이지만 다만 의(義)롭게 추구해야 된다고 하여 이(利)를 구하되 의(義)를 해치지 않을 것을 가르쳤다. 경제적 이익(利)을 도모하되 정의롭게(義) 도모하라는 견리사의(見利思義)의 가르침은 「논어」(論語)와 「대학」(大學)의 여러 편에서 기술되고 있다: *「論語」, 里仁編, "富興貴 是人之所欲也 不以期道得之不處也…" 憲問編, "利를 보거든 의(義)를 생각하라" (見利思義…); 「大學」, 十章 二十節, "나라는 利를 이롭다고 여기지 않고, 의(義)를 이롭다고 여긴다"(國不以利爲利, 以義爲利也); 十章 九節, "도리에 어긋나게 들어 온 재물은 역시 도리에 어긋나게 나간다"(… 貨悖而入者 亦悖而出).*

상기와 같이, 유교(儒敎)의 경세철학은 가진 자에게 요구되는 노블레스 오블리주(nobless oblige)의 경제사상이라고 할 수 있다. 즉, 베풂의 실천은 가난한 백성보다 이들을 다스리는 군왕, 제후, 선비들에게 모두 요구된 임무였다.

공자(孔子)는 "인(仁)을 실천하는 것은 자신에 달린 것이지 다른 사람에게 달린 것이 아니다"(克己復禮爲仁 一日克己復禮 天下歸仁焉 爲仁由己 而由人乎哉?)[67]라고 하여 모든 덕행(德行)의 시작이 자기 자신에게서 비롯됨을 가르쳤다. 또한 맹자(孟子)는 "합당한 녹봉은 사양할 바가 아니나 남음이 있으면 스스로 생각해서 가난한 사람에게 나누어 주라"(祿不當辭 有餘 自可推之 以周貧乏)고 가르쳤다.

---

65) 그러나 덕(德)과 재(財) 사이의 역할을 구분할 뿐, 덕(德)만 중시하고 재(財)는 무시할 수 있다는 뜻은 아니다. 「大學」 十章 九節, "… 德者本也 財者末也…"(덕이 근본이고 재물은 그 결과물이다) · 縣吐完譯, 「大學, 中庸 集註」, 傳統文化硏究會(2003)(성백효 譯註 및 이기동 역해), 「大學 中庸 講說」, 성균관대학교 출판부.

66) 「논어」 子路편, 9장.

67) 「論語」, 顔淵編, 1장.

● 맹자(孟子)의 민본주의(民本主義) 경제철학: 修己以安百性, 無恒産 無恒心, 共生主義

[修己以安百性]

공자(孔子, BC 551~479)는 자기수양을 통해 백성을 편안하게 하는 수기이안백성(修己以安百姓)을 도덕정치의 출발로 삼았다. 이러한 수기안인(修己安人) 정신을 실현하기 위해 공자(孔子)는 백성들에게 신의(信義)를 주는 정치를 강조하였다: *"백성을 다스릴 때에는 윗사람이 먼저 예(禮)와 의(義)와 신(信)을 귀하게 여기고 이를 통해 백성들이 스스로 따르고 진실되게 행동하게끔 해야 한다", "위에서 인(仁)을 좋아하며 아랫사람을 사랑하면, 아랫사람도 의(義)를 좋아하고 윗사람하고 충성하니 … 국고의 재물이 어긋나게 새나가는 폐단은 없을 것이다."*

그리고 공자(孔子, BC 551~479)는 백성을 부릴 때에도 권력과 무력이 아니라 다음과 같이 일러주었다: *"먼저 백성들의 신뢰를 얻은 후에 부릴 것이며 부역이나 노역을 위해 동원해야 할 때에도 국민에 대한 믿음과 사랑을 가지고 때를 가려서 동원해야 한다"「論語」, 憲問編, 45장, "… 修己以敬…, … 修己以安百姓…"「論語」, 子路編, 4장, 子日 "… 上好禮 則民莫敢不敬 上好義 則民莫敢不服, 則民信 則民莫敢不用情…"; 「大學」, 十章, "上好仁以愛其下면 則下好義以忠其上…, … 府庫之財 無悖出之患也"「論語」, 子張編, 10장, 子夏日 "… 君子信以後勞其民, 未信則以爲厲其也…"; 「論語」, 學而편, "… 道千乘之國, 敬事以信, 節用以愛人, 使民以時…"「論語」, 學而편, "… 道千乘之國, 敬事以信, 節用以愛人, 使民以時…"*

그렇다면, 어떻게 군주가 민심(民心)을 얻을 수 있는가? 맹자(孟子, BC 372~289)에 의하면, 통치자가 '인정(仁政)'을 베풀어야 한다고 가르쳤다. 인정(仁政)이란 어떠한 것인가? 맹자(孟子)에 의하면 그것은 반드시 토지의 경계를 바로잡는 것으로부터 시작해야 된다고 강조하여 '정전법(井田法)'의 시행을 주장하였다. 또한 맹자(孟子)는 백성을 대하는 치자(治者)의 자세는 정치적으로든 혹은 경제적으로든 백성을 귀하게 여기는 자세가 되어야 함을 역설하였다: *"현명한 임금은 공손하고 검소해야 하고 아랫사람을 예(禮)로서 대하며, 백성에게 세금을 거둘 때에도 일정한 제한을 두어야 한다"(是故 賢君必恭儉禮下 取於民有制"), 「孟子」, 滕文公上 3장.*

상기와 같이, 공자(孔子, BC 551~479)의 위민사상(爲民思想)은 맹자(孟子, BC 372~289)에 이르러 민본주의(民本主義) 정치이념으로 발전하였다. 즉, 단순히 백성을 위하는 차원이 아니라, 백성과 함께 즐기고 생활하는 '與民同樂, 與民偕樂' 차원의 경세철학으로 발전하였던 것이다.[68] 또한 맹자(孟子)는 국가의 3대 요소인 백성(民), 사직(社稷), 임금(君) 가운데,

민(民)이 통치의 근본이며, 따라서 민심을 얻음으로써 정치사회에 구현하기 위한 통치자가 될 수 있다고 주장했다. 즉, '백성 제일의 정치사상'인 것이다.[69)]

"백성을 가장 귀하게 여기고 사직(社稷)은 그 다음으로 중요하며 군주(君主)는 오히려 가볍게 여긴다"("民爲貴 社稷次之, 君爲輕…").

다시 말하면, 맹자(孟子, BC 372~289)의 민본주의(民本主義)에 의하면 민(民)은 어디까지나 통치의 객체이지 주체가 아니며, 또한 통치에의 참여자가 아니라 통치자의 인정 여하에 따라서 귀복(歸服)을 선택할 뿐이다. 민본주의(民本主義)는 민생의 안정 또는 민(民)의 복리에 근간을 두고 있다. 맹자(孟子)에 있어서의 통치의 궁극적인 목표는 '인륜(人倫)'을 정치사회에 구현하기 위한 도덕정치였으며, 이를 구현하기 위한 방책으로서 경제정책(민생의 안정)이 필요하다는 것이다.

상기와 같이, 고전적 유교(儒敎)의 민본주의(民本主義)는 통치의 근본을 '민(民)'에 둔다는 것이다. 우선, 공자(孔子)의 경제사상은 근본적으로 위민사상(爲民思想)에 입각한 민본주의(民本主義) 치세(治世) 철학이다.

그러나 유교(儒敎)의 민본주의(民本主義)는 서양의 민주주의(民主主義)는 다르다. 본래 민주주의(democracy)란 용어는 희랍어의 demos(인민 · 민중)와 kratia(권력 · 지배)의 합성어로 데모크라티아(demokratia), 즉 '민중의 지배'를 의미하였다. 근대에 이르러 미국의 독립혁명(1775년)과 프랑스 혁명(1789년)을 거치면서 민중이 권력을 탈취하여 신분제를 타파하는 정치운동, 그리고 이러한 정치운동을 뒷받침하는 사상 내지는 이데올로기의 의미가 '데모크라시(democracy)'라는 용어 속에 포함되게 되었다. 또한 근대의 민주주의(民主主義)는 원리적으로는 지역적인 주권국가를 단위로 하여 국민을 정치의 주체로 하는 국민주권 이론과 국민의 참정권을 기조로 삼고 있다.

[無恒産 無恒心]

맹자(孟子, BC 372~289)는 도덕적 평상심(平常心)을 가진 사회건설을 희망했으나 이는 가족의 생존과 부양을 일정하게 유지시켜 주는 생업(生業)이 보장될 때 가능하며, 그렇지 않으면 백성은 도덕심을 잃고 타락하게 된다고 '무항산 무항심(無恒産 無恒心)'을 주장하였다.[70)] 다시 말하면, 맹자(孟子)는 백성은 생업(恒産)이 없으면 도덕적 항심(恒心)도 없어진

68) 「孟子」, 梁惠王章句 上, 2장, "… 興民同樂, 興民偕樂…"

69) 「孟子」, 盡心章句 下, 14장.

70) 「孟子」, 梁惠王章句 上, 7장, "… 若民則 無恒産 因無恒心 苟無恒心 放僻邪侈 無不爲己…"(滕文公上 3장

다고 하여 다음과 같이 경제적 삶을 우선시했다: *"… 항산(恒産)을 가진 자는 항심(恒心)을 가질 수 있으나, 항산(恒産)이 없는 자는 항심(恒心)도 유지할 수 없다. 만약 항심(恒心)이 없으면 방벽사치하지 않을 수 없으니…"("民之爲道也 有恒産者 有恒心, 無恒産者 無恒心, 苟無恒心, 放辟邪侈, 無不爲己"), "항산(恒産)을 보장하지 않고 죄를 짓게 한 다음, 형(形)으로 다스리면 백성에 그물 치는 것과 같다…"("及陷乎罪, 然後從而形之, 是罔民也, 罔民而可爲也…"), 「孟子」, 滕文公上 3장.*

다시 말하면, 맹자(孟子, BC 372~289)는 '민(民)은 恒産(일정한 생산·수입)을 갖게 되지만 恒心(언제나 올바른 일을 수행하는 일정불변의 마음)은 있으나 항산(恒産)이 없을 때에는 마음가짐도 동요되어 항심(恒心)을 잃게 된다'고 가르쳤다. 즉, 맹자(孟子)는 민(民)의 항심(恒心)을 구비하기 위한 전제조건으로서 항산(恒産)을 강조했던 것이다. 나아가, 맹자(孟子)는 백성들의 항산(恒産)을 지원하기 위해 정전제(井田制)를 주장하였다.

상기와 같이, 맹자(孟子, BC 372~289)의 경제사상을 현대 용어로 해석하면 최저생활보장(最低生活保障)에 의한 경제안정, 교육에 의한 생산성 향상, 당시 소득원천인 토지의 균등분배를 강조한 것이다. 이어서, 맹자(孟子)는 *"민(民)의 생산·수입이 안정되면, 다음으로 학교를 설립하여 도덕교육을 시행하여야 한다. 학교는 모두 인륜(人倫)을 가르치는 것이다"*라고 설파했다.

여기서 유의할 것은 맹자(孟子)는 민(民)의 양생(養生), 즉 교육(敎育)의 중요성을 강조하였다는 점이다. 즉, 왕도(王道)란 우선 상사예절과 백성이 살아갈 수 있는 경제적 기반을 마련해 주는 것에서 출발하며, 그 이후에 교육을 시켜 예(禮)를 알게 해야 한다는 것이다.[71]

맹자(孟子)는 *"위로 부모를 봉양하고 아래로 처자식을 부양할 수 있는 것이 양생(養生)의 기본인데 흉년에 죽음에서 벗어나지 못하면 예의가 무슨 소용이겠는가?"하여 경제안정을 제일 중시하였다.*[72] 또한 *"곡식이 물과 불처럼 흔하면 백성 중에서 不仁한 자가 어디 있겠는가?"* 하여 경제적 안정이 인(仁)을 실천하는 전제조건임을 강조하였다.[73]

전술한 바와 같이, 공자(孔子, BC 551~479)와 맹자(孟子, BC 372~289)는 삶을 위한 경제적 조건을 덕치(德治)의 선결조건으로 중시하고 있다. 공자(孔子)는 덕(德)을 베풀어 백성을 모이게 하되 모인 다음에는 우선 그들을 보우하게 해야 하고(경제적 조건, 즉 恒産, 食이

참조).

71) 「孟子」, 梁惠王章句 上, 3장, "… 養生喪死 無感 王道之始也…"

72) 「孟子」, 梁惠王章句 上, 7장, "… 明君 制民之産 必使仰足以事父母 俯民以畜妻子 樂歲飽食 凶年免於死亡…"

73) 「孟子」, 盡心章句 上, "… 菽栗如水火 而民焉有不仁者乎"

우선), 그 다음에 그들을 가르쳐야 한다고 역설했다(교육 중시).[74] 여기서 유의할 것은 유교(儒教)는 윤리(禮)와 교육(學)조차도 경제적 조건(食)이 이루어진 다음의 일임을 일깨우고 있다는 점이다.

요컨대, 고전적 유교에서 추구하는 위민(爲民)사상의 궁극적 이상은 정치적으로든 혹은 경제적으로든 실질적인 평등주의(平等主義)를 추구하는 것이다.[75] 맹자(孟子)는 "모든 사람이 요순(堯舜)이 될 수 있고, 거리의 모든 사람이 성인(聖人)이다"[76]라는 평등의식을 표방함으로써 신분과 계층에 의한 사람의 차별을 경계하고자 하였다. 여기에 다시 생산수단인 토지의 균등분배와 지배계층의 근검절약을 통한 일반 백성의 구제를 정책이념으로 제시했다.

여기서 유의할 것은 고전적 유교는 법치(法治)보다 덕치(德治)에 더 치중하고 법치(法治)를 하더라도 덕(德)과 예(禮)의 기초 위에서 행해진다면 사회 안정을 도모할 수 있다고 한다. 왜냐하면 도덕(道德)이 바로 서면 법·질서 유지를 위한 사회적 비용이 줄어들고 공공조직이 효율성은 높아지기 때문이다. 즉, 도덕이 바로 서면 부정부패가 줄어들고 백성은 서로 믿고 존중하는 삶의 가치를 실현할 수 있다는 것이다.

[공생주의(共生主義) 경제철학: 井田制(토지균등배분)]

「論語」의 學而編에는 절약하여 쓰고 남는 것은 남을 위해 베푸는 공생(共生)의 미덕으로서 "節用以愛人"을 서술하고 있다. 그 외에도 논어(論語)에 나타난 인(仁)의 실천방법은 남을 먼저 배려하고 남과 더불어 살아가는 공생(共生)의 미덕을 강조하고 있다. 이와 같이, 서구 자본주의 사상은 이기심(利己心)에 기초하고 있는 반면에, 유교(儒教) 사상은 이타심(利他心)에 기초하고 있다.

유교(儒教)의 정치이념은 개인의 안녕보다 사회공동체의 안정 및 발전을 우선적으로 도모하는 공생(共生)주의의 실현에 목적을 두고 있다. 이를 위해 부유층과 지배계층이 우선 절약과 검도를 실천하며 가난한 계층을 지원하고 국가적으로는 균등한 분배제도를 실시함으로써 모든 백성이 더불어 잘 살아갈 수 있도록 하자는 것이다.

맹자(孟子, BC 372~289)는 통치자가 '인정(仁政)'을 베풀어야 민심(民心)을 얻을 수 있다고 가르쳤다. 인정(仁政)이란 어떠한 것인가? 그것은 민생의 경제적 안정에서 출발하고 있다. 이를 위하여, 맹자(孟子)는 정전법(井田法)을 시행하여 토지의 경계(境界)를 바로 잡아

74) 「논어」 子路편, 9장.

75) 余英時, 김병환 역, 「동양적 가치의 재발견」, 동아시아, 2007, p. 128.

76) 「孟子」, 告子 下, "人皆可以堯舜, 滿街皆是聖人".

야 한다고 주장하였다.[77)]

'정전법(井田法)'이란 9백 묘의 농지를 정자형으로 9등분하여 중앙의 1백 묘를 공전(公田)으로 하고 나머지 8백 묘를 8호의 농가에 1백 묘씩 사전(私田)으로 나누어준다. 8호의 농가는 공동으로 공전(公田)을 경작하여 여기에서 나온 수확물을 조세로써 바치고 사전(私田)의 수확은 모두 각 호의 소유로 하는 제도이다.

맹자(孟子, BC 372~289)는 *"… 경계(境界)가 바르지 않으면 경전(耕田)이 고르지 않고 경전(耕田)이 고르지 못하면 곡록(穀祿)이 고르지 못하므로 政治는 반드시 경계를 정하는 것부터 시작해야 한다"*[78)]고 하여 토지의 균등분배가 치세(治世)의 근본임을 말하고 있다.

사실, 토지의 균등분배사상은 공자(孔子)와 맹자(孟子)뿐만 아니라 조선(朝鮮)의 실학파(實學派)에 이르기까지 강조되었던 사상이다. 유교(儒敎)의 토지 균등분배 사상은 「論語」에 잘 기술되고 있다: *"… 국가를 다스리는 사람은 적은 것을 걱정하지 말고 분배가 고르지 못한 것을 걱정하며, 가난한 것을 걱정하지 말고 평안하지 못한 것을 걱정하라. 대개 분배가 균등하면 가난이 없고 서로 화합하면 적은 것이 문제되지 않는다…"*[79)]라고 하여 균등분배가 나라를 다스리고 평안을 유지하는 데 요체가 됨을 강조하고 있다.

여기서 유의할 것은 다음과 같다: 맹자(孟子)는 균등분배를 위한 제도로서 경자유전(耕者有田) 원칙에 입각한 정전제(井田制)를 주장한 것은 생산물(소득)의 균등분배가 아니라 생산수단(토지)의 균등분배라는 점이다. 이러한 맹자(孟子)의 균등분배 사상은 "無恒産 無恒心"론과 함께 민본주의(民本主義)의 실천을 나타내는 경제사상이라고 말할 수 있다.

② 서양(西洋)의 정의관(正義觀)

● 플라톤(Plato, BC 427~347)의 '정의론(正義論)'

플라톤(Plato, BC 427~347)은 그의 저서 「국가론」(Politeia)과 「법률」(Nomoi)에서 공동선(共同善, the common good)을 '사회적 정의(Social Justice)'로 규정하고 '국가형성이론'을 제시하면서 어떻게 '정의로운 국가'를 건설할 수 있는가를 다음과 같이 설명하였다: 정의(正義)는 2가지 관점: ① 개인적 정의(個人的 正義)와 ② 사회적 정의(社會的 正義)로 각각 설명될 수 있다.[80)]

---

77) 「孟子」, 滕文公 上편 3장, "方里而井, 井九百畝, 其中爲公田, 八家皆私百畝, 同養公田"

78) 「孟子」, 滕文公上, "… 夫仁正 必自經界始 經界不正 井地不均 穀祿不平…"

79) 「論語」, 李氏編, "… 有國 有家者 不患寡 而患不均 不患貧而患不安 蓋均無貧, 和無寡 安無傾"

80) 이환 역(2006), 플라톤, 「국가론」(이상국가를 찾아가는 끝없는 여정), 이환 옮김, 돋을새김; 철학문화연

우선, '개인적 정의(個人的 正義)'는 각 개인이 그의 능력을 최대한으로 발달시켰을 때, 즉 자신의 본성을 우수한 상태로 개발하였을 때 이루어진다. 그런데 인간 영혼(靈魂)의 본질은 3개, 즉 욕망·기백·이성으로 구성된다. 비록 모든 사회구성원들이 골고루 영혼(靈魂)의 세 부분(욕망, 기백, 이성)을 소유하고 있다고 할지라도 개개인에 따라 어느 한 부분이 다른 부분보다 월등한 경우가 있다. 이렇게 특출한 부분을 발견하고 잘 교육시키는 것이 '개인적 정의(個人的 正義)', 즉 '영혼(靈魂)의 덕(德)'을 성취하는 것임과 동시에 '사회적 정의(社會的 正義)를 이루는 것이다. 따라서 '개인적 정의(個人的 正義)'와 '사회적 정의(社會的 正義)'는 서로 다른 두 개의 독립된 실체가 아니라 '서로 다른 속성(屬性)을 갖는 하나의 실체(實體)', 즉 '정의(正義)'라고 주장했었다.

다시 말하면, 플라톤(Plato, BC 427~347)은 '덕(德) = 지식(知識)'이란 명제(命題)의 의미를 연장하여 사회구성원의 교육(教育)을 통하여 '개인적 정의(個人的 正義)'와 '사회적 정의(社會的 正義)'가 유기체적으로 연관되었을 때 정의(正義)가 실현될 수 있다고 주장하였다. 즉, 개인의 이익(利益)보다 공동체의 공익(公益)을 추구하라는 것이다.

상기의 개념을 연장하여, 플라톤(Plato)은 '정의로운 국가'란 국가가 필요로 하는 모든 종류의 전문가들이 전체적 연관(경제체제) 내에서 조화로운 상호보완적 관계를 통하여 '경제적 효율성(Economic Efficiency)', 즉 '개인적 정의(個人的 正義)'의 합산인 '사회적 정의(社會的 正義)'를 실현할 수 있도록 통치자가 이를 관리·운영·조정하는 국가라고 정의했었다. 여기서 유의할 것은 '플라톤 철학(Platoism)'에서는 '사회적 정의(Social Justice)'와 '경제적 효율성(Economic Efficiency)'이 공존(共存)한다는 점이다.

● 토마스 홉스(Thomas Hobbes, 1588~1679)의 '정의론(正義論)': 준법(遵法)

토마스 홉스(Thomas Hobbes, 1588~1679)는 사회계약론(社會契約論)에 입각하여 국가(國家)를 정당화하려고 했던 최초의 근대철학자였다. 그는 자신의 주저 「리바이어던」(Leviadan)에서 다음과 같이 주장했다: '자연상태(自然狀態)'란 '만인에 대한 만인의 투쟁' 혹은 '전쟁상태'이다.

자연상태(自然狀態)의 인간들은 자신과 자신의 재산을 외부의 강력한 위협으로부터 보존하려는 본능적인 욕망을 가지고 있다. 상호 불신과 선제공격으로 점철될 수밖에 없는 자연상태(自然狀態)에서 인간은 자기 자신뿐만 아니라 자신의 소유물을 보존하기 어렵게 된다. 이 상황으로부터 모든 갈등과 대립을 종식시켜 줄 공통적인 권위, 즉 주권에 대한 필요성을 절감했다. 「구약성경」에 등장하는 바다 괴물 '리바이어던(Leviadan)'으로 묘사된

구소(1990), 「철학과 현실 1990 겨울호」, 철학문화연구소.

국가가 탄생하게 된 것은 바로 이런 과정을 통해서였다.

토마스 홉스(Thomas Hobbes, 1588~1679)에 의하면 자연상태(自然狀態)의 공포를 해소하기 위해서 개인들의 상호계약을 맺어 자신들의 권력을 한곳으로 모아주게 되었다는 것이다. 이것이 바로 리바이어던(Leviadan), 즉 '국가(國家)'가 탄생한 근본적인 이유라고 설명한다. 그의 이야기가 타당하다면, 인간은 드디어 국가라는 공통적 권위에 의해 무질서와 전쟁을 종식시키면서 '문명상태'로 이행하는 데 성공하게 된다는 것이다.

상기한 전제하에서, 토마스 홉스(Thomas Hobbes, 1588~1679)는 정의(正義)란 법(法)을 준수하는 것이라고 규정하고 '사법적 정의(Judicial Justice)'를 주장했었다. 즉, 법(法)이 정의(正義)보다 우선적이라는 것이다. 왜냐하면 법률(法律)이 무너질 때 평화(平和)는 무너지고 이성(理性)은 약화되어 사람들은 '약육강식(弱肉強食)의 자연상태', 즉 '만인(萬人)의 만인에 대한 투쟁'으로 돌아갈 수밖에 없기 때문이라고 한다. 그는 '법 앞의 평등', 즉 '사법적 정의'가 실질적으로 발전친화적인 공정(公正)의 잣대가 되기 위해서는 다음과 같은 2가지 전제가 충족되어야 한다고 주장했었다:

① 법(法)의 내용이 공정(公正)해야 한다. 시장경제에서의 공정(公正)은 부(富)의 창출에 기여한 만큼 보상받는 것을 의미한다.

② 법(法)의 집행이 공정(公正)해야 한다. 지위 고하(高下)와 빈부(貧富) 귀천(貴賤)에 관계없이 법(法) 앞에 어떤 차별도 있어서는 안 된다. 이것이 공정사회 및 신뢰사회의 기초이다. 이러한 조건이 충족되는 경기규칙(즉 제도)하에서는 시장의 동기부여 기능이 비로소 활성화되어 발전의 역동성을 유지할 수 있다.

여기서 유의할 것은 토마스 홉스(Thomas Hobbes, 1588~1679)의 '정의론(正義論)', 즉 법(法)을 준수하는 것이 정의(正義)라는 것은 어디까지나 법(法)이 정당한 경우 즉 정의(正義)로운 경우를 전제하고 있다는 점이다.

● 데이비드 흄(David Hume, 1588~1679): '공감(共感) = 정의(正義)'

전술한 사회계약론(社會契約論)이 하나의 진리인 것처럼 통용되던 시대에서, 경험주의(Empiricism)의 창시자인 데이비드 흄(David Hume, 1711~1776)은 사회계약론(社會契約論)이란 허구(虛構)라고 공격했다. 그는 그의 저서 「Essays on Moral, Political and Literary」(1748년)에 실려 있는 그의 논문 "원초적 계약에 대하여(Of the Original Contracts)"에서 다음과 같이 사회계약론(社會契約論)을 비판했다: 만약 진정으로 사회계약(社會契約)이 가능하려면, 모든 사람들이 자유롭게 주어진 국가나 사회를 떠나 살 수 있어야 한다. 나아가, 인간이 어떤 사회에 참여하는 것 자체가 비(非)자발적이다. 우리는 국가나 사회를 자발적으로 선택하는 것이 아니라, 주어진 국가나 사회에 맹목적으로 던져지면서 훈육되는 존재일 뿐이다. 즉, 우리는 자유롭게 자신들이 몸담을 공동체를 선택할 수 없을 뿐만 아니라, 경제적 비참함이 극복되지 않을 경우 이러한 부자유의 상태는 영원히 지속될 수밖에 없다.

만약 우리가 숲과 사막 속에서 정부의 첫 번째 기원으로 정부를 추적한다면, 자발적으로, 평화와 질서를 위해 사람들의 자연적인 자유를 부정하고 그들이 따르기를 희망하고 있었던 조건들은 이미 표현되었거나 그 조건들을 표현하는 데 불필요할 정도로 명확하고 뚜렷하다. 만약 이것이 최초의 계약(original contract)에 의해 의미가 지어진다면, 모든 정부는 계약 위에 기초를 다지며 이 계약에 의해 형성된다는 것을 부인할 수 없다. 그러나 최초의 계약(original contract)은 양피지나 나뭇잎, 나무껍질에도 쓰여 있지 않다. 한 사람의 자연적인 힘은 단지 그의 팔다리의 체력과 그의 용기의 확고함으로만 구성된다. 현재 존재하거나 역사의 어떤 기록에라도 남은 거의 모든 정부들은 강탈이나 정복 혹은 이 두 가지 모두에 기원해 기초하지, 어떤 계약에 기초하진 않는다.

지구의 표면은 작은 왕국이 큰 제국으로 증대하는 것, 큰 제국이 작은 왕국으로 소멸하는 것, 식민지의 연결, 종족의 이주 등에 의해 지속적으로 바뀌고 있다. 이 사건들 속에서 힘과 폭력 이외에 발견할 수 있는 어떤 것이 있는가? 그들이 주장하는 상호 간 동의와 자발적 연합은 어디에 있는가?

상기한 비판을 전제로, 경험주의(Empiricism)의 창시자인 데이비드 흄(David Hume, 1711~1776)과 「국부론」(1776년)을 제시했던 아담 스미스(Adam Smith, 1723~1790)는 모두 정의(正義)를 도덕적 승인을 위한 근거인 공감(共感)이라고 정의했었다. 전자(데이비드 흄)는 '도덕적 승인'을 위한 근거로서 정의(正義)를, 후자(아담 스미스)는 '경제적 효율성'을 위한 조건으로서 사회정의(Social Justice)를 각각 주장했다.

● 아담 스미스(Adam Smith, 1723~1790)의 '정의론'(正義論): 「도덕감성론」(1759년) · 「국부론」(1776년) · 「법학강의」(1762년)

'경제학의 아버지'로 불리우는 아담 스미스(Adam Smith, 1723~1790)는 그의 저서 「도덕감성론」(1759년) · 「국부론」(1776년) · 「법학강의」(1762년)에서 정의(正義)는 신체 · 명예 · 재산 등과 관련한 타인의 권리를 존중할 때 성립한다고,[81] 사회적 덕목으로서 '사회적 정의

81) 「국부론」(1776년)을 제시했던 아담 스미스(Adam Smith, 1723~1790)뿐만 아니라 경험주의(Empiricism)

(社會的 正義)'를 유지한다는 것은 사회의 존립을 위한 토대가 될 뿐만 아니라 '경제적 효율성'을 담보하는 핵심적 요소가 된다고 각각 주장했다.

아담 스미스(Adam Smith, 1723~1790)는 그의 「도덕감성론」(1759년)에서 정의(正義)를 사회라는 '건축물의 기초를 이루는 대들보'로서 다음과 같이 비유했다: *"사회는 부단히 서로를 해치고 해(害)를 입히려고 하는 사람들 사이에서는 존립할 수 없다. … 정의는 사회라는 크나큰 건축물을 지탱하는 대지주(大支柱)이다. 만일 정의가 제거된다면 인간 사회라는 거대한 구조물은 … 순식간에 산산이 부서질 것임은 분명하다"*(Adam Smith, 1759, p. 86).

그렇다면, 아담 스미스(Adam Smith, 1723~1790)의 사회과학 체계에서 정의(正義)란 무엇이고 어디에 그 기초를 두고 있는가? 아담 스미스(Adam Smith)는 그의 저서 「도덕감성론」(1759년)에서 정의(正義)의 개념과 기초를 다음과 같이 밝혔다: 정의(正義)는 신체·명예·재산 등과 관련한 타인의 권리를 존중할 때 성립하며, 그것의 개념은 자연이 부여한 인간 본성, 즉 개인·가족·국민으로서 관련당사자가 입은 침해에 대해 피해자가 느끼는 '분개심(resentment)'에 대한 공정한 관찰자의 '공감(sympathy, 共感)'에 그 근간을 두고 형성되는 덕목(virtue)이다. 즉, 타인에게 위해를 가하는 가해자의 행동은 자연적으로 피해자의 분개심을 유발하고, 공정한 관찰자는 피해자에 대해 공감을 하거나 또는 가해자에게 반감(反感, antipathy)의 감정을 가지게 된다는 것이다: *"분개심(憤慨心)은 방어를 위해서 그리고 오직 방어를 위해서 자연이 우리에게 부여한 듯하다. 그것은 정의(正義)를 지키는 보호 장치이며 죄 없는 사람을 지키는 안전장치이다. 그것은 우리로 하여금 우리에게 가해지는 해악을 물리치고 이미 가해진 것에 대해서는 보복을 하도록 촉구한다"*(Adam Smith, 1759, p. 79).

상기한 아담 스미스(Adam Smith, 1723~1790)의 '정의론(正義論)'에서 다음과 같은 점들에 유의할 필요가 있다(박세일, 1989; 김광수, 2003):

의 창시자인 데이비드 흄(David Hume, 1711~1776)도 정의(正義)를 '도덕적 승인을 위한 근거인 공감(共感)'이라고 정의(定義)했었다. 전자(아담 스미스)는 '경제적 효율성(Economic Efficiency)'을 위한 조건으로서 사회적 정의(Social Justice)를, 후자(데이비드 흄)는 '도덕적 승인'을 위한 근거로서 정의(正義)를 각각 주장했다. Smith, Adam(1759), The Theory of Moral Sentiments, edited by D. D. Raphael and A.L.Smith, Adam(1776), An Inquiry into the Nature and Causes of the Wealth of Nations, edited by Campbell and Skinner(Glasgow Edition, 1976), Clarendon Press; Smith, Adam(1778), Lectures on Jurisprudence, edited by R.L. Meek, D. D. Raphael, and P. G. Stein(Glasgow Edition, 1976), Clarendon Press; 박세일(1989), "아담 스미스의 도덕철학체계", [아담 스미스 연구], pp. 26~62. 민음사; 김성호 옮김(2003), 「서양 윤리학사」, 서울: 서광사.

첫째, 정의(正義)는 소극적 미덕(negative virtue)이라는 점이다. 가해자에 의한 신체상 및 재산상 침해가 발생한 이후 공정한 관찰자의 피해자에 대한 동감과 가해자에 대한 반감이 표출되는 경우 정의감은 성립한다. 이는 정의(正義)가 타인에게 위해를 가하지 않으면 성립하지 않는 '소극적 덕목'임을 보여준다. 따라서 정의(正義)는 타인에게 이익을 베푸는 경우 성립하는 자혜(benevolence)와 같은 적극적 덕목과는 구분된다.

둘째, 정의(正義)는 다른 덕목들과는 달리 행위자의 처벌(punishment)에 대한 공감에 근거하고 있다. 그러므로 정의(正義)의 준수 및 구현은 사람들의 자유의지에 맡겨져 있지 않고 구속력과 강제력을 지닐 수밖에 없다. 또한 이러한 특성 때문에 정의(正義)의 준수라고 하는 과제는 어떤 예외도 없이 엄격하고 정확하게 집행되어야 한다.

"정의(正義)의 원칙은 가장 엄격하고 정확해야 하며 조금이라도 예외나 수정이 허용되어서는 안 된다. 정의(正義)의 원칙은 마치 문법의 원칙과 유사하다"(Adam Smith, 1759, p. 175).

셋째, 사람들이 느끼는 정의감은 강제력으로 구현하되 정확성과 엄격성을 지녀야 하기 때문에, 정의(正義)를 집행하고 불의(不義)를 예방할 제3자적 집단으로서의 국가의 존재 및 활동은 불가피하다. 즉, 정의(正義)가 국가의 법률과 정책에 의해 고도의 정확성과 엄밀성을 가지고 실행되어야 한다.

여기서 유의할 것은 다음과 같다: 아담 스미스(Adam Smith, 1723~1790)는 그의 논문 「도덕감성론」(1759년)·「국부론」(1776년)·「법학강의」(1762년)에서 사회적 정의(Social Justice)와 경제적 효율성(Economic Efficiency)이 '공존'한다는 점이다. 그는 사회적 덕목으로서 사회적 정의(Social Justice)를 유지한다는 것은 사회 존립의 토대가 될 뿐만 아니라 경제적 효율성(Economic Efficiency)을 담보하는 핵심적 요소가 된다고 주장했다. 「국부론」(1776년)의 제5편은 사회적 정의(Social Justice)와 경제적 효율성(Economic Efficiency)의 연관성을 압축적으로 표현하고 있다(김광수, 2003): *"정의(正義)의 조직적 집행이 시행되지 않는 어떠한 국가에서도, 국민들이 재산의 소유에서 불안함을 느끼는 어떠한 국가에서도, 계약이 법률에 의하여 보호받지 못하는 어떠한 국가에서도, 국가의 공권력이 지불할 능력을 지닌 사람들로 하여금 채무를 변제하도록 강제할 수 없는 어떠한 국가에서도 상업과 제조업이 장기적으로 번성한다는 일은 거의 발생할 수 없다"*(Adam Smith, 1776, p. 910).

그렇다면, 사회적 정의(Social Justice)는 어떤 메커니즘에 의해 경제적 효율성(Economic Efficiency)에 직접적인 영향을 미치는가? 이에 대한 아담 스미스(Adam Smith)의 답변은 다음과 같다(김광수, 2003): 사람들의 생활개선 본능과 교환 성향은 시장과정을 통해 자원배분의 효율성을 촉진시키며, 자신의 생활 상태를 개선하려는 태생적 본능과 교환 성향은 사회구성원들로 하여금 분업과 교환에 나서게 하고, 시장거래를 통해 경쟁을 촉진함으로써 자원의 효율적 배분에 기여한다는 것이다. 상술하면, 다음과 같다.

첫째, 교환적 정의(commutative justice)가 존재하지 않는 경우에 초래되는 사회적 무질서와 혼란은 경제활동의 존립 기반 자체를 빼앗는다. 최소한의 교환적 정의가 준수되지 않을 때, 사회 혼란과 생명의 위협은 분업과 교환·거래 등 상호 협력과 신뢰의 토대 위에서 성립하는 경제활동을 전적으로 가로막는다.

"사회는 항상 서로를 해치고 상처를 주려고 하는 사람들 사이에서는 존립할 수 없다. 서로에 대한 가해행위가 시작되는 순간, 서로에 대한 분개와 증오가 나타나는 순간에는 사회의 모든 연대관계는 산산이 부서지고 그 사회의 모든 구성원들은 그들의 상호 모순되는 감정의 폭력성과 대립성에 의하여 말하자면 밖으로 흩어지고 분산되기 마련이다"(Adam Smith, 1759, p. 163).

둘째, 교환적 정의(commutative justice) 가운데 재산권 보호에 의해 안전(security)이 보장되면 경제활동의 효율성이 증진된다. 이는 경제활동을 영위하고자 하는 생활개선 심리를 강하게 자극하는 데서 비롯된다.

"자유와 안전이 보장될 경우 자신의 생활여건을 개선시키려는 모든 개인의 자연적 노력은 매우 강력한 추진원리로서 작용하기 때문에, 어떠한 다른 도움 없이도 사회의 부와 번영을 가져올 뿐만 아니라, 인정법(human laws)이 어리석게도 너무 빈번히 만들어 내는 수많은 장애물을 극복할 수 있다"(Adam Smith, 1776, p. 540).

"자신의 근로의 과실을 안전하게 향유할 수 있을 때, 사람들은 자연히 자신의 생활상태를 개선하려고 전력을 다하며, 생활의 필수품만이 아니라 편의품·사치품을 획득하려고 노력한다"(Adam Smith, 1776, p. 405).

다시 말하면, 재산권에 대한 안전이 보장될 때, 사람들은 생존의 유지에 적합한 단순재생산 수준에 머무르지 않고 확대재생산을 위해 경제활동에 더욱 의욕적으로 종사하게 된다. 또한 생산물의 분배분은 절약과 자본축적을 통해 재투자되고 생산성과 수요를 증대시켜 계기적으로 경제성장을 유인한다(cf. Adam Smith, 1776, pp. 335~6; 341~3). 이와 반대로, 재산권에 대한 침해로 인해 안전(Security)이 보장될 수 없을 때 사람들은 경제활동을 영위하고자 하는 의욕을 상실한다.

"(부(富)의 진보가 지체되는) 또 다른 원인은 시민정부의 속성에 있다. 자주 지적되는 것처럼 사회의 초기에는 명백히도 정부가 약하고 무력했으며, 오랜 시간이 경과해서야 정

부의 권위가 이웃들의 약탈로부터 개인의 근면을 보호해줄 수 있었다. 사람들은 자신이 소유하고 있는 모든 것을 빼앗길 위험에 처할 때마다 근면의 의지를 상실한다. … 부(富)의 진보를 저해하는 요인 중 이보다 더한 장애물은 없다"(Adam Smith, 1978, p. 522).

셋째, 교환적 정의(commutative justice)를 구성하는 개인의 신체적 자유(liberty)에 대한 보장은 경제적 효율성을 높이는 극히 중요한 토대로 작용한다. 신체에 관한 권리인 자유는 인간행위와 제도에 우선하는 자연권(natural rights)이다: *"남에게 피해를 주지 않는 경우 자신이 하고자 하는 바대로 자신의 신체를 자유로이 사용할 수 있는 권리"*(Adam Smith, 1978, p. 8).

다시 말하면, '교환적 정의(commutative justice)'로서의 자유의 보장은 경제의 영역에서 경제활동의 자유를 부여하고 소유재산의 자발적인 교환을 허용한다는 것을 의미한다. 이것은 아담 스미스(Adam Smith)가 「국부론」(1776년)에서 강조한 자유경쟁의 제도적 원천이다.

아담 스미스(Adam Smith)는 경쟁이 사회적 차원에서 시장가격을 결정하는 규제원리로서 작용하여 생산물의 시장가격을 '자연가격(natural price)' 수준으로 수렴하게 하는 경향이 있다고 사유했다. 자유로운 경쟁은 모든 생산물의 시장가격을 경제학적 이윤이 최소화되는 가격수준으로 수렴하게 만든다는 것이다.[82] 경쟁에 의한 시장가격의 자연가격으로의 수렴 및 산업 간 이윤율 균등화는 사회적인 관점에서 '자원배분의 효율성'을 이루었다는 것을 의미한다.

아담 스미스(Adam Smith)의 '자유경쟁론'은 상품의 가격을 '자유경쟁(free competition)의 가격(Adam Smith, 1776, p. 78)인 '자연가격(natural price)'으로 수렴하게 함으로써, 자원이 시장가치가 가장 큰 용도로 사용되도록 하여 경제적 효율성(economic efficiency)을 가져온다는 것이다. 이와 더불어, 자유경쟁(自由競爭)은 경쟁적 기업보다 비교우위를 가지기 위해 생산자들 간에 혁신(분업과 기술진보)을 촉진시키고 경제성장을 촉진한다는 것이다(Adam Smith, 1776, p. 748).

아담 스미스(Adam Smith, 1723~1790)는 그의 「국가론」에서 국가의 법률체계는 기본적으로 사람들의 내면적인 도덕감성의 작용에 바탕을 둔 정의(正義)의 원리에 근거하여 입법되고 그 실현을 목적으로 집행되며 사회질서의 안정을 도모해야 한다고 주장했다. 그리고 국가의 가장 중요한 임무는 시민들의 정의(正義) 감정에 입각하여 생명과 신체, 재산과

82) 아담 스미스(Adam Smith)는 '자연가격(natural price)'을 '자유경쟁의 가격(price of free competition)'이며, '판매자가 통상적으로 수용할 수 있으며 동시에 자기의 사업을 지속할 수 있는 최저가격(Smith, 1776, pp. 78~9)으로 지칭한다.

소유물, 계약 등 권리를 보호하고 자유로운 교환을 보장하는 적절한 법률제도를 유지하는 것이라고 주장했다. 따라서 윤리학과 연관되지만 이와는 구분되는 법학의 영역, 즉 국가의 실정법(實定法) 체계를 다루는 분야의 문제가 제기된다.

아담 스미스(Adam Smith, 1723~1790)은 그의 저서 「법학강의」(1762년)에서 법학(法學)은 단순히 법의 해석을 다루는 '협의의 법학'이 아니라는 점이다. 그는 '법학(法學)'을 다음과 같이 정의했다(김광수, 2003): *"모든 국가의 법에 일관적으로 적용되어야 하고 또한 그 법의 기초가 되는 일반 원리에 대한 이론"*(Adam Smith, 1759, p. 341) 또는 *"시민 정부가 지침으로 삼아야 하는 원칙에 관한 이론이다"*(Adam Smith, 1978, p. 5).

따라서 법학(法學)의 대상과 과제는 자연법(自然法)의 차원에서 국가의 법과 통치를 지배하는 원리를 토대로 하여 국가의 실정법(實定法)의 체계를 역사적으로 고찰하거나 또는 비판적으로 검토한 후, 궁극적으로 국가정책의 관점에서 대안을 제시하는 것이다. 아담 스미스(Adam Smith)는 실정법(實定法) 체계의 이상적 형태는 사회의 집단적 공감(共感)에 부응하는 것이라고 주장했다.

다른 한편으로, 아담 스미스(Adam Smith)의 「법학강의」(1762년)는 국가의 법률체계를 크게 5가지 영역으로 구분한다. 이는 국가의 실정법(實定法) 체계를 세분하여 열거한 것으로서 5개의 영역, 즉 정의, 내정(행정), 국가세입, 군비, 국제법 등이 거론된다. 이상의 영역을 그가 거론하는 법과 통치의 두 가지 일반원리에 따라 두 개의 범주로 다음과 같이 구분할 수 있다:

첫 번째 일반원리는 정의(正義)의 원리에 기초한 '정의의 법률체계'하에 분류할 수 있는 것으로, 공법(公法), 사법(私法), 가족법(家族法) 등 정의(正義)의 국내법 체계 외에 전시 및 평화시 국가 간의 관계를 다루는 국제법(國際法) 등 대체로 국가의 사법(司法) 정책과 활동을 다루는 영역이다.

두 번째의 일반원리는 법과 통치와 관련된 국가권력이 (정의의 제약조건하에서) 편의 또는 사회적 효용을 추구하기 위해, 즉 사회가 요구하는 특정목적의 정책을 수행하기 위해 입법하는 '행정일반(內政一般)의 법률체계'이다. 이러한 법률체계는 '저렴과 풍부, 안녕과 청결' 등의 경제·사회문제를 취급하는 행정, 재산세, 소비세, 공채 문제를 거론하는 국가세입(재정), 민병대와 상비군의 문제를 다루는 군비(국방)의 법률에 대한 부분 등 다수의 국정과제를 포함한다.

여기서 유의할 것은, 정의(正義)의 법률체계에서 권리는 한 인간(개인)으로서, 가족의 일원으로서, 국가의 구성원으로서 논의할 수 있기 때문에 사법(private law), 가족법

(domestic law), 공법(public law)의 영역으로 나누어진다는 점이다.

첫째, 개인(person)적 차원의 권리를 다루는 사법(私法)은 신체, 명예, 재산상의 권리로 구분하여 다루고 있다.[83]

둘째, 가족법(家族法)의 영역에서는 부부, 부자, 주인과 하인, 후견인과 피후견인, 가족 내에서의 권리침해와 처벌의 문제를 역사적으로 거론한다.

셋째, 공법(公法)에서는 국가의 구성원으로서의 권리 및 그 침해와 관련하여 정치적·공공의 자유(liberty) 및 권리의 전개·확대의 과정을 역사적으로 고찰한다. 즉, 고대로부터 근대 시민사회에 이르는 역사적 과정 속에서 각종 국가 통치형태(군주정치, 귀족정치, 민주정치, 절대왕정 등)의 성립과 이러한 통치형태 속에서의 정치적 자유 및 권리의 실현 여부를 고찰한다.

(2) 행복(幸福)과 '행복한 사회(A Happy Society)'

다음으로, '행복(幸福)'이란 무엇인가? 이에 대한 해답을 동·서양 철학으로 나누어 설명하고. 그 다음에 '행복'·'정의'와 '자유'·'평등'의 상호관련성을 각각 논술하고자 한다(그림 Ⅲ-6 참조).

① 동양(東洋)의 행복관(幸福觀)

● 상고시대 「서경」(書經)의 오복(五福, The Five Blessings)

우선, 동양의 '행복론(幸福論)'은 「서경」(書經)의 「홍범편」(弘範編)에 '오복(五福, The Five Blessings)'으로 서술되어 있다: 5가지 복(福)이란 수(壽, Longevity)·부(富, Wealth)·강녕(康寧, Health)·유호덕(攸好德, Love of Virtue)·고종명(考終命, Peaceful Death)을 말한다.[84]

여기서 수(壽)는 장수(長壽)를 원하는 소망을, 부(富)는 부유하고 풍족하게 살기를 바라는 소망을, 강녕(康寧)은 일생 동안 건강하게 살고자 하는 욕망을 각각 나타낸다. 유호덕(攸好德)은 오래 살고 풍족하고 몸마저 건강하면 그 다음에는 이웃이나 다른 사람들을 위하여 보람 있는 봉사를 하는 것, 즉 덕(德)을 쌓는 것을 의미한다. 고종명(考終命)은 깨끗

83) 사법(私法) 부분에서는, 예로서, 선점, 첨부, 시효취득, 상속, 임의양도 등 재산권의 취득형태를 구분하고, 그 같은 권리 성립의 계기가 역사발전단계에서의 당사자의 합리적 기대와 이에 대한 공정한 관찰자의 동감(정의감)에 기초하거나 또는 처벌(불법행위)의 경우에는 권리침해와 분개심에 대한 반감(불의)에서 비롯되었음을 지적한다.

84) 한편, 「통속편(通俗編)」에 나오는데 오복(五福)은 수(壽)·부(富)·귀(貴)·강녕(康寧)·자손중다(子孫衆多)로 구성된다.

한 죽음을 뜻한다. 즉, 모든 사회적인 소망을 달성하고 남을 위하여 봉사한 후에는 객지가 아닌 자기 집에서 편안히 일생을 마치기를 바라는 것이다.

[그림 Ⅲ-6] '행복(幸福, Happiness)'을 위한 사상 · 철학적 기초

철학	• Aristotle(BC 384~322)의 윤리학: '행복론' '행복'이란 물질적 수단으로 이루어지는 맹목적 쾌락이 아니라 정신적인 것으로 이루어지며 "幸福" = 理性 → 德 = 中庸 • Jeremy Bentham(量的 쾌락) → John Stuart Mill(質的 쾌락) • Thomas Aquinas(1225~1274)의 윤리학: '완전한(최고의) 행복' = '최고의 善'인 神의 은총 • Soren Aabye Kierkegaard(1813~1855): '불안'과 '절망'을 통해 '종교적 단계'의 이르러서야 비로소 완전하고 '참된 삶'을 실현
요소	「서경」의 '홍범편': '五福' ① 壽(Longetivity) ② 富(Wealth) ③ 康寧(Health) ④ 攸好德(Love of Virtue) ⑤ 考終命(Peaceful Death)
목표	林陽擇(2008, 2011, 2014), Yang-Taek Lim(2010, 2011) : '경제의 권리장전(자유주의적 평등주의자)': 개인의'선택의 자유'를 보장할 수 있는 물질적인 사회적 및 경제적 기본권 Bo Rothstein(1998): 「Just Institutional Matters: The Moral and Political Logic of the Welfare State」 국민이 자율적 개인으로 활동할 수 있도록 하기 위해서는 국가가 '숙고된 선택'을 가능케 하는 '기본적 능력'을 갖출 수 있는 권리를 개인에게 부여해야 한다. 인간중심주의(Anthropocentricism)에서 인간의 존엄성과 창의성을 위한 물질적 기본욕구로서 직장·주택·교육·의료·연금
지표	• 한국경제신문(2012.12.31., 글로벌리서치의 표본조사: 전국 만 19세 이상 성인 남녀 1,000명 대상) '행복하다': 33.1%; '보통이다': 47.9%; '행복하지 않다': 19.0% 행복하지 않는 이유로서 '경제적 여건': 56.5% '노력하지만 노력만큼 행복해지지 않는다': 41.4%; 그이유는 '사회구조의 문제': 40.4% • 경제협력개발기구(DECD)의 2011년 34개 회원국 대상으로 조사한 ' 행복지수'순위에서 한국은 26위 • UN이 2012년 4월 「세계행복보고서」에서 한국은 156개국 중 56위 • 미국 갤럽이 조사한 행복 순위는 148개국 중 한국은 97위 • OECD 부패지수 분석: 한국사회의 청렴도 41위(덴마크 1위, 핀란드 2위) • '경제적 행복'을 가로막는 가장 큰 장애요인(예: 현대경제연구원, 2015년): ① '노후준비 부족': 24.8%; ② '자녀교육 문제': 22.6%; ③ '주택 문제': 16.6%; ④ '일자리 부족': 16.3% • 세대별 불안감: 20대:'일자리 불안'(27.3%); 30대: '가계부채 불안'(28.1%); 40대: '자녀교육비 불안'(35.8%) 50대:'노후준비 부족'(25.3%); '60대: '소득 감소'(33.0%)

● 공자(孔子)와 맹자(孟子): 고대 유가(儒家) 사상

유가(儒家)에게 우주·자연은 최고선(最高善)이다. 유가(儒家)의 입장에서 볼 때, 인간은 우주·자연의 품에서 태어났기 때문에 그 모습을 닮는다. 인간도 우주·자연의 일부분이기

때문에 그 속성을 보존하고 태어나는 것이다. 그러므로 우주·자연에 깃든 생명력의 본질은 인간의 본질이 된다. 그 본질은 선천적으로 인간에게 주어진 도덕성(道德性)이고, 그렇기 때문에 인간의 본질은 선(善)하다.

모든 존재에 동일한 것은 본질이지 기질 혹은 마음이 아니다. 인간과 다른 존재의 차이는 실상 기질과 마음에서 발생한다. 유가(儒家)는 인간의 기질과 마음이 다른 어떤 존재보다도 뛰어나다고 생각하였다. 그렇기 때문에 인간은 어느 것보다도 자신에게 주어진 선천적 도덕성을 잘 발휘할 수 있는 '도덕적 존재'가 된다. 즉, 인간은 동물과 같이 욕망과 감정을 가지고 있지만 기질이 가장 깨끗하기 때문에 동물보다 순화된 욕망 및 감정 체계를 가지고 있으며, 다른 동물은 의식 주관이 발달하지 않았기 때문에 자신의 도덕적 본성을 반성하지 못하지만 인간은 의식 주관이 발달했기 때문에 자신의 도덕적 본성을 반성하며 그에 걸맞은 행동을 할 수 있다는 것이다.

따라서 마음이 인간의 본질을 향해 움직이는 것이 좋다는 것이다. 왜냐하면 마음이 인간의 본질을 자각하여 그 본질을 반영하는 행위를 선택한다는 것은 곧 우주·자연의 도덕성과 생명력을 살려내는 길이고, 그를 통해서 모든 만물을 길러내는 천지의 사업에 동참할 수 있기 때문이다.

요컨대, '인(仁)'은 공자(孔子)의 도덕론을 나타내는 핵심이다. 즉, '인(仁)'은 사람과 사람이 공감하고, 서로 통하게 하는 '인간애(人間愛)'의 근원이기 때문에 모든 선행의 바탕이 된다. 그리고 인간은 '사람다움'을 실현할 수 있다. 결국, '좋은 삶'이란 '예의 법도에 따라 사는 것'이다.

② 서양(西洋)의 행복관(幸福觀)

● 아리스토텔레스(Aristotle, BC 384~322)의 '행복론'

아리스토텔레스(Aristotle, BC 384~322)는 그의 저서 「니코마코스」(윤리학)의 '행복론'에서 '행복(幸福)'이란 '덕(德)을 동반하고 이성(理性)을 중심으로 움직이는 영혼의 활동'이라고 정의하고, 최고선(最高善)을 행복(幸福)과 동일시했다.[85] 또한 그의 '국가론'에서 '국가

85) 아리스토텔레스(Aristotle, BC 384~322)는 그의 「니코마코스」(윤리학)에서 행복(幸福)이 최고선(最高善)을 위한 3가지 기준을 만족시키기 때문에 최고선(最高善)이라는 결론을 내렸다: 첫째, 최고선(最高善)은 우리 인간이 오직 그것을 위하여 다른 모든 것을 추구하는 그러한 목적이어야 한다; 둘째, 최고선(最高善)은 무조건적으로 완전해야 한다. 최고선은 오직 그 자체로서만 가치를 지니며 다른 어떤 것에 대한 수단이어서는 안 된다; 셋째, 최고선(最高善)은 자기 충족적이어야 한다. 행복은 위 세 가지 조건을 모두 만족하고 있다. 행복은 우리 모두가 목표로 삼는 목적이며, 또 우리는 다른 어떤 것을 위해서

(國家)'의 목적(目的)이란 '善한 삶'을 보장하는 것이라고 갈파했다.

상술하면, 아리스토텔레스(Aristotle)는 행복(幸福)의 본질은 인간의 고유한 능력과 본성인 이성(理性)이다. 따라서 탁월한 인간은 자신의 고유한 능력의 활동을 통해 행위를 탁월하게 수행한다. 인간이 도달할 수 있는 최고선(最高善)인 행복(幸福)은 자기 활동의 '참된 탁월함'이라는 의미에서 정신적 활동이다. 따라서 행복은 인간이 자신의 본성을 실현하기 위한 지속적 활동이라는 점에서 행복(幸福)은 결국 한순간에 이루어지는 것이 아니라, 생애 전체를 통한 성공적 삶이다. 즉, 행복(幸福)은 우연에 의한 것이 아니고, 탁월함(德)의 학습과 훈련의 결과라는 것이다.

상기와 같이, 아리스토텔레스(Aristotle)는 행복(幸福)을 인간 고유의 능력과 본성인 이성(理性)이 탁월하게 발휘되는 활동으로 파악하였다. 즉, 그는 행복(幸福)을 어떤 추구할 만한 무엇을 가지고 있는 상태로 본 것이 아니라, 탁월함(德)에 따른 정신의 활동으로 정의하고 인간에게 고유한 일을 잘하는 것이 인간의 삶을 행복하게 만든다고 사유하였다. 즉, 인간은 유일하게 이성(理性)을 지닌 존재로서 윤리적 의무를 훌륭하게 수행하는 삶 속에서 행복(幸福)을 누릴 수 있다는 것이다.

다시 말하면, 인간은 '단지 살기 위해서가 아니라 잘 살기 위해서' 서로 단합하여 사회를 만들었으며, '행복(幸福)'이란 '올바른 방식의 행위'를 통해 얻을 수 있는 것이라고 아리스토텔레스(Aristotle)는 각각 설파했었다. 여기서 '올바른 방식의 행위'란 이성적(理性的)인 부분을 통해 비(非)이성적인 부분을 통제하는 것이라고 주장하였다. 즉, 이성(理性)은 비(非)이성적인 것을 적절히 조절하는 인내(忍耐)라는 것이다. 그리고 이성(理性)의 작용을 통해 얻을 수 있는 덕(德)이 바로 중용(中庸)이라는 것이다. 즉, '행복(幸福)'을 理性 → 德 = 中庸(The Golden Mean)[86]이라고 역설했다. 따라서 인간이 도달할 수 있는 '최상의 상태'란

행복을 의욕하지 않는다. 또한 행복을 더욱 가치 있는 것으로 만들기 위하여 다른 어떤 것을 더할 필요도 없다.

86) 사실, 중용(中庸)은 아리스토텔레스(Aristotle, BC 384~322)에 앞서 167년 전에 먼저 태어난 공자(孔子, BC 551~479)를 비롯한 고대 중국 성인(聖人: 孔子, 孟子. 荀子)의 유교 경전인 사서(四書: 중용·대학·논어·맹자) 중의 하나이다. 「중용」(中庸, Doctrine of the Mean)은 본래 「대학(大學)」과 함께 「예기」(禮記) 31편에 수록되어 있는데, 사서오경(四書五經)에 속하는 유교(儒敎) 경전(經典) 중 하나로 사람이 세상을 살아가는 데 있어서 지녀야 할 자세와 태도를 제시하고 있다. 「중용」(中庸)의 주요 내용은 성(誠), 중용(中庸), 중화(中和)이다. 성(誠)은 진실무망이고, 중용(中庸)은 치우치거나 기대지 않고 지나침도 모자람도 없는 평상의 이치다. 중화는 실천적 측면에서 중을 설명한 것이다. 희로애락이 일어나지 않는 상태를 중이라고 하며, 일어나고 모두 절도에 맞는 것을 화라고 한다. 중용(中庸, The Golden Mean)은 어떠한 일에서나 사실과 진리에 알맞도록 하여 편향(偏向) 혹은 편중(偏重)하지 않는 것이다. 여기서 중(中)이란 정도와 적중을 말하는 것으로서 산술적 혹은 기계적 평균이 아니다. 「중용」(中庸)은

넘치거나 모자람이 없는 '중용(中庸)의 상태'라는 것이다.

● 에피쿠로스(Epicurus, BC 341~271): 쾌락주의와 유물론적 행복론

에피쿠로스(Epicurus, BC 331~271)[87]의 사상과 철학은 기원전 1세기의 로마인으로 철학자이자 시인이었던 루크레티우스(Lucretius, 기원전 96?~54?)의 유일한 저작인 철학적 장시(長詩) 「사물의 본성에 관하여」(De Rerum Natura)가 르네상스 시대에 널리 읽힘으로써 전파되었다. 에피쿠로스(Epicurus)는 자연학에 있어서는 원자론적 유물론을, 윤리학에 있어서는 쾌락주의를 각각 주장하여 쾌락주의(快樂主義) 철학의 시조가 되었다. 또한 그는 데모크리토스와는 달리 세계가 원자만이 아니라 빈 공간(khaos)으로도 이루어졌다고 믿은 원자론자(atomist)였으며, 원자(原子)도 불멸이 아니라 생겨나고 사라지는 물질이라고 보았던 유물론자(唯物論者)였다.[88]

'치중화 천지위언만물육언(致中和天地位焉萬物育焉)'을 가르친다: "하늘이 명(命)하는 것을 성(性)이라 한다(天命之謂性). 하늘의 마음은 나와 동떨어진 곳에 있는 게 아니라, 바로 내 마음속에서 작동한다. 내 마음속에 들어와 있는 하늘의 마음, 그것을 성(性)이라 한다. 천국(天國)을 하늘 위에서 찾을 것이 아니다. 내 마음속에 있는 성(性)을 찾아 그 성(性)대로만 살면 된다." 다시 말하면, '중(中)이란 천하의 큰 뿌리(中也者天下之大本)'라고 한다. 큰 뿌리는 하나의 뿌리이다. 모든 존재는 이 뿌리를 바탕으로 해서 존재한다. 속에 있는 뿌리를 찾아 조화를 이루면 하늘과 땅이 제 자리에 있고, 만물이 제대로 길러진다는 뜻이다. 모든 것이 제대로 되어 있는 곳이 천국(天國)이다. 하늘마음으로 사는 사람에게는 지금 여기가 바로 천국(天國)이다. 천국(天國)이 따로 있는 것이 아닌 것이다. 따라서 '행복(幸福)'이란 거꾸로 서 있는 사람이 바로 서는 것이고, 지옥을 천국으로 만드는 것이다. 「중용」(中庸)은 그 길을 제시한다. 이와 반대로, 반대로 탐욕이 주도하면 하늘마음이 남아 있어도 그것이 주도하지 못하고 끌려 다닌다. 이 두 경우는 서로 반대다. 하늘마음이 주도하는 삶을 사는 사람은 바른 사람이지만, 욕심에 끌려다니는 사람은 잘못된 사람이다. 그런 사람은 거꾸로 서서 사는 사람에 비유할 수 있다. 거꾸로 서서 살면 머리 위에 있어야 할 하늘이 발밑에 있고, 발밑에 있어야 할 땅이 머리 위에 있다. 천지(天地)가 뒤바뀐 것이다. 그리고 만물이 모두 거꾸로 자라고 있다. 천지(天地)가 거꾸로 되어 있고, 만물이 거꾸로 자라는 곳, 바로 지옥이다.

87) 에피쿠로스(Epicurus, BC 341~271)는 고대 그리스의 철학자이자 에피쿠로스학파(Epicurianism)라 불리는 학파의 창시자이다. 그는 300여 권의 저술활동을 했는데, 그중 몇 권의 일부만이 전해진다. 알려진 에피쿠로스학파 철학의 대부분은 후대의 추종자들이나 해설자들에 그 유래가 있다. 에피쿠로스에게 철학의 목적은 행복하고 평온한 삶을 얻는 데 있었다. 그가 말하는 행복하고 평온한 삶은 평정(ataraxia), 평화, 공포로부터의 자유, 무통(無痛, aponia)의 특징이 있다. 그는 쾌락과 고통은 무엇이 좋고 악한지에 대한 척도가 되고, 죽음은 몸과 영혼의 종말이기 때문에 두려워하지 말아야 하며, 신(神)은 인간을 벌주거나 보상하지 않고, 우주는 무한하고 영원하며, 세상의 모든 현상들은 궁극적으로는 빈 공간을 움직이는 원자들의 움직임과 상호작용으로부터 나온다고 가르쳤다. 에피쿠로스학파는 규모는 작지만 매우 헌신적으로 그를 추종했다. 에피쿠로스학파는 여성을 예외가 아닌 정식으로 받아들인 첫 학파였다. 이 학파는 원래 에피쿠로스의 집과 정원에서 열렸다.

에피쿠로스(Epicurus)는 마음에 흔들림이 없으며 고통이 없는 상태인 '완벽한 마음의 평화의 상태(ataraxia)'를 삶의 목표로 삼고 신(神)에 의존하지 않고도 행복하게 살길 원한 무신론자(無神論者)였다. 그는 물질적인 것 또는 감각적인 것에서 즐거움을 얻는 것이 아니라 마음의 편안함이나 정신적 가치의 추구를 통해 개인의 정신적 즐거움을 추구하는 것이 에피쿠로스(Epicurus) 행복론의 요체이다. 즉, 행복(幸福)의 '수학적' 공식이 '성취/욕망'이라면, 에피쿠로스(Epicurus)는 분자인 '성취'를 늘리는 것이 아니라 분모인 '욕망'을 줄임으로써 행복(幸福)의 양을 늘리는 방안을 권장했다. 이 결과, '완벽한 마음의 평화의 상태(ataraxia)'가 바로 진정한 행복(幸福)에 이를 수 있다고 주장했다. 이것은 「노자」 16장 "완전히 비우고, 고요함을 돈독히 지켜라"(致虛極, 守靜篤)와 제갈량(諸葛亮)이 자신의 아들에게 가르쳤던 가장 중요한 말 가운데 하나인 "고요하지 않으면 먼 곳에 이를 수 없다"(非寧靜無以致遠)와 같은 맥락이다.[89]

상기와 같이 에피쿠로스(Epicurus)의 쾌락주의(快樂主義)는 금욕적 정신의 힘을 통해서 역설적으로 쾌락(快樂)을 추구하려는 사유이다. 그는 신(神)을 대신할 만한 가치의 기준을

---

88) 변증법적 유물론의 창시자 카를 마르크스가 에피쿠로스를 주제로 박사논문(제목: 데모크리토스와 에피쿠로스의 자연철학의 차이)을 썼다.

89) 여기서 저자는 한국의 일부 학자들의 인식의 오류를 다음과 같이 지적한다: '밝은사람들연구소'(소장 박찬욱)는 '행복, 채움으로 얻는가 비움으로 얻는가'라는 주제로 동·서양의 행복론에 대한 관점의 차이를 제기하며, 관련 학자들이 2010년 12월 11일 오전 10시 서울 종로구 견지동 한국불교역사문화기념관 지하공연장에서 제9회 학술연찬회를 개최했었다. 불교와 서양철학, 사회(윤리)학, 심리학의 관점에서 본 동서고금의 행복론을 책으로 집대성하고, 해당 학자와 종교인들이 행복을 주제로 한 연찬회에서 이 같은 주장이 제기돼 큰 관심을 모았다. '동양을 대표하는 중국 선불교의 행복론은 비움의 철학이 핵심인데 비해 서양철학을 대변하는 고대 그리스철학의 행복론은 채움의 철학에서 완성된다'는 주장이 제기되었다. 강상진(철학) 서울대 교수는 *"서양철학에서의 행복은 비움보다는 채움으로 완성되는 것 같다"*며 *"물론 그 채움의 내용은 열려 있다는 것을 전제로 한다"*고 결론지었다. 이것은 참으로 놀랍고 대담한 주장이다. 이들은 에피쿠로스(Epicurus)는 마음에 흔들림이 없으며 고통이 없는 상태인 '완벽한 마음의 평화의 상태(ataraxia)', 즉 '행복의 극대화'를 위하여 '헛된 욕구'를 비울 것을 주장했다는 사실을 전혀 모르고 있다.
한편, 박영환(중어중문학) 동국대 교수가 발표한, 송대의 대문장가인 소식(동파)의 선시에서 나타난 '선불교의 행복론'을 통해 동양적 행복론은 흥미롭다. 박 교수는 분노하지 않고 세속일체의 번뇌와 애증의 분별심에서 벗어나 모든 것을 비우는 달관적 태도를 취해온 소식의 행복론을 '수연자적(隨緣自適·주어지는 상황에 순응해 유유자적한다)'의 행복과 '일체개공(一切皆空·모든 존재는 다 실체가 없다)'의 행복으로 정의한다. 소식은 수많은 정치적인 역경에도 굴하지 않고 외유내불(外儒內佛)의 정신적인 구도자의 길을 견지해 철저하게 '비우는 자세'로 일관해온 인물이다. 박 교수는 "소식은 인생의 고난을 뛰어난 창작으로 승화시켜 우리에게 대승공관, 수연자적, 무집착, 원융무애 등 인연을 따르는 인생관을 통해 진정한 선불교 수행자의 행복관을 보여주고 있다"면서 "소식의 초탈한 삶은 현대의 각박한 생활에서 행복을 찾고 있는 우리들에게 진정한 행복은 밖에 있는 것이 아님을 말해준다"고 설파했다.

쾌락(快樂)으로 생각하고, 그가 강조한 쾌락(快樂)은 육체적 쾌락이 아닌 소극적인 의미의 쾌락, 즉 고통을 피하는 데서 진정한 쾌락(정신적 쾌락주의)을 찾았다. 그의 쾌락(快樂)은 방탕자의 환락이 아니라, 고통과 혼란으로부터 해방되는 일종의 평정(平靜, ataraxia)을 말한다.

에피쿠로스(Epicurus)는 모든 선하고 나쁜 것은 쾌락(快樂)과 고통(苦痛)의 지각에서 오는 것이라고 주장했다. 쾌락과 고통은 선함과 악함의 궁극적인 도덕적 기준이다. 그는 도덕적 지침으로 개인피해의 최소화와 행복의 극대화를 강조했다. 그는 자연스러운 욕구와 헛된 욕구를 구분하였다. 자연스러운 욕구(배고픔, 잠과 같은 생리적 욕구 등)를 충족시키는 것은 선하고 이상적인 쾌락이나 헛된 욕구(예: 세계정복욕, 사치욕 등)는 충족시킬수록 더 불어나기 때문에 근원적으로 충족시킬 수 없으며 때로는 욕구의 충족이 오히려 고통을 낳으므로 피해야 한다고 주장했다. 특히, 그는 자연스러운 욕구 중 성욕은 불필요한 것으로 보았는데, 성욕은 헛된 욕구 못지않게 평정(平靜, ataraxia)을 방해하는 최대의 적(敵)으로 간주했다.

에피쿠로스(Epicurus)는 나에게 있는 것은 살아 있는 것만 있는 것이기 때문에 살아 있는 동안만이 내가 의식하는 삶의 전부이니 걱정하지 말고 자신의 삶을 즐기라는 것이다. 즉, 당장의 고통을 스스로 자기의 힘으로 이겨내는 것, 지금 현존하는 고통의 부재와 배척이 곧 자신이 실제로 추구해야 할 행복과 쾌락의 요체라는 것이다.

나아가, 에피쿠로스(Epicurus)는 죽음은 두려워할 대상이 아니라고 믿었다. 사람이 죽을 때, 그 사람은 더 이상 존재하지 않기 때문에 아무것도 느낄 수 없고 죽음의 고통도 느끼지 못한다. 따라서 그의 유명한 말대로 "죽음은 우리에게 아무것도 아니다." 우리가 존재할 때는 죽음이 존재하지 않으며, 죽음이 존재할 때 우리는 존재하지 않는다. 죽음과 함께 모든 감각과 의식이 끝나기 때문에 죽음에는 쾌락도 고통도 없다. 죽음에 대한 두려움은 죽음에 대한 인식이 있을 것이라는 잘못된 믿음 때문에 생겨난다.

● 공리주의(功利主義, Utilitarianism)

'공리주의(功利主義, Utilitarianism)'란 선악(善惡) 판단의 기준이 인간의 이익과 행복을 증진시키는 데에 있다는 철학이다. 상기 철학은 19세기 중반 영국에서 대두된 사회사상으로 인간 행위의 윤리적 기초를 개인의 이익과 쾌락의 추구에 두고, 무엇이 이익인가를 결정하는 것은 개인의 행복이라고 사유한다.[90]

90) 공리주의(功利主義, Utilitarianism)에서 문제가 되는 것은 일본의 번역물을 그대로 베껴 쓴 功利이냐 혹

요컨대, 공리주의(功利主義, Utilitarianism)는 각양각색의 대상이 인간에게 주는 가치를 모든 인간의 동일한 기준으로 어느 쪽이 공리(功利)가 큰가를 측정할 수 있다고 하는 전제에 입각하고 있다. 이것은 상품경제를 그대로 윤리화한 것이다. 즉, 공리주의(功利主義, Utilitarianism)란 실은 가격을 쾌락과 고통이라고 하는 인간적인 기준으로 대체한 것에 불과한 것이다. 여기서 유의할 것은 '생산품의 총량' 자체는 인류의 쾌락 증진에 도움을 주지 못하고, 이것이 분배되어서 사용할 때라야 비로소 쾌락이 증진된다는 점이다.

'최대행복의 원리(Greatest happiness principle)'인 공리주의(功利主義, Utilitarianism)는 쾌락의 계량 가능성을 주장한 제러미 벤담(Jeremy Bentham, 1748~1832)의 '양적(量的) 공리주의'와 쾌락의 질적 차이를 인정한 존 스투아트 밀(John Stuart Mill, 1806~1893)의 '질적(質的) 공리주의'로 나누어진다.

● 제러미 벤담(Jeremy Bentham, 1748~1832): '양적 쾌락주의(공리주의)'

영국 정치철학자 제러미 벤담(Jeremy Bentham, 1748~1832)[91]은 공리주의(功利主義,

은 公利(public interest)이다. '公利'는 공공의 이익을 지향하기 때문에 엄연히 '功利'와 다르다. 벤담은 '최대다수의 최대행복'으로 유명하다. 벤담의 사상은 흔히 양적 공리주의로 명명되면서 쾌락주의라고 비난을 받지만 당시 급진주의자(Radicals)였던 벤담이 이기적인 속성의 공리주의를 주장했을 리 만무하다. "만족한 돼지보다 불만족한 인간이 되는 편이 낫다. 만족한 바보보다 불만족한 소크라테스가 되는 편이 낫다"는 존 스투아트 밀의 질적 공리주의는 公利主義에 속한다. 김태길 교수는 다음과 같이 지적한다. "영국의 공리주의는 모든 '사람의 행복' 또는 '공동의 선', '공동의 이익'을 최고의 선으로 보는 사상으로서 이기주의와는 정면으로 대립한다." 김태길 교수는 우리나라 학자가 일본식 번역을 검토 없이 그대로 사용해서 위와 같은 문제가 발생했다고 지적한다. 하지만 아직도 백과사전에는 공리주의가 功利主義로 표기돼 있다. 몇 년 전에는 고등학교 교과서에도 功利主義로 표현돼 있었다.

91) 제러미 벤담(Jeremy Bentham, 1748~1832)은 영국의 법학자·철학자·변호사이다. 그는 자유경제를 주장하였으며, 정교분리와 표현의 자유, 양성평등, 동물의 권리 등을 주장했다. 또한 벤담은 법과 도덕은 쾌락을 늘리고 고통을 감소시켜야 한다고 주장했다. 또 보통 선거·비밀 투표 등을 주장하여 세계 각국의 법률에 큰 영향을 미쳤다. 공리주의(功利主義, Utilitarianism) 사상에 입각하여, 법률을 위시해서 사회과학의 전 분야에서 '최대 다수의 최대 행복'이라는 기준에 따라 역사적·전통적인 제도와 사상을 검토하고 구체적 개혁안을 제시했다. 이 선에 따라서 그는 영국의 판례법주의를 통렬히 비판하고 상세한 법전 편찬의 필요를 역설하였다. 인생의 목적이 '최대 다수의 최대 행복'이라고 자신의 철학관이었던 공리주의 원칙에 따라 원형 교도소, 파놉티콘을 남겼다. 감시를 통해 사람들을 통제하는 방법을 알았던 벤담의 파놉티콘의 원리는 감시와 경제성을 연결해야 하는 거의 모든 시설에 적용이 된다. 제러미 벤담이 예로 제시한 병원, 병영, 학교, 공장 등의 근대의 모든 시설이 파놉티콘을 모형으로 하고 있다. 파놉티콘을 모형으로 한 근대의 모든 시설은 미셸 푸코의 「감시와 처벌」에 의해 주요한 분석의 대상이 되고 있다. 미셸 푸코는 "근대의 모든 시설이 파놉티콘을 모형으로 한 것이라면, 결국 근대사회의 이상은 곧 감옥인 것인가?"라는 의문을 제기하기도 한다. 이는 파놉티콘의 원리가 근대적 주체 형성의 방식과 밀접한 관련이 있다는 사실에 주목해야 한다. 파놉티콘의 수감자들은 감시자가 부재할 때에도 그가 존재한다고

Utilitarianism)의 창시자로서 다음과 같이 주장한다: 인간은 언제나 쾌락(행복)을 추구하고 고통(불행)을 피하려 하는 본성에 따라 행동한다. 인간 행동에 대한 윤리적 판단의 기준도 이러한 공리적 인간관에 기초하는데, 인간의 쾌락과 행복을 늘리는 데 기여하는 것은 선한 행위이지만 고통과 불행을 크게 하는 것은 악한 행위이다. 쾌락(快樂)은 선(善)이고 고통(苦痛)은 악(惡)이다. 각자가 자기 공리(功利)의 최대를 구할 때 그 총계로서 사회 전체의 공리(功利)도 최대로 된다. 따라서 사회의 행복을 최대로 하려면 되도록 많은 사람들이 가능한 한 많은 행복을 받을 수 있도록 하는 것이 필요하다는 것이다. 그는 '최대행복의 원리(the greatest happiness principle)'를 사회정의(Social Justice)의 기준으로, 또한 도덕과 입법의 원리로 삼고 '행복한 사회'를 건설하기 위한 철학적 체계의 기초를 제시했다. 그리고 그는 쾌락(快樂)의 계산을 위한 7가지 기준을 제시하였다:

- 강도: 다른 조건이 동일할 경우, 가능한 행위들 중에서 가장 강한 쾌락을 가져다주는 혹은 가져다줄 것으로 예상되는 행위를 선택해야 한다.
- 지속성: 다른 조건이 동일할 경우, 가능한 행위들 중에서 가장 오래 지속되는 쾌락을 가져다주는 혹은 가져다줄 것으로 예상되는 행위를 선택해야 한다.
- 확실성: 다른 조건이 동일할 경우, 가능한 행위들 중에서 생겨날 가능성이 가장 확실한 쾌락을 가져다주는 혹은 가져다줄 것으로 예상되는 행위를 선택해야 한다.
- 근접성: 다른 조건이 동일할 경우, 가능한 행위들 중에서 가장 가까운 시기에 쾌락을 가져다주는 혹은 가져다줄 행위를 선택해야 한다.
- 다산성: 다른 조건이 동일할 경우, 가능한 행위들 중에서 여러 쾌락을 연달아 유발할 가능성이 가장 큰 행위를 선택해야 한다.
- 순수성: 다른 조건이 동일할 경우, 가능한 행위들 중에서 이후 고통을 유발하지 않을 쾌락을 가져다줄 가능성이 가장 큰 행위를 선택해야 한다.
- 범위: 다른 조건이 동일할 경우, 가능한 행위들 중에서 그것들이 산출하는 쾌락을 누리는 사람의 수가 가장 많은 행위를 선택해야 한다.

그러나 제러미 벤담(Jeremy Bentham, 1748~1832)은 분배적 정의(Distributive Justice)를 깊이 있게 다루지 않았다. 그 이유는 정의(Justice, 正義)란 '최대행복의 원리(the greatest

생각하여 그들의 상상을 통해 감시자의 시선을 내면화함으로써 그들 스스로를 감시하게 되는 것이다. 이는 감옥의 수감자뿐 아니라, 학교의 학생들, 병영의 병사들, 공장의 노동자들에게서도 나타나게 된다. 저서로는 「정부소론(政府小論)」(1776년), 「입법론」(1803년) 3권 등이 있다.

happiness principle)'를 사회에 적용하는 것에 불과하다고 보았기 때문이었다. 다시 말하면, 제러미 벤담(Jeremy Bentham)의 '최대행복의 원리(the greatest happiness principle)'는 사회의 모든 구성원의 행복을 모두 합산한다. 공리주의(功利主義)는 자신의 이익과 타인의 이익을 공평하게 고려해야 한다. 이러한 점에서 공리주의(功利主義)는 평등주의적 속성을 지닌다. 여기서 유의할 것은 다음과 같다: 제러미 벤담(Jeremy Bentham)은 쾌락(快樂)의 질적 차이를 인정하지 않고 쾌락(快樂)을 측정가능한 것으로 사유했다는 점이다. 또한 공리주의(功利主義)의 관심은 쾌락(快樂)의 총합의 크기이지 그것의 내부구성이 아니라는 점이다.

따라서 제러미 벤담(Jeremy Bentham, 1748~1832)의 '최대행복의 원리(the greatest happiness principle)'는 전체를 위한 개인의 희생이 야기될 수 있다는 것을 의미하므로 개인의 존엄성을 위해(危害)할 수 있다. 즉, 그의 공리주의(功利主義)는 개인의 권익을 충분히 보장할 수 없다. 그리고 공리주의(功利主義)는 행복을 누릴 자격이나 권리 등을 고려하지 않는다는 점에서 분배의 정의(正義)의 문제를 제대로 다룰 수 없다. 즉, 공리주의(功利主義)는 공정성(公正性, fairness), 즉 정의(正義)를 몰(沒)개인성(Impersonality)으로 오인했다. 이러한 점에서 공리주의(功利主義)는 소득분배의 정의(正義) 문제를 제대로 다룰 수 없다.

제러미 벤담(Jeremy Bentham)은 모든 사람의 행복의 보장, 즉 평등을 추구하는 사회주의가 아니라 자유방임적 보수주의자였다. 벤담 시대의 대다수 노동자, 농민은 주권도 없었다. 따라서 제러미 벤담(Jeremy Bentham, 1748~1832)의 '최대행복의 원리(the greatest happiness principle)'에서 최대행복의 대상은 대중이 아니라 소수의 부르주아를 의미한다. 고대에서의 시민은 대다수 노예를 뺀 소수의 자유민을 뜻했고 근대의 시민도 소수의 부르주아를 뜻했다.

● 존 스투아트 밀(John Stewart Mill, 1806~1873): '질적 공리주의(최대다수의 최대행복)'

존 스투아트 밀(John Stewart Mill, 1806~1893)은 그의 「공리주의론」(1803년)에서 그의 스승 제러미 벤담(Jeremy Bentham, 1748~1832)의 '양적(量的) 쾌락주의'를 발전시켜 '질적(質的) 공리주의'를 제창하였다. 즉, 개인의 쾌락(快樂, Pleasure)이 아니라 공동선(共同善, The Common Good)을 위한 '고급 쾌락(의무와 인식에 기초를 둔)'을 강조하였다.

제러미 벤담(Jeremy Bentham)은 정의(Justice, 正義)란 공리주의 원리의 적용에 불과하다고 보았기 때문에 분배적 정의(Distributive Justice)를 깊이 있게 다루지 않았지만 그의 제자 존 스투아트 밀(John Stuart Mill, 1806~1893)은 그의 「공리주의론」(1803년)에서 정의(正

義)와 공리(公理)의 관계를 밝히고자 노력하였으며 정의(正義)란 다른 어떤 것보다 더 중요하며, 따라서 더 절대적이고 명령적인 '사회적 공리(社會的 公理)'라고 주장했다. 즉, 제러미 벤담(Jeremy Bentham)은 법률에 의한 정치적 제재를 중시하였던 반면에 존 스투아트 밀(John Stuart Mill)은 양심의 내부적인 제재로서 인간이 가지는 인류애로서 '최대 다수의 최대 행복(the greatest happiness of the greatest number)'을 중시하였다.

상술하면, 존 스투아트 밀(John Stuart Mill, 1806~1893)은 인간이 동물적 본성 이상의 능력을 가지고 있으므로 질적으로 높고 고상한 쾌락을 추구한다고 사유하고 '쾌락(快樂)'에는 질적 차이에 따라 '고상한 쾌락'과 '천박한 또는 저급한 쾌락'이 있다고 주장하였다. 그는 비유적으로 *"만족해하는 돼지이기보다는 불(不)만족스러워 하는 인간(人間)인 편이 더 낫고, 만족해하는 바보보다는 불(不)만족스러워 하는 소크라테스(Socrates)인 편이 더 낫다"*고 역설했었다.

존 스투아트 밀(John Stuart Mill, 1806~1893)은 '최대다수의 최대행복(The Greatest Happiness of the Greatest Number)'이 구현될 수 있는 근거로서 다음과 같이 논술했다: 인간은 정도의 차이는 있을지라도 개인에 대한 참된 사랑과 공중의 행복을 원하는 진정한 내면적인 욕구를 지니고 있다는 것이다. 따라서 '보다 높은' 쾌락 가운데는 타인의 행복에 대해서도 쾌락을 느끼는 것이 포함된다고 그는 주장했다: *"제대로 된 사람이라면, 누구나 비록 그 정도의 차이는 있겠지만, 개인에 대한 참된 사랑과 다른 사람들이 행복을 바라는 진지한 관심을 가질 수 있다."* 또한 그는 쾌락 추구의 원리가 결코 인간을 '이기적 존재'로 만드는 것은 아니라고 강조했다. 여기서 유의할 것은 존 스투아트 밀(John Stuart Mill)의 '질적(質的) 쾌락주의'는 내적 제재를 위한 의무와 양심의 개념을 필요로 한다는 점이다.

상기와 같이, 존 스투아트 밀(John Stuart Mill, 1806~1893)은 심리적(心理的) 쾌락주의(快樂主義)를 근거로 해서 윤리적(倫理的) 쾌락주의(快樂主義, Hedonism)를 입증하려고 시도했었지만 그것은 사실로부터 가치판단을 도출하는 '자연주의(自然主義)'라고 비판받을 수 있다. 자연주의(自然主義)의 대안은 직관주의(直觀主義)와 주관주의(主觀主義)인데, 직관주의(直觀主義)에는 직관의 상충문제가 존재하며 주관주의(主觀主義)는 객관적 가치기준을 포기한다. 따라서 공리주의(功利主義) 윤리학(倫理學)은 규범적(規範的) 윤리학(倫理學)으로서 다소 한계를 지닌다. 그럼에도 불구하고, 공리주의(功利主義, Utilitarianism) 사상은 근대 시민사회의 윤리적 기준이 되었을 뿐만 아니라 영국 고전경제학의 사상적 기초와 자본주의 질서 구축의 토대가 되었다.

● 공리주의(功利主義, Utilitarianism)에 대한 비판론

상기한 바와 같이, 공리주의(功利主義, Utilitarianism) 사상은 쾌락(즉 행복)의 조건이나 개인의 권리(기본권)를 고려하지 않았다. 이 결과, 공리주의의 제1원리인 개개인의 사익(私益) 추구가 공익(公益)의 보장과 직결되는 것은 아니며 오히려 배치될 수도 있다는 점에서 비판을 받고 있다.

또한 '공리주의(功利主義, Utilitarianism)'는 '행복'과 '쾌락'만을 윤리의 원리로 삼는다. 그러나 행복(幸福)이 무엇이냐는 것부터가 철학적으로 아직 정답이 없다. 물론, 공리주의(功利主義, Utilitarianism)는 그것이 쾌락(快樂)이라고 단언하지만 쾌락(快樂)을 정의하는 것도 간단치 않다. 왜냐하면 쾌락(快樂)은 주관적(主觀的)이기 때문이다. '고통이 없는 상태'를 쾌락이라고 정의하지만, 그럴수록 미궁으로 빠져든다. 고통이 없는 진정한 쾌락이란 존재하지 않을 뿐만 아니라 고통을 극복할 때라야 오히려 쾌락이 배가될 수 있다. 따라서 공리주의 비판자들은 쾌락(快樂)을 유일한 도덕의 기초로 삼은 것은 옳지 않다고 주장한다.

물론, 존 스투아트 밀(John Stewart Mill, 1806~1893)의 공리주의(功利主義, Utilitarianism)는 초기의 제러미 벤담(Jeremy Bentham, 1748~1832)의 양적(量的) 쾌락에서 질적(質的) 쾌락을 주장한 것이 돋보인다. 그러나 쾌락을 정신적 쾌락으로 대체했다는 점을 제외하면 특별히 새로운 것이 없으며, 질적·정신적 쾌락이 양적·물질적 쾌락보다 우월한 가치를 갖는다는 논리도 철학적으로는 입증하기 어렵다. 사실, 물질적 쾌락이 어느 정도 충족되지 않는 상황에서는 어떤 정신적 가치도 무용지물이 될 수 있으며, 또한 현실적으로 정신적 가치에 만족하며 살 수 있는 사람도 극히 제한적일 수밖에 없기 때문이다.

특히, 존 스투아트 밀(John Stewart Mill, 1806~1893)의 치명적 결함은 개인적 사익(私益)의 추구와 사회적 공익(公益)의 조화를 어떻게 이룰 것인가에 대한 적절한 대답이 없다. 상술하면, 도덕의 최고원리가 개인의 쾌락(快樂)인데, 이는 필연적으로 사회적 공익(公益)과 충돌할 수밖에 없다. 즉, 약육강식(弱肉强食)의 초기 자유방임적 자본주의가 개인의 사익(私益) 추구는 공익(公益)을 저절로 보장한다 했지만 그 결과는 극심한 빈부 격차와 모순을 낳아 대대적으로 구조적 수술을 한 후 수정자본주의(修正資本主義)로 거듭났었던 것이다. 결국, 공리주의(功利主義, Utilitarianism)는 개인적 쾌락, 즉 사익(私益) 추구라는 시각과 전체의 복리 증진이라는 상반된 관점 사이에서 딜레마에 빠졌다.

이 결과 존 스투아트 밀(John Stuart Mill, 1806~1893)은 '공리주의(功利主義, Utilitarianism)'가 공리(功利), 즉 쾌락(快樂) 외에 도덕의 원리로 주장하는 '최대 다수의 최대 행복(The Greatest Happiness of the Greatest Number)'도 구호에 불과할 수 있다.

요컨대, 공리주의(功利主義)의 정의론(正義論): '최대 다수의 최대 행복(the greatest happiness of the greatest number)'은 소득분배의 갈등 문제를 다루기에는 적절하지 않다. 왜냐하면 공리주의(功利主義)는 개인이 자기의 만족을 극대화하는 것이 옳다고 보기 때문이다. 즉, 공리주의(功利主義)는 개인에게 적용되는 합리적 선택의 원리를 사회에 적용한다. 그 근거는 개인이 사회의 일부라는 것이다. 그러므로 한 개인 내의 각 부분들이 갈등하지 않는 것처럼 거대한 개인의 부분들도 갈등하지 않는다고 사유한다.

결국, 존 스투아트 밀(John Stuart Mill, 1806~1893)은 정신적 가치와 쾌락을 우선하고 중시한 것이 아니라 물질적 쾌락에 매몰되어 타락하고 위기로 치닫는 자본주의 사회에 대안으로서 정신적 쾌락의 가능성을 역설한 것이지, 자본주의의 물질적 욕망을 부정하지는 않았다. 이는 존 스투아트 밀(John Stewart Mill)이 보수주의의 추앙과 진보주의의 비판을 받도록 만들었다. 사실, 약육강식(弱肉强食)의 초기 자유방임적 자본주의가 개인의 사익(私益)추구는 공익(公益)을 저절로 보장한다고 주장했지만 결과는 극심한 빈부(貧富) 격차란 모순을 야기했다.

임마누엘 칸트(Immanuel Kant, 1724~1804)는 그의 「실천이성비판」(1756년)에서 정의와 도덕을 '행복 극대화' 문제로 사유하는 공리주의(功利主義)는 잘못된 것이라고 비판하면서 쾌락(快樂)이 아니라 이성(理性, Reason)이 중요하다고 주장했다.[92]

또한 자유주의적 평등주의자인 존 롤스(John Rawls, 1921~2002)와 공동체주의자인 마이클 샌델(Michael J. Sandel, 1953~현재)은 공리주의(功利主義, Utilitarianism)가 근본적으로 인간행위의 가치를 하나의 도량형으로 환산하여 획일화함으로써 질적 차이를 무시한다고 신랄하게 비판했다.[93] 다시 말하면, 상기한 두 공리주의자들: 제러미 벤담(Jeremy Bentham,

92) Kant, Immanuel(1956), Critique of Practical Reason, translated by L.W. Beck. Indianapolis: Bobbs−Merrill.

93) Rawls, John(1971), A Theory of Social Justice, Cambridge: Harvard University Press; Rawls, John(1980), "Kantian Constructivism in Moral Theory", Journal of Philosophy Vol. 77, No. 9; Rawls, John(1985), "Justice as Fairness: Political Not Metaphysical", Philosophy and Public Affairs Vol. 14, No. 3; Rawls, John(1993), Political Liberalism, New York: Columbia University Press; Rawls, John(1995), "Justice as Fairness: Political not Metaphysical", Philosophy and Public Affairs Vol. 14; Rawls, John(1999), A Theory of Justice, revised. ed., Cambridge: The Belknap Press of Harvard University Press; Rawls, John(2001), Justice as Fairness: A Restatement, Cambridge: Harvard University Press; Rawls, John and Erin Kelly, ed.(2001), Justice as Fairness, A Restatement, Cambridge, MA: The Belknap Press of Harvard University Press. Sandel, Michael, J.(1982), Liberalism and the Limits of Justice, Cambridge: Cambridge University Press; Sandel, Michael, J.(2005), Public Philosophy: Essays on Morality in Politics, Cambridge, MA: Harvard University

1748~1832)과 존 스투아트 밀(John Stewart Mill, 1806~1893)은 쾌락(즉 행복)의 조건이나 개인의 권리(기본권)를 고려하지 않았으며, 공리주의(功利主義, Utilitarianism)가 사회공동체의 행복이 단순히 '크기'에 의하여 측정될 뿐, 행복(幸福)의 내부구성 문제를 도외시하였고, 사회공동체를 위한 개인의 희생을 유발할 수 있으며, 개인의 존엄성이 말살될 수 있다고 혹독하게 비판하였다.

특히, 존 롤스(John Rawls, 1921~2002)는 공리주의(Utilitarianism)가 정의(正義)의 문제를 제대로 다룰 수 없다고 비판했었다. 그 이유는 공리주의자들이 공정성(公正性, fairness), 즉 정의(正義)를 몰(沒)개인성(Impersonality)으로 오인했기 때문이라는 것이다. 그는 정의(正義)란 행복(幸福)의 계산 결과가 아니라 모든 계산의 출발점이며, 정의(正義)는 사회제도의 제1덕목으로서 행복(幸福)을 계산하는 산출근거라고 주장했다. 이러한 점에서 공리주의(功利主義)는 소득분배의 정의(正義) 문제를 제대로 다룰 수 없으며 심각한 빈부(嬪婦) 격차를 허용할 수 있고 개인의 인간다운 삶을 보장해 주지 못한다는 것이다.

공리주의(功利主義, Utilitarianism)의 치명적인 실수는 고통의 정도를 쾌락의 정도와 반비례 관계로 취급한 것이다. 특히 갑(甲)의 고통은 을(乙)의 쾌락에 의해서 계산될 수가 없다. 행복과 고통은 대칭적으로 취급할 수 있는 도덕적 문제가 아닌 것이다.

한편, '열린사회(開放社會, Open Society)'는 1932년 프랑스 철학자 앙리 베르그송(Henri-Louis Bergson, 1859~1941)이 처음으로 사용한 용어인데 그 후 영국의 철학자 카를 포퍼(Karl Popper, 1902~1994)가 계승하여 더욱 발전시켰다. 다수의 행복을 위하여 소수의 고통을 요구하지 않으며 소수의 행복을 위하여 다수의 고통을 요구하지 않는 사회이다. 누구든지 사회적으로 희생되어야 한다고 전제하는 것은 '열린사회(Open Society)'의 기본 원리인 '개인의 불가침성'을 부정하는 것이다. 따라서 '열린사회(Open Society)'는 '전통적 공리주의'를 거부하는 사회이다. 왜냐하면 '최대다수의 최대행복(The Greatest Happiness of the Greatest Number)'을 추구하는 '공리주의(功利主義, Utilitarianism)'의 원리는 전체주의적 독재를 위한 구실이 될 수도 있으며 다수의 행복을 위해서 소수가 희생되지 않으면 안 되는 것으로 생각될 수 있다. 따라서 '열린사회(Open Society)'는 그러한 공리주의 원리를 허용할 수 없다.

카를 포퍼(Karl Popper, 1902~1994)에 의하면, 도덕적으로 해결해야 할 가장 긴급한 문제는 행복(幸福)의 증대가 아니라 고통(苦痛)의 감소라는 것이다.[94] 그러므로 '최대다수의

Press; Sandel, Michael(2010), Justice: What's the Right Thing to Do?, New York: Farrar Straus Giroux.

최대행복(The Greatest Happiness of the Greatest Number)'을 추구하는 공리주의(功利主義, Utilitarianism)의 원리를 '최대다수 최소고통'을 추구하는 원리로 바꾸지 않으면 안 된다. 다시 말하면, 이것은 '행복(幸福)의 극대화 원칙'을 '고통(苦痛)의 극소화 원칙'으로 수정하자는 것이다. 이때 피할 수 없는 고통은 가능한 한 균등하게 감수하지 않으면 안 된다. 예로서 흉년이 들어 식량이 부족하다면 배고픔, 즉 고통을 분담하자는 것이다. 따라서 '최대다수 최소고통'의 원리는 정치적 수단에 의해 행복을 증진시키려고 노력하는 대신에 구체적인 불행을 제거하려고 노력해야 하는 추상적인 선(善)을 실현하려고 하기보다는 구체적인 악(惡)을 제거하도록 힘써야 한다는 것이다. 예로서, 우리는 정치적 수단에 의해 모든 사람이 최소한의 소득을 획득할 수 있도록 함으로써 빈곤과 가난을 퇴치할 수 있도록 노력해야 하며 필요한 시설들을 확충함으로써 질병과 문맹, 범죄와 불의 등을 퇴치하도록 노력해야 한다.

상기한 바와 같이, 공리주의(功利主義, Utilitarianism)는 소득분배 상태를 고려하지 않은 채 소득 → 소비 → 쾌락에 의한 양적 및 질적 '최대다수의 최대행복'을 추구한다. 이와 반면에 본 연구의 신(新)실용주의(Neopragmatism)는 지속적 경제성장 · 물가 및 고용 안정 · 형평한 소득분배에 의하여 인간의 존엄성 · 창의성이 발휘될 수 있는 '최소 수혜자의 최대수익'을 추구한다.

여기서 유의할 것은 영국의 공리주의(功利主義, Utilitarianism)가 추구하는 '최대다수의 최대행복(The Greatest Happiness of the Greatest Number)'은 물질적 소비에 의한 쾌락(快樂) 혹은 공동선(共同善)을 위한 '고급 쾌락(의무와 인식에 기초를 둔)'의 극대화인 반면에 본 연구의 신(新)실용주의(Neopragmatism)가 추구하는 목표는 지속적 경제성장으로 창출되는 완전고용(完全雇用)에 의한 행복(幸福)한 삶을 영위하기 위한 공정한 기회와 개인 능력의 극대화인 것이다. 다시 말하면, 공리주의(功利主義, Utilitarianism)는 쾌락의 수단인 '소비'가 누구의 소비인가에 대하여 전혀 고려하지 않는다. 그러나 본 연구의 신(新)실용주의(Neopragmatism)는 '최상의 복지'가 고용이라는[95] 전제하에서 사회구성원의 완전고용(完全雇用)을 실천철학(Practical Philosophy)의 측면에서 추구한다.

94) 이한구 역(1982), Karl Popper, 「열린사회와 그 敵들 Ⅰ」, 민음사.

95) 임양택(2011b), "최상의 복지는 '고용'이다", 한국경제신문, 10.07.

(3) '정의(正義)'와 '행복(幸福)'의 철학적 관련성

① 아리스토텔레스(Aristotle, BC 384~322)의 '행복주의 윤리학'에 대한 비판

전술한 바와 같이, 아리스토텔레스(Aristotle, BC 384~322)에게 행복(eudaimonia)은 인생의 최고의 목적일 뿐만 아니라, 인간 행위의 최종적인 척도이며, 도덕적 원칙이라는 것이다. 즉, 행복은 삶의 궁극적 목적이며 그 밖의 모든 것은 행복을 위해 봉사하는 수단이라는 것이다. 또한 행복(幸福)은 선(善)을 행하고 악(惡)을 멀리해야 할 근거라는 것이다. 이와 같이 행복(幸福)을 인간 행위의 최고의 원칙으로 삼는 윤리학을 흔히 '행복주의 윤리학'이라 부른다.

그러나 아리스토텔레스(Aristotle, BC 384~322)가 행복(幸福)을 도덕(道德)의 원리로 간주한 반면에, 임마누엘 칸트(Immanuel Kant, 1724~1804)는 행복(幸福)의 원리와 도덕(道德)의 원리를 분명히 구분하였다. 즉, 행복론(Glückseligkeitslehre)과 도덕론(Sittenlehre) 사이에 분명한 경계선을 설정한 것이다. 임마누엘 칸트(Immanuel Kant)의 주장은 행복(幸福)은 도덕(道德)의 기준(基準)이나 동기(動機)가 될 수 없다는 것이다. 그의 진정한 의도는 행복의 추구로 도덕성이 훼손되는 것을 경계한 것이다. 즉, 도덕성이라는 사회적 문제가 발생할 경우, 개인적 행복의 원리를 따르는 것을 경계하는 데에 있는 것이다.

② 임마누엘 칸트(Immanuel Kant, 1806~1873)의 '행복관(幸福觀)'

임마누엘 칸트(Immanuel Kant, 1724~1804)는 그의 「실천이성비판」(1756년)에서 다음과 같이 설파했다[96]: 아리스토텔레스(Aristotle, BC 384~322)는 인생의 궁극적 목적을 행복으로 파악하였다. 그러나 인생의 궁극적 목적은 행복이 아니며, 인생에서 중요한 것은 오히려 '무엇을 행해야 하는가'의 도덕성의 문제이다. 도덕성(道德性)은 행복(幸福)과 일치하지 않는다.

도덕적 인간은 행복할 가치가 있으나, 실제로 반드시 행복한 것은 아니다. 결국, 행복(幸福)이란 행복할 가치(Glückwürdigkeit)와 필연적으로 비례하는 것이 아니다. 즉, 행복(幸福)은 반드시 덕(德)에 비례한 것은 아니다. 또한 행복의 수단은 도덕성이 아니다. 도덕적으로 행위하는 사람은 자신의 행복뿐만이 아니라 타인의 행복을 고려할 도덕적 의무를 갖는다. 즉, 최고선(最高善)은 행복(幸福)이 아니라 도덕성(道德性)으로서의 덕(德)이다.

---

96) Kant, Immanuel(1956), Critique of Practical Reason, translated by L.W. Beck. Indianapolis: Bobbs–Merrill; Kant, Immanuel(1964), Groundwork of the Metaphysics of Morals, translated by H. J. Paton. New York: Harper and Row.

따라서 사람들은 '목적의 왕국(The Kingdom of Ends)'의 일원으로서 행복(幸福)을 생각하지 말고 '실천이성(Practical Reason)'에 바탕을 둔 '도덕적 의무'를 지상명령(Categonical Imperative)으로 실천하라는 것이다. 다시 말하면, 자신의 행위의 격률(格率, Maxim)이 보편적 법칙과 일치하도록 하는 것이다. 다시 말하면, 자기 행복의 원리 대신에, 도덕의 원리를 '순수한 실천 이성(實踐理性)의 개념' 속에서 선험적(a priori)으로 발견해야 한다는 것이다. 즉, 도덕법칙이 모두에게 구속력을 가지려면 그것의 근거는 경험적(經驗的)이어서는 안 되고, 선험적(先驗的, a priori)이어야 한다는 것이다. 그러나 행복의 원리와 도덕의 원리가 구별된다는 것은 곧바로 양자가 대립된다는 것을 뜻하지는 않는다. 순수한 실천이성(實踐理性)은 사람들이 행복에 대한 욕구를 포기하는 것을 원하는 것이 아니라, '도덕적 의무'를 실천할 때에는 행복을 고려해서는 안 됨을 말한다.

임마누엘 칸트(Immanuel Kant, 1724~1804)가 행복(幸福)이 도덕(道德), 즉 '올바른 행위'의 원천이 될 수 없다고 주장한 이유는 다음과 같다: 행복(幸福)이란 개념은 너무 불명료한 것이며, 또한 행복(幸福)의 개념에 속하는 모든 요소들은 경험적(經驗的)인 것이기 때문이다. 즉, 행복(幸福)의 개념은 보편타당성을 담보한 도덕성의 기초로서는 부적합하다는 것이다. 따라서 도덕의 요구나 가치가 행복에 의존되어서는 안 되기 때문에 행복(幸福)에 초점을 맞추는 대신에 도덕(道德)이 의지의 유일한 규정 근거임을 인식해야 한다는 것이다. 즉, 도덕적 의지는 행복의 목적과 욕망과 무관하게 규정되어야 한다는 것이다.

그렇다면, 임마누엘 칸트(Immanuel Kant, 1724~1804)가 사유하는 '행복(幸福)'이란 무엇인가? 그는 다음과 같이 3가지 행복(幸福)의 원칙: 첫째 어떤 일을 할 것, 둘째 어떤 사람을 사랑할 것, 셋째 어떤 일에 희망을 가질 것을 제시했다.[97] 여기서 유의할 것은 다음과 같다: 본장(Ⅲ) 제2절 '신(新)실용주의(Neopragmatism)의 제창'에서 명시했듯이, 본 연구의 신(新)실용주의(Neopragmatism)는 '완전고용기반형 복지사회(A Full Employment-based Welfare Society)'를 추구한다. 이것은 바로 임마누엘 칸트(Immanuel Kant)의 '3가지 행복 원칙' 중에서 가장 중요한 '어떤 일을 할 것'과 철학적 맥락을 잇고 있다는 점이다.

여기서 유의할 것은 '정의(正義)'와 '행복(幸福)'의 철학적 관련성이다(그림 Ⅲ-7 참조). 이에 관한 저자의 기본 입장은 다음과 같다: '정의(正義)'는 '행복(幸福)'의 필요조건임과 동시에 선결조건이라는 것이다. 다시 말하면, 임마누엘 칸트(Immanuel Kant, 1724~1804)는 행복(The Good)과 정의(The Right)는 상호분리 불(不)가능하며 행복(幸福)보다 정의(正義)가

97) Immanuel Kant, Werke in sechs Bänden, hrsg. von W. Weischedel, Darmstadt 1983; 오트프리트 회페/이상헌 역, 「임마누엘 칸트」, 문예출판사, 1997.

더 우선적으로 사유되어야 한다고 주장했다. 따라서 그는 행복(幸福)을 위한 쾌락에 집착하지 말고 이성(理性, Reason)에 바탕을 둔 '도덕적 의무', 즉 '정언명령(Categorical Imperative)'을 수행하라고 갈파했었다. 또한 상기와 같은 맥락에서, 존 롤스(John Rawls, 1921~2002)는 그의 저서 「정의론」(1971년)에서 정의(正義)는 행복(幸福)을 계산하는 산출근거라고 주장하였다.

상기한 두 철학자(John Rawls와 Immanuel Kant)의 주장을 받들어, 본 연구는 정의(正義)를 행복(幸福)의 사전조건으로 규정하고, 행복(幸福)을 정의(正義)의 지향목표로 삼는다.

[그림 Ⅲ-7] '행복'과 '정의'의 철학적 관련성:
'정의로운 국가(A Justice-based State)' → '행복한 사회(A Happy Society)'

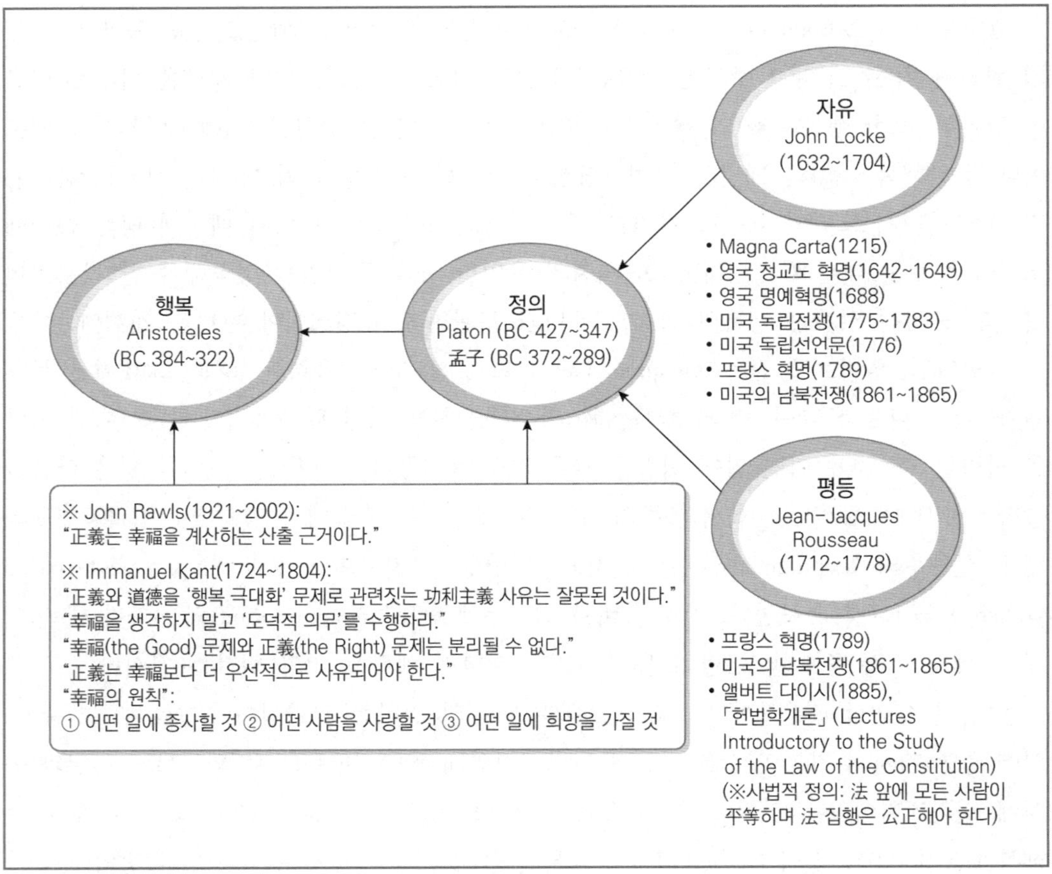

3) 신(新)실용주의(Neopragmatism)의 철학적 목표: '정의로운 국가(A Justice-based State)'와 '행복한 사회(A Happy Society)'

신(新)실용주의(Neopragmatism) 철학적 목표는 '정의로운 국가(A Justice-based State)'와 '행복한 사회(A Happy Society)'를 구현하는 것이다. 이를 위한 전략과 정책으로서 본 연구는 2가지 방향을 제시한다: (1) 경제적 측면에서 신(新)자유주의(New Liberalism)와 신(新)금융자본주의(New Financial Capitalism)가 아니라 '신(新)실용주의(Neopragmatism)'와 인본주의적 자본주의(Anthropocentric Capitalism)를, 또한 '정부주도의 복지국가(福祉國家)'가 아니라 '시장(고용)주도의 복지사회(福祉社會)'를 제시하고, (2) 정치적 측면에서 존 롤스(John Rawls)의 '질서정연한 민주주의 사회(A Well-Ordered Democratic Society)'이다.

(1) '정의로운 국가'와 '행복한 사회'의 기본가치: 자유(自由)와 평등(平等)

사실, 인류가 가장 갈구해온 가치(value)는 자유(自由)와 평등(平等)이고, 따라서 인류문명사는 자유(自由)와 평등(平等)을 추구하는 역사였다고 말할 수 있다. 이를 입증할 수 있는 역사적 사례로서 영국의 마그나 카르타(Magna Carta, 1215년), 청교도 혁명(1642~1649), 명예혁명(1688년), 미국의 독립전쟁(1775~1783), 프랑스 혁명(1789년), 미국 남북전쟁(1861~1865) 등을 들 수 있다.

여기서 본 연구가 제기하는 이슈는 자유(自由)와 평등(平等)은 보완적 관계인가 혹은 갈등적 관계인가이다. 또한 자유(自由)와 평등(平等)이 보완적 관계인 경우, 어느 가치가 우선시 되어야 하는가? 상기 2개 가치가 갈등적 관계라면 이들을 보완적 관계로 전환할 수 있는 방안은 무엇인가이다(그림 Ⅲ-8 참조).

존 로크(John Locke, 1632~1704)는 자유(自由)와 평등(平等)을 위한 '자연권'으로서 사유재산권과 사회계약론을 제시했으며 이를 구현하기 위한 '헌정 민주정치'를 주장했었다. 그 후, 장-자크 루소(Jean-Jacques Rousseau, 1712~1778)는 그의 논문 「인간 불평등 기원론」(1755년)에서 '사회계약'이란 부자와 권력자의 기만책에 불과하고 불평등(不平等)을 정당화시키며 '정의롭지 못한 사회'를 정립한다고 비판하면서 국민주권(國民主權)으로서 '공동체 선(善)'을 위한 사회계약론과 정치체제를 주장했었다.

장-자크 루소(Jean-Jacques Rousseau)는 그의 저서 「사회계약론」(Du Contrat Social,

[그림 Ⅲ-8] 자유와 평등을 위한 사상 · 철학적 기초

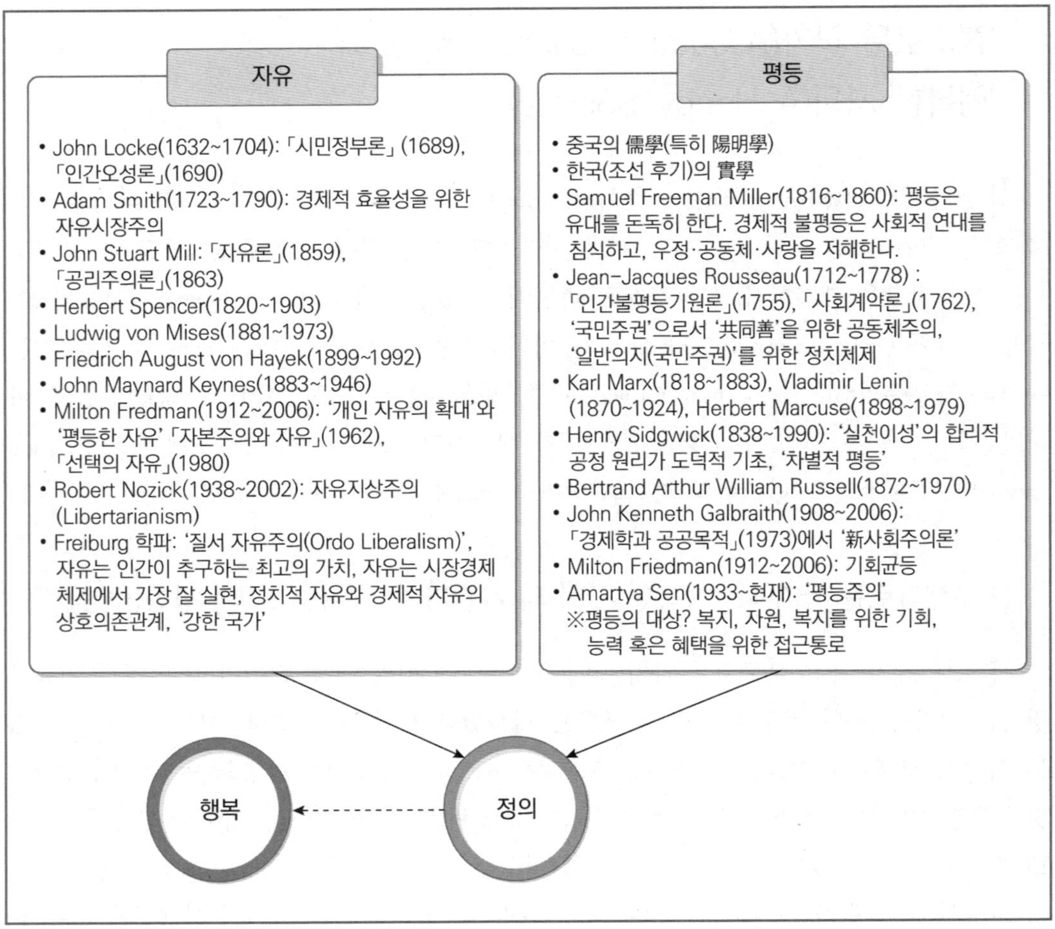

1762년)에서 자유(自由)와 평등(平等)이라는 자연권을 국가 상태에 있어서 확정하기 위한 이론적 근거로서 '사회계약론'을 제시하고 국민주권을 정립하였다. 상술하면, 법(法)의 원천은 '일반의지(즉, 국민주권)'이며, 이것은 항상 전체(국가) 및 각 부분(개인)의 보존과 행복을 추구하는 것이다. 그리고 국가는 하나의 도덕적 인격체이고 법(法)은 '일반의지'의 행위이며 그 목적은 시민의 자유(自由)와 평등(平等)이라는 것이다. 따라서 '일반의지'가 관철되는 정치체제를 만들어 내고, 인간이 '자연상태'에서 가지고 있었던 자유(自由)와 평등(平等)을 되찾는 것이 가장 중요한 문제라고 그는 강조했었다. 또한 그는 국가를 개인적 이익을 보호하는 소극적 의지가 아니라 '공동체의 선(善)'이라는 '일반의지'를 실현하기 위한 사회계약을 시민들이 자유롭게 체결한 결과로 간주했었다.

또한 장-자크 루소(Jean-Jacques Rousseau)는 그의 「사회계약론」(1762년)에서 개인은

공동체의 성원이며 '역사의 주인'은 기층민중(基層民衆)이라고 주장했었다. 이것은 1789년 프랑스 대혁명을 유발했었다. 그것의 이념인 자유·평등·박애는 모든 사람이 자유롭고 평등하며, 모든 사람은 형제이니 서로 사랑해야 한다는 정신을 표현한 것이었다. 이 사상은 유럽 사회에 엄청난 영향을 끼쳤고, 오늘날에도 여전히 이어지고 있다. 물론, 그 과정에서 민주주의와는 어울리지 않는 나폴레옹 보나파르트(Napoleon Bonaparte, 1769~1821)이라는 절대적 지배자가 등장하기도 했었다. 실로, 1789년 프랑스 혁명이 만들어 낸 '민주주의(民主主義)'라는 보편적 정신은 인류의 가장 위대한 유산 중의 하나이다. 카를 마르크스(Karl Marx, 1818~1883)가 훗날 유럽에서의 동시다발적인 공산주의 혁명을 주창해 낸 것도 결국 프랑스 혁명(1789년)과 19세기의 연이은 혁명들(1830년 혁명과 1848년 혁명)의 영향을 받은 것이었다.

여기서 유의할 것은 장-자크 루소(Jean-Jacques Rousseau, 1712~1778)의 '국민주권' 사상은 조선(朝鮮)의 성호 이익(李瀷, 1681~1763)이 군주(君主)에 대한 민(民)의 상대적 독자성을 강조하여 군주(君主)보다 민(民)이 중요하다는 주장과, 다산 정약용(丁若鏞, 1762~1836)은 아예 민(民)이 정치적 주체라는 주장과 일맥상통한다는 점이다.

(2) 자유(自由)에 관한 사상 및 철학

우선, 자유(自由)에 관한 사상·철학적 기초를 살펴보면, 정치적 측면에서는 존 로크(John Rocke, 1632~1704)의 「시민정부론」(1690년)과 존 스투아트 밀(John Stuart Mill, 1806~1893)의 「자유론」(1859년)을, 경제적 측면에서는 아담 스미스(Adam Smith, 1723~1790), 허버트 스펜서(Herbert Spencer, 1820~1903), 루드비히 폰 미제스(Ludwig von Mises, 1881~1973), 프리드리히 하이에크(Friedrich August von Hayek, 1899~1992), 밀턴 프리드먼(Milton Friedman, 1912~2006)의 「자본주의와 자유」(1962년) 및 「선택의 자유」(1980), 자유지상주의(Libertarianism)인 로버트 노직(Robert Nozick, 1938~2002)의 「무정부, 국가, 유토피아」(1974년), 프라이부르크(Freiburg) 학파의 '질서 자유주의(Ordo Liberalism)' 등을 각각 들 수 있다. 특히 프라이부르크(Freiburg) 학파는 자유(自由)를 인간이 추구하는 최고의 가치라고 규정하고 자유(自由)는 시장경제체제에서 가장 잘 실현된다고 주장하며 정치적 자유와 경제적 자유의 상호의존관계를 강조했다.[98)]

98) Berlin, Sir Lsaiah(1969), Four Essays on Liberty, London: Oxford University Press.

① 고전적 자유주의(Classic Liberalism)

고전적 자유주의(Classic Liberalism)란 개인의 자유(自由)에 대한 정부 및 사회의 침해를 반대한다는 사상이다. 존 로크(John Locke), 아담 스미스(Adam Smith), 허버트 스펜서(Herbert Spencer), 존 스투아트 밀(John Stuart Mill) 등에 의하여 주창되었다.

여기서 유의해야 할 것은 고전적 자유주의(Classic Liberalism)와 영국의 '적극적' 자유주의(Positive Liberalism), 즉 미국의 자유주의는 상반되는 개념이라는 점이다. 전자는 개인의 자유를 신장하기 위하여 '정부 간섭으로부터의 자유'를, 후자는 빈곤과 실업 등으로부터의 자유를 보장하기 위하여 '시장에 대한 정부개입'을 각각 의미한다.

② 적극적 자유주의(Positive Liberalism)

원래 영국에서 대두되었던 '적극적' 자유주의(Positive Liberalism)는 정부가 소극적인 '야경 역할'을 하는 것을 넘어서 민간영역으로 간주되어온 분야에도 정부가 개입해야 한다는 사상이다. 토마스 힐 그린(Thomas Hill Green), 존 홉슨(John Atkinson Hobson), 레오나드 홉하우스(Leonard Hobhouse), 존 메이너드 케인즈(John Maynard Keynes) 등에 의하여 주창되었다.

'적극적' 자유주의(Positive Liberalism)의 사상적 배경은 다음과 같다. 19세기 중반부터 세계 최고의 번영을 누렸었던 영국의 경제가 1875년부터 장기적인 불황을 겪게 되었고 그에 따라 영국 사회의 빈곤과 실업의 증가를 비롯한 많은 경제·사회적 문제들이 발생하였었다. 이러한 상황 속에서 영국의 자유주의자들은 자유경쟁적 시장이 반드시 좋은 결과만을 초래하는 것이 아니라고 인식하였으며, 법률에 단순히 기록되어 있는 자유가 파산, 실업, 빈곤 등으로 고통받고 있는 많은 사람들에게는 현실적으로 무의미하다는 점을 깨닫게 되었다. 따라서 정부가 '적극적'으로 상기한 사회·경제적 문제들을 해결해야 한다는 사상이 '적극적' 자유주의(Positive Liberalism)인 것이다.

상기한 영국의 '적극적' 자유주의(Positive Liberalism) 사상은 미국에서 매우 긍정적으로 받아들여졌었다. 미국 언론은 '적극적' 자유주의(Positive Liberalism)를 단순히 '자유주의(Liberalism)'라고 호칭했었다.

③ 신(新)자유주의(New Liberalism)

한편, 루드빅 폰 미제스(Ludwig von Mises), 프리드리히 하이에크(Friedrich Hayek) 등의 시카고학파는 '고전적 자유주의(Classic Liberalism)'의 경제이론적 약점들을 보완하고 보다

정교한 논리로 옹호했다. 미국인들은 이들의 노선을 기존 '자유주의(Liberalism)'와는 다른 새로운 자유주의라는 관점에서 '신(新)자유주의(New Liberalism)'로 호칭했었다.

여기서 유의할 것은 2008년 하반기 미국발 금융위기가 전 세계로 파급됨에 따라 그 원인으로 '신(新)자유주의(New Liberalism)'를 지목하고 '큰 정부(Big Government)'를 통한 시장에 대한 전방위적 정부규제를 옹호하는 주장이 만연하고 있다는 점이다. 이 결과, 과거 스태그플레이션 현상을 설명하기 어려워 위축되고 있었던 케인지언 경제학, 즉 '적극적' 자유주의(Positive Liberalism)가 다시 주목을 받고 있다. 이들은 모든 사회문제의 근원을 자유주의와 자유시장에 두고 있다. 실업과 비정규직의 고통처럼 경기변동에 따른 사회문제들이 자유주의 이념에 따른 금융규제 완화 때문이라고 주장한다. 그러나 신(新)자유주의자들은 이런 문제들의 진정한 해결책은 시장에 대한 정치적 통제가 아니라 자유시장의 추구라고 반박하고 있다.

④ 자유지상주의(Libertarianism)

마지막으로, '자유지상주의(Libertarianism)'란 상기한 자유주의(Liberalism) 및 신(新)자유주의(Neo Liberalism)와 자유경쟁시장의 효율성 신뢰, 사유재산권 강조, 법치 강조, 개인 존중 등에 있어서 동일하지만, 단지 개인의 자유를 절대적으로 존중한다는 것이다. '자유지상주의(Libertarianism)'는 프리드리히 하이에크(Friedrich Hayek, 1899~1992)의 자유주의 사상을 극단적으로 발전시켰다.[99)]

자유지상주의자(Libertarianism)는 미국에서 자유주의의 핵심요소인 개인주의(個人主義)가 멀어지는 것에 반발해, 자신들의 자유주의 노선(즉, 자유지상주의)이 미국의 기존 자유주의(Liberalism) 노선과 다르다는 것을 강조하기 위하여 자기들의 자유주의 사상을 '자유지상주의(Libertarianism)'라 호칭했던 것이다.

심지어 '자유지상주의(Libertarianism)'는 개인의 자유를 존중하는 것을 강조한 나머지, 심지어 마약의 복용과 거래, 매춘 등과 타인에 피해를 주지 않는 행위를 범죄로 처벌해서는 안 되며 그것이 설혹 사회·도덕적으로 문제를 야기한다 하더라도 기본적으로 타인에 피해를 주는 행위가 아니므로 '개인의 자유 영역'으로 인정해야 한다고 주장한다.

자유지상주의자(Libertarianist)는 자선과 구호행위를 덕성스러운 것으로 긍정적으로 평가

---

99) Hayek, Friedrich A.(1944), The Road to Serfdom, Chicago. 김영청 역, 「노예의 길」(1997), 동국대출판부; Hayek, Friedrich A.(1948), Individualism and Economic Order, Gateway Editions; Hayek, Friedrich A.(1965), "Individualism and Economic Order", In M. Bornstein(ed.), Comparative Economic System, Homewood, Ⅲ.: Richard D. Irwin, Chap. 8.

한다. 단지 그들은 개인들이 자선과 구호행위를 하도록 강요되어선 안 된다고 주장할 뿐이다. 또한 자유지상주의자(Libertarianist)는 복지(福祉)에 대한 그 어떤 권리(welfare rights)가 있음을 대개 부인한다. 다시 말하면, 가난한 사람들은 음식이나 거처에 대한 복지권을 가지고 있지 않다는 것이다. 심지어, 빈민구제소가 극빈자에게 구호를 제공하기 위해 과세에 의존하는 한, 그것은 납세자들의 권리를 침해하고 그들의 재산을 부당하게 취하고 있다는 것이다. 예를 들어, 자유지상주의자(Libertarianist)는 생명권(right to life)이 '생계를 제공받을 권리'가 아니라 '죽임을 당하지 않을 권리'라고 주장한다. 정의(Justice)는, 개인들의 추구활동이 타인의 권리를 침해하지 않는다면 누구도 간섭하지 않기를 요구한다는 것이다.

심지어, 로버트 노직(Robert Nozick, 1938~2002)은 기회균등에 대해 비판적이었다.[100] 그 이유는 기회균등을 위해서는 '최소국가(Minimal State)'에서 허용되지 않는 소득 재(再)분배가 불가피하다고 보았기 때문이다: *"기회균등을 도모하는 데는 두 가지 방법이 있다. 기회가 많은 사람의 처지를 악화시키거나 기회가 적은 사람의 처지를 개선하는 방법이다. 후자를 위해서는 자원을 사용해야 하는데 그러자면 누군가 타인의 처지를 악화시켜야 한다"*(Robert Nozick, 1974, p. 235).

로버트 노직(Robert Nozick, 1938~2002)은 기회를 제도에 의하여 차별하는 것은 반대하지만 천부적 자질과 성장 환경의 차이는 그대로 인정하자고 주장했다. 또한 그는 행운 또는 불운은 그냥 개인의 몫으로 인정하자고 주장했다. 나아가, 로버트 노직(Robert Nozick)은 경제적 불평등에는 아무런 문제가 없다고 주장한다. 즉, 그는 유형화된 '정의론(正義論)'을 거부하고, 자유시장에서 사람들의 선택의 자유를 존중해야 한다고 주장했다. 왜냐하면, 포브스(Forbes) 400대 부자가 수십 수백 억 달러를 소유한 반면에 다른 사람들은 무일푼이라는 사실만으로는 그러한 현실이 정의롭다거나 혹은 정의롭지 못하다고 결론 내릴 수 없기 때문이라고 한다. 그는 '분배 정의(Distributive Justice)'가 구현되려면 다음과 같은 2가지 필수조건이 충족되어야 한다고 주장한다: 하나는 초기 소유물에 구현된 정의(正義)이고, 다른 하나는 소유물 이전에 구현된 정의(正義)라고 한다.

⑤ 자유(自由)에 대한 저자의 기본 시각

자유(自由)란 자유주의자들의 '고전적 자유(Classic Liberalism)' 혹은 복지론자들의 '적극

---

100) Novak, Michael(1994a), "Wealth & Virtue: The moral case for capitalism", National Review, Feb, 18; Novak, Michael(1994b), Belief and Unbelief: A Philosophy of Self－Knowledge, New York: Macmillan, Co.

적 자유(Positive Liberalism)' 가운데 어느 하나에 귀속될 만큼 평범한 개념이 아니라 국가 정체성의 개념으로 받아들여야 한다.

한국의 경우, 헌법 119조와 관련해 논쟁이 벌어졌다. 헌법 119조는 1항과 2항으로 구성돼 있다. 자유시장론자들은 경제자유를 규정한 1항이 중요하다고 주장하는 반면에 복지론자들은 정부의 개입에 폭넓게 문을 열어놓은 2항을 강조한다. 그러나 헌법에 명시된 자유(自由)란 '정부 간섭(干涉)으로부터의 자유'나 '정부 개입(介入)을 통한 자유' 가운데 하나가 아니라 "자유 아니면 죽음을 달라"는 패트릭 헨리(Patrick Henry, 1736~1799)의 절규에서 나타난 것처럼, 폭군의 횡포에 굴종하지 않겠다는 '공화주의적 자유(共和主義的 自由)'의 표현이다. 이런 '공화주의적 자유(共和主義的 自由)'는 정부 간섭의 유·무(有·無)보다 권력을 자의적으로 마구 행사하는 통치자 밑에서 구차스러운 삶을 살지 않겠다는 자유인(自由人)의 결의다. 헌법 전문에 나오는 '자유민주적 기본질서'라는 구절은 그것을 말한다.

그러나, 경제적 측면에서, 본 연구는 '고전적' 자유주의(Classic Liberalism)가 아니라 '적극적' 자유주의(Positive Liberalism)에 속한다. 왜냐하면 레이거노믹스(Reaganomics)와 대처리즘(Thatcherism)으로서 신봉 및 추진되었던 신(新)자유주의(New Liberalism)의 한계와 병폐가 여실히 드러났기 때문이며, 인간의 존엄성을 위하여 사회보장제도(社會保障制度)는 필요하기 때문이다. 다만, 문제는 어떠한 사회보장제도인가, 어떠한 복지재원조달 방식인가, 어떠한 복지전달체계인가이다.

(3) 평등(平等)에 관한 사상 및 철학

다음으로, '평등(平等)'을 위한 사상·철학적 기초를 살펴보면, 중국 유학(儒學)의 민본주의(民本主義), 특히 맹자(孟子, BC 372~289)의 균등한 토지분배 사상, 사무엘 밀러(Samuel Freeman Miller, 1816~1890), 버트런드 러셀(Bertrand Arthur William Russell, 1872~1970), 존 케네스 갤브레이스(John Kenneth Galbraith, 1908~2006)의 「경제학과 공공목적」(1973년)에서 '신(新)사회주의론', 밀턴 프리드먼(Milton Friedman, 1912~2006)의 기회균등, 헨리 시지윅(Henry Sidgwick, 1838~1900), 아마르티아 센(Amartya Kumar Sen, 1933~현재)의 평등주의 등을 들 수 있다.

평등(平等)의 사전적(辭典的) 의미는 '권리, 의무, 자격 등이 고르고 한결같음'으로 정의되어 있다. 서구 근대 정치의 핵심적 가치인 평등에 대한 요구는 1789년 프랑스 대혁명 이후 약 230년간 인류가 겪은 주요 정치적 투쟁들에 내재되어 있는 아이콘이다. 아마 향후에도 인류사회가 존속하는 한 평등(平等)에 대한 논의와 투쟁은 지속될 것이다.

스튜어트 화이트(Stuart White, 1947~현재) 옥스퍼드대 정치외교학과 교수가 2007년 펴낸「평등이란 무엇인가」(Equality)는 현대 서구인들의 평등(平等) 개념을 6가지 주제로 나누어 논술했다: ① 민주주의, ② 능력주의, ③ 운(運) 평등주의, ④ 평등과 인센티브, ⑤ 평등과 차별, ⑥ 전 지구적 평등의 미래이다. 그는 다음과 같이 촉구한다: *"평등에 대한 요구는 그 도덕적 힘을 유지하고 있다", "어떻게 우리가 이러한 평등한 세상을 만들기 위한 자신의 본분을 다하지 않을 수 있단 말인가?"*

모름지기, 모든 사람이 능력의 차이는 있지만, 인간으로서 존엄성을 지키고 살아갈 수 있도록 하기 위해서는 현실적으로 소득재분배가 필요하다. 따라서 그것은 민주주의 정부의 가장 큰 소임이다. 그 이유는 세금을 어떻게 매기고, 걷은 세금을 사회복지 지출로 얼마나 이전하는가에 따라 소득불평등이 줄 수도 있고, 중산층이 붕괴될 수도 있기 때문이다. 소득재분배는 정부의 유·무능을 가르는 기준이 된다.

2008년 하반기 글로벌 금융위기 직후 터져나온 'We are 99%'를 외쳤던 월가(街)의 시위는 종료된 것이 아니다. 신(新)자유주의(New Liberalism)에 입각한 자본주의가 인간중심의 사고로 전환하지 않는 한, 월가(Wall Street)의 시위 정신은 새로운 사회, 즉 인본주의적 사회(Anthropocentric Society)를 탄생시키는 싹이 될 것이다.

① 밀턴 프리드먼(Milton Friedman, 1912~2006)의 '평등한 자유'

대표적인 자유주의의 신봉자였던 밀턴 프리드먼(Milton Friedman, 1912~2006)의 기본 철학은 '개인 자유의 확대'와 '기회의 평등'이라고 요약할 수 있다. 그는「자본주의와 자유」(1962년) 및「선택의 자유」(1980년)에서 다음과 같이 주장했다: *"자유주의 철학의 핵심은 개인의 존엄성에 대한 믿음이며, 자신과 동등한 행위를 하려는 다른 사람의 자유를 방해하지 않는 조건만 충족되면 각자 원하는 바에 따라 능력과 기회를 최대한 발휘할 수 있는 자유에 대한 믿음이다. … 모든 사람은 평등한 자유를 갖는다는 뜻이다"*(Milton Friedman, 1962, p. 195).

"평등은 기회의 평등이며 이는 각자 목적을 추구하는 능력의 활용을 가로막아서는 안 된다는 뜻이다. 기회의 평등은 인격의 평등과 마찬가지로 자유와 충돌되지 않는다. 오히려 자유의 본질적 요소이다"(Milton Friedman, 1980, p. 132).

나아가, 밀턴 프리드먼(Milton Friedman)은 그의 저서「자본주의와 자유」(Capitalism and Freedom, 1962년)에서, 국가가 할 일이라고 널리 인식된 행위 가운데 상당수가 개인의 자유를 침해하는 위법 행위라고 주장했다. 그는 '사회보장제도(社會保障制度)'와 정부가 국민의 의무로 규정해 운영하는 '퇴직 프로그램'을 대표적인 사례로서 지적하였다.[101)]

우선, 밀턴 프리드먼(Milton Friedman)이 국가에 의한 사회보장(Social Security)에 대해 소극적인데, 그 논거는 다음과 같다: *"[자유주의자는] 불운한 사람을 돕기 위한 민간의 자선행위는 자유의 정당한 표현으로 볼 것이다. … 그러나 자발적인 행위 대신 강제적인 수단을 사용한다면 이를 흔쾌히 수용하지는 않을 것이다"*(Milton Friedman, 1962, p. 195).

우선, 밀턴 프리드먼(Milton Friedman)은 국가에 의한 사회보장(Social Security)의 필요성을 일단 긍정하게 되면 자유주의 신념의 완벽성에 흠이 생긴다는 점도 인식하고 있다: *"온정주의적 정부 활동의 필요성은 자유주의자에게는 여러 가지로 골치 아픈 문제다. 왜냐하면 자유주의가 기피하는 '누군가 타인을 대신하여 결정한다'는 원칙을 받아들여야 하며 또 이런 원칙은 그 포장이 공산주의이든, 사회주의이든, 복지국가이든 간에 자유주의의 적(敵)인 집단주의의 핵심이기 때문이다"*(Milton Friedman, 1962, pp. 33~34).

밀턴 프리드먼(Milton Friedman)은 기존 사회보장제도(社會保障制度)에 두 가지의 치명적인 결함이 있다고 지적한다: 하나는 빈곤층 지원이 목적이라면 그 목적에 집중하면 되는데 특정 직업, 연령, 임금층, 노동조합, 산업 집단을 대상으로 하는 번잡한 복지 프로그램이 존재한다는 것이고, 다른 하나는 가격 지지, 최저임금, 관세 등을 통해 시장을 왜곡한다는 것이다(Friedman, 1962, p. 191).

다음으로, 상기와 유사한 근거로, 밀턴 프리드먼(Milton Friedman)은 '최저임금제' 역시 반대한다. 고용주가 얼마나 적은 임금을 지급하든 노동자가 받아들인다면, 정부가 나서서 반대할 수 없다는 것이다. 또한 '고용차별금지법' 제정도 정부가 개인의 자유를 침해하는 행위라는 것이다. 인종이나 종교 등의 이유로 차별한다 해도 국가는 그것을 막을 권리가 없다는 것이다. 그의 견해로는 "그러한 법 제정은 개인들의 자발적인 계약의 자유를 간섭하는 행위이다"라는 것이다(Michael Sandel 3강－각주 5).

"[빈곤 구제를 위한] 하나의 방법이자 가장 바람직한 방법은 민간의 자선이다. … [그러나] 민간의 자선에만 의존할 수는 없다는 의견도 있다. 그 이유는, 자선의 혜택은 기부자 아닌 타인에게도 돌아간다는 소위 '이웃효과(neighborhood effect)'가 있기 때문이다. 타인의 빈곤을 보면서 마음이 불편한 사람은 빈곤이 완화되면 마음이 가벼워진다. … 즉

101) Friedman, Milton(1962), Capitalism and Freedom, University of Chicago Press, 최정표 역, 「자본주의와 자유」(1995), 형설출판사; Friedman, Benjamin(2005), Moral Consequence of Economic Growth. New York Vintage.

타인의 자선행위의 혜택이 부분적으로 나에게도 돌아온다는 것이다. … 타인이 기부를 한다면 나도 기부할 생각이 있고, 타인의 확약이 없으면 나도 기부를 하지 않게 된다는. … 이런 근거에서, 빈곤 축소를 위한 정부 조치의 정당성을 인정할 수도 있다"(Milton Friedman, 1962, pp. 190~191).

밀턴 프리드먼(Milton Friedman)은 다음과 같이 질문한다: *"어떤 사람이 자기 재산을 이용해 현재를 즐기고 말년을 어렵게 살기로 결정했다면, 대체 무슨 권리로 그의 결정을 막겠는가?" 우리는 그 사람에게 퇴직한 뒤를 생각해 저축하라고 충고할 수 있겠지만, "그의 결정을 무슨 권리로 막겠는가?"*(Michael Sandel 3강 – 각주 4).

그러나 밀턴 프리드먼(Milton Friedman)은 사회에서는 책임능력이 없는 사람들도 있으며 이들에 대한 배려가 필요하다는 사실을 인정한다: *"자유란 책임능력 있는 개인에게나 적합한 목표이다. 정신이상자나 어린이에게는 이런 자유가 어울리지 않는다고 본다. … 책임능력이 없는 개인에게는 온정주의(Paternalism)를 적용할 수밖에 없다"*(Milton Friedman, 1962, p. 33).

상기한 문제의식을 갖고, 밀턴 프리드먼(Milton Friedman)이 제안한 사회보장(社會保障) 방식은 '부(負)의 소득세(negative income tax)' 제도이다. 일반 소득세가 면세점(免稅點) 이상의 소득에 일정 세율을 곱한 금액을 상위 소득자로부터 징수하는 조세인 것처럼, 부(負)의 소득세는 소득이 면세점 이하일 경우에 그 차액에 일정 세율을 곱한 금액을 정부가 하위 소득자에게 지급하는 것이다.

- 소득세액 = (소득 – 면세점) × 소득세율

정부가 징수하는 대신에 오히려 지급하기 때문에 이를 '부(負)의 소득세(negative income tax)'라고 부른다. 이 금액을 인간다운 생활에 필요한 기초생활비가 되도록 정하면 다른 사회보장제도를 모두 대체해도 된다는 것이 밀턴 프리드먼(Milton Friedman)의 사유이다. 심지어, 소득이 '0'이라도 (면세점×소득세율)에 해당하는 금액을 보장받게 된다. 만약 기초생활비보다 면세점을 높게 정하면 그 중간의 소득을 얻는 사람은 (면세점 – 소득)에 세율을 곱한 금액만큼 지급받게 된다.

그러나 '부(負)의 소득세(negative income tax)'는 간명하고 기본생활비와 면세점 사이의 소득자에게 노동 유인을 제공한다는 장점이 있지만, 자유주의자로부터 좋은 평가를 받지는 못할 것이다. 그 이유는 부(負)의 소득세 역시 소득재분배의 하나이므로 '선택과 책임의 연계'라는 기준에 위배된다고 자유주의자들은 반대할 것이기 때문이다. 즉, 책임 및 능력이 없는 국민만이 아니라 모든 빈곤층이 부(負)의 소득세 제도의 수혜자가 된다는 것이다.

상기한 밀턴 프리드먼(Milton Friedman)의 자유주의 사상에 대하여 저자는 다음과 같이 논평한다: 저자는 그의 사상과 철학을 '자유(自由)'의 측면에서 공감하지만 '평등(平等)'의 측면에서 보면 선뜻 수용할 수 없다. 예로서, '대중빈곤' 문제에 대한 존 케네스 갈브레이드(John Kenneth Galbraith, 1973 및 1979)의 사상, 또한 미국 사회보장제도의 개혁을 주장한 마틴 펠드스타인(Martin S. Feldstein, 1975)의 정책적 시사점을 각각 음미해 볼 수 있을 것이다. 또한 밀턴 프리드먼(Milton Friedman)은 '대중빈곤' 문제에 대한 처방으로서 사회보장제도(社會保障制度) 대신에 '부(負)의 소득세(negative income tax)'를 추천하였다. 그러나 이 제도는 신생국가에서는 가능하지만 이미 사회보장제도가 중요한 사회경제제도로 정착되어 있는 대다수 국가들에게는 적용할 수 없다.

② 조지프 스티글리츠(Joseph Eugene Stiglitz, 1943~현재)의 「불평등의 대가」 (The Price of Inequality, 2012년)

노벨경제학상 수상자 조지프 스티글리츠(Joseph Eugene Stiglitz, 1943~현재) 교수는 그의 저서 「불평등의 대가」(The Price of Inequality, 2012년)에서 '기회의 땅 미국'이라는 신화는 꺼졌고 미국은 어느 국가보다 불평등이 심각하고 부자들이 더 부자가 되는 나라가 되고 있다면서, 미국이 다른 나라들에도 강요했었던 부자 감세와 정부지출 감축의 정책들이 어떤 결과를 가져왔는지를 개탄한다.

조지프 스티글리츠(Joseph Eugene Stiglitz) 교수는 시장의 힘을 부인하지 않는다. 다만 시장은 완전하지 않으며, 시장이 '잘 작동하게' 만들기 위해서라도 정치가 개입해야 한다고, 그 정치를 움직이는 것은 민주주의라고, 불평등은 민주주의를 약화시키며, 민주주의가 약해지면 다시 불평등이 심해지는 악순환이 일어난다고 역설한다.

조지프 스티글리츠(Joseph Eugene Stiglitz) 교수는 '지대추구'를 통해 부자들이 부당하게 더 돈을 벌 뿐 아니라, 아무것도 생산하지 못하는 일에 돈이 쏠림으로써 경제 자체가 무너진다고 지적한다. 세금은 나쁜 행위에 더 많이 매겨야 하는데, 환경파괴 등 윤리적으로 옳지 않은 행위는 물론이고 경제를 망가뜨리는 지대추구 같은 행위에 매겨지는 세금이 오히려 적다. 정부가 그런 결정을 하게 만드는 것이 부자들의 힘이고, 그걸 따라가는 게 정부의 부패다. 그의 결론은 '불평등은 불가피한 게 아니며 우리가 선택한 정치의 결과'이기 때문에 뒤바꿀 수 있다는 것이다.

③ 평등(平等)에 대한 저자의 기본 시각

독일의 사회심리학자 에리히 프롬(Erich Fromm, 1900~1980)은 *"모든 사람은 평등하게 태어나지만 모두가 날 때부터 다르다"*고 했다. 각자 타고난 능력이 다르고, 교육 수준과 직업도 다르다. 평등한 출발 기회를 제공하고, 공정한 경쟁을 할 수 있도록 제도와 법을 만들어야 한다는 점은 많은 사람이 동의한다. 그러나 경제성과의 배분에서 과연 무엇이 공정한 것인지는 사람마다 생각이 다르다.

전술한 바와 같이, 자유주의 신봉자인 밀턴 프리드먼(Milton Friedman, 1912~2006)은 그의 저서 「자본주의와 자유」(1962년) 및 「선택의 자유」(1980년)에서 평등(平等)은 '기회의 평등'이라고 규정하고 '결과의 평등'을 반대했다. 만약 '기회의 평등'을 기계적으로 강요하면 '결과의 평등'이 보장될 수는 있을 것이다. 그러나 프리드리히 하이에크(Friedrich August von Hayek, 1899~1992)가 지적한 것처럼, '운칠기삼(運七技三)'에 의하여 동일한 기회일지라도 동일한 결과를 보장하지 않는 것이 시장의 본질이다. 따라서 '기회의 평등'을 기계적으로 추구하여 양육을 통한 개인적 차이는 물론, 타고난 본성의 차이, 나아가 시장에서 불가피하게 나타나는 운(運) 등을 수용하지 않으면 사회는 획일화되고 하향평준화는 불가피해질 것이다.

요컨대, 경제적 기회야말로 시장현상이며 '운칠기삼(運七技三)'의 전형이다. 다만 남보다 더 노력하는 사람에게만 더 좋은 기회의 가능성이 열릴 뿐이다. 시장에서의 기회는 오직 열심히 노력하는 사람에게만, 혹은 운(運)이 좋은 사람에게만 찾아온다. 따라서 정부가 모든 차별화 요인들을 통제하지 못하는 한, 정부가 모두에게 기회를 평등하게 보장한다는 것은 불가능한 일이다. 결과의 차등(差等)은 복잡경제의 본질이며, 따라서 결과의 평등(平等)은 아무도 보장할 수 없다.

평등(平等)에 대한 본 연구의 기본 시각은 다음과 같다: 자유민주주의와 시장경제체제를 유지하고 있는 국민이 선택할 평등(平等)은 '결과의 평등'이 아니라 '원인의 평등'이다. 불평등(不平等)은 하나의 악(惡)이지만, 그것은 일종의 '필요악(必要惡)'인 것이다. 물론, 사람은 평등하게 출발하고 평등한 조건을 갖지만, 그 결과는 노력과 열성 여하에 따라 차이가 있을 수밖에 없다. '결과의 평등'은 결코 창의성과 생산성을 기대할 수 없다. 사실, 동기유발이 없을 때 도전과 변화 혹은 발전을 기약할 수 없다. 따라서 인간사회에서 필요한 것은 물리적 혹은 기계적 평등(平等)이 아니라 정당한 노력에 상응하는 대가의 보장, 즉 공정(公正)과 형평(衡平)인 것이다.

왜 사회주의 국가에서는 생산성(生産性)이 낙후되었을까? 그 요인은 사유재산제와 경쟁이 없기 때문이다. 미하일 고르바초프(Mikhail Sergeyevich Gorbachev, 1931~현재)는 다음과 같이 술회했다: *"평등(平等)은 양적인 것이 아니라, 바로 질적인 것이다. 사회주의 국가에서도 평등에 질적 차이가 있음을 인정해야 하고 인식해야 한다."*

사실, 자유민주주의 사회에서는 자유(自由)와 평등(平等)의 조화를 얻기 위해 자본주의를 수정하고, 국민의 경제생활을 평준화하기 위해 여러 가지 복지정책을 실시하고 있으며, 개인의 사유재산권에 대해서도 많은 제한을 가할 뿐만 아니라 소득분배의 공정을 위해서도 많이 노력하고 있다.

그렇다면, 헨리 시지워크(Henry Sidgwick, 1838~1900)의 '차별화 정의(正義)'는 '분배 정의(distributive justice)'와 어떻게 구별되어야 할 것인가? '차별화 정의(正義)'는 차등(差等)을 근본적으로 인식하고 평등(平等)을 예외로 간주하는 '실증적 정의(positive justice)'라고 부를 수 있는 반면에, '분배 정의'는 평등(平等)을 근본적으로 인식하고 차등(差等)을 예외로 간주하는 '규범적 정의(normative justice)'라고 부를 수 있다.

따라서 '공정(fairness)' 혹은 '형평(equality)'이라는 개념은 '규범적 정의(normative justice)'보다는 '실증적 정의(positive justice)'의 차원에서 '차별화 정의(正義)'를 의미하는 것으로 해석해야 할 것이다. 요컨대, '공정(公正)'이란 경제적으로 다른 것을 다르게 취급하며 같은 것을 같게 취급하는 것이다. 만약 경제적으로 서로 다름에도 불구하고 정치적인 이유로 동일하게 취급하면 그것은 오히려 '불공정(不公正)'한 것이다.[102)]

그렇다면, 어떻게 공정한 사회와 경제발전을 동시에 추구할 수 있을까? 이에 대한 저자의 답변은 다음과 같다: 공정(公正)의 개념을 시지워크(Henry Sidgwick)의 '차별화 정의(正義)'로 해석할 때, 또한 소득분배의 불공정(不公正) 문제를 존 롤스(John Rawls)가 제시한 두 번째 정의(正義)의 원칙, 즉 '차등의 원리(The Difference Principle)'로서 해결할 때, 경제발전은 공정(公正), 즉 정의(正義)와 공존할 수 있다. 다시 말하면, 공정한 분배 및 공정한 사회의 의미가 부(富)의 창출에 참여해서 기여한 만큼의 분배 혹은 대접을 받는 것을 의미할 때, 비로소 공정(公正)의 개념이 현실의 시장기능과 부합될 수 있고 경제발전에 친화적이 될 수 있다. 또한 시장의 경쟁에서 낙오된 최소수혜자들을 거리로 방기(放棄)하는 것이 아니라 이들의 혜택을 극대화시켜 줌으로써 건전한 복지사회(福祉社會)가 자유시장 경제체제와 양립할 수 있다고 저자는 믿는다.

전술한 논의를 바탕으로, 우리는 다음과 같은 결론을 도출할 수 있다: 시장경제체제를

102) Clayton, Matthew and Andrew Williams ed.(2004), Social Justice, Malden: Blackwell Publishing; Cohen, Joshua(1986), "Review of Spheres of Justice", Journal of Philosophy Vol. 83(August).

갖는 자유민주주의 사회에서 공정성(公正性), 즉 '차별화 정의(正義)'는 법에 의해 규정된 경기규칙에 따라 시장에 참여할 수 있는 권리를 평등하게 보장받지만 시장경쟁의 결과, 즉 '결과의 차등'은 각자의 실력이나 노력 혹은 운(運)에 의해 자신이 책임진다는 기본 원칙으로 확립 및 준수되어야 한다. 이 경우, 시장의 동기부여기능을 보유함에 따라 경제발전과 공정한 사회는 양립할 수 있다.

(4) 존 롤스(John Rawls)의 정의론(正義論): '자유주의적 평등주의'

우선, 저자는 다음과 같은 화두(話頭)를 던진다: 인류의 보편적 가치이지만 상호갈등적 관계를 지닌 자유(自由)와 평등(平等)을 어떻게 조화 혹은 공존시킬 수 있을까? 다행히, 존 롤스(John Rawls, 1921~2002) 교수[103]는 그의 '정의론'(正義論, Theory of Justice, 1971년, 1985년, 1993년, 1999년, 2001년)[104]을 통하여 존 로크(John Locke, 1632~1704)의 자유(自由)와, 장-자크 루소(Jean-Jacque Rousseou, 1712~1778)의 평등(平等)의 갈등을 임마누엘 칸트(Immanuel Kant, 1724~1804)의 '의무론적 윤리론'으로서 해결함으로써 '자유주의적 평등론', 즉 '최소 수혜자의 최대 이익'을 제시하였다. 다시 말하면, '수정 자유주의자'로 불리고

103) 이홍윤(1997), "존 롤스(John Rawls)의 분배적 정의에 관한 연구-분배적 정의에 관한 철학적 논의를 중심으로", 「경제경영」, Vol. 14, pp. 59~77. 존 롤스(John Rawls, 1921~2002)는 1921년 미국 볼티모어에서 태어났다. 1950년 프린스턴 대학교에서 철학박사 학위를 받은 후 코넬 대학과 매사추세츠 공대(MIT) 교수를 지냈다. 1962년에는 하버드대학교 정치철학 교수가 되었으며, 그 후 이 대학에서 명예교수를 지냈다. 하버드대학에서 제임스 코넌트 프로페서십과 크라이스트 처치에서 풀브라이트 펠로십을 획득하였으며, 1999년에는 샤크 상(Schock Prize)과 그의 저작이 *"교육받은 미국인의 전체 세대가 민주주의에 대한 믿음을 되살리는 데에 도움을 준"* 공로로 네셔널 휴머니티스 메달을 수상하였다. 그의 대표적 저서는 「정의론」(1971년)과 「공정으로서의 정의」(2001년)이다.

104) Rawls, John(1971), A Theory of Social Justice, Cambridge: Harvard University Press; Rawls, John(1980), "Kantian Constructivism in Moral Theory", Journal of Philosophy Vol. 77, No. 9; Rawls, John(1985), "Justice as Fairness: Political Not Metaphysical", Philosophy and Public Affairs Vol. 14, No. 3; Rawls, John(1993), Political Liberalism, New York: Columbia University Press; Rawls, John(1995), "Justice as Fairness: Political not Metaphysical", Philosophy and Public Affairs Vol. 14; Rawls, John(1999), A Theory of Justice, revised. ed., Cambridge: The Belknap Press of Harvard University Press; Rawls, John(2001), Justice as Fairness: A Restatement, Cambridge: Harvard University Press; Rawls, John and Erin Kelly, ed.(2001), Justice as Fairness, A Restatement, Cambridge, MA: The Belknap Press of Harvard University Press. Sandel, Michael, J.(1982), Liberalism and the Limits of Justice, Cambridge: Cambridge University Press; Sandel, Michael, J.(2005), Public Philosophy: Essays on Morality in Politics, Cambridge, MA: Harvard University Press; Sandel, Michael(2010), Justice: What's the Right Thing to Do?, New York: Farrar Straus Giroux.

있는 존 롤스(John Rawls) 교수는 자유(自由)와 평등(平等)을 정의(正義)의 제1원칙(평등한 '기본적 자유'의 원칙)과 정의의 제2원칙(실질적 평등을 위한 차등의 원칙)으로써 적절히 조화시킬 수 있는 사회계약론(社會契約論)을 제시하였다.

존 롤스(John Rawls, 1921~2002) 교수는 사회적 합의에 참여하는 개인은 '합리적 존재'임과 동시에 '이기적 존재'로서 도덕적 인격, 권리, 기회, 자유, 협동 등과 같은 사회적 기본가치에 대해서는 알고 있다는 전제하에서, 개인이 맺는 사회계약(社會契約)은 자신의 '이익을 극대화하는 원리'가 아니라 '피해를 최소화하는 원리'를 추구하게 된다고 주장했다.

사실, 존 롤스(John Rawls, 1921~2002) 교수는 그의 '정의론'(正義論, Theory of Justice, 1971년, 1985년, 1993년, 1999년, 2001년)은 데이비드 흄(David Hume, 1711~1776)의 경험주의 철학(Empiricism)에 의해 와해되었고 제러미 벤담(Jeremy Bentham, 1748~1832) 및 존 스투아트 밀(John Stewart Mill, 1773~1836)의 공리주의(Utilitarianism, 功利主義)에 의하여 그 잔해조차 사장(死藏)되어 버렸던 '사회계약론(社會契約論)'을 복원시킨 셈이다.[105]

① 정의(正義)의 개념

전술한 바와 같이, 임마누엘 칸트(Immanuel Kant, 1724~1804)의 '자유민주주의적 규범론'에 의하면, '행복(the good)의 문제'는 '정의(the right)의 문제'와 분리될 수 없으며, 사회정의(Social Justice) 원리의 규명과 정당화가 행복의 문제보다 더 우선적 과제라는 것이다. 이와 같은 맥락에서, 존 롤스(John Rawls, 1921~2002) 교수는 그의 '정의론'(正義論, Theory of Justice, 1971년, 1985년, 1993년, 1999년, 2001년)은 임마누엘 칸트(Immanuel Kant)의 '인간관' 및 '정언명령(Categorical Imperative)'에 바탕을 둔다. 즉, 모든 개인들은 '자유롭고 평등한 도덕적 존재'라는 것이다. 여기서 '도덕적'이라 함은 모든 개인이 정당한 사회적 원칙들에 근거해서 행위할 수 있고 또한 개인의 행복에 관한 관념을 합리적이고 자율적으로 정립하고 수정할 수 있다는 것을 의미한다.

[그림 Ⅲ-9]에서 보는 바와 같이, 존 롤스(John Rawls, 1921~2002) 교수는 가장 중요한

105) 존 롤스(John Rawls) 교수가 정의론을 발표한 후 그의 이론을 옹호하는 로널드 드워킨 같은 걸출한 자유주의 법철학자도 주목받게 되었으며, 자유지상주의 진영의 로버트 노직, 공동체주의 진영에서 마이클 샌델, 마이클 왈저, 찰스 테일러, 알래스데어 매킨타이어가 각각 존 롤스(John Rawls)의 정의론에 대한 의미 있는 비판을 내놓으면서 소위 자유주의-공동체주의 논쟁의 불을 지폈다. 이 논쟁은 원래 영미권, 그중에서도 미국을 중심으로 전개된 논쟁이었음에도 후에 분석철학자이자 실용주의파(pragmatist)였던 리처드 로티, 독일을 대표하는 사회학자이자 철학자인 위르겐 하버마스(JürgenHabermas, 1929~현재)도 참가했을 정도로 서구 지성사의 메인이 되는 논쟁이다.

주제를 정의(Justice)의 문제로 파악하고 정의(正義)를 '사회제도의 제1덕목'으로 규정했다. 그리고 '정의(正義)는 곧 공정(公正)함'이라고 정의(定義)했다. 사회가 공정하려면 기본적 자유와 권리가 평등 분배돼야 하고(평등의 원칙), 불평등은 최소 수혜자의 삶이 보다 개선되는 조건에서 용인된다(차등의 원칙)는 것이다. 따라서 소득과 분배를 우연(시장)에 맡기는 자본주의 체제는 '정의롭지 못하다'고 주장했다.

상기한 존 롤스(John Rawls) 교수의 정의(正義)의 개념은 데이비드 흄(David Hume, 1761~1776)의 윤리학과 일맥상통한다. 데이비드 흄(David Hume)에 의하면 안전과 행복은 자기 자신의 생명과 재산을 지키기 위한 이기주의적인 것이지만 그것이 공감(共感)을 얻을 때 바로 정의(正義)가 된다는 것이다. 즉, '이기주의'는 정의(正義)의 기본적인 동기이며, 그것이 공적 이익과 연관된다는 '공감(共感)'은 그 정의(正義)가 도덕적 승인을 얻을 수 있는 근거가 되는 것이다. 이와 반대로, 불의(不義)는 그 반대이다. 즉, 자신의 이익에 관련되지만 다른 사람들에게 고통이 된다는 '공감(共感)'을 일으키면 그것은 불의(不義)가 되는 것이다.

존 롤스(John Rawls) 교수의 「정의론」(正義論)은 엄밀한 의미에서 당위적 원리가 정당화되거나 보편화될 가능성은 경험적 현실에서는 희박하다고 전제하고, 사회의 '기본구조(basic structure)', 즉 정치 · 경제 · 사회 영역의 여러 제도들의 수립에 적용되어야 할 원리로서 '정의(正義)의 원칙'을 보편화 가능성(universalizability)의 기준에 합당하도록 구성하고 '정치적 자유주의(political liberalism)'의 실현을 위한 제도적 조건을 규명하였다. 이로써, 그는 자유(自由)와 평등(平等)을 통합시켰으며, 또한 '자유주의적 평등주의'에 입각하여 정의(正義)의 원에 복지(福祉)를 접합시켰다.

존 롤스(John Rawls, 1921~2002) 교수의 '정의론'(正義論, Theory of Justice, 1971년, 1985년, 1993년, 1999년, 2001년)은 사회구성원 사이에서 이익의 충돌과 갈등을 제도적 원리를 통해 해결하기 위한 원칙을 수립하는 것이다. 그러나 존 롤스(John Rawls)는 정의(正義)는 '사회제도의 제1덕목'이기 때문에, 법이나 제도가 아무리 효율적이고 정연하더라도 그것이 정당하지 못하면(즉, 정의롭지 못하면) 개선되거나 폐기되어야 한다고 주장했다. 따라서 자유민주주의 국가의 시민은 법(法)에 대하여 복종할 의무가 있음과 동시에 정의(正義)의 원칙들이 반영되지 않는 법(法)에 대해서는 불(不)복종할 수 있는 권리가 있다는 것을 알 수 있다. 이 점은 전술한 토마스 홉스(Thomas Hobbes, 1588~1679)와 장-자크 루소(Jean-Jacques Rousseau, 1712~1778)의 주장과 동일한 맥락이다.

[그림 Ⅲ-9] 존 롤스(John Rawls)의 「정의론」(正義論)의 구조

임마누엘 칸트
(Immanuel Kant)의
'의무론적 규범론'
(Categorical Imperative),
'인간관', '자연상태'

➡

존 롤즈(John Rawls)의
'윤리관', '정치적 인간관',
'원초적 상태(Original
Position)' ⊃ '무지의 베일
(Veil of Ignorance)'

⬅

존 로크(John Lock)의
「시민정부론」(Two Treaties of
Civil Government, 1690년)
장-자크 루소(Jean-Jacques
Rousseau)의 「사회계약론」
(Du Contrat Social, 1762년)

⬇

1) "公正으로서의 正義" (Justice as Fairness, 1958년)
(※ 正義를 사회제도의 '제1덕목'으로 규정)
2) 「정의론」(A Theory of Justice, 1971년)
3) 「정치적 자유주의」(Political Liberalism, 1993년)

⬇

〈정의(正義)의 2개 원칙〉

1) 제1원칙('평등한 '기본적 자유'의 원칙'): 헌법(憲法)에 의해 보장
'사회의 기본구조(Social Primary Structure)' → '사회의 기본적 가치(Social Primary Goods)'
→ '기본적 자유(basic liberties)', 즉 '자유주의적 전통의 자유':
- 투표권, 공직의 피선거권 등의 정치적 자유, 언론과 집회의 자유,
양심·사상·인신의 자유, 사유재산을 보유할 수 있는 자유,
법으로 규정되어 있는 정당한 이유가 없이 체포나 구금을 거부할 수 있는 자유

2) 제2원칙('차등의 원칙'): 입법(立法)을 통해 실현
- 자유민주주의 사회에서 公正(fairness) 혹은 衡平(equity)은
Henry Sidgwick(1838~1990)의 '차별화 정의('실증적 정의'로서 '경제적 차별화')'로 해석
- 그러나 '경제적 차별화', 즉 소득분배의 不公正은 '보상원리'로서 John Rawls(1971년)의 '차등의 원칙'
(The Difference Principle)으로 해결
- 상기의 전제하에서 지속가능한 경제발전과 소득분배의 公正(즉, 正義)은 공존(共存)

〈정의론(正義論)〉

1) 정의의 우선순위: '평등한 '기본적 자유'의 원칙' 〉 '차등의 원칙(The Difference Principle)'
2) 정의의 제2원칙('차등의 원칙')에서 우선순위: '기회균등의 원칙' 〉 '수혜의 원칙'
- 복지국가의 기본원리('복지주의적 사회계약'): '최소 수혜자의 최대 이익(Maximum)'
즉, 가장 못 사는 사람들의 복지를 극대화
- '기회의 형식적 평등' → '결과의 실질적 평등'
- John Stuart Mill의 「Utilitarianism」(1861년)의 '최대다수 최대행복(복지 평균수준의 극대화)'
→ John Rawls(1971년)의 '최소수혜자의 최대행복(Maximin)'

⬇

自由와 平等의 조화: 자유주의 경제체제에 '복지주의'를 접합

⬇

'질서정연한 민주주의 사회(a well-ordered Democratic Society)'

② 정의(正義)의 원칙

존 롤스(John Rawls, 1921~2002) 교수는 사상(思想)의 제1덕목이 진리(眞理)인 것처럼, 사회제도(社會制度)의 제1덕목은 정의(正義)라고 규정한다. 그리고 정의(正義)란 행복(幸福)의 계산 결과가 아니라 모든 계산의 출발점이며, 정의(正義)는 행복(幸福)을 계산하는 산출 근거라고 주장했다.[106)]

그렇다면, 존 롤스(John Rawls) 교수가 '질서 정연한 민주주의 사회(A Well-Ordered Democratic Society)'에서 실현되어야 한다고 주장하는 '정의(正義)의 원칙'은 무엇인가? 이에 대한 대답은 그의 "공정으로서의 정의"(Justice as Fairness, 1958년)라는 논문에, 또한 그의 필생의 대작인 「정의론」(正義論, A Theory of Justice, 1971년, 1985년, 1999년, 2001년)과 「정치적 자유주의」(Political Liberalism, 1993년)에 각각 서술되어 있다.[107)]

존 롤스(John Rawls) 교수는 '정의(正義)의 원칙'을 정립하기 위하여 존 로크(John Locke)와 장-자크 루소(Jean-Jacques Rousseau)를 비롯한 근대의 '사회계약론(社會契約論)'을 새롭게 변형하였다. 전통적 사회계약론(社會契約論)이 논리적으로 전제하는 임마누엘 칸트(Immanuel Kant)의 '자연상태'는 존 롤스(John Rawls) 교수에게 '원초적 입장(original position)'이라는 개념으로 사용되었다. '원초적 상태(original position)'는 '정의(正義)의 원칙'에 합의하는데 필요한 제반 조건들을 갖춘 '출발점'에 해당하는 것이다. 따라서 합리적이고 공정한 여건하에서 '원초적 상태(original position)'를 구성하는 조건은 다음과 같이 크게 2가지이다:

① 계약 당사자가 인간 사회에 관한 일반적 사실은 알고 있으나, 자신의 자연적 재능

---

106) 성기한 존 롤스(John Rawls)의 주장은 임마누엘 칸트(Immanuel Kant, 1724~1804)의 철학적 입장이다. 임마누엘 칸트(Immanuel Kantt, 1724~1804)는 그의 「실천이성 비판」(1788년)에서 다음과 같이 설파했었다: 사람들은 '목적의 왕국(The Kingdom of Ends)'의 일원으로서, 행복(幸福)을 생각하지 말고 '실천이성(Practical Reason)'에 바탕을 둔 '도덕적 의무'를 지상명령(Categonical Imperative)으로 실천하라는 것이다. 다시 말하면, 자신의 행위의 격률(格率, Maxim)이 '보편적 법칙'과 일치하도록 하는 것이다. 홍성우(1991), "임마누엘 칸트([Immanuel Kant) 윤리학에 관한 존 롤스(John Rawls)적 해석," 「역사와 사회」, Vol. 1, No. 6.

107) 존 롤스(John Rawls)의 정치철학을 설명할 때는 전기(前期) 롤스(Rawls)와 후기(後期) 롤스(Rawls)를 나누어서 설명한다. 전기(前期) 롤스(Rawls)에서는 주로 공리주의적 정의론의 약점을 지적하고, 그 대안으로 의무론적 성격과 계약론적 성격을 띠는 '공정으로서의 정의'를 제시하는 데 치중한다. 여기서 등장하는 이론적 장치가 '원초적 입장'과 '무지의 베일'이고 거기서 도출되는 정의의 두 원칙이 ① 평등한 자유의 원칙과 ② 차등의 원칙이다. 후기(後期) 롤스(Rawls), 특히 「정치적 자유주의」에서는 「정의론」에서의 구상을 이어가면서도, 거기서 제시한 정의론이 어떤 인간 본성에 대한 특정한 가정[4]에서 비롯된 게 아니라 입헌민주주의의 정치제도와 불가분의 관계를 맺는 것으로, 서로 다른 철학적, 종교적, 형이상학적 신념을 지닌 시민들 간의 '중첩적 합의'를 통해 자신의 정의론을 정초할 수 있다는 점을 논증한다.

과 사회적 지위, 그리고 인생 계획과 관련된 특정한 종류의 개별적 사실을 알지 못하는 '무지의 베일(veil of ignorance)'을 쓰고 '정의(正義)의 원칙'을 선택한다는 인지적 조건이다.

② 계약 당사자는 합리적 존재로서 자신의 이익은 극대화하려고 노력하지만 타인의 이해관계에 대해서는 상호 무관심하며, 상호 질투와 같은 부정적 관심과 동정과 같은 적극적 유대관계가 없다고 가정하는 동기에 관한 조건이다.

상기한 '원초적 상태(original position)'에서, 존 롤스(John Rawls) 교수는 보편화 가능성의 기준에 합당하는 '정의(正義)의 2개 원칙': ① 평등한 '기본적 자유'의 원칙과 ② 차등의 원칙을 그의 저서 「정의론」(1971년)과 「정치적 자유주의」(1993년)에서 '가언적 사회계약'으로부터 '정의(正義)의 2가지 원칙'을 도출하였다.

전자('평등적 자유')의 원리는 모든 개인이 평등한 '기본적 권리와 자유(basic rights and liberties)'에 대한 권리를 가짐을 규정한다. 후자('차등의 원칙')는 사회적·경제적 불평등이 실질적 기회의 균등의 조건하에 모두에게 개방되어 있는 지위와 관직의 불평등이어야 하며, 또한 가치의 불균등적 분배는 사회 내에서 '가장 불리한 계층의 최대 이익(최소수혜자의 최대수익)'을 보장하는 경우에만 정당하다는 것이다.

나아가, 존 롤스(John Rawls, 1921~2002) 교수는 그의 1993년도 저서 「정치적 자유주의」(Political Liberalism)에서 '포괄적 교의(comprehensive doctrine)'로서의 도덕철학(moral philosophy)과 정치철학(political philosophy)을 구분하고 근대적 자유주의 이상의 정당화라는 '정치적' 성격을 강조하면서 관심의 초점을 도덕철학(道德哲學)으로부터 정치철학(政治哲學)으로 전환하였다. 존 롤스(John Rawls) 교수는 상기한 '정의(正義)의 원칙'이 갖는 평등주의적 성격을 강조하며 자신이 표방하는 '정치적 자유주의(Political Liberalism)'가 '자유주의적 평등주의'로 귀결된다고 주장했다.

여기서 유의할 것은 다음과 같다: 존 롤스(John Rawls) 교수는 정의(正義)의 개념을 어떤 사회제도 안에서 모든 개인이 완전하게 평등(平等)할 수는 없다는 사실에 기초를 두고 있으며, 따라서 그의 「정의론」(正義論, A Theory of Justice)은 사회구성원 간의 이익의 충돌과 갈등을 제도적 원리를 통해 해결하기 위한 '정의(正義)의 원칙'을 수립하는 것이라는 점이다.

● 正義의 첫째 원칙: 평등한 '기본적 자유' 우선의 원칙

전술한 기본 전제('원초적 상태')하에서, 존 롤스(John Rawls, 1921~2002) 교수는 '정의의 첫째 원칙'을 '사회의 기본구조'라고 규정했다. '사회의 기본구조(Social Primary Structure)'란 주요한 사회제도가 기본적인 권리와 의무를 분배하고 사회적 협력으로부터 파생되는 이익의 분배를 결정하는 방식이라고 주장했다.

그렇다면, 존 롤스(John Rawls) 교수의 「정의론」(正義論, Theory of Justice, 1971년, 1985년, 1993년, 1999년, 2001년)에서 '사회의 기본구조(Social Primary Structure)'란 무엇인가? 그것은 개인주의에 입각한 자유주의적 전통의 자유이다. 상술하면, 그가 열거한 시민의 '기본적 자유들(basic liberties)'이란 *"투표권과 공직에 대한 피선거권 등의 정치적 자유, 언론과 집회의 자유, 양심의 자유, 사상의 자유, 인신의 자유, 사유재산을 보유할 수 있는 자유, 법으로 규정한, 정당한 이유가 없는 한 체포나 구금을 거부할 수 있는 자유"* 등이다. 따라서 존 롤스(John Rawls)가 '사회적 기본가치(Social Primary Goods)'의 으뜸으로서 규정한 '기본적 자유' 조항들은 자유주의 국가들의 헌법(憲法)이 보장하는 그것들과 대체로 일치한다는 것을 알 수 있다.

상술하면, 현대 민주주의 국가에서는 2가지 개념의 기본권(基本權): ① '자유권적 기본권(신앙과 종교의 자유, 거주와 이전의 자유, 언론과 출판의 자유, 집회 및 결사의 자유, 직업 선택의 자유, 재산권의 자유 등)'과 ② '생활권적 기본권(교육을 받을 수 있는 권리, 자유롭게 노동할 수 있는 권리, 노동자의 단결권, 단체교섭권, 단체행동권, 그리고 인간다운 생활을 할 권리 등)'이 추구되고 있다. 즉, 국가권력의 침해로부터 '자유권적 기본권'이 보장되어야 하며, 인간의 존엄성을 보장하기 위하여 '생활권적 기본권'이 규정되어야 한다. 전자를 위해서는 국가권력을 제한시켜야 하며, 후자를 위해서는 국가권력을 확대시켜 개인의 생활에 적극적으로 관여해야 한다.

존 롤스(John Rawls) 교수가 '사회의 기본구조(Social Primary Structure)'를 정의(正義)의 일차적 주제로 보는 논거는 다음과 같다. 즉, 개인들의 재능과 능력은 고정된 자연의 선물로 간주할 수 없다는 것이다. 왜냐하면 이들 재능과 능력은 사회적 조건을 떠나서는 결실을 맺을 수 없기 때문이라고 한다. 따라서 이러한 자연적 능력의 실현에 영향을 주고 그것을 고무시키고 지원해 주는 사회적 분위기와, 그것을 훈련시키고 활용하는 사회제도가 필요하다는 것이다.

그렇게 되기 위해서는 사람들의 '기본적 욕구(基本的 欲求)'가 충족될 수 있을 정도의 경제발전이 선행되어야 한다고 존 롤스(John Rawls)는 단서를 붙이고 있다. 왜냐하면 경제력이 빈약하여 '기본적 욕구(基本的 欲求)'의 충족조차 어려운 사회에서는 '자유(自由)'의 권리를 누린다는 것이 사실상 불가능할 경우가 많기 때문이다. 이러한 저(低)개발 사회의 경우에는, 최대한 많은 사람들이 "자유(自由)를 즐길 수 있을 정도로 문명의 수준을 끌어올리기 위해서 필요한 경우에만 '정의(正義)의 첫째 원칙', 즉 '평등한 '기본적 자유(基本的 自由)'의 부정(否定)이 정당화될 수 있다"는 것이다.

● 正義의 둘째 원칙(차등의 원칙): '최소 수혜자의 최대 이익'

다음으로, '정의의 둘째 원칙'은 '차등의 원칙(The Difference Principle)'이다. 이 원칙은 자유주의적인 형식적 평등의 원리가 묵인해 온 사회적 및 자연적 우연을 배제하고 본래적 행운에 의해 부여되거나 사회적 행운에 의해 획득된 개인의 재능이나 능력을 사회의 공동 자산으로 간주하고 이것을 사회의 '최소 수혜자의 최대 이익'을 도모하는 데 이용하자는 것이다.

다시 말하면, '차등의 원칙(The Difference Principle)'은 '분배적 정의(distributive justice)'의 문제를 소위 역차별(逆差別, reverse discrimination) 방식으로 조정하는 것이다. 이러한 조정을 통하여, '기회의 형식적 평등'을 '결과의 실질적 평등'으로 전환하자는 것이다. 상기한 '정의(正義)의 원칙'이 갖는 평등주의적 성격을 강조하며 자신이 표방하는 '정치적 자유주의(Political Liberalism)'가 '자유주의적 평등주의'로 귀결된다고 존 롤스(John Rawls) 교수는 주장했다.

상기한 '차등의 원칙(The Difference Principle)'을 정당화시킬 수 있는 근거는 다음과 같다: 즉, 자연적 및 사회적으로 운(運) 좋게 상대적으로 유리한 지위를 누리게 된 사람도 '차등의 원칙'에 의해서만이 상대적으로 불리한 사람들로부터의 자발적 협동을 기대할 수 있을 뿐만 아니라, 그들의 적대적 심리를 제거함으로써 호혜성에 바탕을 둔 사회공동체적 협동과 통합을 확립할 수 있다는 것이다.

여기서 유의할 것은 존 롤스(John Rawls) 교수의 '차등의 원칙(The Difference Principle)'은 사회적 및 경제적 불평등이 허용될 수 있는 조건을 명시하고 있다는 점이며, 또한 복지국가(Welfare State)의 이념적 기초가 될 수 있다는 점이다. 왜냐하면 가장 못 사는 사람들의 복지를 극대화하자는 것은 바로 복지국가(Welfare State)의 이념과 일치하기 때문이다. 다시 말하면, '차등의 원칙(The Difference Principle)'은 부(富)나 소득의 차등을 인정하되 그 차등의 정도는 '최소 수혜자'에게 '최대 이익'을 줄 수 있도록 하자는 '복지주의적 사회계약'인 것이다.

상기한 '차등의 원칙(The Difference Principle)', 즉 '최소 수혜자의 최대 이익'의 원칙은 복지의 평균수준을 극대화하자는 '공리주의적 정의(功利主義的 正義)'와 구분되어야 한다. 전술한 바와 같이, '최대다수의 최대행복'이라는 공리주의(Utilitarianism)의 원리는 정의(正義)의 문제를 해결할 수 없으며, 또한 사회전체의 최대 행복은 노예와 같은 소수 집단이나 개인의 희생도 포함될 수 있기 때문에 사회 안정성을 위한 원리로서 적합하지 않다고 존 롤스(John Rawls)는 주장했다.

● 正義의 우선순위

존 롤스(John Rawls, 1921~2002) 교수의 「정의론」(正義論, Theory of Justice, 1971년, 1985년, 1993년, 1999년, 2001년)은 전술한 '정의(正義)의 2개 원칙'에서 첫째 원칙인 '평등한 기본적 자유의 원칙'이 둘째 원칙인 '차등의 원칙(The Difference Principle)'에 우선하고, '차등의 원칙' 중에서 '기회균등의 원칙'이 '수혜의 원칙'에 우선한다는 것으로 요약된다.

여기서 유의할 것은 존 롤스(John Rawls) 교수가 복지국가(福祉國家) 형태의 기본구조를 정당화함에 있어 제기될 수 있는 문제는 복지국가(Welfare State)의 현실에서 나타나는 딜레마(특히 복지 재정의 위기)가 결국 '정의의 2개 원칙' 사이의 갈등으로 나타날 수 있다는 점이다. 물론, 그는 '첫 번째 정의의 원리('평등한 기본적 자유의 원칙')'를 정치적 영역에 '두 번째 정의의 원리('차등의 원칙')'를 사회경제적 영역에 각각 적용시킴으로써 개인의 '기본적 권리 및 자유(basic rights and liberties)'의 보장과 경제적 불평등의 해소를 이론적으로 조화시키지만 현실세계에 상기 2개 목표가 대립적임을 인정하지 않을 수 없다. 상기한 문제를 인식함에 따라 존 롤스(John Rawls)는 정의의 2개 원칙들에 대한 우선순위로서 '첫 번째 정의의 원리('평등한 자유의 원칙')'가 '두 번째 정의의 원리('차등의 원칙')'보다 우선 된다고 주장했다(John Rawls 1993, pp. 289~371).

상기한 '정의(正義)의 우선순위'는 기본적 자유의 권리와 의무의 할당은 모든 사람에게 평등해야 하는 반면에 사회적 지위나 경제적 소득의 분배에서는 불평등이 자연스러운 결과일 뿐만 아니라 오히려 바람직할 수 있다는 것을 인정하되, '차등의 원칙(The Difference Principle)'에 의거하여 최소 수혜자에게 그 불평등을 보상할 만한 혜택을 제공하는 경우에만 그것이 비로소 정당화될 수 있다는 것을 의미한다.

존 롤스(John Rawls, 1921~2002) 교수의 '차등의 원칙(The Difference Principle)'은 헨리 시지위크(Henry Sidgwick, 1838~1900)의 '차별화 정의(正義)'와 일맥상통한다. 전술한 바와 같이, 헨리 시지위크(Henry Sidgwick)는 정의(正義)란 서로 비슷한 경우들을 비슷하게 대우하는 것이라고 정의(定義)했으며 '차별화 정의(正義)'는 경제적 차별화에 따른 분배, 즉 각자가 자신이 이뤄낸 성과에 부합하는 보상을 받는 분배라고 주장했다. 이 주장에 따르면, 부정의(不正義)란 비슷한 경우들을 다르게 대우하는 것이라고 한다. 또한 경제적 차별화(서로 비슷한 경우들을 비슷하게 대우하는 것)는 오히려 정의로운 반면에, 경제적 평등주의(경제적으로 다른 것을 다르지 않다고 하는 것)는 오히려 정의롭지 않다는 것을 의미한다. 따라서 경제적 차별화는 그 자체로서 정당하며, 합리적이고, 공정하며, 정의(正義)에 부합된다는 것이다.

그러나 존 롤스(John Rawls)와 헨리 시지위크(Henry Sidgwick)의 차이점은 다음과 같다: 존 롤스(John Rawls)는 경제적 불평등의 정당성을 담보하기 위하여 경제적 약자, 즉 최소수혜자에게 최대 이익을 부여하는 '최소 극대화'의 원리를 제시하였으나 헨리 시지위크(Henry Sidgwick)는 그러한 보상원리를 제시하지 않았다는 점이다.

또한 존 롤스(John Rawls)는 상기한 '정의(正義)의 2개 원칙'이 사회의 제도적 구성에 적용되는 과정을 논의한다. 여기서 구성되는 제도는 입헌 민주주의의 제도들이다. 그는 '자유의 원칙'이 '헌법(憲法)'에 의해 보장되는 반면에 '차등의 원칙(The Difference Principle)'은 '입법(立法)'을 통해 실현된다는 결론을 도출했다.

③ '질서 정연한 민주주의 사회(A Well-Ordered Democratic Society)'

존 롤스(John Rawls, 1921~2002) 교수는 다음과 같이 '질서정연한 민주주의 사회(A Well-Ordered Democratic Society)'를 정의(定義)했다: 정의(正義)에 대한 합리적 견해를 모든 개인이 자발적으로 합의(合議)를 통해 수용하고, 모든 시민이 '사회의 기본구조(Social Primary Structure)'인 '정의(正義)의 2개 원칙': ① 평등한 자유(Equal Liberty)의 원칙과 ② 차등의 원칙(The Difference Principle)을 '포괄적 교의(Comprehensive Doctrine)'로서 수용하는 사회이다.

존 롤스(John Rawls, 1921~2002) 교수는 임마누엘 칸트(Immanuel Kant, 1806~1873)의 도덕적 구성주의(moral constructivism)에 기반하여 임마누엘 칸트(Immanuel Kant)의 '실천이성(practical reason)'과 그 이념으로서의 자유와 자율성을 비(非)형이상학적 개념 틀로써 정당화하려고 시도했던 것이다. 이로써, 정의(正義)의 원리를 현실적 정책으로 수립하는 과정과 그 정책결과의 정당성을 평가하는 보편적 기준으로 삼을 수 있다.

또한 임마누엘 칸트(Immanuel Kant)와 마찬가지로, 존 롤스(John Rawls)는 정의(the right)와 행복(the good)의 문제를 구분하여 당위적 원리의 정당성 및 보편화 가능성이 경험적 현실로부터 도출될 수 없다는 전제하에서 정치·경제·사회 영역의 제반 제도, 즉 '기본 구조(basic structure)'의 수립에 적용되어야 할 원리를 규범론의 주된 주제로 간주했다.

여기서 존 롤스(John Rawls) 교수가 강조하는 것은 정치적 민주주의 원리에 기반하는 '이상적 사회'는 공동체(community)나 결사체(association)와 구분되어야 한다는 점이다. 즉, 민주주의적 정치사회는 자기완결적 체계이며 또한 어떠한 구체적인 궁극적 목적이나 목표를 가지지 않는다는 측면에서 결사체와 구분된다. 나아가 '질서 정연한 민주주의 사회(A Well–Ordered Democratic Society)'는 '포괄적인 종교적·철학적·도덕적 신념체계'에 의해 지배되는 공동체와는 달리 전체적 통합에의 열망에 의해 지배되지 않는다.

④ '정의로운 경제체제(A Justice-based Economic System)'

존 롤스(John Rawls, 1921~2002) 교수는 '정의로운 경제체제(A Justice–based Economic System)'를 규정하기 위한 목적으로 그의 '정의(正義)의 2개 원리'에 입각하여 5개 유형의 경제체제(經濟體制)의 특징을 규명하였다(John Rawls, 2001, p. 136). 그가 구분한 5개 경제체제(經濟體制)는 다음과 같다: ① 자유방임 자유주의(laissez–faire capitalism), ② 복지국가 자본주의(welfare–state capitalism), ③ 통제경제를 갖는 국가사회주의(state socialism with a command economy), ④ 사유재산제 민주주의(Property–owning Democracy), ⑤ 민주적 사회주의(democratic socialism)이다.[108)]

상기의 5개 경제체제 중에서 '자유방임 자본주의', '복지국가 자본주의', '통제경제를 갖는 국가사회주의'는 존 롤스(John Rawls)의 '정의(正義)의 2개 원칙' 중에서 적어도 한 개를 위배하는 경제체제이다. 그 이유는 다음과 같다:

① '자유방임 자본주의(laissez–faire capitalism)'는 형식적 평등만을 보장하고, '평등한 정치적 자유의 공정한 가치'를 가진 기본적 자유와 공정한 기회의 균등을 거부하기 때문이다. 그리고 상기 경제체제는 다소 낮은 사회적 최저수준(social minimum)에 제한된 경제적 효율성과 경제성장에 목표를 두고 있기 때문이다(John Rawls, 2001, p. 137).

② '복지국가 자본주의(welfare–state capitalism)'[109)]는 '자유방임자본주의(laissez–faire

108) 사회주의(Socialism)의 원리 및 특성에 관한 참고문헌으로서 Oskar Lange(1937), Oskar Lange and Fred M.Taylor(1938) 등을 참조.

109) '복지국가 자본주의(Welfare state capitalism)'에 관한 실증적 분석을 위해서 Gosta Esping–Andersen(1990)을, 그것의 필요성에 관해서는 Gosta Esping–Andersen(2002)을, 복지국가와 세계화의 관련성에 대한 실증적 분석에 관해서는 P. Boules and B. Wagman(1997)을, 복지국가의 이념에 관해서는 Jeffery D.

capitalism)'와 같이 '평등한 정치적 자유의 공정한 가치'를 거부하기 때문이다. 또한 '복지국가 자본주의'는 기회 균등에 다소간 관심을 갖지만, 공정한 기회의 균등의 실현을 위한 정책을 추구하지 않는다(John Rawls, 2001, pp. 137~138). 물론, '복지국가 자본주의(welfare-state capitalism)'는 기본적 욕구(basic needs)를 충족시켜 주는 사회적 최저수준(social minimum)을 보장하고 있다. 그러나 경제체제에서는 소수계층이 경제적 통제권과 정치적 삶을 보유할 수 있도록 하기 위해 부동산(생산수단의 자산, 자연자원)의 소유에 높은 불평등을 용인함으로써 경제적 및 사회적 불평등을 통제할 상호성(reciprocity)의 원칙이 인정되지 않는다.

③ '통제경제를 갖는 국가사회주의(state socialism with a command economy)'는 평등한 기본권과 기본적 자유를 침해하는 일당독재의 경제체제로서 통제경제체제는 중앙계획 당국이 채택한 일반 경제계획에 의해 관리되고, 민주적 절차나 시장을 거의 이용하지 않기 때문이다(John Rawls, 2001, p. 138).

이와 반면에, 존 롤스(John Rawls, 1921~2002) 교수는 나머지 2개 경제체제: ① '사유재산제 민주주의(property-owning democracy)'와 ② '민주적 사회주의(democratic socialism)'는 '정의(正義)의 2개 원리'를 만족시키는 '정의로운 경제체제(A Justice-based Economic System)'라고 주장했다(John Rawls, 2001, p. 138).

상기의 두 경제체제: ① '사유재산제 민주주의(property-owning democracy)'와 ② '민주적 사회주의(democratic socialism)'는 '평등한 정치적 자유의 공정한 가치'를 가진 기본적 자유와 공정한 기회의 균등을 보장하며, 비록 '차등의 원칙(The Difference Principle)'에 의하지 않더라도 상호성(reciprocity)의 원리에 따라 경제적 및 사회적 불평등이 해도될 수 있다고 주장했다(John Rawls, 2001, p. 138).

여기서 유의할 것은 상기한 2개 경제체제: ① '사유재산제 민주주의(property-owning democracy)'와 ② '민주적 사회주의(democratic socialism)'는 재산권(財産權)의 '일반권리'인 개인적 사유재산권(the right to private personal property)을 공통적으로 인정하고 있지만, 자연자원과 생산수단에서의 사유재산권(the right to private property)에 관한 규정에 관해서는 차이를 갖고 있다는 점이다.

'사유재산제 민주주의(property-owning democracy)'는 생산수단의 사유 재산권을 허용하되 생산수단의 독점은 금지하여, 공정한 기회 균등을 위하여 생산 자산과 인적 자본(교

Sachs(2006) 등을 참조.

육, 기술교육)에 대한 소유권을 분산시키고 덜 수혜받은 사람에게 소득을 재분배한다(John Rawls, 2001, p. 139).

이와 반면에, '민주적 사회주의(democratic socialism)'는 생산수단이 사회에 의해 소유되지만 정치권력이 다수의 민주적 정당에 분산되어 있으며, 기업 내의 노동자 또는 노동자에 의해 선출된 대리인에 의해 기업의 방침이나 관리가 이루어짐으로써 경제 권력 또한 분산된다. '자유주의적(민주적) 사회주의'에서는 자유로운 경쟁시장체제에서 경제활동이 이루어지고 자유로운 직업선택이 보장된다는 측면에서 '통제경제를 갖는 국가사회주의(state socialism with a command economy)'와 다르다(John Rawls, 2001, p. 138).

그러나 존 롤스(John Rawls, 1921~2002) 교수는 '사유재산제 민주주의(Property-owning democracy)'를 이상적인 소득분배체제로서 간주하고 있지만 '민주적 사회주의(democratic socialism)'와 비교하여 어느 경제체제가 그의 '정의(正義)의 2개 원리'에 상대적으로 더 부합하는가에 대해서는 명확한 결정을 내리지는 않았다. 왜냐하면 상기의 2개 경제체제 중에서 또는 두 경제체제 사이의 어떤 체제가 결정될 것인지는 각 국가의 전통, 제도, 사회적 세력, 특수한 역사적 여건 등에 따라 달라질 수 있다고 보기 때문이다(John Rawls, 1999, p. 242; John Rawls, 2001, p. 139).

한편, '사유재산제 민주주의(Property-owning democracy)'와 '복지국가 자본주의(welfare-state capitalism)'는 생산수단의 사유 재산권이 허용된다는 측면에서 공통적이다. 그러나 전자는 부(富)와 자본의 소유를 분산시킴으로써 사회의 소수 집단이 경제적으로 통제되는 것을 금지하는 반면에, 후자는 소수 계급이 생산수단을 거의 독점에 가깝게 소유하는 것을 용인한다는 측면에서 상기한 두 경제체제는 다르다(John Rawls, 2001, p. 139).

⑤ 존 롤스(John Rawls)의 '정의론'에 대한 '마이클 샌델(Michael J. Sandel)의 비판': 공동선(共同善)을 위한 '공동체주의(Communitarianism)'

전술한 바와 같이, 존 롤스(John Rawls, 1921~2002) 교수는 그의 1993년도 저서 「정치적 자유주의」(Political Liberalism)에서 '포괄적 교의(comprehensive doctrine)'로서의 도덕철학(moral philosophy)과 정치철학(political philosophy)을 구분하고 근대적 자유주의 이상의 정당화라는 '정치적' 성격을 강조하면서 관심의 초점을 도덕철학(道德哲學)으로부터 정치철학(政治哲學)으로 전환하였다.

그러나 존 롤스(John Rawls, 1921~2002) 교수의 「정의론」(A Theory of Justice, 1971년)을 신랄하게 비판해온 공동체주의자(Communitarianist)인 마이클 샌델(Michael J. Sandel, 1953~

현재)은 그의 저서 「자유주의와 정의의 한계」(Liberalism and the Limits of Justice, 1982년)에서 정의(正義)란 미덕(美德)을 키우고 공동선(共同善, the common good)을 추구하는 것이라고, '정의로운 사회'란 단순히 공리(功利)가 극대화되거나 선택의 자유를 보장하는 것이 아니라, 공동선(共同善, the common good), 즉 '좋은 삶(Good Life)'을 위한 덕(德)이 충만한 사회라고 각각 정의했다.[110)]

이와 같이, 임마누엘 칸트(Immanuel Kant, 1724~1804)와 존 롤스(John Rawls, 1921~2002)의 '자유민주주의적 규범론(自由主義的 規範論)'과 대조적으로, 마이클 샌델(Michael Sandel, 1953~현재)은 공동선(共同善, the common good)을 위한 '공동체주의(Communitarianism)'를 주장한다.[111)]

물론, 개인주의적 자유주의에 비판적인 공동체주의(Communitarianism)의 입장에서 볼 때 존 롤스(John Rawls)의 칸트주의적 인간관(경험적, 즉 현상적 자아와 선험적, 즉 본질적 자아)은 원자론적인 합리주의적 인간관으로서 형이상학적 추상성을 벗어날 수 없다고 비판을 받아왔다. 다시 말하면, 마이클 샌델(Michael J. Sandel)의 공동체주의(Communitarianism)는 고도 산업사회화에 따른 도덕적 공동체의 와해와 이기적 개인주의의 팽배에 의한 원자화 등의 현상에 대한 불만이 표출되고 있는 것이다.

특히, 공동체주의자(Communitarianist)는 자유주의적 규범론(특히 John Rawls)이 정의(Justice)를 사회제도의 최우선적 덕목으로 인식하고 그 중요성을 높게 평가하는 오류를 범한다고 비판한다. 즉, 공동체주의자(Communitarianist)는 '공동체적 삶'이라는 보다 상위의 가치가 상실되었을 때 요구되는 '치유의 덕(a remedial virtue)'의 하나가 정의(正義)이며, 따라서 규범론의 가장 본질적 문제를 정의(正義)가 아닌 행복(幸福)의 문제라고 주장하고 정의·권리·평등·자유 등의 개념을 우선시하는 자유주의적 규범론을 비판하는 것이다.

또한 공동체주의자(Communitarianist)는 정치적 현실주의의 견지에서 칸트주의적 규범론을 일종의 '도덕주의적 이상주의'로 규정하고 그것의 추상성과 비현실성을 지적한다. 나아가 공동체주의자(Communitarianist)는 추상적 자유주의 규범론을 현실에서 보편화되고 있는 이기적 개인주의의 이론적 표현임과 동시에 그것의 심화를 조장하는 이데올로기로

---

110) Sandel, Michael, J.(1982), Liberalism and the Limits of Justice, Cambridge: Cambridge University Press; Sandel, Michael, J.(2005), Public Philosophy: Essays on Morality in Politics, Cambridge, MA: Harvard University Press; Sandel, Michael(2010), Justice: What's the Right Thing to Do?, New York Farrar Straus Giroux.

111) Doppelt, Gerald(1990), "Beyond Liberalism and Communitarianism", D. Rasmussen, ed. Universalism vs. Communitarianism, Cambridge: The MIT Press.

간주한다.

상기한 마이클 샌델(Michael J. Sandel, 1953~현재)의 비판에 대해, 존 롤스(John Rawls, 1921~2002) 교수는 자신의 인간관(人間觀)은 '형이상학적(Metaphysical)'이지 않고 '정치적(Political)'이며 민주적 정치문화에 내포되어 있는 시민 개념의 핵심이 자유(自由)와 평등(平等)의 관념임을 강조했다. 또한 그는 자유(自由)의 근거는 개인이 가지는 도덕적 능력과 이성(理性)의 힘에 있으며, '인간(人間)이 평등(平等)하다'고 함은 이러한 도덕적 능력을 사회적 행위자에게 요구되는 최소한의 필수조건임과 동시에 모든 개인들이 가질 것으로 기대된다는 것을 의미한다고 주장한다.

여기서 우리는 존 롤스(John Rawls) 교수의 '정의론(正義論)': '자유주의적 평등주의' 혹은 마이클 샌델(Michael Sandel)의 '정의론(正義論)': 공동선(共同善)을 위한 '공동체주의(Communitarianism)' 중에서 선택의 문제에 직면한다.

⑥ 존 롤스(John Rawls)의 '정의론(正義論)'에 대한 저자의 논평

존 롤스(John Rawls, 1921~2002) 교수의 '정의론'(正義論, Theory of Justice, 1971년)은 1970~80년대 퍼주기 논란에 휩싸였던 유럽 사회민주당 정권들엔 복음(福音)과도 같았다. 미국을 비롯한 많은 국가들이 존 롤스(John Rawls)의 '정의론(正義論)'을 저소득층 복지, 소수자 보호, 지역균형, 높은 상속세, 경제력 집중 억제 등의 근거로 삼았다. 당시, 평생 '서민의 철학'을 견지한 존 롤스(John Rawls)는 '하버드의 성자(聖者)'로 칭송되었다.

그러나 존 롤스(John Rawls, 1921~2002) 교수의 '정의론'(正義論, Theory of Justice, 1971년, 1985년, 1993년, 1999년, 2001년)엔 구조적 맹점이 있다. 그는 임마누엘 칸트(Immanuel Kant)의 '자연상태'라는 개념을 '원초적 입장(original position)'이라는 개념으로 사용하였다. '원초적 입장(original position)'은 '정의(正義)의 원칙'에 합의하는 데 필요한 제반 조건들을 갖춘 '출발점'에 해당하는 것이다.

사람은 날 때부터 모두 법(法) 앞에서 평등하고, 교육을 평등하게 받을 권리를 가지고 있다고 한다. 출발점에서 서로 동등하다고 함은 곧 '기회의 균등'을 뜻한다. 잘사는 집안의 아이도 못사는 집안의 아이도, 높은 지위를 가진 사람의 자식도 낮은 자리를 가진 사람의 자식도 모두 출세할 기회를 똑같이 가지고 있다. 경쟁에서 교육 경쟁이 가장 기본이다. 따라서 모든 사람들은 똑같이 교육을 받을 기회를 가진다고 헌법이 규정한다.

그런데 경제적으로 부유한 집안의 자식과 가난한 집안의 자식을 서로 견주어 보자. 그들이 모두 같은 출발점, 즉 '원초적 입장(original position)'에서, 곧 같은 교육 기회를 가지고 경쟁한다고 하자. 그들의 출발점이 과연 같은 것일까? 가난한 집안의 자식들이 부유한 집안의 자식들보다 더 공부를 잘한다는 것은 신화와 같은 이야기가 되었다. 가족의 뒷바라지가 없이는 공부를 잘할 수 없는 시대에 우리는 살고 있다. 기회는 똑같이 주어질지 모르나, 그것만을 강조하여 경쟁을 온당한 것으로 생각하면 잘못이다.

오늘날의 유럽에서나 미국에서는 출발선의 문제인 '기회 균등'의 사상이 도전을 받고 있다. 달리는 사람들이 제 길을 따라 달리는지 그렇지 않으면 마구 가로질러 가는지 하는 문제와, 비록 모든 사람들이 제 길을 바로 달렸다고 하더라도 종착점에서 분배되는 보상의 양이 공정한지 하는 문제가 남아 있다. 경쟁자들이 달려야 할 길에는 도로의 차선처럼 선(線)이 뚜렷이 그어져 있어서 경쟁자들이 반드시 그 선(線)을 따라 뛰어야 한다. 선(線)을 벗어나서 가로질러 가는 일이 없어야 한다. 마치 야구에서 1루의 주자가 2루를 거치지 않고 바로 3루로 가는 것 같은 편법이 없어져야 한다.

또한 존 롤스(John Rawls, 1921~2002) 교수의 '정의(正義)의 원칙'을 선택한다는 인지적 조건으로서 무지의 베일(veil of ignorance)을 가정했다. 즉, 계약 당사자가 인간 사회에 관한 일반적 사실은 알고 있으나, 자신의 자연적 재능과 사회적 지위, 그리고 인생 계획과 관련된 특정한 종류의 개별적 사실을 알지 못한다는 것이다. 또한 '정의(正義)의 원칙'은 계약 당사자는 합리적 존재로서 자신의 이익은 극대화하려고 노력하지만 타인의 이해관계에 대해서는 상호 무관심하며, 상호 질투와 같은 부정적 관심과 동정과 같은 적극적 유대관계가 없다고 가정한다.

한국의 예를 들면, 최근에 도입된 블라인드 채용 방식은 존 롤스(John Rawls) 방식의 접근방법이다. 이력서에 사진을 떼고 학교, 학점 등까지 지우고 나면, 존 롤스(John Rawls)의 용어로 '무지의 베일(Veil of Ignorance)'에 가깝게 된다. 취업준비생 사이트에서, 20여 년 노력이 배제되고 면접 때 단지 인상(印象)으로만 채용이 결정되는 게 과연 공정한가라는 논쟁이 제기되었다.

존 롤스(John Rawls, 1921~2002) 교수는 우월한 실력, 노력, 재능까지도 타고난 운(運)으로 간주했다. 사실 두뇌, 품성, 인내력 등 어느 것 하나 부모로부터 물려받지 않은 게 없다. 그러나 행운적 요소를 하나씩 제거하다 보면 남는 게 없다. 공정한 분배를 위한 방법은 오직 추첨뿐이게 된다. 한국의 김연아도 타고난 운(運) 덕에 '피겨의 여왕'이 된 게 아니다. 재능을 발견하고 부단한 노력 끝에 성공한 것이다. 이것이 공유재라면, 아무도 노력하지 않을 것이다. 또한 타고난 운(運)의 불평등을 추적하다 보면 자칫 국가개입 만능주의에 빠질 수 있다. 만약 정부가 '정의의 이름으로' 시시콜콜 간섭한다면 경제 활력을 기대할 수 없다. 시장경제는 경제적 자유와 기업가의 기회 포착으로 번영을 이뤘다. 약자에게 양극화보다 더 나쁜 결과가 하향평준화다.

존 롤스(John Rawls, 1921~2002) 교수가 보호해야 한다고 본 '자유권적' 기본권(基本權)은 '정치적 자유(Political Freedom)'다. 그는 투표권과 언론·결사·사상 등의 자유(自由)를 특히 중시했다. 이와 반면에 경제적 자유와 사유재산은 '정의로운 사회'와 무관하다고 사유했다. 따라서 사회주의(社會主義)도 충분히 공정할 수 있다는 시각이다. 따라서 존 롤스(John Rawls) 교수는 1990년대 초 공산주의 붕괴를 목도하고도 1999년 「정의론」 개정판에서 전혀 수정하지 않았다.

한편, 존 롤스(John Rawls, 1921~2002) 교수는 '정의(正義)의 원칙'이 확립된 사회를 '질서정연한 민주주의 사회(a well-ordered Democratic Society)'로 규정하였지만, 이러한 사회의 구현 방안을 제시하지 않았다. 또한 그의 '정의(正義)의 원칙'은 사람들의 '기본적 욕구(基本的 欲求)'가 충족될 수 있을 정도의 경제발전(經濟發展)이 선행되어야 한다는 전제를 하고 있다. 그런데 경제력이 빈약하여 '기본적 욕구(基本的 欲求)'의 충족조차 어려운 사회의 경우, 최대한 많은 사람들이 '정의(正義)의 첫째 원칙', 즉 '평등한 '기본적 자유(基本的自由)'를 즐길 수 있을 정도로 문명의 수준을 끌어올리기 위해서 어떠한 방안이 필요한지를 제시하지 않았다.

여기서 유의할 것은 존 롤스(John Rawls) 교수의 '생활권적 기본권'과 본 연구의 '생활권적 기본권'은 그 내용에 있어서 다르다는 점이다. 전자는 교육을 받을 수 있는 권리, 자유롭게 노동할 수 있는 권리, 노동자의 단결권, 단체교섭권, 단체행동권, 그리고 인간다운 생활을 할 권리 등이다. 이와 반면에 후자는 인간의 라이프-사이클에서 가장 중요한 기본욕구: 직장·주택·교육·의료·연금이다.

상기한 방안들을 제시하기 위한 철학적 시도가 바로 저자가 수년 전부터 국내·외 학회에서 제시해온 신(新)실용주의(Neopragmatism)이다(임양택, 2008, 2011, 2013, 2014, 2017; Yang-Taek Lim, 2007, 2008, 2010, 2011, 2012, 2014). 이것은 분명코 위대한 정치(政治)철학자 존 롤스(John Rawls) 교수가 미천하지만 열정적인 '경제(經濟)철학자'인 저자에게 상기한 기회를 준 숙제임과 동시에 선물이다.

⑦ 마이클 샌델(Michael J. Sandel, 1953~현재)에 대한 저자의 비판

본 연구는 다음과 같이 마이클 샌델(Michael J. Sandel, 1953~현재)의 '정의론(正義論)'에 내포되어 있는 모순(矛盾)을 다음과 같이 지적한다: 마이클 샌델(Michael J. Sandel)과 같은 공동체주의자(Communitarianist)들은 정치적·문화적 공동체(共同體)를 “보다 통합된, 보다 상호의존적인, 또한 개인의 삶에 의미를 부여하는, 정서적으로 풍요로운 창”으로서 개념화하고 이를 이론적 및 정치적 영역 모두에서 복원시키려 한다.[112] 이러한 목적을 위하여 공동체주의자(Communitarianist)들은 아리스토텔레스(Aristotle), 장-자크 루소(Jean- Jacques Rousseau), 게오르그 헤겔(Georg Hegel) 등의 사상으로부터 이론적 기초를 차용한다.

특히, 공동체주의(Communitarianism)의 '효시(嚆矢)'라고 말할 수 있는 장-자크 루소(Jean- Jacques Rousseau, 1712~1778)[113]는 그의 「인간 불평등 기원론」(1755년)과 「사회계약론」(1762년)에서 공동선(共同善)을 '일반의지(즉, 국민주권)'로 정의하고 이를 실현하기 위해 '사회계약(社會契約)'이 필요하다고 주장했었다.

따라서 공동체주의자(Communitarianist)인 마이클 샌델(Michael Sandel)의 '정의론(正義論)'은 '좋은 삶(Good Life)'이라는 공동선(共同善)을 위해서 사회계약(社會契約)을 체결해야 함이 논리적으로 옳다. 여기서, 다만 공동선(共同善, the common good)의 차이는 장-자크 루소(Jean-Jacques Rousseau)의 사회계약(社會契約) 대상은 '일반의지(즉, 국민주권)'인 반면에, 마이클 샌델(Michael Sandel)의 사회계약((社會契約) 대상은 '좋은 삶(Good Life)'인 것뿐이다. 그러나 마이클 샌델(Michael Sandel)은 '사회계약론(社會契約論)'을 거부한다.

그렇다면, 왜 마이클 샌델(Michael Sandel)은 장-자크 루소(Jean- Jacques Rousseau)가 그의 저서 「사회계약론」(1762년)에서 주장한 공동선(共同善, the common good)을 차용(借用)하는가?

112) 홍성우(2005), 「자유주의와 공동체주의 윤리학」, 서울: 선학사.

113) 장-자크 루소(Jean-Jacques Rousseau, 1712~1778)는 그의 유명한 논문인 「사회 계약설, 정치적 권리의 원칙」(1762년)에서 불가분하고 양도될 수 없는 국민주권의 개념을 토대로 새로운 개념의 '사회계약설(社會契約說)'을 제시했다. 그는 국가를 '공공선(公共善)'을 실현하기 위한, 시민들의 자유로운 계약의 결과로 간주했다. 그는 개인적 이익을 보호하는 소극적 의지가 아닌, 더 큰 테두리를 가진 '공동체'의 선(善)을 위해서 사회계약을 맺어야 한다고 주장했다. 장-자크 루소(Jean Jacques Rousseau)의 저서 「사회계약론」(Du contrat social · ou principes du droit politique, 1762년)은 '일반의지(국민 주권)'가 관철되는 정치체제(政治體制)를 만들어 내고, 인간이 '자연상태'에서 가지고 있었던 자유(自由)와 평등(平等)을 되찾는 것을 가장 중요한 문제로 부각시켰다. 장-자크 루소(Jean Jacques Rousseau)의 철학에서 '일반의지'는 '국민주권'의 가장 중요한 근거인데, 이는 개개인의 이익에서 나온 것이 아니라 '공공선(公共善)'을 실현하려는 인간의 일반적인 의도에서 나온다는 것이다. 따라서 그는 '공동체주의(Communitarianism)'를 주장하는 철학자였다.

● 공동선(共同善, the common good)

존 롤스(John Rawls, 1921~2002) 교수의 '자유민주주의적 규범론'과 대조적으로, 마이클 샌델(Michael Sandel, 1953~현재)은 공동선(共同善)을 위한 '공동체주의(Communitarianism)'를 주장한다. 그는 공동선(共同善)이란 '좋은 삶(Good Life)'을 위한 덕(德)이라고 정의했다. 나아가, 마이클 샌델(Michael Sandel)은 정의(正義)의 한계를 지적하였고 그의 논문 "자유주의의 한계와 정의"(Liberalism and the Limits of Justice, 1982년)에서 존 롤스(John Rawls)의 「정의론」(A Theory of Justice, 1971년)을 반박하였다.

그러나 마이클 샌델(Michael Sandel)은 '좋은 삶(Good Life)'이란 무엇이며, 그것의 판단 기준이란 무엇인지, '좋은 삶(Good Life)'의 내용인 공동선(共同善)의 기준이 무엇인지, 또한 이것을 어떻게 달성할 수 있는지를 밝히지 못하고 있다.

우선, 공동선(共同善, the common good)이란 시대마다 또는 사회(국가)마다 달리 정의(定義)될 문제이다. 공동선(共同善, the common good)이란 철학, 경제학, 정치학에서 쓰이는 기술적 용어(term of art)로서, 모든 사람이나 주어진 모든 공동체 구성원을 위하여 분배되고 이익되는 것으로, 정치영역이나 공적 서비스 영역에서 시민권한, 집합적 행동, 행동실천에 의해 성취되는 것을 언급된다. 공동선(共同善, the common good)은 철학적 교리와 다르다.

일반적으로, 공동선(共同善, the common good)은 '개인을 포함한 공동체 전체를 위한 선(善)'이라는 뜻으로 '공공선(公共善)'으로, 혹은 사회구성원 전체에 공통되는 이익(public interest)이라는 점에서 '공공복지(公共福祉)'로 각각 불린다. 아무튼, 공동선(共同善, the common good)이라는 가치의 추구는 인간 개개인의 존엄성 존중과 모두가 다 함께 인간다운 삶을 영위하자는 데 있다. 따라서 공동선(共同善, the common good)의 추구는 다양한 구성원과 복잡한 사회 체계를 구축한 현대 사회를 건강하게 움직일 수 있게 하는 핵심적인 원리이다. 인간은 사회 속에서 함께 살아가야 하는 공존적 존재(共存的 存在)이기 때문에 개개인이 공익(公益)보다 사익(私益)을 앞세우면 사회의 질서와 공동체의 연대의식은 무너지고 사회는 와해되고 만다.

여기서 마키아벨리(Machiavelli)가 주장한 공동선(共同善, the common good)의 개념을 절대선(絕對善)과 개별선(個別善)의 측면에서 살펴볼 필요가 있다.[114] 절대선(絕對善)은 전

114) 마키아벨리(Machiavelli)는 당시 이탈리아의 문제를 사사화의 경향이 국가질서를 약화시킨 것 속에서 찾았다. 공적 제도가 사적 권력에 의해 좌지우지될 때, 국가는 제대로 설 수 없었던 것이다. 따라서 공공성이 담보되어야 국가가 올바로 설 수 있는 것이다. 공공성의 강화를 위해 마키아벨리(Machiavelli)는 용병의 문제를 지적하고, 자국군의 창설을 주장했으며, 프랑스의 고등법원 같은 제3의 공적 기관을

체의 관점이 강조된 공(公)이 과도할 때 나타나는 개념이며, 개별선(個別善)은 부분과 개별이 강조된 공(共)이 과도할 때 등장하는 개념이다. 전체가 강조되어 부분이 사상(死狀)될 때, 공공선(公共善)은 절대선화된다. 반면 부분과 개별이 강조되는 개별선(個別善)은 공동체를 파편화의 경향으로 나아가게 한다. 이를 제어하기 위해서는 전체와의 조화 속에서 사고되어야만 한다. 마키아벨리(Machiavelli)는 공(公)과 공(共)이 조화를 이룰 때 비로소 올바른 공동선(共同善, the common good)이 생성될 수 있다고 본다.[115]

다음으로, '좋은 삶(Good Life)' 혹은 '행복한 삶(Happy Life)'이란 도덕(道德, Moral) 혹은 윤리(倫理, Ethnic)와 이성(理性, Reason), 특히 '실천 이성(Practical Reason)'이 필요하지 않을 수 없는 것이다. 여기서 '좋은 삶(Good Life)'이란 무엇이며, 그것의 판단기준이란 무엇인가에 대한 답변의 하나로서 맹자(孟子)가 제시하는 '여민동락(黎民同樂)'을 들 수 있다.[116]최근에, '좋은 삶(Good Life)'이란 '여민동락(黎民同樂)'이라는 사실이 실증적으로 규명되었다. 또한 미국 하버드대학교 의과대학 정신과 교수 로버트 월딩어(Robert Waldinger)[117]는 2015년 미국 보스턴에서 열린 테드X 비콘 스트리트(TedX Beacon Street: 혁신적인 아이디어를 발표하는 세계적인 강연회 산하에 있는 북미 지역 콘퍼런스)에서 "어떻게 하면 '좋은 삶(a good life)'을 살 수 있을까? 행복 연구가 주는 교훈(What makes a good life? Lessons from the longest study on happiness)?"의 강연을 통하여 다음과 같이 주장했다: *"'인간관계(a good Human Relationship)'가 인생에서 행복을 결정하는 중요한 요소."*

그는 75년간 축적한 수만 페이지짜리 인생 데이터를 통해 '행복'과 '만족감'에 관한 데이터를 분석한 결과를 토대로 설명했다.

통해 귀족들의 힘을 제어해야 한다고 보았다. 나아가 로마가 꽃피웠던 고소·고발제도의 칭송을 통해 이탈리아와 피렌체에 부족했던 공개성과 공정성의 확보를 꾀했던 것이다. 객관성, 공개성 그리고 공정성 등을 담보할 수 있는 공공성과 공적 기관을 통해 국가의 강화를 꾀했던 것이다. 이렇듯 마키아벨리(Machiavelli)는 공공성의 강화를 통해 한 나라의 인민이 모여 사는 영토와 그 주민들을 포괄하는 정치체제, 즉 국가의 공고화를 주장한다. 마키아벨리(Machiavelli)는 훗날 근대국가의 특징이 될 공공성의 강화를 내세웠고, 이를 통해 그가 원하든 원치 않든 간에 근대국가 개념의 아버지라는 명칭을 얻게 된 것이다.

115) Bellah, R., et al.(1991), The Good Society, New York: Knopf.

116) 이찬, "행복감과 좋은 삶: 「맹자」, 「양혜왕」 장의 獨樂과 與民同樂의 이해를 중심으로", 철학연구, 2016, vol., no.115, pp. 1~29. 저자는 '좋은 삶(Good Life)'이란 '인생 전반에 걸친 실수와 잘못에 대한 후회(Regret)가 극소화될 수 있는 삶'이라고 정의한다.

117) 로버트 월딩어(Robert Waldinger)는 미국 하버드대학교 의과대학 정신과 교수다. 또한 하버드성인개발연구소(Harvard Study of Adult Development) 소장으로서, '행복'에 대해서 75년간 추적 연구한 '하버드 성인발달연구'의 총책임자다.

상술하면, 행복은 부(富)나 성공, 명예, 혹은 열심히 노력하는 데 있지 않다. '좋은 인간관계(a good Human Relationship)'가 우리를 건강하고 행복하게 만든다. 로버트 월딩어(Robert Waldinger) 교수가 상기 연구를 시작할 때 대상자들의 삶의 목표는 대부분 부(富)와 명예였다. 하지만 이들이 50세 이후에 이르렀을 때는 행복하고 건강한 삶의 조건으로 '좋은 인간관계(a good Human Relationship)'를 가장 중요하게 꼽았다. 그의 연구 결과는 다음 3가지로 요약된다:

첫 번째 교훈은, 사회적 연결은 유익하되 고독은 해롭다는 것이다. 가족·친구·공동체와의 사회적 연결이 긴밀할수록 더 행복하고, 신체적으로도 건강하며, 더 오래 사는 것으로 나타났다. 또한 고독은 매우 유해(有害)한 것으로 드러났다. 다른 이들로부터 자신이 원하는 것 이상으로 고립되어 있는 사람들은 행복감을 덜 느낄 뿐만 아니라, 중년기에 건강이 더 빨리 악화되고, 뇌 기능이 일찍 저하되며, 외롭지 않은 사람들보다 수명이 짧다.

두 번째 교훈은 친구가 얼마나 많은가 혹은 안정적이고 공인된 관계를 갖고 있는가가 아니라, 관계의 질(質)이 중요하다. 군중 속에서도 고독할 수 있고, 결혼해도 고독할 수 있다. 갈등 속에서 사는 것은 우리 몸에 아주 나쁜 것으로 밝혀졌다. 일례로 애정 없이 갈등만 잦은 결혼은 이혼보다 더 건강에 해로울 수 있다고 나타났다. 반면 바람직하고 따뜻한 관계는 건강을 지켜준다. 50세에 관계에 대한 만족도가 가장 높은 사람들이 80세에 가장 건강했다. 바람직하고 친밀한 관계가 나이 먹는 고통의 완충재 역할을 해주는 셈이다. 가장 배우자 만족도가 높았던 남녀 80대에 진행한 설문에서 신체적인 고통이 심한 날에도 마음은 행복하다고 답했다. 반면 불행한 관계를 맺고 있던 사람들은 신체적인 고통이 심한 날에는 그 고통이 감정적인 고통에 의해 더욱 극대화된다고 답했다.

세 번째 교훈은 '좋은 인간관계(a good Human Relationship)'는 몸뿐만 아니라 뇌도 보호해준다. 애착으로 단단히 연결된 관계를 가진 80대는 그렇지 않은 80대보다 더 건강했다. 또한 관계를 맺고 있는 상대방이 자신들이 힘들 때면 의지가 되어줄 거라고 여기는 사람들은 그렇지 않은 사람들보다 기억력이 더 선명하고 오래 간다. 이와 반면에 관계를 맺고 있는 상대방이 의지가 되지 않는다고 느끼는 사람들은 좀 더 빠른 기억력 감퇴를 보였다.

로버트 월딩어(Robert Waldinger) 교수는 마크 트웨인(Mark Twain, 본명: Samuel Langhorne Clemens, 1835~1910)[118]이 그의 삶을 돌아보면서 남긴 말을 인용하며 상기 강연을 마무리하

118) 새뮤얼 랭혼 클레먼스(Samuel Langhorne Clemens, 1835~1910)는 마크 트웨인(Mark Twain)이라는 필명으로 더욱 유명한 미국의 소설가이다. 주요 작품으로는 미시시피강 유역을 배경으로 개구쟁이 소

였다: *"시간이 없다. 인생은 짧기에, 다투고 사과하고 가슴앓이하고 해명을 요구할 시간이 없다. 오직 사랑할 시간만이 있을 뿐이며 그것은 말하자면 한순간이다."*

● **공동체주의(Communitarianism)**

그렇다면, 마이클 샌델(Michael Sandel, 1953~현재)은 그의 논문 "자유주의의 한계와 정의"(Liberalism and the Limits of Justice, 1982년)에서 존 롤스(John Rawls, 1921~2002)의 '정의론(正義論)'의 한계를 지적하면서 공동선(共同善, the common good)을 위한 '공동체주의(Communitarianism)'란 무엇인가?

그러나 공익(公益)을 위한 공동선(共同善, the common good)을 지나치게 앞세워 개인의 존엄성을 침해하는 집단주의(集團主義)나 권력 지향주의는 반드시 경계해야 한다. 공동체주의(Communitarianism)가 극단적으로 치달으면 전체주의(全體主義)로 귀결될 수 있다. 그러나 공동체주의(共同體主義)는 전체의 발전을 위한 개인의 희생 또는 전체가 발전해야만 개인이 살 수 있다는 의미가 아니라, 개인은 사회적 맥락 안에서 살아왔다는 사실을 전제로 한다.

공동체주의(共同體主義)와 전체주의(全體主義)는 우선 개인보다 집단을 중시하는 점에서 공통점이 있다. 그러나 전체주의(全體主義)가 전체 외의 것은 존재하지 않으므로 자유로운 개인이라는 개념 자체를 소거시켜 버리는 반면에 공동체주의(共同體主義)는 '개인'이라는

년인 톰 소여와 허클베리 핀의 모험을 그린 동화「톰소여의 모험」이 있다. 마크 트웨인은 1865년「뜀뛰는 개구리」로 문단에 등단하였고, 이어「순박한 여행기」로 인기를 끌었다. 생활의 체험을 소재로 한 많은 작품을 발표하여, 그 속에 자연 존중, 물질문명의 배격, 사회 풍자 등을 표현하면서 유머와 풍자에 넘치는 작품 경향을 보였다. 뒤에 인류에 대한 절망, 비관론자가 되어「인간이란 무엇이냐」,「보지 못한 소년」 등을 남겼다. 미국의 소설가「톰 소여의 모험」 같은 작품으로 한국에서는 아동소설 작가로 알려졌지만, 사실은 미국 풍자 문학, 나아가 미국 문학의 아버지로 추앙받는 인물이다. 당장「왕자와 거지」도 굉장히 노골적인 풍자를 담아냈으며,「허클베리 핀의 모험」 또한 흑인인 짐이 상당한 비중으로 나온다. 당시 흑인들의 인권을 생각해 보면 조연으로라도 큰 비중으로 등장했다는 것 자체가 혁신적인 요소다. 다만「톰 소여의 모험」에서 아메리카 원주민인 조가 악역으로 나온 걸 두고 비난하는 분석도 있다. 그러나 이것은 당시 시대적인 배경이나 한계를 무시한 과잉 비난에 가까운데, 마크 트웨인이 살던 시대와 소설의 배경은 1800년대 중후반이다. 이 시대에는 게으르고 무지하나 천진난만한 흑인, 무책임하고 비도덕적 아메리칸 원주민 캐릭터가 문학적 요소로 자연스럽게 쓰이던 때다. 게다가 마크 트웨인은 사상에 나와 있지만 인종차별과 제국주의, 기독교 근본주의자들을 강도 높게 비판하는 등 굉장히 시대적으로 선구자적인 사상을 가진 인물이다. 계몽주의자로 제국주의를 혐오했다. 조국인 미국이 필리핀으로 쳐들어갈 때 제국주의 국가 스페인에서 필리핀을 독립시키려는 전쟁으로 여겨 처음에는 환영했지만, 갈수록 미군이 필리핀인들을 마구 학살하는 것에 실망하고 분노하여「전쟁을 위한 기도」라는 책을 써서 미국을 학살자라고 분노어린 비난을 호되게 쏟아냈다. 때문에 이 책은 미국에서 24년간이나 출판이 금지되었다가 그가 죽고 나서 13년이 지난 1923년에서야 나오게 된다.

개념의 '실현'을 위해 '법질서'와 '공공에의 참여'를 필요로 하므로 전체주의(全體主義)와는 다르다. 이것은 개인주의(個人主義)와 이기주의(利己主義)의 차이와 유사하다.

20세기 후반 정치철학에서 공동체주의(Communitarianism)는 아리스토텔레스(Aristotle, BC 384~322)가 주장한 바와 같이 인간을 공동체적 존재로서 공동체의 공동선(共同善) 혹은 공익(公益)을 추구해야 하는 존재로 규정한다. 인간은 개인주의적 자유주의가 규정하듯이 '무(無)연고적 존재(unencumbered self)'가 아니다. 따라서 오늘날 필요한 민주주의는 사익(私益)을 추구하는 원자화된 개인들이 공적인 일은 단순히 국가의 행정적·법적 제반 절차에 맡기는 '절차적(procedural)' 민주주의가 아니라 공동체적 존재로서 시민들이 참여하고 심의해야 하는 참여 민주주의가 되어야 한다.

한편, 공동체주의(共同體主義, Communitarianism)와 첨예하게 반목하거나 그 지론이나 학설이 철두철미하게 상치되는 자유지상주의(自由至上主義, Libertarianism)는 공동체주의(共同體主義, Communitarianism)를 어떻게 비판하는가?

공동체주의(共同體主義, Communitarianism)에 내재된 중대한 결점은, 그것이 개인의 자기소유권과 재산권을 소위 '사회'나 '공동체'에 '적어도 부분적으로는' 양도하거나 이양할 것을 천명한다는 것이다. 이것이 시민들의 '공적 의무'의 이행이며, 민주주의의 이룩으로 간주된다. 그러나 이러한 공적 의무는 국가에 의해서 지극히 자의적으로 포고된다. 민주주의적으로 제정되거나 도입된 '공적 의무들'은, 단순히 '다수'가 동의하기만 하면 그를 제외한 모든 개인들에게 일률적으로 강제된다. 그러나 이러한 체제가 과연 공동체주의가 '진정으로 방지하고자 갈망하는' 폭정이나 전체주의와 어떻게 구별된다는 것인가? 폭정이 근절되어야 하는 악재로 간주되어야 하는 이유는 그것이 개인의 자유와 권리를 침해하기 때문이다. 그러나 그러한 폭정의 도래를 방지한다는 명목으로 개인들에게 자의적 '의무'를 부과하며 강제하는 것 역시 폭정과 동일하게 개인의 자유와 권리를 침해한다. 마치 개인의 권리를 침해하며, 사회적 혼돈을 촉발하는 범죄를 예방한다는 명목으로 국가가 개인의 일거수일투족을 통제하며, 정당한 자유권의 행사를 억압하는 것 역시 사적으로 자행되는 범죄에 필적하는, 혹은 심지어 그를 능가하는 범죄이자 권리의 침해임과 일맥상통하는 것이다.

공동체주의(共同體主義, Communitarianism)는 '특정한 자의적인 가치'를 개인들에게 강제한다. 요컨대, 그들은 '온화한 사회', 혹은 '우애와 결속'을 이룩하기 위하여 개인들의 권리를 유보한다. 물론 이러한 미덕이 바람직하다는 것은 자유지상주의자들도 시인한다. 그러나 왜 그에 동의하지 않는 개인들에게도 그 가치가 강제되어야 하는가?

만약 상기한 '자의적' 미덕이 바람직하다면, 그에 자발적으로 동의하는 개인들에 국한하여 그러한 가치를 신봉하는 공동체를 결성하면 된다. 그러나 문제가 되는 것은 그에 동의하지 않는 개인들에게까지 그러한 자의적인 미덕이 강제되는 것이다. 그러한 강제는 개인의 권리의 침해를 필연적으로 수반하기 때문이다. 만약 어떤 가치가 단순히 '미덕'이라는 이유로 (그것이 미덕에 부합하는지의 여부를 판별할 명료한 준거가 결여되어 있다는 사실은 차치하더라도) 물리적으로 강제되어야 한다면, 그를 제외한 모든 '미덕'이 개인들에게 강제되어야 일관적일 것이다. 즉, 노약자에게 자리를 양보하거나 인사하는 것 역시 바람직한 미덕이므로, 노약자에게 양보하지 않거나 인사하지 않는다는 이유로 그 개인을 처벌해야 할 것이다. 그러나 이것은 법치주의와 배치되며, 법이 아닌 사회적 도덕을 강제하는 도덕국가에 불과하다. 요컨대 어떤 '숭고한 대의나 목적'을 이룩하기 위하여 개인들의 권리가 침해되거나 유보될 수 있다는 학설은 파시즘이 견지하며, 그 근저에 내재되어 있는 교의와 대동소이한 것이다.

Ⅳ

신(新)실용주의 (Neopragmatism)의 경제철학(經濟哲學)과 경제이론적 모형

정의로운 국가와 행복한 사회를 위한
신(新)실용주의(實用主義) 철학과 정책

(The 'Neopragmatic Philosophy and Policy' for 'A Justice-based State' and 'A Happy Society')

01 전통적 경제이론의 위기론

저자는 감히 '경제이론의 제3위기(The Third Crisis of the Economic Theory)'의 주제로 현대 경제학의 근본적 결함을 지적하고 새로운 경제이론의 패러다임을 제시할 만한 심오하고 풍부한 지식을 보유하고 있지 않다. 그러나 약 40년 동안(1978~현재) 경제이론을 연구 및 강의해 왔었던 경제학자로서 전통적 경제이론의 근본 문제만이라도 깨닫고 고백하는 것은 경제학자의 양심이고 책무라고 생각한다.

이와 관련하여, 저자의 경제학적 시각은 다음과 같다: '주류 경제학(主流經濟學)'은 단지 시장기능과 정부개입 사이의 경합적 관계에 관한 가설 혹은 가정의 차이를 나타내는 것일 뿐, 경제사적 문제와 규범적 가치(경제철학)를 도외시한 채로 경제문제의 부분적 해결을 추구한다. 이 결과, '주류 경제학(主流經濟學)'의 사유 패러다임하에서는 경제위기 문제가 끊임없이 발생될 수밖에 없을 것이다.

노벨 경제학상 수상자인 케네스 애로우(Kenneth J. Arrow, 1921~2017) 교수는 작고하기 1년 전 출판했던 그의 저서 「On Ethics and Economics」(2016년)에서 경제학(經濟學)에 윤리(倫理)를 도입할 것을 주장했다.

따라서 저자는 전통적 경제학자이지만 본 저서의 분석 목표 및 목적을 위하여 '주류경제학(主流經濟學)'의 시각(시장만이 효율적인 자원배분을 할 수 있다) 및 접근방법에만 집착하지 않고 역사(歷史)와 철학(哲學)에 바탕을 두고 본 연구의 신(新)실용주의(Neopragmatism)를 논술할 것임을 밝혀둔다.

실로, 경제이론 패러다임의 위기는 미국의 과학사학자이자 과학철학자인 토머스 새뮤얼 쿤(Thomas Samuel Kuhn, 1922~1996)이 일컬었던 '패러다임의 붕괴'를 의미한다. 현재까지 일어난 경제이론 패러다임의 위기는 모두 3회이다: '제1위기'는 1930년대 세계대공황(1929~1939)으로 인하여, '제2위기'는 1960년대 말 및 1970년대 스태그플레이션(인플레이션과 대량실업의 공존)으로 인하여, '제3위기'는 2008년 하반기 '글로벌 경제위기(Global Financial Crisis)'로 인하여 각각 야기되었다.

본 연구는 전통적 경제이론의 위기와 발전방향을 제대로 논술하기 위해서, 우선 '주류

경제학(主流 經濟學)'의 변천사를 다음과 같이 요약한다:

19세기 자본주의 태동기에서는 고전학파(古典學派, Classic School)가 주류였었는데, 이는 시장의 '보이지 않는 손(Invisible Hand)'에 의하여 모든 경제문제가 해결될 수 있다고 주장했다.

1930년대 세계대공황 이후 케인즈학파(Keynesian)가 주류였었는데, 이는 경기침체 혹은 불황으로부터 경기회복을 도모하기 위해서는 시장에 대한 정부의 개입이 필요하다고 주장했다.

1980년대 석유파동 이후 신고전학파(新古典學派, NeoClassic) 경제이론이 주류였었는데, 이는 고전학파(Classic School)의 시장 기능과 케인즈학파(Keynesian)의 정부 개입이 조화되어야 한다고 주장했다.

2000년대 세계경제 호황기에서는 신(新)자유주의(New Liberalism) 경제이론이 주류였었는데, 이는 정부규제를 완화하여 시장의 효율적 자원배분 기능을 높여야 한다고 주장한다. 그러나 신(新)자유주의(New Liberalism) 경제이론은 자산가치의 거품 존재를 인정하지 않았었고 2008년 하반기 글로벌 금융위기를 예측하는 데 실패했었을 뿐만 아니라 상기 금융위기의 이론적 배경을 제공하였다.

이와 대조적으로 비(非)주류 경제이론은 오래전부터 경제에 거품이 생겨 금융위기가 닥칠 것을 예고해왔었다. 예로서 로버트 제임스 실러(Robert James Shiller, 1946~현재) 예일대 교수(2013년도 노벨경제학상 수상자)는 2000년대 중반부터 *"미국 부동산 시장에 거품이 껴 있다"*고 경고하였다. 누리엘 루비니(Nouriel Roubini) 뉴욕대 교수는 미국에서 서브프라임 모기지(비우량 주택담보대출) 위기가 발생하기 직전인 2006년에 '왜 중앙은행이 거품을 터트려야 하는가'라는 논문을 발표해 거품이 더 커지기 전에 터트려야 한다는 주장을 했었다.

또한 「자본주의 4.0」의 저자 아나톨 칼레츠키(Anatole Kaletsky)는 *"앞으로 예측 불가능성을 강조한 경제이론이 핵심 원리가 될 것이고, 민간과 공공이 모두 중요한 역할을 하는 혼합경제가 대안으로 제시될 것"*이라고 밝혔다.

1) '제1위기'

18세기 말 영국에서 시작된 산업혁명은 서유럽 전반에 경제구조와 경제 이데올로기의 변화를 초래하였다. 그 대표적인 변화는 고전적(古典的) 자유주의(自由主義)의 대두이다.[1]

인간과 사회에 대한 이러한 사상적 변화는 경제적 자유방임주의(自由放任主義)를 잉태시켰다. 고전적(古典的) 자유주의(自由主義)는 고전학파(古典學派) 경제이론의 사상적 토대가 되었다.

상기한 시대적 배경에서 고전학파(古典學派) 경제이론은 아담 스미스(Adam Smith, 1723~1790): 「국부론」(1776년), 토마스 로버트 말더스(Thomas Robert Malthus, 1766~1834): 「인구법칙」(1790년), 데이비드 리카도(David Ricardo, 1772~1823): '임금철칙론'과 '차액지대론'(1817년), 레옹 발라스(Léon Walras, 1834~1910): '일반균형이론'(1874년과 1877년), 알프레드 마샬(Alfred Marshall, 1842~1924): 「경제학 원리」(1890년)로부터 시작한 영국의 정통파 경제이론의 조류이다.

당시, 중상주의(重商主義) 시대에서는 특정 생산자에 대한 정부의 특혜가 과도했었기 때문에, '경제학의 아버지'로 불리는 아담 스미스(Adam Smith, 1723~1790)[2]는 정부가 시장 개입을 하지 않아야 한다고 주장하고 분업(分業)은 자본축적과 함께 진전한다고 주장했다. 즉, 자본축적은 실물경제적 요인에 의하여 야기된다는 것이다. 그러나 그는 거시경제적 시각에서 경제성장 과정을 분석하였으나 화폐적 요인을 경시하였다.

고전적(古典的) 자유주의(自由主義)에 사상적 토대를 둔 고전학파(古典學派) 경제이론은 고전적 금융자본주의(19세기 후반~1920년대)와 함께 세계대공황(1929~1939) 이전까지 풍미

1) 사실, 자유주의(自由主義)는 중세(中世)의 절대주의, 중상주의, 중농주의 시대에도 끊임없이 제기되었던 사상이었으나 당시의 사회경제구조하에서 자유주의(自由主義)와 개인주의(個人主義)는 일상에서 실현되지 못하였다. 특히 봉건제도(封建制度)하에서 보통 사람들은 생산수단이 완전히 자기의 소유가 아니었기 때문에 경제활동 자체가 순전히 자기의 이익을 위하는 것이라는 생각을 할 수 없었다. 그런데 산업자본(産業資本)의 등장으로 중세(中世)의 잔재라고 할 수 있는 각종 규제(規制)가 철폐되기 시작하였고 독립적인 수공업자나 가내공업자는 자신의 노력과 창의력으로 어느 정도 부(富)를 축적할 수 있다는 자신감을 갖게 되었다. 이들은 자신이 열심히 창의적으로 일하면 그 이익이 자신에게 되돌아온다는 사실을 깨닫게 되었다. 이러한 상황이 계속되면서 사회의 가치관도 변하여 인간은 본래 이기적(利己的)이라는 사고가 형성되기 시작했다. 이처럼 사회적 변화에 따라 근대 사상은 중세(中世)의 교회적 가부장제(家父長制)와는 전혀 다른 사상으로 변화되었다.

2) 아담 스미스(Adam Smith, 1723~1790년)는 영국의 정치경제학자이자 윤리철학자이다. 후대의 여러 분야에 큰 영향을 미친 「국부론」(An Inquiry into the Nature and Causes of the Wealth of Nations, 1776년)의 저자이다. 고전경제학의 대표적인 이론가인 스미스는 자본주의와 자유무역에 대한 이론적 심화를 제공했다. 그는 시장의 가격은 공정한 룰 안에서 자유롭게 자신의 이익을 추구하다 보면, 시장의 적절한 가격이 이루어진다고 생각하였다. 스미스와 그의 추종자들은 자유로운 시장경제를 통한 자유무역과 노동분업이 왕이나 군주보다는 보통 사람들에게 도움을 줄 것이라고 확신했다. 당시의 중앙계획경제 체제에서는 정치권력이 경제적 지위를 결정하는 데 반해 시장경제는 가난한 사람들, 그리고 위정자들과 연고 없는 사람들도 부자가 될 수 있다고 주장했다.

(風靡)했었다. 그러나 '제1위기'는 1930년대 세계대공황(1929~1939)으로 인하여 야기되었다. 이 결과, 고전학과 경제이론의 유효성(일반균형하의 완전고용)이 완전히 상실돼 버렸다.

2) '제2위기'

세계대공황(1929~1939)은 존 메이너드 케인즈(John Maynard Keynes, 1883~1946)의 1936년 「고용, 이자 및 화폐에 관한 일반이론」(The General Theory of Employment, Interest and Money)로서 극복되었다.[3] 그 후, '적극적 자유주의(Positive Liberalism)'에 사상적 토대를 둔 케인지언(Keynesian) 경제이론(經濟理論)이 득세하였다.

제2차 세계대전(1939~1845) 전·후로, 존 메이너드 케인즈(John Maynard Keynes)의 경제이론은 주로 존 힉스(John R. Hicks)의 IS/LM 분석이라는 형태로 신고전학파(新古典學派, NeoClassical School) 경제이론과의 통합이 시도되었다.

그러나 1960년대 말 및 1970년대 스태그플레이션(Stagflation, 인플레이션과 대량실업의 공존)으로 인하여 케인지언(Keynesian) 경제이론의 '제2위기'가 야기되었다. '일찍이, 조안 로빈슨(Joan Robinson, 1903~1983) 여사가 1971년 12월 미국경제학회 연례총회에서 '제2경제이론의 위기'를 지적하고 기존 경제학자들의 책무 포기를 질타하였다.[4] 조안 로빈슨(Joan Robinson) 여사는 세계대공황(1929~1939)에 따른 '제 경제이론 위기'는 존 메이너드 케인즈(John Maynard Keynes, 1983~1946)의 「고용·이자·화폐에 관한 일반이론」(1936년)[5]으로 해결했었지만, 그 후 '소득분배 악화'라는 '제2경제이론의 위기'를 누가, 어떻게 해결할 것인가라고 질문했다.[6] 경제이론의 '제2위기(The Second Crisis of The Economic Theory)'는 바로 '경제학자(Economist)의 위기'라고 일침을 놓았으며, 심지어 자신의 명저(名著)인 「불완전경제의 경제학」(The Economics of Imperfect Competition, 1933)[7]조차도 상기 저서가 출판된 지 20년 후에 재검토해야 할 '불완전한' 이론이라고 고백 및 비판하였다.[8]

---

3) Keynes, John Maynard(1936), The General Theory of Employment, Interest and Money, New York: Harcourt Braceaed Co. Klein, Laurence(1947), The Keynesian Revolution, New York: Macmillan Co.

4) Joan Robinson(1971, 1972), 주명건(1984), 오정근(2004)을 참조.

5) John Maynard Keynes(1936)와 Laurence Klein(1947)을 참조.

6) 이 문제와 관련하여 Lionel Robbins(1932), Joan Robinson(1933, 1953b, 1955, 1956, 1962, 1970, 1978), Joseph A. Schumpeter(1954), Daniel Bell and Irving Kristo (1981)을 참조.

7) Joan Robinson(1933), The Economics of Imperfect Competition, London: Macmillan Co.

조안 로빈슨(Joan Robinson, 1903~1983) 여사는 마샬-피구-힉스(Marshal-Pigou-Hichs) 이론과 펄 사무엘슨(Paul A. Samuelson, 1915~2009)의 계량경제학 및 수리경제학이 추구하는 비(非)현실적 자원배분의 효율성, 즉 '파레토 최적성(Pareto-Optimality)'을 신랄하게 비판함과 동시에[9] 그 대안으로서 '불균형 동학(Disequilibrium Dynamics)'의 새로운 패러다임을 제시하였다.[10] 또한 상기의 연례총회에서 조안 로빈슨(Joan Robinson) 여사는 신고전학파(新古典學派, NeoClassic) 경제이론이 무시·간과하였던 소득분배(所得分配) 공정성(公正性)의 회복과 대중빈곤(大衆貧困)의 해소를 역설하였다.

그럼에도 불구하고, 조안 로빈슨(Joan Robinson)이 경고했었던 '경제이론의 제2의 위기(1971년)로부터 약 30년이라는 긴 세월이 흘렀는데, 그동안 경제학은 과연 얼마만큼 낡은 사고의 틀을 타파하고 새로운 이론체계를 구축하는 일에 성공하였는가?

전술한 바와 같이, 1970년대에 있어서의 경제학 발전은 '경제이론의 제2의 위기'를 해결하기는커녕 그것과는 반대로 존 메이너드 케인즈(John Maynard Keynes) 이전의 신고전학파(新古典學派, NeoClassical School) 패러다임이 더욱 보수적인 입장에서 경제학의 주류로서 위세를 떨쳤다. 결국, 조안 로빈슨(Joan Robinson)의 '호소'는 1980년대 미국에서 풍미하였던 '합리적 기대론(Rational Expectation)', '공급중시경제학(Supply-Sided Economics)', '통화론(Monetarism)'에 의하여 함몰(陷沒)되어 버렸다.[11]

---

8) 조안 로빈슨(Joan Robinson) 여사는 「불완전경제의 경제학」(The Economics of Imperfect Competition, 1933년)에서 현대의 시장경제에 관한 제도적 전제조건을 명확히 함으로써, 불완전경쟁시장에서의 기업행동을 설명하였다. 상기의 이론은 시장기구를 통하여 이루어지는 희소자원의 배분이 효율적으로 된다는 명제를 부정하는 결과를 가져왔다. 그러나 상기 이론은 마샬-힉스(Marshall- Hicks)이론이 가진 비(非)현실적 패러다임을 무의식적으로 수용하고 있다는 점을 지적하였다. 그 이유는 시간적 요소가 완전히 무시되어 있어 현재와 과거의 문제와 단기와 장기의 문제가 명확하게 취급되어 있지 않기 때문이라는 것이다. 상술하면, 경제현상은 모두 역사적 시간의 경과에 따라 발생하는 것으로서, 현재는 반드시 역사적으로 과거에 이루어진 선택과 행동의 결과로서 확정되어 있으며, 미래는 현재에 이루어진 선택과 행동의 결과로서 결정되어진다. 더구나 각 역사적 시점에서의 선택은 미래에서 발생할 현상에 관한 미지의 상태에서 이루어진다는 불확실성의 문제가 필연적으로 제기된다. 로빈슨(Joan Robinson) 교수의 이와 같은 관점은 '케인즈 혁명'의 핵심을 이루는 것이다. Joan Robinson(1953), "Imperfect Competition' Revisited", Economic Journal.

9) Joan Robinson(1972), "The Second Crisis of the Economic Theory", American Economic Review.

10) Joan Robison and John Eatwell(1973), An Introduction to Modern Economics, McGrawHill.

11) 경제학(經濟學)은 합리주의적 경제사회를 상정하려는 것이다. 즉, 경제사회를 구성하는 개개의 인간을 '경제인(Homoeconomicus)'으로 파악함으로써 각자 사회적·제도적·역사적 조건으로부터 독립된 주관적 가치기준을 가지고 시장에서 언제나 가장 적절한 행동을 선택한다는 것이다. 여기서 제시한 경제인은 시대를 초월하고 사회적·정치적 요소로부터 동떨어진 존재이다. 그 행동양식은 논리적으로 일관된

또한 거시(巨視) 경제이론의 미시(微視) 경제적 기초를 다지는 작업이 전개되었다. 즉, 존 메이너드 케인즈(John Maynard Keynes) 경제학의 틀을 넘어서서, 현대 자본주의에서의 여러 가지 제도적 전제조건을 적절하게 정식화하여 개별적 경제주체가 놓여 있는 상황을 유형화하고, 그 행동을 다면적인 관점에서 분석하는 동시에 이들 거시경제학(巨視經濟學)의 이론적 의미를 깊게 분석함으로써 그 정책적 의미를 명확하게 하려는 시도가 전개되었다.

3) '제3위기'

'신(新)자유주의(New Liberalism)' 경제이론으로 인한 경제이론의 '제3위기'는 2008년 하반기 미국발(發) '글로벌 금융위기(Global Financial Crisis)'로 인하여 각각 야기되었다. 상기 글로벌 경제위기는 현실 경제 시스템의 붕괴뿐만 아니라 '신(新)자유주의(New Liberalism)' 경제이론 자체의 유효성 상실을 입증하였다. 이 위기는 발생배경 · 파급경로 · 확산범위의

선호기준체계에 의해 수학적인 정식화를 통하여 연역할 수 있다는 이론적 전제하에서 경제순환의 메커니즘이 해명된다. 예로서 1970년대에 유행하였던 합리적 기대형성가설, 통화주의, 공급중시 경제학 등을 들 수 있다. 이에 대응하여, 최근에 행동경제학(Behavioral Economics)이 대두했다. 이것은 이성적이며 이상적인 경제적 인간(Homo Economicus)을 전제로 한 경제학이 아닌 실제적인 인간의 행동을 연구하여 어떻게 행동하고 어떤 결과가 발생하는지를 규명하기 위한 경제학이다. 다니엘 카너먼(Daniel Kahneman)과 아모스 트버스키(Amos Tversky)는 1979년 위험에 대한 선택의 문제를 다룬 '프로스펙트 이론(Prospect Theory)'으로 '행동경제학(Behavioral Economics)'의 새로운 지평을 열었다. 1950년대 이스라엘 군에서 활동한 두 사람들은 평생 심리학과 경제학의 접점에서 공동연구를 계속했다. 다시 말하면, 호모 에코노미쿠스(Homo Economicus)는 기대효용(expected utility)을 극대화하기 위해 언제나 냉철하게 판단하고 최선의 길을 선택하는 인간유형이다. 사실, 정통 경제이론은 인간의 합리성(Rationality)에 대한 믿음에서 출발한다. 그러나 우리의 일상생활과 투자행태를 성찰하는 '행동 경제학(Behavioral Economics)'은 상기의 믿음을 흔들고 있다. 가장 냉철한 이성이 지배할 것 같은 금융시장에서조차 사람들은 감정에 휘둘려 변덕스럽고, 충동적이고, 근시안적이고, 셈에 서투르고, 자기 과신에 빠져 어처구니없는 실수를 저지른다. 요컨대, 경제학은 물리학의 원리를 원용하고 있지만 이젠 심리학의 통찰을 받아들이고 있다. 행동경제학자들은 리스크(Risk)에 대한 선택을 다루는 기존 이론들이 잘못됐거나 불완전함을 보여주는 증거들을 제시했다. 그들의 실험을 통해 재조명된 인간은 기껏해야 '제한적 합리성(Bounded Rationality)'만을 보여줄 뿐이다. 하지만 글로벌 금융위기 이후 더욱 각광을 받고 있는 '행동경제학(Behavioral Economics)'이 기대효용을 극대화하는 '합리적 인간'의 패러다임을 완전히 대체할 수 있을 정도로 완성도 높은 이론체계로 발전했다고 평가하기에는 아직 이르다. 여기서 유의할 점은 인간의 합리성에 대한 가정은 현실과 완전히 맞아떨어지지는 않아도 여전히 유용하다는 점이다. 이론적 모형은 현실을 그대로 복제하려는 게 아니다. 문제의 본질을 보여줌으로써 문제 해결에 도움을 줄 수 있으면 그만큼 쓸모가 있는 것이다. 마치, 오디세우스(Odysseus)가 세이렌(Seiren)의 유혹을 뿌리치기 위해 자신의 몸을 돛대에 묶었듯이 스스로를 통제하기 위한 현명한 장치들을 만들어낼 수 있는 것이다.

측면에서 보면 세계대공황(1929~1939)과 유사한 패턴을 보이고 있다.

상기 글로벌 금융위기는 2000년 IT버블 붕괴 이후 10여 년간 지속되어 온 통화 확대·저금리 정책기조 하에서 신용에 기반해서 형성된 자산 버블이 뇌관으로 작용하였다. 그 파급경로도 주식시장을 넘어 실물경제로 급격히 전이되었으며, 금융개방에 따라 글로벌 연계성으로 인해 글로벌 확산이 진행되었다. 또한 2008년 하반기 미국발(發) 글로벌 금융위기(Global Financial Crisis)의 후폭풍(後爆風)은 대서양을 횡단하여 2010년에는 그리스, 아일랜드, 2011년 포르투갈, 그리고 2012년 스페인과 이탈리아 등 유로존(Eurozone)의 재정위기(Fiscal Crisis)를 초래하였으며, 급기야 2016년 6월 영국의 유럽연합 탈퇴(BREXIT)가 야기되었다.

전술한 바와 같이, 신자유주의(新自由主義)는 개방하의 자유화(自由化)를 표방하고, 대내적으로는 규제완화(規制緩和)·작은 정부·큰 시장·민영화(民營化) 등을, 대외적으로는 세계화(Globalization)와 신(新)금융자본주의(New Financial Capitalism)를 각각 추구한다.

신(新)자유주의(New Liberalism)에 대한 비판의 선봉자인 조지프 스티글리츠(Joseph Stiglitz, 1943~현재) 교수[12]는 그의 저서 「세계화와 그 불만」(2002년), 「모두에게 공정한 무역」(2005년), 「인간의 얼굴을 한 세계화」(2008년) 등을 통하여 '신(新)자유주의(New Liberalism)에 근거한 미국 주도의 세계화(Globalization)에 대하여 신랄하게 비판해왔다. 그는 '정부실패(Government Failure)'보다 '시장 실패(Market Failure)'의 폐해를 지적 및 강조한다. 또한 그는 '정부규제'보다 '정부의 무관심'을 더 규탄한다.

상기와 같은 경제이론 패러다임의 전환기적 상황에서, 존 메이너드 케인즈(John Maynard Keynes, 1883~1946)의 '정부개입주의'와 프리드리히 아우구스트 본 하이에크(Friedrich August von Hayek, 1899~1992)[13]의 '시장주도주의'가 내홍(內訌)을 겪고 있다.

여기서 저자는 두 경제학파의 장·단점을 진부하게 논하고 싶지 않다. 단지, 저자가 강조하고자 하는 것은 상기 두 경제학파의 주장이 모두 옳음과 동시에 모두 잘못되었다는 점이다. 즉, 세계대공황(1929~1939)과 2008년 하반기 글로벌 금융위기가 보여주었듯이,

12) Joseph E. Stiglitz(2002), Globalization and Its Discontents, London: W.W. Norton & Co., Inc.; Joseph E. Stiglitz(2006), Making Globalization Work, London: W.W. Norton & Co., Inc.; Joseph E. Stiglitz(2007), Fair Trade for All, London: W.W. Norton & Co., Inc.; Joseph E, Stiglitz(2008), The Three Trillion Dollar War, London: W. W. Norton & Co. Inc.; Joseph E. Stiglitz(2010), Freefall: America, Free Markets, and the Sinking of the World Economy, London: W.W. Norton & Co., Inc.

13) Friedrich A. Hayek(1944), The Road to Serfdom, Chicago. 김영청 역, 「노예의 길」(1997), 동국대출판부; Friedrich A. Hayek(1948), Individualism and Economic Order, Gateway Editions.

'시장실패(Market Failure)'는 정부의 개입을 필요로 하기 때문에 케인즈(Keynes)의 '정부개입주의'가 옳다. 그러나 사회경제시스템이 복잡다기한 현대에서 효율적인 자원배분은 국가가 아니라 시장이 수행할 수 있기 때문에 하이에크(Hayek)의 '시장주도주의'는 옳다.

그러나 존 메이너드 케인즈(John Maynard Keynes, 1883~1946)의 긴급 재정지출은 어디까지나 한시적인 처방일 뿐이다. 즉, 케인지언(Keynesian)의 긴급처방은 시장의 작동을 일시적으로 도와주는 것이다. 마치, 고장난 펌프(pump)에 한 두 바가지의 물을 넣어 작동시키는 것이다. 혹은, 배터리(Battery)가 약한 혹은 죽은 자동차의 배터리와 그렇지 않은 다른 자동차의 충전된 배터리를 케이블로 연결지어 엔진 시동을 다시 작동시키는 것과 동일한 원리이다. 결코, 엔진 자체를 교체해야 한다는 것이 아니라, 죽은 엔진의 기능을 충격요법에 의하여 소생시켜 목표지점으로 운전해 가자는 것이다.

4) 전통적 경제이론의 발전방향

본 연구는 감히 '주류 경제학(主流 經濟學)'인 신(新)고전학파 경제이론의 발전방향으로서 다음과 같이 제시한다.

첫째, 저자는 존 메이너드 케인즈(John Maynard Keynes, 1883~1946)의 1936년 「고용, 이자 및 화폐에 과한 일반이론」(The General Theory of Employment, Interest and Money)을 다음과 같은 시각에서 재평가해야 한다고 주장한다.[14)]

신고전학파(新古典學派, NeoClassical School)는 기존 경제이론의 맹점(盲點)을 보완하는 수단으로서 존 메이너드 케인즈(John Maynard Keynes, 1883~1946)의 1936년 「고용, 이자 및 화폐에 관한 일반이론」(The General Theory of Employment, Interest and Money)을 도입하였지만, 케인즈 이론의 본질(本質)을 외면한 채, 케인즈 이론을 오도(誤導)한 오만(傲慢)과 허구(虛構)에서 벗어나야 한다.

존 메이너드 케인즈(John Maynard Keynes) 이론의 본질(本質)은 3가지: ① 완전고용(完全雇用)이 복지사회(福祉社會)의 전제 조건이라는 경제철학, ② 미래의 불확실성(不確實性)을 안고 있는 현재의 자원배분은 불안정(不安定)하기 때문에 정부의 적극적(積極的) 재정정책(財政政策)이 필요하다는 현실적 방법론, ③ 실물부문과 화폐부문을 이자율(利子率)로서

---

14) Klein, Laurence(1947), The Keynesian Revolution, New York: Macmillan Co.; Hicks, John R.(1974), The Crisis in Keynesian Economics, Oxford: Oxford University Press.

연계시켜 거시경제적 메커니즘의 통합 등으로 설명할 수 있다.[15)]

상기한 첫 번째/두 번째 존 메이너드 케인즈(John Maynard Keynes) 경제이론의 본질(本質)과 관련하여, 완전고용(完全雇用)이 복지사회(福祉社會)라는 경제철학에는 전적으로 공감하고 본 저서의 핵심적 내용이지만, 존 메이너드 케인즈(John Maynard Keynes)가 추구하였던 경기부양 및 고용창출은 정부의 '적극적 재정정책'이 아니라 '장기적 산업기술정책'으로서 가능하다는 점을 저자는 강조한다.

상기한 세 번째 존 메이너드 케인즈(John Maynard Keynes) 경제이론의 본질(本質)과 관련하여, 저자는 신(新)자유주의론자(New Liberalist)들에게 다음과 같이 충고한다: 고전경제학 체계가 존 메이너드 케인즈(John Maynard Keynes) 경제이론을 도입할 수밖에 없었던 근본적 요인은 고전경제학 체계하에서는 실물부문(實物部門)과 금융부문(金融部門)이 2등분할되어(dichotomized) 있었기 때문에 '이자율(利資率)'로써 양(兩) 부문을 시스템적으로 연계시켜 줄 필요가 있었기 때문이었다. 따라서 케인지언(Keynesian)의 정부개입을 거부하려면 이자율(金利)의 자원배분 기능이 구조적으로 정착 및 보장되어야 한다. 즉, 이자율(利資率) 변화에 대하여 기업의 설비투자가 매우 탄력적(elastic)이어야 한다. 기업의 설비투자는 주로 투자 프로젝트의 이윤전망에 의하여 결정된다. 또한 실물부문(實物部門)에서 거시경제적 일반균형(一般均衡, General Equilibrium)이 성립하기 위해서는 소비가 이자율에 대하여 마이너스 함수로서, 저축이 플러스(+) 함수로서 각각 작동해야 한다. 그러나 현대경제는 신고전학파의 주장과는 달리, 바꾸어 말하면 케인즈(keynes) 혹은 케인지언(Keynesian)이 주장하는 바와 같이, 소비함수가 단순히 이자율의 마이너스(−) 함수가 아니라 소득 및 자산의 플러스(+) 함수임을 나타낸다. 나아가, 실물부문(實物部門)뿐만 아니라 금융부문(金融部門)을 포함한 거시경제적 일반균형(一般均衡, General Equilibrium)이 성립되기 위해서는, 화폐수요함수가 주로 소득의 플러스(+) 함수뿐만 아니라 이자율과 물가상승률의 마이너스(−) 함수라는 것을 알 수 있다.

둘째, 신고전학파(新古典學派, NeoClassical School) 경제이론은 '시간적 요소'를 제거함으로써 순수하게 정학적(靜學的, Static)인 틀 속에서 전개되어 갔다. 물론, 시간적 요소를 명시적으로 받아들이는 정식화가 시도되었지만 기본적으로는 정학적(靜學的, Static) 틀 안에

15) Lionel C. Robbins(1932), An Essay on the Nature and Significance of Economic Science, Ludwig von Mises Institute; Joan Robinson(1933), The Economics of Imperfect Competition, London: Macmillan Co.; Joan Robinson(1937), Introduction to the Theory of Employment, London: Macmillan Co.; Joan Robinson(1952), Introduction to the Theory of Employment, London: Macmillan Co.

서 정식화되어 왔다. 그러나 투자이론의 재검토를 통해서 동학적(動學的, Dynamic)인 분석틀의 필요성이 제기되었다. 예로서 트리브 하아벨모(Trygve Haavelmo)는 그의 「투자이론 연구」(1960년)[16]에서 신고전학파(新古典學派, NeoClassical School) 경제이론의 개념적 틀 속에서 투자이론을 구축하는 일은 불가능하다는 사실을 설득력 있게 설명하였다. 상기 주장은 원래 1942년에 아바 러너(Abba P. Lerner)가 지적했던 점을 다시 상기시켰던 것이다. 트리브 하아벨모(Trygve Haavelmo)는 존 메이너드 케인즈(John Maynard Keynes)의 「일반이론」(1936년)[17]에서 도입된 '자본의 한계효율(MEC, Marginal Efficiency of Capital)'이라는 개념이 오류를 내포하고 있으므로 '투자의 한계효율(MEI, Marginal Efficiency of Investment)'이라고 하는 개념을 이용할 수밖에 없다고 주장했다. 그의 지적은 단지 존 메이너드 케인즈(John Maynard Keynes)의 「일반이론」(1936년)의 이해에 있어서 중요한 의미를 가질 뿐만 아니라, 그 후의 동학적(動學的, Dynamic) 이론의 발전을 위한 기초가 되었다.

트리브 하아벨모(Trygve Haavelmo)는 투자이론의 근간인 기업개념 자체에 관해서도 깊은 통찰력을 제공했다. 상술하면, '자본의 한계효율(MEC, Marginal Efficiency of Capital)'이라는 개념이 정의되기 위해서는 자본(資本)의 고정성이 상정되지 않으면 안 된다. 그 이유는 다음과 같다: 가계부문과 독립된 기업부문이 상정되어야 한다. 그리고 투자결정의 주체로서의 기업과 저축결정의 주체인 가계는 제도적으로 독립된 존재가 된다. 이 경우, 세이의 법칙(Say's law)은 반드시 타당하지 않게 되고, 유효수요(有效需要)가 완전고용(完全雇用) 수준을 밑돌아 비(非)자발적 실업(失業)의 발생이 나타나게 된다. 이러한 현상이 일반적이라는 존 메이너드 케인즈(John Maynard Keynes)의 「일반이론」(1936년)으로 귀결된다.

셋째, 존 메이너드 케인즈(John Maynard Keynes, 1883~1946) 이론에 의하면, 자본주의 경제 시스템의 경기적 순환 메커니즘이 불안정하며, 그것은 바로 자본주의적 제도적 조건에 내재되어 있으므로 경기순환(景氣循環)의 안정성(安定性)을 회복하기 위해서는 적절한 정책수단과 제도개혁이 필요하며, 그것의 하나가 '합리적(合理的) 재정정책(財政政策)과 합리적 금융제도(合理的 金融制度)의 결합'에 의해 완전고용(完全雇用)과 공정한 소득분배(所得分配)를 추구할 수 있다는 것이다.

최근에 세계 각 국가는 수많은 재정정책(財政政策)과 금융정책(金融政策)의 패키지를 쏟아내면서 신(新)금융자본주의(New Financial Capitalism)가 저지른 '화마(火魔)'를 끄느라고 동분서주하고 있다. 결국, 2008년 하반기 '글로벌 경제위기(Global Financial Crisis)'로 인한

16) Trygve Haavelmo(1960), A Study in the Theory of Investment, University of Chicago Press.

17) Jonh M. Keynes(1936), The General Theory of Employment, Interest and Money, London.

세계적 경기침체로부터 각 국가의 경기회복 여부는 자국의 재정 건전성(財政 健全性) 여부가 판가름 지었다.

그러나 존 메이너드 케인즈(John Maynard Keynes, 1883~1946)의 '합리적(合理的) 재정정책(財政政策)'은 1960년대 베트남 전쟁 후 미국의 과도한 군비확장(軍備擴張)으로써 왜곡 및 도용당하였다. 예를 들어, 미국의 베트남 전쟁(1960~1975), 코소모 전쟁(1998), 아프가니스탄 침공(2001), 이라크 공격(2003) 등으로 미국의 군비지출은 천문학적 숫자이다. 예로서, 이라크 전쟁 비용은 월 120억 달러로서, 총 3조 달러(약 3,030조 원)이다.[18]

참고로, 스웨덴에 있는 비영리 싱크탱크인 '스톡홀름국제평화연구소(SIPRI)'가 발표한 '2018년 세계 군사비 지출 동향'이라는 제목의 보고서에 의하면, 군비지출 상위 5개국은 미국, 중국, 사우디아라비아, 인도, 프랑스순으로 이들 국가는 전 세계 군비지출의 60%를 차지했으며, 부동(不動)의 1위인 미국의 군비지출은 2017년 대비 4.6% 증가한 6천490억 달러(약 751조 7천억 원)로 전 세계 군비지출의 36%를 차지했다.

상기한 천문학적 군사비 지출을 도외시하고 어떻게 미국의 재정적자(財政赤字)와 무역적자(貿易赤字)를 신고전학파(新古典學派, NeoClassical School) 경제이론으로써 설명할 수 있으랴! 최근 세계경제의 구조적 문제로서 부각된 '글로벌 불균형(Global Imbalance)'을 하늘에서 바라보고 있는 존 메이너드 케인즈(John Maynard Keynes)는 실로 억울할 것이다. 또한 이를 경고하였던 조안 로빈슨(Joan Robinson) 여사는 참으로 애통해하고 있을 것이다.

넷째, 이제 경제학은 리오넬 로빈스(Lionel C. Robbins, 1898~1984)의 「경제학의 본질과 의의」(1932년)의 '족쇄': 과학으로서의 경제학(經濟學)은 자원배분의 '파레토 최적(Pareto Optimality)'을 구하는 것이 된다는 주장으로부터 벗어나야 한다. 경제학(經濟學)은 단순히 미시경제적 자원배분의 효율성만을 추구하는 '자연과학(Natural Science)'이 아니라, 사회구성원의 복지를 극대화를 추구하는 '사회과학(Social Science)'인 것이다.[19] 거시경제적 소득분배의 공정성 문제를 안일하게 미시경제적 효용이론의 틀에서 접근하려는 것은 신고전학파의 지적 오류임과 동시에 교만이다. 또한 신고전학파의 소득분배이론은 단지 '생산함수 이론'일 뿐이다.

18) 조셉 스티글리츠 교수, 최근 저서 「3조 달러의 전쟁」(The Three Trillion Dollar War).

19) Hahn, Frank and Martin Hollis(1979), Philosophy and Economic Theory, Oxford University Press.

02 신(新)실용주의(Neopragmatism)의 경제철학

본 연구의 신(新)실용주의(Neopragmatism)가 주창하는 경제철학적 목표는 다음과 같다: 왈라지언 일반균형 (Walarsian General Equilibrium) 모형하에서 자원배분의 효율성(efficiency), 즉 '파레토 최적(Pareto Optimality)'과 소득분배의 형평성(equity), 즉 '사회적 최적(Social Optimality)'이 공존하고 거시경제적으로는 지속적 경제성장과 공정한 소득분배가 동시적으로 이루어지는 '정의로운 국가(A Justice-based State)'와 '행복한 복지사회(A Happy Society)'를 건설하는 것이다.

상기한 신(新)실용주의(Neopragmatism)의 경제철학적 목표를 위하여, 저자(임양택, 2008, 2011, 2013, 2014, 2017; Yang-Taek Lim, 2007, 2008, 2010, 2011, 2012, 2014)는 신(新)실용주의(Neopragmatism)를 다음과 같은 3가지 경제이론(經濟理論)들과 접목시켰다.

첫째, 미시경제적(Microeconomic) 측면에서 파레토 최적(Pareto Optimum)을 위한 왈라지언 일반균형(Walarsian General Equilibrium) 모형에서 파레토 최적(Pareto Optimum)과 사회적 최적(Social Optimum)을 결합시켰다.[20] 이로써, 자원배분(資源配分)의 효율성(效率性)과 소득분배(所得分配)의 형평성(衡平性)이 동시적으로 공존될 수 있음을 입증했다.

둘째, 거시경제적(Macroeconomic) 측면에서 내생적 성장(Endogenous Growth) → 완전고용(Full Employment) 추구 → 형평한 소득분배(복지)의 메커니즘과 관련된 '동태적 균형 발전 모형(Dynamic Balanced Development Model)'을 제시했다. 이것은 조안 로빈슨(Joan Robinson, 1903~1983) 여사가 1972년과 1973년에 각각 제시한 '불균형 동학(Disequilibrium Dynamics)'[21]에서 출발하되 '동태적 균형(Dynamic Equilibrium)'으로 지향한다.

여기서 유의할 것은 신고전학파(新古典學派, NeoClassical School) 경제이론의 '미시경제적' 소득분배이론은 단지 그들의 생산함수이론(生産函數理論)일 뿐이라는 점이다. 이 한계

20) 사회적 최적(Social Optimum)을 위한 케네스 애로우(Kenneth Arrow, 1921~현재)의 사회적 선택이론(Theory of Social Choice)을 의미한다. 이에 관하여 Kenneth J. Arrow(1963), Peter Blau(1963), M.J.Farell(1973), Francis Geiger(1978) 등을 참조.

21) Joan Robinson(1972), "The Second Crisis of the Economic Theory", American Economic Review; Joan Robison and John Eatwell(1973), An Introduction to Modern Economics, McGrawHill.

를 극복하기 위한 거시경제적 모형으로서 니콜라스 칼도(Nicholas Kaldor, 1955~1956, 1957, 1962)의 소득분배이론[22]을 들 수 있다. 또한 '잔여적 복지(Residual Welfare)' 차원에서 보완하기 위한 제도적 장치(특히 의료와 연금)가 저자의 '완전고용기반형 복지사회(A Full Employment-based Welfare Society)'이다.

셋째, 경기순환적(Business Cycle) 측면에서, 슘페테리언 테크노-경제 발전 모형(Schumpeterian Techno-Economic Development Model): 신(新)기술 → 신(新)상품 → 신(新)시장 → 소득 → 소비 및 저축 → 투자 → 고용이라는 동태적 발전 과정을 도입했다(Yang-Taek Lim, 1996, 2000, 2006; 임양택, 2007, 2011, 2013).[23]

여기서 유의할 것은 본 연구의 신(新)실용주의(Neopragmatism)가 추구하는 '근본적 가치'는 '완전고용(Full Employment)'이라는 점이다. 즉, 신(新)실용주의(Neopragmatism)는 인간의 기본적 욕구(직장, 주택, 교육, 의료, 연금 등)를 충족시키기 위하여, '완전고용(Full Employment)'을 추구한다는 점이다.[24] 인간은 결코 '돼지'가 아니기 때문에 '소득'만을 필요로 하는 것이 아니라 '사회적 동물(단순히 '경제적 동물'이 아니라)'로서 자유(自由)와 평등(平等) 그리고 사회연대(社會連帶)를 갈구한다. 이것은 인류 사회의 역사적 발전과정(프랑스 혁명, 미국 독립전쟁 등)에서 보듯이 인류의 보편적 가치인 것이다.

완전고용(完全雇用)은 정부의 단기적(短期的) 재정지출(케인지언)이나 통화량(화폐론자)의 증대에 의하여 가능한 것이 결코 아니라, 시장주도로 장기적(長期的)으로 산업발전과 함께 '신기술 → 신산업 → 신시장'이라는 '창조적 파괴(creative destruction)'에 의하여 '양호한 직장(decent job)'이 창출될 수 있다.

---

22) Kaldor, Nicholas(1955~1956), "Alternative Theories of Income Distribution", Review of Economic Studies, Vol. 23; Kaldor, Nicholas(1957), "A Model of Economic Growth", Economic Journal, Vol. 68; Kaldor, Nicholas and J. A. Mirlees(1962), "A New Model of Economic Growth", Review of Economic Studies.

23) Yang-Taek Lim(1996), "An International Comparative Study of Basic Science Research Capacity: OECD Countries Taiwan and Korea," Technological Forecasting and Social Change, Vol. 52; Yang-Taek Lim(2006), Korea in the 21st Century, New York: NOVA Science Publishers, Inc.; Yang-Taek Lim(2006), "A New Techno-Economic Development Model: The Case of South Korea", In George E. Lasker & Kensei Hiwaki, ed., Sustainable Development and Global Community, Vol. VII, Niagara Falls: Coutts Library Services, Ltd., pp. 19~33.

24) 고용의 중요성에 관한 경제 철학적 접근을 위해서 Joan Robinson(1937, 1952, 1953a)을 참조.

03 신(新)실용주의(Neopragmatism)의 경제이론적 모형

본 연구가 주창하는 신(新)실용주의(Neopragmatism)의 경제이론적 모형은 왈라지언 일반균형(Walarsian General Equilibrium) 모형하에서 자원배분의 효율성(efficiency), 즉 '파레토 최적(Pareto Optimality)'과 소득분배의 형평성(equity), 즉 '사회적 최적(Social Optimality)'이 공존함과 동시에 거시경제적으로는 지속적 경제성장과 공정한 소득분배의 상호보완적 작용을 추구하는 것이다. 전자는 정태적(Static) 모형인 반면에 후자는 동태적(Dynamic) 모형이다.

그러나 여기서 유념할 것은 다음과 같다: 프랑스의 수리경제학자 레옹 발라스(Léon Walras, 1834~1910)[25]의 '정태적(Static) 일반균형 상태'에서는 순환적 변화만 있을 뿐이며 속도는 없는 '고요한 상태(점진적 경제성장이 일어나지만 경제발전은 없는 상태)'이다. 생산물 시장과 자원 시장에서는 수요와 공급이 균형을 이루며, 시장가격이 주어지면 개인들은 경제적 이득이 극대가 되도록 수요량과 공급량을 조정한다. 모든 산업이 완전균형 상태에 있어서 경제 전체도 균형 상태에 놓인다.

그러나 '정태적(Static) 일반균형 상태'에서는 이윤도 이자도 존재하지 않는다. 그러나 비즈니스맨이 아닌 '기업가(Entrepreneur)'는 이러한 무기력하고 수동적 상태에서 벗어나려고 한다. 기업가(企業家)는 은행으로부터 대출을 받아 혁신(革新)에 필요한 자본을 마련한

---

25) 레옹 발라스(Léon Walras, 1834~1910)는 프랑스어로 마리 에스프리 레옹 발라(프랑스어: Marie Esprit Léon Walras)이다. 그는 나이 30세가 넘어 뒤늦게 경제학 공부를 했었지만 한계효용 이론을 창시했으며, 일반균형 이론을 제시했었다. 오스트리아 출신의 경제학자 조지프 슘페터(Joseph Alois Schumpeter, 1883~1950)는 레옹 발라스(Leon Walras)를 모든 경제학자 중에서 가장 위대한 경제학자라고 평가했다. 레옹 발라스(Léon Walras)의 법칙(Walras' law)이란 모든 시장에서 어떤 가격 체계 하에서도 총초과수요가치의 합은 항상 '0'이 된다는 주장이다. 즉, 모든 거래에서 각 경제주체는 같은 가치를 갖는 상품을 서로 교환한다. 그렇기 때문에 경제 전체의 관점에서 수요 가치의 합과 공급 가치의 합은 같아진다. 레옹 발라스(Léon Walras)의 주요 저서는 다음과 같다: 「Éléments d'économie politique pure, ou théorie de la richesse sociale」(순수경제학요론), 1874; 「Études d'économie sociale; Théorie de la répartition de la richesse sociale」(사회경제학연구), 1896; 「Études d'économie politique appliquée; Théorie de la production de la richesse sociale」, 1898.

다. 그 기업이 혁신에 성공하면 관련 산업분야에서 혁신을 모방하는 기업들이 나타난다. 전·후방 산업분야에서 2차 혁신과 투자가 일어난다. 낡은 균형 인자의 근본을 파괴해서 새로운 조건을 급진적으로 창조하는 혁신(革新), 즉 '창조적 파괴(creative destruction)'가 일어난다. 이 결과, 경제는 레옹 발라스(Léon Walras)의 '정태적(Static) 일반균형 상태'로부터 이탈하여 극적인 상승 국면에 들어가 번영을 누리게 된다. 이것이 경제발전(經濟發展)이다.

따라서 본 연구는 '정태적(Static) 일반균형 상태'에서는 주어진 시각에서 자원배분의 효율성(efficiency), 즉 '파레토 최적(Pareto Optimality)'과 소득분배의 형평성(equity), 즉 '사회적 최적(Social Optimality)'이 공존함을 증명할 것인 반면에 동태적(Dynamic) 모형인 '장기 균형성장과 최적 사회보장'의 이론적 모형에서는 '완전고용기반형 복지사회(A Full Employment-based Welfare Society)'를 위한 지속적 경제성장과 공정한 소득분배의 상호보완적 작용을 분석할 것이다.

1) 일반균형(General Equilibrium) 분석 모형

한 경제가 일반균형(General Equilibrium)의 상태에 놓여 있다는 것은 주어진 경제의 모든 시장에서 동시적으로 균형이 성립하고 있다는 뜻이다. 일반균형이론(Theory of General Equilibrium)은 아담 스미스(Adam Smith, 1723~1790)에 의하여 시작되었으나 그 후 레옹 발라스(Leon Warlas, 1834~1910), 제라드 드브뢰(Gerard Debreu, 1921~2004), 케네스 에로우(Kenneth Arrow, 1921~2017) 등에 의하여 발전되어 왔다.

특히, 레옹 발라스(Leon Walras, 1834~1910)는 신(新)고전학파의 '부분균형 분석(partial equilibrium analysis)'의 가정: '세테리스 파리부스(ceteris paribus)'를 파기하고 그의 저서 「순수경제학요론」(Éléments d'économie politique pure, 1874년과 1877년)에서 최초로 모든 시장의 균형을 동시에 결정하는 '일반균형분석(General Equilibrium Analysis)'을 제시했다.[26] 이 업적 때문에, 레옹 발라스(Leon Walras)는 가장 위대한 경제학자 중의 한 사람으로 평

26) 신(新)고전학파 경제이론은 '부분균형 분석(partial equilibrium analysis)'에 의존하고 있다. '부분균형분석'은 알프레드 마샬(Alfred Marshall, 1842~1924)이 라틴어로 '다른 조건이 같다면'을 의미하는 '세테리스 파리부스(ceteris paribus)'라고 불렀던 방법으로 다른 조건을 고정화시켜 놓고 경제분석 대상의 변수를 선택하여 생산물 또는 생산 요소의 균형을 분석하는 방식이다. 그러나 '부분균형 분석(partial equilibrium analysis)'은 개별 부문의 특징적인 현상을 파악할 수 있고 간편하다는 장점이 있으나 시장 간 상호작용을 고려하지 못한다.

가되고 있다. 사실, 현대 거시경제적 계량모형과 산업연관분석은 그의 일반균형모형(General Equilibrium Model)에서 비롯되었다.[27)]

레옹 발라스(Leon Walras, 1834~1910)의 일반균형모형(General Equilibrium Model)은 '상호결정적 시스템(mutually-determined system)'으로서 총체적인 경제체제를 나타내주고 있는 수학적 방정식의 체계이다. 각 방정식은 경제의 일부를 대표하고 있으며, 모든 방정식들은 서로 연결되어 있어서 어떤 한 부문에서의 변화는 다른 부문의 변화를 유발시킨다. 따라서 하나의 변화가 다른 변화를 야기시키고, 이러한 모든 변화들이 전체 경제시스템을 통하여 어떻게 스스로 새로운 일반균형(General Equilibrium)에 도달할 것인가를 보여준다. 그는 모든 시장에서 어떤 가격 체계하에서도 총초과수요 가치의 합(合)은 항상 '0'이 된다는 '왈라스의 법칙(Walrasian Law)'을 제시했다.

레옹 발라스(Leon Walras, 1834~1910)의 일반균형 분석(General Equilibrium Analysis)은 한 시장에서의 어떤 변화는 다른 시장의 파급효과를 미칠 수 있다는 가정을 기초로 하여 모든 상품가격 사이의 상호관련성, 모든 요소가격 사이의 상호관련성, 기업에 의하여 생산된 모든 상품의 공급량 사이의 상호관련성, 가계에 의하여 공급된 모든 요소의 공급량 사이의 상호관련성을 주어진 모형하에서 동시적으로 분석한다. 만약 모든 시장에서 수요량과 공급량이 일치하면 가격도 현재수준으로 유지된다. 다른 교란요인이 없는 한, 그 상태가 계속 유지되려는 경향을 보인다.

레옹 발라스(Leon Walras, 1834~1910)의 일반균형 분석(General Equilibrium Analysis)은 다음과 같은 4가지 조건을 만족시키는 상태이다[28)]:

① 모든 소비자들은 요소가격과 상품가격에 의하여 결정되는 예산제약 조건하에서 각자의 효용을 극대화할 수 있는 상품집합을 선택할 수 있어야 한다.

② 요소가격과 상품가격의 현행수준하에서 모든 소비자들은 그들이 개별적으로 결정한 요소공급량만큼 그 요소를 공급할 수 있어야 한다.

③ 모든 기업들은 생산기술수준과 상품수요량, 수요공급량에 의하여 결정되는 비용제약 조건하에서 각자의 이윤을 극대화할 수 있어야 하며, 특히 장기에 있어서는 모든 기업들의 이윤은 '0'이 되어야 한다.

④ 현행 상품가격수준하에서 모든 상품들의 수요량과 공급량이 일치되어야 하며, 이

27) Hansen, B.(1970), A Survey of General Equilibrium System, New York: McGraw-Hill.

28) Walras, Leon(1874~1877), Elements d'economie politique pure ou theorie de la ricbesse sociale, 1st ed., L.Corbaz.; Debreu, G.(1959), Theory of Value, New York: Wiley.

와 동시에 현행 요소가격수준하에서 모든 요소들의 수요량과 공급량이 일치되어야 한다.

요컨대, 레옹 발라스(Leon Walras, 1834~1910)의 일반균형 분석(General Equilibrium Analysis)의 기본모형은 6가지: ① 가계의 소득제약 조건, ② 소비자의 상품수요함수, ③ 상품시장의 균형 조건, ④ 생산자의 요소수요함수, ⑤ 요소시장의 제약 조건, ⑥ 장기균형을 위한 이윤 조건으로 구성된다.

일반균형 분석(General Equilibrium Analysis)의 구조를 알기 쉽게 그림으로 나타내면 [그림 Ⅳ-1]과 같다. 일반균형(General Equilibrium)은 모든 시장에서의 균형이 동시적으로 만족되어야 성립된다. 여기서 모든 시장이라고 함은 모든 상품이 거래되는 상품시장과 모든 요소가 수급되는 요소시장을 의미한다. 따라서 일반균형이 성립되기 위해서는 모든 상품 Q_1, Q_2, …, Q_n 에 대하여 모든 소비자의 상품수요함수와 모든 생산자의 상품공급함수가 일치되어야 하고, 모든 요소 X_1, X_2, …, X_m 에 대하여 모든 소비자의 요소공급함

[그림 Ⅳ-1] 일반균형(General Equilibrium)의 도해[29)]

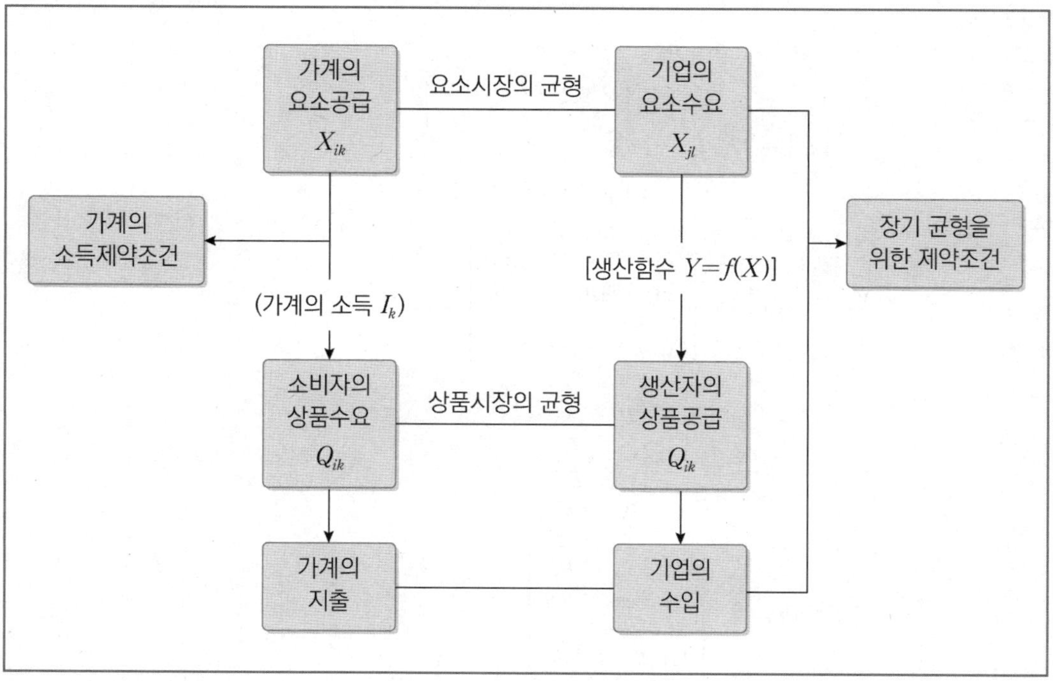

29) 이 도해에 대한 설명은 자명한 것이므로 생략하기로 한다.

수와 모든 생산자의 요소수요함수가 일치되어야 하며, 모든 소비자의 소득제약조건과 모든 생산자의 생산제약조건이 만족되어야 한다.

상기와 같은 일반균형 분석(General Equilibrium Analysis)을 통하여 알고자 하는 것은 단순히 각 시장 간의 상호관련성이나 각 경제변수들의 상호의존성이 아니라 구체적으로 상품시장의 균형조건을 만족시킬 수 있는 각 소비자의 상품수요량(q_{ik})과 각 상품의 가격수준(p_i), 가계의 소득제약 조건을 만족시킬 수 있는 각 가계의 소득수준(I_k), 요소시장의 균형조건을 만족시킬 수 있는 각 생산자의 요소수요량, 즉 각 생산과정에의 요소투입량(x_{jil})과 각 요소의 가격수준(r_j) 그리고 기업의 생산제약 조건을 만족시킬 수 있는 각 생산자의 상품공급량(y_{il})이다.

주어진 일반균형(General Equilibrium) 분석의 기본모형하에서 우리가 구하고자 하는 변수(q_{ik}, p_i, I_k, x_{jil}, r_j, y_{il})를 행렬로 나타내면 다음과 같다.

$$Q_{ik} = [q_{ik}] = \begin{bmatrix} q_{11} & q_{12} & \cdots & q_{1s} \\ q_{21} & q_{22} & \cdots & q_{2s} \\ \vdots \\ q_{n1} & q_{n2} & \cdots & q_{ns} \end{bmatrix}$$

$$(n \times s)$$

$$[p_i] = [p_1 \quad p_2 \cdots \ p_n]$$

$$(1 \times n)$$

$$[I_k] = [I_1 \ I_2 \cdots \ I_s]$$

$$(1 \times s)$$

$$X_{jil} = [x_{jil}] = \begin{bmatrix} x_{11l} & x_{12l} & \cdots & x_{1nl} \\ x_{21l} & x_{22l} & \cdots & x_{2nl} \\ \vdots \\ x_{m1l} & x_{m2l} & \cdots & x_{mnl} \end{bmatrix}, \ l = 1, 2, \cdots, t$$

$$(m \times n \times t)$$

$$[r_j] = [r_1 \quad r_2 \cdots \ r_m]$$

$$(1 \times m)$$

$$Y_{il} = [y_{il}] = \begin{bmatrix} y_{11} & y_{12} & \cdots & y_{1t} \\ y_{21} & y_{22} & \cdots & y_{2t} \\ \vdots \\ y_{n1} & y_{n2} & \cdots & y_{nt} \end{bmatrix}$$

$$(n \times t)$$

따라서 구하고자 하는 모든 미지수들의 개수 N은 다음과 같이 계산될 수 있다.

$$N = n\times s + n + s + m\times n\times t + m + n\times t$$

상기한 일반균형(General Equilibrium) 체계에서는 미지수가 (q_{ik}), (p_i), (I_k), (x_{jil}), (r_j), (y_{il})로서 모두 N개($=n\times s+n+s+m\times n\times t+m+n\times t$)이며 또한 방정식의 개수도 동일하게 N개라는 것을 알 수 있다.

● 가계의 소득제약 조건

가계의 소득제약 조건에 있어서 가계의 요소공급함수 x_{jk}는 분석의 편의상 완전 비탄력적인 것으로 가정되었다는 점에 유의할 필요가 있다. 또한 이 조건은 소득이 모두 지출된다는 기본가정에 의하여 국민소득의 항등식(national income accounting identity)을 의미한다.

$$I_k = \sum_{j=1}^{m} r_j x_{jk} \quad \cdots\cdots (1)$$

여기서 $k=1, 2, \cdots, s$

● 소비자의 상품수요함수

소비자의 상품수요함수는 소비자의 행동에 관한 몇 가지의 가정하에서 소비자의 효용극대화를 위한 필요조건으로부터 도출된다. 우선, 소비자 행동에 관한 기본 가정은 다음과 같다:

① 상품가격은 모든 소비자에게 상수로서 주어져 있으며 각 소비자의 화폐소득은 고정되어 있다.

② 저축과 차입의 가능성은 전혀 없다. 즉, 소비자의 소득은 오직 상품구입에만 완전히 지출된다.[30)]

③ 소비자는 모든 가능한 상품조합에 관하여 완전한 지식을 갖고 있으며 이러한 상품조합을 자신의 선호에 따라 등급을 정할 수 있는 능력을 갖고 있다. 즉, 소비자는

30) 이것은 비포화성(non-satiation)의 가정과 관련하여 각 소비자의 소득은 모두 소비지출에 충당된다는 것을 의미한다.

합리적(rational)이라는 것이다. 상기 가정은 특히 일반균형(General Equilibrium)의 해(解)가 존재한다는 것을 보장해 주는 역할을 한다. 소비자의 합리성(rationality)은 다음과 같은 3가지의 조건을 만족시킨다:

- 완전성(completeness): 가능한 모든 두 상품조합 A와 B에 관하여 소비자는 그 자신이 상품조합 A보다 상품조합 B를 선호할 것인지 혹은 상품조합 B보다 상품조합 A를 선호할 것인지 혹은 두 상품조합 A와 B를 무차별하게 생각할 것인지에 관하여 알고 있다.
- 이행성(transitivity): 3가지 상품조합 A, B 그리고 C가 주어졌을 때 만약 소비자가 B보다 A를 그리고 C보다 B를 각각 선호한다면 그 소비자는 반드시 C보다 A를 선호한다.
- 비포화성(non-satiation): 가능한 모든 상품조합이 주어졌을 때 주어진 상품조합이 어떠한 종류의 상품들로 구성된다 할지라도 이 상품조합보다 더 선호할 수 있는 다른 상품조합이 반드시 존재한다.

상기의 3가지 조건은 소비자의 소득제약조건하에서 효용함수를 극대화할 수 있는 상품조합이 존재하는 것을 보장한다. 효용 극대화의 해(解)가 유일하게 존재하기 위해서는 상기의 3가지 조건과 함께 다음과 같은 2가지 조건을 만족시켜야 한다.

- 대체가능성(substitutability): 두 상품조합 A와 B가 주어졌을 때 A와 B는 동일한 양의 상품 X를 함유하고 있는 반면에 A는 B보다 많은 양의 상품 Y를 함유하고 있다고 가정하자. 이 경우, 만약 B보다 A가 선호된다면, 상품 X가 상품조합 B에 첨가됨으로써 보다 많은 상품 X를 함유하고 있는 상품조합 B와 보다 많은 상품 Y를 함유하고 있는 상품조합 A가 서로 동일한 수준의 효용을 산출할 수 있도록 하는 어떤 한정적인 수량의 상품 X가 존재한다.
- 볼록성(convexity): 두 가지 종류의 상품 X와 Y가 주어졌을 때, 예를 들어 상품 X를 감소시키는 대신에 상품 Y를 증가시킨다면 X에 대한 Y의 한계대체율(MRS: Marginal Rate of Substitution)은 감소된다.

상기한 소비자 행동에 관한 기본 가정하에서 소비자의 상품수요함수를 수식화하면 다음과 같다:

$$q_{ik} = q_{ik}(p_1, p_2, \cdots, p_n, I_k) \quad \cdots\cdots (2)$$

여기서 $i=1, 2, \cdots, n$ 그리고 $k=1, 2, \cdots, s$

● **상품시장의 균형 조건**

나아가, 상품 Q_i 를 포함한 모든 상품, 즉 $Q_1, Q_2, \cdots, Q_i, \cdots, Q_n$ 에 대한 상품시장의 균형조건은 다음과 같다.

$$\sum_{k=1}^{s} q_{ik} = \sum_{l=1}^{t} y_{il} \quad \cdots\cdots (3)$$

여기서 $i=1, 2, \cdots, n$

● **생산자의 요소수요함수**

상기한 소비이론에 있어서 우리는 효용 극대화를 목적으로 하여 주어진 가계제약 조건하에서 소비의 균형조건과 상품수요함수를 도출하는 것과 마찬가지로, 생산이론에 있어서는 이윤(생산물이 아니다)의 극대화를 목적으로 하며 주어진 비용제약조건하에서 생산의 균형조건과 요소수요함수가 도출된다.

여기서 중요한 점은 소비이론과 관련된 효용은 정의 가능한 것이 아니고 또한 실증적으로 측정 불가능한 것인 반면에, 생산이론과 관련된 이윤은 정의가능하고 기수적이며 실증적으로 측정가능하다는 것이다. 따라서 일반균형 분석(General Equilibrium Analysis)의 기본 모형에는 효용함수를 직접적으로 포함시키지 않는 반면에 생산함수를 포함한다. 따라서 일반균형(General Equilibrium)은 생산함수의 특성에 의하여 크게 영향을 받을 수 있다는 것을 알 수 있다.

일반균형(General Equilibrium)은 분석의 편의상 연속적 생산함수(continuous production function) 중에서 '정상적' 생산함수(a well-behaved production function)를 대상으로 하고 있으며, 이들의 특성은 다음과 같다:

① 연속적 생산함수는 주어진 요소에 대하여 오직 한 개의 생산량을 갖는 함수이며, 모든 요소 수준에서 연속적이고, '0' 혹은 '正'의 값을 갖는 생산물 수준에 대해 모든 요소 수준에서 정의 가능하다.

② 연속적 생산함수의 1계 편도함수 및 2계 편도함수는 모두 연속적이다.

③ 연속적 함수는 투입요소가 무한히 분할가능하다고 가정한다.
④ 연속적 생산함수는 투입요소와 생산물이 모두 동질적인 것으로 가정하며 그리고 기술진보가 존재하지 않는다고 가정한다.[31)]

상기와 같은 '정상적' 생산함수(a well-behaved production function)와 관련하여, 기업은 생산주체로서 다음과 같은 3가지의 기본가정하에 생산활동을 영위한다고 가정한다:

① 기업의 생산활동의 목적은 이윤 극대화이다.
② 기업은 2가지 혹은 그 이상의 생산요소를 사용하여 단일 상품을 생산한다.
③ 기업은 그 규모가 매우 작기 때문에 상품가격수준과 요소가격수준에 전혀 영향을 미칠 수 없으며 개별기업의 입장에서 상품가격수준과 요소가격수준을 주어진 상수로 간주한다.[32)] 다만, 기업은 생산하고자 하는 상품량만을 결정할 수 있을 뿐이다.

상기와 같은 3가지의 기본가정하에서 기업의 이윤 극대화를 위한 상품량은 다음과 같은 3가지의 단계를 거쳐서 결정된다:

① 기술적으로 효율적인 요소결합을 선택한다. 즉, 주어진 생산물 수준을 산출함에 있어서 각 생산요소의 최소의 양(量)을 결정한다는 것이다.[33)]
② 주어진 생산물 수준을 산출하기 위해 최소비용의 요소결합을 선택한다. 즉, 경제적 효율성을 보장하는 요소결합을 선택한다.
③ 극대이윤을 산출할 수 있는 생산물 수준을 결정한다.

상기의 3가지 기본 가정 중에서 첫 번째의 기술적 효율성(technical efficiency)은 생산함수의 설정에 의하여 이미 만족된 것으로 간주하기 때문에 생산의 효율성(efficiency in production)은 사실상 최소비용을 보장하는 요소결합의 선택과 극대이윤을 보장하는 생산물 수준의 결정으로 성립된다. 그러나 이윤 극대화는 주어진 생산물 수준을 산출하기 위

31) 기술진보가 존재하지 않는다는 가정은 비현실적인 것이지만, 이것은 기술진보로 인하여 야기되는 생산함수의 구조적 변화와 관련된 여러 가지 복잡한 문제들을 제거하기 위한 가정이다.

32) 그러나 경제주체의 입장에서는 상품가격수준과 요소가격수준은 모두 미정의 변수라는 점에 유의해야 한다.

33) 여기서 유의할 것은 다음과 같이 2가지가 있다. 첫째, 기술적 효율성은 상품가격수준과 요소가격수준에 대하여 독립적이다. 둘째, '각 생산요소의 최소의 양'이라는 것은 물량적으로 평가한 최소의 양을 의미하는 것이지 화폐적 기준으로 평가할 것을 의미하는 것은 아니다.

한 최소비용의 요소결합과 극대이윤을 산출하기 위한 생산물 수준에 의하여 동시적으로 구현되는 것이다. 즉, 이윤 극대화의 조건은 상기의 2가지 조건을 동시에 모두 만족시킨다는 것이다.

● 생산자의 요소수요함수

상기한 3가지의 기본가정하에서 생산자의 요소수요함수는 다음과 같이 수식화할 수 있다:

$$x_{jil} = x_{jil}(p_i, r_1, r_2, \cdots, r_m) \quad \cdots\cdots (4)$$

여기서 $\begin{cases} l = 1, 2, \cdots, t \\ j = 1, 2, \cdots, m \\ i = 1, 2, \cdots, n \end{cases}$

● 요소시장의 균형 조건

나아가, 주어진 요소 X_j가 모든 상품을 생산하기 위하여 모든 생산자에 의하여 구입된 요소 X_j의 총수요량은 $\sum_{l=1}^{t}\sum_{i=1}^{n} x_{jil}$ 로 표시할 수 있다. 그러므로 요소 X_j의 경우 요소시장의 균형 조건은 다음과 같이 나타낼 수 있다:

$$\sum_{k=1}^{s} x_{jk} = \sum_{l=1}^{t} x_{jl} \quad \cdots\cdots (5)$$

따라서 요소 X_j 를 포함한 모든 요소, 즉 X_1, X_2, $\cdots$, X_j, $\cdots$, X_m 에 대한 요소시장의 균형 조건은 다음과 같다:

$$\sum_{k=1}^{s} x_{jk} = \sum_{l=1}^{t} \sum_{i=1}^{n} x_{jil} \quad \cdots\cdots (6)$$

여기서 $j = 1, 2, \cdots, m$

● **장기균형을 위한 이윤 조건**

마지막으로, 장기균형을 위한 이윤 조건은 다음과 같이 수식화할 수 있다:

$$p_i \cdot y_{il} = \sum_{j=1}^{m} r_j x_{jil} \quad \cdots\cdots (7)$$

여기서 $\begin{cases} i = 1, 2, \cdots, n \\ l = 1, 2, \cdots, t \end{cases}$

● **시장균형 조건**

시장균형을 위한 조건은 상품시장의 균형조건인 식(3)과 요소시장의 균형조건인 식(6)이라고 말할 수 있다. 즉, 시장균형이 성립되기 위해서는 모든 상품에 대하여 그리고 모든 요소에 대하여 초과수요나 초과공급이 각각 존재하지 않아야 된다는 것이다.

이제, 본 연구는 완전경쟁적 시장경제체제(perfectly competitive market economic system) 하에서의 일반균형 체계하의 가격결정방법에 관하여 논하고자 한다. 그리고 시장경제는 오직 한 형태의 경제조직만 존재하는 것이 아니라 과점, 독점경쟁, 순수독점의 시장형태가 있다.

따라서 시장균형을 직접적으로 논하기 전에 우선 이 균형의 전제조건인 완전경쟁력 시장경제가 성립되기 위한 조건을 밝히고자 한다. 그 조건은 다음과 같이 4가지로 요약할 수 있다:

① 어떤 종류의 상품에 해당하는 모든 생산물은 동질적이어야 한다. 즉, 어떤 두 기업이 동질적 생산물을 생산 및 판매한다고 하면 소비자는 한 기업에 의하여 판매되는 생산물보다 다른 기업에 의하여 판매되는 동질적인 생산물을 더 선호할 이유가 없다는 것이다.

② 상품시장에서나 요소시장에서 진입 및 탈퇴가 자유로워야 된다. 이 조건은 상품시장 사이에 있어서 상품의 이동과 요소시장 사이에 있어서 요소의 이동은 전혀 비용을 발생시키지 않는다는 것을 의미한다.

③ 각 기업의 판매량과 각 가계의 구입량은 총거래량에 비하여 매우 적어야 한다. 즉, 어떤 개별기업의 판매량이나 어떤 개별가계의 구입량에 변동이 발생하였다고 하더라도 주어진 상품의 가격수준에는 아무런 변동이 없다는 것이다.

④ 수요의 측면에서나 공급의 측면에서 현행시장가격에 대한 정보는 완전한 것이어야 한다. 이 조건은 상기의 첫 번째 조건, 즉 생산물의 동질성 그리고 효용극대화의 조건과 함께 작용하여 완전경쟁적 시장경제 내에서 모든 상품은 오직 단일가격만을 형성한다는 것을 의미하는 것이다.

이제, 상기의 4가지 조건을 만족시키는 완전경쟁적 시장경제 제도하에서 시장균형(market equilibrium)이 성립되기 위한 조건을 도출하고자 한다. 여기서 시장균형(市場均衡)이란 상품시장의 균형과 요소시장의 균형이 동시적으로 성립된 상황이다.

따라서 일반균형(General Equilibrium) 체계의 해(解) 집합을 구하기 위하여 다음과 같은 논리를 전개할 수 있다. 가계의 소득제약조건으로부터 총요소소득=총생산가치=총지출의 관계가 성립되므로 상품시장에서 공급된 상품의 총계치는 동 시장에서 수요된 상품의 총계치와 일치하게 된다. 그러므로 n개의 상품시장 중 $(n-1)$개의 상품시장에서 수요와 공급이 일치하면 상품시장의 균형조건 식(3)에 의하여 나머지 한 개의 상품시장, 즉 n번째의 상품시장은 자동적으로 수요와 공급이 일치하게 된다. 따라서 주어진 일반균형(General Equilibrium) 체계에서는 N개의 방정식 중 오직 $(N-1)$개의 방정식만이 상호독립적인 관계를 갖는다는 것을 알 수 있다. 이 결과, 주어진 일반균형 체계에서 상호 독립적인 방정식은 $(N-1)$개로서 미지수 N개보다 하나가 작게 된다.

이제, 일반균형(General Equilibrium) 체계의 해(解)에 관하여 설명하고자 한다. 일반균형 체계의 해(解)는 모든 상품의 생산량(y_{il})과 가격수준(p_i) 그리고 가계들에 대한 모든 상품의 분배량(q_{ik})을 나타내고 동시에 모든 요소의 가격수준(r_i)과 각 생산과정에의 요소투입량(x_{jil}) 그리고 이로부터 획득한 가계의 소득(I_k)을 나타낸다. 여기서 상품, 요소 그리고 가계의 수는 이론상으로 무제한적인 반면에 기업의 수 혹은 기업의 규모는 전술한 바와 같이 1차동차생산함수의 경우를 제외한 모든 경우에서 결정될 수 있다.

일반균형(General Equilibrium) 체계의 해(解)는 근본적으로 소비자의 선호, 생산기술, 부존자원, 소비자행동에 관한 가정, 생산자 행동에 관한 가정, 생산함수에 관한 가정 그리고 주어진 경제체제의 제도적 가정 등에 의하여 결정된다. 따라서 이와 같은 조건 및 가정이 변화하면 일반균형(General Equilibrium) 체계의 해(解)도 자동적으로 변화하게 될 것이다.

일반균형(General Equilibrium) 체계는 각 생산주체들이 상호 독립적으로 행동하고 상품가격이든 혹은 요소가격이든 간에 가격을 주어진 상수로 간주한다는 것을 가정하고 또한 가계는 효용극대화의 원리에 따라, 그리고 기업은 이윤극대화의 원리에 따라 각각 행동한다는 것을 가정한다.

상기와 같은 기본가정은 주어진 일반균형(General Equilibrium) 체계 내에서 모든 가격의 상대적 비율, 즉 상대가격과 생산량과 요소투입량의 절대치가 유일하게 결정되도록 한다. 그리고 일반균형상태하에서 각 상품은 각 가계가 구입하고자 하는 수량만큼 생산되며 또한 각 상품은 단위당 최소비용으로서 생산되고 모두 판매된다. 이 경우, 모든 시장 즉 상품시장과 요소시장에서 초과수요나 초과공급이 존재하지 않는다.

일반균형(General Equilibrium) 체계의 동시적 해(simultaneous solution)라는 것은 모든 시장의 상호의존성을 반영하는 것이다.[34] 즉, 이것은 어떤 상품의 가격수준은 다른 상품의 가격수준의 변화에 의하여 그리고 어떤 요소의 가격수준은 다른 요소의 가격수준의 변화에 의하여 각각 영향을 받게 된다는 것을 의미한다.

그런데 일반균형(General Equilibrium) 체계하에서는 모든 가격수준의 상대적 비율, 즉 상대가격이 동시적으로 결정되기 때문에 일반균형 체계하에서는 어느 생산물이 정상재(normal goods)이고 열등재(inferior goods)인지 그리고 어떤 생산물이 자유재(free goods)이고 경제재(economic goods)인지를 결정할 수가 없다는 점이다.

마지막으로, 일반균형(General Equilibrium) 체계의 해(解)는 절대가격 수준에 대하여 영차동차라는 점에 유의할 필요가 있다. 즉, 모든 가격변수들의 절대치가 동일한 비율로 증감한다 할지라도 모든 수량변수들의 절대치는 변하지 않는다는 것이다.[35]

2) 단순경제 모형하의 일반균형 해(解)

전술한 신(新)고전학파의 일반균형 이론(Theory of General Equilibrium)의 분석을 수학적 모형으로써 설명하기 위하여 다음과 같은 단순한 경제 모형을 설정하고자 한다. 즉, 두 소비자 A와 B만이 존재하며, 이들은 두 가지 상품 Q_1 과 Q_2 를 소비하고, 이 두 상품은 두 가지 요소 X_1 과 X_2 에 의하여 생산된다고 가정한다.

---

34) 여기서 유의할 것은 각 경제주체들의 상호독립성과 모든 시장의 상호의존성을 혼동해서는 안 된다는 점이다.

35) 일반균형의 특성에 관하여 보다 깊게 연구하고자 한다면 예를 들어 Debreu, G.(1959), Arrow, K. J.(1968), Quirk, J. and R. Saposnik(1968), Hansen, B.(1970), Arrow, K. J. and F. H. Hahn(1971)을 참고할 수 있다.

그리고 소비자 A가 구입하는 상품 Q_1 의 수량과 상품 Q_2 의 수량을 각각 q_{1A} 와 q_{2B} 로 나타낸다. 또한 상품 Q_1 을 생산하는 데 소요되는 요소 X_1 의 수량과 요소 X_2 의 수량을 각각 x_{11} 과 x_{21} 로 표시하고, 상품 Q_2 를 생산하기 위하여 사용되는 요소 X_1 의 수량과 요소 X_2 의 수량을 각각 x_{12} 과 x_{22} 로 나타내고자 한다.

두 소비자 A와 B의 효용함수는 각각 U_A 와 U_B 로 표시하고 이들은 다음과 같은 함수적 형태를 갖는다고 가정한다.

$$U_A = a\cdot(q_{1A})^v\cdot(q_{2A})^w \quad \cdots\cdots (8)$$

$$U_B = b\cdot(q_{1B})^v\cdot(q_{2B})^w \quad \cdots\cdots (9)$$

여기서 a, b: '0'보다 큰 상수
v, w: '0'보다 큰 상수

한편, 상기한 모형의 생산함수는 1차 동차함수, 즉 규모에 대한 보수의 불변(CRS: Constant Return to Scale)이라고 가정하고, 두 상품 Q_1과 Q_2는 각각 두 가지 요소 X_1 과 X_2 를 모두 사용해야 생산되는 산출물로 가정한다. 그리고 두 상품 Q_1 과 Q_2 에 대한 두 소비자의 수요량 q_1 및 q_2 와 구별하기 위하여 두 상품 Q_1 과 Q_2 의 생산량 혹은 공급량을 y_1 및 y_2 로서 표시하고자 한다. 이 경우, 각 상품에 해당하는 생산함수는 다음과 같은 형태를 갖는다고 가정한다.

$$y_1 = c(x_{11})^{\alpha_1}\cdot(x_{21})^{\beta_1},\ \alpha_1 + \beta_1 = 1 \quad \cdots\cdots (10)$$

$$y_2 = d(x_{12})_2^{\alpha}\cdot(x_{22})_2^{\beta},\ \alpha_2 + \beta_2 = 1 \quad \cdots\cdots (11)$$

여기서 α_1, α_2, β_1, β_2: '0'보다 크고 '1'보다 작은 상수
c, d: '0'보다 큰 상수

이제, 가계의 소득제약 조건과 장기 균형을 위한 조건을 밝히고자 한다. 이를 위해서, 두 소비자 A와 B의 소득을 각각 I_A 와 I_B 로 표시하고, 두 가지 요소 X_1 과 X_2 의 가격을 r_1 과 r_2 로 각각 나타낸다. 또한 분석의 편의상 요소 X_1 은 오직 소비자 A에 의하여, 그리고 X_2 는 오직 소비자 B에 의하여 각각 소유 및 공급되며, 두 가지 요소 X_1 과 X_2 의 공급은 완전 비탄력적이라고 가정한다. 따라서 두 소비자의 소득제약 조건은 각각 다음과 같다.

$$I_A = r_1 X_1 \quad \cdots\cdots (12)$$

$$I_B = r_2 X_2 \quad \cdots\cdots (13)$$

한편, 장기 균형을 위한 이윤조건은 앞에서 설명한 바와 같이 장기 이윤이 '0'이 되어야 한다는 것이다. 그런데 이 조건은 본 모형에서는 사실상 필요가 없다. 왜냐하면 본 모형의 생산함수는 식(10)과 식(11)에 나타나 있는 바와 같이 1차동차함수로서 규모에 대한 보수의 불변(CRS)의 특성을 갖고 있으므로 '0'의 장기이윤 조건이 만족되기 때문이다.[36) 또한 두 소비자의 소득제약 조건과 소득은 모두 소비된다는 가정에 의하여 본 모형에서의 장기이윤은 '0'이라는 것을 알 수 있기 때문이다. 즉,

$$\text{총소득} = I_A + I_B = r_1X_1 + r_2X_2 = \text{총지출} = \text{총수입} \quad \cdots\cdots (14)$$

이제, 우리는 상기와 같은 모형 하에서 소비자의 상품수요함수와 생산자의 요소수요함수를 도출하고자 한다.

(1) 소비자의 상품수요함수

우선, 소비자 A의 상품수요함수를 도출하기 위해 라그란지안 함수 L_A 를 설정하면 다음과 같다.

$$L_A = a\cdot(q_{1A})^v\cdot(q_{2A})^w + \lambda_A(I_A - p_1q_{1A} - p_2q_{2A}) \quad \cdots\cdots (15)$$

여기서 λ_A: 라그란지안 승수

상기의 함수를 q_{1A}, q_{2A}, λ_A에 대하여 각각 편미분하면 다음과 같다.

$$\frac{\partial L_A}{\partial q_{1A}} = a\cdot v\cdot(q_{1A})^{v-1}(q_{2A})^w - \lambda_A p_1 = 0 \quad \cdots\cdots (16)$$

36) 본 모형의 생산함수를 1차동차함수로 가정하였기 때문에 장기 이윤이 '0'이 되어야 한다는 조건은 만족되지만 기업의 규모나 기업의 수는 결정될 수 없다는 문제가 있다.

$$\frac{\partial L_A}{\partial q_{2A}} = a\cdot(q_{1A})^v\cdot w\cdot(q_{2A})^{w-1} - \lambda_A p_2 = 0 \quad \cdots\cdots (17)$$

$$\frac{\partial L_A}{\partial \lambda_A} = I_A - p_1 q_{1A} - p_2 q_{2A} = 0 \quad \cdots\cdots (18)$$

상기의 식(16)과 식(17)으로부터 다음과 같은 관계를 알 수 있다.

$$\frac{p_2}{p_1}\cdot\frac{v}{w}(q_{1A})^{-1}\cdot q_{2A} = 1 \quad \cdots\cdots (19)$$

그리고 식(18)로부터 다음과 같이 도출할 수 있다.

$$q_{2A} = \frac{I_A - p_1 q_{1A}}{p_2} \quad \cdots\cdots (20)$$

또한 식(20)을 식(19)에 대입하여 q_{1A}와 q_{2A}에 대하여 풀면 각각 다음과 같다.

$$q_{1A} = \frac{v}{v+w}\cdot\frac{I_A}{p_1} \quad \cdots\cdots (21)$$

$$q_{2A} = \frac{w}{v+w}\cdot\frac{I_A}{p_2} \quad \cdots\cdots (22)$$

다음으로, 소비자 B의 상품수요함수를 도출하기 위한 라그란지안 함수 L_B를 설정하면 다음과 같다.

$$L_B = b\cdot(q_{1B})^v\cdot(q_{2B})^w + \lambda_B(I_B - p_1 q_{1B} - p_2 q_{2B}) \quad \cdots\cdots (23)$$

여기서 λ_B: 라그란지안 승수

상기의 함수를 q_{1B}, q_{2B}, λ_B 에 대하여 각각 편미분하면 다음과 같다.

$$\frac{\partial L_B}{\partial q_{1B}} = b \cdot v \cdot (q_{1B})^{v-1} (q_{2B})^{w} - \lambda_B p_1 = 0 \quad \cdots\cdots (24)$$

$$\frac{\partial L_B}{\partial q_{2B}} = b \cdot (q_{1B})^{v} \cdot w \cdot (q_{2B})^{w-1} - \lambda_B p_2 = 0 \quad \cdots\cdots (25)$$

$$\frac{\partial L_B}{\partial \lambda_B} = I_B - p_1 q_{1B} - p_2 q_{2B} = 0 \quad \cdots\cdots (26)$$

소비자 A의 상품수요함수를 도출한 경우와 동일한 방법을 상기의 3가지 방정식에 적용 및 정리하면 다음과 같은 소비자 B의 상품수요함수를 얻을 수 있다.

$$q_{1B} = \frac{v}{v+w} \cdot \frac{I_B}{p_1} \quad \cdots\cdots (27)$$

$$q_{2B} = \frac{w}{v+w} \cdot \frac{I_B}{p_2} \quad \cdots\cdots (28)$$

여기서 유의할 것은 다음과 같다. 모든 소비자의 상품수요량은 주어진 소득수준하에서 각 상품의 가격수준뿐만 아니라 다른 모든 상품들의 가격수준에 의하여 결정된다. 이와 반면에, 상기한 일반균형의 예에서는 소비자 A의 경우 식(21)과 식(22), 소비자 B의 경우 식(27)과 식(28)에서 나타나 있는 바와 같이 두 소비자 A와 B의 각 상품에 대한 수요량은 주어진 소득수준하에서 오직 해당상품의 가격수준에 의하여 결정된다는 점이다. 그 이유는 상기한 일반균형의 예에서 도출한 소비자의 상품수요함수는 소비자의 효용함수를 특정화시킨 모형과 관련된 것이기 때문이다.

(2) 생산자의 요소수요함수

우선, 상품 Q_1 의 생산과정에 투입하기 위한 두 요소 X_1 과 X_2 의 수요함수는 다음과 같은 이윤 극대화의 과정에 의하여 각각 도출될 수 있다.

$$\pi = p_1 y_1 - (r_1 x_{11} + r_2 x_{21}) \cdots\cdots (29)$$

또한 생산함수 식(10)과 $\alpha_1 + \beta_1 = 1$ 의 관계를 이용하여 다음과 같이 변형할 수 있다.

$$\pi = p_1 c(x_{11})^{\alpha_1}(x_{21})^{1-\alpha_1} - r_1 x_{11} - r_2 x_{21} \cdots\cdots (30)$$

상기의 이윤방정식에 대하여 두 요소의 투입량 x_{11} 과 x_{21} 에 의하여 편미분하면 각각 다음과 같다.

$$\frac{\partial \pi}{\partial x_{11}} = \alpha_1 p_1 c(x_{11})^{\alpha_1 - 1}(x_{21})^{1-\alpha_1} - r_1 = 0 \cdots\cdots (31)$$

$$\frac{\partial \pi}{\partial x_{21}} = (1-\alpha_1) p_1 c(x_{11})^{\alpha_1}(x_{21})^{-\alpha_1} - r_2 = 0 \cdots\cdots (32)$$

상기의 두 식을 정리하면 다음과 같은 이윤 극대화의 필요조건을 각각 도출할 수 있다.

$$\alpha_1 p_1 \frac{y_1}{x_{11}} - r_1 = 0 \cdots\cdots (33)$$

$$(1-\alpha_1) p_1 \frac{y_1}{x_{21}} - r_2 = 0 \cdots\cdots (34)$$

따라서 상기의 두 방정식으로부터 상품 Q_1 을 y_1 만큼 생산하는 데 소요되는 요소 X_1 에 대한 수요함수 x_{11} 과 요소 X_2 에 대한 수요함수 x_{21} 은 각각 다음과 같다.

$$x_{11} = p_1 \frac{\alpha_1}{r_1} y_1 \cdots\cdots (35)$$

$$x_{21} = p_1 \frac{\beta_1}{r_2} y_1 \cdots\cdots (36)$$

다음으로, 상품 Q_2 의 생산과정에 투입하기 위한 두 요소 X_1 과 X_2 의 수요함수는 다음과 같은 이윤 극대화의 과정에 의하여 각각 도출될 수 있다.

$$\pi = p_2 y_2 - (r_1 x_{12} + r_2 x_{22}) \quad \cdots\cdots (37)$$

상기의 식(37)은 생산함수 식(11)과 $\alpha_2 + \beta_2 = 1$ 의 관계를 이용하여 다음과 같이 변형할 수 있다.

$$\pi = p_2 d(x_{12})_2^{\alpha}(x_{22})^{1-\alpha_2} - r_1 x_{12} - r_2 x_{22} \quad \cdots\cdots (38)$$

상기의 이윤방정식에 대하여 두 요소의 투입량 x_{12} 과 x_{22} 에 의하여 편미분하면 각각 다음과 같다.

$$\frac{\partial \pi}{\partial x_{12}} = \alpha_2 p_2 d(x_{12})^{\alpha_2 - 1}(x_{22})^{1-\alpha_2} - r_1 = 0 \quad \cdots\cdots (39)$$

$$\frac{\partial \pi}{\partial x_{22}} = (1-\alpha_2) p_2 d(x_{12})^{\alpha_2}(x_{22})^{-\alpha_2} - r_2 = 0 \quad \cdots\cdots (40)$$

상기의 두 식을 정리하면 다음과 같은 이윤 극대화의 필요조건을 각각 도출할 수 있다.

$$\alpha_2 p_2 \frac{y_2}{x_{12}} - r_1 = 0 \quad \cdots\cdots (41)$$

$$(1-\alpha_2) p_2 \frac{y_2}{x_{22}} - r_2 = 0 \quad \cdots\cdots (42)$$

따라서 상기의 두 방정식으로부터 상품 Q_2 을 y_2 만큼 생산하는 데 투입되는 요소 X_1 에 대한 수요함수 x_{12} 과 요소 X_2 에 대한 수요함수 x_{22} 은 각각 다음과 같다.

$$x_{12} = p_2 \frac{\alpha_2}{r_1} y_2 \quad \cdots\cdots (43)$$

$$x_{22} = p_2 \frac{\beta_2}{r_2} y_2 \quad \cdots\cdots (44)$$

이와 같이 특정화된 생산함수 식(10)과 식(11)이 주어졌을 경우, 어떤 상품을 주어진 생산량만큼 산출하기 위한 각 요소의 수요량은 그 상품의 가격수준과 대상요소의 가격수준에 의하여 결정된다는 것을 알 수 있다.

여기서 유의할 것은 주어진 조건하에서 특정화된 생산함수로부터 도출된 각 요소의 수요량은 그 요소의 가격수준에 의하여 결정되지만 다른 요소의 가격수준에 의하여서는 영향을 받지 않는다는 점이다. 이것은 주어진 조건하에서 특정화된 효용함수로부터 도출된 각 상품의 수요량과 동일한 이유로 인하여 야기된 결과이다.

주어진 단순 경제는 2가지 시장, 즉 상품시장과 요소시장으로 구성되어 있으므로 시장균형을 위한 조건은 다음과 같이 2가지, 즉 상품시장 균형 조건과 요소시장 균형 조건으로 나눌 수 있다.

우선, 상품시장의 균형을 위해서는 주어진 두 상품 Q_1 과 Q_2 의 가격수준 p_1 과 p_2 가 총공급=총수요의 조건을 만족시킬 수 있어야 한다. 즉,

$$y_1 p_1 = q_{1A}\, p_1 + q_{1B}\, p_1 \quad \cdots\cdots (45)$$

$$y_2 p_2 = q_{2A}\, p_2 + q_{2B}\, p_2 \quad \cdots\cdots (46)$$

다음으로, 요소시장의 균형을 위해서는 주어진 두 요소 X_1 과 X_2 의 가격수준 r_1 과 r_2 가 각 요소의 총공급이 모든 상품의 생산과정에 투입된 각 요소의 총수요와 일치될 수 있도록 결정되어야 한다.

$$x_1 = x_{11} + x_{12} \quad \cdots\cdots (47)$$

$$x_2 = x_{21} + x_{22} \quad \cdots\cdots (48)$$

(3) 완전경쟁적 시장경제체제하의 일반균형 해(解)

이제, 주어진 단순 경제모형하의 일반균형 분석을 위한 기본 모형을 다음과 같은 16개의 방정식으로 나타낼 수 있다. 하기의 일반균형 체계(General Equilibrium System)으로부터 우리가 구하고자 하는 값의 대상변수들은 다음과 같이 모두 16개가 된다.

하기의 일반균형 체계(General Equilibrium System)는 16개의 방정식과 16개의 미지수를 갖고 있다는 것을 알 수 있다. 상기의 일반균형 체계는 16개의 방정식에 의하여 구성되어 있지만 이들 중 15개의 방정식만이 상호독립적이다. 따라서 16개의 미지(未知)의 변수 중에서 예를 들어 요소 X_1 의 가격수준 r_1 을 $r_1 = 1$ 로 놓아 한 개의 미지(未知)의 변수를 제거시킴으로써 상호독립적 방정식의 수와, 미지(未知)의 변수의 수를 모두 15개로 일치시킬 수 있다.

이 경우, 만약 주어진 일반균형(General Equilibrium) 체계의 매개변수, 즉 생산함수와 관련하여 기술수준을 나타내는 c, d, α_1, α_2, β_1, β_2 의 계수, 효용함수와 관련하여 선호체계를 나타내는 a, b, v, w 의 계수, 그리고 자원을 나타내는 고정된 요소공급량 x_1 의 절대치가 주어졌다면 요소 X_1 의 가격수준 r_1 (1로 가정)을 제외한 15개의 미지의 변수, 즉 y_1, y_2, q_{1A}, q_{2A}, q_{1B}, q_{2B}, x_{11}, x_{21}, x_{12}, x_{22}, I_A, I_B, p_1, p_2, r_2 의 상대적 값들을 각각 구할 수 있다.

① 생산된 두 상품의 수량 ······ y_1, y_2
② 각 소비자에 의한 각 상품의 수요량 ······ q_{1A}, q_{2A}, q_{1B}, q_{2B}
③ 각 상품의 생산과정에 투입된 각 요소의 수요량 ······ x_{11}, x_{21}, x_{12}, x_{22}
④ 각 소비자의 소득 ······ I_A, I_B
⑤ 각 상품의 가격수준 ······ p_1, p_2
⑥ 각 요소의 가격수준 ······ r_1, r_2

상품수요함수

$$\begin{cases} q_{1A} = \dfrac{v}{v+w} \cdot \dfrac{I_A}{p_1} \\ q_{2A} = \dfrac{w}{v+w} \cdot \dfrac{I_A}{p_2} \\ q_{1B} = \dfrac{v}{v+w} \cdot \dfrac{I_B}{p_1} \\ q_{2B} = \dfrac{w}{v+w} \cdot \dfrac{I_B}{p_2} \end{cases}$$

요소수요함수

$$\begin{cases} x_{11} = p_1 \dfrac{\alpha_1}{r_1} y_1 \\ x_{21} = p_1 \dfrac{\beta_1}{r_2} y_1 \\ x_{12} = p_2 \dfrac{\alpha_2}{r_1} y_2 \\ x_{22} = p_2 \dfrac{\beta_2}{r_2} y_2 \end{cases}$$

가계의 소득제약 조건

$$\begin{cases} I_A = r_1 x_1 \\ I_B = r_2 x_2 \end{cases}$$

장기이윤의 조건

$$\begin{cases} y_1 = c(x_{11})_1^{\alpha}(x_{21})_1^{\beta}\ , \quad \alpha_1 + \beta_1 = 1 \\ y_2 = d(x_{12})_2^{\alpha}(x_{22})_2^{\beta}\ , \quad \alpha_2 + \beta_2 = 1 \end{cases}$$

시장균형 조건

$$\begin{cases} y_1 = q_{1A} + q_{1B} \\ y_2 = q_{2A} + q_{2B} \\ x_1 = x_{11} + x_{12} \\ x_2 = x_{21} + x_{22} \end{cases}$$

3) '파레토 최적(Paretian Optimum)'과 '사회적 최적(Social Optimum)'

전술한 일반균형 분석(general equilibrium analysis)은 식(1)의 가계의 소득제약조건, 식(2)의 소비자의 상품수요함수, 식(3)의 상품시장의 균형조건, 식(4)의 생산자의 요소수요함수, 식(5)와 식(6)의 요소시장의 균형조건, 식(7)의 장기균형을 위한 이윤조건에 기초를 둔다. 그리고 소비자의 선호, 생산기술, 부존자원, 소비자 행동, 생산자 행동, 생산함수, 시장구조, 경제체제에 관한 가정과 각 매개변수들의 값이 주어졌을 때, 수많은 또한 실현가능한 일반균형의 해(解) 중에서 오직 한 개의 해(解)가 소비자와 생산자에 의하여 선택될 수 있다는 것이다. 즉, 주어진 조건하에서, 일반균형 분석은 유일한 해(解)를 갖는다는 것이다.

한편, 복지경제학(福祉經濟學, Welfare Economics)[37]은 오직 한 개의 일반균형 해(解)를 분석대상으로 하는 것이 아니라 여러 가지의 대안적인 자원배분, 즉 일반균형 해(解)를 분석대상으로 삼는다. 왜냐하면 복지경제학(福祉經濟學, Welfare Economics)은 수많은, 또한 실현가능한 자원배분 중에서 사회적으로 가장 바람직한 것을 선택하는 학문이기 때문이다. 다시 말하면, 복지경제학(福祉經濟學, Welfare Economics)의 구조적 특성은 상기한 일반균형(一般均衡) 체계의 6가지 조건 중에서 가계의 소득제약 조건을 나타내는 식(1)만을 제거한 후, 나머지 5가지 조건으로부터 얻을 수 있는 수많은 대안적 일반균형 해(解)를 분석대상으로 하여 이들 중에서 사회적으로 가장 바람직한 자원배분을 선택하고자 한다.

따라서 복지경제학(福祉經濟學, Welfare Economics)[38]은 다음과 같은 5가지 문제를 주요 분석대상으로 삼는다:

① 주어진 사회의 자원을 어떻게 분배하는 것이 효율적(效率的)인가?

② 여러 가지의 대안적인 자원배분 중에서 소득분배와 관련하여 어떤 자원배분이 사회 전체적으로 바람직할 것인가?

③ 주어진 자원배분 상태하에서 어떤 변화가 야기되었을 경우, 상기 변화가 사회적으로 바람직한 것인지의 여부를 판단할 수 있는 기준은 무엇인가?

---

37) 대부분의 한국 교과서에서는 'Welfare Economics'를 '후생경제학(厚生經濟學)'이라고 번역하고 있고 심지어 학회에서도 '후생경제학(厚生經濟學)'으로 통용되고 있는 것이 사실이다. 'welfare'란 그 어원적 의미를 살펴보면 '잘 진행되어 가는 상태' 혹은 '어떤 욕구가 충족됨으로써 느껴지는 행복' 등을 의미한다. 그리고 복지(福祉)라는 의미의 일반성과 정통성 그리고 역사성을 숙고해 볼 때, 'welfare economics'를 '후생경제학(厚生經濟學)'이라고 일본식으로 번역하기보다는 '복지경제학(福祉經濟學)'이라고 번역 및 통용하는 것이 바람직하다고 생각한다.

38) Pigou, A. C.(1952), The Economics of Welfare, 4th edition, London: MacMillan Publishing Company.

④ 상기의 문제들을 분석 및 해결하기 위해서는 모든 사회구성원들의 효용, 즉 사회복지를 나타내는 사회복지함수가 구체적으로 설정되어야 하는데, 이 함수를 어떻게 결정할 것이며 이 함수의 구조적 특성은 무엇인가?

⑤ 여러 가지 형태의 경제체제(經濟體制)와 관련하여 경제적 효율성과 사회적 공정성은 어떠한 상호관련성을 갖는가 혹은 가져야 되는가?

(1) '파레토 최적(Paretian Optimum)': 자원배분의 효율성

신고전학파 일반균형(General Equilibrium) 이론은 미시경제적 분석을 바탕으로 자원배분의 파레토 최적성(最適性, Pareto Optimality)을 구하면 된다는 것이다. 다시 말하면, 소비자 개인에 대하여 어떤 목적, 즉 주관적 가치기준을 갖고 있는가에 관해서는 전혀 상관하지 않고, 단지 한정된 희소자원을 어떻게 배분하면 바람직한 것인가의 문제에만 집중하자는 것이다. 나아가, 국민경제 전체에 대해서도 주어진 희소자원을 어떻게 배분하면 가장 효율적(效率的)일까라는 점만을 분석대상으로 삼는다는 것이다.

상기와 관련하여, 리오넬 로빈스(Lionel C. Robbins, 1898~1984)[39]는 그의 저서 「경제학의 본질과 의의」(1932년)[40]에서 근대 경제학의 규범적 관점을 최초로 명쾌히 정식화했다. 그의 주장은 다음과 같다: 과학(科學)으로서의 경제학(經濟學)은 주어진 목적을 달성하기 위하여 여러 가지 희소자원을 어떻게 배분하고 어떠한 제도적·기술적 수단을 선택하면 좋을까라는 오직 '자원배분(資源配分)의 효율성(效率性)'만을 문제로 삼아야 한다는 것이다. 즉, 단지 자원배분의 '파레토 최적성(最適性, Pareto Optimum)'을 구하면 된다는 것이다. 즉, 자원배분의 효율성(效率性) 기준은 소득분배의 형평성(衡平性), 즉 공정성(公正性)의 측면과는 전혀 무관하다는 점이다. 물론, 다양한 목적과 선택된 수단의 상호관계를 분석할 수는 있어도 어떠한 목적을 선택하면 좋은가라는 문제에 관해서는 경제학이 관여할 바는

39) Robbins, Lionel C.(1932), 「An Essay on the Nature and Significance of Economic Science」, 2007eds., Ludwig von Mises Institute.

40) 로빈스(Lionel C. Robbins)의 주장은 원래 피구(A. C. Pigou)의 복지경제학(Welfare Economics, 1936)에 대한 비판으로서 나타난 것이며, 특히 벤담(Jeremy Bentham, 1748~1832)의 '최대행복의 원리' 및 '양적 쾌락주의'와 밀(John Stuart Mill, 1806~1873)의 '질적 쾌락주의' 및 공리주의(公利主義, Utilitarianism)에 기초를 두고 있는 효용개념에 대한 신랄한 비판으로 전개되었다. 참고로 벤담(Jeremy Bentham, 1748~1832)의 '쾌락설'이 고대의 쾌락주의와 다른 점은 다음과 같다. 즉, 고대의 쾌락주의는 '개인적 쾌락주의'로서 개인이 자신의 쾌락을 추구하고 만족하는 것이었다. 그러나 벤담의 '쾌락설'은 '개인적 쾌락주의'가 아닌 '사회적 쾌락주의', 즉 '공리주의'라는 점이다.

아니라고 경제학의 한계를 긋는다.

여기서 자원배분이 '효율적(efficient)'이라는 개념은 다음과 같이 정의된다: 주어진 희소자원을 배분함으로써 각 개인이 각자의 주관적 가치기준에 따라 어떤 만족감, 즉 효용(utility)을 얻었다고 가정한다. 만약 동일한 정도의 희소자원을 다른 방법으로 배분하였을 때 각자가 얻는 만족감(효용)이 종전보다 더 낮아지지 않고, 적어도 한 사람에 관해서는 실제로 높아졌다면, 처음의 자원배분보다도 다음의 자원배분이 '효율적(efficient)'이라고 정의한다. 즉, 어떤 자원배분에 관하여 보다 더 효율적인 자원배분이 존재하지 않을 때, 그 자원배분은 효율적(efficient)이라고, 또는 '파레토 최적(Paretian Optimum)'이라고 정의한다.

상기한 리오넬 로빈스(Lionel C. Robbins, 1898~1984)의 주장은 한마디로 말해서 '과학으로서의 경제학(經濟學)'은 오직 '자원배분의 효율성'을 문제로 삼아야 한다는 것이다.[41] 그 이유는 효용의 가측성(可測性) 및 비교가능성을 실증적으로 검증할 수 없기 때문이라는 것이다.[42] 따라서 리오넬 로빈스(Lionel C. Robbins, 1898~1984) 이후 시장기구에 의한 자원

41) '파레토 효율(Pareto efficiency)' 또는 '파레토 최적(Pareto optimality)'이란 게임이론과 엔지니어링 및 기타 다양한 사회과학 분야에서 쓰이는 경제학적 개념이다. 이탈리아의 경제학자 빌프레드 파레토(Vilfredo Pareto)의 이름에서 가져왔다. 그는 그의 1906년 저서 「정치경제 교본」(Mannual of Political Economy)에서 경제적 효율성과 수입의 분배에 대한 연구에서 이 개념을 사용하였다. 파레토 효율(Pareto efficiency)이란 사회적으로 주어진 희소자원을 배분함으로써 각 개인이 각자의 주관적 가치기준 아래서 어떤 만족감을 얻었다고 가정한다. 만약 똑같은 정도의 희소자원을 다른 방법으로 배분하였을 때 각자가 얻는 만족감이 이전보다 더 낮아지지 않고, 적어도 한 사람에 관해서는 실제로 높게 되었다고 할 때 처음의 자원배분보다도 후자의 자원배분이 더 '효율적(Efficient)'이라고 간주하는 것이다. 즉, 어떤 자원배분에 관하여 보다 더 효율적인 배분이 존재하지 않을 때, '효율적(Efficient)' 또는 '파레토 최적(Pareto Optimum)'이라고 정의한다. 다시 말하면, 소비의 모든 한계편익이 서로 충족되고, 소비되고 있는 재화와 용역을 생산하는 모든 한계 비용을 충족시키는 경제의 균형상태에서 하나의 자원배분 상태에서 다른 사람에게 손해가 가도록 하지 않고서는 어떤 한 사람에게 이득이 되는 변화를 만들어내는 것이 불가능할 때 이 배분 상태를 '파레토 효율(Pareto efficiency)'이라고 한다. 이와 반면에 파레토 비(非)효율은 파레토 개선(Pareto improvement)이 가능한 상태를 말한다. 어떤 배분상태가 파레토 비효율적이면, 어느 사람에게도 손해가 가지 않게 하면서 최소한 한 사람 이상에게 이득을 가져다주는 파레토 개선(改善)이 가능해진다. 그러나 파레토 효율(Pareto efficiency)은 사회적으로 바람직한 자원분배를 뜻하지 않는다. 이것은 사회 전체의 평등이나 복지를 말하지 않는다. 즉, '파레토 최적(Pareto Optimum)'이라는 개념은 미약할 뿐만 아니라 비(非)한정적인 개념이며, 또한 최적성(Optimality)이라는 것과는 전혀 별개의 것이라는 점이다. 예를 들면 희소자원이 모두 어떤 특정한 개인들에게 배분되어, 다른 사람들에게는 전혀 배분되지 않을 때에도, 상기한 정의에 따른다면 파레토 최적(Pareto Optimum)의 배분이 된다. 따라서 '효율적(Efficient)'이라는 용어를 사용함으로써 상기 정의의 의미를 보다 충실하게 나타낼 수 있다.

42) 리오넬 로빈스(Lionel C. Robbins)의 주장은 원래 어스 피구(Arthur Pigou)의 복지경제학(Welfare

배분의 효율성에만 주목하게 되었고, 어떤 사회적 판단에 의거하는 소득분배의 공정성 등에 관해서는 경제학이 관여할 바가 아니라고 사유되어 왔었다. 그 이유는 만약 소득분배에 관해서 어떠한 기준을 설정한다면 그것은 가치판단에 관여하는 것이므로 경제학의 영역으로부터 일탈한 목적선택의 문제이기 때문이라고 한다. 그 후, 소득분배의 형평성(및 공정성)은 경제학자의 주된 관심사로 인정되지 않았다. 이 결과, 시장기구에 의한 자원배분의 효율성(Efficiency)만 주목하게 되었고, 어떤 사회적 판단에 의거하는 소득분배의 형평성(Equity) 문제는 경제학이 관여할 바가 아닌 것으로 간주되어 왔다.

상기한 리오넬 로빈스(Lionel C. Robbins, 1898~1984)의 주장은 원래 제러미 벤담(Jeremy Bentham, 1748~1832) 등의 효용(效用) 개념과 어스 피구(Arthur Cecil Pigou, 1877~1959)의 복지경제학(Welfare Economics)에 대한 비판으로서 제기되었던 것이다. 상기한 벤담-피구의 '효용 이론(Utility Theory)'은 각 개인이 누리는 주관적 만족감, 즉 효용(效用)은 어떤 실체적인 척도로 비교할 수 있다는 것이다. 나아가 단지 동일인의 효용(效用)을 측정할 수 있을 뿐만 아니라 서로 다른 개인의 효용(效用)을 똑같이 비교가능(比較可能)한 척도로 측정가능하다는 전제가 설정되어 있다. 다시 말하면, A라는 개인이 누리고 있는 주관적 만족감이나 다른 개인 B의 그것이나 다 함께 어떤 공통의 척도로 측정할 수 있다는 전제이다. 따라서 사회적 복지(Social Welfare)의 지표도 각 개인의 효용(效用)을 모두 총계함으로써 구할 수 있다고 사유한다.

그러나 리오넬 로빈스(Lionel C. Robbins, 1898~1984)는 효용(效用)의 가측성(可測性) 및 비교가능성(比較可能性)을 실증적으로 검증할 수 없다는 이유로 부정한다. 그의 입장은 실제로는 빌프레도 파레토(Vilfredo Pareto, 1848~1923) 이후 전개되어 정밀화되어온 시장균형이론(市場均衡理論)과 관련되어 있다.

상기와 같이 자원배분의 효율성에만 주목하여 소득분배의 공정성 기준을 무시하는 것이 현대 주류경제학의 입장인 것이다. 그러나 효율성(Efficiency)의 기준하에서 자원배분을 평가하는 것 자체는 사실 어떤 특정의 가치판단에 의거하는 것이다. 따라서 시장기구를

Economics)에 대한 비판으로서 제기되었던 것이며, 특히 제러미 벤담(Jeremy Bentham) 등의 효용 개념에 대한 비판으로 전개되었던 것이다. 벤담-피구류의 '효용 이론(Utility Theory)'은 각 개인이 누리는 주관적 만족감, 즉 효용은 어떤 실체적인 척도로 저울질할 수 있다는 것이다. 나아가 단지 동일인의 효용을 측정할 수 있을 뿐만 아니라 서로 다른 개인의 효용을 똑같이 비교가능한 척도로 측정가능하다는 전제가 설정되어 있다. 다시 말하면, A라는 개인이 누리고 있는 주관적 만족감이나 다른 개인 B의 그것이나 다 함께 어떤 공통의 척도로 측정할 수 있다는 전제이다. 따라서 사회적 복지(Social Welfare)의 지표도 이와 같은 개인의 효용을 모두 총합으로써 구해진다고 사유한다.

통해서 결정되는 희소자원의 배분을 평가하는 경우에는 단지 효율성만이 아니라 소득배분의 형평성(공정성)에 대해서도 고려하지 않으면 안 된다. 이를 위해서는 어떤 가치관을 필요로 한다.

상기한 신(新)고전학파의 효율성 기준: '파레토 최적(Pareto optimality)'에 관하여, 인도 출신의 경제학자로 노벨 경제학상을 수상한 하버드 대학교의 아마르티아 쿠마 센(Amartya Kumar Sen, 1933~현재) 교수[43]는 다음과 같이 비판했다: *"부유층의 쾌락을 줄이지 않고는 굶주린 사람들의 삶이 개선될 수가 없는 상태에서 몇 사람은 호사스러움의 극치 속에서 살고 나머지 사람들은 가난에 찌들어 사는 세상도 파레토 효율적이다. 한마디로 얘기한다면 완전히 혐오스러운 상태라 할지라도 그 사회나 경제는 파레토 최적이다."*

예로서 윌리엄 헨리 '빌' 게이츠 3세(William Henry 'Bill' Gates III, 1955~현재)가 세계 전체 부(富)의 99%를 소유하고 나머지 사람들이 1%를 소유하고 있는 상황이라고 가정하더라도, 이 상태는 '파레토 최적(Pareto optimality)'일 수 있다. 심지어, 상기 상황에서 빌 게이츠(Bill Gates)가 자신의 재산에서 100달러를 노숙자에게 주었다면, 그리고 빌 게이츠는 100달러의 손실을 보았다고 생각한다면, 이러한 재분배는 '파레토 개선(Pareto improvement)'이라고 말할 수 없다.

20세기에 들어오면서부터, 시장균형(Market Equilibrium)의 존재성(Existence)·안정성(Stability)을 분석하기 위해서는 리오넬 로빈스(Lionel C. Robbins, 1898~1984)가 지적한 '효용의 가측성(Utility Measurability)'을 전제할 필요가 없다는 점이 갈수록 명백하게 되었다. 특히 1930년대부터 현재에 이르는 동안 존 힉스(John R. Hicks, 1904~1989), 폴 사뮤엘슨(Paul A. Samuelson, 1915~2009) 등의 공헌에 의해 상기한 명제(命題)가 엄밀하게 증명되었다. 그 논지는 다음과 같다: 각 개인의 주체적 선택은 실질적 만족감, 즉 효용(效用)이 최대가 되도록 이루어지지만, 이 경우 '효용의 가측성(Utility Measurability)을 전제할 필요가 없으며, 단지 '선호 순위(Preference Ranking)'만 알면 된다는 것이다. 즉, 어떤 상태 A가 다른 상태 B에 비해 보다 선호되고 있는가 아닌가를 알면 된다는 것이다.

---

43) 아마르티아 쿠마 센(Amartya Kumar Sen, 1933~현재) 교수는 1953년 캘커타 대학교를 졸업한 후 케임브리지 대학교에서 박사학위를 받았다. 그는 불평등과 빈곤 연구의 대가이며 후생경제학의 대표적인 학자로 경제학계의 '테레사 수녀'로 불린다. 수리적 모형인 빈곤 지수(Sen 지수)를 통해 빈곤을 측정한 연구가 특히 주목받았다. 런던 정치경제대학교(LSE), 옥스퍼드 대학교, 모교 케임브리지 대학교를 거쳐 현재 하버드 대학교에서 교수로 활동하고 있다. 특히, John Rawls의 정의론에 대해 맹렬한 비판가로 알려져 있다. 그러나 존 롤스(John Rawls)의 '정의론'에 대한 옹호론자들은 Sen의 비판이 Rawls와 공리주의의 전통, 사회적 효용론과 분명한 차이가 있음을 이해하지 못한 무지(無知)의 소산이라고 말한다. 이 점에 대하여, 저자는 전적으로 동의한다.

그러므로 시장균형(Market Equilibrium)을 논하기 위해서는 A의 효용이 B의 효용보다 큰가 혹은 아닌가만을 알면 족하고, A의 효용이 B의 효용의 몇 배로 되어 있는가를 알 필요는 전혀 없다는 것이다. 즉, 주관적 가치기준을 표시하는 선호 순서(Preference Ranking) 혹은 무차별곡선(無差別曲線體系, Indifference Map)만을 안다면 각자의 시장에서의 행동으로부터 유추 가능하기 때문에 소비자의 행동을 분석할 수 있기 때문에 효용수준 자체를 알 필요는 전혀 없다는 것이다. 이러한 점에서 보면, '효용의 가측성(Utility Measurability)'은 시장균형(Market Equilibrium) 이론에서는 필요없는 개념이 된다.

따라서 '효용의 가측성(Utility Measurability)'과 '비교가능성(比較可能性)'은 결국 한편에서는 시장균형(市場均衡) 분석에서의 불필요성(redundancy) 때문에, 다른 한편에서는 시장행동을 통해서는 분명하게 나타나지(reveal) 않는다는 이유로 시장균형이론(市場均衡理論)으로부터 배제되어 갔다. 환언하면, 측정가능하고 비교가능한 효용이라는 개념은 효용 개념의 본질에 관한 분석에 입각해서가 아니라, 시장경제의 형식적 논리에 의해 부정되었던 것이다. 이 결과, 시장 기구를 통해 실현하는 희소자원의 효율성에 관한 기본적 명제의 성립은 거의 명백하게 된 것이다.[44)]

(2) 효율적 소비와 효율적 생산의 조합

이제, 상기한 일반균형(一般均衡)과 복지경제학(福祉經濟學)의 관계[45)]를 명확하게 논술할 필요가 있다. 상기와 같은 방법으로 획득한 수많은 일반균형 해(解), 즉 대안적인 자원배분은 각각 가계의 소득제약 조건을 제외한 나머지 조건들을 만족시키지만, 각 자원배분은 상이한 소득분배(所得分配)에 따라 달라질 수 있다는 점이다. 즉, 일반균형 분석(general equilibrium analysis)은 최초에 주어진 요소량에 의하여 소득분배(所得分配) 상태를 고정시키면서 모든 시장의 균형을 만족시킬 수 있는 자원배분을 추구하고자 하는 것이다. 이와 반면에, 복지경제학(Welfare Economics)은 소득분배(所得分配)의 상태 및 형태에 따라 여러 가지 대안적인 자원배분이 달라질 수 있으므로 이 중에서 어떤 자원배분이 사회적으로 가장 바람직한 것인가를 결정 및 선택하는 것이다.

따라서 복지경제학(Welfare Economics)은 상기와 같은 선택문제를 해결하기 위해서 무

44) 물론, 시장의 완전경쟁이라든가, 주체적 가치기준이라든가, 생산기술의 조건에 관하여 외부경제가 존재하지 않는다는 점 외에도, 제약조건이 필요하게 된다는 것은 말할 나위도 없다.

45) J. Quirk and R. Saposnik(1968), Introduction to General Equilibrium Theory and Welfare Economics, New York: McGraw-Hill.

엇보다도 가치기준을 필요로 한다. 이러한 가치기준은 근본적으로 자원배분의 효율성 및 소득분배의 공정성과 관련되어 있는 것이고, 또한 자원배분의 효율성 및 소득분배의 공정성은 모든 사회가 공통적으로 추구하는 규범이다.

우선, 효용가능곡선(UPF: Utility Possibility Frontier)은 생산물 공간(product space)에 있어서 효율적인 소비를 만족시키는 계약곡선(contract curve) 상의 모든 점(예를 들어 S와 T)에 해당하는 각 소비자의 효용수준을 효용공간(utility space)에 옮김으로써 효용가능곡선(UPF)을 도출해 낼 수 있다. 효율적 소비를 나타내는 계약곡선(contract curve)은 두 무차별곡선들이 서로 접하는 모든 점들의 궤적을 나타낸다. 어떤 점에서 두 곡선이 서로 접한다는 것은 그 점에서 두 곡선의 기울기가 일치한다는 것을 의미한다. 즉, 각 생산물이 갖는 한계효용의 비율은 두 생산물간의 한계대체율(MRS: Marginal Rate of Substitution)을 의미하므로 상기의 조건을 다음과 같이 나타낼 수 있다. 이것은 효율적 소비(efficient consumption)을 위한 필요조건이다.

$$(\frac{dY}{dX})^A = (\frac{dY}{dX})^B \quad \cdots\cdots (49)$$

$$\frac{\partial U^A/\partial X^A}{\partial U^A/\partial Y^A} = \frac{\partial U^B/\partial X^B}{\partial U^B/\partial Y^B} \quad \cdots\cdots (50)$$

$$(\frac{MU^X}{MU^Y})^A = (\frac{MU^X}{MU^Y})^B \quad \cdots\cdots (51)$$

$$MRS_{XY}{}^A = MRS_{XY}{}^B \quad \cdots\cdots (52)$$

상기 식은 모두 효율적 소비를 위한 필요조건이다. 충분조건은 효율적 소비를 위한 충분조건은 각 소비자의 무차별곡선이 원점에 대하여 볼록해야 된다는 것이다. 즉, 주어진 무차별곡선상에서 우하방향으로 갈수록 두 생산물에 대한 한계효용의 비율인 한계대체율(MRS)은 감소되어야 한다는 것이다. 그런데 효용가능곡선(UPF) 상의 모든 점들은 계약곡선 상의 모든 점들에 대응하는 두 소비자의 효용수준을 나타낸 것에 지나지 않기 때문에 효용곡선 상의 어떤 특정한 점이 사회적 최적(Social Optimum)을 의미하는 것인지 알 수 없다.

한편, 효율적 소비의 경우에서와 동일한 방법으로, 요소공간(input space)에 무수한 등량곡선을 그린 다음 이들의 접점을 모두 연결하여 하나의 궤적을 도출할 수 있는데, 이 궤적이 바로 효율적 생산을 위한 계약곡선(O^XO^Y)이다. 이 계약곡선(contract curve) 상의 모든 점에서는 어떤 생산물의 수준을 감소시키지 않고서는 다른 생산물의 수준을 증가시킬 수 없는 자원배분의 상태를 나타낸다. 따라서 '효율적 생산'이란 전술한 효율적 소비와 완전히 대칭적인 개념으로서 주어진 생산요소를 각기 다른 생산물의 생산에 어떻게 배분하는 것이 사회적으로 바람직할 것인가 하는 문제와 관련되어 있다. '효율적 생산'을 위해서는 두 등량곡선이 서로 접해야 되므로, 즉 두 곡선의 기울기가 일치되어야 한다. 즉, 두 생산요소 K와 L에 대한 각 한계생산의 비율은 두 요소 간의 한계기술대체율(MRTS: Marginal Rate of Technical Substitution)을 의미하므로 효율적 생산을 위한 필요조건은 다음과 같이 나타낼 수 있다.

$$(\frac{dK}{dL})^X = (\frac{dK}{dL})^Y \quad \cdots\cdots (53)$$

$$\frac{\partial X/\partial L^X}{\partial X/\partial K^X} = \frac{\partial Y/\partial L^Y}{\partial Y/\partial K^Y} \quad \cdots\cdots (54)$$

$$(\frac{MPP_L}{MPP_K})^X = (\frac{MPP_L}{MPP_K})^Y \quad \cdots\cdots (55)$$

$$MRTS_{LK}{}^X = MTRS_{LK}{}^Y \quad \cdots\cdots (56)$$

전술한 효율적 소비를 위한 필요조건 식(52)와 마찬가지로, 식(56)은 효율적 생산을 위한 필요조건이다. 그것의 충분조건은 각 생산물의 등량곡선이 원점에 대하여 볼록해야 된다는 것이다. 즉, 주어진 등량곡선 상에서 우하방향으로 갈수록 두 생산요소에 대한 한계생산의 비율인 한계기술대체율(MRTS)이 체감해야 된다는 것이다. 그런데 계약곡선 O^XO^Y는 생산에 있어서 효율성을 나타낼 뿐 그 자체가 생산물의 선택에 있어서 '사회적 최적(Social Optimum)'을 의미하는 것은 아니다. 즉, 요소공간상에 있는 계약곡선(contract curve)으로부터 생산물 공간(output space) 상에 있는 생산가능곡선(PPF: Production Possibility Frontier)을 그릴 수 있는데, 생산가능곡선(PPF) 상의 모든 점들은 계약곡선(contract curve) 상의 모든 점들에 대응하는 두 생산물의 생산수준을 나타낸 것에 지나지 않기 때문에 생산가능곡선(PPF) 상의 어떤 특정한 점이 사회적 최적(Social Optimum)을 의

미하는 것인지는 알 수 없다.

다른 한편으로, 효율적 생산물 조합(efficient product combination)은 주어진 생산요소를 사용하여 생산가능한 생산물의 조합이 결정되었을 때, 즉 생산가능곡선(PPF)이 MN으로 주어졌을 때, 어떠한 생산물 조합을 선택하는 것이 바람직할 것인가 하는 문제와 관련되어 있다.

[그림 Ⅳ-2] 생산가능곡선(PPF)과 효율적 생산물 조합

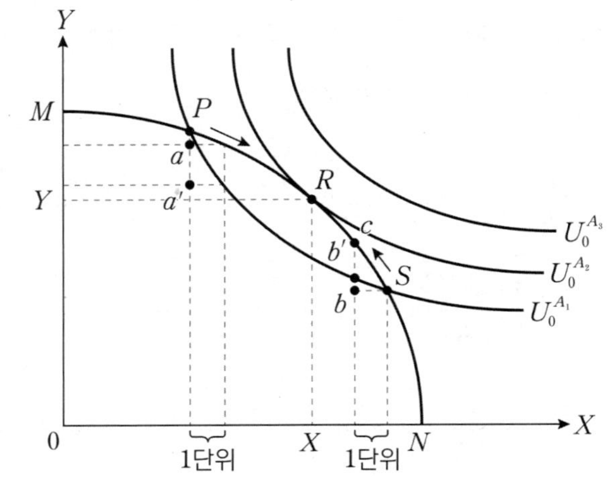

그러므로 A의 효용은 $MRS_{XY}{}^{A}$ 와 $MRT_{XY}{}^{A}$ 가 일치되는 상태에서 극대화되는데, 이때의 생산물 조합은 생산가능곡선과 무차별곡선이 접하는 점 R에서 결정된다. 즉, 점 R에서 다음과 같은 관계가 성립된다. 즉,

$$\frac{\partial U^A/\partial X^A}{\partial U^A/\partial Y^A} = \frac{\partial U^B/\partial X^B}{\partial U^B/\partial Y^B} = \frac{\partial Y/\partial K^X}{\partial X/\partial K^Y} \text{ 혹은 } \frac{\partial Y/\partial L^X}{\partial X/\partial L^Y} \cdots\cdots\cdots\cdots (57)$$

$$MRS_{XY}{}^{A} = MRS_{XY}{}^{B} = MRT_{XY} \cdots\cdots\cdots\cdots (58)$$

여기서 생산가능곡선(PPF)의 기울기:

$$MRT_{XY}{}^{i} = -\frac{dY}{dX} = \frac{\partial Y/\partial K^{X}}{\partial X/\partial K^{Y}} \text{ 혹은 } \frac{\partial Y/\partial L^{X}}{\partial X/\partial L^{Y}} \cdots\cdots (59)$$

여기서 i = A 혹은 B

$$\text{무차별곡선의 기울기: } MRS_{XY}{}^{i} = -\frac{dY}{dX} = \frac{\partial U^{A}/\partial X^{A}}{\partial U^{A}/\partial Y^{A}} \cdots\cdots (60)$$

$$\frac{\partial U^{i}}{\partial X^{i}} \cdot \frac{\partial X}{\partial K^{X}} = \frac{\partial U^{i}}{\partial Y^{i}} \cdot \frac{\partial Y}{\partial K^{Y}}, \quad i = A \text{ 혹은 } B \cdots\cdots (61)$$

혹은

$$\frac{\partial U^{i}}{\partial X^{i}} \cdot \frac{\partial X}{\partial L^{X}} = \frac{\partial U^{i}}{\partial Y^{i}} \cdot \frac{\partial Y}{\partial L^{Y}}, \quad i = A \text{ 혹은 } B \cdots\cdots (62)$$

상기와 같은 조건으로부터 다음과 같은 결론을 내릴 수 있다. 즉, 효율적 생산물 조합을 이루기 위해서는 두 생산물 X와 Y에 대한 A의 한계대체율과 B의 한계대체율은 일치해야 되고 이와 동시에 이들의 한계대체율(MRS)은 두 생산물 X와 Y에 대한 한계변환율(MRT)과 일치해야 된다는 것이다.

그리고 식(62)를 다음과 같이 변형함으로써 효율적 생산물 조합을 위한 필요조건에 대하여 또 하나의 경제학적 의미를 발견할 수 있다. 즉, 1단위 자본 K 혹은 1단위 노동 L 의 변화가 직접적으로 X의 생산물 수준의 변화를 야기시킴으로써 간접적으로 야기된 효용의 변화는 1단위 자본 K 혹은 1단위 노동 L 의 변화가 직접적으로 Y의 생산물수준의 변화를 야기시킴으로써 간접적으로 산출한 효용의 변화와 일치해야 된다는 것이다.

요약하면, 앞에서 우리는 다음과 같은 3가지의 조건, 즉 ① 효율적 소비를 위한 조건, ② 효율적 생산을 위한 조건, 그리고 ③ 효율적 생산물 조합을 위한 조건을 각각 다음과 같이 도출하였다.

$$\frac{\partial U^{A}/\partial X^{A}}{\partial U^{A}/\partial Y^{A}} = \frac{\partial U^{B}/\partial X^{B}}{\partial U^{B}/\partial Y^{B}} \cdots\cdots (50)$$

즉,

$$MRS_{XY}{}^{A} = MRS_{XY}{}^{B} \cdots\cdots (52)$$

$$\frac{\partial X/\partial L^X}{\partial X/\partial K^X} = \frac{\partial Y/\partial L^Y}{\partial Y/\partial K^Y} \cdots\cdots (54)$$

즉,

$$MRTS_{LK}{}^{X} = MRTS_{LK}{}^{Y} \cdots\cdots (56)$$

$$\frac{\partial U^A/\partial X^A}{\partial U^A/\partial Y^A} = \frac{\partial U^B/\partial X^B}{\partial U^B/\partial Y^B} = \frac{\partial Y/\partial K^X}{\partial X/\partial K^Y} \text{ 혹은 } \frac{\partial Y/\partial L^X}{\partial X/\partial L^Y} \cdots\cdots (57)$$

즉,

$$MRS_{XY}{}^{A} = MRS_{XY}{}^{B} = MRT_{XY} \cdots\cdots (58)$$

상기의 3가지 조건들: 식(52), 식(56), 식(58)을 모두 만족시키는 효율성(效率性)을 전반적 효율성(overall efficiency) 혹은 파레토 최적(Paretian Optimum)이라고 부른다. '파레토 최적(Paretian Optimum)'이라고 부르는 이유는 상기의 효율성(效率性)들이 각각 그리고 모두 파레토(Pareto)의 가치판단기준(Paretian set of value judgement)에 기초를 두고 도출되었기 때문이다. 상기한 조건들을 정리하면 다음과 같은 7가지를 들 수 있다.

① 주어진 모형하에서 극대화하고자 하는 복지(福祉)는 주어진 사회를 구성하는 모든 개인들의 복지를 의미하는 것일 뿐, 국가, 사회 혹은 어떤 특정 집단 및 계급 자체의 복지를 의미하는 것은 아니다.

② 개인의 복지에 영향을 미칠 수 있는 모든 종류의 비(非)경제적 요인(예를 들어 외부성)들은 존재하지 않는다고 가정한다. 따라서 개인의 복지(福祉)는 오직 그 자신의 소득, 재산, 여가에 의하여 결정된다고 가정한다.

③ 소비자들은 그들이 선호하는 생산물을 그들이 원하는 양(量)만큼 만족스럽게 교환할 수 있다고 가정한다.

④ 복지(福祉)는 오직 교환가능한 재화와 용역에 의하여 결정된다고 가정한다.

⑤ 개인은 자기 자신의 경제적 복지(economic welfare)에 관하여 가장 잘 아는 판단자라고 가정한다. 즉, 완전한 소비자 주권(complete consumer sovereignty) 혹은 완전한 생산자 주권(complete producer sovereignty)이 보장되어야 한다는 것이다.

⑥ 사회복지는 개인복지의 단조 증가함수(monotonically increasing function)라고 가정한다.

⑦ 만약 자원배분의 어떤 변화가 다른 개인들의 소득 및 여가를 감소시키기 않고 모든 개인 혹은 최소한 한 개인의 소득과 여가를 증가시킨다면 그 변화는 사회복지를 증가시켰다고 간주할 수 있다.

따라서 '파레토 최적(Paretian Optimum)'이란 상기와 같은 가치판단 기준을 기초로 하여 다른 개인의 효용수준을 감소시키지 않고서는 개인의 효용수준 혹은 모든 개인의 효용수준을 증가시킬 수 없도록 자원이 배분되어 있는 상태라고 정의할 수 있다.

이제, 파레토 최적(Paretian Optimum)을 나타내는 총효용가능곡선(Grand Utility Possibility Frontier)을 도출하고자 한다. 이를 위하여 주어진 경제에 두 소비자 A와 B가 존재하고, 두 가지 종류의 생산물 X와 Y가 생산되며, 두 생산물 X와 Y는 각각 $X = X_0$ 와 $Y = Y_0$ 의 고정된 양으로 생산되었다고 가정하자. 이 경우, 두 소비자 A와 B의 효율적 소비는 A와 B의 무차별곡선이 서로 접하는 점에서 이루어지며 효율적 소비에 의하여 산출된 두 소비자의 효용수준은 이들의 무차별곡선이 나타내는 효용지수에 의하여 결정된다. 따라서 두 소비자의 무차별곡선들이 이루는 접점들의 궤적이 바로 계약곡선이며, 이 곡선상의 모든 점은 효율적 소비를 나타내고, 각 점에 대응한 두 소비자의 효용수준, 즉 효용조합(U^A, U^B)이 결정될 수 있다. 이 효용조합이 [그림 Ⅳ-3]에 나타나 있는 바와 같이 효용가능곡선(UPF)이다.

여기서 중요한 점은 다음과 같다. 즉, 효용가능곡선(UPF)은 두 생산물이 $X = X_0$ 와 $Y = Y_0$ 로 주어졌을 때 두 소비자 A와 B가 도달할 수 있는 모든 가능한 효용조합(U^A, U^B)를 나타낸다는 것이다.

한편, [그림 Ⅳ-3]의 생산가능곡선(PPF) MN은 두 생산요소 L 과 K 가 $L = L_0$ 와 $K = K_0$ 로 각각 주어졌을 때, 두 생산물 X와 Y가 산출될 수 있는 모든 가능한 생산물 조합(X, Y)을 나타낸다. 따라서 생산가능곡선(PPF) MN 상의 각 점은 주어진 생산물수준을 나타내는 하나의 생산물 조합을 나타내고 또한 이 생산물 조합에 대하여 하나의 에지워스 상자 그래프를 그릴 수 있다. 여기서 하나의 계약곡선을 도출할 수 있고 도출된 계약곡선

[그림 Ⅳ-3] 총효용가능곡선(Grand Utility Possibility Frontier)

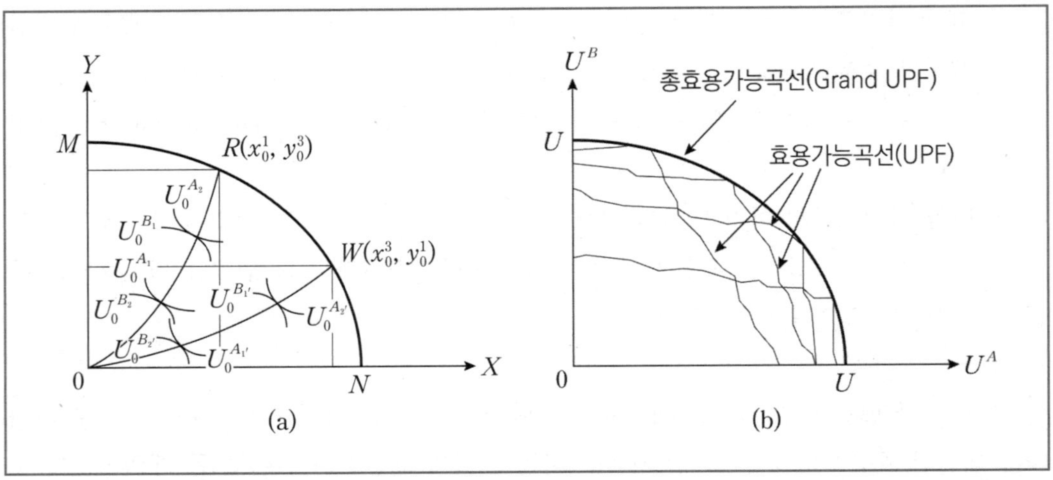

은 다시 하나의 효용가능곡선(UPF)을 생성할 수 있다는 것을 알 수 있다.

상기의 과정을 생산가능곡선(PPF) 상의 두 점 R과 W뿐만 아니라 모든 점에 대하여 적용시키게 되면 이에 따라 수많은 효용가능곡선(UPF)을 도출할 수 있다. 그리고 모든 개별 효용가능곡선의 바깥 점만을 연결하면 굵게 표시된 곡선 UU를 도출할 수 있는데 이 곡선이 도출하고자 하는 총효용가능곡선(Grand UPF)이다.

따라서 총효용가능곡선(Grand UPF)은 모든 개별 효용가능곡선(UPF)들을 둘러싼 형태를 취하게 된다. 모든 총효용가능곡선(Grand UPF) 상의 모든 점은 전술한 3가지 조건, 즉 ① 효율적 소비, ② 효율적 생산, ③ 효율적 생산물 조합을 만족시키는 파레토 최적(Paretian Optimum)을 나타낸다. 개별 효용가능곡선(UPF)은 생산가능곡선(PPF)의 한 점으로부터 도출된 것이라는 의미에서 점 효용가능곡선(point utility possibility curve)이라고 부르는 반면에, 총효용가능곡선(grand UPF)은 생산가능곡선(PPF)의 모든 점으로부터 생성된 것이라는 의미에서 상황 효용가능곡선(situation utility possibility curve)이라고도 부른다.

그러나 총효용가능곡선(Grand UPF) 상의 모든 점은 파레토 최적(Paretian Optimum)을 야기시키는 자원배분을 나타내지만 수많은 점들 중에서 어떤 점이 사회적 최적(social optimum)을 나타내는지를 판단할 수가 없다. 왜냐하면 총효용가능곡선(Grand UPF) 상의 각 점은 각기 다른 사회복지의 분배상태와 관련되어 있기 때문이다.

[그림 Ⅳ-4] 총효용가능곡선(Grand UPF)의 특성 및 한계

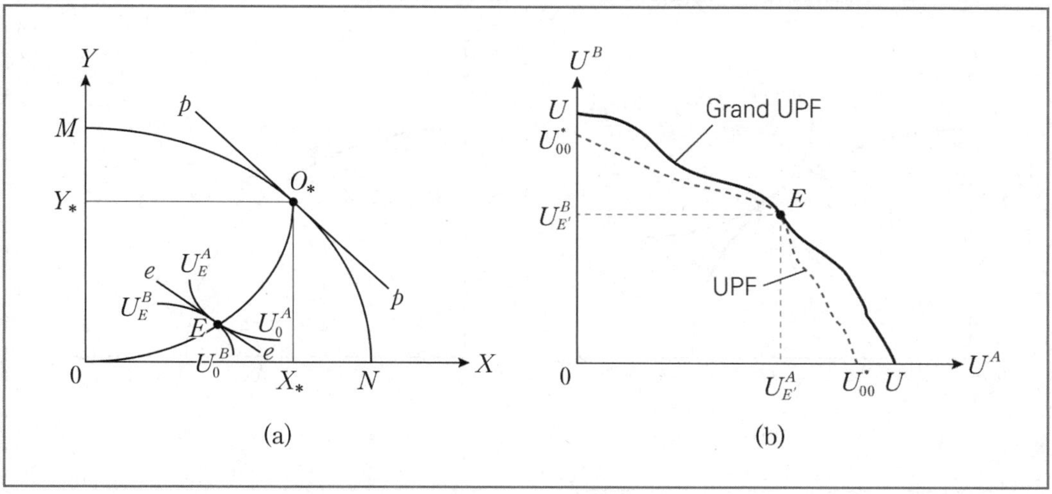

(3) 사회적 최적(Social Optimum)을 위한 자원배분(資源配分)의 조건

이제, 사회전체적 견지에서 가장 바람직한 자원배분, 즉 사회적 최적(社會的 最適, social optimum)을 위한 자원배분의 필요조건을 도출하고자 한다. 사회적 최적(social optimum)은 효율적 소비와 효율적 생산 그리고 효율적 생산물 조합을 동시에 만족시켜주는 총효용가능곡선(grand UPF)과, 주어진 사회의 소득분배에 대한 논리적 가치판단을 나타내는 등(等)복지곡선(iso-welfare curve)이 서로 접하는 점에서 만족된다. 따라서 사회적 최적(social optimum)은 경제적 효율성(economic efficiency)과 사회적 공정성(social equity)을 동시에 만족시키는 자원배분의 상태라고 정의할 수 있다.

따라서 본 연구는 자원배분의 효율성 및 소득분배의 공정성이 어떻게 동시적으로 해결될 수 있는가를 이론적으로 고찰함으로써 효율적 자원배분과 공정한 소득분배가 공존 및 조화될 수 있는 기본적인 근거를 제시하고자 한다.

[그림 Ⅳ-5]의 (a), (b), (c) 그리고 (d)는 효율성과 공정성의 상호관련성을 나타내고 있다. 우선, 그래프 (a)에서와 같이 총효용가능곡선과 등(等)복지곡선에 의하여 사회적 최적점인 E가 결정되었다고 가정하자. 이에 따라 두 소비자 A와 B에 대한 효용분배상태(U_E^A, U_E^B)가 결정되며, 이와 동시에 점 E에 접하는 개별 효용가능곡선 UPF_E가 결정되고, 효용가능곡선 UPF_E에 해당하는 효율적 생산물 조합(X_E, Y_E)가 그래프 (b), 즉 생산가능곡선 상의 점 E_1에서 결정된다.

[그림 Ⅳ-5] 경제적 효율성과 사회적 공정성의 관계

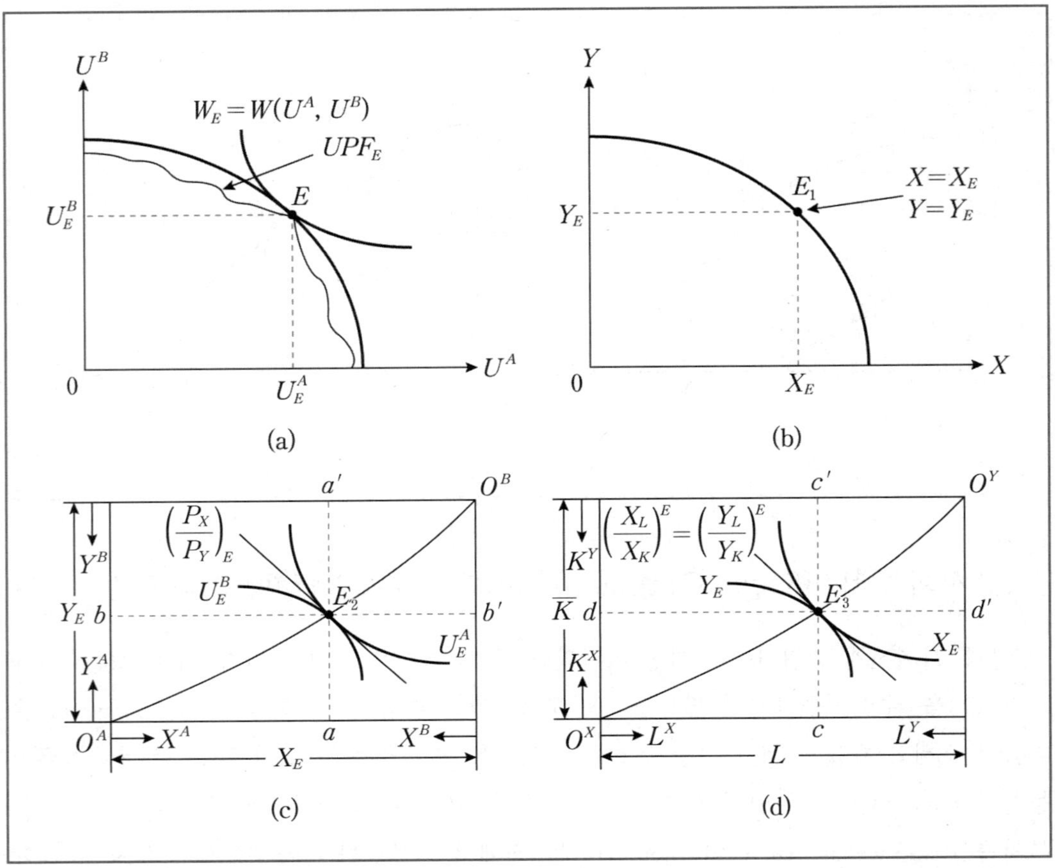

또한 효율적 생산물 조합(X_E, Y_E)이 두 소비자 A와 B 사이의 효용배분상태(U_E^A, U_E^B)가 결정되었으므로, 그래프 (c)에서 점 E_2 가 자동적으로 결정된다. 두 무차별곡선의 접점에서의 기울기는 두 생산물 X와 Y의 상대가격을 나타내므로 사회적 최적 상태를 만족시키는 두 생산물의 상대가격 $(P_X/P_Y)_E$은 동시적으로 결정된다. 그래프 (c)의 점 E_2는 두 소비자 A와 B 사이의 생산물의 분배를 결정한다. 즉, A는 생산물 X를 O^Aa 만큼, 생산물 Y를 O^Ab 만큼씩 각각 소비하는 반면에 B는 생산물 X를 O^Ba' 만큼, 생산물 Y를 O^Bb' 만큼씩 각각 소비하게 된다.

한편, 그래프 (b)의 점 E_1 으로부터 효율적 생산을 나타내는 점 E_3 가 그래프 (d)에서 결정된다. 여기서 두 등량곡선 $X_o^E = X(X, L)$ 와 $Y_o^E = X(K, L)$ 의 접점에서의 기울기는 두 요소 K 와 L 의 상대가격을 나타내므로 사회적 최적 상태를 만족시키는 두 요소의 상대가격 $(\partial X/\partial L^X)/(\partial X/\partial K^X)$ 혹은 $(\partial Y/\partial L^Y)/(\partial Y/\partial K^Y)$도 동시에 결정된

다. 이 경우, X의 생산과정에 자본 K는 O^Xd 만큼, 노동 L은 O^Xc 만큼 각각 투입되는 반면에, Y의 생산과정에 자본 K는 O^Yd' 만큼, 노동 L은 O^Yc'만큼 각각 투입된다.

상기와 같이 일단 사회적 최적(Social Optimum) 점이 결정되면 이에 따라 두 생산물 X와 Y의 조합상태, 두 소비자 A와 B의 소비수준, 두 생산물 X와 Y의 상대가격, 두 요소 K와 L의 상대가격이 모두 동시적으로 결정되는 것이다.

그러나 여기서 중요한 점은[그림 Ⅳ－5]의 (a)에서 점 E가 사회적 최적(Social Optimum)이 되기 위해서는 최초에 주어진 요소의 자원배분에 의한 소득분배 상태가 사회적 최적(Social Optimum) 상태에서의 소비수준과 일치해야 한다는 것이다. 만약 최초에 주어진 요소의 자원배분에 의한 소득분배 상태가 사회적 최적 상태에서의 소비수준과 일치하지 않는다면, 다시 말해서 A와 B의 소득수준이 그래프 (c)의 점 E_2 에 의하여 결정되는 두 생산물 X와 Y에 대한 소비지출과 일치하지 않는다면, 사회적 최적(Social Optimum)은 달성될 수 없게 된다.

상기의 분석은 경제정책적 입장에서 매우 중요한 의미를 갖는다. 즉, 성장이라는 효율성의 문제와 분배라는 공정성의 문제는 결코 분리되어 결정될 수 없는 것이며, 따라서 성장과 분배의 조화 없이는 사회복지를 극대화할 수 있는 자원배분, 즉 사회적 최적(Social Optimum)은 결코 존재할 수 없다는 것을 알 수 있다.

전술한 바와 같이, 일반균형(General Equilibrium)은 완전경쟁적 시장경제(perfectly competitive market economy)를 기본가정으로서 전제한 것이다. 여기서 제기될 수 있는 문제는 2가지가 있다:

첫째, 시장경제에 있어서 완전경쟁적인 시장구조 외의 다른 형태의 시장구조(예로서 독·과점경쟁의 시장구조)하에서는 일반균형(General Equilibrium)이 존재할 수 없는가?

둘째, 자본주의 시장경제체제 외의 다른 형태의 경제체제(예로서 사회주의 시장경제체제)에서는 일반균형(General Equilibrium)이 존재할 수 없는가?

우선, 첫 번째 문제에 대한 해답은 독점적 경쟁의 시장구조하에서도 일반균형(General Equilibrium)이 존재할 수 있는 반면에 과점시장구조하에서는 일반균형(General Equilibrium)이 존재할 가능성이 거의 없다는 것이다.

독점적 경쟁의 시장구조하에서 일반균형(General Equilibrium)의 존재는 케네스 에로우(Kenneth Joseph Arrow, 1921~2017)와 프랭크 한(Frank Horace Hahn, 1925~2013)의 1971년도 공동연구에 의하여 증명되었다. 한편, 과점시장구조하에서 일반균형(General Equilibrium)의 존재는 아직도 증명되지 못하고 있다. 그 이유는 근본적으로 과점기업의 행동에 대하여 독점적 경쟁기업의 반응이 예측불가능하기 때문이다. 특히, 조안 로빈슨(Joan Robinson, 1903~1983) 교수의 「불완전경쟁의 경제학」(The Economics of Imperfect Competition, 1933년)[46]은 현대의 시장경제에 관한 제도적 전제조건을 명확히 함으로써, 불(不)완전 경쟁시장에서의 기업행동을 설명하였다. 상기의 이론은 시장기구를 통하여 이루어지는 희소자원의 배분이 효율적으로 된다는 명제를 부정하는 결론을 내렸다.

다음으로, 상기한 두 번째 문제에 대한 해답은 다음과 같다: 일반균형(General Equilibrium)은 '자본주의 경제체제(capitalist system)'뿐만 아니라 생산수단이 사회적으로 소유되지만 경제의 의사결정은 분권화(decentralized)되어 있는 소위 '사회주의 시장경제체제(market socialism system)'에서도 존재할 수 있다.[47]

물론, 신고전학파 경제이론의 분석대상은 순수한 의미의 시장경제제도(market economic system)이다. 그리고 생산 및 소비를 위한 희소자원은 모두 사유화되어 있다고 가정한다. 시장경제제도의 가장 중요한 전제조건인 생산수단의 사유제를 가정한다. 따라서 신고전학파의 경제이론은 모든 희소자원에 관해서 사유제를 전제로 하고, 사적 이윤추구의 시장기구를 통해서 그 분배가 이루어질 때 효율적인 자원배분과 형평한 소득분배가 동시적으로 실현된다고 주장한다.

그러나 토스테인 베블렌(Thorstein Veblen, 1857~1929)[48]은 신고전학파 경제이론의 분석대상인 시장경제제도(market economic system)를 다음과 같이 비판하였다: 수많은 욕망의 응결체로서의 경제인이 합리적(合理的)이지만 역사적 궤적을 갖지 않고 각자 다른 경제인으로부터 완전히 고립된 존재로서 쾌락과 고통을 순시적(瞬時的)으로 계산하는 계산기와 같이 행동하는 암흑의 세계가 시장경제제도(market economic system)이다.

다시 말하면, 현실의 시장경제는 아무리 순수한 형태의 것이라 하더라도, 상기와 같은 진공(眞空)의 세계 속에서 기능하고 있는 것은 아니다. 현실의 시장경제는 그것이 유래된 역사적·자연적 조건 아래서 형성된 정치적·문화적·사회적 제도 속에 공간적 넓이를 가진 세계이다. 시장경제를 구성하는 경제주체는 개인이든 혹은 기업이든 간에 단순한 경제인으로서가 아니라 정치적·문화적·사회적 제도 안에서 서로 밀접한 관계를 가지면서 생

46) Robinson, Joan(1933), The Economics of Imperfect Competition, London: Macmillan Co.

47) 상기 증명은 랑게(O. Lange, 1937), 러너(A. P. Lerner, 1937), 킨·세커카·헤지(O. Kyn, B. Sekerka and L. Heji, 1966)에 의하여 분석되었다.

48) Veblen, Thorstein(1898), Quarterly Journal of Economics, July, pp. 373~397.

활하고 행동하는 사회적 존재이다. 시장경제제도 자체도 상기와 같은 조건하에서 형성된 것이다.

그러나 신고전학파의 일반균형(一般均衡) 모형이 생산수단의 사유화를 전제로 한다는 이유로써 자본주의 경제체제를 위한 것이라고 비판하는 것과, 심지어 상기 모형은 자본주의의 정당성을 입증하고자 하는 것이라는 비판은 일반균형(general equilibrium)이라는 가치를 '부분적'으로만 인식하고 '일방적'으로 매도해 버리는 무지(無知)의 오류이다.

생산수단의 사유화를 전제하는 '자본주의 경제체제(capitalist system)'뿐만 아니라 생산수단이 사회적으로 소유되지만 경제의 의사결정은 분권화(decentralized)되어 있는 소위 '사회주의 시장경제체제(market socialism system)'에서, 모든 자원들은 사회구성원들이 필요로 하는 재화와 용역을 생산하는 데 사용된다. 따라서 모든 사회는 근본적으로 다음과 같은 2가지의 경제적 문제에 직면하게 된다. 첫 번째 문제는 주어진 자원을 여러 종류의 생산물을 산출하기 위하여 어떻게 배분해야 할 것인가이다. 각 생산물 간의 자원배분은 주어진 생산기술수준하에서 각 생산물의 산출량과 요소공급을 결정한다. 두 번째 문제는 산출된 생산물을 사회구성원들에게 어떻게 분배해야 할 것인가이다.

사회적 최적(social optimum), 즉 경제적 효율성(economic efficiency)과 사회적 공정성(social equity)을 동시에 만족시키는 자원배분의 상태와 관련된 경제이론적 배경을 개관하면 다음과 같다.

리오넬 로빈스(Lionel C. Robbins, 1898~1984)의 저서 「경제학의 본질과 의의」(1932년) 이후 반세기에 걸친 복지경제학(Welfare Economics)의 발전과정에 있어서 '소득분배의 공정성'에 관한 연구는 경제학자의 주된 관심사가 아니었다. 이 결과, 시장기구에 의한 '자원배분(資源配分)의 효율성(效率性)'에만 주목하게 되었고, 어떤 사회적 판단에 의거하는 '소득분배(所得分配)의 공정성(公正性)'에 관해서는 경제학이 관여할 바가 아니라고 사유되어 왔었다.

그러나 효율성(效率性) 기준으로 자원배분을 평가하는 것 자체는 사실 어떤 특정한 가치판단에 의거한다. 시장제도는 희소자원의 다양한 용도로의 배분과, 거기에 수반되는 각 경제주체에 대한 소득분배에 관한 일정한 규범을 의미한다. 따라서 시장기구를 통해서 행해지는 희소자원의 배분을 평가하는 경우에는 단지 '자원배분(資源配分)의 효율성(效率性)'만이 아니라 '소득분배(所得分配)의 공정성(公正性)'에 대해서도 고려하지 않으면 안 된다. 또한 소득분배의 공정성 문제에 관해 평가를 내릴 때에는 어떤 가치판단에 입각해야 한다는 것이 현대 경제학의 과제인 것이다. 여기서 '소득분배'는 단순한 명목적 소득의 분배를 의미하는 것은 아니라, 각 개인이 소비활동에 의해 각자 얼마만큼의 실질적 만족감을 얻고 있는가에 관한 것이다.

베르그송－사뮤엘슨(Bergson－Samuelson)의 '사회적 복지함수(Social Welfare Function)' 이론[49]은 가치판단을 어떻게 정식화하는가를 논술한다. 상기의 이론은 개인이 스스로의 가치판단에 의거해서 자유롭게 선택한 사회복지함수(Social Welfare Function)를 하나씩 가지고 있다고 가정한다. 따라서 개인의 효용을 사회적으로 집계함으로써, 사회적 효용(Social Utility)을 구하는 규칙으로서 소득배분에 관해 가치기준을 명시적으로 표현할 수 있다고 주장한다.

다시 말하면, 주관적 가치기준을 표시하는 선호 순서(Preference Ranking) 혹은 무차별곡선(無差別曲線體系, Indifference Map)은 각자의 시장에서의 행동으로부터 유추 가능하다는 것이다. 만약 실질적 만족감을 하나의 실체적·보편적인 척도로서의 효용(效用)에 의해 측정할 수 있다는 벤담－피구의 '효용 이론(Utility Theory)'의 입장을 취한다면 '사회적 효용(Social Utility)'은 단지 개개인이 누리는 효용의 합계로써 나타낼 수 있다는 것이다. 벤담(Jeremy Bentham)·밀(John Stuart Mill)·피구(A. C. Pigou)는 실질적 만족감을 하나의 실체적·보편적인 척도로서의 효용(Utility)에 의해 측정할 수 있으며 사회적 효용(Social Utility)은 단지 각 개인의 효용의 합계로써 나타낼 수 있다고 주장한다.

● 사회복지함수(Social Welfare Function)

전술한 바와 같이, 총효용가능곡선(grand UPF) 상의 각 점은 각기 다른 사회복지의 분배상태와 관련되어 있기 때문에 총효용가능곡선(grand UPF) 상의 수많은 점들 중에서 사회적 최적(social optimum)에 해당하는 한 점을 선택하는 것이 불가능하다.

상기의 문제를 해결하기 위해서는 각기 다른 사회복지의 분배상태가 달성시키는 파레토 최적(Paretian Optimum)에 대하여 선택의 순위를 정할 수 있는 어떤 특정한 함수가 필요하게 된다. 이 함수가 바로 사회복지함수(social welfare function)인 것이다. 따라서 사회복지함수(Social Welfare Function)를 이용하여 여러 가지 대안적인 자원배분 중에서 사회복지를 극대화할 수 있는 자원배분, 즉 사회적 최적(social optimum)을 위한 자원배분을 선택할 수 있는 것이다.

---

49) Abram Bergson(1938), "A Reformulation of Certain Aspects of Welfare Economics," Quarterly Journal of Economics, Vol. LⅡ. pp. 310~334; Paul A. Samuelson(1947), Foundations of Economic Analysis, Harvard University Press.

일반적으로, 사회복지함수(Social Welfare Function)는 다음과 같은 5가지의 기본가정을 전제로 하고 있다.50)

① 사회복지함수(Social Welfare Function)는 주어진 사회의 모든 개인의 효용지수(individual utility indexes)에 의하여 결정되며 각 개인의 효용지수(Utility Index)는 서수적(ordinal)이다.
② 주어진 여러 가지의 경제적 상황에 대한 사회적 선호(social preference)는 개인의 서수적(ordinal) 효용지수(Utility Index)로써 나타낼 수 있다.
③ 사회복지와 개인의 서수적(ordinal) 효용지표 사이에 대한 함수적 형태는 오직 윤리적 판단(倫理的 判斷)에 의하여 구체화될 수 있다. 즉, 어떤 윤리적 판단(倫理的 判斷) 없이는 사회복지함수(Social Welfare Function)를 특정화시킬 수 없으며, 나아가서 사회적 최적(social optimum)의 자원배분을 선택할 수 없다는 것이다.
④ 특정한 형태의 사회복지함수(Social Welfare Function)를 정책결정자가 어떤 윤리적 판단을 근거로 하여 결정하는 데 있어서 그 정책결정자가 누구라 할지라도 그는 주어진 사회를 구성하는 모든 개인의 서수적(ordinal) 효용함수를 알고 있다.
⑤ 사회복지함수(Social Welfare Function)는 이 함수의 유일한 구성인자인 개인의 서수적(ordinal) 효용지수(Utility Index)에 대하여 오직 한 가지의 사회복지 수준을 갖는다.

전술한 5가지의 가정하에서, 사회복지함수(Social Welfare Function)는 다음과 같이 나타낼 수 있다.

$$W = W(U^A,\ U^B) \qquad \cdots\cdots (63)$$

● 등(等)복지곡선(iso-welfare curve)

효용함수(U)로부터 무차별곡선(iso-utility curve)을 도출한 것과 동일한 방법으로 상기의 사회복지함수(Social Welfare Function)로부터 다음과 같은 등(等)복지곡선(iso-welfare curve)을 도출할 수 있다.

50) Farrell, M. J.(1973), Readings in Welfare Economics, Macmillan St. Martin's Press; Geiger, Frances M.(1978), Welfare and Efficiency, The Macmillan Press.

$$W_0 = W(U^A, U^B) \quad \cdots\cdots (64)$$

여기서 $\dfrac{\partial W}{\partial U^i} > 0, \ i = A, B$

$\dfrac{\partial U^i}{\partial U^j} < 0, \ i, j = A, B,$ 그리고 $i \neq j$

등(等)복지곡선(iso-welfare curve)은 상기의 5가지 가정들과 관련하여 다음과 같은 2가지의 특성을 갖는다.

① 주어진 사회의 모든 구성원들 중에서 어떠한 개인의 효용수준이 증가하더라도 이에 따라 사회복지 수준은 증가한다. 수학적으로 말하면, 사회복지함수(Social Welfare Function, W)는 각 개인의 효용수준(U)에 대하여 단조 증가함수(monotonically increasing function)라는 것이다. 즉, $\partial W / \partial U^i > 0$ 이다. 따라서 등(等)복지곡선(iso-welfare curve)은 어떠한 영역에서도 수직적이거나 혹은 수평적인 형태를 갖지 않으며 또한 등(等)복지곡선(iso-welfare curve)들은 서로 교차하지 않는다.

② 사회복지 수준이 주어졌을 때(즉, $W = W_0$ 로 정해졌을 때) 어떤 개인의 효용수준(U^j)이 증가하면 다른 개인의 효용수준(U^i)은 감소한다. 즉, $\partial U^i / \partial U^j < 0, \ i \neq j$ 이다. 따라서, 등(等)복지곡선(iso-welfare curve)은 마이너스('負')의 기울기를 갖는다.

따라서 사회복지함수(Social Welfare Function, W) 혹은 등(等)복지곡선(iso-welfare curve)[51)]은 사회적 최적의 자원배분을 결정 및 선택하는 역할뿐만 아니라 비록 사회적 최적(social optimum)은 아닐지라도 파레토 최적(paretian optimum)인 자원배분들에 대한 사회복지(Social Welfare)의 순위를 정할 수 있는 역할과 함께 효율적 자원배분과 비(非)효율적 자원배분을 비교할 수 있는 역할을 할 수 있다.

[그림 Ⅳ-6]으로써 설명하면 다음과 같다: 총효용가능곡선(grand UPF) 상의 점 F, G, E_*는 모두 파레토 최적(Paretian Optimum)을 의미하므로 효율적인 소비와 효율적인 생산 및 효율적인 생산물 조합을 나타내지만 총효용가능곡선(grand UPF) 내의 점 Z는 비(非)효율적인 자원배분을 나타낸다. 이러한 점들 중에서 점 E_*가 사회적 최적(social

51) Bergson, Abram(1938), "A Reformulation of Certain Aspects of Welfare Economics," Quarterly Journal of Economics; Bergson, Abram(1966), Essays in Normative Economics, Cambridge, Massachusette: Harvard University Press.

optimum)을 나타내고 있다. 만약 점 G와 점 Z의 자원배분 중에서 하나를 선택하게 된다면 비(非)효율적인 자원배분을 나타내는 점 Z가 효율적인 자원배분을 나타내는 점 G보다 사회 전체적으로 바람직하다는 것이다. 따라서 소득분배가 사회적으로 공정하지 않다면 자원배분이 아무리 효율적이라고 하더라도 이 자원배분은 사회적으로 바람직하지 않다는 것을 알 수 있다.

상기와 같은 특성을 갖는 등(等)복지곡선(iso−welfare curve)은 여러 가지의 대안적인 자원배분 중에서 사회복지 수준을 극대화할 수 있는 사회적 최적(social optimum)의 자원배분을 선택할 수 있게 한다. [그림 Ⅳ−6]에 나타나 있듯이, 경제적 효율성(economic efficiency)을 나타내는 총효용가능곡선 UU와, 등(等)복지곡선 $W_1 W_1$이 서로 접하는 점 E_*가 바로 사회적 최적(social optimum)을 위한 자원배분 상태를 나타낸다.

[그림 Ⅳ-6] 사회적 최적(social optimum)을 위한 효율적 자원배분

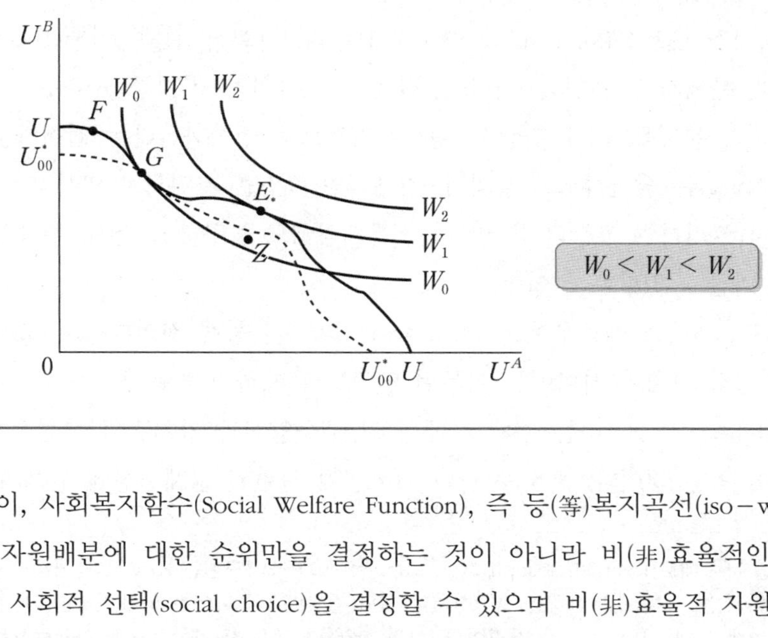

이와 같이, 사회복지함수(Social Welfare Function), 즉 등(等)복지곡선(iso−welfare curve)은 효율적 자원배분에 대한 순위만을 결정하는 것이 아니라 비(非)효율적인 자원배분에 대하여서도 사회적 선택(social choice)을 결정할 수 있으며 비(非)효율적 자원배분과 효율적 자원배분에 대한 비교 및 사회적 선택을 가능하게 한다.

상기의 결론과 관련하여, 우리가 반드시 짚고 넘어가야 할 것은 다음과 같다: '사회적 복지함수(Social Welfare Function)'에 입각하여, 사회 전체로서 소득배분에 과한 사회적 가치 기준을 통계적으로 구할 수 있을 것인가? 이러한 개인의 가치관으로부터 사회적 가치(Social Value)로의 집계의 절차가 어떠한 논리적 조건 아래서 가능하게 될 것인가?

상기 문제에 관해서 형식논리적 규범에 의해 분석한 것이 1972년 노벨경제학상 수상자(51세로 역사상 최연소 수상자)인 케네스 애로우(Kenneth Joseph Arrow, 1921~2017)[52]의 '사회적 선택(Social Choice)' 이론이다.[53] 그의 이론에 의하면 각 개인의 가치를 집계해서 사회적 가치를 구하는 규칙이 형식논리적인 수미(首尾) 일관성(一貫性)을 충족시키고 있을 때에는 어떤 특정 개인의 가치관에 의해서 지배되거나 혹은 어떠한 편견에 입각해서 결정된다는 성질을 가지게 된다는 사실을 제기한다. 그리고 민주주의적 사회에서 논리적 일관성을 가진 '사회적 선택(Social Choice)'의 규칙은 존재할 수 없다는 명제, 즉 '불가능성 정리(Impossibility Theorem)'를 제시하였다.

다시 말하면, 케네스 애로우(Kenneth J. Arrow)는 소득분배에 관한 가치판단이 주관적 및 상대적이라는 신(新)고전학파 복지경제학(Welfare Economics)의 입장을 인정하지만 그러한 가치판단을 합리적 절차에 따라 구하려는 시도는 부정한다는 것이다. 이것이 케네스 애로우(Kenneth J. Arrow)의 '불가능성 정리(Impossibility Theorum)'이다. 즉, '집단의 합리적 선택은 불가능(不可能)하다'는 것이다.

그러나 케네스 애로우(Kenneth J. Arrow) 교수의 '사회적 선택' 이론(Theory of Social Choice)에서의 문제점은 개인적 판단을 집계하여 사회적 가치를 구하는 사회적 선택(Social Choice)의 문제를 단지 추상적·형식논리적으로 정식화한다는 점이다. 즉, 사회적 선택(Social Choice)은 필연적으로 사회적·경제적인 측면을 가지므로 역사적·제도적인 요인들을 충분히 고려하여 고찰되어야만 하는 문제임에도 불구하고, 단지 추상적·형식논리적 차원에서 머물고 있다는 점이다.

다시 말하면, 케네스 애로우(Kenneth J. Arrow)의 '불가능성 정리(Impossibility Theorem)'는 개개의 개인적 가치관 사이에는 아무런 연관도 존재하지 않는다는 것을 전제로 한다. 그러나 '사회(社會)'를 구성하는 주체 간에는 그 행동양식과 가치관이 사회적 연대감으로 서로 연관되어 있는 것이다. 특히 시민의 기본권에 관련된 경제현상에 관해서 공통된 가

52) 케네스 조셉 '켄' 애로(Kenneth Joseph 'Ken' Arrow, 1921~2017년)는 신고전파 경제학자로서 1972년에 존 힉스와 함께 노벨 경제학상을 수상하였다. 수상할 시 그의 나이는 51세였으며, 현재까지 가장 어린 나이에 노벨 경제학상을 수상한 사람이다. 그의 학생 중 많은 사람들도 노벨 경제학상을 수상하였다. 그의 가장 중요한 업적은 '애로의 불가능성 정리'와 같이 사회선택이론에 관하여 연구한 것과 일반균형이론에 관하여 연구이다. 그는 내생적 성장이론이나 정보 비대칭 이론에도 큰 기여를 하였다.

53) Arrow Kenneth J.(1961), Social Choice and Individual Values, John Wiley; Arrow, Kenneth J.(1963), Social Choice and Individual Values, Hoboken, N.J: John Wiley; Arrow, Kenneth J.(1968), "Economic Equilibrium," in International Encyclopedia of the Social Studies, Vol. 4. Arrow, Kenneth J. and F. H. Hahn(1971), General Competitive Analysis, Edinburgh: Oliver and Boyd.

치관이 형성되어 있다. 이러한 사회적 연대감을 부정한다면, 심지어 '사회(社會)'의 존속마저 의문시될 수밖에 없을 것이다.

한편, 피터 블라우(Peter Blau)[54]는 1961년 케네스 애로우(Kenneth J. Arrow)[55]의 「사회적 선택과 개인적 가치」(Social Choice and Individual Values)에서 전개된 추상적 정식화는 중대한 논리적 오류를 포함하고 있기 때문에, 만약 개인 가치관의 다양성에 관해서 더욱 엄격한 기본적 전제조건이 부여되지 않는다면 애로우(Kenneth J. Arrow)의 '불가능성 정리(Impossibility Theorem)'가 성립될 수 없다고 지적하였다. 즉, 집단의 합리적 선택은 가능하다는 것이다.

(4) '사회정의(Social Justice)'의 필요조건

이제, 사회적 최적(social optimum)을 위한 자원배분(資源配分)의 조건을 수학적으로 도출하고자 한다. [그림 Ⅳ-6]에 나타나 있듯이, 사회적 최적(social optimum)은 총효용가능곡선(Grand UPF)을 주어진 제약조건으로 하여 사회복지함수(W)가 극대화되는 것이므로 우선 제약조건인 총효용가능곡선(Grand UPF)을 다음과 같이 음(陰)함수(implicit function)의 형태로 변형해야 된다.

$$G(U,\ U^A,\ U^B) = 0 \qquad (65)$$

여기서 U: 사회적 효용, U^i: i (A 혹은 B)의 개인적 효용
G: 음(陰)함수

따라서 우리가 설정하고자 하는 제약조건하의 사회복지 극대화 모형은 다음과 같다.

MAX

$$W = W[U^A(X^A,\ Y^A),\ U^B(X^B,\ Y^B)]$$

subject to

$$G[U(U^A,\ U^B),\ U^A(X^A,\ Y^A),\ U^B(X^B,\ Y^B)] = 0$$

54) Blau, Peter(1963), "A Note on Arrow's Theorem in the Theory of Social Choice," Econometrica.

55) Arrow Kenneth J.(1961), Social Choice and Individual Values, John Wiley.

상기의 모형에 대한 라그란지안 함수 L 은 라그란지안 승수 λ 와 함께 다음과 같이 나타낼 수 있다.

$$L = W[U^A(X^A,\ Y^A),\ U^B(X^B,\ Y^B)] + \lambda \cdot G[U(U^A,\ U^B),\ U^A(X^A,\ Y^A),\ U^B(X^B,\ Y^B)] \quad \cdots\cdots (66)$$

상기의 함수 L 을 U^A 와 U^B 에 대하여 편미분한 결과를 '0'으로 두고 함수 L 을 λ 에 대하여 편미분하면 각각 다음과 같다.

$$\partial L / \partial U^A = \partial W / \partial U^A + \lambda \cdot (\partial G / \partial U)(\partial U / \partial U^A) = 0 \quad \cdots\cdots (67)$$

$$\partial L / \partial U^B = \partial W / \partial U^B + \lambda \cdot (\partial G / \partial U)(\partial U / \partial U^B) = 0 \quad \cdots\cdots (68)$$

$$\partial L / \partial \lambda = G[U(U^A,\ U^B),\ U^A(X^A,\ Y^A),\ U^B(X^B,\ Y^B)] = 0 \quad \cdots\cdots (69)$$

식(67)과 식(68)로부터 다음과 같은 관계를 도출할 수 있다.

$$\frac{\partial W / \partial U^A}{\partial W / \partial U^B} = \frac{\partial U / \partial U^A}{\partial U / \partial U^B} \quad \cdots\cdots (70)$$

여기서 $(\partial W / \partial U^A)/(\partial W / \partial U^B)$ 는 식(64)에 나타나 있는 등(等)복지곡선의 기울기의 절대치를 의미함과 동시에 사회적 최적(social optimum) 상태에서 두 사람의 효용수준에 대한 사회적 중요성(social significance)의 한계비율을 나타낸다. 그리고 $(\partial U / \partial U^A)/(\partial U / \partial U^B)$ 는 식(65)에 나타나 있는 음함수 형태의 총효용함수에 대한 사회적 최적점에서의 기울기의 절대치를 의미한다.

그러므로 사회적 최적(social optimum)의 자원배분(資源配分)을 위한 필요조건, 식(70)은 총효용함수(Grand UPF)의 기울기와 등(等)복지곡선의 기울기가 일치해야 된다는 것을 나타낸다. 이 조건을 만족시키는 점이 바로 [그림 Ⅳ-6]의 점 E_*, 즉 사회적 최적(social optimum)을 위한 효율적 자원배분인 것이다.

한편, 상기의 조건을 보다 경제학적 의미로 나타내기 위하여 식(70)의 $(\partial U / \partial U^A)/(\partial U / \partial U^B)$를 다음과 같이 변형하고자 한다. 우선, 상기할 것은 생산가능곡선(PPF) 상의 각 점은 하나의 계약곡선을 형성하고, 이는 다시 개별 효용가능곡선(UPF)을 산출하며, 또한 이 곡선은 사회적 최적(social optimum)점에서 총효용가능곡선(grand UPF)과 접하게 된다는 점이다.

따라서 식(70)의 $(\partial U/\partial U^A)/(\partial U/\partial U^B)$는 사회적 최적(social optimum)점에 있어서 총효용가능곡선(grand UPF)의 기울기를 나타냄과 동시에 개별 효용가능곡선(UPF)에 대한 사회적 최적(social optimum)점에서의 기울기와 직접적인 관계를 갖는다. 즉, 개별 효용가능곡선 상의 사회적 효용 U는 두 사람의 효용수준 U^A와 U^B의 함수로서 일정한 값을 갖게 된다.

$$U_0 = U[U^A(X^A,\ Y^A),\ U^B(X^B,\ Y^B)] \quad \cdots\cdots (71)$$

여기서 만약 생산물 X의 한 단위를 A에서 B로 이전시키되 두 사람 A와 B에 대한 생산물 Y의 분배상태에는 전혀 변화가 없다면 A의 효용수준 U^A는 감소될 것이지만 B의 효용수준 U^B는 증가될 것이다. 그러나 사회적 효용 U_0는 사회적 최적의 자원배분이 산출한 효용수준으로서 고정되어 있기 때문에 주어진 사회적 효용수준에는 아무런 변화가 없다. 이 관계를 수식으로 표시하면 다음과 같다.

$$dU_0 = 0 = \frac{\partial U}{\partial U^A}\cdot\frac{\partial U^A}{\partial X^A} + \frac{\partial U}{\partial U^B}\cdot\frac{\partial U^B}{\partial X^B} \quad \cdots\cdots (72)$$

상기의 식(72)를 다음과 같이 정리할 수 있다.[56)]

$$\frac{\partial U/\partial U^A}{\partial U/\partial U^B} = \frac{\partial U^B/\partial X^B}{\partial U^A/\partial X^A} = \frac{MU_{X^B}}{MU_{X^A}} \quad \cdots\cdots (73)$$

한편, 생산물 Y의 한 단위를 A에서 B로 이전시키되 두 사람 A와 B에 대한 생산물 X의 분배상태에는 전혀 변화가 없는 경우에 대하여 상기와 동일한 방법을 적용시키면 다음과 같은 관계를 얻을 수 있다.

56) 분석의 편의상 도출과정에 있어서 발생된 '−' 부호를 생략하여 절대치로 만들었다.

$$\frac{\partial U/\partial U^A}{\partial U/\partial U^B} = \frac{\partial U^B/\partial Y^B}{\partial U^A/\partial Y^A} = \frac{MU_{Y^B}}{MU_{Y^A}} \quad \cdots\cdots (74)$$

따라서 식(73)과 식(74)에 의하여 다음과 같은 관계가 성립된다.

$$\frac{\partial U^B/\partial X^B}{\partial U^A/\partial X^A} = \frac{\partial U/\partial U^A}{\partial U/\partial U^B} = \frac{\partial U^B/\partial Y^B}{\partial U^A/\partial Y^A} \quad \cdots\cdots (75)$$ [57]

또한

$$\frac{M_{X^B}}{M_{X^A}} = MRS_{U^A,\ U^B} = \frac{M_{Y^B}}{M_{Y^A}} \quad \cdots\cdots (76)$$

그러므로 사회적 최적(social optimum)점에서의 개별 효용가능곡선(UPF)은 주어진 사회적 효용수준($U = U_0$)을 유지하기 위하여 두 생산물 X와 Y 중 어떤 것이라도 한 단위의 생산물이 A에게나 혹은 B에게 분배됨으로써 산출되는 한계효용(MU)의 비율과 일치해야 된다. 이와 동시에, 이 한계효용(MU)의 비율은 주어진 사회적 효용수준하에서 두 사람의 한계효용 U^A 와 U^B 사이의 한계대체율과 일치해야 된다는 것을 알 수 있다.

상기의 관계를 사회복지(W)와 관련지어 경제학적 의미를 도출하기 위해서 식(75)를 식(70)에 적용하면 다음과 같다.

$$\frac{\partial W/\partial U^A}{\partial W/\partial U^B} = \frac{\partial U/\partial U^A}{\partial U/\partial U^B} = \frac{\partial U^B/\partial X^B}{\partial U^A/\partial X^A} = \frac{\partial U^B/\partial Y^B}{\partial U^A/\partial Y^A} \quad \cdots\cdots (77)$$

즉, 사회적 최적(social optimum) 상태하의 주어진 사회복지 수준을 유지하기 위해서는 두 사람의 효용수준 U^A 와 U^B 에 대한 사회적 중요성의 한계비율$(\partial W/\partial U^A)/(\partial W/\partial U^B)$이 두 사람의 효용수준 U^A 와 U^B 사이의 한계대체율$(\partial U/\partial U^A)/(\partial U/\partial U^B)$과 일치되

57) 이 식에 있어서 $(\partial U^B/\partial X^B)/(\partial U^A/\partial X^A)$ 및 $(\partial U^B/\partial Y^B)/(\partial U^A/\partial Y^A)$는 식(49)의 $(\partial U^A/\partial Y^A)/(\partial U^A/\partial X^A)$ 및 $(\partial U^B/\partial Y^B)/(\partial U^B/\partial X^B)$와 각각 상이하다는 점에 유의할 필요가 있다.

어야 함과 동시에 두 생산물 X와 Y 중 어떤 생산물의 1단위가 A에게나 혹은 B에게 분배됨으로써 산출되는 한계효용의 비율과 일치해야 된다는 것이다.

또한 사회적 최적(social optimum) 상태하에서 극대화된 사회복지 수준을 유지하기 위해서는 어떤 생산물(X이든 혹은 Y이든 간에)의 1단위가 A에게 분배됨으로써 산출된 A의 한계효용이 야기시키는 사회복지 수준의 증가는 동일한 생산물의 1단위가 B에게 분배됨으로써 산출된 B의 한계효용이 야기시키는 사회복지수준의 증가와 일치해야 된다는 것이다. 간단히 말해서, 어떤 생산물의 1단위가 모든 개인에게 주는 사회적 가치(social value)가 동일해야 한다는 것이다.

$$\frac{\partial W}{\partial U^A} \cdot \frac{\partial U^A}{\partial X^A} = \frac{\partial W}{\partial U^B} \cdot \frac{\partial U^B}{\partial X^B} \quad \cdots\cdots (78)$$

$$\frac{\partial W}{\partial U^A} \cdot \frac{\partial U^A}{\partial Y^A} = \frac{\partial W}{\partial U^B} \cdot \frac{\partial U^B}{\partial Y^B} \quad \cdots\cdots (79)$$

상기의 조건은 산출된 생산물(X와 Y)이 모든 사회구성원(A와 B)에 대한 '공정한 생산물 분배', 즉 '사회정의(Social Justice)'를 위한 필요조건을 의미한다. 즉, 상기 필요조건은 각 생산물(X와 Y)의 1단위가 A와 B에 주는 사회적 가치(social value)가 동일해야 한다는 것이다. 따라서 저자는 상기 필요조건을 '사회정의(social justice)의 필요조건(必要條件)'이라고 부르고자 한다.

4) 일반균형(General Equilibrium) 모형하에서 '파레토 효율(Paretian Efficiency)'과 '사회적 최적(Social Optimum)'의 공존에 관한 수학적 증명

이제, 상기한 분석결과: 일반균형(General Equilibrium) 분석 모형하에서 '파레토 효율(Paretian Efficiency)'과 '사회적 최적(Social Optimum)'의 공존을 위한 수학적 증명을 다음과 같이 요약하고자 한다:

MAX

$$W = W(U^A,\ U^B) \cdots\cdots (80)$$

Subject to

$$K_0 = K^X + K^Y \cdots\cdots ①$$

$$L_0 = L^X + L^Y \cdots\cdots ②$$

$$X^A + X^B = X(K^X,\ L^X) \cdots\cdots ③$$

$$Y^A + Y^B = Y(K^Y,\ L^Y) \cdots\cdots ④$$

$$U^A = U^A(X^A,\ Y^A) \cdots\cdots ⑤$$

$$U^B = U^B(X^B,\ Y^B) \cdots\cdots ⑥$$

상기의 모형에 있어서 식(80)은 사회복지함수(W)로서 극대화의 대상이 되는 목적함수를 나타낸다. 그 제약조건으로서 상기한 식①과 식②는 부존자원과 요소배분을, 식③과 식④는 두 생산물 X와 Y의 생산함수를 각각 나타냄과 동시에 두 소비자 A와 B에 대한 생산물의 분배를, 식⑤와 식⑥은 두 소비자 A와 B의 효용함수를 각각 나타낸다.

상기와 같은 제약조건하의 극대화 모형은 라그란지안 승수 λ_1, λ_2, λ_3, λ_4를 각각 해당함수와 관련시켜 다음과 같은 라그란지안 함수 W^* 를 설정할 수 있다.

$$\begin{aligned} W^* =\ & W[U^A(X^A,\ Y^A),\ U^B(X^B,\ Y^B)] \\ & + \lambda_1(K_0 - K^X - K^Y) \\ & + \lambda_2(L_0 - L^X - L^Y) \\ & + \lambda_3[X^A + X^B - X(K^X,\ L^X)] \\ & + \lambda_4[Y^A + Y^B - Y(K^Y,\ L^Y)] \cdots\cdots (81) \end{aligned}$$

상기의 함수 W^* 를 X^A, X^B, Y^A, Y^B, K^X, K^Y, L^X, L^Y 에 대하여 각각 편미분하여 그 결과를 각각 '0'으로 놓고, 이 함수 W^* 를 λ_1, λ_2, λ_3, λ_4 에 대하여 각각 편미분하면 다음과 같다.

$$\partial W^*/\partial X^A = (\partial W/\partial U^A)(\partial U^A/\partial X^A) + \lambda_3 = 0 \cdots\cdots (82)$$

$$\partial W^* / \partial X^B = (\partial W / \partial U^B)(\partial U^B / \partial X^B) + \lambda_3 = 0 \quad \cdots\cdots (83)$$

$$\partial W^* / \partial Y^A = (\partial W / \partial U^A)(\partial U^A / \partial Y^A) + \lambda_4 = 0 \quad \cdots\cdots (84)$$

$$\partial W^* / \partial Y^B = (\partial W / \partial U^B)(\partial U^B / \partial Y^B) + \lambda_4 = 0 \quad \cdots\cdots (85)$$

$$\partial W^* / \partial K^X = -\lambda_1 - \lambda_3 (\partial X / \partial K^X) = 0 \quad \cdots\cdots (86)$$

$$\partial W^* / \partial K^Y = -\lambda_1 - \lambda_4 (\partial Y / \partial K^Y) = 0 \quad \cdots\cdots (87)$$

$$\partial W^* / \partial L^X = -\lambda_2 - \lambda_3 (\partial X / \partial L^X) = 0 \quad \cdots\cdots (88)$$

$$\partial W^* / \partial L^Y = -\lambda_2 - \lambda_4 (\partial Y / \partial L^Y) = 0 \quad \cdots\cdots (89)$$

$$\partial W^* / \partial \lambda_1 = K_0 - K^X - K^Y = 0 \quad \cdots\cdots (90)$$

$$\partial W^* / \partial \lambda_2 = L_0 - L^X - L^Y = 0 \quad \cdots\cdots (91)$$

$$\partial W^* / \partial \lambda_3 = X^A + X^B - X(K^X, L^X) = 0 \quad \cdots\cdots (92)$$

$$\partial W^* / \partial \lambda_4 = Y^A + Y^B - Y(K^Y, L^Y) = 0 \quad \cdots\cdots (93)$$

첫째, 식(82)~식(85)로부터 다음과 같은 '효율적 소비'를 위한 필요조건을 도출할 수 있다.

$$\frac{\partial U^A / \partial X^A}{\partial U^A / \partial Y^A} = \frac{\partial U^B / \partial X^B}{\partial U^B / \partial Y^B} \quad \cdots\cdots (50)$$

즉,

$$MRS_{XY}{}^A = MRS_{XY}{}^B \quad \cdots\cdots (52)$$

둘째, 식(86)~식(89)로부터 다음과 같은 '효율적 생산'을 위한 필요조건을 도출할 수 있다.

$$\frac{\partial X / \partial L^X}{\partial X / \partial K^X} = \frac{\partial Y / \partial L^Y}{\partial Y / \partial K^Y} \quad \cdots\cdots (54)$$

즉,

$$MRTS_{LK}{}^{X} = MRTS_{LK}{}^{Y} \cdots\cdots (56)$$

셋째, 식(82)~식(89)로부터 다음과 같은 '효율적 생산물 조합'을 위한 필요조건을 도출할 수 있다.

$$\frac{\partial U^A/\partial X^A}{\partial U^A/\partial Y^A} = \frac{\partial U^B/\partial X^B}{\partial U^B/\partial Y^B} = \frac{\partial Y/\partial K^X}{\partial X/\partial K^Y} \text{ 혹은 } \frac{\partial Y/\partial L^X}{\partial X/\partial L^Y} \cdots\cdots (57)$$

즉,

$$MRS_{XY}{}^{i} = MRT_{XY}{}^{i}, \ \ i = A, B \cdots\cdots (58)$$

넷째, 식(74)를 식(70)에 적용하면, 산출된 생산물(X와 Y)이 모든 사회구성원(A와 B)에 대한 '공정한 생산물 분배', 즉 '사회정의(Social Justice)'를 위한 필요조건을 도출할 수 있다. 즉, 이 필요조건은 각 생산물(X와 Y)의 1단위가 A와 B에 주는 사회적 가치가 동일해야 한다는 것이다.

$$\frac{\partial W/\partial U^A}{\partial W/\partial U^B} = \frac{\partial U/\partial U^A}{\partial U/\partial U^B} = \frac{\partial U^B/\partial X^B}{\partial U^A/\partial X^A} = \frac{\partial U^B/\partial Y^B}{\partial U^A/\partial Y^A} \cdots\cdots (77)$$

$$\frac{\partial W}{\partial U^A}\cdot\frac{\partial U^A}{\partial X^A} = \frac{\partial W}{\partial U^B}\cdot\frac{\partial U^B}{\partial X^B} \cdots\cdots (78)$$

$$\frac{\partial W}{\partial U^A}\cdot\frac{\partial U^A}{\partial Y^A} = \frac{\partial W}{\partial U^B}\cdot\frac{\partial U^B}{\partial Y^B} \cdots\cdots (79)$$

상기의 3가지 조건인 총효용함수(Grand UPF)의 기울기와 등(等)복지곡선의 기울기가 일치는 모두 사회적 최적(Social Optimum), 즉 사회정의(social justice)를 위한 효율적 자원배분의 필요조건(必要條件)으로서 두 생산물 X와 Y에 대한 요소배분(K^X, K^Y, L^X, L^Y)를 결정함으로써 '무엇이 생산될 것인가'와 '어떻게 이들을 생산할 것인가'의 경제적 문제를 해결하며 이와 동시에 두 소비자의 A와 B에 대한 생산물배분(X^A, X^B, Y^A, Y^B)를 결정함으로써 '누구를 위하여 생산물을 생산할 것인가'의 경제적 문제를 해결한다.

그러므로 효율적 자원배분 없이는 주어진 경제의 생산물에 대한 사회적 가치를 극대화할 수 없으며, 또한 생산된 생산물에 공정한 분배 없이는 공정한 소득분배를 달성할 수가 없다는 것을 알 수 있다. 이와 동시에, 공정한 소득분배 없이는 공정한 생산물의 배분이 야기될 수 없고, 공정한 생산물의 배분이 전제되지 않고서는 생산된 생산물의 사회적 가치가 극대화될 수 없으며, 또한 효율적 자원배분이 성립될 수가 없다는 것이다.

따라서 효율적 자원배분에 의하여 우선 생산물의 사회적 가치를 극대화한 후에 공정한 생산물의 배분을 통하여 공정한 소득분배를 달성할 수 있다는 '단계적'인 경제문제의 해결방법은 근본적으로 잘못된 것이다. 왜냐하면 자원배분의 효율성과 소득분배의 공정성은 결코 분리될 수 없는 문제이기 때문이며, 이 두 문제는 '단계적'인 해결방법에 의하여서는 해결될 수 없으며 오직 '동시적'인 해결방법에 의해서만 해결될 수 있기 때문이다.

04 신(新)실용주의(Neopragmatism)의 철학적 필요·충분 조건

본 연구가 주창하는 신(新)실용주의(Neopragmatism)의 필요조건(必要條件)은 '정의로운 국가(A Justice-based State)'와 '행복한 사회(A Happy Society)'를 실현할 목적으로 인간의 존엄성(尊嚴性)·자율성(自律性)·창의성(倡義性)을 위한 '생활권적 기본권(生活權的 基本權)': 고용, 교육, 주택, 의료, 연금이 보장될 수 있도록 ① 정치체제로서 '질서 정연한 자유 민주주의 사회(A Well-Ordered Free Democratic Society)'와 ② 경제체제로서 '효율적이고 공정한 시장자본주의(An Efficient and Equitable Market Capitalism)'이다.

1) 신(新)실용주의(Neopragmatism)의 철학적 필요조건(必要條件): '생활권적 기본권(生活權的 基本權)으로서 고용 · 교육 · 주택 · 의료 · 연금

존 롤스(John Rawls, 1921~2002) 교수가 갈파하였듯이, 정의(正義)는 행복(幸福)의 선행조건이다. 즉, 정의(正義)가 없는 국가 혹은 사회에서는 존 롤스(John Rawls)의 '최소 수혜자의 최대 수익'을 보장할 수 없다.[58] '행복(幸福)을 한자(漢子)로 나타내는 '행(幸)'은 쓰릴 '신(辛)'과 유사하다. 즉, 쓰라린 '신(辛)'에 수평선(_)을 하나 더 추가해야 비로소 '행(幸)'이 된다. 그 하나(수평선)의 정의(正義)라고 저자는 사유한다.

여기서 제기될 수 있는 근본적 문제는 행복(幸福)의 선행조건인 정의(正義)를 구현하는 데 있어서, 목적론적 신념이 제안하는 개인의 권리(개인의 자유와 사회적 및 경제적 기본권)와 사회공동체의 공동선(共同善)이 상충하는 경우, 이 두 개의 가치를 조화할 수 있는 방법은 무엇인가이다. 이 문제는 권리(權利)와 선(善)의 철학적 선택과 우선순위에 관한 것이다.

아리스토텔레스(Aristotle, BC 384~322)는 정의(正義)란 선(善)을 바탕으로 이루어지는 하나의 목적(目的)이라고 주장했었다. 이와 대조적으로, 존 롤스(John Rawls) 교수는 권리(權

58) 여기서 정의(正義)란 누구의 것이며 그것의 철학적 기초인 '합리성'이란 어떤 것인가에 관한 철학적 논의를 참고하기 위해서는 Alasdaish Maclntyze(1988)을 참조.

利)는 도덕적 행위자에겐 목적이 아니라 선택이며, 또한 권리(權利)는 선(善)보다 우선한다고 주장했었다. 즉 그는 인간이란 도덕적 선입견에 얽매이지 않고 자유롭게 선택할 권리(개인적 및 중립적)를 지닌 자아(自我)라고 정의했었다. 따라서 그는 정부가 '선택의 자유'를 보장하는 물질적 조건을 확보해주어야 한다고 주장했다.

존 롤스(John Rawls, 1921~2002) 교수의 「정의론」(1971년, 1985년, 1993년, 1999년, 2001년)이 '권리(權利)'에 기초를 둔다는 것은 계몽주의자(啓蒙主義者)인 존 로크(John Locke, 1632~1704)의 「시민정부론」(1689년) 사상과 관련된다. 존 롤스(John Rawls) 교수는 자연권(自然權)으로서 '사유재산권'을 위한 사회계약론을 제시했었다.

이와 대조적으로, 마이클 샌델(Michael J. Sandel, 1953~현재)의 '정의론(正義論)'은 선(善)에 기초를 둔다. 주지하다시피 플라톤(Plato, BC 427~347)은 '선(善)의 이데아 이론'을 제시하였고 아리스토텔레스(Aristotle, BC 384~322)는 선(善)의 실천을 주장했었다. 공리주의자(功利主義者)인 존 스투아트 밀(John Stewart Mill, 1806~1893)은 개인의 쾌락이 아닌 사회전체의 공동선(共同善)을 '고급 쾌락'으로 간주하였다. 그러나 그는 쾌락(즉 행복)의 조건이나 권리를 고려하지 않았었다.

한편, 고대 중국의 유학(儒學, Confucianism)에서, 공자(孔子, BC 551~479)는 仁을, 맹자(孟子, BC 372~289)는 善을, 순자(荀子, BC 298~238)는 禮를 각각 설파하였지만 개인의 권리(權利)는 왕도(王道) 정치체제에서 덕치주의(德治主義)에 의하여 함몰되어 버렸다.

여기서 본 연구는 신(新)실용주의(Neopragmatism)의 철학적 사유의 입장을 다음과 같이 분명히 밝힌다: 즉, 존 로크(John Locke, 1632~1704)와 존 롤스(John Rawls, 1921~2002)의 이론에 따라 권리(權利)는 공동선(共同善)보다 우선한다는 것이다. 왜냐하면 존 로크(John Locke)가 자연권(개인의 생명, 건강, 자유, 재산에 관한 권리) 중에서 재산권(財産權)이 가장 중요하고 우선되어야 한다고 주장하였듯이, 자유민주주의 정치체제 및 자유시장제도의 경제체제하에서 타인의 침해를 받지 않는 자연권(自然權)으로서 인간의 기본권, 즉 권리(權利)보다 더 중요한 선(善)은 존재하지 않는다고 저자는 사유하기 때문이다.[59] 다시 말하면, 만약 기본권(基本權)이 보장되지 않으면, 개인의 선(善)한 덕행(德行)이 실현되기 어려우며, 따라서 공동선(共同善)은 달성되기 어렵게 되기 때문이다. 즉, 아리스토텔레스(Aristotle)의 목적적 가치인 '선(善)한 삶'을 추구할 수 없기 때문이다. 간단히 말해서, 의사가 인간의 생명을 구원하기 위한 의술을 베풀기 위해서는(즉, 선(善)을 실현하기 위해서는) 우선 '의사면허증'이라는 자격증(즉, 권리(權利))를 우선 획득해야 하는 것이다.

59) 재산권에 관한 사상적 논쟁을 개관하기 위해서는 김남두 편역(1993)을 참조.

요컨대, 신(新)실용주의(Neopragmatism)가 추구하는 목적적 가치는 우선 '정의로운 국가'를 건설한 후 '행복한 사회'를 추구하는 것이다. 존 롤스(John Rawls, 1921~2002)가 갈파하였듯이, 정의(定義)는 자유(自由)와 평등(平等)의 결합체이다. 자유(自由)는 시장에서의 자유로운 개인의 선택을 의미한다. 한편, 밀턴 프리드먼(Milton Friedman, 1912~2006)이 갈파하였듯이, 평등(平等)은 '기회 균등'과 공정(公正, fairness)을 의미하며, 평등(平等)의 대상은 인간의 능력이 아니라 인간의 기본권과 시장기회이다. 또한 아마르티아 센(Amartya Sen, 1933~현재)은 평등(平等)의 대상은 복지, 자원, 기회, 능력 혹은 혜택을 위한 접근통로가 되어야 한다고 주장하였다. 따라서 자유(自由)는 본질적으로 평등(平等)의 대상이기 때문에 자유(自由)와 평등(平等)은 상충되지 않는다. 다만, 어느 것을 더욱 강조하는가 하는 것은 사회적 가치관과 시대정신에 따른 가중치의 문제일 뿐이다.

나아가, 자유(自由)와 평등(平等)이 통섭(統攝)된 결합체인 정의(正義)에 기초를 둔 행복(幸福)의 조건은 시대마다 국가마다 다를 수 있겠으나 인간의 존엄성·자율성·창의성을 위한 생활권적 기본권이 필요하다. 상기 주장은 맹자(孟子, BC 372~289)의 민본주의적(民本主義的) 평등사상, 즉 무항산(無恒産)·무항심(無恒心)을 나타내는 것이다. 따라서 신(新)실용주의(Neopragmatism)는 공리주의(Utilitarianism)의 '최대다수 최대행복'을 위한 것이 아니라, 존 롤스(John Rawls, 1921~2002)의 '최소 수혜자의 최대 이익'을 구현하는 사상인 것이다.

신(新)실용주의(Neopragmatism)의 실천철학(Practical Philosophy)과 관련하여, 저자(임양택, 2008, 2014; Yang Taek Lim, 2010, 2011)는 인간의 존엄성·자율성·창의성을 위한 '생활권적 기본권(生活權的 基本權)'으로서 5개, 즉 ① 고용, ② 교육, ③ 주택, ④ 의료, ⑤ 연금을 제시한다. 상기한 인간의 5개 사회지표(고용, 교육, 주택, 의료, 연금)은 UN 인간개발지수(HDI: Human Development Index)와 OECD 행복지수에 잘 나타나 있다.

한국의 경우, 「현대경제연구원」의 2015년 설문조사에 의하면, '경제적 행복'을 가로막는 가장 큰 장애요인들의 순위를 보면 ① 노후 준비 부족(24.8%), ② 자녀 교육 문제(22.6%), ③ 주택 문제(16.6%), ④ 일자리 부족(16.3%)으로 나타났다. 상기의 표본조사를 세대별 불안감의 측면에서 보면 20대가 '일자리 불안(27.2%), 30대가 '가계부채 부담(28.1%), 40대가 '자녀 교육비 부담(39.8%), 50대가 '노후준비 부족(25.3%), 60대 이상이 '소득 감소(33.0%)로 각각 나타났다. 상기한 설문조사 결과는 보편적으로 적용할 수는 없지만, 최소한 한국사회의 경우, '생활권적 기본권(生活權的 基本權)'의 보장이 필요하다는 것을 알 수 있다.

보 로스타인(Bo Rothstein, 1954~현재)은 그의 저서 「Just Institutions Matters: The Moral and Political Logic of the Universal Welfare States」(Cambridge University Press, 1998년)에서 국민이 자율적 개인으로 활동할 수 있도록 하기 위해서는 '숙고된 선택'을 가능케 하는 '기본적 능력'을 갖출 수 있는 권리를 국가가 부여해야 한다고 주장했다.

상기한 '생활권적 기본권(生活權的 基本權)' 보장은 존 롤스(John Rawls, 1921~2002)의 '자유주의적 평등주의'에 기초한 '정의의 원칙'과 관련된다. 즉, 정치적 수단에 의해 행복(幸福)을 증진시키려고 노력하는 대신에 불행(不倖)의 요인인 고통(苦痛)을 제거하려고 노력해야 한다는 것이다. 다시 말하면, 추상적 선(善)을 실현하려고 하기보다는 실제적 악(惡)을 제거하도록 힘써야 한다는 것이다. 이것은 '행복의 극대화 원칙'을 '고통의 극소화 원칙'으로 수정하자는 것이다.

2) 신(新)실용주의(Neopragmatism)의 철학적 충분조건(充分條件)

이제, 본 연구는 존 롤스(John Rawls) 교수의 '자유주의적 평등주의'에 기초한 '정의로운 경제체제(A Justice-based Economic System)'와 '질서 정연한 민주주의 사회(A Well-Ordered Democratic Society)'를 위한 신(新)실용주의(Neopragmatism)의 철학적 충분조건(充分條件)을 정립하고자 한다.

우선, 왜 충분조건(充分條件)이 필요한가? 그 이유는 다음과 같다: 공동체주의자(특히 Michael J. Sandel)가 비판하듯이, 존 롤스(John Rawls) 교수의 '정치적 자유주의(John Rawls)'가 이기적 개인주의에 바탕을 둔 '도덕주의적 이상주의'로 끝나지 않으려면 어떠한 사상 혹은 철학이 전술한 필요조건(必要條件)뿐만 아니라 '충분조건(充分條件)'으로 필요할 것인가는 중요한 이슈이기 때문이다.

신(新)실용주의(Neopragmatism)의 '충분조건(充分條件)'은 2가지: (1) 법치주의(法治主義, The Rule of Law)를 확립하는 것이며, (2) 질서 자유주의(秩序自由主義, Ordo-liberalism)를 도입하여 시장질서('경쟁 원리')와 사회질서('보완 원리')를 결합시키는 것이라고 저자는 주장한다.

(1) 법치주의(法治主義, Rule of Law)

본 연구의 신(新)실용주의(Neopragmatism)가 '도덕주의적 이상주의'로 끝나지 않도록 하기 위하여, 신(新)실용주의(Neopragmatism)의 충분조건(充分條件)의 하나는 법치주의(法治主義, Rule of Law, Nomocracy), 즉 '법의 지배(Rule of Law)'를 확립하는 것이다.[60] '법치주의(法治主義, Rule of Law)'의 필요성과 역사적 배경은 미국의 1781년 '연합 및 영속적 연방에 관한 규약'과 1791년 '권리장전'에 잘 나타나있다.

여기서 유의할 것은 다음과 같다: 법치주의(法治主義), 즉 '법의 지배(Rule of Law)'의 '규칙지향적 경제정책'은 법실증주의(法實證主義), 즉 '법대로(Rule by Law)'의 '구성주의적 정책(입법, 규제)'과 대비된다는 점이다. 즉, 법실증주의(法實證主義, Rule by Law)의 '구성주의적 정책'은 실정법(實定法, Positive Law)을 중심으로 시민들의 상호작용을 통해서 생겨나는 결과를 수정하거나 이를 교체하려는 규제하는 것인 반면에, 법치주의(法治主義, Rule of Law)의 '규칙지향적 경제정책', 즉 질서정책(Ordnungspolitik, Order Policy)은 '자연법(自然法, Natural Law)'을 중심으로 결과가 무엇이든 그들이 자유로이 타인들과의 관계를 가질 틀을 마련하는 것이다. 여기서 실정법(實定法, Positive Law)이란 일반적으로 새로운 권리를 만드는 법이다. 다시 말해, 경험적이고 역사적인 사실을 통하여 현실적인 제도로 시행되는 법을 말한다. 이는 입법(立法)을 통해 만들어진 것이다. 이와 대조적으로, '자연법(自然法, Natural Law)'이란 사람들에게 원초적 상태에서부터 적용된다고 할 수 있는, 즉 언제 어디서나 유효한 보편적 불변적 법칙이다.

법실증주의(法實證主義, Rule by Law)가 얼마나 위험한 이데올로기인가는 독일 나치정부의 법도 법(法)이었다는 사실로써도 가늠할 수 있다. 입법부가 정한 것이면 무엇이든 법(法)이라고 부르고 이러한 법에 따라 통치하는 것을 '법치주의(法治主義)'라고 잘못 말하고 있다.

심지어 나치의 법에 의해 지배하는 독일을 당시 영국이나 프랑스와 똑같이 '법치국가(法治國家, A Constitutional State)'라고 말하는 것은 법(法)과 법치주의(法治主義)가 법실증주의(法實證主義)에 의해 얼마나 타락되었는가를 말해준다.

또한 싱가포르는 열대의 작은 섬이지만 분명한 법과 원칙으로 예측이 가능하여 경제가 성공하고 있다. 1994년 18세의 미국 청년이 절도와 경범죄로 곤장 6대의 태형을 받았다. 그러자 미국이 들고 일어났고 세계 언론이 보도하면서 싱가포르를 야만국이니 하였지만 태형은 집행되었다. 또한 싱가포르는 마약범을 처형한다. 2005년 월남계 호주 시민이 마약범으로 체포되어 호주 정부와 UN 인권 기구 및 세계 인권 단체의 빗발치는 항의에도

60) Albert, Venn Dicey(1885), The Rule of Law in Introduction to the Study of the Law of the Constitution; Tanamaha, B(2004), On the Rule of Law, Cambridge: Harvard University Press.

불구하고 교수형이 집행되었다. 법과 원칙의 싱가포르에서 세계 기업인들은 경제를 발전시키고 있다(조선일보, 2014.01.07). 상기한 예에서, 싱가포르는 '법치국가(法治國家, A Constitutional State)'가 아니라 '법실증주의(法實證主義) 국가'라고 말할 수 있다.

요컨대, 법실증주의(法實證主義)는 스코틀랜드 계몽주의: 진화적 합리주의(進化的 合理主義)의 '자생적 질서(Spontaneous Order)'의 존재를 무시하고 질서는 인간 이성(理性)에 의해서 의도적으로 만들어야 한다는 믿음을 전제하고 있다. 이 결과 법실증주의(法實證主義)는 '정의(正義)의 규칙'과 '조직(組織)의 규칙' 사이의 구분을 흐리게 만들었다. 나아가, 법실증주의(法實證主義)는 '정의(正義)의 규칙', 특히 '사회입법(Sozialgesetzgebung)'의 내용까지도 입법자의 의지의 표현이라고 주장한다. 입법자가 그 내용까지도 정하는 것이 공법(公法)인데, 이 같은 공법적 사유를 '사회입법(Sozialgesetzgebung)'에 적용하는 것이 법실증주의(法實證主義)의 치명적인 오류이다.

모름지기, 법치주의(法治主義, Rule of Law, Nomocracy)에서 법(法)이란 명확하게 규정되고 공포된 법(法)을 말하는 것이며 법(法)을 교묘하게 이용해서 권력을 유지 강화하는 것은 '실질적 법치주의'가 아니라 '형식적 법치주의'이다. 법(法)을 오직 통치의 수단으로서만 이용하고 개인의 자유와 권리를 탄압하는 것을 '법률적 불법(Gesetzliches Unrecht)'이라고 한다. 이러한 개념은 법치주의(法治主義)가 나치를 막지 못했던 독일의 경험에서 나왔다. 나치가 저지른 만행 때문에 오해할 수도 있으나, 나치 역시 분명히 합법적으로 성립된 정권이었다.

상기한 '형식적 법치주의'에 대한 대안으로 나온 것이 '실질적 법치주의'이다. '실질적 법치주의'는 인간의 존엄을 바탕에 두고 기본권을 보장하며 실질적 평등을 추구하는 내용을 담은 법률을 전제한다. '형식적 법치주의'는 합법성에만 초점을 두었다면 '실질적 법치주의'는 합법성과 더불어 정당성에도 초점을 두는 원리이다. 예로서 법률이 헌법을 위반한다면 위헌법률심사제도를 사용할 수 있다. 또한 권력이 폭주하여 헌법의 기본원리를 침해하고, 다른 합법적인 구제수단도 없더라도 저항권이 있다. 즉, 헌법의 기본 원리를 방패로, 다시 말해서 '실질적 법치주의'를 방패로 폭주하는 권력에 대항할 수 있다. 그러나 '형식적 법치주의'와 '실질적 법치주의'의 구분을 할 수 있는 명확한 기준에 대해서는 논란이 분분하다. 현재 통용되고 있는 위와 같은 분류도 결과주의적인 것에 불과하다고 비판하는 경우가 있다.

① 법치주의(法治主義)의 정의와 사상적 배경

법치주의(法治主義, Rule of Law, Nomocracy)의 사상적 배경은 다음과 같다[61]: 토마스 홉스(Thomas Hobbes, 1588~1679)는 '정의관': 법을 준수하는 것이 정의라고 주장했다. 데이비드 흄(David Hume, 1711~1776)은 시장경제에서 '보이지 않는 손'이 작동하기 위한 도덕적·법적 조건이 무엇인가의 문제를 다룸으로써 법질서와 경제질서의 상호의존성을 확립했다. 아담 스미스(Adam Smith, 1722~1790)는 그의 「도덕감성론」(1759년)에서 '정의관(정의는 법률과 정책에 의해 고도의 정확성과 엄밀성을 가지고 실행되어야 한다는 것)'을 주장했다. 헨리 사이먼(Henry Simon, 1862~1925)은 그의 사후에 발간된 저서 「자유사회를 위한 경제정책」(Economic Policy for a Free Society, 1948년)에서 질서의 상호의존성의 주제를 기초로 하여 시장경제의 법질서를 논술했다.

또한 독일의 프라이부르크(Freiburg) 학파의 창시자였던 루돌프 발터 오이켄(Rudolf Walter. Eucken, 1891~1950)은 시장경제와 법·질서의 상호의존성을 주장했다. 사무엘 헌팅턴(Samuel Phillips Huntington, 1927~2008)은 그의 저서 「문명의 충돌」(1996년)에서 법치(法治)를 다른 문명과 구별되는 서구 문명의 특성으로 파악했다.

일반적으로, '법치주의(法治主義, Rule of Law)'란 자유·평등·정의의 이념을 실현할 수 있도록 정치질서나 국가권력의 기능적 및 조직적 형태를 정하려는 사상이라고 정의할 수 있다(B.Tanamada, 2004). 19세기 후반, 사회주의(社會主義)를 비판했었던 영국의 헌법학자 엘버트 벤 다이시(Albert Venn Dicey, 1835~1922)는 그의 「헌법학 입문」(1885년)에서 '법치주의(法治主義, Rule of Law)란 복지국가(福祉國家)나 정부간섭주의의 수단이 아니라 자유주의(自由主義)를 수호하기 위한 방패라고 주장했다.

요컨대, 법치주의(法治主義, Rule of Law)는 사람이나 폭력이 아닌 법(法)이 지배하는 국가원리 및 헌법원리이다. 즉, '법치주의(法治主義, Rule of Law)'란 헌정주의(憲政主義)가 보장하는 국가로부터 시민의 자유와 자율성을 확보하기 위해 국가권력을 제한·통제함으로써 통치자의 자의(自意)에 의한 지배를 배격하는 대신에 합리적이고 공공적 규칙에 의한 지배를 통해 공정한 사회협동의 체계를 확보하려는 것이다.

여기서 법치주의(法治主義, Rule of Law)가 말하는 법(法)은 공법(公法)과 같은 '조직(組織)의 규칙'이 아니라 '정의(正義)의 규칙'이다. 아담 스미스(Adam Smith, 1722~1790)는 법(法)을 '정의의 규칙(Rule of Justice)'이라고, 프리드리히 하이에크(Friedrich A. Hayek,

61) 허영(1980), 「헌법이론과 헌법」, 박영사; 구병삭(1983), 「헌법학」, 박영사; 한태연(1970), 「근대헌법에 있어서 법치국가와 사회국가」, 「헌법연구」 1.

1899~1992)는 그의 저서 「철학 · 정치학 · 경제학 · 사상사」(1967년)에서 법(法)을 '정의로운 행동규칙(Rule of Just Conduct)'이라고 각각 명명했다. 이들은 모두 '정의로운' 행동규칙의 테두리 내에서 개인은 비로소 자유로울 수 있다고 주장했다. '정의의 규칙(Rule of Justice)' 혹은 '정의로운 행동규칙(Rule of Just Conduct)'은 '자생적 질서(Spontaneous Order)'가 형성되기 위한 조건이다. '자생적 질서(Spontaneous Order)'가 형성되기 위한 조건은 행동규칙인데 특히 중요한 것은 소유 · 계약 · 불법행위를 다루는 법 규칙이다.

우선, 아담 스미스(Adam Smith, 1722~1790)는 그의 「도덕감성론」(1759년)에서 '정의관(정의는 법률과 정책에 의해 고도의 정확성과 엄밀성을 가지고 실행되어야 한다는 것)'을 주장했다. 즉, 사람들의 도덕감성에 그 근원을 두는 정의감과, 그것의 실제적 구현 문제는 국가에 의한 '법과 통치'와 직접적으로 관련된다. 인간의 탐욕(avarice)은 심성의 주요 부분이며, 이러한 탐욕으로 인하여 타인의 권리(생명, 자유, 인격, 재산)를 침해하는 범죄와 사회적 무질서가 초래될 가능성이 농후하다고 그는 주장했다. 이어서, 아담 스미스(Adam Smith)의 「국부론」(1776년)에 의하면, 국가의 법률체계는 기본적으로 사람들의 내면적인 도덕감성의 작용에 바탕을 둔 정의(正義)의 원리에 근거하여 입법되고 그 실현을 목적으로 집행되며 사회질서의 안정을 도모하는 것이다. 따라서 국가의 가장 중요한 임무는 사람들의 정의(正義) 감정에 입각하여 생명과 신체, 재산과 소유물, 계약 등 권리를 보호하고 자유로운 교환을 보장하는 적절한 법률제도를 유지하는 것이라고 그는 주장했다.

여기서 유의해야 할 것은 아담 스미스(Adam Smith)에게 있어서 법학(法學)은 단순히 법의 해석을 다루는 협의의 법학이 아니라는 점이다. 그는 '법학'을 다음과 같이 정의했다(김광수, 2003): "모든 국가의 법에 일관적으로 적용되어야 하고 또한 그 법의 기초가 되는 일반 원리에 대한 이론"(Adam Smith, 1759, p. 341) 또는 "시민 정부가 지침으로 삼아야 하는 원칙에 관한 이론"(Adam Smith, 1978, p. 5)이다. 따라서 법학(法學)의 대상과 과제는 자연법(自然法)의 차원에서 국가의 법과 통치를 지배하는 원리를 토대로 하여 국가실정법의 체계를 역사적으로 고찰하거나 비판적으로 검토한 후, 궁극적으로 국가정책의 관점에서 대안을 제시하는 것이다.

특히, 아담 스미스(Adam Smith)의 「법학강의」(1762년)는 국가의 법률체계를 크게 다섯 개의 영역으로 구분했다. 이는 국가의 실정법 체계를 세분하여 열거한 것으로서 5개의 영역: 정의, 내정(행정), 국가세입, 군비, 국제법 등이 거론된다. 이상의 영역을 그가 거론하는 법과 통치의 두 가지 일반원리에 따라 두 개의 범주로 다음과 같이 구분할 수 있다:

첫 번째 일반원리는 정의(正義)의 원리에 기초한 '정의의 법률체계'하에 분류할 수 있는 것으로서 공법(公法), 사법(私法), 가족법 등 정의의 국내법 체계 외에 전시 및 평화시 국가 간의 관계를 다루는 국제법 등 대체로 국가의 사법(司法) 정책과 활동을 다루는 영역이다.

두 번째 일반원리는 법과 통치와 관련된 국가권력이 (정의의 제약조건하에서) 편의 또는 사회적 효용을 추구하기 위해, 즉 사회가 요구하는 특정목적의 정책을 수행하기 위해 입법하는 '행정일반(內政一般)의 법률체계'이다. 이러한 법률체계는 '저렴과 풍부, 안녕과 청결' 등의 경제·사회문제를 취급하는 행정, 재산세, 소비세, 공채 문제를 거론하는 국가세입(재정), 민병대와 상비군의 문제를 다루는 군비(국방)의 법률에 대한 부분 등 다수의 국정과제를 포함한다.

여기서 유의할 것은, 정의(正義)의 법률체계에서 권리는 한 인간(개인)으로서, 가족의 일원으로서, 국가의 구성원으로서 논의할 수 있기 때문에 사법(private law), 가족법(domestic law), 공법(public law)의 영역으로 나누어진다는 점이다.

첫째, 개인(person)적 차원의 권리를 다루는 사법(私法)은 신체, 명예, 재산상의 권리로 구분하여 다루고 있다.[62)]

둘째, 가족법의 영역에서는 부부, 부자, 주인과 하인, 후견인과 피후견인, 가족 내에서의 권리침해와 처벌의 문제를 거론한다.

셋째, 공법(公法) 부분에서는 국가의 구성원으로서의 권리 및 그 침해와 관련하여 정치적·공공의 자유(liberty) 및 권리의 전개·확대의 과정을 고찰한다. 즉, 고대로부터 근대 시민사회에 이르는 역사적 과정 속에 각종 국가 통치형태(군주정치, 귀족정치, 민주정치, 절대왕정 등)의 성립과 이러한 통치형태 속에서의 정치적 자유 및 권리의 실현 여부를 고찰한다.

다음으로, 프리드리히 하이에크(Friedrich A. Hayek, 1899~1992)는 법치주의(法治主義)를 국가의 공권력을 제한해야 한다는 헌법주의(Constitutionalism)의 실현이라고, 다시 말하면 '정의(正義)의 규칙'을 집행하는 데에만 강제권을 행사하도록 제한하려는 것이라고 주장했다(Friedrich A. Hayek, 1944, 1948, 1965).[63)] 예로서, 독점규제법에 의한 카르텔의 금지는 카

62) 사법(私法) 부분에서는, 예로서, 선점, 첨부, 시효취득, 상속, 임의양도 등 재산권의 취득형태를 구분하고, 그 같은 권리 성립의 계기가 역사발전단계에서의 당사자의 합리적 기대와 이에 대한 공정한 관찰자의 동감(정의감)에 기초하거나 또는 처벌(불법행위)의 경우에는 권리침해와 분개심에 대한 반감(불의)에서 비롯되었음을 지적한다.

63) Hayek, Friedrich A.(1944), The Road to Serfdom, Chicago. 김영청 역, 「노예의 길」(1997), 동국대출판부; Hayek, Friedrich A.(1948), Individualism and Economic Order, Gateway Editions; Hayek,

르텔 체결의 자유를 제한하고 경쟁의 자유나 시장교환의 자유를 확보하기 위한 것이다. 이 경우 카르텔 체결의 자유는 '형식적 자유'인 반면에 이를 제한함으로써 달성될 수 있는 경쟁과 시장거래의 자유는 '실질적 자유'인 것이다. 나아가, 프리드리히 하이에크(Friedrich A. Hayek, 1899~1992)는 그의 저서 「노예의 길」(1944년)에서 자유주의(自由主義) 국가가 '법의 지배(Rule of Law)', 즉 법치주의(法治主義) 원칙을 지키는 것이 자유주의(自由主義) 국가와 전제주의(專制主義) 정부를 명료하게 구분하는 기준이라고 주장했다.

특히, 프리드리히 하이에크(Friedrich A. Hayek, 1899~1992)는 1950년대 이후 사회주의 계획경제가 시들해지고 복지국가(福祉國家, Welfare State)가 등장하던 시기에 사회주의(社會主義)를 걷어내고 자유주의(自由主義)를 강화하기 위하여 그의 저서 「자유의 헌법」(1960년)과 「법·입법 그리고 자유」(1960년, 1973년, 1976년, 1979년)에서 법치주의(法治主義, Rule of Law)를 주창했다. 또한 그의 저서 「자유헌정론」(1960년)에서 '법의 지배(The Rule of Law)', 즉 법치주의(法治主義)하에서는 '기업가 정신'이 활성화됨으로써 경제가 번영할 수 있다고 주장했다. 왜냐하면 법치주의(法治主義)는 자유주의와 시장경제의 존립을 위한 전제조건이기 때문이라고 한다.

② 법치주의(法治主義)의 요건

사실, 20세기에 들어서, 법치주의(法治主義, Rule of Law)가 확산된 근본적 이유는 사회주의(社會主義)는 물론 분배 정의(分配 正義)의 실현이 법치주의(法治主義, Rule of Law)를 일탈(逸脫)하여 자유주의(自由主義)를 위태롭게 만들었기 때문이었다. 모름지기, 법치주의(法治主義, Rule of Law)는 자유(自由)의 수호만이 아니라 경제적 번영의 기초이다. 왜냐하면 법치주의(法治主義, Rule of Law)는 시민들에게 자유롭고 안정적인 경제활동을 가능하게 하는 제도적 환경을 보장하기 때문이다.[64)]

그렇다면, 법치주의(法治主義, Rule of Law)의 요건은 무엇인가? 베리 헤거(Barry M. Hager)는 그의 저서 「법치주의」(1999년)에서 법치주의(法治主義, Rule of Law)를 위한 구체적 요건들을 다음과 같이 9가지를 규정했다:

① 모든 통치행위와 중요한 국민의 권리와 의무는 헌법에 의하여 보장되고 또 명시되어야 한다. 즉, 법치(法治)는 입헌주의(立憲主義)에 기초를 두어야 한다는 것이다.

Friedrich A.(1965), "Individualism and Economic Order", In M. Bornstein(ed.), Comparative Economic System, Homewood, Ⅲ.: Richard D. Irwin, Chap. 8.

64) Posner, Richard A.(1987), Economic Analysis of Law, 4th ed, Little, Brown and Co.

② 정부는 지나치게 큰 재량권과 자의적 해석에 의하여 행정을 해서는 안 된다. 즉, 법(法)이 정부를 지배해야 한다는 것이다.
③ 법치(法治)가 확실하게 이루어지기 위해서는 상호독립적으로 분립된 권력 사이에 적절한 견제와 균형 작용이 있어야 하고 특히 사법부(司法府)가 독립되어야 한다.
④ 법(法)은 공정하고 일관성 있게 적용되어야 한다. 이 경우, 법의 집행과 적용에 대한 예측이 가능하기 때문에 법은 국민으로부터 신뢰받을 수 있다.
⑤ 법(法)은 투명해야 한다. 즉, 법 제정의 절차와 과정이 공개되어야 한다.
⑥ 법(法)의 적용이 효율적이고 시의적절해야 한다. 즉, 법원은 충분한 인적 및 물적 자원을 갖고 사건을 효율적으로, 정확하게, 그리고 신속하게 처리해야 한다.
⑦ 시장경제의 기능을 제대로 작동시키기 위하여 재산권과 계약의무를 인정하고 보호해 주어야 한다. 또한 시장거래 자체에 대한 기본적인 법·규범을 통해서 상(商)행위의 표준과 경제활동의 틀을 쉽게 파악할 수 있도록 해야 한다.
⑧ 표현의 자유와 같은 정치적 권리·종교의 자유·개인의 지적재산권을 보호해야 한다.
⑨ 사회적 및 경제적 환경의 변화에 따라 법(法)은 투명하고 공인된 과정을 통하여 변화되어야 한다. 따라서 입법부의 입법 활동이 누구에게나 개방되어 접근될 수 있는 제도적 틀이 마련되어야 한다. 또한 행정부가 제정된 법의 규제나 해석을 바꾸려고 할 경우, 영향받는 모든 사람들에게 이를 고지하고 의견을 수렴하는 절차를 준수해야 한다.

따라서 제2차 세계대전(1939~1945) 이후, '형식적 법치주의' 대신에 '실질적 법치주의'가 새로이 등장하였다. '실질적 법치주의'는 국가권력을 단순히 형식적인 법률에 구속시키는 것이 아니라 헌법의 실질적인 법가치에 구속시키는 것이다. 즉, 모든 국가권력은 인간의 존엄성을 존중하고 보호할 의무를 지게 되고, 모든 법률은 헌법의 최고 법가치를 실현할 때에만 법률로서의 효력을 가질 수 있게 하였다.

상기한 법치주의(法治主義, Rule of Law)의 내용을 이루는 모든 원리들은 한결같이 국가권력을 제한하는 원칙들로서 일관되어 있다. 이것을 '사회적 법치국가'라고 하는데, 여기서 법이 하는 구실은 국가로 하여금 인간의 생존권을 보장할 의무를 지게 하는 데 있다. 따라서, 사회적 법치국가에서는 '국가에로의 자유'가 문제되며, 그것은 인간의 생존적 기본권으로 나타난다. 인간의 자유적 기본권의 보장이 '인간의 존엄'을 보호하는 것이라면, 인간의 생존적 기본권의 보장은 '인간의 행복'을 보장하는 것이라 할 수 있다.

한편, 한국에서는 8·15광복 이후 법치주의(法治主義)가 도입되었다. 일제강점기에는 법(法)으로 통치를 받았지만 그것은 법치주의(法治主義)가 아니었다. 당시, 법(法)은 탄압과 착취를 위한 식민지 통치의 도구에 지나지 않았으며, 결코 인간의 기본적 권리를 존중하고 보장하는 법은 아니었다. 결국, 법치주의(法治主義)는 한국이 자주독립국가로서 민주공화국 헌법을 가지게 된 때에 비로소 시작됐다. 한국의 「헌법」에 나타나 있는 법치주의(法治主義)의 원칙을 살펴보면 다음과 같다:

첫째, 기본적 인권의 보장이다. 「헌법」 제10조는 "모든 국민은 인간으로서의 존엄과 가치를 가지며 행복을 추구할 권리를 가진다. 국가는 개인이 가지는 불가침의 기본적 인권을 확인하고 이를 보장할 의무를 가진다"고 언명하며, 제11조 이하에는 인간의 모든 기본적 인권을 보장하고 있다. 이러한 기본적 인권은 국가의 안전보장·질서유지, 또는 공공복리를 위하여 필요한 경우에 한하여 반드시 법률에 의해서만 제한할 수 있으며, 제한하는 경우에도 자유와 권리의 본질적 내용을 침해할 수 없다.

둘째, 권력분립의 원칙이다. 「헌법」은 삼권분립에 의한 상호견제와 균형을 통하여 권력의 남용을 막는 법치주의의 제도적 장치를 마련하여 놓고 있다. 즉, 입법권은 국회에, 행정권은 정부에, 사법권은 법원에 각각 속하여 있다.

요컨대, 법치주의(法治主義, Rule of Law)는 권력분립을 전제한다. 권력이 분립되어 있지 않으면 지배자의 자의(自意)를 막을 길이 없다. 국가권력의 전부가 통치자에게 주어져 있을 때 지배자의 자의(自意)를 견제하는 것은 원천적으로 불가능하다. 따라서 권력의 남용을 막기 위하여는 권력을 분립시켜 상호견제와 상호감시를 하도록 제도가 만들어져야 한다.

셋째, 위헌법령심사제도이다. 「헌법」 제107조는 "① 법률이 헌법에 위반되는 여부가 재판의 전제가 된 경우에는 법원은 헌법재판소에 제청하여 그 심판에 의하여 재판한다. ② 명령·규칙 또는 처분이 헌법이나 법률에 위반되는 여부가 재판에 전제가 된 경우에는 대법원은 이를 최종적으로 심사할 권한을 가진다"고 명시하고 있다. 이것은 위헌법령을 사법기관이 심사하여 그 효력을 배제하는 규범통제의 수단으로서 법치주의는 위헌법령심사 기능을 상실하면 악법을 통제할 수 없기 때문에 완전히 형식화되고 만다.

따라서 헌법재판소는 헌법의 수호자로서 인간의 존엄성과 인간의 기본적 인권을 침해하는 모든 법률에 대하여 위헌판결을 내리며 그 법률의 효력을 무효화시켜버린다. 이러한 헌법재판에 의한 규범통제의 기능은 악법(惡法)의 존재 가능성을 제도적으로 봉쇄해버린다. 헌법재판소의 위헌법률심사권은 통치자의 자의(自意)가 법률화하는 것을 막을 뿐만 아니라 입법자의 자의(自意)도 배제할 수 있다. 결국, 헌법재판소는 모든 국가활동에 대한 합헌성 여부를 감시하는 기능을 하며, 그렇게 함으로써 실질적 법치주의(法治主義)를 가능하게 하는 가장 효과적인 제도이다.

넷째, 국가행위에 의한 권리침해에 대한 구제제도이다. 「헌법」 제29조에는 "공무원의 직무상 불법행위로 인하여 손해를 받은 국민은 법률이 정하는 바에 의하여 국가 또는 공공단체에 정당한 배상을 청구할 수 있다"고 규정하고 이를 위해 「국가배상법」이 있다. 또한 「헌법」 제23조에는 "공공필요에 의한 재산권의 수용, 사용 또는 제한 및 그에 대한 보상은 법률로써 하되, 정당한 보상을 지급하여야 한다"고 규정하고, 이를 위해 「토지수용법」·「징발법 徵發法」 등이 있다. 또 「헌법」 제28조는 "형사피의자 또는 형사피고인으로서 구금되었던 자가 법률이 정하는 불기소처분을 받거나 무죄판결을 받은 때에는 법률이 정하는 바에 의하여 국가에 정당한 보상을 청구할 수 있다"고 규정하고, 이를 위하여 「형사보상법」이 제정되어 있다.

요컨대, 법치국가(法治國家, Rule of Law)에서는 모든 국가행위에 대하여 사법적 구제가 가능하도록 되어 있다. 예컨대, 잘못된 국가행위로 손해를 입은 사람은 법에 따라 국가로부터 손해배상을 받을 수 있으며, 또한 공공의 필요성으로 국민의 재산권이 침해될 때에는 법에 따라 손실보상을 받을 수 있다. 그리고 형사사건에 있어서 피고인이 무죄판결을 받으면 법에 따라 형사보상을 받을 수 있다.

다섯째, 죄형법정주의의 원칙이다. 「헌법」 제12조에는 "모든 국민은 신체의 자유를 가진다. 누구든지 법률에 의하지 아니하고는 체포·구금·압수·수색 또는 심문을 받지 아니하며, 법률과 적법한 절차에 의하지 아니하고는 처벌·보안처분 또는 강제노역을 받지 아니한다"고 규정하고, 또 제13조에서는 "모든 국민은 행위시의 법률에 의하여 소추되지 아니하며, 동일한 범죄에 대하여 거듭 처벌받지 아니한다"고 규정하여 소급입법금지와 일사부재리(一事不再理)의 원칙을 천명하고 있다.

요컨대, 죄형법정주의는 '법률이 없으면 범죄도 없고 형벌도 없다'는 원칙은 국가의 형벌권을 제한함으로써 그 남용을 방지하기 위한 것이다. 따라서 법치국가의 형법은 범죄와 형벌을 법률로서 정함으로써 국가형벌권의 발동 한계를 그어놓은 국가구속 규범이다. 지배자는 형벌권을 마음대로 발동할 수 없고 오직 법률에 근거하여서만, 그리고 법률에 정한 처벌범위 내에서만 그것을 행사할 수 있다. 또한 형사절차에 있어서도 법률에 따르지 않고는 체포·구금·수색·신문·재판을 할 수 없다.

상기한 규정들은 형벌권의 행사에 있어서 국가권력의 남용을 막기 위한 것들이다. 그밖에 「헌법」은 사회적 법치국가의 이념에 따라 '생존적 기본권'을 보장하고 있다. 즉, 모든 국민은 인간다운 생활을 할 권리, 균등하게 교육을 받을 권리, 근로의 권리 등을 가진다.

한국에서 법치주의(法治主義)는 “국민이 법을 어기면 정부는 가차 없이 엄단합니다”라는 의미로 흔히 오용되어 쓰이고 있다. 국민이 법을 어기면 정부가 가차 없이 엄단하겠다는 것은 준법주의(峻法主義)의 언명이지 결코 법치주의(法治主義)가 아니다. 그리고 사법부(司法府)의 판단이 옳으냐 혹은 그르냐 역시 법치주의(法治主義)와 무관하다. 법치주의적 관점에 의하면 사법부의 결정과정이 합법적이면 족하고 그 결정이 옳은가 혹은 그른가는 판단하지 않는다. 법치주의(法治主義)는 국가 권력이 작동할 때 그 절차가 법에 의해 작동하는가를 판단하는 원리이다. 여기서 그 절차까지 정당한지도 검토하여 절차 자체의 정당성까지 확보하는 과정이 있으면 ‘실질적 법치주의’가 되는 반면에 절차에 대한 별다른 가치 판단 없이 그대로 밀어붙이면 ‘형식적 법치주의’가 되는 것이다.

③ 법치(法治)와 정치(政治)의 관계

우선, 서양(西洋)의 경우, 법치주의(法治主義, Rule of Law, Nomocracy)는 고대 그리스에서 싹트고 로마에서 체계화되었다가 영국에 전래되어 법의 지배론, 법의 우위론으로 전개되었다. 근대적 의미에서의 법치주의(法治主義)는 이탈리아의 공화국들에서 일찍이 발달했다. 물론, 소수의 가문이 권력을 독점했었지만, 공화국이 법(法)에 의해 지배받는다는 법치주의(法治主義) 이념은 포기되지 않았다. 로마인들은 자연법(自然法)에 의거하여 만인은 법(法) 앞에서는 신분, 계급, 성별에 구애받지 않고 보편적으로 평등하다는 법치주의(法治主義)의 사상이 발아(發芽)되고 있었다. 로마의 평민들은 정치투쟁의 과정에서 자유와 평등의 이론을 발전시켰고 이는 12표법으로 대표되는 로마 시민법 체계의 탄생으로 이어졌다.

그 후, 영국에서 국왕의 권력을 제한하는 법률로서 1215년 마그나 카르타(Magna Charta Libertatum, 大憲章)를 비롯하여 1628년 권리청원(Petition of Rights), 1689년 권리장전(Bill of Rights) 등이 제정되었다. 이로써 절대권력자인 왕(王)의 의지도 법(法)에 의해서 제한될 수 있다고 규정함에 따라 법치주의(法治主義)의 초석을 깔았었다. 즉, 영국에서 “누구도 법(法) 외의 것에 지배되지 않는다. 통치자도 법(法)의 지배에 복종하지 않으면 안 된다”는 법치주의(法治主義)의 일반원리로 자리 잡았다.

17세기에 와서는 에드워드 코크(Edward Coke, 1552~1634)는 제임스 1세에게 “국왕이라 할지라도 신(神)과 법(法) 밑에 있다”는 것을 인정하도록 했으며 왕권의 절대적 우위를 반대하고 보통법(common law)의 우월성을 주장하는 법지상주의(法至上主義)를 주창하였다. 그것의 의의는 절대군주의 권력을 견제하여 그의 자의(恣意)로 통치하는 것을 막고 국민의 대표기관인 국회에서 제정된 법률에 의해서만 통치하게 하려는 것이다. 이 결과, 영국에서 '법의 지배'가 왕권에 대한 '법의 우위'를 의미하는 국회의 '입법권의 우위'로 나타나게 되었다. 그 후 영국의 법치주의(法治主義)는 명예혁명(名譽革命, Glorious Revolution, 1688~1689)을 거치면서 '법의 지배'가 국가의 통치 원리로 확고하게 자리매김하게 되었다. 영국에서 전개된 법의 지배론은 미국으로 건너가 사법권의 우위론으로 전개되었고 연방대법원의 위헌법률심사권을 인정하였다.

한편, 독일에서는 '법치국가(Rechtsstaat)' 이론으로 발전하여, 국가는 법(法)으로 구성된 단체이며(법과 국가의 동일성의 이론), 국가의 모든 행정은 법률에 따라서 행하여져야 하고(행정의 합법률성의 원칙), 기본권의 제한은 법률에 의해서만 가능하고(기본권 제한의 법률유보), 행정명령은 법률에 근거해서만 만들어지고 그 법률에 저촉되지 아니하는 한에 있어서만 효력을 가질 수 있다는 원칙(법률우위의 원칙) 등으로 나타났다.

그러나 '법치국가(Rechtsstaat)'는 당시의 절대군주국가나 경찰국가에 대립하여 등장한 것이었지만, 19세기 법실증주의(法實證主義, Rule by Law) 사상과 결부되어 완전히 형식적 개념으로 전락하고 말았다. 왜냐하면, 통치가 법에 의하기만 하면 어떠한 국가도, 즉 권력국가나 경찰국가도 '법치국가(Rechtsstaat)'가 될 수 있었기 때문이었다. '법치국가(Rechtsstaat)'는 법치주의(法治主義, Rule of Law, Nomocracy)의 본래의 의미, 즉 권력자의 자의를 법으로 통제함으로써 국민의 자유와 권리를 보장한다는 것과는 거리가 멀다.

상기와 같이 법치주의(法治主義, Rule of Law, Nomocracy)가 형식적 '법치국가(Rechtsstaat)' 사상에 의하여 변질된 원인은 입법권의 우위가 배제되고 법 내용의 정당성 여부가 문제시되지 않았기 때문이다. 즉, 입법권이 형식상 국회에 주어져 있다 할지라도 국회가 권력분립의 원칙에 따르는 견제적 기능을 할 수 없게 되거나, 포괄적인 위임입법으로 그 견제적 기능을 포기하거나 할 때에는 통치자 마음대로 법을 만들어 다스릴 수 있기 때문에 권력을 법(法)에 구속시켜 이를 통제한다는 의미의 '법의 지배'는 존재할 수 없게 된다. 이 결과, 형식에서만 '법의 지배'일 뿐이고 실제로는 '통치자의 지배'에 지나지 않는다. 따라서 형식적 '법치국가(Rechtsstaat)'에서는 통치자의 자의(自意)가 법률의 탈을 쓰고 무엇이든지 합법적으로 할 수 있었고, 심지어 법률에 의한 합법적 범죄까지 저지를 수 있었다. 그것의 전형적 사례가 아돌프 히틀러(Adolf Hitler, 1889~1945)에 의한 나치스 정권의 폭력적 범죄행위이다.

다음으로, 중국 전국시대(BC 403~221) 법치(法治)의 원조(元祖)인 한비자(韓非子, BC 280~233)는 군주의 술치(術治), 즉 정치(政治)의 목적이 법치(法治)의 완성이라고 갈파했었다. 즉, '준법사회(遵法社會)를 만드는 것(즉, 法治)이 군주의 일이며, 이에 '정치의 기술(術治)'이 필요하다는 것이다. 한비자(韓非子)의 가르침은 다음과 같다: 군주는 관리를 다스리고, 관리는 백성을 다스리며, 군주는 신하의 능력을 살펴 자리에 앉히고, 그들이 일하도록 해야 한다. 군주가 특정한 것에 관심을 보이고 참견하면 신하들은 눈치만 보므로 마음을 들키지 않고 신하를 부려 목적을 달성하는 게 술치(術治)라는 것이다.[65] 그리고 한비자(韓非子)는 나라를 움직이는 두 개의 핸들을 賞과 罰로 보았다. 즉, 법치(法治)의 실천방법론으로서 신상필벌론(信賞必罰論)을 제시하였다. 요컨대, 법가(法家) 역시 '법으로 하는 지배'인 반면에 '법의 지배'가 아니므로 법치주의(法治主義)가 아니다.

여기서 법치(法治)에 대한 동·서양의 인식을 비교해보면, 서양(西洋)의 법은 지킬 수 있는 한계를 명확히 하고 책임과 의무를 규정하고 있는 반면에 동양(東洋)의 법은 서양식의 법률과는 달리 상당 부분 이상적이고 희망적인 방향과 목표를 규정하는 경우가 많다. 또한 서양(西洋)에서는 일상생활의 가이드라인으로서 법이 시민의 생활에 실질적으로 도움을 주는 반면에, 동양(東洋)에서는 법을 실제로 준수하기 위한 기준으로 제시하는 것이 아니라 바람직한 윤리적 규준으로 제시하는 경우가 많다. 이 결과, 동양(東洋)의 법률은 이의 준수와 사후적인 소송의 처리에 있어서는 실용적이지 못하며 법의 집행에 있어서 정부의 재량과 자의성이 높게 나타난다.

한편, 현대 중국의 법치(法治)는 헌법과 더불어 입법·행정·사법 3권 분립을 근간으로 하는 서구식 헌정 민주주의와 개념이 다르다. 즉, 공산당의 당장(堂章)이 중국 헌법 위에 군림한다. 즉, 헌법이 공산당 지도 아래 제정되고, 헌법상 기관이 아닌 당(黨)의 결정이 헌법보다 우선시된다. 따라서 법치(法治)가 강화된다고 공산당(共産黨) 일당 통치체제가 약화되는 것이 아니다.

중국 공산당은 2014년 10월 23일 '제18기 중앙위원회 제4차 전체회의(18기 4중전회)'에서 "당(黨)의 지도 아래 '의법치국(依法治國·법에 따른 국가 통치)'이라는 중대 임무를 전면적으로 추진한다"는 목표를 심의·통과시켰다.[66] 상기의 전체회의에서 결정된 문건에는 다양한 사법체제 개혁안이 담겨져 있다. 그중에서도 사법기관 독립성을 강화한 방안으로

---

65) 박근혜 전(前) 대통령은 "소통의 전제조건은 준법사회를 만드는 것이다"라고 말했다(중앙일보, 2014.01.09). 여기서 우리는 정치(政治)와 법치(法治)의 관계에서 한비자(韓非子, BC 280~233)와 박근혜 전(前) 대통령 사이에 극명한 차이를 볼 수 있다. 즉, 한비자(韓非子)는 군주의 술치(術治), 즉 정치(政治)의 목적이 법치(法治)의 완성이라고 갈파했었듯이 정치(政治)가 법치(法治)의 전제조건인 반면에 박근혜 전(前) 대통령은 법치(法治)가 소통, 즉 정치(政治)의 전제조건이라고 주장한 것이다.

66) 장쩌민(江澤民) 전(前) 국가주석이 1997년 제15차 당 대표대회에서 처음으로 '의법치국' 방안을 제시한 이후 17년 만에 구체적인 중국식 법치 실행 방안이 확정된 것이다.

서 4개: ① 심판권과 집행권 분리 시범 실행, ② 최고인민법원의 순회법정 설립, ③ 행정구역 초월한 법원·검찰원 설립, ④ 사법활동 개입 간부 책임추궁제 도입을 들 수 있다. 또한 사법기능 강화 방안으로서 4개: ① 검찰기관 공익소송제 도입, ② 변호사와 법학자를 법관으로 채용, ③ 전인대의 헌법에 대한 감독 강화, ④ 사법·행정기관 종사가 종신책임제 도입을 들 수 있다.

이와 같이, 중국 공산당 지도부는 법원의 심판권과 행정기관의 집행권을 분리하는 체제개혁 시험을 실행하기로 했다. 이것은 현재 지방법원이 지방정부 통제 아래 운영되는 것을 방지하겠다는 의지를 나타낸 것이다. 또한 중국 최고인민법원은 미국의 연방순회항소법원처럼 순회법정을 설립하도록 했다. 순회법정은 지방법원에 대한 지방정부의 간섭을 배제하는 효과적 수단이 될 수 있다. 한편 검찰은 공익소송제를 도입하여 기업의 불법 행위로 다수 소비자들이 피해를 입었을 때 이들을 대신해 원고 자격으로 소송을 제기하고 해당 기업으로부터 배상을 받게 해 주기로 했다.

상기한 현대 중국의 사법체제 개혁에 대하여 본 연구는 다음과 같이 논평한다: 상기한 사법체제 개혁은 국가 통치를 인치(人治)에서 법치(法治)로 전환하겠다는 것은 매우 바람직한 것이다. 왜냐하면 인치(人治)는 지배의 투명성·일관성·공정성을 보장할 수 없기 때문이다. 즉, 통치자에 따라 결과가 달라질 수 있으며 때와 장소와 지배대상에 따라 지배의 내용이 달라질 수 있기 때문이다. 그러나 상기한 사법체제 개혁에서 법의 운용은 공산당(共産黨)이 통제하기로 되어 있다. 따라서 중국 공산당(共産黨)의 지도체제는 불변이기 때문에 중국은 아직 '법치국가(Rechtsstaat)'라고 말할 수 없다.

중국 공산당은 일당독재를 옹호하고 정당화하거나 소수민족의 분리주의 운동을 탄압하기 위한 차원에서 법치주의(法治主義)를 내세우는 경향을 보인다. 특히 공산당 일당독재를 정당화하기 위해 법치(法治)를 내세우는 대표적인 사례로서 2014년 홍콩 '우산 혁명'이다. 당시, 민주화(民主化)를 요구하는 홍콩인들의 시위를 진압하는 과정에서 그 명목 중 하나로 법치주의(法治主義)를 내세웠다.

다른 한편으로, 한국에서는 고려시대에도 당률(當律)을 바탕으로 한 법률이 있었으나, 관습법에 많이 의존하였다. 그리고 조선시대에 경국대전 등의 성문법전이 정비되어 이전 시대의 임의적인 통치에서 탈피해 법에 기초한 통치가 실시되었다. 한국에서의 법에 기반한 통치는 예법(禮法) 일치사상의 완성이라고 볼 수 있다. 왕(王)이라고 하더라도 경국대전을 존중했고 신권이 최후의 보루로서 역할을 했다. 다만, 이 법의 근본 법리는 '법에 의한 통치'가 아닌 '법으로 하는 통치'에 기인한다. 조선의 왕은 법을 '존중'할지언정, 법에 '복종'하지는 않았다. 그러므로 조선은 기본적으로 법치국가(法治國家)는 아니다.

한국에서는 정부가 국민들에게 법치주의(法治主義)를 강조하는 경우가 많은데, 이는 준법주의(遵法主義)와 법치주의(法治主義)를 혼동한 것이라고 할 수 있다. 심지어 자신의 정치 신념에 반하는 판결이 내려진 세력이 '법치주의는 죽었다'라고 반박할 때 사용되기도 한다. 서구의 법치주의란 통치 세력이 법에 합당하지 않은 통치를 하지 못하도록 하는 것인데, 한국정부가 국민에게 법치주의(法治主義)를 지키라고 말하는 것은 경영자가 직원들에게 정도경영하라고 설파하는 것과 마찬가지이다.

(2) 질서 자유주의(Ordo-Liberalsim)

본 연구가 주창하는 '신실용주의(新實用主義, Neopragmatism)'의 현실적 적합성을 담보하기 위한 충분조건(充分條件)의 또 하나는 독일 프라이부르크 학파의 '질서－자유주의(Ordo－Liberalism)'이다.[67] 즉, 구성주의적 합리주의(構成主義的 合理主義)의 '계획된 질서(Planed Order)'와 진화적 합리주의(進化的 合理主義)의 '자생적 질서(Spontaneous Order)', 시장질서('경쟁 원리')와 사회질서('보완 원리')의 결합인 '사회적 시장경제(Social Market Economy)'이다.[68]

모름지기, 경제현상은 경제주체의 경제행위의 결과로 나타나며, 다시 경제행위는 경제질서에 의하여 영향을 받기 때문에 경제현상을 올바르게 이해하기 위해서는 경제질서(經濟秩序)에 관한 분석이 필요한 것이다.

아담 스미스(Adam Smith, 1723~1790)의 낙관과 달리 현실의 자본주의 경제에서 나타난 '시장의 실패'는 빈부격차뿐만이 아니라 주기적 불황(不況)과 독점화(獨占化)를 야기했었다. 즉, 1873년에 시작되어 20년 넘게 지속된 최초의 세계적 규모의 장기불황이었던 '대불황(the Great Depression)'을 맞아 자유방임주의(自由放任主義, laissez－faire)는 퇴색하기 시작하였고 정부 개입주의 시대가 개막되었다. 또한 '대불황기(the Great Depression)'에 대내적으로는 자본의 집중과 집적으로 인하여 독점화(獨占化)가 크게 진행되었으며,[69] 대외적으

67) 성태규(2002), "독일 질서 자유주의에서의 정치적 질서정책: 시장경제와 민주주의의 발전을 위한 함축", 국제정치논총 제42권 제2호.

68) 김성수(2009), "독일의 사회적 시장경제에서 정부역할의 변화," 「한국국정연구」, Vol. 27(2), 한국외국어대학교 국정관리연구소.

69) 아담 스미스(Adam Smith, 1723~1790)가 보았던 독과점(獨寡占)은 정부가 독점적 영업권을 부여하여 만들어진 정부가 만든 것이었고, 자본의 집중과 집적으로 인하여 시장에서 저절로 형성된, 즉 '시장에

로는 보호무역주의(保護貿易主義)가 다시 등장하고 제국주의(帝國主義) 시대가 개막되었다. 아담 스미스(Adam Smith, 1723~1790)도 독점(獨占)의 폐해를 중시하였으나 특히 '대불황기(the Great Depression)'에서 많은 중소기업들이 도산하면서 독점화(獨占化)가 크게 진행되었다. 독일에서는 은행의 주도하에 중화학공업에서 다른 어느 나라에서보다도 심하게 독점화(獨占化)가 진행되었다. 이렇게 형성된 독점자본은 그 후 독일 나치 정권의 경제적 기반이 되어 독일이 제2차 세계대전(1939~1945)을 일으키는 주요 요인이 되었다.

① 독일 프라이부르크 학파의 '질서 자유주의(Ordo-Liberalism)'

상기한 세계경제사적 경험을 인식하였던 독일 프라이부르그학파[70]의 '질서 자유주의(秩序自由主義, Ordo-liberalism)'의 대표인 루돌프 발터 오이켄(Rudolf Walter Eucken, 1891~1950)[71]

의한 독점'은 아니었다. 아담 스미스(Adam Smith)는 정부의 규제가 없어지면 경쟁시장이 모든 곳에 저절로 형성될 것으로 믿었다. 그러나 자유가 주어진 현실에서는 독점이익을 창출하려는 뿌리 깊은 충동이 모든 기업에 존재한다. 따라서 영업의 자유가 부여되자 독점화(獨占化) 현상이 광범하게 발생하게 되었다. 구미(歐美)에서 정부가 만든 독점(獨占)은 중상주의(重商主義)와 함께 대부분 소멸되었으나, 자본주의 경제가 발전함에 따라 '시장에 의한 독점'이 19세기 후반부터 나타나기 시작하였다. 그 요인은 가격경쟁력이 강한 대기업들에 의해 중소기업들이 시장에서 쫓겨났기 때문이다.

70) 알베르트 루트비히 프라이부르크 대학교(독일어: Albert-Ludwigs-Universität Freiburg)는 독일 남서부의 바덴뷔르템베르크주 프라이부르크에 위치한 대학이다. 15세기 중반 당시 오스트리아의 합스부르크 왕가에 속했던 프라이부르크에서 대공 알브레히트 6세가 설립하였다. 경제학에서 프라이부르크학파를 창시한 경제학자 발터 오이켄과 노벨 경제학상 수상자인 경제학자 폰 하이에크가 교수로 재직했고, 철학자 카를 야스퍼스, 후썰, 마르틴 하이데거, 한나 아렌트, 허버트 마르쿠제, 사회학자 막스 베버 등이 상기 대학 출신이다.

71) 발터 오이켄 Walter Eucken(1891~1950)은 독일의 경제학자이며 '질서 자유주의의 아버지'라고 불리운다. 사회적 시장경제체제에 대한 사상적, 정책적 기반을 마련하였다. 독일의 권위 있는 Herder Staatslexikon(국가학 사전)은 발터 오이켄을 제1차 세계대전 이래로 가장 중요한 경제학자("den bedeutendsten deutschen Nationalökonomen seit dem Ersten Weltkrieg")라고 칭송하고 있다. 발터 오이켄은 독일 튀링겐 지역의 예나에서 태어났다. 그의 아버지 루돌프 오이켄(Rudolf Eucken)은 저명한 철학자였고, 어머니 이레네 오이켄(Irene Eucken)은 미술가였다. 그는 아버지의 영향으로 일찍부터 사회문제에 대해서 관심을 가지고 있었다. 루돌프 오이켄은 근대 기술사회의 혼돈으로부터 인간의 영혼을 구하고, 중세에서와 같은 종합적이고 질서 있는 사회관계를 회복하고자 노력했다. 이러한 그의 신칸트주의의 업적으로 그는 1908년 노벨문학상을 수상하였다. 오이켄은 시장경제가 위기에 처하고, 시장경제 원칙이 본질적으로 변질되어 가는 상황이 지속되던 1930년대에 프라이부르크대학의 교수인 뵘(Franz Böhm), 그로쓰만-되르트(Hans Großmann-Doerth)와 더불어 프라이부르크학파를 결성하여, 올바른 자유주의적 시장경제질서를 수립하기 위한 사상적, 이론적 작업을 시작하였다. 이들은 이른바 질서 자유주의(Ordo-Liberalismus) 사상을 발전시켜, 1945년 종전 이후 독일의 경제질서가 된 이른바 사회적 시장경제의 수립에 사상적 기초를 제공하게 된다. 오늘날 독일의 경제학계는 전통적인 역사학파의 흐름과, 오이켄의 사조 및 케인스 학파 등 3분되어 있다고 할 수 있을 만큼 그의 영향력은 매우 크다.

의 경제사상/철학은 다음과 같다:

첫째, 루돌프 발터 오이켄(Rudolf Walter Eucken)은 오스트리아학파의 자유주의(自由主義) 사상에 크게 영향을 받은 정치적 및 경제적 자유주의자였다. 그의 사상은 개인의 자유가 보장되고 물질적 풍요를 가져올 수 있는 '자유시장경제체제'가 정착되어야 한다는 것이었다. 그는 자유방임주의(自由放任主義, laissez-faire)의 시장경제에서 나타난 중요한 폐해(실업, 불황, 자원낭비 등)이 거의 모두 독점(獨占)으로부터 비롯된다고 사유했다. 또한 독점(獨占)은 가격기구를 왜곡시켜서 생산과 투자를 위축시킬 뿐만 아니라 불황이 발생하는 요인은, 존 메이너드 케인즈(John Maynard Keynes, 1883~1946)가 주장한 것처럼 기업들이 위험을 두려워하여 투자를 감소시키기 때문이 아니라, 독과점(獨寡占) 때문에 철강이나 시멘트와 같은 기간산업이 독점화되어 생산비가 비싸졌고 정부정책의 변덕으로 인해 투자의 위험이 증대했기 때문이며, 노동조합 때문에 임금이 높아졌기 때문이라고 그는 사유했다. 상기와 같이, 그는 독점(獨占)이 자유방임주의 시장경제의 가장 근본적 문제점이라는 것이다.

둘째, 루돌프 발터 오이켄(Rudolf Walter Eucken, 1891~1950)은 시장경제에서의 소득분배의 왜곡도 사유재산제도 때문이 아니라 독점 때문에 발생한다고 보았다. 노동의 수요를 독점하는 독점기업들이 임금을 부당하게 낮게 책정하기 때문이라는 것이다. 따라서 루돌프 발터 오이켄(Rudolf Walter Eucken)은 대기업이 현대 사회에서 개인의 자유를 억압하는 새로운 권력임을 강조하였다. 따라서 그는 독점(獨占)의 금지와 규제를 물가안정(物價安定)과 더불어 가장 중요한 경제정책 목표로 삼았다.[72)]

셋째, 루돌프 발터 오이켄(Rudolf Walter Eucken, 1891~1950)에게 각인된 경제의 재앙은 독점화(獨占化) 다음으로 인플레였다. 독일은 20세기에 들어와 극심한 초인플레를 두 번 겪었다. 첫 번째는 제1차 세계대전(1914~1918) 이후 독일 바이마르 공화국의 인플레였다. 종전 이후 독일 바이마르 공화국 시절(Weimar Republic; 1918~1933)의 4년 동안, 패전으로 생산기반은 무너지고 승전국에 대한 보상금 지불 때문에 대규모의 재정적자가 발생하였

72) 그러나 루돌프 발터 오이켄(Rudolf Walter Eucken, 1891~1950)의 반(反)독점정책은 독일에서 별로 실효를 거두지 못하였다는 평가를 받는다. 그 배경은 생산규모가 커질수록 평균생산비가 하락하는 '규모의 경제'가 대부분의 산업에 존재하기 때문에, 현실에서 기업의 대형화(大型化)에 따른 독과점(獨寡占)을 인정하여 주는 경향이 나타났기 때문이다. 그러나 정부는 공정한 시장경제질서의 확립만 책임지고 경제과정(시장경제에서의 민간의 경제활동)에는 간섭하지 말아야 하며 물가안정을 유지하여야 한다는 오위켄의 주장은 여전히 살아남아서, 다른 나라에 비하여 독일정부는 가능한 한 시장경제에서의 민간 경제활동에 개입하는 것을 자제하여 왔으며, 물가안정을 위해 엄격한 통화관리정책을 유지하여 왔다.

고 이로 인한 통화 남발로 인해 1921년에서 23년까지 2년 동안 독일마르크의 환율이 1달러당 62.5마르크에서 무려 42억 마르크로 폭등하였다. 예로서 벽지보다 돈으로 도배하는 것이 더 싸게 되었다. 이어서 제2차 세계대전(1939~1945) 패전 직후에도 살인적인 초인플레가 발생하였다. 전쟁으로 생산시설은 폐허가 되어 물자는 부족하고, 정부는 재정적자를 메우기 위해 통화를 남발하였기 때문이다. 상기 두 번의 초인플레 기간 동안 화폐 경제가 무너져서 생산과 유통이 거의 중단되는 경제파탄을 겪게 되었다. 이런 경험 때문에 루돌프 발터 오이켄(Rudolf Walter Eucken, 1891~1950)은 독점과 인플레가 시장경제의 가장 큰 적(敵)이라고 생각하게 되었다.[73)]

넷째, 루돌프 발터 오이켄(Rudolf Walter Eucken, 1891~1950)은 완전경쟁시장만이 생산의 효율성과 개인의 자유를 보장하는 유일한 경제라고 사유했다. 그러나 자유방임주의적 시장경제에서 완전경쟁시장이 저절로 나타나는 것이 아니므로, 국가가 인위적으로 완전경쟁시장에 필요한 조건들을 만들어야 한다고 주장했다. 따라서 완전경쟁시장에 필요한 이러한 조건들이 모두 충족된 경제를 '경쟁질서'라고 부르고 이 경쟁질서를 국가가 책임지고 만드는 것을 경제헌법의 기본원칙이라고 강조했다. 구체적으로, 루돌프 발터 오이켄(Rudolf Walter Eucken, 1891~1950)은 3가지 원칙을 제시했다: ① 규제철폐이다. 수입규제를 포함하여 가격과 거래에 관한 모든 규제를 철폐하여 완전히 자유로운 경제활동을 보장하는 것이다; ② 철저한 독점금지정책으로 독점을 금지하여 경쟁시장을 만드는 것이다; ③ 엄격한 통화관리정책을 통하여 물가안정을 유지하여 가격기구가 효율적으로 작동케 하는 것이다.

상기와 같이, 독일 프라이부르크(Freiburg) 학파의 '질서 자유주의(秩序自由主義, Ordo

73) 루돌프 발터 오이켄(Rudolf Walter Eucken, 1891~1950)의 '질서 자유주의(Ordo-Liberalism, Ordo-Liberalismus)'의 주장 중에서 현실에서 가장 잘 실천된 것은 물가안정을 위한 엄격한 통화관리이다. 제2차 세계대전 이후 대략 1970년대까지 서독을 제외하고, 구미 선진국들은 대부분 케인즈의 주장에 따라서 고용증대를 경제정책의 첫째 목표로 삼고, 총수요를 증대시키기 위하여 계속 통화를 증발시켜 왔고, 그 결과 인플레와 재정적자가 점차 누적되어 왔으며, 이것이 현대 신자유주의(新自由主義)가 등장하게 된 바탕을 마련하였다. 이와 반면에 서독은 물가안정이 건강한 시장경제의 기초라는 질서 자유주의(Ordo-Liberalism)의 원칙에 충실하여 엄격한 통화관리를 견지하여 왔다. 그 결과 서독은 제2차 세계대전 이후 수십 년간 물가안정에 성공하여왔고 이러한 물가안정은 서독 경제가 고용, 재정, 국제경쟁력과 국제수지 등 모든 면에서 다른 구미국가들보다 더 튼튼할 수 있는 토대를 마련하였다고 평가된다. 영미(英美) 케인지안들은 고용증대를 위하여 다소의 물가상승이 불가피하다고 본 데에 반하여, 오이켄은 물가안정이 고용안정을 위해서 필수적이라고 보았는데, 지난 50년간의 경험에 미루어 보면 이 두 가지 견해 중에서 오이켄의 견해가 옳다고 인정된다. 예로서 유럽연합(EU)이 개별 회원국들의 화폐발행권을 폐기하고 공동으로 엄격한 통화발행을 관리하기 위하여 유로라는 단일통화를 1999년부터 도입하였다.

–liberalism)'는 경쟁(競爭)이 잘 작동되고 인간의 가치가 존중되는 경제질서(經濟秩序)의 창출을 질서정책의 목표로 삼아야 한다고 주장한다. 따라서 경제주체의 행동규칙을 정함에 있어서 '어떤 경제질서(經濟秩序)를 목표로 하느냐'가 중요하다는 것이다. 즉, 자본주의적 시장경제질서의 실현을 목표로 할 것인지, 혹은 사회주의적 계획경제제도를 지향할 것인지, 아니면 다른 형태의 경제질서를 선택할 것인지에 대한 분명한 방향 설정이 있어야 한다는 것이다. 왜냐하면 행동규칙도 질서정책의 목표에 따라 달라질 수 있기 때문이라고 한다.

요컨대, 독일 프라이부르크(Freiburg) 학파의 질서 자유주의(秩序自由主義, Ordo–liberalism)의 핵심은 개인의 자유가 보장되고 물질적 풍요를 가져올 수 있는 '자유시장경제체제'가 정착되어야 한다는 것이었다. 다시 말하면, 질서 자유주의(秩序自由主義, Ordo–liberalism)는 독일식으로 변형된 자유주의의 별종이다. 자유시장이 경제이론과 같이 제대로 작동할 수 있도록 국가가 적극적으로 개입하는 것을 강조한다. 즉, 경제질서가 지나치게 낙관적인 '고전적 자유방임주의(Classical Laissez–Faire)'에 기초를 두어서는 안 될 것이며, 개인의 자유가 박탈된 '전체주의적 중앙관리 경제체제'가 되어서도 안 된다는 것이다. 상기의 '균형(均衡)'을 유지하기 위해서, '질서 자유주의(Ordo–Liberalism)'는 '강한 국가(Strong State)'를 강조하고 있다.[74] '질서 자유주의(Ordo–Liberalism)'는 시장경제의 중요성과 시장의 효율을 중시했지만, 시장이 해결하지 못하는 부분에 한해서 국가의 강력한 역할을 지지했다.

나치의 독재를 경험하였던 독일 프라이부르크학파는 정치와 경제 모두에서 자유주의(自由主義)를 강력히 주장하였다. 이들 질서 자유주의자들은 철저한 경제적 자유주의에 입각하여 소련의 사회주의 경제와 나치의 관리경제[75]뿐만 아니라, 제2차 세계대전(1939~1945) 이후 존 메이너드 케인즈(John Maynard Keynes, 1883~1946)의 개입주의 경제학도 자

---

74) 오스트리아학파의 프리드리히 어거스트 본 하이에크(Friedrich August von Hayek)와 그의 스승인 루드위그 미제스(Ludwig von Mises)의 자유주의 사상은 독일 프라이부르크(Freiburg) 학파의 질서 자유주의(Ordo–Liberalism)에 많은 영향을 끼쳤다. 그러나 독일 프라이부르크 학파의 질서 자유주의(Ordo–Liberalism)가 '강한 국가'를 강조한다는 측면에서 프리드리히 하이에크(F.A. Hayek)와 같은 오스트리아학파의 자유주의와 상이하다.

75) 소련의 사회주의 경제와 나치의 관리경제에 대한 루돌프 발터 오이켄(Rudolf Walter Eucken, 1891~1950)의 비판 요지는 다음과 같다: 사회주의나 나치 하의 독일 경제와 같은 중앙관리경제는 생산과 투자를 시장 가격기구가 아니라 국가가 결정하므로 비효율적일 수밖에 없으며 개인의 자유를 압살한다는 결함을 갖고 있다. 보통 나치즘을 사회주의경제와 정반대의 극우경제로 보지만 루돌프 발터 오이켄(Rudolf Walter Eucken)은 이와 반대로 나치즘도 중요한 생산과 투자를 국가가 결정한다는 점에서 사회주의경제와 동일한 중앙관리경제라고 보았다.

유시장의 효율성을 훼손한다고 강력히 비판하였다.[76] 그들은 기업의 공정한 게임을 감시 및 독려하기 위한 경제체제로서 질서 자유주의(秩序自由主義, Ordo-liberalism), 즉 '질서 있는 경쟁'을 역설했었다.

② '사회적 시장경제(Social Market Economy)'

시장경제(市場經濟, Market Economy)는 분업(分業)에 의해 생산된 재화와 용역이 '보이지 않는 손', 즉 수요와 공급에 의해 자원이 효율적으로 배분되는 경제체제이다. 상기 체제하에서 경제주체들의 자유로운 생산과 거래에 의해 경제활동(예로서 계약의 자유, 직업 선택의 자유 등)이 이루어진다. 또한 자유로운 경제활동을 통하여 경쟁은 생산과 효율을 극대화시킨다.

그러나 시장경제(市場經濟, Market Economy)의 문제는 통제되지 않는 자유와 경쟁이 시장실패를 야기한다는 것이다. 이로 인하여 양극화, '빈익빈 부익부(貧益貧 富益富)', 사회의 분열과 갈등이 심화된다는 것이다. 모든 경제주체들이 자유롭고 평등(법 앞의 평등)하다고 전제하고 있지만, 실제로는 부자와 가난한 사람이 있고 타고난 능력과 소질도 제각기 다르기 때문에 '빈익빈 부익부(貧益貧 富益富)' 현상이 일어날 수밖에 없다. 또한 실업과 인플레이션이 자주 발생하게 되어 경제가 불안정해질 수 있으며, 사적(私的) 이윤 추구는 창의성과 효율성이 증가하지만 지나친 사적(私的) 이윤 추구는 공익(公益)을 저해(沮害)하는 경우도 발생하며, 사회적으로 인간이 돈과 상품의 지배를 받게 되는 '인간 소외(非인간화)'가 발생하게 된다.

그렇다고 해서, 정부의 무분별한 시장개입은 시장의 자율성을 해치고 시장경제질서를 파괴하여 오히려 국민의 기본권(基本權)을 침해할 수 있다. 한국에서의 예를 들면, 최저임금제나 주 52시간 규제가 대표적인 사례다. 임금과 노동시간을 정하는 것을 사용자가 아닌 제3의 입장에서 정하다 보니, 영세업자의 경우에는 종업원의 임금을 지급 못하는 경우가 허다하게 발생하게 된다. 이 결과, 생계 자체에 어려움을 겪는 극빈층이 대폭 증가하는

76) 케인즈의 개입주의에 대한 루돌프 발터 오이켄(Rudolf Walter Eucken, 1891~1950)의 비판 요지는 다음과 같다: 케인즈의 총수요확대정책은 가격규제와 인플레를 초래하여 시장가격기구를 왜곡시켜서 장기적으로는 생산과 투자를 감소시키며 불황을 초래할 것이다. 불황의 진정한 원인은 케인즈가 주장한 총수요의 부족이 아니라 독과점(獨寡占)으로 인한 생산비의 상승과 정부정책의 변덕으로 인한 투자 위험의 상승이다. 이처럼 오이켄은 영미에서 케인즈가 비판받기 훨씬 전에 케인즈의 개입주의 정책을 정면으로 비판하였다. 루돌프 발터 오이켄(Rudolf Walter Eucken)과 더불어 질서 자유주의를 대표하는 빌헬름 뢰프케(Wilhelm Roepke)도 경제를 마치 조정 가능한 기계장치와 같이 파악하였다고 케인즈를 비판하였다. 이는 케인즈에 대한 현대 신자유주의(新自由主義)의 '합리적 기대가설'의 비판과 동일한 내용이다.

'빈익빈 부익부(貧益貧 富益富)'가 더욱 더 심화된다.

이와 반면에, '사회적 시장경제(社會的 市場經濟, Social Market Economy)'는 '유도적 시장경제'의 한 유형으로 질서 자유주의(秩序自由主義, Ordo-liberalism)의 이념을 실현하기 위해서 독일에서 발달되었다.[77] 상술하면, '사회적 시장경제(社會的 市場經濟, Social Market Economy)'는 원래 독일 프라이부르크 학파의 대표적 경제학자였던 루돌프 발터 오이켄(Rudolf Walter Eucken, 1891~1950)의 질서 자유주의(秩序自由主義, Ordo-liberalism)를 사상적·이론적 배경으로 하여, 알프레드 뮐러-아르막(Alfred Muller-Armack, 1901~1978) 교수가 경제적 자유·사회적 정의·사회보장의 조화를 주장하면서 제창되었다.[78] '사회적 시장경제(Social Market Economy)'의 기본 개념은 다음과 같이 3가지를 들 수 있다:

① 경제문제를 시장에 모두 맡기는 것이 아니라 '시장과 정부 간의 공동 작용'을 최적화시키는 구상으로 경제질서(經濟秩序)를 중요시한다.

② 사회문제를 경제 문제에서 분리시키지 않고 경제질서(經濟秩序)의 한 부분으로 보고 정부와 경제계의 사회정책적 역할을 중요시한다.

③ 지나친 상업주의 대신에 공공분야의 중요성을 인식하고 정부와 경제 간의 역할 분담을 강조한다.

'사회적 시장경제(Social Market Economy, die sozialen Marktwirtschaft)'는 루드위그 에르하르트(Ludwrig Erhard: 1949~1963 경제부 장관, 1963~1966 독일연방공화국(구 서독)의 제2대

77) 김성수(2009), "독일의 사회적 시장경제에서 정부역할의 변화", 「한국국정연구」, Vol. 27(2), 한국외국어대학교 국정관리연구소.

78) 알프레드 뮐러-아르막(Alfred Müller-Armack) 교수는 자유로운 경쟁시장질서를 만들어야 한다는 루돌프 발터 오이켄(Rudolf Walter Eucken)의 '질서 자유주의(Ordo-Liberalism)'를 그대로 받아들였으나, 이에 더하여 정부에 의한 강력한 소득재분배, 튼튼한 중소기업 토대 유지, 공동결정에 입각한 인간적인 노사관계를 통한 탈(脫)프로레타리아화, 정부의 핵심적 과제로서 경기안정을 주장하였다. 현실적으로 보면, 루돌프 발터 오이켄(Rudolf Walter Eucken, 1891~1950)의 '질서 자유주의(Ordo-Liberalism)'가 서독 경제에서 그대로 실시된 것은 아니었다. 알프레드 뮐러-아르막(Alfred Müller-Armack, 1901~1978) 교수에 의하여 이미 1950년대 중반부터 공공복지제도(公共福祉制度)가 강조되었으며, 1960·1970년대에는 케인지언의 총수요조절정책을, 1980년대에는 프리드먼(Milton Friedman)의 통화주의정책을 각각 부분적으로 채택하여 영미(英美)의 경제정책과의 차이가 축소되었다. 한편, '사회적 시장경제(Social Market Economy)'를 제2차 세계대전(1939~1945) 이후 영미(英美)의 개입주의적 케인지안의 정책과 비교하면 다음과 같다: '사회적 시장경제(Social Market Economy)'는 노동자의 부분적인 경영참여(대량 해고나 회사의 합병 등 주요 경영문제에 노동자의 동의 인정)를 인정하며, 고용안정을 위한 정부의 단기적 경제개입을 반대하고, 엄격한 통화관리를 통한 물가안정을 가장 중시하며, 완전한 대외거래자유화, 강력한 독점규제를 강화하는 것 등이다.

총리)[79]에 의하여 정책적으로 과감히 추진했었다.[80] 즉, 국가는 경쟁질서(독점금지와 물가안정)의 확립만 책임지고 경제활동은 개인의 자유에 일임하는 원리에 입각하여 전후 서독은 독점금지, 물가안정 및 규제철폐를 경제정책의 기본으로 삼았다.

상술하면, 제2차 세계대전(1939~1945)의 패전으로 인하여 독일의 경제기반이 완전히 붕괴되었다. 이에 따라 경제적 혼란(물자 부족·인플레·실업·빈곤 등)이 극심했었던 상황에서, 루드비히 에르하르트(Ludwrig Erhar) 당시 경제부 장관(재임: 1949~1963)과 알프레드 뮐러-아르막(Alfred Müller-Armack, 1901~1978) 교수는 사회적 문제(실업·질병·재해·노령 등)를 경쟁질서와 결합시키기 위하여 '사회적 시장경제(Social Market Economy)'를 주창했었다. 즉, 그들은 '사회적 시장경제(Social Market Economy)'를 경제적 자유(Economic Freedom)와 사회정의(Social Justice) 및 사회보장(Social Security)의 통합개념으로 파악함으로써 '사회정책(Social Policy)'을 '경쟁정책(Competition Policy)'과 같은 수준으로 다루었다. 상기 용어: '사회적 시장경제(Social Market Economy)'에서 '사회적(Social)'이란 사회보장제도와 노사공동결정제도가 결합되었음을, 또한 '시장경제(Market Economy)'란 루돌프 발터 오이켄(Rudolf Walter Eucken, 1891~1950)이 말한 자유로운 경쟁적 시장질서를 각각 의미한다.

루드위그 에르하르트(Ludwig Erhard)와 알프레드 뮐러-아르막(Alfred Muller-Armack)은 국가의 역할이 잘 작동되는 경쟁질서 창출에만 국한될 것이 아니라, 사회보장과 소득 및 재산 분배상의 형평을 제고하고 시장이 해결할 수 없는 교통·교육 같은 공공재를 공급해야 한다고 주장함으로써 사회정책(Social Policy)의 중요성을 강조하였다. 또한 '사회적 시장경제(Social Market Economy)'가 추구하는 궁극적 목표는 자유(Freiheit)·정의(Gerechtigkeit)·

---

79) 루드비히 에르하르트(Ludwrig Erhard, 1897~1977)는 독일연방공화국(구 서독)의 제2대 총리로, 1949년부터 1963년까지 아데나워 내각하에서는 경제부 장관으로서 1948년에는 라이히스마르크에서 도이체 마르크로의 화폐개혁을 성공적으로 시행하였다. 연합군에 의해 실시되고 있던 고정 가격제와 생산 통제 정책도 폐지시켰다. '라인강의 기적'을 진두지휘하며 '사회적 시장경제(Social Market Economy)'를 채택하였다. '사회적 시장경제(Social Market Economy)'란 국가의 기본 경제체제는 자유 시장주의이지만, 각종 복지 및 사회 제도는 국가가 적극적으로 개입할 필요가 있다는 이념이다. 독일은 이때 철혈(鐵血) 재상(宰相) 비스마르크(Bismarck, 1815~1898) 시기부터 도입한 복지정책을 한 단계 업그레이드하였고, '사회적 시장경제(Social Market Economy)' 국가의 정체성을 공고히 하였다. 1958년부터는 부총리가 되어 아데나워 내각의 2인자 자리로 부상하였고, 마침내 1963년 아데나워의 뒤를 이어 서독의 제2대 총리로 취임하였다.

80) '사회적 시장경제(Social Market Economy, die sozialen Marktwirtschaft)'는 제2차 세계대전(1939~1945) 後, 1949년 기민당(CDU: Christlich-Demokratische Union)의 공식적인 경제정책으로 채택되어 서독 정부의 경제정책의 지도이념 및 제도의 근간이 되었으며, 이를 통해서 서독은 전후의 폐허에서 세계정상의 경제대국으로 발전할 수 있었다.

안전(Sicherheit)·복지(Wohlstand)라고 주장했었다. 또한 당시 서독 정부는 독일사회가 추구하여야 할 기본적 가치를 세워놓고 이를 실현하기 위한 실천적 수단으로서 경제정책적 목표를 세웠다. 그것의 핵심은 거시경제적 안정과 적정 경제성장률을 유지하면서 사회정의(Social Justice)와 사회보장(Social Security)을 실현하는 것이었다.

여기서 유의할 것은 '사회적 시장경제(Social Market Economy)'에서의 국가는 '보완적 역할'만을 해야 한다는 점이다. 즉, 시장경제에서는 실업·질병·재해·노령 등의 사회적 문제를 개인 스스로 해결하도록 하는 것을 원칙으로 하되, 그것을 스스로 감당하기 어려운 경우에만 국가가 이를 지원해 주어야 한다는 것이다.

다시 말하면, '시장의 질서'는 '경쟁적 원리'에 의하여 형성되어야 하는 반면에 '사회적 질서'는 '보완적 원리'에 의하여 형성되어야 한다는 것이다. 요소시장이나 산출물 시장에서 경쟁의 원리를 도입하게 되면 경제적 효율이 증가되고, 이에 따라 지속적인 경제성장이 가능하지만, 경쟁원칙만으로는 사회적 문제의 해결이 어렵기 때문에 경제적 능력이 없거나 경제적으로 취약한 계층에 대해서는 정부의 적극적인 지원을 통해서 사회적 평화와 안정을 보장해 주어야 한다는 것이다.

또한 루드위그 에르하르트(Ludwig Erhard) 경제부 장관과 알프레드 뮐러-아르막(Alfred Muller-Armack) 교수는 거시경제적 안정을 위해서 물가안정에 우선순위를 두어야 한다고 주장했다. 왜냐하면 독일은 오랫동안의 쓰라린 인플레이션의 경험이 있었기 때문에 물가안정이 없이는 시장경제질서가 제대로 작동될 수 없었고 사회정의(Social Justice)와 사회보장(Social Security)도 실현될 수 없었기 때문이었다. 나아가, 독일의 경제성장 정책은 기본적으로 경쟁 촉진에 초점을 맞추었는데, 사회간접자본의 확충과 유인정책을 통해 경제성장의 잠재력을 향상시키는 데도 역점을 두었다. 상기와 같은 경제정책과 함께, 사회정책이 동시적으로 추진되었다. 사회정책적 목표는 사회구성원으로 하여금 인간다운 삶을 위한 생활조건을 형성하여 주는 데 있는데 분배정책, 사회보장정책, 노동자보호정책 및 노동시장정책으로 나누어졌다.

요컨대, '사회적 시장경제(社會的 市場經濟, Social Market Economy)'는 엄밀히 말하면 시장경제(Market Economy)와 대립되는 개념이 아니라, 자본주의 시장경제의 자유주의적인 완전경쟁시장과 공정한 질서를 무너뜨리는 독·과점(獨·寡占)이나 불공정 행위를 제외한 시장 메커니즘에는 정부의 개입을 최소화하고 자유(自由)를 보장하지만, 여기에 노동자 경영 참여, 즉 노사(勞使) 공동결정제도를 도입하고, 보수적 가톨릭 전통에 바탕을 둔 사회정책, 복지정책으로서 빈곤층과 저임금 계층을 배려한 인도주의적 자본주의를 말한다.

결과적으로, 종전 후 서독은 경제성장률, 물가, 고용, 국제수지의 모든 면에서 서양 선진국 중에서 가장 양호한 경제성과를 나타내었다. 서독 사람들은 자신들의 이러한 뛰어난 경제성장이 그들만의 독특한 사회적 시장경제(Social Market Economy, die sozialen Marktwirtschaft)의 덕분이라고 자부한다.

그러나 1970년대에 들어오면서 독일 국민의 욕구증대, 선거를 의식한 정치세력의 무원칙한 사회정책 프로그램의 제시 등이 복합적으로 작용하면서 '사회적 시장경제(Social Market Economy)'의 기본원칙은 흔들리게 되었다. 특히 사회정책 분야에 있어서 경제적 부담이 주로 정부의 이전지출로 충당됨으로써 독일의 '사회적 시장경제(Social Market Economy)'는 루드위그 에르하르트(Ludwig Erhard)나 알프레드 뮐러－아르막(Alfred Müller－Armack)과 같은 주창자들의 의도와는 달리 '복지국가(Welfare State)'의 형태로 변모하게 되었다.[81)]

상기와 같이 '사회적 시장경제(Social Market Economy)'가 '복지국가(Welfare State)'로 변질하게 된 요인은 '사회적(Social)'이라는 용어 자체의 개념 때문이었다. 당초, 루드위그 에르하르트(Ludwig Erhard)와 알프레드 뮐러－아르막(Alfred. Müller－Armack)이 '사회적(Social)'이라는 형용사를 용어 앞에 붙인 이유는 시장경제(즉, 자본주의 경제)에 대한 다양한 비판(예로서 시장경제는 비윤리적이다, 약자를 착취한다, 반(反)사회적이다 등)에 대응하기 위함이었다. 즉, 시장경제질서 하에서도 '사회정의(Social Justice)'의 문제를 해결할 수 있다는 의미에서 '사회적(Social)'이라는 형용사를 붙였던 것이다. 그런데 '사회적(Social)'이라는 개념의 해석상의 다양성 때문에 '사회적 시장경제(Social Market Economy)'의 개념은 시간이 흐름에 따라 변질되고, 결과적으로는 '복지국가(Welfare State)'로 치닫는 길을 열어주었던 것이다. 그러나 '복지국가 자본주의(Welfare State Capitalism)'는 존 롤스(John Rawls)의 시각에서 보면 '정의로운 경제체제(A Justice－based Economic System)'가 아니다. 왜냐하면 상기 경제체제는 소수 계급이 생산수단을 거의 독점(獨占)에 가깝게 소유하는 것을 용인하기 때문이다(John Rawls, 2001, p. 139).

결과적으로, 1948년 서독은 화폐개혁과 규제철폐(가격 규제와 무역 규제의 철폐 등)를 단행하였고 그 결과 물가안정이 달성되고 시장경제가 작동하기 시작하여 생산과 고용이 점차 증대하기 시작하여 '라인강의 기적'을 이루었다.[82)]

---

81) 그러나 '복지국가 자본주의(Welfare State Capitalism)'는 존 롤스(John Rawls)의 시각에서 보면 '정의로운 경제체제(A Justice－based Economic System)'가 아니다. 왜냐하면 상기 경제체제는 소수 계급이 생산수단을 거의 독점(獨占)에 가깝게 소유하는 것을 용인하기 때문이다(John Rawls, 2001, p. 139).

사실, 세계적으로 빈부격차 · 고용불안 · 고령화 등이 진행되면서 저성장 · 저고용으로 경제구조가 변화하고 있는 상황에서, '사회적 시장경제(Social Market Economy)'는 시장경제의 효율성을 살리면서 양질의 일자리를 창출하고, 실업 · 빈곤 등 경제 · 사회 문제를 극복하고 양극화를 완화할 수 있는 새로운 해결책으로 주목받고 있다. 여기에 노사(勞使) 공동경영제도와 강력한 사회보장제도(社會保障制度)를 결합함으로써 사회정책적 국가개입의 성격을 강화시킨 것이라고 볼 수 있다.

벨기에 브뤼셀에 사무소를 두고 있는 「사회적경제투자자 국제협회」(INAISE: International Association of Investors in the Social Economy)는 '사회적 시장경제(Social Market Economy)'를 '지역공동체 발전에 기여하는 기업과 협동조합, 고용창출이나 중소기업 발전을 위한 사업, 실업자 및 빈곤층 등 소외계층을 지원하는 제반 경제활동'으로 정의하고 있다. 국내에서는 '사회적 시장경제(社會的 市場經濟, Social Market Economy)'를 '사회적 목적과 민주적 운영원리를 가진 호혜적 경제활동'으로 정의내리기도 한다. 핵심은 협동을 통해 공공이익을 추구하고 지역발전에 기여하는 공동체 자본주의의 가치가 사회적경제의 철학에 녹아있는 것이다.

주로 독일, 프랑스, 오스트리아 등 제2차 세계대전(1939~1945) 이후 유럽대륙에 집권한 온건보수 정치세력인 기독교 민주주의 정당이 '사회적 시장경제(社會的 市場經濟, Social Market Economy)'를 주도했으며, 사회민주주의 정당들도 이를 받아들였다.

나아가, 유럽을 비롯한 선진국들은 오랜 시민사회의 전통을 기반으로 적극적인 '사회적 경제' 정책을 추진함으로써 고용 · 복지 등 경제의 중요한 축으로 만들어 공공부문과 시장경제 부문을 보완하고 있다. EU는 2009년 사회적 경제 개념인식 · 법적조치 권고 등 48개 항목의 '사회적 경제에 관한 결의문'을 채택했다. 영국, 프랑스, 이탈리아, 캐나다의 퀘벡주 등에서는 '사회적 시장경제(Social Market Economy)' 관련 법률을 제정하고 직 · 간접적인 지원제도를 통해 다양한 형태의 '사회적 경제' 기업의 활동을 보장하고 있다. 또한 영국, 이탈리아, 미국 등에서는 민간투자로 공공사업을 시행한 후 사회적 성과를 달성했을 때 약정에 따른 투자금 회수와 수익 상환을 보장하는 사회성과 채권을 비롯한 사회투자기금, 사회적 금융 육성을 통해 금융접근성을 높여 자생력을 높이고 있다.

다른 한편으로, 한국정부는 2017년 10월 18일, 제3차 일자리위원회를 개최해 「사회적 경제 활성화 방안」을 확정 · 발표했다. 상기 방안은 '사회적 시장경제(Social Market

82) 그러나 서독의 전후 경제부흥이 본격적으로 시작된 것은 우리나라의 6 · 25가 발생하면서 군수물자 수출이 급증하면서부터였다. 이는 일본 경제부흥의 경우에도 동일하다. 우리에게는 비극이었던 6 · 25가 서독과 일본에게는 하늘에서 떨어진 행운이었다.

Economy)' 부문에 대해 정부차원에서 수립한 최초의 대책으로서 사회적 경제(소셜 벤처 등)를 새로운 일자리 창출뿐만 아니라 사회문제 해결과 사회적 가치 확산의 장(場)으로 인식하고, 적극적으로 활성화하기 위해 마련됐다.

한국에서 '사회적 시장경제(Social Market Economy)'는 사회구성원 간의 협력을 바탕으로 재화와 용역의 생산과 판매를 통해 사회적 가치를 창출하는 민간분야의 모든 경제적 활동으로 정의된다. 즉, '사회적 경제'는 기존 사회서비스 개선, 취약계층 일자리 창출, 지역공동체 상생 등 다양한 사회적 가치 실현을 추구한다. 경쟁중심에서 벗어나 협력과 연대를 지향해 한국사회가 마주한 불평등 문제를 풀어가는 데 중요한 역할을 한다. 조직형태는 사회적 기업뿐만 아니라 협동조합, 마을기업, 자활기업 등으로 다양하다.

그러나 자립을 추구하는 것과 달리 정부 보조금과 같은 외부의 시혜적 재정지원에 의존하는 경향이 크며, 시장의 경쟁을 통해 정제되고 강화되는 기존 기업에 비해 자생력이 약한 기업이 유지될 가능성이 높다. 공익을 위한 일을 하지만 재무적 자생력이 없다면 일반 비영리활동단체로서 자기정체성을 찾아야 함에도 보조금으로 지속하는 기관이 많은 것은 부인할 수 없는 사실이다. 따라서 사회적 금융시장을 활성화를 위한 3대 과제로서 ① 사회가치기금(Social Benefit Fund)의 조성, ② 사회적 금융 중개기관(농·수·신협중앙회, 새마을금고 등) 육성, ③ 민간 투자자·금융기관 참여 확대 추진을 들 수 있다. 참고로, 영국 캐머런 정부에서 사회투자시장을 형성·발전시키기 위해 2012년 휴면예금과 4대은행의 출자를 기반으로 사회투자도매은행인 'Big Society Capital'이 설립되었다.

V

신(新)실용주의(實用主義)의 '청사진(靑寫眞)'

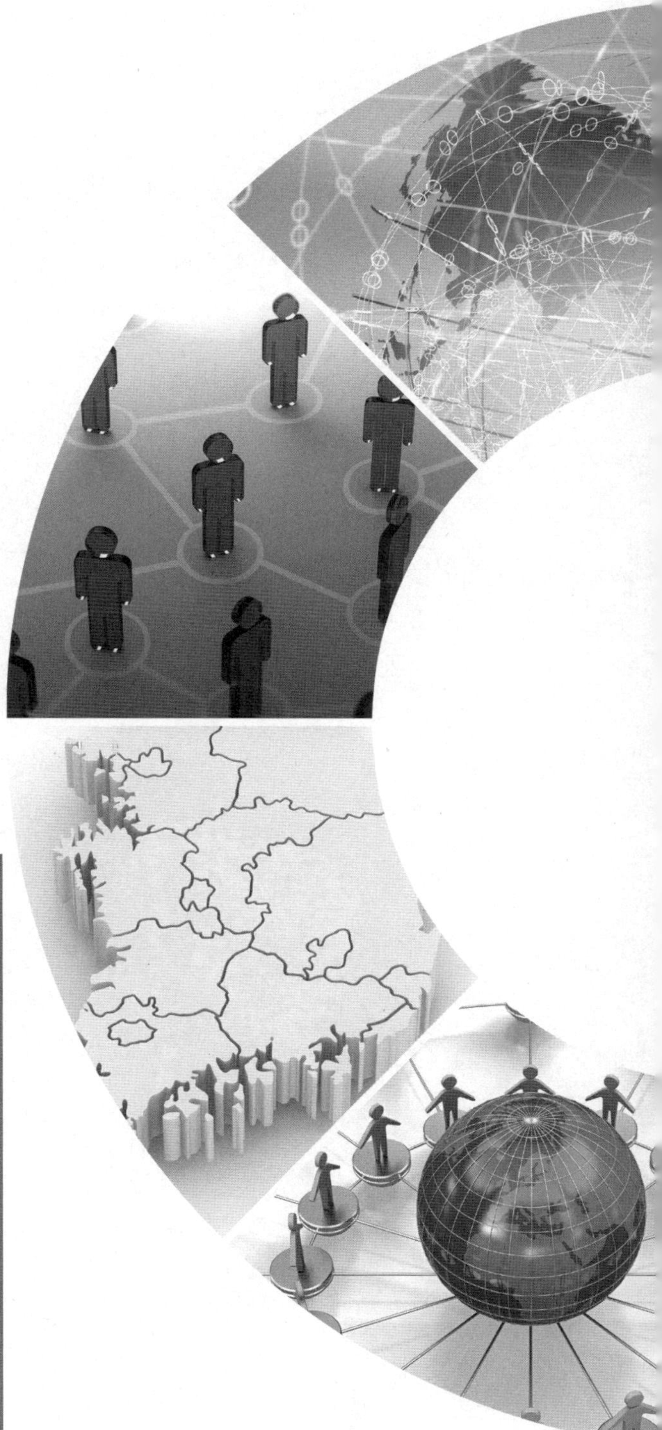

정의로운 국가와 행복한 사회를 위한
신(新)실용주의(實用主義) 철학과 정책

(The 'Neopragmatic Philosophy and Policy' for 'A Justice-based State' and 'A Happy Society')

01 '복지국가(福祉國家)'의 발전과정과 재정위기

'실천철학(實踐哲學)'인 신(新)실용주의(新實用主義, Neopragmatism)의 정책적 목표는 '완전고용기반형 복지사회(A Full Employment-based Welfare Society)'이다. 이것은 '정부주도형 복지국가(A Government-driven Welfare State)'와 대비된다. 전자는 시장(특히 노동/금융시장) 메커니즘에 의한 '완전고용기반형 복지사회(福祉社會, Welfare Society)'인 반면에 후자는 정부가 세금을 징수하여 정부가 복지지출을 행사하는 복지국가(福祉國家, Welfare State)이다.

'완전고용기반형 복지사회(A Full Employment-based Welfare Society)'를 구현할 정책수단은 슘페테리언 테크노-경제발전 전략(Schumpeterian Techno-Economic Development Strategy)이다. 즉, 고용창출형 경제성장(Job-creating Growth) → 고용 → 분배'의 선(善)순환(循環)이다. 상기 전략에 의하여 '성장 → 고용'이 작동하게 되면, '고용 → 분배'는 노동생산성에 의하여 결정될 것이다. 상기한 신(新)실용주의(Neopragmatism)의 정책적 목표를 달성하기 위한 청사진(靑寫眞)[1]으로서 5가지이다:

- '청사진 1': '완전고용기반형 복지사회(A Full Employment-based Welfare Society)'의

1) 임양택(2007), 「한국의 비전과 국가경영전략」, 파주: 나남출판사; 임양택(2008), "'新실용주의' 철학의 논리 구조에 관한 연구-동·서양 철학을 중심으로", 「경제연구」, 제29권 제2호, 한양대학교 경제연구소; 임양택(2011), 「쿼바디스 도미네: 성장·복지·통일을 위한 청사진」, 파주: 나남; 임양택(2013), 「글로벌 경제와 한반도 위기: 한국의 비전 및 전략」, 파주: 나남출판사; 임양택(2011), 「한국형 복지사회를 위한 청사진」, 서울: 한양대학교 출판부; 임양택(2018), 「글로벌 금융패러다임과 한국 금융산업: 이론과 정책」, 서울: 한양대학교 출판부; 임양택(2017a), "'글로벌 경제철학'을 위한 동·서양 철학의 비교분석", 국제지역학회, 2017년 동계학술대회, 경기대학교 강당, 12월 8일; 임양택(2017b), "새로운 패러다임하에서 경세제민을 위한 신(新)실용주의: 철학과 정책", 한국국제경제학회 2017년 동계학술대회, 고려대학교 경영관, 12월 15일; Lim, Yang Taek(2000), Korea in the 21st Century, Hauppauge: Nova Science Publishers, Inc.; Lim, Yang-Taek(2012a), "A Philosophical Foundation for Neopragmatism", The Journal of Global Issues and Solutions, November/December; Lim, Yang-Taek(2012b), Neopragmatism as an Alternative for New Liberalism, The Institute of Business and Economic Research Inha University; Lim, Yang-Taek(2014), "A New Philosophy, 'Neopragmatism' for Korea Reform, The Journal of Global Issues and Solutions: Published by the Bibliotheque: World Wide Society.

동태적 모형

- ‘청사진 2’: ‘완전고용기반형 복지사회(A Full Employment－based Welfare Society)’를 위한 ‘장기 균형성장과 최적 사회보장’의 이론적 모형
- ‘청사진 3’: 슘페테리언 테크노－경제발전 전략(Techno－Economic Development Strategy)에 의한 고용창출형 경제성장(Job－creating Growth)
- ‘청사진 4’: 형평한 소득분배(所得分配)를 위한 신(新)실용주의적 해법
- ‘청사진 5’: 불황(不況) 타개를 위한 신(新)실용주의적 해법

상기한 5개 전략의 정책 메커니즘은 동태적 일반균형(Dynamic General Equilibrium)하에서 신(新)기술 → 신(新)투자 → 신(新)상품 → 신(新)시장 → 경제성장 → 고용 창출 → 소득 증대 → 소비 및 저축 증가 → 재(再)투자 → 고용 증대 → 소득 증가 → 분배 개선 → 복지 확충을 야기할 것으로 기대된다.

‘완전고용기반형 복지사회(A Full Employment－based Welfare Society)’를 위한 수리경제 이론적 모형(목적함수, 거시경제 모형, 라이프－사이클 사회보장 모형, 동태적 자원배분 모형)을 수립하여 ‘장기 균형성장과 최적 사회보장’을 위한 6개 「定理」를 도출할 것이다:

「定理 1」 현재세대와 미래세대에 대한 최적의 ‘수직적’ 자원배분

「定理 2」 민간경제부문과 사회보장부문에 대한 최적의 ‘수평적’ 자원배분

「定理 3」 동태적 효율성(Dynamic Efficiency)을 위한 필요조건

「定理 4」 장기 균형성장과 최적 사회보장 정책의 관계

「定理 5」 ‘장기 균형성장과 최적 사회보장’의 동태적 안정성(Dynamic Stability)

「定理 6」 ‘장기 균형성장과 최적 사회보장’에 대한 인구성장률의 파급효과

상기한 6개 「定理」로부터 4가지 정책적 시사점: ① 확정급여제(DBP)에서 확정기여제(DCP)로의 전환, ② 합리적 복지 재원조달 방안: ‘토지 불로소득(土地 不勞所得)’에 대한 가칭 ‘최적 사회보장세(Optimal Social Security Tax)’의 부과, ③ ‘초과’ 적립방식(Over－funded System)의 도입으로 사회보장기금을 조성하여 신기술을 보유하고 있으니 투자 여력이 없는 유망 중소기업에 투자함으로써 완전고용(完全雇用, Full Employment)을 추구하는 것이다.

불황(不況) 타개를 위한 신(新)실용주의적 해법을 모색하기 위하여, 조지프 슘페터(Joseph Schumpeter, 1883~1950)의 혁신 이론과 경기변동 이론을 발전시킨 신(新)슘페테리언의 경기변동 이론: ① 멘쉬(G. Mensch)의 기본혁신군집이론, ② 반 듀인(J. J. van Duijn)

의 경기변동 이론, ③ 크리스토퍼 프리만(Christopher Freeman)의 신(新)기술체계론, ④ 칼로타 페레즈(Carleta Perez)의 기술-경제 패러다임 이론을 논술한다.

본 연구가 주창하는 시장(특히 노동/금융시장) 메커니즘에 의한 '가족중심적 복지사회(福祉社會, Welfare Society)'의 유효성과 정당성을 입증하기 위하여, 우선 상기 모형과 대조적인 서구 '복지국가(福祉國家, Welfare State)'의 발전과정 및 일반적 추세와 요스타 에스핑-안데르센(Gosta Esping-Andersen, 1990, 2002)[2]의 '복지국가' 유형, 구조적 위기(특히 재정위기)와 개혁 동향(영국, 프랑스, 독일, 스웨덴, 핀란드 등)을 개관하고자 한다.[3]

1) 서구 복지제도의 발전사

서구 복지국가(福祉國家) 정책은 19세기 독일의 비스마르크 정부에 의한 각종 사회보험에서 시작되었고 20세기 중반에 영국의 노동당 정부에서 정착되었다.[4] 즉, 1945년에 집권한 영국의 노동당 정부가 「베버리지 보고서」(1942년)를 바탕으로 1948년에 '요람에서 무덤까지(from the cradle to the grave)'라는 이념 아래 각종 사회보장제도(社會保障制度)를 실시함으로써 보편적으로 사용되기 시작했다.

상기와 같이, 서유럽은 효율·경쟁·성과주의를 특징으로 한 미국식 자본주의와는 다른 사회를 지향해 왔다. 즉, 제2차 세계대전(1939~1945) 후 유럽은 각종 사회보장제도(社會保障制度), 제조·금융업을 바탕으로 한 경제성장, 두꺼운 중산층 형성, 중도 좌·우파가 분점하는 정치적 안정, 지역 평화를 위한 통합, 여유·포용을 중시하는 사회문화를 이뤄 왔다.

서구 복지국가(福祉國家, Welfare State)의 발전과정은 다음과 같이 요약할 수 있다: 1919년에 종결된 제1차 세계대전(1914~1918)이 구미(歐美) 선진국가들로 하여금 전쟁으로 피폐화된 자국 국민들을 사회주의의 도전에서부터 격리시키며 자본주의 수범 효과를 노리며 각종 사회보험(社會保險)을 확대하기에 이르렀고 아울러 1920년대 말엽부터 불어 닥친

2) Esping-Andersen, Gosta(1990), The Three Worlds of Welfare Capitalism, Princeton: Princeton University Press; Esping-Andersen, Gosta(2002), Why we needs a new Welfare State, Oxford: Oxford University Press.

3) 이영분·김기환, 사회복지실천론, 동인, 2010; 임양택(2011), 「한국형 복지사회를 위한 청사진」, 서울: 한양대학교 출판부; 현외성, 현대 복지국가의 사회복지교육, 공동체, 2014; 윤찬영, 사회복지의 이해, 정민사, 2017.

4) '복지국가(Welfare State)'라는 개념은 영국의 칸타베리 대주교인 템플(Temple)이 1941년에 간행한 「시민과 기독교인」이라는 책에서 처음으로 사용했다고 한다.

세계대공황(1919~1929)과 제2차 세계대전(1939~1945)을 거치면서 오히려 사회보장제도(社會保障制度)는 더욱 확대·정립되는 단계를 밟아 나갔다.

우선, 근대적 복지제도를 처음 만들어낸 사람은 독일의 '철혈 재상' 오토 폰 비스마르크(Otto von Bismarck, 1815~1898)이다. 19세기 중반까지 독일은 여러 제후국으로 갈기갈기 찢어진 상태로 외세의 간섭을 받고 있었다. 그는 1862년 신흥 강국으로 떠오른 프로이센의 재상이 된 후 독일 통일을 꿈꾸며 군사력을 증강하는 '철혈(鐵血) 정책'을 추진했었다. 그 결과 덴마크와 오스트리아 제국과의 전쟁에서 승리하며 북(北)독일 연방을 결성했었다. 이어 1870년에는 강대국 프랑스와 전쟁에서 승리하며 독일을 통일하고 독일 제국을 수립했었다.

나아가, 통일된 독일을 강대국으로 발전시키려 했었던 오토 폰 비스마르크(Otto von Bismarck, 1815~1898)는 곧 사회주의자와 공산주의자의 거센 반발에 부딪혔다. 연이은 전쟁과 빠른 산업화로 생계가 어려워지거나 불만에 찬 노동자들이 사회주의나 공산주의를 지지하며 사회운동을 벌였다. 1875년에는 독일사회주의 노동당이 결성되어 의회에 진출하였고 노동조합 운동도 활발해지면서 노사 대립이 격화되었다.

이에 대응하여, 오토 폰 비스마르크(Otto von Bismarck, 1815~1898)는 당근과 채찍을 동시에 꺼내들었다. 1878년 사회주의·공산주의 단체를 모두 불법으로 규정하고 노동조합을 해체하는 강경책을 구사함과 동시에 노동자를 포섭하기 위한 최초의 사회복지제도를 발표했었다. 그는 당시로서는 파격적이라고 할 수 있는 복지제도 도입을 통해 노동자의 복지와 권리는 사회주의 정당이 아닌 국가가 지켜주겠다는 의지를 실현했었다. 구체적으로, 1883년 의료보험법을 시작으로 공장에서 일을 하다 다친 사람을 위한 산업재해보험, 노인을 위한 노령연금제도 등이 차례로 도입되었다.

그러나 오토 폰 비스마르크(Otto von Bismarck, 1815~1898) 이후, 자유방임주의(自由放任主義)의 한계가 드러남에 따라 사회주의와 공산주의 운동이 창궐하였다. 이에 대응하기 위한 복지제도가 빠르게 성장했었다. 1930년대 전(全) 세계를 덮친 세계대공황(1919~1929)은 정부의 시장개입과 복지제도의 필요성을 증폭시켰다. 특히, 제2차 세계대전(1939~1945)으로 인하여 수많은 사람이 목숨을 잃었고 생존자도 삶의 터전이 완전히 파괴되면서 국가의 책임과 복지제도의 필요성이 절실해졌었다.

한편, 영국에서는 제2차 세계대전(1939~1945)이 한창이던 전후 영국과 국민의 삶을 재건하기 위한 복지정책을 담은 「베버리지 보고서」(Beveridge Report, 1942년)가 발표되었다. 이 보고서는 5가지 문제: '결핍·질병·무지·나태·불결'을 제거할 복지정책을 제시하여 영국 국민으로부터 큰 호응을 얻었었다. 당시 제2차 세계대전(1939~1945)의 불안 속에 영국인들은 전쟁에 대한 반대급부로 '복지(福祉)'를 평화의 상징으로 받아들였다. 그 후 집권 정당이 된 영국 노동당은 '요람에서 무덤까지(from the cradle to the grave)'라는 구호를 내세우며 다양한 복지 정책(가족수당, 국민보험, 포괄적 의료제도 등)을 펼치며 복지국가(Welfare State)로 나아갔다.

현대 유럽 복지국가의 기반이 된 「베버리지 보고서」(Beveridge Report, 1942년)를 기초로 한 영국의 복지제도는 큰 호평을 받으며 유럽 곳곳으로 확산되었다. 그 후, 대다수 국가들이 실업보험과 사회수당을 도입함으로써 복지국가(Welfare State)로서의 기본 틀이 이미 완성되었으며, 복지지출도 이미 1920~1930년대 정도 대다수 서구국가들에 있어 GDP의 5%를 넘어섰다.

그러나 복지제도가 확산되면서 정부와 공공부문이 비대해졌고, 이 결과 경제와 사회 전반에 심각한 비효율이 발생했다. 과도한 복지에 기대어 무기력과 나태에 빠지는 사람도 늘어났었다. '영국병' 혹은 '복지병'이라는 말이 생겨났었다. 여기에 1970년대 오일쇼크로 전 세계에 경제위기가 닥치자 과거 경기호황을 누렸던 복지국가(Welfare State)들의 재정에도 큰 문제가 발생했었다.

1979년 '철(鐵)의 여인' 마거릿 대처(Margaret Thatcher, 1925~2013)가 영국 총리가 되면서 복지제도의 비효율 문제를 해결하기 시작했다. 그는 강성 노조(勞組)와 많은 시민들의 반대를 무릅쓰고 세금과 정부 지출, 과도한 복지 지출과 기업 규제를 줄이는 '대처리즘(Thatcherism)'으로 영국 경제의 부흥을 이끌어냈었다. 여러 선진국도 과도한 복지는 줄이고 사람들이 열심히 일을 하도록 독려하는 '생산적 복지(生產的 福祉)'라는 개념을 도입하였다.

제2차 세계대전(1939~1945) 이후, 서구의 경제가 황금성장기를 맞는 1970년대까지 복지국가(Welfare State)는 강화되거나 정착되는 단계를 거치게 되었다. 그러나 1970년대 중반 이후부터 신보수주의(新保守主義)인 신자유주의(New Liberalism) 이념의 등장, 경제동력의 상대적 저하 등에 의해 복지국가(福祉國家)는 축소 또는 조정되는 단계로 진입했다. 그러나 서구의 복지국가(福祉國家)는 여전히 강건한 기반을 유지하고 있으며 그 실효성을 근본적으로 부정당하고 있지는 않다.

신자유주의(New Liberalism)의 많은 부작용에도 불구하고 북유럽 사회민주주의(社會民主主義)와 복지국가(福祉國家)가 여전히 건재한 이유는 사회공동체의 합의를 깨뜨리지 않는 정치적 의지와 사회민주주의 운동의 역동성 때문이다. 즉, 평등(平等) 못지않게 자유(自由)

도 중요한 가치로 삼고 있는 사회민주주의(社會民主主義)는 특권적 소수가 자유를 독점하지 않도록 하려면 민주적으로 선출된 정부가 국민 모두에게 '기회(機會)'를 제공해야 한다는 것이다.

2) 요스타 에스핑-안데르센(Gosta Esping-Andersen)의 '복지국가' 유형

저자는 상기한 복지국가(福祉國家, Welfare State)의 3가지 유형을 각각 논술하기 전, 우선 복지제도의 2가지 종류: '보편적 복지(Universalism)' vs '선별적 복지(Selectivism)'의 차이점을 명확히 밝히고자 한다[5]:

우선, '보편적 복지(Universalism)'는 소득·재산 조사(Means Test)를 하지 않고 모든 국민(경우에 따라 거주자 포함)에게 특정 복지급여를 평등하게 하는 경우이다. 예로서, 영국이나 스웨덴처럼 조세를 재원으로 하여 모든 국민(거주자 포함)에게 소득·재산 조사(Means Test)와 보험료 부담 없이 의료보장(보건서비스)을 하는 경우이다. 스웨덴과 일본의 기초연금제도(基礎年金制度)는 공적(公敵) 연금제도(年金制度)이지만 '보편적 복지(Universalism)'에 해당한다. 왜냐하면 상기 제도는 소득과 재산 조사(Means Test)를 하지 않고 일정 연령 이상 국민에게 정액(定額)의 보험료(保險料)를 부과하고 정액(定額)의 연금(年金)을 지급하기 때문이다.

다음으로, '선별적 복지(Selectivism)'는 소득·재산조사(means test)를 하여 복지 수요자를 결정하고 헌법(憲法)에 정한 최저한의 문화적이고 인간적인 생활을 할 수 있는 복지 급여를 하는 경우이다. '선별적 복지(Selectivism)'의 대표적인 예로서 국민기초생활보장법(제7조)에 따라 생계·주거·의료급여 등을 받는 경우이다. 이 경우 반드시 소득·재산 조사(Means Test)를 거친다. 건강보험제도(健康保險制度)에서 보험급여(保險給與)는 보험료(保險料)에 대한 '반대급여'이며, 보험료(保險料)는 소득과 재산액에 비례해 부담하기 때문에 소득·재산조사(Means Test)가 이루어져야 한다. 또한 보험료를 부담할 수 없는 저(低)소득층은 국민기초생활보장법(國民基礎生活保障法)에 따라 의료보장(의료급여)을 받는다. 그러므로 건강보험(健康保險)과 의료급여(醫療給與)는 '선별적 복지(Selectivism)'라고 할 수 있다. 또한 한국의 제도는 소득과 연계하여 보험료를 부과하고, 보험료의 많고 적음에 따라 수령하는

5) 임양택(2011), 「한국형 복지사회를 위한 청사진」, 서울: 한양대학교 출판부.

연금액이 많아지거나 적어지기 때문에 '선별적 복지(Selectivism)'에 해당된다.

상기한 차이점을 염두에 두고 상기 2개 복지제도를 비교하면 다음과 같다: 철학적 시각에서 보면, '보편적 복지모형(Universalistic Welfare System)'이 바람직하지만, 정부재정수지 적자 구조하에서 복지재정의 측면에서 보면 '선별적 복지모형(Selective Welfare System)'이 적합하다. 또한 '보편적 복지(Universalism)'와 '선별적 복지(Selectivism)'의 이분법적 대립은 무의미하다. 교육처럼 기회균등(機會均等)이 중요한 복지분야에는 '보편적 복지(Universalism)'가, 저(低)소득층 지원처럼 결과(結果)에 초점을 맞추는 복지분야에는 '선별적 복지(Selectivism)'가 각각 바람직하다.

그럼에도 불구하고, '선별적 복지모형(Selective Welfare System)'이 '보편적 복지모형(Universalistic Welfare System)'에 수세적 입장으로 몰리는 이유는 대량실업(大量失業)의 문제를 해결할 수 없기 때문이다. 만약 완전고용(完全雇用)이 실현될 수 있다면, 아동복지와 노인복지를 중심으로 한 '선별적 복지모형(Selective Welfare System)'이 타당하다.

한편, 세계적인 복지제도 연구자인 요스타 에스핑－안데르센(Gosta Esping－Andersen)[6]은 그의 저서 「The Three Worlds of Welfare Capitalism」(1990년)에서 서구의 복지국가는 자유주의·보수주의·사회민주주의라는 상이한 이데올로기에 기반을 두고 형성되었기 때문에, 복지국가(福祉國家, Welfare State)는 크게 3가지 유형, 즉 ① 자유주의적 복지국가(Liberal Welfare State), ② 보수주의적 복지국가(Conservative Welfare State), ③ 사회민주주의적 복지국가(Social Democratic Welfare State)로 구분할 수 있다고 주장했다(Esping－Andersen, 1990, pp. 26~28).

자유주의형 복지국가('선택적 복지국가')의 예로서 미국·스위스·오스트레일리아·캐나다·일본 등을, 보수·조합주의형 복지국가('사회보험주의형 복지국가')의 예로서 독일·프랑스·벨기에·오스트리아·이탈리아 등을, 사회민주주의형 복지국가('보편적 복지국가')의 예로서 스웨덴·덴마크·노르웨이·핀란드·네덜란드 등을 각각 들 수 있다.[7]

---

6) 요스타 에스핑－안데르센은 미국 하버드대 교수를 역임하였고 현재 바르셀로나에서 대학 교수로 재직하고 있으며, 덴마크 사회학자임과 동시에 유럽의 선구적인 복지 국가 연구자이다.

7) 사회민주주의형(북유럽 모형)은 사회연대(Solidarity)를 중시함으로써 전(全) 국민을 대상으로 하는 '보편주의적(universalistic)' 복지제도이다. 이 제도하에서 복지재정의 부담은 모든 소득계층(즉 부유층뿐만 아니라 중산층 및 서민층)이 공유하고 모든 연령층(아동 및 노인들 포함)이 복지혜택을 받는다. 사실, 북유럽(네덜란드·노르웨이·덴마크·스웨덴·핀란드)은 경제성장과 사회보장의 두 측면에서 모두 성공적이었다. 즉, 북유럽 복지국가들은 고(高)부담·고(高)복지형 제도로 재정지출을 통한 성장 지원, 기업활동에 대한 자유보장, 사회안전망 제도 등은 성공 요인으로 꼽힌다. 그러나 최근의 고령화, 저성장 등에 따른 재정악화를 극복하기 위해 '보편적 복지(Universalism)'를 축소하고 실업률을 낮추는 데 주력하

그러나 요스타 에스핑－안데르센(Gosta Esping－Andersen)의 3가지 복지국가 유형 모두가 복지 재정난으로 인하여 복지 수준의 축소를 위한 제도 개혁을 경험하고 있다(표 V－1 참조).

[표 V-1] 요스타 에스핑-안데르센(Gosta Esping-Anderson)의 복지국가(福祉國家) 유형 분류

국가유형 / 분류기준	자유주의적 복지국가	보수적-조합주의적 복지국가	사회민주주의적 복지국가
주요 프로그램	공공부조와 사회보험	사회보험	기초연금을 기본으로 하는 보편적 사회보장제도
급여 단위	(혼인)가족	(혼인)가족	개인
급여 수혜조건	자산조사	취업활동 및 사회보험 가입	시민권
급여와 서비스 질	시장에서 행한 역할에 따라 차이가 발생	수평적 재분배: 사회적 지위의 차이 유지 (보상 원칙)	수직적 재분배
고용 및 노동에 대한 국가개입 정도	국가는 최종 개입 주체: 자유주의적 노동윤리규범이 지배, 시장의 우세	조합주의적 전통	공공서비스망 구축: 돌봄 및 가사노동 경감을 통한 취업 촉진
사회적 서비스 공급에 있어서 국가, 시장, 가족 간의 관계	• 시장에 맡김 • 개인에 대한 가족의 책임을 강조하고 가족의 실패 후에 국가가 최소한으로 개입	• 가족의 개인에 대한 전통적 역할을 강조하고, 가족이 실패한 후 국가가 개입 • 부양아동을 가진 여성의 노동시장 참여동기를 저하시키는 정책	• 가족역할의 책임을 크게 사회화하고 가족이 실패하기 전에 개입함 • 완전고용 추구
여성의 삶	무보수, 돌봄 노동, 높은 취업률(대부분 불완전노동)	돌봄 및 가사노동 담당자로서 여성, 노동시장에서의 성차별, 낮은 취업률	높은 취업률, 공공서비스망을 통한 돌봄 및 가사노동 부담 경감
탈상품화 수준	최소화: 사회적 위험 발생시 최소한의 수준을 보장하는 사회적 연결망	중간 수준	높은 수준
주요 국가	미국, 캐나다, 영국, 오스트레일리아	오스트리아, 프랑스, 독일, 이탈리아	스웨덴, 덴마크

자료: 임양택(2011), 「쿼바디스 도미네: 성장 · 복지 · 통일을 위한 청사진」, 나남.
임양택(2011), 「한국형 복지사회를 위한 청사진」, 서울: 한양대학교 출판부.
임양택(2014), 「최적 사회보장과 창조경제를 위한 기금의 자산운용전략」, 국민연금연구원(NPS).

는 추세이다.

따라서 본 연구는 우리가 추구해야 할 복지 모형은 '정부주도형 복지국가(A Government-driven Welfare State)'가 아니라 '완전고용기반형 복지사회(A Full Employment-based Welfare Society)'라고 각각 주장한다. 서구 사회는 제1·2차 산업혁명으로 야기된 대중빈곤의 문제를 '복지국가(Welfare State)'로서 해결해왔으나 이로 인한 과다한 복지재정 부담으로 인하여 곳곳에서 '복지 딜레마'를 노정시키고 있다. 이젠, 서구뿐만 아니라 남미·일본·한국에서도 복지문제가 국가적 과제로 대두되었다.

미국식의 자유주의적 복지국가(Liberal Welfare State) 모형('선택적 복지국가')의 경우 기본적으로 시장에서 개인의 능력에 의존하는 특성이 있다. 국가는 노동시장에서 필요한 소득을 획득하지 못하는 사람을 대상으로 최저수준의 복지 급여를 제공하는 사회부조적인 특성이 있고 필요한 재원은 조세로 조달한다.

'선별적 복지(Selective Welfare)'의 대표적 국가인 미국은 '자유주의형' 복지제도를 운용해오고 있지만 과도한 군사비 지출, 조지 부시(George W. Bush) 전(前) 대통령의 대규모 감세정책, 2008년 하반기의 글로벌 금융위기의 여파로 인하여 '재정부실국'으로 전락했다. 미국의 재정적자 및 국가채무 누증으로 인한 재정위기의 원인은 무엇보다도 과도한 군사비 지출과 신자유주의(New Liberalism)에 의한 감세(減稅)의 결과이다.

상술하면, 미국은 전 세계의 테러를 비롯한 전쟁 문제를 해결하겠다며 매년 막대한 군비를 지출하고 있다. 2007년 회계연도에 펜타곤의 예산은 5,720억 달러로 하루에 16억 달러다. 또한 미국은 1980년 이후 신자유주의(New Liberalism)에 의거하여 대대적인 감세를 단행하였으며, 그 결과 'GDP 대비 일반정부'의 비율이 2007년 현재 36.6%이다. 동 기간, 영국의 상기 비율은 45.7%인데, 유로권 전체의 평균은 46.9%, 스웨덴은 56.3%였다. 결국, 현재 미국의 조세체계가 스웨덴의 그것보다 누진성은 강하지만 감세(減稅)로 인해 미국의 정부재정 규모가 지나치게 축소된 것이다.

참고로, 20세기 초반 이래 1980년대에 이르기까지 미국과 영국의 소득세 및 법인세율은 스웨덴의 그것에 비해 훨씬 가파르고 높았다. 예컨대 1950년대와 1960년대에 미국과 영국의 소득세 최고세율은 85~90%에 달했는 데 반해, 스웨덴은 75%였다. 더구나 미국과 영국의 법인세 및 재산세 세율 역시 스웨덴의 그것에 비해 훨씬 높았고 더 누진적이었다. 그리고 총세수에서 소득세와 법인세, 재산세 등이 차지하는 비중 역시 스웨덴보다 미국과 영국이 더 높았다.

독일식의 보수주의적 복지국가(Conservative Welfare State) 모형('사회보험주의형 복지국가')의 경우 공무원·사무직·노동자 등과 같은 직업 범주에 따라서 가입이 의무화된, 차별화된 복지제도가 운영된다. 복지혜택의 정도는 직업 활동과 소득 수준에 따른 개인의 분담금에 의해서 결정되는 사회보험적인 성격이 강하다.

북유럽의 사회민주주의적 복지국가(Social Democratic Welfare State) 모형('보편적 복지국가')은 사회연대(Solidarity)를 중시함으로써 전(全) 국민을 대상으로 하는 '보편적(Universal)' 복지제도이다. 이 경우, 사회복지에서의 시장의 역할 축소와 적극적인 국가개입방식이 강조된다. 재원은 조세를 통해서 조달되며 각종 복지혜택을 보편주의 원칙에 따라 제공한다. 복지재정의 부담이 모든 소득계층(즉 부유층뿐만 아니라 중산층 및 서민층)이 공유하고 모든 연령층(아동 및 노인들 포함)이 복지혜택을 받는다.

그렇다면, 복지국가(福祉國家)의 위기란 무엇인가? 에스핑-안데르센(Esping-Andersen)의 주장에 의하면, 복지국가(Welfare State)의 위기는 복지국가와 연관된 시스템의 위기로서 산업사회의 변화 과정에서 나타난 노동시장구조의 변화·가족구조의 변화·국제 경제환경의 변화로 인해 과거의 복지국가·노동시장·가족 구조 등이 더 이상 작동하기 힘들게 되었다는 것이다.[8] 상기한 에스핑-안데르센(Esping-Andersen)의 주장은 생산방식의 변화, 세계화, 인구의 노령화 등으로 인한 복지국가(福祉國家)의 위기론에 대한 비판인 셈이다. 왜냐하면 복지국가(福祉國家)의 둘러싼 구조적 환경변화는 복지국가(福祉國家)에 대해 새로운 변화의 압력으로 작용하지만 변화의 방향은 개별 국가들이 간직해 온 제도의 특성에 따라 상이하기 때문이다.[9]

3) 서구 '복지국가(福祉國家)'의 일반적 추세와 개혁 동향

2013년도 노벨경제학상 수상자 유진 파마(Eugene Fama) 시카고대학 교수[10]는 고령 은퇴 인구가 늘어나고 그 사람들을 부양할 노동인구는 줄어드는데, '요람에서 무덤까지(from

8) 상기와 같이 자본주의 체제를 구성하는 기본 요소들 사이의 관계가 위기에 빠졌다는 에스핑-안데르센(Esping-Andersen)의 주장은 재정위기 등과 같은 복지국가 자체의 위기만을 주장했던 1980년대 위기론(O'Connor. 1984: Offe. 1984)과는 차이를 보이고 있다.

9) 에스핑-안데르센(Esping-Andersen)에 의하면 마르크스주의 계급이론은 생산수단의 소유 여부만을 판별 기준으로 파악하기 때문에 후기 산업사회에서 계급을 구분 짓는 다양한 기준들을 분석할 수 없다고 비판하였으며, 베버주의적 이론의 경우도 지식 등 계급 판별의 기준은 다양화했지만 새로운 구분의 축을 만드는 데는 실패했다고 비판한다.

10) 유진 파마(Eugene Fama) 교수는 시장(市場)은 언제나 합리적이고 효율적으로 행동한다는 '효율적 시장가설'의 창시자이다.

the cradle to the grave)' 필요한 모든 것을 약속하는 서구식 복지제도를 현행처럼 유지할 수는 없다고 주장했다.[11] 그는 *"서구 선진국일수록 국가총생산의 큰 비중을 복지에 투자하고 있는데 이는 성장 잠재력을 갉아먹고 재정을 고갈시킨다"*라면서 가장 먼저 연금제도가 타격을 입을 것이라고 말했다. 그는 *"연금이 무너지면 곧이어 의료보험, 실업수당, 빈곤기금 등 다른 사회안전망도 도미노처럼 무너질 것"*이라며 복지제도를 현세대 인구구조에 맞게 고치고 정부가 무조건적으로 복지를 약속해주는 관행을 경계해야 한다고 강조했다.

(1) 서구 '복지국가(福祉國家)'의 일반적 추세

최근에 유럽 복지국가들은 복지지출 수준을 축소하고 있다. 그 이유는 국내총생산(GDP) 대비 복지지출 비중이 한계에 이르렀기 때문이다. 상기 비중이 20%를 넘어서면 복지국가(Welfare State)라고 부른다. 1980년대 초만 해도 영국·프랑스·이탈리아·독일 등의 GDP 대비 복지 지출은 20% 안팎이었다. 그러나 2010년에 들어 상기의 비중이 30%대로 치솟았다. 특히 고령화로 노인 연금이 갈수록 늘 수밖에 없어 각 국가는 재정적 압박을 받을 수밖에 없는 상황이다. 재정위기를 거치면서 '요람에서 무덤까지(from the cradle to the grave)'로 상징되는 유럽식 복지제도에 종언(終焉)을 고하는 목소리가 잇따르고 있다. 게다가 오랜 기간 지속된 유럽의 복지국가(Welfare State)는 국민의 자활 의지를 꺾는 역효과를 가져왔다. 왜냐하면 복지수당으로도 생활이 가능해지면서 굳이 일자리를 찾지 않는 소위 '복지의 함정'에 갇히기 때문이다.

전형적인 예로서 그리스·스페인·포르투갈·이탈리아 등 남유럽 국가들은 포퓰리즘 성격의 '저부담·고복지(세금 부담은 적고 복지 부담이 큰 형태)'로 복지가 확대된 상황에서 2008년 하반기 글로벌 금융위기의 직격탄을 맞았다. 이들 국가들의 국민부담률(GDP 대비 '조세+사회보장세'의 비율)은 그리스 34.8%, 포르투갈 37.5%, 스페인 34.3%로 OECD 국가 평균(38.8%)보다는 낮은 반면 GDP 대비 사회보장비 지출비율(2009년)은 그리스 20.6%, 포르투갈 17.2%로 유럽연합(EU) 평균(17.1%)을 웃돌았다.

---

11) 유진 파마(Eugene Fama) 교수는 시장의 자산가격에는 모든 가용 정보가 반영돼 있어 단기적으로 주식 가격을 예측하기가 불가능하다는 '효율적 시장가설'을 주장했다. 이와 반면에, 노벨경제학상 공동 수상자인 로버트 실러(Robert Shiller) 교수는 행태경제학의 입장에서 장기적으로 자산가격은 예측 가능하다는 주장을 1980년대 초에 발표했다. 가격에는 비(非)이성적이긴 하지만 반복되는 인간 행동의 패턴이 반영돼 있어 예측할 수 있다는 것이다.

따라서 유럽이 새롭게 모색하는 복지 모형은 정부가 일방적으로 공공 서비스를 제공하는 대신에 국민 참여와 상부상조라는 사회안전망의 새로운 형태를 구축하는 작업이다. 예로서, 스웨덴·이탈리아·영국 등은 구직 활동을 하지 않을 경우 실업수당을 삭감하고 있다.

특히, 제2차 세계대전(1939~1945) 후의 사회적 피폐를 치유하기 위하여 '요람에서 무덤까지(from the cradle to the grave)'를 표방할 정도로 전(全) 국민을 상대로 한 '보편적 복지 국가(Universal Welfare)'의 원조(元組)인 영국은 최근에 국가 재정부담을 줄이기 위해 저(低)소득계층의 노후생활보장에만 역점을 두고 있다.

네덜란드의 마르크 뤼터(Mark Rutte, 1967~현재) 총리는 다음과 같이 주장했다: *"정부가 일방적으로 복지를 제공하던 시대는 끝났다. 이제 모든 구성원이 사회 안전망을 스스로 만드는 '참여 사회'로 이행해야 한다."*

이런 네덜란드 정부의 구상에 대해, 영국의 데이비드 캐머런(David Cameron, 1966.10.09~현재) 총리(2010~2015)는 "새로운 길을 제시했다"고 평가했다. 또한 네덜란드의 빌럼 알렉산더르(Willem Alexander, 1967~현재) 국왕[12]은 2013년 9월 전국에 생중계된 연례 연설에서 다음과 같이 선언했다: *"20세기 복지국가는 이제 끝났다", "스스로 저축해 자신들의 안전망을 만들어야 한다. 지금과 같은 20세기 후반 복지국가 모형은 지속 가능하지 않다."*

덴마크는 재정부담을 줄이기 위해 연금 수령시기를 점진적으로 65세에서 67세로 늘리고, 실업급여 지급 기간도 4년에서 2년으로 단축했다. 그 대신에 교육 지원은 공립학교에서 사립학교로 확대하여 양질의 인재를 배출해 자립형 사회를 만들겠다는 구상이다.

그리스는 2010~2012년 연금액을 동결했으며, 부활절·크리스마스·여름휴가 연금 보너스를 폐지하거나 축소했다. 2006년 이래 30%의 임금 인상을 보였던 공공부문 임금도 12% 삭감하고 복지수당을 8% 삭감했다. 또한 스페인은 출산수당(2,500유로)을 폐지하고 공무원들의 임금을 깎았다.

상기와 같이, 유럽의 선진 복지국가들은 최근 글로벌 경제위기를 맞아 복지 혜택을 줄이고 있다. 그러나 이를 두고 '보편적 복지(Universal Welfare)'에서 '선택적 복지(Selective Welfare)'로 기조를 바꿨다고 해석하는 것은 논리적 분석의 오류이며, 심지어 이들 국가들의 경기침체가 과도한 복지지출로 야기된 것이라고 너무 쉽게 결론을 내리는 것은 전문적 분석이 결여된 경박한 판단이다.

스웨덴이 노르웨이와 핀란드와 함께 '보편적 복지(Universal Welfare)' 모형을 개혁한 이

12) 2013년 4월 어머니 베아트릭스(Beatrix Wilhelmina Armgard) 여왕으로부터 왕위를 물려받은 그는 유럽 최연소 군주(君主)로, 새 시대를 상징하는 인물이다.

유는 이 복지 시스템이 잘못된 것이라는 것을 자각하고 그 시스템 자체를 수정하고 있는 것이 아니라, 2008년 하반기 글로벌 금융위기 이후 국가재정이 매우 악화되었기 때문에 복지혜택의 수준을 하향조정한 것이라는 점이다. 예로서, 프랑스 등 보수·조합주의형 국가들은 1980년대 실업률을 낮추고자 조기퇴직을 유도하는 정책을 폈는데, 이것이 연금지출 증가와 재정수지 악화의 가장 큰 요인으로 작용하였을 것으로 짐작된다. 예로서, 프랑스의 경우 2010년 연금이 쟁점이 됐는데, 재정문제 때문에 연금수급 시점을 늦추고 연금액수를 줄이는 등 '보편적 복지(Universal Welfare)' 테두리 안에서 복지 수준을 조정하였다.

다시 말하면, '보편적 복지(Universal Welfare)' 혹은 '선별적 복지(Selective Welfare)' 모형 중에서 어느 것을 도입하였더라도 현재 선진 복지국가들은 최근에 글로벌 경제위기의 파고(대량실업의 만연화와 국가채무의 누증)로 국가재정의 파탄 가능성을 인식하고 모두 복지제도의 개혁에 주력하고 있다. 예로서 '보편적 복지국가(Universal Welfare)'인 스웨덴, 노르웨이, 핀란드, 영국, 프랑스 등은 모두 '확정급여제(DBP: Defined－Benefits Plan)'에서 '확정기부제(DCP: Defined－Contribution Plan)'로의 복지개혁을 실시하였다.

(2) 서구 '복지국가(福祉國家)'의 개혁 동향

제2차 세계대전(1939~1945) 이후 20여 년에 걸친 고도경제성장의 마감, 서비스산업 위주의 산업구조 개편, 여성의 노동시장 진출 증가 및 가족구조의 변화, 인구구조의 변화 등이 전후 복지국가 변화의 압력으로 작용하고 있다. 그 결과, 세계경제가 장기불황에 빠지면서 복지국가(Welfare State)는 재정압박을 받게 되었고, 서비스산업 위주로 산업구조가 개편되면서 완전고용(完全雇用)은 흔들리고 노동시장은 고도로 분화되어 일률적인 노동시장 보호가 어렵게 되었다. 또한 인구구조 및 가족구조 변화로 인해 사회복지서비스 측면에서 커다란 공백이 발생하면서 사회보장의 체계가 크게 바뀌게 되었다.

결국, 상기한 구조적 변화로 인해, 전후 복지국가(福祉國家)의 제도적 구성이 사회경제적 환경 변화와의 부(不)정합 관계에 빠지게 되었고, 따라서 변화된 외부 환경과의 정합(整合)을 위한 복지정책 개혁 압력에 직면하게 되었다. 따라서 미국과는 정반대로, 북유럽 복지국가(福祉國家)는 고(高)부담－고(高)급여형 복지제도로 재정지출을 통한 경제성장 지원, 기업활동에 대한 자유보장, 사회안전망 제도 등은 높이 평가되고 있지만 최근의 고령화, 저성장 등에 따른 국가 재정수지 악화를 극복하기 위해 '보편적 복지(Universal Welfare)'를 축소하고 실업률을 낮추는 데 주력하고 있다.

복지국가(福祉國家, Welfare State)의 원조(元祖)인 영국을 비롯한 유럽의 복지국가(Welfare State)들은 한결같이 '보편적 복지(Universal Welfare)'를 축소하거나 '선별적 복지제도(Selective Welfare System)'를 채택하고 실업수당 · 아동수당 · 육아수당 · 대학 학비보조금 등을 삭감하였으며 연금 수급 개시 연령을 65세에서 67세로, 정년을 60세로 62세로 각 2세씩 각각 연장하는 연금개혁법을 추진했다. 그러나 여기서 유의할 것은 '보편적 복지국가(Universalistic Welfare State)'의 모수(母數) 혹은 제도(制度) 개혁은 복지국가(福祉國家)의 본질적 문제(재정위기와 복지병)에 대한 근본적 해결은 아니라는 점이다.

① 미국의 사회보장제도(OASDI)

미국 연방정부가 노령, 유족, 장해보험 등을 담당하는 연방사회보장연금제도인 사회보장제도(OASDI: Old-Age, Survivors and Disability Insurance)는 자유주의적 복지국가(Liberal Welfare State) 모형으로서 '선택적 복지국가'의 유형(미국 · 스위스 · 오스트레일리아 · 캐나다 · 일본)에 속하며 '개인 책임의 원칙'을 우선하는 '시장 중심형'이다. 즉, 개인이 스스로 문제를 해결하고 복지는 단지 보완적 역할을 담당하는 개념이다. 사회보장세는 적게 내고 정부의 복지 서비스는 미약하다. 예로서 건강보험 보장률을 보면, 한국이 64.5%인데, 미국은 24.0%로 OECD(경제협력개발기구) 30개국 중 꼴찌다.

미국의 사회보장제도(OASDI)는 1935년 처음 사회보장법(Social Security Act)에서 비롯하여 실시되었으며, 시행 초기에는 적립방식으로 급여를 지급하였으나, 노동조합 등의 납부금 부담의 경감 요구에 따라 '청년부과방식(Pay-as-you-go financing system)'으로 전환하였다. 기본적으로 해당 사유 발생시 일정 수급요건을 충족한 자에게 노령연금, 장애연금, 유족연금, 가족연금, 사망일시금을 지급한다. 사실, 미국 사회보장제도(OASDI)는 '최대 수급자 2,500만 명'을 전제로 설계됐는데, 아직은 괜찮지만 베이비붐 세대가 본격적으로 은퇴하면 수급자가 7,000만 명까지 늘어나 재정위기의 가능성이 높다.

현재 약 1억 6천만 명이 사회보장세(社會保障稅)를 납부하고 있으며 약 5천 9백만 명이 매달 사회보장제도(社會保障制度)의 혜택을 받고 있다. 수입이 있는 사람은 소득액의 12.4%를 사회보장세(社會保障稅)로 납부해야 하며 2017년 사회보장세(社會保障稅) 납부액 상한은 약 $7,886이다. 자영업자가 아니라 고용주가 있는 경우 사회보장세(社會保障稅)의 절반(소득액의 6.2%)을 고용주가 납부하도록 법으로 규정하고 있다.

미국에서는 노후생활 보장이 소득계층별로 다양하다. 미국 시민은 소득의 7.65%를 세금으로 내고, 66세에 은퇴해서 매달 최대 2,366달러를 연금으로 수령한다. 미국 시민들은 유럽에 비해 세금을 적게 내는 대신에 경제적 능력이 많은 사람은 여러 가지 연금 상품을 구입하여 든든한 노후연금급여를 확보할 수 있다. 중산층 이상의 노인들은 시설 좋은 사립 요양원에서 노후생활을 보내는 반면에, 가난한 노인(노인 7명 중 1명이 빈곤층 혹은 차(次)상위계층)은 빠듯한 사회보장 급여로 간신히 연명하면서 주(州)정부가 운영하는 값싼 요양시설에 들어간다.

게다가 최근에 수명 연장으로 인하여, 상대적으로 부유한 시민조차도 노후생활을 염려하지 않을 수 없게 되었다. 왜냐하면 기대수명이 길어짐에 따라 은퇴 전에 마련해둔 저축이 고갈되기 시작했기 때문이다. 최근에 중산층 이상의 80대 미국 노인들이 시설 좋은 사립 요양원에서 약 3년 정도 지내다가 저축이 고갈되거나 연금이 모자라서 값싼 요양원으로 옮겨가는 사례가 많다. 따라서 사회보장 급여에 의존하는 저(低)소득층 노인들은 불안을 느끼고 있다.

따라서 주(州)별로, 또한 직업별로 수많은 공·사적 연금제도와 저소득층 보조 프로그램이 운용되고 있다. 소득요건을 충족하지 못하여 공적 연금을 받을 수 없는 미국 시민에게는 소득부조(SSI: Supplemental Security Income)가 지급된다.

한편, 미국은 제도적 의료보장 대신에 시장방식, 즉 기업별 의료보장(醫療保障) 체계를 선택하였다. 미국의 의료비는 GDP의 18%로 거의 유럽의 2배 수준이다. 이러한 미국의 의료보장 체계는 계층 간 의료이용의 양극화를 야기하고 있다. 따라서 '선별적 복지국가(Selective Welfare)'인 미국은 최근에 정부의 적극적 개입을 통한 의료비 부담 경감과 전(全)국민건강보험의 실현을 의료개혁의 최우선 가치로 선정하였다. 그 후 치열한 공방을 거쳐 미국의 건강보험개혁안이 2009년 12월 상원에서 가결되었으며, 2010년 3월 22일 하원에서 통과(공화당 의원 전원은 반대)되었고, 버락 오바마(Barack Hussein Obama II, 1961~현재) 대통령이 서명(2010.03.24)했었다. 이 결과, 미국 시민 3천2백만 명이 정부보조 등을 통하여 의료보험에 가입할 수 있게 되었으며, 65세 미만의 미국 시민 95%가 의무적으로 의료보험을 갖게 되어 사실상 전 국민 의료보험 시대가 2014년부터 개막되었다.

한편, 미국연금개혁안(2005.02, 백악관이 발표)에 따르면 전체 12.4% 사회보장세 중·장기적으로 4%만을 개인계정으로 운영하는 것이다. 나머지 8.4%는 모수적 개혁을 통해 재정건전성을 확보하는 것을 전제로 기존 사회보장제도를 유지하도록 되어있다. 그러나 심지어 미국에서도 이와 같은 방식으로 공적연금제도를 개혁할 수 없다. 그 이유는 다음과 같은 미국 조지 워커 부시(George Walker Bush, 1946~현재) 행정부(2001~2009)의 개혁 원칙 때문이다.

① 제도의 현대화가 현재 퇴직하였거나 근시일 내에 퇴직할 것으로 보이는 사람들의 의 급여를 변화시켜서는 안 된다.
② 의 잉여는 전적으로 에만 사용되어야 한다.
③ 기여율(social security payroll tax rate)을 올려서는 안 된다.
④ 정부는 을 주식시장에 투자해서는 안 된다.
⑤ 사회보장제도 개혁에 있어서 장애인 등에 대한 연금규정은 그대로 유지하여야 한다.

② 영국의 연금제도 개혁

영국은 복지국가(福祉國家, Welfare State)의 원조(元祖)이다. 제2차 세계대전(1939~1945) 승리로 영국을 지켜낸 보수당의 윈스턴 처칠(Winston Churchill, 1874~1965) 내각(1940.05.10~1945.07.26; 1951.10.26~1955.04.07)에 대한 지지율이 당시 80%에 달했었다. 그러나 1945년 총선에서 노동당은 640개의 의석 중 393석을 차지해 압승했었다. 그 요인은 '요람에서 무덤까지(from the cradle to the grave)'라는 복지 구호를 내세운 노동당의 복지 공약에 유권자들이 열광했었기 때문이었다.

그 후 1970년대까지 보수당과 노동당은 앞다투어 복지 경쟁에 나섰다. 복지 확대에 비판적이었던 보수당도 1958년엔 노인들을 위한 연금 확대안을 내놓았었고, 1970~1974년 집권기간엔 간호수당이나 질병수당 등을 확대했었다. 노동당이 집권했던 1964년부터 1970년 사이에는 가족수당이 2배나 인상됐었다. 그 결과 사회복지 지출이 국민총생산(GNP)에서 차지하는 비율은 1955년 16.3%에서 1976년 28.6%로 급증했었다. 국가의 복지 지출이 걷잡을 수 없을 정도로 커지면서 1976년 영국은 국제통화기금(IMF)에 구제금융을 신청했었다.

한편, 토니 블레어(Tony Blair) 정부(1997~2007)는 'welfare'가 아니라 'workfare'를 제창하면서 다음과 같은 3가지 소득계층에 대한 연금개혁을 제시하였다.

① 노동시장에 참여할 수 없었거나 소득이 지나치게 낮아 기초연금 혹은 공적 소득비례연금에 가입할 수 없는 계층을 위하여 기존의 소득지원(income support)을 최저소득보장으로 대체하였다.
② 저소득층을 주요 대상으로 하는 제2국가연금(S2P: State Second Pension)이 보충적 임원 퇴직보상(SERPS: State Earnings-Related Pension Scheme)을 대체하였다.
③ 중간소득계층의 사적 연금 급여를 확충하기 위해 이해관계자(Stakeholder) 연금을 새로 도입하였다. 이것은 개인들이 공적소득비례연금을 대체하여 가입할 수 있도

록 하는 집단가입형태의 확정기여형 연금으로서, 개별 보험회사가 보험자인 개인 연금보다는 미국의 401k와 유사한 형태가 된다. 이해관계자(Stakeholder) 연금의 특징은 규제를 최소화하고 있다는 점이다. 기여액의 상·하한치에 대한 설정을 최소한으로 규정하고 있고, 가입자는 보험료 불입의 중단과 재개를 유연하게 할 수 있으며, 다른 연금제도로 불이익 없이 이동할 수 있게 했다.

그 후, 데이비드 카메룬(David Cameron) 총리(2010~2016)는 재정위기에 몰리자 '큰 사회(Big Society)' 정책을 제시하였다.[13] 즉, 2010년 출범한 보수당과 자유민주당의 연립정부는 '파괴된 영국사회(Broken Britain Society)'를 재건하자는 슬로건을 내걸고 정부의 개입을 줄이고, 지방에 의사결정력을 부여하고, 자생단체나 자원봉사 혹은 지역시민단체에 권한을 부여함과 동시에 사회적 책임성을 강조하는 일련의 사회개혁을 추진하자는 것이었다.

상기한 영국의 복지개혁은 '생산적(生産的) 복지(福祉)'의 개념을 바탕으로 진행되고 있다. 단순한 사회적 안전망을 제공하는 것이 아니라, 개개인이 스스로 자신을 도울 수 있는 체제를 정리하고, 자기 자산의 선택을 통해서 책임을 다할 수 있도록 복지제도를 운영하는 것을 원칙으로 하고 있다. 즉, 상호의존성과 사회적 책임성, 그리고 세대 간 연대성, 그리고 빠르게 변화하는 사회에 대응할 수 있도록 정부가 도와주어야 한다는 정부의 책임성을 강조한다. 또한 개개인의 잠재력을 향상시키는 투자를 함으로써 안정적으로 성장하는 경제를 건설하는 것도 중요한 기조로 삼고 있다. 상기한 '생산적(生産的) 복지(福祉)'의 개념을 실현하기 위하여 영국은 다음과 같은 복지개혁의 원칙을 정하였다.

---

13) 상기 '큰 사회(Big Society)' 정책은 그동안 영국의 보수진영은 노동당이 추진해 왔던 국가주도의 복지정책, 즉 '큰 국가(Big State)' 정책이 영국을 병들게 했다는 비판에 대한 대응이었다. 그러나 영국 성공회의 대주교를 역임한 르완 윌리암스(Rowan Williams)는 데이비드 카메론(David Cameron) 총리의 '큰 사회(Big Society)' 정책은 "가장 가난한 약자를 위해 국가가 수행해야 할 책임을 철회함으로써 나타날 심각한 부작용을 은폐하기 위해 고안된 정책"이라고 노골적으로 비판했다. 또한 영국에서 사회복지실천 이론가로 유명한 레나 도미넬리(Lena Dominelli)는 '큰 사회(Big Society)' 정책은 19세기 영국 빅토리아 시대의 사회문제를 해결하기 위해 헌신·자원봉사·자비에 기반을 둔 '박애주의적 접근(philanthropic approach)' 방식을 반복하고 있다고 비판했다. 박애주의적 접근의 주요 전제는 가난한 사람은 자신의 열망을 성취하려고 노력하는 의지가 부족하거나 무기력하기 때문에 가난한 것이라고 비난하면서 경쟁만능의 시장에서 돈을 벌고 성공한 사람들이 '나눔의 자비'를 베풀어야 한다는 시각이다. 이 시각은 '큰 사회(Big Society)'가 일하고자 하는 사람들을 돕는 사회가 아니라 '큰 시장(Big Market)'에서 성공한 사람을 위한 사회라는 것을 의미한다는 것이다. 역사적으로 보면, '박애주의적 접근(philanthropic approach)'이 실패하였기 때문에 영국은 복지국가(Welfare State)를 창조하는 길을 선택했었던 것이다. 그럼에도 불구하고, 데이비드 카메룬(David Cameron) 정부(2010~2016)는 또다시 실패하였던 '박애주의적 접근(philanthropic approach)'을 다시 반복한다는 것이다.

① 연금제도는 가난을 효과적으로 대처하여야 한다.
② 충분한 노후 소득을 보장하기 위한 기회가 모든 사람들에게 주어져야 한다.
③ 연금제도는 여성 및 부양자들에게 공정하여야 한다.
④ 일반 사람들이 이해할 수 있는 제도를 정착시켜야 한다.
⑤ 개혁은 반드시 가능한 한 많은 공감대를 바탕으로 수행되어야 한다.

상기한 복지개혁의 원칙에 따라 2010년 10월, 데이비드 카메룬(David Cameron, 1966~현재) 정부(2010~2016)는 육아수당을 감축했으며, 대학 학비 보조금을 삭감하였고, 연금수급연령(65세)을 2046년까지 단계별로 연장하는 등의 개혁안을 제시했었다. 또한 기차 요금을 올리고, 대학등록금은 3배로 인상하였다, 이어서, 2011년 2월, 데이비드 카메룬(David Cameron) 정부(2010~2016)는 '보편적 복지(Universal Welfare)'의 종언(終焉)을 선언하고 국가 재정부담을 줄이기 위해 실직수당과 아동수당을 감축하고 저(低)소득계층의 노후생활보장에만 역점을 두는 '선별적 복지(Selective Welfare)' 모형의 복지개혁법안을 제시했었다. 즉, 일하지 않으려는 실업자에게는 실업수당을 지급하지 않고, 아동수당도 부잣집에는 주지 않기로 했었다. 또한 한 가정이 받을 수 있는 복지 혜택에도 상한선을 두기로 했었다.

상기와 같이, 영국은 '보편적 복지(Universal Welfare)' 모형을 도입하였으나 최근에 국가 재정부담을 줄이기 위해 저(低)소득계층의 노후생활보장에만 역점을 두는 '선별적 복지(Selective Welfare)' 모형을 채택했다. 또한 영국정부는 연금개혁에 대한 공감대 형성과 적절한 '확정급여제(DBP: Defined Benefits Plan)'와 '확정기여제(DCP: Defined Contribution Plan)'의 혼합형태로써 연금 개혁에 성공하였다(The Economist, 2006).

상술하면, 영국의 연금제도는 기금운용 수익률을 제고함과 동시에 고령화에 대비하기 위하여, 1980년, 기존의 '확정급여제(DBP)'에 '확정기여제(DCP)'를 부분적으로 도입함으로써 연금보험료의 일부를 민간 금융상품에 대한 투자를 허용했다.

이와 동시에, 영국의 '연금개혁위원회'는 민간 금융상품 투자가 너무 적어 노령인구의 빈곤이 급증할 위험발생 가능성을 국민에게 정직하게 제시하면서 민간 금융상품 투자를 의무화하되, 투자 축소에 대한 연금가입자의 선택 권한을 연금가입자에게 부여했다. 그 대신에 '확정급여형(DBP)' 연금급여 연동기준을 물가에서 임금으로 전환하여 연금급여액의 실질가치를 인상함으로써 연금개혁에 대한 국민의 지지를 획득하였다.

나아가, 2012년 7월 25일, 데이비드 카메룬(David Cameron, 1966~현재) 총리는 복지 예산을 대폭 삭감하는 이른바 '카메룬 17 아이디어'를 선언했었다. 그 주요 내용은 정부가 실직자들에게 지급하던 71파운드(한화 13만 원) 혜택의 지급을 중지하고 25세 이하의 젊은 실직자 380,000명에게 지급하던 주당 90파운드의 주택보조금도 삭감하겠다는 것이었다. 데이비드 카메룬(David Cameron, 1966~현재) 총리는 상기한 '17 복지개혁'을 통해 100억 파운드(한화 18조 원)의 예산 절감 효과를 얻을 것으로 전망했었다(중앙일보, 2012.07.02).

그러나 영국의 '카메룬 17 복지개혁(2012.06.25): '큰 사회(Big Society)' 정책은 실패하였다. 급기야, 영국 정부는 2011년 2월 '보편적 복지(Universalistic Welfare)'의 종언(終焉)을 선언했었다. 이어서, 네덜란드의 빌럼 알렉산더르(Willem Alexander, 1967~현재) 국왕은 2013년 9월 전국에 생중계된 연례 연설에서 "20세기 복지국가는 이제 끝났다"고 각각 선언하였다.

③ 프랑스의 연금제도 개혁

프랑스의 복지제도 유형은 보수·조합주의형 복지국가('사회보험주의형 복지국가')이다. 프랑스는 든든한 사회보장제도를 갖고 있지만 복지 재원을 마련하기 위해 법인세율(34.4%)을 유로존 최고 수준을 유지하고 있지만 과도한 복지 부담으로 프랑스의 국내총생산(GDP) 대비 재정 적자비율(7.7%)이 급증하면서 프랑스 경제(1.6% 성장)는 고전을 면치 못하고 있다.

프랑스의 경우 프랑수아 미테랑(Francois Mitterrand, 1916~1996) 대통령의 집권 시기(1981~1995)에 복지가 크게 강화됐었다. 39시간 근로제(현재는 35시간)를 도입했고 60세 정년 등으로 노동조건을 개선해 대다수 봉급생활자의 삶의 질을 향상시켰다. 당시 프랑스는 상위층과 노동자들 사이의 생활격차가 심했었다. 회사 중역의 자녀 4명 중 3명꼴로 대학에 가는 동안 노동자의 자녀는 100명 중 4명꼴로 대학에 진학했었다. 양극화 사회에서 억눌렸던 서민층의 복지욕구가 커졌던 것이다.

한편, 프랑스의 노동생산성 증가율은 2000년 이후 한 번도 독일과 미국은 물론이고 OECD 평균 노동생산성 증가율을 넘어본 적이 없다. 이와 반면에 1인당 임금 증가율은 2000년 이후 해마다 독일, 미국, OECD 평균의 1인당 임금 증가율을 넘었다. 그리고 근로자 1인당 한 해 평균근로시간은 1,544시간으로 OECD 회원국 중에서 네 번째로 적다. 1990년대 사회당은 주 35시간 근로제를 관철시켰다. 이 결과, 프랑스의 국가경쟁력은 당연히 떨어졌다.

따라서 니콜라스 사르코지(Nicolas Sarkozy, 1955~현재) 정부(2007~2012)는 매년 320억 유로에 달하는 연금 적자 규모를 줄이기 위하여 연금 수급 개시 연령을 65세에서 67세로, 정년을 60세로 62세로 각 2세씩 연장하는 연금개혁법을 추진했었다. 이에 저항하여, 하루에만 전국적으로 300만 명이 파업 시위에 참가했었다.

사실, 프랑스 연금의 재정적자는 주로 노동인구의 4분의 1을 차지하는 공공부문에서 발생하고 있다. 예로서 국영철도(SNCF)의 경우 직원이 16만 명의 직원들이 과거 동료였던 32만 명의 연금수급자를 부양해야 한다. 이들 연금의 상당 부분은 세금으로 충당된다.

④ 독일의 복지제도: 적극적 노동시장정책에 의한 노후생활보장[14)]

독일의 복지제도는 보수·조합주의형(독일·프랑스·이탈리아·벨기에·오스트리아)이다. 노후대책의 대부분을 공적연금(소득대체율: 72.2%)에 의존하고 있다. 즉, '공적 퇴직보험제도(GRV)'가 기업연금 및 자기 저축 등의 전체 노후대책 수단 중에서 85%나 차지하고 있다.[15)] 따라서 공적연금이 차지하는 비중이 낮더라도 소득대체율이 낮은 것은 아니다.

독일 복지제도의 근간을 이루는 것은 임금과 연계된 기여금으로 조달되는 연금과 의료보험 정책이다. 즉, 복지급여가 고용과 연결되면서 고용 여부가 복지수급의 전제조건이 되는 사회보험(실업, 연금, 의료보험)의 성격이다. 이러한 특징을 다음과 같이 3가지로 정리할 수 있다.[16)]

첫째, 독일 노동시장정책은 완전고용(完全雇用)을 지향한다. 1980년대 이후 실업급여 자격기준 강화 및 급여삭감, 노동시장 보호장벽 완화 및 적극적 노동시장 정책의 강화를 실시해왔다. 예로서 노동촉진개혁법(1997), 하르츠 법안, 연방고용청의 직업센터로 변화

14) 홍성대·김철주·김주일(2009), "독일 복지국가의 재구조화의 양상과 성격", 한독사회과학논총 제19권 제1호, pp. 71~72; 김영미, 독일의 하르츠 개혁에 따른 근로연계복지에 관한 법제 연구 = (A) legal study on German workfare under the Hartz-Reform, 서울: 한국법제연구원, 2013; 최홍렬, "복지국가 위기극복 과정에서 복지정책의 형성과 재편에 관한 연구: 스웨덴과 독일을 중심으로", 중앙대학교 출판부, 2018.

15) 그러나 소득대체율과 공적연금의 비중과 소득대체율이 높은 상관관계를 보이는 것은 아니다. 예로서 네덜란드의 경우에는 공적연금(AOW)이 노후소득 중 50%의 비중을 차지하는 반면에 소득대체율은 86%이다. 영국의 공적기반연금(Part of NI)은 노후 소득의 65%를 차지하고 소득대체율은 72%이다. 스위스의 공적기반연금(AHV/IV)은 노후 소득의 42%를 차지하고 소득대체율은 72%이다. 미국의 공적연금(social security)이 차지하는 비중은 45%에 불과하지만 소득대체율이 85%로 독일과 비슷하다.

16) 홍성대·김철주·김주일(2009), "독일 복지국가의 재구조화의 양상과 성격", 한독사회과학논총 제19권 제1호, pp. 71~72; 김영미, 독일의 하르츠 개혁에 따른 근로연계복지에 관한 법제 연구 = (A) legal study on German workfare under the Hartz-Reform, 서울: 한국법제연구원, 2013.

등을 들 수 있다.

둘째, 복지급여(실업수당, 전직훈련수당, 실업보험, 실업부조, 연금, 의료보험)를 고용과 결합시키는 사회보험 중심의 소득보장정책을 실시하고 있다.

셋째, 잔여적인 사회복지서비스 정책으로서 아동양육보조금, 부모보조금, 노인장기요양보호가 실시되고 있다.

독일도 2003년 사회당 시절부터 꾸준히 복지 부담을 줄이는 개혁을 시도해왔다. 복지급여가 감축되고 그 대신에 사회부양(아동 및 부모 수당)이 증대되며 기존의 실업수당이 감축되면서 최저생계비를 보장하는 사회부조적 성격을 갖는 실업수당으로 변환됨에 따라 국가의 복지 지원이 축소되고 그 대신에 개인의 자기책임성이 강조된다. 즉, 사회보험적 성격의 복지제도는 줄이고 사회부조와 사회부양적 제도가 증대하고 있다.

대량 실업이 장기화되면서 노동시장 보호 수준은 완화되어 노동유연화가 진행되고 있으며, 연금과 의료보험 등의 소득보장은 안정적인 삶의 기준을 보장한다는 목표에서 후퇴한 것으로 보인다. 그 대신에 비중이 증대하는 사회부조는 실업자에 대한 정부의 지원을 감소하면서 개인들에게 구직의 압력을 더욱 크게 부과하는 것이고, 사회부양은 아동의 양육 및 노인요양보호와 관련된 것이 주를 이룬다.

상기와 같이 독일 복지체제의 근간은 노동시장정책이다. 실업수당, 연금, 의료보험 등 복지체제의 핵심 제도들이 모두 고용, 임금, 실업과 관련되어 있기 때문에 노동시장정책이 복지정책의 기본적 동인이 되고 있다.

한편, 사회부조는 최저생계의 유지를 위한 국가의 지원으로 재원은 조세를 통하여 조달한다. 이와는 달리 사회부양은 기존에는 전쟁피해자 혹은 관료 등 국가가 당연히 부양의 책임을 져야하는 소득계층을 대상으로 하는 국가의 지원을 의미하며 이들은 일정한 자격조건을 구비하면 국가로부터 지원을 받게 된다. 예로서 아동양육수당 및 부모수당과 같이 부모의 소득수준에 관계없이 기본적으로 국가가 조세수입에 의하여 의무적으로 지급하는 복지 서비스가 이러한 유형에 해당한다. 이들은 실업이나 의료보험과 같은 사회보험처럼 기여금에 의하여 조달되는 것이 아니고 동시에 최저생계유지를 위한 지원도 아니라는 측면에서 다른 두 가지 서비스 유형과 차이가 있다.

⑤ 스웨덴의 공적 연금제도 개혁: '명목 확정기여제'의 도입[17)]

스웨덴은 '보편주의적 복지(Universalistic Welfare)'를 채택하고 있는 사회민주주의형 복지국가인 스칸디나비아(스웨덴, 덴마크, 네덜란드, 노르웨이, 핀란드 등)의 대표적 국가로서 전형적인 '고(高)부담·고(高)복지' 모형을 갖고 있다. 소득에 상관없이 누구나 복지 혜택을 받고 있다.

그러나 '모든 국민의 복지', 즉 '보편주의적 복지(Universalistic Welfare)'를 위해 스웨덴 국민들은 수입의 절반 가까이를 세금으로 납부하고 있다. 국민부담률(조세+사회보험)이 국내총생산(GDP)의 47.1%(2009년 기준)로 세계 2위다. 특히 기업들의 부담이 크다. 고용주는 근로자에게 지급하는 임금의 30% 이상을 사회보장세(社會保障稅) 명목으로 별도로 낸다. 세금을 많이 내는 대신에 기업은 경영권을 보호받고 있다. 예로서 스웨덴 전체 GDP의 30%를 생산하는 재벌 발렌베리(Wallenberg) 가문은 법에서 차등 복지 혜택을 받고 있다. 즉, 근로자 해고나 계약직 채용도 자유롭게 할 수 있다. 노동시장의 유연성 덕분에 사양산업은 빨리 정리할 수 있고, 노조(勞組)도 이에 반대하지 않는다. 이 결과 고(高)복지와 경제성장이 선순환(善循還)구조를 이루고 있다. 그러나 스웨덴도 1970년 이후 경제 불황을 겪으며 '복지 위기'를 겪었다. 1992년 우파 연립정부가 등장하면서 좌·우파 및 각종 사회 구성원의 폭넓은 합의로 복지개혁이 시작됐었다.

그러나 스웨덴도 1970년 이후 경제 불황을 겪으며 '복지 위기'를 겪었다. 1992년 우파 연립 정부가 등장하면서 좌·우파 및 각종 사회 구성원의 폭넓은 합의로 복지개혁이 시작됐었다. 이것을 보고 사회민주주의(社會民主主義)의 사망 선고를 내리기에는 매우 성급한 결정이다. 스웨덴의 유권자들이 중도(中道) 우파(右派)의 손을 들어준 것은 복지국가(福祉國家) 체제를 유지하되 사회민주당(社會民主黨)보다 더 잘하겠다는 약속이 주효했기 때문이다.

스웨덴의 인구는 900만 명이지만 출산율은 1.91명으로 높은 편이다. 국민부담률(조세+사회보험)이 국내총생산(GDP)의 47.1%(2009년 기준)로 세계 2위다. 특히 기업들 부담이 크다. 고용주는 근로자에게 지급하는 임금의 30% 이상을 사회보장세(社會保障稅) 명목으로 별도로 낸다. 세금을 많이 내는 대신에 기업은 경영권을 보호받고 있다. 예로서 스웨덴 전체 GDP의 30%를 생산하는 재벌 발렌베리(Wallenberg) 가문은 근로자 해고나 계약직 채용도 자유롭게 할 수 있다. 노동시장의 유연성 덕분에 사양산업은 빨리 정리할 수 있고, 노

17) 최홍렬, "복지국가 위기극복 과정에서 복지정책의 형성과 재편에 관한 연구: 스웨덴과 독일을 중심으로", 중앙대학교 출판부, 2018.

조(勞組)도 이에 반대하지 않는다. 이 결과 고(高)복지와 경제성장이 선순환(善循還) 구조를 이루고 있다.

스웨덴은 오랜 기간 다양한 정치세력 간의 논의 과정을 거쳐 1998년 연금 개혁을 단행했다. 과거, 기초연금과 부가연금으로 이원화되었던 공적 연금제도를 소득비례방식으로 일원화하되 가입자에게 부분적인 선택권을 부여하였다. 그리고 복지제도의 소득재분배기능은 오직 '최저보증연금제도'가 담당하도록 함으로써 국가의 복지재정 부담을 최소화하였다.

2001년부터 스웨덴 정부는 많은 국민의 불만과 반발을 무릅쓰고 연금제도 개혁을 실시했다. 특히, 국가 재정과 연금 재정을 압박하는 '기초노령연금' 액수를 계속 줄여왔다. '기초노령연금' 대신에 소득에 따라 연금액을 정하는 복지제도가 도입되었다. 즉, 월소득 3만 2,000크로나(약 542만 원) 미만의 저(低)소득층을 위한 '확정급여형 연금'을 신설해 공적연금에서 충당하고 있다. 상기 수혜자의 80%는 가정주부이다.

그럼에도 불구하고, 상기의 '확정급여형 연금'은 2008년 하반기 글로벌 금융위기를 거치면서 허점을 드러냈었다. 연간 소득이 95만 크로나(약 1억 6,150만 원) 이상이던 고(高)소득자의 공적연금 수령액이 7% 감축되었다. 물론, 스웨덴 정부는 공적연금 수령액이 줄어든 연금가입자의 세금을 감면하였지만, 국가연금 재정은 계속 적자를 기록하였다.

결국, 2008년 스웨덴 정부는 '확정급여형 연금' 재정지출 한도를 연간 410억 크로나(약 6조 9,500억 원)로 동결하고 '확정급여형 연금' 수혜자 자격을 종전의 '합산해서 40년간 국내 거주자'에서 '만 17세 이후 40년간 거주자'로 제한했다. 이 결과, 스웨덴의 공적연금 수혜자는 한창때의 600만 명에서 60만 명으로 감소되었다. 그리고 '확정급여형 연금'을 받지 못하는 시민은 새로운 빈곤층으로 추락하고 있다.

⑥ 핀란드의 '기본소득'[18]

2015년 5월 핀란드 총선에서 중도·우파 성향의 중도당(Centre Party)은 '새로운 정치문화에 대한 대담한 실험'을 공약으로 제시하였는데, 여기에 전 국민을 대상으로 한 기본소득(Basic Income)이 포함되었다. 이와 관련하여, 핀란드 정부가 현재 검토하고 있는 모형은 4가지: ① 완전기본소득, ② 부분적 기본소득, ③ 부(負)의 소득세, ④ 기타이다.

완전기본소득(Full Basic Income)의 경우 거의 모든 사회보장체계가 제공하고 있는 각종 급여를 대체할 수 있는 수준의 기본소득을 제공하는 방안이다. 이 경우, 월 750유로가 지

18) 최준영(2015), "핀란드의 기본소득(Basic Income) 도입 검토", 이슈와 논점, 국회입법조사처.

급되는 기초연금(basic pension)보다 높은 수준(약 800유로)으로 설정되어야 한다.

부분기본소득(Partial Basic Income)의 경우 사회보험에 기반한 보장급여를 제외한 대부분의 기본적 급여(basic benefits)를 대체하는 방안이다.

부(負)의 소득세(Negative Income Tax)는 일정 소득 이하의 가구에 대해 기존 조세체계를 활용하여 기본소득을 지불하는 방안이다.

기타 방안의 경우 '낮은 수준의 기본소득'과 '참가 소득'을 결합하는 방식으로 알려져 있다. 기존의 기초실업수당, 최소병가, 출산수당 등을 통합한 금액을 기본소득으로 지급하되, 사회적으로 바람직한 행위(노부모 부양, 자원봉사 등)에 대해 추가적인 금액을 지급하는 방식이다.

특히, 핀란드 정부가 추진하고 있는 것은 모든 성인을 대상으로 소득과 관계없이 월 800유로(약 108만 원)를 지급하는 기본소득(Basic Income) 제도의 도입이다. 핀란드의 유하 시필레(Juha Sipila) 총리는 상기 제도의 도입 목적이 기본소득 도입에 대해 사회적 변화에 대한 적응, 노동의욕 저해 요소 폐지, 관료주의 경감을 위해 사회정책을 개혁하는 것이라고 강조하고 있다. 핀란드 정부는 상기와 관련한 제도설계 및 전국적 차원의 실증실험(pilot test)을 준비하는 단계에 있으며, 실험결과에 따라 상기 제도의 도입여부를 최종적으로 결정할 것이다.

기본소득(Basic Income)은 기존 사회보장체계를 대체하여 국가 또는 지방자치단체가 모든 구성원들에게 정기적으로 일정한 금액을 조건 없이 지불해주는 제도를 의미한다. 즉, 재산·소득심사, 자격요건 검토 등이 불필요하다. 기본소득(Basic Income) 제도가 시행될 경우, 개인에게 지급되는 금액은 기존 사회보장체계가 제공하는 수준과 유사한 수준이 되어야 하며, 기존 사회보장제도 대부분은 폐지된다.

상기한 바와 같이, 기본소득(Basic Income)은 선별, 심사 등이 불필요한 단순한 제도이다. 즉, 기존 사회보장제도의 복잡성과 운영비용 상승 등의 문제점이 해결될 수 있다. 또한 기본소득(Basic Income) 지급은 노동시장 유연성 제고, 창업 활성화 유도로 연결되어 경제성장 측면에서도 긍정적일 수 있다. 왜냐하면 기본소득(Basic Income)이 보장됨에 따라 저임금 직종에도 참여할 동기가 부여되어 고용률 상승을 기대할 수 있으며, 최저임금제와 각종 사회보험료 부담이 없어져 경영자 부담도 감소하게 될 수 있기 때문이다.

그럼에도 불구하고, 기본소득 실시에 필요한 재원확보가 곤란함에 따라 기본소득(Basic Income) 제도의 시행은 현실적으로 매우 어려운 것으로 간주되어 왔다. 사실, 핀란드 국민 가운데 490만 명의 성인을 대상으로 월 800유로를 지급할 경우 총 소요 비용은 연간 약

467억 유로에 이른다. 이는 2016년 핀란드 정부의 예상 총 세입 491억 유로에 근접한 엄청난 규모이다.

물론, 기본소득(Basic Income) 도입에 따라 통합 · 폐지되는 기존 복지지출을 전용할 수 있으므로 일정 부분 충당은 가능할 것으로 예상되지만, 이것으로는 한계가 있다. 기존의 세분화된 사회보장 급여를 폐지하고 기본소득(Basic Income)을 도입함에 따라 일부 계층의 경우 기존 제도에 비해 복지혜택이 급감할 가능성이 존재하고 있다. 또한 기존 복지제도 운영 인력에 대한 대대적인 구조조정 가능성, 단시간 저소득 일자리의 확산 가능성도 제기되고 있다. 또한 일률적 기본소득(Basic Income) 지급은 고소득자에게 유리한 측면이 있어 사회적 형평성 논란이 제기될 수도 있다.

상기한 핀란드 정부의 기본소득(Basic Income) 추진이 '보편적 복지(Universal Welfare)' 확대의 결정판이라고 간주하기도 하지만, 실제로는 기존 복지체계의 개혁과 정부의 역할 축소로 간주할 수 있다고 저자는 생각한다.

4) 스위스의 복지제도

저자(임양택, 2014)는 '정부주도형 복지국가(A Government-driven Welfare State)'가 아니라 '고용기반형 복지사회(A Job-based Welfare Society)'로 지향해야 한다고 주장한다.[19)]

그렇다면, '고용기반형 복지사회(A Job-based Welfare Society)'를 위한 사례는 무엇인가? 상기한 유형에 다소 근접한 것은 '스위스의 복지 모형'이다.

상술하면, 스위스에는 국가가 운영하는 의료보험이 없으며 모든 국민에게 최소한의 소득을 보장하는 시스템조차 없다. 따라서 다른 선진 복지국가(福祉國家)에서 나타나고 있는 근로의욕 저하와 같은 '복지병(福祉病)' 문제가 없다. 그럼에도 불구하고, 가난의 대물림이 어느 나라보다도 적다. 어떻게 가능할까? 그것은 사회복지 시스템 때문이다. 스위스의 복지 설계는 2개 원칙: ① 가난을 완화시킬 방법과 ② 비(非)생산적인 복지를 지양할 방법으로 구조화되어 왔다. 또한 스위스에서는 다른 유럽 선진국에서 흔히 보게 되는 복지재정 위기가 존재하지 않는데, 그 이유는 다음과 같은 복지 원칙을 준수하고 있기 때문이다.

첫째 원칙은 복지 제공은 필요한 사람에게 일시적으로만 제공해야지 복지 혜택에만 의존하는 사람을 만들어선 안 된다는 것이다.

19) 임양택(2014), 한국형 복지사회를 위한 청사진, 한양대학교 출판부.

둘째 원칙은 혜택을 받는 사람은 최선을 다함으로써 다음 세대로까지 가난을 세습하지 않도록 노력해야 한다는 것이다.

다시 말하면, 스위스는 복지에도 생산성(生産性) 개념을 도입한 것이다. 수혜자의 형편에 따라 혜택을 달리 하는 것은 물론, 본인의 노력 여하에 따라 또 달라진다. 고령층과 장애인에 대해서는 무(無)제한 복지 혜택을 제공하지만, 그렇지 않은 사람들은 복지 혜택을 계속 받기 위해 본인이 재활, 교육 및 사회 프로그램을 통해 소득 창출을 위해 노력했다는 사실을 입증해야 한다. 그리고 복지 혜택을 받는 사람들은 사회로부터 받은 혜택을 되갚으려 노력해야 한다.

그렇다면, 미국을 비롯한 다른 선진국의 복지 시스템과 스위스가 목표로 하는 것을 비교해 보자. 다른 선진국의 경우, 복지정책의 목표는 동일한 소득계층 안에서 복지 혜택을 수혜자에게 얼마나 똑같이 잘 전달하느냐가 관건이다. 또한 복지 혜택을 받는 사람이 물리적 노력을 하지 않아도 동일한 복지 혜택을 지속적으로 전달해 준다. 이와 반면에, 스위스에서는 중앙정부에서 통제하는 복지가 없다 보니 복지정책이 없는 것처럼 보일 뿐이다. 중앙에서 통제하는 복지 계획은 없지만 국가에 대한 국민의 신뢰나 복지 정책의 만족도는 가장 높다.

상술하면, 스위스는 직접민주주의(直接民主主義)를 표방하는 나라답게 지자체 단위로 주민들의 의견을 수렴하여 거의 모든 세금과 복지 수준을 결정을 하고 집행한다. 이 결과, '복지'라는 이름으로 예산이 낭비되거나 비(非)생산적으로 사용되지 못하게 주민들이 감시하고, 그 세금을 모아 복지 혜택을 주는 만큼 복지 수혜자에게 그에 상응하는 책임을 묻는 것이다.

상기한 스위스의 사례는 세금을 더 거두고 모든 것을 복지로 해결하려는 것이 결코 최선책이 아니라는 것을, 사회 전반적인 부분에서 낭비적인 요소를 줄이면 보다 '생산적 복지'를 실현할 수 있다는 것을 각각 말해준다.

따라서 '생산적 복지'라는 개념을 갖고 성장과 분배의 선(善)순환 구조가 정착되어야 하고 이와 동시에 법적 구속력을 가진 재정준칙(財政準則)을 강화하여 재정 건전성(財政 健全性)을 체계적으로 관리해야 한다는 것을 알 수 있다.

02 '청사진 1': '완전고용기반형 복지사회 (A Full Employment-based Welfare Society)'의 동태적 모형

전술한 '에스핑－안데르센'의 3가지 복지 유형, 즉 ① 보편적 복지형(네덜란드 · 노르웨이 · 덴마크 · 스웨덴 · 핀란드), ② 자유주의형(미국 · 스위스 · 오스트레일리아 · 캐나다 · 일본), ③ 보수 · 조합주의형(독일 · 프랑스 · 벨기에 · 오스트리아 · 이탈리아) 중에서 어떠한 복지국가(福祉國家) 유형이 가장 합리적일까? 저자는 상기한 3개 복지국가(福祉國家) 유형 중에서 어떠한 것도 합리적이지 않다고 사유한다. 그 이유는 다음과 같다:

첫째, 에스핑－안데르센(Gosta Esping－Anderson, 1947~현재)이 그의 저서 「후기 산업경제의 사회적 기반」(Social Foundation of Post Industrial Economies, 1999년, p. 4)에서 지적한 바와 같이, 복지국가(福祉國家)는 제2차 세계대전(1939~1945) 이후 포드주의적 산업사회(Fordist Industry Society)에 기반하여 도입 및 발전되어 왔으나 후기(後期) 산업사회(産業社會)로 전환함에 따라 복지국가(福祉國家)의 사회경제적 조건*(제조업을 중심으로 한 반(비)숙련 노동력, 1인 소득원(one bread winner)과 전업주부로 구성된 핵가족, 그리고 남성 소득원에 대한 소득보장)*의 변화로 인하여 결국 붕괴될 수밖에 없기 때문이다. 복지국가(福祉國家)의 위기는 바로 재정위기(財政危機)로 표출되고 있다.

따라서 '보편주의적 복지(Universalistic Welfare)' 국가인 스웨덴, 노르웨이, 핀란드, 영국, 프랑스 등은 모두 복지재정(福祉財政) 위기(危機)를 극복하기 위하여 '확정급여제(DBP: Defined－Benefits Plan)'에서 '확정기부제(DCP: Defined－Contribution Plan)'로의 복지개혁을 실시하였다. 전술한 바와 같이, 서구의 거의 모든 복지국가(福祉國家)들이 재정위기(財政危機)를 극복하기 위하여 단지 모수(母數) 혹은 제도(制度) 개혁을 추진하고 있을 뿐이다. 상기 모든 개혁들은 복지국가(福祉國家)의 본질적 문제에 대한 근본적 해결은 아니다.

여기서 유의할 것은 어떤 복지제도이든 간에, 합리적 복지재원 조달 방안이 전제되지 않은, 소위 '복지국가(Welfare State)'의 건설은 망국(亡國)의 길로 가는 첩경이라는 점이다. 이것은 일본, 그리스, 이태리 등에서 여실히 나타나 있는 역사적 교훈임과 동시에 현안 문제인 것이다.

둘째, 존 롤스(John Rawls, 2001, pp. 137~138) 교수가 결론지었듯이, '복지국가 자본주의(Welfare－State Capitalism)'는 '정의로운 국가'가 아니기 때문이다. 왜냐하면 '복지국가 자본주의(Welfare－State Capitalism)'는 '자유방임자본주의(laissez－faire Capitalism)'와 같이 '형식적 평등'만을 보장하고 '평등한 정치적 자유의 공정한 가치'를 가진 '기본적 자유'를 거부하며(정의의 제1원칙에 위배되며) 기회균등에 다소간 관심을 갖지만 공정한 기회의 균등의 실현을 위한 정책을 추구하지 않는다(정의의 제2원칙에 위배된다). 물론, '복지국가 자본주의(Welfare－State Capitalism)'[20]는 기본적 욕구(basic needs)를 충족시켜 주는 '사회적 최저수준(social minimum)'을 보장하고 있지만 경제체제에서는 소수계층이 경제적 통제권과 정치적 삶을 보유할 수 있도록 하기 위해 부동산(생산수단의 자산, 자연자원)의 소유에 높은 불평등을 용인함으로써 경제적 및 사회적 불평등을 통제할 상호성(reciprocity)의 원칙이 인정되지 않는다.

따라서 본 연구는 '정부주도 복지국가(Government－led Welfare State)'의 대안(代案)으로서 '완전고용기반형 복지사회(A Full Employment－based Welfare Society)' 모형을 제시한 것이다. 아무쪼록, '완전고용기반형 복지사회(A Full Employment－based Welfare Society)' 모형은 최근에 재정위기(財政危機)를 겪고 있는 많은 '보편적 복지국가(Universalistic Welfare State)'뿐만 아니라 '선편적 복지국가(Selective Welfare State)'에게도 경제성장과 사회보장의 균형발전을 위한 하나의 유용한 실마리를 제공할 수 있을 것으로 기대된다.

나아가, 본 연구의 '완전고용기반형 복지사회(A Full Employment－based Welfare Society)' 모형은 세계적으로 대량실업, 소득분배 불균형 및 양극화, 복지국가(福祉國家)의 재정위기 등이 심각한 사회경제적 당면과제로 대두된 상황에서 '의미 있는(Significant)' 발전방향이 될 수 있을 것이다.

1) '복지사회(福祉社會)'를 위한 철학적 기초

제프리 삭스(Jeffrey David Sachs, 1954~현재) 경제학 교수(미국 컬럼비아대학)는 그의 최근 저서 「커먼 웰스: 붐비는 지구를 위한 경제학」(Common Wealth: Economics for a Crowded

---

20) '복지국가 자본주의(Welfare－State Capitalism)에 관한 실증적 분석을 위해서 Gosta Esping－Andersen(1990)을, 그것의 필요성에 관해서는 Gosta Esping－Andersen(2002)을, 복지국가(福祉國家)와 세계화(世界化)의 관련성에 대한 실증적 분석에 관해서는 P.Boules and B.Wagman(1997)을, 복지국가(福祉國家) 이념(理念)에 관해서는 Jeffery D. Sachs(2006) 등을 참조.

Planet)에서 *"두터운 사회안전망이 미래에 대한 믿음을 보장하고 시민들에게 위험을 감수할 수 있게 해준다"*고, *"북유럽이 그러한 일을 해냈고, 그 경험이 다른 국가들의 선택에 밝은 빛을 비춰주고 있다"*고 말했다.[21)]

상기의 시각은 요스타 에스핑-안데르센(Gosta Esping-Anderson, 1985, 1990, 1996, 1999, 2002)의 수년간 연구의 결론이기도 하다. 달리 말하면, 복지국가(福祉國家)는 자본주의 재생산을 위한 수단인 것이다(O'conner, 1985; Gough, 1981 및 1991).

상기와 대조적으로, 밀턴 프리드먼(Milton Friedman, 1912~2006)과 로버트 노직(Robert Nozick, 1938~2002)은 사회보장(Social Security)에 대해 매우 부정적이다.

(1) 밀턴 프리드먼(Milton Friedman, 1912~2006)

밀턴 프리드먼(Milton Friedman, 1912~2006)은 '기회의 평등'은 지지하지만 '결과의 평등'에는 반대하기 때문에 국가에 의한 사회보장(Social Security)에 대해 매우 부정적인 입장을 취하였다. 그는 사회보장제도(Social Security System)의 2가지 결함을 지적했다: *하나는 빈곤층 지원이 목적이라면 그 목적에 집중하면 되는데 특정 직업, 연령, 임금층, 노동조합, 산업 집단을 대상으로 하는 번잡한 프로그램이 존재한다는 것이다. 다른 하나는 가격 지지, 최저임금, 관세 등을 통해 시장을 왜곡한다는 것이다*(Milton Friedman, 1962, p. 191).[22)]

상기의 문제들을 극복하기 위해, 그는 '부(負)의 소득세(Negative Income Tax)' 제도를 제안했다. 즉, 일반 소득세가 면세점 이상의 소득에 일정 세율을 곱한 금액을 소득자로부터 징수하는 조세인 것처럼, '부(負)의 소득세(Negative Income Tax)'는 소득이 면세점 이하일 경우에 그 차액에 일정 세율을 곱한 금액을 소득자에게 지급하는 것이다. 다른 공제액이 없고 세율이 일정하다고 가정하면 소득세액은 다음과 같다.

- 소득세액 = (소득 - 면세점)×소득세율

상기의 방정식에서 소득이 면세점 이하가 되면 소득세액이 음수가 되는데 이는 정부가

---

21) Sachs, Jeffrey D.(2006), "The Social Welfare State, Beyond Ideology", Scientific America, October 16; Sachs, Jeffrey D.(2009), Common Wealth: Economics for a Crowded Planet, New York: Penguine Press.

22) Friedman, Milton(1962), Capitalism and Freedom, University of Chicago Press, 최정표 역, 「자본주의와 자유」(1995), 형설출판사.

소득자에게 그 금액을 지급한다는 것을 의미한다. 그에 따라 소득이 0이라고 해도 (면세점×소득세율)에 해당하는 금액을 보장받게 되므로, 이 금액을 인간다운 생활에 필요한 기본생활비가 되도록 정하면 다른 사회보장제도를 모두 대체해도 된다는 것이다. 한편, 기본생활비보다 면세점을 높게 정하면 그 중간의 소득을 얻는 사람도 (면세점－소득)에 세율을 곱한 금액만큼 지급받게 된다.

'부(負)의 소득세(Negative Income Tax)'는 간명하고 기본생활비와 면세점 사이의 소득자에게 노동 유인을 제공한다는 장점이 있다. 그러나 문제는 부(負)의 소득세 역시 재분배의 하나이므로 '선택과 책임의 연계'라는 기준에 위배된다는 점이다. 왜냐하면 책임능력 없는 계층만이 아니라 모든 빈곤층이 수혜자가 되기 때문이다. 상기의 비판에 대해 밀턴 프리드먼(Milton Friedman)은 '부(負)의 소득세(Negative Income Tax)' 제도가 최선은 아니지만 이미 여러 종류의 '더 나쁜' 사회보장제도보다 우월하다고 주장했다.

그러나 본 연구는 사회보장(Social Security)에 관한 밀턴 프리드먼(Milton Friedman, 1912~2006)의 부정적 시각에 대하여 다음과 같이 비판한다:

첫째, 밀턴 프리드먼(Milton Friedman)이 '책임 능력 없는 계층'을 위한 사회보장(Social Security)이 자유주의적 시장경제의 메커니즘을 왜곡시킨다는 이유로 사회보장(Social Security)에 대한 부정적 시각을 표출했었다. 상기의 시각은 자신의 경제철학(자유주의 혹은 신자유주의)의 소산이며, 사회보장(Social Security)의 도입 배경이 소득분배 구조의 악화와 양극화인데 이 원인에 대한 처방을 제시하지 못한 입장에서는 '차선정책(The Second－Best Policy)'으로 대두된 사회보장(社會保障)의 현실적 정당성을 인정하지 않을 수 없지 않은가?

둘째, 본 연구는 밀턴 프리드먼(Milton Friedman)이 제시한 '부(負)의 소득세(Negative Income Tax)'에 대하여 다음과 같이 비판한다: 상기 제도는 체계적 명료성과 행정적 편의성을 도모할 수 있고 방대한 사회보장제도(社會保障制度)의 운용에 의한 재정적 손실을 없앨 수 있다는 심대한 장점이 있는 반면에 상기 제도를 현실 세계에 도입할 경우 면세점 이하의 모든 빈곤층에 대한 보조금은 사회보장지출보다 훨씬 클 수 있다는 심각한 단점이 내포되어 있다는 것이다.

한국의 경우, 면세점 이하의 빈곤층은 '기초생활수급자(4인 가구 기준 월 소득 143만 원 미만)' 157만 명으로 추산된다. 또한 동일한 기준으로, 기초생활수급자의 120% 수준인 차상위층 170만 명은 기초생활수급자에 비하여 상대적 박탈감을 느끼고 있다. 또한 기초생활수급자의 월 소득 수준이라도 벌지만 부양가족이 있다는 이유로 기초생활수급자 분류에 포함되지 못하는 계층도 103만 명에 달한다. 이들 모두에게 '부(負)의 소득세(Negative

Income Tax)'를 적용할 경우, 근로의욕 저상으로 인한 경제활동의 수축을 예상할 수 있다.

셋째, 사회보장제도(社會保障制度)는 인구구조의 변화(고령화·저출산)에 대응한 국가의 생존 원리일 뿐만 아니라 운영 여하에 따라 경제성장에 크게 기여할 수 있다.[23] 그 이유는 복지지출 항목 가운데 보건(보육 포함), 적극적 노동시장정책(Active Labor Market Policy), 실업 관련 지출은 인적자본 축적에 기여하고 지식기반 경제에선 노동생산성(勞動生產性)을 높이기 때문이다. 노령·유족·장애·가족·주거·기타(공적연금·고용보험·산재보험·공적부조 포함)는 인적자원 투자 촉발, 사회통합 등 '사회적 자본(Social Capital)'의 축적을 통해 경제성장에 기여할 수 있다. 따라서 저출산·고령화 추세에서 가장 중요한 것은 총요소생산성(Total Factor Productivity)을 향상시킬 수 있는 인적자원개발정책에 역점을 두어야 한다. 다행히, 여성의 노동시장 참가는 생산가능인구(15~64세 인구)의 감소를 완화시킨다. 유럽에서는 여성의 노동참가율이 높은 나라가 출생률 저하 방지에 성공했다. 따라서 민관(民官)이 협력해서 여성이 출산한 후에도 계속 일을 할 수 있는 제도적 보장과 환경 정비를 서두르지 않으면, 출생률 저하 및 고령화의 추세를 막을 수 없을 것이다.

(2) 로버트 노직(Robert Nozick, 1938~2002)

로버트 노직(Robert Nozick, 1938~2002)의 자유주의 사상은 모든 인간이 평등하게 불가침의 존재이며 존엄성을 가지고 있다는 점에서 밀턴 프리드먼(Milton Friedman, 1912~2006)과 공통된다. 그러나 로버트 노직(Robert Nozick)은 제도에 의한 기회의 차별에는 반대하지만 천부적 자질과 성장환경의 차이는 그대로 인정하자는 입장인 것이다. 상술하면, 천부적 자질, 성장환경 외에 개인의 선택과 무관하게 인생에 영향을 주는 요인으로는 인생살이에서 작용하는 갖가지 행운 또는 불운도 있으며, 이를 모두 묶어서 '운(運)'이라고 표현할 수 있는데, 로버트 노직(Robert Nozick)은 운(運)을 그냥 개인의 몫으로 방임하자는 입장인 것이다.[24]

---

23) 생산가능인구(15~64세 인구)가 피(彼)부양 인구보다 빨리 증가하는 기간을 '인구 보너스 기간'이라고 부른다. 왜냐하면 생산가능인구가 증가하면 실질 GDP도 증대하기 때문이다. 싱가포르·홍콩·대만·태국·중국과 한국의 경우, 모두 2010년부터 2015년 사이에 '인구 보너스 기간'이 종료되었으며 모두 '고령화 사회'로 진입하였다. 만약 이에 대한 대책(예로서 총요소생산성 향상)이 없다면, 인구구조는 역(逆)삼각형의 '노인 국가'가 되어 국가경제는 결국 무너질 것이다. 여기서 유의할 것은 일본에서는 '인구 보너스 기간'이 끝난 1990년 직후에 버블이 붕괴함과 동시에 곧바로 제로(Zero)성장 시대를 맞았다는 점이다. 아마도 '인구 보너스 기간'의 종료가 일본의 구조조정을 한층 더 곤란하게 했을 것이라고 짐작된다. 기술대국인 일본조차도 이렇게 경제성장이 곤란해졌는데, 국민소득 및 복지 수준이 낮은 상태에서 '인구 보너스'를 더 이상 향유하지 못하는 한국의 미래는 더욱 어둡다. 한국사회는 최근에 세계 최저 수준의 출생률과 인구구조의 초(超)고령화를 겪고 있다.

상기와 같은 맥락으로, 로버트 노직(Robert Nozick)은 본인의 책임 없이 불운(不運)에 빠진 사람들에 대해서도 사회보장(Social Security)을 할 필요가 없다고 주장했다. 그 이유는 사회보장(Social Security)을 위해서는 소득재분배가 불가피하다고 보았기 때문이다.

로버트 노직(Robert Nozick, 1938~2002)의 '최소국가(Minimal State)' 이론에 의하면 국가는 '질서 유지'와 '권리 보호'라는 최소한의 기능 이상으로 확대되어서는 안 된다는 것이다. 즉, '최소국가(Minimal State)'에서 사회보장제도(Social Security System)가 도입되어서는 안 된다는 것이다. 왜냐하면 그는 국가 권력을 이용하여 일부 국민으로 하여금 다른 국민을 지원하도록 해서는 안 된다고 주장하는데 사회보장(Social Security)을 위해서는 정부주도의 재분배가 불가피하기 때문이라고 한다.[25)]

상기한 로버트 노직(Robert Nozick, 1938~2002)의 자유주의(Liberalism)와 신자유주의(New Liberalism)를 넘어 자유지상주의(Libertarianism)에 기초를 둔다. 이 사상에 의하면 마약이나 동성애에 대한 정부의 규제도 인간의 존엄성과 권리를 침해한다고 주장한다.

그러나 본 연구는 사회보장(社會保障)에 대한 로버트 노직(Robert Nozick, 1938~2002)의 주장을 다음과 같이 비판한다: 로버트 노직(Robert Nozick)은 상기의 계층은 자신의 '책임능력 없음'을 자신의 운(運)으로 받아들여야 한다고 주장한다. 그렇다면, '책임능력 없는 계층'을 양산하고 있는 사회경제적 여건은 과연 누구의 책임인가? 그가 주장하는 '최소국가(Minimal State)'는 왜 존재하는가? 그러한 정부의 역할은 무엇인가? '책임능력 없는 계층'의 인간 존엄성과 기본권(자유)은 무시 혹은 외면함이 정의로운가? 그러한 사회가 행복한 사회인가?

(3) 본 연구의 기본입장: '최상의 복지는 고용이다'[26)]

고용(雇用, employment)이란 고용되는 자(근로자 · 피용자)가 고용하는 자(사용자 · 고용주)에 대하여 노동서비스를 제공할 것을 약정하고 고용하는 사람이 그 노동서비스에 대하여 보수(報酬: 임금)를 지급할 것을 약정함으로써 성립하는 쌍무계약 · 유상계약이다.

완전고용(完全雇用, full employment)은 '불완전 고용(Underemployment)'이 없는 고용 수준을 가리킨다. 즉, 일자리를 찾는 사람의 숫자와 현재 열려 있는 일자리 숫자가 거의 엇

24) Nozick, Robert(1974), Anarchy, State, and Utopia, New York: Basic Books.

25) 장동진 · 김만권(2000), "로버트 노직(Robert Nozick)의 자유지상주의－소극적 자유의 이상", 「정치사상연구」 Vol.3, pp. 195~220.

26) 임양택, "최상의 복지는 고용(雇傭)이다", 한국경제신문(2011.10.07).

비슷해진 상태이다. 경제학에서는 구조적 실업이 포함된 실업률이 4.6~5% 정도인 상태를 완전고용(完全雇用)으로 간주한다.

불완전 고용(Underemployment) 상태는 노동자가 취업은 하였으나 완전한 고용 상태를 확보하지 못하는 상태를 말한다. 불완전 고용(Underemployment)의 기준은 1998년 제16회 국제노동통계 회의에서 정해졌다. 시간에 관한 불완전 고용을 판별할 때에는 자신이 보다 많은 시간을 일할 의사가 있는지, 더 많은 시간을 일할 수 있는지, 그리고 현재의 실질적인 노동 시간이 일정 수준 아래인지 여부에 따라 결정된다. 불완전 고용인지를 판별하는 노동 시간의 기준은 국가나 환경에 따라 달라질 수 있다. 전일제 근무를 원하는 비자발적 시간제 노동자의 경우는 시간에 따른 불완전 고용(Underemployment)에 포함된다고 할 수 있지만, 시간제 근로에 대한 국제적인 정의가 확립되어 있지 않고 경기적 요인에 따라 전일제 근무자라 하더라도 평소보다 짧은 시간을 일하는 경우가 있을 수 있으므로 시간제 근무가 불완전 고용(Underemployment)의 필요조건이 되는 것은 아니다. 참고로, 조안 로빈슨(Joan V. Robinson, 1903~1983)은 취업 기회가 충분하지 못하여 실직자가 이전보다 낮은 수준의 직장에서 일하는 현상을 '위장 실업(disguised unemployment)'으로 설명하였다.

특히, 청년 실업난이 세계적으로 심화되고 있다. 세계은행(世界銀行, World Bank)이 「청년 고용을 위한 해결책: 2015 기본 보고서」를 발간하면서 다음과 같이 지적했다: 인구 특성이나 지역에 따라 차이는 있지만 현 청년세대가 공통적으로 실업(失業)의 고통에 시달리고 있다. 현재 전(全) 세계 15~29세 청년인구는 18억 명으로 사상 최대다. 2014년 기준으로 이중 약 5억 명이 실업자이거나 불완전 고용(Underemployment) 상태에 놓여있다. 니트족(나라에서 정한 의무교육을 마친 뒤에도 진학이나 취직을 하지 않으면서도, 직업훈련도 받지 않는 사람, Not currently engaged in Education, Employment or Training) 청년까지 합치면 사실상 청년 실업자 수는 총 6억 2,100명에 달한다.

또한 세계노동기구(ILO)의 「세계 청년 고용 동향 2017년 보고서」에 따르면, 2017년 세계 청년 실업자는 7천90만 명으로 추계되었다. 2030년 노동시장 신규 진입 청년은 2천560만 명으로 추계되지만 일자리 창출이 이대로라면 청년 실업자는 더 증가하게 된다. 1997~2017년의 20년 사이 청년 인구는 1억 3천900만 명 증가한 반면에 청년 노동 인구는 3천500만 명 줄었다. 이에 따라 전체 노동인구 중 청년 비율이 21.7%에서 15.5%로 하락했다. 이 결과, 실업자 가운데 청년 비중이 35%로 상승했다. 대부분 나라에서 청년 실업률이 전체 실업률보다 훨씬 높고 일부 나라에선 3배가 넘는다. 아랍권은 청년 실업률이 30%에 달하고, 이른바 선진국클럽이라는 경제협력개발기구(OECD) 국가도 1년 이상 무직 청년이 18%다. 7천670만 명으로 최악을 기록한 2009년 세계 경제위기 때보다는 나아졌으나 근년에 문제가 고착화하는 추세다.

또한 세계노동기구(ILO)의 「세계 청년 고용 동향 2017년 보고서」는 다음과 같이 지적했다: 일자리 있는 청년 4명 중 3명꼴(성인은 5명 중 3명)로 비정규직이며 대부분 '비공식 경제'에서 일한다. 대다수가 저임금과 고용불안에 시달리는 청년 노동자 5명 중 2명은 일을 해도 가난한 계층(working poor)이다. 신흥발전국가와 개발도상국 청년 노동자 가운데 39%가 하루 3.1달러 미만(1.9달러 미만 극빈곤층 16.7% 포함)으로 사는 빈곤 생활자다. 여성 청년의 경우 가장 취약하다. 남성에 비해 노동시장 참여율이 16.6%포인트나 낮다. 개도국 여성 청년 노동자 20명 중 19명이 '비공식 고용' 상태다. ILO는 청년실업문제 해소는 지속 가능하고 포용적인 경제 성장을 위해서뿐만 아니라 사회 안정과 결속을 위해서도 매우 중요하다고 강조했다. 특히 단순히 일자리를 늘리는 것을 넘어서 양질의 또는 '괜찮은(decent)' 일자리를 제공하는 것이 중요하다고 지적했다.

또한 청년들의 고용 상황은 질적으로도 악화했다. 국제노동기구(ILO)에 따르면 2011년 전 세계 청년 노동자의 40.5%가 임시계약직이며 청년 노동자 4명 중 1명은 시간제 일자리에서 일하고 있는 것으로 파악됐다. 개발도상국의 경우 상황이 더욱 심각해 일자리가 있어도 저임금 일자리인 경우가 많다. 또 청년 노동자의 3분의 1은 하루 2달러가 못 되는 돈으로 살아가야 한다. 일자리를 얻지 못한 청년들은 폭력사태나 극단주의로 빠지기도 한다. 민주화 혁명을 퇴색시킨 이슬람국가(IS)의 활동 근거지인 중동이나 북아프리카는 청년 실업률이 25%가 넘는 지역이다. 이주자에 대한 공격과 폭동이 수차례 발생한 남아프리카 공화국에서도 청년 4명 중 1명은 실업 상태다.

국제노동기구(ILO)의 「2015 세계 고용과 사회 전망」에 따르면 2008년 하반기 글로벌 금융위기 이후 세계 경제 침체가 장기화되면서 청년 실업은 더욱 심화됐었다. 전(全) 세계적으로 6,100만 개의 일자리가 사라졌으며, 향후 약 8,000만 개의 일자리가 사라질 것으로 전망된다. 전(全) 세계 고용증가율은 1991년부터 2007년까지 매년 1.7%였으나 2008년 하반기 글로벌 금융위기 직후인 2007년부터 2014년까지는 연 1.2%로 낮아졌다. 따라서 세계 각국은 청년 실업 장기화를 막고 청년층 노동 공급을 끌어올리기 위해 대책 마련에 나섰다(대학신문, "청년 실업 해소 위한 각국의 청년 일자리 정책", 2015.11.08).

독일의 경우, 청년 실업의 구조적 원인 중 하나인 노동 수급의 불균형을 해소하기 위해 직무·학습 병행제를 도입했다. 즉, 학교 교육과 기업에서의 현장실습이 적절하게 조화된 '이원화된 직업교육훈련(Dual System)'을 통해 숙련된 인력을 배출하고 있다. 이원화된 직업교육훈련은 기술적인 훈련은 기업에서 현장실습을 통해 이뤄지고, 이론적인 학습은 직업학교에서 이뤄지는 것을 말한다. 전체 중등교육과정 졸업자 중 대학에 진학하지 않은 60% 정도가 이 과정에 입학해 전문 직업교육을 받는다. 독일에서 고등학교 단계의 직업교육을 받는 학생들 대부분이 이러한 이원화된 직업교육시스템으로 교육을 받으며, 직업을 갖기 위해서 원칙적으로 직업교육훈련을 이수해야 한다.

독일의 직업교육훈련시스템은 프로그램 설계에서부터 실행에 이르기까지 기업, 상공회의소, 노동자단체 등 각계각층이 적극적으로 참여한다. 직업학교와 훈련기업, 학생 간의 계약을 통해 직업훈련이 이뤄지고 있으나 학교가 학생을 기업에 배치하는 것이 아니라 기업이 학생을 직접 선발한다. 이러한 직업교육훈련제도는 기업이 필요로 하는 숙련 인력을 양성해 바로 채용하는 형태로 연결됐고 구인·구직 간 미스매칭을 줄이고 청년 실업을 낮추는 데 기여했다. 유럽재단(EF)의 2012년 연구 결과에 따르면 직무·학습 병행제에 참여하는 학생 수가 1% 늘어날수록 니트족 비율은 0.04~0.09% 낮아지는 것으로 나타났다.

프랑스는 공공영역의 일자리를 만들어내는 정책에 집중했다. 프랑스의 경우, 국내 소비지출 감소 등의 이유로 고용률 하락, 실업률 상승과 함께 취업포기자가 크게 늘어나고 있다. 외국인 노동인력이 대거 유입되면서 이들과 경쟁해야 하는 청년층의 고용 사정이 사회적 문제로 대두했다. 프랑스의 청년신서비스직종정책(NSEJ)는 환경, 교육, 경찰 부문 등의 일자리를 개발해 청년층에 제공하는 사업으로, 실업 상태면서도 실업 기간이 짧아 실업 수당을 받지 못하는 청년들이 대상이다. 청년신서비스직종정책(NSEJ)로 만들어진 일자리에 취직하면 정부에서 최저임금의 80% 수준의 지원금을 5년간 준다. 서비스 활동을 개발해 수요를 창출하고 청년들이 전문적인 경험을 쌓을 충분한 시간을 주기 위해 장기간에 걸쳐 지원한다. 정책의 결과 공공영역에 속하는 교육과 경찰행정 분야에서 학생 생활지도, 지역 순찰 보조 업무 등 8만 7,000여 개의 일자리가 창출됐다.

영국의 경우, 니트족 증가에 대한 대응책으로서 청년 장기 구직자에게 의무적으로 구직 프로그램 참가를 강제하고 있으며 미(未)참여자와 탈락자에 대해서는 구직 급여에서 불이익을 주고 있다. 구체적으로, 영국은 청년층의 장기 실업 탈출을 위해, 4가지 프로그램: 민간기업 취업을 위한 임금 보조, 자영업을 위한 창업 지원, 환경 및 사회 서비스업 취업, 직업훈련과 능력개발을 운영하고 있다. 이와 같이, 영국의 경우, 구직 프로그램 참여 후 개별적인 상담과 다양한 프로그램 제공을 통해 개인의 선택을 보장하고, 이를 취업과 적극적으로 연결함으로써 미(未)취업 상태를 탈출하도록 지원하고 있다.

한국의 청년 실업 대책은 영국의 경우와는 달리 단기적 일자리를 제공해 청년 실업을 해소하려고 한다. 점차 증가하는 취업 포기자에게 별다른 대응방안을 제시하지 않고 있다. 한국에서도 독일의 경우와 같이 직무·학습 병행제가 시행되고 있지만 사회적 인프라가 갖춰지지 않은 상태에서 아직 효과는 요원하다. 그 이유는 기업과 상공회의소 등이 직업교육훈련의 설계에서 실행에 이르기까지 깊숙이 관여하는 독일과 달리 한국에서는 기업들의 참여가 저조하기 때문이다.

한국에서도 프랑스의 경우와 같이 공공기관에서 우선적으로 청년 일자리를 확보하려는 취지하에 청년고용촉진특별법을 시행하고 있지만 효과는 미진하다. 청년고용촉진특별법은 매년 공기업과 공공기관 정원의 3%를 청년으로 채용한다는 내용이다.

여기서 유의할 것은 다음과 같다: 2019년 초 4개월 동안 전 세계 141개국 기업 경영진 1만 2,879명(응답자 수 기준)을 대상으로 인식 조사를 했었던 세계경제포럼(WEF)의 '2019년 경영 리스크 분석(2019.10.06)에 따르면, 한국 기업의 최대 고민은 '실업'으로 나타났다는 점이다.[27] 실제로, 한국에서는 60대 이상 일자리만 기형적으로 늘고 30·40대와 제조업 일자리가 줄어드는 가운데 주요 기업들이 대규모 감원과 채용 줄이기에 나서고 있다. '한국경제연구원'이 매출 상위 500위 기업을 대상으로 조사한 결과를 보면 2018년보다 채용을 늘리겠다는 기업은 17.5%뿐이었고, 줄이겠다는 기업이 33.6%에 달한다.

---

27) 세계경제포럼(WEF)의 '2019년 경영 리스크 분석(2019.10.06)에서 전 세계 차원으로 보면 글로벌 최대 경영 리스크 1위는 재정위기, 2위는 사이버 공격, 3위는 실업과 저고용으로 지목됐다. 특히, 한국 기업의 최대 고민은 '실업(失業)'으로 나타났던 반면에 일본 기업은 자연재해, 미국 기업은 사이버 공격을 가장 두려워하는 것으로 조사됐다. 동아시아·태평양지역 국가 중 실업(失業)을 최대 리스크로 꼽은 나라는 한국을 빼면 브루나이뿐이다. 유럽에서는 청년 일자리난이 고질적 문제였던 스페인이 유일하게 실업을 최대 리스크로 꼽았다. 또한 한국 기업들은 실업(失業)에 이어 예상치 못한 기후 변동, 환경 재앙, 사이버 공격과 국제 갈등 순으로 상위 5개 경영 리스크를 꼽았다. 이와 반면에 선진국에 속하는 영미권(미국·캐나다·영국) 기업인들은 공통적으로 리스크 1, 2위를 각각 사이버 공격, 데이터 사기·절도를 꼽았다. 유럽에서는 1~3위를 사이버 공격, 자산 버블, 국제 갈등순으로 꼽았다. 또한 상기 세계경제포럼(WEF)의 '2019년 경영 리스크 분석(2019.10.06)에서 한국 기업의 두 번째 고민은 한일 갈등으로 조사됐다. 세계경제포럼(WEF)는 "한일 기업인들은 미·중 무역갈등보다 한일 갈등을 더 걱정한다"면서 한일 관계가 경영 리스크로 작용할 가능성에 주목했다. 한편, 일본은 공동 3위로 지정학적 문제를 둘러싼 국제 갈등과 재정위기를 꼽았다. 세계경제포럼(WEF)는 "재정위기는 일본의 구조적 이슈로 꼽혀온 점을 감안할 때 최근 떠오른 일본 기업인들의 중요 걱정은 한국과의 갈등에 따른 지정학적 문제로 볼 수 있다"고 분석했다.

2) '완전고용기반형 복지사회(A Full Employment-based Welfare Society)'를 위한 라이프-사이클 모형

본 연구는 라이프-사이클(Life Cycle) 개념에 입각하여 '완전고용기반형 복지사회(A Full Employment-based Welfare Society)' 모형을 제시하였다(임양택, 2011a, 2011b, 2013, 2014).

완전고용(完全雇用, Full Employment)을 추구하는 '완전고용기반형 복지사회(A Full Employment-based Welfare Society)'에서 직장을 갖고 있는 자식은 노(老)부모를 섬기고(즉, 노인 복지를 담당하고), 조부모는 손자 · 손녀를 돌보는(즉, 영 · 유아 보육 및 양육) 전통적 사회이다. 이와 대조적으로, 대량실업이 만연되어 있는 사회에서, 조부모는 방기(放棄)되거나 생활에 힘든 자식들에게 부담을 주기 싫어 스스로 목숨을 끊고, 젊은 부부는 삶의 일터에 나가다 보니 영 · 유아를 맡길 곳이 없는 상황에서, 국가가 과중한 세금을 걷어 각종 복지혜택(기초노령연금, 국민기초생활보장제도, 영 · 유아를 위한 보육 · 양육지원 등)을 '시혜'하는 복지국가(Welfare State)는 동 · 서양 어느 곳에서나 복지재정 위기를 자초하고 있는 것이다.

상기한 가족중심적 '완전고용기반형 복지사회(A Full Employment-based Welfare Society)'를 구현하기 위해서는, 기업의 고용창출과 이를 지원하는 정부의 역할이 긴요하다. 왜냐하면 '고용이 최상의 복지'이기 때문이다.[28] 자신의 월급으로 부모님을 봉양하고 자식들을 양육 및 교육하는 것이, 사회공동체의 기본인 가족을 지키는 것이며, 그렇게 할 수 있는 사회가 진정한 '복지사회(福祉社會)'인 것이다. 이러한 사회를 위한 정부의 역할은 다음과 같다: 우선, 기업의 고용창출을 지원하고 영 · 유아를 위한 보육시설을 확충하며 살인적인 사(私)교육비를 경감시킬 수 있도록 공(公)교육을 획기적으로 지원하고 값싼 공공주택(아파트)를 공급함으로써 '저(低)비용 사회 및 경제구조'를 만드는 것이다.

저자가 제안하는 '완전고용기반형 복지사회(A Full Employment-based Welfare Society)' 모형은 [그림 Ⅴ-1]로써 설명할 수 있다. 하기 그림은 모디그리아니 · 브룸버그(F. Modigliani and R. Brumberg, 1954) 및 앤도 · 모디그리아니(A. Ando and F. Modigliani, 1963)의 라이프-사이클 소득가설(the Life-Cycle Income Hypothesis)을 본 연구의 사회보장 모형으로 변형시킨 것이다.

사람은 태어나서($t=0$), 유년기($0 \sim t_0$) 동안 부모의 양육과 교육을 받은 후(t_0), '평생직장'을 찾아 근무($t_0 \sim t_1$ 혹은 $t_0^1 \sim t_1^1$)를 하다가 법정 정년(t_1)을 채운 후 혹은 조기 은퇴(t_1^1) 한 후, 나머지 생애의 기간($t_1 \sim T_0$ 혹은 $t_1^1 \sim T_0$) 동안 자녀의 보살핌 혹은 정부로부터의 연

28) 임양택, "최상의 복지는 고용이다", 한국경제신문(2011.10.06).

[그림 V-1] '완전고용기반형 복지사회(A Full Employment-based Welfare Society)'를 위한 라이프-사이클 모형

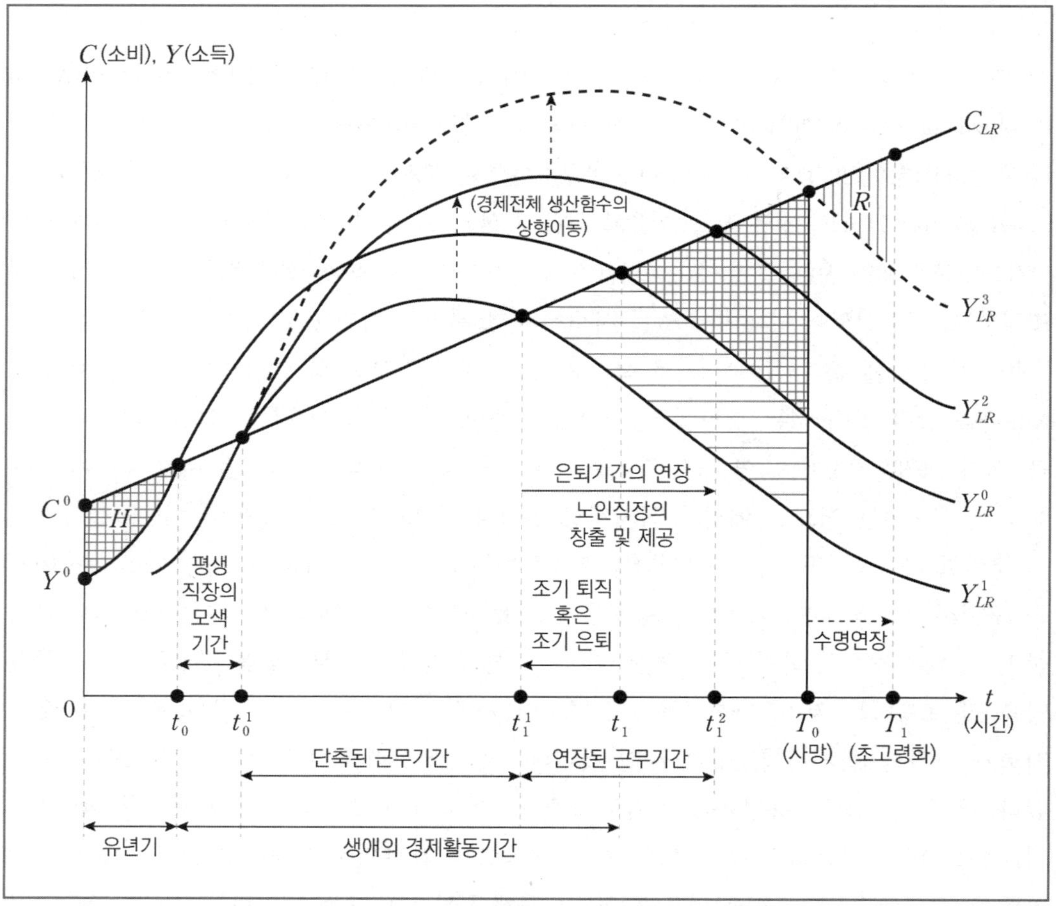

자료: 임양택(2011), 「한국형 복지사회를 위한 청사진」, 서울: 한양대학교 출판부

임양택(2011), "장기 균형성장과 최적 사회보장의 동태적 특성에 관한 연구", 사회정책연합학술대회, 한국사회보장학회, 9월 24일.

임양택(2011), 「쿼바디스 도미네: 성장 · 복지 · 통일을 위한 청사진」, 파주: 나남

임양택(2013), 「글로벌 경제와 한반도 위기: 한국의 비전 및 전략」, 파주: 나남.

임양택(2014), 「최적 사회보장과 창조경제를 위한 기금의 자산운용전략」, 연구원(NPS)

금 및 의료를 받다가 사망(T_0)한다. 영역 H(아동복지 부문)는 정부가 아동보육을 지원 혹은 감당함으로써 젊은 부부를 경제적으로 도와주는 것이며 미래의 인적자본(Human Capital)을 축적하는 것이다.

[그림 V-1]에서 영역 H(아동복지 부문)는 정부가 아동보육을 지원 혹은 감당함으로

써 젊은 부부를 경제적으로 도와주는 것이며 미래의 인적자본(Human Capital)을 축적하는 것이다.

초고령화의 세계적 추세는 돌이킬 수 없기 때문에 최상의 노년인구의 노후생활보장대책은 노년세대에게 직장을 제공하고 의료비 문제를 해결해주는 것이다. 상기와 같은 인구구조의 변동에 대응한 가장 합리적인 해결 방안은 [그림 Ⅴ-1]에서 경제 전체의 생산함수를 Y_{LR}^{0} 혹은 Y_{LR}^{1} 에서 Y_{LR}^{2} 로 상향 이동시켜 고용기회를 많이 창출함으로써 개인 인생의 자원배분 문제는 원칙적으로 자기 자신이 스스로 해결할 수 있는 원초적 기반인 직장을 적극적 노동시장정책에 의해 제공하는 것이다. 이와 동시에, 개인이나 그의 가족이 물리적으로나 경제적으로 도저히 감당할 수 없는 영역 R(노인복지 부문)은 정부가 해당 노인의 노후생계비를 지급하면 되는 것이다.

상기와 같은 해결방안을 선택 및 추진하지 않는 경우, 정부의 복지재정수지 적자는 시간이 경과할수록 더욱 누적될 것이고, 그 부담은 고스란히 '낮아진' 생산함수 Y_{LR}^{1} 에서 부담하게 될 것이므로 사회적 불만은 폭등할 수밖에 없을 것이고 국가는 파산 위기로 진입할 것이다.

[그림 Ⅴ-1]의 라이프-사이클에서 현대인의 당면과제는 평생 소득(Y)에서 평생 소비(C)를 차감한 평생 저축(S)으로써는 자녀의 양육과 교육을 위한 지출과 자신의 노후생활 대책을 꾸려나갈 수 없다는 점이다. 그 이유는 현대의 자녀는 종족 보존의 수단이 아니라 미래의 사회구성원으로서 생활력을 갖춘 인격체이기 때문이며 그러한 인물로 양육하는 비용이 부모의 경제력에 비하여 과도하기 때문이다.

설상가상으로, 산업구조의 변화(예로서 정보통신기술의 발달 등)로 인하여 '종신고용제' 혹은 '평생직장'이 사라졌다. 산업의 라이프 사이클이 단축됨에 따라, 고용주나 고용인이나 모두 노동 유동성(labor mobility)이라는 개념에 익숙하게 되었다. 이 결과, 고용불안이 가중되고 근무기간이 단축(t_1 에서 t_1^1 으로)되고 있다.

또한 인간 수명이 연장(T_0 에서 T_1 으로)되고 있다. 한국의 고령화 속도는 OECD 국가 중에서 가장 빠르다. 일반적으로, 인구 고령화는 경제활동인구를 감소시킬 뿐 아니라, 저축률을 감소시키고 자본시장에 영향을 미치며 나아가 장기적인 경제성장에도 악영향을 미친다. 이러한 산업구조의 변화를 [그림 Ⅴ-1] 완전고용기반형 복지사회를 위한 동태적 모형]에서 설명하면 경제 전체의 생산함수가 Y_{LR}^{0} 에서 Y_{LR}^{1} 으로 하향 이동하게 된다. 이 결과 근무기간이 $t_0^1 \sim t_1$ 에서 $t_0^1 \sim t_1^1$ 으로 단축된다. 이 결과, 료 수입은 더욱 줄어든다. 이와 동시에, 인구 고령화(T_0 에서 T_1 으로 수명 연장)는 조세수입을 감소시킴으로써 사회보장과 관련된 재정지출을 더욱 증가시킨다.

결국 연금기금의 고갈 시점은 출산율과 기대수명에 의하여 결정된다. 출산율의 감소는 료를 납부하는 적용인구를 감소시킴으로써 고갈시점을 앞당기며 기대수명의 연장(T_0 에서 T_1 으로)은 연금 수급자를 증가시켜 연금기금의 고갈시점을 앞당긴다.

초고령화의 세계적 추세는 돌이킬 수 없기 때문에 최상의 노년인구의 노후생활보장대책은 노년세대에게 직장을 제공하고 의료비 문제를 해결해주는 것이다. 상기와 같은 인구구조의 변동에 대응한 가장 합리적인 해결 방안은 [그림 Ⅴ-1]에서 경제 전체의 생산함수를 Y_{LR}^0 혹은 Y_{LR}^1에서 Y_{LR}^2로 상향 이동시켜 고용기회를 많이 창출함으로써 개인 인생의 자원배분 문제는 원칙적으로 자기 자신이 스스로 해결할 수 있는 원초적 기반인 직장을 적극적 노동시장정책에 의해 제공하는 것이다. 이와 동시에, 개인이나 그의 가족이 물리적으로나 경제적으로 도저히 감당할 수 없는 영역 R (노인복지 부문)은 정부가 해당 노인의 노후생계비를 지급하면 되는 것이다.

여기서 강조하고자 한 점은 저출산(低出産) 및 고령화(高齡化) 문제는 지속가능한 사회를 이루기 위해 모든 국가가 함께 고민해야 할 어젠다라는 점이다. 고령화 사회의 도래는 노인 개인의 문제이자 사회 전체의 문제이다. 특히 한국의 경우 과거 산업화가 남긴 상대적 빈곤 문제도 해결되지 못한 상태에서 세계적으로 유례가 없는 빠른 속도로 닥치고 있는 고령화(高齡化)는 생산인구의 감소, 성장 잠재력의 저하, 노인인구 부양으로 인한 복지재정 부담의 증가[29] 등과 같은 사회경제적 문제로 부각되고 있다.

한국 사회의 고령화(高齡化)의 속도를 보면. UN의 구분에 따라, 2002년에 '고령화 사회'라고 정의되는 65세 이상 인구 비율 7%(7.9%, 377만 명)를 돌파했었고, 예상(2019년)보다 2년 빠른 2017년에 '고령 사회'로 정의되는 14%(14.2%, 711만 5천 명)를 넘어섰다. '고령화 사회'에서 '고령 사회'가 되는 데 걸린 시간은 불과 15년이다.[30] 이런 속도로 갈 경우 2025년에 초고령 사회(65세 이상 인구 비율 20%)로 진입할 것으로 전망된다.

여기서 유의할 것은 월 10~25만 원 받는 노인이 전체 노인의 49.5%에 이를 정도로

---

29) 다시 말하면, 노인 인구증가로 연금수급자가 급격히 증가하는 반면, 저출산의 영향으로 연금가입자의 증가율이 상대적으로 낮아 향후 연금지출액이 연금수입액을 초과하는 연금고갈이 초래될 것이다. 저출산 및 인구 고령화로 인하여 저축률이 감소하고 사회보장 등에 공공지출이 증가하여 금융시장에서의 자금 감소가 유발될 것이다.

30) 참고로, 세계적으로 고령화(高齡化)가 빠르게 진행되는 것으로 유명한 일본의 경우 '고령화 사회(1970년)에서 '고령 사회(1994년)에 진입하는 데 24년이, 2006년에 초고령 사회에 이르는 데 다시 12년이 각각 소요되었다.

노인을 위한 등 공적 소득보장이 취약하다는 점이다. 노인 소득보장수준을 국제비교해보면 전체 인구 소득 대비 노인 소득의 비중이 한국은 60.1%로, OECD 평균 86.6%보다 26.5%p나 낮다. 이 결과, 경제협력개발기구(OECD)에 따르면, 한국 노인의 연령 증가에 따라 빈곤(貧困)이 심각한 수준으로 66~75세 노인의 상대적 빈곤율(貧困率)은 42.7%지만, 76세 이상 노인의 상대적 빈곤율(貧困率)은 60.2%로 38개 OECD 회원국 중 1위를 기록하고 있다. 한국 노인 빈곤(貧困)의 주요 요인은 장년층의 은퇴 후 연금지급 개시 시점까지의 공백과 낮은 연금 때문이다. 또한 한국의 노인들은 핵가족화와 무한경쟁, 복지 사각지대에서 신음하고 있다.

한국의 노후 소득보장제도는 3층(層) 구조의 형태를 취하고 있다: ① 최하위 빈곤층에게 생계보장 차원에서 국민기초생활보장과 기초노령연금이 지급되고 있으며, ② 그 상위 소득자를 대상으로 과 특수직역연금이 지급되고 있으며, ③ 사업주가 부담하는 법정 퇴직연금과 개인연금이 있다.

그럼에도 불구하고, 고령화에 따른 노후 소득보장은 아직 제도적으로도 미흡한 부분이 많다. 예로서 상기한 3층(層) 구조의 노후보장제도하에서 사각지대(死角地帶)가 존재한다. 다시 말하면, 60세 의무정년제가 2016년부터 300인 이상 사업장에서 실시되면서 실행 전(前) 정년(停年)을 맞이하게 되는 이른바 '낀 세대'들의 경우 3층(層) 구조의 노후보장제도하에서 사각지대(死角地帶)에 놓여있다. 이들은 55세에서 63년생 베이비부머 세대가 많고, 정년퇴직을 하였거나 정년퇴직 예정자들이다. 이들은 극단적으로, 퇴직연금, 개인연금이 전혀 없는 무(無)연금 비율이 56.7%에 달한다. 2012년 7월 근로자퇴직급여보장법 개정 전까지 퇴직금 중간정산제도가 일반적인 상태여서 퇴직 후 지급받는 퇴직금액도 미미하여 노후를 보장할 수 있는 금액이 되지 않는다. 또 이들은 퇴직 후 노후(老後)에 대한 아무런 대비도 하지 못한 상태여서 퇴직과 동시에 극빈자 계층으로 이동하게 된다.[31)]

한국 노인의 빈곤(貧困)은 심각한 수준이다. 경제협력개발기구(OECD)의 2011년 조사에 따르면 한국의 65세 이상 노인의 상대적 빈곤율은 45.1%로서 OECD 국가 평균 13.5%의 3배 이상으로 나타났다. 또한 한국의 76세 이상 노인의 상대적 빈곤율(貧困率)은 60.2%로 38개 OECD 회원국 중 1위를 기록하였다. 한국 노인 빈곤(貧困)의 주요요인은 장년층의

31) 이들에 대한 대책으로서 고용보험법상의 실업급여를 활용하는 방안을 고려할 수 있다. 고용보험법 시행규칙 「별표」2 '수급자격이 제한되지 아니하는 정당한 이직 사유' 12호는 '정년의 도래나 계약기간의 만료로 회사를 계속 다닐 수 없게 된 경우'를 규정하여 정년(停年)을 이유로 구직 급여를 지급받을 수 있다. 현재 50세 이상의 중, 장년에게는 가입기간에 따라 90일에서 최고 240일까지 실업급여가 지급된다. 이 기간을 확대하여 실업상태의 고령자의 최저 소득을 보장할 수 있을 것이다.

은퇴 후 연금지급 개시 시점까지의 공백과 낮은 연금 때문이다. 노동시장을 떠난 고령자들은 사회보장제도에 의존할 수밖에 없지만 공적 노후 연금으로서 국민연금(NPS: National Pension System)의 재정 악화와 낮은 소득대체율로 인하여 안정적인 노후소득이 되지 못하고 있다. 또한 한국의 노인들은 핵가족화와 복지 사각지대(死角地帶)에서 신음하고 있다.

한국의 경우, 2016년 한국통계청 자료에 따르면, 1960년엔 한국사회 65세 이상 노인인구 구성비가 2.9%에 불과했지만 2017년엔 14.0%를 넘어 '고령화사회'에 진입했다. 앞으로도 노인인구 비율은 계속 증가할 것으로 예상되며, 2026년엔 20%를 넘어 '초고령사회'에 진입할 예정이다. 2065년에는 무려 40%를 초과할 것으로 전망된다.

그러나 노인 인구수 대비 노인 복지지표는 매우 낮다. 영국의 국제노인인권단체인 '헬프에이지 인터내셔널'이 발표한 세계노인복지지표(GAWI: Global Age Watch Index)[32]를 보면 2015년의 경우 한국의 노인복지 수준이 세계 96개국 중 60위이다. 2014년 50위에서 10계단 하락했다. 한국은 100점 만점에 44점을 얻었다. 러시아나 크로아티아, 방글라데시와 비슷한 수준이다. 세계노인복지지표(GAWI) 1위 국가는 스위스였고 이어 노르웨이, 스웨덴, 독일, 캐나다 등이 5위 안에 이름을 올렸고 일본은 8위, 미국은 9위를 기록했다. 한국은 60위로서 태국(34위), 베트남(41위), 스리랑카(46위), 필리핀(50위), 중국(52위) 등에도 밀렸다.

세계노인복지지표(GAWI)를 구성하는 4개 영역 가운데 소득보장 부문과 우호적 환경 부문 점수를 보면 한국은 아시아권 국가의 평균치에도 미치지 못했다. 특히 소득보장 부문(24.7점)은 82위로, 세계 최하위 수준이다.[33] 한국의 노인 빈곤율이 49.6%로 경제협력개

---

32) 세계노인복지지표(GAWI: Global Age Watch Index)는 노인의 삶의 질 향상을 위한 정책과 프로그램의 개발을 도모하기 위해 개발됐다. 세계노인복지지표(GAWI)는 헬프에이지가 소득보장, 건강상태, 역량, 우호적 환경 등 4가지 영역 13개 지표를 종합적으로 측정해 2013년부터 매년 발표해 오고 있다. 국제적 단위의 자료 부족으로 인해 96개 국가만이 세계노인복지지표(GAWI)에 포함됐지만, 이는 전 세계 노인 인구의 91%에 해당한다. 세계노인복지지표(GAWI)는 노인복지 수준을 소득, 건강, 역량, 우호적 환경 4개 영역의 13개의 지표를 기준으로 측정하고 검토할 수 있는 최초의 분석도구다. 96개 국가를 대상으로 한 2014년 세계노인복지지표(GAWI)에서 한국은 전체 50위, 소득보장영역은 80위, 건강상태에서는 42위, 역량에서는 19위, 우호적 환경에서는 54위에 각각 올랐다. 전체 1위는 노르웨이가 차지했으며, 스웨덴과 스위스가 그 뒤를 이었다. 미국은 8위, 일본은 9위에 각각 올랐으며 아프가니스탄이 최하위인 96위에 올랐다.

33) 이만우 국회입법조사처 사회문화조사실 보건복지여성팀장은 '지표로 보는 이슈' 제90호(5월 23일 자)에서 "96개국의 세계노인복지지표를 비교한 결과, 한국은 '소득보장' 영역에서 24.7점으로 최하위권인 82위에 속한다"며 "이는 노인빈곤에 대응하는 공적연금 등 소득보장제도의 부실함을 드러낸 것"이라고 주장했다. 소득보장 1위는 스웨덴(83.5점)이다.

발기구(OECD)의 노인 빈곤율 평균인 12.1%의 4배 이상이다.

상기 세계노인복지지표(GAWI)를 발표하는 영국의 국제노인인권단체인 '헬프에이지 인터내셔널'은 한국의 경우에 대하여 다음과 같이 논평하였다: *"한국은 전반적으로 상당한 수준의 경제성장을 이룩했으나 기대에 비해 낮은 소득보장 순위로 80위에 머물렀다"*며 *"노인 빈곤의 깊이 및 심각성과 해결방법에 대한 국가적 논의가 요구되며, 연금 수준의 적합성과 보편적인 보장범위를 달성하기 위한 방법에 대해서도 국가적인 논의가 필요하다."*

사실, 한국은 고령화 사회로 진입하면서 노인문제가 사회적으로 이슈가 되고 있다. 특히, 노인의 자살률(自殺率)이 경제협력개발기구(OECD) 회원국 1위이다. 상술하면, 한국의 65세 이상 노인자살률이 2009년부터 6년째 경제협력개발기구(OECD) 국가 중 1위를 차지하고 있다. 스스로 목숨을 끊은 노인은 10만 명당 54.8명으로 OECD 평균의 3.2배에 달한다. 초고령 노인일수록 더욱 심각하다. 10만 명당 36.9세였던 60대 자살률은 70대에서 10만 명당 62.5명으로 수직 상승했다가 80대에선 83.7명까지 높아진다. 노인들이 극단적인 선택을 하는 주요 원인은 경제적 빈곤과 건강 문제다.

한국의 경우, '고령자 법' 개정으로 기업 내 의무정년제가 시행되면서 고령자의 노후생활 보장을 위한 첫 번째 '고용유지적 방법'에 대해서는 다소 진전된 듯하다. 그러나 의무정년제가 실시되더라도 고령자는 60세 퇴직 후 65세 수급개시연령에 도달하기 전까지 최소 5년 동안 소득저하 내지는 소득공백 기간을 보내게 된다. 이 기간 동안 고령자들이 재취업을 희망한다고 하여도, 경제불황과 취업난으로 청년들의 일자리조차 부족한 현 상황에서, 고령자(高齡者)에 대한 기업의 고용수요는 더욱 적을 수밖에 없고, 고령자(高齡者)의 재취업을 통한 소득 확보는 현실적으로 매우 어렵다. 또한 현재 고령자(高齡者)가 재취업하더라도 최저생계비 확보도 어려운 실정이다. 이런 추세는 베이비붐 세대(1955~1963년생)의 퇴직이 시작되면서 더욱 심화되고 있다. 따라서 고령자들은 60세 퇴직과 동시에 사회의 극빈층으로 전락하고 생존마저 위협받고 있다. 이 결과, 전술한 바와 같이, 세계노인복지지표(GAWI: Global Age Watch Index)를 보면 2015년의 경우 한국의 노인복지 수준이 세계 96개국 중 60위이다.

03 '청사진 2': '완전고용기반형 복지사회 (A Full Employment-based Welfare Society)'를 위한 '장기 균형성장과 최적 사회보장'의 이론적 모형

'완전고용기반형 복지사회(A Full Employment-based Welfare Society)'는 '완전고용(完全雇用)'을 추구한다. 존 메이너드 케인즈(John Maynard Keynes, 1883~1946)의 「고용 · 이자 · 화폐에 관한 일반이론」(1936년)의 핵심은 재정지출의 유효수요 창출에 의한 '완전고용(Full Employment)' 추구였다. 또한 제2차 세계대전(1939~1945) 후의 사회적 피폐를 치유하기 위하여 '요람에서 무덤까지'를 표방할 정도로 전(全) 국민을 상대로 한 '보편적 복지모형(Universalistic Welfare State)'의 원조(元組)인 영국의 사회보장제도(社會保障制度)를 제시하였던 영국의 윌리엄 베버리지(William Beveridge, 1879~1963)는 그의 「베버리지 보고서」(Beveridge Report, 1942년)에서 '복지국가(Welfare State)'의 사전조건으로서 '완전고용(Full Employment)'을 강조했다.

1) 본 연구의 이론적 배경과 분석 목표

최적의 동태적 자원배분 문제에 관한 연구로서 예를 들면, P. A. Samuelson(1958, 1959, 1960, 1967, 1968, 1975), P. A. Diamond(1965), E. S. Phelps(1966), D. Cass와 M. E. Yaari(1967), K. J. Arrow 및 M. Kurz(1969, 1970a, 1970b), P. A. Diamond 및 J. A. Mirrlees(1971) 등을 종합해보면 크게 나누어 다음과 같은 2가지의 접근방향으로 나눌 수 있다.

첫째, 완전 예견성(perfect foresight)[34]과 라이프-사이클(life-cycle) 저축함수를 가정한 연구로서 전술한 P. A. Samuelson(1958, 1959, 1960, 1967, 1968, 1975)의 약 20년간의 연구

34) 'Perfect foresight'에 관한 상세한 설명은 예로서 Frank H. Hahn(1966), Karl Shell and Joseph E. Stiglitz(1967)을 참조할 수 있다.

와 P. A. Diamond(1965) 그리고 D. Cass와 M. E. Yaari(1967)를 들 수 있다. 이들은 초기 자본스톡의 과다(over-accumulation) 상태하에서 동태적 비(非)효율성(Dynamic Inefficiency)을 동태적 효율성(Dynamic Efficiency)으로 전환시키기 위한 최적의 자원배분을 추구하였다.

둘째, 아서 피구(Arthur C Pigou, 1877~1959)의 단견성(Myopia)[35]과 케인지언 저축함수(Keynesian Saving Function)를 가정한 연구로서, K. J. Arrow and M. Kurz(1969, 1970)을 들 수 있다. 이들은 초기 자본부족(under-accumulation) 상태하에서 세대 간 사회복지(international social welfare)의 극대화를 만족시킬 수 있는 최적의 자원배분을 추구하였다.

전술한 라이프-사이클 저축 가설(Life-Cycle Saving Hypothesis)의 가정은 신(新)고전학파의 미시경제학적 분석에 기초를 두면서 현재소비와 미래소비가 이자율에 의하여 결정된다는 것이다. 즉, 경제적 의사결정자들은 미래의 자본시장에 대하여 '완전 예견(perfect foresight)'할 수 있다고 가정한다. 한편, 케인지언 저축함수(Keynesian Saving Function)의 가정은 존 메이너드 케인스(John Maynard Keynes, 1883~1946)의 거시경제학적 「고용, 이자, 화폐에 관한 일반이론」(The General Theory of Employment, Interest and Money, 1936년)에 기초를 두면서 현재소비 혹은 저축이 이자율이 아니라 현재소득에 의하여 결정된다는 것이다. 즉, 경제적 의사결정자들은 미래의 자본시장에 대하여 '단견적(短見的, myopia)'이라고 가정한다.

상기한 2가지 방향의 연구들은 최적의 동태적 자원배분을 통한 사회복지 극대화란 공통된 목적을 가지고 있으나 자본축적의 '과다(abundance)'와 '부족(shortage)'이라는 상이한 초기 조건을 가지고 있다.

본 연구가 최적의 동태적 자원배분을 위한 필요조건 및 충분조건을 도출하기 위한 기본 가정은 K. J. Arrow 및 M. Kurz(1969, 1970)의 접근방법에 속한다. 즉, 초기 조건으로서 자본 부족(capital shortage)을, 저축함수로서 케인지언 저축함수를 각각 가정한다. 그리고 단기적 완전 예견성(short-run perfect foresight), 즉 피구(A. C. Pigou)의 단견성(Pigouvian myopia)에 의하여 소비와 저축이 결정된다고 가정한다. 또한 목적함수는 A. Bergson(1938)과 P. A. Samuelson(1938) 형태의 사회복지함수(social welfare function)이다.

여기서 유의할 것은 동태적 자원배분에 관한 본 연구의 기본 입장은 Arrow 및 Kurz(1969, 1970)의 연구방향에 속하지만 이들과 상이한 점은 최적의 동태적 자원배분의 분석에 사회보장제도(social security system)가 도입되었다는 점이다.

그러나 사회보장(社會保障)을 상기의 분석에 최초로 이론적으로 도입시킨 연구는 폴 새

35) Pigou, A. C.(1952), The Economics of Welfare, 4th edition, London: MacMillan Publishing Company.

뮤얼슨(P. A. Samuelson) 교수(1975a, 1975b)의 최적 사회보장(Optimal Social Security) 이론과 최적 인구성장률(Optimal Population Growth Rate) 이론이다.36)

- 'Pure Consumption Loan Model'에 의거한 'Impossibility Theorem'(1958)
- Finite Time Horizon에서 Phelps, Koopmans(1965)의 'Dynamic Efficiency Theorem'을 추구한 'Catenary Turnpike Theorem'(1965)
- Optimal Capital Formation과 Optimal Consumption Allocation Theorem(1968)
- Two－part(Goldenest) Golden Rule에 기초한 'Optimal Population Growth Rate Theorem'(1975a)37)
- 인구성장률의 변화를 고려한 'Optimal Social Security Theorem'(1975b)38)

상기와 '대칭적' 입장에서, 저자(Lim, Yang－Taek, 1978, 2011; 임양택, 2011a, 2011b, 2011c, 2011d, 2014)는 '최적 경제성장과 사회보장 모형(Optimal Economic Growth and Social Security Model)'하에서 경제성장과 사회보장의 관계를 동태적 모형(비교정태적 모형이 아니라)에서 규명했다. 특히, 사회보장(社會保障)에 대한 폴 새뮤얼슨(P. A. Samuelson) 교수(1975a, 1975b)의 모형과 본 연구의 차이는 다음과 같다:

첫째, 폴 새뮤얼슨(P. A. Samuelson) 교수의 최적 사회보장(Optimal Social Security)은 초기 자본스톡의 과다(capital abundance), A. Ando and Franco Modigliani(1963)의 라이프－사이클 저축 가설(Life－Cycle Saving Hypothesis), 장기 완전 예견성(long－run perfect foresight)에 기초를 두고 있다. 이와 반면에, 본 연구의 '최적 경제성장과 사회보장 모형(Optimal Economic Growth and Social Security Model)'은 초기 자본스톡의 부족(capital shortage), 케인지언 저축함수, 단기 완전 예견성(short－run perfect foresight), 즉 단견성

36) Samuelson. Paul A.(1975a), "The Optimum Growth Rate for Population", International Economic Review, Vol. 16, October, pp. 531~538; Samuelson. Paul A.(1975b), "Optimum Social Security in a Life－Cycle Growth Model", International Economic Review, Vol. 25, October, pp. 539~544.

37) Samuelson. Paul A.(1975a), "The Optimum Growth Rate for Population", International Economic Review, Vol. 16, October, pp. 531~538.

38) Samuelson. Paul A.(1975b), "Optimum Social Security in a Life－Cycle Growth Model", International Economic Review, Vol. 25, October, pp. 539~544.

(myopia)의 가정에 기초를 둔다.

둘째, 폴 새뮤얼슨(P. A. Samuelson) 교수의 최적 사회보장 모형(Optimal Social Security Model)은 중첩세대(overlapping generation)의 효용함수(Utility Function)를 극대화하는 반면에, 본 연구의 '최적 경제성장과 사회보장 모형(Optimal Economic Growth and Social Security Model)'은 세대 간 사회복지 함수(Inter－generational Social Welfare Function)를 극대화한다. 따라서 본 연구의 기본적 특성은 폴 새뮤얼슨(P. A. Samuelson) 교수의 최적 사회보장이론과 '대칭적 관점'에서 K. J. Arrow and M. Kurz(1969, 1970a, 1970b)의 동태적 자원배분의 접근방법을 도입한 것이라고 말할 수 있다.

셋째, 본 연구는 초기 자본스톡의 부족(capital shortage)과 케인지언 저축함수(Keynesian Saving Function) 및 A. C. Pigou(1952)의 단견성(Private Myopia)을 가정하고 최적 저축률(s_*)과 최적 사회보장세율(θ_*)을 도입함으로써 Arrow and Kurz(1969)의 동태적 자원배분 모형하에서 수직적 및 수평적 자원배분에 의한 동태적 효율성(dynamic efficiency)과 동태적 안정성(dynamic stability)을 추구한다.[39)]

넷째, 본 연구는 P. A. Samuelson(1975b)의 '최적 인구성장률(Optimal Population Growth Rate)'과 관련된 사회보장제도의 세대 간 자원배분 모형을 정립 및 분석하는 것이 아니라 초기 자본스톡의 부족 상태와 인구구조의 변화(노령화 및 저출산)하에서 동태적 비효율성을 동태적 효율성으로 전환하기 위한 최적의 사회보장 모형을 정립하는 것이다. 물론, 본 연구는 인구구조의 변동을 3가지, 즉 성장(growing), 감소(declining), 정체(stationary)의 경우로 나누어, 각 경우에 대한 동태적 자원배분 문제를 분석하고자 할 것이다.

오늘날, 인구구조의 변화(고령화 및 저출산)를 고려하지 않은 사회보장 연구는 의미가

---

39) 민간저축에 대한 사회보장의 효과를 분석한 연구가 지난 50년 동안 진행되었다. 예를 들어 Phillip Cagan(1965), George Katona(1965), Henry J. Aaron(1966, 1967, 1968), Franco Reviglio(1967), Roger F. Murray(1968), Joseph A. Pechman, Henry Aaron, Michael K. Taussig(1968), Martin Feldstein(1974, 1975, 1976), Alicia H. Munnell(1974), Robert J. Barro(1978), Martin Feldstein and Anthony Pellechio(1979), Laurence J. Kotlikoff(1979a), Mervin. A. King, and Louis Dicks－Mireaux(1982), Dean R. Leimer and Selig D. Lesnoy(1982), Peter A. Diamond and Jerry A. Hausman(1984), David and Paul L. Menchik(1985), Robert G. Hubbard(1986), B. Douglas Bernheim(1987), William G. Gale(1998), Orazio P. Attanasio and Agar Brugiavini(2003) 등을 들 수 있다. 한국의 경우, 임경묵·문형표(2003), 강성호·임병인(2005), 김상호(2007), 윤석명·오완근·신화연(2007), 최성은(2007), 김대철·김진영·이만우(2008) 등을 들 수 있다. 상기의 연구들은 사회보장이 민간저축에 미치는 효과를 시계열 혹은 횡단면 모형으로써 실증적으로 분석한 반면에, 본 연구는 경제성장과 사회보장의 상호갈등적 혹은 상호보완적 관계를 거시경제학적 모형 하에서 이론적으로 분석하는 것이다.

없을 만큼, 이들의 상호관련성에 관한 분석은 매우 중요하다. 왜냐하면 인구구조의 변화는 정년연령이 고정되어 있는 경우, 저축률과 이자율의 조정을 통해 거시경제에 영향을 미치기 때문이다. 따라서 본 연구는 인구구조의 변화를 하나의 변수로 고려한다.[40]

전술한 배경하에서, 본 연구는 사회보장과 경제성장의 조화를 도모할 수 있는 '최적 경제성장과 사회보장 모형(Optimal Economic Growth and Social Security Model)'하에서 Optimal Control Theory 및 Nonlinear Dynamic Programming의 수학적 기법을 적용하여 2개, 즉 ① 최적 저축률(s_*)과 ② 최적 사회보장세율(θ_*)을 도출하고자 한다. 전자는 수직적 자원배분(현재소비와 미래소비)을, 후자는 수평적 자원배분(민간부문과 사회보장부문)을 각각 동시적으로 결정한다.[41]

또한 상기의 모형하에서, 본 연구는 사회보장(社會保障)이 포함된 장기 균형성장 궤도의 자율성(autonomousness), 존재성(existence), 유일성(uniqueness), 동태적 안정성(dynamic stability)을 수리경제적으로 증명하고 Phelps−Koopmans(1965)의 동태적 비(非)효율 상태에서 동태적으로 효율적인 장기 균형성장 궤도(The Long−Run Equilibrium Growth Path)로 유도할 수 있는 최적 저축률(s_*)과 ② 최적 사회보장세율(θ_*)의 조절 메커니즘을 제시한다.

여기서 '최적 사회보장정책(Optimal Social Security Policy)'이란 기존 사회보험료율(τ)에 의하여 조달된 재원으로써 복지재정의 균형 예산을 유지하는 반면에 신규 사회보장기금(K_S)을 확충하기 위한 목적으로 가설적으로 도입된 '추가적' 신규 사회보장세율(θ_*)이 최적 저축률(s_*)과 연계되어 최적 장기 균형성장 궤도로 유도하는 동태적 과정을 말한다.

40) 상기한 본 연구의 입장과 관련된 일련의 연구들은 다음과 같다: 인구 고령화로 인한 사회보장제도의 위기에 관한 연구로는 Cooley and Soares(1996), Butler(1999), Cooley(1999), Bohn(2002) 등을 들 수 있다. D'Autume(2003)은 평균연령의 증가로 나타나는 고령화, 퇴직연령의 변화, 출산율의 감소가 갖는 여러 가지 거시경제적 효과를 분석하였다. D'Autume(2003)은 Diamond(1965)에 의해 개발된 2기간 생애중첩 모형(two−period overlapping generations model)을 변형하여 사회보장정책의 유지 가능성(sustainability)과 최적성(optimality)을 분석하였다. 한국의 경우, 조장옥(2004), 신성휘 · 최기홍(2010), 김태정(2011) 등을 들 수 있다. 특히, 김태정(2011)은 중첩세대(overlapping generations)의 일반균형 이론을 응용한 모형하에서 고령화가 한국경제에 미칠 영향을 노동공급 및 공적연금 재정수지를 중심으로 분석하였다.

41) 임양택(2011), "장기 균형성장과 최적 사회보장의 동태적 특성에 관한 연구", 사회정책연합학술대회, 한국사회보장학회, 9월 24일.

2) 최적 동태적 자원배분 모형

본 연구는 우선 경제성장과 사회보장의 거시경제적 함수관계를 나타내는 비(非)선형 동태적 모형을 수립하고 이 모형으로부터 수직적 및 수평적 최적 자원배분을 위한 장·단기 필요 및 충분조건을 도출하였다. 본 연구의 사전 조건은 다음과 같다:

$$0 < s < 1\,,\ 0 < \theta < \tau < 1\,,\ 0 < \theta + \tau < 1\ ; \quad \cdots\cdots (1)$$

$$f'(k_s) = f'(k_p) = f'(k) = r \geq \rho > n > 0$$

여기서 k = 경제전체의 1인당 자본－노동의 비율(K/L)

k_p = 사(私)경제 부문의 1인당 자본－노동의 비율(K_p/L)

k_s = 사회보장(Social Security) 부문의 1인당 자본－노동의 비율(K_s/L)

r = 완전경쟁하의 자본수익률(이자율)

ρ = 사회적 할인율

n = 인구성장률

상기의 모형하에서, 본 연구는 '최적 저축률(s_*)' 및 '최적 사회보장세율(θ_*)'의 경합적 관계를 조정함으로써 Phelps－Koopmans(1965)의 동태적 비(非)효율 상태에서 동태적으로 효율적인 장기 균형성장 궤도로 유도할 수 있는 최선 혹은 차선의 세대 간 자원배분 정책의 함의를 3가지 사회보장제도 유형, 즉 ① 과다 적립방식, ② 청년 부과방식, ③ 자기 부양방식의 측면에서 각각 제시하고자 한다.

또한 상기의 최적정책에 따른 장기 균형성장 궤도(the long－run equilibrium growth path)의 특성으로서 자율성(autonomousness), 존재성(existence), 유일성(uniqueness), 동태적 안정성(dynamic stability)을 수리경제적으로 증명하였으며 사회보장제도(본 연구에서는 과 건강보험)에 결정적인 영향을 주는 인구구조의 변화(인구의 증가, 정체, 감소)가 수직적 및 수평적 최적 자원배분에 미치는 효과를 각각 분석하였다.

한편, 수리경제적 측면에서 보면, 본 연구의 최적의 동태적 자원배분 모형은 Frank P. Ramsey(1928) 형태의 소비지향적 최적 경제성장 모형(consumption－oriented optimal growth model)에 기초를 두고 있다.[42] 그리고 T. C. Koopmans(1965, 1967)이 논한 바와

42) 최적 경제성장 모형에는 대개 두 가지의 형태가 있다. 즉 (1) 소비지향적 최적 경제성장 모형과 자본축적지향적 최적 경제성장 모형(capital accumulation－oriented optimal economic growth model)이다.

같이 최적통제이론(optimal control theory)[43]에 의한 '수학적 필요성' 때문에 본 연구의 모형은 무한적 시간대(infinite time−horizon)를 가정한다.[44]

(1) 목적함수

전술한 가정하에서, 본 연구의 목적함수는 다음과 같이 나타낼 수 있다.

$$SW = \int_{0}^{+\infty} e^{-(\rho-n)t} \cdot L_0 U\left[c(t)\right] dt, \ \ e : \text{상수} > 0 \quad \cdots\cdots (2)$$

여기서 SW = 세대 간 사회복지함수(intergenerational social welfare function)

U = 각 시각(혹은 세대)의 대표자(P. A. Samuelson의 'a representative man')의 효용함수[45]

c = 개인당 소비

L_0 = 초기($t=0$) 인구 혹은 노동력

$n(g_L+\lambda)$ = 자연성장률(노동력 증가율 g_L + Harrod 중립형 노동력 확장적 기술진보율 λ)

ρ = 사회적 시간선호(social time−preference)를 나타내는 사회적 할인율

t = 시간 지수(index of time)

상기한 본 연구의 목적함수는 다음과 같은 의미를 나타낸다:

이 두 가지의 형태 중에서 본 연구가 전자를 택한 이유는 개인당 소비의 함수로서 정의된 사회복지를 주어진 조건하에 극대화시키고자 하는 것이 본 연구의 분석목적이기 때문이다.

43) '최적통제이론(Optimal Control Theory)'이란 L. S. Pontryagin, V. G. Boltyanskii, Gamkrelidge, and E. F. Mischenko(1962)의 Maximum Principle을 의미한다.

44) 여기서 '수학적 필요성'이란 최적을 위한 수렴조건(Convergence Condition)의 만족을 의미한다. 이 조건의 만족을 위해서는 무한적 시간대(Infinite time−horizon)가 필요한데, 그 이유는 다음과 같다. 유한적 시간대(finite time−horizon)를 가정하는 경우 최종(terminal) 자본스톡을 정의해야 하는데, 이것은 불가능한 일이기 때문이다. 또한 본 연구가 유한적 시간대(finite time−horizon)의 가정하에서 P. A. Samuelson의 'Catenary Turnpike Theorem(1965)을 분석하지 않는 근본적 이유는 본 연구의 목적(목표)은 제한된 시간대(finite time horizon)에서 자본축적 속도를 분석하는 것이 아니기 때문이다.

45) 각 세대에 오직 한 사람만의 대표자가 존재함을 가정한다. 이것은 각 세대에 사는 모든 사람들이 동일한 효용함수와 동일한 소득능력을 갖고 있음을 뜻한다. 이 가정을 세움으로써, 본 연구의 근본적인 문제에 보다 효과적으로 접근할 수 있다. 이 가정을 제일 먼저 세운 사람은 P. A. Samuelson(1965)이다.

(1) 세대 간 사회복지함수(SW)는 대표자의 효용($U(c)$)에 '효과적' 총노동력 $E(t) = L(t)e^{\lambda t}$를 곱한 사회적 효용 $E(t)U(t)$의 적분치이다. 그리고 대표자의 효용 U는 개인당 소비 $c(t)$의 함수이다.

(2) 모든 미래의 효용 $U[c(t)]$을 할인한 것은 현재 세대의 현재 소비를 미래 세대의 미래 소비보다 더 중요하게 생각한다는 실용주의적(pragmatic) 입장을 취하고 있음을 나타낸다.[46)]

본 연구 모형상 대표자의 효용함수 $U[c(t)]$의 특성은 다음과 같은 신(新)고전학파의 가정으로써 다음과 같이 나타낼 수 있다.

$$U'[c(t)] > 0,\ U''[c(t)] < 0 \qquad (3)$$

그리고

$$\left.\begin{aligned} &\lim_{c\to 0} U[c(t)] = -\infty \qquad \lim_{c\to\infty} U[c(t)] = +\infty \\ &\lim_{c\to 0} U'[c(t)] = +\infty \qquad \lim_{c\to\infty} U'[c(t)] = 0 \end{aligned}\right\} \qquad (4)$$

식(3)은 개인당 소비(c)에 대한 한계효용(U')은 "0"보다 크나 개인당 소비 증가에 따른 한계효용의 증가는 감소한다는 것을 나타낸다. 식(4)는 식(3)과 관련하여, 효용함수(U)는 개인당 소비(c)의 '엄격한 오목(strictly concave)'함수임을 나타낸다. 식(4)의 $\lim_{c\to 0} U[c(t)] = -\infty$ 의 조건은 저축률(s)이 "1"이 될 수 없다는 제약조건을 모든 시각(t)에서 만족시킨다. 그리고 효용함수(U)는 개인당 소비(c)에 의하여 유일하게 결정된다.

(2) 거시경제부문

본 연구의 생산함수는 다음과 같은 신고전학파의 생산함수(F)이다.

$$Q(t) = F[E(t),\ K(t)] \qquad (5)$$

46) D. Cass(1965)와 T. C. Koopmans(1965)를 비롯한 대다수의 최적 경제성장 연구는 미래효용을 사회적 할인율로서 '할인'하였으나 E. P. Ramsey(1928)와 P. A. Samuelson (1965)은 '할인'하지 아니하였다.

여기서 $Q=$ 총생산물, $E=$ '효과적' 총노동력, $K=$ 총자본스톡

상기의 총자본스톡(K)이란 사회보장기금[47]을 포함한 사회보장부문의 자본스톡, 즉 P. A. Samuelson 교수가 정의한 '사회적으로 소유하는 실질자본(socially-owned real capital)'을 의미한다. 여기서 '효과적 노동력(E)'이란 헤로드 중립(Harrod neutral)형의 노동확대형(labor-augmenting) 기술진보율(λ)에 의하여 증가된 노동력으로서 다음과 같이 나타낼 수 있다.[48]

$$E(t)=L(t)\cdot e^{-\lambda t},\ \lambda=\text{상수}>0 \quad\cdots\cdots (6)$$

그리고

$$L(t)=L_0 e^{g_L\cdot t},\quad g_L=\text{상수}>0 \quad\cdots\cdots (7)$$

여기서 $L=$노동력, $L_0=$초기 노동력(상수)
$g_L=$노동력의 증가율(외생적 변수)
$\lambda=$오직 시간 t의 함수인 외생적 기술진보율

상기의 식(6)과 식(7)을 결합하면 다음과 같다.

$$E(t)=L(t)\cdot e^{\lambda t}=L_0 e^{(gL+\lambda)t}=L_0 e^{nt},\ n=g_L+\lambda>0 \quad\cdots\cdots (8)$$

여기서 $n=$자연성장률(the natural growth rate)

상기의 식(8)을 규모에 대한 보수의 불변(CRS: Constant Returns to Scale)을 가정한 개인당 생산함수 형태로 변환하면 다음과 같다.

---

47) 본 연구에서 '사회보장기금'이란 주로 '기금'과 '국민건강증진기금'을 포함한다.

48) Joan Robinson(1938)과 Hirofumi Uzawa(1961)는 기술진보가 순전히 노동 증가형(labor augmenting)이 되기 위한 필요 충분조건이 Harrod neutral이라고 증명하였다.

$$q(t) = \frac{Q(t)}{E(t)} = F\left[1, \frac{K(t)}{E(t)}\right] = f\left[\frac{K(t)}{E(t)}\right] = f[k(t)] \quad \cdots\cdots (9)$$

여기서 $f'(k) > 0$ and $f''(k) < 0$, $f(0) = 0$ ······ (10)

$$\lim_{k \to 0} f'(k) = \infty \ , \ \lim_{k \to \infty} f(k) = \infty \ , \ \lim_{k \to \infty} f'(k) = 0 \quad \cdots\cdots (11)$$

식(10)은 신고전학파의 생산함수 특성들을 말한다. 즉, 자본의 한계생산성 $f'(k)$은 “0” 보다 크며, 2차 미분 가능하며 감소한다. 식(11)은 모든 노동(L)이 자본스톡(K)의 크기에는 관계없이 생산력으로 고용될 수 있음을 말하고 자본(K)과 노동(L)은 각각 생산의 필수적인 요소라는 것을 말한다.

본 연구의 분석목표와 관련하여, 자본과 노동이 상기의 생산함수에 의하여 산출된 총생산물 혹은 총소득(Q)이 어떻게 소비(C)와 저축(S)으로 나누어지며, 그리고 어떻게 임금소득(W)과 자본소득(R)으로 구성되는가를 규명해 볼 필요가 있다. 전자는 자본축적을 통한 경제성장과 관련되는 반면에, 후자는 노동과 자본의 소득분배와 관련된다. 총소득(혹은 총생산물) Q는 임금소득(W)과 자본소득(R)으로 구성되고, 이들은 아래와 같이 각각 정의된다.

$$Q(t) \equiv W(t) + R(t) \quad \cdots\cdots (12)$$

$$W(t) \equiv \omega(t) h(t) e^{\lambda t} L(t) \quad \cdots\cdots (13)$$

$$R(t) \equiv r(t) K(t), \ r(t) = f'[k(t)] > 0 \quad \cdots\cdots (14)$$

여기서 ω: 시간당 임금률

h: 노동공급(노동시간으로 측정되는)

r: 이자율(완전경쟁하에서 자본의 한계생산 $f'(k)$와 일치)

한편, 본 연구의 모형에서는 사회보장제도와 관련된 3가지 변수, 즉 ① 가설적으로 도입된 사회보장세금 T, ② 사회보장기금 K_S, ③ 사회보장 급여액 B가 도입되기 때문에 소비(C)와 저축(S)의 기초가 되는 것은 총소득(Q)이 아니라 가처분소득(Q_d)이다. 즉,

$$Q_d(t) = C(t) + S(t) \quad \cdots\cdots (15)$$

그리고 케인지언 저축 가설에 의하여 저축(S)은 가처분소득(Q_d)에 저축률(s)을 곱한 것이고 저축률(s)은 “0”보다 크고 “1”보다 작은 상수라고 가정한다.

$$S(t) = s\,Q_d(t),\ 0 < s < 1 \quad\cdots\cdots (16)$$

$$C(t) = (1-s)Q_d(t),\ 0 < 1-s < 1 \quad\cdots\cdots (17)$$

(3) 사회보장부문

본 연구의 가설적 목적에 따라, 사회보장세의 총징수액 T_S는 2가지, 즉 T_1과 T_2로 나누어진다. 즉, 본 연구의 모형에서는 2가지 종류의 사회보장세금 T_S가 존재한다. 첫째는 사회보장세금의 징수액(T_1)이다. 둘째는 본 연구의 가설적 목적(사회보장 재정의 건전화)과 관련하여 사회보장기금 K_S을 조성하기 위한 추가적 사회보장세금의 납부액(T_2)이다. T_1와 T_2는 모두 임금소득(W)에 부과된다. T_1은 현행 사회보장세율 τ에 의하여, T_2는 가설적으로 상기의 세율 τ의 증가분($d\tau$), 즉 θ에 의하여 각각 징수된다고 가정한다.

$$T_S(t) = T_1(t) + T_2(t) \quad\cdots\cdots (18)$$

여기서 T_1: 현행 사회보장세금률 τ에 의하여 징수되는 금액

T_2: 본 연구의 가설적 목적에 따라 상기의 사회보장세율 τ의 증가율($d\tau$), 즉 θ에 의하여 징수되는 금액

$$T_S(t) \equiv T_1(t) + T_2(t) = (\tau+\theta)w(t)h[\hat{w}(t)]\,e^{\lambda t}L(t),\ 0 < \tau+\theta < 1 \quad\cdots\cdots (19)$$

$$T_1(t) = \tau\,w(t)h[\hat{w}(t)]\,e^{\lambda t}L(t),\ 0 < \tau < 1 \quad\cdots\cdots (20)$$

$$T_2(t) = \theta\,w(t)h[\hat{w}(t)]\,e^{\lambda t}L(t),\ 0 < \theta < \tau < 1 \quad\cdots\cdots (21)$$

또한 본 연구는 T_1은 ‘청년 부양방식(pay-as-you-go financing)’의 사회보장제도하에서 균형예산정책(balanced budget policy)에 따라 사회보장급여 B_S로 상쇄되며 T_2는 사회적 자본(social capital)으로서 사회적 투자(social investment)를 통하여 사회보장기금 K_S을 확충하는 데 사용된다고 가정한다.

$$T_1(t) = B_S(t) \cdots\cdots (22)$$
$$T_2(t) = K_S(t) \cdots\cdots (23)$$

여기서 $B_S(t)$: 사회보장급여

$K_S(t)$: 사회보장기금

한편, 장기균형 상태에서 $T_1(t)$와 $B_S(t)$는 다음과 같다:

$$T_1(t) = \tau_0 w_0 h_0 L_0 e^{nt} = B(t) \cdots\cdots (24)$$
$$T_1(t) = T_0 e^{nt} \cdots\cdots (25)$$
$$B_S(t) = B_0 e^{nt} \cdots\cdots (26)$$

여기서 유의할 것은, 본 연구는 분석의 편의상, 사회보장급여 B_S를 외생변수로서 주어진 상수로 취급할 뿐, 수익비(사회보장급여 총액/사회보장보험료 지급 총액)와 소득대체율(사회보장급여 총액/은퇴전 소득)에 관한 논의는 본 연구의 분석 범위를 벗어나므로 제외한다는 점이다. 그 이유는 다음과 같다:

상기한 바와 같이, 본 연구의 목적은 초기 자본 부족의 상태($r > n$)에서 세대 간 사회복지함수(SW)를 극대화할 수 있는 최적의 수직적 자원배분(c^1 과 c^2)과 최적의 수평적 자원배분(K_P 와 K_S)을 위한 최적 저축률(s_*)과 최적 사회보장세율(θ_*)을 도출하고 이들의 조절 메커니즘을 정립하는 것이다. 이러한 동태적 자원 배분의 분석 모형하에서 사회보장제도와 관련된 계수 조정(예로서 수익비 혹은 소득대체율)에 관한 이론적 분석은 향후 연구과제로 남겨둔다. 그 대신, 상기의 계수 조정 문제는 본 연구의 제도개혁안에서 다룰 것이다.

상기의 가정에 따라 가처분소득(Q_d)은 다음과 같다.

$$Q_d(t) = Q(t) - [T_1(t) + T_2(t)] + B_S(t) \cdots\cdots (27)$$

식(27)에 식(22)를 대입시키면 가처분소득(Q_d)은 다음과 같다.

$$Q_d(t) = Q(t) - T_2(t) = S(t) + C(t) \cdots\cdots (28)$$
$$S(t) = S_P(t) + C(t) \cdots\cdots (29)$$

$$S_P(t) = s\,Q_d(t) = I_P(t) = \dot{K}_P(t) \quad \cdots\cdots (30)$$

$$I(t) = I_P(t) + I_S(t) \quad \cdots\cdots (31)$$

$$K(t) = K_P(t) + K_S(t) \quad \cdots\cdots (32)$$

여기서 C = 총소비; S_P = 민간 부문의 저축액; s = 민간 저축률
S = 총저축; I = 총투자; I_P, I_S = 민간 투자, 사회적 투자
K = 총자본스톡; K_P = 민간 자본스톡, K_S = 사회보장기금

여기서 본 연구는 사회보장기금 K_S 이 민간경제부문과 사회보장부문을 연결하는 연결고리임을 알 수 있다. 왜냐하면 사회보장부문의 소비와 저축 그리고 투자는 별도로 존재하지 않는다는 가정하에서 경제 전체의 소비(C)와 저축(S)을 결정하는 기초가 가처분소득(Q_d)이기 때문이다.[49] 그리고 생산함수는 오직 하나, 식(5)만이 존재하지 않는다고 가정한다. 즉, 사회보장부문의 생산함수가 별도로 존재하지 않는다고 가정한다.

따라서 사회보장기금 K_S 이 투입될 때, 식(5)의 생산함수를 통해서 생산물을 산출하게 된다. 그리고 '사적' 자본 K_P 과 '사회적' 자본, 즉 사회보장기금 K_S 은 동질적(homogeneous)이라고 가정한다. 즉, 자본의 용도와 생산성은 모두 동일하다는 것이다. 그리고 계획된 저축(S)과 계획된 투자(I)는 항상 일치한다고 가정한다.

$$S(t) = I(t) = dK(t)/dt \quad \cdots\cdots (33)$$

이제 본 연구가 가설적으로 조성하고자 하는 사회보장기금 $K_S(t)$ 를 도출할 수 있다.[50]

$$K_S(t) = w(t)e^{\lambda t}L(t)h[\hat{w}(t)]\left(\frac{\alpha(t)}{1-\alpha(t)}\hat{\epsilon}\right)\theta(t) = dT_2(t) \quad \cdots\cdots (34)$$

---

49) 여기서 유의할 것은 '私'경제부문(the private economy sector)이라고 한 것은 '公'경제부문(the public economy sector)과의 대칭적인 개념으로 사용한 것이 아니라 사회보장부문(social security sector)과의 대칭적인 개념으로 사용한 것이라는 점이다. 따라서 식(14)의 소비(C)와 저축(S)은 '全'경제의 소비와 저축을 의미한다.

50) 여기서 강조하고자 하는 것은 다음과 같다: 자본소득(R)에 사회보장세(τ)를 부과하지 않고 임금소득(W)에 부과한 것은 자본소득계층을 옹호한다는 의미는 아니다. 본 연구의 목적은 사회보장제도가 최적 경제성장에 어떠한 영향을 미치는가를 분석하고자 하는 것일 뿐, 임금소득계층과 자본소득계층의 소득분배 문제를 분석하고자 하는 것은 아니다.

여기서 τ = 현행 사회보장세율, $0<\tau<1$, τ = 상수

α =사회보장세율 τ의 증가율

$\alpha(t)\equiv\tau+\theta(t)$, $\theta=d\tau$= 사회보장세율 τ의 증가분

$0<\alpha\equiv\tau+\theta<1$, $0<\theta<\tau<1$

$\hat{w}(t)=(1-\tau-\theta)w(t)=\overline{w}(1-\theta)$

$\overline{w}(t)=(1-\tau)w(t)$

$\hat{\epsilon}=\dfrac{d\log h(\hat{w})}{d\log(\hat{w})}$, $\hat{\epsilon}<0$, $\hat{\epsilon}$ =상수, 순임금률 $\overline{w}\equiv w(1-\tau-\theta)$에 대한

노동공급(작업시간으로 계산된)의 비(非)보상된 탄력성

$\epsilon=\dfrac{d\log h(\overline{w})}{d\log(\overline{w})}$, $\epsilon<0$, ϵ =상수, 순임금률 $\overline{w}\equiv w(1-\tau)$에 대한

노동공급의 비(非)보상된 탄력성

사회보장기금 $K_S(t)$ 의 동태적 증가분 $dK_S(t)/d\hat{t}$는 다음과 같이 수식으로 나타낼 수 있다.

$$\frac{dK_s(\hat{t})}{d\hat{t}}=w(t)e^{\lambda t}L(t)h\left[\hat{w}(t)\right]\cdot\left(1-\frac{\alpha(t)}{1-\alpha(t)}\hat{\epsilon}\right)\psi(t)+r(t)K_S(\hat{t}),\ \hat{t}>t\cdot \cdots\cdots (35)$$

여기서 t =사회보장세의 추가 징수액 $dT_2(t)$이 자본시장에 투자되는 시점

$\hat{t}$ =사회보장기금 $K_S(t)$가 자본소득 $r(t)K_S(\hat{t})$를 벌어 다시 사회보장기금 $K_S(t)$에 투입되는 시점

혹은

$$\frac{dK_s(\hat{t})}{d\hat{t}}-r(t)K_S(\hat{t})=X\cdot e^{n\hat{t}} \cdots\cdots (36)$$

여기서 $X\equiv w(t)h\left[\hat{w}(t)\right]\left(1-\dfrac{\alpha(t)}{1-\alpha(t)}\hat{\epsilon}\right)\theta(t)L_0$

$e^{n\hat{t}}=e^{(\lambda+g)\hat{t}}$

또한 본 연구의 가설에 의거하여, 초기의 사회보장기금 $K_S(t)$ 의 초기치는 '0'이다. 즉,

$$K_S(\hat{t}=0)=0 \quad \cdots\cdots (37)$$

따라서 식(37)을 식(35) 혹은 식(36)에 적용하면 $K_S(\hat{t})$ 의 일반 해(general solution)를 다음과 같은 미분방정식으로 나타낼 수 있다.

$$K_S(\hat{t})=\frac{e^{r(t)\hat{t}}-e^{n\hat{t}}}{r(t)-n}L_0 w(t)h[\hat{w}(t)]\left(1-\frac{\alpha(t)}{1-\alpha(t)}\hat{\epsilon}\right)\theta(t) \quad \cdots\cdots (38)$$

여기서 $r(t)>n>0$ (본 연구의 가정: 초기 자본부족 상태를 반영)
$\alpha(t)=\tau+\theta(t)$ (본 연구의 가설적 목적)

상기한 $K_S(\hat{t})$ 의 일반 해(解)로부터 시간당 변화율 $\dot{K}_S(\hat{t})$ 은 다음과 같이 도출할 수 있다.

$$\dot{K}_S(\hat{t})=\frac{r(t)e^{r(t)\hat{t}}-ne^{n\hat{t}}}{r(t)-n}L_0 w(t)h[\hat{w}(t)]\left(1-\frac{\alpha(t)}{1-\alpha(t)}\hat{\epsilon}\right)\theta(t) \quad \cdots\cdots (39)$$

이제, 본 연구의 가설적 목적에 따라, 사회적 투자 $I_S(t)$를 사회적 자본 $K_S(t)$와 연결지으면 다음과 같다.

$$I_S(\hat{t})=\dot{K}_S(\hat{t})=\frac{r(t)e^{[r(t)-n)\hat{t}]}-n}{r(t)-n}\left(1-\frac{\tau+\theta(t)}{1-\tau-\theta(t)}\hat{\epsilon}\right)T_2(\hat{t}) \quad \cdots\cdots (40)$$

여기서 $T_2(\hat{t})=\theta(t)w(t)h[\hat{w}(t)]L_0 e^{n\hat{t}}$

즉,

$$I_S(\hat{t})=\dot{K}_S(\hat{t})=\theta(t)\,\Omega(t:\hat{t})[Q(t)-r(t)K(t)] \quad \cdots\cdots (41)$$

여기서 $\Omega(t:\hat{t}) \equiv \frac{r(t)e^{[r(t)-n)\hat{t}]}-n}{r(t)-n}\left(1-\frac{\tau+\theta(t)}{1-\tau-\theta(t)}\hat{\epsilon}\right)$ .... (42)

따라서 사회보장기금 $K_S(t)$의 자본축적($\dot{K}_S$), 즉 사회적 투자(I_S)는 5개 변수, 즉 ① 현행사회보장세율 τ과 ② 사회보장세율(τ)의 증가분(θ), ③ 노동공급시간($h(\hat{w})$), ④ 초기(初期)의 노동력 혹은 인구수(L_0), ⑤ 자연성장률 n과 관련되어 있다는 것을 알 수 있다.

한편, 민간투자 $I_P(t)$를 개인당 형태(per capita form)로 전환하면 다음과 같다:

$$i_p(t) = \frac{I_p(t)}{L_0e^{nt}} = \dot{k}_p(t) + nk_p(t) \quad (\because \dot{k}_p = \frac{I_p}{k_p}k_p - nk_p) \text{ .... } (43)$$

여기서 $i_p(t) = \frac{I_p(t)}{L_0e^{nt}}$, 개인당 민간투자

$k_p(t) = \frac{K_p(t)}{L_0e^{nt}}$, 개인당 민간자본

$\dot{k}_p(t) = \frac{dk_p(t)}{dt}$, 개인당 민간자본($k_p$)의 변화율

그리고 케인지언 소비함수를 나타내는 $I = S = sQ_d$ 의 관계를 이용하여 식(43)의 개인당 민간투자 $i_p(t)$를 다음과 같이 변형시킬 수 있다.

$$i_p(t) = \frac{I_p(t)}{L(t)} = \frac{S_p(t)}{L_0e^{nt}} = \frac{sQ_d(t)}{L_0e^{nt}}$$

$$= s[1-\theta(t)]q(t) + \theta(t)r(t)k(t) = \dot{k}_p(t) + nk_p(t) \text{ .... } (44)$$

다른 한편으로, 본 연구의 가설적 목적에 따라 사회보장제도(社會保障制度)가 도입된 개인당 소비(c)는 다음과 같다.

$$c(t) = (1-s)[1-\theta(t)]q(t) + \theta(t)r(t)k(t) \text{ .... } (45)$$

식(44)과 식(45)를 연결하면 다음과 같다.

$$i_p(t) = \frac{s}{1-s}c(t) = \dot{k}_p(t) + nk_p(t) \quad \cdots\cdots (46)$$

따라서 하기의 관계를 도출할 수 있다.

$$\frac{s}{1-s} = \frac{1}{c(t)}[\dot{k}_p(t) + nk_p(t)] \quad \cdots\cdots (47)$$

미분방정식에 관한 R. Bellman(1953a)의 이론[51]에 의거하여 $\dot{k}_p(t)$는 “0”에 수렴하므로, 식(46)은 다음과 같다.

$$\frac{s}{1-s} = n\frac{\widehat{k_p}(t)}{\hat{c}(t)} \quad \cdots\cdots (48)$$

여기서 유의할 것은 사전적 조건인 $s/(1-s)$가 최적 공공투자 정책과는 독립적이며 개인의 경제행위가 공공정책과 반드시 부합된다고 보장할 수 없다는 점이다.

(4) 최적통제를 위한 수학적 모형

최적통제이론(Optimal Control Theory)을 이용하여 동태적 효율성을 위한 민간부문의 최적 저축률(s_*)과 최적 사회보장세율(θ_*)을 도출하고자 한다. 이를 위해, 우선 민간부문의 단견적(myopia) 경제행위를 다음과 같이 정의한다.

① $c_1(t) = (1-s_*)[1-\theta_*(t)]q(t) + \theta_*(t)r(t)k(t)$ ⋯⋯ (49)

② $i_p(t) = s_*[1-\theta_*(t)]q(t) + \theta_*(t)r(t)k(t)$ ⋯⋯ (50)

③ $c_2(t) = c_1(t)\dfrac{s_*}{1-s_*}[1+r(t)] + b(t)$ ⋯⋯ (51)

51) k_p와 c는 어떤 확정적 극한값(definite limits), 즉 $\widehat{k_p}(t)$와 $\hat{c}(t)$에 수렴하고 $k_p(t)$는 자율적 미분방정식 체계(autonomous differential equations)에 대한 해(解)의 한 구성요소이고, n은 상수이기 때문이다.

[표 V-2] 최적 경제성장 궤적(Optimal Economic Growth Path)의 수학적 모형

최적 경제성장 궤적(Optimal Economic Growth Path)을 수학적으로 표시하면 다음과 같다.

$$f[k^*(t)] = \rho - \dot{p}/p$$

$$Maximize$$
$$s(t) \cdot \theta(t)$$

$$SW = \int_0^{+\infty} e^{-(\rho-n)t} U[c(t)]dt$$

subject to

$$C(t) = [1-s(t)]\{[1-\theta(t)]f[k(t)] + \theta(t)r(t)k(t)\}$$
$$f[k(t)] = f[k_p(t),\ k_s(t)] = w(t)h(t) + r(t)k(t)$$
$$\dot{k}(t) = \dot{k}_p(t) + \dot{k}_s(t)$$
$$\dot{k}_p(t) = i_p(t) - nk_p(t)$$
$$\dot{k}_s(t) = i_s(t) - nk_s(t)$$
$$i_p(t) = s(t)\{[1-\theta(t)]f[k(t)] + \theta(t)r(t)k(t)\}$$
$$i_s(t) = \frac{re^{(r-n)t} - n}{r-n}\{f[k(t)] - r(t)k(t)\}\theta(t)$$
$$i(t) = i_p(t) + i_s(t)$$
$$k(t) = k_p(t) + k_s(t)$$
$$\rho > n > 0 \quad r > n$$
$$0 < s(t) < 1$$
$$0 < \theta(t) < \tau < 1$$
$$0 < \theta(t) + \tau < 1$$
$$f[k(t)] \geq c(t) + dk(t)/dt$$
$$f' > 0,\ f'' < 0,\ f(0) = 0,\ f(\infty) = \infty,\ f'(0) = \infty,\ f'(\infty) = 0$$
$$U' > 0,\ U'' < 0,\ U(0) = -\infty,\ U(\infty) = \infty,\ U'(0) = +\infty,\ U'(\infty) = 0$$
$$k(0) = k_0 > 0$$
$$k_p(0) = k_p^0 > 0$$
$$k_s(0) = k_s^0 > 0$$

여기서 제기될 수 있는 의문은 왜 2개의 통제변수(s_*, θ_*)가 필요한가이다. 그 이유는 다음과 같다.

① 본 연구는 '청년 부양방식의 사회보장제도(pay-as-you-go social security program)'를 도입하였기 때문에, 사회보장기금(social security fund)이 별도로 축적되지 않는다. 따라서 세대 간 사회복지를 극대화하기 위해서는 최적 사회보장세율 θ_* 로써 '사회적 자본(socially-owned capital)'을 조성할 필요가 있다.

② 상기의 θ_* 와 함께 최적 저축률 s_* 은 피구(A. C. Pigou)의 단견성(myopia)을 사회적으로 바람직한 민간 저축률로 유도하기 위한 것이다.

③ 상기의 2개 통제변수 s_* 와 θ_* 는 상호 일관성 있는 원리에 따라 가설적인 목표, 즉 SW=세대 간 사회복지함수(Intergenerational Social Welfare Function)의 극대화를 위한 장기 균형성장 궤도에 도달하는 시간을 가속화하기 위한 것이다.

전술한 이론적 배경하에서, 사회보장(혹은)이 도입된 최적 경제성장을 다음과 같이 정의할 수 있다. 즉, 그것은 사회보장기금(K_s)의 사회적 투자(I_s)와 사회보장 급여(B_s)가 도입된 세대 간 사회복지함수(SW)의 극대화를 만족시켜 주는, 즉 동태적으로 효율적인 경제성장 궤적이다.

상기한 최적 경제성장 궤적이란 수학적으로는 하기의 식(52)로 나타낼 수 있다.

$$f[k^*(t)] = \rho - \dot{p}/p \quad \cdots\cdots (52)$$

[그림 V-2]는 신고전학파 경제성장 모형에 최적 사회세율(θ_*) 및 개인당 사회보장기금(k_s)이 도입된 장·단기 균형성장 궤도를 나타낸다. 상기의 두 변수가 도입됨에 따라 개인당 자본/노동 비율(k)의 균형치(k_*)가 k_*^1 로 우방 이동하며 개인당 생산함수 $f(k)$가 $f(k)_0$ 에서 $f(k)_1$ 으로 상향 이동한다. 이 결과, 개인당 생산물 q 는 q_* 에서 q_*^1 로 증가하고, 이에 따라 개인당 소비(c)도 증가한다.

한편, 상기의 모형에 단순 Cobb-Douglas 생산함수를 적용시키면, 개인당 자본/노동 비율(k)의 균형치 k_* 와 개인당 생산물의 변화율 $\dot{q}_*$ 가 각각 구체적으로 계산된다. 또한 균형점 k_* 는 안장점(saddle point)으로서 동태적 안정성(dynamic stability)을 나타낸다. 즉, $\partial\dot{k}/\partial k = s/k[f'(k) - f(k)/k] < 0$ 가 되어 $f'(k) < f(k)/k$ 이므로 수렴(收斂)된다.

본 연구의 '최적 경제성장과 사회보장 모형'은 수리경제적으로 [표 V-2]에, 그래프로서는 [그림 V-3]에 각각 요약되어 있다. 최적 사회보장세율(θ_*)에 의하여 징수된 사회보장기금(SSF: Social Security Fund)은 사회적 자본(Social Capital)으로서 신(新)성장동력산업에 투자됨에 따라 총계적 생산함수(Aggregate Production Function)를 상향이동시킨다. 이 결과, 장기 균형성장 궤도는 E_0에서 E'으로 이동하며, 개인당 소득 수준은 $q_* \rightarrow q_*'$로 상승하게 된다. 즉, 주어진 가정 및 조건하에서 경제성장과 사회보장은 상호보완적임을 알 수 있다.

[그림 V-2] 최적 저축률 및 최적 사회보장 정책이 도입된 장 · 단기 균형성장 궤적

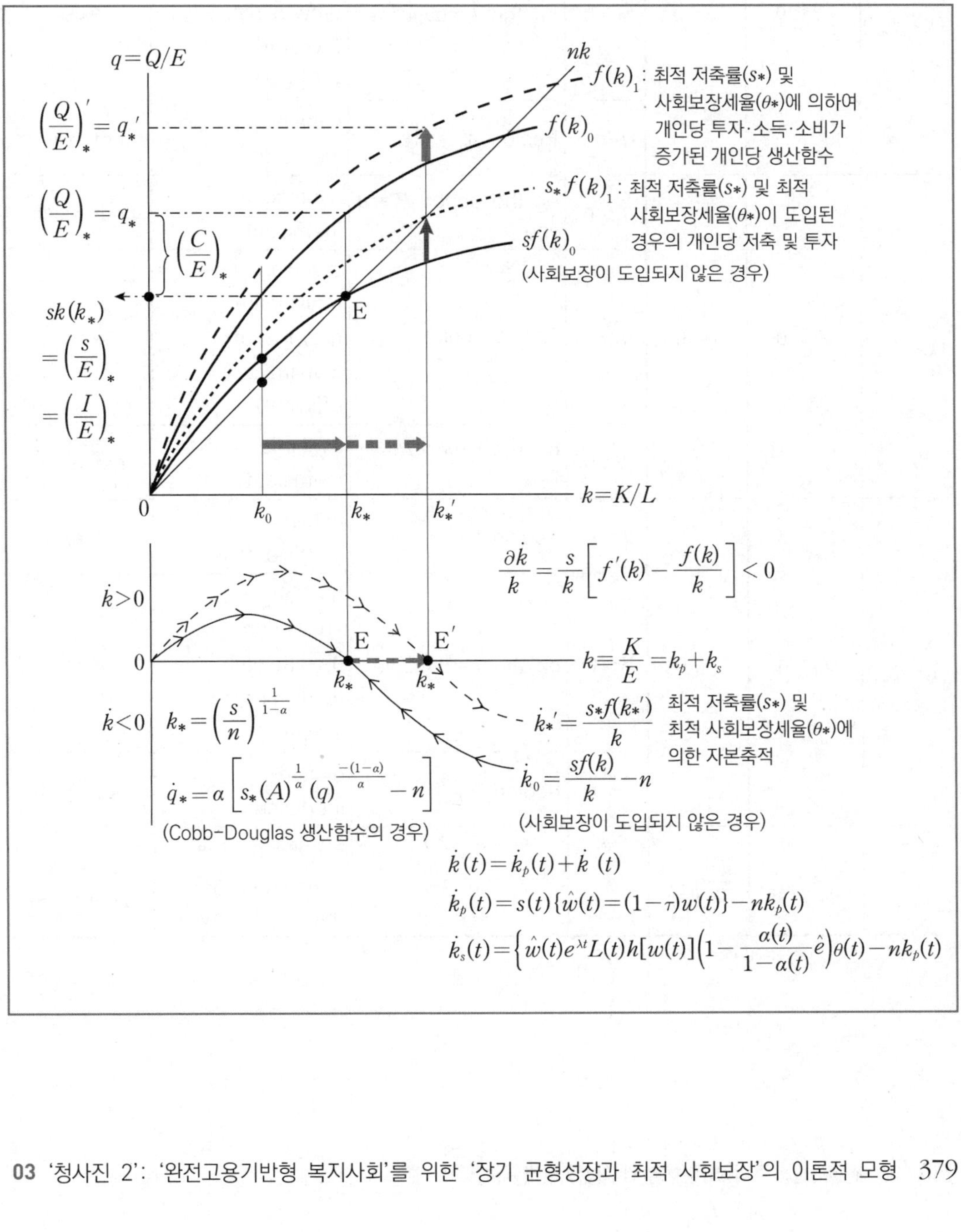

[표 V-3] 장기 균형성장과 최적 사회보장의 동태적 궤적

$\rho : r$	$\dot{P}$	$\dot{c}$	$\dot{k}$	Region	Dynamic State	Existence of Optimality
$\rho < r$ $(k < k_{**})$	$\dot{P} < 0$	$\dot{c} > 0$	$\dot{k} > 0$	Region Ⅲ	dynamic inefficient	not exist
			$\dot{k} = 0$	on the $\dot{k} = 0$ curve	the long-run equilibrium growth path (dynamically efficient)	exist
			$\dot{k} < 0$	Region Ⅲ	dynamic inefficient	not exist
$\rho = r$ $(k = k_{**})$	$\dot{P} = 0$	$\dot{c} = 0$	$\dot{k} > 0$	on the upper $\dot{P} = 0$ line	dynamic inefficient	not exist
			$\dot{k} = 0$	The L_* point	the long-run equilibrium growth path (dynamically efficient)	exist
			$\dot{k} < 0$	on the lower $\dot{P} = 0$ line	dynamic inefficient	not exist
$\rho > r$ $(k > k_{**})$	$\dot{P} > 0$	$\dot{c} < 0$	$\dot{k} > 0$	Region Ⅰ	dynamic inefficient	not exist
			$\dot{k} = 0$	on the $\dot{k} = 0$ curve	the long-run equilibrium growth path (dynamically efficient)	exist
			$\dot{k} < 0$	Region Ⅳ	dynamic inefficient	not exist
$n : r$	$\frac{dP}{dk}\Big\vert_{\dot{k}=0}$	$\frac{dc}{dk}\Big\vert_{\dot{k}=0}$	$\dot{k}$	$\rho : r$	a point on the $\dot{k} = 0$ curve and the $c(P)$ curve	Lim *vs* Samuelson

(계속)

$\rho : r$	$\dot{P}$	$\dot{c}$	$\dot{k}$	Region	Dynamic State	Existence of Optimality
$n < r$	– (down)	+ (up)	$\dot{k}=0$	$\rho < r$	a point on the $\dot{k}=0$ and $c(P)$ curves to the left of L_*	Lim's initial state
				$\rho = r$	the long-run equilibrium point, L_*	Lim's target path
				$\rho > r$	a point on the $\dot{k}=0$ and $c(P)$ curves between L_* and S_*	N.A
$n = r$	0 (Min.)	0 (Max.)	$\dot{k}=0$	$\rho > r$	the Golden Rule path, S_*	Samuelson's target path
$n > r$	+ (up)	– (down)	$\dot{k}=0$	$\rho > r$	a point on the $\dot{k}=0$ and $c(P)$ curves to the right of S_*	Samuelson's initial state

[그림 V-3] 장기 균형성장과 최적 사회보장의 동태적 궤적: P. A. Samuelson 모형(1975a, 1975b)과 본 연구의 모형(1978, 2011, 2014)의 비교

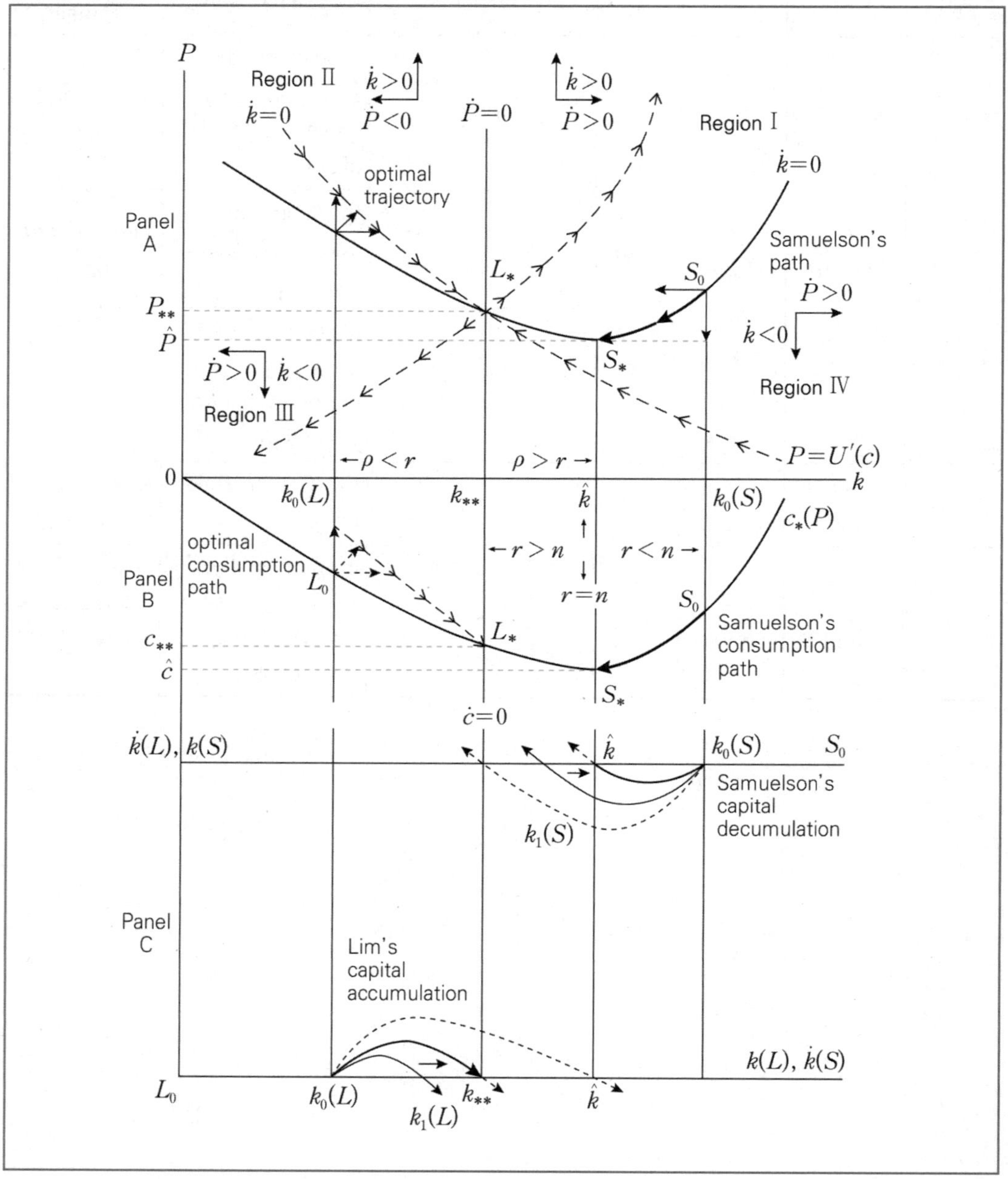

3) '장기 균형성장과 최적 사회보장'을 위한 6개 「定理」

전술한 일련의 분석결과를 토대로, 본 연구는 다음과 같은 '최적 경제성장 및 사회보장 모형'을 제시한다:

(1) 경제성장과 사회보장의 관계는 2기간 생애주기(two periods life–cycle)의 미시적 및 비교정태적 차원에서 분석할 문제라기보다는, 본 연구가 시도한 것과 같이, 거시경제적 및 동태적 차원에서 분석되어야 하는 성격의 문제이다. 사회보장은 경제성장과 상호 모순적 관계가 아니라 상호보완적 관계를 가질 수 있다. 따라서 사회보장이 자본형성에 부정적인 효과를 산출한다는 이유로 사회보장과 경제성장의 관계를 상호갈등적 관계로 인식하는 일부 경제학자(대표적으로 Milton Friedman)들의 견해는 부적절하다.

물론, 거시경제적 및 동태적 모델하에서도 사회보장이 민간부문의 저축률을 감소시킴으로써 경제 전체의 자본스톡을 감축시켜 경제성장을 저해할 가능성도 있다. 그러므로 '최적 사회보장제도'가 필요하고 자본감축의 부정적 효과를 상쇄시킬 수 있는 최적 저축률(s_*)과 최적 사회보장세율(θ_*)이 동시적으로 결정되어야 한다. 이들 최적 통제변수(s_* 과 θ_*)의 값은 주어진 시각의 최적 경제성장 궤도상에서 세대 간 사회복지함수(Intergenerational Social Welfare Function)의 극대화를 위한 필요조건으로부터 각각 계산될 수 있다.

(2) 세대 간 사회복지의 극대화를 위한 최적 저축률(s_*)과 최적 사회보장세율(θ_*)은 차선의 정책(the second–best policy)으로서 최적의 '수직적' 자원배분과 최적의 '수평적' 자원배분을 통하여 초기 자본스톡의 부족 상태($k_0 < k_{**}$)를 동태적으로 효율적인 장기 균형성장 궤도로 유도한다. 이 상태에서, 현재 및 미래의 모든 세대들의 사회복지가 극대화되며, 모든 변수들의 동태적 운동(dynamic motion)이 장기 균형치에 수렴되는 자율성(autonomousness)의 특성을 갖게 되며, 장기 균형치는 유일하게 존재(unique existence)하며 동태적으로 안정적(dynamically stable)이다. 본 연구의 모형에서 설정된 가정 및 조건하에서, 최적 사회보장(Optimal Social Security)은 최적 경제성장(Optimal Economic Growth) 궤도에서 오직 하나만 존재한다.

(3) 경제성장과 사회보장의 상호보완성을 위한 최적 동태적 장·단기 모형하에서, 본 연구는 사회보장이 포함된 장기 균형성장은 존재성, 유일성, 동태적 안정성을 보증하며, 동태적으로 비(非)효율적인 상태에서 동태적으로 효율적인 장기 균형상태로 유도할 수 있는 조절 메커니즘이 존재한다. 따라서 동태적 효율성(dynamic efficiency)을 위한 최적 저축률(Optimal Saving Rate)과 최적 사회보장세율(Optimal Social Security Tax Rate)의 경합적 관

계를 조정함으로써 세대 간 사회복지함수(Intergenerational Social Welfare Function)를 극대화할 수 있다.

定理 1 현재세대와 미래세대에 대한 최적의 '수직적' 자원배분

주어진 조건하에서 동태적 효용성(dynamic efficiency)을 위한 최적의 '수직적' 자원배분은 하기의 필요조건을 만족시키는 '최적 저축률(s_*)'과 '최적 사회보장세율(θ_*)'에 의하여 존재한다.

① $U'(c_*) = P = \pi$ ······ (53)

② $\dot{P}/P = \rho - r$ ······ (54)

③ $\dot{k} = \dot{k}_p + \dot{k}_s = (i_p - nk_p) + (i_s - nk_s)$ ······ (55)

여기서 $V_*(k, k_p, k_s, P, P_p, P_s, s, \theta, t) = \underset{s \text{ and } \theta}{Maximize} \int_0^{+\infty} e^{-(\rho-n)t} U[c(t)]\,dt$

$P \equiv \left(\dfrac{\partial V_*}{\partial k}\right) \cdot e^{-(\rho-n)t}$, 개인당 총투자($i$)의 단위당 잠재가격

$P = P(t),\ \dot{P}/P = \dot{P}/P(t)$

$c_* = (1-s_*)[(1-\theta_*)f(k^*) - \theta_* \cdot r \cdot k^*]$

$0 < s_* < 1,\ 0 < \theta_* < \tau < 1$

$k = k^*(t),\ r = r(t)$

$i = i_p + i_s = sf - \theta(s - \Omega)(f - rk)$

$\dot{k} = \dot{k}_p + \dot{k}_s = i_p + i_s - n(k_p + k_s)$

π = 라그란지안 승수(Lagrange Multiplier)

定理 2 민간경제부문과 사회보장부문에 대한 최적의 '수평적' 자원배분

상기 조건하에서 동태적 효율성(dynamic efficiency)을 위한 최적의 '수평적' 자원배분은 하기 필요조건들을 만족하는 '최적 저축률(s_*)'과 '최적 사회보장세율(θ_*)'에 의하여 존재한다.

① $U'(c_*) = P = P_p = P_s \dfrac{re^{(r-n)t} - n}{r-n}$ ·········· (56)

② $\dot{P}/P = \dot{P}_p/P_p = \rho - r$ ·········· (57)

③ $\dot{P}_s/P_s = \rho - r\left[\dfrac{re^{(r-n)t} - n}{r-n}\right]$ ·········· (58)

④ $i_p^* = s_*[(1-\theta_*)f(k^*)] + \theta_* rk^*$ ·········· (59)

⑤ $i_s^* = \dfrac{re^{(r-n)t} - n}{r-n}[f(k^*) - rk^*]$ ·········· (60)

여기서 $V^* = \underset{s\ ,\ \theta}{Maximum}\left[\int_t^\infty e^{-(\rho-n)t}U(c)dt\right]$

$$P \equiv \left(\frac{\partial V_*}{\partial k}\right)\cdot e^{-(\rho-n)t}\ ,\ P_p \equiv \frac{\partial V^*}{\partial k_p}e^{-(\rho-n)t}\ ,\ P_s \equiv \frac{\partial V^*}{\partial k_s}e^{-(\rho-n)t}$$

$P = P(t)\ ,\ P_p = P_p(t)\ ,\ P_s = P_s(t)$

$\dot{P}/P = \dot{P}/P(t)\ ,\ \dot{P}_p/P_p = \dot{P}_p/P_p(t)\ ,\ \dot{P}_s/P_s = \dot{P}_s/P_s(t)$

$s = s_*(t),\ 0 < s_* < 1$

$\theta = \theta_*(t),\ 0 < \theta_* < \tau < 1$

$k = k^*(t)\ ,\ k_p = k_p^*(t)\ ,\ k_s = k_s^*(t)$

$r = \partial f/\partial k = \partial f/\partial k_p = \partial f/\partial k_s$

$k(t_0) = k_0 > 0\ ,\ k_p(t_0) = k_p^0 > 0\ ,\ k_s(t_0) = k_s^0 > 0$

定理 3 동태적 효율성(Dynamic Efficiency)을 위한 필요조건

주어진 조건하에서, 하기의 필요조건들을 만족해야 하는 최적의 '수직적' 및 '수평적' 자원배분은 동태적 효율성(Dynamic Efficiency)의 특성은 다음과 같다.

① $U'[(1-s)\{f - \theta_*(f - rk)\}] = P = P_p = P_s(\Omega_s + \theta_*\Omega_\theta^*) = \pi$ ······· (61)

② $\dot{P}/P = \dot{P}_p/P_p = \rho - r$ ·········· (62)

③ $\dot{P}_s/P_s = \rho - r\left[\dfrac{re^{(r-n)t} - n}{r-n}\right]$ ……………………………………………… (63)

④ $i^* = i_p^* + i_s^*$ ……………………………………………………………………… (64)

⑤ $i_p^* = s_*[(1-\theta_*)f(k^*)] + \theta_* rk^*$ ……………………………………………… (65)

⑥ $i_s^* = \dfrac{re^{(r-n)t} - n}{r-n}[f(k^*) - rk^*]$ ………………………………………… (66)

⑦ $\dot{k} = \dot{k}_p + \dot{k}_s = (i_p - nk_p) + (i_s - nk_s)$ ……………………………………… (67)

여기서 $U' \equiv \partial U/\partial c > 0$

$s = s_*(t),\ 0 < s_* < 1;\ \theta = \theta_*(t),\ 0 < \theta_* < \tau < 1$

$k = k^*(t)\ ,\ k_p = k_p^*(t)\ ,\ k_s = k_s^*(t)$

$r = \partial f/\partial k = \partial f/\partial k_p = \partial f/\partial k_s > 0$

$P \equiv \left(\dfrac{\partial V_*}{\partial k}\right)\cdot e^{-(\rho-n)t}\ ,\ P_p \equiv \dfrac{\partial V^*}{\partial k_p}e^{-(\rho-n)t}\ ,\ P_s \equiv \dfrac{\partial V^*}{\partial k_s}e^{-(\rho-n)t}$

$P = P(t)\ ,\ P_p = P_p(t)\ ,\ P_s = P_s(t)$

$\dot{P}/P = \dot{P}/P(t)\ ,\ \dot{P}_p/P_p = \dot{P}_p/P_p(t)\ ,\ \dot{P}_s/P_s = \dot{P}_s/P_s(t)$

$\dot{P} = (\rho - r)P\ ,\ \dot{P}_p = (\rho - r)P_p\ ,\ \dot{P}_s = [\rho - r(\Omega + \theta\Omega_\theta)]P_s$

定理 4 장기 균형성장과 최적 사회보장 정책의 관계

주어진 조건하에서 장기균형성장과 최적 사회보장 정책은 「定理 3」의 동태적 효율성(Dynamic Efficiency)을 위한 필요조건을 만족시킨다.

$f'[k^{**}(t)] = \rho$ ……………………………………………………………………… (68)

subject to

$U'(c_*) = P = P_p = P_s\dfrac{re^{(r-n)t} - n}{r-n}$

$\rho = r$

$$s_* = \left[(1-\theta_*)f(k^*) + \theta_* rk^*\right] + \frac{re^{(r-n)t} - n}{r-n}\left[f(k^*) - rk^*\right] = nk^*$$

$$\dot{k} = \dot{k}_p + \dot{k}_s = s_* f - \theta_*(s_* - \Omega_*)(f - rk) - nk$$

$$\dot{k}_p = s_*\{f - \theta_*(f - rk)\} - nk_p$$

$$\dot{k}_s = \theta_* \Omega_* (f - rk) - nk_s$$

定理 5 '장기 균형성장과 최적 사회보장'의 동태적 안정성(Dynamic Stability)

주어진 조건하에서 최적의 '수직적' 자원배분과 최적의 '수평적' 자원배분에 의하여 유지되는 장기 균형성장 궤도(P_{**}, k_{**})는 동태적으로 효율적일 뿐만 아니라 동태적으로 안정적(Dynamically Stable)이다.

$$\Psi_i = \frac{1}{2}\left\{\ (sr + r - 2n) \pm \sqrt{(sr + r - 2n)^2 + 4n(r-n)}\ \right\};\ i = 1, 2 \cdots\cdots (69)$$

상기의 두 특성근: Ψ_1 과 Ψ_2 은 다음과 같이 2가지 경우, 즉 인구가 증가하는 경우($n > 0$)와 인구가 감소하는 경우($n < 0$)로 나누어 동태적 안정성(Dynamic Stability)의 여부를 검증하는 데 사용될 수 있다.

① $r > n > 0$ 인 경우, Ψ_1 과 Ψ_2 은 실수(real number)이며 상호 반대 방향의 부호를 갖는다. 따라서 장기 균형성장 궤도(k_p^{**}, k_s^{**}, k^{**})는 안정점(stable point)으로서 동태적으로 안정적(dynamically stable)임을 알 수 있다.

② $r > n(< 0)$ 인 경우, J_H 가 퇴행(degeneration)이 되어 ($\dot{k} = 0$, $\dot{k}_p = 0$, $\dot{k}_s = 0$)을 만족시킬 수 있는 장기 균형성장 궤도(k_p^{**}, k_s^{**}, k^{**})가 존재하지 않는다. 즉, 최적의 수직적 자원배분(c^1, c^2)뿐만 아니라 수평적 자본배분(k_p, k_s)도 존재하지 않는다. 이를 수학적으로 나타내면 다음과 같다: $s[(1-\theta)q + \theta rk] \neq nk_p$; $\theta\Omega(q - rk) \neq nk_s$

定理 6 '장기 균형성장과 최적 사회보장'에 대한 인구성장률의 파급효과[52)]

인구구조의 변화가 경제성장과 사회보장의 동태적 상호작용에 대하여 미치는 파급효과를 분석하기 위하여, 본 연구는 인구성장률(n)의 3가지 경우, 즉 ① $n>0$, ② $n=0$, ③ $n<0$ 으로 나누어 인구구조의 변화(증가, 정체, 감소)에 따른 사회보장 정책의 유형과 장기 균형성장 궤도(P_{**}, k_{**})의 존재성 및 동태적 안정성 여부를 각각 분석한 결과를 요약하면 다음과 같다:

① 인구가 증가하는 경우($n>0$), 동태적 비효율성 상태($r>\rho>n>0$ 혹은 $0<r<n<\rho$)이든 간에, 즉 초기 자본축적이 과소($k_0<k_{**}$)이든 혹은 과다($k_0>k_{**}$)이든 간에, 최적 저축률(s_*)과 최적 사회보장세율(θ_*)에 의하여 동태적으로 효율적인 장기 균형성장 궤도(P_{**}, k_{**})로 수렴할 수 있는 수직적 및 수평적 자원배분은 존재한다. 그러나 전자($k_0<k_{**}$)의 경우 '초과 적립방식'에 의한 장기 균형점은 동태적으로 안정적이지만 후자($k_0>k_{**}$)의 경우 청년 부과방식에 의한 장기 균형점은 동태적으로 불(不)안정적이다.

② 인구 성장이 정체된 경우($n=0$), 초기 자본부족($k_0<k_{**}$)의 동태적 비효율성 상태를 동태적 효율성 상태(P_{**}, k_{**})로 전환시키고자 하는 최적의 수직적 및 수평적 자원배분 정책은 존재한다. 이와 반면에, 초기 자본과다 상태($k_0>k_{**}$)에서는 최적의 필요조건이 마이너스 이자율($r<0$)을 요구하기 때문에 상기의 최적 사회보장정책은 존재할 수 없다. 또한 동태적 안정성의 측면에서 보면, 인구성장이 정체된 경우($n=0$), 초기 자본부족($k_0<k_{**}$)의 동태적 비효율성 상태를 동태적 효율성 상태(P_{**}, k_{**})로 전환시키고자 하는 최적의 수직적 자원배분은 존재할 뿐만 아니라 동태적으로 안정적인 반면에 최적의 수평적 자원배분은 존재하지만 동태적으로 불(不)안정적이다.

③ 인구가 감소하는 경우($n<0$), 초기 자본축적이 과소($k_0<k_{**}$)일 때, 수직적 및 수평적 자원배분 정책에 의한 장기균형은 존재하지만 두 자원배분 정책은 모두 동태적으로 불안정적이다. 한편, 초기 자본축적이 과다($k_0>k_{**}$)일 때, 수직적 및 수평적 자원배분의 최적 조건은 비(非)현실적 가정 $r<0$ 을 요구하므로 두 자원배분 정책은 모두 성립되지 않는다.

52) 사회보장에 대한 인구성장률의 파급효과를 분석한 본 연구와는 다른 시각에서, 조장욱(2004)은 인구구조 변화가 거시경제에 대한 파급효과를, 김태정(2011)은 인구고령화가 노동공급 및 연금제도에 대한 파급효과를 각각 분석하였다.

[표 V-4] 최적 '수직적' 및 '수평적' 최적 자원배분에 대한 인구성장률(n) 변동의 파급효과

<table>
<tr><th rowspan="2">인구
성장률
(n)</th><th rowspan="2">동태적
비효율성</th><th rowspan="2">정책의 유행</th><th colspan="2">장기 균형성장 궤도의
존재성 여부</th><th colspan="2">동태적 안정성 여부</th></tr>
<tr><th>수직적
자원배분</th><th>수평적
자원배분[1]</th><th>수직적
자원배분</th><th>수평적
자원배분</th></tr>
<tr><td rowspan="2">인구 증가
($n>0$)</td><td>$r>\rho>n>0$
($k_0<k_{**}$)
(본 연구)</td><td>과다 적립방식
(Over-Funded System)</td><td>존재
($J_V<0$)</td><td>존재
($J_H<0$)</td><td>안정</td><td>안정</td></tr>
<tr><td>$0<r<n<\rho$
($k_0>k_{**}$)
(Samuelson)</td><td>청년 부과방식
(Pay-as-you-go financing)</td><td>존재
($J_V<0$)</td><td>존재
($J_H<0$)</td><td>안정</td><td>不안정</td></tr>
<tr><td rowspan="2">인구 정체
($n=0$)</td><td>$r>\rho>n=0$
($k_0<k_{**}$)</td><td>과다 적립방식
(Over-Funded System)</td><td>존재
($J_V<0$)</td><td>존재
($J_H>0$)</td><td>안정</td><td>不안정</td></tr>
<tr><td>$r<n=0<\rho$
($k_0>k_{**}$)</td><td>청년 부과방식
(Pay-as-you-go financing)</td><td>非현실적
($\because r<0$)</td><td>非현실적
($\because r<0$)</td><td>N/A</td><td>N/A</td></tr>
<tr><td rowspan="2">인구 감소
($n<0$)</td><td>$r>\rho>0>n$
($k_0<k_{**}$)</td><td>과다 적립방식
(Over-Funded System)</td><td>존재
($J_V<0$)</td><td>존재
($J_H>0$)</td><td>안정</td><td>不안정</td></tr>
<tr><td>$0<r<n<0<\rho$
($k_0>k_{**}$)</td><td>청년 부과방식
(Pay-as-you-go financing)</td><td>非현실적
($\because r<0$)</td><td>非현실적
($\because r<0$)</td><td>N/A</td><td>N/A</td></tr>
<tr><td colspan="2">$\rho>n=r>0$
(The Golden Rule Path)</td><td>자기 부양방식
(Fully-Funded System)</td><td>존재
($J_V<0$)</td><td>존재하지 않음</td><td>不안정</td><td>N/A</td></tr>
</table>

주1) P. A. Samuelson(1975b)는 '수평적 자원배분'을 고려하지 않았음.

4) '장기 균형성장과 최적 사회보장' 이론의 정책적 시사점

전술한 배경하에서, 본 연구는 을 포함한 사회보장제도의 개혁방향으로서 현행 확정급여제(DBP: Defined-Benefit Program)로부터 확정기여제(DCP: Defined-Contribution Program)로, 이와 동시에 현행 '청년부양방식(Pay-as-you-go Financing System)'에서 초과적립방식

(Over-funded Method)으로 각각 전환해야 한다고 주장한다.[53)]

(1) 확정급여제(DBP)에서 확정기여제(DCP)로의 전환

우선, '확정급여제(DBP: Defined-Benefit Program)'는 1889년 독일이 최초로 도입하였다. 당시 제1차 세계대전과 세계대공황으로 노령인구의 빈곤이 심각해짐에 따라 연금보험료의 즉시 지급이 필요했다. 또한 당시(19세기 말~20세기 초)에는 금융시장도 성숙되어 있지 않았기 때문에 금융기관이 아닌 정부의 연금기금의 관리가 관행화되어 있었다. 사실, '확정급여방식(DBP)'은 안정된 경제성장과 노령인구 증가의 폭이 크지 않을 때에는 바람직한 방식이었다.

또한 미국, 독일, 일본, 한국 등이 '확정급여제(DBP)'를 채택하고 있다. 동 제도의 핵심은 법정 연금급여를 국가가 보장한다는 것이다. 즉, 연금가입자는 연금보험료를 납부하여 은퇴 후 연금급여에 대한 권리를 획득하는 대신에 국가는 연금보험료 수입과 연금기금운용 수익으로 연금가입자에게 연금급여를 지급하는 것이다. 따라서 '확정급여제(DBP)'의 장점은 국가가 보장하기 때문에 연금급여의 안정성이 높다는 것인 반면에, 동 제도의 단점은 인구구조의 변동(고령화 및 저출산)에 매우 취약하다는 것이다.

최근에 '확정급여제(DBP)'를 오랫동안 사용해왔던 유럽의 복지국가들은 경제침체의 장기화와 더불어 연금기금 고갈의 심각한 위험을 늦게나마 간파했다. 또한 단지 연금보험료율을 높이거나 연금대상자의 연령을 높이는 것만으로는 상기한 '확정급여제(DBP)'의 본질적 문제점을 해결할 수는 없다는 것을 깨달았다. 따라서 그 대안으로 연금부담을 미래세대에게 전가하지 않고 당대의 세대 간 재분배 원칙으로 해결하는 방식을 채택하기 시작했다.

상기한 '확정급여제(DBP: Defined-Benefit Program)'와 대조적으로, 확정기여제(DCP: Defined-Contribution Program)는 덴마크, 호주, 칠레 등이 채택하고 있는 제도이다. 동 제도하에서는 일반 생명보험처럼 각 개인의 계좌에 입금된 연금보험료가 여러 금융상품에 적립식으로 투자되고, 그 투자수익이 퇴직 후 연금으로 지급된다. 연금가입자가 금융상품을 선택하고, 국가는 금융기관에 연금가입자의 주문을 전달한다. 동 제도의 특징은 연금기금의 운용 주체가 국가가 아니라 금융기관이며, 연금급여액은 국가가 전액 보장하는 것이 아니라 금융기관의 운용실적에 따라 변동한다는 점이다. 동 제도의 단점은 연금급여의

---

53) Feldstein, Martin S.(1975), "Toward a Reform of Social Security," The Public Interest Vol. 40, Summer.

안정성이 낮다는 것인 반면에 동 제도의 장점은 연금기금 운용의 수익률이 높으며 연금재정이 인구구조의 변동(고령화 및 저출산)의 충격에 대하여 강하다는 것이다.

확정기여제(DCP)는 덴마크, 호주, 칠레 등이 채택하고 있는 제도이다. 상기 제도하에서는 일반 생명보험처럼 각 개인의 계좌에 입금된 연금보험료가 여러 금융상품에 적립식으로 투자되고, 그 투자수익이 퇴직 후 연금으로 지급된다. 연금가입자가 금융상품을 선택하고, 국가는 금융기관에 연금가입자의 주문을 전달한다. 상기 제도의 특징은 연금기금의 운용 주체가 국가가 아니라 금융기관이며, 연금급여액은 국가가 전액 보장하는 것이 아니라 금융기관의 운용실적에 따라 변동한다는 점이다. 상기 제도의 단점은 연금급여의 안정성이 낮다는 것인 반면에 동 제도의 장점은 연금기금 운용의 수익률이 높으며 연금재정이 인구구조의 변동(고령화 및 저출산)의 충격에 대하여 강하다는 것이다.

(2) '초과' 적립방식(Over-funded System)의 도입

일반적으로 공적연금제도의 재정운용 방식에는 크게 '적립방식(Funded System)'과 '청년부양방식(Pay-as-you-go financing System)'이 있다. 우선, '적립방식(Funded System)'은 연금가입자가 소득의 일정 부분을 적립하고 연금수급 개시 연령에 도달하면 그동안의 연금보험료 납부액을 기초로 연금을 지급받는 방식이다. 다음으로, '청년부양방식(Pay-as-you-go financing System)'은 젊은 세대가 소득의 일부를 갹출하여 현재의 노년인구의 연금을 지급하는 방식이다. 노년인구가 많아질수록 현재 젊은 세대의 재정부담은 그만큼 증가하게 된다.[54)]

한국의 현행 제도는 ① '적립방식(funded system)'과 ② '청년부양방식(pay-as-you-go financing system)'의 혼합형이다. 우선, '적립방식(Funded System)'이라고 말할 수 있는 이유는 연금가입자가 근로기간이나 가입기간 동안 소득의 일정 부분을 연금보험료로 납부(기여)하고 적립하며 이를 정부가 연금보험료 수입으로 기금을 조성 및 운영하여 연금 가입자의 연령이 연금수급 개시 연령에 도달하면 그동안의 연금보험료 납부액을 기초로 연금급여를 지급받기 때문이다. 즉, 현행 제도는 '확정급여방식(DBP: Defined Benefits Plan)'을 택하고 있는 것이다. 즉, 소득의 9%를 매월 40년 이상 불입하면 은퇴 전(前) 소득의 60%에 해당하는 확정된 연금급여액을 보장받는다는 것이다.

다음으로, '청년부과방식(Pay-as-you-go Financing System)'이라고 말할 수 있는 이유

54) 또한 '부과방식'에서 어떤 세대는 자신들이 기여한 연금보험료보다 더 많은 연금급여를 받는 반면에 다른 세대들은 자신들의 기여분보다 적은 가치의 연금급여를 받을 수 있는 위험도 존재한다.

는 젊은 세대가 소득의 일부를 갹출하여 현재의 노년인구의 연금을 지급하기 때문이다. 따라서 노년인구가 많아질수록 현재 젊은 세대의 재정부담은 그만큼 증가하게 된다. '청년부과방식'하에서는 민간 저축이 감소하며, 이에 따라 자본축적이 감소함으로써 잠재적으로 경제성장에 부정적 영향을 끼친다.[55)]

또한 '청년부과방식(Pay-as-you-go Financing System)'은 효과상 '확정급여제(DBP)'다. 왜냐하면 젊은 근로자들로부터 거둬들인 연금보험료를 은퇴자들에게 확정된 연금으로 지급하기 때문이다. 동 제도하에서는 퇴직자들(노년 인구)이 수령하는 연금급여액은 그들이 젊었을 때 연금기금에 얼마나 적립했느냐는 것과는 원칙적으로 직접적 연관이 없고, 주로 정치적 고려에 의해서 결정된다.

여기서 유의할 것은 상기한 2개 재원조달방식(적립방식과 청년부과방식)의 혼합형인 한국의 제도는 연금지급률을 일정하게 유지할 수 없다는 점이다. 왜냐하면 전술한 바와 같이 장기에서는 연금지급률이 인구구조의 변화요인(인구 증가율과 평균수명 등)에 의하여 결정되기 때문이다.

한국의 경우, 현행 공적연금제도가 안고 있는 가장 큰 문제점은 현행 제도가 급속한 인구 고령화와 현행 제도의 고(高)급여-저(低)부담 구조로 인해 2040년대에 가서는 '청년부과방식(Pay-as-you-go Financing System)'으로의 전환이 불가피한 것을 알 수 있다. 그 이후 고령화로 인해 제도 유지(현행 급여수준 전제)를 위한 필요보험료율이 현행 9%에서 심지어 40% 수준에 육박하게 될 것이다. 따라서 현행 제도의 지속가능성 및 세대 간 형평성을 제고하기 위하여 상기한 개혁이 조속히 이루어져야 한다. 즉, 현재의 확정급여방식(DBP)에서 '변동급여형의 적립방식'으로 전환해야 할 것이다.

여기서 '적립방식(Funded System)'으로 전환에 있어서 2가지, 즉 ① '부분' 적립방식과 ② '완전' 적립방식이 있는데, 각 경우에 대한 연구결과는 다음과 같다.

우선, '부분' 적립방식(Partially-funded System)에 대한 분석결과를 보자. 한국은행 금융경제연구원(2011)[56)]은 중첩세대(overlapping generation) 일반균형 이론을 응용한 모형의 모의실험을 통하여 고령화가 한국경제에 미칠 영향을 노동공급 및 공적연금 재정수지를 중심으로 분석하고 제도 개편의 정책효과를 검토하였다. 상기 연구의 모의실험 분석결과 중의

---

55) 이에 관한 실증적 분석의 예를 들면, Feldstein and Pellachio(1979), Diamond and Hausman(1984), Bernheim(1987), 임경묵 · 문형표(2003), 윤석명 · 오완근 · 신화연(2007), 최성은(2007), 김상호(2007), 김대철 · 김진영 · 이만우(2008) 등이다.

56) 김태정(2011), "인구 고령화의 파급영향 및 대응방향: 노동공급 및 연금제도를 중심으로", 「경제학 연구」, Vol. 59, No. 2, pp. 5~39.

하나는 다음과 같다:

공무원연금 및 사학연금의 경우에는, 공적연금의 가계저축 구축(驅逐)효과가 뚜렷하게 나타났는데, 이것은 공적연금제도가 성숙화되면서 가계 저축에 대한 대체효과가 가시화될 것이라는 점을 시사한다. 따라서 급속한 인구 고령화 과정에서 생산적 자본축적의 감소를 방지하기 위해서는 공적연금제도의 '부분적립방식'을 계속 유지해 나가는 방안에 대한 정책적 검토가 필요하다. 그 대책으로 공적연금의 보험계리적 수지균형을 회복하기 위한 구조개혁과 함께, 사회적으로 합의된 기금적립수준을 유지하기 위한 재정운영기법의 개발이 시급히 요구된다는 점을 강조하였다.

다음으로, '완전' 적립방식(Fully-funded System)에 대한 분석결과를 보자. Corsetti and Schmidt-Hebbel(1997)[57]에 의하면, 소득세를 기반으로 한 청년부과방식(Pay-as-you-go financing System)의 연금 도입으로 150년을 기준으로 장기적 산출물 수준을 약 5.3% 감소시키며 사회적 후생을 6% 감소시키는 것으로 분석되었다. 이와 반면에, 상기한 '청년부과방식(Pay-as-you-go financing system)'의 연금제도를 '완전' 적립방식(Fully-funded System)의 연금제도로 전환시켰을 경우, 정상상태(steady state)에서 신용제약을 고려하였을 경우에는 27.1% 정도 산출물이 증가하며, 신용제약을 고려하지 않았을 경우 1.9% 산출물이 증가하며, 후생수준도 13.5%에서 5.9%까지 증가하는 것으로 분석되었다.

참고로, 칠레의 사적 강제연금제도는 정치적 고려로 인해 동 제도가 흔들리는 것을 방치하기 위해서 개인계정을 설정하여 재산권을 강화하고 '완전 적립방식(Fully-funded System)'으로 개혁되었다. 전통적인 확정급여(Defined benefit)방식의 공적 연금제도는 경제적 상황이 변화할 수 있는 충분히 긴 기간 동안 존재하기 때문에 경제상황의 변화에 따라 동 제도를 변경시키려고 하는 정치적 의도로 인한 법제도의 변화가 반복적으로 나타날 수 밖에 없는 것이 공적연금제도의 정치적 위험요소이다. 따라서 정치적으로 중립적이고 고령화에 충격을 받지 않는 공적연금제도의 개혁을 위해서는 적립방식을 도입하여야 할 것이다.[58]

그러나 본 연구는 '완전' 적립방식(Fully-funded System)이 아니라 '초과' 적립방식(Over-funded System)의 도입을 주장한다. 그 이유는 전자에 의거해서는 현행 공적연금제도

57) Corsett, Giancarlo and Klaus Schmidt-Hebbel(1997), "Pension reform and growth", in Valdés-Prieto(ed.), pp. 127~159, p. 135.

58) Diamond, Peter(1997), "Insulation of Pensions from Political Risk", in Valdés-Prieto(ed.), pp. 33~57.

의 재정수지 균형을 보장하고 나아가 후술할 '최적 사회보장세(Optimal Social Security Tax)'에 의하여 '사회보장기금(Social Security Fund)'을 별도로 조성할 필요가 있기 때문이다.

(3) 합리적 복지 재원조달 방안: '토지 불로소득(土地 不勞所得)'에 대한 '최적 사회보장세(Optimal Social Security Tax)'의 부과

'고용기반형 복지사회(A Job-based Welfare Society)'를 위한 '최적 경제성장과 사회보장 모형(Optimal Economic Growth and Social Security Model)'은 합리적 복지 재원조달 방안을 필요로 한다. 사실, 복지제도의 합리적 유형을 결정하는 것보다 더 시급한 것은 지속가능한 복지재원(福祉財源)의 합리적 조달방안이다. 이것이 전제되지 않은 소위 '복지국가(福祉國家)'의 건설은 '亡國의 길'로 가는 첩경이다. 이것은 일본, 그리스, 이태리 등에서 여실히 나타나 있는 역사적 교훈임과 동시에 한국사회의 현안 문제이다.

참고로, 복지 선진국이라는 스웨덴은 연소득 235만 원을 넘으면 5,427만 원까지 예외 없이 31%의 지방소득세를 내야 한다. 소득이 늘면 소득세율은 56%까지 올라간다. 그러나 복지혜택으로 돌려받으니 불만은 적다. 모든 국민이 세금을 내야만 복지가 '공짜'라고 생각하지 않게 된다.

한국의 복지재정(福祉財政)은 이미 위기상황에 놓여 있다. 국민건강보험 기금(國民健康保險基金)은 고갈되어 재정위기에 직면해 있다. 2012년에는 적립금이 완전히 고갈되었다. 또한 국민연금 기금(國民年金 基金)은 2044년에는 적자를, 2050년에는 98조 8,910억 원의 적자를, 2070년에는 무려 534조 4,160억 원의 적자를 각각 시현할 것으로 전망된다. 결국, 2060년에는 국민연금 기금(國民年金 基金)의 적립금이 고갈될 것으로 전망된다. 따라서 아동보육 지원과 저(低)소득계층의 노후생활 보장을 확대복지재정(福祉財政) 지출 확대에 대비한 추가적 제도 및 국민건강보험제도의 재원 확보가 필수적이다.

그럼에도 불구하고, 조선일보(2011.01.04)가 한국갤럽에 의뢰해 전국 남녀 1,000명을 설문조사한 결과를 보면, 다음과 같다: 국민연금제도(NPS)의 경우, '더 내고 덜 받는 방향으로 개혁하자'라는 주장에 대해서는 절반 이상(52.4%)이 반대했고, 찬성은 10명에 2명(24%)뿐이었다. 연령별로 보면, 30~40대는 10명에 7명(68.9%, 69.4%)이 반대했지만, 60대 이상은 26.1%만 반대했다. 즉, 더 많은 복지는 좋지만, 더 많은 부담은 싫다는 것이다. 그리고 노인세대를 위해 과도한 부담을 떠안기 싫다는 것이다. 또한 국민건강보험제도의 경우, 10명 중 8명(77%)은 국민건강보험에 대한 정부 지원의 비율(의료 보장성)을 더 높여야 한다고 응답했었다. 그러나 정작 이를 위해 건강보험료(현행 소득대비 5.4%)를 더 높여 부담하자는 주장에 대해선 열 명 중 절반 이상(52%)이 반대했었다.

따라서 복지재정 건전성 관리 시스템 구축으로 지속가능한 복지시스템을 위한 정책방향은 다음과 같다: 복지는 결코 공짜가 아니다. 복지재정 건전성을 망가뜨리고 적자 국채(國債)를 발행하면서까지 복지 지출을 늘릴 수는 없다. 따라서 복지수요 증가와 고령화 추세를 고려하면 증세(增稅)를 통한 복지지출 재원 확보가 필수적이다.

한국의 조세부담률은 18.5%(2015년)로 OECD 35개국 중 33위다. 선진국 중에서 가장 세금을 덜 걷고 있다는 것이다. 반면 OECD 평균은 25.1%(2014년 기준)이다. 한국은 OECD 평균과 6.7%p 차이가 난다. 2015년 한국의 GDP가 1,564조 원인 점을 고려할 때 OECD 평균 수준으로 가려면 연 105조 원 정도의 세금을 더 걷어야 한다는 결론이 나온다.

한국의 소득세율은 다섯 단계다. 소득이 적은 1,200만 원 이하는 가장 낮은 세율인 6%가 적용된다. 1억 5,000만 원이 넘는 소득분에 대한 세율은 38%다. 그러나 여러 가지 공제(控除) 혜택이 있어 실효세율은 이보다 낮다. 게다가 소득세 면세자 비율이 지나치게 높다. 한국의 면세자 비율은 2015년에 무려 46.8%에 달한다. 면세 근로자(免稅 勤勞者)가 810만 명(2015년)이다. 한국의 '면세 근로자(免稅 勤勞者)'가 2013년 512만 명에서 2015년 810만 명(전체 근로자 1,733명 중에서 46.5%)으로 급증하고 있다. 그 요인은 세제(稅制)를 바꾸면서 연 1,200만 원 이하 소득에 대해 공제(控除) 폭을 확대했기 때문이다. 따라서 증세(增稅)를 통한 복지지출 재원 확보를 위하여 우선 고려해야 할 사항은 면세 근로자(免稅 勤勞者)가 급증하고 있으며, 이 결과 근로소득세(勤勞所得稅)를 내는 나머지 월급쟁이들의 세금부담은 커지고 있다는 점이다.

참고로, 선진국의 면세 근로자(免稅 勤勞者) 비율을 보면, 영국은 5.9%(2014년), 일본은 15.4%(2014년), 독일은 16.4%(2012년), 호주는 25.1%(2013년), 미국은 32.5%(2014년)이다. 따라서 국민 개세주의(皆稅主義)에 의거하여 비과세·감면을 줄여야 한다. 대한민국의 헌법에는 "모든 국민은 법률이 정하는 바에 의하여 납세 의무를 진다"고 명시되어 있다.

또한 법인세의 경우도 마찬가지이다. 전체 50여만 개의 기업 중 0.1%에 해당하는 대기업이 전체 법인세의 64%를 납부한다. 2013년 현재 한국의 GDP 대비 법인세 비중은 3.7%로 OECD 전체 국가 중 여섯 번째로 높고, 2007년 이후 OECD 34개국 가운데 20개국이 법인세 인하를 단행한 것에서 볼 수 있듯이 법인세 인하는 선진국의 일반적 추세이다. 여기서 유의할 것은 세계화로 인해 기업의 해외이전이 자유로워졌는데 법인세율을 올리면 그나마 국내에 있었던 기업도 해외로 이전할 수 있다. 즉, 다른 조건이 같다면, 기업이 투자처를 고민할 때 법인세가 낮은 나라를 택한다는 것 역시 부인할 수 없는 사실이다.

한편, 부가가치세 인상은 세입 확대에 효과적이겠지만 소득분배를 더욱 악화시킬 것이기 때문에 소득분배구조를 사후적으로 개선하고자 하는 사회보장의 목적에 위배된다.

모름지기, 공정한 세금을 위해 '낮은 세율, 넓은 세원'이란 조세의 기본원칙을 준수해야 할 것이다. 즉, 소득세 최고세율을 올리면, 동시에 비(非)과세 · 감면을 줄여 국민 개세주의(皆稅主義)를 확실하게 정립시켜야 한다. 또한 재정 건전성 관리를 위해서 법적 구속력을 가진 재정준칙(財政準則)을 강화해야 한다.

본 연구는 각종 복지재원 조달방안(법인세, 상속세, 종합부동산세, 담뱃세 · 주류세, 지하경제 등)을 사전적으로 검토한 결과, 소득 불균형(不均衡)과 양극화(兩極化)의 주범인 '토지 불로소득(土地 不勞所得)'에 가칭 '최적 사회보장세(社會保障稅, Optimal Social Security Tax)'를 부과하여 사회보장기금(Social Security Fund)을 확보하여 이를 유망한 신(新)성장동력산업에 투자함으로써 고용을 창출함과 동시에 그 투자수익을 토대로 사회보장 급여를 순차적으로 확대할 것을 주장한다.[59)]

여기서 유의할 것은 다음과 같다: '토지 불로소득(土地 不勞所得)'에 가칭 '최적 사회보장세(社會保障稅, Optimal Social Security Tax)'를 부과는 헨리 조지(Henry George, 1839~1897)의 단일 세제(Single tax)로서 '토지가치세'와 다르다는 점이다.[60)] 여기서 불로소득(不勞所得)이

59) 임양택(2011b), 「한국형 복지사회를 위한 청사진」, 서울: 한양대학교 출판부.

60) George, Henry(1879), Progress and Poverty, New York: E.P. Dutton & Company; 김윤상 역(1997), 헨리 조지, 「진보와 빈곤」, 비봉출판사; 남기업(2009), "헨리 조지와 지대조세제," 희년 · 통일 · 교회; 희년에 근거한 통일방안과 교회의 역할, 평화한국정기세미나, 기독교사회문제연구소; 남기업(2010a), "헨리 조지의 경제사상," 법철학회; 남기업(2010b), "헨리 조지의 경제사상", 토지+자유 비평 50호, 토지+자유연구소. 헨리 조지(Henry George, 1839~1897)는 미국의 저술가, 정치가, 정치경제학자이다. 그는 단일세(Single tax)라고도 불리는 '토지가치세'의 주창자였으며, 조지주의(Georgism)라고 불리는 경제학파의 형성에 영향을 끼쳤다. 그는 "땅 한 조각도 갖고 있지 않은 사람에게 어떻게 그의 국가가 있다고 말할 수 있단 말인가?"라고 외쳤다. 헨리 조지는 토지에서 발생하는 지대(地代, rent)는 사유(私有)될 수 없고 사회전체에 의해 향유되어야 한다는 주장으로 유명하다. 그의 대표적 저서 「진보와 빈곤(Progress and Poverty)」(1879년)은 산업화된 경제에서 나타나는 경기변동의 본질과 빈부격차의 원인, 그리고 그에 대한 처방으로서 토지가치세를 제시하고 있다. 상기 저서에서, 그는 다음과 같이 주장했다: "우리는 토지를 공공의 것으로 만들어야 합니다." 그의 주장에 따르면, 사회공동체는 토지가치에 세금을 부과함으로써 공공의 유산(inheritance)을 되찾아 올 수 있고 동시에 생산활동에 부과되는 불합리한 세금을 철폐할 수 있다. 즉, 토지가치세(또는 지대조세제)를 통하여 토지투기의 유인을 차단할 수 있을 뿐만 아니라 토지의 효과적인 사용을 촉진하게 됨을 논리적으로 증명하였다. 또한 토지 위의 건축물이나 어떤 산업에 대해서도 징벌적 세금을 부과하지 않음으로써 공정한 시장경제를 이룩할 수 있다고 주장했다. 사례로서, 1891년 로마 교황청이 토지공개념에 대해 반대하는 교황 레오 13세의 회칙 새로운 사태(Rerum Novarum)를 반포하자 이에 반발하여 교황 레오 13세에게 공개서한을 보내 교황청의 잘못을 조

란 장기적·동태적 사회·경제적 여건 변화에 기인하여 개인의 노력과 무관(無關)하게 발생하는데도 불구하고 개인이 향유하는 이익이라고 정의할 수 있다. 즉, 불로소득(不勞所得)이란 글자 그대로 노동(勞動)의 대가로 얻는 임금이나 보수 외의 소득을 말한다.[61]

상기한 본 연구의 '가설적' 복지재원 조달 정책방안은 종전의 과징금이나 양도소득세 등으로 토지(土地) 불로소득(不勞所得)의 환수하자는 것이 아니라, 단지, 복지재정의 위기 상황을 극복하기 위한 목적으로, 토지(土地) 자체가 아니라, 토지의 개발이익(開發利益) 즉 불로소득(不勞所得)에 부과할 '사회보장세(社會保障稅)라는 목적세(目的稅)의 신설을 '토지공개념(土地公概念) 관련 3개 법 중에서 오직 합헌(合憲) 판결을 받았던 '개발이익환수제법(開發利益還收制法)'을 개편 및 연계하자는 것이다.

상기한 '개발이익환수제법(開發利益還收制法)' 개정(改正)의 정당성은 헌법(憲法)에 명시

목조목 비판했다. 지공주의의 주된 내용을 살펴보면, 개인은 자신의 노동생산물을 사적으로 소유할 권리가 있는 반면, 사람이 창조하지 아니한 것, 즉 자연에 의해 주어지는 것(대표적으로 토지, 넓게 볼 경우 환경 포함)은 모든 사람에게 공평하게 귀속된다는 것이다. 상기한 헨리 조지의 사상은 뉴질랜드·호주·싱가포르·남아프리카 공화국·타이완 등의 국가에서 시행되고 있는데, 토지가치세의 부과방법이나 세율은 국가마다 상이하다. 특별히 뉴질랜드에서는 1890년대와 1900년대 자유주의 성향의 정부에 의해 이루어진 토지소유권 개혁에 헨리 조지의 사상이 많은 영향을 끼쳤다. 오늘날 환경보호론자들은 토지를 인류의 공공재산으로 보는 헨리 조지의 사상에 동의하며, 그중 일부는 토지가치세의 이론적 도태 위에서 환경세(稅)의 정당성을 주장한다. 한편, 비록 헨리 조지와 마르크스는 모두 노동자의 권익을 옹호했지만, 두 사상가는 서로 적대적인 관계였다. 헨리 조지는 카를 마르크스와의 논쟁에서 자본과 토지를 구분하지 않는 마르크스주의를 비판하였다. 마르크스는 단일세 시스템을 두고 공산주의 사회에 한 단계 못 미치는 불완전한 체제라고 여겼으며, 헨리 조지는 헨리 조지대로, 만약 마르크스의 아이디어를 실제로 적용하게 된다면 그 결과는 독재로 끝날 것이라고 예견했다.

61) 여기서 유의할 것은 불로소득(不勞所得)의 정의에서 법적(法的) 의미와 경제학적(經濟學的) 의미가 다소 다르다는 점이다. 불로소득(不勞所得)이란 법적(法的)으로는 '정당한 노동이 아닌 방식으로 얻은 소득'인 반면에 경제학적(經濟學的)으로는 '개인의 노동을 사용한 대가로 얻은 소득'이다. 조직폭력배가 '땀을 흘리지 않는 무리(不汗黨)'라며 불한당이라 불렀던 것도 이러한 관점을 보여준다. 구걸의 경우 범죄는 아니지만 노동이 아니라는 측면에서 경제학적으로 보면 불로소득(不勞所得)이다. 그러나 경제학적(經濟學的) 측면에서 보더라도 불로소득(不勞所得)의 개념에는 논란이 많다. 한정된 자원을 바탕으로 완전경쟁시장에서 동일한 생산활동을 할 때보다 더 많은 이득을 얻는다는 경제학적 관점에서 보면 현실에서 불로소득(不勞所得)은 굉장히 많다. 예로서 로또와 같은 복권 당첨, 상속 등을 통한 소득, 사회간접자본의 혜택, 복지제도의 혜택 등도 불로소득(不勞所得)으로 꼽을 수 있다. 연금의 경우 과거 근로의 대가로서 후불제로 받는 것이지만 일단 수령시점에서는 일하지 않고 얻는 불로소득(不勞所得)이다. 그렇게 본다면, 워렌 버핏(Warren Buffett, 1930~현재)이 이룩한 부(富)의 대부분이 불로소득(不勞所得)인 재산(주식) 가치 증가에서 나왔으니 그는 전 세계 최고의 불로소득자인 셈이다. 부동산·골동품·미술품에의 투자, 증권투자, 은행 예금의 이자 등은 미래의 소비를 위해 현재의 소비가 주는 쾌락을 포기하는 데에 대한 보상, 미래의 불확실성에 대한 위험부담의 감수 등의 노력이 필요하다는 점에서 불로소득은 아닐 수 있다.

되어 있다: ① 제23조 제2항: 재산권의 행사는 공공복리에 적합하도록 한다; ② 제120조 제2항: 국토와 자원은 국가의 보호를 받으며, 국가는 그 균형있는 개발과 이용을 위하여 필요한 계획을 수립한다. 제122조: 국가는 국민 모두의 생산 및 생활의 기반이 되는 국토의 효율적이고 균형있는 이용 개발과 보전을 위하여 법률이 정하는 바에 의하여 그에 관한 필요한 제한과 의무를 과할 수 있다.

① '토지 불로소득(土地 不勞所得)'에 대한 '최적 사회보장세(Optimal Social Security Tax)' 부과의 정당성

물론, 본 연구의 제안: '토지 불로소득(土地 不勞所得)'에 가칭 '최적 사회보장세(社會保障稅, Optimal Social Security Tax)'를 부과하여 사회보장기금(Social Security Fund)을 확보하자는 것은 실로 엄청난 조세저항을 불러일으킬 수 있다. 그러나 상기 '사회보장세(Social Security Tax)'라는 목적세(目的稅)를 도입하지 않을 수 없는 현실적 정당성(正當性)은 다음과 같다:

첫째, 상기한 본 연구가 주장하는 토지의 개발이익, 즉 토지 불로소득(不勞所得)에 대한 '사회보장세(社會保障稅, Social Security Tax)' 부과는 사유재산권(私有財產權)의 침해가 아니다. 그 이유를 뒷받침할 수 있는 사상·철학적 배경으로서 토지(土地) 재산권(財產權)에 관한 (1) 자유민주주의의 주창자인 존 로크(John Locke, 1632~1704)의 사유재산권, (2) 자유지상주의자인 로버트 노직(Robert Nozick, 1938~2002)의 소유권과 분배론, (3) '토지공개념(土地公概念, Public Concept of Land)'을 최초로 주창한 헨리 조지(Henry George, 1839~1897)의 「진보와 빈곤」(Progress And Poverty, 1879년)의 사상, (4) 불평등(不平等)의 기원이 바로 불로소득(不勞所得)이라고 갈파한 노벨 경제학상 수상자인 조지프 스티글리츠(Joseph E. Stiglitz, 1943~현재) 교수의 저서 「불평등의 대가」(The Price of Inequality, 2012년) 등을 들 수 있다.

토지의 사유재산권(私有財產權)과 관련하여, 다음과 같은 '존 로크의 단서(Lockian Proviso)'에 유의할 필요가 있다: "적어도 그에 못지않은 질(質)의 충분한 양(量)이 다른 사람에게도 공동의 것으로 남아 있는 경우(at least where there is enough, and as good left in common for others)"에만 생산물에 대해 소유권을 인정할 수 있다고 한다(John Locke, 1689, section 27). 따라서 본 연구의 토지보유세(土地保有稅) 도입 주장은 사유재산권(私有財產權)의 침해가 아니다.

둘째, 소득세나 법인세는 '토지 불로소득에 대한 사회보장세 부과'에 비해 공평의 원칙, 효율성의 원칙, 세무행정상의 원칙의 측면에서 부합되지 않는다. 그 이유는 다음과 같다. 소득세나 법인세는 생산 활동에 부과하기 때문에 '필연적으로' 경제를 위축시킨다. 소득세나 법인세를 징수해서 복지(재분배)에 사용할 수 있고 그것이 경제에 선순환을 가져오는 효과는 있으나, 징수 자체가 초래하는 비효율은 피할 수 없다. 그리고 세무행정상의 원칙에서 보더라도 난점이 있다. 예컨대 소득세의 과세표준은 총수입에서 그 수입을 얻기 위해 지출하는 비용을 뺀 나머지인데 수입 총액을 파악하는 것부터가 쉽지 않은 일이다. 특히 모든 지출액 중에서 어느 것이 '그 수입을 얻기 위해 지출된 비용'인지를 판별하는 것은 본인 스스로에게도 어려운 작업이며, 더구나 제3자인 세무당국이 이를 정확하게 판별하는 것은 불가능하다. 물론, 누진적 구조의 소득세나 법인세가 능력원칙에 부합한다고 할 수 있지만, 앞서 다룬 경제성의 원칙과 충돌할 수밖에 없다.

그러나 '토지 불로소득에 대한 사회보장세 부과'는 3가지 기준: 공평의 원칙, 효율성의 원칙, 세무행정상의 원칙의 시각에서 보면 가장 좋은 세금이라는 것을 알 수 있다.

'토지 불로소득에 대한 사회보장세 부과'는 공평의 원칙에 잘 부합한다. 토지를 사용한다는 것은 위치의 편익을 누리는 것을 말한다. 그런데 토지 위치의 편익은 바로 사회가 만들어낸 가치다. 즉, 사회가 토지소유자에게 위치의 편익이라는 서비스를 제공한 것이므로, 토지소유자가 그에 상응하는 '토지 불로소득에 대한 사회보장세 부과'를 사회에 지불하는 것이 공평한 것이다.

'토지 불로소득에 대한 사회보장세 부과'는 효율성의 원칙도 충족시킨다. '토지 불로소득에 대한 사회보장세 부과'는 다른 세금과 달리 원칙적으로 경제에 전혀 영향을 주지 않는 중립적(neutral) 세금이다. 왜냐하면 토지의 공급이 고정되어 있기 때문이다. 공급이 탄력적인 상품에 세금을 부과하면 공급이 줄지만, 즉 그 상품을 만드는 생산 활동이 위축되지만, 공급이 완전 비탄력적인 토지는 세금이 부과되어도 공급이 줄지 않는다. 이런 이유로 정부의 간섭과 세금을 싫어했던 밀턴 프리드먼(Milton Friedman)도 '토지보유세'가 가장 좋은 세금이라고 주장했다. 그뿐만 아니라 '토지보유세(土地保有稅)'는 토지 투기를 잠재우고 토지의 효율적 사용을 유도하기 때문에 경제 전체를 보다 활성화시키기까지 한다.

'토지보유세(土地保有稅)'는 세무행정상의 원칙도 충족시킨다. 토지는 어디에도 숨길 수 없기 때문에 평가·징수하는 인력만 있으면 되고 세무 당국의 횡포와 부패, 납세자의 탈세와 사기의 가능성이 거의 없다.

셋째, 저출산(低出産)으로 인하여 한국의 총인구가 2018년 49,430천 명을 기점으로 감소하기 시작하여 2030년에는 48,635천 명으로서 2018년의 총인구에 비하여 1.4%가 감소하며, 2050년에는 42,343천 명(1989년 총인구 42,449천 명과 비슷한 수준)으로서 2018년의 총인구에 비하여 무려 14.2%가 감소하는 것으로 추정된다.

국민연금기금의 고갈 시점은 출산율과 기대수명에 의하여 결정된다. 출산율의 감소는 료를 납부하는 적용인구를 감소시킴으로써 고갈 시점을 앞당기며 기대수명의 연장은 연금 수급자를 증가시켜 국민연금기금의 고갈 시점을 앞당긴다.[62] 이 결과, 1998년과 2007년의 2차례 개혁으로 급여를 임금의 70%에서 40%로 낮추었으나, 현행 국민연금기금의 적립금(2019.07 기준 701조2,000억 원으로 잠정 집계, GDP의 37%)은 2043년에 2,561조 원으로 피크를 기록한 후 2055년경에는 고갈될 것으로 전망된다. 따라서 미래의 대한민국을 짊어져야 할 청년층의 노후 소득보장이 심히 우려된다.

사실, 청년층에게 '3대 부채(debt): 2020년 7월 현재 기준으로 국가부채 758조 원, 기업부채 1,954조 원, 가계부채 1,827조 원, 총부채는 4,539조 원(GDP의 237%)을 떠다 맡긴 주제에 그들의 노후 소득보장을 위한 국민연금기금 적립금이 제로 시대를 방관(傍觀)한다는 것은 무책임이요 몰염치일 뿐만 아니라 큰 죄(罪)를 짓는 것이다.

따라서 국민연금기금(國民年金基金)의 고갈(枯渴) 위기를 비롯한 복지재정(福祉財政)의 위기상황을 타개하기 위한 '토지 불로소득에 대한 사회보장세(Social Security Tax)'의 부과는 다른 어떤 '사회적 비용'보다 절실하고 시급한 과제라고 말할 수 있다. 단도직입적으로 말하면, 아무리 '사회적 비용'이 크더라도 망국(亡國)의 '죗값'보다는 적을 것이다.[63]

넷째, 65세 이상 인구 비율은 2018년 14%, 2026년 20%에 이르고, 2050년에는 38.2%로 증가하여 한국은 세계 최고의 '고령국가'가 될 것이라고 전망된다. 고령화로 인하여 15~64세 생산가능인구가 2016년 3,619만 명(73.4%)을 정점으로 감소하기 시작하여, 2050년에는 전체 인구의 53%(2,242만 명)가 경제활동에 참여하게 된다. 이 결과, 노인 1명을 부양하기 위해 필요한 생산가능인구 수가 2005년의 경우 7.9명, 2030년의 경우 2.7명, 2050년의 경우 1.4명으로 각각 추정된다. 그런데 65세 이상 고령인구의 55% 이상이 자신의 근속기간 동안 '내 집 마련'이나 '자녀 교육' 등으로 인하여 자신의 노후를 제대로 준비하지 못하고 있다. 이로 인해 한국의 '노인 빈곤율'은 경제협력개발기구(OECD) 평균 11.6%보다 무려 4배 이상 높은 48.5%에 달하고 있다. 따라서 고령화로 인해 연금 보험료를 납부할

62) 출산율은 2006년 1.12명, 2007년 1.25명, 2008년 1.19명으로 감소추세를 보이고 있으며, 고령화로 인해 연금 보험료를 납부할 생산가능인구(15~59세 인구)의 증가율이 2020년 이후 마이너스 1.4~마이너스 1.9%로 하락할 것으로 전망된다.

63) 임양택(2014), 「최적 사회보장과 창조경제를 위한 국민연금기금의 자산운용전략」, 국민연금연구원(NPS).

생산가능인구(15~59세 인구)의 증가율이 2020년 이후 −1.4~−1.9%로 하락할 것으로 전망된다.

다섯째, 상기한 근로소득과 금융자산뿐만 아니라 토지자산에서도 상위 계층에 의한 소유 집중도가 매우 높다. 상술하면, 인구의 1%가 개인토지의 55.2%를, 인구의 10%가 97.6%를 소유하고 있으며, 토지를 한 평도 소유하지 못한 세대가 40.1%(2012년 현재)나 된다. 그리고 2014년 현재 부동산 소유자 상위 10%는 하위 10%에 비해 가액기준으로 127.36배나 많은 부동산을 소유하고 있을 정도로 불평등이 극심하다(김영주 의원실 2016.08.31 보도자료). 부동산 소유자 상위 10%는 2007년부터 2015년까지 9년 동안 주택에서만 발생한 연평균 189.3조 원(연평균 GDP의 24.5%)의 토지(土地) 불로소득(不勞所得)을 향유했다. 이와 반면에 무(武)주택가구가 44.0%(2015년 현재)이다.

한편, 법인소유 부동산에서 발생한 토지(土地) 불로소득(不勞所得)은 2007년부터 2015년까지 연평균 117.8조 원이나 된다. 이 결과, 매년 최소 307조 원(189.3조 원+117.8조 원)의 토지(土地) 불로소득(不勞所得)이 토지를 과다하게 소유한 소수의 개인이나 법인에 귀속(歸屬)되었다.[64]

---

64) 상기한 천문학적 부동산(不動産) 불로소득(不勞所得)은 필히 소득분배를 악화시킨다. 토지 불로소득이 불평등의 핵심이다. 재벌들, 재산가들, 고위공직자들, 언론권력자들, 심지어 종교권력자들이 소유하고 있는 토지 규모는 실로 어마어마하다. 그들은 단지 토지를 소유했다는 이유만으로, 다시 말해서 토지 독점권을 국가가 인정해줬다는 이유 하나만으로 막대한 불로소득을 사유화하고 있고, 대다수의 사람들은 높은 주거비로, 임대료로, 주택담보대출에 대한 은행 이자로 생산한 소득의 상당 부분을 빼앗기고 있는 것이다. 남기업외 3인이 발표한 "부동산과 불평등 그리고 국토보유세"라는 논문을 보면 2007년부터 2015년까지 부동산 소득(실현 자본 이득+임대소득)을 추산하고 있는데 2007년의 경우 부동산 소득이 443.4조 원(실현 자본 이득 275.5조 원+임대소득 167.9조 원)으로 무려 GDP의 42.5%에 달했다. 2015년에는 부동산 소득이 482.1조 원(실현 자본 이득 227.0조 원+임대소득 255.1조 원)으로 GDP의 30.8%에 달했다. 이어서, 2015년 6월 말, 토지+자유연구소의 남기업 소장은 '부동산 소득과 소득 불평등' 보고서에서 건물주들의 부동산 소득을 '불로소득'으로 규정하고 모든 건물주들이 부동산을 통해 1년간 벌어들이는 매매차익과 임대료를 합치면 2014년의 경우 약 422조 원으로 추정했다. 상기 보고서에 따르면 부동산 매매차익 소득은 2007년 GDP(국내총생산) 대비 42.1%인 273조 8,000여억 원에 달했다가 부동산 경기침체 등의 여파로 점차 비율이 낮아지고 있다. 하지만 2014년에도 매매차익 소득은 GDP의 28.4% 수준인 175조 2,000여억 원으로 추정된다고 한다. 또한 남기업 소장은 주택의 경우 4%, 일반 건축물은 5%, 농지는 1.5%의 연간 임대료를 받는다고 가정하에서 2007년 165.7조 원이었던 귀속임대료는 매년 올라가 2014년에는 246.8조 원으로 추산했다. 한편, 이정우 경북대 경제통상학부 교수(당시)는 1991년 "한국의 부, 자본 이득과 소득 불평등"이라는 논문을 발표했다. 이 논문에서 그는 국토개발연구원(현 국토연구원)의 보고서를 통해 한 해의 토지거래 규모를 구했다. 1년에 전체 토지의 10%가 거래됐다면 해당 토지는 10년에 한 번 거래됐다고 가정하는 것이다. 이런 방식으로 그는 1989년 토지를 통한 자본이득(매매차익)이 당시 국민총생산(GNP)을 상회하는 53조 5,000억 원으로 추정했다. 따라서 토지 불로소득이 불평등의 핵심임을 알 수 있다. 재벌들, 재산가들, 고위공직자들, 언론권력자들, 심지어 종교

특히 법인의 토지소유 불평등은 개인보다 훨씬 더 심하다. 게다가 법인의 토지소유의 편중도가 계속 심화되고 있다. 2014년 현재 상위 1%의 법인이 전체 기업이 소유한 부동산의 76.2%(가액기준)를, 상위 10대 기업이 무려 35.3%를 소유하고 있다. 금액으로 보면, 2008~2014년 6년 사이에 상위 1% 기업이 소유한 부동산은 546조 원에서 966조 원으로 77% 증가했고, 상위 10개 기업의 보유 부동산 가격은 180조 원에서 448조 원으로 무려 147%나 폭증했다. 상위 1% 기업은 매년 100조 원 이상의 토지(土地) 불로소득(不勞所得)을 차지했다. 법인소유 부동산에서 발생한 토지(土地) 불로소득(不勞所得)은 2007년부터 2015년까지 연평균 117.8조 원이나 된다. 이 결과, 매년 최소 307조 원(189.3조 원+117.8조 원)의 토지(土地) 불로소득(不勞所得)이 토지를 과다하게 소유한 소수의 개인이나 법인에게 귀속(歸屬)되었다(김영주 의원실 2016.08.31 보도자료).

참고로, GDP 대비 토지보유세(土地保有稅) 비중(2014년 기준)을 국제비교해보면, 한국은 0.78%로서 미국의 2.62%, 영국의 3.13%, 프랑스의 2.60%, 일본의 2.04%는 물론이고 OECD 평균인 1.10%에도 크게 못 미친다. 한국의 법인이 소유한 지가(地價) 총액은 2016년 현재 1087.8조 원이고, 가계가 소유한 지가(地價) 총액은 4058.7조 원이다. 따라서 토지보유세(土地保有稅) 실효세율을 1%로 강화하면 법인에게는 10.9조 원을, 가계에는 40.6조 원을, 합계 51.5조 원을 징수할 수 있게 된다(토지+자유연구소, 토지+자유 리포트 14호).

② **'최적 사회보장세(Optimal Social Security Tax)'의 부과방법**

'토지(土地) 불로소득(不勞所得)'에 가칭 '최적 사회보장세(社會保障稅, Optimal Social Security Tax)'의 부과를 위한 추진전략은 다음과 같다:

비(非)업무용 기업의 토지와 비(非)생계용 가계의 토지의 순(純)현재가치 증가분, 즉 토지보유기간 동안 발생한 연간 지대(地貸)의 현재가치 총액에서 토지매입 지가(地價)의 원금(元金) 및 이자(利子) 지급액을 공제한 '토지 불로소득(不勞所得)'에 대하여 최적 세율의 '사회보장세(SST: Social Security Tax)'를 부과하고 그 세수(稅收)를 '사회보장기금(SSF: Social Security Fund)'으로 전환하고 이를 다시 신(新)성장동력산업에 투자하여 그 '사회보장기금(Social Security Fund)'을 증식한다.

헨리 조지(Henry George, 1839-1897)의 '조세 이동(Tax Shift)' 이론(1879년)에 의거하여,

---

권력자들이 소유하고 있는 토지 규모는 실로 어마어마하다. 그들은 단지 토지를 소유했다는 이유만으로, 다시 말해서 토지 독점권을 국가가 인정해줬다는 이유 하나만으로 막대한 불로소득을 사유화하고 있고, 대다수의 사람들은 높은 주거비로, 임대료로, 주택담보대출에 대한 은행 이자로 생산한 소득의 상당 부분을 빼앗기고 있는 것이다.

상기의 '사회보장세(社會保障稅)'를 납부한 기업(企業) 및 가계(家計)에 대하여서는 법인세(法人稅) 혹은 토지보유에 대한 재산세 및 거래세(취득세와 등록세)를 감면해 준다.

상기와 같이 징수된 '사회보장세(社會保障稅, Social Security Tax)'의 세수(稅收)를 사회보장기금(SSF: Social Security Funds)으로 환원하여 사회보장제도(國民年金, 國民健康保險 등)의 재정 확충에 충당한다.

③ 최근 한국사회의 '부동산 투기' 문제에 대한 본 연구의 논평

최근에 한국토지주택공사(LH) 직원들이 내부정보를 활용해 광명·시흥 100억 원대 투기 의혹이 사회적 잇슈로 물의를 일으켜 대다수 한국인의 분노를 일으켰다. 상기한 한국토지주택공사(LH) 직원 투기 행위는 경제학 용어로 지대추구(rent-seeking)를 넘어선 범죄에 가깝다. 이것이 결정타가 되어 2021년 재보궐선거에서 집권 여당이 참패하는 큰 원인 중 하나가 되었다.

월스트리트저널(WSJ)은 2021년 3월 12일(현지시간) '한국의 큰 경제 난제: 돈이 많아질수록 문제도 많아진다(Korea's Big Economic Conundrum: Mo Money, Mo Problems)'는 제목의 기사에서 "한국이 부동산 가격 급등과 늘어나는 부채 문제로 일본처럼 '대차대조표 불황'에 빠질 수 있다"고 지적했다. WSJ는 *"한국의 가장 위험한 경제 문제 중 하나(부동산 급등)는 최근 한국토지주택공사(LH) 직원 투기 스캔들에서도 여실히 드러났다"*며 *"1인당 GNI가 G7 국가를 추월한 것은 한국이 부유한 나라에 진입했다는 뜻이긴 하지만, 집값과 가계부채 문제가 한국의 잠재 성장에 심각한 위협이 되고 있다"*고 밝혔다.

<한국은행> 발표에 따르면 2020년 1인당 총국민소득(GNI)는 3만 1,755달러로, 환율 적용 방식에 따라 이탈리아와 비슷하거나 이탈리아를 넘어섰을 것으로 예상된다. 그러나 한국의 국내총생산(GDP) 증가율이나 1인당 총국민소득(GNI)도 중요한 지표지만, 부채(負債)가 크게 늘면서 기업이나 가계 등이 지출을 줄이게 된다는 점을 크게 우려했다. 2020년 정부의 부동산 대책 중 양도소득세 인상 등의 조치에 대해서는 *"집값 급등과 가계부채 증가를 막지 못했다"*고 평가했다. 주택공급대책에 대해서도 *"향후 4년간 83만 6천 채 이상 주택을 공급하겠다는 계획은 야심차지만 가격에 영향을 미치려면 시간이 걸릴 것"*이라고 덧붙였다.

사실, 문재인(文在寅) 정부(2017~현재)는 출범 초기부터 부동산 가격 하락을 가장 큰 정부의 과제로 삼았다.[65] 그리고 부동산 가격 하락을 위하여 2020년에 들어 여러 가지

65) 문재인(文在寅) 정부(2017~2022)는 2017년 출범 당시 100대 국정과제에서 포용적 복지국가를 위해 '서

대책을 내놓았지만 결론적으로 보자면 급격한 전세가 상승과 집값 폭등으로 역효과를 야기했다.

그렇다면, 문재인(文在寅) 정부(2017~현재)의 부동산 정책은 무엇인가? 그것의 핵심기조는 '주택 공공성 강화'이다. 즉, 정부의 주택 정책은 경기부양이나 경기조절의 수단이 아니라 '서민 주거안정 및 실수요자를 보호'하기 위한 정책임을 확고한 원칙으로 내세웠다. 이를 위해서는 집이 '투자(投資)'의 대상이 아니라 '거주(居住)'의 대상이라는 점을 시장에 명확히 인식시키기 위해 투기수요를 철저히 차단하였다. 이에 따라 3대 원칙: ① 투기수요 근절, ② 실수요자 보호, ③ 생애주기별·소득수준별 맞춤형 대책에서 포용적 주거복지를 위한 주택시장 안정책과 실수요자 중심의 지원·공급책을 추진해왔다.

문재인(文在寅) 대통령(2017~2022)은 2020년 8월 임대차보호 강화 및 종합부동산세 개정을 포함한 이른바 '부동산 3법'이 국회를 통과한 뒤, 수석·보좌관 회의에서 "실수요자는 확실히 보호하고 투기는 반드시 근절시키겠다는 것이 확고부동한 원칙"이라며 '주거의 정의실현'을 강조했다. 문재인(文在寅) 대통령은 정부의 주거시장 안정 대책으로서 4대 방향의 정책 패키지: ① 불로소득(不勞所得) 환수, ②투기 수요 차단, ③공급 물량 최대한 확보, ④ 세입자 보호를 마련하였다. 즉, "불로소득(不勞所得)을 환수하는 세제 개혁으로 투기수요를 차단하는 장치를 마련했고 갭투자를 차단해 가격불안 요인을 제거했다"며 "신규 택지 발굴 등 실수요자들을 위한 획기적인 공급대책을 마련했고 임차인의 권리를 대폭 강화해 임대인과 임차인 간의 기울어진 관계를 개선하자는 것"이다.

구체적으로, 2017년 6월 투기 수요를 억제하기 위한 첫 대책을 발표한 이래, 종합부동산세율과 양도세율을 강화하고 대출을 규제했으며, 주택청약제도 개선, 재건축 초과이익 환수제 등을 통해 실수요자 중심의 안정적인 주택시장 관리를 추진하고 있다. 전·월세 주거안정성 확대를 위해 임대등록을 활성화하여 법적으로 임대주택 관리를 강화했고, 임대차보호법 개정 등으로 임차인의 권리를 강화했다. 신혼부부·청년 주거지원 등 생애단계별 맞춤형 주거지원 대책을 포함한 주거복지로드맵도 마련했다. 안정적인 수도권 주택수급 기반을 갖추기 위해 수도권에 3기 신도시, 공공개발 등 약 200만 호 이상(2021.02.04 기준)의 주택을 공급할 계획이며, 수도권 광역교통망 개선방안도 함께 수립했다. 심지어, 급격한 주택가격 상승이 일어나는 지역을 대상으로 ① 투기과열지역 및 조정대상지역 지정

민이 안심하고 사는 주거 환경 조성'과 '청년과 신혼부부 주거 부담 경감'을 발표했다. 이를 위한 실천목표로는 공공임대주택의 공급과 운영·관리 개선, 임대주택 등록 활성화, 신혼부부 주거비용 지원, 청년 임대주택 공급 등 세부 부동산 정책을 추진하겠다는 계획을 밝혔다.

을 확대하고, ② 이들 지역에 대한 대출 등 금융지원책을 바꾸고, ③ 종합부동산세 및 양도세 등 세금 제도를 바꾸어 투기 수요를 막았다. 또 가격 안정을 위해 ④ 분양가 상한제를 도입했다.

그럼에도 불구하고, 상기한 문재인(文在寅) 정부(2017~현재)의 부동산 정책은 오히려 급격한 전세값 상승과 집값 폭등으로 역효과를 야기했다. 그 원인은 무엇일까? 문재인(文在寅) 정부(2017~현재)는 전술한 바와 같이 "실수요자는 확실히 보호하고 투기는 반드시 근절시키겠다는 것이 확고부동한 원칙"이라며 '주거의 정의실현'을 강조하고 불로소득(不勞所得)을 환수하는 세제 개혁으로 투기수요를 차단하는 장치를 마련했다고 하지만, 상기 조치는 '부동산 투기'라는 사회적 병폐의 근원은 그대로 둔 채, 표면적 증상에만 메스를 갖다댄 우(愚)를 범한 것이다.

상기한 한국토지주택공사(LH) 직원 투기 행위는 결코 새삼스러운 것이 아니다. 한국사회에서 공공연히 자행되어온 '범죄적 지대추구(rent－seeking)'이다. 전술한 바와 같이, 천문학적 토지 불로소득이 '전설'이 되어 온 한국사회에서 그것의 근본요인을 제거하지 않은 채, '부동산 가격(집값 폭등)'을 종합부동산세 및 양도소득세로 제어하겠다는 것은 과거에서도 그랬었던 것처럼 아무런 실효성이 없는 것이다.

마치, 가스 폭발로 아파트에 화재가 발생하였는데, 소방차들이 출동하여 불타고 있는 아파트 건물에만 호스로 물을 퍼붓는 격이다. 무엇보다도 시급한 것은 화재의 원인인 가스 파이프라인을 차단하는 것이다.

대한민국 전체인구 중에서 토지(土地)를 소유하고 있는 개인은 전체의 33.4%이고 평균 가액은 1억 7천만 원이며 평균 소유면적은 2,699㎡다. 2018년 기준으로 전체인구 중 상위 0.1%가 가액의 12.3%, 면적의 19.1%를, 상위 1%가 가액의 33.8%, 면적의 53.6%를, 그리고 상위 10%가 가액의 79.1%, 면적의 96.5%를 소유하고 있다. 즉, 토지(土地)를 기준으로 보면 대한민국 상위 10%가 대한민국의 토지(土地) 대부분을 가지고 있는 셈이다. 나아가, 국토부 데이터를 세대(世代) 기준으로 재정렬해 10분위로 나눠보면 토지를 가장 많이 보유한 최상위 10%가 가액기준으로 68.7%, 상위 20%가 83.4%, 상위 30%가 91.5%를 소유하고 있다. 이와 반면에 하위 40%는 토지를 전혀 소유하지 않고 있고, 하위 50%는 토지의 0.9%만 소유하고 있다.

집값(부동산 가격)의 주요 결정인자는 토지 가격이며, 부동산 가격 폭등은 토지(土地) 불로소득(不勞所得)이다. 따라서, 앞에서 본 연구가 제안한 바와 같이, 자유로운 부동산 거래를 보장하되 토지(土地) 불로소득(不勞所得)에 '사회보장세'(Social Security Tax)를 부과하여 국민연금과 국민건강보험기금을 확충하자는 것이 본 연구의 취지이다.

국민연금 기금의 고갈 시기로 추정되는 2055년이 점점 다가오는데도 불구하고 미래세대의 노후소득 보장 문제 해결을 위하여 '사회보장제(Social Security Tax)'라는 목적세(目的稅) 도입을 고려조차 하지 않는 한국 정부 및 정치인들의 사고 수준은 높다고 보기 어렵다. 그 목적세(目的稅)를 소득불균형의 원흉인 부동산(특히 토지)에 적용할 정책을 고민하지 않고 '그들이' 오히려 은밀하게 부동산 투기를 자행하고 있으니 가히 망국(亡國)의 징조가 보인다.

04 '청사진 3': 슘페테리언 테크노-경제발전 전략에 의한 고용창출형 경제성장

경제성장(economic growth)이란 한 국가의 잠재적 산출량(완전고용 수준의 산출량, 자연산출량)의 증대를 말한다.[66] 즉, 한 국가의 생산가능곡선(production possibility curve)이 오른쪽으로 확대되는 현상을 말한다. 또한 경제가 성장하고 있다는 것은 한 국가의 잠재적 산출량의 총액이 증가하는 것이 아니라 1인당 잠재적 산출량이 증가한다는 것을 의미한다. 왜냐하면 인구가 늘어남에 따라 총산출량이 증가할 수가 있기 때문이다. 1인당 산출량 혹은 1인당 국민소득이란, 다른 말로 표현하면, 노동생산성(labor productivity) 또는 평균노동생산성(average labor productivity)이라고 할 수 있다.

경제성장의 요소들은 ① 자연자원(natural resources), ② 기술수준(technology) 또는 기술적 지식(technological knowledge), ③ 실물자본(physical capital), ④ 노동(labor), ⑤ 인적자본(human capital) 등이다. 산출량과 요소 간의 관계는 다음과 같은 총생산함수(APF: Aggregate Production Function)로써 나타낼 수 있다.

$$Y = AF(R, K, L, H) \quad \cdots\cdots (70)$$

여기서 Y = 산출량
A = 기술수준
R = 자연자원
K = 실물자본
L = 노동
H = 인적자본

자연자원(natural resources)은 자연자원으로부터 제공된 생산투입물을 말한다. 예를 들

66) 여기서 우리가 잠재적 산출량(잠재적 GDP)의 증대를 강조하는 이유는 비록 실제 GDP가 경기후퇴로 인하여 잠재적 GDP 수준에 미치지 못하더라도 그것은 어디까지나 경기변동의 한 국면을 나타내는 일시적인 현상일 뿐이며, 그 경제의 생산저력을 나타내는 것은 물가를 변화시키지 않는 완전고용(完全雇用) 상태에서의 생산능력인 잠재적 산출량이기 때문이다.

면 토지, 농토, 석유, 각종 광물, 강우량 등이다. 특히 토지는 과거 가장 중요한 경제성장의 원천이었다. 자연자원은 두 가지 형태로 나누어진다. 하나는 재생가능 자연자원(renewable natural resources)이고 다른 하나는 재생 불가능(nonrenewable) 자연자원이다. 삼림 등은 재생 가능한 자연자원이다. 그러나 석유와 같은 것은 재생 불가능한 자연자원이다. 이러한 자연자원의 차이가 경제성장률의 차이와 생활수준에 영향을 미친다.

실물자본(physical capital), 즉 자본스톡(capital stock)은 도로, 항만, 공항, 발전소, 기계나 중장비 등과 같이 재화나 용역을 생산하기 위하여 사용되는 구조물이나 설비를 말한다. 이러한 자본스톡은 노동생산성을 높여 준다. 왜냐하면 맨손으로 일을 하는 것보다 도구와 장비를 갖고 일하는 것이 훨씬 더 효율적이고 생산적이기 때문이다. 자본스톡의 축적은 현재의 소비를 희생 혹은 연기함으로써, 즉 저축을 통하여 가능하다. 다시 말하면, 현재소비를 선택하는 대신에 저축을 하고 이것을 투자로 전환함으로써 자본스톡이 축적되는 것이다. 그러므로 자본스톡의 증대를 위해서는 저축이 필요한 것이다. 자본스톡은 단순히 공장 등의 구축물이나 기계와 같은 설비만을 의미하는 것은 아니다. 도로, 항만, 공항, 공업용수, 관개시설 등을 포함한다. 후자의 자본스톡을 사회간접자본(SOC: Social Overhead Capital)이라고 부른다.

인적자본(human capital)은, 단순히 양적 노동투입량뿐만 아니라, 노동자들이 교육, 훈련, 경험을 통해 얻은 지식과 기능 등 노동의 질적 측면도 포함하는 개념이다.[67] 비록 좋은 장비와 기계가 있다고 가정하더라도, 만약 이것을 잘 다룰 수 있고 사용할 수 있는 숙달된 능력이 없다면, 그러한 노동력은 생산적이지 못한 것이다. 따라서 인적자본은 노동생산성을 증가시킨다.

기술 또는 기술적 지식은 재화와 용역을 생산하는 최선의 방법을 제공한다. 사실, 기술진보는 경제성장률을 결정하고 투입요소의 생산성을 증대시키며, 따라서 생활수준을 결정하는 가장 중요한 요소이다. 왜냐하면 경제성장은 노동과 자본의 투입에 의해 생산시설의 규모를 확대함으로써 이루어질 수도 있지만 혁신과 기술진보에 의해 달성될 수 있기 때문이다. 기술의 종류에는 생산기술과 경영기술이 있다. 생산기술은 새로운 산출물의 출현을 위한 우수제품의 개발 또는 신제품을 만드는 지식체계를 의미하는 반면에 경영기술은 생산방식, 판매방식, 관리방식에 관한 지식체계를 말한다.

---

67) 임양택·정준석(1998a), "인적자본의 측정에 관한 연구: 한국제조업을 중심으로", 한국경제학회 정기 학술대회, 02.13.; Lim, Yang-Taek(2002), "A Comprehensive Human Capital Index and Its Application to the Estimation of the Export and Import Functions in the Korean Manufacturing Industries", The Journal of the Korean Economy, Vol.3, No.2, Fall(co-authored with Joon-Suk Jung).

1) 신고전학파의 경제성장 모형

신고전학파의 경제성장 모형은 주로 로버트 솔로(Robert Solow, 1956)[68]의 연구에 기초를 두는데, 솔로(R. Solow)는 헤로드-도마(Harrod-Domar)의 장기 성장 궤도의 불안정성이 고정계수 생산함수(fixed coefficient production function)로부터 야기된다고 파악하고, 이 생산함수 대신에, 자본과 노동의 상호대체를 허용하는 신(新)고전학파의 생산함수(Neoclassical production function)를 가정하였다. 즉, 솔로(R. Solow)는 자본계수(v), 즉 자본-산출량의 비율(v≡K/Y)의 값을, 헤로드-도마의 모형에서와 같이, 사전에 이미 외생적으로(exogenously) 결정되어 있는 것이 아니라, 경제성장 과정에서 내생적으로(endogenously) 결정될 수 있는 것으로 가정하였다. 이 결과, 솔로(R. Solow)의 균형성장조건은 외형 면에서는 헤로드 및 도마의 그것과 동일하지만 내용 면에서는 전혀 다르다. 즉, 헤로드 및 도마(Harrod-Domar)의 균형성장은 동태적으로 불(不)안정적인 반면에 솔로(R. Solow)의 균형성장은 장기 균형(The Long-run Equilibrium)으로 수렴(收斂)하므로 동태적으로 안정적이다.

솔로(R. Solow) 이후 많은 경제성장이론가들이 솔로우의 모형을 활용하여 왔고 또한 더욱 발전시켜 왔는데 경제학계는 이들의 모형을 '신고전학파의 경제성장 모형'이라고 통칭한다. 이 모형은 하기의 기본 가정에 기초를 둔다.

가정 1

경제는 오직 단일 상품만을 생산한다고 가정한다. 이 가정하에서, 생산된 상품은 소비재(consumer goods)가 될 수 있음과 동시에 생산재(producer goods)도 될 수 있다. 이 가정은 저축가와 투자가가 상이함으로써 발생하는 투자(사전적 투자와 및 사후적 투자)와 저축의 괴리문제를 제거하기 위하여 도입된 것이다.

가정 2

저축(S)은 국민소득(Y)에 일정한 저축률(s)을 곱한 것이다. 즉,

---

68) Robert M. Solow(1956), "A Contribution to the Theory of Economic Growth," Quarterly Journal of Economics, Feb., Vol. 70(1), pp. 65~94.

$$S = sY \quad (0 < s < 1) \cdots\cdots (71)$$

가정 3

자본스톡(K)의 감가상각은 발생하지 않는 것으로 가정한다. 따라서 투자(I)는 자본스톡의 시간(t)당 증가율(dk/dt)과 같다. 즉,

$$dK/dt = I \cdots\cdots (72)$$

가정 4

노동력의 성장률($\dot{L}$)은 외생적으로 주어진 일정한 자연성장률(natural growth rate) n이며, 노동력 성장률 g_L과 노동증가형 기술진보율 λ의 합(合)이다. 즉,

$$\dot{L} \equiv dL/dt/L = n(= g_L + \lambda) \cdots\cdots (73)$$

가정 5

생산함수 $Y = F(K, L)$은 3가지 특성, 즉 1차 동차 함수, 자본과 노동의 한계생산의 체감, 자본과 노동의 대체가능성을 갖는다. 이 가정하에서 '1차 동차 함수(homogeneous function of degree one)'란 규모에 대한 보수의 불변(CRS: Constant Returns to Scale)을 의미한다. 즉, 생산요소들(K, L)이 동일한 비율(어떤 상수)로 변한다면 이 비율만큼 산출량(Y)도 변화한다는 특성을 말한다. 이 특성을 이용하여 주어진 생산함수를 노동단위당 산출량($y \equiv Y/L$)의 형태인 노동집약적 생산함수(labor-intensive production function)로써 식(74)와 같이 나타낼 수 있다. 따라서 규모에 대한 보수의 불변(CRS)을 가정함으로써 노동단위당 산출량($y = Y/L$)을 노동단위당 자본, 즉 자본/노동의 비율($k = K/L$)의 함수로 나타낼 수 있다.

$$y = \frac{Y}{L} = F(\frac{K}{L}, 1) = f(\frac{K}{L}) = f(k), \ f' > 0 \ , \ f'' < 0 \cdots\cdots (74)$$

또한 상기의 <가정 5>에서 '자본과 노동의 한계생산의 체감'은 다음과 같이 나타낼

수 있다. 즉,

$$\frac{\partial F}{\partial K} > 0, \quad \frac{\partial F}{\partial L} > 0; \quad \frac{\partial^2 F}{\partial K^2} < 0, \quad \frac{\partial^2 F}{\partial L^2} < 0 \quad \cdots\cdots (75)$$

즉, 자본(K)의 한계생산($MPK \equiv \partial F/\partial K$)과 노동(L)의 한계생산($MPL \equiv \partial F/\partial L$)은 각각 '0'보다 크다. 그러나 K와 L이 증가함에 따라 MPK와 MPL의 증가비율은 감소한다. 이 가정은 식 $f' > 0$, $f'' < 0$으로서 표시된다.

마지막으로, 상기의 <가정 5>에서 '자본과 노동의 대체 가능성'이란 경제성장이 진행됨에 따라 자본－노동의 비율($k \equiv K/L$)이 변화될 수 있다는 것이며, k가 변할 수 있다는 것은 노동 단위당 산출량, 즉 산출량/노동의 비율$\{y = Y/L = f(k)\}$이 변화될 수 있다는 것을 의미한다. 또한 이것은 산출량/자본의 비율(Y/K)도 변화될 수 있다는 것을 의미한다. 즉,

$$\frac{Y}{K} = \frac{Y/L}{K/L} = \frac{y}{k} = \frac{f(k)}{k} \quad \cdots\cdots (76)$$

여기서 유의해야 할 것은 $f(k)/k$의 비율은 바로 노동 단위당 생산함수 $f(k)$ 상의 모든 점과 원점을 잇는 직선의 기울기를 나타낸다는 점이다. 그리고 이것은 헤로드－도마(Harrod－Domar)의 경제성장 모형에 있어서 자본/산출량의 비율(v=K/Y)의 역수를 의미한다. 즉,

$$\frac{1}{v} = \frac{1}{K/Y} = \frac{Y}{K} = \frac{Y/L}{K/L} = \frac{y}{k} = \frac{f(k)}{k} \quad \cdots\cdots (77)$$

헤로드－도마의 경제성장 모형에 있어서 자본－산출량(K/Y)의 비율(v)은 외생적으로 고정된 것(즉, 상수)이기 때문에 v는 오직 하나밖에 존재하지 않는다. 그러나 신고전학파의 경제성장 모형에서는 자본과 노동의 대체 가능성을 허용하기 때문에 산출량/노동의 비율($y \equiv Y/L$)의 변화뿐만 아니라 산출량/자본의 비율($1/v \equiv Y/K$)의 변화도 가능하다.

따라서 신고전학파의 경제성장 모형에서는 자본/노동(K/L)의 비율(k)이 변화함에 따라 자본/산출량(K/Y)의 비율(v)이 변화할 수 있게 됨으로써 헤로드－도마(Harrod－Domar)의

경제성장 모형에 있어서의 경직적 가정($v = v_0$)으로 인한 장기균형 성장궤도(The Long-run Equilibrium Growth Path)의 불안전성(不安全性)을 제거할 수 있다.

전술한 가정하에서, 신고전학파의 경제성장 모형을 다음과 같이 도출하고자 한다.

① 단일재화가 생산되는 경제에서 어떤 시점(t)의 국민소득(Y)은 소비(C)와 투자(I)의 항등식으로 나타낼 수 있다. 즉,

$$Y(t) \equiv C(t) + I(t) \quad \cdots\cdots (78)$$

한편, 식(78)의 양변을 노동(L)으로 나누고 「가정 5」에 의거하여 노동단위당 비율의 형태로 나타내면 다음과 같다. 즉,

$$Y/L(t) = f\{k(t)\} = C/L(t) + I/L(t) \quad \cdots\cdots (79)$$

② 자본/노동 비율($k \equiv K/L$)의 퍼센티지 변화율($\dot{k}$)은 자본스톡의 퍼센티지 변화율($\dot{K}$)에서 노동의 퍼센티지 변화율($\dot{L}$)을 뺀 것과 같다. 즉,

$$\dot{k} = \dot{K} - \dot{L} \quad \cdots\cdots (80)$$

상기의 자본/노동 계수 k, 즉 K/L에서 만약 자본스톡 K나 노동력 L이 동일한 비율로 증가하면 k의 성장률은 '0'이 될 것이다. 만약 K의 퍼센티지 성장률($\dot{K}$)이 노동력의 퍼센티지 성장률($\dot{L}$)보다 크다면 자본/노동(K/L)의 퍼센티지 성장률 $\dot{k}$은 증가할 것이다($\dot{k} > 0$). 만약 상기와 반대이면, $\dot{k}$는 감소할 것이다($\dot{k} < 0$). 한편, <가정 4>에 의하여, 노동력의 퍼센티지 성장률 $\dot{L}$은 자연성장률 n과 같으므로 식(73)은 다음과 같이 쓸 수 있다.

$$\dot{k} = \dot{K} - n \quad \cdots\cdots (81)$$

$$\frac{dk}{dt} = \frac{dK/dt}{L} - nk \quad (\because K \cdot k = L) \quad \cdots\cdots (82)$$

$$\frac{dK/dt}{L} = \frac{dk}{dt} + nk \quad \cdots\cdots (83)$$

③ 식(83)에 의하여, 식(79)는 다음과 같이 나타낼 수 있다. 즉,

$$f(k) = C/L + dk/dt + nk \cdots\cdots (84)$$

즉, 노동단위당 산출량 $f(k)$는 노동단위당 소비(C/L), 노동력의 증가에 따라 자본/노동 계수(k)를 일정한 균형치(k*)로 유지하기 위한 노동단위당 투자(nk), 실제로 자본－노동 계수(k)의 시간당 증가율(dk/dt)의 합($C/L+\dot{k}+nk$)으로 나타낼 수 있다.

자본(K)과 노동(L)이 비슷한 비율로 증가하는 현상을 자본심화(capital deepening)라고 부르는 반면에 노동력(L)의 증가에 대응하여 자본스톡(K)이 축적됨으로써 자본/노동(K/L)의 비율(k)을 일정한 균형치(k*)가 유지되는 것을 자본확산(capital widening)이라고 부른다.

④ 식(84)를 통하여 신고전학파의 경제성장 모형의 기본방정식을 구할 수 있는데, $f(k) = C/L + dk/dt + nk$에서 $f(k) = y = Y/L$이므로 다음과 같은 방정식을 얻을 수 있다. 즉,

$$dk/dt = Y/L - C/L - nk = S/L - nk \quad (\because Y/L - C/L = S/L) \cdots\cdots (85)$$

그리고 $S = sY$; $Y/L = f(k)$이므로 식(85)는 다음과 같이 나타낼 수 있다.

$$dk/dt = sf(k) - nk \cdots\cdots (86)$$

상기의 식(86)은 신고전학파의 경제성장 모형에 있어서 기본방정식인데 그 의미는 다음과 같다. $sf(k)$는 노동단위당 저축(S/L)을 나타내지만 저축(S)은 자동적으로 투자(I)된다(S=I)고 가정하였으므로 노동단위당 투자(I/L)라고도 말할 수 있다. nk는 자본/노동(K/L)의 비율(k)을 일정한 균형치(k*)로 유지하는 데 필요한 노동단위당 투자의 유량이다. 따라서 자본/노동(K/L)의 비율(k)의 시간당 변화율 dk/dt는 노동력의 증가에 대응하여 자본/노동(K/L)의 비율(k)을 일정한 균형치(k*)로 유지하는 데 필요한 노동단위당 투자의 유량을 뺀 것이다.

⑤ 신고전학파 경제성장의 균형조건은 다음과 같다.

$$\dot{k} = 0 \quad \cdots\cdots (87)$$

즉,

$$\dot{K} = \dot{L} = n \quad \cdots\cdots (88)$$

자본스톡(K)과 노동력(L)이 동일한 비율(여기서는 자연성장률 n)로 증가함으로써 노동단위당 자본스톡(k≡K/L)이 불변($\dot{k} = 0$)해야 될 때, 경제성장 궤도는 장기균형 정상적(正常的) 상태(long run equilibrium steady state)를 유지하게 된다는 것이다.

신고전학파의 경제성장 모형을 그래프로 나타내면 [그림 V-4]와 같다. 장기균형은 $sf(k)$와 nk가 교차하는 점 E에서 k*로 결정된다. 노동단위당 국민소득은 $(Y/L)^*$로, 노동단위당 저축 및 투자는 $(S/L)^*$ 및 $(I/L)^*$로, 이 결과 노동단위당 소비는 $(C/L)^*$로 각각 결정된다. 상기의 변수들은 모두 자연성장률 n으로 성장한다.

이제 k*이 균형성장 경로임을 증명하고자 한다. 경제가 자본/노동(K/L)의 비율(k)이 균형치 k*이 아닌 다른 k에 놓여 있을 때, 즉 [그림 V-4]에서 k_0 혹은 k_1에서 시작할 때, 과연 균형성장은 달성될 수 있을까이다. 이 문제를 분석하면 다음과 같다. 우선 경제가 k_0의 위치에 있을 때, $sf(k) > nk$이다. 즉,

$$sf(k) > nk; \; s\frac{Y}{K} > n; \; \dot{K} > n \quad \cdots\cdots (89)$$

이 경우 자본스톡의 성장률($\dot{K}$)이 노동력의 성장률(n)보다 크므로 자본/노동 계수(k)가 증가($\dot{k} > 0$)하게 된다. 이는 실제의 노동단위당 투자(I/L) 및 저축(S/L)이 균형성장(k^*)의 유지에 필요한 노동단위당 투자(I/L) 및 저축(S/L)보다 더 큼을 의미한다. 따라서 초과저축 및 초과투자는 자본/노동(K/L)의 비율(k)을 증가($\dot{k} > 0$)시키게 되며, 이에 따라 k는 k_0으로 이동하게 된다.

한편, k가 k_1일 경우, 상기와 반대의 논리에 의하여, $sf(k) < nk$가 야기된다. 즉,

$$sf(k) < nk; \; s\frac{Y}{K} < n; \; \dot{K} < n \quad \cdots\cdots (90)$$

이 경우, 실제의 노동단위당 투자(I/L) 및 저축(S/L)이 균형성장(k^*)의 유지에 필요한 노동단위당 투자(I/L) 및 저축(S/L)보다 더 작게 된다. 따라서 자본－노동(K/L)의 비율(k)은 감소($\dot{k}< 0$)하게 되며 k_1은 k*으로 좌측 이동하게 된다.

그러므로 초기의 자본－노동 계수(k_0)가 장기 균형치 k*보다 크든 혹은 작든 간에, 신고전학파 경제성장 모형에 있어서는 경제성장 궤도를 균형 장기 경제성장 경로(k^*)에로 수렴시킬 수 있는 자동조절기능이 존재함을 알 수 있다. 이 결과, 장기 균형치 k*로의 수렴현상(convergence)으로 인하여, 신고전학파의 장기 균형 성장 궤도는 동태적으로 안정적(dynamically stable)하게 된다. 이것을 수학적으로 증명하면 다음과 같다.

$$\frac{\partial \dot{k}}{\partial k} = \frac{s}{k}\left\{f'(k) - \frac{f(k)}{k}\right\} < 0 \quad \cdots\cdots (91)$$

여기서 $f'(k)$ = 자본의 한계생산성(MPK); $f(k)/k$ = 자본의 평균생산성(APK)

즉, 생산함수가 오목성(concavity)으로 인하여 k와 $\dot{k}$는 반대방향($k\uparrow$, $\dot{k}\downarrow$)으로 움직인다는 것이다.

만약 생산함수를 하기와 같은 단순 콥－더글라스(Cobb－Douglas) 형태로 가정하면, 1인당 산출물($y \equiv Y/L$)은 다음과 같이 나타낼 수 있다.

$$Y = F(K, L) = K^{\alpha} L^{1-\alpha} \quad \cdots\cdots (92)$$

$$Y = L(K/L)^{\alpha} = L(k)^{\alpha} \quad \cdots\cdots (93)$$

$$y = f(k) = (k)^{\alpha} \quad \cdots\cdots (94)$$

상기의 식(86)에 식(94)를 대입하면,

$$\frac{dk}{dt} = sf(k) - n(k) = s(k)^{\alpha} - nk \quad \cdots\cdots (95)$$

$$\frac{dk}{dt} + nk = s(k)^{\alpha} \quad \cdots\cdots (96)$$

상기 식(96)은 베르누이 방정식(Bernoulli equation)이다. 이 공식을 적용하면 다음과 같다.[69] 즉,

$w = (k)^{1-\alpha}$로 두면

$$\frac{dw}{dt} + (1-\alpha)nw = (1-\alpha)s \text{ (베르누이 방정식)} \quad \cdots\cdots (97)$$

여기서 $v = (1-\alpha)n$, $z = (1-\alpha)s$

$$w(t) = e^{-\int vdt}(C + \int ze^{\int vdt}dt) \quad \because \text{ C는 적분상수(integral constant)}$$

$$= e^{-\int(1-\alpha)ndt}\left\{C + \int(1-\alpha)s\,e^{\int(1-\alpha)ndt}dt\right\}$$

$$= e^{-(1-\alpha)nt}\left\{C + \int(1-\alpha)se^{(1-\alpha)nt}dt\right\}$$

$$= e^{-(1-\alpha)nt}\left\{C + \frac{(1-\alpha)s}{(1-\alpha)n}e^{(1-\alpha)nt}\right\}$$

$$= Ce^{-(1-\alpha)nt} + \frac{s}{n}$$

만약 $t=0$, $w(0) = C + \frac{s}{n}$이면, 적분 상수 C는 다음과 같다.

$$C = w(0) - \frac{s}{n} = k(0)^{1-\alpha} - \frac{s}{n} \quad \cdots\cdots (98)$$

---

69) $\frac{dy}{dt} + ay = by^n (n \neq 0;\ n \neq 1)$ 에서 $w = y^{1-n}$으로 두면 $\frac{dw}{dt} + (1-n)aw = (1-n)b$

여기서 $v = (1-n)a;\quad z = (1-n)b$

따라서 $\frac{dw}{dt} + vw = z$

따라서 $w(t) = (k)^{1-\alpha}$는 다음과 같다.

$$w(t) = \{k(t)\}^{1-\alpha} = Ce^{-(1-\alpha)nt} + \frac{s}{n} = \left\{k(0)^{1-\alpha} - \frac{s}{n}\right\}e^{-(1-\alpha)nt} + \frac{s}{n} \cdots\cdots (99)$$

그러므로 $n > 0$, $0 < \alpha < 1$이므로 $t \rightarrow \infty$에 따라, 자본/노동의 비율(k)은 다음과 같이 어떤 상수에 수렴한다.

$$k(t)^{1-\alpha} \rightarrow \frac{s}{n} \cdots\cdots (100)$$

$$k^{*} = \left(\frac{s}{n}\right)^{\frac{1}{1-\alpha}} \cdots\cdots (101)$$

여기서 s=저축률; n=자연성장률; α=자본집약도; $(1-\alpha)$ = 노동집약도

즉, 자본/노동(K/L)의 비율(k)은 장기적으로 어떤 상수 값(k^{*})에 수렴하며, 그 상수 값은 저축률(s), 자연성장률(n) 및 자본집약도(α)에 의하여 결정된다는 것을 알 수 있다. 이 결과, 장기적으로는, 각 국가의 1인당 국민소득 수준$(y \equiv Y/L)$과 경제성장률(n)이 각각 일치하게 된다는 것을 알 수 있다.

[그림 Ⅴ-4]에서 보면 $k(=K/L)$이 증가함에 따라 1인당 산출량$(y \equiv Y/L)$은 증가한다. k_1인 경우 1인당 산출량은 y_1이며 k가 k_2로 증가하면 y는 y_2로 증가한다. 그리고 자본이 증가함에 따라 자본의 한계생산물$(MPK \equiv f'(k))$은 감소하고, 따라서 자본수익률 즉 실질이자율(r)도 감소하며, 노동의 한계생산물(MPL)은 증가하므로 실질 임금률(w)은 상승한다. 이와 반대로 만약 1인당 자본량$(k \equiv K/L)$이 감소하면 1인당 산출량(y), 즉 노동생산성(Y/L)은 감소하되, 자본수익률(r)은 상승하고 실질임금(w)은 하락할 것이다.

기술진보가 없는 경우, 장기균형상태는 궁극적으로 자본-노동의 비율(k)의 상승은 멈출 것이며, 1인당 산출량(y)도 일정한 수준에 도달할 것이며, 실질임금률(w)의 상승도 멈추고 자본수익률, 즉 실질 이자율(r)도 일정한 수준에 도달하게 된다. 이러한 상태를 장기균형정상(定常) 상태(long run equilibrium steady state)라고 부른다.

기술진보가 없는 경우, 솔로(R. Solow) 경제성장 모형에서는 1인당 산출량(소득)은 실물자본이나 인간자본(축적된 인간지식) 등의 자본의 증가와 더불어 증가한다. 그러나 자본의 증가는 경제성장률을 지속적으로 증가시키지는 않는다. 기술진보가 없는 경우, 결국, 소득

[그림 Ⅴ-4] 신고전학파의 경제성장 모형하에서 균형성장 궤적

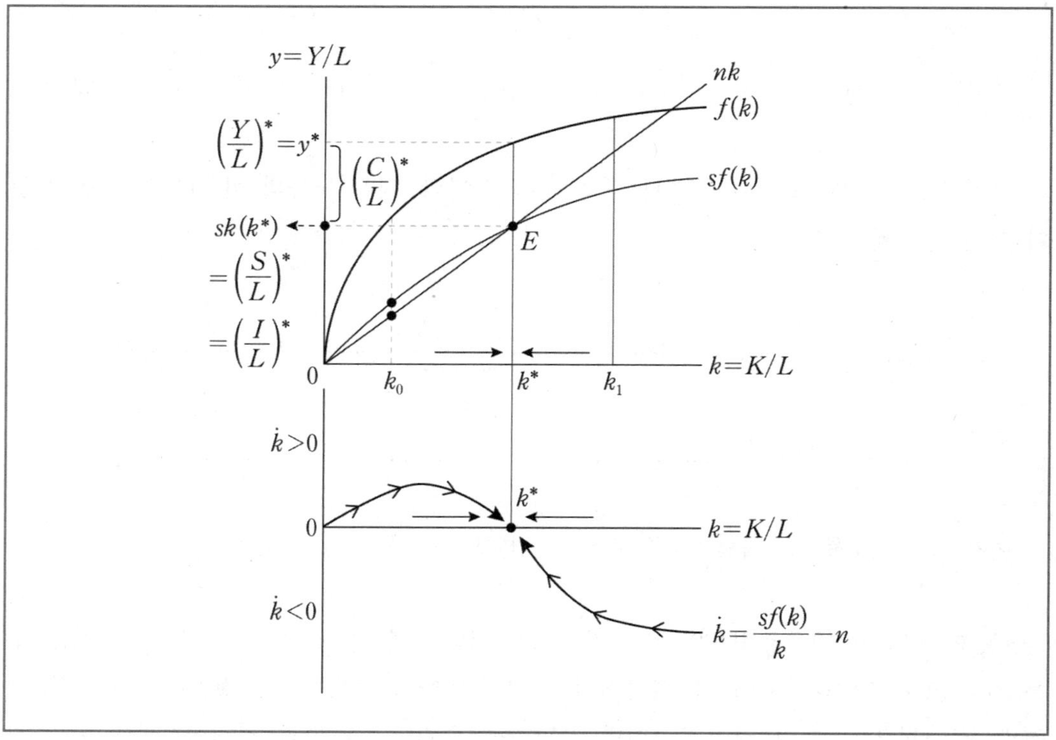

과 임금은 일정한 수준에서 정체된다.

[그림 Ⅴ-4]에서 현재의 k가 K*에 이르는 과정을 경제성장이라고 할 때, 시간이 경과함에 따라, 자본심화(capital deepening)가 일어나게 되고 이에 따라 경제성장률이 낮아지게 되므로 각 국가의 경제성장률은 현재의 위치에 따라 서로 다르게 된다. 현재 k_1에 있는 국가는 k_2에 있는 국가보다 더 빠른 경제성장률을 나타낼 것이다.

솔로(R. Solow)의 경제성장 모형에 의하면, 초기에는 1인당 국민소득 수준이 다르던 각 국가의 1인당 산출량이 언젠가는 동일한 수준으로 수렴하게 된다는 것이다. 따라서 현재 부유한 국가는 가난한 국가보다 더 느리게 성장한다. 따라서 시간이 흐름에 따라, 부국(富國)과 빈국(貧國)의 1인당 국민소득은 수렴하게 된다. 이러한 결과를 '소득수렴의 가설'이라고 부른다. 그러나 1인당 총생산함수 $f(k)$가 동일하더라도 저축률(s)과 인구증가율(n)이 다르면 각 국가가 수렴하는 1인당 자본(k)과 1인당 산출량(y)이 달라지게 된다. 따라서 저축률(s)과 인구증가율(n)이 다르면 두 국가가 동일한 소득수준으로 수렴하지 않는다.

상기한 소득수렴 가설은 현실적으로나 실증적으로 부적합하다. 임금률과 자본수익률이

일정하게 유지된다는 자본축적모형의 견해에 부합되는 사실을 역사적으로 거의 찾아볼 수 없다. 20세기에 실질임금 수준이 결코 정체되지 않았다. 그 이유는 바로 기술진보가 부단히 발생하였기 때문이다. 발명이나 기술적 지식의 확대에 의한 기술진보(technological progress)는 생산요소의 단위당 생산량, 즉 생산요소의 생산성(productivity)을 향상시킨다. 과학, 기술 및 경영상의 꾸준한 발명이 서구의 생산가능성을 광범하게 개선하였다. 발명과 기술적 지식의 증대는 한 단위의 생산요소가 생산해 낼 수 있는 생산량을 증가시켰다. 발명은 자본의 생산성을 높이고 자본수익률(또는 이윤율) 하락의 수확체감 법칙을 무력하게 만들었다.

한편, 기술진보는 [그림 V-5]에서 보는 것처럼 1인당 총생산함수(APF), $y=f(k)$를 상향 이동시킨다. 기술진보에 의해 자본심화(k)가 발생하였을 때, 장기 균형 정상상태(定常狀態)에 머무르는 것이 아니라 1인당 산출량(y), 임금률, 이윤율, 그리고 생활수준의 상승을 야기시킨다. 그러므로 소득수렴의 가설이 현실화되지 않는다. k가 k_0에서 k_1으로 증가함에 따라 1인당 산출량은 y_0에서 y_1으로 증가한다.

상기의 솔로(R. Solow) 경제성장 모형에서는 장기적 경제성장률(y의 증가율)은 기술과 같은 외생적인 요인에 의하여 결정된다는 것이다. 상기 모형에 의하면, 모든 국가가 동일한 기술진보율을 갖는다면, 모든 국가가 궁극적으로 동일한 경제성장률에 도달할 것이라는 것을 알 수 있다.[70] 또한 저축률(s)은 오직 1인당 국민소득(y) 수준에만 영향을 미칠 뿐, 장기 경제성장률에는 영향을 미치지 않는다. 저축률(s)의 상승은 더 많은 자본축적을 가능하게 하고 이로 인해 노동생산성과 산출량 수준을 증가시키기 때문에 경제성장률을 일시적으로만 상승시킬 수 있을 뿐이다.

여기서 유의할 것은 다음과 같다: 상기한 솔로(R. Solow)의 신고전학파 경제성장 모형은 기술변화를 외생적으로 취급하고 있다는 점이다. 상기 모형하에서는 기술변화가 외생적으로 간주되기 때문에, 기술변화가 노동생산성 및 자본생산성에 미치는 영향을 분석할 수 없다. 이러한 기술변화의 외생성을 극복하고 이를 내생화(內生化)한 것이 '내생적 경제성장 이론(Endogeneous Growth Theory)'이다. 예로서 (1) 폴 로머(P. M Romer) 모형(1986 및 1990),[71] (2) 그로스만 · 헬프만(G. Grossman · E. Helpman) 모형(1991),[72] (3) 아그히온 ·

70) 총생산량 수준(Y)은 인구증가율(g_L)과 기술진보율(λ)의 합의 비율, 즉 자연성장률($n \equiv g_L + \lambda$)로 증가한다. 그러나 1인당 산출량($y \equiv Y/L$) 수준은 기술진보율의 비율로 증가한다.

71) P. M. Romer(1986), "Increasing Returns and Long-run Growth", Journal of Political Economy, Oct., Vol. 94(5); P. M. Romer(1990), "Endogenous Technological Change", Journal of Political Economy, Oct. Vol. 98(5).

[그림 V-5] 신고전학파의 경제성장 모형하에서 기술진보의 효과

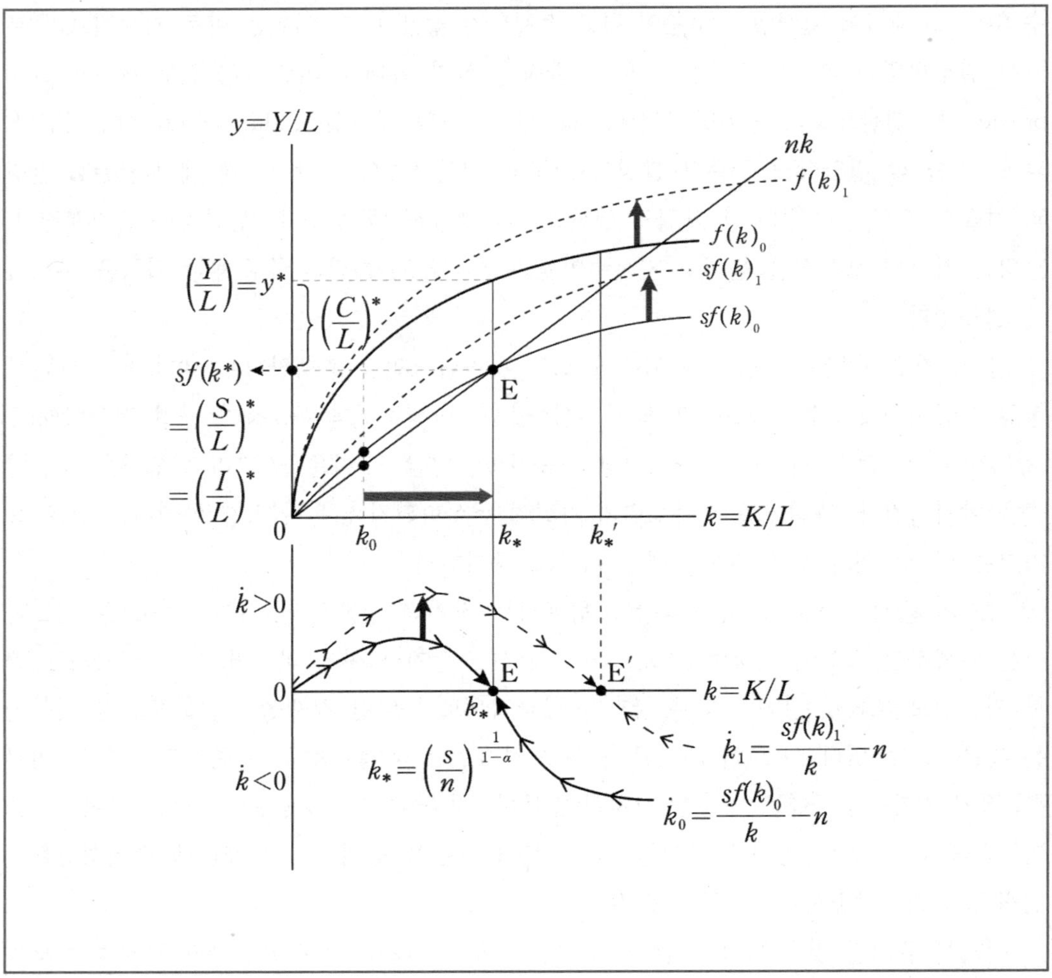

호위트(P. Aghion · P. Howitt) 모형(1990),[73] (4) 루카스(R. E. Lucas) 모형(1988).[74]

그러나 지면(紙面)의 한계로 생략한다.

---

72) G. Grossman and E. Helpman(1991), Innovation and growth in the Global Economy, Cambridge, M.A.: MIT Press.

73) P. Aghion, and P. Howitt(1990), "A Model of Growth through Creative Destruction", NBER working paper 3223.

74) Robert E. Lucas, Jr.(1988), "On the Mechanisms of Economic Development", Journal of Monetary Economics, July, Vol. 22(1), pp. 3~42.

2) 테크노-경제발전전략(Techno-Economic Development Strategy)을 위한 기술혁신 메커니즘

신(新)실용주의를 구현하기 위한 실천철학의 요체는 테크노-경제발전 전략(Techno-Economic Development Strategy)에 따라 고용창출형 경제성장(Job-Creating Growth)을 추구함으로써 지속적 경제성장과 고용증대를 동시적으로 추구하는 것이다.

조지프 슘페터(Joseph A. Schumpeter, 1942)는 그의 「자본주의, 사회주의 그리고 민주주의」(Capitalism, Socialism and Democracy)에서 자본주의의 '발전(development)'이란 단지 부(富)의 증가 또는 분배상의 양적 변화가 아니라, 생산의 성격에 있어서 질적 전환을 내포한다고 보았다. 이러한 질적 전환이 바로 '혁신(innovation)'이라는 것이다.

조지프 슘페터(Joseph A. Schumpeter)가 말하는 혁신의 범위에는 ① 신상품의 창출, ② 신생산 기법의 사용, ③ 신시장의 개척, ④ 신재료의 활용, ⑤ 산업조직의 변화 등과 같이 기존 경제구조를 변화시키는 광범위한 활동들이 포함된다. 그는 이러한 혁신의 주체가 되는 자본가를 '기업가(entrepreneur)'라고 불렀다.[75)]

과학적 '발견(discovery)' 또는 '발명(invention)'은 과학자나 개인 발명가에 의해 수행되는 것으로서 혁신과는 엄격히 구분되고, 혁신이 반드시 발견 또는 발명을 전제로 하는 것은 아니라고 한다. 왜냐하면 기존의 것의 새로운 조합도 혁신을 가져올 수 있기 때문이다. 즉, 경제발전을 야기시키는 것은 혁신이지 발견 또는 발명 자체가 아니라는 사실이다.

조지프 슘페터(Joseph. A. Schumpeter)는 경제발전을 동태적 시각에서 평가해야 한다고 강조하면서 일시적 독점력은 초과이윤을 산출하며, 이것은 다시 위험부담이 높은 연구개발로 투자되어 혁신을 창출함으로써 경제발전의 원동력이 되는 반면에, 일시적 독점력은 시간이 경과함에 따라 시장진입, 모방, 기술혁신을 통하여 자연히 소멸된다고 주장하였다. 즉, 경제발전은 '창조적 파괴(creative destruction)'의 과정을 통하여 발생하는 것이라고 한다. 한편, 정태적 경쟁을 적극적으로 촉진시키고자 하는 독점금지정책은 무정부의 자유방임주의(laissez faire) 상태보다 더 우월할 수 없다고 주장하였다.

이와 같이, 조지프 슘페터(Joseph. A. Schumpeter)는 기술혁신을 동태적 발전의 가장 중요한 요인으로 간주하면서 시장지배력과 기술혁신의 관계에 대한 그의 가설을 다음과 같이 제시하였다. 즉, 경쟁적 시장구조하의 수익보다 더 높은 수익은 위험부담을 안고 있고 불확실한 기술혁신활동을 수행하도록 유인하기 위한 인센티브라는 것이다. 즉, 기술혁신

75) Joseph A. Schumpeter(1942), Capitalism, Socialism and Democracy, London: Allen & Unwin, Ch. 7.

활동이 수행되게 하기 위한 필요조건은 경쟁적 시장구조하의 이윤보다 높은 수준에서 축적된 초과이윤이 존재해야 한다는 것이다. 그러나 완전경쟁적 경제는 이러한 필요조건을 충족시킬 수 없기 때문에, 시장지배력은 기술혁신의 전제조건이라는 것이다. 왜냐하면 시장지배력은 신기술에의 투자를 위한 자금조달을 용이하게 해 주기 때문이며, 독점적 시장집중은 신기술에 대한 접근을 보다 신속하게 해줄 수 있기 때문이라고 한다.

(1) 거시경제적 기술혁신 메커니즘

일반적으로 정부의 목적은 사회구성원의 복지 극대화이다. 이를 위한 계획기조는 복지의 3대 요소, 즉 지속적 성장, 물가안정, 형평한 소득분배를 조화 및 공존시키는 것이다. 이 3가지 정책목표를 동시적으로 달성하기 위한 사전조건은 경상수지의 균형 기조의 정착이다. 다시, 이를 위해서, 대내적으로, 산업구조의 고도화 및 건실화를 도모하기 위한 기본방향은 현재의 노동 및 자본집약적 산업을, 고부가가치를 창출하는 지식 및 기술집약적 산업으로 전환함과 동시에 기계류·부품·소재산업을 육성함으로써 자립적 산업구조로 전환하여 외화가득률과 부가가치율을 제고시켜야 할 것이다. 한편, 대외적으로는 해외시장의 효율적 관리를 통하여 통상마찰을 근본적으로 해소할 수 있어야 하며, 이를 위해서는 최대특화전략이 아니라 최적특화전략하에서 현재의 가격탄력적인 통상마찰형 수출구조를 소득탄력적인 세계수요 창출형 수출구조로 전환시켜야 할 것이다.

거시경제적 측면에서 보면, 기술과 경제 및 기업의 연결고리는 기술혁신(technological innovation)이다. 기술혁신(技術革新)은 크게 2가지, 즉 신공정(new process) 기술혁신과 신상품(new product) 기술혁신으로 나눌 수 있다. 전자는 생산성 향상(평균비용곡선의 하향)을 통하여 가격경쟁력을 제고시키며, 후자는 다품종 소량생산을 통하여 품질경쟁력을 제고시킨다.

상기 두 경쟁력의 제고는 국가경쟁력을 강화시켜 국제수지 흑자를 산출함으로써 3가지 정책목표, 즉 경제성장·소득분배·물가안정의 조화 및 공존을 가능하게 한다. 이것은 다시 사회복지를 증대시켜 피구(A. C. Pigou)의 공리주의적(功利主義的) '최대다수 최대행복'을 추구하는 복지사회를 건설할 수 있도록 한다.

기술혁신(技術革新)은 일반적으로 3가지 경로, 즉 자체 기술개발, 선진 기술도입, 국제기술협력을 통하여 생성 및 상생될 수 있으며, 이러한 경로로 창출된 기술혁신은 기업 간 및 산업 간 기술확산(technological diffusion)을 통하여 더욱 촉진될 수 있다.

따라서 과학기술입국(科學技術立國)을 위해서는 자체기술 개발, 선진기술 도입, 산업 간

[그림 V-6] 테크노-경제발전 모형: 거시경제적 측면

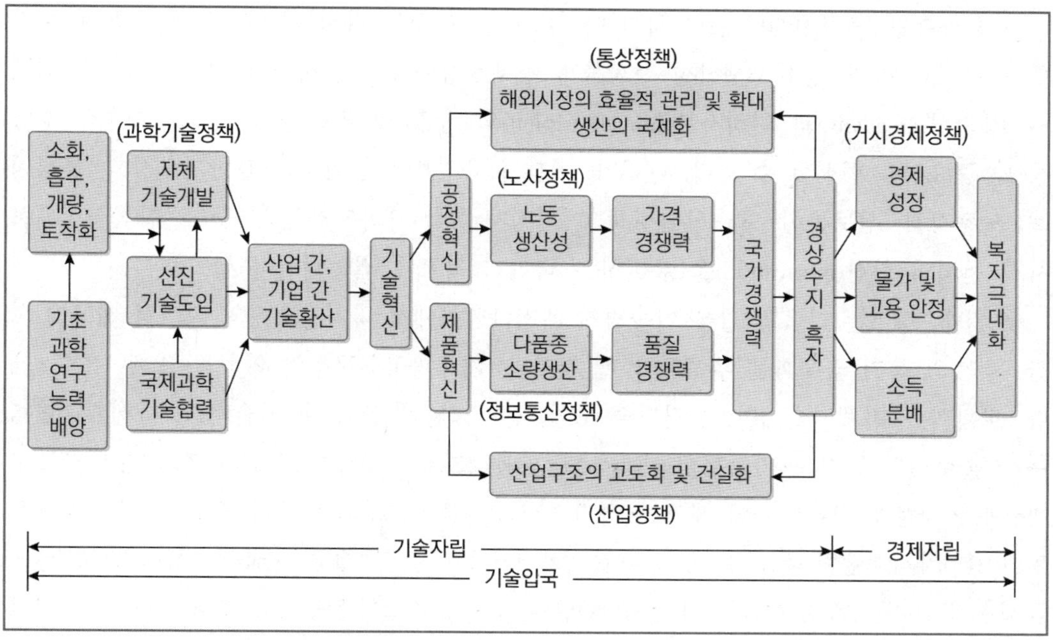

자료: Yang-Taek Lim(1996), "An International Comparative Study of Basic Science Research Capacity: OECD Countries, Taiwan and Korea, " Technological Forecasting and Social Change, Vol. 52, No. 1, pp. 75~94..
Yang-Taek Lim(2000), Korea in the 21st Century, New York: NOVA Science Publishers. Inc.
Yang-Taek Lim(2006), "A New Techno-Economic Development Model: The Case of South Korea," In George E. Lasker & Kensei Hiwaki, ed., Sustainable Development and Global Community, Vol. VII, Niagara Falls: Coutts Library Services, Ltd., pp. 19~33.
임양택(2007), 「한국의 비전과 국가경영전략」, 파주: 나남.
임양택(2011), 「퀴바디스 도미네: 성장 · 복지 · 통일을 위한 청사진」, 파주: 나남.

및 산업 내 그리고 기업 간 및 기업 내 기술확산이 긴요하다. 또한 이를 위해서 대내적으로는 기술개발투자의 대폭증대와 기술인력의 획기적 양성을, 대외적으로는 국제기술개발 협력체제를 각각 추진해야 할 것이다.

경제자립(經濟自立)은 기술자립(技術自立)이 전제되어야 가능하다. 그러나 여기서 중요한 것은 기술력이 부족한 국가로서는 선진 기술도입에 의존할 수밖에 없는데, 기술종속(technological dependency)의 심화를 탈피하기 위해서는 선진기술의 소화 · 흡수 · 계량 · 토착화가 중요하며, 이를 위해서는 기초과학연구능력(BSRC: Basic Science Research Capacity)

의 배양이 필요불가결하다는 점이다.[76)]

기초과학연구능력(BSRC)는 창의적 아이디어를, 이것은 다시 기업의 신규 자본재 투자를 각각 야기하며, 총요소생산성 향상률과 경제성장률을 상승시킨다. 바로, 이러한 점에서, 창의성(creativity)과 인적자본(human capital)의 창출 및 확충을 위한 교육개혁의 정당성 및 중요성을 인식할 수 있다. 나아가, 비단 교육정책뿐만 아니라 과학기술정책·통상정책·노동정책·정보통신정책·산업정책·거시경제정책·사회복지정책 등이 합목적적으로 사회 전체의 혁신(innovation)을 유발하는 국가적 목표에 집중되어야 할 것이다.

요컨대, 정부는 다음과 같은 기술경제 패러다임하에서 국가경쟁력의 획기적 제고에 의한 '광의'의 복지 극대화를 추구해야 할 것이다: 기초과학연구능력 확충 → 소화·흡수·개량·토착화 → 자체기술개발, 선진기술 도입, 산업 간 및 산업 내 기술확산, 국제기술협력 → 기술혁신의 촉진 → 기업경쟁력(자원 및 역량, 프로세스 경쟁력, 품질경쟁력, 시장경쟁력, 고객성과, 시장성과, 재무성과)의 제고 → 가격경쟁력(임금, 금리, 환율, 유가, 물류비용 등)의 제고 및 비(非)가격경쟁력(품질, 운송, 디자인, 에프터서비스 등)의 제고 → 국제경쟁력의 강화 → 국제수지 흑자(기계류·부품·소재의 대(對)일본 기술 및 수입의존도 감소, 에너지절약 및 대체에너지 개발 등) → 성장·고용·분배 → 질적 '최대다수의 최대행복'이다.

상기한 배경하에서, 신(新)실용주의(Neopragmatism)의 선(善)순환 정책 메커니즘은 다음과 같이 요약할 수 있다: 기술 → 투자 → 성장 → 고용 → 소득 → 분배(복지) → 소비 및 저축 → 재(再)투자이다.[77)]

(2) 미시경제적 기술혁신 메커니즘

기술혁신(技術革新)은 R&D 투자와 연구개발 인력(기술자 및 기능공)이 결합되어 생성되며, 이것은 다시 신상품과 신공정을 창출한다. 기술혁신(技術革新)의 파급효과로서는 경제성장 혹은 경제발전, 고용, 소득분배, 물가, 산업구조, 국제기술협력, 환경 등에 대하여 직·간접적으로 영향을 준다.

기술혁신(技術革新)의 주체는 기업·정부출연기관·개인으로 나눌 수 있다. 특히, 기업

76) Lim, Yang-Taek and Choong-Han Song(1996), "An International Comparative Study of Basic Scientific Research Capacity: OECD Countries Taiwan and Korea", Technological Forecasting and Social Change, Vol. 52, pp. 75~94.

77) Dosi, G., C. Freeman, R. Nelson, G. Silverberg, and L. Soete(1988), Technical Change and Economic Theory, Pinter Publishers Ltd.

의 연구개발 및 기술혁신은 매우 중요하다. 기업의 연구개발 및 기술혁신을 촉진하기 위해서는, 연구개발 및 기술혁신에 대한 산업조직적 특성을 규명해야 한다. 우선, 시장구조의 측면에서 볼 때, 어떤 산업조직(즉, 독과점 시장구조 혹은 완전경쟁 시장구조)하에서 보다 많은 기업의 연구개발 혹은 기술혁신이 생성될 수 있는가? 또한 기업규모의 측면에서 볼 때, 연구개발 혹은 기술혁신을 더 많이 투자할 수 있는 기업이 대기업인가 혹은 중소기업인가? 이러한 문제는 조지프 슘페터(Joseph Schumpeter)의 가설에 대한 실증적 분석에 관한 것이다.

한 걸음 더 나아가, 이것은 자본주의 경제체제(예로서 독·과점 시장구조)의 규범적 가치관과도 직결되는 가치관이기도 하다. 즉, '현실적'인 독·과점 시장구조를 '관념적'인 완전경쟁 시장구조로 유도하는 것보다, 독·과점 이윤을 '불확실한' 기술개발에 따른 위험부담을 보상할 수 있도록 함으로써 기업의 기술력과 산업의 경쟁력을 확충하는 것이 오히려 사회적으로 바람직할 수 있다.

물론, 케네스 에로우(Kenneth J. Arrow, 1921~2017) 교수의 이론에 의거하여, 이러한 독·과점 시장구조나 심지어 완전경쟁 시장구조가 창출한 기술개발의 성과도 사회복지 극대화에 필요한 최적의 기술개발 수준보다 부족하겠지만, 현실경제에서는 조지프 슘페터(Joseph Schumpeter, 1883~1950)의 주장이 최소한 차선(次善)이 될 수 있을 것이다.

상기한 시각을 바탕으로, 미시경제적 측면에서 슘페테리언(Schumpeterian)의 기술혁신(技術革新)의 메커니즘과 파급효과를 보면, 주어진 기술하부구조(산업현장 지향적 인력, 산업정보 유통체제, 산업재산권 보호·관리, 표준화 및 관련 기술지도 및 산업기술지원 기관의 연구 및 실험설비 등)를 바탕으로 연구개발 및 과학기술 투자와 연구개발 인력(기술자 및 기능공)이 결합되어 기술혁신(技術革新)이 생성되며, 이것은 다시 신상품과 신공정을 창출한다. 기술혁신(技術革新)의 파급효과(波及效果)로서는 경제성장 혹은 경제발전, 고용, 소득분배, 물가, 산업구조, 국제기술협력, 환경 등에 대하여 직·간접적으로 영향을 준다.

일반적으로, 경기침체 혹은 경제위기는 혁신투자의 경기순응성, 위험프리미엄의 급증, 구조조정의 유인 증가 등을 야기함으로써 연구개발(R&D) 투자를 위축시키며, 이는 다시 총요소생산성(Total Factor Productivity)과 잠재적 경제성장률(Potential Growth Rate)을 떨어뜨린다. 상기한 일반론에 대한 실증적 분석을 살펴보면 다음과 같다.

Voigt Peter and Pietro Moncada－Paterno－Castello(2009)[78]는 경기침체기에는 재원

78) Voigt Peter and Pietro Moncada－Paterno－Castello(2009), "The Global Economic and Financial Downturn: What Does It Imply for Films' R&D Strategies?", IPTS Working Paper on Corporate R&D

[그림 V-7] 기술혁신의 메커니즘 및 파급효과: 미시경제적 측면

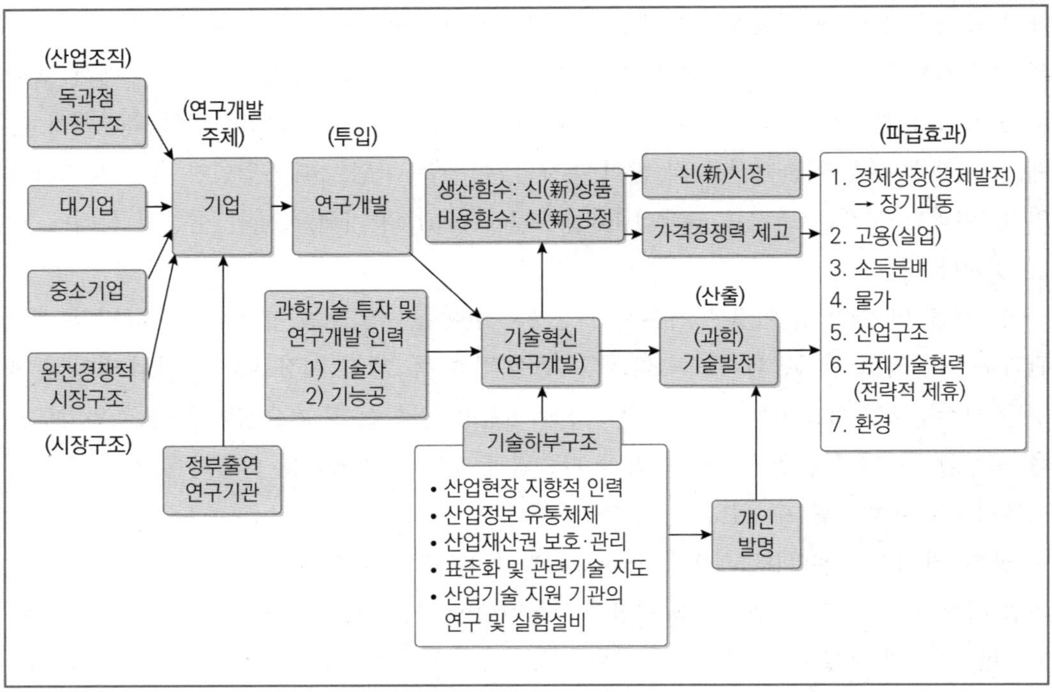

확보의 어려움으로 인해 신규 연구개발(R&D) 과제의 추진이 지연되고, 심지어 진행 중인 연구개발(R&D) 활동이 감축 내지 중단될 수 있다고 주장했다.

Furceri, Davide and Annabelle Mourougane(2009)[79]는 1960~2007년 기간의 30개 OECD 국가들의 자료를 이용하여 금융위기가 잠재GDP에 미치는 효과를 분석하였는데, 그 결과 금융위기의 발생은 항구적으로 잠재GDP를 1.5~2.4%만큼 감소시키는 것으로 나타났다. 금융위기가 매우 심각했었던 스페인(1977), 노르웨이(1987), 핀란드(1991), 스웨덴(1991), 일본(1992) 등 5개국의 경우, 금융위기의 발생은 잠재GDP를 항구적으로 4% 정도까지 감소시키는 것으로 나타났다.

상기한 실증적 분석과는 대조적으로, 경제위기의 상황하에서, 오히려 성장잠재력 확충을 위해서는 기업가 정신(Entrepreneurship)을 함양하여 연구개발(R&D) 투자에 기반한 혁

and Innovation No. 12/2009, Institute for Prospective Technological Studies, Joint Research Center, European Commission, May.

79) Furceri, Davide and Annabelle Mourougane(2009), "The Effect of Financial Crisis on Potential Output: New Empirical Evidence from OECD Countries", OECD Economic Department Working Paper No. 699, May 22.

신이 필요하다는 실증적 연구결과는 다음과 같다.

Ernst & Young(2009)[80]에 따르면, 경기침체기야말로 기업의 규모와 관계없이 신규 시장기회를 선점하기 위해 기업가 정신을 발휘할 수 있는 좋은 기회이며, 대다수의 글로벌 기업들은 바로 이러한 경기침체기에 태동되었거나 혁신에 기초한 성장을 이룩하였다고 주장했다. 상기 연구는 경기침체를 극복하는 열쇠는 바로 '기업가 정신(Entrepreneurship)'이며, 따라서 가장 중요한 성장동력인 기업가(Entrepreneur)를 양성하고 보호하는 데 있어 정부의 역할을 강조했다.

사실, 기술혁신(技術革新)과 관련하여 수많은 이론들이 있지만, 다음과 같은 역사적 사실이 가장 웅변적으로 기술혁신(技術革新)의 중요성을 입증한다고 저자는 단언한다: 예로서, 1970년대 후반 이후 일본의 반도체 업체들이 DRAM 등에 집중 투자하여 급성장하자, 한국의 반도체 산업도 한 단계 도약이 필요하다고 인식하였다. 결국, 1983년 DRAM 반도체 분야에 진출한 후 1998년 이후에는 선발국인 일본을 추월하는 등 'DRAM 분야 세계 1위'로 등극하였다. 1988~1997년간 '삼성전자'의 연평균 DRAM 투자액은 약 4억 달러로 일본 반도체 상위 4大 업체(도시바, NEC, 히타치, 후지쓰) 평균의 2.8배를 기록하였다. 또한 1986년 국산 전전자(全電子) 교환기(TDX: Time Division Exchange)의 개통은 정보통신산업 발전의 기반으로 작용하였다. 상기한 DRAM의 성공은 1990년대 TFT－LCD 진출로, 다시 TDX의 성공은 CDMA 방식 휴대전화(1996), DMB 방송(2005), 휴대인터넷 서비스(2006) 등의 세계 최초 상용화로 각각 연결되면서 명실공히 한국이 'IT 강국'으로 도약하는 데 크게 기여하였다. TFT－LCD의 경우 '삼성전자'와 'LG디스플레이'의 세계시장 점유율(2007년 출하액 기준)은 각각 23%, 21%로 세계 1, 2위를 기록하였다.

상기한 실증적 분석 및 역사적 사실을 토대로 신(新)실용주의(Neopragmatism)가 추구하는 '완전고용기반형 복지사회(A Full－Employment－based Welfare Society)'는 기업가의 기술혁신(技術革新)을 필요로 한다. 따라서 정부는 시장(기업) 주도에 의한 완전고용(完全雇用)을 구현하기 위하여 다음과 같은 '기업가 정신(Entrepreneurship)'을 함양하기 위한 기술혁신 정책을 추진해야 한다. 즉, ① 혁신을 위한 교육체제 강화 및 투자 확대, ② 기업과 글로벌 시장의 연계 강화, ③ 국내 자본시장의 신뢰 구축, ④ 기업관련 행정절차 및 요건의 간소화, ⑤ 경쟁력 있는 연구개발(R&D) 프로그램의 구축, ⑥ 실패에 대한 관용 및 기업청산의 용이성 제고, ⑦ 민간부분과 공공부분 간의 건전한 파트너십 강화, ⑧ 혁신친화적 조세제도 구축 등이다.

80) Ernst&Young(2009), "Entrepreneurship and Innovation: The Keys to Global Economic Recovery."

05 '청사진 4': 형평한 소득분배(所得分配)를 위한 신(新)실용주의적 해법

신고전학파의 미시경제적 한계생산이론(限界生産理論)과는 대조적으로 니콜라스 칼도어(Nicholas Kaldor)의 거시경제적 소득분배이론(所得分配理論)은 요소 소득분배(所得分配)를 투자 및 저축과 직접적으로 관련지음으로써 하나의 경제성장 모형에서 소득분배와 경제성장의 상호작용을 분석할 수 있다.

따라서 니콜라스 칼도어(Nicholas Kaldor)의 성장/분배 모형은 케인스의 유효수요 이론을 장기(長期)로 확장하고 소득분배와 경제성장의 이론적 관계를 확립했다는 점에서 대단히 중요하다.

그러나 니콜라스 칼도어(Nicholas Kaldor)의 거시경제적 소득분배이론(所得分配理論)은 장기균형 이론으로서 투자 및 자본축적률은 외생변수로 취급되며 구체적인 투자함수는 도입되지 않기 때문에 자본주의 경제의 내적 동학을 살펴보는 데에는 한계가 있는 것은 사실이다.[81)]

1) 니콜라스 칼도어(Nicholas Kaldor)의 거시경제적 소득분배 이론[82)]

영국 런던정경대 교수 니콜라스 칼도어(Nicholas Kaldor, 1955~1956, 1957, 1962)[83)]는 1950년대부터 존 메이너드 케인즈(John M. Keynes)[84)]의 유효수요 원리를 장기(長期)로 확

81) Bronfenbrenner, Martin(1971), Income Distribution Theory, Aldine Publishing Company.

82) 지면의 제약으로 인하여, 미시경제적 측면에서 본 신(新)고전학파의 소득분배(所得分配) 이론: (1) 중립적 기술진보의 경우 상대적 소득분배율과 (2) 비(非)중립적 기술진보의 경우 상대적 소득분배율에 관한 논술은 생략한다.

83) Kaldor, Nicholas(1955~1956), "Alternative Theories of Income Distribution", Review of Economic Studies, Vol. 23; Kaldor, Nicholas(1957), "A Model of Economic Growth", Economic Journal, Vol. 68; Kaldor, Nicholas and J. A. Mirlees(1962), "A New Model of Economic Growth", Review of Economic Studies.

84) J. M. Keynes(1936), The General Theory of Employment, Interest and Money, NewYork, Harcourt,

장시키는 균형성장 모형을 고안하였다. 상기 모형은 헤로드-도마의 경제성장 모형(Harrod-Domar Model)의 불안정성(不安定性) 문제를 소득분배로써 해결할 수 있는 이론적 근거를 제시했다.[85)]

니콜라스 칼도어(Nicholas Kaldor, 1908~1986)의 초기 모형에서 두드러지는 케인스적 요소는 바로 '투자가 저축을 결정한다(이른바 저축의 역설)'는 인과관계이다. 즉, 상기 인과관계가 어떻게 장기(長期)의 동학(Dynamics)에서도 적용되는지를 해명하는 데 있다. 니콜라스 칼도어(Nicholas Kaldor)는 1950년대에 케인스의 유명한 '과부의 단지 비유'를 언급한다. '과부의 단지'란 성경(聖經)에 등장하는, 아무리 쓰고 써도 먹을 것과 마실 것이 떨어지지 않는 '기적의 단지'를 의미한다. 자본주의 경제에서도 상기와 유사한 일이 벌어진다는 것이다. 즉, '노동자는 버는 만큼 쓰지만 자본가는 쓰는 만큼 번다'는 것이다. 즉, 자본가의 투자지출 결정이 자신의 소득범주인 이윤율과 이윤몫을 결정한다는 것이다.

상술하면, 투자의 증가는 우선 재화시장에서의 총수요의 상승을 가져온다. 이때 명목임금은 고정되어 있는 반면 재화의 가격은 상대적으로 빠르게 조정되기 때문에 수요의 상승은 곧 물가 전반의 상승을 가져온다. 임금에 대한 물가의 상대적인 상승은 결국 실질임금(w/p)의 감소를 불러오게 될 것이고 이는 경제 전체의 이윤몫의 증가, 임금몫의 감소를 불러오게 된다. 한편, 임금의 저축성향보다 이윤의 저축성향이 높기 때문에 결국 임금으로부터 이윤에로의 소득재분배는 경제 전체의 저축의 증가를 야기한다. 이와 같이 니콜라스 칼도어(Nicholas Kaldor)의 모형에서는 투자의 증가가 노동시장에서의 실질임금의 조정(물가인상과 실질임금의 하락)을 매개로 경제 전체의 분배몫을 변화시키며 이를 통해 저축이 투자와 사후적으로 일치하게 된다.

상기와 같이, 니콜라스 칼도어(Nicholas Kaldor, 1955, 1957, 1961, 1962)는 신고전학파의 미시경제적 접근방법과 대조적으로 거시경제적 방법으로 소득분배(所得分配) 문제에 접근하였다. 즉, 노동과 자본 사이의 소득분배가 저축에 영향을 주고 저축이 투자에 영향을 줌으로써 경제성장률에 영향을 끼치게 되며, 경제성장률의 변화는 저축 및 투자에 영향을

Braceaed.

85) Kaldor, Nicholas(1955~1956), "Alternative Theories of Income Distribution", Review of Economic Studies, Vol. 23; Nicholas Kaldor(1957), "A Model of Economic Growth", Economic Journal, Vol. LXVIII, pp. 591~624; Nicholas Kaldor(1961), "Capital Accumulation and Economic Growth", in Lutz and Hague ed., The Theory of Capital, London, Macmillan and Co., pp. 177~222; Nicholas Kaldor and James A. Mirrlees(1962), "A New Model of Economic Growth", Review of Economic Studies, Vol. XXIX, pp. 174~192.

줌으로써 다시 소득분배(所得分配)에 영향을 끼치게 된다는 것이다. 다시 말하면, 저축과 투자를 사이에 두고 경제성장과 소득분배는 밀접한 상관관계를 갖고 있다는 것이다. 니콜라스 칼도어(Nicholas Kaldor)의 소득분배(所得分配) 이론은 다음과 같은 3가지의 기본 가정에 기초를 두고 있다[86]:

① 사전적 투자(I)와 사전적 저축(S)은 항상 균형($I=S$)을 유지하며, 따라서 모든 시각(t)에 있어서 완전고용은 만족된다.
② 국민소득은 2가지의 사회계층, 즉 자본가와 노동자로 분류된다.[87]
③ 자본가의 저축성향(s_p)은 노동자(s_w)의 저축성향보다 높다(0「s_w「s_p「1).

니콜라스 칼도어(Nicholas Kaldor)는 총저축(S)을 자본가의 저축(S_π)과 노동자의 저축(S_w)으로, 또한 총저축률(s)을 자본가의 저축성향(s_π)과 노동자의 저축성향(s_w)으로 각각 나누었다. 그리고 자본가의 저축(S_π)은 실질 이윤(Π)에 자본가의 저축성향(s_π)을 곱한 것이고. 노동자의 저축(S_w)은 실질 임금(W)에 노동자의 저축성향(s_w)을 곱한 것으로 각각 가정하였다. 총저축(S)은 정의에 의하여 S_π 와 S_w 를 합한 것이고, 동시에 실질 국민소득 수준(Y)에 총저축률(s)을 곱한 것으로 가정하였다. 즉,

$$s = s_w + s_p \quad \cdots\cdots (102)$$

$$S = S_\pi + S_w = sY \quad \cdots\cdots (103)$$

$$S_\pi = s_p \Pi \quad \cdots\cdots (104)$$

$$S_w = s_w W \quad \cdots\cdots (105)$$

$$0 < s_w < s_p < 1 \quad \cdots\cdots (106)$$

여기서 s = 총저축률; s_p = 자본가의 저축성향; s_w = 노동자의 저축성향
S = 총저축; S_p = 자본가의 저축; S_w = 노동자의 저축
Π = 실질 이윤; W = 실질 임금

86) 임양택, 「거시경제학」, 법문사, 1981, 1984, 1989.

87) 칼레키(M. Kalecki, 1938)는 이윤 · 임금 · 원료비용으로, 칼도어(Nicholas Kaldor, 1955)와 파시네티(L. L. Pasinetti, 1962)는 소득을 자본가의 소득과 노동자의 소득으로 각각 구분하고 있다. 이러한 구분 중에서 어느 것이 옳고 그르다고 말할 수 없다. 오직 실증적으로 규명될 수 있을 뿐이다.

그리고 실질 국민소득 수준(Y)과 실질 이윤(Π) 및 실질 임금(W)의 상호관계는 다음 식(6)과 같다. 즉,

$$C+S = Y = W + \Pi \quad \cdots\cdots (107)$$

따라서 총저축률(s)은 다음과 같이 나타낼 수 있다.

$$s = \frac{S}{Y} = \frac{S_\pi + S_w}{Y} = \frac{s_\pi \Pi + s_w W}{Y} \quad \cdots\cdots (108)$$

$$s = \frac{s_\pi \Pi + s_w (Y - \Pi)}{Y} = s_w + (s_\pi - s_w)\frac{\Pi}{Y} \quad \cdots\cdots (109)$$

상기와 같이, 니콜라스 칼도어(Nicholas Kaldor)는 총저축률 s가 이윤분배율(Π/Y)과 노동소득분배율(W/Y)의 함수라고 가정함으로써 저축률을 '내생화(內生化)'하였다.

이제, 본 연구는 니콜라스 칼도어(Nicholas Kaldor)의 소득분배(所得分配) 모형을 수립하기 위하여 상기 자본축적의 동태적 방정식을 도출하고자 한다. 이를 위해서, 전술한 로버트 솔로우(R. Solow, 1956)의 동태적 자본형성 방정식이 필요하다. 즉,

$$k = \frac{sf(k)}{k} - n$$

전술한 솔로우(R. Solow)의 자본형성 방정식에 신고전학파의 총저축률(s) 대신에 니콜라스 칼도어(Nicholas Kaldor)의 총저축률(s)을 나타내는 식(109)를 대입하면 다음과 같다.

$$\dot{k} = \left[s_w + (s_\pi - s_w)\frac{\Pi}{Y}\right]\frac{f(k)}{k} - n \quad \cdots\cdots (110)$$

즉, 장기 균형성장(the long-run equilibrium growth)을 유지하기 위하여 필요한 노동 단위당 자본의 성장률(k)은 오직 이윤 대 자본의 비율(Π/Y)에 달려 있다는 것을 알 수 있다. 그런데 $f(k)/k = Y/K$ 이므로 식(110)을 다시 정리하면 다음과 같다.

$$\dot{k} = s_w \frac{Y}{K} + (s_\pi - s_w) \frac{\Pi}{K} - n \quad \cdots\cdots (111)$$

상기의 식(111)은 단기(短期)에 있어서의 자본축적의 동태적 방정식이므로, 장기 균형성장(the long-run equilibrium growth)을 위한 조건을 도출하기 위해서는 균형성장 조건, 즉 $\dot{k}=0$ 을 적용하면 다음과 같다.

$$s_w \frac{Y}{K} + (s_\pi - s_w) \frac{\Pi}{K} = n \quad \cdots\cdots (112)$$

즉, 장기(長期) 균형성장을 위해서는 노동자의 저축성향(s_w)에 총생산물 대 자본스톡의 비율(Y/K)을 곱한 값($s_w Y/K$)과, 자본가와 노동자의 저축성향의 차이 ($s_\pi - s_w$)에 이윤 대 자본스톡의 비율(Π/K)을 곱한 값 ($s_\pi - s_\omega$)Π/K을 합한 것이 자연성장률(n)과 일치되어야 한다는 것이다.

이제, s_p 와 s_w 의 값의 변화에 따른 장기 균형성장률(n)의 변동을 상기의 균형조건으로부터 추출해 내고자 한다. 우선, 이윤 대 자본스톡의 비율(Π/K)의 값은 0과 $1/v$ 사이에 있으며, $v = k/f(k) = K/Y$ 이므로 $1/v = Y/K$ 이며 $Y = \Pi + W > \Pi$ 임을 알 수 있다. 즉,

$$0 < \frac{\Pi}{K} < \frac{1}{v} \quad \cdots\cdots (113)$$

만약 식(113)의 $\Pi/K \simeq 0$ 이면 식(112)의 장기 균형성장률은 $n \simeq s_w/v$ 가 된다. 따라서 니콜라스 칼도어(Nicholas Kaldor)의 경제성장 모형에 있어서 장기 균형성장률(n)은 다음과 같은 범위를 가진다는 것을 알 수 있다. 즉,

$$\frac{s_w}{v} \le n \le \frac{s_\pi}{v} \quad \cdots\cdots (114)$$[88]

88) 고전학파에서 가정하는 바와 같이, 만약 총저축성향(s)이 자본가의 저축성향(s_π)과 일치($s_\pi = s$)한다면, 즉 노동자의 저축성향(s_w)은 "0"이라고 한다면, 식(119)의 장기 균형성장률(n)은 $n = s_\pi \cdot \Pi/K$ 이 된다. 따라서 장기 균형성장을 유지하기 위하여 필요한 자본의 성장률은 오직 이윤 대 자본의 비율(Π/K)에 달려 있게 된다. 한편, 로빈슨(Joan Robinson) 교수는 $s_w = 0$과 $s_\pi = 1$을 가정하였는데, 이것

따라서 외생적으로 결정되는 두 저축률 s_w 와 s_π의 값에 따라 장기 균형성장률(n)이 어떻게 변할 수 있는가를 알 수 있다.

이제, 니콜라스 칼도어(Nicholas Kaldor)의 경제성장 모형이 갖는 경제학적 의미를 3가지, 즉 ① 경제성장, ② 소득분배, ③ 경제안정의 측면에서 각각 분석하면 다음과 같다:

첫째, 경제성장 모형의 측면에서 보면, 니콜라스 칼도어(Nicholas Kaldor)의 모형은 헤로드-도마의 경제성장 모형을 발전시켰다고 볼 수 있다. 헤로드-도마의 장기 균형성장 조건은 $n = s/v$ 인데, 이 조건은 극도의 불안정(knife-edge)을 야기시켰다. 이와 반면에, 칼도어(N. Kaldor)의 장기 균형성장률(n)은 식(114)에 나타나 있는 바와 같이 s_w/v 와 s_π/v 사이에서 자유로이 변동할 수 있도록 함으로써 장기 균형성장으로 유도(수렴)할 수 있는 조절기능을 가질 수 있다. 이로써 장기 균형성장의 동태적 안정성이 보장된다. 이 조절기능은 니콜라스 칼도어(Nicholas Kaldor)의 장기 경제성장의 균형조건, 즉 식(112)를 헤로드-도마의 장기 경제성장의 균형조건, 즉 $n = s/v$ 형태로 전환시켜 보면 명백해진다.

$$n = \frac{1}{v}\left\{s_w + (s_\pi - s_w)\frac{\Pi}{Y}\right\} \cdots\cdots (115)$$

다시 말하면, 헤로드-도마의 경우와 같이 자연성장률(n)과 자본계수($v = K/Y$)가 고정되어 있고 자본가 및 노동자의 저축성향(즉, s_π 와 s_w)이 각각 주어진 상수라고 가정하더라도, 니콜라스 칼도어(Nicholas Kaldor)의 모형에서는 실질 국민소득 수준에 대한 자본가의 이윤분배율(Π/Y)을 조정함으로써 장기 균형성장 조건을 만족시킬 수가 있으며, 이와 동시에 경제성장의 안정성을 도모할 수 있다는 것이다. 이와 같이, 소득분배의 자동조절기능은 노동과 자본의 대체를 통하여 자본계수($v = K/Y$)를 변화시킴으로써 장기 균형성장의 동태적 안정성을 도모한 신고전학파의 자동조절기능과 매우 대조된다.

둘째, 니콜라스 칼도어(Nicholas Kaldor)의 모형은 노동과 자본 사이의 소득분배를 명백히 고려함으로써 경제성장과 소득분배의 동시적 분석을 위한 이론적 기초를 제공하였다고 말할 수 있다. 그 논거로서, 우선 식(109)를 자본가의 이윤분배율(Π/Y)의 방정식으로 전환하면 식(116)과 같다.

을 칼도의 장기 균형조건인 식(12)에 대입하면 $n = \Pi/K$가 된다.

$$s = \frac{S}{Y} = \frac{I}{Y} = s_w + (s_\pi - s_w)\frac{\Pi}{Y} \quad \cdots\cdots (116)$$

$$\frac{\Pi}{Y} = -\frac{s_w}{s_\pi - s_w} + \frac{1}{s_\pi - s_w}\frac{I}{Y} \quad \cdots\cdots (117)$$

즉, 실질 국민소득(생산율) 수준에 대한 자본가의 이윤분배율(Π / Y)은 s_w와 s_π의 값이 상수로 주어졌을 때, 그리고 완전고용이 달성되었을 때, 투자 대 실질국민소득(생산물) 수준의 비율(I/Y)에 의하여 결정됨을 알 수가 있다. 그리고 $s_\pi > s_w$인 동안에는 실질 국민소득(생산물) 수준(Y)에 대한 투자의 비율(I/Y)의 증가는 이윤분배율(Π / Y)의 증가를 야기시킨다는 것을 알 수 있다.

셋째, 니콜라스 칼도어(Nicholas Kaldor)의 소득분배 모형에서 가장 중요한 것은 자본가의 저축률(s_π)이 노동자의 저축률(s_w)보다 크다($s_\pi > s_w$)는 가정이다. 따라서 경제전체의 저축률($s = S/Y$)은 국민소득에 점하는 이윤소득의 비율(Π/Y)에 의해서 변동하게 된다. 기업가의 이윤분배율(Π/Y)이 상대적으로 커지면 총저축률(s)은 커지고, 그 반대면 총저축률(s)은 작아진다. 따라서 상기의 가정($s_\pi > s_w$)은 경제성장의 동태적 안정과 장기 균형을 위한 자동조절기능을 보장하고 있다. 경제안정을 위한 니콜라스 칼도어(Nicholas Kaldor)의 자동조절 메커니즘을 설명하면 다음과 같다:

완전고용하에서 균형 국민소득 수준(Y)이 주어졌을 때, 지속적인 경제성장을 위해서는 투자 대 실질국민소득의 비율(I/Y)이 증가해야 되는데, 이 증가를 야기할 수 있는 방법은 일반적으로 2가지, 즉 ① 총저축성향(s)의 증가 ② 저축성향(즉, s_w)이 낮은 소득계층(즉, 노동자)으로부터 저축성향(즉, s_π)이 높은 소득계층(즉, 자본가)에로의 소득분배이다. 그런데 니콜라스 칼도어(Nicholas Kaldor)는 두 소득계층의 저축성향을 s_π와 s_w로 고정된 상수로, 또한 s_π가 s_w 보다 높은 것($s_\pi > s_w$)으로 각각 가정한다. 따라서 지속적인 경제성장을 위한 투자비율(I/Y)의 증가는 임금 소득계층으로부터 이윤 소득계층에로의 소득분배를 야기시켜야 한다.

상기의 소득분배는 이윤분배율(Π / Y)의 상대적 증가를 의미하는데, 여기서 문제의 핵심은 어떻게 이윤분배율(Π / Y)을 증가시킬 수 있는가이다. 이를 위한 방법은 가격수준(P)의 증가, 즉 인플레이션(Inflation)이다. 왜냐하면 인플레이션은 자본가의 이윤마진(profit margin)을 증대시키기 때문이다.

[그림 V-8] 니콜라스 칼도어(Nicholas Kaldor)의 소득분배 이론

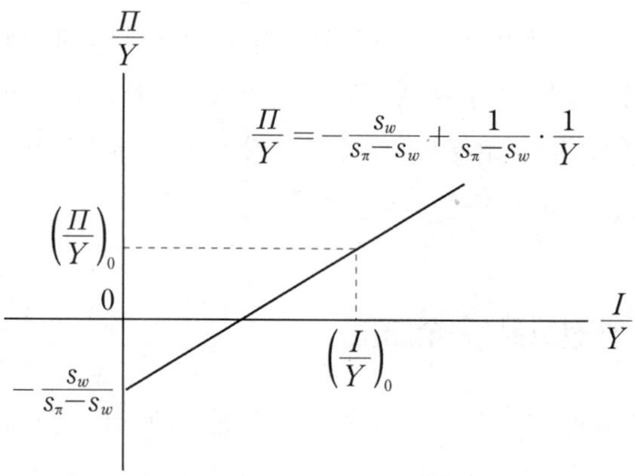

상술하면, 완전고용하에서는 투자(I)의 증가는 처음에 물가와 명목임금(W)의 수준을 증가시킨다. 그런데 니콜라스 칼도어(Nicholas Kaldor)의 모형에서는 가격수준(P)의 증가율($\dot{P}$)과 명목임금의 증가율($\dot{W}$)을 일치시킬 수 있는 기구(mechanism)가 없기 때문에, 일반적으로 가격수준의 증가율($\dot{P}$)이 명목 임금수준의 증가율($\dot{W}$)보다 크다. 따라서 실질 임금률($w \equiv W/P$)은 하락하게 된다. 이 결과, 이윤 소득계층의 실질 소득, 즉 실질 이윤(Π)은 증가하게 되고 임금 소득계층의 실질 소득, 즉 실질 임금(W)은 감소하게 된다. 그리고 인플레에 의하여 야기된 소득분배는 총생산물 수준에 대한 총저축의 비율(S/Y)을 증가시킨다. 총저축률($s=S/Y$)의 증가는 처음의 투자비율(I/Y)의 증가와 다시 일치($S/Y=I/Y$)됨으로써 장기 균형조건이 회복될 때까지 상기의 소득분배는 지속된다. 일단, 장기 균형성장조건이 회복되면, 경제는 그 상태에서 안정된다.

그러므로 우리는 니콜라스 칼도어(Nicholas Kaldor)의 자본가의 저축률(s_π)이 노동자의 저축률(s_w)보다 크다($s_\pi > s_w$)는 가정이 경제안정을 위한 자동조절기능을 보장하고 있다는 것을 알 수 있다.[89]

---

89) 참고로, 고전학파의 가정은 $0 < s_\pi = s < 1$이며 로빈슨 여사의 가정은 $s_w = 0$ 및 $s_p = s = 1$이다. 노동자의 저축성향(s_w)이 "0"이라는 가정을 하고 있는데, 이 가정($s_w = 0$)은 노동자의 소비성향은 "1"로서 임금소득 모두가 소비로 충당된다는 것을 의미한다. 특히, 로빈슨 여사는 자본가의 저축성향이 엄격히 "1"이라고 가정($s_\pi = 1$)함으로써 자본가의 소비성향은 "0"으로 간주한다. 이 가정은 자본가의 저축성향(s_π)이 곧바로 경제 전체의 저축성향(s)이라는 것을 의미한다. 상기의 두 가정을 칼도(N. Kaldor)의 이윤분

2) 저자의 논평: 신(新)실용주의적 시각

니콜라스 칼도어(Nicholas Kaldor)의 거시경제적 소득분배(所得分配) 이론은 소득분배 문제의 해결 없이는 경제안정을 추구할 수 없다는 명제를 확인시켜 준 큰 의의를 갖고 있지만 다음과 같은 3가지: ① 완전고용의 가정, ② 장기적 경제성장의 요인, ③ 장기 균형성장의 안정성이라는 측면에서 비판할 수 있다.

(1) 기본 가정 1: 완전고용(完全雇用)

니콜라스 칼도어(Nicholas Kaldor)의 소득분배 이론은 완전고용(完全雇用)의 가정에 기초를 두고 있기 때문에 완전고용(完全雇用)이 달성되지 못한 경우에는 그대로 적용할 수가 없다. 즉, 불(不)완전고용하의 국민소득 수준의 변화가 요소 소득분배(所得分配)에 어떠한 영향을 주는가 하는 문제를 파악할 수가 없다. 다만, 니콜라스 칼도어(Nicholas Kaldor)의 소득분배 이론은 일단 완전고용(完全雇用)이 달성된 후, 투자를 통한 생산능력의 증대는 국민소득에 대한 자본가의 이윤분배율을 증가시키고, 또한 지속적인 경제성장의 추구를 위하여 자본가의 이윤분배율을 증가시켜야 된다는 것을 말한다.

또한 니콜라스 칼도어(Nicholas Kaldor)의 소득분배 모형에서는 완전고용(完全雇用)이 가정되고 있다. 그리고 완전고용(完全雇用)이 유지되려면 실질임금이 자유로이 조정되어야 하는데 상대적으로 명목임금은 경직적이므로 실질임금은 주로 물가의 변화를 통해 일어난다. 그러나 노동시장에서의 이러한 조정이 원활하지 않을 경우 니콜라스 칼도어(Nicholas Kaldor)의 '투자를 통한 분배 메커니즘(g→r 혹은 g→h)'과, '케인스적 장기 유효수요이론(g→s)'은 한계를 갖게 된다. 여기서 투자성향은 상방한계와 하방한계를 갖는다(sw<I/Y<sΠ). 즉, 투자성향이 일정 이상 상승하거나 혹은 일정 이하로 하락하게 되면 이윤몫은 1이 되거나 0이 되면서 더 이상 내려가거나 올라가지 못한다. 그러나 실제로는 이러한 상방/하방 한계의 폭은 이보다 더 작을 수 있다. 그 이유는 다음과 같다.

우선, 노동자는 일정한 실질임금 이하로 생활수준이 하락하는 것에 격렬하게 저항할 것이다. 따라서 가격이 상승하면 그만한 임금인상을 요구할 것이다. 이렇게 하면 자본가의 투자성향이 아무리 올라도 실질임금은 더 이상 하락하지 못하고 이윤몫 역시 더 이상

배율의 식(17)에 대입하면, 고전학파의 경우 $\Pi/Y=(1/s)(I/Y)$인 반면에, 로빈슨 여사의 경우 $\Pi/Y=I/Y$ 이다. 따라서 전자의 경우 이윤분배율(Π/Y)은 투자비율(I/Y)의 승수효과로서 결정되며, 후자의 경우 투자비율(I/Y)이 바로 이윤분배율(Π/Y)이라는 것이다.

상승하지 못할 것이다. 이처럼 노동자의 저항은 이윤몫의 상방 한계선을 결정한다. 그리고 실질임금이 더 이상 조정되지 못하므로 노동시장에는 실업이 만연하게 된다. 칼도어는 이를 '마르크스적 상황'이라고 묘사한다.

한편, 자본가는 자본가대로 투자에 의해 실현되는 최소한의 실질이윤율(r)을 기대한다. 따라서 이러한 최소 이윤율은 이윤몫의 최저한도를 결정한다. 만약 이윤몫이 자본가가 기대하는 것 이하로 떨어지면 투자를 포기하게 된다. 니콜라스 칼도어(Nicholas Kaldor)는 이를 '케인스적 상황'이라고 부른다. 가령 경제가 유동성 함정에 빠지면 대부 이자율이 상승하는데 기업의 입장에서 보면 이는 이윤을 압박을 낳으며 결국 경제는 앞서 본 이윤몫의 최저 한도에 부딪히게 된다. 이러한 '케인스적 상황'에서 경제는 만성적인 경기침체를 겪게 된다.

경제의 분배상황이 어떤 극단으로 이행하는 '마르크스적 상황'에서나 '케인스적 상황'에서는 니콜라스 칼도(Nicholas Kaldor)의 '투자를 통한 재분배 메커니즘'은 더 이상 작동하지 않으며, 경제가 균형에서 일탈하게 된다. 상기와 같이 니콜라스 칼도어(Nicholas Kaldor)는 자신의 모형의 한계를 인식하면서도 자본주의가 갖는 불안정성(不安定性)을 나름대로 포착하였다.

따라서 소득분배로써 경제안정을 추구한 니콜라스 칼도어(Nicholas Kaldor)의 거시경제적 소득분배(所得分配) 이론은 '신실용주의(新實用主義, Neopragmatism)'의 '완전고용기반형 복지사회(Full Employment－based Welfare Society)'를 위한 '슘페테리언 테크노－경제발전모형(Schumpeterian Techno－Economic Development Model)'에 의하여 완전고용(Full Employment)이 달성되면 유용한 것임을 알 수 있다.90)

다시 말하면, '신실용주의(新實用主義, Neopragmatism)'는 존 메이너드 케인즈(John Maynard Keynes), 조안 로빈슨(Joan Robinson), 존 이트웰(John Eatwell) 등이 지적한 '불균형 동학(Disequilibrium Dynamics)'을 조지프 슘페터(Joseph A. Schumpeter 1933, 1934, 1942)의 '장기파동 이론'과 연계함으로써, '완전고용기반형 복지사회(A Full Employment－based Welfare Society)의 실현 방법인 '고용창출형 경제성장(Job－Creating Growth)'을 위한 테크노－경제발전전략(Techno－Economic Development Strategy): '기술 → 투자 → 성장 → 고용 → 소득 → 분배 → 소비 및 저축 → 투자'의 선(善)순환 메커니즘에 의하여 '창조적 파괴(Creative Destruction)' 과정에서 '성장에 의한 고용'이 창출될 수 있다. 즉, '신기술 → 신산

90) Freeman, Christopher and Luc Soete(1987) ed, Technical Change and Full Employment, Oxford: Basil Blackivell Ltd.

업 → 신시장'의 '창조적 파괴(Creative Destruction)'를 통하여 '불균형 → 균형 → 불균형'의 동태적 발전과정을 니콜라스 칼도어(Nicholas Kaldor)의 거시경제적 소득분배(所得分配) 이론과 연계할 수 있음을 알 수 있다.

결국, 장기 균형성장 궤도의 자율성(autonomousness) · 존재성(existence) · 유일성(uniqueness) · 동태적 안정성(dynamic stability)은 경제성장과 사회보장 즉 소득분배가 상호보완적으로 조화될 수 있음을 알 수 있다.

(2) 기본 가정 2: 경제안정 조건($s_\pi > s_w$)

전술한 바와 같이, 니콜라스 칼도어(Nicholas Kaldor)의 소득분배 이론은 소득분배 문제의 해결 없이는 경제안정을 추구할 수 없다는 명제를 확인시켜 준 큰 의의를 갖고 있지만, 그의 모형에 있어서 경제안정을 위한 자동조절기능은 이윤 소득계층의 저축성향(s_π)이 임금 소득층의 저축성향(s_w)보다 높다($s_\pi > s_w$)는 기본 가정에 근거를 두고 있다.

만약 현실적으로 $s_\pi > s_w$ 가 아니라 $s_\pi < s_w$ 이라면, 앞서 분석한 바와 같이, 니콜라스 칼도어(Nicholas Kaldor)의 장기 경제성장의 동태적 안정조건을 위한 자동조절 기능은 작동하지 않게 된다. 만약 이윤소득 계층의 소비성향이 상대적으로 높다면, 이로써 이윤소득 계층의 저축성향이 임금소득 계층의 저축성향보다 상대적으로 낮다면($s_\pi < s_w$), 경제안정 기조 위의 소득분배와 경제성장은 유지될 수 없게 된다.

상기한 니콜라스 칼도어(Nicholas Kaldor)의 소득분배 이론의 분석결과는 신(新)실용주의(實用主義)의 '완전고용기반형 복지사회(A Full Employment-based Welfare Society)'를 건설하기 위한 5가지 청사진(靑寫眞) 중에서 복지재원 조달방안으로서 소득 불균형(不均衡)과 양극화(兩極化)의 주범인 '토지 불로소득(土地 不勞所得)'에 가칭 '최적 사회보장세(Optimal Social Security Tax)'를 부과하여 사회보장기금(Social Security Fund)을 확보하여 이를 유망한 신(新)성장동력산업에 투자함으로써 고용을 창출함과 동시에 그 투자수익을 토대로 사회보장 급여를 순차적으로 확대하자는 본 연구의 정책대안[91]을 위한 정당성을 제공한다. 왜냐하면 이윤 소득계층의 '토지 불로소득(土地 不勞所得)'에 대한 가칭 '최적 사회보장세(Optimal Social Security Tax)'의 부과는 그들의 공(公)저축(Public Savings)을 높여 이윤소득 계층의 저축성향이 임금소득 계층의 저축성향보다 상대적으로 높게 만들 것($s_\pi > s_w$)이기 때문이다.

91) 임양택(2011b), 「한국형 복지사회를 위한 청사진」, 서울: 한양대학교 출판부.

06 '청사진 5': 불황(不況) 타개를 위한 신(新)실용주의적 해법

우선, 실물적 경기변동이론은 과소소비설, 과잉투자설, 승수이론 및 가속도이론의 결합 등에 의하여 실물적 요인(소비·투자·저축 등)이 경기변동을 야기시킨다고 본다.92)

① 과소소비설에 의하면, 투자에 비하여 저축이 과다하고 소비재 생산량에 비하여 소비수요가 과소함에 따라 경기변동(불황)이 야기된다고 한다.

② 과잉투자설에 의하면, 투자가 저축을 초과함에 따라 경기변동(호황)이 발생된다고 한다.

③ 승수이론 및 가속도이론에 의하면, 소비수요가 늘면 이를 충족시키기 위한 유발투자가 증가하는데, 이 유발투자는 승수효과를 통하여 소득을 증가시키고 이로 인하여 소비수요가 더욱 가속화된다고 주장한다.

실물적 경기변동 모형의 특징은 생산이나 고용의 변동을 2가지 가설, 즉 ① 균형가설과 ② 외생적 충격가설에 의해 설명한다. 우선, 균형가설은 경기변동을 시장의 청산과 경제주체들의 최적화 과정을 통하여 설명할 수 있다고 가정한다. 다음으로, 외생적 충격가설은 경기변동을 외생적 충격(주로 총요소생산성으로 측정)으로 인해 성장추세선 주변에서 발생한 확률적 진폭으로 간주한다.93) 표준적 실물 경기변동 모형하에서 기술충격은 경기변동을 야기하는 가장 중요한 요소로 간주하고 관련 연구가 다양하게 진행되어 왔다.94)

---

92) 실물적 경기변동이론 외에 경기변동에 관한 전통적 견해(고전학파, 케인즈학파, 합리적 기대론)에 관한 설명은 지면(紙面)의 한계로 생략한다.

93) Prescott(1986)은 총요소생산성을 계산하고 이를 외생적인 기술충격으로 간주하였다. 그러나 기술진보 또는 생산성 충격이 경기변동을 초래하는 가장 중요한 요인이라는 외생적 충격가설에 대해서는 논란의 여지가 많다. 예를 들어, 기술진보율과는 밀접한 관계가 없는 군사비 지출(Hall, 1988), 통화량(Evans, 1992) 또는 이들 두 요소를 동시에 이용하여도 총요소생산성 변화를 예상할 수 있다는 주장도 제기되었다. 나아가 Basu(1996)와 Burnside, Eichenbaum, and Rebelo(1996)가 고려한 가변자본가동률, Burnside, Eichenbaum, and Rebelo(1993)가 고려한 노력의 변화, Jaimovich(2004)가 고려한 마크업(mark－up)률의 변화 등을 반영한 총요소생산성은 진정한 기술충격과는 거리가 있는 것으로 나타났다.

경기변동(景氣變動) 이론 중에서, 본 연구의 주된 관심의 대상은 경기침체(景氣沈滯) 혹은 불황(不況)을 어떻게 극복할 수 있는가이다. 불황(不況)의 근본적 원인은 번영(繁榮)이다. 따라서 번영(繁榮)을 원한다면 그 뒤에 반드시 수반하는 불황(不況)을 수용해야 한다. 즉, 주글라의 명제: "불황의 유일한 원인은 호황이다"가 성립된다.

조지프 슘페터(Joseph Alois Schumpeter)는 *"경기변동(Business Cycle)은 자본주의의 생존양식이다." 즉, 경기변동 자체가 자본주의의 본질적 속성이며 혁신과 발전이 그 속에서 함께 이루어진다는 것이다. 그는 자신의 경기변동이론이 "시간 속에서 일어나고 있는 경제변동의 논리적 자기완결 모델을 제공한다"*고 말한다.[95)]

여기서 유의할 것은 경제발전과 경기순환의 연관성이다. 불황은 호황에 대한 국민경제의 반응이며, 호황이 국민경제에 초래한 상황의 극복인 것이며, 따라서 불황의 설명도 호황 설명에 연유된다. 호황(好況)과 불황(不況)의 순환 현상은 결코 경제발전(經濟發展)의 장애물이 아니며 자본주의의 실패가 아니라 정상적인 과정이다. 즉, 경기불황이나 침체는 대부분 번영기에 나타난 혁신의 결과물이 시장에 쏟아져 나온 상태에서 가격하락과 함께 일어난 현상에 불과하다. 따라서 경기순환은 경제발전의 정상적인 과정의 일부이므로 부정시할 이유가 없다.[96)]

사실, 장기파동 이론(The Long Cycle Theory)이 무시되어 왔던 주요 원인은 주류 경제학인 신(新)고전파이론에서 이를 거의 취급하지 않았기 때문이었으며, 또한 장기파동 이론가들이 광범위하고 다양한 연구를 하였음에도 불구하고 현상에 대한 설명이 단일 인과적(monocausal)이거나 혹은 인과적 설명이 불명확하였기 때문이었다.[97)] 또한 기존의 장기파

---

94) 경기변동의 요인을 규명하는 것은 거시경제학의 가장 까다로운 연구과제 중의 하나이다. 전통적으로 통화, 재정 및 석유가격 충격이 지적되고 있는데 Prescott(1986)은 여기에 기술충격을 더하였다. Prescott(1986)은 기술충격으로 제2차 세계대전 이후 경기변동의 절반 이상을 설명할 수 있다고 주장하였다. 또한 Kydland and Prescott(1982)이 경기변동을 촉발하는 요인으로서 기술충격(technology shock)과 같은 실물충격(real shock)을 강조한 이래 확률적 동태일반균형(DSGE)모형을 이용한 경기변동 분석에서는 기술충격이 중심적 역할을 하고 있다.

95) Schumpeter, Joseph A.(1933), Business Cycle: A Theoretical Historical and Statistical Analysis of the Capitalistic Process, New York, McGnaw-Hill. INC.

96) 최근 진행된 20세기 각국의 대불황에 관한 심도 있는 연구는 Review of Economic Dynamics(2002)에 특별판으로 발행되고 Kehoe and Prescott(2007)는 미네아폴리스 연방준비은행(Federal Reserve Bank of Minneapolis)에서 이를 단행본으로 묶어 출간하였다.

97) J. Delbeke(1982), "Recent Long-Wave Theories: A Critical Survey", Christopher Freeman(ed), Long Waves in the World Economy, London: Frances Pinter; 김환석 · 홍성범 · 이영희(1992), 「세계경제의 장기파동과 신기술의 국제확산-장기파동이론의 한국에의 시사점-」, 한국과학기술연구원 정책 · 기획본부.

동 이론(The Long Cycle Theory)에 대한 적절한 분류와 일관된 논리구조에 대한 연구가 미진하였다.[98)]

1) 조지프 슘페터(Joseph Schumpeter)의 경기변동 이론

조지프 슘페터(Joseph. A. Schumpeter, 1883~1950)[99)]는 1930년대 발표된 일련의 연구[100)]

---

98) T. Kitwood(1984), “A Farewell Wave to the Theory of Long Waves”, Universities Quarterly Culture, Education and Society, Oxford, Vol. 38, No. 2, pp. 164~165.

99) 조지프 알로이스 슘페터(Joseph Alois Schumpeter, 1883~1950)는 20세기 전반의 세계적인 이론경제학자이다. 그는 1883년 오스트리아-헝가리제국의 트리스테에서 태어나, 1904년 빈대학교를 졸업하고, 1909년 이후 체르노비치 대학과 그라스 대학에서 잠시 경제학을 강의하다가, 1919~1920년 오스트리아 재무장관을 역임했다. 그 후 1920~1922년 독일의 비더만 은행 총재를 잠시 맡은 뒤, 1926~1932년 독일 본 대학교 공공재정 교수를 지냈고, 이후 미국에 정착해 1950년 사망할 때까지 하버드 대학교 교수로 재직했다. 주요저서로는 「이론경제학의 본질과 주요내용」(1908), 「경제발전이론」(1911), 「경제학의 역사와 방법」(1914), 「조세국가의 위기」(1918), 「제국주의와 사회계급」(1919), 「경기순환」(1939), 「자본주의, 사회주의, 민주주의」(1942), 「10대 경제학자」(1951), 「경제분석의 역사」(1954) 등이 있다. 특히 「자본주의, 사회주의, 민주주의」(Capitalism, socialism, and democracy, 1942년)는 그가 경제/사회 전반의 문제를 40여 년에 걸쳐 사색한 결정체이다. 상기 저서에서 그는 마르크스 이론의 비판 및 자본주의의 운명, 민주주의 여러 모순들을 순수경제학의 범주를 넘어서 정치/사회적인 입장에서 광범위하고도 깊은 통찰력으로 분석하고 민주주의의 여러 모순들을 정치/사회적인 입장에서 깊은 통찰력으로 분석했다. 그의 사회주의와 자본주의에 대한 예언자적 이론은 수많은 현대 경제이론가들에게 크나큰 영향을 미쳤다. 그는 민주주의는 수단일 뿐 목적이 아니라고 주장하고 사회주의적 질서와 민주주의 간의 관계를 검토하는 데서 민주주의에 관한 새로운 이론을 전개했다. 그는 민주주의를 ‘인민의 통치’로 정의하는 것을 거부했다. 왜냐하면 인민의 개념과 통치의 개념은 정확히 정의될 수 없기 때문이라고 보았기 때문이다. 그는 또 민주주의를 대표자에 의한 통치로 정의하는 것도 받아들이지 않았다. 왜냐하면 위임하거나 대표자에 의해 대표될 수 있는 것은 개인들만이지 인민이 아니기 때문이다. 그는 의회는 정부의 기구이지 인민을 대표하는 기구가 아니라고 보았다. 그는 민주주의 정체에서 ‘인민의 의지’가 ‘공공선’에 수렴될 것이라는 18세기 민주주의의 이론을 반박한다. 왜냐하면 합리적으로 결정될 공공선이나 인민의 의지는 존재하지 않을 것이기 때문이다. 이러한 논의를 전개한 다음 그는 민주주의가 ‘방법’으로 정의되어야 한다는 논거를 제시했다. 즉 민주주의는 수단이지 목적 자체가 아니라는 민주주의 개념을 제시했다. 즉 “민주주의적 방법은 정치적 결정에 도달하기 위한 제도적 장치이다. 이 장치 안에서 개인들은 인민들의 투표를 얻기 위한 경쟁적 투쟁을 통해 결정권을 획득한다.” 그는 “집단들은 거의 전적으로 리더십을 받아들임으로써 행동하기 때문에 민주주의는 인민의 통치가 아니라 정치인의 통치로서 정의될 수 있다”고 주장하면서 엘리트 통치의 민주주의 개념을 제창했다. 이러한 그의 민주주의 이론은 정치학에서 새로운 민주주의 이론의 지평을 크게 열었다.

100) Joseph A. Schumpeter(1934), “Depressions: Can We Learn from Past Experience?”, The Economics of the Recovery Program, New York: McGraw-Hill.

를 통해 '혁신(innovation)'의 개념을 도입하면서 니콜라이 콘드라티예프(Nicholai Kondratiev)와 초기 마르크스주의자들(Marxist)이 제기한 '자본투자 → 경제활동'이 아닌 '혁신 → 자본투자 → 경제활동'의 인과성을 설명하였다. 조지프 슘페터(Joseph. A. Schumpeter)의 기본 시각은 다음과 같다.[101)]

① 1930년대의 불황은 1825년과 1873년경에 발생하였던 불황의 속성과 유사하다.
② 혁신의 군집을 다양한 경기순환 주기의 불규칙한 리듬을 일으키는 추진력이다.
③ 과거 장기파동의 상승국면은 특정한 신기술의 기반 위에서 이루어졌다.
④ 19세기 기술혁명에서 출현된 제품과 생산수단의 새로운 결합들은 안정적이고 연속적인 발전 과정이 아니라 불안정적이고 불연속인 과정이며, 이러한 혁신의 불연속 과정이 바로 장기파동이다.

조지프 슘페터(Joseph. A. Schumpeter, 1883~1950)는 장기파동(Long Cycle)의 메커니즘을 기술혁신(技術革新)에 따른 새로운 '주도 산업부문(leading sectors)'이 출현하여 경제성장을 추진하다가 점차 수확체감의 현상이 나타나고 결국 다른 새로운 '주도 산업부문'의 출현에 의하여 대체되는 과정으로 파악하였다. 그는 단·중·장기의 3가지 주기를 구별하고[102)] 이 중에서도 장기의 경기순환 주기를 호황(prosperity), 침체(recession), 불황(depression), 회복(recovery)으로 나누어 각각 설명하였다.[103)]

101) O. M. Amos, Jr.(1989), "A Reevaluation of Long Cycle Theories: Development as the Satisfaction of Hierachial Needs", Socal Science Quarterly, Vol. 70, No. 2, June, p. 348.

102) 각각 주된 연구자의 이름을 따서 Kitchin Cycle(3~5년), Juglar Cycle(9~10년), Kondratiev Cycle(55년)으로 각각 명명하였다.

103) Joseph A. Schumpeter(1933), Business Cycles: A Theoretical, Historical and Statistical Analysis of the Capitalist Process, 2 Vols, New York: McGraw Hill, pp. 168~174.

[그림 V-9] 조지프 슘페터(Joseph. A. Schumpeter)의 경기변동 4분법

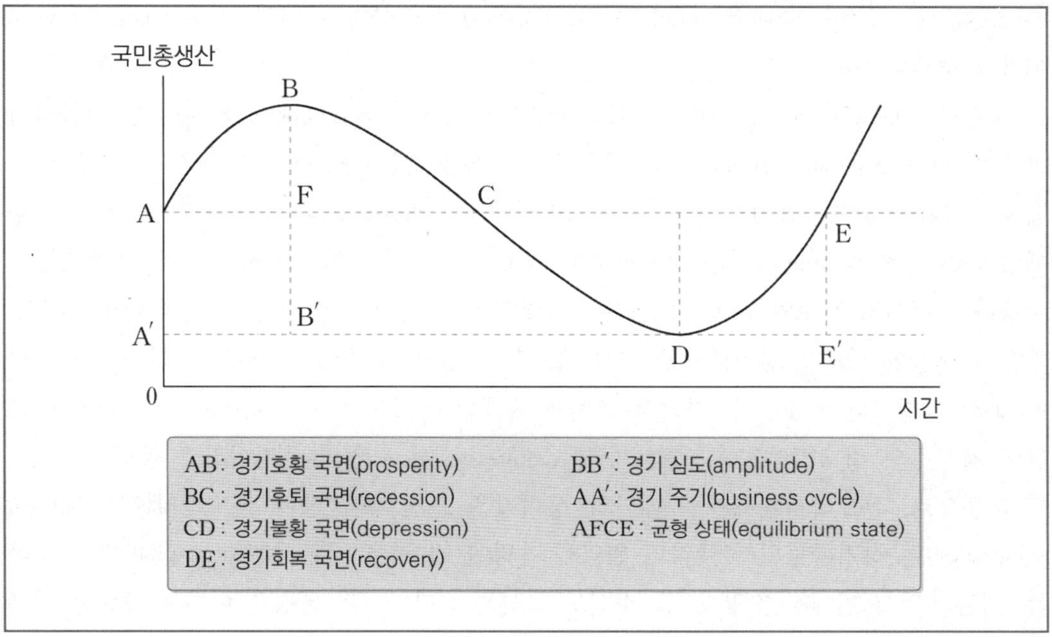

[표 V-5] 조지프 슘페터(Joseph A. Schumpeter)의 장기파동의 연대

	제1순환기	제2순환기	제3순환기	제4순환기	제5순환기
호황 국면	1782~1815	1845~1866	1892~1920	1948~1996	1994~
불황 국면	1815~1825	1866~1873	1920~1929	1996~1973	
공황 국면	1825~1836	1873~1883	1929~1937	1973~1985	
회복 국면	1836~1845	1883~1892	1937~1948	1985~1994	
주 기	63	53	56	46	

주: 니콜라이 콘드라티예프(Nicholai Kondratiev)는 제 2순환기까지, 조지프 슘페터(Joseph A. Schumpeter)는 제3순환기까지, 슘페테리안(Schumpeterian)들은 제 4순환기 및 제 5 순환기까지 각각 분석하였다.

또한 조지프 슘페터(Joseph. A. Schumpeter, 1883~1950)의 혁신은 완만하게 연속적으로 나타나는 것이 아니라 경기 상태에 의해 영향을 받는 기업가의 혁신 동기의 강도에 따라 특정 시기에 '군집(cluster)'되어 불연속적으로 나타나며, 이것이 경기순환 주기를 야기시킨다고 한다. 즉, 불확실성을 지닌 최초의 혁신이 성공하였을 경우, 그 결과 야기되는 독점이익에 참여하고자 하는 후발 혁신 모방자들은 최초의 혁신을 개선하거나 또는 제품, 공

정, 기술 및 조직구조에 관련된 다른 혁신을 창출함으로써 혁신의 확산이 이루어진다고 한다. 이것을 조지프 슘페터(Joseph. A. Schumpeter)는 혁신의 '운집과정(Swarming Process)'이라고 불렀다.[104]

장기파동(Long Cycle)에 관한 조지프 슘페터(Joseph. A. Schumpeter)의 이론은 니콜라이 콘드라티예프(Nicholai Kondratiev)의 이론과 공통점을 갖는 동시에 상이점을 갖고 있다. 우선, 이들의 공통점을 보면, 니콜라이 콘드라티예프(Nicholai Kondratiev)와 같이, 조지프 슘페터(Joseph. A. Schumpeter)는 장기파동(Long Cycle)을 자본주의 발전의 내적 조절기능을 수행하는 것이라고 보았다. 즉, 이들은 경제발전이란 단선적 및 연속적인 과정이 아니라, 파괴적 교란이 새로운 장기호황을 위한 창조적 혁신의 필수조건이 되는 순환주기적 과정을 통해 진행된다는 것이다. 따라서 조지프 슘페터(Joseph. A. Schumpeter)는 전술한 바와 같이 자본주의 경제발전을 '창조적 파괴(creative destruction)'의 과정이라고 불렀다.

다음으로, 콘드라티예프와 슘페터의 상이점을 보면, 니콜라이 콘드라티예프(Nicholai Kondratiev)는 장기파동의 궁극적인 원인을 수명이 긴 기초 자본재(basic capital)의 마모라는 '객관적'인 요인에서 찾았다. 그 자신도 혁신을 장기파동의 특징을 이루는 중요한 일부로 간주하지만 혁신(革新)을 전쟁·혁명 등과 마찬가지로 상부구조에 속하는 '외생적'인 요인으로 규정하였다. 즉, 혁신을 장기파동의 원인이라기보다는 하나의 산물로 간주하였다. 이와 반면에, 조지프 슘페터(Joseph. A. Schumpeter)는 혁신(革新)을 자본주의 경제의 연쇄적인 장기파동(Long Cycle)을 초래하는 원인이며 '내적 요인'으로 규정하였다.

2) 신(新)슘페테리언의 경기변동 이론

(1) 개관

장기파동(The Long Cycle Theories)을 기술혁신의 역동성(dynamics)으로 이해하려는 조지프 슘페터(Joseph. A. Schumpeter)의 이론은 1960년대 후반부터 멘쉬(G. Mensch)를 비롯한 신(新)슘페터주의자(Neo-Schumpeterian)[105]들에 의해 더욱 확대·발전되었다. 이들은

104) 혁신의 운집과정(Swarming Process)은 신(新)슘페터주의자들의 논쟁의 초점이 되었다. 이에 관한 상세한 내용은 다음의 항에서 설명한다.

105) G. Mensch, C. Coutinho and K. Kaasch(1986), "Changing Capital Values and the Propensity to Innovate", Christopher Freeman(ed), Design, Innovation and Long Cycles in Economic

장기파동을 설명하는 데 있어서 기술혁신(技術革新)의 역할에 보다 큰 중요성을 부여하고, 각 장기파동에서 어떻게 주도적인 신기술과 신산업이 나타나고 또한 교체되는가를 연구하였다.

신(新)슘페터주의(Neo-Schumpeterian) 장기파동 이론가들은 대체로 조지프 슘페터(Joseph. A. Schumpeter)의 기본적 관점을 따르지만 그의 이론이 지닌 불완전성을 보완 및 수정하거나 이론자체를 재구성하였다. 이들의 출발점은 조지프 슘페터(Joseph. A. Schumpeter)가 제시하였던 경제발전의 필수적 요소로서의 '혁신의 불규칙한 군집(irregular clusters of innovation)'이었다.

신(新)슘페터주의(Neo-Schumpeterian)는 혁신의 군집시기, 원인, 경험적 분석 등에 관하여 각기 다르게 주장하고 있지만 경제발전의 추진력으로서 기술혁신의 중요한 역할에 대해서는 의견을 같이하고 있다. 이들 대부분의 공통점은 장기파동(Long Cycle)을 신기술과 관련된 '주도 산업부문(leading sector)'의 제품 또는 공정 수명주기와 연결시켜 설명한다는 점이다. 이들의 이론은 다음과 같이 3가지로 분류될 수 있다.[106]

① 멘쉬(G. Mensch), 듀인(J. J van Duijn)으로 대표되는 혁신의 군집이론(Clustering of Innovations)

② 혁신의 군집뿐만 아니라 혁신의 확산과정에서 창출되는 신(新)기술체계(NTS: New Technology System)를 강조하는 전기(前期)[107] 크리스토퍼 프리만(Christopher Freeman), 소에테(L. Soete) 등의 신(新)기술체계 이론

③ 장기파동(Long Cycle)의 상승과 하강국면을 혁신과 사회제도의 정합(Good-Match)

Development, New York: St. Martin's Press.

106) Rosenberg, Nathan(1982), Inside The Black Box: Technology and Economics, Cambridge University Press; Scherer, F. M.(1984), Innovation and Growth Schumpeterian Perspectives, The MIT Press.

107) 소에테(Luc Soete)는 크리스토퍼 프리만(Christopher Freeman)의 이론 전개과정을 3가지, 즉 ① 초기 크리스토퍼 프리만 이론(고용과 장기파동, 1978년 이전), ② Schumpeterian으로서 크리스토퍼 프리만 이론(New Technological Systems; 1979~1982), ③ 재생된(rejuvenated) 크리스토퍼 프리만 이론(기술 패러다임과 제도변화, 1983)으로 나누어 설명하고 있다. Soete, Luc and Christopher Freeman(1985), "New Technologies Investment and Employment Growth in OECD", Employment Growth and Structural Change, Paris: OECD; Luc Soete(1986), "Technological Innovation and Long Waves; An Inquiry into the Nature & Wealth of Christopher Freeman's Thinking", R. M. Mac Leod(ed.) Technology & Human Prospect, London: Frances Pinter.

과 부정합(Mis-match)으로 설명하는 후기(後期) 크리스토퍼 프리만(Christopher Freeman), 칼로타 페레즈(Carlota Perez) 등의 기술경제 패러다임(Techno-Economic Paradigm) 등이다.

상기한 신(新)슘페테리언(Neo-Schumpeter) 출발점은 조지프 슘페터(Joseph. A. Schumpeter)가 발전의 필수적 요소로서 제시하였던 '혁신의 불규칙한 군집(irregular clusters of innovation)'이었다. 혁신의 군집이론이 강조하고 있는 것은 특정 시기에 혁신이 군집되며, 그러한 일단의 혁신의 역할로 장기파동이 이어진다는 점이다. 이들의 주요 분석대상은 장기파동(Long Cycle)의 움직임과 혁신활동의 빈도 및 강도의 상호 관련성이다.

(2) 멘쉬(G. Mensch)의 혁신군집이론

멘쉬(G. Mensch)는 니콜라이 콘드라티예프(Nicholai Kondratiev)와 조지프 슘페터(Joseph. A. Schumpeter)의 '파동 모델(The Wave Model)'이 아닌 S자(字)형 추세 사이클을 장기적 변화모형으로 상정하였다. 즉, 경제는 파동의 연결이 아닌 일련의 간헐적인 혁신적 충동을 통해 진화해 나간다고 보았고, 이를 탈바꿈 모형(The Metamorphosis Model)으로 명명하였다.

멘쉬(G. Mensch)는 조지프 슘페터(Joseph. A. Schumpeter)의 혁신을 구체적으로 3가지 즉, ① 기본혁신(Basic Innovation), ② 개선혁신(Incremental Innovation), ③ 의사혁신(Psudo Innovation)으로 구별하고 있다.

멘쉬(G. Mensch)는 기본혁신(Basic Innovation)을 새로 발견된 물질이나 개발된 기술이 최초로 제품에 체화되어 이러한 신제품이 시장을 형성하는 기술적 사건으로 표현하고 있다. 개선혁신은 기존의 제품 및 공정기술들을 합리화, 개선, 그리고 최신화하는 과정을 말한다. 개선혁신이 확산되면서 생산에 있어서의 확산은 한계에 도달하고 경기상승 국면이 최고치에 도달하게 되면 기업들은 자신들의 시장점유율을 지키려는 의사혁신을 실행한다는 것이다.

멘쉬(G. Mensch)는 또 하나의 중요한 개념으로 '기술교착상태(Technological Stalemate)'를 설정하고 있는데, 이것은 ① 기존의 산업들이 표준화된 제품이나 서비스에 대한 과잉능력을 보유하는 단계, ② 구매능력을 가진 잠재적 소비자들의 포화상태, ③ 선도 산업분야의 불안정한 상태를 말한다. 그는 기술교착상태가 기본혁신의 부족으로부터 시작되고 기본혁신의 분출로 종식된다고 보았다. 따라서 '기술교착상태(Technological Stalemate)'는 기본혁신(Basic Innovation)을 이룩할 수 있는 최상의 기회제공 시기라고 말할 수 있다.

이와 같이 멘쉬(G. Mensch)의 주요 초점은 기본혁신(Basic Innovation)의 군집현상에 집중되고 있다. 주케스(J. Jewkes) 등의 통계를 사용하여 지난 2세기 동안의 기술혁신과 경제발전 패턴을 검토한 결과 1770년, 1825년, 1885년, 1935년경에 기본혁신이 군집되어 있었다는 가설(Clustering Hypothesis)을 밝힌 바 있다. 불황기의 경제는 구조적으로 기본혁신을 준비하게 되고 일련의 기본혁신이 군집되는 상황을 야기시킨다는 것이다.

멘쉬(G. Mensch)는 불황기에는 기본혁신(Basic Innovation)이 일어날 수 있도록 장애요인들이 제거되고 발명과 혁신의 리드 타임(lead time)을 단축시키는 불황(不況) 유인적 가속화 메커니즘(Depression-Induced Accelerator Mechanism)이 작동된다는 가설(Acceleration Hypothesis)을 주장하였다. 이러한 메커니즘으로 인하여 불황기에는 많은 기본혁신(Basic Innovation)이 발생됨으로써 새로운 상승국면으로 진입할 수 있는 기회가 된다는 것이다.

멘쉬(G. Mensch)는 '기술교착상태(Technological Stalemate)'의 개념을 토대로 장기파동의 과정을 설명하고 있다. 그는 '기본혁신은 군집된다'라는 조지프 슘페터(Joseph. A. Schumpeter)의 가설을 주된 명제로 삼고, 과거 200여 년 동안의 기본혁신들이 각 장기파동의 불황기 말에 집중되었다는 가설을 검증한 결과, 다음과 같은 결론에 도달하였다. 즉, 기본혁신들의 군집에 의하여 촉발되는 호황이 점차 시장의 포화, 공급자의 집중, 제품 개선의 수익 체감 등으로 한계에 도달하면 '기술교착상태(기본혁신은 없고 오직 개선혁신과 의사혁신만이 나타나 경제가 정체에 빠지는 상태)'가 도래하지만, 만약 불황이 더욱 심화되면 기업가의 혁신충동(innovation impulses)이 일어나 과학적 발명과 혁신 간의 시차가 줄어들면서 기본혁신들이 다시 집중적으로 출현하게 된다. 그리고 '혁신 → 호황 → 불황 → 혁신 …'이라는 내생적이고 기술결정론적인 장기파동이 전개된다.[108]

이와 같이, '정체(Stagnation) = 기본혁신의 부족(Lack of Basic Innovations)'이라는 등식이 말해 주듯이, 멘쉬(G. Mensch)는 장기파동의 주요인으로 기본혁신을 강조하고 있다. 기본혁신은 특히 불황기에 준비되는데 혁신의 군집은 '기술교착상태(Technological Stalemate)'를 타파하고, 노동과 자본의 새로운 활동영역을 재개함으로써 경제적 쇠퇴를 종식시키고 상승국면(upswing)으로 이끌어 가는 추진력으로 파악하였다. 그리고 기본혁신의 시간과 방향은 기존 기술에 있어서의 '스태그내이션(stagnation)' 정도와 새로운 대체기술의 유인성(attractiveness) 정도에 의해 결정된다는 점을 제시한다.

108) 멘쉬(G. Mensch)는 스태그플레이션과 불황의 구조적 조건을 1825년, 1873년, 1992년경에 각각 발견하였다.

[표 V-6] 멘쉬(G. Mensch)의 경기변동 과정

(1) 경제불황을 타개하기 위해서는 일반 대중의 수요를 자극하고, 고용을 창출하며, 자본을 적극적으로 유입시키는 기본혁신의 역할이 요구된다. 기술교착상태가 지속됨에 따라 기본혁신이 군집되고 기본혁신은 신산업을 창출한다. (2) 기본혁신과 새로운 재화들이 일반 대중의 수요와 투자자들의 관심을 일깨우게 되고 생산과정의 개선 및 혁신을 통한 질적 개선 및 양적 확장이 이루어진다. 이 과정에서 제품수명주기와 시장수요주기에 의한 새로운 경기순환주기가 창출된다. (3) 많은 산업들이 메아리 효과에 의해 시장주기 단계를 거치면서 같은 리듬을 타게 된다. 새로운 산업들이 성장함에 따라 생산능력이 급속히 팽창한다. (4) 생산능력의 지속적인 확대와 공급 과잉은 소비자 수요의 포화상태에 이르게 되는 민감한 분기점을 야기시킨다. (5) 포화된 시장 내에서 국내의 유효수요 한계에 부닥친 성장기업들은 대량생산의 이윤을 유지하기 위해 치열한 경쟁을 가속화하고 1차적으로 수출에 의존하게 된다. (6) 외국으로의 신기술 확산은 대량생산을 유발시키고 일반 대중의 욕구(needs)는 변화하게 된다. 그러나 새로운 유형의 재화와 용역을 산업이 충분히 창출할 수 없게 되어 소비자의 수요는 정체된다. 투자 수익률의 위험성 때문에 투자자들은 국제자본 및 금융시장에 투자하게 된다. (7) 결국, 세계경제는 기본혁신을 증대시키기는 수요부족으로 활동력을 상실하게 되고 또다시 '기술교착상태'에 진입하게 된다.

(3) 반 듀인(J. J. van Duijn)의 경기변동 이론

반 듀인(J. J. van Duijn)은[109] 조지프 슘페터(Joseph. A. Schumpeter)의 혁신이론, 멘쉬(G. Mensch)의 혁신군집이론, 니콜라이 콘드라티예프(Nicholai Kondratiev)의 기초 자본재(Basic Capital), 즉 하부구조 자극 메커니즘(Infrastructure Stimulatory Mechanism), 로스토우(W. W. Rostow)의 선도 산업분야(leading industries)의 주요 개념 등을 종합적으로 사용하여 장기파동 이론을 다음과 같이 설명하였다.

반 듀인(van Duijn)은 멘쉬(G. Mensch)와 마찬가지로 기본혁신의 군집을 장기적인 경제파동의 주요 촉발력(triggering force)으로 간주하면서, 장기파동은 크게 3가지, 즉 ① 제품 및 공정 혁신(Product and Process Innovation)의 군집, ② 혁신수명주기(Innovation Life Cycle), ③ 하부구조 투자(Infrastructure Investment)에 의하여 자극되는 승수 및 가속도 과

109) J. J. van Duijn(1983), The Long Wave in Economic Life, London: G. Allen & Unwin; J. J. van Duijn(1986), "Fluctuation in Innovations over Time", Christopher Freeman(ed.), Design, Innovation and Long Cycles in Economic Development, New York: St. Martin's Press.

정(Multiplier · Accelerator Process)에 기인된다고 주장한다.

상술하면, 혁신수명주기(Innovation Life Cycle)가 진행되는 동안 자본재 투자지출은 승수/가속화 과정(Multiplier/Accelerator Process)을 통해 자극되어지고, 전반적인 경제활동에 변화가 수반되어진다고 설명하고 있다. 즉, 도입(Introduction) → 성장(Growth) → 성숙(Maturity) → 포화(Saturation) → 쇠퇴(Decline)라는 선도 산업부문들의 혁신수명주기가 직접적으로 장기파동 국면을 유도하는 것으로 분석하였다. 장기파동 국면들의 거시경제적 특징을 살펴보면 다음과 같다.

여기서 유의할 것은 반 듀인(J. J. van Duijn)은 불황(不況)이 혁신(革新)을 자극한다는 멘쉬(G. Mensch)의 이론을 비판하면서, 불황에 의해 자극을 받는 것은 공정혁신이며, 보다 중요한 제품혁신(Product Innovation), 즉 기본혁신(Basic Innovation)은 상승기에 이르러서야 비로소 추진된다고, 그리고 제품혁신의 군집은 하강국면(Downswing)의 말기나 상승국면(Upswing)의 초기에 이루어진다고 각각 주장하였다.

[표 V-7] 반 듀인(van Duijn)의 경기변동 국면의 거시경제적 특징

	불황기	회복기	호황기	침체기
GNP	미미한 혹은 제로의 성장률	성장률 증가	급속한 성장률 증가	성장률 저하
투자수요	과잉 생산규모 합리화	대체투자 증가	신규 자본스톡의 급증	생산규모의 확장적 투자
소비수요	일정기간 지속적 증가	구매력은 다른 소비대상을 찾음	모든 산업부문에서 수요 확대	새로운 산업부문들의 지속적 증가
혁신수명주기	쇠퇴기 (Decline)	도입기 (Introduction)	성장기 (Growth)	성숙기 (Maturity)

자료: van Duijn (1983), p. 136을 인용하되 저자가 수정 및 재구성.

한편, 반 듀인(J. J. van Duijn)은 경기하강 요인을 다음과 같이 설명하고 있다. 기본혁신이 새로운 산업부문을 야기시키고, 이러한 산업부문들은 S자(字)형 혁신수명주기 패턴에 따라 발전하며, 새로운 산업부문들은 자체의 하부구조를 필요하게 된다. 그러나 궁극적으로는 과도한 물질적 자본스톡의 축적이 발생하게 되고 새로운 산업부문에서의 수요 감퇴는 자본재의 과대팽창을 야기시킨다. 이러한 공급 및 수요부문의 불균형은 장기파동의 하강을 야기시킨다. 즉, 장기파동의 쇠퇴는 투자 저조기를 의미한다. 경기회복은 대체투자의

속도가 가속화됨에 따라 시작된다. 이에 따른 투자수요에 대한 자극은 경제전반에 대한 낙관적 전망을 유발시켜 새로운 혁신의 분출을 다시 유도한다.

이와 같이, 반 듀인(J. J. van Duijn)의 장기파동 이론(The Long Cycle Theory)의 핵심은 제품혁신(product innovation)의 군집과 이에 수반되는 하부구조 투자(infrastructure investment)가 혁신의 수명주기에 따라 장기파동(Long Cycle)의 엔진으로서 작용한다는 것이다.

(4) 크리스토퍼 프리만(Christopher Freeman)의 신(新)기술체계론

전술한 멘쉬(G. Mensch)의 '혁신군집 가설'과 '리드 타임의 가속화 가설'은 강력한 비판을 받아 설득력이 상당히 약화되면서[110] 새로운 슘페테리언 접근방법이 제기되었는데, 그 중의 하나가 단순한 혁신의 군집이 아닌 '혁신의 확산(Diffusion of Innovation)'과 '후속적인 혁신(Follow－up Innovation)'의 종합체로서 '신(新)기술체계(NTS: New Technology Systems)'를 강조하는 크리스토퍼 프리만 및 소에테(Christopher Freeman and L. Soete, 1984)[111] 등의 주장이다. 특히 크리스토퍼 프리만(Christopher Freeman)은 다음과 같은 기본시각에서 그의 장기파동 이론(Long Cycle Theory)을 정립하였다.[112]

① 기본혁신의 군집은 불황기보다는 회복기와 호황기에서 이루어졌다.
② 혁신의 군집은 불황에 의하여 야기되는 것이 아니라 기초과학의 비약적인 발전 또는 발명의 분출이나 재무장이나 전쟁과 같은 강력한 외생적 수요의 시기와 관련되어 있다.
③ 장기파동(Long Cycle)에 있어서 중요한 것은 기본혁신의 군집의 시기가 아니라 기본혁신의 확산속도와 방향, 그리고 상호 관련된 발명, 혁신, 경제·사회적 변화의 결

110) 실제적으로 혁신의 군집은 기본혁신이 일어난 후 10년 이상 지연되는 경우, 좀 더 수익성이 명확하게 제시될 때까지, 또는 다른 기초적이고 조직적 혁신이 쉽게 이루어질 때까지 상당한 기간이 필요할 수가 있기 때문에 멘쉬(G. Mensch)의 리드 타임 가속화 가설은 비판을 받을 수밖에 없었다.

111) Christopher Freeman and Luc Soete(1984), "Managing the Labour Implications of New Technologies", Employment Growth in the Context of Structural Change, OECD; Christopher Freeman and Luc Soete(1985), Information Technology & Employment: An Assessment, Brussels, IBM.

112) 크리스토퍼 프리만(Christopher Freeman)은 단순한 기본혁신의 군집개념을 넘어선 신기술체계(NTS)의 개념을 발전시켰다. 그가 제시한 신기술체계는 경제의 여러 분야에 영향을 주고 새로운 산업부문들을 야기시키는 광범위한 기술변화 체계로서 급진적 혁신(Radical Innovation), 점진적 혁신(Incremental Innovation), 조직혁신, 관리혁신이 결합된 강력하고 새로운 일련의 자연적 궤적이다.

합이다. 즉, 장기파동의 동인은 관련성이 없는 혁신들의 숫자가 아닌 신(新)기술체계(NTS)의 변화이다.

④ 신(新)기술체계(NTS)는 경제의 여러 분야에 영향을 주고 새로운 산업부문들을 야기시키는 광범위한 기술변화 체계로 급진적 혁신(Radial Innovation), 점진적 혁신(Incremental Innovation), 조직혁신(Organizational Innovation), 관리혁신(Managerial Innovation)이 결합된 강력하고 새로운 일련의 자연적 궤적으로 인식되었다.

결국, 크리스토퍼 프리만(Christopher Freeman)에 있어서 장기파동(Long Cycle)이란 신(新)기술체계(NTS)에 속한 신(新)기술 및 신(新)산업들의 진화과정, 다시 말하면 신(新)기술체계(NTS)의 출현, 발전, 쇠퇴의 과정인 것이다. 이 진화과정의 모형으로서, 그는 다음과 같이 4단계를 제시하였다.

① 선행 장기파동 기간: 신(新)기술체계(NTS)의 기초를 이룰 핵심 신기술들의 출현
② 후속 장기파동의 회복기 및 호황기: 신기술 및 신산업이 성장 주도부문이 되어 고용을 창출하고 기타 산업·서비스부문들에 파급효과
③ 스태그플레이션적 전환기: 급성장하던 주도 산업부문이 안정화 및 합리화되는 시기로서 경쟁강화, 자본 집중화, 고용 증대 및 성장의 정체
④ 불황기: 생산과 투자의 저하, 고용 감소 및 과잉 생산능력 도래

신(新)기술체계(NTS)의 개념과 관련하여 기본혁신의 군집과 확산은 크리스토퍼 프리만(Christopher Freeman)의 장기파동 이론(The Long Cycle Theories)에서 중요한 부분으로 등장한다. 그의 장기파동 이론에서는 특히 운집과정(Swarming Process)이 강조되는데, 이것은 많은 모방자들이 신제품 및 서비스의 이윤 잠재력을 인식하고 집중적인 투자가 시작되는 시기를 말한다.

일단, 운집이 시작되면 자본재, 원료, 부품, 유통시설, 노동 등에 대한 부가적인 수요를 창출하는 강력한 승수효과(Multiplier Effect)가 야기되고 공정혁신과 응용혁신의 파동을 유도하게 되며, 상호 관련되고 유인된 혁신의 결합은 경제의 팽창효과(Expansion Effect)를 야기시킨다. 따라서 팽창효과의 관점에서 보면, 중요한 것은 기본혁신 후의 기술의 확산과 기본혁신 상호작용의 운집효과(Swarming Effect)라는 것이다. 이러한 의미에서 호황의 도래를 설명하는 데 중요한 것은 기본혁신들의 출현 시점 또는 그 건수 자체가 아니라 극

소수의 근본적인 기술변화로부터 관련혁신 계열들이 파생되어 생성되는 신(新)기술체계(NTS)의 출현 여부와 그것의 '확산(Diffusion)'과정이라는 것이다.

이와 같이, 크리스토퍼 프리만(Christopher Freeman)도 멘쉬(G. Mensch)와 마찬가지로 장기파동(Long Cycle)의 근원으로서 기본혁신의 군집을 제시하였다. 그러나 크리스토퍼 프리만(Christopher Freeman)이 강조하는 군집의 본질은 로젠버그 및 프리쉬타크(N. Rosenverg and C. Frischtak, 1986)가 말하는 'T' 유형의 군집이다. 여기서 'T' 유형의 군집이란 기술적으로 어느 정도 상호 연관성을 가지는 혁신군집이다. 이와 대조적으로 'M' 유형의 군집은 기술적인 상호 관련성이 없는 단순한 기본혁신의 군집이 잔물결효과(Ripple Effect)를 발휘하는 반면에, 신(新)기술체계(NTS)는 매우 광범위하고 장기간의 파도효과(Big Wave Effect)를 산출하는 것으로 파악하였다. 따라서 신(新)기술체계(NTS)는 다수의 산업에 영향을 미치며, 또한 새로운 산업들을 출현시키기도 한다는 것이다.

그러나 크리스토퍼 프리만(Christopher Freeman)의 초기 관심사는 고용문제를 장기파동이론에 도입하면서 기술변화와 고용에 주안점을 두었다. 즉, 혁신의 초기단계에서는 표준화와 규모의 경제가 이루어지지 않고, 많은 혁신과정들이 고도로 노동집약적이 되기 때문에 고용창출(job－generating) 효과가 중요시된다. 그러나 혁신의 성숙단계에 이르면 가장 성공적인 기술과 설계에 의해 표준화가 이루어지고 생산과 분배와 관련된 규모의 경제가 중요해지며, 혁신과정에서 자본집약도가 증가하게 된다. 따라서 기술혁신의 고용창출 속도는 늦추어지거나 정체되고 기술혁신의 고용대체(job－displacement) 효과는 다른 산업부문으로까지 확장된다는 것이다.[113]

이와 같이 기술변화의 역할을 주로 새로운 고용창출 효과와 고용대체 효과에 집중시켰던 크리스토퍼 프리만(Christopher Freeman)의 초기 관심은 제품혁신 및 공정혁신과 관련된 장기적 고용문제로부터 혁신과 장기파동(Long Cycle)의 상호관련성에 관한 문제로 옮겨진다.[114] 그리고 이러한 노력은 조지프 슘페터(Joseph. A. Schumpeter)의 인식에 근거하여 급진적 혁신 군집의 본질, 출현 시기, 결정요인, 영향력 등에 대한 구체적인 연구로 이

113) 고용문제에 대한 크리스토퍼 프리만(Christopher Freeman)의 이러한 장기파동이론적 시각은 케인즈적인 거시경제학자들의 실업문제 대처방안에 대한 부적절성을 지적하고 있으며, 대부분의 OECD경제가 직면하게 될 장기적인 고용문제와 고용위기의 구조적 본질에 대한 강한 경고도 내포하고 있었다.

114) Luc Soete(1986)는 Christopher Freeman의 이론전개과정을 ① 초기 Freeman(고용과 장기파동, 1978년 이전), ② Schumpeterian Freeman(New Technological System: 1979~1982), ③ the rejuvenated Freeman(기술패러다임과 제도변화, 1983)으로 나누어 설명하고 있다; Luc Soete(1986), "Technological Innovation & Long Waves: An Inquiry into the Nature & Wealth of Christopher Freeman's Thinking", R. M. Mac Leod(ed), Technology and Human Prospect, London: Frances Pinter.

어져 나가면서 신기술 체계론(NTS)이 등장하게 된 것이다.

(5) 칼로타 페레즈(Carlota Perez)의 기술-경제 패러다임 이론

앞에서 제시한 전기(前期) 크리스토퍼 프리만(Christopher Freeman, 1985, 1987)의 신(新)기술체계론(NTS)은 불황 → 호황으로의 전환(즉, 하위 전환점)을 촉발하는 요인이 무엇인가에 대한 설명이 미진하였다. 이 점에 대하여 후기(後氣) 크리스토퍼 프리만(Christopher Freeman), 칼로타 페레즈(Carlota Perez)[115] 등이 비판을 제기되면서 '혁신의 군집이론'이나 '신(新)기술체계(NTS)'보다 더 광범위한 개념으로서 '기술－경제 패러다임(The Techno－Economic Paradigm)'을 제시하였다.[116] 이들은 신(新)슘페터주의(Neo－Schunpeterian) 접근이 단지 기술결정론이라는 약점을 크게 보완하면서 조지프 슘페터(Joseph. A. Schumpeter)의 이론을 독창적으로 재구성하였다.

전기(前期) 크리스토퍼 프리만(Christopher Freeman)의 신(新)기술체계(NTS)는 사실상 기술 패러다임의 변화와 비슷한 개념이지만 1983년 이전까지의 장기파동 이론에 있어서 패러다임 개념을 매우 협소한 기술적 영역에만 국한하였다. 그러나 1983년 이후 칼로타 페레즈(Carlota Perez)와의 공동연구를 통하여 크리스토퍼 프리만(Christopher Freeman)의 관심은 기술영역을 벗어나기 시작한다. 구체적으로 살펴보면 다음과 같다.

① 신(新)기술체계(NTS)의 기술편향적인 개념이 확장되면서 장기파동에 있어서 '기술체제의 변화' 혹은 '기술경제적 및 사회경제적 패러다임'의 개념을 도입하고 있다. 따라서 조지프 슘페터(Joseph. A. Schumpeter)는 조직혁신 혹은 관리혁신의 중요성을 어느 정도 수용하고는 있지만 불황이론은 경제영역에 국한된 설명이라는 비판을 가한다.

② 불황은 기술경제 영역에서 이미 발생한 주요 변화의 요구에 부합하기 위해 사회적·조직적·제도적 변화를 요구하는 징후이며, 이러한 변화는 교육훈련 시스템, 산업연관 시스템, 주요 생산 및 관리 시스템, 재정 시스템, 국제무역 및 금융 시스템을 포함하는 포괄적이고 종합적인 접근으로 이루어져야 한다고 주장한다.

115) Carleta Perez(1985), "Microelectronics, Long Waves & World Structural Change", World Development, Vol. 13, No. 3, pp. 445~447; Perez, Carlota(1987), The New Technologies: An Integrated View, SPRU, University of Sussex.

116) Christopher Freeman(1984), "Prometheus Unbound", Futures, Vol. 16, No. 5, pp. 498~500.

기술-경제 패러다임(The Techno-Economic Paradigm)은 '혁신의 군집'이나 '신(新)기술체계'보다 더 광범위한 개념으로서 상호 관련된 생산·공정·기술·조직·관리혁신의 결합체를 말한다. 이러한 기술-경제 패러다임의 변화는 신제품, 새로운 서비스, 새로운 시스템, 신산업의 출현을 유도하고 경제 전체에 광범위한 영향을 미친다. 결국, 기술-경제 패러다임의 변화는 ① 낡은 장비의 대체, ② 사회적 관행과 제도의 변혁, ③ 지식, 경험, 숙련의 변화 등, 모든 수준에서 이른바 조지프 슘페터(Joseph. A. Schumpeter)의 '창조적 파괴(creative destruction)'를 말한다.

여기서 유의할 것은 기술-경제 패러다임(The Techno-Economic Paradigm)을 '기술혁명(technological revolution)'과 유사 개념으로 인식되고 있는데, 새로운 기술-경제 패러다임의 확립은 기존 기술-경제 패러다임에 비하여 더 높은 총요소생산성(Total Factor Productivity) 수준을 담보해 주는 기술적 및 경영적인 상호 관련된 혁신들의 도입에 근거하고 있다는 점이다. 특히, 총요소생산성(Total Factor Productivity)의 향상은 일종의 '기술혁명(technological revolution)'으로 볼 수 있는데, 이것은 일반적 비용구조상에 어떤 새로운 투입요소(예를 들어 반도체 제품에 메모리칩과 같은 핵심 부품)가 주요인으로서 나타남에 따라 가능해진다. 새로운 투입요소의 특징으로서는 ① 낮고 감소하는 상대비용, ② 모든 실용적 목적에 장기간 무제한의 공급 가능성, ③ 잠재적인 모든 분야에 응용 가능성, ④ 자본, 노동 제품의 비용감소 능력 및 그들의 질적 변화 능력을 들 수 있다.

여기서 유의할 것은 장기파동(Long Cycle)의 상승추세나 하강추세는 각각 기술-경제 패러다임(The Techno-Economic Paradigm)과 사회·제도적 틀(Social-Institutional Framework)의 정합(good-match)과 부정합(mis-match)에 의하여 야기된다는 점이다. 새로운 기술-경제 패러다임과 사회제도적 혁신 사이의 상호 조화로운 정합현상(mood-match)이 성취되면 상승국면(upswing)이 시작되고, 운집(swarming)과정과 하부구조 투자(infrastructure investment)가 확대되면서 기술-경제 패러다임의 확산 가속화와 일반화를 통해 성장 잠재력이 활성화됨으로써 호황의 정점에 이르게 된다는 것이다. 칼로타 페레즈(Carlota Perez)에 의하면 이러한 상승국면 기간 동안에는 특정 성장형태의 안정화, 특정 생활양식의 정착, 일련의 국제투자·생산·무역패턴 진화, 일군의 기술경로가 상식화되고, 국가정책도 급진적 변화보다는 세련화를 추구한다고 보고 있다.

그런데 기술-경제 패러다임(The Techno-Economic Paradigm)의 이행속도는 속성상 사회 및 제도적 틀의 이행속도보다 빠르다. 따라서 신(新)기술경제 패러다임과 구(舊) 기술경제 패러다임 사이의 균열 및 갈등(즉 '부정합')은 불가피해진다. 결국, '구조적 위기

(Structural Crisis)'가 사회 및 제도적 틀의 재편성을 강요하게 된다. 마침내 적절한 사회·제도적 틀(Social-Institutional Framework)이 만들어져 비로소 신(新)기술경제 패러다임(Techno-Economic Paradigm)과의 정합에 성공할 때 호황이 도래한다. 따라서 불황의 타개는 기술혁신만으로는 불가능하며, 이에 걸맞은 사회제도적인 혁신이 수반되어야 함을 강조한다.[117)]

칼로타 페레즈(Carlota Perez)는 사회·제도적 조건을 주어진 경제체계의 외생적인 것으로 간주하였던 조지프 슘페터(Joseph. A. Schumpeter)와는 달리, 자본주의는 2가지, 즉 '기술경제적' 하위체계와 '사회제도적' 하위체계로 이루어지는 하나의 총체계라고 주장하였다.[118)] 전자(기술경제적 하위체계)에 단기 순환주기간을 설명할 수 있다. 그러나 장기파동(Long Cycle)은 순수히 경제적인 현상이 아니라 총체계(기술경제적 하위체계 및 사회제도적 하위체계)의 조화 또는 부조화의 현상이라는 것이다. 즉, 장기파동(Long Cycle)은 총체계 진화의 한 단계 또는 하나의 발전양식으로서 '기술경제 패러다임(The Techno-Economic Paradigm)'에 의해 특징지어진다는 것이다. 이 패러다임이 경제적 하위체계와 사회·제도적 틀 간의 '동태적 상호보완성' 또는 '정합'을 가져올 때 장기호황이 도래하게 되는 반면에 성장 잠재력이 한계에 도달하여 총체계의 상호보완성 붕괴 또는 '부정합'이 야기될 때 '구조적 위기(Structural Crisis)'가 나타난다는 것이다.

여기서 유의할 것은 사회·제도적 혁신과정이란 기존제도하에서의 기득권층과 이익집단들이 지닌 이해와의 상충이 불가피한 '갈등과정'임과 동시에 새로운 사회·정치질서의 태동 과정인 것이다. 이 과정에서, 과거의 장기파동(Long Cycle)에서 크게 성공했었던 국가가 강한 사회제도적 '관성'으로 인하여 오히려 새로운 기술경제 패러다임에 신속하게 성공적으로 적응한 국가에게 세계 주도권을 상실할 수도 있다는 것이다.

이러한 맥락에서 하나의 기술-경제 패러다임(The Techno-Economic Paradigm)으로부터 다른 것으로의 이행기에서는 과거의 기술경제 패러다임에 완전히 몰입되어 있었고 크

117) Carlota Perez and Christopher Freeman(1988), "Structural Change and Assimilation of New Technologies in the Economic & Social System", Christopher Freeman et. al., (ed.), Technical Change & Economic Theory, London: Pinter Publishers, pp. 58~60.

118) Carleta Perez(1986), "Structural Change and Assimilation of New Technologies in the Economic and Social System", Freeman(ed.), Design, Innovation and Long Cycles in economic Development, pp. 32~33.
Carleta Perez(1988), "New Technologies & Development", Christopher Freeman & B. Lundvall(ed.), Small Countries Facing the Technological Revolution, London; Pinter Publishers, pp. 86~89.

게 성공을 거둔 국가들에게는 특히 고통스럽다. 따라서 이 시기에서는 새로운 기술－경제 패러다임(Techno－Economic Paradigm)의 특징을 신속히 인식하고, 새로운 기회를 포착하고 활용할 수 있는 현명한 전략과 그럴만한 능력을 보유하고 있다는 전제하에서 추격(catch－up) 국가들이 비약적 발전을 시도할 수 있는 가장 좋은 시기라는 것이다.

3) 경기변동 이론에 대한 저자의 논평

장기파동 이론(The Long Cycle Theory)은 사회주의권에서나 자본주의권에서 박대를 받고 거의 망각되었으나 1960년대 말의 경제성장률 저하와 1970년대 중반~1980년대 초의 세계적 경기침체를 계기로 하여 극적으로 일부 서구 국가에서 부활하였다. 여기서 대표적으로 선구적 역할을 한 것은 벨기에의 트로츠키주의자 어네스트 멘델(Ernest Mandel)의 저서 「후기 자본주의」(Der Satkapitalismus 1972; 영어판은 Late Capitalism, 1975)와, 서독의 슘페터주의자인 멘쉬(G. Mensch)의 「기술의 교착상태」(Dastechnologische Patt, 1975; 영어판은 Stalemate in Technology: Innovations Overcome the Depression, 1975)란 저서를 들 수 있다. 이들은 각각 마르크스주의적 장기파동론과 신(新)슘페터주의적 장기파동 이론(The Long Cycle Theory)의 발전에 크게 공헌하였다.

장기파동(Long Cycle) 현상을 분석함에 있어서 정치경제학적 접근을 시도한 대표적인 학자는 어네스트 멘델(Ernest Mandel)과 로버트 고든(Robert J. Gordon)이다. 이들은 공통적으로 마르크스주의적 관점에서 세계경제의 장기파동 현상을 설명하고자 하였다. 특히 카를 마르크스(Karl Marx)의 「자본론」에서 설명되고 있는 이윤율의 하락 경향(TRPF: The Tendency of the Rate of Profit to Fall)이 장기파동(Long Cycle)에 대한 설명에 있어 가장 중요한 개념 및 도구가 되고 있다. 즉, 이들은 자본주의 경제는 이윤율이 끊임없이 저하되는 경향에 의해 규정된다고 본다. 따라서 자본주의 경제가 이윤율의 저하를 저지하고 지속적인 번영을 확보하기 위해서는 이윤율을 급격히 증진시킬 수 있는 몇몇 경제외적 요인들이 필요하게 된다. 어네스트 멘델(Ernest Mandel)은 이러한 경제외적 요소들로서 전쟁, 반혁명, 금광의 발견, 노동자 계급투쟁의 저지 등을 들고 있다.

어네스트 멘델(Ernest Mandel)과 로버트 고든(Robert J. Gordon)의 장기파동 이론(The Long Cycle Theory)은 장기파동 현상에 대한 설명에 있어서 경제적인 요인(이윤율의 하락 경향)을 기본적인 축으로 하면서도 장기파동(Long Cycle)의 상승국면을 설명할 때에는 사회정치적 변수의 결정적 중요성을 주장한다는 점에서 다른 이론들과는 구별된다. 그러나 이들은 동일한 정치경제학적 접근을 하면서도 다음과 같은 점에서 서로 다르다. 즉, 어네스트 멘델(Ernest Mandel)은 장기파동의 상승국면에 대한 설명에 있어 외생변수(전쟁, 반혁명, 금광의 발견)를 중요시하는 반면에, 로버트 고든(Robert J. Gordon)은 내생변수, 즉 '사회적 축적구조(SSA)'에 있어서의 제반 변화만을 중요시하는 점에서 서로 차이를 보여주고 있다.

1930년 이후 장기파동(Long Cycle) 논의는 그것을 개척한 마르크스주의 안에서는 자취를 감추었다. 그러나 역설적으로 니콜라이 콘드라티예프(Nicholai Kondratiev)의 사고는 서구의 일부 자유주의 경제학자들, 특히 조지프 슘페터(Joseph. A. Schumpeter)에 의하여 새로운 모습으로 발전되었다. 조지프 슘페터(Joseph. A. Schumpeter)가 니콜라이 콘드라티예프(Nicholai Kondratiev)의 장기파동 이론을 접하게 되었을 때, 그는 이미 자신이 '자본주의 발전에 관한 일반이론'을 완성한 후였다. 따라서 그는 일반이론의 핵심인 '창업가의 혁신활동(Innovatory Activity of Entrepreneur)'을 중심으로 새롭게 장기파동 이론(The Long Cycle Theory)을 전개시켰다.

그러나 자본주의 경제학에 장기파동 이론(The Long Cycle Theory)을 부활시킨 조지프 슘페터(Joseph. A. Schumpeter)도 많은 자유주의 경제학자들에 의해 강력한 비판에 직면하였다.[119] 이러한 논쟁의 초점은 주로 그가 제시한 통계적 증거의 의미, 전쟁과 같은 외생적 요인과 장기파동과의 관련성, 장기파동(Long Cycle)이 실질적으로 주기인지 아니면 자본주의 발전단계의 시대구분적 명칭인가에 맞춰졌다.[120]

예로서, 조지프 슘페터(Joseph. A. Schumpeter)에게 동정적이었던 비판자 쿠즈네츠(S. Kuznets)는, 혁신(革新)은 어느 특정 시기에 군집되는 것이 아니라 비교적 연속적으로 일어나며, 따라서 경제발전은 주기적 성격을 띠지 않는다고 주장하였다.[121] 한편, 마르크스주의자들은 조지프 슘페터(Joseph. A. Schumpeter)가 자본주의의 역동성을 창업가(創業家)란 개인 자본가들의 심리상태로 설명하는 오류를 범했다고 비판했다.

---

119) P. Samuelson은 장기파동 이론을 공상과학이라고 혹평하였고, Rosenberg and Frischtak는 장기파동의 존재성을 인정하지 않았으며, Kuznets도 경제의 주기적 성격보다는 진화과정에서 일종의 jerky라는 표현이 적합하다고 주장하였다.

120) 여기에 관해서는 S. S. Kuznets(1940), "Schumpeter's Business Cycles", American Economic Review Vol. 30, No. 2.; A. Rose(1941), "Wars, Innovations & Long Cycle: A Brief Comment", New York: St. Martins Press, American Economic Review, Vol. 31, No. 2; A, Hansen(1941), Fisical Policy & Business Cycles, New York: Norton; R. V. Clemmence and F. S. Doody(1950), The Schumpeterian System, Cambridge: Addison–Wesley 등을 참조.

121) S. S. Kuznets(1940), 전게서, p. 261.

장기파동(Long Cycle)의 상승국면과 하강국면의 전환을 기술혁신의 역동성으로 이해하려는 조지프 슘페터(Joseph. A. Schumpeter)의 장기파동 이론은 1960년대 후반부터 신(新)슘페터주의자들에 의하여 더욱 심화 및 확대되었다. 즉, 장기파동에서 기술혁신의 역할에 보다 큰 중요성을 부여하고, 각 장기파동에서 어떻게 주도적인 신기술·산업 및 국가가 나타나고 또 교체되어 가는 가에 연구의 초점이 맞추어졌다.

장기파동(Long Cycle)의 원인으로서 혁신(Innovation)의 개념을 도입한 조지프 슘페터(Joseph. A. Schumpeter)의 이론은 많은 신(新)슘페테리안(Neo Shumpeterian)들에 의하여 보완 및 심화되어 왔다. 예를 들어, 멘쉬(G. Mensch)의 가설(불황기에 기본혁신이 집중된다)은 장기파동(Long Cycle)의 침체국면과 혁신의 군집 사이에 어떠한 상호관련성이 있을까 하는 본질적 문제를 제기하였다. 이와 같이, 혁신의 군집이론은 혁신의 개념을 좀 더 세분화시키면서 기본혁신의 중요성을 부각시켜 조지프 슘페터(Joseph. A. Schumpeter)의 이론을 보완해 나갔다.

그러나 장기파동(Long Cycle)의 불황기를 타파할 수 있는 주요인으로서 혁신이라는 단순논리에 집착해 있을 뿐만 아니라 혁신이 어느 시기에 군집되느냐 하는 시기의 논쟁에 몰입함으로써 크리스토퍼 프리만(Christopher Freeman)이 지적한 바대로 시간 낭비적인 연구라는 비판을 받게 되었다.

한편, 크리스토퍼 프리만(Christopher Freeman)이나 칼로타 페레즈(Carlota Perez)의 장기파동 이론(The Long Cycle Theory)은 단순히 전통적인 중·단기적 경기순환 이론으로는 설명할 수 없으며, 신기술의 등장, 전체산업의 부침, 주요 하부구조 투자, 산업의 국제적 위상과 기술주도권의 변화와 관련된 구조적 변화를 포함하는 다른 차원의 분석 필요성에서 제기되었다. 따라서 이들의 장기파동 이론은 신(新)슘페테리안, 멘쉬(G. Mensch), 반 듀인(van Duijn) 등의 혁신이론과 정치경제학적 시각을 어느 정도 수용함으로써 장기파동 이론(The Long Cycle Theory)에 있어서 단순한 기술경제적 요인만이 아닌 사회제도적 요인의 중요성을 부각시켜 기술변화에 대한 인식의 폭을 넓혔다는 점에서 긍정적인 평가를 받을 수 있다.

특히 칼로타 페레즈(Carlota Perez)의 장기파동 이론과 마르크스주의 접근을 취하는 어네스트 멘델(Ernest Mandel)은 장기파동(Long Cycle)의 하위 전환점(하강 → 상승)에서 사회·정치적 요인이 핵심적으로 중요하다는 점에서 공통적이다. 그러나 사회·정치적 요인을 어네스트 멘델(Ernest Mandel)은 '외생적'인 반면에 칼로타 페레즈(Carlota Perez)는 '내생적'인 것으로 각각 간주한다는 점에서 상이하다.

또한 로버트 고든(Robert J. Gordon)의 '자본축적의 사회적 구조(SSA: Social Structure of Accumulation)' 이론과 칼로타 페레즈(Carlota Perez) 이론은 유사하다. 그러나 이들의 주장은 다음과 같은 방향에서 실증적 분석을 필요로 한다. 즉, 장기파동 형태에 실증적 분석이 어렵다고 할지라도 새로운 기술－경제 패러다임(The Techno－Economic Paradigm)의 생성과 확산, 특히 경제적 영향과 조직 및 제도적 결합에 관한 좀 더 체계적이고 실증적인 분석이 요구된다. 그렇지만 이러한 취약점에도 불구하고 이들이 제시하고 있는 설명들은 장기파동(Long Cycle)의 개념을 '역동적 불균형 개념(dynamic disequilibrium concept)'으로 부각시키고 있다.

신(新)슘페테리언(Neo Shumpeterian) 중에서 특히 크리스토퍼 프리만(Christopher Freeman) 및 칼로타 페레즈(Carlota Perez)의 기술－경제 패러다임(Techno－Economic Paradigm) 이론은 다음과 같이 주장한다: 새로운 기술·경제 패러다임의 변화에 상응하는 새로운 사회·제도적 틀(Social－Institutional Framework)을 조지프 슘페터(J. Schumpeter)의 '창조적 파괴(Creative Destruction)'를 통하여 재편성함으로써 새로운 기술－경제 패러다임과 새로운 사회·제도적 틀의 상호보완적 정합(good－match)을 이룩할 때 비로소 경기하강 국면 혹은 구조적 위기(structural crisis)에서 경기상승 국면으로 전환할 수 있을 뿐만 아니라 기술의 운집 과정과 하부구조 투자가 확대됨에 따라 경기호황 국면으로 진입할 수 있다는 것이다.

VI

신(新)실용주의(Neopragmatism)와 미국/중국 실용주의(實用主義)의 차이점

정의로운 국가와 행복한 사회를 위한
신(新)실용주의(實用主義) 철학과 정책

(The 'Neopragmatic Philosophy and Policy' for
'A Justice-based State' and 'A Happy Society')

본 장에서는 본 연구가 주창하는 신(新)실용주의(Neopragmatism)의 비교대상으로서 미국(美國) 실용주의(實用主義)와 중국(中國) 실사구시(實事求是), 즉 실용주의(實用主義)의 차이점을 각각 논술하고자 한다. 그리고 '중국식 사회주의 시장경제' 즉, 국가자본주의(國家資本主義, State Capitalism)를 비판하고 이에 대한 저자의 대안(代案)을 제시할 것이다.

영문 사전을 보면, '실용'(實用)은 '실제적 사용'(practical use) 혹은 '효용'(utility)으로, '실용적'은 '유용한'(useful)으로, 실용주의(實用主義)는 '행동'과 '사건' 등을 뜻하는 그리스어 praxis(실천, 행위, 행동)에서 유래되어 '프라그마티즘'(Pragmatism)으로, '실학'(實學)은 '실천과학'(practical science)으로, 이를 신봉하는 실학파(實學派)는 '현실적'(realistic) 혹은 '실증적'(positive) 학파로 각각 표기되어 있다.

따라서 어원적(語源的)으로 보면 실용주의(實用主義, Pragmaism) 철학이란 관념적(觀念的)이 아니라 실재적(實在的)이며, 사변적(思辯的)이 아니라 실천적(實踐的)이며, 규범적(規範的)인 가치를 추구하는 것이 아니라 실증적(實證的)인 분석을 통하여 사실(fact)을 객관적으로 규명하는 사상체계라고 정의할 수 있다.

실용주의(Pragmatism)란 관념이나 지식의 본질 기능을 구체적인 생활사실과 직접적으로 관계지어 이론과 실천을 불가분의 관계로 강조하여 인식작용을 실제적 활동에 환원하고 또 인식의 가치는 그 실체상의 효과에 의해서 결정된다고 하여 결국 진리(眞理)와 실리(實利)를 등가적(等價的)으로 보려고 하는 철학사상이다(Richard Rorty, 1996; Louis Menand, 2001).

01 미국 실용주의(實用主義)

우선, 저자에겐 미국은 거주 기간(1974~1979 상반기)의 측면에서 보면 '제2의 고향'이며, 그곳에서 두 딸을 낳았다. 특히, 미국 조지아주립대학(Georgia State University)은 1978년 저자에게 한평생 경제학 교수로 봉직 및 정년퇴임할 수 있도록 경제학 박사학위를 수여했었다. 그리고 저자는 테니스주(州) 유니온대학(Union University)에서 짧은 기간(1978~1979)이었지만 귀국 전까지 미국인 대학생들을 가르쳤다. 어찌, 은사님들(특히 Rubin Saposnik 교수님과 John J. Klein 교수님)과 옛 동료 교수들 및 옛 제자들을 꿈엔들 잊을 수 있으랴! 저자가 미국을 다시 방문한다면, 학부전공이었던 정치외교학에서 경제학으로 바꾼데다가 언어소통력도 부족했었던 제자를 자상하게 가르쳐 주시고 따뜻하게 격려해 주셨던 은사님들의 산소에 들려 참배하면서 "제가 과연 잘 살아왔습니까?"라고 '늙은제자'는 대성통곡(大聲痛哭)할 것이다.

그리고 저자는 또한, 미국에서 출생한 둘째 딸(채윤)은 미국 시민권을 얻어 남편은 한국에 남겨두고 두 외손녀(용주 · 용원)와 함께 '헬 조선'을 떠나 미국으로 이주하였다. 미국 고교에 입학한 지 불과 1년 조금 넘은 '황색 인종'인 용주는 'National Honor Society'와 'Science National Honor Society'를, 초등학교에 갓 입학한 용원이는 'Student of the Year'를 각각 수상했다. 저자는 이 기회에 두 외손녀 자랑을 하려는 것은 결코 아니다. 미국은 저자가 유학생이었던 40여 년 전이나 현재/미래에서도 진실로 '자유롭고 공정한 사회'라는 것을 외손녀를 통하여 체험하게 되었다는 것이다. 이와 대조적으로, 한국에서 '입시 지옥'에 시달리는 청소년들과 사(私)교육비에 시달리는 젊은 부모들이 불쌍하기 그지없고 한국의 교육제도가 증오스러울 뿐이다.

저자는 미국을 무척 사랑한다. 그만큼 미국에 대한 기대가 크다. 그렇기 때문에, 미국의 지속적 발전을 기원하는 뜻에서, 미국의 철학, 즉 실용주의(Pragmatism)을 비판하고 본 연구의 신(新)실용주의(Neopragmatism)를 수용하기를 소망한다.

1) 미국 철학(哲學)의 개관[1)]

우선, 미국 실용주의(實用主義)를 논술하기 전, 본 연구는 그것의 배경인 미국 철학(哲學)의 조류를 살펴보고자 한다.

17세기 미국의 철학적 전통은 아메리카 대륙에 대한 유럽 식민지화 시기부터 시작되었다. 뉴잉글랜드에 도착한 청교도(淸敎徒)는 개인과 공동체의 관계를 강조하였다. 그 후, 18세기에 이르러 미국의 철학은 크게 2개로 나눌 수 있다: 하나는 청교도의 칼빈주의(Calvinism, 가톨릭 교회의 행위구원론에 대한 개혁 이론) 개혁 신학이며, 다른 하나는 미국 계몽주의(Enlightenment, 이성을 통해 사회의 무지를 타파하고 현실을 개혁하자는 사상)의 도덕철학이다. 상기한 2개 철학에 기초를 둔 미국 국부(國父)들의 정치사상은 유럽 경험론(프랜시스 베이컨, 토마스 홉스, 아이작 뉴턴, 존 로크, 데이비드 흄, 조지 버크리 등)과 결합되었다.

그 후, '미국 건국의 아버지(Founding Fathers)'로 불리는 위대한 인물들은 신(神)과 국가의 관계와 개인 사이의 상호 관계에 대해 논술하였으며, 그들의 주장들은 1776년 선포된 <미국 독립 선언>과 1778년 선포된 「헌법」에 반영되었다. 신생 독립국인 미국의 국체(國體)는 연방제 공화국으로서 권력 분립의 원칙에 따라 정부를 구성하여 입법부·사법부·행정부가 상호 견제하도록 설계되었고, 입법부는 하원과 상원의 양원제를 채택하였다.

'미국 건국의 아버지(Founding Fathers)'로 불리는 인물들은 다음과 같다: 예로서 존 디킨슨(John Dickinson, 1732~1808; 미국 독립전쟁에서 대륙군의 지휘관, 대륙회의에서는 펜실베이니아 식민지와 델라웨어 식민지 대표), 존 애덤스[John Adams, 1735~1826; 초대 부통령(1789~1797), 제2대 대통령(1797~1801)], 존 제이[John Jay, 1745~1829; 미국 독립 전쟁을 끝낸 파리 조약에서 주요 협상자, 초대 미국 대법원장(1789~1795), 2대 뉴욕 주지사(1795~1801)], 알렉산더 해밀턴[Alexander Hamilton, 1757~1804; 1787년 미국 헌법 제정에 공헌. 초대 대통령 조지 워싱턴 정부 시절 재무 장관(1789~1795), 10달러 지폐의 인물], 토머스 제퍼슨[Thomas Jefferson, 1743~1826; 미국 독립 선언서의 기초자(1776년), 미국 공화주의 제창, 제3대 대통령(1801~1809), 미국의 루이지애나 매입], 벤저민 프랭클린(Benjamin Franklin, 1706~1790; 100달러 지폐 인물), 제임스 매디슨(James Madison Jr., 1751~1836; '미국 헌법의 아버지, 제4대 대통령)을 들 수 있다.

그 후 19세기 미국의 주요 철학 사조는 낭만주의(浪漫主義, Romanticism, 이성·합리·절

1) 윌리엄 제임스, 김재영 역, 「종교적 경험의 다양성」, 한길사, 2000년; 윌리엄 제임스, 정명진 역, 「심리학의 원리」, 부글북스, 2014년; 윌리엄 제임스, 정해창 역, 「실용주의」, 아카넷, 2008년; 존 듀이, 김성욱 이귀학 역, 「민주주의와 교육/철학의 개조」, 동서문화사, 2008년; 김영봉 외, 「교육학개론」, 서현사, 2007년.

대적인 것에 대한 거부 사상)와 실용주의(實用主義, Pragmatism, 有用性을 사물의 본질로 보는 철학)였다. 낭만주의(浪漫主義)는 미국 내에서 초월주의[超越主義, Transcendentalism, 직관적 지식과 인간 및 자연에 내재하는 선함 및 인간이 양도할 수 없는 가치에 대한 믿음을 망라하는 관념주의(觀念主義, Idealism), 미국에서는 개인의 중요성과 평등을 강조함]로 구현되었으며, 이는 주요한 '미국적 혁신 정신' 가운데 하나로 정착되었다.

한편, 미국의 실용주의(實用主義, Pragmatism)는 미국 내에서 독자적으로 발전한 사상으로서 큰 영향력을 발휘하였다. 상기 철학은 '행동하고자 하는 의지'가 형이상학적 사변보다 더 중요하다는 믿음에서 비롯되었다. 즉, 어떠한 개념의 의미는 그 개념을 진리(眞理)로 받아들인 주체의 '실천된 결과'라는 것이다.[2)]

미국 실용주의(Pragmatism)의 역사적 근원은 19세기 말 공리주의(功利主義, Utilitarianism)이다. 당시, 유럽 자본주의는 극심한 빈부 격차와 격렬한 노동운동에 직면했었다. 당시 사회주의(Socialism)에 끌렸던 노동자 계층을 위한 새로운 이념으로서 '최대다수의 최대행복(The Greatest Happiness of the Greatest Number)'을 내세운 공리주의(功利主義, Utilitarianism)가 도입됐었다. 이러한 역사적 배경에서 보면, 미국의 실용주의(Pragmatism)는 영국 공리주의(Utilitarianism)의 '미국적 전개'라고 말할 수 있다. 왜냐하면 당시 미국은 남북전쟁(American Civil War, 1861~1865)의 후유증으로 사회통합(Social Integration)을 위한 사상적 치유가 필요했었다. 또한, 당시 미국경제는 독점 자본주의 시대로 접어들고 있었는데, 이에 따른 시장 왜곡과 노사(勞使) 갈등에 대한 대응책이 필요했었다.

20세기에서는 미국의 실용주의(實用主義, Pragmatism)가 큰 영향력을 발휘했었다. 스페인 출신의 미국 철학자 조지 산티야나(George Santayana, 1863~1952)는 당시 실용주의(實用主義)를 대표했었던 철학자 가운데 한 명으로서 관념론(Ideolism)을 철저하게 반대하였다. 또한 그는 지식(知識)이란 이성(理性, Reason)의 결과가 아니라 '행동하라는 명령'이 요구되고 '세계에 성공적인 개입'이 수반되어야 하는 것이라고 주장했다. 그는 자연세계에서 일어나는 사건에 대한 설명은 과학(科學)의 몫인 반면에 행동의 의미와 가치는 철학(哲學)의 영역이라고 주장했다.

20세기 중반에 들어 미국 철학의 주류는 분석철학(分析哲學, Analytic Philosophy, 언어 분석의 방법이나 기호 논리의 활용이 불가결하다고 주장하는 철학)이었다. 분석철학(分析哲學)은 유럽의 논리실증주의(論理實證主義, Logical Positivism, 과학의 논리적 분석 방법을 철학에 적용

---

2) 김동식 역(1996), Richard, Rorty 「실용주의의 결과」, 민음사; 김동식 역(2001), Louis, Menand 「프래그머티즘의 길잡이」, 철학과 현실사.

하는 현대 분석철학)에 의해 시작되어 미국에서 확산되었다. 1970년대 들어 미국 철학의 주요 주제는 정치와 사회에 관한 이슈로 이동하였다. 논리실증주의(論理實證主義, Logical Positivism)는 과학적 언어 분석이나 기호논리학(記號論理學, Symbolic Logic, 복잡한 일상 언어 대신에 기호들로만 이루어진 형식언어를 활용하여 추론과 논증을 탐구하는 논리학)은 단지 지식을 얻는 하나의 통로가 아니라 철학적 명제의 진위(眞僞)나 철학적 의미의 유무(有無)를 밝히는 주요한 수단으로 정착되었다.

2) 미국 실용주의(實用主義)의 개관

미국에서 실용주의(Pragmatism) 철학이 대두될 수밖에 없었던 시대적 상황은 다음과 같다. 산업혁명은 사회에 엄청난 불행을 낳았고 개혁의 요구가 드높았다. 급기야, 1848년 파리 · 독일 · 비엔나(Vienna)에서 일어난 사회주의 혁명은 계급의 분화를 상징했으며 유럽인의 의식 속에 '부르주아지'와 '프롤레타리아트'라는 개념을 심었다.

상기와 같은 사상적 · 사회적 변화와 더불어, 제1 · 2차 산업혁명의 부작용으로 사회주의(社會主義)가 창궐하자 이에 대응하여 제레미 벤담(Jeremy Bentham, 1748~1832)의 '최대행복의 원리'와 '양적 쾌락주의', 존 스투아트 밀(John Stuart Mill, 1806~1873)의 '질적 쾌락주의' 및 공리주의(功利主義), 즉 '최대다수의 최대행복'(The Greatest Happiness of the Greatest Number)을 표방하는 사회윤리학이 등장하였다.[3]

특히 존 스투아트 밀(J. S. Mill)의 공리주의(功利主義, Utilitarianism)는 실용주의(實用主義) 철학의 사상적 기초가 되었으며, 그것은 다시 미국에서 꽃을 피웠고, 그 덕분으로 미국은 세계 최대 강국으로서 팍스 아메리카나(Pax Americana) 시대를 열고 있다. 미국 실용주의

---

3) 밀(John Stuart Mill, 1806~1873)의 공리주의(功利主義)는 벤담(Jeremy Bentham, 1748~1832)이 설명했던 '최대행복의 원리'를 명백하게 받아들이되 벤담의 '양적 쾌락주의'에 대응하여 '질적 쾌락주의'를 주장하였다. 밀(J. S. Mill)에 의하면, 벤담의 유물론적 기계론은 인간의 감정인 쾌락과 고통을 단순히 양적 대소(大小)로 환산하여 가치를 세움으로써 이론자체가 건조하게 되었으며 인간의 존엄성과 개인의 자율성을 도외시한 과오를 저질렀다고 한다. 여기서 밀(J. S. Mill)은 공리주의에 결여된 도덕성을 부여하여 공리주의 철학이 직면한 위기를 극복하였고 더욱 발전시켰다. 밀(J. S. Mill)에 의하면, 개인이 높은 수준의 쾌락을 통해 '최대다수의 최대행복'이 실현될 수 있다는 근거는 다음과 같다. 인간은 정도의 차이는 있을지라도 개인에 대한 참된 사랑과 공중의 행복을 원하게 되는 진정한 관심을 갖는다. 따라서 누구나 한 덩어리가 되고자 하는 내면적인 욕구를 지니고 있기 때문에 외적인 재제로 통제되어야 하는 벤담의 '양적 쾌락주의'와는 대조된다. 밀(J. S. Mill)은 외적인 재제보다는 내적인 재제를 강조하면서 의무와 양심의 개념을 강조하였다.

(實用主義, Pragmatism)의 초기 형성단계에 중요한 영향을 미친 철학사조는 다음과 같이 4가지를 들 수 있다.

① 존 스투아트 밀(John Stuart Mill, 1806~1873), 알렉산더 베인(Alexander Bain, 1810~1877), 존 벤(John Venn, 1834~1923) 등과 같이, 지식 형성에서 경험의 역할을 강조한 영국의 경험론(Empiricism) 전통이다.

② 근대 독일철학이다. 상술하면, 신념의 합목적성과 신념의 형성에서 의지의 개입을 강조한 임마누엘 칸트(Immanuel Kant, 1724~1804), 이성(理性)을 인간경험의 확장과 심화를 위한 '실천적' 계기로 파악한 낭만주의적 관념론, 변화와 발전을 중시하는 게오르크 빌헬름 프리드리히 헤겔(Georg Wilhelm Friedrich Hegel, 1770~1831)의 역사·사회 사상 등이다. 그 결과, 삶의 목적과 우주에 관한 거창한 관념론적 담론보다는 인간 삶에 유용한 변화를 가져올 기술의 개발 및 발전이 더 중요했다.

③ 찰스 다윈(Charles Robert Darwin, 1809~1882)의 진화론(Evolution Theory)이다. 이것은 생물과학에 격변을 일으켰고 생물학적 진화관념을 제시하였다. 이 결과, 자연·생명·이성(理性)에 대해 비(非)관념론적인 새로운 해석을 요구하였다.

④ 당시 미국의 사회 분위기이다. 즉, 19세기의 급속한 산업·무역의 발전, 고된 노동은 반드시 보상을 가져다준다는 청교도적 낙관주의(樂觀主義, Optimism)이다.

실용주의(Pragmatism)는 미국의 철학기조로서 법·교육·정치·사회 이론, 나아가 예술·종교에까지 막대한 영향을 미쳤다(David Nye, 1995; Winton U. Solberg, 1999). 상기 철학의 기본 논점은 다음 6가지로 요약할 수 있다.

① 실용주의(Pragmatism)는 실재(實在)의 가변적 성질을 강조하고 인간 지식을 실재(實在)에 적용하고 그것을 통제하는 도구이다.

② 어떤 생각이나 명제가 지닌 실용적 의미는 그 생각을 현실에 적용할 때 발생하는 실재적 결과 속에 들어 있다.

③ 실용주의(Pragmatism)는 비판적 경험론을 계승함으로써 연구활동에서 고정된 원칙이나 선천적 추론보다는 현실 경험 즉 선험적 지식을 더 중시한다.

④ 진리는 검증과정에 의해 결정된다. 어떤 관념이 성공적으로 작용한다는 사실(fact)이 곧 그것의 진리를 입증한다.

⑤ 관념은 외부 대상의 반영이나 묘사가 아니라 행위의 도구로 보아야 한다. 즉, 관념은 행동에서 생겨날 결과에 대한 가설이자 예측이며 행위를 조직·규제하는 방편

이다.

⑥ 방법론의 측면에서 볼 때, 실재(實在)에 관한 인간의 사고는 인간 자신의 이해관계와 필요에 의해 생겨나며 효율성(Efficiency) · 유용성(Usefulness) 여부에 의해 정당화된다.

요컨대, 미국의 실용주의(Pragmatism)는 찰스 다윈(Charles Robert Darwin 1809~1882)의 진화론(Evolutionary Theory) 등에 바탕을 두고 찰스 샌더스 피어스(Charles Sanders Peirce, 1839~1914) · 윌리엄 제임스(William James, 1842~1910) · 존 듀이(John Dewey, 1859~1952) · 리처드 로티(Richard Rorty, 1931~2007)에 의하여 주창되었다.

(1) 찰스 샌더스 피어스(Charles Sanders Peirce, 1839~1914)

찰스 샌더스 피어스(Charles Sanders Peirce)에 의하면 관념의 의미는 그 관념의 대상이 행위와 관련이 있는 어떤 결과를 초래하느냐에 있다고 주장하였다. 예로서 '가소적(可塑的)'이라고 하는 관념의 의미는 찰흙을 손가락으로 누르면 그것은 손가락이 누른 대로의 형태가 된다는 것이다. 이와 같이 관념의 의미를 밝히기 위해서는 관념의 대상에 실험을 가함으로써 어떤 결과가 생기는가를 생각해 보면 된다는 것이다. 따라서 이러한 실험을 생각할 수 없는 관념은 무의미한 관념으로서 철학상의 논의에서 제외되지 않으면 안 된다고 주장하였다.

찰스 샌더스 피어스(Charles Sanders Peirce)의 실용주의(Pragmatism) 철학은 사고(思考) · 기호(記號)에 관한 그의 일반이론의 한 부분이다. 그에 따르면 사고 혹은 탐구가 시작되는 것은 습관화한 행위에 장애가 나타나 의심과 혼란이 생길 때이다. 이와 반면에, 새로운 신념이 확립되면 결단이 이루어지고 다시 안정상태가 회복된다. 찰스 샌더스 피어스(C. S. Peirce)는 의심과 탐구에 대한 이러한 분석을 더욱 포괄적 기호이론(記號理論, Semiotics)으로 확장하려고 노력했다.

따라서 찰스 샌더스 피어스(Charles Sanders Peirce)의 실용주의(Pragmatism)는 언어적 · 개념적 혼란을 제거하기 위해 특정 기호(記號)를 더욱 분명한 의미를 가진 다른 기호(記號)로 번역하는 방법론 · 의미론 즉 기호이론(記號理論, Semiotics)의 형태를 띠고 있다. 논쟁의 결과가 아무런 해결안도 내놓지 못할 경우, 문제는 처음부터 언어의 오용과 개념적 혼란 때문에 생겨난 것이라고 주장하였다. 따라서 관념을 명료하게 만들기 위해서는 그 관념이

지시하는 대상이 일으키는 행동 결과를 고려해야 한다는 것이다.

찰스 샌더스 피어스(Charles Sanders Peirce)는 *"어떤 대상이 실제로 무슨 결과를 낳는가를 생각하라. 생각할 수 있는 모든 결과의 집합이 그 대상에 관한 관념의 전부이다"*라고 주장했다. 이 논리를 발전시키면, 한 신념이 '참'이라는 것은 '종국적으로' 그 신념에 대한 동의(同意)가 늘고 이의(異意)가 줄어드는 것을 의미한다.

찰스 샌더스 피어스(Charles Sanders Peirce, 1839~1914)는 '실용주의적 의미론(사유 → 신념 → 행동)'을, 윌리엄 제임스(William James, 1842~1910)는 '실용주의적 진리론(實利 = 眞理)'을, 존 듀이(John Dewey, 1859~1952)는 지식이란 도구일 뿐이라는 '도구주의(Instrumentalism)'를, 리처드 맥케이 로티(Richard McKay Rorty, 1931~2007)는 합리성 · 객관성 · 필연성 등의 철학적 개념들을 부정하는 반(反)정초주의(Anti-Fundamentalism)를 각각 주장했다.

찰스 샌더스 피어스(Charles Sanders Peirce)는 논리학자이며 철학자로서 1870년대에 '실용주의(Pragmatism)'라는 용어를 도입하고 정의하였다. 그는 지식인 대담 모임인 형이상학 클럽의 회원이었고 이 클럽의 회원들과 철학적 논의를 거치면서 '실용주의(Pragmatism)'를 발전시켰다. 그가 '실용주의(Pragmatism)'를 정식화한 최초의 저서로는 1877년 출간된 「믿음의 정착」과, 1878년 출간된 「우리의 아이디어를 명확히 하는 방법」이다.

찰스 샌더스 피어스(Charles Sanders Peirce)는 그가 '실용주의(pragmatism)'의 명제(命題)를 제시했다: *"실천적 산물이 있어야 한다고 여겨질 효용이 있는 것을 고려할 때, 우리는 개념이 갖는 대상을 생각한다. 따라서 이러한 효용(效用, Utility)에 대한 우리의 개념은 대상에 대한 우리 개념의 전체이다."* 그는 하나의 개념은 일반적으로, 행동의 집합을 의미하는 것은 아니라, 스스로의 분명한 효용(效用, Utility)이 있다고 주장하였다.

(2) 윌리엄 제임스(William James, 1842~1910)

미국의 심리학자인 윌리엄 제임스(William James, 1842~1910)[4]의 대표작으로서 「종교적

---

4) 윌리엄 제임스(William James, 1842~1910)는 1842년 뉴욕시에서 태어났다. 그는 잠시 미국의 사립학교에서 공부한 다음, 프랑스의 사립학교로 전학했다. 프랑스에서 샤르코(프랑스의 19세기의 신경학 및 신경의학의 대가, 프로이트의 선구자)와 그 밖의 정신병리학자들의 업적을 알게 되어 심리학을 공부했다. 그는 미국으로 돌아와 미국 철학자로서 크게 성공했다. 그는 1870년, 하버드에서 의학박사 학위를 받았고 1872년부터 1910년 죽을 때까지 이 학교에서, 처음에는 해부학과 생리학을, 다음에는 심리학을, 끝으로는 철학을 가르쳤다. 그의 처녀작인 「심리학 원리」(1890년)은 해부학, 철학, 심리분석의 혼합물로서 매우 유익하고 흥미있는 심리학 입문서가 되었다. 그 후, 윌리엄 제임스(William James)는 심리학으로부터 철학으로, 그리고 마지막에는 형이상학 자체로 전환하였다. 그는 철학을 '사물에 대한 가능한 한

경험의 다양성」, 「심리학 원리」, 「실용주의」 등이 있다. 1910년 출간된 그의 「실용주의: 생각의 몇 가지 오래된 방법들을 위한 새로운 이름」에서 그는 전술한 찰스 샌더스 피어스(Charles Sanders Peirce, 1839~1914)의 '실용적 극대화'를 다음과 같이 설명하였다:

만약 우리의 사고가 실천의 가능성이 없다면 아무런 내용이 없다. 따라서 어떤 대상에 대한 우리의 사고가 완벽한 명확성에 도달하려면, 우리는 그 대상이 가져올 수 있는 실천적 발현 효과만을 고려하면 된다. 이와 같이 윌리엄 제임스(William James)는 실용주의(Pragmatism)를 아이디어를 명확히 하는 방법으로 정형화했을 뿐만 아니라 진실에 대한 특정한 이론을 지지하였다.

또한, 윌리엄 제임스(William James)는 "대상은 대상 자체만큼 실재한다"고 주장한 급진적 경험주의자였으며, 진리는 획일적이지 않다는 다원주의(多元主義, Pluralism)를 신봉한다. 그는 후기에 중립적 일원론을 받아들였다.

찰스 샌더스 피어스(Charles Sanders Peirce)의 실용주의(Pragmatism)는 관념의 의미를 밝히는 방법으로서 제기되었는데, 이 방법을 진리(眞理)의 문제에 응용한 것이 윌리엄 제임스(William James)의 실용주의(Pragmatism)이다.[5] 그는 "관념의 의미는 그 대상이 초래하는 결과에 있으므로, 예컨대 신을 믿음으로써 용기가 생긴다는 결과를 초래한다면 그것이 바로 신(神)의 관념의 의미이다"라고 말했다. 따라서 이러한 의미를 갖는 한도 내에서 신(神)의 관념은 진리이며 더욱 일반적으로 말해서 어떠한 관념이라도 그것이 유용(有用)한 결과를 초래한다면 그 관념은 진리라고 윌리엄 제임스(William James)는 주장하였다.

윌리엄 제임스(William James)의 실용주의(Pragmatism)는 유용한(Useful) 것이야말로 모

포괄적인 사고'(「철학의 문제들」)라고 정의했다. 따라서 1900년 이후 그의 저서는 거의 모두 철학 분야에 속하는 것이었다. 그의 주요 저서로서 「신앙에의 의지」(1897년), 「여러 가지 종교적 경험」(1902년), 「프래그머티즘」(1907년), 「다원론적 우주」(1909년), 「진리의 의미」(1909년) 등을 들 수 있다. 그의 사후 1년 만에 「철학의 문제들」(1911년), 1년 후 「근본적 경험론」(1912년)이라는 중요한 저서들이 각각 출간되었다. 한편, 윌리엄 제임스(William James)를 '실용주의(Pragmatism)'로 인도한 것은 직접적이고 현실적이고 실재적인 것에 대한 그의 정열이었다. 그는 유년 시절 프랑스적 명석성을 훈련받으면서 성장했기 때문에 독일 형이상학의 애매하고 현학적인 용어를 몹시 싫어했다. 그는 독일 형이상학의 문제나 용어는 모두 비(非)현실적이라고 믿었다.

5) 피어스(C. S. Peirce)와 윌리엄 제임스(William James)의 기본 차이점은 각자의 실용주의적 분석이 지향하는 목적이 다르다는 데 있다. 피어스가 주로 의미의 일반을 설명하려고 한 데 반해 제임스는 관념·신념이 인간 경험에서 어떤 역할을 하는가에 관심을 가졌다. 또한 피어스는 스콜라 철학풍의 실재론자인 데 반해 제임스는 주로 가치·만족 등과 같은 정신의 목적지향적 활동의 여러 귀결에 대해 남다른 관심을 기울였다. 제임스에 따르면 인간의 사고는 환경에 대한 적응성과 목적성을 갖기 마련이지만 여기에는 정서적·실천적 이해관계가 필연적으로 뒤섞이게 된다. 따라서 진리와 의미는 가치의 일종인 셈이다. 제임스에게 진리란 신념이 활동하는 과정에서 좋다고 판명된 모든 것을 일컫는다.

두 진리라는, 즉 유용설(有用說)로서 세계에 널리 알려졌다. 그의 유용설(有用說)이란 진리가 진리로서 성립하기 위해서는 목적에 맞지 않으면 안 되며, 인간생활이나 행위에서의 유용성을 떠나서는 진리란 있을 수 없다는 것이다.

인간은 기본적으로 자신의 필요와 요구에 따라 실재(實在)를 변형하는 존재이다. 따라서 만일 그 목적에 종교적·형이상학적 신념도 도움을 준다면 얼마든지 그것을 믿을 권리가 있다고 윌리엄 제임스(William James)는 주장하였다. 이것이 바로 그의 유명한 1897년 논문: "믿으려는 의지"(The Will to Believe)의 주요 논점이다. 그의 기능적 진리관에 따르면 관념의 원활한 작용 여부가 진리를 결정한다.

윌리엄 제임스(William James)는 '믿으려는 의지'(The Will to Believe, 1897년)라는 논문과 그 밖의 저서에서 찰스 샌더스 피어스(Charles Sanders Peirce)의 '실용주의적 의미론'을 '실용주의적 진리론'으로 변형했다. 윌리엄 제임스(William James)의 주요 논점은 관념의 원활한 작용 여부가 진리(眞理)를 결정한다는 것이다.

종합적으로 보면, 윌리엄 제임스(William James)는 언제나 사물을 지향하며 사유는 본질적으로는 외부의 물질적 실재(實在)를 비추는 거울이라고 보는 '실재론자'였다. 그의 사유는 데이비드 흄(David Hume)이 사유했듯이 개별적인 사물을 지각하고 반영하는 데 그치지 않고 개별적인 사물들의 관계도 지각하고 반영하였다. 이 결과, 그의 사유에서는 칸트(Immanuel Kant)의 '인식 문제', 즉 우리는 어떻게 감각에 의미와 질서를 부여하는가 하는 문제는 무의미했다. 왜냐하면 어떤 사물에는 그것의 의미와 질서(적어도 그것의 윤곽)가 이미 포함되어 있다고 믿었기 때문이다.

윌리엄 제임스(William James)는 다음과 같이 주장했다: 의식은 존재 즉, 사물이 아니라 흐름이고 관계이다. 의식은 '사유의 연속과 관계'가 '사건의 연속 및 사물의 관계'와 일치하게 된다. 그 순간에 사유 속으로 섬광처럼 흘러들어오는 것은 단순한 '현상'이 아니라 실재(實在) 자체이다. 또한, 경험 과정의 배후에서 영혼을 찾을 필요도 없다. 왜냐하면 '본체'(Noumenon)가 모두 현상의 총화이고, 영혼은 우리의 정신생활의 총화에 지나지 않기 때문이다.

윌리엄 제임스(William James)의 사유에서 특기할 말한 사건은 다음과 같다: 1878년, 「통속과학월보」에서 찰스 샌더스 피어스(Charles Sanders Peirce, 1839~1914)의 "어떻게 우리의 관념을 명석하게 만들 수 있는가?"라는 논문을 읽었을 때, 그는 찾고 있었던 무기를 발견했다. 그 논문의 골자는 다음과 같다: 어떤 관념의 의미를 찾아내려면 우리는 그것이 행동에서는 어떤 결과를 일으키는가를 검토해야 하며, 그렇지 않으면 관념에 대한 논의는 끝이 없을 것이고 아무런 결실도 보지 못할 것이 분명하다는 것이다.

윌리엄 제임스(William James)는 상기의 철학적 기준을 이용해서 종래의 형이상학의 여러 문제들과 관념들을 검토했다. 그러자 그러한 문제들이 갑자기 전류가 통한 화합물처럼 분해되었다. 그리고 의미있는 문제들, 플라톤(Plato, BC 424~348)의 비유 그대로, 어두운 동굴에서 햇빛 찬란한 대낮의 밝음으로 나온 것처럼 분명하게 되었다.

윌리엄 제임스(William James)는 상기의 철학적 기준을 통해 '진리(眞理)'에 대한 새로운 정의를 내렸다: 진리(眞理)는 일찍이 선(善)과 미(美)가 그렇게 생각되었던 것처럼 객관적 관계로 해석되어 왔다. 그러나 만일 진리(眞理)가 선(善)이나 미(美)처럼 인간의 판단이나 인간의 요구와 관련된다면 어떻게 될까? '자연법칙'은 영원불변의 '객관적' 진리로 생각되었고, 바뤼호 스피노자(Baruch de Spinoza, 1632~1677)는 자연법칙을 그의 철학의 실체로 삼았다. 그렇지만, 이러한 진리(眞理)는 실제적으로 편리하고 성공적이었던 경험의 정식화에 불과하지 않은가? 진리(眞理)란 대상의 모사(模寫)가 아니라 오히려 특수한 결과의 정확한 계산이 아닌가? 따라서 진리(眞理)란 어떤 관념의 '현금가치'이라는 것이다.

윌리엄 제임스(William James)는 다음과 같이 주장했다: 「정의(正義)」가 우리들의 행위를 촉진하는 수단이듯이, 진리(眞理)는 우리들의 사유를 촉진하는 수단일 뿐이다. 거의 모든 사고방식은 수단이다. 결국 전체적으로 보아도 물론 수단이다. 눈앞의 모든 경험에 수단으로서 유용한 것이 반드시 모든 미래의 경험도 마찬가지로 만족시켜 주지는 못한다. 진리(眞理)는 선(善)의 '한 종류'로서 흔히 생각되듯이 선(善)과 구별되거나 선(善)과 대등한 범주의 것은 아니다. 진리(眞理)는 신념(信念)에 의해 좋다고 판명된 것에 붙이는 이름일 뿐이다(「프래그머티즘」).

다시 말하면, 진리(眞理)는 과정이며 "관념에서 발생한다". 진리(眞理)는 검증에 있다. 어디서 관념이 발생했는가? 그 전제는 무엇인가라고 묻는 대신에 '실용주의'(實用主義)는 그 결과를 검토한다. 실용주의(Pragmatism)는 "최초의 것, 원리, '범주', 이른바 필연성으로부터 눈을 돌려 종적인 결과, 효과, 귀결, 사실을 바라보는 태도(「프래그머티즘」)"라고 윌리엄 제임스(William James)는 주장했다.

윌리엄 제임스(William James)는 실용주의(Pragmatism)의 철학적 의의를 도출하기 위하여 다원주의(Darwinism)를 철학의 가장 오래된 문제 즉 신(神)의 존재와 본성에 적용하여 다음과 같은 담론을 도출하였다: 스콜라 철학은 신(神)을 "모든 종(種)의 밖에, 또 위에 지존(至尊)하는 필연인 동시에, 유일·무한·완전·불변하는 영원한 지적 존재"라고 정의한다. 이것은 매우 당당한 정의이지만, 이러한 정의를 과시하지 않는 신(神)이 있는가? 도대체, 상기한 신(神)의 정의는 무엇을 뜻하는가? 인간에 대해 어떠한 결과를 가져다 주는가? 만약 신(神)이 전지전능하다면, 인간은 꼭두각시(괴뢰, 傀儡, Puppet)이며, 신(神)의 의지가 처음부터 윤곽을 잡아 놓고 결정해 놓은 운명의 과정에는 인간이 변경시킬 수 있는 것은 하나도 없게 된다. '예정설'을 주장하는 캘빈주의(Calvinism)와 숙명론은 이러한 신(神)의 정의에 따른 논리적 귀결이다. 또한, 기계론적 결정론을 상기한 측면에서 검토해도 결과는 동일하다. 만약 결정론을 정녕코 믿는다면 우리는 인도의 신비주의자가 되어 우리를 인형처럼 번롱(翻弄)하는 광막한 운명에 자신을 내맡겨야 한다. 물론, 우리는 이 음울한 철학을 받아들이지 않는다. 인간의 지성은 상기 철학을 그 논리적 단순성 때문에 반복하고 있지만 생명은 상기 철학을 무시하고 넘어서서 앞으로 나간다. 따라서 우리는 '객관적 진리'가 아니라 우리의 필요와 기질에 따라 철학을 받아들이거나 배척한다. 우리는 어떤 철학이 논리적이냐고 묻지 않고 이 철학을 실제로 따르는 것이 우리의 생활과 이해에 어떤 의미를 갖느냐고 묻는다. 찬반의 논거는 해명에는 도움이 되겠지만 결코 증명이 되지는 못한다.

일반적으로, 철학(哲學)을 선택하고 규정하는 기질(氣質)은 '유연한 정신'과 '완고한 정신'으로 나눌 수 있다. 전자(유연한 정신적 기질)는 종교적이며 일정불변의 교리와 선험적 진리를 좋아하고 자연히 자유의지론, 관념론, 일원론, 낙천주의에 적합하다. 이와 반면에, 후자(완고한 정신적 기질)는 유물론적, 비종교적, 경험주의적('사실'에만 의존하는), 감각주의적(모든 인식의 유래를 감각에서 찾는), 숙명론적, 다원론적, 염세주의적, 회의적이다. 상기한 두 가지 이론 중에서 어느 것을 선택하더라도 커다란 모순이 있다. 물론, 상기 이론들의 일부는 사실에 집착하고 감각에 의거한다는 점에서 '완고한 정신'이지만 결정론을 무서워하고 종교적 신앙을 요구하는 점에서는 '유연한 정신'인 그룹도 있는 것이다. 이와 같이 일견 모순되는 요구를 조화시킬 수 있는 철학이 과연 발견될 수 있을까?

따라서 윌리엄 제임스(William James)는 다원론적 유신론은 상기한 종합을 가능하게 한다고 주장했다: 우주는 '하나로 되는 것(universe)'이 아니라 '다양으로 변하는 것(multiverse)'이다. 그 안에서 우리가 살고 활동하는 혼돈(chaos) 안에는 모순과 내적 분열의 모든 징후가 있다. 세계의 놀라운 다양성에 대해서는 현대인의 '일신론(一神論)'보다는 과거인들의 다신론(多神論)이 더 적당할지도 모른다. 이러한 다신론(多神論)은 "언제나 서민들의 현실적 종교였고, 오늘날도 그렇다(「여러 가지 종교적 경험」)". 따라서 민중이 옳고 철학자는 틀렸다.

상기와 같이, 윌리엄 제임스(William James)는 철학을 얽어매고 있던 거미줄을 모두 거

뒤 내어 버렸다. 그는 그의 진리론보다는 오히려 이러한 경험론(Empiricism)을 강조했다. 그는 철학 문제에 대해 아무런 해결도 찾아 내지 못했다는 것을 알고 있었다. 결론적으로, 윌리엄 제임스(William James)의 '실용주의(Pragmatism)'는 매우 도덕주의적인 철학으로서, 그가 청교도 출신임을 역력히 보여주고 있다. 그의 실용주의(實用主義)는 실제의 결과와 사실에 관해 단숨에 말하고 다음에는 성급한 희망에 쫓겨 지상에서 천국으로 뛰어올랐다고 윌 듀란트(Will Durant, 1885~1961)는 평했다.

(3) 존 듀이(John Dewey, 1859~1952)

존 듀이(John Dewey, 1859~1952)[6)]는 찰스 샌더스 피어스(Charles Sanders Peirce, 1839~1914)와 윌리엄 제임스(William James, 1842~1910)의 뒤를 이은 실용주의자로서 오늘날까지 철학계(특히 교육철학)에 영향력을 미치고 있다. 존 듀이(John Dewey)는 데이비드 흄(David Hume, 1711~1776)의 경험주의(Empiricism)를 바탕으로 미국의 실용주의(Pragmatism)를 크게 발전시켰다.

존 듀이(John Dewey)는 고전적 자유주의의 개인주의를 반대하면서 사회제도는 "개인에게서 무언가를 수취(收取)하는 것이 아니라 개인을 만드는 것"이라고 주장하였다. 그는 개인이 사회제도에 맞추어지는 것이 아니라 사회제도가 개개인에 의해 그것의 형태를 구체화한다고 주장하면서 이러한 사회계약에 의해 개인이 만들어지고 개인의 자유가 지지된다고 주장하였다.

존 듀이(John Dewey)는 응용 철학인 교육철학(教育哲學) 관련 저술로 널리 알려져 있다.

---

6) 존 듀이(John Dewey, 1859~1952)는 버몬트의 버얼링턴에서 1859년에서 태어나 그곳에서 학교 교육을 받았다. 그러나 그릴리(19세기의 미국의 저명한 저널리스트, 「트리뷴」지의 창간자)의 권고에 따라 서부로 옮겨가 미네소타 대학교(1888~1889), 미시간 대학교(1889~1894), 시카고 대학교(1894~1904)에서 철학을 가르쳤었다. 그 후 그는 동부로 돌아와 콜롬비아 대학교 철학과 교수가 되었다. 그곳에서, 그는 뉴잉글랜드라는 주(州) 차원이 아니라 한 대륙(미국)을 위한 철학 즉 '미국 철학'을 연구 및 발표했다. 그는 일생동안 매우 많은 저술을 남겨 저술 목록만 125페이지에 달할 정도이고, 철학뿐만 아니라 교육학, 사회학, 심리학 등에 많은 영향을 주었다. 존 듀이(John Dewey)는 기능주의 심리학(Functional Psychology, 인간의 환경에 대해 적극적 적응의 관점에서 정신생활과 행위를 주시하는 심리 철학)을 창시하였고 미국의 진보주의 교육을 이끌었다. 존 듀이(John Dewey)의 주요 저서로서 「학교와 사회」(1900), 「논리적 이론의 연구(1903)」, 「논리학(타프츠와의 공저, 1908)」, 「우리는 어떻게 사고하는가?(1909)」, 「철학에 미친 다윈의 영향(1910)」, 「민주주의와 교육(1913)」, 「내일의 학교(그의 딸 이블린과의 공저, 1915)」, 「실험논리학론(1916)」, 「창조적 지성(1917)」, 「철학의 재건(1920)」, 「인간성과 행위(1922)」, 「경험과 자연」, 「확실성의 탐구」, 「경험으로서의 예술」, 「논리학」, 「자유와 문화」, 「인간의 문제들」 등을 들 수 있다.

그의 「민주주의와 교육」은 현대 미국 교육에 지대한 영향을 주었으며, 그의 교육철학은 아동들이 행동을 통해 학습한다는 것으로 학교제도 교육이 불필요하게 형식화되거나 긴 기간에 걸쳐 이루어질 필요는 없다고 생각하였다.

존 듀이(John Dewey)는 시카고의 「교육학교」에서의 업적 때문에 최초로 세상의 주목을 받았다. 당시, 그는 그의 사유의 실험적 경향을 분명히 드러냈었다. 아마도 그의 가장 훌륭한 저서는 「민주주의와 교육(1913년)」라고 말할 수 있다. 상기 저서에서 그는 그의 철학의 여러 갈래를 한 점에 모아서 더 나은 세대의 개발이라는 문제에 집중했었다. 모든 진보적 교사들은 그의 리더십을 인정하였으며, 미국에서 그의 영향을 받지 않은 학교는 거의 없었다. 그는 어디서나 세계의 학교를 개조하는 과제에 참여했었다. 예로서, 그는 2년 동안 중국에서 교사들에게 '교육 개혁'에 대하여 강의했었으며 터키 정부를 위해 초등학교 재조직에 대한 보고서를 작성했었다.

존 듀이(John Dewey, 1859~1952)는 인문교육을 줄이고 과학교육을 늘리라는 허버트 스펜서(Herbert Spencer, 1820~1903)의 주장을 따르면서 교과서 중심의 과학교육이 아니라 유용한 직업의 현장실습을 강조했다. 그는 '인문교육'을 중요하게 생각하지 않았다. '인문교육'이라는 말은 원래 '자유인(즉, 일하지 않은 사람들)'의 교양을 나타내기 위해 사용되었다. 이러한 '인문교육'은 산업사회의 민주적 생활보다는 귀족사회의 유한계급에 더 적합하였다.

존 듀이(John Dewey)는 다음과 같이 주장하였다: 산업사회에서는 학교는 소규모의 공장, 소규모의 공동체가 되어야 하고, 실습과 시행착오를 통해서 경제적·사회적 질서를 위해 필요한 기능과 훈련을 가르쳐야 한다. 그리고 교육은 성숙기를 위한 준비가 아니라 끊임없는 정신적 성장, 끊임없는 생활의 해명으로 재인식되어야 한다. 어떤 의미에서는 학교는 우리의 정신적 성장의 수단을 제공할 수 있을 뿐이고 그 나머지 일은 우리의 경험을 얼마만큼 흡수하는가와 어떻게 해석하는가에 달려있다. '참된 교육'은 우리가 학교를 떠난 다음부터 시작되며, 죽기 전에 교육을 중단해야 할 이유는 하나도 없다고 존 듀이(John Dewey)는 역설했다.

① 철학적 특징

존 듀이(John Dewey, 1859~1952)의 철학의 특징은 솔직하고 철저하게 '진화론'(Evolutinary Theory)을 받아들인 것이다. 그는 신체는 물론 정신도 생존 경쟁을 통해 낮은 형태로부터 진화해 온 기관으로 보았다. 모든 분야에서 그의 출발점은 다윈주의적(Darwinism)이었다.

르네 데카르트(René Descartes, 1596~1650)가 "물질적 사물의 본성은 완성된 완전한 상태로 일거에 만들어졌다고 생각될 때 보다는 서서히 발달해 왔다고 볼 때 더욱 쉽게 이해된다."고 말했을 때, 근대 세계는 그 후로 근대 세계를 지배하게 된 논리, 곧 찰스 다윈(Charles Robert Darwin)의 「종(種)의 기원」을 최선의 과학적 업적으로 하는 논리를 자각하게 되었다(「철학에 미친 다윈의 영향」).

따라서 존 듀이(John Dewey)는 사물(事物)은 초자연적인 인과관계에 의해서가 아니라 주어진 환경에 있어서 사물의 위치와 기능에 의해 설명되어야 한다고 주장했다. 그는 명확하게 자연주의적이었고, "우주 전체를 이성화(理性化)하는 것은 우리와 특별한 관계에 있는 사물의 과정을 지배할 능력이 없다는 고백이다(「철학에 미친 다윈의 영향」)"라고 단언했다.

존 듀이(John Dewey, 1859~1952)는 아르투어 쇼펜하우어(Arthur Schopenhauer, 1788~1860)의 '의지'나 앙리 베르그송(Henri Bergson, 1859~1941)의 '생(生)의 약진(躍進)'과 '창조적 진화(인간과 자연이 대립하는 데카르트적인 이분법적 사유를 부정)'도 믿지 않았으며, 이러한 관념들이 존재할지는 모르지만 숭배할 필요는 없다고 주장했다. 그는 형이상학을 '신학의 메아리'이며 위장이라고 배척했다. 그리고 철학의 분쟁은 언제나 철학 문제가 종교 문제와 혼동될 때 일어났다고 지적하고 다음과 같이 고백했다:

"나는 플라톤(Plato)을 읽어 보고, 철학은 본질적으로 정치적 사명에 대한 의식을 갖게 되었으며, 철학의 문제는 올바른 사회질서의 조직화임을 알게 되었다. 그러나 철학은 내세에 대한 꿈에 취해 버렸다(「철학에 미친 다윈의 영향」).*"*

여기서 유의할 것은, 상기한 존 듀이(John Dewey)의 사상은 20세기 전반의 또 다른 사변적 철학자인 앙리 베르그송(Henri Louis Bergson, 1859~1941)[7]과 화이트헤드(Alfred North Whitehead, 1861~1947)[8]의 주장과 유사하다는 점이다. 앙리 베르그송과 화이트 헤드는 다음과 같이 주장했다: 정신은 인간이 환경에 적응하는 도구로서 진화되었고, 따라서 인간

7) 앙리 베르그송(Henri Louis Bergson, 1859~1941)에 따르면 형이상학의 모든 기본 진리는 철학적 직관에 의해 파악된다. 이러한 직관을 통해 사람들은 자신의 깊은 자아를 인식할 뿐만 아니라 세계의 신비한 창조 요인인 생명의 정신도 인식한다는 것이다.

8) 알프레드 화이트헤드(Alfred North Whitehead, 1861~1947)에 따르면 철학은 1차적으로 형이상학이며 "우리 경험의 모든 요소를 해석할 수 있도록 일반 관념들의 정합적·논리적·필연적 체계를 짜는" 시도라는 것이다. 그러므로 그의 철학은 아주 폭넓고 일반적인 이해력을 바탕으로 세계를 조망하려는 시도였다. 화이트헤드의 이해력은 그의 위대한 3부작 「과학과 근대세계(Science and the Modern World, 1925)」, 「과정과 실재(Process and Reality, 1929)」, 「관념의 모험(Adventures of Ideas, 1933)」이 지향한 목표였다.

의 정신기능은 주로 행동의 공리적 요인이라는 것이다. 또한, 앙리 베르그송과 화이트 헤드는 제각기 현실은 강처럼 흐르는 것이며 궁극적 실재(實在)는 유동적·역동적이라고 주장했다. 철학관으로 볼 때, 앙리 베르그송은 '직관적'이었고, 화이트헤드는 '사변적'이었으며, 듀이는 '실용주의적'이었다고 말할 수 있다.

존 듀이(John Dewey)는 독일 및 영국 철학을 다음과 같이 비판했다: 독일 철학의 경우 종교 문제에 대한 관심이 철학의 발전 방향을 빗나가게 했고, 영국 철학의 경우 사회적 관심이 초자연적인 것을 압도했다. 지난 2세기 동안 권위주의적 종교와 봉건적 귀족주의를 반영하는 관념론과, 진보적 민족주의의 자유신앙을 반영하는 감각주의 사이에 격렬한 논쟁이 벌어졌다. 이 논쟁은 아직도 끝나지 않았다. 따라서, 관념론과 감각주의 사이의 논쟁이 지속되는 한, 우리는 아직도 중세(中世)로부터 완전히 벗어나지 못했다고 말할 수 있다. 자연주의적 관념이 모든 분야에서 채택될 때 비로소 '현대(現代)'가 시작될 것이다.

존 듀이(John Dewey)는 다음과 같이 주장했다: 상기의 주장은 정신이 물질로 환원된다는 뜻이 아니라, 다만 정신과 생명은 신학적 개념이 아니라 생물학적 개념에 의해 환경 속에서 환경의 작용을 받고 반(反)작용하고 환경에 의해 형성되는 동시에 환경을 형성하는 기관 또는 유기체로 이해되어야 한다는 뜻이다. 따라서 우리는 '의식의 상태'가 아니라 '반응 양식'을 연구해야 한다는 것이다. *"뇌(腦)는 원래 인식의 기관이 아니라 어떤 종류의 행동기관이다"*(「창조적 지성」). *"사유는 재(再)적응의 도구이며, 사지(四肢)나 치아와 마찬가지로, 사유는 기관이다. 관념은 상상된 연관, 즉 적응 실험이다. 그러나 이것은 수동적 적응이 아니다. 환경에 대한 완전한 적응은 죽음을 의미하나. 모든 적응의 핵심은 환경을 지배하려는 욕구이다"*(「심리학적 윤리학에 대한 강의」).

또한, 존 듀이(John Dewey)는 다음과 같이 주장했다: 철학의 문제는 어떻게 외계를 인식하는가 하는 것이 아니라 어떻게, 또한 어떠한 목적으로 외계를 지배하고 외계를 개조하는가이다. 철학은 감각과 인식의 분석이 아니라(이것은 심리학의 과제이다), 인식과 욕망의 종합이고 조정이다.

사유(事惟, 대상을 구별하고 생각하고 살피고 추리하고 헤아리고 판단하는 것)를 이해하려면 사유(事惟)의 발생을 특별한 상황에서 관찰해야 한다. 그러면 이성의 활동이 전제로부터 출발하는 것이 아니라 난제로부터 시작된다는 것을 알 수 있다. 이 경우, 이성은 가설을 세우지만, 가설은 결론이 된다. 이 결론을 위해 여러 전제들이 필요하다. 끝으로, 이성은 이 가설을 관찰이나 실험에 의해 분석한다. "사고의 현저한 첫째 특징은 사실에 직면하는 것(탐구, 정밀하고 상세한 검토, 관찰)이다(「철학의 재건」)". 여기에는 신비주의가 끼어들 여지가 없다.

나아가, 존 듀이(John Dewey)는 다음과 같이 주장했다: 사유(事惟)는 특별한 사회적 상황만이 아니라 특정한 문화적 환경속에서도 발생한다. 사회가 개인의 소산인 것처럼 개인은 사회의 소산이다. 관습, 풍속, 인습, 언어, 전통적 관념의 거대한 네트워크가 기다리고 있다가 신생아가 태어나면 이 아기를 얽어매서 이 아이가 태어난 곳의 '국민상'(國民像)에 따라 길러 낸다. 이러한 사회적 유산의 작용은 매우 신속하고 철저하기 때문에 흔히 자연적 또는 생물학적 유전으로 착각될 수 있다.

이와 관련하여, 존 듀이(John Dewey)는 다음과 같이 논평했다: 허버트 스펜서(Herbert Spencer)조차도 임마누엘 칸트(Immanuel Kant)의 범주(즉, 사고의 습관과 형식)은 개인이 태어날 때부터 갖고 있는 것으로 믿었으나 아마도 이것은 정신적 습관이 어른으로부터 어린애에게 사회적으로 전달된 결과일 것이다. 일반적으로, 본능의 역할은 과대평가되고 초기 훈련의 역할은 과소평가되어 왔다. 예로서 성(性) 본능 또는 투쟁 본능 등 가장 강력한 본능은 사회적 훈련에 의해 상당히 완화되고 제어되어 왔다. 따라서 획득 본능, 지배 본능 등 다른 본능도 사회적 영향과 교육에 의해 마찬가지로 완화되어야 한다.

여기서 유의할 것은 존 듀이(John Dewey)는 '성장'을 가장 아름다운 일로 간주했다는 점이다. 그는 절대 '선(善)'이 아니라 '성장'이라는 상대적이지만 특수한 개념을 윤리적 기준으로 삼았다. *"궁극적 목표로서 완전성이 아니라 완성, 성숙, 세련의 영속적 과정이 생명의 목적이다 … 악인은 비록 그가 지금까지는 아무리 착했더라도 현재 타락하고 있는 사람 즉, 점점 덜 착해지고 있는 사람이다. 착한 사람은 비록 지금까지 아무리 도덕적으로 무가치했더라도 점점 더 착해지고 있는 사람이다. 이러한 개념은 사람들로 하여금 자신을 비판하는 데 엄격하고 타인을 비판하는 데 관대하게 한다.*(「철학의 재건」)"

여기서 '착하다는 것'은 '온순하고 천진난만하다'는 뜻은 아니다. 만약 우리에게 지성이 없다면 세상의 모든 덕(德)도 우리를 구제하지는 못할 것이다. 무지(無知)는 무(無)자각이며 예속이다. 우리는 지성(知性)에 의해서만 우리의 운명을 형성하는 데 참여할 수 있다. 의지와 자유는 인과관계의 방해가 아니라 인식에 의한 행위의 조명이다.

"우리는 본능이 아니라 사유를 신뢰해야 한다. 어떻게 본능이 산업에 의해 형성되어 점점 더 인위적인 것으로 되어 있는 환경과, 우리가 휩쓸려든 복잡한 문제들의 미궁에 우리들을 적응시킬 수 있을 것인가?(「인간성과 행위」)"

우리는 아직도 습관이나 우연, 곧 맹목적인 힘에 좌우되고 있다. 자연을 지배하는 힘, 자연을 인간의 필요와 만족을 위해 이용하는 능력은 엄청나게 증대했지만, 목적의 실현,

가치의 향수는 점점 더 불확실해지고, 위태로워진 것을 우리는 알고 있다. 우리는 가끔 모순에 빠져 있는 것처럼 생각한다. 즉, 수단이 늘어나면 늘어날수록 이 수단을 이용하는 목적은 일반적으로 더욱 더 애매해진다. 이상주의적 사회 개혁을 주창한 토마스 카알라일(Thomas Carlyle, 1795~1881)이나 저명한 사회운동가인 존 러스킨(John Ruskin, 1819~1900)이 산업문화 전체를 배척하고, 세계적 대문호 레오 톨스토이(Leo Tolstoy, 1828~1910)가 황야로 돌아가자고 선언한 것도 결코 이상한 일은 아니다. 그러나 상황을 확고하게 전체적으로 보는 유일한 방법은 모든 문제가 과학의 발달과 생활에의 과학의 응용에 달려 있다는 것을 명심하는 것이다. 도덕이나 철학은 그 최초의 사랑, 곧 선(善)의 유모인 지혜에의 사랑으로 되돌아간다. 다시 말하면, 탐구와 음미의 많은 특수 방법을 갖추고 있고 대량의 조직화된 지식을 갖고 있으며, 지금까지 획득한 모든 가치에 만인을 흡수 능력에 따라 참여시키는 각종 문제들에 산업, 법률, 교육을 집중시킬 수 있는 방안을 마음대로 세울 수 있는 소크라테스적 원리로 되돌아간다(「철학에 미치는 다윈의 영향」).

또한, 존 듀이(John Dewey)는 국가(國家)를 신뢰하지 않았으며, 가능한 한 사회의 일을 자발적 협동으로 처리해 가는 다원적 질서를 원했다. 그는 협동조합, 정당, 회사, 노동조합 등 다양한 협동체에서 개인주의와 공동체행동의 조화를 보았다. 이러한 협동체의 중요성이 증대됨에 따라 국가는 협동체간의 조정자 또는 중개자가 되어 각 협동체의 활동 한계를 확정하고 분쟁을 해결하려는 경향을 더욱 강화시키고 있다(「철학의 재건」).

상기한 주장을 바탕으로, 존 듀이(John Dewey)는 다음과 같이 결론을 내렸다: *"철학(哲學)이 해야 할 일은 인간의 지식을 사회적 대립에 응용하는 것이다. 그러나 현재 철학(哲學)은 '수줍은 노처녀'처럼 시대에 뒤떨어진 문제와 관념에 집착하고 있다(「창조적 지성」). 철학(哲學)은 오늘날 과학 앞에서 도피하고 있고, 과학(科學)은 철학(哲學)을 버리고 생산(生産)의 세계로 달려갔기 때문에, 철학(哲學)은 이제 '내장이 쇠약해진 데다가 찬장도 거의 비어버린 고독한 어머니'처럼 춥고 쓸쓸하다. 철학(哲學)은 참된 관심사(세계 안에서의 인간과 그 생활)로부터 소심하게 물러나서 '인식론(認識論)'이라는 허물어질 듯한 건물의 한구석에 쭈그리고 앉아 있지만, 낡아서 허물어질 듯한 건물에서 살아서는 안된다는 법률(法律) 때문에 언제 쫓겨날지 모르는 위험에 직면해 있다. 그런데 이 낡은 인식주의 문제는 우리들에게는 무의미한 것이 되었다. 우리는 이 문제를 해결하지 않고 건너뛴다.*(「철학에 미친 다윈의 영향」)"

이어서 존 듀이(John Dewey)는 다음과 같이 주장했다: *"철학(哲學)은 다른 모든 것과 마찬가지로 세속화되어야 한다. 철학은 지상에 머무르며 생활을 해명하는 것으로 생계를*

유지해야 한다. 철학(哲學)을 전문으로 하지 않는 진지한 사람들이 가장 알고 싶어하는 것은 산업, 정치, 과학의 보다 새로워진 운동으로 말미암아 우리들의 지적 유산에 어떠한 변경과 폐기가 요구되고 있는가이다 … 미래 철학의 과제는 그때의 사회적·도덕적 투쟁에 대한 인간의 관념을 명료하게 하는 것이다 … 철학(哲學)의 목적은 인간에게 가능한 일인 한, 이러한 투쟁을 전개하는 도구(道具, Instrument)가 되는 것이다 … 서로 다투고 있는 생활의 요인들을 조정하는, 보편적이고 선경지명이 있는 이론이 철학이다. (「창조적 지성」)"

② **'도구주의(Instrumentalism)' 제창**

존 듀이(John Dewey, 1859~1952)의 문제 제기는 다음과 같다: 언제 철학(哲學)은 내세(來世)의 문제를 종교(宗敎)에게, 인식 과정이라는 미묘한 난제를 심리학(心理學)에 각각 맡기고 인간 목적의 해명과 인간생활의 조정 및 향상에 전념할 수 있을 것인가?

철학(哲學)은 인간의 삶을 구성하는 모든 문화와 사회 발전에 대해서 그것이 인간에게 주는 의미를 새롭게 반성하도록 하고 이에 대한 비판적인 기능을 수행해야 한다. 그러나 현대사회는 과학과 기술의 발전을 기초로 진보에 대한 맹목적인 신앙에 도취해 사회발전의 방향이 필연성의 노예로 전락해 가고 있다. 심지어, 기능주의와 실용성만을 의미 있는 판단기준으로 행사하는 현대사회에서는 흔히 철학(哲學)의 무용성(無用性)이 제기된다.

따라서 개인의 자유로운 자기 실현과 사회 전체의 행복과 꿈을 보장해 줄 '이성적 사회'가 되도록 철학은 끊임없는 비판정신을 발휘해야 하며 이에 관련된 모든 문제들을 근원적으로 탐구하는 철학정신은 효용성을 갖게 된다. 즉, 반박과 비판이 거듭되는 이론적 논의 속에 현대철학의 미래가 있는 것이다.

한편, 과학(科學)은 관찰 가능한 세계를 기술할 뿐만 아니라 현상 뒤에 놓여 있는 세계에 대해서 탐구한다. 과학적 지식은 인간에게 전자, DNA 분자, 중력장에서 빛의 휨, 심지어 세계를 관찰하는 인간이 존재하기 오래 전에 세상에 널리 퍼져 있던 자연현상의 원리에 대해서도 말해준다. 과학(科學)과 관련하여 실재론(實在論, Realism)은 그것이 합리적으로 옹호될 수 있는 것 이상의 것을 주장하는 한, 지나치게 성급한 것으로 보일 수 있다. 역사를 돌이켜 보면 이러한 의구심은 증대된다. 관찰 불가능한 존재자에 대한 주장을 담고 있었던 과거의 많은 이론들은 합리적으로 옹호될 수 있는 이상의 것을 주장하였다는 측면에서 거부되었고, 실제로 성급하였음이 밝혀지게 되었다.

예로서 아이작 뉴턴(Isaac Newton)의 빛의 입자이론, 열(熱)의 칼로릭(caloric)이론, 제임스 클러크 맥스웰(James Clerk Maxwell, 1831~1879)의 전자기장 이론이 전기와 자기장이 물질적 에테르(Ether) 상태라고 가정하는 한, 그 이론은 거부된 이론들의 예이다. 반(反)실재론자들이 주목하고 있듯이, 비록 이러한 이론들의 이론적인 부분들은 유지되었다. 아이작 뉴턴(Isaac Newton)의 '빛의 미립자 이론'은 100년 이상 과학에 공헌하였다. 그러나 상기 이론은 거짓으로 간주될 뿐만 아니라 아이작 뉴턴(Isaac Newton)의 광학(Optics)이 함축하고 있는 미립자와 같은 것은 존재하지 않는다. 19세기의 파동 광학과 전자기장 이론에 결정적으로 관련이 있었던 에테르(Ether)는 이와 유사하게 포기되었다. 그리고 전파는 에테르(Ether)의 변형에서의 불연속에 지나지 않는다는 맥스웰 이론의 중심적인 아이디어는 현재 명백하게 잘못된 것으로 여겨지고 있다.[9)]

---

9) 여기서 본 연구는 미국 실용주의 철학자 존 듀이(John Dewey, 1859~1952)가 '빛의 파동－입자 이중성(波動粒子二重性, Wave-Particle duality)'을 잘못 이해함을 발견하고 다음과 같이 밝힌다: '빛(Light)'이 기본적으로 직진한다거나 속도가 매우 빠른 것 같다는 등의 성질들은 쉽게 알 수 있지만, 이것이 알갱이로 되어 있는가, 아니면 파도처럼 넘실대는 파동으로 되어 있는가 등의 기본적인 속성에 대한 질문에 답하기 위하여 많은 자연과학자와 철학자들은 고민하였다. 결국, '빛(Light)'은 그 빛 자체의 문제가 아니라 자연의 질서를 이루는 데 있어서 결정적 역할을 하는 것을 알게 되었다. 즉, 우주는 빛과 물체의 조화로 운행된다는 것이다. 역사적으로, '빛의 파동－입자 이중성(波動粒子二重性, Wave-Particle duality)'은 빛(Light)이 과연 파동(波動)인지, 아니면 입자(粒子)인지에 대한 논란으로부터 비롯되었다. 고전역학(Classical Mechanics)은 파동(Wave)과 입자(Particle)가 매우 다른 성질을 갖고 있다고 주장하는 반면에, 양자역학(量子力學, Quantum Mechanics)은 두 개념을 하나의 개념으로 통합한다. 결국, '빛(Light)'은 파동(Wave)과 입자(Particle) 두 가지 성질을 모두 지닌다는 사실이 실험을 통해 증명되었다.
고전역학(Classical Mechanics)이란 '근대 과학의 아버지'로 칭송받는 아이작 뉴턴(Isaac Newton, 1642~1727)의 운동법칙 3개'를 기초로 하는 역학으로서 뉴턴역학(Newtonian Mechanics)이라고도 부르며 현재의 상태를 정확하게 알고 있다면 미래의 어느 순간에 어떤 사건이 일어날지를 정확하게 예측할 수 있다는 결정론적 입장을 취하며 인과법칙을 따르고 우연성을 배제하였다. 이와 반면에 양자역학(量子力學, Quantum Mechanics)은 분자, 원자, 전자, 소립자와 미시적 세계의 현상을 다루는 즉, 작은 크기를 갖는 세계의 현상을 연구하는 물리학이다. 상술하면, 17세기 고전 물리학자 크리스티안 호이겐스(Christian Huygens, 1629~1695)는 다음과 같이 '빛의 파동설'(Wave Theory)을 주장했다: "빛(Light)이란 공기 중의 에테르(Ether)라는 가상의 매질을 통해 전파하는 파동(波動) 즉 전자기파이다. 전기(電氣) 또는 자기(磁氣)를 띠는 물질이 가속 운동하면 전자기파가 전파한다. 그러나 빛은 회절과 간섭의 파동성(波動性)을 띤다." 이와 반면에, 18세기 아이작 뉴턴(Isaac Newton)은 그의 논문 광학(Optics)에서 관찰과 실험을 통해 '빛(Light)'이 직선으로 이동하는 것으로 '빛의 입자설(Particle Theory)'을 주장했다. 그 후 아이작 뉴턴(Isaac Newton)의 권위 때문에 '빛의 입자설(Particle Theory)'은 거의 150년 동안 흔들리지 않았다.
19세기에 들어와서 '빛(Light)'이 파동(Wave)일 수밖에 없는 새로운 현상들이 속속 관측되었다. '빛(Light)'의 간섭, 회절, 물 속에서의 빛(Light)의 속도 등에 대한 실험결과를 해석하기 위하여 '빛(Light)'은 파동(Wave)일 수밖에 없다는 것이다. 1864년 제임스 클럭 맥스웰(James Clerk Maxwell, 1831~1879)은 그의 '맥스웰 방정식(Maxwell equations)'으로 실험으로 측정한 '빛(Light)'의 속도와 전자기파의 속력을 예측하는 실험을 근거로 '빛의 파동론(Wave Theory)'을 주장하였다. 이 결과, 1860년대에 제임스 한편, 반(反)실재론자는 과학 이론의 내용은 관찰과 실험에 의해 증명될 수 있는 일련의 주장에 지나지 않는다고 단언한다. 따라서 많은 반(反)실재론자를 도구주의자(instrumentalists)로 부르는 것은 편리하고, 흔히 그렇게 불린다. 도구주의자들에게 이론은 관찰과 실험의 결과를 서로 관련시키고 예측하는 것을 도와 주는 유용한 도구에 지나지 않는다.

그러나 반(反)실재론자들은 비록 이러한 이론이 참이 아닌 것으로 증명되었지만, 관찰 가능한 현상을 정리하고 실제로 발견하는 과정에서 그들이 맡았던 긍정적인 역할을 부정하지는 않는다. 결국, 제임스 클러크 맥스웰(James Clerk Maxwell, 1831~1879)을 빛의 전자기론으로 인도하고 궁극적으로 전파의 발견으로 이끌어 준 것은 에테르(Ether)의 상태를 표상하는 전자기에 대한 그의 사색이었다.

이러한 관점에서 볼 때, 이론을 관찰 가능한 현상을 정리하고 예측하는 능력만으로 평가하는 것이 그럴 듯하게 보인다. 이론 자체는 그것의 유용성이 다했을 때 버림을 받고 그것들이 산출한 관찰적이고 실험적인 발견을 유지될 수 있다.

과거의 이론과 그것이 채택한 관찰 불가능한 존재자가 버림을 받았듯이, 우리는 현재 우리가 가지고 있는 이론이 그렇게 될 것이라는 생각을 할 수도 있다. 이론들은 단지 관찰적이고 실험적인 지식의 구조를 세우는 데 도움을 주는 뼈대이고, 그것들은 맡은 일을 다하자마자 거부될 수 있다.

클럭 맥스웰(James Clerk Maxwell)이 '빛(Light)'은 전기장과 자기장이 교대로 출렁거리는 임을 확인한 후 '빛(Light)'에 대한 전모가 파악된 듯이 보였다.

한편, 세계적 물리학자(20세기 최고의 천재 물리학자, 1921년 노벨 물리학상 수상자) 알베르트 아인슈타인(Albert Einstein, 1879~1955)의 '광양자(光陽子) 가설'(상대성 이론으로 발전)에 따라 '빛(Light)'은 일정한 에너지(광자의 에너지는 $E=h\nu$)를 갖도록 광자(光子, Photon)로 구성되어 있다는 '빛의 입자론'(Particle Theory)을 지지했다. 즉, 광자(光子, Photon) 방출 과정(photoemission process)에서 어떤 물질 내의 전자가 일함수(work function) 이상의 광자 에너지를 흡수하면 '빛(Light)'이 방출된다고 주장한 것이다. 또한, 어스 컴프턴(Arthur Compton, 1892~1962)은 1927년 '광산란 실험'을 통하여 '빛=입자'를 증명함으로써 '빛의 입자설'(Particle Theory)이 확고히 자리를 잡게 됐다. 이와 반면에, 토마스 영(Thomas Young, 1773~1829)의 '이중슬릿 실험'(좁은 틈인 슬릿을 통과하면 회절 현상이 일어나 구면파가 발생하고, 이 구면파는 두 번째 슬릿을 지나 다시 퍼져 나간다)은 광전효과(photoelectric effect)를 증명함으로써 '빛의 파동설(Wave Theory)'이 재(再)정립되었다. 그 후, 독일인 과학자 하인리히 루돌프 헤르츠(Heinreich Hertz, 1857~1894)가 실험을 통해 전자기파의 속도(1Hz는 1초에 한 번을 의미한다. 즉 100Hz는 1초에 100번을 반복 혹은 진동함을 뜻한다)를 측정하였는데 '빛(Light)'의 속도(3.0×10^8m/s)를 확인하고 '빛=전자기파'임을 규명함으로써 '빛의 파동론(Wave Theory)'이 증명되었다.

결국, 인류는 '빛의 파동-입자 이중성(波動粒子二重性, Wave-Particle duality)' 즉 '빛(Light)'은 입자(粒子)의 성질과 파동(波動)의 성질을 동시에 가진다는 것을 알 수 있게 되었다. 따라서 양자 물리학(Quantum Physics)은 다음과 같이 주장한다: '빛(Light)'은 파동(波動)뿐 아니라 입자(粒子)로서 이중성을 갖는다는 것이다.

과거, 찰스 샌더스 피어스(Charles Sanders Peirce)와 윌리엄 제임스(William James)는 '실용주의(Pragmatism)'의 실험적 경험주의(Empiricism)를 주장했다. 즉, 사유는 행위로 옮겨갈 수 있는 활동이라고 규정했다. 사유는 자기 목적을 가진 것이 아니라 목적을 위한 수단일 뿐이라는 것이다.

상술하면, 실용주의(Pragmatism)의 창시자인 찰스 샌더스 피어스(Charles Sanders Peirce)는 '무엇을 아는가'(know-what)보다 '어떻게를 아는가'(know-how), 즉 실제적 결과에 우월성을 두었다. 그러나 찰스 샌더스 피어스(Charles Sanders Peirce) 자신은 실용주의(Pragmatism)의 체계를 세우지 못하였다. 그는 수학과 논리학자였으므로 오히려 현대의 기호이론(semiotics)에 많은 공헌을 하였다. 그러나 그의 논문 "어떻게 우리의 관념을 명료하게 하느냐"는 윌리엄 제임스(William James)으로 하여금 실용주의(Pragmatism)을 체계화시키는 계기가 되었다.

윌리엄 제임스(William James)는 그의 심리학적 관심 때문에 과학이론의 실용원칙보다는 형이상학과 종교·도덕에 상기한 실용적 원칙의 적용을 강조하였다. '진리(眞理)'란 윌리엄 제임스(William James)에게 있어 사유(事惟)와 사실(事實)의 일치라기보다는 유용성(Usefulness)에서 판정된다. 이와 대조적으로, 존 듀이(John Dewey)는 어떤 진술이 '진리(眞理)'라는 판정을 받으려면 진술의 기능이 성취되고 욕구가 충족되며 경험적으로나 실험적으로 확증되었을 때라고 주장했다.

한편, 존 듀이(John Dewey)는 관념론적 접근을 비판하고, 전통적 철학 세계를 부정하고, 궁극적 실체를 인정하지 않았다. 상술하면, 하나의 목적은 달성된 후에 또 다른 목적을 찾아서 추구하는 과정을 거친다. 결국, '진리'(眞理)란 상황적 적합성(또는 적절성)에 의하여 증명된다고 주장했다. 그 적합성은 그 시대의 대다수 사람들에게 최대로 옳다고 생각되는 것(진리)라고 한다. 이러한 시각에서, '유용성(有用性, Usefulness)'이란 단어보다도 '적합성(適合性)' 또는 '적절성(適切性)'이란 단어가 프래그머티즘(Pragmatism)의 진리를 더 잘 설명하여 주는 단어가 될 수 있다.

나아가, 존 듀이(John Dewey)는 '관념'(觀念)이란 플라톤(Plato, BC 427~347)의 이데아론(論)에서 말하는 초월적인 영원 부동의 존재나, 임마누엘 칸트(Immanuel Kant, 1721~1804)의 범주(範疇)처럼 주관의 선험적(A Priori) 형식이 아니며, 또한 존 로크(John Locke, 1632~1704) 등이 주장하듯이 외계로부터의 수동적 관념이나 이미지 및 그 모자이크적인 구성물도 아니라는 것이다. 즉, 존 듀이(John Dewey)는 임마누엘 칸트(Immanuel Kant)와 게오르크 빌헬름 프리드리히 헤겔(Georg Wilhelm Friedrich Hegel, 1770~1831)의 관념론적인 접근을 비판하였고, 전통적인 철학 세계를 부정하였으며, 궁극적인 실체를 인정하지 않았다.

존 듀이(John Dewey)에 의하면 관념(觀念)은 상황을 바꾸기 위한 도구(道具)로 취급되었다. 관념은 명확하지 않은 상황에서 명확한 상황을 결과로서 낳게 하기 위한 실험적인 가설(假說)이라고 생각하였다. 이것은 관념의 의미는 그것이 초래하는 결과에 있다고 하는 찰스 샌더스 피어스(Charles Sanders Peirce)나 윌리엄 제임스(William James)의 주장을 더욱 발전시킨 것이다.

'관념'(觀念)이란 인식작용을 일부로 하는 인간의 환경에의 순응이라는 생활경험의 과정에서 가구(假構)되어, 실험적으로 대상에 적용되고, 그 성과의 효용(效用)에 의해서 시비가 판정되어야 할 도구 및 수단이라는 것이다. 따라서 '개념'이란 관상(觀想)의 정지적(靜止的) 대상이 아니고, 실천적 활동과정에서 사용되어, 부단히 폐기·수정·창조되어야 할 지침이라는 것이다.

상기한 바와 같이, 존 듀이(John Dewey)는 관념의 의미는 그것이 초래하는 결과에 있다고 하는 찰스 샌더스 피어스(Charles Sanders Peirce)나 윌리엄 제임스(William James)의 주장을 더욱 발전시켜 관념(觀念)은 명확하지 않은 상황에서 명확한 상황을 결과로서 낳게 하기 위한 실험적인 가설(假說)이라고 규정하였다. 따라서 관념(觀念)은 상황을 바꾸기 위한 도구(道具)로 취급되었다. 다시 말하면, 윌리엄 제임스(William James)의 실용주의 이론은 당시 칸트와 헤겔의 관념론에서 빠져나오려고 노력하던 존 듀이(John Dewey)에게 중대한 영향을 미쳤다. 존 듀이(John Dewey)는 실용주의 철학의 여러 가지 이론적 모순을 교정하고 다듬고 새롭게 정식화하려고 힘썼다. 그 결과, 그의 '도구주의(道具主義, Instrumentalism)'가 성립했다. 존 듀이(John Dewey)는 사회적인 문제에 관해서 '도구주의'(道具主義, Instrumentalism)는 열광주의나 신비주의에 대항해서 싸울 수 있는 훌륭한 무기라고 생각했다.

존 듀이(John Dewey)는 과학적·도덕적·사회적 경험은 각기 주제가 다르긴 하지만 "미래의 결과에 대한 실험적 결정"이라는 점에서 사유 방법은 모두 동일하다고 주장했다. 즉, 지성적 행위는 의심과 문제에 봉착함으로써 활동하기 시작해 일련의 과정을 거친 후, 해결책과 "믿을 만한 판단"에 도달하게 된다는 것이다.

요컨대, 실용주의(Pragmatism)는 특히 미국의 철학정신을 반영하는 사조로서 '실제'(practice)에 관심을 둔다. 여기서 말하는 '실재(實在)'란 다음과 같이 2가지의 의미를 지닌다. 하나는 행위의 실재(實在)로서 실험적인 과학에 입각하여 사회적·경제적인 활동까지를 포함하는 것이다. 다른 하나는 사회의 발전과 문화의 진보에 공헌하는 유용성(有用性, Usefulness)이나 적절성(適切性)으로서의 실재(實在)를 의미한다.

상기한 존 듀이(John Dewey)의 철학은 미국에서 오랫동안 윤리학·형이상학·방법론 분야를 지배했다. 그는 모든 지식 형태의 통일성과 상호연관을 강조했을 뿐만 아니라 윤리적·정치적 판단에 대해서도 과학적 판단과 똑같이 주장의 근거를 찾을 필요가 있다고 강조했다. 즉, 철학은 전문적 자부심이 아니라 인간에게 필요한 것을 지향해야 한다는 것이다.

이와 같이 존 듀이(John Dewey)는 의식적인 지적 개입을 통해 바람직한 사회변화를 일으킬 수 있다고 믿었다. 그리고 민주공동체의 목표를 밀고 나가기 위한 계몽된 대중행동의 지침으로 사회문제에서 새로운 '실험주의' 즉 '도구주의'(道具主義, Instrumentalism)를 제안했던 것이다. 그에게 인식(認識)이란 도구(道具)일 뿐이며 인식을 통해 얻은 지식을 사용하여 유용한 결과를 내는 것이 중요하다고 주장했다. 즉, 인식이나 사유 자체보다는 그것을 잘 사용하여 어떠한 결과를 얻어 내느냐가 중요하다는 것이다. 따라서 실험을 통한 결과의 획득과, 그것을 통한 개념의 파악이라는 찰스 샌더스 피어스(Charles Sanders Peirce)의 명제는 존 듀이(Jonh Dewey)에 의하여 사유 전체를 대상으로 확장되었다.

(4) 리처드 로티(Richard Rorty, 1931~2007)

리처드 로티[10]는 가히 혁명적인 케치프레이즈들의 선도적 주창자로 알려진 미국의 철학자이다.[11] 그는 해석학과 실증주의 사이의 논쟁과 합리주의와 비판적 이론 사이의 논쟁을 새로운 형태의 '실용주의(Pragmatism)'를 통해 마무리 지으려고 시도했다.[12] 그의 철

10) 리처드 로티(Richard Rorty, 1931~2007) 교수는 과거 버지니아 대학교(University of Virginia)에서 "University Professor"로 재직하였던 철학자로서 새로운 형태의 실용주의를 제창하는, 미국 철학계를 대표하며 동시에 가장 널리 이름이 알려진 철학자이다. 그는 1931년에 출생했으며, 1982년부터 버지니아 대학교에서 '철학과'의 교수가 아니라 '인문대학'의 교수로서 재직하면서 활발한 연구 활동들을 전개했다. 그의 저서 「철학과 자연의 거울(Philosophy and the Mirror of Nature, 1979년)」을 포함하여 1994년까지 5권의 저서와 3권의 편저, 그리고 그의 저서에 포함된 논문들을 포함하여 100여 편의 논문과 약 30여 편의 서평들이 있다.

11) 리처드 로티(Richard Rorty, 1931~2007)의 이름이 미국 철학계에 알려지기 시작한 계기는 그가 1967년에 편찬한 「언어적 전환 : 철학적 방법에 대한 최근의 논문들(Linguistic Turn: Recent Essays in Philosophical Method)」이다. 그가 많은 관심을 표명한 분야는 분석철학, 특히 심리철학(心理哲學)에서 이른바 '심신의 문제(mind–body problem)'였다. 여기서 '심신의 문제'란 인간의 정신현상과 신체, 특히 두뇌와의 관계를 철학적으로 밝히려는 문제이다. 이 문제에 대한 시각은 크게 보아 2가지이다. 하나는 인간이 정신과 신체라는 두 가지 실체로 이루어진 존재라고 보는 상식적이며 전통적인 견해를 옹호하는 이원론(二元論)의 진영이며, 다른 하나는 어떤 형태로든 정신현상은 결국 물질 혹은 물리적 현상이거나 이것에 빗대어 혹은 더 나아가서는 환원되어 설명될 수 있다는 유물론적인 입장이다.

학적 기본입장은 분석철학(Analytica Philosophy)이나 정초주의(定礎主義, Fundamentalism, 정당화된 믿음이나 건전한 전제로부터 추론된 결론과 같이 확실한 기초에 의존하는 인식론)의 인식론에 근거한 전통적 철학론에 대해 '탈(脫)철학적 사유'이다. 심지어, 그는 인식론 자체의 가능성을 부인하기 때문에 인식론(즉, 철학)의 종언을 선언했다.

상술하면, 리처드 로티(Richard Rorty)는 인식의 주관이란 자연을 있는 그대로 비추어내는 거울이 아니기 때문에 우리는 세계에 대하여 오직 '이야깃거리'(narration)를 할 수 있을 뿐이라고 비판한다. 이것은 임마누엘 칸트(Immanuel Kant, 1721~1804)가 정신을 마치 자연의 거울과 같은 것으로 상정하고 정신에 의한 구성적 정초작업을 그릇되게 수행했다고 비판한 것이다. 또한, 그는 현대 '분석철학(Analytica Philosophy)' 역시 르네 데카르트－존 로크－임마누엘 칸트의 전통을 이어받고 있기 때문에 근본적으로 붕괴될 수밖에 없다고 비판했다. 이어서, 그는 실재(實在)를 인간이 있는 그대로 모사(模寫)한다는 전통적인 인식론은 근거를 상실하며, 존재 또는 실재에 관한 지식은 인간이 설정하는 언어 또는 개념이 틀에 의존하는 것이기 때문에 실재(實在)를 인간 지식의 객관적 표준으로 삼을 수 없다고 비판했다.

상기한 바와 같이, 리처드 로티(Richard Rorty)는 잘못 설정된 기초 위에서 서로 이원적으로 갈라져 온 정초주의(Fundamentalism)의 전통을 다음과 같이 비판한다:

첫째, 우리는 우리의 피부 밖으로 나아갈 수 없을 뿐만 아니라, 우리를 어떤 절대적인 것과 비교할 수도 없다. 정초주의(Fundamentalism)는 우리가 어떤 방법으로 우리의 피부 밖으로 나가 실재(實在)와 대면할 수 있을 경우에만 성립할 수 있다. 그러나 그런 방법은 존재하지 않는다.

둘째, 우리는 언어 밖에서 세계를 바라볼 수 없다. 단지, 언어의 체계 안에서만 세계를 볼 수 있을 뿐이다. 언어는 생활양식의 일부이다. 분석철학의 정초주의(Fundamentalism)는 언어를 보편적으로 규정지으면서 인간의 생활세계를 하나의 논리체계로 파악하고 그 논리 속에 들어오지 않는 것은 모두 무(無)의미하거나 무(無)가치하다.

셋째, 인간은 신(神)의 관점에서 세계를 볼 수 없고 자신의 언어라는 감옥에 얽매여 세계를 파악할 수 있을 뿐이기 때문에, 언어가 '세계의 그림'이라고 주장하는 것은 신화에 지나지 않는다.

상기와 같이, 리처드 로티(Richard Rorty)는 포스트 분석 철학의 입장에서 분석철학의 한계를 날카롭게 지적하고 정초주의적 독단은 이제 실용주의적 관점에서 해체되어야 한

12) 김동식(1994), 「로티의 신실용주의」, 철학과 현실사.

다고 주장했다.13)

한편, 리처드 로티(Richard Rorty)의 1982년 저서 「실용주의의 결과[Consequences of Pragmatism: Essays(1972~1980)]」는 그 책의 부제가 가리키듯이 그가 「철학과 자연의 거울(1979년)」의 출간을 전후하여 발표했던 논문들을 집대성한 것이다. 상기 저서에서 다루어지고 있는 문제들은 형이상학과 실재론에 대한 비판, 새로운 반(反)정초주의(Anti- Fundamentalism) 철학관의 필요성, 실용주의의 방향 제시 등이다. 상기 저서의 의의는 그가 본격적으로 '실용주의(Pragmatism)'를 자신의 입장으로 천명하고 나섰다는 데에 있다. 다시 말하면, 그가 「철학과 자연의 거울」에서 주창했던 반(反)정초주의를 자신이 '실용주의(Pragmatism)'라고 규정한 것이다.

상기의 측면에서 볼 때, 리처드 로티(Richard Rorty)가 미국 철학회 회장으로서 발표했던 연설문 "실용주의, 상대주의, 그리고 비합리주의"와 "실용주의와 철학"이라는 부제를 붙인 상기 저서의 서론("Introduction : Pragmatism and Philosophy")은 매우 중요하다. 왜냐하면 그것의 서론은 실용주의 철학관의 방향을 제시하고 있으며 주로 '언어의 편재성(遍在性)(the ubiquity of language)'을 들어 '실재론(實在論)'을 비판하고, 나아가 "진리"의 탐구를 목표로 하는 정초주의적 철학이 끝난 마당에서 철학은 이제 '문화비판(文化批判; culture criticism)'이 되어야 한다고 주장하였기 때문이다. 따라서 그는 스스로 자신의 철학사상을 '실용주의(Pragmatism)'라고 부른다.14) 여기서 말하는 '실용주의(Pragmatism)'란 일반적으로

---

13) 예로서, *"분석철학은 이미 끝장이 났다.", "인식론도 종말을 고했다.", "철학(Philosophy)도 끝났다. 이제는 탈(脫)철학의 문화를 이루어야 한다.", "철학(Philosophy)은 인류의 대화이며, 대화를 통해 문제가 해결될 수 있다. 대화를 지속하게 하라!", "철학은 문예비평(文藝批評; literary criticism)이어야 한다.", "대담한 시인은 대담한 오독(誤讀; misreading)을 행한다.", "철학은 정치이다.", "우리는 언어의 바깥으로 한 걸음도 나갈 수 없다. 언어는 곧 메타포이며, 메타포의 창안을 통해 인간은 자유를 행사한다.", "온갖 이데올로기는 이제 끝났으며, 부르주아 자유주의 시대에서는 자문화중심주의(自文化中心主義; ethnocentrism)를 견지하는 아이러니스트가 바로 대담한 시인이다.", "공적 도덕을 최소화하고 사적 도덕을 넓혀가자.", "대화를 통해 강제되지 않은 합의를 바탕으로 연대성(連帶性; solidarity)을 이루어가자."* 등과 같은 리처드 로티(Richard Rorty)의 사상 전반이나 일부 혹은 그 자신에 대해 비교적 긍정적인 시각을 표출하는 호칭들로는 '휴머니스트 실용주의'(Humanistic Pragmatism), '언어적 관념론'(Linguistic Idealism), '신실용주의'(New Pragmatism), '네오프래그마티즘'(Neo-Pragmatism) 등을 예로 들 수 있다. 이와 반면에, 부정적인 시각을 표출하는 것들로는 '상대주의', '문화상대주의', '문화적 제국주의', '인식론적 회의주의'(Epistmological Skepticism), '낭만적 허무주의자'(Romantic Nihilist), 심지어는 '현대판 소피스트' 등을 들 수 있다.

14) 그러나 리처드 로티(Richard Rorty)의 '실용주의'는 흔히 일컬어지는 의미에서 실용주의와는 상당한 차이를 두고 있는 철학적 입장이다. 따라서 김동우(1994)는 로티의 전반적인 입장을 지칭할 때에는 오해의 소지를 없애기 위해서 '신실용주의(新實用主義; Neo-pragmatism 혹은 New Pragmatism)'라는 용어

찰스 샌더스 피어스(Charles Sanders Peirce), 윌리엄 제임스(William James), 그리고 존 듀이(John Dewey)에 의해 확립된 '미국적 사상'을 말한다. 그것은 대체로 과학에 대한 존중, 실험주의, 경험의 존중, 이론과 실천의 불가분성 주장, 결과에 대한 강조 등으로 나타난다.

리처드 로티(Richard Rorty)의 실용주의(Pragmatism) 철학은 좁은 의미에서의 '실용주의'를 포함하고 있다. 즉, 그는 '세상사에 잘 대처함(coping well with the world)'에 대한 존중을 강조한다. 전통적인 실재론자들이 말하는 '진리'라는 개념을 용납할 수 없는 그는 세상사에 잘 대처하게 해주는 것, 말하자면 '현금가치(cash-value)'를 지닌 '사회적 실행(社會的實行; social practices)'을 '진리'로 간주하는 것이다.

리처드 로티(Richard Rorty)는 존 듀이(John Dewey)와 같이, 언어를 기본적으로 욕구충족을 위한 도구로 간주한다. 리처드 로티(Richard Rorty)는 현대 문명의 두드러진 특징 중의 하나일 과학기술에 대해 매우 우호적인 입장을 택한다. 이렇듯 언어가 우리의 삶에서 차지하는 효용성, 실용성 등을 중시하고 결과주의를 강조하며 이론과 실천을 구분하지 않는다. 심지어, 어떠한 방법론도 '탐구의 논리'도 인정하지 않는다. 따라서 그는 전통적 실용주의자들이 자주 운위하는 '탐구', '실험', '논리', '경험'이라는 용어를 거의 사용하지 않는다. 그는 계몽주의의 유산을 옹호하되 정초주의적인 요소를 배제하고 있는 것이다.

여기서 리처드 로티(Richard Rorty)를 상대주의나 주관주의로 비판하는 것은 그 자신의 본래 의도와 어긋나게 되는 셈이다. 물론, 실용주의자들이 지식론이나 윤리성에 대해 이론을 세우지 않으려 한다는 것이 그것에 대해 침묵한다는 것과 혼동되어서는 안 된다. 그는 다음과 같이 주장한다: 자연과학의 방법을 사회과학에 적용하는 실증주의의 통합원리나 자연과학을 사회과학과는 다른 논리로 구분짓는 해석학 그리고 비판적 합리주의와 비판이론 사이의 논쟁은 각각의 정초주의적 신앙이 빚어낸 부산물에 지나지 않는다. 전통적으로 구분지어 온 합리성과 비합리성 그리고 과학과 사이비 과학, 인식과 억견 등의 분리는 전통적인 유산일 뿐이다. 이 구분은 그때그때의 상황에서 어느 것이 보다 실용적인 대안인지를 선택한 것에 따른 구분일 뿐이다. 우리는 과학이 미신보다 우월하다고 주장할 합리적 근거가 없다. 그러므로 우리는 우리의 신념을 정당화하는 일을 포기하고 실재를 바라보는 단 하나의 방식을 정초지우는 일을 단념하면서 상대방의 대안 역시 또 하나의

를 사용하거나 아예 '로티의 철학사상'이라고 표기했다. 물론, 리처드 로티(Richard Rorty)를 '신실용주의자'로 부를 수 있는 근거는 그 역시 존 듀이나 윌리엄 제임스와 같은 전통적인 실용주의자들처럼 인식이나 윤리에 대한 하나의 대안을 정초하려 하지 않고 이 문제에 대해 이론적으로 구성하려는 시도 자체를 제시하지 않는다는 점에서이다. 그러나 그것은 본 연구의 신(新)실용주의(Neo-pragmatism)의 체계와는 전혀 다르다.

바람직한 대안이 될 수 있다는 전제 하에 끊임없이 대화를 계속하는 일이 가능할 뿐이다.

요컨대, 진리(眞理)는 사회적 실행이다. 진리(眞理)는 철학적 작업에 의해 그 기초가 마련되고 정당화될 수 있는 것이 아니라 대화의 과정을 통해 장점과 결점들에 비추어 실용적 견지에서 형성된다. 우리가 어떤 것을 진리(眞理)라고 부르는 이유는 단지 다른 개념보다는 그 개념에 더 친숙하다는 것일 뿐이다.

이와 같이, 리처드 로티(Richard Rorty)의 실용주의(Pragmatism)는 진리(眞理)를 '우리 사회에서 통용되는 것'으로, 혹은 '믿어서 좋은 것'으로 대치하고, 객관성으로 '상호주관적 유대'나 '설득에 의한 합의'로 각각 대체함으로써 정초주의적 전통을 미국적인 실용주의로 재해석했다. 여기서 '실용주의적 태도'란 정초주의적 아집에서 해방되어 자유롭고 합리적인 합의가 가능할 것이라는 낙관론적 입장에서 가능한 것이다. 그때그때 보다 유용하고 합리적인 대안을 마련해야 한다는 그의 철학적 입장은 미국식의 자유주의를 정당화하는 것 같은 인상을 주기도 한다. 그 자신은 미국 사회를 특별히 옹호하는 것이 아니라고 반박하지만, 미국식의 자유민주주의만큼 개방된 사회는 없다는 신념을 가진 것은 사실이다. 그러나, 보다 나은 것이 없다면, 실제로 좋은 것으로 통용되고 있는 것을 받아들이자는 리처드 로티(Richard Rorty)의 실용주의(Pragmatism)는 어떤 현실적 대안도 거부한 채, 해체를 선언하는 프랑스의 해체주의자들도 반대한다. 상기한 리처드 로티(Richard Rorty)의 실용주의적 입장을 다음과 같이 요약할 수 있다:

첫째, 리처드 로티(Richard Rorty)의 철학적 입장은 반(反)본질주의이다. 그는 진리가 본질을 가진 것으로 생각하거나 실재(實在)와의 대응이라는 전통에 따르지 않는다. 진리(眞理)는 이론화의 대상이 아니라 단지 실천적 행위 자체이기 때문에 그것을 본질화하려는 것은 착각이다.

둘째, 리처드 로티(Richard Rorty)는 전통적인 철학적 이분법에 대하여 비판한다. 분석/종합, 이론/관찰, 과학/비과학 등으로 구분하는 것은 하나의 규칙에 의해 인간의 사유의 결과들 가운데 어느 하나를 선택할 수 없다는 사실을 알지 못한 데서 비롯된 것이라고 한다. 그는 모든 문제를 규칙에 의존해서 해결하려는 철학적 전통을 '플라톤적 신화'로 부른다. 상기의 전통은 자신이 속한 시대의 어휘와 실천에서 벗어나 그들이 기댈 수 있는 비(非)역사적이고 필연적인 어떤 것을 발견하려고 임의적으로 구분지은 것에 지나지 않는다고 주장한다.

셋째, 인간의 인식능력은 컴퓨터 프로그램과 같은 장치가 아니므로 다른 사람과의 대화를 통해서만 탐구할 수 있다. 인간에게 인식의 구조나 능력이 선천적으로 들어 있는 것이 아니기 때문에 대화만이 탐구의 유일한 수단이다.

상기한 바와 같이, 리처드 로티(Richard Rorty)는 과학적 객관성에 대한 열정에 사로잡혀 마치 과학을 신적(神的)인 것으로 대치하는 실증주의(實證主義, Positivism, 감각 경험과 실증적 검증에 기반을 둔 것만이 확실한 지식이라고 주장하는 인식론 및 과학철학)의 독단을 실용주의적으로 해체하려고 시도했다. 1950년대에 들어오면서 자연스럽게 형성된 상대주의적 배경하에서, 리처드 로티(Richard Rorty)는 '합리성', '객관성', '필연성' 등과 같은 개념에 의해 위축되지 말아야 할 것을 강조했다. 그는 과학적 합리성이란 기준에 의해 그릇되게 진행되어온 전통적 이원론적 분화 현상에 종언을 선언했다. 다시 말하면, 객관적이고 절대적이며 보편적인 진리를 추구하기보다는 역사적이고 사회적인 맥락 속에서 통용되는 합리성(合理性)을 바탕으로 유대성을 강조하며, 이것이 확보되는 한에서 상대주의를 기꺼이 받아들였다. 그리고 철학의 임무는 이론적이고 추상적이며 합리적인 체계를 세우는 데 있는 것이 아니라, 실천적이며 현실적이고 고체적인 행동의 지침을 마련하는 것이라고 리처드 로티(Richard Rorty)는 주장했다. 리처드 로티(Richard Rorty)의 철학사상에서 낭만주의의 요소들은 특히 기존체계나 전통적인 철학에 대한 타파, 우연성에 대한 강조, 심미적인 문화에서 천재적인 개인들의 역할 중시, 천재적 발상으로서의 참신한 비유(어휘, 아이러니 등)의 창안을 통한 자아창조에 대한 주장 등으로 나타난다.

3) 미국 실용주의(Pragmatism)에 대한 비판과 신(新)실용주의(Neopragmatism)의 차이점

여기서 저자가 명확히 밝혀두고자 하는 것은 본 연구의 신(新)실용주의(Neopragmatism)와 리처드 리처드 로티(Richard Rorty, 1931~2007)의 네오프래그머티즘(Neopragmatism)[15]은 전

15) Rorty, Richard.(1982), Consequences of Pragmatism. Minneapolis: University of Minnesota Press; Rorty, Richard.(1989), Contingency, Irony, and Solidarity. Cambridge: Cambridge University Press; Rorty, Richard.(1991), Objectivity, Relativism, and Truth. Cambridge: Cambridge University Press; 「필로소피 앤드 더 미러 오브 네이처」(Philosophy and the Mirror of Nature), 프린스턴 대학교 출판부, 1979년; 박지수 역, 「철학 그리고 자연의 거울」, 까치, 1998년; 「칸서퀀시스 오브 프래그머티즘」(Consequences of Pragmatism), 미네소타 대학교 출판부, 1982년; 김동식 역, 「실용주의의 결과」, 민음사, 1996년; 「컨틴전시, 아이러니, 앤드 살리대러티」(Contingency, Irony, and Solidarity), 케임브리지 대학교 출판부, 1989년; 김동식 역, 「우연성 아이러니 연대성」, 민음사, 1996년; 「어치빙 아우어 컨트리」(Achieving Our Country: Leftist Thought in Twentieth Century America), 하버드 대학교 출판부, 1998

혀 다르다는 점이다.16)

(1) 미국 실용주의(Pragmatism)에 대한 비판

미국의 실용주의(Pragmatism)는 독일의 관념론(Idealism)과 감각주의(Sensationalism)를 부정하는 대신에 청교도적 낙관주의(Optimism)와 영국의 경험주의(Empiricism)에 바탕을 두고 과학과 경험을 존중하고 결과를 중요시하며 이론과 실천의 불가분성을 강조한다. 이것은 아리스토텔레스(Aristotle, BC 384~322)가 진리를 깨닫는 것이 중요한 것이 아니라 진리의 목적을 위한 실천이 중요하다고 갈파했었던 바와 일맥상통한다.

첫째, 미국 실용주의(Pragmatism)의 창시자인 찰스 샌더스 피어스(Charles Sanders Pierce)와 윌리엄 제임스(William James)는 다음과 같이 주장했었다: 진리(眞理)란 이론화의 대상이 아니라 단지 실천적 행위 자체, 즉 '사회적 실행(Social Practice)'이다. 다시 말하면, 진리(眞理)는 사회에 통용되는 것, 혹은 믿어서 좋은 것, 관념(觀念)의 '현재가치(Present Value)'라는 것이다. 간단히 말하면, 진리(眞理)란 실리(實利)라는 것이다.

따라서 미국의 실용주의(Pragmatism)는 진리(眞理)의 추구란 단지 실리(實利), 즉 물질적 행복(幸福) 추구의 한 종류에 불과하다고 사유한다. 왜냐하면 진리(眞理)는 바로 인간이 원하는 것을 가져다줄 신념(信念)의 추구이기 때문이라고 한다. 그러므로 미국의 실용주의(Pragmatism)는 '진리란 무엇인가'라는 '거창한 질문'은 다음과 같은 '실천적 질문: 인간이 서로 다 함께 행복하게 살 수 있을까?'로 대체되어야 한다고 주장한다:

다시 말하면, 미국의 실용주의(Pragmatism)는 독일의 관념론(Ideology) 특히 임마누엘 칸트(Immanuel Kant)의 '도덕적 규범론'을 철저히 배격하고 '실용주의적 진리론[실리(實利)=진리(眞理)]'과 반(反)본질주의(Anti-Fundamentalism)로 극단적으로 편향되었다. 이 결과, 미국의 실용주의(Pragmatism)는 합리성 · 객관성 · 필연성 등의 철학적 개념들을 모두 부정한다.

나아가, 미국의 실용주의(Pragmatism)는 찰스 다윈(Charles Robert Darwin)의 진화론(Evolutionary Theory)에 근거를 둔 약육강식(弱肉强食)의 '만인의 만인에 대한 투쟁' 상태에

년; 임옥희 역, 「미국 만들기-20세기 미국에서의 좌파 사상」, 동문선, 2003년; 이유선, 「리처드 로티」(누구나 철학 총서 1), 이룸, 2003년; 이유선, 「아이러니스트의 사적인 진리」, 라티오, 2008년; 이유선, 「듀이&로티」(지식인마을 시리즈 9), 김영사, 2006년; 이유선 외, 「로티의 철학과 아이러니」(대우학술총서 610), 아카넷, 2014년; 로티, 「철학과 자연의 거울」, 김희정 pdf.

16) 황필호 역(1989), A. J. 베임 외, 「비교철학입문」, 철학과현실사.

서 '신(新)자유주의(New Liberalism)'와 '신(新)금융자본주의(New Financial Capitalism)'에 입각하여 가장 높은 경쟁력을 가진 오직 한 사람의 '승리자'에게 월계관을 씌워주고 그가 모든 실리(實利)를 독점하도록 허용 및 찬양한다.

둘째, 미국의 실용주의(Pragmatism)가 자체적으로 추구하는 이데올로기적 지향점이 없다. 즉, 자유주의(自由主義)는 인간의 존엄성 보장 및 자유의 증진을 지향하는 반면에, 사회주의(社會主義)는 혁명을 통해 공산주의 사회를 지향한다. 그러나 미국의 실용주의(Pragmatism)는 '필요하다면 어떠한 것이든 가져다 쓰는 것'이 목적이기 때문에 이데올로기적 지향점이 없다. 왜냐하면 미국의 실용주의(Pragmatism)는 이데올로기가 아니라 경험론 · 실험주의 · 도구주의 등에 기반한 하나의 철학적 방법론이기 때문이다.

미국의 실용주의(Pragmatism)의 궁극적 목표는 철학적 논쟁의 수행을 관습적으로 혹은 분석방법론적으로 확립시키는 것이다. 존 듀이(John Dewey, 1859~1952)는 실용주의(Pragmatism)를 '과학적 탐구에의 논리와 윤리적 기반(the logic and ethics of scientific inquiry)'으로 정의한 바 있다. 즉, 미국의 실용주의(Pragmatism)는 합의된 방법으로서 철학적 논쟁을 수행하게 함으로써 궁극적으로 철학(哲學)을 과학(科學)의 한 부분으로 편입시키려는 시도라고 말할 수 있다. 미국의 실용주의(Pragmatism)의 의도는 철학적 논쟁에서 각각의 의견이 야기할 실제적 결과들을 명확하게 밝힘으로써 '도그마적' 혹은 '무의미한' 논쟁을 불식하는 것이다.

미국의 실용주의(Pragmatism)는 원칙보다는 실용성(實用性, Usefulness)을 중시한다. 사물뿐만이 아니라 논의나 사유에서도 "눈에 보이고 이야기할 수 있는 것을 이야기 하자"는 입장이다. 그러나 국가 정책에는 단지 실용성(實用性)만으로 판단할 수 없는 가치(예로서 기본권, 복지, 문화 등)이 있음에도 불구하고, 분별없이 실용주의적 방법론을 들이댈 가능성이 있다. 또한 정책을 추진하는 공무원들이 편견 및 고정관념(정치적 이데올로기)이 없으리라고 장담할 수 없다.

셋째, 그럼에도 불구하고, 미국의 실용주의(Pragmatism)가 오늘의 미국을 세계에서 가장 부강한 국가로 만들 수 있었던 근본적 이유는 미국사회에 합리주의 · 철저한 준법정신 · 신의/성실의 원칙이 사회생활의 원칙으로 정착되었기 때문이라고 저자는 사유한다. 다시 말하면, 미국의 실용주의(Pragmatism)가 제대로 효력을 발생할 수 있도록 이미 청교도주의(Protestantism)라는 높은 도덕성이 미국의 자본주의 속에 스며들어 있었고, 신의/성실의 원칙이 미국인 개개인의 마음속에 새겨져 있었기 때문이다. 이 결과, 미국의 실용주의(Pragmatism)는 효율성과 능률이 가장 절실하게 요구되었던 시기에 등장하였기 때문에 탁월한 효과를 쉽게 발휘할 수 있었던 것이다.

그러나, 전술한 바와 같이, 2008년 하반기 글로벌 금융위기와 그 후의 글로벌 실물위기로 인하에 '신자유주의(New Liberalism)'는 객관적 설득력을 상실하였고 '금융 자본주의(Financial Capitalism)'의 모순과 병폐(국내적으로는 '양극화'와 국제적으로는 '글로벌 불균형')는 적나라하게 노출되었다. 또한, 2008년 하반기 시작되었던 글로벌 금융위기를 수습하는 과정에서 미국 정부는 바로 금융위기의 주범이었던 금융기업에게 무제한의 자금을 공급하였고 그들은 반성하기는커녕 보너스 잔치를 열었다. 미국 청문회(2010.01.13)에서 필 안젤리데스(Phil Angelides) 위원장은 *"정부 지원으로 수조 달러를 받은 와중에 기록적인 이익과 보너스를 챙겼다는 보도는 생계를 유지하려고 분주하는 많은 가족들에게 혼란을 주었고 국민들은 분노하고 있다"*고 격노했었다. 당시 재무장관이었던 벤 살롬 버냉키(Ben Shalom Bernankee)는 '파산 없는 자본주의'와 '부자들은 결코 무너지지 않는다'라는 신화(神話)를 만들었다. 이에 대하여, 마이클 무어(Michael Moore)는 그가 2009년에 제작했던 다큐멘터리에서 미국의 사회정의(社會正義)는 여지없이 짓밟았다고 개탄했다.

이와 대조적으로, 그동안 착취당했던 미국의 빈민대중은 마치 존 스테인베크(John Steinbeck, 1902~1968)의 「분노의 포도」(The Grapes of Wrath, 1940년)에 묘사되어 있는 세계대공황(1929~1939) 당시의 오클라호마주(州)의 미국 시민들처럼 가족의 보금자리였던 집에서 쫓겨나 자살 혹은 거리 유랑자로 전락했었다. 최근의 금융위기에 격분했던 미국 시민들은 '월가(Wall Street)를 점령하라'는 시위를, 유럽인들은 '신(新)자유주의(New Liberalism)를 점령하라'는 시위를 각각 벌였다. 급기야, 영국 런던과 프랑스 아미엥 시(市)에서 폭동이 각각 일어났었다.

여기서 유의할 것은 신자유주의(New Liberalism)는 미국의 레이거노믹스(Reagonomice)와 영국의 대처리즘(Thatcherism)에 의하여 각각 구체화되었는데, 바로 그 두 국가(미국과 영국)가 반(反)신자유주의 폭동의 근거지가 되었다는 점이다. 또한 영국에서는 2016년 6월 브렉시트(BREXIT)로, 미국에서는 도널드 트럼프(Donald Trump) 대통령의 신(新)고립주의(New Isolationism)과 대중의 분노로 각각 분출되고 있다는 점이다.

그럼에도 불구하고, 미국 사회가 건재하고 아직도 큰 잠재력을 갖고 있는 근거는, 미국의 실용주의(Pragmatism)의 덕분이 아니라, 대다수 미국 시민이 신봉하고 있는 1776년 선포된 <미국 독립 선언>과 1778년 선포된 「헌법」의 서문에 명시되어 있는 미국시민의 가치관이 존재하고 있기 때문이라고 저자는 사유한다.

(2) 미국의 실용주의(Pragmatism)와 신(新)실용주의(Neopragmatism)의 차이점

전술한 배경하에서, 본 연구는 미국의 실용주의(Pragmatism)를 단호히 거부한다. 그 이유는 크게 3가지이다.

첫째, 본 연구는 미국의 실용주의(Pragmatism)의 사상적 배경인 찰스 다윈(Charles Darwin)의 진화론(Evolutionary Theory)을 수용할 수 없기 때문이다. 왜냐하면 생명은 창조되었을 뿐, 진화된 것이 아니며, 생명체는 약육강식(弱肉强食)의 전쟁을 치르면서 생존 및 번영한 것이 아니라 협력하면서 개체 및 공동체를 보존해 왔다고 저자는 확신한다.

상기한 본 연구의 주장은 마틴 노왁(Martin Nowak)과 로저 하이필드(Roger Ronald Highfield)의 공저 「초협력자」(Supercooperation, 2012년)에 잘 서술되어 있다: *"지구상의 모든 종(種)을 통틀어 이렇게 다양한 협력(Cooperation)의 메커니즘을 놀랍게 반응하는 것은 인간뿐이다."*

따라서 본 연구의 신(新)실용주의(Neopragmatism)는 찰스 다윈(Charles Robert Darwin, 1809~1882)의 진화론(Evolutinary Theory)에 근거를 둔 적자생존(適者生存)의 신(新)자유주의(New Liberalism)를 배격한다. 그 대신에, 본 연구의 신(新)실용주의(Neopragmatism)는 소득 양극화(Income Polarization)를 나타내는 '아령형' 사회구조를 '다이아몬드형' 사회구조로 개혁함으로써 카를 마르크스(Karl Marx, 1818~1884)가 지적했었던 '인간의 비(非)인간화(Dehumanization)'를 극복 및 방지한다.

둘째, 미국의 소위 '실용주의적 진리론'은 하나의 철학으로 간주될 수 없기 때문이다. 다시 말하면, 저자는 미국 실용주의(Pragmatism)의 철학적 기초인 '실리(實利) = 진리(眞理)'라는 그것의 명제를 동의할 수 없다. 여기서 미국의 실용주의(Pragmatism)와 본 연구의 신(新)실용주의(Neopragmatism)의 차이점은 다음과 같다: 미국의 실용주의(Pragmatism)는 진리(眞理)와 실리(實利)를 등가적(等價的)으로 간주하는 반면에 본 연구의 신(新)실용주의(Neopragmatism)는 이것을 동의하지 않는다. 즉, 미국의 실용주의자들이 주장하듯이, 지식은 도구가 될 수 있으며 진리(眞理)가 실리(實利)를 창출할 수는 있지만, 실리(實利) 자체가 진리(眞理)가 될 수 없다고 저자는 확신한다.

예로서 '지구는 둥글다'라는 불변의 진리(眞理)는 그 자체로서 사실로서 존재한다. 그것은 창조주가 인류를 포함한 모든 생물체에게 부여하는 공통된 혜택이며 어느 특정한 개인·집단·국가만을 위한 실리(實利)는 아닌 것이다. 또한 극단적인 예로서, 테러는 이슬람국가

(IS)에게는 진리(眞理)일 수 있으나 테러를 당하는 시민과 사회에게는 실리(實利)가 아니라 해악(害惡)이고 악몽(惡夢)인 것이다.

또 하나의 예로서, 2015년 6월 17일 캐롤라이나주(州) 섬터(Sumter)에서 한 백인 우월주의자가 흑인 교회에서 총을 난사해 9명이 숨졌었다. 미국의 총기 휴대는 존 로크(John Locke, 1632~1704)의 사상에 근거한 헌법상의 자유이지만 총기 난사로 인한 억울한 인명피해는 상기 자유에 대한 '비용'인가? 여기서 선택의 문제는 부당한 신체적 위협에 대한 개인의 자기보호권이라는 전통적 가치와, 총기 산업의 경제적 가치에 대응한 억울한 인명피해 발생의 비용(피해자 가족의 슬픔과 정신적 고뇌 등은 제외하더라도)의 비교이다. 아마도, 대다수 미국인은 아직까지는 전자가 후자보다 더 크다고, 미국 실용주의(Pragmatism)의 용어로 말하면 실리적으로 유용(有用)하다고 생각하는 것 같다. 그러나 그 '부등식'은 한시적으로 유용할 뿐이다. 만약 후자가 전자보다 더 큰 상황이 발생하거나 그러한 상황이 지속된다면, 미국은 총기 휴대를 규제할 수 밖에 없을 것이다.

모름지기, 베네디투스 스피노자(Benedictus de Spinoga, 1632~1677)는 진리(眞理)란 자연법칙처럼 객관적이고 영원불변한 것이어야 한다고 갈파했었다. 그러한 영원불변의 진리는 아니더라도 '보편타당한 진리'는 미국인을 포함한 모든 인류가 필요로 하는 가치인 것이다. 그것은 바로 1776년 선포된 <미국 독립 선언>과 1778년 선포된 <헌법>의 서문에 명시되어 있다.

미국의 16대 대통령이었던 에이브러햄 링컨(Abraham Lincoln, 1809~1865)은 게티즈버그(Gettysburg) 연설에서 '자유(自由)와 평등(平等)'이라는 인류의 공통적 가치를 천명하였다. 이러한 미국의 역사는 게오르그 빌헬름 프리드리히 헤겔(Georg Wilhelm Friedrich Hegel, 1770~1831)이 일컫는 '절대정신'의 역사인 것이다.17)

주지하다시피, 미국의 건국이념은 '자유, 평등, 청교도 정신'으로 집약되며, 미국의 독립선언서(1776.07.04)에 장렬하게 서술되어 있다. 제1장은 서문에 해당되는 것으로, 신(神)이 부여한 자연권 및 민족자결의 이념을 내세우며 독립의 필연성을 간략하게 설명했다.

17) 에이브러햄 링컨(1809~1865) 대통령이 없었다면 미국은 남북 2개의 국가로 나뉘어 있을지도 모르며, 노예해방도 지연됐을 것이다. 여기서 흥미로운 사실은, 영화 '링컨(스티븐 스필버그 作)을 보면, 노예제 폐지를 위한 수정 헌법 13조를 의회에서 통과시키기 위해 링컨과 그의 각료는 반대파인 민주당 의원들에게 관직을 주고 찬성표와 맞바꾼다. 자신이 직접 나서지 않고 정치 전문 브로커를 동원하는 치밀한 '협잡', 시간을 끌어 종전(終戰) 협상을 피하기 위해 남부 대표들이 워싱턴에 들어오지 못하도록 발을 묶어버리는 치사한 짓도 서슴지 않았다. 이와 같은 사실에서 보면, 자유와 평등의 가치는 매우 숭고한 것이지만 이를 위한 정치적 게임은 추잡하고 잔혹하다는 것을 알 수 있다.

제2장은 미국의 건국이념을 독립선언의 사상적 배경으로서 다음과 같이 명시하고 있다: *"우리는 다음과 같은 것을 자명한 진리라고 생각한다. 즉, 모든 사람은 평등하게 태어났으며, 창조주는 몇 개의 양도할 수 없는 권리를 부여했으며, 그 권리 중에는 생명과 자유와 행복의 추구가 있다. 이 권리를 확보하기 위하여 인류는 정부를 조직했으며, 이 정부의 정당한 권력은 인민의 동의로부터 유래하고 있는 것이다. 또 어떠한 형태의 정부이든 이러한 목적을 파괴할 때에는 언제든지 정부를 변혁 내지 폐지하여 인민의 안전과 행복을 가장 효과적으로 가져올 수 있는, 그러한 원칙에 기초를 두고 그러한 형태로 기구를 갖춘 새로운 정부를 조직하는 것이 인민의 권리인 것이다.(후략)"*

상기의 인용문은 모든 사람이 생명·자유·행복 추구라는 천부의 권리를 갖고 있고 이 권리 확보를 위해 정부가 조직되어야 하며 정부의 정당성은 피(被)지배자의 동의에 유래한 것이므로 정당하지 않은 정부를 전복할 수 있다는 저항권 내지 혁명권을 주장하고 있다.[18)]

셋째, 미국의 실용주의(Pragmatism)는 '성과(成果)의 철학'이다. 그것의 근간은 '실리(實利)=진리(眞理)'이며, 여기서 실리(實利)란 유용성(有用性, Usefulness) 혹은 적합성(適合性) 또는 적절성(適切性)이다. 그러나 미국 실용주의(Pragmatism)가 주장하는 '실리(實利)=진리(眞理)'의 잣대인 유용성(有用性, Usefulness)이란 어떤 사물 혹은 서비스의 기능에 대한 소비자의 효용(效用)일 뿐이지, 그것은 진리(眞理)가 아니다. 즉, '유용성=실리≠진리'인 것이다.

설혹, 유용성(有用性, Usefulness) 대신에 상황적 적합성(適合性) 혹은 적절성(適切性)으로 대체하더라도 현재 시각의 특정 상황은 항상 가변적이고 시간이 경과할수록 예상하지 못한 상황들이 전개되므로 미국 실용주의(Pragmatism)가 주장하는 진리(眞理)는 '지구는 둥글다'와 같이 불변(不變)이어야 한다. 게다가 과학기술의 발달에 의하여 사물이나 인간능력의 유용성(有用性, Usefulness)은 한시적이다.

또한 미국의 실용주의(Pragmatism)는 과학과 경험을 존중한다. 그러나 서구사회에서 무려 2천 년 동안 신봉되어 왔었던 아리스토텔레스(Aristotle, BC 384~322)의 경험주의적 자연철학은 아이작 뉴턴(Issac Newton, 1642~1727)의 '자연철학(Natural Philosophy)'에 의하여 하루아침에 붕괴되었다.

넷째, 미국인의 사회적 인식 및 관행과 개척자 정신을 미국의 이데올로기로 정립한 것일

18) 전술한 미국의 「독립선언문」에 가장 큰 영향을 준 것은 존 로크(John Locke, 1632~1704)의 계몽주의 사상이다. 그는 인류역사상 최초로 헌정 민주정치와 자연권을 주장한 철학자이다. 그의 주요 저서인 「인간 오성론」(An Essay Concerning Human Understanding, 1690년)은 "자아 정체성"에 관한 근대적 개념의 기원으로서 종종 인용된다.

뿐, 그것이 지구촌 문화공동체(Global Cultural Community)의 '글로벌 철학(Global Philosophy)'이 될 수 없기 때문이다.

미국의 실용주의자들은 정의(正義)란 행위를 평가하기 위한 수단일 뿐, 진리(眞理)가 아니라고, 진리(眞理)란 신념(信念)에 의해 옳다고 판명되는 것에 붙이는 이름일 따름이라고 각각 주장한다. 이와 같이, 미국의 실용주의적 명제인 '진리=실리'는 독선적이고 자의적일 수 있으며 실리(實利)의 범위에서 벗어난 개인 및 사회에게는 해악적일 수 있다.

따라서 미국의 대내·외 정책이 상기한 가치관, 즉 실용주의(Pragmatism)에 의하여 입안 및 추진된다면, 그것은 일관성 없는 정책이 될 것은 자명한 일이다. 그러한 정책의 예를 들면 베트남 전쟁(1960~1975)과 핵확산금지조약(NPT)의 적용에서 쉽게 찾을 수 있다.

여기서 본 연구가 강조하고자 하는 것은, 모름지기, 미국의 실용주의(Pragmatism)는 미국이라는 한정된 지역과 미국 사회에서만, 그것도 일부 부유한 소득계층에게만 적용될 수 있는 '국부적 철학(Local Philosophy)'이 아니라 보편타당한 '글로벌 철학(Global Philosophy)'으로서 거듭나야 한다는 점이다. 그것의 목표는 인류사회의 당면과제인 에너지위기·환경위기·식량위기·물 부족·핵무기 위기·이슬람국가(IS)테러 위협 등을 해결하는 것이며, 나아가 '지구촌 문화 공동체(Global Cultural Community)'를 건설하는 것이다.

그렇다면, 미국의 실용주의(Pragmatism)가 상기한 인류사회의 당면과제들을 해결하는 데 있어서 유발될 수 있는 사회적 비용(Social Cost)은 어떻게 조달할 것인가? 걸프전쟁(1990년)과 이라크 전쟁(2003년) 등에서 지출된 4조 달러는 '마중물'로서는 충분할 것이라고 저자는 확신한다. 그것은 미국 실용주의(Pragmatism)의 용어를 빌리면 진리(眞理)의 '사회적 실행(Social Practice)'인 것이다.

참고로, 스웨덴에 있는 비영리 싱크탱크인 '스톡홀름국제평화연구소(SIPRI)'가 발표한 '2018년 세계 군사비 지출 동향'이라는 제목의 보고서에 의하면, 군비지출 상위 5개국은 미국, 중국, 사우디아라비아, 인도, 프랑스순으로 이들 국가는 전 세계 군비지출의 60%를 차지했으며, 부동(不動)의 1위인 미국의 군비지출은 2017년 대비 4.6% 증가한 6,490억 달러(약 751조7,000억 원)로 전 세계 군비지출의 36%를 차지했다.

나아가, 미국은 막스 베버(Max Weber, 1864~1920)의 저서 「프로테스탄티즘의 윤리와 자본주의의 정신」(Die protestatische Ethikund der 'Geist' des Kapitalismus, 1903년 및 1905년)[19]에 바탕을 둔 '합리적 경영 자본주의'를 세계 시민들에게 모범적으로 보여주어야 할 것이다. 그렇다면, 이것의 기대효과는 무엇인가? 세계 80억 인구가 거주하고 있는 지구촌

19) 배동인 외 7명(1995), 「막스 베버 사회학의 쟁점들」, 민음사.

을 '먹잇감'으로 벌이고 있는 현재 및 미래의 '슈퍼 게임'은 미·중(美·中) '군사 대결'에서 '철학 전쟁'으로 발전 및 귀착될 것으로 저자는 전망한다.

막스 베버(Max Weber, 1864~1920)는 상기한 그의 저서에서 미국의 3대 건국이념(자유, 평등, 청교도 정신) 중의 하나인 청교도적 신앙이 자본주의적 생활양식에 미친 영향을 다음과 같이 4가지를 지적한다.[20]

① 청교도주의(Puritanism)는 인생의 쾌락을 무한히 즐기는 것을 반대하기 때문에 문화재에 대한 향락은 물론 학문과 예술에 대해서도 절제를 요구하였다.
② 청교도주의자(Puritanist)는 가정의 밝고도 건전한 행복을 이상으로 삼았기 때문에 외식과 외관을 과시하는 중세의 기사와 재산을 모아 봉건 귀족적 생활을 하려고 하는 상인과는 다르다.
③ 청교도주의자(Puritanist)는 직업을 신앙의 확증을 얻는 금욕적 수단으로 보았기 때문에 직업에 대한 사명감을 갖는다. 이것은 비단 자본가에게만 국한된 것이 아니라 노동자들에게도 적용된다.
④ 합법적 방식으로 화폐가 획득되는 한, 그것은 선(善)하다.

4) 팍스 아메리카나(Pax Americana)를 위한 조건: '글로벌 정의(Global Justice)'를 위한 '글로벌 파워(Global Power)'[21]

우선, 미국경제에 대한 전망은 2가지 견해로 나누어진다: 긍정적(肯定的) 전망으로서 조셉 나이(Joseph S. Nye Jr., 1937~현재): '권력의 미래(The Future of Power, 2011년)'를, 부정적(否定的) 전망으로서 ① 다니엘 벨(Daniel Bell, 1919~2011): '미국 자본주의의 위기', ② 존 나이스비트(John Naisbitt, 1929~현재): '미국 파워의 퇴조', ③ 프랜시스 후쿠야마(Francis Fukuyama, 1952~현재): '미국 주식회사의 몰락', ④ 라비 바트라(Ravi Batra, 1943~현재): '미

20) 신동아(1983), "자본주의와 사회주의: 아담 스미스와 카를 마르크스의 후예들", 1월호; Marx Weber(1903, 1905), "Die protestantische Ethik und der 'Geist' des Kapitalismus", Archiv für Sozialwissenschaft und Sozialpolitik.

21) '글로벌 정의(Global Justice)'에 관한 정의(定義) 및 사례(事例)에 관해서는 임양택(2021), 「세계평화(世界平和)를 위한 신(新)실용주의적(實用主義的) 해법: 동아시아지역의 군사안보와 경제협력을 중심으로」, 도서출판: 박영사를 참조.

국 비즈니스 제국의 몰락'과 '새로운 황금시대(New Golden Age)'의 도래를 각각 예로써 들 수 있다.

한편, 경제적 측면에서, 로버트 J. 고든(Robert J. Gordon, 1940~현재) 교수는 그의 저서 「미국의 경제성장은 끝났는가?」(2017년)에서 다음과 같이 지적했다[22]: 남북전쟁(American Civil War, 1861~1865) 이후 100년 동안(1870~1970) 이루어진 경제혁명(전등, 실내 배관, 가전제품, 자동차, 항공여행, 에어컨, 텔레비전 등)은 과거에는 감히 상상조차 못했을 정도로 미국인들의 생활수준을 향상시켰다. 또한 공중보건과 의학의 발전으로 1870년에 45세이던 기대수명은 1970년에 72세로 늘었다. 1869년 대륙횡단철도와 전신(電信)의 동시 개통은 미국 전역을 하나로 묶는, 미국의 진보와 미래에 관한 상징적 사건이었다. 제조 기술의 발달과 우편주문 카탈로그와 백화점의 등장으로 인해 가격은 인하되고 가계 소득은 상승했다. 도시의 각 가정들은 전기·수도·하수도·가스·전화의 네트워크로 연결되었다. 네트워크화된 주택과 현대식 가전제품은 여성들을 집안일에서 해방시켰으며 여성들이 시장노동에 참여할 수 있는 기회를 제공했다.

그러나 1970년 이후 성장 속도의 둔화 요인은 새로운 발명과 혁신이 없어서가 아니라 음식·옷·주택·교통·엔터테인먼트·정보·통신·건강·의료·근로 조건 등 생활수준을 결정하는 많은 기본적인 차원에서 이루어야 할 것들이 이미 다 이루어졌기 때문이다. 따라서 1970년대 이후 미국경제의 생산성 증가율이 둔화되었고, 혁신(革新)은 엔터테인먼트와 정보통신기술에 국한되었으며, 생활수준의 향상도 속도가 느리게 되었다.

물론, 정보통신기술(情報通信技術)의 발전에서 비롯된 제3차 산업혁명은 정보통신과 엔터테인먼트 등 제한된 범위에서 영향을 미쳤지만, 1970년 이후 생산성의 증가는 이전의 100년에 전혀 미치지 못했다. '테크노 낙관론자들(Techno-Optimists)'은 로봇과 인공지능이 전대미문(前代未聞)의 속도로 미국 경제의 생산성 상승을 가속화하고 있다고 주장한다. 그러나 로봇이나 인공지능 같은 디지털 기술 분야가 눈부시게 성장한 것은 사실이지만, 정작 노동생산성과 총요소생산성(TFP: Total Factor Productivity) 증가율에 미친 영향력은 미비했다. 따라서 로버트 J. 고든(Robert J. Gordon, 1940~현재)은 미국의 고도성장은 끝났다고 주장한다.

이와 반면에, 미국의 경제학자 라비 바트라(Ravi Batra, 1943~현재)[23]는 2007년 「뉴 골

22) 상기의 내용은 로버트 고든(Robert J. Gordon), 「미국의 성장은 끝났는가」(이경남 옮김, 2017년)과, 2016년 5월 10일 노스웨스턴대 교수 연구실에서 기자가 인터뷰 내용 보도기사를 저자가 취합하여 정리한 것임을 밝힌다.

든 에이지」(New Golden Age)에서 그의 '역사순환 주기': '노동자(Laborer)시대 → 전사(Warrior) 시대 → 지식인(Intellectual) 시대 → 탐획자(Acquisitor) 시대'라는 '사회순환 법칙'에 의거하여 다음과 같이 예언하였다: 다른 제국과 마찬가지로 전 세계 경제를 지배한 미국이란 '비즈니스 제국' 역시 2009년경 무너질 것이며, 또한 2000년대의 마지막에 세계를 뒤덮는 혼란이 올 것이다. 그러나 그 이후 새로운 경제부흥의 시대, 물질만능주의를 지양하고 다수대중의 부(富)와 행복을 중시하는 새로운 질서와 세계관이 지배하는 희망과 번영의 '황금시대(Golden Age)'가 도래할 것이다.[24] '새로운 황금시대(New Golden Age)'는

23) 라비 바트라(Ravi Batra)는 「뉴욕타임스」 선정 베스트셀러 작가이며 경제학자 겸 국제무역 이론의 전문가다. 현재 서던메소디스트대학교(Southern Methodist University) 경제학과 교수로 「뉴욕타임스」, 「타임」, 「뉴스위크」 등에 칼럼을 쓰고 있다. 그는 역사의 순환 주기를 근거로 세계의 경제, 사회, 정치 변동에 대한 놀라운 선견지명(先見之明)을 보이는 것으로 유명하다. 1978년 「자본주의와 공산주의의 몰락」(The Downfall of Capitalism and Communism)에서 20세기가 오기 전 소련 공산주의는 몰락할 것이라 주장했고 그 예측은 적중했다. 당시, 너무나 황당한 얘기였기 때문에 10여 곳의 출판사로부터 출간을 거절당했었다. 라비 비트라(Ravi Batra) 교수가 「자본주의와 공산주의의 몰락」(1978년)을 집필하기 시작했었던 1976년 이후 세상에는 깜짝 놀랄 만한 일이 넘쳐났다. 미국과 유럽에서는 유가가 급등했고 그로 인해 경제가 침체되었다. 닉슨(Nixon)과 애그뉴(Agnew)는 쫓겨났었고 서구 경제는 치솟는 실업률에 높은 인플레이션까지 겹친 스태그플레이션에 시달렸었다. 미국은 베트남에서 수모를 겪었고 공산주의는 천하무적으로 보였다. 소련은 위성국가들을 지배했고 비싼 값에 석유를 팔아 돈을 벌었다. 제3세계에서는 공산주의가 인기를 끌었다. 이 당시에 공산주의 몰락을 이야기하는 것은 조롱과 비웃음을 자초하는 것과 다름없었다. 사실, 1980년 라비 바트라(Ravi Batra)는 「무슬림 문명과 이란 위기」(Muslim Civilization and the Crisis in Iran)란 책을 출간하면서 2000년 이슬람 근본주의자들과 서구 세계 간의 극심한 갈등이 발생할 것이며, 독점 자본주의의 해체 시기는 2010년 이후가 될 것이라 예측했다. 또한 도쿄의 주식시장이 한창 상승곡선에 있던 1987년, 라비 바트라(Ravi Batra)는 「The Great Depression of 1990」을 통해 1990년 도쿄 주식시장의 거품이 꺼지는 것을 시작으로 전(全) 세계 주식시장이 무너질 것이라는 예고를 내놓았다. 거센 찬·반 양론이 일어났지만, 그의 예고는 곧 역사 속의 현실이 되었고 미국에서만 30만 부 이상이 팔려 센세이션을 일으켰다.

24) 다른 경제학자나 저술가들과 달리, 라비 바트라(Ravi Batra)가 상기 일들을 예측할 수 있었던 이유는 주기 분석을 적용했기 때문이다. 주기 분석은 퓰리처상을 받은 역사가 아서 슐레진저(Arthur M. Schlesinger Jr.)에 의해 대중화된 분석 및 예측 기법이다. 그는 주기 분석을 통해 역사 속에서 반복되는 6가지 법칙, 즉 (1) 사회순환 법칙, (2) 역(逆)정의(Reverse justice) 법칙, (3) 인플레이션 주기, (4) 통화증가율 주기, (5) 불황 주기, (6) 마지막 해(Final-year) 법칙. 이러한 역사 순환 주기를 통해 그는 1980년대와 1990년대의 인플레이션과 주식시장, 유가와 이자율뿐만 아니라 이란 성직자계급 집권 같은 새로운 제도의 등장까지 예측할 수 있었다. 여섯 가지 중 불황 주기는 빗나갔지만 나머지 5개 법칙은 유효한 기법으로 자리 잡았고, 그는 「새천년의 붕괴」(The Crash of the Millenium)에서 2000년 주식시장의 붕괴를 예측하였다. 어떤 패턴이 아주 오래, 심지어 수 세기 동안 지속됐으며 오직 최악의 사건만이 그 패턴을 깨뜨릴 수 있다면, 그 패턴은 미래에도 그대로 적용될 가능성이 많다. 가령 미국의 인플레이션 주기는 남북전쟁(1861~1865) 당시를 제외하고는 1750년 이래 지속적으로 30년마다 정점을 찍어왔다. 그러므로 남북전쟁(1861~1865)만큼 파괴적인 재난이 없는 한 이 주기가 계속 효력을 지닐 것으로 간주

과거 어느 때보다 빛날 것이라고 한다. 왜냐하면 민주주의(民主主義)의 받침대 위에 세워질 것이기 때문이다. 또한 미국 사회의 부흥은 신속하게 이루어질 것이며, 그것은 곧 세계에 영향을 미칠 것이며, 역사상 처음으로 지구촌 전체에 희망과 번영의 '황금시대(Golden Age)'가 도래할 것이다. 그러나 라비 바트라(Ravi Batra)는 어떻게 상기한 2007년 「뉴 골든 에이지(New Golden Age)」에서 희망과 번영의 '황금시대(Golden Age)'에 도래할 것인지, 즉 물질만능주의를 지양하고 다수 대중의 부(富)와 행복을 중시하는 새로운 질서와 세계관이 무엇인지를 구체화하지 않았다.

한편, 저자는 미국의 기초과학기술력과 군사력이 존재하는 한, 결코 미국사회는 침몰하지 않을 것이라고 믿는다. 다만, 세계경제에 대한 미국의 선도력이 감퇴할 뿐, 미국은 자기조절능력을 보유하고 있다고 저자는 믿고 있다. 그렇다면, 미국 사회가 자기조절능력을 회복할 수 있는 시기는 언제일까? 그러한 자기조절능력의 핵심요소는 무엇일까? 저자는 그 시기로서 미국 사회의 자기조절능력의 회복 시기는 미국 시민이 신(新)자유주의(New Liberalism)가 아닌 새로운 경제 사상[예 저자가 주창하는 신(新)실용주의(Neopragmatism)]을 수용할 때라고, 저자는 감히 짐작해본다. 즉, 신(新)자유주의(New Liberalism)의 효율(Efficiency)보다 신(新)실용주의(Neopragmatism)의 사회정의(Social Justice)가 구현됨으로써 미국의 독립선언서(1776.07.04)에 장렬하게 서술되어 있는 건국이념(建國理念), 즉 자유(自

하는 것은 합당하다. 또 다른 역사적 패턴으로 '사회순환 법칙'이 있다. 이 법칙은 모든 문명(文明)마다 노동자(Laborer)시대 → 전사(Warrior)시대 → 지식인(Intellectual)시대 → 탐획자(Acquisitor) 시대'가 차례로 이어지며, 마지막에는 전사(戰士)들이 주도하는 노동자들의 '사회혁명'이 절정을 이룬다는 법칙이다. 이렇게 주기가 한 바퀴 순환을 이룬다. 그는 1970년대 말 국제적인 사건들과 트렌드에 사회순환법칙을 적용해 소련 공산주의의 몰락과 이란 성직자들의 부흥, 2000년 시작된 이슬람과 서구의 무력 충돌 등에 관한 다양한 예측했었다. 또한 '사회순환 법칙'과 관련된 '마지막 해 법칙'이라는 개념은 다음과 같다: 매 10년의 마지막 해에는 우리로 하여금 다음 10년 동안 다가올 일들을 경고하거나 그에 대비하게 만드는 사건이 반드시 일어난다는 것이다. 예로서 1929년에는 대공황이 시작됐다. 1939년에는 유럽에서 제1차 세계대전(1919~1923)이 발발했다. 1949년에는 중국 신해혁명(辛亥革命)이, 1959년에는 각각 쿠바혁명이 일어났다. 1969년에는 인플레이션이, 1979년에는 이란 혁명이 각각 일어났고 1989년에는 베를린 장벽이 무너졌다. 1999년 6월 연방준비제도 이사회 의장 앨런 그린스펀(Alan Greenspan)이 금리 인상을 단행했었는데 이는 그 해가 끝날 때까지 계속 이어졌다. 상기 금리 인상은 다가오는 파멸(2008년 글로벌 금융위기)에 대한 불길한 징조였다. 당연히 2000년과 2002년까지 경제는 침체에 빠졌고 수익 성장률은 기대치 이하를 밑돌았으며 전 세계 주식시장은 붕괴됐다. 2009년이나 2019년은 혁명 같은 주요 사건이 시작되는 시점일 것이다. 탐획적(Acquisitive)인 CEO들과 그들을 대변하는 무능한 정부에 대한 분노, 그리고 의원과 그 패거리들 사이에 만연한 부정을 생각할 때, 미(美) 유권자들이 오래 기다리지는 않을 것이다. 200+년을 인플레이션 주기상 맹렬한 기세의 스태그플레이션으로 인해 힘겨운 한 해가 될 것이다. 1989년 베를린 장벽이 무너지면서 소련의 몰락을 초래했던 것처럼, 이것은 독점 자본주의 몰락을 촉발시키는 사건이 될 수도 있다.

由) · 평등(平等) · 청교도 정신(Puritanism)[25]이 부활되어 미국인의 연대의식(Solidarity)이 높아질 때, 미국의 '슈퍼 파워(Super Power)'는 회복될 수 있을 것이라고 저자는 믿는다.

여기서 '미국의 파워'란 니콜로 마키아벨리(Niccol Machiavelli, 1469~1527)가 그의 저서 「군주론(Il Principe, 1512~1513)」에서 예찬하였던 군사력 · 경제력의 '하드 파워', 즉 경성권력(硬性權力)이 아니라, 타인 혹은 타국의 마음을 사로잡는 힘인 '소프트 파워', 즉 연성권력(軟性權力)이다. 미국의 건국이념(자유 · 평등 · 청교도 정신)이 바로 '소프트 파워'라고 조지프 나이(Joseph S. Nye Jr.) 국제정치학 교수(하버드대학교 케네디 스쿨)는 그의 저서 「소프트 파워(Soft Power, 2004)」에서 정의했다.[26]

여기서 저자는 조지프 나이(Joseph S. Nye Jr.)의 '소프트 파워', 즉 연성권력(軟性權力) 개념을 대신하여 '글로벌 정의(Global Justice)'를 위한 '글로벌 파워(Global Power)'라는 개념을 사용하고자 한다. 이와 관련된 사례를 논술하면 다음과 같다.

(1) 정치군사적 측면

미국은 코소보 전쟁(1998년), 아프가니스탄 침공(2001년), 이라크 공격(2003년) 등과 같은 일련의 정치 · 군사적 분쟁을 주도하면서 자국위주로 국제질서를 만들려고 시도했었다.

---

25) 특히, '청교도 정신(淸教徒 精神)'은 막스 베버(Max Weber)의 저서 「프로테스탄티즘의 윤리와 자본주의의 정신」(Die protestatische Ethikund der 'Geist' des Kapitalismus, 1903년 및 1905년)에 서술되어 있다. 그는 자본주의(資本主義) 형성에 관한 역사학파(歷史學派)의 견해를 비판함과 동시에 마르크스주의(Marxism)의 유물론적 역사해석에 대한 반론을 제시하였다. 막스 베버(Max Weber)는 독립 소(小)생산자 또는 산업적 중산층을 탄생시킨 근원을 종교(宗教)와 관련지었던 반면에, 카를 마르크스(Karl Marx)는 그 근원을 역사적 상황과 물질적 배경에서 찾았다. 이러한 견해 차이는 그들 사이의 역사관(歷史觀)의 차이를 반영하며 동시에 그들이 추구한 현실 개혁의 방향의 차이와도 밀접하게 연관되어 있다. 그럼에도 불구하고, 막스 베버(Max Weber)는 자본주의 정신의 퇴폐화 경향을 카를 마르크스(Karl Marx)와 같이 인정했다. 상술하면, 청교도주의(淸教徒主義)가 노동자의 수탈을 합리화하고 재산분배의 불평등을 합리화한다는 점을 시인하였다. 또한 종교에서 비롯된 근면과 절약이 부(富)를 낳지만 부(富)의 증가는 금욕적 신앙을 약화시킨다는 것을 인정했다.

26) 하버드대학교 케네디 스쿨의 조지프 나이(Joseph S. Nye Jr.) 국제정치학 교수는 권력을 군사력과 경제력으로 국한하는 것은 편협한 사고라고 하고 '소프트 파워(Soft Power)', 즉 연성권력(軟性權力)과 '하드 파워(Hard Power)', 즉 경성권력(硬性權力)의 이론을 통해 집중 조명을 받아 세계적 석학의 반열에 올랐다. 그는 마키아벨리가 예찬하는 군사력과 경제력을 '하드 파워'로, 타인 혹은 타국의 마음을 사로잡는 힘을 '소프트 파워'로 각각 정의했다. 조지프 나이(Joseph S. Nye, Jr.) 교수의 대표 저서로는 「제국의 패러독스」(The Paradox of American Power, 2002)와 「소프트 파워」(Soft Power, 2004)를 비롯하여, 자신이 직접 경험한 미국 행정부를 무대로 파워이론을 풀어낸 정치 소설 「파워 게임」(The Power Game, 2004) 등이 있다.

예로서, 미국은 이슬람교도들의 '인종 청소'를 중단하기 위한 것이라는 명분으로, 안보리의 승인 없이, 북대서양조약기구(NATO)를 동원하여 코소보(Kosovo)에 대해 무력개입(1998년)을 했었다. 또한 미국은 세계인이 경악하였던 2001년 9·11 테러를 자행한 알카에다(Al-Qaeda)를 비호하고 있었던 아프가니스탄(Afghanistan)의 반미(反美) 탈레반(Taliban) 정권에 대하여 미국이 자위권을 발동하여 2001년 공격했었다. 결국, 알카에다(Al-Qaeda)의 지도자, 오사마 빈 라덴(Osama Bin Laden)이 사살(2011.05.02)되었다.[27] 뒤늦게, 미국은 아프가니스탄 전쟁에서 발을 빼려는 '출구전략(Exit Strategy)'으로서 아프가니스탄에 주둔 중인 9만 병력의 일부를 2011년 7월부터 철군하기 시작하여 2014년까지 단계적으로 완전히 철수시켰다.

이어서, 미국은 2001년 9·11 테러 이후 테러지원 및 대량살상무기 개발을 차단한다는 명목하에, 2003년 3월 20일 이라크(Iraq)를 침공하여 사담 후세인(Saddam Hussein) 정권을 궤멸(潰滅)하고 사담 후세인(Saddam Hussein) 대통령(당시)을 2006년 12월 30일 처형했었다.

여기서 유의할 것은 미국의 2001년 아프가니스탄(Afghanistan)과 2003년 이라크(Iraq)에의 침공은 세계적인 반전(反戰) 여론에도 불구하고 '방어를 위한 전쟁'의 차원이 아니라 '예방을 위한 차원'에서 이루어진 전쟁이라고 미국은 강변했었다는 점이다.[28] 그러나 현행 국제법상 무력사용의 정당성이 인정되는 경우는 다음과 같이 2가지 경우뿐이다: ① 유엔 헌장 제7조에 규정한 '자위권 발동' 차원에서 무력을 사용하거나 안전보장이사회가 승인하는 경우; ② 그 밖의 예외 조항으로 '인권 보호'라는 전제(유엔 헌장 1조 3항, 55조)하에 무력 사용을 인정하는 경우이다.

여기서 제기될 수 있는 문제는 과연 미국의 이라크 전쟁(2003.03.20)이 상기한 2가지 요건을 충족했었던 것인가이다. 유엔 사찰단은 이라크가 당시 미국에 위협이 되지 않는다고 보고했었다. 사실, 이라크는 유엔의 요구를 받아들여 알 사무드(Al Samoud) 미사일을 대량으로 파기하는 성의도 보였다. 미국의 이라크 공격 정당성은 이라크가 전쟁(2003년) 과정에서 미국과 영국이 주축이 되는 연합군을 향해 생화학 무기를 사용하거나, 걸프전쟁

27) 오사마 빈 라덴(Osama Bin Laden)은 '이슬람의 황금시대'를 부활시키려고 새로운 제국주의 세력인 미국에 대하여 무모한 테러리즘을 감행했었다. 그는 미국이 주도하는 세계화가 이슬람 문명을 파멸로 이끈다고 믿었던 '확신범'이었으며 '문명의 충돌'의 희생자였다.

28) 유엔 안전보장이사회의 사전 승인 없이 실행되었던 미국의 대(對)이라크 공격의 이유는 조지 부시(George Walker Bush) 미국 대통령(당시)의 대(對)국민 연설(2003.03.17)에서 잘 나타나 있다. 즉, 이라크는 2001년 9.11 테러의 주범인 알카에다(Al-Qaeda)와 여러 테러 집단을 지원해왔고 대량 살상 무기를 보유하고 있기 때문에 세계 평화를 위해 이를 사전에 저지하기 위해 이번 공격을 감행한다는 주장이었다.

(1991년) 때처럼 쿠르드족(Kurd) 반군이나 국내 저항 세력에 대해 독가스를 사용하게 되거나, 전쟁 중이나 종전 후 이라크가 은닉한 대량 살상무기를 찾아낼 경우이다. 그러나 사실상, 대(對)이라크 침공(2003.03.20)에 대한 미국의 명분은 오직 미국의 실리적 입장에서만 찾을 수 있을 뿐이었다.

또한, 여기서 유의할 것은 2001년 9·11 테러 이후 2011년 6월까지 미국이 전쟁에 투입한 비용이다. 미(美) 의회 조사국의 2011년 3월 말 보고서는 1조 2,920억 달러이며, 테러와의 전쟁에 한 달에 100억 달러가 지출되었다고 분석했다. 이와 대조적으로, 브라운대학 왓슨국제문제연구소는 상기 '전쟁 비용'은 약 4조 달러(약 4,264조 원)에 달한다고 밝혔다. 그리고 부상당한 미군의 숫자는 최소 25만 명에 달하며, 미군 전사자(戰死者)는 2011년 6월까지 6,051명이다(조선일보, 2011.09.01).

결국, 미국의 최장기 해외 전쟁인 아프가니스탄 전쟁(2001.10~현재)이 비로소 끝날 전망이다. 조 바이든(Joseph Robinette Biden Jr., 1942~현재) 대통령(제46대: 2021.01.20 취임)은 9·11 테러 발생 20주년인 2021년 9월 11일까지 아프간에서 주둔 미군을 철수하기로 결정했다. 도널드 트럼프(Donald John Trump) 전(前)대통령은 2020년 2월 카타르 도하에서 탈레반과 평화협정을 맺고 2021년 5월1일까지 미군을 포함한 동맹군을 철수하기로 약속했다. 실제로, 이 합의에 따라 미군은 1만 2천여 명에서 현재 2,500명까지 줄었다.

이와 관련하여, 가브리엘 콜코(Gabriel Kolko)는 그의 저서 「제국의 몰락」(World in Crisis: The End of the American Century, 2009년)에서 '미국 역사상 최악의 대통령(2001~2009)인 조지 워커 부시(George Walker Bush, 1946~현재)를 다음과 같이 비판하고 미국의 시대가 끝났다고 비판했다[29]: *그(조지 워커 부시)는 미국의 대부분 고속도로들에 깊은 구멍이 패이고 7만 개의 교량에 위험 징후가 있다는 조사결과가 나오는데도 오로지 자국 군대가 세계 최강이기만 바랐었던 인물이었다. 이런 비(非)이성적인 사명감이 미국 시민을 멍들게 하고 우방들로 하여금 거리를 두게 만들었으며 이슬람 근본주의(根本主義)를 더욱 강화시켰다.*

사실, 미군은 제2차 세계대전(1939~1945)이 끝난 이후 세계 곳곳에서 전쟁에 개입했었지만 한 번도 군사적으로 승리를 거두지 못했다. 물론, 단기적인 전투에서는 미국이 승리했었지만 장기적으로 보면 미국의 전쟁은 항상 참패로 끝났다. 그럼에도 불구하고, 미국 국방부를 중심으로 한 미국의 매파들은 군사기술에만 집착함으로써 사안을 호도해왔었다.

베트남 전쟁(1960~1975)에서 미군 55만 명이 파견됐었던 반면에 이라크 전쟁(2003.03.20~04.14)에서는 미군 14만 명이 파견되었으나 다섯 배나 많은 전쟁비용이 소요됐었다. 그 이

29) Kolko, Gabriel(2009), World in Crisis: The End of the American Century, London: Pluto Press.

유는 최첨단 무기 때문이었다. 그러면서도 미국은 동맹국들에 병력은 파견하되 지휘는 미군이 한다는 원칙을 견지한 결과, 유럽 주요 국가들로부터 거부감을 유발했었다. 그러나 러시아 송유관에 의존할 수밖에 없는 유럽과 이란 석유에 의존하는 일본은 앞으로 점점 더 미국에 대해 고분고분하지 않을 수밖에 없다.

다른 한편으로, 도널드 트럼프(Donald Trump, 1946~현재) 전(前)대통령(제45대)은 정치적으로는 종전의 국제주의(Internationalism) 혹은 세계화(Globalization)에서 반(反)세계화(Deglobalization), 즉 '신(新)고립주의(New Isolationism)'와 '미국 우선주의(America First)'로, 경제적으로는 자유무역(Free Trade)에서 보호무역주의(Trade Protectionism)로 각각 전환을 시도하였다. 이 결과, 세계는 영국의 유럽연합(EU) 탈퇴(2016.06.23)에 이어서, 세계의 자유민주주의(自由民主主義)와 시장자본주의(市場資本主義)를 선도해 온 미국의 '도널드 트럼프(Donald Trump)'로 인하여 혼란에 빠졌었다.[30]

상기한 정책기조 변화에 관하여 프랜시스 후쿠야마(Francis Fukuyama, 1952~현재) 美 스탠퍼드대 교수는 다음과 같이 논평했다(동아일보, 2016.01.01): *"미국 정치에는 오랫동안 상호 견제라는 원칙을 작동시켜 가급적 좋은 결과를 도출하는 '집단 지성(collective intelligence)'이 있었다. 외교·안보 등 큰 이슈에서는 소속 정파와 정당을 떠나 큰 틀의 합의를 이뤄낸 게 미국 정치의 오랜 저력이었다. 그런데 얼마 전부터 정치에 이런 '집단 지성(collective intelligence)'이 안 보인다."*

최근에 자유민주주의(自由民主主義)가 많은 문제점을 노출하고 있다. 예로서, 브렉시트(BREXIT)는 자유민주주의(自由民主主義)라는 미명(美名)하에 대중영합적인 정치와 반(反)세계화(deglobalization) 정서가 결합하여 세계적으로 정치적 고립주의(Isolationalism)와 경제적 보호무역주의(Protectionism)를 야기할 수 있을 것이다. 이것을 지적한 주장으로서, 프랜시스 후쿠야마(Francis Fukuyama) 스탠퍼드대학 교수의 저서 「역사의 종언」(The End of History and the Last Men, 1989년, 2006년)과 '역사의 미래[The Future of History, 2012년 미국 격월간 외교전문지 「포린어페어스」(Foreign Affairs)]', 제프리 삭스(Jeffrey David Sachs) 컬럼비아대 교수는 '프로젝트 신디케이트 기고문'(2016.05.25), 스티븐 월트(Stephen Walt) 하버드대학 교수의 '자유주의 세계질서의 붕괴[2016.05.26, 「포린폴리시」(Foreign Policy)]', 래리 다

30) CNN이 2015년 12월 29일 발표한 여론조사 결과에 따르면 '정부 정책에 만족하느냐'는 질문에 응답자의 75%가 '만족하지 않는다'고 답해 역대 최고 수준을 기록했다. 또한 경제 주간지 이코노미스트가 동년 12월 28일 발표한 여론조사 결과에서도 '미국이 올바른 방향으로 가고 있다'고 밝힌 응답자는 전체의 26%였고, 66%는 '잘못 가고 있다'고 응답했다. 또한 니콜라 사르코지(Nicolas Sarkozy, 1955~현재) 대통령은 "21세기 미국은 이제 우리가 해야만 하고 생각해야만 하는 것을 말하는 유일한 국가가 아니다"라는 말로 미국 중심의 질서가 무너지고 있음을 직접적으로 표명했다.

이아몬드(Larry Diamond) 스탠퍼드대학 교수의 '민주주의의 쇠퇴[「포린어페어스」(Foreign Affairs)]', 존 미클스웨이트(John Micklethwait)와 에이드리언 울드리지(Adrian Wooldridge)의 공저 「제4의 혁명」(The Fourth Revolution, 2014년) 등을 들 수 있다.

최근의 예로서, 2021년 1월 6일, 자유민주주의 상징인 미국 의사당에서 상·하원 합동 회의가 주별 선거인단 투표 결과를 인증하고 조지프 로비네트 '조' 바이든(Joseph Robinette 'Joe' Biden Jr.)을 합법적 당선인으로 확정하기 위해 워싱턴 의회 의사당에서 개최했다. 그러나 개회 1시간 만에 바이든(Biden) 당선인 승리 인증을 반대하며 시위하고 있었던 도널드 트럼프(Donald Trump) 지지자들이 바리케이드를 넘어 의사당 안으로 난입하는 초유의 사태가 벌어졌다.[31] 시위대 수천 명이 의회를 둘러싸자 워싱턴 DC와 인근 버지니아 주(州)방위군이 출동해 시위대를 몰아냈고, 워싱턴에 오후 6시 이후 통금이 내려졌다. 이 과정에서 경찰과 시위대 간 물리적 충돌이 빚어지면서 여성 1명이 의회 경찰이 쏜 총에 맞아 숨지는 등 4명이 희생됐다. 미(美) 의사당이 공격당한 것은 1814년 미·영(美·英) 전쟁 당시 영국군이 워싱턴 DC를 공격해 의사당에 불을 지른 후 207년 만이다. 상기 시위대 난입으로 6시간여 중단됐다가 속개돼 다음 날(2021.01.07) 새벽까지 진행된 상·하원 합동 회의는 조지프 로비네트 '조' 바이든(Joseph Robinette 'Joe' Biden Jr.) 당선을 확정했다.[32]

미(美) 언론은 미국 민주주의가 무너졌다고 지적했다. 뉴욕타임스는 *"트럼프에 선동된 폭도(mob)들이 의사당을 휩쓸었다"*며 *"혼돈과 혼란이 미국 민주주의 중심부를 강타했다"* 고 전했다. 워싱턴포스트도 *"이날은 미국 역사에서 가장 암울한 날 중 하루로 기억될 것"* 이라며 *"평화로운 정권이양을 상징하는 날이자 그 절차가 진행되는 날이 난장판으로 전락했다"*고 평가했다. 이러한 상황에서, 미국은 과연 다른 세계 국가들에게 '자유민주주의'를 권장할 수 있겠는가? 그러고서도, '미국의 가치(워싱턴 컨센서스, Washington Consensus)'를 앞세우고 팍스 아메리카나(Pax Americana)를 유지할 수 있을까?

따라서 신임 제46대 조지프 로비네트 '조' 바이든(Joseph Robinette 'Joe' Biden Jr.) 대통령은 오직 미국시민을 위한 것이 아니라 지구촌 평화와 번영을 위해 세계 도처에 만연되어 있는 지역 간·종교 간·인종 간 갈등을 해결함으로써 임마누엘 칸트(Immanuel Kant,

31) 2020년 11월 대선에서 트럼프는 바이든에게 졌지만 47% 득표율로 7,400만 표를 받았다. 과거 최다 득표 기록이었던 2008년 오바마 전(前) 대통령의 6,900만 표를 넘는 수치다. 지지율에 기댄 도널드 트럼프(Donald Trump)는 '선거 사기'를 주장하며 대선 불복에 나섰고, 그에 동조한 일부 극우 지지층이 폭도로 돌변한 것이다. 빌 클린턴 전(前) 대통령은 이날 "4년간 (트럼프의) 독소적인 정치와 의도적 허위 정보가 의사당 점거를 부채질했다"고 했다.

32) 바이든 당선인은 주별 선거인단 투표에서 과반인 270명을 훌쩍 넘는 306명의 선거인단을 확보했다. 트럼프 대통령이 얻은 선거인단은 232명이다.

1724~1804)의 '세계공화국론'이 그렸던 '이상적 인류사회'를 건설할 수 있는 초석을 다져준 인류역사상 위대한 정치지도자로 기록되기를 소망한다. 또한 이를 위한 당면과제인 '글로벌 에너지·환경·식량 위기'로부터, 또한 핵무기를 포함한 대량살상무기·테러리즘의 위협으로부터 각각 인류를 해방시킬 수 있는 '평화의 사자'가 되어 주기를 기대한다.

이 경우, 비로소 미국의 변화(change), 개혁(reform), 다양성(diversity), 화합(unity), 새로운 세대(new generation)는 '미국의 변화'뿐만 아니라 '세계의 변화', 나아가 '인류의 희망' 메시지가 될 수 있을 것이다. 또한 링컨(Abraham Lincoln)의 노예 해방(1863년), 케네디(John F. Kennedy)의 '뉴 프론티어(1960년), 존슨(Lyndon B. Johnson)의 '위대한 사회(1964년) 등과 같은 '未完의 꿈'은 실현될 수 있을 것이다.

(2) 경제적 측면

한편, 국제경제적 측면에서, 저자는 도널드 트럼프(Donald Trump, 1946~현재) 대통령(제45대: 2017~2021)이 취임하기 직전에 다음과 같은 칼럼을 발표했었다[33]: 자유무역(自由貿易)과 세계화(世界化)가 인간의 창의성을 최대한 발휘할 수 있도록 인센티브를 제공하며 다수의 국가와 국민들에게 번영을 가져왔었다.[34] 따라서 자유시장주의(自由市場主義)와 세계화(世界化)가 양극화(Polarization) 문제를 노정시켰다는 이유만으로 양극화(兩極化)의 해결방안이 반(反)세계화(DeGlobalization)와 보호주의(Protectionism)가 결코 될 수는 없다. 왜냐하면 상기의 2개 '잘못된' 처방은 오히려 세계경제를 공멸(共滅)로 몰아넣을 수 있기 때문이다. 따라서 세계경제의 불안정에 대한 적합한 해결책은 자유시장주의를 유지하면서도 양극화(Polarization) 현상을 완화할 수 있는 '관리 자유시장주의(管理 自由市場主義)'에서 찾을 수밖에 없다.

세계경제의 근·현대사 100년([그림 Ⅵ-1] 참조)은 보호무역주의(Trade Protectionism)의

33) 임양택, [특별기고] "도널드 트럼프 대통령에게 바란다", 「경인일보」「경제전망대」, 2017.01.19

34) 사실, 세계화(Globalization)는 많은 국가들에게 괄목할 만한 경제적 이득을 가져왔다. 한국·일본·중국 등 동아시아 국가들의 급속한 경제발전에는 자유무역(Free Trade)이 큰 기여를 했다. 값싼 원료와 중간재를 수입해 완제품을 만들어 수출하면서 제조업을 육성할 수 있었다. 넓은 세계에서 경쟁하면서 생산성을 높이고 신기술을 발전시켰다. 대외의존도가 높아져 외부 충격에 민감해지고 해외 단기자본의 급작스러운 유출로 외환위기를 겪기도 했었지만 개방적 세계경제질서로부터 얻은 혜택이 더 많았다. 따라서 많은 국가들이 경제통합(Economic Integration)과 세계화(Globalization)를 제도화하는 노력을 했었다. 자유무역협정(FTA)을 맺고 관세를 철폐했었다. 투자, 금융거래, 노동 이동도 자유롭게 했었다. 인접 국가와의 경제통합(Economic Integration)은 정치·군사적 마찰을 줄여 평화유지에도 도움이 됐었다.

[그림 VI-1] 세계사의 개관 근·현대 100년史

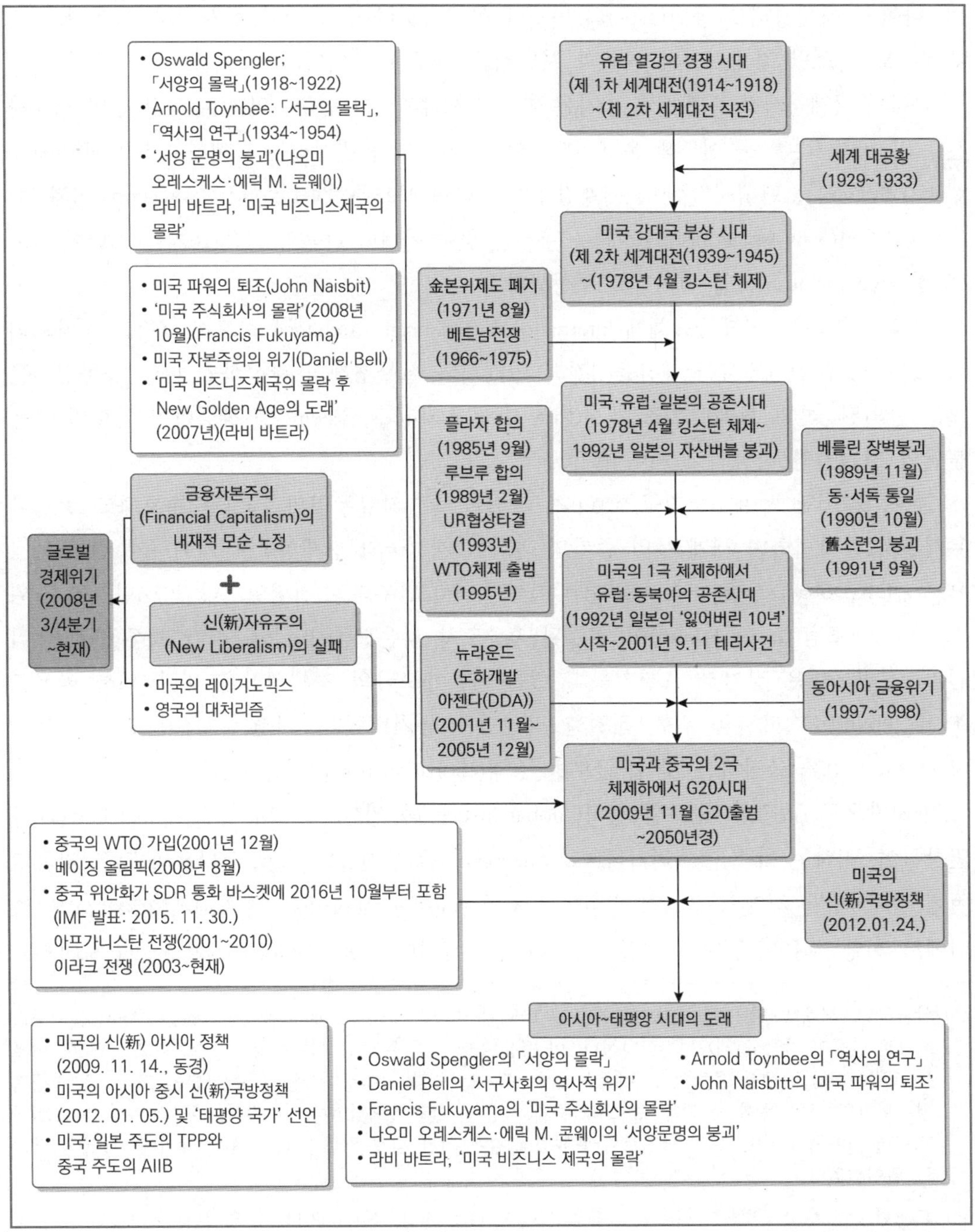

폐해를 인류 사회에게 가르친다: 이웃의 희생을 발판으로 자국 경제를 살리려고 했었던

미국의 '근린궁핍화(beggar-thy-neighbor)' 정책은 지구촌을 궁핍(窮乏)으로 몰아넣었으며, 나아가 세계경제를 공멸(共滅)의 지경에 몰아넣었다.[35] 과거나 현재에서도, 아마도 미래에서도 글로벌 경제위기의 근원과 시발점은 바로 미국이다.

따라서 국제경제적 측면에서, 저자는 미국이 세계의 자유민주주의(自由民主主義)와 시장자본주의(市場資本主義)를 선도해 온 1947년 3월 세계경제를 관장하는 브레턴우즈 체제(Bretton Woods System)를 탄생시켰듯이, 세계경제를 위하여 보호무역주의(Trade Protectionism)와 '신(新)고립주의(New Isolationism)' 정책을 추진할 것이 아니라 다음과 같은 조치를 취함이 글로벌 정의(Global Justice)일 것이라고 주장한다.

첫째, 새로운 국제금융체제(International Financial Architecture)로서 G20 정상회의(2008.11.15, 워싱턴)에서 국제금융시장의 안정화와 실물경제의 활성화를 위한 공동선언문으로 합의된 '신(新)브레턴우즈 체제(New Bretton Woods System)'를 창설함이 글로벌 금융불안의 진원지인 미국의 도리이다.[36]

둘째, 1995년 세계무역기구(WTO)가 출범한 후, 자유무역의 가치를 수호하고 공정한 무역질서를 확립하며 세계 무역 증가의 과실이 개도국의 경제성장에 기여하기 위한 목적으로 DDA(Doha Development Agenda) 형성이 2002년부터 추진되었으나 2013년 1월 스위스 다보스 포럼(Davos Forum)이 결렬된 후, 도하 라운드(Doha Round)가 표류해왔다. 이 결과. 선진국들은 장기간 호황기를 누렸을 때, 개도국의 경제성장을 위한 도하 라운드(Doha Round)의 타결을 위한 적절한 타이밍을 놓쳐버렸다. 이젠, 미국이 도하 라운드(Doha Round)를 추진하는 것이 '글로벌 정의(Global Justice)'일 것이다.

마지막으로, 전술한 '글로벌 정의(Global Justice)'를 위한 '글로벌 파워(Global Power)'를 연장하여, 저자는 팍스 아메리카나(Pax Americana)를 위한 조건으로서 다음과 같은 미국의 현행 정치·경제 체제의 구조적 전환(Structural Transformation): ① 정치체제(政治體制)의 측면에서 현행 자유민주주의→'질서정연한 민주사회(A Well-Ordered Democratic Society)';

---

35) 상술하면, 세계대공황(1929~1939) 직후인 1930년 미국은 스무트 홀리 관세법(Smoot-Hawley Tariff Act)을 만들어 자국 업체 보호에 나섰다. 이 법은 2만여 개 수입 공산품에 평균 59%, 최고 400%에 이르는 고율(高率) 관세를 물렸었다. 미국의 상기 조치는 즉각 교역상대국들의 보복(환율 조작, 즉 경쟁적 평가절차와 무역 통제 등 각종 보호무역주의 처방)을 불러일으켰었다. 그 결과, 미국의 수출은 1929년 52억 달러에서 1932년 16억 달러로 급락했었고 같은 기간 세계무역 총액은 360억 달러에서 120억 달러로 떨어졌었다.

36) 2008년 하반기 미국발(發) 글로벌 금융위기 이후, G20 정상회의(2008.11.15, 워싱턴)은 다음과 같은 공동선언을 채택하였다: 국제금융시장의 안정화와 실물경제의 활성화를 위한 각국의 통화·재정정책, 국제금융시장의 개혁을 위한 신용평가회사에 대한 관리·감독 강화, 국제통화기금(IMF)과 세계은행(The World Bank)의 지배구조 개선, 금융안정포럼(FSF)에 신흥개도국의 포함 등이다.

② 경제체제(經濟體制)의 측면에서 현행 시장자본주의→'정의로운 경제체제(A Justice-based Economic System)'를 통하여 대내적으로는 미국이 '행복한 사회(A Happy Society)'와 '정의로운 국가(A Justice-based State)'를 실현하는 것이며 대외적으로는 세계 국가들에게 모범을 보여주기를 권장한다.

여기서 '질서정연한 민주사회(A Well-Ordered Democratic Society)'란 정의(正義)에 대한 합리적 견해를 모든 개인이 자발적으로 합의(合議)를 통해 수용하고 이러한 정의(正義)의 원리가 사회의 '기본구조(basic structure)'에 실현되는 사회로서 존 롤스(John Rawls, 1921~2002)에 의하여 정의(定義)된다.[37] 또한 '정의로운 경제체제(A Justice-based Economic System)'란 세계적 정치철학자이며 하버드 대학의 존 롤스(John Rawls, 1921~2002) 교수가 그의 저서 「정의론」(1971년)과 「정치적 자유주의」(1993년)를 별세하기 전에 재(再)정돈한 「공정으로서 정의」(Justice as Fairness: A Restatement, 2001년)에서 정립된 그의 '정의(正義)의 2개 원리'를 충족하는 경제체제이다(John Rawls, 2001, p. 136).

다시 말하면, 미국이 자국 중심의 팍스 아메리카나(Pax Americana)의 유지에만 몰입할 것이 아니라 '지구촌 문화공동체(Global Cultural Community)'라는 인류사회의 보편적 가치를 대국(大國)답게 정립 및 확산해 주기를 저자는 소망한다. 그렇게 함으로써, 미국은 인류사회의 화합과 번영이 바로 '미국의 가치(워싱턴 컨센서스, Washington Consensus)'라는 점과, 이를 실현하기 위한 기준이 바로 '글로벌 스탠다드(Global Standards)'라는 것을 지구인의 가슴 속에 심어주어야 한다고 저자는 주장한다.

만약 미국이 세계 만인이 공유할 수 있는 '글로벌 철학(Global Philosophy)'을 제시하고 '글로벌 정의(Global Justice)'를 실행한다면,[38] 상기한 다니엘 벨(Daniel Bell, 1919~2011)의 '미국 자본주의의 위기', 존 네이스비트(John Naisbitt, 1929~현재)의 '미국 파워의 퇴조', 프랜시스 후쿠야마(Francis Fukuyama, 1952~현재)의 '미국 주식회사의 몰락', 라비 바트라(Rabi Batra, 1943~현재)의 '미국 비즈니스 제국의 몰락' 등에서 경고된 우려를 잠재울 수 있을 것이다. 나아가, 라비 바트라(Ravi Batra)가 예언한 바대로 미국은 다시 '뉴 골든 에이지(New Golden Age)'를 맞이할 수 있을 것이다.

37) 상기의 개념에, 저자는 2개의 질서(秩序) 개념: ① 진화적 합리주의(進化的 合理主義)와 자생적 질서(Spontaneous Order)와 ② 구성주의적 합리주의(構成主義的 合理主義)와 계획된 질서(Planed Order)를 추가함으로써 존 롤스(John Rawls)의 '질서 정연한 민주사회(A well-ordered Democratic Society)'의 개념을 좀 더 구체화하였다.

38) MacIntyre, Alasdair(1988), Whose Justice? Which Rationality? Notre Dame: University of Notre Dame Press.

02 중국 실용주의(實用主義)

우선, 저자는 아시안인(人)으로서 문화적 측면에서 중국의 한시(漢詩)를 사랑하며, 세계평화(世界平和)를 위한 '세력 균형(경제이론적으로 '複占')'의 측면에서 미국에 대응한 중국의 역할에 대한 기대가 크다.[39] 또한, 중국에는 저자가 존경하는 학자들(北京大學校 교수들과 中國社會科學院 박사들)과 지인(예로서 저자가 설립하여 10여 년 동안 운영하고 있는 <사단법인 아시아 평화 경제연구원>에 참여 인사들), 또한 저자가 한양대학교 교수(1979~2014) 시절 직접 가르쳤던 중국인 유학생들이 많이 있다.

저자는 청년 시절 중국사를 배웠다. 7순(旬)의 나이에서도 변함없는 소회(所懷)가 있다. 예로서, 제1차 아편전쟁(1839~1842) 당시, 중국 8억인을 아편(阿片)으로 중독시켜 중국 시장과 문화를 침탈했었던 영국의 반(反)인도주의적 만행에 대하여 저자는 심히 격분했었다. 특히, 저자(林陽澤)와 같은 임씨(林氏)인 1839년 청(淸)나라 흠차대신 린쩌쉬(林則徐, Lín Zéxú, 1785~1850)가 도광제(재위 1820~1850)의 교지를 받들어 광둥 동관에서 아편(阿片)을 몰수했었던 것을 비롯하여 그분의 구국 영웅담을 흠모했었다. 그 후 서세동점(西勢東漸)의 시대가 개막됨에 따라 인류의 4대 발명품(화약, 나침반, 인쇄술, 종이)을 개발했었던 중국이 형이상학적 유학(儒學)에 병들어 과학기술(科學技術)을 등한시했었던 '죗값'으로 청(淸)제국(1636.04~1912.02.12)이 영국의 함포(艦砲)에 속절없이 무너지는 것을 보고 저자는 심히 한탄했었다. 그로부터 85년 후인 1996년 3월부터 실시하고 있는 중국의 '과교흥국(科教興國) 전략'이 저자의 '과학기술입국론(科學技術立國論)'[40]과 일치하여 매우 고무되었다.

또한 중일전쟁[中日戰爭: 1937.07.07, 일본의 중국 대륙 침략으로 시작되어 1945.09.02, 제2차

---

39) 林陽澤(1999), 21世紀 亞洲經濟的 展望与 挑戰, 北京: 中國社會科學院; 임양택(1999), 「아시아의 대예측」, 서울: 매일경제신문사.

40) Lim, Yang-Taek(1996), "An International Comparative Study of Basic Science Research Capacity: OECD Countries, Taiwan and Korea", Technological Forecasting and Social Change Vol. 52, No. 1, May; Lim, Yang-Taek(2006), "A New Techno-Economic Development Model: The Case of South Korea", In George E. Lasker & Kensei Hiwaki, ed., Sustainable Development and Global Community Vol. VII, Niagara Falls: Coutts Library Services, Ltd; 임양택(1995a), "기술입국의 모형과 기술개발전략", 「21세기 경제사회연구」 제3집, 21세기 경제사회연구원.

세계대전(1939~1945)이 끝날 때까지 계속된 중화민국과 일본 제국 사이의 대규모 전쟁] 당시 중화민국의 수도인 난징(南京)을 점령한 일본 군대가 살인마(殺人魔)로 둔갑하여 '난징 대학살(南京大屠殺, Nánjīng Dàtúshā, Nanking Massacre)'을 저질렀다. 이로 인해 약 30만 명 내지 100만 명의 중국인들이 학살되었다. 그러한 사실이 기록된 문헌을 읽고, 또한 민족을 위하여 장렬히 전사하는 중국 청년들의 영웅담을 그린 영화를 보고 저자는 눈물을 흘렸었다.

상기한 역사적 상흔(傷痕)이 아물지 않는 한, 과연 한·중·일을 중심으로 한 '동북아경제권'이 실현될 수 있을까라는 회의감을 갖고 있었던 저자에게 시진핑(習近平, 1953~현재) 국가주석의 '아시아 인프라 투자은행(AIIB)'과 '일대일로(一帶一路, One Belt One Road)'의 주창 및 추진은 깊은 감명을 주었다.

1840년 아편전쟁(阿片戰爭)에서의 패배 이후 중국의 목표는 크게 3가지였다: ① 민족독립, ② 국가강성, ③ 현대화(現代化)다. 민족독립은 1949년 중화인민공화국 건설로 달성됐고, 국가강성은 후진타오(胡錦濤) 집권 기간 중국이 세계 2위의 경제체제로 발돋움하며 어느 정도는 이뤄졌다. 이제 남은 국가목표는 현대화(現代化)다.

개인적 생활수준의 측면에서 보면, 중국 건국 초기인 1950년대 '싼다젠(三大件, 3대 재산)'은 손목시계, 자전거, 녹음기였으며, 개혁·개방 초기인 1980년대의 '싼다젠(三大件, 3대 재산)'은 냉장고, 컬러 TV, 비디오 카메라였고, 1990년대의 '싼다젠(三大件, 3대 재산)'은 휴대전화, 에어컨, 음향기기였다. 이젠, 중국 가정의 '싼다젠(三大件, 3대 재산)'은 아파트, 자가용, 컴퓨터이다. '1단계 샤오캉(小康)' 중 일부 지역 편차는 있지만 기본적 욕구를 해결하는 것은 2000년을 기점으로 달성됐다. 전체 인민이 먹고살 만한 '전면적 샤오캉(1인당 소득 5,000달러 안팎)' 단계는 2020년경 이뤄질 것으로 전망된다.

이제, 중국은 대내적으로 제조강국 → 무역대국 → 금융강국으로, 대외적으로는 도광양회(韜光養晦) → 유소작위(有所作爲) → 책임대국론(責任大國論) → 화평굴기(和平崛起) → 돌돌핍인(咄咄逼人) → 대국굴기(大國崛起) → 분발유위(奮發有爲) → 대(對)미국 신형 대국관계(新型大國關係) 요구로 점증하고 있다.[41]

41) 사실, 개혁·개방을 추진하던 1980년대에도 중국 외교는 숨을 죽여야 했다. 덩샤오핑(鄧小平)이 제창한 '도광양회(韜光養晦·빛을 감춰 밖으로 새지 않도록 하면서 은밀하게 힘을 기른다)'가 외교정책의 기조가 되었다. 이것은 중국의 경제성장을 위해선 불필요한 마찰을 줄여야 된다는 것이었다. 사실, 덩샤오핑(鄧小平)은 "100년간 이 기조를 유지하라"는 특별한 당부를 내리기까지 했었다. 그러나 1990년대 중국 외교가에선 '책임대국론(責任大國論)'이 제기됐다. 1997년 장쩌민(江澤民) 국가주석은 "대국으로서 책임지는 자세를 보이겠다"고 선언했다. 이것은 덩샤오핑(鄧小平, 1904~1997)의 오랜 도광양회(韜光養晦) 기조에서 벗어나 "필요한 역할은 한다"는 '유소작위(有所作爲)'로 변신한 것이었다. 나아가, 후진타오(胡錦濤) 국가주석 시기에는 한동안 '평화로운 굴기(和平崛起)'가 나오더니 이제는 거침없이 상대를 압박한

아무튼, 세계대국이 된 중국이 향후 어떤 행보를 취할 것인지는 아직 확실치 않다. 2008년 중국과학원은 「중국현대화보고」(中國現代化報告)를 통해 '평화의 비둘기 전략(和平鳩戰略)'을 제안했었다. 이 전략은 그 하위체계로서 아시아를 대상으로 하는 '작은 평화의 비둘기 전략(小和平鳩戰略)'을 포함하고 있다. 이 전략에 따르면, 중국은 2050년까지 '중등 선진국', 2100년까지 명실상부한 '선진국'을 지향하고 있다. 이를 위해 중국은 유엔(UN)을 앞장세우고, '아시아국가연합'을 몸통으로 하며, 좌·우 날개에 '아시아·태평양 경제협력기구'와 '아시아·유럽 경제협력조직', 그리고 꼬리부분에 남미·대양주·아프리카를 포진시키고 있다. 이러한 중국의 구상이 진정한 '조화세계(和諧世界)'를 이루려는 것인지, 아니면 중화제국(中華帝國)의 부활을 통한 '팍스 시니카(Pax Chnica) 겨냥하는 것인지는 두고 보아야 할 것이다.[42)]

'팍스 시니카(Pax Chinica)'는 '중국에 의한 평화'라는 라틴어(語)의 뜻으로 '중국의 패권(覇權)에 의해 동아시아에 평화가 오는 것'을 의미한다. '팍스(Pax)'는 라틴어로 '평화(平和)'라는 뜻이고, '시니카(Chinica)'는 '중국(中國)'을 의미한다. 따라서 '팍스 시니카(Pax Chinica)'란 중국이 자신의 뜻대로 세계질서를 개편하여 중국이 주도하는 시대가 된다는 뜻이다.

과거 한(漢)나라, 당(唐)나라, 명(明)나라, 청(淸)나라의 경우 중화 문명을 계승하고 유지하면서 그 주변 지역의 안정과 평화를 추구했다. 팍스 시니카(Pax Chinica)라고 부를 수 있는 한(漢)나라(BC 202~220)의 시대에서는 정치, 경제, 문화, 과학, 상업, 군사가 크게 발전하

다는 뜻의 '돌돌핍인(咄咄逼人)'이라는 말이 나오고 있다. 이젠, 세계 2위 경제대국이 된 중국의 외교는 후진타오(胡錦濤) 전(前) 국가주석 시절 이미 '도광양회(韜光養晦)'를 벗어던졌다. 중국은 북한과의 동맹관계를 유지하고, 대만과의 경제통합을 추진하며, 베트남·인도네시아와의 관계개선을 도모함으로써 중국의 영향력 확대를 추구하고 있다. 또한 중국은 동(東)중국해와 남(南)중국해에서 영토 영유권을 주장하며 주변국과 갈등을 빚고 있는 것은 '잠에서 깨어난 사자'를 자처하면서 과거 평화적 발전 노선으로부터 공세적 외교로 전환했다. 2006년 11월 중국중앙방송 경제채널(CCTV－2)을 통해 방송된 12부작 역사 다큐멘터리의 제목인 '대국굴기(大國崛起)'는 글자 그대로 '대국이 일어서다'라는 의미다. 즉, '대국굴기(大國崛起)'는 중국이 '패권국가(覇權國家)'로 부상하고 있음을 대중에게 알리는 신호였다. 2013년 3월 시진핑(習近平) 정부의 등장과 더불어 중국은 기존 패권(hegemony) 국가인 미국에 '신형 대국관계(新型大國關係)'를 요구하였고, 국제관계 일반에서는 '중국식 대국외교'란 개념을 사용하고 있다. 나아가, *시진핑(習近平) 국가주석은 2012년 11월 '중국몽(中國夢)'으로서 팍스 시니카(Pax Chinica)를 추구하고 있다.*

42) 상기한 '평화의 비둘기 전략'에 의거하여, 중국은 2005년부터 미국과 경제전략대화, 안보고위급 대화를 정례적으로 개최해 오고 있으며, 2007년 12월부터 일본과도 경제전략대화를 가졌고, 2008년 5월 7일 후진타오 국가주석이 방일(訪日)하여, 중·일(中·日) 간에 '전략적 호혜관계'를 선언했으며, 2008년 6월 오랫동안 끌어왔던 동(東)중국해 가스전 개발도 국제공동개발로 낙착되었다. 2008년 8월 한국과도 '전략적 협력 동반자 관계'를 선언하였다.

였는데, 특히 한무제(漢武帝) 시대에서는 서역과의 무역을 통하여 실크로드를 개척했다.[43]

이어서, 당(唐)나라(618~907) 시대에서도 팍스 시니카(Pax Chinica)가 진행되었다. 당시는 중국의 황금기였다. 당태종(唐太宗)은 정관지치(貞觀之治)라 하여 당(唐)나라의 황금기를 이끌었다. 당시, 서역(서돌궐, 투판, 설연타)을 정벌하고, 동돌궐과 고구려를 공격하여 군사적 성과를 거두었으며 서역과의 실크로드 무역의 활성화를 도모하여 상업적인 성과를 거두었다. 당(唐)나라의 수도 장안(長安)은 인구가 100만 명(당시 정부에 등록된 인구수는 약 5천만 명으로 추산)이 넘게 사는 등 중세(中世) 최대의 도시 중 하나였으며, 발해 · 신라 · 일본 · 탕구트 · 토번 · 돌궐 · 위구르 · 참파 등의 사신과 상인들이 넘나들던 곳이었다.

아무쪼록, 중국이 21세기 '슈퍼 파워(Super Power)'가 될 수 있는 첩경(捷徑)은 세계인이 공감(共感)할 수 있는 글로벌 정의(Global Justice)에 바탕을 두고 인류의 공존 · 공영을 위한 '지구촌 문화공동체(Global Cultural Community)'를 건설하고 세계평화(World Peace)에 기여하는 것이라고 저자는 확신한다. 따라서 경제력과 군사력을 바탕으로 팽창주의(膨脹主義)를 지향했었던 '팍스 브리테니카(Pax Britanica)'나 '팍스 아메리카나(Pax Americana)'와 달리, '팍스 시니카(Pax Chinica)'는 지구촌문화 공동체(Global Cultural Community)의 조화(調和)와 안정(安定)을 중시하는 세계평화주의(世界平和主義)를 지향할 것으로 저자는 소망하고 기대한다.[44]

1) 현대 중국의 경제발전사 개관

사실, 중국은 과거 역사에선 '잘사는 나라'였다. 영국의 경제사학자 앵거스 매디슨(Maddison, A., 1926~2010)의 통계자료에 따르면 서기 1년 중국의 GDP는 유럽 30개 나라의 총합 144억 3,300만 달러보다 훨씬 많은 268억 2,000만 달러 수준이었다. 산업혁명 이전 시기 중국의 GDP는 유럽 전역의 GDP보다도 많았다. 산업혁명 초기이던 1820년까지만 해도 영국(362억 3,200만 달러)은 중국 GDP(2,286억 달러)의 15.8%에 불과했다. 미국은

43) 팍스 시니카(Pax Chinica)라고 부를 수 있는 한(漢)나라(BC 202~220)의 시대에서는 '팍스 로마니카(Pax Romanica)' 시대로 불리우던 로마제국(아우구스투스가 황제 지배 체제의 시작 BC 27~동서로마의 분할 395년, 서로마제국 476년 멸망, 동로마제국은 오스만투르크제국에게 멸망 1453년)의 시대와 거의 일치한다.

44) 임양택(2021), 「세계평화(世界平和)」를 위한 신(新)실용주의적(實用主義的) 해법: 동아시아지역의 군사안보와 경제협력을 중심으로」, 도서출판 박영사.

125억 4,800만 달러로 중국의 5.5% 수준이었다. 당시 중국의 GDP는 세계 전체의 33% 수준으로 유사 이래 중국의 GDP는 22~33% 수준으로 추정됐다. 그러나 1842년 아편전쟁(阿片戰爭) 이후, 1870년 세계의 17.1%를 차지했었던 중국의 GDP가 1900년 11.1%, 1950년엔 4.6%까지 떨어졌다. 1978년 중국의 GDP는 세계의 1.75%까지 떨어졌다. 중국으로서는 치욕이었다.

절치부심(切齒腐心)한 가운데, 중국은 다음과 같은 역사적 과정을 겪으면서 '중국식 사회주의'를 건설하였다: ① 과도기 총노선 시기(1953~1957)로서 마르크스-레닌주의(Marxism-Leninism)의 경제이론을 도입하여 '불균형 발전' 전략인 '소련 모델(Soviet Model)의 계획경제(計劃經濟)'를 운용하였고, ② 대약진 운동 시기(1958~1960)로서 마오쩌둥(Máo Zédōng, 毛澤東, 1893~1976)의 좌경적 모험 노선을 걸었으며, ③ 1차 조정정책 시기(1961~1965)로서 소련 흐루시초프(Nikita Sergeevich Khrushchyov, 1894~1971) 모델의 수정주의 노선을 답습했었으며, ④ 문화대혁명 초기(1966~1970)로서 마오쩌둥(Máo Zédōng, 毛澤東) 노선이 부활하였고, ⑤ 2차 조정정책 시기(1971~1975)로서 마오쩌둥(Máo Zédōng, 毛澤東) 노선에 수정주의(修正主義)를 가미하였고, ⑥ 문화대혁명 말기(1975~1976)로서 4인방의 극좌 노선을 실시하였으며, ⑦ 3차 조정정책 시기, 즉 양약진 시기(1977~1979)로서 수정주의(修正主義)가 부활하였다.

(1) '소련 모델(Soviet Model)의 계획경제(計劃經濟)' 도입

카를 마르크스(Karl Heinrich Marx, 1818~1883)와 프리드리히 엥겔스(Friedrich Engels, 1820~1895)는 1840년대 영국의 경제·사회를 대상으로 하여 자본주의의 기원과 생성 및 변천을 분석하고 자본주의의 폐단(弊端)을 강조하며 자본주의를 대체할 수 있는 제도로서 '과학적 사회주의론(Scientific Socialism)', 즉 마르크시즘(Marxism)을 다음과 같이 제창하였다:

자본주의(資本主義)가 진행함에 따라 생산력이 증진하지만 중산계급(中産階級)은 몰락하여 프롤레타리아(Proletariat)로 전락하고, 프롤레타리아(Proletariat)는 점차로 궁핍(窮乏)해지며, 생산과 소비의 불균형(不均衡)에 의하여 경제가 불안정해진다고 각각 주장했었다. 이 과정에서 소수 자본가(資本家)의 수중에 집중되어 있는 자본(資本)과 토지(土地)를 폭력(暴力)으로써 탈취하기 위한 투쟁이 야기된다. 따라서 계급투쟁(階級鬪爭)은 계급사회에서 생산력(生産力)과 생산관계(生産關係)의 모순(矛盾)에 의하여 나타나기 때문에 노동자의 계급투쟁(階級鬪爭)이야말로 사회를 발전시키는 원동력이다.[45] 사회주의 혁명은 사회의 발전

과정에서 생산력(生產力)과 생산관계(生產關係)의 모순(矛盾)이 폭발함에 따라 발생하는 필연적이고 법칙적인 현상이다. 낡은 토대로부터 사회 전체를 바로 세우기 위해서는 상부구조(上部構造)의 혁명(革命), 즉 정치혁명(政治革命)은 불가결하다. 그러나 사회주의(社會主義) 사회가 실현되어 생산수단의 사유제가 폐지되고 사회적 소유가 실현되면 계급투쟁(階級鬪爭)은 자연히 종식(終熄)된다고 마르크시즘(Marxism)은 주장한다.

당시 서방의 선진 공업국가들은 '과학적 사회주의론(Scientific Socialism)', 즉 마르크시즘(Marxism)에 대해 관심도 가지지 않았을 뿐만 아니라 근본적으로 부정하였다. 그러나 마르크스주의(Marxism)가 제정 러시아를 붕괴시켰던 볼셰비키 '10월 혁명'의 이론적 지주로서 사회주의 소련 정권의 수립에 결정적 역할을 담당하자, 동유럽과 중국 등에서는 사회혁명 이론으로 신봉되었다.

카를 마르크스(Karl Max, 1818~1884)가 자본주의를 분석하면서 제기한 경제학설은 생산수단 소유제와 분배제도의 개선을 주장하였고, 특히 강조한 점은 자본주의 경제의 경쟁과 무정부 상태를 '계획적이고 비례적인 발전 규율(The Law of Planned Proportional Development)'로 대체해야 한다는 것이다. 따라서 공산당 정권이 성립되면 계획경제(計劃經濟)를 신봉하는 것이 사회주의 국가의 유일한 정책 노선이 되었다.

중국도 예외가 아니어서, 1949년 중국공산당에 의해 중화인민공화국(中華人民共和國)이 수립되면서 '소련 모델(Soviet Model)의 계획경제(計劃經濟)'를 도입하였고, 1953년부터는 5개년 경제개발 계획을 수립하여 경제발전에 운용하였다. 소련 볼셰비키의 혁명 이론(볼셰비즘)은 당시 러시아라는 특수한 역사적 상황에 적용하기 위한 블라디미르 레닌(Vladimir Ilich Lenin, 1870~1924)의 마르크스주의(Marxism)에 대한 해석을 기초로 한 것이며, 카를

45) 마르크시즘(Marxism)은 생산력(生產力)과 생산관계(生產關係)의 모순(矛盾)이 발생하는 이유와 그 과정을 다음과 같이 논술한다: 생산력(生產力)이 발전함에 따라 생산관계(生產關係)와의 틈(Gap)이 서서히 커지게 된다. 즉, 생산양식(生產樣式)은 생산력과 생산관계로 형성돼 있으며, 생산력과 생산관계는 불가분의 관계로 결합되어 있다. 그러나 생산력(生產力)은 끊임없이 발전하는 경향이 있으나 생산관계(生產關係)는 한번 형성되면 고정·지속되려 하는 경향이 있다. 생산관계(生產關係)는 생산력(生產力)이 어느 정도 발전하면 그때까지는 생산력을 떠받치지만 그 후로는 생산력의 발전을 억누르고 가로막는 요인이 된다. 이 결과 생산력(生產力)과 생산관계(生產關係)는 모순(矛盾)될 수밖에 없게 된다. 상기한 과정에서, 생산력의 담당자인 노동자(勞動者)는 항상 연구하고 노력함으로써 기술을 발전시키려 한다. 또한 사업자(事業者)도 수입을 늘리려고 노동수단(勞動手段)을 개량하기 때문에 생산력(生產力)은 끊임없이 발전한다. 그런데 생산관계(生產關係)는 사람과 사람의 관계이고, 특히 생산수단(生產手段)이 사적으로 소유된 사회에서 생산관계(生產關係)는 한쪽의 사람이 다른 쪽의 사람을 지배하고 착취하는 인간관계이다. 따라서 이러한 생산관계(生產關係)가 한번 형성되면, 생산수단을 소유하고 있는 사람들은 이 생산관계를 고정시키고 영원히 지속시키려고 한다.

마르크스(Karl Heinrich Marx)의 사회주의 사상이 러시아적 상황에 맞추어 급진적으로 변용된 것이었다. 중국도 마찬가지로 마르크스－레닌주의(Marxism-Leninism)의 경제이론을 도입하고, 경제발전의 실패와 좌절 등을 경험하면서, 당시 신(新)중국의 상황에 적합한 경제발전 정책을 학습해 나갔다.

'소련 모델(Soviet Model)의 계획경제(計劃經濟)' 사회에서는 중앙정부와 지역공동체가 모든 경제권을 쥐며, 분배, 공급, 수요, 상품 가격 등 수많은 경제요소들을 계획 및 관리한다. 소규모 경제에서 '소련 모델(Soviet Model)의 계획경제(計劃經濟)'는 경제 성장 또는 발전에는 불필요한 민간 간의 이해관계를 제약하고, 경제발전에 몰두할 수 있다는 점에서 유용한 사회주의적 경제이론이지만, 경제규모가 커질수록 경제성장 측면에서 한계가 있으며, 중앙 당국의 판단착오가 겹쳐지면 그 피해는 막대하다. 또한 중앙정부 경제관료들에게 과도한 업무량을 부담하게 된다. '소련 모델(Soviet Model)의 계획경제(計劃經濟)'는 임금을 '직접 임금'의 형태보단, '사회적 임금'의 형태로 지급하며, 개별 소비의 자유를 일정 부분 제한하고 생산수단을 모두 국유화(國有化)한다.

1950년 중국 정부는 전국 농업 인구수 90% 이상을 점하는 지역에서 토지개혁(土地改革)을 실시하였고, 1957년부터 1966년까지는 중국이 대규모의 사회주의 건설을 전개한 시기였다. 1979년까지의 마오쩌둥(Máo Zédōng, 毛澤東, 1893～1976) 시기에 중국에서 실행되었던 경제발전 정책은 '소련 모델(Soviet Model)의 계획경제(計劃經濟)' 방식이었다.[46] 당시 소련의 경제계획과 기업관리체제는 전반적인 국민경제를 일종의 가계경제(家計經濟)로 간주하고 가계경제의 주요 결정자인 가장(家長)과 같은 역할을 국가가 담당하면서 수요에

46) '소련 모델(Soviet Model)의 계획경제(計劃經濟)'란 1918년에서 1920년간, 또한 1924년부터 1965년까지 소련에서 사용했던 경제체제이다. '소련식 경제개발 모델'의 특징은 모든 생산수단의 국유화(國有化)와 중앙집중적인 계획경제(計劃經濟)이다. '소련 모델(Soviet Model)의 계획경제(計劃經濟)'의 역사는 '10월 러시아 혁명'으로 거슬러 올라간다. 블라디미르 레닌(Vladimir Ihich Lenin, 1870~1924)은 러시아 공산주의 운동을 지도하면서, 노동자들의 자주 경영 가능성을 믿었다. '10월 혁명' 이후 레닌은 모든 생산수단을 사회화(社會化)하여 노동공동체에게 모든 생산수단의 관리를 맡겼다. 그러나 당시 러시아 노동자의 3/4은 문맹이었고 생산수단을 관리할 능력은 없었다. 이런 상태에서 생산수단을 사회화(社會化)하자 경제 경영에 치명적인 문제가 발생했다. 이러한 문제에 봉착한 블라디미르 레닌(Vladimir Ihich Lenin, 1870~1924)과 볼셰비키(Bolsheviki)는 생산수단의 사회화(社會化)가 아닌 소수의 경제 엘리트들로 중심으로 '국유화(國有化)'를 단행했다. 소비에트식 계획경제를 시행하는 국가로서는 과거에는 소련, 모택동 치하의 중국, 조선민주주의인민공화국 등을 들 수 있다. 그 후 1970년대에서 1980년대까지의 기간 동안에는 중화인민공화국, 유고슬라비아 사회주의 연방공화국, 헝가리인민공화국, 동독과 같은 현실사회주의 국가들에게서 소비에트 연방이 실시한 시장사회주의가 주목을 받았다. '시장사회주의'는 시장의 존재를 인정하되 그것을 국가의 계획경제와 병립하는 것을 주요 골자로 한다.

근거하여 조직적인 생산을 수행하였다. 따라서 모든 기업은 상부의 지시에 따라 생산하고, 모든 생산물을 국가에 헌납하는 경제활동을 담당하였다. 또한 모든 원자재도 국가가 제공하게 되고, 기업은 어떤 자주권도 가지고 있지 않았다. 이와 같은 고도의 중앙집중적 계획경제 제도는 제도적으로 공유·공영·중앙계획·명령·지도·고정가격제도를 실시하며, 그리고 정책적으로 고축적·고성장·저소비·저임금·중공업 우선 정책을 실시하는 특징을 가지고 있었다.

상기한 '소련 모델(Soviet Model)의 계획경제(計劃經濟)'는 제도와 정책적으로 소비자 주권은 완전히 배제된 상태에서 단지 계획 자주권만이 강조되는 형태로서, 생산력이 낙후된 국가에서의 실현에는 강제성과 방대한 행정체계의 수립을 수반해야 되는 본질적 약점을 가지고 있다. 당시 중국으로서는 정치·외교·국방 등의 관계에서 오로지 소련 일변도의 경향으로 인해, 당시 중국보다 선진적인 '소련 모델(Soviet Model)의 계획경제(計劃經濟)'의 채택이 경제분야에서도 선택할 수 있는 최선책이었다.

한편, 1979년부터 중국에서 본격화된 '시장-지령 경제체제'를 주로 '중국식 사회주의 시장경제'라고 부른다. 사유재산이 전적으로 허용되며, 기본적으로 대부분의 지대, 생산수단은 국가 소유이지만 일부 지대와 생산수단, 금융의 사적 소유가 허용되고, 시장 형성이 제한 없이 가능하다. 다만, 중앙정부의 경제간섭은 존재한다. 중국이나 베트남에서 이뤄져 온 '시장-지령 경제'에서의 정부 간섭은 시장의 투명성, 공정성을 확보하기 위한 간섭이라기보단 해당 산업지의 경영인이 어떤 방식으로 산업 경영을 실행하는지를 관리하기 위함에 불과했다. 이러한 경제정책은 중앙정부의 정치적 지배력을 유지하면서, 경제는 시장경제의 메커니즘을 따라, 정부의 경제계획 없이 성장할 수 있게 하기 위해 고안된 것이다. 그러나 이러한 시장-지령 경제 또한 심각한 정경유착(政經癒着)과 빈부격차(貧富隔差)를 가져온다는 점에서 자본주의와 다를 바 없다. 1921년부터 1923년까지 이루어진 전시(戰時) 공산주의에서의 '신경제정책'도 '시장-지령 경제'의 일부에 포함된다. 상기 경제정책을 시행하는 국가로는 중화인민공화국, 베트남, 카자흐스탄 등이 있다.

(2) 마오쩌둥(Máo Zédōng, 毛澤東, 1893~1976): 대약진운동(1961~1962)과 문화대혁명(1966~1976)

마오쩌둥(Máo Zédōng, 毛澤東, 1893~1976)이 국가주석(國家主席) 재직 중 제2차 5개년 계획의 개시와 더불어 '3면 홍기' 운동을 폈었고 문화대혁명(1966~1976)을 일으켜 자신의 권력을 강화하였다. 사실, '대약진운동(1958~1960)'과 '문화대혁명(1966~1976)'으로 중국 경제는 붕괴 일보 직전이었다.

1950년대 말부터 1960년 초까지 마오쩌둥(Máo Zédōng, 毛澤東, 1893~1976)은 중공업(重工業)에 우선적으로 투자해 경제·산업을 발전시키겠다는 '대약진 운동'을 추진했었다. 그렇지만 중공업(重工業) 우선주의 때문에 생필품을 생산하는 경공업(輕工業)은 쇠퇴했었다. 농민은 열심히 일하지 않았었다. 왜냐하면 함께 밭을 일궈 결과물을 똑같이 나누는 방식의 공산주의식 농업 때문이었다. 대약진운동(1958~1960) 기간 중국은 식량도, 생필품도 구하기 어려운 상황이었다. 게다가 가뭄까지 겹치면서 3,000만 명 이상이 굶어 죽기도 했었다. 게다가 한국전쟁(1950~1953)이 발발했었다. 그럼에도 불구하고, 마오쩌둥(Máo Zédōng, 毛澤東)은 혁명 지향과 이념 지향의 인민공사(人民公社), 대약진운동(1961~1962), 문화대혁명(1966~1976)에 대하여 집착하고 있었다.[47)]

마오쩌둥(Máo Zédōng, 毛澤東, 1893~1976)은 1959년 국가주석에서 물러났으나 후임 국가주석으로 오른 류사오치(Liu Shaoqi, 刘少奇)와 갈등하다가 린뱌오(Lín Biāo, 林彪) 등을 사주하여 1959년 류샤오치(刘少奇)를 실각시키고 그가 사망 직전까지 막후에서 영향력을 행사했다. 그는 '혁명(革命)의 주체'들이 나라를 계속 이끌어주기를 바랐다. 그러나 그의 희망은 주은래, 유소기, 등소평 등의 목숨을 건 저항 끝에 무산되었다.

상기와 같이, 마오쩌둥(Máo Zédōng, 毛澤東)을 비롯한 혁명 1세대(주은래, 주덕, 유소기, 팽덕회, 임표, 등소평 등)들은 공산정권 수립까지는 일치된 사상과 행보를 보였지만 1949년 이후에는 '계속 혁명론'과 '중국의 현대화'를 놓고 첨예하게 부딪쳤었다. 이것은 소련의 경우 스탈린주의(Stalinism) vs 트로츠키주의(Trotskyism)의 갈등 및 대립과 흡사하다. 레프 다비도비치 트로츠키(Lev Davidovich Trotsky, 1879~1940)가 '연속혁명론'으로 세계 공산주의 혁명을 계속 진전시킬 것을 주장한 반면에, 이오시프 스탈린(Joseph Stalin, 1879~1953)은 우선 소비에트 연방을 튼튼한 공산주의 국가로 만든 후, 공산혁명을 세계적으로 확산시켜야 한다고 주장했었다.

중국은 마오쩌둥(Máo Zédōng, 毛澤東)과 「중국공산당」의 과오를 호되게 비판하면서도 자신들의 정체성과 역사적 정당성만은 철저하게 옹호한다. 즉, 「중국공산당」은 파괴와 건설, 혁명과 발전, 이념과 개혁·개방이라는 상반되는 가치를 함께 수용하고 개발시켜 나가는 중국 역사의 주체라고 인식한다는 것이다. 현재 중국은 '발전(發展)의 주체'들이 이끄는

---

47) 이철승(2001), 「중국 마르크스주의 철학에 나타난 진리관 문제－마오쩌둥과 덩샤오핑의 '실사구시'론 비교를 중심으로」, 「시대와 철학」 제12권 제1호, 한국철학사상연구회.

나라로 변했다. 즉, '파괴(破壞)의 주체'들이 중심이 되었던 시대에서 '건설(建設)의 주역'들이 새롭게 중국을 평정하는 시대로 이행된 것이다. 오늘의 중국의 명제(命題)는 '대파(大波)'가 아닌 '대립(大立)'이다. 건국에서 개혁·개방까지 30년이 걸렸다.

그러나 중국인들은 마오쩌둥(Máo Zédōng, 毛澤東, 1893~1976) 시대와 덩샤오핑(鄧小平, 1904~1997) 시대를 역사의 단절로 보지 않고 「중국공산당」의 정통성과 맥을 잇는 것으로 확신한다. 즉, 과거 인민공사(人民公社), 대약진(大躍進)운동(運動), 문화대혁명(文化大革命)과 현재의 개혁·개방은 전혀 다른 가치체계에 속한다는 것이다.[48]

다시 말하면, 마오쩌둥(Máo Zédōng, 毛澤東, 1893~1976)이 제기한 정책은 굳건히 옹호해야 하고 그의 지시는 시종일관 따라야 한다는 이른바 '량거판스(兩個凡是)'의 사회 기류가 여전히 위세를 떨치고 있던 당시, 덩샤오핑(Dengxiaoping, 鄧小平, 1904~1997)은 진리를 검증하는 유일한 기준은 마오쩌둥(Máo Zédōng, 毛澤東)의 지시 여부가 아니라 실천이 돼야 한다고 '사상의 해방'을 역설했다. 예젠잉(葉劍英), 이셴녠(李先念), 천윈(陳雲) 등이 덩샤오핑(鄧小平)의 '사상의 해방'을 지지하면서 중국의 개혁·개방은 점차 세력을 얻기 시작했다.

(3) 덩샤오핑(Dengxiaoping, 鄧小平, 1904~1997): '중국식 사회주의 현대화 건설 이론'과 1980년대 개혁·개방

중국의 덩샤오핑(Dengxiaoping, 鄧小平, 1904~1997)은 실사구시(實事求是)를 표방(1978.07)하고 선부론(先富論)을 주장했다.[49] 그의 주장은 제11기 중앙위원회 제3차 전체회의(1978.12.18~22)에서 채택되었다. 그의 실사구시(實事求是)는 '흑묘백묘론(黑猫白猫論, 흰 고양이든 혹은 검은 고양이든 쥐만 잘 잡으면 된다)'와 '남파북파론(南坡北坡論, 남쪽으로든 북쪽으로든 정상에만 오르면 된다)'으로 표현된다. 다시 말하면, 자본주의와 사회주의를 따지지 않고 오직 '온포(溫飽, '등 따뜻하고 배부름')', 즉 '소강(小康, 중산층이 잘 사는 사회)'을 추구하자는 것이었다. 그의 실사구시(實事求是)는 전통적 유교(儒教)의 격물치지설(格物致知說)과 직결된

48) 오병국(1993), "덩샤오핑의 '중국적특색을 지닌 사회주의 건설'에 관한 논술", 「중소연구」 제17권, 제1호, 한양대학교 아태지역 연구센터; 김영문·서보근(1994), 「덩샤오핑 정치사상」, 법문사; 이중(2002), 「모택동과 중국을 이야기 하다」, 서울: 김영사(pp. 7~8)를 저자가 재구성.

49) 김하룡(1987), 「덩샤오핑체제와 중국적 사회주의」, 「아세아연구」 30-2, 고려대학교 아세아문제연구소; 김영문(1991), "덩샤오핑 政治思想에 관한 硏究", 「국제정치논총」, 제30권 제2호, 한국국제정치학회; 오병국(1993), "덩샤오핑의 '중국적특색을 지닌 사회주의 건설'에 관한 논술", 「중소연구」 제17권, 제1호, 한양대학교 아태지역 연구센터; 김영문·서보근(1994), 「덩샤오핑 정치사상」, 법문사.

다. 즉, 고대 중국의 실천철학(實踐哲學)인 격물(格物) → 치지(致知) → 성의(誠意) → 정심(正心) → 수신(修身) → 제가(齊家) → 치국(治國) → 평천하(平天下)이다.

[표 Ⅵ-1] 중국의 개혁 · 개방 30년

1978년 12월	중국 공산당 제11기 중앙위원회 제3차 전체회의 개혁개방 선언
1980년 8월	선전(深, Shenzhen), 주하이(珠海)를 경제특구로 지정
1984년 4월	상하이(上海) 등 동남부 14개 연안도시 개방
1989년 6월	톈안먼(天安門)사태로 자오쯔양(趙紫陽) 총서기 실각 장쩌민(江澤民), 당 총서기로 취임
1992년 1~2월	덩샤오핑의 남순강화(南巡講話)
1992년 10월	중국 공산당 제14차 전국대표대회, 사회주의 시장경제 공식화
1997년 2월	덩샤오핑의 사망
2001년 12월	중국의 세계무역기구(WTO) 가입
2002년 11월	중국 공산당 제16차 전국대표대회, 3개 대표론 당장(黨章) 삽입 후진타오(胡錦濤) 당 총서기 취임
2004년 3월	사유재산권 보호조항을 헌법에 삽입
2005년 6월	상하이 푸둥(浦東)신구를 종합개혁시험구로 지정
2007년 3월	제10기 전국인민대표 대회 제5차 전체회의에서 물권법(物權法) 통과, 사유재산과 국유재산을 똑같이 보호
2008년 8월	베이징(北京) 올림픽 개최

자료: 동아일보, "[中 개혁개방 30년]「上」: 성장의 빛과 그늘", 2008.12.16

다시 말하면, 덩샤오핑(Dengxiaoping, 鄧小平)은 정치체제와 경제체제를 분리하여, 경제체제는 실용주의(實用主義) 노선을 걸으면서 자본주의(資本主義)를 받아들이고 개혁 · 개방을 통하여 개인의 이윤을 보장하고 외국인투자를 유치하되, 정치체제는 "사회주의 노선, 공산당 지배, 마르크스 · 레닌주의 · 마오쩌둥 사상 · 무산계급 독재"(4항 기본 원칙)를 견지하자는 것이었다.

사실, 덩샤오핑(Dengxiaoping, 鄧小平)의 실용주의(實用主義)는 문화혁명기간(1968~1978) 동안의 이념 간 갈등을 극복시키고 개혁 · 개방을 통하여 현재까지 30년 동안 중국의 고도성장을 위한 사상적 토대가 되었다. 그의 실용주의(實用主義)는 일단 성공하였다고 말할 수 있다. 그러나 현대 중국은 빈부격차, 부패, 지역불균형, 소수민족, 분리독립국 등의 많은 문제를 안고 있다. 과연 중국의 실용주의(實用主義)가 이러한 문제들까지도 과연 해결할 수 있을까?

2008년 12월 18일, 중국 공산당(제11기 중앙위원회 제3차 전체회의)이 '개혁 · 개방'을 선언(1978.12.18)한 지 30주년이 된 역사적인 날이었다. 중국 공산당 산하 중앙당교(中央黨校)가 발행하는 주간 '학습시보' 최근호는 *"덩샤오핑(Dengxiaoping, 鄧小平, 1904~1997)의 개혁 · 개방은 어쩔 수 없이 선택한 역사적 필연이었으며, 여기엔 크게 3가지의 역사적 배경이 작용했다"*고 주장했다.50)

① 가장 직접적인 배경은 문화대혁명(1966~1976)의 좌경적 오류에 대한 반(反)작용이다. 문화대혁명의 10년간 중국은 약 5,000억 위안(약 100조 원)의 국내총생산(GDP) 손실을 본 것으로 추산됐다. 이는 중국 건국 이후 30년간 투자한 기초 인프라 건설비의 80%에 이르는 막대한 금액이다.

② 중국의 경제와 과학기술이 크게 낙후됐다는 자각이었다. 건국 초기에 세계 40위권이었던 1인당 GDP 역시 175위까지 떨어졌다. 당시 중국의 무역액이 1950년대 중국 산둥성(山東省)의 경제규모와 비슷했던 한국의 무역규모에도 뒤처졌다는 사실은 중국 지도부를 분발케 했다.

③ 중국공산당이 지금 개혁을 하지 않으면 중국의 사회주의는 멸망할 것이라는 위기의식이었다.

상기한 시대적 상황에서, 덩샤오핑(Dengxiaoping, 鄧小平, 1904~1997)은 과거 약 30년 동안 중국을 통제해 왔던 마오쩌둥(Máo Zédōng, 毛澤東) 사상의 속박을 풀기 위한 정지작업을 시작하였다. 구체적으로, 화궈펑(華國鋒, 1921~2008) 노선의 양개범시론(兩個凡是論)에 관한 논쟁을 개시하였다. 덩샤오핑(Dengxiaoping, 鄧小平)은 화궈펑(華國鋒, 1921~2008) 노선에 반대하고 '실천시검험진리적유일표준(實踐是檢驗眞理的唯一標準)'이라는 '실사구시적 실용주의' 노선을 제창했다.

덩샤오핑(Dengxiaoping, 鄧小平, 1904~1997)은 마오쩌둥(Máo Zédōng, 毛澤東, 1893~1976) 말기의 개인적 착오와 마오쩌둥(Máo Zédōng, 毛澤東) 사상의 차이를 명백히 구별하며, 자신의 노선은 마오쩌둥(Máo Zédōng, 毛澤東) 사상을 계승하고 있다고 주장하였다. 그리고 덩샤오핑(Dengxiaoping, 鄧小平)은 마오쩌둥(Máo Zédōng, 毛澤東) 사상을 기초로 한 중국공산주의 혁명이 당시 중국의 현실과 마르크스 · 레닌주의(Marxism-Leninism)를 결합함으로써 성공할 수 있었듯이, 현재 중국의 사회주의 건설도 현재의 국가 정세에 의거하여 사회주

50) 동아일보, "[中 개혁개방 30년]「上」: 성장의 빛과 그늘", 2008.12.16을 참조.

의를 건설해야 한다고 주장했다. 즉, 사회주의(社會主義)란 어떤 고정된 모델이 아니며 각국의 실제 상황과 마르크스－레닌주의(Marxism-Leninism)의 보편 진리가 결합되어 나타나는 것으로, 현대 중국의 적용은 바로 '중국식 사회주의'라는 것이다. '중국식 사회주의'는 곧 마르크스－레닌주의(Marxism-Leninism)의 보편적 진리와 중국적 실제 상황의 결합체이고, 이것이 현재 중국의 현대화(現代化) 노선을 설정하는 기초를 구성하고 있다. 따라서 덩샤오핑(鄧小平, 1904~1997)의 '중국식 사회주의 현대화 건설 이론'은 덩샤오핑(鄧小平, 1904~1997)의 이론으로 표현되고 있다.

1978년 11월 10일부터 12월 15일까지 격렬한 토론을 거듭한 중국 공산당 11기 3중전회 중앙공작회의에서 신(新)중국의 국가지도자로 재(再)등장한 덩샤오핑(鄧小平, Dengxiaoping)의 개혁 · 개방의 핵심 내용(당의 업무 중점을 계급투쟁보다 경제건설에 두며 진리의 표준은 실천)이 채택됐다. 그리고 문화대혁명(文化大革命, 1966~1976)과 그 이전의 좌경적 착오를 수정하고 '조정(調整) · 개혁(改革) · 정돈(整頓) · 제고(提高)'라는 '신(新) 8자 방침'을 제기하여, 근본적인 경제이론의 전환을 시도하면서, 중국경제는 새로운 국면에 접어들게 되었다.

원래 중국공산당(中國共産黨) 총서기였던 덩샤오핑(鄧小平, 1904~1997)이 복권되면서 1979년부터 문화대혁명(文化大革命, 1966~1976)의 폐해를 극복하기 위해 사회 생산력과 인민 대중의 창조력을 발전시키기 위한 목적으로 중국 국가발전의 최대 목표로서 '4개 현대화(농업 · 공업 · 과학기술 · 국방의 현대화)'를 설정하고 개혁 · 개방 정책을 추진하였다. 개혁 정책은 대내적 경제문제에, 개방 정책은 대외적 경제문제에 각각 직면하여 수립되고 시행되었다.

덩샤오핑(Dengxiaoping, 鄧小平, 1904~1997)의 '선부론(先富論)'은 모두가 균등하게 부(富)를 나눠 갖는 공산주의식 평등주의(平等主義)를 극복하겠다는 것이다. 즉, 능력 있는 일부 엘리트가 먼저 부자가 되고, 이들이 가난한 사람을 도우면 된다는 것이다. 지역적으론 무역이 쉬운 동남 연해 도시부터 개발한다는 것이다. 따라서 농촌에서 과거 공산주의식 공동 생산, 공동 분배 정책을 폐기했었다. 각자 농사를 짓고 의무 할당량을 국가에 공납한 후 나머지 수확물은 농민이 갖도록 했다. 이 결과, 농민이 열심히 일할 이유가 생기면서 생산량도 늘기 시작했다. 도시에서는 경제특구(經濟特區) 지역을 개방하고 해외 투자자들을 유치했다. 이 과정에서 덩샤오핑(鄧小平)은 중국의 주요 인재를 서유럽 5국으로 보내 자본주의 경제를 연구하고 중국 상황에 맞게 적용했었다. 덩샤오핑(鄧小平)이 시장경제를 배우기 위해 직접 자본주의 선진국인 미국 · 일본 등을 방문하기도 했었다. 이념이나 정치적으론 대립했던 자본주의 국가와 협력을 마다하지 않았다. 그 후 중국은 미국의 패권을 위협할 정도로 눈부시게 성장했다.

상기한 '중국식 사회주의 시장경제'를 확립하기 위해 중국정부는 다음과 같은 구체적 개혁조치를 추진했다: 중국의 대내적 개혁은 인민공사(人民公社)를 가족경영책임제로 전환했다. 이 개혁의 파고는 노동·생산·생활의 공동체였던 도시의 단위 체제를 해체했다. 노동시장은 유연화되었고, 상당수 국유기업은 주식회사로 전환되었으며, 농민들에게는 토지사용권과 양도권이 허용됐다. 또한 이러한 변화는 대중의 의식구조를 근본적으로 개혁했다. 이에 따라 중국경제는 성장하고 국민생활은 점차 제고되기 시작하였다.

사실, 1980년대 개혁·개방 당시 중국경제는 자본·기술·시장이 절대적으로 부족하였다. 사실, '대약진운동(1958~1960)'과 '문화대혁명(1966~1976)'으로 중국경제는 붕괴 일보 직전이었다. 따라서 당시의 중국이 채택할 수 있었던 전략은 외자기업에 의존한 '수출주도형 불균형 성장 전략'밖에 없었다. 1980년대부터 본격적으로 추진되었던 '點→線→面'[51]의 외자유치 정책은 1990년대 미국 '빌' 클린턴(William Jefferson 'Bill' Clinton) 정부(당시)의 對중국 우호전략과 맞물리면서 크게 성공하였다.

구체적으로, 외자유입액이 1990년 불과 35억 달러에서 2000년 이후에는 매년 600억 달러대로 급증하였으며 연간 투자건수도 1990년대 초 7천여 건에서 2000년대에는 4만여 건으로 증가하였다. 2005년 말까지 중국에 유입된 외국인직접투자(FDI) 규모는 6,224억 달러, 중국정부가 설립을 허가한 기업 수는 약 55만 개에 달한다. 미국의 격주간 경제종합지 포춘(Fortune)이 선정한 세계 500대 기업 중 450개 기업이 중국에서 생산을 하고 있다. 2005년 기준으로, 외자기업은 중국 제조업 부가가치 중에서 29%를, 수출의 58%를 각각 차지하였다.

물론, 덩샤오핑(Dengxiaoping, 鄧小平, 1904~1997)의 1978년 개혁·개방 정책을 실시한 후, 경제발전의 속도와 범위의 문제에 대해 대립과 갈등 관계가 지속되었다. 종전의 정책 하에서는 행정적 명령을 통한 계획된 범위 내에서 모든 경제 활동을 고정시키고 시장의 중요성을 무시하였다. 즉, 계획경제는 수요와 공급의 차질을 초래하여 생산품의 공급 부족 혹은 과잉상태를 야기하게 되었다. 이런 상황하에서 사회주의와 상품경제를 상호 대립되고 배척되는 것으로 간주하였던 종래의 관념을 타파하고, 사회주의는 본래 공유제(公有制)를 기초한 계획적 상품경제라는 새로운 계획적 상품경제론이 제기되었다.

51) 點은 선전(深圳)을 비롯한 5개의 경제특구, 線은 북쪽의 다롄(大連)에서부터 남쪽의 베이하이(北海)까지 연안 12개 도시의 14개 경제기술개발구를 의미하며, 面은 주장(珠江) 삼각주, 창장(長江) 삼각주를 비롯 랴오둥(遼東)반도, 교동반도 등 경제개방구를 의미한다.

그러나 개혁과 함께 진행된 연해지역의 개방으로 인하여 경제가 급성장함으로써, 시장의 기능이 충분히 발휘되는 지역에서는 경제 활력도 비교적 강하고 발전 상태도 비교적 양호하였다. 그 후 시장의 범위가 점차 확대되고 상품의 가격이 대부분 개방되었으며, 계획이 직접 관리하는 영역이 점차 줄어들었다. 사상을 해방하고 개혁·개방을 가속화시켜야 비로소 '중국식 사회주의 시장경제체제'를 공고히 하고 공산당 정권을 유지할 수 있다고 중국 지도부는 확신하였다.

따라서 중국은 기존의 계획 생산에 의한 '생산품'이 아닌 시장의 필요에 의한 '상품'으로서의 존재에 대한 이론적 근거를 마련하였다. 이를 바탕으로 1987년 제13차 전국대표대회에서는 "사회주의의 계획적 상품경제 체제는 반드시 '계획'과 '시장'이 내재적으로 통일된 체제이어야 한다"라고 천명하였다. 즉, 자본주의도 귀감이 될 만한 요소가 있음을 인정하였다. 자본주의에 비해 사회주의의 우세를 확보하기 위해서는 반드시 자본주의 국가를 포함한 선진국들의 발달된 경영방식과 관리방법을 받아들여 사회주의의 발전을 위해 이용해야 한다고 인식하였다. 이로써, 계획과 시장의 내재적인 결합이라는 내재통일론(內在統一論)의 제기는 계획과 시장을 둘러싸고 장기간 지속되었던 이원구조적 논쟁을 종식시켰다.

그 후, 1989년 장쩌민(Jiang Zemin, 江澤民)은 중국공산당 총서기(總書記)에 취임하고, 1993년에는 국가주석이 되어 덩샤오핑(鄧小平, 1904~1997)의 개혁·개방 정책을 견지하였다.

(4) 톈안먼 사건(天安門 事件, 1989.06.04), 성사성자(姓社姓資) 논쟁과 남순강화(南巡講話, 1992.01~02)

1989년 6월 4일 톈안먼 사건(天安門 事件)이 발생했었다. 학생·노동자·시민들이 민주화(民主化)를 요구하며 베이징의 톈안먼 광장에서 연좌시위를 벌였고 계엄군이 시위대를 탱크와 장갑차로 해산시키면서 발포하여 수많은 사상자가 발생하였다. 중국 공안부에서는 1990년 7월 10일 제5차 국무원 보고에서 민간인 사망자는 875명, 민간인 부상자는 약 14,550명이 발생하였으며, 군인은 56명이 사망, 7,525명가량의 부상자가 발생하였다고 정식발표했었다. 따라서 1989년 '6·4 천안문(天安門) 사건'은 장쩌민(Jiang Zemin, 江澤民) 시대에 한동안 인권 문제로 지적되어 국제사회에서 비판의 대상이 되었다.

1989년 6월 톈안먼 사건(天安門 事件)의 시대적 배경은 다음과 같다: 덩샤오핑(鄧小平, 1904~1997)의 개혁·개방정책이 실시된 지 10년이 되어갈 무렵 다른 사회주의 국가들의 전반적인 경제적 퇴조와 몰락에도 불구하고 '중국식 사회주의'가 낳은 놀라운 성과는 세계적인 주목을 받게 되었다. 그러나 대내적으로, 1980년대 중반에 이르러 지식인과 학생들의 자유화·민주화 바람이 전국적으로 크게 일어났었다. 그 후 개혁의 바람은 개방 정책과 더불어 더욱 가속화되었다. 특히, 외국과의 교류가 활발하게 이루어지면서 지식인들이 정책 입안과 결정에 참여하고 정치개혁을 요구하였다. 이들의 민주화(民主化) 운동은 확대일로에 있었으며, 이 문제를 해결하기 위하여 당(當) 안에서 개혁을 주장하면서도 보수파(保守派)와 대대적인 개혁·개방을 주장하는 개혁파(改革派)가 대립하게 되었다.

결국, 1989년 6·4 천안문(天安門) 사건으로 자오쯔양(趙紫陽, 당시 중국공산당 총서기)은 보수파에 의해 실각되었고 개혁·개방을 주장하였던 세력은 완전히 물러났었고, 덩샤오핑(鄧小平, 1904~1997)의 지지 아래 장쩌민(Jiang Zemin, 江澤民)과 이붕(李鵬)으로 이어지는 보수파(保守派)가 당권을 장악하게 되었다. 자오쯔양(趙紫陽)의 후임으로 장쩌민(Jiang Zemin, 江澤民)은 1989년 중국공산당 총서기를 맡았고 1992년 군사위 주석에 오른 뒤 1993년 국가주석이 됐다.

1989년 '6·4 천안문(天安門) 사건' 이후, 중국 공산당은 대내적으로는 시위세력을 탄압하고 개혁의 속도와 범위를 축소 조정했으며, 대외적으로는 서방세계의 정치·경제적 제재와 비난에 직면하게 되었다. 서방세계는 중국에 대한 경제적인 제재조치(무역금수, 차관금지, 기술협력 제휴 중단 등)를 취하였다.

중국 공산당은 정치적으로는 안정에 최우선을 두어 학생·지식인 등 민주화 세력에 대한 통제를 강화하는 한편, 부르주아 자유주의자들을 소탕하기 위하여 대대적인 숙청을 개시했었다. 이 과정에서 7만 2천여 명의 공산당 당원이 제명되었고 25만 6천여 명은 경고·징계처분을 받았었다. 1990년 1월, 리펑(李鵬)은 계엄령 중단을 발표하고 반(反)체제 인사를 석방하기 시작했으며, 12월 7일 당(黨)중앙은 개혁·개방을 계속한다는 것을 천명하였다. 결국, 1989년 '6·4 천안문 사건'은 정치개혁과 경제개혁의 부조화, 후계자의 불확실성이라는 문제를 남긴 채 매듭지어졌다. 한편, 경제적으로는 치리정돈(治理整頓)의 일환으로 수요억제, 내핍생활 장려, 산업구조 조정, 가격개혁의 잠정적 중단을 실시하여 인플레이션을 억제하는 등 경제적 혼란을 진정시키고 생산성 향상을 위한 정책을 실시하였다. 1990년 중반에 와서 인플레이션이 완화되었고 국민총생산액은 5%의 성장을 기록하였다.

그러나 1989년 '천안문 사건' 이후, 중국경제는 침체기에 빠졌다. 그 후 보수 성향의 중국 지도부는 '시장경제'를 '자산계급 자유화'·'화평연변(和平演變, 평화적 정권 전복)'과 동일시하며, '시장경제'를 공유제(共有制) 경제의 기초를 전복(顚覆)하는 개념으로 간주하였다.

이에 따라 사회주의와 자본주의의 기준을 어디에 맞출 것인가 하는 중국 경제체제의 경향에 관한 논쟁, 즉 사회주의와 자본주의의 기준에 관한 '성사성자(姓社姓資) 논쟁'이 가열되었다.

1990년 12월, 상기한 사회주의와 자본주의의 기준에 관한 성사성자(姓社姓資)의 새로운 사회주의의 기준에 관한 논쟁에 대해, 덩샤오핑(Dengxiaoping, 鄧小平, 1904~1997)은 다음과 같이 주장했다: *"자본주의와 사회주의의 구분은 '계획'이나 '시장' 성분에 있는 것이 아니다. 사회주의에도 시장이 있으며, 자본주의에도 계획에 의한 통제가 있다. 시장경제를 약간 실행한다고 해서, 자본주의를 지향하는 것은 아니며, 계획경제와 시장조절은 모두 필요한 것이다. 시장에 어두우면 낙후를 감수해야 하며 세계 정보에도 어둡게 된다."*

1992년 1월 18일부터 2월 21일까지, 덩샤오핑(Dengxiaoping, 鄧小平, 1904~1997)은 '제3의 혁명'을 외치며, 남순강화(南巡講話), 즉 중국 남부지방: 무한(武漢)·심천(深圳)·주해(珠海)·상해(上海) 등을 시찰하여 개혁·개방을 가일층 고취하고자 시도하였다. 그는 남순강화(南巡講話)에서 다음과 같이 주장하였다: *"계획경제는 사회주의의 전유물이 아니고 자본주의 경제에도 계획적 요소가 있으며, 시장경제는 자본주의의 전유물이 아니고 사회주의도 시장적 요소가 있다. 계획과 시장은 경제 수단일 뿐이다."*

다시 말하면, 덩샤오핑(Dengxiaoping, 鄧小平, 1904~1997)은 '계획'이든 혹은 '시장'이든 간에 경제발전에 유리하다면 문제가 되지 않으며, 어느 것이 사회주의 생산력 발전에 유리한가가 판단 기준이라고 주장했다.

상기와 같이 시장의 역할을 긍정하고 기존의 경제발전의 성과를 지속적으로 유지시키려는 덩샤오핑(Dengxiaoping, 鄧小平, 1904~1997)의 남순강화(南巡講話, 1992.01.18.~02.22)의 주요 정신은 1992년 10월 중국공산당 14차 전국대표대회에서 공식적으로 이념화되었고, 중국 경제발전을 위한 수단으로서의 시장경제를 정착시켰다. 즉, 상기 전국대표대회에서 장쩌민(Jiang Zemin, 江澤民, 1926~현재) 총서기(1993~2003)는 정치공작 보고를 통해 1987년 제13차 전국대표대회에서 채택된 사회주의 초급단계론에 입각한 '중국식 사회주의 현대화'를 실현하기 위해 '사회주의 시장경제체제'의 확립을 공식적으로 제안하였다. 즉, 그 동안의 개혁·개방 과정 중에서 나타난 각종 자본주의적 요소들을 합리화하기 위하여 '사회주의 시장경제론'을 제기한 것이었다.

여기서 유의할 것은 사회주의적 계획경제(計劃經濟)의 장점이자 특징은 특정 개인의 욕구에 의한 경제 개발, 생산 활동이 아닌 공동체 또는 사회 전체의 이익에 맞는 경제개발, 생산활동이 이루어진다는 점이다. 또한 정경유착, 불로소득, 대외금융 자본에 대한 제재를 엄격하게 실행할 수 있다. 그러나 경제 규모가 커짐에 따라 시장경제나 혼합경제에 비해 많은 행정비용과 시간이 소요하기 때문에 사회주의적 계획경제의 비효율성이 나타나게 마련이다.[52)]

그 후, 2002년 11월 후진타오(Hu Jintao, 胡錦濤, 1942~현재)는 중국공산당 총서기로 당선되고, 2003년 3월에는 국가주석으로 선출되었다. 후진타오(胡錦濤)－원자비오(溫家寶) 체제는 2002년 11월, 제16기 全人大에서 제기된 '과학발전관'을 통해 "전면적 小康사회"와 "사회주의 和諧사회" 건설이라는 경제발전 전략 방침을 수립하였고, 이에 근거하여 2006년 3월에는 "11·5 규획"안(案)을 통해 경제성장의 방식에 있어서 기존의 '선부론(先富論)'으로 대표되는 고도성장 위주에서 '공동부유(共同富裕)' 추구의 안정적인 성장으로의 전환을 강조하였다.[53)]

또한 중국의 후진타오(Hu Jintao, 胡錦濤, 1942~현재) 국가주석(당시)은 2009년 제17차 APEC 연설에서 최근의 글로벌 경제위기를 국제사회와 협력해서 해결할 것이며 특히 화평과 공동번영의 조화세계(調和世界) 건설을 위해 노력하고 있다고 밝혔다. 이어서, 그는

52) 소련의 경우, 중앙당국에서 모든 경제 활동을 전적으로 담당하는 마르크스－레닌주의(Marxism-Leninism)의 계획경제로 경제를 지탱하고 있었으나, 중앙당국 간부들의 업무량을 줄이기 위해 1970년대 중반에 자본주의적 상여금 제도를 도입하고, 각 산업체에 독립채산제를 실행하여 완전한 계획경제에서 이탈했다. 그러나 상기 정책들은 단기에 생산력을 올리는 데 효과를 나타냈었지만, 1980년이 넘어가면서 부정부패(不正腐敗) 문제가 대두되었으며, 미하일 고르바초프(Mikhail Gorbachev, 1931~현재) 시대에는 혼합경제가 급진적으로 소련에 도입되면서 오히려 경제구조가 파탄이 났었다. 이에 대응하여, '탈(脫)집중 사회주의'는 생산수단과 관련이 밀접한 민간 경제단체, 그 안의 노동자, 생산수단 단위로 이루어진 공동체와 함께 계획 경제를 꾸려나가는 사회주의적 경제이다. 다시 말하면, 경제 규모가 커짐에 따라 소비에트식 계획경제가 한계를 갖는다는 것을 인정하고 러시아 혁명 시절에 실행된 일련의 사회주의적 계획경제 정책의 불가피성에 대해서도 또한 인정한다. 또한 오늘날 탈(脫)집중 사회주의자들은 자본주의 체제에서 축적 및 점층되어온 노동자들의 경영 능력을 조명하며, 그에 따른 경제 관리 능력을 중시한다. 이러한 점을 들어 민중, 노동자 대다수가 충분히 교육 수준이 높기 때문에 충분히 생산수단을 경영할 능력이 된다고 주장하며, 즉 '소비에트'식이 아닌 중앙정부 집중 경제를 멀리하는 '탈(脫)집중 계획경제'를 주장한다. 또한 계획경제를 실행함에 있어서 모든 과학·기술력을 효과적으로 동원해야 한다고 주장한다. 이러한 점에서 '탈(脫)집중화 계획경제'의 특징은 IT 시스템을 적극적으로 이용한다고 주장한다. '탈(脫)집중화 계획경제' 이론은 컴퓨터 시스템이 발달하면 1990년대 초반부터 나온 사회주의 경제 이론이며, 경제 계획을 IT, 인터넷 외의 수많은 첨단 전자기기를 이용하여 관리하자는 것이다. 다른 경제체제와 달리 IT기술 발전이 상당히 높아야 가능한 사회주의 경제이다. 해당 국가로는 베네수엘라, 살바도르 정부 시절의 칠레, 유럽의 일부 국가 등이 있다.

53) 2006년 3월 제10기 全人大에서 통과된 「국민경제와 사회발전 제11차 5개년 규획 요강」(國民經濟和社會友展第十一次午年規劃要綱)은 2006~2010까지의 중국 경제·사회정책 운영의 청사진으로서, 중국경제의 국제경쟁력 강화는 물론 빈부격차 해소와 사회안정화 및 환경친화적이고 지속가능한 발전을 동시에 추구하고 있다. 「人民日報」, 2006年 3月 17日.

2011년 신년사에서 다음과 같이 말했다. *"세계는 지금 대발전 · 대변혁 · 대조정의 시기를 맞고 있다."*

아마도, 상기 신년사는 세계 문제를 미국과 단둘이 한 테이블에서 논의하는 현재의 G2 위상에 만족하지 않고 미국을 제치고 세계를 선도하겠다는 '팍스 차이나(PAX CHINA · 중국의 시대)'의 꿈을 표현했었던 것 같다.

그러나 후진타오(Hu Jintao, 胡錦濤, 1942~현재) 10년간 중국 사회는 모순이 심화됐었고, 경제는 독점(獨占)이 판을 쳤었으며, 개혁은 진전이 없었다고 중국 중앙당교가 발행하는 학습시보(學習時報)의 부편집 덩위원(鄧聿文)은 비판했다. 따라서 후진타오(胡錦濤) 10년 동안 노출된 문제점들은 시진핑(習近平) 국가주석이 맞닥뜨려야 할 10대 난제가 되었는데, 구체적으로 다음과 같다: ① 소비주도형 경제구조가 미비되어 있다. ② 중산층 양성이 절실하다. ③ 농민의 거주 이전 자유를 제한하는 호구(戶口)제도 개혁이 필요하다. ④ 한 자녀 정책과 고령화 등 인구문제가 심각하다. ⑤ 교육과 과학연구의 질(質)이 낮다. ⑥ 환경오염이 심각한 문제다. ⑦ 에너지 공급체계가 불안하다. ⑧ 사회도덕이 붕괴됐다. ⑨ 외교 시야가 좁다. ⑩ 정치개혁과 민주화가 지지부진하다.

(5) 시진핑(習近平) 국가주석의 사상 · 지도이념

2012년 11월 제18차 중국공산당 전국대표대회에서 시진핑(Xi Jinping, 習近平, 1953~현재)은 중국공산당 중앙위원회 총서기로 선출되고 중국공산당 중앙군사위원회 주석직을 후진타오(Hu Jintao, 胡錦濤, 1942~현재)로부터 물려받았다. 2013년 3월, 시진핑(Xi Jinping, 習近平, 1953~현재)은 국가주석(재임: 1993~2003)으로 선출되었다. 이 결과, 시진핑(Xi Jinping, 習近平)은 장쩌민(江澤民) 전(前) 국가주석에 이어 20년 만에 당권과 군사 통수권을 보유한 채 국가주석에 오른 최고지도자가 되었다.[54]

---

54) 2002년 11월 후진타오(Hu Jintao, 胡錦濤) 국가주석은 공산당 제16차 전국대표대회(당 대회)에서 장쩌민(江澤民) 전(前) 국가주석에게 당 총서기직을 물려받았지만 군사위 주석직은 약 2년 뒤인 2004년 9월에야 넘겨받았다. 당시 장쩌민(江澤民) 전(前) 국가주석은 대만과의 긴장관계를 원만히 처리하기 위해 군사위 주석직을 더 유지하겠다고 했다. 그러나 실제로는 막강한 권한을 이용하여 자신의 사람들을 후진타오(Hu Jintao, 胡錦濤) 정권의 요직에 배치하는 데 힘썼다. 이로 인해 후진타오(Hu Jintao, 胡錦濤) 주석은 재임기간 중 장쩌민(江澤民) 전(前) 국가주석과 끊임없는 권력투쟁을 벌이면서 '힘없는 최고지도자'로 인식돼왔다. 시진핑(Xi Jinping, 習近平)의 부인 펑리위안(彭麗媛)은 현역 소장(인민해방군 가무단장)으로 군부 내 인맥도 탄탄하다. 18차 당대회의 가장 큰 결정사항은 차기 지도부의 구성이다. 지도부 구성의 중요한 특징은 무엇보다 후진타오(Hu Jintao, 胡錦濤)가 총서기와 동시에 당 중앙군사위 주석직도 함께 물려줬다는 점이다. 과거 권력승계의 사례를 보면, 1987년 당대회에서 덩샤오핑(鄧少平)이 후

시진핑(Xi Jinping, 習近平, 1953~현재) 국가주석은 개혁 · 개방 40주년을 맞이한 2017년 10월 18일 제19차 중국 공산당 전국대표대회(당 대회) 개막 연설에서, 시진핑(習近平) 국가주석(2009~현재)은 무려 32차례나 소리 높여 다음과 같이 역설했다: *"중화민족의 위대한 부흥(中華民族偉大復興)을 실현하는 것은 근대 이후 중화민족의 위대한 몽상(夢想 · 꿈)."*

여기서 '중국몽(中國夢)'은 1인당 국민소득(GDP)이 현재 미국과 같은 5만 달러 이상 되는, 단순히 선진국이 되는 것을 넘어 종합 국력과 국제적 영향력 등 다방면에서 '세계의 선두에 서는 지도국가'가 되겠다는 꿈이다. 여기서 '중화민족(中華民族)'이란 중국 대륙에서 중국인의 90%로서 수천 년 동안 황하문명(黃河文明)을 꽃피워 온 한족(漢族)을 비롯하여 나머지 56개 민족을 모두 포함한다.

나아가, 시진핑(Xi Jinping, 習近平, 1953~현재) 국가주석은 '조국 통일 완성'과 '세계평화의 옹호와 공동 발전의 촉진'이라는 2가지 임무를 21세기 중엽까지 실현해야 할 중국공산당의 역사적 임무라고 명시했다. 이어서, 그는 '팍스 시니카(Pax Chinica)', 즉 '중국몽(中國夢)'을 위한 '신시대 중국특색 사회주의(新時代 中國特色社會主義)', 즉 '중국식 사회주의'를 제시했다. 여기서 '중국특색사회주의(中國特色社會主義)'라는 단어가 69차례나 언급되었다.

또한 시진핑(Xi Jinping, 習近平, 1953~현재) 국가주석은 다음과 같이 강조했다: *"중국특색사회주의가 신시대에 접어들었다. 중국사회의 주요 모순은 이미 날로 커지는 인민들의 풍요로운 생활에 대한 욕구와 충분하거나 공평하지 않은 발전 사이의 모순."*

즉, 그는 중국의 근본적 문제가 '분배의 불균형'과 '사회 불평등'이라고 분명히 지적하고 덩샤오핑(鄧小平)의 개혁 · 개방 정책에 담았었던 '4개 현대화(농업 · 공업 · 과학기술 · 국방부문의 개혁)'에 '국가통치체계와 국가통치능력의 현대화'를 추가한 '제5의 현대화'를 제시하였다. 상기한 '제5의 현대화(現代化)'와 함께, 시진핑(Xi Jinping, 習近平) 국가주석은 과거 중국 지도자들과는 달리 명실상부한 부국강병(富國强兵)을 천명했다.

요컨대, '중화민족의 위대한 부흥(中華民族偉大復興)'의 최종 목표는 '사회주의 현대화 강국' 건설이다. '신시대중국특색사회주의(新時代中國特色社會主義)'란 '새로운 시대를 맞이

임자 장쩌민(江澤民)에게 당 총서기직만 이양하고 1989년 11월 중공 13大 5중전회에서 중앙군사위 주석직을 이양하였으며, 2002년 당대회에서 장쩌민(江澤民)은 후진타오(Hu Jintao, 胡錦濤)에게 역시 당 총서기직만 승계하고, 당 중앙군사위 주석은 2년 후에 승계하였다. 이처럼 중앙군사위 주석직의 2년 후 승계는 이른바 당권과 군권이 이원화된 구조를 만들게 됨으로써 유사시 당 지도부가 분열될 수 있는 여지를 갖고 있었다. 따라서 후진타오(Hu Jintao, 胡錦濤)의 '동시 이양'은 당내 권력계승의 제도화에 긍정적 기여를 했을 뿐만 아니라 시진핑(Xi Jinping, 習近平)의 운신 폭도 넓혀 주는 계기가 됐다. 그런 점에서 이번 권력승계는 중국 정치에서 당내의 규정된 임기 내에 최고지도자가 정상적으로 후임 지도자에게 권력을 이양하고 일선에서 물러난 첫 사례이며, 제도적 진보로 평가할 만하다.

한 중국만의 사회주의'라는 것이다. 여기서 '신시대(新時代)'란 중국이 공산당의 영도 아래 시장경제를 통해 지속적인 발전을 해나갈 것이고, 그로서 모든 인민이 잘사는 사회주의를 건설함은 물론, 대외적으론 미국을 뒤로 제치고 중국이 미국을 대신하여 세계의 패권, 즉 '팍스 시니카(Pax Chinica)'를 장악함으로써 중화제국(中華帝國)의 영광을 다시 찾는 시대를 말한다. 그리고 '중국특색사회주의(中國特色社會主義)'란 중국 공산당의 영도하에 시장경제를 통한 지속적 경제발전으로 구현할 '완벽한 사회주의(Perfect Socialism)'를 의미한다.

또한 시진핑(Xi Jinping, 習近平, 1953~현재) 국가주석은 '중국몽(中國夢)'인 '중화민족의 위대한 부흥'과 '팍스 시니카(Pax Sinica)'를 달성하기 위한 '신시대 중국특색 사회주의(新時代 中國特色社會主義)', 즉 '완벽한 사회주의(Perfect Socialism)'를 실현하기 위한 정치이념으로서 '치국이정(治國以正)'을 천명했다. 즉, '치국이정(治國以正)': 전쟁에 임할 때엔 용병이 필요하나(以奇用兵), 나라를 다스릴 땐 '바름'이 필요하다(以正治國)고 역설하고 이것을 중국공산당 당장(黨章·당헌)에 편입시켰다. 상기한 '치국이정(治國以正)'이란 노자(老子) 도덕경(道德經) 속의 이정치국(以正治國)으로서 '바른 이치로써 나라를 다스린다'는 뜻이다.[55] 따라서 시진핑(Xi Jinping, 習近平) 총서기가 취임 직후 첫 연설에서 중국공산당의 부패·분열·형식주의·관료주의 척결을 강조한 것처럼, 정치개혁을 적극 추진할 것으로 예상되며, 인민대표대회의 입법권 및 감독권 강화, 정치협상의 제도화, 사법제도 개혁 등의 조치들을 적극 실시할 것으로 전망된다.

그 후, 2018년 3월 11일, 제20차 중국 공산당 전국인민대표대회(당대회)는 국가주석의 연임 제한을 철폐하는 헌법 개정안을 99.79% 찬성률로 통과시킴으로써,[56] 시진핑(Xi Jinping, 習近平) 국가주석은 '현대판 중국 황제(皇帝)'의 위상을 굳혔다.[57] 지금까지 중국이

---

55) 노자(老子)의 성은 이(李), 이름은 이(耳), 자는 담(聃)이며, 초(楚)의 고현(苦縣; 지금의 하남성 귀덕부) 사람이다. 노자(老子) 사상은 老子抄(본체론, 인간론, 정치론, 가치론으로 서술되어 있다. 중국의 대표 고전인 도덕경(道德經)의 한 문구: 以正治國 以奇用兵 以無事取天下 吾何以知其然哉 以此 天下多忌諱而民彌貧 民多利器 國家滋昏 중에서 '이정치국(以正治國)'을 인용한 것이다.

56) 덩샤오핑(鄧小平)은 마오쩌둥(毛澤東)과 같은 독단적 지도자를 막기 위해 국가주석의 임기를 10년으로 제한하고 개인숭배를 금지했었다. 그는 살아생전 자신에 관련된 동상이나 포스터도 제작하지 못하게 했었다. 그러나 개혁·개방 40년의 성과가 시진핑(習近平) 중국 국가주석의 공(功)으로 돌아갔다. 앞서 말한 개혁·개방 연표에 시진핑(習近平)은 125번 나왔는데 덩샤오핑(鄧小平)은 60번만 언급됐다. 그동안 중국이 덩샤오핑(鄧小平)이 '개혁·개방의 총설계사'라고 추앙했던 움직임과 대조적이다. 현재 지도자인 시진핑(習近平)의 업적을 더욱 부각시켰다.

57) 찬성이 2,958표였으며, 반대는 겨우 2표에 불과했었다. 이로써 시진핑(習近平) 국가주석은 임기 제한 없이 장기집권(長期執權)이 가능하게 됨으로써 그가 황제(皇帝)에 등극했다는 말도 나온다. 그러나 저자는 시진핑(Xi Jinping, 習近平) 국가주석이 '중국몽(中國夢)'이라는 그의 비전을 완성할 수 있는 후계자를

몇 개 파벌의 집단지도체제(태자당, 상하이방, 공산주의청년당 등)로 운영됐었지만, 이젠 시진핑(Xi Jinping, 習近平) 국가주석 1명을 중심으로 국가가 운영되는 새 체제가 구축된 것이다.[58] 나아가, 시진핑(Xi Jinping, 習近平) 국가주석(2009~현재)은 헌법에 자신의 이름을 딴 '시진핑 신시대' 사상을 명기하고 그가 집권한 이후를 '신시대(新時代)'라고 규정했다. 즉, 시진핑(習近平) 사상이 마오쩌둥(Máo Zédōng, 毛澤東, 재임: 1949~1978) 사상과 덩샤오핑(Dengxiaoping, 鄧小平, 재임: 1979~2008) 사상의 반열에 오른 것이다. 다시 말하면, 마오쩌둥(毛澤東)이 사회주의 중국을 건설해 중국을 일어서게 했다면(站起來), 덩샤오핑(鄧小平)은 경제 발전의 시동을 본격적으로 걸어 부유한 사회로 가는 길을 제시했고(富起來), 시진핑(習近平)은 세계 최고의 강대국으로 가는 길(强起來)을 제시했다는 것이다.

상술하면, 마오쩌둥(Máo Zédōng, 毛澤東, 재임: 1949~1978)은 중국공산당 창설자로서 28년의 지하투쟁을 거쳐 중화인민공화국(中華人民共和國)을 건국했었고, 덩샤오핑(Dengxiaoping, 鄧小平, 재임: 1979~2008)은 개혁 · 개방으로 경제발전의 길을 열었다. 전임자 후진타오(Hu

---

은밀히 눈여겨보고 있을 것이라고 짐작한다. 퇴임 후 그는 아마 선임장관 · 고문장관으로 후배들을 지도했던 싱가포르의 리콴유처럼 상황(上皇) 혹은 자정(資政 · 정치자문역)이 되어 그가 시작한 개혁의 완성을 보려 할 것이다. 「아주주간(亞洲週刊)」 편집장 추리번이 "많은 사람이 시진핑(Xi Jinping, 習近平)의 모습에서 마오쩌둥(毛澤東)의 그림자를 보고, 강력한 슈퍼맨의 힘을 본다고 하지만 정치발전상으로 보면 시진핑(Xi Jinping, 習近平)은 사실 덩샤오핑(鄧小平)의 기질(태도, 스타일)을 더 많이 가지고 있다"면서 "그는 용감하게도 공산당 이외의 정치적 지혜, 즉 리콴유의 정치에서 영감(靈感)을 찾은 것 같다"고 말했다. 특히, 시진핑(Xi Jinping, 習近平)은 부패와의 전쟁으로 계속 분열 상태인 공산당의 재정비 · 강화, 기득권층에 대한 대수술, 소득 격차 해소, 지방정부의 난개발 중단, 급변하는 세계정세에 대응 등 많은 과제를 안고 있다. 지금 시진핑(Xi Jinping, 習近平)에게 권력이 집중되고 있는 것은 싱가포르식의 제도개혁을 성공시키기 위해 강력한 권력이 필요하기 때문일 것이다. 시진핑(Xi Jinping, 習近平)은 이를 위해 싱가포르의 '부패행위조사국'을 모델로 해서 '국가반부패총국'을 신설했다. 중국은 워낙 거대한 나라인 데다가 정치적으로 복잡하기 때문에 싱가포르처럼 엄격한 반부패정책을 추진하기는 어려울 것이다. 하지만 시진핑(Xi Jinping, 習近平) 국가주석을 위시한 지도자들이 사심 없이 오직 국가를 위해 헌신하겠다는 각오를 국민들에게 보여주고 국민들의 신뢰를 얻을 수 있다면 어느 수준까지는 성공을 거둘 수 있을 것이다. 시진핑(Xi Jinping, 習近平)은 이를 위해 싱가포르의 '부패행위조사국'을 모델로 해서 '국가반부패총국'을 신설했다.

58) 일본 아사히(朝日) 신문은 2018년 8월 4일 중국 고위 지도부의 여름 휴양지 베이다이허(北戴河)에서 열린 당 지도부와 각계 지식인들이 참석한 좌담회에서 시진핑(習近平) 국가주석에 대한 개인숭배가 지나치다는 지적이 강하게 제기됐다고 보도했다. 심지어, 시진핑(習近平) 국가주석의 모교인 칭화(清華)대학의 쉬장룬(許章潤) 교수는 2018년 7월 자유주의 계열의 싱크탱크 톈쩌(天則)경제연구소 웹사이트에 올린 '현재 우리의 두려움과 기대'라는 제목의 글에서 "집권자의 국가 운영 방식이 최저선을 넘어 시대 흐름에 역행하고 있다"며 *"최근 1년 사이 중국 정치사회의 퇴조가 심각해지고 중국 민중이 두려움을 갖는 수준에 이르렀다"*고 비판했다. 그는 중국 공산당의 주석 임기제 철폐를 비판하며 *"임기제를 회복시켜라"*고 요구했다.

Jintao, 胡錦濤)는 집권 시기엔 사회주의 중국이 출범한 지 100년이 되는 2049년까지 '사회주의 현대화 국가'를 이룩한다는 목표를 내세웠다. 그러나 시진핑(Xi Jinping, 習近平) 국가주석(2009～현재)은 상기 목표에서 '국가(國家)'를 '강국(强國)'으로 바꾸어 '사회주의 현대화 강국'을 '중화민족의 위대한 부흥(中華民族偉大復興)'의 최종 목표로 내세우고 자신의 이름이 명기된 '지도이념'을 중국공산당 당장(黨章)에 삽입하였다.

시진핑(Xi Jinping, 習近平) 국가주석의 사상과 지도이념을 요약하면 다음과 같다: 마르크스주의(Marxism)의 유물론적 변증법(唯物論的 辨證法, Materialistic Dialectic)의 시각에서 사회발전 동력의 요인인 '중국 사회의 주요 모순(矛盾)'이 변화되었다. 마오쩌둥(Máo Zédōng, 毛澤東, 1893～1976; 재임: 1949~1976) 시대에서의 '계급(階級) 모순(矛盾)'이 덩샤오핑(Dengxiaoping, 鄧小平, 1904~1997) 시대에서는 '생산력(生產力) 모순(矛盾)'으로 바뀠다. 즉, 인민의 물질적 욕구를 충족시키지 못하는 낙후된 생산력(生產力)이 '중국 사회의 주요 모순(矛盾)'이라는 것이다. 그러나 이제 시진핑(習近平) 시대에서는 '생산력 모순'이 해결된 가운데 심화되는 '분배의 불균형'과 이로 인한 '사회 불평등'이 신시대의 주요 모순이라는 것이다.

중국은 원바오(溫飽: 따뜻하고 배부름) 수준을 이미 달성하였고 2020년까지 샤우캉 사회(小康社會), 2050년까지 대동사회(大同社會) 건설을 목표로 추진 중이다. 17차 중국 공산당 전국대표대회(당 대회)에서 언급된 샤우캉 사회(小康社會)의 "건설"이 "건설완료"로 바뀌었고 "민생개선" 항목도 신규 추가되어 국민생활 수준 향상에 대한 의지를 천명했다. 특히, 2020년까지 1인당 국민소득을 두 배로 확대한다는 구체적 목표도 제시했다. 18차 중국 공산당 전국대표대회(당 대회)에서 '민생(民生)'을 17차례 언급하였는데, 이는 17차 당대회에서 12차례 언급되었던 것에 비해 국민생활 개선에 대한 중요성을 더욱 강조했다는 것을 알 수 있다. 또한 18차 중국 공산당 전국대표대회(당 대회)에서는 국민을 중시한다는 이인위본(以人僞本)도 6차례에 걸쳐 언급하였는데, 이는 17차 당대회(3차례)보다 크게 증가한 것이다.

민족주의(民族主義)를 '국가통치체계와 국가통치능력의 현대화'를 비롯한 '제5의 현대화(現代化)'의 동력으로 삼고 있다. 마오쩌둥(Máo Zédōng, 毛澤東, 1893～1976)이 '사회주의 신인(社會主義新鮮人)'의 정신으로 '사회주의 건설'에 매진할 것을 강조했었던 것처럼, 시진핑(Xi Jinping, 習近平)은 민족주의(民族主義)를 강조하면서 국가에 대한 충성을 '제5의 현대화(現代化)'의 동력으로 삼고자 한다.

공산당(共產黨) 중심 정치의 강조다. 시진핑(Xi Jinping, 習近平) 국가주석은 기회가 있을 때마다 중국에서 왜 사회주의 혁명이 일어났는지를 잊지 말자고 초심(初心)을 강조한다. 중국공산당(共産黨)이 수렁에 빠졌었던 중국 인민을 구제한 사회주의 정당임을 잊어선 안 된다는 것이다. 참고로, 덩샤오핑(鄧小平, 1904~1997)은 다음과 같이 말했다. *"우경화도 경계해야 하지만 중요한 것은 좌경화 방지(中國要警惕右 但主要是防止左)."* 그러나 시진핑(習近平) 시대에서는 *"좌(左)의 관건은 과도하지 않으면 된다(左的關鍵是不能過)"*는 말로 대체됐다. 나아가, 시진핑(Xi Jinping, 習近平) 국가주석은 '중국몽(中國夢)'의 달성을 위해서는 정치 안정과 경제 번영이 필수적이며 이는 공산당(共産黨)의 지도하에서만 가능하다고 주장한다.

후진타오(Hu Jintao, 胡錦濤)의 지도이념인 '과학적 발전론'이 헌법격인 당장(黨章)에 포함되었는데, 이것은 시진핑(Xi Jinping, 習近平) 국가주석의 정책은 기존 정책의 계승 방침을 확인했다. 즉, 기존 4위 일체(경제·정치·문화·사회) 발전에서 환경·자원 등 생태환경 보호를 추가한 5위 일체를 명문화하여 무분별한 성장을 자제할 것을 강조하였다.

대외적으로, 시진핑(Xi Jinping, 習近平) 국가주석은 2018년 4월 8~14일 보아오 포럼(Boao Forum for Asia)[59]의 기조연설에서 지난 40년 동안 중국은 연평균 9.5%의 성장률을 기록했으며 중국인 7억 명이 절대빈곤(絕對貧困)과 기아(飢餓)에서 벗어나 풍요를 누리게 됐다고 밝혔다. 더구나 세계가 글로벌 금융위기를 탈출하는 데 중국이 큰 기여를 했다고 자평했다. 그리고 인류는 개방과 고립 중에 하나를 선택해야 한다며 중국은 더 개방되고 연결된 세계 경제를 위해 헌신할 것이라고 다짐했다.

중국사회에 '강산은 시대마다 인물을 낳는다(江山代有人才出)'는 말이 있다. 전형적인 기술관료인 후진타오(胡錦濤)는 마오쩌둥(毛澤東)의 건국, 덩샤오핑(鄧小平)의 개혁개방, 장쩌민(江澤民)의 성장 일변도에 이어 고도성장의 그늘을 살피는 조화사회(調和社會) 건설에 무게를 뒀다. 후진타오(胡錦濤)의 역사적 임무는 중국을 '세계 2위 국가'에 올려놓는 것이었으나, 이제 시진핑(習近平) 공산당 총서기의 역사적 임무는 중국을 '세계 제1위 경제대국'으로 올려놓는 것이라고 후안강(胡鞍鋼) 중국 칭화(清華)대 공공관리학원 교수는 주장했다.

59) 보아오 아시아 포럼(Boao Forum for Asia)은 아시아 국가 간의 협력을 통한 경제발전을 도모할 목적으로 2001년 중국, 한국, 일본, 호주 등 26개 국가들이 회원국으로 참여해 창설한 비정부·비영리 포럼이다. 매년 4월 중국 하이난다오(海南島) 충하이시 보아오에서 개최되는 아시아판 '다보스 포럼'으로 불린다. 보아오 아시아 포럼(Boao Forum for Asia)은 1998년 피델 라모스 전(前) 필리핀 대통령과 밥 호크 호주 총리, 호소카와 모리히로(細川護熙) 전(前) 일본 총리 등이 상기 포럼 설립 아이디어를 냈다. 2002년 4월 첫 총회가 열린 보아오 아시아 포럼(Boao Forum for Asia)은 사실상 중국이 주도권을 행사하는 외교무대가 됐고 참가자도 아시아에 관심 있는 외부 인사들로 확대되고 있다.

[표 Ⅵ-2] 중국 역대 지도자의 정치이념

시기	국가주석	핵심 이념
1949~1976	마오쩌둥(1세대)	중화인민공화국 건국, 중국공산당 창당
1977~1989	덩샤오핑(2세대)	흑묘백묘론(실용주의)과 선부론, 개혁 · 개방 추진
1989~2002	짱저민(3세대)	경제성장 중시(기업가 우대)
2002~2012	후진타오(4세대)	경제와 사회의 조화로운 발전(균형발전)
2012~2022	시진핑(5세대)	공정한 소득분배 강조, 치국이정(治國以正)

자료: 이치훈(2012), "中, 차세대 지도부의 정책방향 점검", Issue Analysis, 국제금융센터을 저자가 다소 수정

비유적으로 말하면, 1세대(1946~1976) 마오쩌둥(Máo Zédōng, 毛澤東, 1893~1976)은 28년의 지하투쟁을 거쳐 중화인민공화국(中華人民共和國)을 건국하고 공산당을 창당해 중국을 일어서게 했으며(站起來), 2세대(1977~1989) 덩샤오핑(Dengxiaoping, 鄧小平, 1904~1997)은 실사구시(實事求是)와 선부론(先富論)으로써 개혁·개방을 추진하여 경제발전의 시동을 본격적으로 걸어 부유한 사회로 가는 길을 제시했었고(富起來), 3세대(1989~2002) 장쩌민(Jiang Zemin, 江澤民)은 경제성장을 중시(기업가 우대)하였고, 4세대(2002~2012) 후진타오(Hu Jintao, 胡錦濤, 1942~현재)는 전(全) 세계가 호황기였던 시대에서 경제와 사회의 조화로운 발전(균형발전)을 추구하였으며, 5세대(2012~현재) 시진핑(習近平)은 글로벌 경기침체 시대에서 공정한 소득분배, 즉 공부론(共富論)를 강조함과 동시에 세계 최고의 강대국으로 가는 길(强起來)을 제시했다고 말할 수 있다.

(6) 중국의 도약: 도광양회(韜光養晦) → 유소작위(有所作爲) → 책임대국론(責任大國論) → 돌돌핍인(咄咄逼人); 경제대국 → 군사대국 → 금융대국

중국은 2001년 11월 세계무역기구(WTO)에 가입하였다. 이것은 중국을 세계경제의 궤도에 올려놓았던 역사적 사건이었으며 중국경제의 고도성장(高度成長)에 결정적 역할을 하였다. 중국은 저렴한 생산비를 바탕으로 '세계의 공장' 역할을 담당하면서 미국계 다국적 기업이 주도하는 국제분업 구조에 적극 참여하였다. 이 결과, 중국의 교역규모는 지난 5년간 무려 2.8배나 증가하였으며, 그 결과 2005년도 GDP 대비 교역의존도는 63%로 세계 평균치보다 15%포인트나 증가하였다.

2001년 11월 세계무역기구(WTO)에 가입과 함께 임가공 위주의 수출주도형 성장전략

을 추진한 결과, 중국은 1990년대 중반부터 무역수지 흑자를 창출하였다. 2005년에는 무역수지 흑자 규모가 1,000억 달러를 넘어섰다. 여기에 연간 600억 달러대의 외국인직접투자(FDI)가 가세하면서 중국의 외환보유고는 급격하게 증가하였다. 중국의 외환보유고는 1조 9,500억 달러(2009.01 기준)로 일본(1조109억5,800만 달러, 2009.01 기준)을 제치고 세계 제1위를 기록하였다.

한편, 국내적으로도 2002년 말 등장한 후진타오(胡錦濤)－원자바오(溫家寶) 체제는 2002년 11월, 제16기 全人大에서 제기된 '과학발전관'을 통해 "전면적 小康사회"와 "사회주의 和諧사회" 건설이라는 경제발전 전략 방침을 수립하였고, 이에 근거하여 2006년 3월에는 "11·5 규획"안(案)을 통해 경제성장의 방식에 있어서 기존의 '선부론(先富論)'으로 대표되는 고도성장 위주에서 '공동부유(共同富裕) 추구의 안정적인 성장으로의 전환을 강조하고 있다.[60)]

사실, 2009년은 중국에게는 지난 개혁·개방의 30년 중에서 가장 어려운 한 해였다. 예로서, 티베트(西藏) 봉기 50주년, 천안문 사태(1989년) 20주년 등 갖가지 악재가 겹쳤다. 2009년 7월에는 신장(新疆) 위구르 자치구에서 소수민족 폭력사태가 발생해 1,000명 이상의 사상자가 발생했다.

그러나 중국은 2008년 하반기 글로벌 금융위기가 세계로 확산됐던 2009년을 무사히 넘겼을 뿐만 아니라, 이 위기를 경제대국으로 발돋움하는 기회로 활용하는 데 성공했다. 중국경제는 덩샤오핑(Dengxiaoping, 鄧小平, 1904~1997)의 1978년 개혁·개방 정책 이후 약 30년간 연평균 10%대에 근접하는 고도성장을 지속한 결과, GDP 규모 세계 2위, 교역규모 세계 3위의 경제대국으로 부상하였다.

2008년 하반기 글로벌 금융위기 후, 중국에서 유행하는 말은 다음과 같다: *"1979년엔 자본주의만이 중국을 구할 수 있었다(只有資本主義才能救中國). 2009년엔 중국만이 자본주의를 구할 수 있었다(只有中國才能救資本主義)."*

즉, 30여 년 전의 중국 개혁·개방이 서방의 자본주의 도움을 받았지만 현재 세계경제는 중국 덕분에 먹고 산다는 이야기다. 중국은 이제 맘에 들지 않는 서방의 경제 스탠다드에 대해선 '뿌(不·NO)'라고 말한다.

실제로, 2008년 하반기 글로벌 금융위기 후, 2009년 11월 버락 오바마(Barack Hussein

60) 2006년 3월 제10기 全人大에서 통과된 「국민경제와 사회발전 제11차 5개년 규획 요강」(國民經濟和社會友展第十一次午年規劃要綱)은 2006~2010까지의 중국 경제·사회정책 운영의 청사진으로서, 중국경제의 국제경쟁력 강화는 물론 빈부격차 해소와 사회안정화 및 환경친화적이고 지속가능한 발전을 동시에 추구하고 있다. 「人民日報」(2006.03.17).

Obama) 대통령(당시)이 후진타오(胡錦濤) 국가주석(당시)을 방문한 데 이어 2011년 1월 19일 후진타오(胡錦濤) 국가주석(당시)이 버락 오바마(Barack Hussein Obama) 대통령(당시)을 국빈으로 방문하여 41개 항 공동성명을 채택함으로써 G2(미국과 중국) 시대의 개막이 공식화되었다.

흔히들, 세계 자본주의가 중국을 WTO 가입(2011년)을 허용함으로써 중국 경제를 구출했었던 반면에 2008년 하반기 글로벌 경제위기 당시 중국은 위안화 가치를 평가절하(平價切下)하지 않고 그대로 유지함으로써 세계 자본주의를 구출했었다고 말한다: "1979년엔 자본주의만이 중국을 구할 수 있었다(只有資本主義才能救中國). 그러나 2009년엔 중국만이 자본주의를 구할 수 있었다(只有中國才能救資本主義)." 그 여세를 몰아서, 중국은 이제 마음에 들지 않는 서방의 경제 스탠다드에 대해선 '뿌(不·NO)'라고 말한다.

중국은 베이징 올림픽(2008.08.08~24)의 성공적 개최를 통해 지역강국을 넘어 명실상부한 세계대국(global power)으로 부상하였다. 그리고 중국은 베이징 올림픽(2008.08)을 기존의 인구대국·군사대국과 같은 '하드파워 대국'에서 문화대국을 포함한 '소프트파워 대국'으로 도약할 수 있는 계기로 삼고 있다.[61] 또한 중국은 경제대국 → 군사대국 → 금융대국이 되었다.

드디어, 2016년 10월, 위안화는 오랜 소망 끝에 준(準)기축통화(基軸通貨)가 되었다. 즉, 위안화는 국제통화기금(IMF)의 특별인출권(SDR)에 편입되면서 세계 최대 무역대국 중국이 준(準)기축통화의 지위를 획득하였다.[62] 이제, 위안화는 미국(달러), 유럽(유로)과 함께 세계 3대(基軸通貨) 국가로 등극했다. 특별인출권(SDR)은 국제통화기금(IMF)이 만든 가상 국제통화이다. 무역 거래나 금융 거래에는 사용되지 않고, IMF와 각국 정부·중앙은행 간 거래에만 사용된다.

사실, 중국은 장기적으로 위안화를 기축통화(基軸通貨)로 만들기 위해 위안화의 자유태환과 국제화 → 아시아 지역 중심통화 → 기축통화(基軸通貨)순으로 전략을 추진해 갈 것으

61) 지금까지 아시아에서 올림픽이 개최된 것은 1964년 도쿄올림픽, 1988년 서울올림픽과 이번 2008년 베이징 올림픽의 세 번뿐이다. 일본은 도쿄올림픽(1964년) 개최를 계기로 세계 2위의 경제대국으로서 명실상부한 아시아 대표국가의 자리를 확보하였다. 한국은 서울 올림픽(1988년)을 계기로 선진국 진입의 발판을 마련하였다. 중국도 지난 베이징 올림픽(2008년)의 성공적 개최를 통해 지역강국을 넘어 명실상부한 세계대국(global power)으로 부상하였다.

62) 미국이 주도하는 IMF가 위안화의 SDR 편입을 허용한 것은 중국의 금융 파워가 급격하게 커지고 있기 때문이다. 중국의 국내총생산(GDP)은 11조 2,119억 달러(2014년 IMF 기준)로 18조 1,247억 달러인 미국의 61.8% 수준까지 추격한 상태다. 2010년까지 통계상 미미하던 위안화의 국제 결제 통화 비중도 지난 8월 2.79%까지 상승해 엔화(2.76%)를 제치고 세계 4위가 됐다.

로 전망된다. 위안화 결제는 1차적으로 교역규모가 많고 경제적 통합이 심화된 홍콩과 대만을 중심으로 추진하고 점진적으로 동아시아 전체로 확대되고 있다. 중국은 동아시아 지역을 대상으로 공적개발원조(ODA)에서 위안화 차관을 확대하며 통화스와프도 확대하고 있다. 또한 한국과 일본과의 교역에서도 위안화 결제 확대를 추구할 것으로 전망된다.[63] 결국, 세계적으로 보면, 달러화, 유로화, 위안화의 위상 강화를 위한 경쟁이 가속화될 것으로 전망된다. 이와 동시에, IMF의 역할에 대응하여 동아시아에서 아시아통화기금(AMF)의 출범이 눈앞에 있고, 환율안정을 위한 아시아통화단위(ACU) 논의도 확산되고 있다.

한편, 시진핑(Xi Jinping, 習近平, 1953~현재) 중국 국가주석은 2012년 중국공산당 18차 전국대표대회(당대회) 이후 군사 현대화 개혁을 추진하며 국방력 강화에 주력해 왔다. 사실, 중국 중·단거리 미사일 발사실력은 위협적이다. 중거리핵전력(INF) 조약은 1987년 미국과 소련(러시아)이 핵탄두 장착이 가능한 양국의 중·단거리 미사일을 모두 폐기하는 것을 체결했다. 이에 따라 미국과 러시아가 핵탄두 미사일 개발을 중단한 반면에, 중거리핵전력(INF)에 참여하지 않는 중국은 그동안 미사일 전력을 증강시켜 왔다. 중국의 커지는 군사 위협에 도널드 트럼프(Donald John Trump) 대통령(45대: 2017~현재)이 2018년 중거리핵전력(INF) 조약을 깨고 중거리 미사일 발사 실험에 매진하기 시작했다. 중국 국방부는 2019년 7월 발표한 '국방백서'에서도 방어적 국방정책을 강조하면서 패권 및 확장을 도모하지 않겠다는 뜻을 피력했다. 그러나 중국은 국제 정세와 안보가 불안한 상황 속에서 국가 주권과 안전을 확고히 지키겠다고 천명했다. 특히 대만을 겨냥해 평화 통일과 일국양제(一國兩制) 방침을 견지한다면서도 누군가 대만을 중국에서 분리시키려 한다면 중국군은 그 어떤 대가를 치르고서라도 국가통일을 수호할 것이라고도 경고했다.[64]

63) 일본은 아시아 외환위기 이후인 1999년 대장성에 엔화국제화촉진연구그룹을 구성해 엔화의 국제화 추진을 연구했다. 이를 위해 경제 및 금융 회복, 개방 지속, 엔화 사용을 촉진하는 환경 조성 등에 나섰다. 특히 일본기업의 무역 및 투자에서 엔화 사용을 강조했으며 일본의 경제적 영향력이 큰 아시아 지역을 중심으로 엔화의 국제화를 추진하기로 했다. 그러나 10여 년이 지난 현재 세계의 준비자산으로서 엔화의 비중은 더욱 감소하는 등 엔화의 국제화는 성공하지 못했다. 박번순(2009), "중국 위안화의 기축통화 가능성?", SERI 경제포커스 제241호, 삼성경제연구소, 05.06.

64) 미중(美中) 무역전쟁 속에서 미국이 대만에 22억 달러(약 2조 6,000억 원) 규모의 무기 판매를 강행하고, 홍콩 소요 사태로 인한 정국 불안을 우려한 중국이 강력한 국방력을 통해 존재감을 드러내고 있는 것으로 해석된다. 사실, 미국은 중국 본토의 아킬레스건(腱)인 대만(臺灣)과의 군사협력을 강화하기 위하여 ① '대만관계법(1979년)의 제정, 대만에 대한 첨단무기 판매, 미국–대만 간의 군사회담의 개최 등 군사안보적 측면에서의 대만과의 관계 강화, ② '핵태세 검토 보고서(NPR: Nuclear Posture Review)'의 작성과 인권보고서를 통한 중국에 대한 외교적 압력을 직·간접적으로 행사해 왔다. 부시(George W. Bush) 대통령은 아시아 순방(2002년 2월) 중 일본과 중국에서 잇따라 미국은 '대만관계법'을 지킬 것이

드디어, 2019년 10월 1일 톈안먼 광장에서 열린 건국 70주년 열병식은 중국이 '군사강국'의 면모를 드러냈다.[65] 이 날 열병식엔 160대 군용기와 580여 대 군사 장비가 동원돼 톈안먼 광장을 수놓았다. 최신식 무기도 대거 눈에 띄었다. 그중 하이라이트는 중국의 차세대 대륙간탄도미사일(ICBM)인 둥펑－41의 '첫선'이었다. 사거리가 1만 4천km에 달하는 둥펑－41은 핵탄두를 10기까지 탑재하는 다탄두 미사일로 전 세계의 어떤 전략목표도 타격 가능한 것으로 알려졌다. 이외에도 중국이 과거 열병식 때 선보인 바 있는 둥펑－5B, 둥펑－31AG 등 신형 ICBM도 이날 등장했다. 또한 중국 해군이 현재 보유한 전함은 모두 714척(약 90만 톤)이며, 첫 번째 항모 랴오닝(遼寧·5만 860t)에 이어 첫 자국산 항공모함인 7만t급 '001A함'도 이미 진수되었다. 물론, 415척(350만 톤) 함선과 11척 항공모함을 보유한 1위 미국과 아직 커다란 차이가 있지만 그래도 위협할 만한 수준이다. 미국 국방부도 2019년 5월 '중국 군사력 보고서'를 발표해 "중국군 위협이 나날이 커지고 있다 중국 인민해방군이 육·해·공·미사일 등 방면에서 미국과 우위를 다투고 있다"고 중국의 군사력 증강에 우려를 표했다.

원자바오(溫家寶) 중국 총리(당시)가 북한을 방문(2009.10.07)하였을 때 한국전쟁(1950.06.25～1953.07.27)에 240만 명의 중국군이 참전하였다가 전사한 중국 인민지원군 열사 묘(평안남도 화창군)를 참배하여 마오쩌둥(毛澤東) 전(前) 국가주석의 장남 마오안잉(毛岸英)의 묘소에 헌화하며 *"이제 조국은 강대국이 되었다"*고 告하였다.[66] 중국은 북한과의 동맹관

라고 명확하게 천명한 바 있다. '대만관계법(1979년)은 중국이 대만을 침공하거나, 중국의 대만에 대한 군사적 위협에 대처하기 위해 미국이 대만에 무기를 의무적으로 팔도록 강제하고 있으며 1979년 중·미(中·美) 외교관계 수립에 맞추어 제정됐다.

65) 70년 전인 1949년 10월 1일, 마오쩌둥(毛澤東)이 베이징 톈안먼 광장에서 중화인민공화국 건국을 선언했을 당시만 해도 중국의 열병식은 초라했다. 톈안먼 광장을 누볐던 탱크는 모두 미국제 전리품이었고, 하늘을 날던 전투기는 일본군과 대만 국민당으로부터 몰수한 것이었다. 그러나 2008년 10월 1일, 중국이 건국 60주년을 맞아 군사 열병식(퍼레이드)을 벌인 베이징 톈안먼 광장에 세계 언론과 군사전문가들의 이목이 집중됐다. 왜냐하면 중국이 신형 대륙간탄도미사일(ICBM)과 장거리 지대지(地對地) 순항미사일을 처음 공개한 것을 비롯하여, 50여 종의 육·해·공군 최신 무기들을 선보였기 때문이다. 예로서, DF－31A는 사정거리 1만 2,000㎞ 이상인 다탄두(多彈頭) 각개유도(MIRV) ICBM으로, 중국의 대표적인 신세대 전략 핵무기. 미국이 군사 초강대국 역할을 하는 데 중추적 존재인 항공모함 전단(戰團)을 공격할 수 있는 사정거리 2,000여㎞의 탄도미사일 DF－21, 수백㎞ 떨어져 있는 적기의 움직임을 추적·감시하는 공중조기경보통제기 KJ－2000·KJ－200 등이 공개됐다. 이어서, 중국은 건국 60주년 기념행사(2009.10.01)에서 19세기 중반 이후 100년 동안 겪었던 외침과 내란을 끝내고 1949년 「중화인민공화국」 수립을 선언한 이후 힘겹게 쌓아온 군사력을 상기의 기념식장에서 유감없이 과시하였다. 시진핑(習近平) 중국 국가주석은 2012년 중국공산당 18차 전국대표대회(당대회) 이후 군사 현대화 개혁을 추진하며 국방력 강화에 주력해 왔다.

계를 유지하고, 대만과의 경제통합[67]을 추진하며, 베트남·인도네시아와의 관계개선을 도

66) 중국은 동북3성의 경제개발과 동해 및 태평양으로의 진출을 위해 북한의 나진항에 눈독을 들이고 있다. 그 이유는 동북 지역의 수출·입 창구인 다롄(大連)항이 포화상태이며, 북한의 나진항이 지린(吉林)과 헤이룽장(黑龍江) 지역에 근접(훈춘~다롄은 1,300㎞인 반면에, 훈춘~나진은 93㎞)해 있어 동해로 진출할 수 있기 때문이다. 대외경제정책연구원(KIEP, 2007)은 '북핵과 북중 경제관계 전망' 보고서에서 "중국은 북한과의 도로·항만·지역 일체화라는 전략목표에 따라 단둥(丹東)~신의주, 지안(集安)~만포, 훈춘~나진·선봉 등 접경도시 간 연계 인프라 개발사업에 집중투자할 가능성이 크다"고 주장했다. 구체적으로, 중국 정부는 최근 동북지역의 창춘(長春)-지린(吉林)-투먼(圖們)시를 연결하는 '창지투(長吉圖) 개발·개방 선도구'의 사업을 승인했다(조선일보, 2009.11.18). 중국 정부는 특히 옌볜시와 훈춘시 등 두만강 유역을 집중 개발한 뒤 북한의 나진항을 통한 동해 항로도 개척한다는 계획이다. 나진항은 총면적 38만㎡(약 11만 5천 평)이며 총 10개 선석을 갖추고 있다. 연간 화물처리 능력은 300만 HEU로 추정된다. 나진항은 한반도·중국·러시아를 잇는 전략적 요충지며, 수심이 깊어 항만 개발에 유리한 조건을 갖추고 있다. 북한은 1991년 12월 나진·선봉지역을 자유경제무역지대로 설정했으나 뚜렷한 성과를 거두지 못했다. 중국은 총 10억 달러 이상 투자할 의사를 북측에 통보했는데, 투자 항목은 훈춘~나진구간 철도 건설, 나진항 부두 건설, 도로망 건설과 재정비, 보세구 및 공업구 건설 등이다. 중국은 이미 훈춘(薰春)과 나진(羅津)을 연결하는 도로 개설 조건으로 나진항 1호 부두 독점 사용권을 북한으로부터 받아냈다. 훈춘(薰春)-나진(羅津)-동해(東海) 항로를 이용하면 지린성과 헤이룽장(黑龍江)성에서 생산되는 광물자원과 농산물, 공산품을 수송하는 물류비를 대폭 절감할 수 있다.

67) 중국과 대만은 한족(漢族) 중심의 민족주의 사상인 '중화사상(中華思想)'을 바탕으로 '일국양제(一國兩制)'라는 현실을 수용하고 정경분리(政經分離) 원칙하에서 3통(通商, 通航, 通郵) → 금융기관(金融機關)의 상호 진출 → 「양안 경제협력협정」(ECFA: Economic Cooperation Framework Arrangement) 체결(2010.06.29) → 양안간 경제통합(Economic Integration)은 추진해오고 있다. 마잉주(馬英九) 대만 총통이 원자바오(溫家寶) 중국 총리에게 2009년 4월 18일 첸푸(錢復) 대만 양안공동시장기금회 고문을 통하여 보낸 구두(口頭) 친서(親書)에서 대만의 대(對)중국 관계에 대한 기본방침(2009.04.17)을 다음과 같이 밝혔다: 같은 배로 물을 건너고(同舟共濟) 서로 도와(相互扶持) 협력을 강화하여(深化合作) 미래를 열어가자(開創未來). 이에 대하여, 원자바오(溫家寶) 총리가 해남도(海南島) 보아오 포럼에 참석한 대만 대표단에게 중국의 대(對) 대만 관계에 대한 기본방침(2009.04.18)을 다음과 같이 화답했다: 미래를 바라보며(面向未來) 과거에 맺힌 감정을 버리고(捐棄前嫌) 서로 긴밀히 협력하며(密切合作) 손을 잡고 함께 나가자(携手竝進). 상기한 해방(解放) 무드를 타고 난징(南京)에서 열린 중국의 「해협양안관계협회」와 대만의 「해협교류기금회」 간 제3차 양안(兩岸·중국과 대만) 회담(2009.04.26)은 금융과 직항 등 3개항에 관한 합의를 이뤘다. 이것은 중국과 대만의 분단 60년 만에 최대 경사라고 평가되고 있다. 이어서, 2009년 7월, 중국의 후진타오(胡錦濤) 주석은 국민당 주석으로 당선된 마잉주(馬英九) 총통에게 2008년 4월 국민당 롄잔(連戰) 주석에게 말하였던 것과 같은 내용으로 축하 전보를 보냈다. 마잉주(馬英九) 총통은 전보를 받은 당일 다음과 같은 16字 메시지를 전보에 담아 화답했다. "*현실을 직시하고 신뢰를 쌓고 다툼을 멀리하고 함께 윈윈(win-win)을 만들어 나가자.*" 나아가, 2012년 8월 31일, 대만 중앙은행과 중국 당국이 미국 달러 사용으로 인한 수수료 부담 및 환율 리스크 문제점을 극복하기 위해 '화폐 청산 양해각서(MOU)'를 체결해 양안은 사실상의 '경제통합(Economic Integration)' 단계에 진입하였다. 양안간 '화폐 청산 양해각서'를 통해 수·출입 거래 시(時) 위안화와 대만달러로 거래를 하여, 사실상 양국간 경제통합으로 볼 수 있다. 양국 간 화폐 청산이 순조롭게 진행될 경우 관세동맹(無관세)도 체결될 것으로 예상되어 양안간 경제통합(Economic Integration)은 추진될 것으로 전망된다.

모함으로써 중국의 영향력 확대를 추구하고 있다.

상기한 바와 같이, 중국은 어느덧 주요 2개국(G2)의 일원으로 미국과 '세계경영'을 해야 할 위치에 올라섰다. 그렇다면, 중국은 앞으로도 몸을 낮추고 실력을 기르는 데만 힘을 쏟을 것인가? 아니면 국제문제에 점차 제 목소리를 낼 것인가? 다행히, 중국은 근세에 들어와 외세 침략과 국가주권(國家主權) 유린을 뼈저리게 경험했었기 때문에, 오늘날 국가주권(國家主權)과 호혜평등(互惠平等)의 원칙과 내정(內政) 불간섭(不干涉) 원칙을 존중할 것을 국제무대에서 역설한다. 상기 원칙은 덩샤오핑(Dengxiaoping, 鄧小平, 1904~1997)이 설정한 중국 대외정책의 핵심인 '도광양회(韜光養晦 · 빛을 감춰 밖으로 새지 않도록 하면서 은밀하게 힘을 기른다)', 즉 '실력을 기를 때까지 몸을 낮춘다'는 정책과도 맥이 닿고 있다.

사실, '잠자는 사자'를 깨운 서양인은 헨리 키신저(Henry Kissinger, 1923~현재) 박사였다. 그는 중국의 미래에 관하여 다음과 같이 우려한다(중앙선데이, 2015.03.28): 중국은 긴 역사에서 '천하(天下)'의 중심으로서 오직 제국(帝國)만 운영해 왔다. 군사력(軍事力)이 약한 왕조(王朝) 때도 중국은 문화(文化)의 힘으로 주변 '오랑캐'들을 제압했다. 중국의 국제관계는 조공(朝貢) 관계가 전부였다. 따라서 중국은 다른 국가들을 동등한 국가로 인정하며 협상하고 동반자 관계나 동맹을 맺은 경험이 거의 전무(全無)하다. 현대 국제질서는 동등한 주권을 갖는 '민족국가'들과 공존 · 번영할 수 있는 경험과 지혜가 중국에게 과연 얼마나 있을지 우려된다.

그러나 저자는 중국이 국제관계를 합리적으로 유지 및 선도해 갈 능력과 의지가 충분히 준비되어 있다고 믿는다. 이를 뒷받침해줄 수 있는 역사적 사례를 들면 다음과 같다: 소련이 체코슬로바키아를 침공(1968.08.20~21)하였을 때, 중국은 소련을 겨냥해서 '사회주의 제국주의(Social Imperialism)'에 반대하는 캠페인을 새로이 시작하였으며, 유고슬라비아에 대한 오래된 논쟁적 공격을 중단하였고, 루마니아와의 외교적 관계가 더욱 친밀해졌다. 이 결과, 소련과 중국의 관계는 경쟁 관계에서 적대 관계로 변모했었다. 나아가, 소련이 중국의 주적(主敵)이 된 상황에서, 중국은 제2의 적(敵)인 미국과의 관계 개선에 나섰다. 같은 해 9월 17일, 소련의 체코슬로바키아 침공(1968.0820~21) 한 달 후, 미국 국무부가 바르샤바의 중국 대사관을 통해서 1968년 초 이래 중단되었던 대사급 회담을 재개하자는 메시지를 보냈었다. 중국은 단지 이틀 만에 긍정적인 답변을 보냈었다. 중국 측의 신속한 긍정적 답변에 미국 당국자들이 놀랄 정도였다.

그러나 미국과의 관계 개선을 위해서 중국은 베트남 전쟁에 대한 정책을 변화시킬 필요가 있었다. 즉, 미중(美中) 화해에 베트남이 걸림돌이 된다는 것이었다. 미국의 베트남 전쟁이 한창인 상황에서, 베이징 지도자들은 미중(美中) 관계 개선에 인도차이나 문제가 걸림돌이 될 수 있다는 점을 잘 인식하고 있었다. 1968년 이후 중국의 베트남 전쟁 정책이 급변한 것은 바로 이러한 상황이 반영되었던 것이다. 베트남에서의 평화협상과 남베트남에서의 연립정부 구성에 대한 중국이 입장은 1968년과 1972년 사이에 정반대로 변했었다.

(7) 시진핑(習近平, 1953~현재): 일대일로(一帶一路)와 '아시아 인프라 투자은행(AIIB)'

시진핑(Xi Jinping, 習近平, 1953~현재) 국가주석은 대내적으로 법치주의(法治主義)를 표방하고 공부론(共富論, 2011.09)을 주장했으며, 대외적으로는 '중국몽(中國夢)'을 내세워 21세기 팍스 시니카(Pax Sinica)의 야망을 드러냈다. 그는 2014년 3월 *"중국이라는 사자는 깨어났다(睡醒的 獅子)"*고 선언했다. 일찍이, 1803년경, 나폴레옹 보나파르트(Napoleon Bonaparte, 1769~1821)[68]은 *"잠자는 사자(獅子)를 깨우지 말라. 깨어나면 세계가 흔들린다"*고 경고했었다. 당시 중국은 발톱 빠진 사자(獅子)였다. 이젠 중국은 척박한 토양인 중국 대륙에서의 사자(獅子)가 아니라 세계를 향한 용(龍)이 되어 불을 품고 있다.

중국은 우선 동(東)아시아 세력권을 형성하기 위한 일련의 전략들을 열거하면 미(美)달러에 대응한 중국 위안화 중심의 국제금융질서를 형성할 목적으로 아시아인프라투자은행(AIIB) 설립, 미국 주도로 추진되고 있는 환태평양경제동반자협정(TPP)에 대항하는 역내

68) 나폴레옹(Napoléon, 1769~1821)은 '내 사전에 불가능이란 없다'로 잘 설명된다. 그는 프랑스령의 외딴섬 코르시카 출신으로 가난과 설움 속에서 군사학교를 졸업하고 뛰어난 능력으로 프랑스 구국의 영웅이 되었다. 그는 오합지졸의 군대를 단 며칠 만에 최정예 부대로 변화시키는 탁월한 지도력으로 1797년 10월까지 16만 명의 포로와 2천대 이상의 대포를 전리품으로 주머니에 넣고 귀국했다. 프랑스의 영웅, 우상이 탄생하였다. 프랑스의 군인·제1통령·황제. 프랑스혁명의 사회적 격동기 후 제1제정을 건설했다. 제1통령으로 국정을 정비하고 법전을 편찬하는 등 개혁정치를 실시했으며 유럽의 여러 나라를 침략하며 세력을 팽창했다. 30대 초반에 프랑스 황제로 등극해 유럽의 절반을 제패하고, 교육, 종교, 문화, 법률 등 오늘날 프랑스의 초석을 남긴 인물이다. 지난 세기 프랑스 위인열전에서 항상 1등의 자리를 고수한(그도 결국 20세기 드골에게 선두 자리를 내준다.) 위대한 인물이다. 나폴레옹(Napoléon, 1769~1821)은 단 한 번도 전투에 임하지 않았다고 하더라도 프랑스에 남긴 행정체제와 시민개혁 만으로도 여전히 역사상 가장 위대한 지도자의 하나로 평가될 것이다." 영국의 역사학자 앨리스테어 혼의 나폴레옹(Napoléon, 1769~1821) 평가이다. 오늘날까지 영웅의 아이콘인 나폴레옹(Napoléon, 1769~1821)이라는 인물은 매우 다면적인 사람이다. 정복자로서, 정치인으로서, 군인으로서, 그리고 황제로서 각 방면에 뛰어난 업적을 남겼다. 나폴레옹(Napoléon, 1769~1821)에 대한 책이 60만 종이 넘는다는 사실만 보아도 그가 프랑스와 유럽에 미친 영향력을 짐작하기 어렵지 않다. 베토벤은 나폴레옹을 영웅으로 여겼다(훗날 나폴레옹이 황제가 되자 속았다면서 이러한 생각을 버렸지만). 그러나 러시아 원정 실패로 엘바섬에, 워털루전투 패배로 세인트 헬레나섬에 유배되었다.

포괄적 경제동반자협정(RCEP) 추진, 아시아 교류 및 신뢰구축회의(CICA) 정상회담에서 '아시아에 의한 아시아 안보' 제창, 동(東)중국해에서의 방공식별구역(ADIZ) 선포와 남(南)중국해에서의 해양관할권 확대 등을 들 수 있다.

우선, 시진핑(Xi Jinping, 習近平, 1953~현재) 국가주석은 2013년 10월 인도네시아 방문 시 '21세기 해상 실크로드' 건설과 아시아 인프라 투자은행(AIIB: Asian Infrastructure Investment Bank) 설립을 아세안 국가들과 함께 추진할 것을 제안했으며, 2014년 10월 베이징에서 합의안이 가결되었다.

아시아 인프라 투자은행(AIIB)은 아시아－태평양 지역의 기반시설 구축 지원을 목적으로 한 다자개발은행이다. 아시아 인프라 투자은행(AIIB)에 있는 자본은 미국 달러로 약 10억 달러이며, 이는 '아시아개발은행'의 2/3 수준이며 '세계은행'의 절반가량의 보유액이다. 2015년 12월 25일부터 아시아 인프라 투자은행(AIIB)은 운용되기 시작했고, 수권자본액의 전체 보유량 중 50%를 보유한 10개국이 상기 협정을 발효했다. 급기야 19세기에 중국을 침탈했었던 영국과 프랑스도 앞 다투어 '아시아 인프라 투자은행(AIIB)'에 가입했다. 2019년 1월 기준으로 70개국의 회원국이 아시아 인프라 투자은행(AIIB)에 가입하였으며, 예상 회원국 역시 23개국이다. 이 결과, 세계 20대 경제대국 중에서 미－일－캐나다－멕시코 4개국을 제외한 모든 국가들이 창립국으로 참가했고, 그 후 캐나다가 참가하여 세계 20대 경제대국 중에서 가입하지 않은 나라는 미－일－멕시코만 남았다.

다음으로, 시진핑(Xi Jinping, 習近平, 1953~현재) 국가주석은 중국은 2015년 현재 중국식 '대국외교(大國外交)'의 구호인 일대일로(一帶一路, One Belt One Road)를 위하여 '아시아 인프라 투자은행(AIIB)'을 앞세워 현대판 실크로드를 깔고 있다. 일대일로(一帶一路, One Belt One Road)에서 '일대(一帶)'는 중국과 중앙아시아, 유럽을 연결하는 '실크로드 경제권'을, '일로(一路)'는 아세안(ASEAN) 국가들과의 해상 협력을 기초로 동남아시아에서 출발해 서남아시아를 거쳐 유럽과 아프리카까지 이어지는 '21세기 해양 실크로드'를 각각 일컫는다. 따라서 '일대일로(一帶一路)'는 '실크로드 경제벨트(중국－중앙아시아－유럽을 연결하는)'와 '21세기 해상 실크로드(중국과 동남아시아에서 서남아시아를 거쳐 아프리카와 유럽을 잇는)'를 건설하는 '전략 로드맵'이다.[69)]

69) 일대일로(一帶一路, One Belt One Road)의 프로젝트들은 조기 성과를 나타내고 있다. 구체적으로 사례를 들면 동남아시아 지역의 경우 철도·도로·항구·전기철조망·천연 오일 가스의 파이프라인 프로젝트, 중앙아시아 지역의 경우 중국－키르기스스탄－우즈베키스탄 철도·중국－카자흐스탄 도로 2기·중앙아시아 천연가스 C선 및 D선 수송관. 동북아시아지역의 경우 중국－러시아 천연가스 수송도의 동서부 노선. 남아시아 지역의 경우 중국－파키스탄 도로, 원자력 발전소, 공업단지 등이다.

중국은 ‘일대일로(一帶一路)’가 미국이 패권 구축을 위해 서유럽에 제공했던 「마셜플랜」(Marshall Plan)과 근본적으로 다르다는 입장을 강조하고 있다. ‘유럽부흥계획’인 마셜플랜이 참여자들의 비(非)평등적 관계와 냉전질서의 구축이란 국제정치적 목적을 가지고 있었던 반면에, 중국의 ‘일대일로(一帶一路)’는 냉전질서가 아니라 *“협력을 통해 공동안보를 촉진하는 데 도움이 되는 평화와 발전, 평등과 공영을 추구하는 전략”*이라는 것이다. ‘일대일로(一帶一路)’의 추진과정에서 *“각국이 선택한 자국 발전의 길을 존중한다”*라는 언명도 중국식 국제관계의 평등을 상징한다. 이것은 중국이 미국과 다른 형태의 패권전략을 추구하겠다는 의미로 읽힌다.70)

2) ‘중국식 사회주의 시장경제체제’의 특징: 사회주의와 시장경제의 결합

미국 중앙정보국 산하 국가정보회의(NIC)는 2005년 1월에 공개한 「2020년 세계정세예측」(Mapping the Global Future)에서 향후 15년 중국과 인도가 국제무대의 주요행위자로 등장할 것으로 예측한 바 있듯이, ‘중국식 사회주의 시장경제’가 현재까지는 성공적이라고 평가할 수 있다. 그렇다면, ‘중국식 사회주의 시장경제’의 특징은 무엇이며, 그것의 구조적 모순은 어떠한가?

‘중국특색사회주의(中国特色社会主义)’ 혹은 ‘중국식 사회주의 시장경제’는 현재 중국공산당의 공식 이념으로서 아직 마르크스주의 이론에 따른 ‘완전한 사회주의’가 아닌, 사회주의로 지향하는 사회주의적 사회구성체 초기 발달 단계이다. 즉, 공산당의 지도에 따라 사회주의의 기본적 요건을 온전히 갖추고 발전한 다음, 공산주의를 실현하자는 사상이다. 따라서 ‘중국특색사회주의(中国特色社会主义)’ 혹은 ‘중국식 사회주의 시장경제’는 국가 관리하의 자본주의 제도가 실시되는 경제체제를 의미한다.

상기 용어는 1993년 3월 29일 제8기 전국인민대표자대회 제1차 회의에서 개정된 헌법에 명시됨으로써 중국이 지향하는 경제체제로 확립되었다. ‘중국식 사회주의 시장경제’란 국가의 거시적 경제조절하에서 시장이 자원분배에 그 기초적 작용을 하는 것이라고 할 수

70) 중국의 ‘일대일로(一帶一路)’에 대응하여, 미국과 일본은 ‘환태평양 파트너십(TPP)으로 맞서고 있다. 2017년 1월, 미국 대통령 당선자(당시)인 도널드 트럼프(Donald Trump)는 TPP로부터 미국 탈퇴를 선언하였다.

있다. 이와 동시에 국가가 경제에 대한 거시조절기능을 개선 · 강화함으로써 보다 나은 경제정책, 경제법규 및 계획지도와 필요한 행정관리를 통해 시장을 보다 건전하게 발전할 수 있도록 유도하는 것이다. '사회주의 시장경제론'이 정립되기까지에는 다음과 같은 이론 형성 과정이 있었다:

'중국식 사회주의 시장경제'는 자본주의 시장경제와 비교하면, 공급과 수요 원칙에 입각하여 경제활동이 전개된다는 점에서는 별로 차이가 없으나 다음과 같은 5가지 특징을 갖고 있다.

(1) 공유제(共有制)와 사유제(私有制)의 병행

'중국식 사회주의 시장경제'는 공유제(共有制)를 위주로 여러 형태의 경제주체를 기초로 건립된 것이다. 중국이 여타 사회주의 국가의 개혁과 다른 점은 중국이 시장경제 개혁에 있어서 대규모의 사유화(私有化)를 실행하지 않았다는 점이다.

상술하면, 1978년 덩샤오핑(鄧小平, 재임: 1979~2008)이 개혁 · 개방 정책을 시작한 이후, 중국은 공유제(共有制)와 사유제(私有制)를 병행하고 있다. 공유제(共有制)란 전민소유제(全民所有制)와 집단소유제(集團所有制)를 말하며, 사유제(私有制)란 비(非)사회주의적 경제 성분으로서 개체경제(個體經濟) · 사영경제(私營經濟) · 외자경제(外資經濟)를 말한다. 여기서 개체경제(個體經濟)는 개인이나 가족 또는 8명 미만의 종업원을 고용하여 소규모의 상공업에 종사하는 기업을 말하며, 사영경제(私營經濟)는 기업의 자산이 개인에게 속하고 8명 이상의 노동자를 고용하여 상공업에 종사하는 기업을 말한다. 개체경제(個體經濟)와 사영경제(私營經濟)는 중국 경제발전의 주체이다. 외자경제(外資經濟)에는 중외합자(中外合資) · 중외합작(中外合作) · 외상독자(外商獨資)가 있다. 외자경제(外資經濟)는 개체경제(個體經濟) 및 사영경제(私營經濟)와 더불어 중국 경제발전에 많은 기여를 하고 있다.

요컨대, 공유제(共有制) 위주의 전제하에 다양한 소유형태를 지닌 경제를 발전시켰다는 점이다. 공유제(共有制) 외의 각종 다양한 경제 성분을 허용한 중국은 분배의 측면에서도 노동 외의 요소에 의한 소득을 허용하지 않을 수 없었다.

따라서 사회주의 분배원칙인 노동에 의한 분배 외에, 개체기업에 의한 수입, 사영기업과 중외합자 · 중외합작 · 외상독자에 의한 수입 및 국영기업에 종사하는 사람이 다른 일을 하여 얻은 수입(예로, 주식 투자) 등을 허용하였다. 즉, 각종 생산수단의 소유자와 노동자의 경제적 이익을 보장하고, 또한 투자가와 노동자의 적극성을 유발시켜 경제 요소를 촉진시키기 위한 것이다. 예로서, 제 11기 3中全會 이후 농촌과 도시에서 여러 가지 형식의 책임제를 실시했는데, 이것은 바로 책임·권리·이익 등 3가지를 결합시켜, 노동에 있어서의 적극성을 발휘하게 하였다. 즉, 새로운 소득분배제도의 시행인 것이다. 이와 같이 중국은 공유제(共有制) 외에 사유제(私有制)를 어느 정도 허용하면서 중국경제에 생기를 불어넣고 있다.

(2) 주보론(主補論): 계획경제(計劃經濟)와 시장경제(市場經濟)의 결합

1978년 개혁·개방 정책 실시하기 전, 계획경제(計劃經濟) 체제하에서는 행정적 명령을 통한 계획된 범위 내에서 모든 경제활동을 통제하고 시장(市場)의 중요성을 무시하였다. 즉, 계획경제(計劃經濟)는 수요와 공급의 차질을 초래하여 생산품의 공급 부족 혹은 과잉 상태를 야기하게 되었다. 이런 상황에서 사회주의와 상품경제를 상호 대립되고 배척되는 것으로 간주하였던 종래의 관념을 타파하고, 사회주의는 본래 공유제(公有制)를 기초한 계획적 상품경제라는 새로운 '계획적 상품경제론'이 제기되었다. 여기서 '계획적 상품경제'란 생산부문들이 상대적으로 독립된 경제 주체이다. 상대적 독립이란 사회주의 국가가 사회 전체의 경제발전의 방향을 파악하고 거시경제적 측면에서 결정을 내리고 계획을 작성한다는 뜻이다. 그것은 곧 사회의 생산은 계획만으로 조정되는 것이 아니라, 계획주도하의 시장원리에 의한 조절도 충분한 역할을 한다는 것이다.

그 후 '시장경제(市場經濟)'라는 체제적 문제는 1978년 중국공산당 제11기 3中全會 직후 개최된 경제학회의에서 제기되었다. 이어서 1984년 중국공산당 제12기 3中全會에서 '경제개혁에 관한 결정'을 통과시켰다. 상기 결정에서 '사회주의 경제'는 '생산요소의 사회주의 공유제(共有制)'에 기초한 계획적 상품경제라고 정의했다. 또한 1992년 10월 중국공산당 제14차 전국대표대회에서 장쩌민(Jiang Zemin, 江澤民) 총서기는 정치공작 보고를 통해 13전대에서 채택된 사회주의 초급단계론에 입각한 중국적 사회주의 현대화를 실현하기 위해 '사회주의 시장경제' 체제의 확립을 공식적으로 제안하였다. 즉, 그동안의 개혁·개방 과정 중에서 나타난 각종 자본주의적 요소들을 합리화하기 위하여 '사회주의 시장경제론'을 제기한 것이다.

덩샤오핑(Dengxiaoping, 鄧小平, 1904~1997)은 다음과 같이 주장했다: *"자본주의 경제도 계획적인 요소가 있다"고 말하였다. 따라서 자본주의 경제와 사회주의 경제 모두 계획과 조절이 필요하지만, 사회주의 경제가 필요로 하는 계획과 조절의 목적은 바로 인민의 단*

기 이익과 장기 이익, 국부 이익과 전체 이익을 상호 결합하고, 계획경제와 시장경제의 두 제도가 지닌 장점을 최대로 발휘시켜 계급 간의 착취 현상을 제거하고 빈부의 양극화를 없애며, 사회정의를 실현하여 공동부유를 달성하는 데 있다. 여기서 국가의 계획은 중요한 거시경제적 통제 수단 중 하나이다. 이 점이 바로 자본주의 시장경제와 다른 점이다.

1979년 11월 덩샤오핑(Dengxiaoping, 鄧小平, 재임: 1904~1997)은 다음과 같이 주장했다: *"우리는 계획경제를 위주로 하여 시장경제를 결합시켰다. 그러나 이것도 사회주의 경제이다. 시장경제는 자본주의의 전유물이 아니며, 사회주의도 시장경제를 실행할 수 있다."*

1982년 9월 12차 중국공산당전국대표대회는 계획경제를 위주로 하고, 시장조절을 보충으로 하는 주보론(主補論) 체제를 공식으로 천명하였다.[71] 상기한 주장은 계획(計劃)과 시장(市場)의 내재적인 결합이라는 내재통일론(內在統一論)을 의미한다. 이 주장은 계획(計劃)과 시장(市場)을 둘러싸고 장기간 지속되었던 이원구조적 논쟁을 종식시켰다. 결국, 제한적이나마 시장(市場)의 존재를 인정하게 된 중국은 기존의 계획 생산에 의한 '생산품'이 아닌 시장(市場)의 필요에 의한 '상품'으로서의 존재에 대한 이론적 근거를 마련하였다.

이를 바탕으로 1987년 13차 중국공산당 전국대표대회에서는 다음과 같이 천명하였다: *"사회주의의 계획적 상품경제 체제는 반드시 '계획(計劃)'과 '시장(市場)'이 내재적으로 통일된 체제이어야 한다."*

이어서, 중국공산당 14차 전국대표대회는 이전의 경험을 근거로 '중국식 사회주의 시장경제'의 개념을 명확히 제시하였고 또한 자원배분의 효율성을 제고하기 위하여 시장경제기능의 강화를 결정하기에 이르렀다. 즉, '중국식 사회주의 시장경제'란 부분적 시장도, 반(反)계획적 반(反)시장도 아닌 '완전한 시장체제'라는 것이다.

사실, 계획경제(計劃經濟)와 시장경제(市場經濟)의 결합을 제대로 이해하기 위해서는 상위개념인 '사회 기본제도'와 하위개념인 '경제조절수단'을 구분해야 한다.[72] 계획경제(計劃

71) 주보론(主補論) 시기였던 1979년 2월 이선념(李先念, 당시 중국공산당 중앙 부주석 겸 국무원 부총리)은 "계획경제와 시장경제를 결합하여, 계획경제를 위주로 하고 시장경제를 보조 수단으로 하는 체제를 수립하자"고 주장하면서, '시장경제'라는 용어를 사용하였다. 1979년 3월 진운(陳雲, 당시 중국공산당 중앙정치국 상무위원)은 '계획과 시장 문제'라는 담화에서 "전체 사회주의시기의 경제는 2부분으로 구성되어 있다. 하나는 계획경제 부분이며, 다른 하나는 시장조절 부분이다. 계획경제 부분은 기본적이고 가장 중요한 것이며, 시장조절 부분은 종속적이고 부차적인 것이지만 필수적인 것이다"라고 주장하면서, 중국공산당의 문헌 중에서는 최초로 시장조절이라는 개념을 제기하였다.

72) 미국의 비교제도경제학자 뉴버거(E. Neuberger)는 자신이 설계한 'DIM이론'을 통해 몇 가지 계획경제와 시장경제를 구분하는 기준을 제시하였다. 즉 의사결정(Dcision)구조, 정보구조(Informaition), 동기구조(Motive)의 상호 비교에 의한 구분법인데, 이러한 DIM이론은 의사결정권이 경제시스템의 참여자 간에

經濟)와 시장경제(市場經濟)는 단지 사회의 자원 배분을 실행하기 위한 서로 다른 두 가지 수단에 불과하며, 모두 사회의 본질적 성격 규정과는 무관한 하위개념에 속한다. 사회 성격은 상위개념, 즉 생산관계의 핵심인 '소유제'와 '국가의 계급적 성격'과 같은 '기본제도'를 통해 규정되며, 시장이냐 계획이냐의 하위개념을 통해 규정되지 않는다.

물론, 사회주의라 할지라도 국유기업들이 시장주체로 참여하여 자신들이 생산을 결정하고 그 결과에 책임을 지는 시장경제는 충분히 존재할 수 있다. 과거 아돌프 히틀러(Adolf Hitler), 일본군국주의, 두 차례 세계대전 기간 중 서구 국가들에 광범위하게 출현했던 전시(戰時) 경제처럼, 자본주의경제에서도 필요하다면 국가가 민간기업을 대신해서 전체 생산과 유통 과정을 직접 통제하는 계획경제를 취할 수도 있다.

다만, 시장경제에 대한 보다 효율적인 거시경제적 조절을 행함으로써 시장경제가 국가 상황에 더욱 유효하게 적응할 수 있도록 해야 한다는 것이다. 이것은 자본주의 국가의 시장경제도 마찬가지이다. 시장경제라고 해서 계획적 요소가 전혀 필요하지 않은 것은 아니다. 다시 말하면, '사회주의 시장경제'와 자본주의 시장경제를 비교하면, 공급과 수요 원칙에 입각하여 경제 활동이 전개된다는 점에서는 별로 차이가 없으나, 3가지 측면: 소유제(所有制), 분배제(分配制), 거시경제적 조절 및 통제에서 차이가 있다. 바로, 상기한 3가지 측면이 '중국식 사회주의 시장경제'의 특징인 것이다.

요컨대, 자본주의 경제와 사회주의 경제 모두 계획과 조절이 필요하지만, 사회주의 경제가 필요로 하는 계획과 조절의 목적은 바로 인민의 단기 이익과 장기 이익 그리고 국부(國富) 이익과 전체 이익을 상호 결합하고, 계획경제(計劃經濟)와 시장경제(市場經濟)의 두 제도가 지닌 장점을 최대로 발휘시켜서, 계급 간의 착취 현상을 제거하고, 빈부(貧富)의 양극화를 없애며, 사회정의(社會正義)를 실현하여 공동부유(共同富裕)를 달성하는 데 있다. 여기서 국가의 계획은 중요한 거시경제적 통제 수단 중 하나이다. 이 점이 바로 '중국식 사회주의 시장경제'와 자본주의 시장경제와 다른 점이다.[73)]

어떻게 배분되는지, 그들 간의 정보교환과 유통 및 갈등조정 방식이 어떻게 이루어지는지, 참여자들 행위에 대한 동기부여 방식이 무엇인지를 중요시한다. 이러한 기준에 따라 계획경제와 시장경제에 대해 개념 규정을 하면 다음과 같다: 계획경제는 한 사회의 자원배치 방식과 관련하여 단일한 중앙집권적 의사결정 주체가, 행정명령을 통해 경제단위 간의 갈등을 조정하며, 정신적 자극에 의한 동기 부여를 중시하는 경제체제이다. 이에 비해 시장경제는 한 사회의 자원배치 방식과 관련하여 분산된 의사결정 주체가, 시장경쟁을 통해 경제단위 간의 갈등을 조정하며, 물질적 자극에 의한 동기 부여를 중시하는 경제체제이다. 이 같은 분류법의 핵심은 시장경제냐 계획경제냐를 자본주의나 사회주의에 직접 동일시하지 않고, 그 대신 그 나라 경제가 실제로 작동하는 구체적 형태와 원리를 중시한다는 점에 있다. 이 같은 관점은 이미 현대 서구경제학의 한 영역으로 자리 잡고 있는 '비교제도경제학'에 있어 대체로 공인되고 있다.

(3) 국유기업(國有企業)이 주도하는 시장경제

사실, '중국 특색 사회주의(中國特色社會主義)', 즉 '중국식 사회주의 시장경제'는 세계 최초로 '국유기업(國有企業)이 주도하는 시장경제'를 창출해냈다. 즉, 전(全) 인민적 소유제(所有制)를 대표하는 국유기업이 중국의 시장경제를 주도하고 있다.

매년 선정되는 '중국 기업 500강(强)' 리스트에서 넓은 의미의 국유기업(國有企業)이 차지하는 비중은 2008~2012년 기업수 기준으로 62~66%, 매출액 기준으로 82~85% 수준이다. 2012년 리스트의 경우 국유기업(國有企業)은 500강(强) 기업 전체자산총액의 89.7%, 이윤총액의 87.5%를 각각 차지했다. 공업부문에 한정하여 국유기업(國有企業)의 위상을 살펴보면, 2012년 현재 기업수로는 전체의 5.2%에 불과하지만 전체자산의 41%를 갖고 있으며, 공업기업매출의 26.5%를, 이윤의 25.5%를 각각 점유하고 있다. 그러나 자산이익률(ROA), 영업이익률, 이윤 증가율 등 수익성 지표에서 국유기업들은 민간기업들에 확연히 뒤처져 있다.

「포춘지」가 2017년 발표한 '중국 500대 기업'과, 중국 「전국공상연합」이 발표한 '500대 민영기업'을 중심으로 중국 내 국유기업과 민영기업을 모두 포함한 기업순위를 보면, 상위 10위까지 민영기업이 하나도 없다. 12위에 이르러 '화웨이'그룹이 하나 들어간 것을 볼 수 있으며, 상위 20위까지의 기업 중 국유기업(國有企業)이 대부분이고 민영기업은 모두 4개가 포함되어 있다. 50위까지의 순위를 소개하자면 민영기업은 모두 13개로, 전체에서 차지하는 비중은 26%밖에 되지 않는다. 나머지는 모두 국유기업(國有企業)이다. 따라서 중국이 시장경제를 채택하고 있지만 그 시장경제는 '국유기업이 주도하는 시장경제'라는 것을 알 수 있다. 이것이 바로 세계 어떤 다른 자본주의 국가와도 다른 중국만의 특색, 즉 '사회주의 시장경제'이다.

중국에는 돈 잘 버는 국유기업들(중국이동통신, 상해자동차, 중국공상은행 등)이 수두룩하다. 예로서 중국공상은행은 2016년 무려 47조 원이나 벌어들였다. 이것은 한국의 삼성전자가 2017년 40조 원의 당기순이익을 훌쩍 초과하는 수치이다. 이들 국유기업(國有企業)들이 벌어들인 이윤은 상당부분이 최대 주주인 국가에 귀속되며, 이는 최종적으로 국민복지와 공공건설을 위한 재정자금으로 사용된다. 나아가 국유기업(國有企業)과 같은 공유제(共

73) Lange, Oskar.(1937), "On the Economic Theory of Socialism", Review of Economic Studies Vol. 4; Lange, Oskar.(1938), "On the Economic Theory of Socialism", In B. Lippincott (ed.), On the Economic Theory of Socialism, Twin Cities: University of Minnesota Press; Lange, Oskar and Fred M. Taylor(1938), On the Economic Theory of Socialism, McGraw-Hill Book Company.

有制)에 기반한 시장경제는 그 효과 면에서 볼 때 단순히 사적 소유에 기반한 자본주의보다 월등하다는 것을 나타낸다. 그간 이들 중국 국유기업들은 별다른 큰 기복 없이 근 30~40년간의 장기적인 고속성장을 지속해오고 있다는 것은 주기적 공황(恐慌)이 필연적일 수밖에 없는 자본주의 국가에서는 거의 상상할 수도 없는 일이다.

중국 국유기업(國有企業)들의 기능적 특징과 문제점은 다음과 같다: 중국 국유기업들은 자본주의 사회의 기업들과는 달리 생산과 경영이라는 순수한 경제적 기능만이 아니라 각종 사회적 기능과 정치적 기능을 동시에 담당하고 있다. 따라서 중국 국유기업(國有企業)들은 자신의 경영목표를 실현하는 외에 국가가 요구하는 목표를 완수하지 않으면 안 된다. 구체적으로, 직공과 그 가족들의 의식주를 해결하는 일만이 아니라 도로의 보수와 녹화사업, 문화체육, 정치교육등 사실상 국유기업(國有企業)의 기능은 이미 사회생활의 모든 영역으로 확산되어 있다. 이 결과, 중국의 국유기업(國有企業)들은 과거 사회주의 경영방식인 계획지령, 실물배급, 직접적인 행정규제, 중앙집권적 경영방식을 완전히 탈피하지 못하여 개혁의 필요성에 따라 시장에 대한 새로운 적응을 해나가야 하는 이중구조를 갖게 되어 경영의 비효율성이 문제시되고 있다. 특히 기업내부의 성과급제에 대한 인식이 아직도 평균주의적 배분방식이 불문율로 존중되고 있다는 점은 노동자의 노동의욕을 상실하게 함으로써 경쟁원리에 의한 생산성 제고라는 개념이 실질적으로 인식되지 못하고 있다.

사실, 국유기업(國有企業) 개혁은 중국이 '사회주의 시장경제체제' 정비의 돌파구이다.[74] 사실, 국유기업 개혁은 중국이 계획경제체제에서 시장경제체제로 전환하는 과정에서의 핵심 문제일 뿐만 아니라 현대화 과정에서 해결해야 할 중대한 문제이다.

최근 '국진민퇴(國進民退)'[75]에 대한 격렬한 논쟁은 국유기업(國有企業)의 개혁을 어떻게 지속할 것인가에 대한 시각 차이에서 비롯되었다. '국진민퇴(國進民退)'에 대한 격렬한 논쟁의 핵심은 2가지: ① 왜 국유기업이 국민경제에서 주도적인 역할을 해야 하는가, ② 국유기업은 어떠한 역할을 해야 하는가이다. 상기 2가지 주제에 관한 관점은 4가지로 요약할 수 있다:

첫 번째 관점은 주류경제학의 기본 원리에 입각한 것으로, 국유경제는 시장실패 문제를 해결하기 위한 것이라고 생각하는 관점이다. 공공재의 외부성 및 일부 산업이 가진 자

74) 중국산업브리핑 제12-47호, 해외현지리포트, 2012.11.30

75) 국진민퇴(國進民退)는 경제 영역에서 국유자산이 진입하고 민영 자본이 쫓겨나는 현상을 말하는 신조어이다. 글로벌 금융 위기의 충격으로 정부의 경기 부양책이 추진되고 순식간에 확대되면서 사회 각계의 이목을 끌고 있다.

연독점이라는 특징 때문에 소위 시장실패라는 문제가 발생하고, 이러한 영역은 사영기업의 시장화 경쟁이 효과적으로 해결하기 어려운 문제라는 것이다. 따라서 공공재와 자연독점 영역에서 정부가 시장실패를 보충하는 역할을 해야 한다고 주장한다.

두 번째 관점은 국유기업(國有企業)을 발전시켜야만 진정한 노동 평등과 함께 잘사는 사회를 만들 수 있다는 것이다. 전(全) 인민소유제의 국유기업만이 서로 다른 조직 간의 평등을 진정으로 실현할 수 있고 함께 잘사는 사회주의라는 목표를 실현할 수 있다는 것이다. 상기 주장은 국유기업이 과연 전(全) 인민 소유를 대표할 수 있느냐에 대해 의문을 가지고, 국유기업이 추진하는 각종 시장화 개혁에 우려를 표명한다. 상기 주장자들은 국유기업(國有企業) 개혁이 국유자산의 유실, 빈부격차 확대, 국유기업 역할 변화, 국유기업 내부 각 계층의 분화 등을 야기할 수 있다고 우려한다.

세 번째 관점은 국유경제의 발전이 중국의 글로벌 경쟁과 국가 안전 보장에 필요하다는 관점이다. 이들은 중국이 경제대국이지만 후발주자이기 때문에 역사적으로 열강들에게 멸시당했고 서양의 충격과 도전에 대응하고 현대화를 실현하는 과정에서 강력한 국가의 역량과 국유기업의 주도적 역할이 필요했다고 주장한다. 사실, 국유경제의 발전을 강조하는 것은 저개발국가의 보편적인 발전전략이다. 국제 경쟁에 참여하고 국가 이익과 전략적 안전을 보장하는 것은 국유기업이 해야 할 마땅한 역할이라 할 수 있다. 세 번째 관점의 주장자들은 국유기업의 핵심 역할은 세계 500대 기업과 경쟁하고 전략성 신흥산업과 과학기술 혁신의 고지를 점령하여 산업에서 선도기업이 되는 것이라고 강조한다. 즉, 국제 경쟁에서 국유기업의 중요성을 강조하는 것이 중화민족의 위대한 부흥에 필수조건이라고 사유한다.

네 번째 관점은 국유경제의 발전이 정부의 의도와 정부 정책을 집행하는 데 유리하다고 보는 시각이다. 이들은 다른 유형의 기업과 비교했을 때 국유기업이 더욱 효과적으로 정부의 의도를 관철하고 정책을 실현시킬 수 있다고 사유한다. 예로서 일부 긴급 사태(지질, 빙설재해 등)에서 정부는 국유기업을 직접 동원하는 방법을 통해 관련 조치를 취하기도 한다. 게다가 국유기업의 통제를 통해 정부 역시 효과적으로 전체 경제사회의 발전을 유도할 수 있다. 왜냐하면 관료와 기업가 사이의 부당한 이익 거래는 소위 '정실 자본주의(Crony capitalism)'를 만들어내기 때문이다. 따라서 국유기업(國有企業) 개혁 문제와 국유기업 자신의 문제는 법치주의(法治主義) 완비와 정부의 개혁 추진 문제라 할 수 있다. 따라서 이들은 국유기업 개혁의 핵심은 법치의 강화이고 국유기업(國有企業) 권력(근본적으로 정부의 권력)이 효과적으로 통제되고 감독되어야 한다고 주장한다.

저자는 상기한 4가지 관점들이 모두 정당하며 현대사회에 부합하는 국유기업(國有企業) 관리체제 형성 및 개혁이 지속적으로 추진되기를 기대한다. 국유기업의 개혁 문제는 국유기업 자신의 문제이고 국유기업(國有企業)의 거버넌스 문제를 어떻게 정비할 것인가, 어떻게 현대적인 기업 제도를 만들 것인가 하는 문제이다. 정부가 맡아야 할 책임과 기능을 국유기업에서 분리해 정상적인 기업으로 탈바꿈시키고 시장에서 다른 기업과 공정한 경쟁을 하도록 해야 한다. 이와 동시에 인사 통제, 행정직급별 등 전통적인 방식으로 기업 경영자를 관리하는 방식을 버리고 성숙한 시장경제 국가의 국유기업(國有企業) 관리 경험을 배워서 시장화 방식에 따라 기업을 운영하고 경영자를 선발해야 한다. 관료와 기업 경영자 간의 회전문 현상을 근절하고 그들 간의 역할 충돌과 부당 이익 거래를 방지해야 한다.

개혁·개방 초기에 기능이 분산된 국유기업(國有企業)의 관리방식은 나름대로의 합리성을 가지고 있었다. 당시에는 시장체제가 만들어지지 않았고 시장의 역할이 아직 발휘되지 않았었다. 또한 정부의 기능 조정이 제대로 이루어지지 않았고 정부는 공공서비스 공급과 감독 강화 등 각 방면에서 능력이 부족했었다. 따라서 정부와 국유기업(國有企業)의 긴밀한 관계 때문에 정부의 일부 책임과 권한, 기능이 기업을 통해 행사되기도 했고 정부는 국유기업(國有企業)의 경영자에게 상응하는 행정급수를 부여하게 되었으며 국가의 각종 목표를 실현하도록 하였다.

그러나 시장경제가 발전함에 따라 사회의 이익주체가 다원화되고 이해관계의 차이가 날이 갈수록 커지면서 기능이 분산된 관리방식이 만들어낸 국유기업(國有企業)의 '개인과 조직의 이익 불합치성, 역할 전도, 이익 충돌' 문제가 더욱 심각해지고 있다. 따라서 근본적으로 국유기업에 현대적 관리방식을 세우기 어렵고 중국에 맞도록 '기능이 분산된' 피라미드형 전통사회에서 '기능이 분화된' 네트워크형 현대사회로 전환되기 어려운 상황이다.

따라서 국유기업(國有企業) 개혁 추진은 근본적으로 정부가 '개인과 조직의 이익 합치성, 권리와 책임 대등, 시장 활동'이라는 현대적인 방식으로 국유기업을 관리하고 관련 개혁을 추진할 수 있느냐의 문제이다. 즉, 전통적인 관리방식이라는 경직된 이념에서 벗어나 현대사회 거버넌스 원칙에 부합하는 국유기업의 관리방식을 건립해야만 정치와 기업의 분리를 실현할 수 있고 정부는 의지와 능력이 있는 시장 감독자가 될 수 있다. 독점을 해소하고 경쟁을 촉진하며 합리적이고 공정한 시장을 만드는 것은 국가가 사회 전체의 이익을 보호하는 중요한 방법이다. 국유기업(國有企業) 역시 기업에 대한 정부의 부당하고 과도한 간섭을 벗어나서 핵심 경쟁력을 가진 정상 기업이 되어야 한다.

요컨대, 중국의 현대화 전환이라는 요구에 맞게 각종 사고방식과 가치관 논쟁에서 벗어나 '각 개인의 위치에 맞게, 각 회사의 역할에 맞게, 책임과 권한은 동등하게, 개인의 이익과 전체의 이익을 조화롭게' 국유기업의 현대 관리체제를 세우고 지속적으로 국유기업(國有企業)을 개혁해야 한다. 그러나 국유기업 자신이 '함께 잘사는 사회'를 만들어야 하는 기능을 가지고 있는 것은 아니다. 그 기능은 국유기업(國有企業)에서 분리되어야 한다. 국유기업(國有企業)은 시장경제의 요구에 따라 기업이 져야 할 책임(경제 목표를 지향점으로 기업 자신에게 주어진 환경보호, 노동자 보호 등을 포함하는 사회적 책임)을 지면 되는 것이다. 시장경제의 원리에 따라 공공제품을 공급하고 자연독점적 성질을 가진 부문은 국유기업(國有企業)이 역할을 해야 할 부분이다.

(4) '과교흥국(科教興國)' 전략

후진타오(Hu Jintao, 胡錦濤, 1942~현재)의 지도이념인 '과학적 발전론'이 헌법 격인 당장(黨章)에 포함되었을 정도로, 과학기술력(科學技術力) 배양에 총력을 기울였다. 상술하면, 중국은 1949년 건국 이후 신속히 중국과학원(中國科學院)을 위주로 하는 과학연구 체계를 수립하였다. 이 결과, 중국의 첨단 과학기술 분야는 건국 당시 전무(全無) 상태였다. 그러나 핵기술 방면에서 1960년대 중반 중국은 이미 핵무기 제조 기술을 개발하였고, 1964년과 1967년에는 원자탄과 수소폭탄의 폭발 시험을 각각 성공하였다. 1971년에는 중국 최초의 핵잠수함 진수 시험을 성공하여, 중국이 성공적으로 세계 5대 선진 핵기술 보유국 중 하나가 되었다. 또한 우주공학 방면에서, 1970년 중국은 처음으로 인공위성을 발사하였고, 30년 동안 지속적으로 위성의 회수 및 5톤 이상 중형 위성의 발사와 통제를 실현하여, 위성 기술은 세계적으로 많은 나라를 앞서나가고 있으며, 2008년 9월에는 신주(神舟) 7호 유인 우주선의 지구 귀항을 성공시켰다.

중국은 1978년 말 개혁·개방 정책의 일환으로 국민경제를 새로운 기술 기초로 전이(轉移)하기 위해 여러 과학연구 계획을 지속적으로 실시하였다. 1978년 전국과학대회를 개최하여 「1978·1985년 전국 과학기술 발전기획 강령(全國科學技術發展規劃綱要)」을 제정하였다. 상기 강령은 과학기술 사업의 기본 방침으로서 과학기술을 경제발전의 촉진을 주요 임무로 하고, 과학기술 중에서 생산기술의 개발을 강화해야 한다고 규정하였다. 이 방침은 1990년대까지 적용되었고, 농업·에너지·컴퓨터·레이저·우주공학기술·고(高)에너지 물리학·유전공학 등을 우선 발전의 중심으로 삼았다. 이어서, 1985년 중국은 「과학기술체제 개혁에 관한 결정(關于科學技術體制改革的決定)」을 발표하였다. 1998년 대·중형 공업기업이 설립한 기술개발 기구는 10,926개가 생겼고, 상기 기구 총수의 50.5%를 점유하였다. 이들 기구는 생산과 긴밀히 결합되어 생산에 직접 활용되었다.

1996년 3월 이후 중국은 '과교흥국(科教興國) 전략'을 실시하고 있다. 즉, 과학기술의 발전과 경제건설의 결합을 목표로 하며, 그 주요 내용은 시장 수요에 적응하여 기술 개발과 생산품 개발을 강화하고 과학기술 성과의 상품화·산업화의 추진을 가속화시키는 것이다.

자연과학 방면에서 중국의 과학기술 연구기구는 주로 중국과학원(中國科學院), 국무원과 지방정부 소속의 과학연구기구, 대학교의 과학연구기구, 국방과학연구기구, 광산기업의 과학연구기구 등이 있다. 최근 몇 년간 민영 과학연구기구가 새로이 등장하여 주요 연구 활동을 진행하고 있다.

1999년 말까지 전국에 이미 현급(縣級) 이상 지방정부 소속의 연구·개발 기구로는 5,400여 개소, 대학원의 과학연구기구는 3,400여 개소, 대·중형 국유기업의 과학연구기구는 1만 3천여 개소가 있다. 민영 과학연구형 기업의 규모는 보통 크지 않으나 7만 9천여 개소에 달하였다. 이들은 합리적으로 분업하고 상호 보완하며, 전국적으로 기초과학·응용과학·고급 신기술·공익성 사회 과학기술 서비스에서 엔지니어링 설계 개발까지의 학문분야가 비교적 완비한 과학기술 체계를 형성하였다. 이외에 중국과학기술협회(中國科學技術協會) 소속의 160여 개 전국적 과학기술 학술단체 및 그들의 대·중 도시에 설립한 지점 기구들이 있다. 상기한 중국 과학기술 연구의 주요한 성과를 살펴보면 다음과 같다:

우선, 응용과학 분야의 농업 방면에서, 중국은 밀·논벼·옥수수·면화 등 우량 품종을 배양하고 보급하여, 농작물 우량종 사용률은 80% 이상이고, 농업 생산의 안정적 발전을 촉진하였다. 중국 남부지방은 북위 18도에서 24도 사이의 지역에서 고무 시험재배가 성공하여, 중국의 고무 생산량을 세계 제5위로 끌어올렸다.

공업 방면에서, 중국 과학기술의 대부분 영역은 서양 선진국의 1960년대 수준에 머물러 있고, 일부 항목에서는 서양 선진국의 1980년대 과학기술 수준이며, 소수 항목에서 세계 선진 대열에 진입하였다. 예로서 석유공업은 시작은 비록 늦었지만 발전은 매우 빨라서, 1950년대 후기 중국은 탐사의 이론과 기술 문제를 성공적으로 해결하여, 대경유전(大慶油田)을 마침내 개발하였다. 대경유전(大慶油田)은 연속적으로 20여 년 동안 매년 원유 5천만 톤을 생산하여 중국을 석유 부족 국가에서 석유 자급자족의 국가로 변신시켜 주었다.

교통운수 방면에서, 중국의 대형 교량 건설 기술 특히 수심이 깊은 시공기술은 세계적이어서 무한장강대교(武漢長江大橋)와 남경장강대교(南京長江大橋)를 성공적으로 건설하였다. 중국은 또한 지형·지질 조건이 복잡한 지역에서 철로와 터널의 건설기술이 뛰어나다.

이외에 중국의 조선업과 민간용 비행기 제조업도 진보되어 있다.

생물공학 방면에서, 중국은 1965년 세계 최초로 소(小)인슐린을 인공 합성하고, 1970년대 후반 유전자공학 연구를 개시하여 B형 간염 예방치료에서 획기적인 효과를 보았다. 식물 조직 배양에서 중국은 세계적으로 효과가 가장 좋은 농작물 즉 멥쌀형 잡종강세수도를 발명하여 중국의 양식 생산량을 제고시켰다.

중국은 기초과학연구 분야에서 점진적인 발전을 꾀하며, 생물학 방면에서 최초의 소인슐린 인공 합성 이후 유전공학 방법을 이용하여 세균 중에서 인슐린을 제조하고 추출 효율을 크게 높였다. 1982년 중국은 인체 인터페론을 제조하여 세계적 선진 수준에 도달하였다.

물리학 방면에서, 중국은 초전도 온도를 제고하고 초전도 부속품을 연구함으로써 국제적 수준으로 진보하였다. 티타늄과 희토의 개발·연구, 광섬유 통신 설비의 연구·제작, 지진 예보, 암 진단과 예방, 복사 육종 등 방면에서 중국은 또한 세계적 선진 수준에 근접하고 있다.

의학의 과학기술 분야에서 중의학과 한방약의 발전이 현저하다. 중의학과 한방약은 중국 전통의 의약과학이다. 중의학의 기초이론 방면에서, 중국은 현대 과학기술 수단을 이용하여 경락(經絡)을 연구하고 이미 객관적으로 경락의 노선들을 밝혀냈다. 중국의 침구·침술 마취·침술 진통 등 연구는 침구 의학의 세계적 발전을 더욱 촉진하였다.

한방약의 연구 방면에서, 전국적인 한방약 자원의 일제 조사는 한방약 자원의 분포와 매장량에 대한 신뢰할 만한 통계수치를 제공하였다. 한방약재 품종의 정리 연구는 국가표준의 제정을 위해 과학적 근거를 제공하였다. 천연 약물과 전통 약물의 연구 방면에서, 1980년대 이미 현저한 성적을 이루고, 그중 결핍 약재에 대한 연구와 배양은 장족의 진보를 가져왔다. 1996년 천진(天津)이 생산한 '단삼적환(丹參滴丸)'은 미국 FDA의 허가를 받아, 한방약이 세계 시장으로 진입하기 시작하였다.

종합적으로 볼 때, 1949년 이후 중국의 과학기술력은 일정 부분에서 성과를 달성하였으나, 중국 공업기술의 총체적 수준은 여전히 서방 선진국보다 낙후되어 있고, 고급 신기술의 발전은 설비와 기술의 도입에 대부분 의지하고 있다.

3) '중국 특색 사회주의(中國特色社會主義)'에 대한 평가와 신(新)실용주의(Neopragmatism)와의 차이점

대내적으로 보면, 중국은 고도성장의 부작용으로서 사회경제적 불균형이 심화되어 사회경제정책의 방향을 '선부론(先富論)' → '공부론(共富論)'으로 전환하고 있다. 그러나 '중국식 사회주의'가 경제적 불평등을 해소할 수 있을지 의문이다. 사실, '빈곤의 사회주의'를 구제하기 위해 도입한 '사회주의 시장경제 체제'가 자본주의 체제보다 더 심각한 빈부 격차와 양극화를 초래하는 문제를 어떻게 해결할 것인가? 또한 일반적으로 거론되고 있는 중국경제의 리스크 요인: 금융권 부실채권, 부동산가격 상승, 수출급락, 지방정부 부채 문제 등으로 인하여 중국경제의 경(硬)착륙 가능성과, 소위 '중진국(中進國)의 함정(middle income trap)'에 빠질 가능성이 상존하고 있다. 대외적으로는, 날로 심화 및 격화되는 미·중(美·中) 패권전쟁에서,[76] 중국이 지속적 경제성장 추세를 유지할 수 있을까?

본 연구는 시진핑(Xi Jinping, 習近平, 1953~현재) 국가주석이 지적한 중국의 근본적 문제: '분배의 불균형'과 '사회 불평등'을 근본적으로 해결하기 위해서는 '중국특색사회주의(中國特色社會主義)'에 의한 '치국이정(治國以正)'이 아니라, '사회주의 시장경제체제'가 자본주의 경제체제보다 더 심각한 빈부 격차와 양극화를 초래하는 모순(矛盾)을 해결하는 것이 더 중요하고 시급한 시대적 과제임을 강조한다.

다시 말하면, 마오쩌둥(Máo Zédōng, 毛澤東, 1893~1976) 시대에서의 '계급(階級) 모순(矛盾)'과 덩샤오핑(鄧小平) 시대에서의 '생산력(生産力) 모순(矛盾)'을 넘어서 시진핑(習近平) 시대에서의 '분배의 불균형'과 이로 인한 '사회 불평등'을 해소하기 위해서는 상기 모순의 진원(震源)인 현행 인민민주주의(人民民主主義, People's Democracy)와 현행 국가자본주의(國家資本主義, State Capitalism)를 타파할 수 있는 정치 경제체제를 개혁을 추진해야 한다.

그렇다면, 시진핑(Xi Jinping, 習近平, 1953~현재) 국가주석이 추구하는 국가적 목표와, 본 연구가 주장하는 중국의 국가적 목표는 무엇이 다른가? 시진핑(習近平) 국가주석의 국가적 목표는 '완벽한 사회주의(Perfect Socialism)'인 반면에 저자의 목적적 가치는 자유(自由)와 평등(平等)을 동시적으로 만족시킬 수 있는 '정의로운 국가(A Justice-based State)'와

76) 도널드 트럼프(Donald Trump) 미국 대통령이 대중(對中) 무역보복을 선언하고 2018년 7월과 8월 각각 340억 달러, 160억 달러 등 총 500억 달러의 중국산 제품에 대해 무려 25%의 고율 관세(關稅)를 매기면서 무역역조(貿易逆調) 타개에 나섰지만 2018년 1~7월 무역적자는 2017년 3,160억 달러의 무역적자보다 많은 3,380억 달러 무역적자로 7% 가까이 늘었다. 이 사실은 미·중(美·中) 무역전쟁(貿易戰爭)이 앞으로 더욱 심화될 것임을 시사한다.

'행복한 사회(A Happy Society)'이다(임양택, 1981, 1985, 2007, 2008, 2011, 2013, 2014, 2017, 2018; Yang-Taek Lim, 1978, 2006, 2007, 2010, 2011, 2012, 2014).

여기서 '정의로운 국가(A Justice-based State)'와 '행복한 사회(A Happy Society)'를 구현하기 위한 정치체제(政治體制)는 '질서 정연한 민주사회(A well-ordered Democratic Society)'이며, 경제체제(經濟體制)는 '정의로운 경제체제(A Justice-based Economic System)'이다. 또한 '행복한 사회(A Happy Society)'란 인간의 존엄성(尊嚴性)·자율성(自律性)·창의성(創意性)을 위한 생활권적 기본권으로서 5개: ① 직장, ② 주택, ③ 교육, ④ 의료, ⑤ 연금이 보장되는 인본주의적 사회(Anthropocentric Society)이다. 그리고 '정의로운 국가(A Justice-based State)'란 '행복한 사회(A Happy Society)'가 시장기능과 사회제도로서 보장될 수 있는 정치·경제체제이다.

이와 반면에, 중국정부는 1950년대부터 2050년대까지 약 100년 동안은 자본주의적 요소를 허용하는 '중국식 사회주의' 현대화 건설의 과도기 단계로 설정하고, 경제건설의 목표를 3단계로 제시하였다. 즉, 국민생활의 수준의 측면에서 '3보주(三步走) 전략'을 택하였다: 제1보는 1981년부터 1990년까지 제1단계의 목표를 실현하여 '온포문제(溫飽問題)'를 해결하고, 제2보는 1991년부터 2000년까지 제2단계의 목표를 실현하여 '소강수준(小康水準)'에 도달하며, 제3보는 21세기 중엽까지 제3단계의 목표를 실현하여 개인소득이 중진국 수준에 도달함으로써, 인민의 생활이 비교적 부유하게 되고 기본적으로 현대화를 달성시키는 단계에 진입하는 것이다. 실제로, '사회주의 시장경제체제'는 1980년대 개시 이래로 2000년까지 20년 동안 실행되어 어느 정도의 성과를 가져왔고, 앞으로 중국공산당 창당 100주년의 2021년에 이르면 더욱 정형화된 성숙 단계로 진입할 수 있을 것이라고 단언한다.

(1) '중국특색사회주의(中國特色社會主義)'의 특징과 성과에 대한 평가

덩샤오핑(Dengxiaoping, 鄧小平, 1904~1997)은 실사구시(實事求是)를 표방(1978.07)하고 선부론(先富論)을 주장했다.[77] 그의 주장은 제11기 중앙위원회 제3차 전체회의(1978.12.18~

77) 당시 덩샤오핑(Dengxiaoping, 鄧小平, 1904~1997)은 사회주의 이념을 고집하기보다는 경제를 살리기 위해 자본주의 체제를 일부 도입해야 한다는 실용주의적(實用主義的) 입장이었다. 그러나 마오쩌둥(毛澤東, 1893~1976)은 상기 입장을 반대했었다. 그는 유교 문화와 자본주의를 타파하고 사회주의를 실천하자는 문화대혁명(1966~1976)을 일으켜 다시 권력을 회복했었다. 당시 덩샤오핑(鄧小平)은 '주자파(走資派·자본주의 노선을 추구하는 세력)'로 몰려 직무에서 해임됐었다. 그는 1973년 정계에 복귀할 때까지 공장에서 노동했었다가 마오쩌둥(毛澤東)이 1976년 죽고 문화대혁명(1966~1976)도 끝나서야 비로서 그의 뜻을 펼칠 수 있었다.

22)에서 채택되었다. 그의 실사구시(實事求是)는 '흑묘백묘론(黑猫白猫論, 흰 고양이든 혹은 검은 고양이든 쥐만 잘 잡으면 된다)'와 '남파북파론(南坡北坡論, 남쪽으로든 북쪽으로든 정상에만 오르면 된다)'으로 표현된다. 다시 말하면, 자본주의와 사회주의를 따지지 않고 오직 '온포(溫飽, '등 따뜻하고 배부름')', 즉 '소강(小康, 중산층이 잘사는 사회)'을 추구하자는 것이었다.

덩샤오핑(Dengxiaoping, 鄧小平, 재임: 1979~2008)의 실용주의(實用主義)는 문화혁명기간(1968~1978) 동안의 이념 간 갈등을 극복시키고 개혁·개방을 통하여 현재까지 30년 동안 중국의 고도성장을 위한 사상적 토대가 되었다. 개혁·개방 정책의 실시 이전에 중국은 자력갱생(自力更生) 원칙을 강조하면서 자급자족(自給自足)의 경제를 고취하였다. 그러나 대외개방 정책은 자력갱생(自力更生) 원칙의 탈피를 의미하고, 중국경제가 세계경제의 일원으로 편입되고 있음을 의미한다. 중국의 대외개방 정책은 기술·자본의 도입 및 대외무역의 확대로 발전해 왔었다. 사실, 1980년대 개혁·개방 당시 중국경제는 자본·기술·시장이 절대적으로 부족하였다. 따라서 당시의 중국이 채택할 수 있었던 전략은 외자기업에 의존한 '수출주도형 불균형 성장 전략'밖에 없었다.

1978년 덩샤오핑(Dengxiaoping, 鄧小平, 재임: 1979~2008)의 개혁·개방 정책은 사유재산권(私有財產權)을 보장하고 기업의 자유로운 경제활동을 확대했었다. 이 결과, 새로운 거대기업들이 잇달아 출현했었으며, 중국을 절대빈곤(絕對貧困)에서 벗어나게 하는 '기적(奇蹟)'을 이뤘다. 마오쩌둥(毛澤東) 시대(1949~1978)에서 1976년 1인당 GDP가 190달러였었는데, 덩샤오핑(鄧小平) 시대(1979~2008)에서 2008년 1인당 GDP가 3,404달러였다. 시진핑(習近平) 국가주석(2009~현재)에서 2017년 1인당 GDP가 8,836달러이다.

이젠, 중국은 도광양회(韜光養晦) → 유소작위(有所作爲) → 책임대국론(責任大國論) → 화평굴기(和平崛起) → 돌돌핍인(咄咄逼人) → 대국굴기(大國崛起, 2006.11) → 분발유위(奮發有爲) → 대(對)미국 신형 대국관계(新型大國關係)의 단계에 이르렀다. 또한 중국은 경제대국 → 군사대국 → 금융대국이 되었다. 여기서 제기될 수 있는 근본적 의문은 다음과 같이 2가지이다:

첫째, 19세기와 20세기 전반기는 영국에 의해 세계 질서가 주도되는 '팍스 브리태니카(Pax Britanica)' 시대였다. 20세기 중반 제2차 세계대전(1939~1945)이 끝난 뒤 지금까지 약 70년은 '팍스 아메리카나(Pax Americana)' 시대이다. 과연, 중국은 사회주의 중국 건설 100주년이자 사회주의 현대화 강국을 건설하겠다는 21세기 중엽에 중국에 의한 세계 평화 질서가 유지되는 '팍스 시니카(Pax Chinica)' 시대를 열 수 있을까? 시진핑(Xi Jinping, 習近平) 국가주석이 주창한 '중국몽(中國夢)'인 '팍스 시니카(Pax Chinica)'를 구현하려면 경제력(經

濟力)뿐만 아니라 군사력(軍事力)도 포함된 '종합 국력'이 1위가 되어야 한다.

우선, 중국의 경제력(經濟力)을 보면, 2017년 중국의 GDP는 미국의 63.2%이다. 2020년경, 중국은 2000년에 비해 GDP가 4배 규모(7.5조 달러)로, 2040년에는 중국경제의 규모가 미국경제를 추월할 것으로, 2050년이 되면 중국의 GDP는 미국의 2배에 이를 것으로 각각 전망된다. 1인당 GDP의 측면에서 보면, 2020년경 약 5,300달러로, 2030년에 1만 달러를 돌파하고, 2050년경에는 오늘날의 선진국 수준인 3만 달러를 돌파할 것으로 각각 전망된다.[78]

다음으로, 중국과 미국의 군사력(軍事力)을 상대적으로 비교해보면, 전쟁이 발발했을 때, 중국은 40개의 핵탄두를 장착한 20개의 미사일만 보유하고 있을 뿐인 반면에, 미국은 2,000여 개의 핵탄두로 무장한 700여 개의 미사일 공격 수단을 갖고 있다. 핵무기 보유 숫자를 비교해보면, 미국은 7,100기로 중국 260기의 27배에 이른다. 종합적으로, 미국의 군사력은 세계 공군력의 54%, 해군력의 63%를 각각 보유하고 있다.

따라서 저자는 다음과 같이 단언한다: 시진핑(Xi Jinping, 習近平) 국가주석이 강조하는 '부국강병(富國强兵)'에서 '강병(强兵)'에 의한 중화민족의 위대한 부흥(中華民族偉大復興), 즉 '중국몽(中國夢)'의 실현은 미국이 천재지변(天災地變)을 당하여 파멸되지 않는 한, 도저히 불가능하다. 다시 말하면, 중국은 '경제대국 → 군사대국 → 금융대국'에서 '군사대국'을 제외한 '경제대국 → 금융대국'은 중국이 '내재적 모순(경제적 불평등 심화)'으로 내파(內破)되지 않는 한, 분명코 가능한 국가목표이지만 '팍스 시니카(Pax Sinica)' 시대를 결코 열 수가 없을 것이다.

그렇다면, 중국의 합리적 선택은 무엇인가? 그것은 1978년 개혁 · 개방 이후, 중국을 중심으로 형성된 '중화경제권'을 공고화하는 것이다.[79] '중화경제권'의 개념은 베이징대학 마룽(馬戎) 교수가 주장하는 '대(大)중화경제권'과 같은 의미다. 즉, 중화경제권은 중국, 홍콩, 마카오, 타이완 외 싱가포르, 태국, 말레이시아, 인도네시아 등 동남아 화교 경제를 모두 포함한다. 동남아 화교까지 포함된 중화경제권의 경제규모는 정확한 집계를 내기 어렵다. 중국, 홍콩, 마카오, 타이완 등 네 개 지역만 보더라도 전체 면적은 963.7만㎢(세계의 7.2%), 인구는 13억 8천만 명(세계의 20%), 국내총생산(GDP) 규모는 8조 450억 달러(세계의

78) Global Economics Paper(2003), "Dreaming with BRICs: The Path to 2050", Goldman Sachs, No. 99, October, p. 19; Report of the National Intelligence Council(2004), Mapping the Global Future, December, p. 48.

79) 임양택(2021), 「세계평화(世界平和)를 위한 신(新)실용주의적(實用主義的) 해법: 동아시아지역의 군사안보와 경제협력을 중심으로」, 도서출판 박영사.

11.5%)에 달한다. 현재 중화경제권은 중국이 중심이 되어 홍콩, 마카오, 타이완 경제를 이끌고 이제 그 영향력을 동남아 및 세계로 확장하는 추세다. 최근에는 이들 '중화경제권'의 통합이 빨라지고 규모가 커지고 있다. 2003년 중국과 홍콩 간의 '포괄적 경제동반자 협정(CEPA: Comprehensive Economic Partnership Arrangement)'과 2010년 중국과 타이완 간의 '양안 경제협력 기본협정(ECFA: Economic Cooperation Framework Agreement)'이 체결되는 등 '중화경제권'이 제도적 차원에서 구체화됐다. 또한 중국은 또한 동남아 미개척 국가를 대상으로 메콩강유역개발계획(GMS: Great Mekong Subregion)을 발표해 대대적인 인프라 투자에 나서고 있다. 또한 베트남, 태국, 말레이시아, 싱가포르를 잇는 아세아횡단철도(TAR: Trans-Asian Railway Network)를 이용해 광시 북부만 개발에도 매진하고 있다. 다시 말하면, 중국을 중심으로 진행되고 있는 이러한 프로젝트는 중화경제권의 기반을 공고히 하고 그 역할을 더욱 부각시킬 것으로 전망된다.

상기한 중화경제권의 부상은 동남아 지역경제의 통합에도 크게 기여할 뿐만 아니라, 미국, 유럽, 일본 등 주요 선진국 경제들이 침체되어 있는 상황에서 세계경제의 새로운 활력소가 될 수 있다. 특히, 2008년 하반기 글로벌 경제위기 당시, 중국은 위안화 가치를 평가절하(平價切下)하지 않고 당시 환율을 그대로 유지함으로써 세계 자본주의를 구출했었다: *"1979년엔 자본주의만이 중국을 구할 수 있었다(只有資本主義才能救中國). 그러나 2009년엔 중국만이 자본주의를 구할 수 있었다(只有中國才能救資本主義)."*

둘째, 전술한 바와 같이, 마오쩌둥(Máo Zédōng, 毛澤東, 1893~1976)이 중국에 사회주의 국가를 세웠던 반면에 덩샤오핑((Dengxiaoping, 鄧小平, 1904~1997)은 사회주의에 시장경제를 도입해 중국경제를 발전시켰다. 지난 40년 동안 중국은 무려 연평균 9.5%의 경제성장률을 기록했다. 지금 중국이 미국에 이어 '주요 2국(G2)'이라고 떵떵거릴 수 있는 이유는 단연코 덩샤오핑(鄧小平)의 '개혁·개방' 정책 덕분이다. 그러나 상기한 중국 경제의 급속한 팽창은 지속될 수 있을 것인가?

현재 중국 경제의 엔진은 '신시대중국특색사회주의(新時代中國特色社會主義)', 즉 '중국식 사회주의 시장경제체제'이다. 상기 경제체제의 특징은 4가지: ① 공유제(共有制)와 사유제(私有制)의 병행, ② 주보론(主補論) 체제: 계획경제(計劃經濟)와 시장경제(市場經濟)의 결합, ③ 국유기업이 주도하는 시장경제, ④ '과교흥국(科敎興國) 전략'로 요약할 수 있다. 앞의 2가지 특징: ① 공유제(共有制)와 사유제(私有制)의 병행, ② 주보론(主補論) 체제는 상호 연관되어 있는 개념으로서 3번째 특징인 '국유기업이 주도하는 시장경제'로 집약된다. 중국의 국유기업은 중국 경제성장의 엔진임과 동시에 부정부패(不正腐敗)의 온상이다.

중국 국유기업들의 기능적 특징과 문제점은 다음과 같다: 중국 국유기업들은 자본주의 사회의 기업들과는 달리 생산과 경영이라는 순수한 경제적 기능만이 아니라 각종 사회적 기능과 정치적 기능을 동시에 담당하고 있다. 따라서 중국 국유기업들은 자신의 경영목표(직공과 그 가족들의 의식주 해결)를 실현하는 외에 국가가 요구하는 목표(도로의 보수와 녹화사업, 문화체육, 정치교육 등)를 완수하지 않으면 안 된다.

이 결과, 중국의 국유기업은 과거 사회주의 경영방식인 계획지령, 실물배급, 직접적인 행정규제, 중앙집권적 경영방식을 완전히 탈피하지 못하고 있다. 특히, 기업내부의 성과급제에 대한 인식이 아직도 평균주의적 배분방식이 불문율로 존중되고 있다는 점은 노동자의 노동의욕을 상실하게 함으로써 경쟁원리에 의한 생산성 제고라는 개념이 실질적으로 인식되지 못하고 있다. 또한 국유기업들은 시장 진입규제의 보호막 안에서 자금조달 등 제반 사업 여건상 특혜와 우선권을 누리면서 덩치는 크지만 경영 효율과 이익창출 능력 면에서 민간기업들의 그것들에 비하여 매우 저조하다. 구체적으로, 2008~2011년 국유부문의 전(全) 업종 평균임금은 민간기업 전(全) 업종 평균임금의 1.8배에 달한다. 이와 반면에 민간기업들은 차별대우 속에서도 전체 특허의 65%와 신상품의 80%를 쏟아내며 분투하고 있다.

무엇보다도, '중국식 사회주의 시장경제', 즉 국가자본주의(國家資本主義, State Capitalism) 하에서는 정경유착(正經癒着)으로 인한 권력형 부정·부패가 심화 및 확대될 가능성이 높으며 시장기능의 저하로 지속 가능한 경제성장의 근원인 '파괴적 혁신(disruptive innovation)'이 일어나기가 어렵다.[80]

따라서 본 연구는 중국 국유기업(國有企業) 개혁을 위하여 다음과 같은 근본적 문제 제기와 함께 개혁방안을 제안한다: 왜 국유기업(國有企業)이 국가가 요구하는 목표(도로의 보수와 녹화사업, 문화체육, 정치교육 등)까지 수행해야 하는가? 국유기업(國有企業)은 상기 국가적 목표 수행을 위한 자금 공급만을 감당하고 상기 국가적 목표 수행은 행정부가 맡도록 하고 국유기업의 경영 효율성(특히 총요소생산성)을 드높여야 한다.

특히, 중국 국유기업(國有企業)은 국가적 목표 중의 하나인 사회보장제도(社會保障制度) 확충을 위한 복지재원을 감당하는 것이다. 회고하면, 마오쩌둥(毛澤東) 시대(1949~1978)에서는 사회보장(社會保障)을 받았던 사람은 비교적 적었다. 그러나 1984년 이후 중국은 양

80) 여기서 '파괴적 혁신(disruptive innovation)'이란 클레이턴 크리스텐슨(Clayton Christensen) 교수가 그의 저서 「혁신 기업의 딜레마」(The Innovator's Dilemma, 1997년)에서 상기 용어를 주조(鑄造)하고 이를 단순하고 저렴한 제품이나 서비스로 시장의 밑바닥을 공략한 후 시장전체를 빠르게 장악하는 경영방식으로 정의했다.

로 보험과 실업 보험을 중심으로 사회보장제도(社會保障制度)의 개혁: 봉사 대상의 사회화, 자금 출처의 사회화(국가·기업·개인의 공동 부담), 관리의 사회화, 봉사 시설의 사회화 및 봉사자의 사회화 등을 추진하였다. 그 결과, 1999년 말 전국에는 9,433만 명의 노동자와 2,900만 명의 퇴직자가 기본 양로보험에 참가하였고, 9,912만 명의 실업보험에 참가하였다. 93%의 국유기업 퇴직자들이 재취업 센터에 들어가 그중 90%가 기본 생활비를 수령하였다. 사회복지사업으로 1999년 말 전국 각종 사회복지원의 침대는 108만 장에 이르고 81만 명을 수용하였다. 한편, 농촌의 사회보장 수준은 비교적 낮아서, 주로 양로보험, 이재민 구호와 빈민 구제 및 의료보험 분야에 집중한다. 전국 1/3 이상의 농촌에 농촌 사회보장 인터넷망을 구축하고, 수천만 명의 농민이 양로보험에 가입하였다. 그러나 상기한 수준의 중국 사회보장제도(社會保障制度)의 수혜대상은 14억 인구에 비하여 조족지혈(鳥足之血)이다.

물론, 중국 국유기업(國有企業)의 개혁은 기업환경(기업관리체제와 기업내부지도체제 등)뿐만 아니라 외부환경(재정, 세제, 금융, 투자체제, 노동, 임금, 사회보장제도 등)과 관련한 제도개혁까지 포함한다. 그러나 상기한 환경 개혁보다 본질적 개혁은 국유기업 내 공산당 조직의 주둔과 군력 행사를 '헌법적 조치'로서 단행하는 것이다. 사실, 국유기업 내 공산당 조직은 경영관리와 인사관련 업무를 장악하고 기업의 주요 간부 임면(任免)에 절대적인 영향을 미칠 뿐만 아니라 기업정책을 결정한다. 이러한 제도하에서 국유기업의 경영효율성과 개혁성과를 기대하는 것은 연목구어(緣木求魚)이다.

시진핑(Xi Jinping, 習近平, 1953~현재) 국가주석은 개혁·개방 40주년을 맞이한 2017년 10월 18일 제19차 중국 공산당 전국대표대회(당 대회) 개막 연설에서 기존 '4개 현대화(농업·공업·과학기술·국방의 현대화)'에 '국가통치체계와 국가통치능력의 현대화'를 추가한 '제5의 현대화(現代化)'를 역설했다. 상기한 저자의 국영기업(國有企業) 개혁방안이 바로 '제5의 현대화(現代化)', 즉 '국가통치체계와 국가통치능력의 현대화'라고 저자는 강조한다.

사실, 자본주의 시장경제에서 케인스주의가 실패할 수밖에 없었던 이유는 공공부문의 재원을 전적으로 자본주의적 사적소유에 의존하여 조달하려 하였기 때문이었다. 그런데 공공부문 재원에 대한 그 같은 사적소유에의 지나친 의존은 불가피하게 자본주의적 소유관계와의 심각한 충돌을 낳는다. 이 때문에 점점 높아지는 세율은 '세수 초과부담' 문제를 야기하게 되며, 그것은 부유층의 세수저항이나 투자기피, 혹은 자본의 해외도피와 같은 형태로 표출되게 된다. 결국, 복지국가(福祉國家)를 추구하였던 서구 선진국은 모두 만성적인 재정적자(財政赤字)에 시달렸다가 신자유주의(新自由主義, New Liberalism)에 무릎을 꿇고 말았다. 그런데 2008년 하반기 글로벌 금융위기로 인하여 신자유주의(新自由主義)도 붕괴되었다.

(2) 중국사회의 '내부적 위기': 소득격차 심화 및 확대

중국은 고도성장(高度成長)의 부작용으로서 사회경제적 불균형이 심화되어 사회경제정책의 방향을 '선부론(先富論)'→'공부론(共富論)'으로 전환하고 있다. 그러나 현재 중국은 빈부격차, 지역불균형, 지방정부의 부채의 누증,[81] 금융기관의 부실처리 문제,[82] 부정부패, 소수민족, 분리독립국 등의 많은 문제를 안고 있다. 과연 중국의 실용주의(實用主義)가 이러한 문제들까지도 과연 해결할 수 있을까? 상기한 지역 불균형, 부정부패, 소수민족,

81) 2009년 양적완화(QE) 정책 실시 이후 고(高)부채 현상이 기업 차원에서도 나타나고 있으며, 중국인민은행의 5,000개 제조업기업 조사결과에 따르면 2008년 말에서 현재까지 부채자산비율이 약 2%p 상승했다. 중국사회과학원은 2012년 현재 중국 기업부채 규모가 GDP의 107%에 달한 것으로 추정했다. 기업의 고부채 상태는 외부충격이 기업수익성에 미치는 악영향을 확대시키는 결과를 초래하고 기업의 펀더멘탈 취약성을 심화시키는 중요한 요인임을 감안할 때 기업 차원에서도 디레버리징 과정을 진행할 필요가 있다. 한편, 2010년 말 기준 중국 지방정부 부채 규모는 GDP의 27% 수준인 10.7조 위안을 기록했다. 2011년부터 정부가 지방정부 부채 만기도래 위험을 완화하기 위해 지방정부투자프로젝트에 대한 관리강화, 대출담보제도, 만기연장 등의 대책을 마련했다. 그러나 이러한 대책들은 리스크 발생을 지연시키는 효과에 그치고 있으며, 지도부 교체 이후 우발채무가 대거 발생함으로써 은행의 잠재적 부실 리스크가 더욱 심화될 가능성도 상존한다., 이와 같이 중국 지방정부의 부채 규모의 급격한 확대는 지방 재정수입을 초과하는 재정지출이 지속되고 있는 데서 연유한다. 특히 글로벌 금융위기 이후 지방정부는 중앙정부의 대규모 유동성 공급조치로 지방의 경제성장을 제고하기 위한 투자프로젝트용 자금을 손쉽게 조달할 수 있는 여건이었고 부동산가격 급등으로 토지양도를 담보로 은행대출도 대폭적으로 늘릴 수 있었다. 그러나 경기하락으로 중앙정부의 지원금 비율이 축소되는 가운데 부동산 관련 규제로 부동산 경기가 위축되면서 지방정부의 토지사용권 판매수입이 감소하면서 지방 재정여건은 더욱 악화되고 있다. 지방정부의 부채문제는 단기적으로 중국의 경기회복에 걸림돌로 작용할 소지가 있으며 중장기적으로도 지방정부 부채가 누적된다면 중국 금융시장의 시스템 리스크로 전이될 가능성도 완전히 배제할 수 없다고 하겠다. 따라서 중앙정부는 지방정부의 부채 만기연장, 지방채 발행 허용 등을 통해 지원하고 있다. 그러나 당분간 지방재정 수입이 크게 늘어나기 어렵기 때문에 지방정부 부채 문제는 더욱 악화될 가능성을 배제할 수 없다.

82) 중국경제가 고성장에서 저성장 국면으로 진입하고, 정부·기업·부동산 시장이 디레버리징 과정에 접어들게 되면 금융기관의 부실자산의 대폭 증가와 부실화가 가속화되고 있다. 물론, 중국이 아직 이 단계에 접어들지는 않고 있으나, 최근 부실채권 규모가 상승하는 조짐이 나타나고 있고, 유동성 증가와 대출 급증에 다른 부실채권 증가세가 당분간 지속될 것으로 전망된다. 최근 발표에 따르면 2012년 3분기 말 현재 상업은행의 부실채권 비율은 0.97%로 양호한 수준이나 부실채권 규모는 2011년 9월 이후 지속적으로 확대되는 추세이다. 푸둥개발은행의 경우 2012년대 들어 부실채권 규모가 27.5%나 증가했다. 금융기관의 부실처리는 구조조정의 마지막 단계이자 가장 중요한 과정이며, 이것이 마무리되는 때가 중국의 개혁이 성공적으로 완성되는 시점이 될 것으로 전망된다.

분리독립국 등과 같은 정치적 문제들은 본 연구의 한계를 능가한다. 그 대신에 특히 빈부 격차 문제는 본 연구의 주제와 직결되는 문제이다.

중국의 소득격차 현황을 보면, 지역 간 격차나 도농 간 격차에서 일부 개선 조짐이 있으나 기업별 격차나 업종 간 격차는 여전히 심각하며 전반적으로 뚜렷한 개선 추세가 아직 나타나지 않고 있다. 따라서 2012년 2월 중국 정부는 2020년까지 가계 실질소득을 2010년의 2배 수준으로 끌어올리고 소득분배(所得分配) 구조를 현재의 '피라미드형'에서 '올리브(타원)형'으로 전환시키기 위한 소득분배구조의 개혁 방안을 발표하였다.[83] 구체적으로, 상기 소득분배구조의 개혁 방안은 1차 분배 개선(GDP 대비 가계부문의 소득 비중 향상)을 위해 지속적인 임금 인상과 재산소득 향상, 국유기업(國有企業)의 개혁 등을 추진할 계획이다. 소득 재분배 정책으로는 민생 지출을 늘리고 사회보장제도(社會保障制度)를 완비해 가는 한편 개인소득세와 소비세 확대, 상속세 도입 등을 통해 조세의 재분배 기능을 강화할 방침이다. 아울러 불법소득과 음성소득을 엄단하고 과당 소득을 규제하고 정부의 낭비 요인들을 줄여나가겠다는 의지를 강조했다.

이어서 2012년 11월 '신형 도시화 추진'을 필두로 대기업 육성정책, 소득분배 정책, 부동산 정책 등이 4개월에 걸쳐 속속 발표되었다. 이 중에서도 소득분배구조 개혁은 그 중심축에 있다. 소득분배구조 개혁은 중국 5세대 지도부의 7대 핵심 개혁 패키지에 있어 개혁의 시동장치이자 시금석의 성격을 띠고 있다. 왜냐하면 소득분배구조 개혁 없이 내수 중심의 차세대 성장동력을 활성화시킬 수 없으며, 나아가 산업구조 개혁, 지역 균형발전, 사회안정을 이룰 수도 없기 때문이다.

2013년 3월 출범한 시진핑(習近平) 정부는 출범과 동시에 중국경제의 방향을 기존의 고속(高速) 성장이 아닌 중속(中速) 성장으로, 경제의 중심축을 수출이 아닌 내수(內需)로 각각 전환하겠다고 선언했다. 리커창(李克强) 총리와 주소천(周小川) 인민은행장은 '경제 살리기'보다 '반(反)부패 운동'과 '신용거품 제거'를 위한 경제구조 개혁에 더 힘을 쏟고 있다. 즉, 2008년 글로벌 금융위기 후, 중국경제에 낀 '신용거품'을 빼고, 중국 경제구조를 개혁하겠다는 것이다.

특히, 시진핑(Xi Jinping, 習近平, 1953~현재) 중국 공산당 총서기 겸 국가주석은 개혁·개방 40주년을 맞는 2017년 10월 18일 제19차 중국 공산당 전국대표대회 보고를 통해 다

83) 상기 소득분배 개혁 방안은 중국 5세대 지도부의 7대 핵심 개혁 패키지에 있어 개혁의 시동장치(Starter)이자 시금석(試金石)으로서의 성격을 띠고 있다. 왜냐하면 소득분배 개혁 없이 내수 중심의 차세대 성장동력을 활성화시킬 수 없고 산업구조 개혁, 지역 균형발전, 사회안정을 이룰 수도 없기 때문이다.

음과 같이 강조했다: *"중국특색사회주의가 신시대에 접어들었다", "중국의 사회 주요 모순은 이미 날로 커지는 인민들의 풍요로운 생활에 대한 욕구와 충분하거나 공평하지 않은 발전 사이의 모순."*

즉, 2017년 말 연간 소득 6,200위안(한화 약 102만 원·한 달 생활비 9만 원 이하) 이하의 절대빈곤(絕對貧困) 인구는 약 3,000만 명이다. 중국 정부는 공산당 창건 100주년이 되는 2021년의 한 해 전인 2020년까지 절대빈곤(絕對貧困) 인구를 모두 탈출시킨다는 계획이다.

그러나 절대빈곤(絕對貧困) 인구가 모두 없어진다고 해서 사회적 불만이 사라지는 것은 아니다. 특히 빈부 격차 확대에 따른 소득의 양극화와 빈부 격차의 대물림이 사회 불만의 주요 원인으로 등장하고 있다. 개혁·개방 초기만 하더라도 기본적인 욕구가 충족되지 않은 데 대한 불만이 대부분이었지만, 소득이 1만 달러에 가까워진 지금은 '풍요로운 생활(美好生活)'에 대한 욕구가 여전히 충족되지 않고 있기 때문에 사회적 불만이 고조되고 있는 것이다.

덩샤오핑(Dengxiaoping, 鄧小平, 1904~1997)의 실사구시(實事求是), 즉 중국 실용주의(實用主義)는 '흑묘백묘(黑猫白猫)'로 표현되는데, 그가 말한 '고양이(猫)'는 중국 공산당이며, 검은 혹은 흰 색깔(사회주의 혹은 자본주의)로 분장하든 간에 포획하고자 하는 '쥐(鼠)'는 중국 인민의 가난이었다. 그런데 이제 그 '쥐(鼠)'는 엄청난 소득분배의 불균등과 권력층의 부패로 나타났다. 그러한 거대한 '쥐(鼠)'들을 잡기 위해서는 '고양이'가 필요한 것이 아니라 시진핑(習近平) 국가주석이 말하듯이 '호랑이'가 필요한 것이다.

소득분배 현황을 단적으로 보여주는 것이 전(全) 인구를 대상으로 작성되는 지니(Gini) 계수이다. 중국의 지니(Gini) 계수는 개혁 개방 이래 지속적으로 높아져 2008년 0.491로 최고치를 기록한 후 2012년 0.474를 비롯하여 2015년까지는 7년 연속 개선되는 양상을 보였으나 2016년부터 반전해 다시 오르기 시작하여 2017년 0.467을 나타내고 있다. 한편, 2010년 중국공산당 기관지인 신화사(新华社)는 당시 중국의 지니(Gini) 계수가 0.5를 넘었다고 주장했으며, 시난차이징(西南財達)대학 연구진은 2012년 중앙은행인 인민은행과 공동으로 중국 최초로 본격적인 의미의 가계금융 실태조사를 실시한 뒤 "2010년 현재 중국의 지니(Gini) 계수는 0.61로 세계 평균 0.44를 상회했다"고 발표한 바 있다. 실제 수치가 정부 발표치와 민간 연구치의 중 간 정도라고 가정할 경우 중국의 지니(Gini) 계수는 브라질, 칠레, 멕시코 등 소득 불평등도가 높은 중남미 개도국들과 비슷한 수준으로, 1인당 GDP 대비 지니(Gini) 계수 수준이 주요 개도국 및 선진국들 가운데 비교적 높은 편에 속한다.

도시와 농촌 간 소득격차 추이를 보면, 2000년대 이후 악화 추세가 지속되어 2009년 최악 수준에 이른 뒤 2010년부터 점차 개선되고 있다. 2006년 1월 농업세(평균세율은 생산량의 15.5%)가 폐지되고 2008년 하반기 글로벌 금융위기 이후 대다수 농민공이 속하는 단순노무직의 임금 상승률이 평균 임금 상승률보다 높았던 것이 도농 간 소득격차 개선에 기여한 것으로 보인다.

사회불안의 또 하나의 원인은 지역 간 소득격차다. 중국 정부는 최근 20여 년간 서부 대개발 등을 통해 오지(奧地) 개발에 집중 투자했지만 지역 간 소득격차는 좀처럼 줄어들지 않고 있다. 2017년 중국인 1인당 국내총생산(GDP)은 8,836달러. 하지만 베이징(北京) 시민의 1인당 GDP는 1만 8,860달러로 전국 평균의 2배가 훨씬 넘는다. 상하이(上海) 역시 1만 8,216달러. 장쑤(江蘇)성 주민 역시 1만 5,670달러. 그러나 가장 못사는 중국 서부 지역인 간쑤(甘肅)성 주민은 소득이 아직 전체 평균의 절반도 안 되는 4,287달러다. 소수민족이 많은 윈난(雲南)성 역시 1인당 GDP는 2017년 겨우 5,000달러를 넘었다.

한편, 1인당 지역내총생산(GRP)의 측면에서 보면, 중국의 3대 지역(동부·중부·서부) 간 소득격차는 1인당 지역내총생산(GRP)을 기준으로 볼 때, 2003~2004년에 가장 크게 벌어졌으며, 그 후 점차 완화되고 있다. 예로서, 동부와 서부 간 1인당 GRP 상대배율(동부/서부)은 2003년 2.48배로 사상 최고치를 기록한 후, 2011년 1.92배 수준으로 떨어졌다. 중부와 서부 간 상대배율은 통계자료 확보가 가능한 시점인 1987년 이후 대체로 하락 추세를 보여왔으며, 특히 2004년(1.76배) 이후 단조로운 하강세를 지속하고 있다. 이는 서부 대개발(西部大开友) 전략이 2000년 3월 정식 시행에 들어가고 중부굴기(中部崛起) 전략이 2000년대 중반 본격 추진된 것과 시기적으로 맞물리는 흐름이다.

산업별 소득격차 역시 심각하다. 중국 산업을 19개로 분류하고 그중 평균임금이 가장 높은 업종과 가장 낮은 업종의 평균임금 배율의 변화를 살펴보면, 2005년까지 상승하다가 2006년 이후 하락하는 양상이다. 전체 19개 업종 간 평균임금표준편차도 시간이 갈수록 급증하고 있다. 업종간 임금격차는 인적자원배분에 있어 시그널링 역할을 하는 것으로, 반드시 나쁘다고 할 수는 없으며, 경제가 빠르게 성장하는 단계에서 어느 정도의 소득격차는 오히려 바람직한 측면이 있다고 볼 수 있다. 그러나 산업을 좀 더 세분할 경우 증권업과 목축업의 평균임금 격차는 2008년에 무려 약 15배에 이르렀다. 평균임금이 가장 높은 업종은 금융업과 컴퓨터/소프트웨어 산업이고, 가장 낮은 업종은 농림어업이다.

상기한 소득격차를 인식한 중국 인민들은 마오쩌둥(Máo Zédōng, 毛澤東, 1893~1976)의 혁명에 의한 민족국가(民族國家)의 독립 및 건설, 덩샤오핑(Dengxiaoping, 鄧小平, 1904~

1997)의 개혁 · 개방으로 인한 경제대국(經濟大國) 위상, 시진핑(習近平) 국가주석의 대륙굴기(大戮屈起)에 관한 공로를 각각 높이 평가하지만 지구상의 G2인 중화인민공화국(中華人民共和國)에 걸맞은 민주시민으로서 자유(自由), 즉 기회균등과 평등(平等), 즉 공정한 소득분배를 갈망하고 있는 것이다.

(3) 중국 정치 · 경제체제의 '구조적 모순': 인민민주주의(人民民主主義)와 '중국식 사회주의'의 부조화(不調和)

중국은 상부구조로서 인민민주주의(人民民主主義, People's Democracy)라는 정치체제(공산당)와, 그것의 하부구조인 국가자본주의(國家資本主義, State Capitalism), 즉 '중국식 사회주의 시장경제체제'라는 경제체제가 부조화(不調和), 즉 미스매치(Mismatch)되어 있다. 즉, 정치는 공산당(共産黨)에 의하여, 경제는 '중국식 사회주의 시장경제'에 의하여 각각 운영되고 있다.

상기한 중국 정치 · 경제체제의 '구조적 모순'으로 인하여, 소득분배의 평등(平等)을 추구하는 '중국식 사회주의 시장경제'가 오히려 자본주의 시장경제의 경우보다 더 심각한 불평등(不平等)을 야기하고 있다. 상기한 '구조적 모순'은 다음과 같은 비(非)민주주의적 정치체제(政治體制)로부터 기인한다: 중국은 헌법에서 '노농동맹'을 기초로 한 사회주의 국가로서의 '계급적' 성격을 명확히 하고 있으며, 집권당으로서 중국공산당의 지위는 헌법상으로 보장되며 마르크스-레닌주의(Marxism-Leninism)를 지도이념으로 삼고 있다. 중국공산당을 뒷받침하기 위해 '전국인민대표자회의'를 정점으로 하면서 그 밑에 행정부와 사법부를 설치하는 일원적(一元的) 정치구조를 갖고 있다. 상기한 일원적(一元的) 정치구조는 서구의 삼권분립(三權分立) 체계와는 완전히 다르다.

덩샤오핑(Dengxiaoping, 鄧小平, 1904~1997)의 실사구시(實事求是), 즉 중국의 실용주의(實用主義)는 남파북파(南爬北爬) 및 흑묘백묘(黑猫白猫)라는 목표지향적 사상으로서 '과정'을 무시하고 오직 '결과'만을 추구함으로써 '절차적 민주주의'를 배제하는 정치 · 경제체제적 불안정성(不安定性)을 안고 있다. 상기한 '결과주의'는 '결과적 평등'과 연계될 수밖에 없다. 그러나 '결과적 평등'이란 심지어 공산주의 사회(특히 구소련)에서도 인식되고 있듯이 공상(空想)이자 허구(虛構)임이 역사적으로 증명된 사실이다. 따라서 중국 실용주의(實用主義)의 유효성은 곧 한계에 도달할 것이라고 저자는 확신한다. 게다가 정치체제('인민민주주의'를 위한 중국공산당)과 경제체제('중국식 사회주의 시장경제', 즉 국가자본주의) 사이에

'구조적 모순'이 누적되어 가고 있다.

오늘날 중국은 어떤 자본주의 국가보다도 물질만능주의(物質萬能主義)가 횡행하는 곳이다. 출세(出世)와 실리(實利)가 최고의 가치로 인식되고 있는 반면에 윤리(倫理)와 도덕(道德)은 구(舊)시대의 유물로 전락했다. 전통 시대에서는 심오한 정신문화가 발달했었고, 근·현대에는 '사회주의 혁명'이라는 고매한 이상적 가치를 실현한 중국사회가 최근에 정신적으로 방황하고 있다. 사실, 1989년 6월 '6·4 천안문 사태'(1989.06) 이후, ① '판샤오(潘曉)' 논쟁(1980년대 초반),[84] ② 허자오톈(賀照田)의 저서「당대 중국의 사상 무의식」(2018년)[85]에 담

84) 1980년대 초반 중국사회를 뜨겁게 달구었던 이른바 '판샤오(潘曉) 논쟁'이 벌어졌었다. 상기 논쟁은 문화대혁명(文化大革命) 구시대(舊時代)와, 문혁(文革)의 유산을 청산한 후의 신시대(新時代) 사이의 복잡한 관계를 보여주는 사건이다. 문혁(文革)이 고취한 이상주의(理想主義)에 기대어 자라온 중국 청년들은, 그것과는 전혀 다른 현실들을 겪은 뒤 인생의 의미를 찾을 수 없게 된 좌절과 허무를 토로했었다. 잡지사 '중국청년(中國靑年)'이 발기하고 2개 신문사가 참여하여 중국 청년들이 겪는 '정신적 위기'에 관하여 토론하였다. 여기서 '판샤오(潘曉)'는 여공 '황샤오쥐'와 대학생 '판이'를 합쳐 만든 이름이다. '판샤오(潘曉) 편지'에서 중국 청년들은 발달하는 물질문명(物質文明)을 누리면서도 허무(虛無)를 토로했다: *"저는 올해에 스물셋이니 이제 막 인생의 길을 걷기 시작한 셈입니다. 하지만 저에게 인생은 더 이상 신비롭지도 매력적이지도 않습니다. 저는 벌써 인생의 끝까지 다 걸어버린 듯합니다"*라고 토로했다. 게다가 가치의 상실과 정신적 공허를 채울 만한 대상도 없다는 것이다. 중국사회과학원 문학연구소의 허자오톈(賀照田) 연구원(중국 사상사와 현대문학 전문)은 상기한 '판샤오(潘曉) 논쟁'(1980년대 초반)을 *"마오쩌둥 시대와 신(新)시대(1978년 이후)의 정신사(精神史) 사이의 복잡한 관계를 심도 있게 파악하고자 할 때 가장 적절한 입구"*라면서 *"최근 30여 년의 정신사(精神史)를 이해하는 데 도움이 되는 특별한 인식적 가치를 지닌다"*고 평가하고, 당시 중국은 '판샤오(潘曉) 논쟁'(1980년대 초반)의 진정한 의미를 전혀 잡아내지 못했었다고 지적한다. 다시 말하면, '판샤오(潘曉) 논쟁'은 1980년대 이후 현대 중국이 걷게 될 길이 담겨 있었던 셈인데도 불구하고, 문제는 신계몽 사조가 관념적으로만 인간을 앞세웠을 뿐, 실제 '역사-구조'로서 현실을 사는 인간은 제대로 보지 않았었다고 비판한다. 허자오톈(賀照田) 연구원은 '판샤오(潘曉)의 편지'에는 현실에 대한 절망(絕望)과 허무(虛無)뿐만 아니라 "절절한 이상주의적 충동과 의미감에 대한 강렬한 갈망"도 함께 서술되어 있었다. 이것은 *"혁명과 사회주의 실천이 문혁(文革) 후의 중국에 남겨준 가장 소중한 유산 가운데 하나였다."* 그러나 신(新)계몽 사조는 이러한 정신사적 상황에 대한 충분한 성찰 없이, 협애한 경제주의적·및 물질주의적 단정 속에 갇혀 '실익(實益)이 가장 중요하다'는 식의 사회적 인식과 심리를 만들어가는 데 몰두했다. 그 결과 *"시장 이데올로기와 소비주의에 균형을 부여하기 위해 이상주의를 가장 필요로 했었던 1990년대에 정작 과거의 이상주의는 이미 무너진 채 힘을 쓰지 못했었다."*

85) 최근에, 중국사회과학원 문학연구소의 허자오톈(賀照田) 연구원은 그의 저서「당대 중국의 사상 무의식」(임우경 옮김, 현대 중국의 사상적 곤경, 창비, 2018)에서 중국의 경제성장 이면에 놓인 정신적 불안과 허무를 탐구한다. 중국은 수천 년간 의(義)를 논하는 유교(儒敎) 전통에 이어 평등(平等)과 '계급이 없는 사회주의(社會主義) 이상'을 가진 사회였음에도 불구하고 짧은 시간 동안에 어떻게 실리(實利)를 최우선으로 여기는 사회가 되었는가를 성찰하고 중국의 경제 기적 이면에 정신 문명이 곤경에 빠진 이유를 분석한다. 허자오톈(賀照田) 연구원은 상기한 '정신적 공백'의 원인을 중국 현대사(現代史)에서 찾는다. 즉, 중국이 공산혁명(共産革命)을 거치면서 중국 안에 정부가 선전하는 새로운 윤리 및 정서가 올바르다는

겨져 있는 중국들의 정신적 상태: 허무 혹은 절망과 내면적 갈등이 심화되고 있다.

다시 말하면, 중국경제가 발전할수록 현행 정치·경제 체제, 즉 인민민주주의(人民民主主義, People's Democracy)와 국가자본주의(國家資本主義, State Capitalism)의 '구조적 모순'이 분출되어 15억 인구의 중국경제는 향후 성장과 분배의 갈등 속에서 소득분배의 불공정성과 양극화를 겪을 것이며, 그러한 상태가 오랫동안 지속되면 자유민주주의(自由民主主義, Free Democracy)와 시장자본주의(市場資本主義, Market Capitalism)를 열망하는 중국 인민(특히 지식인)의 인내가 한계에 봉착함에 따라 중국사회는 또다시 '제3 천안문 사태', 즉 1976년 '천안문 사건(天安門 事件)' 혹은 1989년 6월 '6·4 천안문 사태'를 겪을 수 있을 것이라고, 이 결과 대외적 '중국의 꿈(中國夢)'은 '안개'처럼 사라질 수 있다고 저자는 각각 전망한다.

중국의 향후 '제3 천안문 사태'는 마르크시즘(Marxism)이 주장하는 계급투쟁(階級鬪爭) 또는 농민공(農民工)의 폭발적 반동 혹은 금융자본주의적 버블경제의 붕괴가 아니라, 저자가 정의(定義) 및 주창(主唱)한 '정의로운 국가(A Justice-based State)'와 '행복한 사회(A Happy Society)'를 위한 정치체제(政治體制)로서 '질서 정연한 민주사회(A well-ordered Democratic Society)'와, 경제체제(經濟體制)로서 '정의로운 경제체제(A Justice-based Economic System)'에 대한 중국 인민의 열망이 표출되는 것을 의미한다.[86)]

물론, '제3 천안문 사태'가 발생할 가능성의 수준은 상기한 '내재적 모순'의 심도 및 범위에 의하여 결정될 것이다. 상기한 '내재적 모순'의 비등점(沸騰點)에서, 만약 지배계층(공

인식이 퍼졌고, 이것은 전통적 가치와 충돌했다는 것이다. 상기한 '정신적 공백' 상황에서 극단적 사회주의 운동인 문화대혁명(文化大革命)이 일어나자 많은 중국인들은 새로운 이데올로기(Ideology)와, 공산당(共産黨)이 설파하는 올바름에 대해 회의감(懷疑感)을 갖게 되었다. 이 결과, "전사회적으로 '공산주의적(共産主義的) 신(新) 인간(人間) 창조'에 매진한 마오쩌둥(Máo Zédōng, 毛澤東) 시대에 정신과 인격이 형성되는 중요한 시기를 보냈었던 젊은 세대는 당시 열광(熱狂)했었던 만큼 현재 허탈(虛脫)하고, 당시 열렬(熱烈)했었던 만큼 현재 냉담(冷淡)하고, 당시 광신(狂信)했었던 만큼 현재 허무(虛無)한 심리 상태에 빠졌다"고 지적한다. 상기한 중국인의 '정신적 곤경'이 2000년대까지 이어졌다. 여기서 문제는 중국 정부와 지식인 계층은 상기한 신구(新舊) 가치(價値) 사이에 벌어진 간극을 메울 만한 대안을 제시하지 못했다는 점이다. "당대 중국의 정신윤리 문제에 대해 국가나 지식인들은 진지하고 깊이 있는 고찰과 분석 없이 자신들의 해석을 내놓았다"고 허자오톈(賀照田)은 비판한다.

86) 물론, 상기 모순은 시장자본주의(Market Capitalism)와 국가자본주의(State Capitalism)의 장·단점과 관련된 최근 논쟁과 관련된다. 서구의 일부 경제학자 및 정치가들은 시장자본주의(Market Capitalism)보다 중국의 국가자본주의(State Capitalism)가 더 우월한 경제체제가 아닌가 하고 고심하고 있다. 그러나 저자는 현행 경제체제('중국식 사회주의 시장경제', 즉 국가자본주의)는 관료주의적(官僚主義的) 자본주의(資本主義)의 한 형태로서 시장(市場)을 국가이익 또는 지배 엘리트 계층의 이익의 증진 수단으로 간주한다.

산당)의 부정·부패 사건이 철통같은 국가보안시스템을 뚫고 터져 나오게 되면 '제3 천안문 사태'의 발생 가능성은 더욱 높아질 것이고 그 사태는 심각한 상황으로 심화 및 확대될 수 있다.

최근에 일반 시민들의 집단시위(集團示威, 群體性 사건)도 급증하고 있다. 1990년대 초연 1만 건 이하이던 집단시위(集團示威)는 2005년 8만 7,000건을 넘어서더니 2010년엔 20년 전에 비해 20배 이상 늘어난 18만 5,000건으로 급증했다. 이 중 100인 이상이 참여한 집단시위(集團示威)가 2010년 163건, 2011년 172건, 2012년 209건으로 점차 증가하는 추세다.[87]

여기서 유의할 것은 집단시위(集團示威)가 가장 빈발하는 곳이 광둥성(廣東省) 등 경제가 발달한 곳이라는 점이다. 2000년 초부터 2013년 9월 말까지 중국 전역에서 발생한 100인 이상 군체성(群體性) 시위 871건 가운데 267건(30.7%)은 광둥성(廣東省)에서 발생했다. 군체성(群體性) 시위가 경제적으로 빈곤한 서부(西部)나 오지(奧地)에서보다 잘사는 지역에서 더 많이 발생한다는 사실은 중국 공산당을 더욱 긴장시키고 있다. 또한 집단시위(集團示威)의 가장 큰 원인이 노사 분규(전체의 30%)와 정부 관리의 부당한 법 집행에 대한 불만(174건)이라는 점이다. 이 사실은 중국 공산당의 지속적 집권을 위협하는 중대한 요소다.

또한 학자 등 지식인들의 반발도 점차 커지고 있다. 2018년 3월 22일엔 중국 최고대학인 베이징(北京)대학 위안페이(元培)학원의 3명의 교수: 어웨이난(鄂維南) 원장, 리천젠(李簡) 상무부원장, 장쉬둥(張旭東) 부원장이 사직서를 제출했다. 특히 리천젠(李簡) 교수는 2013년 중국 정부의 '천인(千人)계획'에 따라 미국에서 귀국한 유명한 생명과학 학자로서 웨이신(微信)에 올린 사퇴의 변(辨)을 통해 다음과 같이 촉구했다: *"불요불굴의 항쟁을 전개할 수는 없다고 하더라도 최소한 개인의 존엄과 사상의 자유를 지키기를 원한다", "베이징대학의 정신을 계승하고 국민의 존엄을 지키고자 한다"고 밝히고 "모두 관변학자가 되기를 거부하고 꼿꼿이 일어서자."*

쑨원광(孫文廣) 전(前) 산둥(山東)대학 교수(1994년 퇴임)는 2018년 8월 초 '미국의 소리(VOA)' 방송 프로그램에 출연해 인터뷰 도중 자택 문을 부수고 들어온 공안에 끌려갔다. 그는 시진핑(習近平) 국가주석의 아프리카 5개국 순방과 대규모 해외 원조 및 차관 정책과 관련해 다음과 같이 비판했다: *"중국에 빈곤인구가 차고 넘치는데 구태여 외국에 나가 돈*

87) 이런 집단시위 통계는 시진핑 집권 첫 해까지만 나왔을 뿐, 그 후엔 통계조차 공개되지 않고 있다. 왜냐하면 급증하는 군체성(群體性) 시위가 중국 공산당 집권 가도에 부정적 영향을 끼치고 있다고 판단하기 때문이다.

을 살포할 필요가 있느냐.”

그는 2008년 노벨평화상 수상자인 류사오보(劉曉波) 등 303명과 함께 중국 인권선언문에 해당하는 ‘08헌장’에 서명한 적이 있다.

또한 최근의 사례로서 2019년 ‘홍콩사태’를 들 수 있다.[88] 홍콩에서는 수만 명의 시민

88) 1997년 7월 1일 홍콩이 중국의 품으로 돌아갔다. 홍콩 반환 과정에서 덩샤오핑(鄧小平, 1904~1997)은 지대한 역할을 했다. 그는 반환일을 코앞에 두고 눈을 감았지만 특유의 집요함과 지혜를 발휘해 1984년 영국과의 반환협정을 매듭지었다. 최대 관건은 ‘황금알을 낳는 거위’를 중국에 반환하는 아쉬움에 이런 저런 구실을 찾던 영국, 사회주의 체제 편입에 대한 불안감으로 잠 못 이루던 홍콩 주민, 축하보다는 뭔가 시비를 걸고 싶은 서방 국가들을 설득하는 것이었다. 이러한 상황에서 세기의 ‘묘책’으로 등장한 것이 바로 일국양제(一國兩制)이었다. 중국의 사회주의(社會主義)와 홍콩의 자본주의(資本主義)가 급격하게 통합됨으로써 일어날 수 있는 부작용을 최소화하고 적응과 융합의 선순환 과정을 거쳐 결국 하나의 중국으로 통합한다는 것이다. 다시 말하면 일국양제(一國兩制)는 아무도 성공을 장담할 수 없었던 개혁개방의 대장정을 막 시작한 상황에서, 덩샤오핑(鄧小平, 1904~1997)의 실용주의적(實用主義的) 사고와 과감한 결단이 응축된 중국식 해법이었다. 이러한 탄생배경을 가진 일국양제(一國兩制)는 그동안 절묘한 비방으로 여겨져 왔지만 시행 22년을 맞은 2019년 큰 난관에 봉착하였다. 일국양제(一國兩制)의 핵심은 홍콩을 ‘특별행정구’로 지정하여 정치·경제·사법적 자치를 허용하는 것이다. 즉, 홍콩특별행정구 기본법에 따라 50년간 ‘고도의 자치’를 보장함으로써 중국 본토와는 다른 자본주의 체제를 유지한다는 것이다. ‘50년 절대불변’이란 약속이 홍콩인들의 불안감을 어느 정도 달래준 게 사실이다. 물론, 형편이 넉넉한 홍콩 상류층은 반환을 앞두고 캐나다, 호주 등으로 이민을 떠나거나 언제든지 이주할 수 있는 안전장치를 마련했다. 그러나 여력이 없는 대다수 홍콩인들은 반신반의(半信半疑)하면서도 ‘홍콩인에 의한 홍콩의 통치(港人治港)’를 보장하겠다는 중국의 약속을 믿을 수밖에 없었다. 홍콩 반환 초기 중국은 정치적 간섭을 최소화하고 고도의 자치 실현에 나름대로 성의를 보였다. 반환 당일 홍콩에 주둔한 인민해방군도 외부노출을 차단하고 은둔하는 모습을 보였다. 자유무역협정(FTA)과 유사한 경제협약도 맺었고 홍콩경제가 침체에 빠지면 직·간접적인 지원도 마다하지 않았다. 그러나 홍콩인들은 중국 최고지도자 앞에서 머리 조아리는 둥젠화(董建華) 초대 행정장관의 모습을 보면서 정치적 자치의 취약성을 확인했다. 중국지도부가 임명하는 어용(御用) 행정장관이 아닌 직선제(直選制) 행정장관을 홍콩인들이 원했다. 물론, 행정장관의 직선제(直選制)만으로 홍콩의 자치가 완벽하게 보장되는 것은 아니다. 일국양제(一國兩制)의 태생적 한계 때문이다. 중국 헌법은 ‘국가가 필요로 할 때 특별행정구를 설치할 수 있다’고 명시하고 있다. 환언하면, 필요가 사라지면 특별행정구를 폐지할 수 있다는 의미다. 특별행정구의 존폐(存廢)는 전인대(全人大)의 형식적 표결에 달렸다. 뿐만 아니라 행정장관을 직선으로 선출한다 해도 최종 임명권은 중국에 있다. 따라서 부여된 자치는 어차피 한계를 벗어나기 어렵다. 그럼에도 불구하고, 홍콩의 젊은이들이 직선제(直選制)를 원한 것은 중국이 임명하는 꼭두각시 행정장관보다는 홍콩의 민의를 반영하여 좀 더 당당하게 자치를 요구할 수 있을 것이라는 소박한 희망 때문이었다. 결국 그 희망마저 무너지자 절망은 걷잡을 수 없는 분노로 확산되었다. 한편, 도널드 트럼프 대통령은 홍콩 시위를 언급하며 “중국과 홍콩이 문제를 잘 해결하기 바란다. 내가 아는 최대 규모의 시위다”라고 말했다(중앙일보, 2019.07.24).미 국무부도 ‘표현의 자유와 평화적 집회의 존중’을 주문했고 미 의회의 반응은 더욱 부정적이다. 중국을 더욱 난처하게 만드는 것은 서방 언론들의 날선 비판이다. CNN이 시위 현장을 몇 시간씩 생중계하는 바람에 중국 외교부가 ‘가짜 뉴스’란 말을 꺼내기도 민망하다. 세계가 주시하는 상황에서 강경 진압도 가능하지 않다. 그럼에도 불구하고, 홍콩의 일국양제(一國兩制)는 지속될 것이다. 왜냐하면 중국은 일국(一國)을 향한 양제(兩制)의 시한부 ‘화해(和諧)’를 강행할 것이고 홍콩으로선 이를 전

이 시내 빅토리아 공원에 모여 희생자 추모와 '중국 민주화'를 촉구하는 대규모 촛불집회를 열었다. 홍콩 시민 3,000여 명은 "6·4 민주주의를 회복하라", "일당독재를 끝내라"는 구호를 외치며 가두행진을 벌였다. 집회를 주도한 '홍콩시민지원애국민주운동연합회'의 리촉얀(李卓人) 대표는 "시진핑(習近平) 주석 취임 이후 중국의 인권 상황은 25년 만에 최악"이라고 비판했다.

그럼에도 불구하고, '메가트렌드 시리즈'로 유명한 세계적인 미래학자 존 나이스비트(John Naisbitt, 1929~현재)는 자신의 저서 「차이나 메가트렌드」(2009년)[89]에서 '중국 모델'로 개인의 자율과 경쟁을 강조하는 서방의 '수평적 민주주의(Horizontal Democracy)'와 반대되는 개념인 '수직적 민주주의(Vertical Democracy)'를 제시했다. 이는 '권력의 양단, 즉 지도부와 피지배층이 상하 관계를 유지하면서 발전하는 통치'로 요약될 수 있다. 그는 *"중국을 서구인의 관점이 아닌 중국인의 시각에서 보라"*고 누누이 강조한다. 그가 중국의 시각으로 본 중국인들은 '자신을 개인보다는 집단의 일부로 생각하는 사람'들이다. 그는 「중앙일보」와의 e-메일 인터뷰(2010.04.10)를 통해 다음과 같이 주장했다: *"이 사회에서는 지도부의 하향식(top-down)전략과 국민의 상향식(bottom-up) 참여로 의사가 결정된다. 국가를 운영할 자격은 선거가 아닌 목표의 달성 여부에 따라 주어진다. 정치인들은 선거를 위해 투쟁하는 대신 목표 달성을 위해 전력투구한다", "중국 모델은 아직 초기 단계다. 그럼에도 불구하고 30년 만에 수억 명의 인구를 기아에서 구해낸 것은 세계사의 거대한 성과다. 서구식 민주주의만이 국민을 먹여 살릴 수 있다는 독선에 경종을 울린 것이다", "중국이 발전하면 할수록 중국식 민주주의 모델은 서방의 저항에 부딪칠 것이다"*(중앙일보, 2010.04.10).

존 나이스비트(John Naisbitt)는 중국이 세계를 지배할 기술혁신자가 되리라 예측한다. 그는 더 나아가 '중국이 서구 민주주의의 대안을 만들어 낼 수도 있다'고 중국의 장래를 낙관했다. 단순한 '세계 공장'에서 벗어나 세계를 지배할 새로운 기술혁신자로 탈바꿈한다는 목표를 세웠고, 그 목표를 향해 순항하고 있다는 것이다. 또한 중국은 이제 단순히 세계무역조건의 순응자가 아닌 무역조건 자체를 바꾸는 존재가 됐다는 것이다.

면 거부할 명분도 없고 힘도 없으며 별다른 대안이 없기 때문이다.

89) 「차이나 메가트렌드는」 2009년 1월 중국어로 출판된 후 중국에서 선풍적 인기를 누렸다. 인민일보는 '2009년 올해의 책'으로 선정하기도 했다. 그러나 미국에서는 달랐다. 시사주간지「타임」은 2010년 3월 22일자에서 '왜 차이나 메가트렌드가 실망스러운가'라는 기사를 통해 그의 주장을 조목조목 비난했다. 중국은 호주 리오틴토 직원 체포 사건, 구글의 철수 등으로 서방언론의 공격받았다.

4) 본 연구의 권장: '질서정연한 민주주의 사회(A Well-Ordered Democratic Society)'와 '정의로운 경제체제(A Justice-based Economic System)' 하에서 '정의로운 국가'와 '행복한 사회'

전술한 '중국 특색 사회주의(中國特色 社會主義)'에 대한 평가와 본 연구의 신(新)실용주의(Neopragmatism)와의 차이점에 관한 논술을 연장하여, 본 연구는 중국 국가지도자에게 다음과 같이 권장한다[90]: 본 연구는 '정의로운 국가(A Justice-based State)'와 '행복한 사회(A Happy Society)'를 구현하기 위하여, 중화인민공화국(中華人民共和國)의 현행 정치 · 경제체제를 2개 방향: ① 정치체제(政治體制)의 측면에서는 현행 공산당 통치체제, 즉 인민민주주의(人民民主主義, People's Democracy) → 민주사회주의(民主社會主義, Democratic Socialism)로, ② 경제체제(經濟體制)의 측면에서는 현행 '중국식 자본주의', 즉 국가자본주의(國家資本主義, State Capitalism) → '완전고용기반형 복지사회(A Full Employment-based Welfare Society)'를 지향하는 시장자본주의(Market Capitalism)로 각각 구조적 변환(Structural Transformation)을 각각 점진적으로 추진하여 궁극적으로는 자유(自由)와 평등(平等)을 동시적으로 만족시킬 수 있는 '행복한 사회(A Happy Society)'와 '정의로운 국가(A Justice-based State)'라는 목적적 가치를 실현하는 것이다.

상기한 정치경제 체제의 혁명적 전환이 가능하기 위해서는 중국 지도자의 국정철학(國政哲學)이 중국 실용주의(實用主義)으로부터 본 연구가 주창하는 신(新)실용주의(Neopragmatism)로 변환되어야 한다. 중국의 실용주의(實用主義)는 남파북파(南杷北杷) 및 흑묘백묘(黑猫白猫)라는 '목표지향적 사상'이다. '성과주의'인 미국 실용주의(Pragmatism)와 마찬가지로, 중국 실용주의(實用主義)의 유효성은 이미 한계에 도달했다고 저자는 확신한다.

경제적 측면에서 보면, 2008년 하반기 글로벌 금융위기와 그에 잇따른 재정위기로 인해 해외시장이 위축되자 중국의 전통적 수출산업들은 판로가 막히면서 설비과잉 문제에 직면했다. 또한 한층 더 치열해진 수출시장 경쟁에서 살아남을 수 있는 경쟁력 있는 고(高)부가가치 산업의 발전이 더디고 수출시장을 대체할 수 있는 내수시장이 정체되어 있어 중국의 경제성장 부진은 피하기 어려운 상황이다. 물론, 중국정부의 경제성장률 방어는 시의적절했었지만, 공격적 경기부양책들은 결과적으로 전통산업의 설비과잉 문제를 악화시켰고 부동산 버블을 키우고 인프라 투자의 수익성을 악화시키는 부작용을 낳았다. 그

90) 임양택(2021), 「세계평화(世界平和)」를 위한 신(新)실용주의적(實用主義的) 해법: 동아시아지역의 군사안보와 경제협력을 중심으로」, 도서출판 박영사.

후 부동산 경기가 과열로 치닫자 1년 여 만에 정책을 정반대로 뒤집어 긴축과 행정규제로 대응하자 부동산 시장이 급랭하는 과정에서 지방정부들의 취약한 재무구조에 대한 우려가 높아지고, 전반적인 경기부진 속에서 제도금융권이 외면한 민간기업들은 한계 상황으로 내몰리게 되었다.

게다가 농촌 잉여노동력이 점차 줄어들면서 저임금을 더 이상 유지하기가 어려워졌다. 중국 경제가 어느덧 '추격 전략(Fast Follower Strategy)'이 먹혀들지 않게 되는 발전단계에 접근했다. 그러나 산업 업그레이드에 필요한 고(高)부가가치 기술은 외국인직접투자(FDI)의 수혈(FDI)을 통해서든 중국 기업들의 혁신을 통해서든 간에 적시에 제공되지 않고 있다. 임금 급등은 동부 수출지대의 피폐화를 가져오면서 그동안 작동되어 왔던 동부(일자리 제공)와 중·서부(노동력 제공) 간의 지역적 분업구조에 균열이 야기되고 있다. 이와 같은 새로운 여건에 부합하는 분업구조 재조정(동부의 산업 업그레이드, 과거 동부 산업의 중·서부 이전)이 지체됨에 따라 지역 간 경쟁(중서부로의 인구회류, 지방정부 간 기업유치 경쟁)이 격화되고 있다.

중국은 지난 30년간 매우 실용적이며 점진적인 경제개혁을 추진해 왔다. 그러나 여기서 더 나아가기 위한 중국의 경제개혁은 바로 '사회주의체제'의 핵심을 건드리는 것이 될 수밖에 없는 단계에 이르렀다. 예를 들면, 주민들이 공동소유하고 있는 향리기업들에 대한 재산권의 정립, 호구제도의 개편 등을 통해 그동안 이뤄 온 경제성장의 과실이 골고루 돌아갈 수 있게 해야 한다. 또한 국유기업들에 대한 정부 지분을 줄이거나 민영화를 시행해 나가야 한다. 왜냐하면 국유기업들은 도산의 위험이 없어 도덕적 해이에 빠지기 쉬우며 이들에 대한 개혁 없이 경제를 자율화해 나갈 경우 자원배분 왜곡이 오히려 더 심해지고 이들의 부실화가 초래되기 쉽다. 그러나 이들의 민영화는 바로 사회주의체제의 근간을 흔드는 것이다. 과거 어떤 사회주의체제 국가도 '중진국(中進國)의 함정(middle income trap)'을 뛰어넘지 못했다.

'중진국(中進國)의 함정(middle income trap)'이란 개발도상국이 경제발전 초기에는 순조롭게 경제성장을 하다가 개인소득이 1만~1만 5천 달러 수준의 중진국(中進國)에 이르면 급속한 노령화와 노동 인구 감소로 경제성장이 장기간 둔화·정체하는 현상이다. 최근 경제성장률이 중국 정부 목표치인 8%대를 밑돌고 있지만 글로벌 금융 위기 직후 실시한 경기 부양책이 집값 급등 등의 부작용을 낳고 추가 대책을 내놓기 힘든 상황이다.

또한 중국 정부는 '소득분배 질서의 합리적 개선'을 위하여 정부와 공공부문의 불법과 부패를 척결하고 낭비 요소들을 줄이고 있다. 구체적으로, 정부 기구수와 간부 인원수를 줄이고 공공경비를 절감하는 등 '작고 깨끗한 정부'를 지향하는 기조하에 금권거래 및 뇌물수수 행위 엄단, 고위직 간부 재산신고제 실시, 고위직 재취업에 대한 관리 등을 엄격히 시행하겠다는 것이다.

상기한 소득분배 개혁 방안은 의욕적인 내용을 담고 있지만, 시행 과정에서 많은 실무적 난제들이 산적(山積)되어 있다. 예로서, 지난 35년에 걸친 사회주의 시장경제 운영과정에서 국유부문이 사실상 거의 전(全) 산업에서 독점적인 지위를 구축한 상황에서 어디까지를 '독점적'이라고 봐야 할지에 대한 판단기준을 정하기가 매우 어렵다. 또한 조세의 소득재분배 기능 강화를 위해서는 정확한 세원 파악이 중요한데, 현실적으로 중국에선 소득 파악을 위한 주민 소득 정보 관리 시스템이 미비되어 있는 점이 가장 큰 장애요인으로 작용할 것으로 예상된다. 그리고 도농 간 자원의 효율적 재배치와 농민공의 처우 개선을 위해 필요한 '농민공시민화'는 1인당 8만 위안(국무원 연구센터 추정치)에 이르는 전환비용을 누가 부담하느냐 하는 문제를 해결하지 않고서는 한 발짝도 내딛기 어려운 과제이다. 게다가 소득분배구조 개혁에 따라 권익이 줄어드는 기득권층(정관계 고위직이나 국유기업 관계자들)의 반발이다. 이들은 개혁주체들과 이념 및 이익 면에서 공동운명체로 엮여 있기 때문에 개혁의 순서 결정과 속도조절에 실패할 경우 자칫 정치적 갈등과 분란이 빚어질 수 있다.

또한 빈부(貧富) 격차 해소도 중대 과제이다. 중국은 최상위 소득 계층 10%가 전체 부(富)의 85%를 차지하고 있다. 이를 위해 분배에 대한 요구가 증가하고 있지만 한계가 있다. 왜냐하면 공산당 간부들이 부(富)와 권력을 독점하고 있어 자기들의 기득권을 내놓아야 하는 분배정책을 꺼리기 때문이다.

30년간의 고속성장을 이루면서 중국에는 이미 폭넓은 기득권 세력이 형성됐다. 과거 개혁의 주체세력이었던 당과 정부의 엘리트들은 이제는 세계적 기업으로 성장한 국유기업의 막대한 자산을 관리하는 권한을 향유하는 기득권 세력이 되었다. 이들과 유착관계를 형성한 민간부문의 신흥부자들이나 국유기업 간부들도 기득권 세력이다. 경제개혁의 필요성은 높아지나 이에 대한 저항세력은 점점 강해져 온 것이다.

2021년 3월 20일(현지시간) 미국 경제매체 CNBC 등에 따르면 중국 〈후룬연구소(胡润研究所)〉가 내놓은 '2020년 후룬 차이나 리치 리스트'에서 2021년 중국의 20억 위안 이상 자산가는 모두 2,398명으로 2020년 1,819명보다 579명 늘어난 것으로 나타났다. 또한, 중국에서는 10억 달러(68억 위안·약 1조 1,598억 원) 이상의 자산을 가진 억만장자가 1년 새 모두 257명 늘어 878명이 됐다. 100억 달러 이상의 재산을 소유한 초특급 부자(富者)들도 더 늘어나 2020년 32명에서 2021년 55명이 됐다. 중국 〈후룬연구소〉는 "중국에서 지난 1년 동안 일주일에 평균 5명씩 새로운 억만장자가 나온 것"이라고 자랑했다. 또한, 부자(富者)가 늘어난 만큼 이들의 총자산도 크게 증가했다. 20억 위안 이상 자산가의 리스트에 오른 2,398명의 총자산은 4조 달러(27조 2천 위안 · 약 452조 8천억 원)로 2020년 보다 1조 5천억 달러가 늘었다. 이들의 자산 총액은 독일의 국내총생산(GDP) 보다 많고, 1년간 자산 증가액만 해도 영국 GDP의 절반에 해당하는 것이라고 중국 〈후룬연구소〉는 설명했다.[91]

전술한 바와 같이, 중국 인민들의 빈부(貧富) 격차와 심화되고 있는 가운데, 상기한 중국 〈후룬연구소〉의 '중국사회에서 억만장자 탄생의 급증' 자랑은 과연 '시대정신(時代精神)'을 제대로 갖고 있는지가 의심스럽다. "중국에서 지난 1년 동안 일주일에 평균 5명씩 새로운 억만장자가 나온 것"은 과연 정상적 사회경제적 구조인가?! 그들은 어떠한 천운(天運)과 재능(才能)으로 억만장자가 될 수 있었는가?! 저자는 중국인 억만장자들을 부러워하는 것이 아니라 그러한 비(非)정상적 중국사회를 염려하는 것이다.

지난 30년간 눈부신 성공을 거둔 중국 성장모델의 핵심은 국가가 막대한 인센티브를 제공해 제조업투자와 수출증대를 자극하고 직접 자원배분을 주도해 빠른 성장을 유도하는 것이었다. 금리규제를 통한 싼 대출, 노동운동 억제를 통한 저임금, 외환시장 개입을 통한 저환율 등으로 이런 성공을 거두었다. 그러나 이 과정에서 부패가 조장되고 예금자로부터 차입자로, 근로자로부터 기업으로, 소비자로부터 수출기업으로 엄청난 부(富)와 소득의 이전이 일어났다. 현재 중국의 소득분배는 남미(南美) 국가들보다 더 악화되어 있다. 인민들의 복지제도는 제대로 갖춰져 있지 않으며, 기업과 급속히 늘어나는 신흥부자들에 대한 조세부담률은 매우 낮다. 부동산값이 천정부지로 치솟아 졸부들이 양산되어도 재산세 · 양도소득세는 부과되지 않는다. 어찌 보면 중국은 사회주의 국가이면서 세계에서 가장 '우파적' 경제정책을 추진해 온 나라다.

이와 관련하여, 중국 사상계의 거목인 리쩌허우(李澤厚)[92]는 그의 최근 저서 「중국 철

91) 따라서 중국에서 10대 부자 안에 들기 위해서는 2020년보다 자산이 70% 정도 더 많은 294억 달러를 소유해야 했다. 이 기준을 충족한 10대 부자 중에서도 1위를 기록한 인물은 알리바바 창업주 마윈(馬云)이다. 이 리스트에서 3년 연속 중국 최고 갑부 자리를 지킨 마윈(馬云)과 그 가족이 소유한 자산은 558억 달러(약 67조원)였다. 그의 자산은 지난 1년 사이에도 45% 증가했다. 2위는 574억 달러를 가진 IT 기업 텐센트의 마화텅(馬化騰) 회장이었고, 3위는 올해 리스트에 처음 진입한 생수업체 농푸산취안의 중산산 회장(537억 달러)이다.

92) 중국 철학자 리쩌허우(李澤厚, 1930～현재)는 중국 현대 실천미학의 토대를 구축한 것으로 유명하다. 그는 청조(清朝) 말 이래 주장되었던 '중체서용론(中體西用論)'과 '전면적 서구화론'에 맞서 '서체중용론(西體中用論)'을 제시했었다. 그는 '중국 사상계의 덩샤오핑'으로 불리며 1980년대 중국 지식인의 '사상

학이 등장할 때가 되었는가?」(2010년)에서 세계 주류 철학에서 부족한 점과 중국 사상 전통에서 필요한 점 등을 파악해 둘의 빈자리를 메우는 사상 체계인 '정(情) 본체'를 제시하며 다음과 같이 주장했다: *"중국의 전통을 기초로 세계를 볼 필요가 있다."*

리쩌허우(李澤厚)는 현대 문명에서 한계를 드러내는 서양 사상의 새로운 탈출구를 중국 전통(심리주의): 지나침도 없고 모자람도 없는 '도(道)'의 철학에서 찾아야 한다고 다음과 같이 주장했다.

"중국 전통으로 카를 마르크스(Karl Heinrich Marx, 1818~1883)와 임마누엘 칸트(Immanuel Kant, 1724~1804)를 녹여내고 마르틴 하이데거(Martin Heidegger, 1889~1976)의 것까지 포괄해야 한다. (중략) 유학(儒學)의 정수(精髓)를 생생불식(生生不息, 사물이 끊임없이 생장하고 번성한다는 뜻)의 인류학 기초 위에 올려놓아야 한다."

또한, 리쩌허우(李澤厚)는 존재(Being)를 추구하는 서양 철학에서 벗어나야 한다며 *"언어에서 벗어나 심리를 향해야 한다"*고 주장한다. 그러면서 지금이야말로 심리주의(心理主義)의 중국 전통을 계승해야 한다고 강조한다.

그러나 저자는 '중국 사상계의 덩샤오핑(Dengxiaoping, 鄧小平)'으로 불리며 1980년대 중국 지식인의 '사상의 은사'로 칭송받는 리쩌허우(李澤厚) 선생을 존경한다. 그러나 그의 형이상학적 주장: '서체중용론(西體中用論)'을 거부한다. 그 이유는 그의 '서체중용론(西體中用論)'이 근거한 유학(儒學)의 소위 '도(道)'의 철학이 '과학기술(科學技術)'을 등한시함으로써 서양의 무력에 굴복함으로써 청(淸)제국(1636.04~1912.02.12)의 멸망 요인 중의 하나였다고 저자는 믿고 있기 때문이다. 그 대신에, 현대 중국이 필요한 것은 형이상학적(形而上學的)

의 은사'였던 리쩌허우(李澤厚)는 정치적 이데올로기에 오염되지 않은 객관적 시각과 동서양을 넘나드는 문사철을 겸비한 대학자로 평가받는다. 그는 1930년 중국 후베이 우한에서 태어나 1950년 북경대학교 철학과에 입학, 독학으로 담사동과 강유위 등 근대개혁 사상가들을 연구했다. 대학을 졸업하고 '중국사회과학원 철학연구소'에 근무하면서 20대 후반의 나이로 미학에 관한 논문 "미감, 미 그리고 예술을 논함"을 발표하고 「강유위. 담사동 사상 연구」를 출간하여 이름을 떨치게 되었다. 1980년 "공자 재평가"라는 논문을 발표하여 세계적으로 주목받았다. 1989년을 전후해 언론 인터뷰와 학술 발표회에서 공개적으로 정치 및 경제 개혁과 언론자유, 법치 실현을 주장했다. 또 학생운동을 지지하고 정치범 석방을 요구하는 지식인 서명운동에도 적극 앞장섰다. 이 때문에 그는 민주주의와 과학이라는 5·4운동 정신을 다시 제기한 1989년 텐안먼 사건의 배후인물로 지목돼 3년간 가택연금을 당하기도 했다. 그러나 1991년 미국 정부와 학계의 도움으로 풀려나 미국으로 건너갔으며 최근에 다시 중국으로 돌아와 베이징에 거주하면서 미국 콜로라도대학교 객좌교수로 활동 중이다. 「중국고대사상사론」, 「중국근대사상사론」, 「중국현대사상사론」, 「화하미학」, 「미의 역정」, 「중국미학사」, 「고별혁명」, 「역사본체론」, 「학설」 등 그의 주요한 저술들은 이미 대다수가 한국어로 번역되어 있다. 그의 '중국근대사상사론', '미의 역정', '역사본체론', '비판철학의 비판' 등 중국 사상사의 한 페이지를 장식한 저작으로 유명하다.

유학(儒學)이 아니라 실천철학(實踐哲學)인 신(新)실용주의(Neopragmatism)이라고 저자는 주장한다.[93)]

이와 관련하여, 지난 30년의 개혁 개방 역사에서 중국 지도자들이 가장 훌륭하게 추진한 1996년 3월 이후 중국은 '과교흥국(科教興國) 전략'을 실시하고 있다. 즉, 과학기술의 발전과 경제건설의 결합을 목표로 하며, 그 주요 내용은 시장 수요에 적응하여 기술 개발과 생산품 개발을 강화하고 과학기술 성과의 상품화·산업화를 추진한 것이다.

또한 덩샤오핑(Dengxiaoping, 鄧小平, 1904~1997)의 실사구시(實事求是), 즉 중국 실용주의(實用主義)는 문화대혁명(1966~1976) 시대에서 왈트 로스토우(Walt Whitman Rostow, 1916~2003)[94)]의 경제발전론에서 일컫는 도약(跳躍, Take-Off) 과정에서 매우 적합하고 현명한 '제3의 혁명'이었다는 점이다. 또한 존 롤스(John Rawls)는 '정의의 첫째 원칙', 즉 평등한 기본적 '자유 우선의 법칙'이 적용되기 위해서는 사람들의 '기본적 욕구'가 충족될 수 있을

93) 또한 허자오톈(賀照田) 연구원 역시 리쩌허우(李澤厚)의 저서 「중국 철학이 등장할 때가 되었는가?」(2010년)를 다음과 같이 비판했다: 상기 저서는 신(新)계몽주의(啓蒙主義)의 핵심을 잘 드러냈었고 향후 개혁·개방에 대한 대중의 지지를 끌어내는 데 기여했었지만 "계몽(啓蒙)의 세례를 충분히 받아 '근대인'이 된 사람들만을 전제"하고 있는 구조적 결함이 있다고, 또한 이런 '특별한 우월감과 우위감'을 가지고 있던 계몽주의적(啓蒙主義的) 지식인들의 "중국사회와 관련된 이해와 감각은 이미 사회적 사실에 대한 진지한 분석이나 파악과는 거의 무관한 것이었다."

94) 월트 휘트먼 로스토(Walt Whitman Rostow, 1916~2003)는 미국의 경제학자이자 저명한 반공 사상가로, 자유 기업과 자본주의의 효율성을 크게 신뢰했다. 그는 존 F. 케네디와 린든 존슨 행정부하에서 국가안전보장 고문으로 일했는데, 그는 미국의 베트남 전쟁 참전을 지지했다. 후에 그는 아내와 함께 텍사스 주립 대학교의 린든 존슨 학부에서 공공 문제 관리(Public Affairs)를 가르쳤다. 그는 자유경제와 관련하여 광범위한 저술 활동을 하였으며, 특히 개발도상국에 대한 내용이 많다. 그는 뉴욕 시의 러시아 이민 가정에서 태어났다. 그의 이름은 미국의 시인인 월트 휘트먼(Walt Whitman)에서 온 것이다. 월트 휘트먼 로스토(Walt Whitman Rostow)는 예일 대학교를 19세에 졸업했으며 1940년에 박사 학위를 받았다. 또한 로즈 장학금을 통해 옥스퍼드 대학교에서 수학하기도 했다. 이후 그는 컬럼비아 대학교에서 경제학을 가르쳤다. 매사추세츠 공과대학교 경제학 교수로 재직하던 1958년에 낸 「경제 성장의 단계: 반공산당 선언」은 큰 반향을 일으켰다. 이 책에서 그는 '로스토식 경제 도약 모델'을 개발했는데 이는 주요한 경제성장 모델 중 하나이다. 이 모델은 5개의 기초적 단계로 경제성장을 모식화(模式化)다. 그는 모든 사회를 전통적 사회, 과도적 사회, 도약의 과정에 있는 사회, 공업화 과정을 통한 성숙사회, 고도의 대량소비 단계에 달한 사회 등 5단계로 구분하고, 과도적 사회와 도약단계의 사회에서 근대화를 위한 정치적 지도력의 원천으로 군부(軍部)를 지목했다. 이러한 로스토식 경제도약 모델은 경제학에서 중요한 사회 변화 이론으로 여겨진다. 로스토식 경제도약 모델이 후진국 지도자들에게 던져주는 매력은 저개발 국가도 선진국가처럼 발전할 수 있으며, 그것도 서구 선진국가들이 수백 년을 통해 달성한 경제적인 번영을 저개발 국가들응 단기간에 달성할 수 있다는 '도약이론'이었다. 그의 주요 저서로서 「경제 성장의 과정」(The Process of Economic Growth), 1952년; 「경제 성장의 단계」(The Stages of Economic Growth), 1959년; 「경제 성장의 단계: 반공산당 선언」(The Stages of Economic Growth: A non-communist manifesto), 1960년; 「세계 경제: 역사와 미래」(The World Economy: History and prospect), 1978년 등을 들 수 있다.

정도의 경제발전이 선행되어야 한다고 단서를 붙였다. 왜냐하면 경제력이 빈약하여 '기본적 욕구'의 충족조차 어려운 사회에서는 '자유(自由)'의 권리를 누린다는 것이 사실상 불가능할 경우가 많기 때문이다. 이러한 저개발 사회의 경우에서는 최대한 많은 사람들이 "자유를 즐길 수 있을 정도로 문명의 수준을 끌어올리기 위해서 필요한 경우에만 '평등한 기본적 자유'의 부정이 정당화될 수 있다"는 것이다.

그러나 문제는 그 다음의 경제발전 단계에 진입하기 위해서는 보다 현명한 '국가적 선택'이 필요한 것이다. 즉, 정치체제('인민민주주의'를 위한 중국공산당)와 경제체제('중국식 사회주의 시장경제', 즉 국가자본주의) 누적되고 있는 상황에 대한 근본적 치유책을 모색해야 한다는 것이다. 따라서 저자는 다음과 같이 제안한다: 중국의 경제체제(經濟體制)가 현행 국가자본주의(國家資本主義, State Capitalism)에서 '완전고용기반형 복지사회(A Full Employment-based Welfare Society)'를 지향하는 시장자본주의(Market Capitalism)로 변환함이 바람직하다는 확신을 강화할 수 있다.

상기한 정치·경제체제의 전환은 근본적으로 국정철학(國政哲學)의 전환을 필요로 한다: 덩샤오핑(鄧小平, Dengxiaoping)의 실사구시(實事求是), 즉 중국 실용주의(實用主義)을 위한 '제3의 혁명'으로부터 신(新)실용주의(Neopragmatism)의 '정의로운 국가(A Justice-based State)'와 '행복한 사회(A Happy Society)'를 구현하기 위한 '제4의 혁명(The Fourth Revolution)'을 요구한다.

존 미클스웨이트(John Micklethwait)와 에이드리언 울드리지(Adrian Wooldridge)는 '포스트 1945' 질서에 대한 회의(懷疑)에서 출발하여 보편적 복지에 집착하는 좌편향 정부나 자유시장을 맹신하는 우편향 정부 모두 '관료주의적인 큰 정부'의 함정에서 벗어나지 못했다고 비판했다. 그들의 공저 「제4의 혁명」(The Fourth Revolution, 2014년)에서 과거 세 차례의 혁명: ① 국민 국가의 탄생과, ② 자유주의 국가의 형성, ③ 복지국가로 국민국가와 같은 혁명에 이어 '새로운 길'을 모색할 때가 도래했다고 주장한다(중앙일보, 2016.07.02). 그 길이 바로 '정의로운 국가(A Justice-based State)'와 '행복한 사회(A Happy Society)'를 구현하기 위한 '제4의 혁명(The Fourth Revolution)', 즉 정치·경제체제의 전환이라고 저자는 확신한다.

본 연구가 권장하는 중국의 국가적 목표는 단순한 '자유민주주의(自由民主主義)'와 '시장자본주의'가 아니라 '질서 정연한 민주사회(A Well-Ordered Democratic Society)'와 '정의로운 경제체제(A Justice-based Economic System)'라는 것이다. 다시 말하면, 중국의 현행 정치·경제 체제의 구조적 전환(Structural Transformation): ① 정치체제(政治體制)의 측면에서 현행 인민민주주의(人民民主主義, People's Democracy) → 민주사회주의(民主社會主義, Democratic Socialism) → '질서정연한 민주사회(A Well-Ordered Democratic Society)': ② 경제체제(經濟體制)의 측면에서 현행 국가자본주의(國家資本主義, State Capitalism) → '정의로운 경제체제(A Justice-based Economic System)' → '완전고용기반형 복지사회(A Full Employment-based Welfare Society)'를 통하여 '행복한 사회(A Happy Society)'와 '정의로운 국가(A Justice-based State)'라는 목적적 가치를 실현함이 바람직하다는 것이다. 이것이 바로 시진핑(Xi Jinping, 習近平) 국가주석이 주창한 '제5의 현대화(現代化)': '국가통치체계와 국가통치능력의 현대화'의 본질이 되어야 한다고 저자는 확신한다.

나아가, 상기한 중국의 현행 정치·경제 체제의 구조적 전환(Structural Transformation)과 함께, '테크노-경제발전 전략(Schumpeterian Techno-Economic Development Strategy)'과 '최적 경제성장과 사회보장(Optimal Economic Growth and Social Security)'에 의한 동태적 발전 경로: '신기술 → 신투자 → 신성장 → 신시장 → 소득 증대 → 고용 창출 → 소비 및 저축 증가 → 분배 개선 및 복지 증진 → 재(再)투자 → 고용 증대 → 복지 확충'을 달성함으로써 중국인의 오랜 이상향(理想鄕)인 '대동사회(大同社會)'를, 저자가 주장하는 '완전고용기반형 복지사회(A Full Employment-based Welfare Society)'를 구현하기를 저자는 소망한다.

상기한 역사적 도전은 인류사회의 '제4혁명'(John Micklethwait & Adrian Wooldridge, 2015년)으로서 100년 전 '5·4 운동'(1919년)의 '신(新)민주주의(民主主義) 혁명(革命)'을 고(高)차원적으로 연장한 기·승·전·결(起·承·轉·結)이다. 이와 동시에, 상기한 역사적 도전은 시진핑(習近平) 중국 공산당 총서기 겸 국가주석이 개혁·개방 40주년을 맞는 2017년 10월 18일 제19차 중국 공산당 전국대표대회 보고를 통해 제시한 '신시대중국특색사회주의(新時代中國特色社會主義)'를 훨씬 뛰어넘어 세계만방에 고(告)하는 중국 인민의 합리적 '국가이성(國家理性, Staatsvernunft)'의 선언임과 동시에 인류의 공존·공영을 위한 '지구촌 문화 공동체(Global Cultural Community)'의 비전(Vision)으로서 높이 평가받을 수 있을 것이다. 왜냐하면 상기한 본 연구의 권장: 정치·경제 체제의 구조적 전환(Structural Transformation)은 비단 중국(中國)에만 적용되는 것이 아니라, 전(全) 세계국가들에 해당하기 때문이다.

(1) 왜 현행 정치체제인 인민민주주의(人民民主主義, People's Democracy)는 더 이상 바람직하지 못한가?

그렇다면, 왜 현행 정치체제인 인민민주주의(人民民主主義, People's Democracy)는 더 이상 바람직하지 못한가? 그 이유는 개인의 자유(自由)를 억압하는 '인민민주주의(人民民主主義)'는 민주주의의 일종이 아니라 '반(反)민주주의'이기 때문이다. '자유민주주의(自由民主主義)'란 쉽게 말해서 *"민주 없이 자유 없고, 자유 없이 민주 없다"*는 정치철학을 의미한다. 그런 의미에서 '자유민주주의(自由民主主義)'는 민주주의의 하위개념이 아니라 민주주의 그 자체다. 역으로, 개인의 자유를 억압하는 '인민민주주의(人民民主主義)'는 '반(反)민주주의'이다.

인민민주주의(人民民主主義, People's democracy)는 원래 마르크스-레닌주의(Marxism-Leninism)의 이론상 개념 중 하나로서 계급의식에 기초한 '사람에 기반하는 민주주의'이다. 본래 인민민주주의(人民民主主義, People's Democracy)와 유사한 이론적 개념은 1928년 12월 10일 코민테른에서 발표한 '12월 테제'에서 등장하지만, '인민민주주의(人民民主主義, People's Democracy)'라는 용어는 제2차 세계대전 종전 후 소비에트 연방 사회과학원은 식민지 국가, 약소국과 특히 중국의 혁명 모델을 연구하였고 그 결과 '인민민주주의(人民民主主義, People's democracy)'라는 개념을 만들어냈다. 소비에트 연방 사회과학원의 연구 결과, 기존 서구의 부르주아와 달리 약소국의 부르주아는 민족 독립을 중시하는 동시에 진보적인 성격을 강하게 갖춘 부르주아라는 것이 밝혀졌다.

중국의 부르주아 지식인은 서구의 불충분한 부르주아 혁명을 비판적으로 흡수했기에 서구 부르주아 민주주의 초기에서 드러났던 일련의 비(非)민주적인 양상도 또한 성찰할 수 있었다. 동시에 중국의 사회주의 운동은 전통적인 의미에서 프롤레타리아 활동가와 민족 부르주아 지식인이라는 두 축을 기반으로 하고 있다는 것도 알 수 있게 되었다.

현재 중화인민공화국(中華人民共和國)은 자국을 인민민주독재(新민주주의)에 기초한 국가로 규정하고 있다. 이는 중화인민공화국이 사회주의(社會主義) 단계로 들어섰다는 뜻이 아니라 '인민민주주의(人民民主主義, People's Democracy) 단계'에 머물고 있다는 것을 뜻한다. 이와 대조적으로, 라오스를 제외한 나머지 베트남·조선민주주의인민공화국·쿠바 등은 헌법에서 자국이 엄연히 사회주의(社會主義) 단계에 들어선 사회주의(社會主義) 국가(國家)임을 명시하고 있다.

그렇다면, 중국의 인민민주주의(人民民主主義, People's Democracy)란 무엇인가? 한마디로, 그것은 글자 그대로 '사람 중심민주주의(People's Democracy)'를 의미하며 카를 마르크스(Karl Max, 1818~1884)가 주장했던 '이행기(사회주의 국가 → 공산주의 사회)'의 중간 과도기 체제이다. 현실세계에서 인민민주주의(人民民主主義, People's Democracy)는 유럽의 마르크스-레닌주의(Marxism-Leninism)[95]가 제2차 세계대전(1939~1945) 후 동(東)유럽(폴란드, 체코슬로바키아, 헝가리, 루마니아, 유고슬라비아, 불가리아, 알바니아)과 아시아(중국, 북한, 베트남)에서 인민(人民)의 민주주의 혁명과 함께 변형(變形) 및 전위(轉位)된 것이다.[96]

---

95) 마르크스-레닌주의(Marxism-Leninism) 또는 소비에트주의(Sovietism)는 공산주의(共產主義)의 경제·철학·정치·사회 이론을 광범위하게 포함하는 '통일적 공산주의 사상'이며, 근대 산업화 시대와 냉전 시대의 공산주의(共產主義) 사상이다. 마르크스-레닌주의(Marxism-Leninism)는 혁명적 마르크스주의(Marxism)의 연장선상에 속하며, 이에 2가지: ① 블라디미르 레닌(Vladimir Ilich Lenin, 1870~1924)의 저서인 「자본주의 최고의 단계: 제국주의」(1916년)에서 밝힌 국제정치경제론과 ② 이오시프 스탈린(Joseph Stalin, 1879~1953)의 저서인 「레닌주의의 기초와 레닌주의의 제문제」를 추가적 원칙으로 삼고 있다. 구체적으로, 마르크스-레닌주의(Marxism-Leninism)는 8개 이론: (1) 경제 이론, (2) 계획 경제, (3) 생산력 이론, (4) 관제고지(管制高地), (5) 일국사회주의(一國社會主義), (6) 잉여노동, (7) 잉여가치, (8) 집산화, (9) 국영기업, (10) 집단농장으로 구성된다. 마르크스-레닌주의(Marxism-Leninism)는 프롤레타리아 혁명을 굳히기 위한 폭력전술과 공산당의 역할 등과 같이 매우 실천적인 방법론을 제시하였다. 이오시프 스탈린(Joseph Stalin, 1879~1953)은 레닌주의(Leninism)의 경제·사회·정치·철학 이론(예로서 「유물론과 경험비판론」, 「러시아에 있어서 자본주의의 발전」)을 토대로 1917년 혁명 이후 보완해야 할 점을 추가하고 카를 마르크스(Karl Marx, 1818~1883)·프리드리히 엥겔스(Friedrich Engels, 1820~1895)의 이론을 레닌주의(Leninism)와 연계하여 소련과 공산주의 인터내셔널을 위한 이데올로기적 정설을 세웠으며, 마르크스주의(Marxism)에 대한 일체의 유심주의, 기계주의, 기회주의 해석을 철저히 배격하여 최종적으로 정리한 후 「레닌주의의 기초와 레닌주의의 제문제」라는 강연을 통해 공식적으로 발표하였다. 그 후 1935년 10월부터 다른 고위 볼셰비키들과 공동 저술을 통해 공산주의 이론 종합작업을 간명화(簡明化)하였는데, 그 결과로 저작된 책자가 바로 1938년 10월 1일에 출판된 「볼셰비키당사」이다. 이 책자는 마르크스-레닌주의(Marxism-Leninism)라는 용어를 보편화시킨 동시에 마르크스-레닌주의(Marxism-Leninism)에 기반한 세계관 및 역사 해석을 공산주의적 세계관 해석의 통일적인 해석론으로 간주된다.

상기한 마르크스-레닌주의(Marxism-Leninism)는 냉전 시대에 존재했던 수많은 사회주의국가가 국가 이념으로 채택했던 이념이며, 제3세계의 국가 정책 및 경제발전 이론에 영향을 주었다. 현재도 반제국주의(反帝國主義)와 폭력혁명(暴力革命)를 동반한 대다수의 공산주의자들이 갖고 있는 사상 체계이다. 이오시프 스탈린(Joseph Stalin, 1879~1953) 사후(死後) 스탈린 격하 운동으로 인해 소련 내에서 수정주의(修正主義) 기조를 거치게 되었지만, 알바니아 사회주의 인민공화국, 중화인민공화국, 조선민주주의인민공화국 내에서는 각각 호자주의(Hoxhaizmi, Hoxhaism), 마오쩌둥 사상(毛澤東思想, Maoism), 주체사상(主體思想, Juche)의 형태로 반수정주의화(反修正主義化)되었다.

96) 인류사회의 최초 사회주의 국가인 소련(蘇聯)이 수립되고 나니 '사회주의 국가'는 한동안 소련(蘇聯)밖에 없었다. 1917년 러시아 혁명을 성공시킨 장본인 중 한 명이며 고전적 마르크스주의를 지켜 내려고 고군분투했었던 레온 트로츠키(Leon Trutsky, 1927~1940)가 기대했었던 '국제 사회주의 혁명'은 일어나지 않았고, 오히려 강대국들은 단결하여 소련(蘇聯)을 견제하기 시작했다. 게다가 사회주의(社會主義)가 혐오하는 제국주의(帝國主義)는 아직도 맹위를 떨치고 있었고, 파시즘과 나치즘도 사회주의(社會主義)

특히, 중국의 인민민주주의(人民民主主義)는 당시 외국 제국주의, 국내 대자본가 및 지주, 광범한 민중(노동자, 농민뿐만 아니라 기타 쁘띠 부르주아나 부르주아의 일부를 포함)과의 대립·모순을 해결하였다. 또한 생산의 인민 관리, 생산수단의 국유화 등을 통하여 자본주의 경제의 지반을 잠식하고, 동시에 토지개혁(土地改革)을 수행함으로써 부르주아 및 기존 지배 세력의 영향을 제거하였다. 그 과정에서, 마오쩌둥(Máo Zédōng, 毛澤東; 1893~1976)의 대약진 운동(1958~1960)으로 수천만 명의 중국 인민들이 굶어 죽었으며 문화대혁명(1966~1976)으로 중국 대륙이 10년 동안 암흑기를 보냈었다.97) 따라서 중국의 인민민주주의(人民民主主義, People's Democracy)는 당시 시대적 소명을 모두 완수하였다.

동구(東區) 역시 '인민민주주의(人民民主主義)'를 수용했었다. 그 후 이오시프 스탈린(Joseph Stalin, 1879-1953)이 사망한 1953년까지 동구(東歐)제국 내에서는 격렬한 정치투쟁과 탄압이 휩쓸었으며 민주주의(民主主義)가 억압되고 과도한 축적정책으로 인하여 대중의 생활수준이 저하되고 경제 불균형이 심화되었다.

물론, 마르크스주의(Marxism) 혹은 마르크스-레닌주의(Marxism-Leninism)에 의하면 사회주의 혁명을 이끌 수 있는 프롤레타리아 독재체제를 거친 후 독재(獨裁)가 사라질 것이고 그 후에는 '완전한 민주주의(Perfect Democracy)'가 등장한다고 주장했다.

그러나 1989년 동독(東獨) 주민들이 공산당(共産黨) 개혁(改革)을 요구하면서 외친 명제(命題)는 다음과 같다: *"우리가 인민(人民)이다!(Wir sind das Volk!)"*

즉, 나라의 주인은 공산당(共産黨)이 아니라 인민(人民)이라는 것이었으며, 허울뿐인 '인민의 나라'에서 사복(私腹)을 채우기에 여념이 없었던 '붉은 귀족들'에 대한 동독(東獨) 인민들의 선전포고였다. 이것은 곧 동(東)유럽 민주화(民主化)의 방아쇠가 되었다. 독일어 'Volk'는 인민·국민·민족이라는 뜻을 의미하듯이, 동독(東獨) 주민들의 상기한 외침은 1990년 10월 '독일 통일'로 발화(發火)되었다. 당시 사회주의 국가들 중에서 그나마 가장 선진적이었다는 동독(東獨)에서조차 공산당(共産黨) 일당독재의 억압과 착취에 시달렸던

를 절멸하겠다고 나타나고 있었다. 상기 국가들의 경우, 인민민주주의(人民民主主義)는 외국 제국주의자, 국내 대자본가 및 지주, 광범한 민중(노동자, 농민뿐만 아니라 기타 쁘띠 부르주아나 부르주아의 일부를 포함)과의 대립·모순을 해결하였다. 또한 생산의 인민 관리, 생산수단의 국유화 등을 통하여 자본주의 경제의 지반을 잠식하고, 동시에 토지개혁(土地改革)을 수행하여, 부르주아 및 기존 지배 세력의 영향을 제거하였다. 이 수행을 담당한 주체 세력은 프롤레타리아이다.

97) 대약진 운동(1961~1962)과 문화대혁명(1966~1976)에 이르기까지 계속된 급진적인 정책이 중국의 문화, 사회, 경제, 외교관계에 입힌 물적, 인적, 문화적 피해는 수치로 계산이 힘들 정도다. 그 밖에 국공(國共) 내전과 한국전쟁(1950~1953) 당시 기아(飢餓)로 사망한 약 3천 5백여만 명의 사망자까지 초래했다.

절대다수 동독(東獨) 인민들이 '우리가 바로 나라의 주인인 그 인민(人民)이다!'라며 들고 일어났었던 것이다. 즉, 나라의 주인은 공산당(共産黨)이 아니라 인민(人民)이라는 것이다.

결국, '자유민주주의(自由民主主義)'의 물결은 유럽의 독재체제(에스파냐, 포르투갈, 그리스)를 시작으로 라틴아메리카, 아시아와 아프리카의 일부 권위주의체제까지 무너뜨렸다. 남아프리카공화국의 인종차별 정책이 종식되었고, 공산주의 종주국인 소련(蘇聯)이 해체되었고, 중유럽과 동유럽의 '인민민주주의' 체제도 붕괴되었다. 1974년부터 2005년까지 전 세계에서 81개 국가가 권위주의적인 체제를 벗어나 복수 정당제와 자유선거를 인정하는 '자유민주주의(自由民主主義)' 체제로 전환했다.

따라서 중국의 정치체제 전환: 현존 인민민주주의(人民民主主義, People's Democracy) → 민주사회주의(民主社會主義, Democratic Socialism)는 중국에서 '우리가 인민이다!(Wir sind das Volk!)'라는 반(反)공산당(共産黨) 운동의 발발(勃發) 가능성을 사전에 제거하는 것이다. 그러나 시진핑(Xi Jinping, 習近平) 국가주석은 중국공산당(共産黨)이 수렁에 빠졌었던 중국 인민을 구제한 사회주의 정당임을 잊어선 안 된다고 강조한다. 참고로, 덩샤오핑(Dengxiaoping, 鄧小平, 1904~1997)은 "우경화도 경계해야 하지만 중요한 것은 좌경화 방지(中國要警惕右 但主要是防止左)"라고 말했다. 그러나 시진핑(習近平) 시대에서는 "좌(左)의 관건은 과도하지 않으면 된다(左的關鍵是不能過)"는 말로 대체됐다. 나아가, 시진핑(Xi Jinping, 習近平) 국가주석은 '중국몽(中國夢)'의 달성을 위해서는 정치 안정과 경제 번영이 필수적이며 이는 공산당(共産黨)의 지도하에서만 가능하다고 주장한다. 바로, 이 점에서 중국사회의 미래가 우려된다.

여기서 본 연구가 강조하는 것은 다음과 같다: 카를 마르크스(Karl Heinrich Marx, 1818~1883)와 프리드리히 엥겔스(Friedrich Engels, 1820~1895)의 1848년 「공산당 선언」(共産黨宣言)과 1867년 '과학적 사회주의(Scientific Socialism)' 이론[98]은 완전히 '비(非)과학적'이고

98) 카를 마르크스(Karl Heinrich Marx, 1818~1883)와 프리드리히 엥겔스(Friedrich Engels, 1820~1895)가 게오르그 빌헬름 프리드리히 헤겔(Georg Wilhelm Friedrich Hegel, 1770 1831)의 관념론적(觀念論的) 변증법(辨證法)을 변형하여 유물론적(唯物論的) 역사관(歷史觀) 및 변증법(辨證法): ① '대립물의 통일과 투쟁', ② '양(量)에서 질(質)로의 전화 법칙', ③ '부정의 부정의 법칙'을 정립 및 제시했었다. 상기한 유물론적(唯物論的) 역사관(歷史觀) 및 변증법(辨證法)에 근거한 카를 마르크스(Karl Heinrich Marx, 1818~1883)의 「자본」(Das Kapital, 1867년)의 소위 '과학적 사회주의(Scientific Socialism)'는 4개 이론: ① 착취이론(搾取理論), ② 집중이론(集中理論), ③ 궁핍화(窮乏化)와 경기순환론(景氣循環論), ④ 파멸불가피론(破滅不可避論)에 의하면 자본주의(資本主義)가 진행함에 따라 생산력이 증진하지만 중산계급(中産階級)은 몰락하여 프롤레타리아(Proletariat)로 전락하고, 프롤레타리아(Proletariat)는 점차로 궁핍해지며, 생산과 소비의 불균형에 의하여 경제가 불안정해진다는 것이다. 이 과정에서 소수 자본가(資本家)의 수중에 집중되어 있는 자본(沓本)과 토지(土地)를 폭력(暴力)으로써 탈취하기 위한 투쟁이

명백히 허구(虛構)임이 실증적으로 증명한 것이 1917년 3월 러시아 혁명 이후 소련(蘇聯)의 패망, 동구(東歐)의 민주화 혁명, 특히 중국의 경제대국 → 군사대국 → 금융대국으로의 진화 및 부상에 의하여 완전히 허구(虛構)임이 증명되었다는 점이다.

다시 말하면, 덩샤오핑(Dengxiaoping, 鄧小平, 1904～1997)은 실사구시(實事求是)로써 현대 중국을 경제대국(經濟大國)을 만들었다. 특히, 중국의 세계무역기구(WTO) 가입(2001.11)은 중국을 세계경제의 궤도에 올려놓았던 역사적 사건이었으며 중국경제의 고도성장에 결정적 역할을 하였다. 사실, 인류 역사상 자본주의(資本主義)의 혜택을 가장 많이 만끽(滿喫)한 국가와 민족은 단연코 한(漢)민족의 중화인민공화국(中華人民共和國)이라고 말할 수 있다.

아이러니하게도, 마르크시즘(Marxism)이 주장하듯이 자본주의의 진전 자체가 자본주의 사회의 제도를 타파(打破)하거나 탈각(脫殼, outgrow)하게 될 것이라는 '파멸불가피론(破滅不可避論, The Theory of The Inevitable Catastrophe)'과는 정반대로, 붕괴된 것은 자본주의(資本主義)가 아니라 사회주의(社會主義)였다는 점에 유의할 필요가 있다. 또한 사회주의(社會主義)는 오히려 빈곤(貧困)을 창출하였다. 소련 공산당(共産黨)은 경제적 평등이 아니라 미증유(未曾有)의 경제적 특권을 누리는 노멘 크라투라(nomen－klatura, 소련의 특권계급)를 양산하였다. 이와 같은 사실은 다니엘 벨(Daniel Bell, 1919～2011)은 그의 저서 「이데올로기의 종언」(End of Ideology, 1960년)에서 상세히 논술되어 있다.

더욱이, 카를 마르크스(Karl Heinrich Marx, 1818～1883)와 프리드리히 엥겔스(Friedrich Engels, 1820～1895)의 유물론적(唯物論的) 역사관(歷史觀) 및 변증법(辨證法)은 19세기 유럽 사회에서는 부분적으로 유(有)의미(Significant)하였지만 현대 중국사회에는 본질적으로 적용될 수 없다. 왜냐하면 중국 인민들은 무려 2천 년 동안, 유물론적 변증법(唯物論的 辨證法, Materialistic Dialectic)이 아니라, 유학사상(儒學思想, Confucianism)과 '중화사상(中華思想)'이라는 민족주의적 자존감에 젖어 있기 때문이다.

그렇다고 해서, 유교(儒敎) 사상(Confucianism)이 중국의 정치·경제체제 전환을 위한 대안이 될 수 없다. 물론, 공자(孔子, BC 551～479)의 인(仁) 사상에 기초한 '도덕 사회'와 덕치주의(德治主義) 사상과, 맹자(孟子, BC 372～289)의 의(義) 사상에 기초한 민본주의(民本主義) 사상은 승자독식(勝者獨食)의 경쟁원리가 아니라 만민의 공생주의(共生主義) 사상이며, 또한 자연에 대한 인간의 지배가 아니라 자연과 인간의 조화를 추구하는 천인합일(天人合一) 사상이다. 따라서 유교(儒敎) 사상(Confucianism)은 신(新)자유주의(New Liberalism)

야기된다는 것이다.

의 병폐를 치유할 수 있는 사유패러다임으로 유용할 수 있다. 그러나 유교(儒教) 사상(Confucianism)은 공동체주의(Communitarianism)로서 평등(平等)을 추구하지만 인류의 또 하나 중요한 가치인 자유(自由)를 경시하는 왕도정치(王道政治)의 이데올로기이기 때문에 현대 중국사회의 국정철학으로서는 부(不)적합하다고 저자는 사유한다.

그럼에도 불구하고, 풍우란(風友蘭)·노사광(勞思光)을 비롯한 중국의 신(新)유학자(Neoconfucian)들은 중국 공산당(共産黨) 이념을 대체할 대안적 사상으로서 공자(孔子, BC 551~479)의 유학(儒學)에서 찾고 있는 것 같다.[99] 특히 신(新)유학자들은 유교의 전통적 가치가 사회적 자본(Social Capital)으로서 아시아적 가치(Asian Value)의 형성과 동아시아의 경제발전에 유(有)의미하게 작동해왔고, 나아가 현대(신고전학파) 경제이론의 한계를 극복할 수 있으며, 신(新)자유주의(New Liberalism)의 병폐를 치유할 수 있다고 각각 주장한다.[100]

물론, 저자는 공자(孔子) 사상(Confucianism)이 승자독식(勝者獨食)의 경쟁원리가 아니라 만민의 공생주의(共生主義) 사상이며, 자연에 대한 인간의 지배가 아니라 자연과 인간의 조화를 추구하는 천인합일(天人合一) 사상이기 때문에 신(新)자유주의(New Liberalism)의 병폐를 치유할 수 있는 사유패러다임이라는 점은 동의한다.[101]

그러나 저자는 유학(儒學)이 아시아적 가치(Asian Value)를 연장하여 '지구촌 문화공동체(Global Cultural Community)'의 보편적 가치로까지 확대할 수 있다는, 혹은 그렇게 되어야 한다는 주장에는 동의할 수 없다. 그 이유는 공자(孔子) 사상(Confucianism)은 공동체주의(Communitarianism)로서 평등(平等)을 추구하지만 인류의 또 하나 중요한 가치인 자유(自由)를 경시하는 왕도정치(王道政治)의 이데올로기이기 때문이다. 왕도정치(王道政治)의 병폐는 유럽뿐만 아니라 중국의 경우 무수한 제후 국가들의 전쟁과 마지막 왕조 청(淸)제국

99) 현대에서도 2500년전의 유학(儒學)에 심취되어있는 신(新)유학자(Neoconfucian)들의 예로서 풍우란(風友蘭)·노사광(勞思光, Lao Se-Kwang)을 비롯하여 Francis Fukuyama·E. Vogel·Wei-Ming Tu(1996), 乙克立·森嶋通夫·池田大作(2003), 金日坤(1999, 2004), 李弼佑(2001), 황병태(2001), 許坑生(2005), 朱星續(2006, 2009), 손병해(2007, 2010), 金瑛時(2007), 鞠敏鎬(2009) 등을 들 수 있다.

100) 상기한 신(新)유학자들의 주장은 아담 스미스(Adam Smith, 1723~1790)의 「도덕적 감성론」(The Theory of Moral Sentiment, 1759년), 막스 베버(Max Weber, 1864~1920)의 프로테스탄트 윤리(Protestant Ethic)에 바탕을 둔 '천민자본주의(賤民資本主義)'에 대한 비판과 '합리적 경쟁자본주의'의 주창, 아마르티아 센(Amartya Sen, 1933~현재)의 「On Ethics and Economics」(1987년) 등과 깊이 관련된다.

101) 상기한 신(新)유학자(Neoconfucian)들은 유교의 전통적 가치가 사회적 자본(Social Capital)로서 아시아적 가치(Asian Value)의 형성과 동아시아의 경제발전에 유(有)의미하게 작동해왔고, 나아가 현대(신고전학파) 경제이론의 한계를 극복할 수 있으며, 특히 신(新)자유주의(New Liberalism)의 병폐를 치유할 수 있다고 각각 주장한다.

(1636.04~1912.02.12)의 멸망을 야기했었다.

이제 중국 인민은 온포(溫飽)만이 아니라 자유(自由)와 평등(平等)을 갈구한다. 그것은 중국인만이 아니라 인류의 보편적 가치이며 인류 역사는 그것을 쟁취하기 위한 투쟁의 발자취였다. 아무리 맹자(孟子, BC 372~289)의 민본주의(民本主義): 修己以安百性, 無恒産 無恒心, 共生主義에 입각하여 소득분배구조를 형평하게 만들더라도 서구에서 고급 교육과정을 이수하고 귀국하여 곳곳에 자리를 잡고 있는 중국 엘리트들은 왕도정치(王道政治)와 같은 공산당(共産黨) 통치를 원하지 않을 것이며 자유시민사회를 희구하고 있을 것이다.

(2) 왜 사회민주주의(社會民主主義, Social Democracy)가 아니라 민주사회주의(民主社會主義, Democratic Socialism)인가?

그렇다면, 왜 중국(러시아 · 걸프만을 포함)의 정치체제(政治體制)인 현행 인민민주주의(人民民主主義, People's Democracy)가 민주사회주의(民主社會主義, Democratic Socialism)로 전환해야 하는가? 그 이유는 인민민주주의(人民民主主義, People's Democracy)가 민주주의의 일종이 아니라 반(反)민주주의인 반면에 민주사회주의(民主社會主義, Democratic Socialism)는 의회민주주의이기 때문이다. 상기 이유를 상술하면 다음과 같다:

첫째, 카를 마르크스(Karl Heinrich Marx, 1818~1883)와 프리드리히 엥겔스(Friedrich Engels, 1820~1895)는 1848년 '2월 혁명' 직후에 발표한 1848년「공산당 선언」(共産黨宣言)에서 모든 역사(歷史)를 착취(搾取)하는 소수의 부르주아지와 다수의 프롤레타리아 사이에서 벌어지는 투쟁(鬪爭)이라고 규정하고 공산당(共産黨)을 세워 권력을 장악하고 '정의롭고 민주적인 사회주의 사회'를 수립하기 위하여 '자본주의(Capitalism)'를 '사회주의(Socialism)'로 전환시킬 수단으로서 폭력혁명(暴力革命)을 주장했다.

그러나 상기한 마르크스주의(Marxism)와 대조적으로, 사회민주주의(社會民主主義, Social Democracy)와 민주사회주의(民主社會主義, Democratic Socialism)는 공통적으로 '자본주의(Capitalism)'를 '사회주의(Socialism)'로 전환시킬 수단으로서 폭력혁명(暴力革命)이 아닌 의회민주주의적(議會民主主義的) 방법을 선택한다.

우선, 사회민주주의(社會民主主義, Social Democracy)는 고전적 사회주의(Classical Socialism)를 개량한 것이다. 즉, *"생산수단과 생산 자체에 대한 통제권(control)이 중앙계획 당국(central planning authority)에 있는 제도적 형태"*인 '고전적 사회주의(Classical Socialism)'를 개량한 사회민주주의(社會民主主義, Social Democracy)는 자본주의 제도의 사회적 · 경제적 모순을 극복하기 위하여, 즉 자유·평등·사회정의를 실현하기 위하여 사유재산제도(私有財産制度)를 폐지하고 생산수단의 사회적 소유와 계획경제 제도를 수단으로 사용하는 사상과 운동이며, 공산주의·무정부주의를 포함하는 넓은 개념이다.

그러나 사회민주주의(社會民主主義, Social Democratist)는 마르크스주의(Marxism)의 폭력혁명(暴力革命)이 아닌 민주주의적(民主主義的) 방법(方法)을 선택하였지만 생산수단의 사회적 소유와 계획경제로 인하여 한계에 봉착해 있다. 또한 서구(특히 스칸디나비아반도)에서 사회민주주의(社會民主主義, Social Democratist)는 복지국가(福祉國家, Welfare State)로 변모했지만, 이들 국가들은 '권위주의적 복지국가'가 아니더라도 한결같이 '복지 재정위기'를 겪고 있다.[102)]

다음으로, 사회민주주의(社會民主主義, Social Democracy)와 대조적으로, 민주사회주의(民主社會主義, Democratic Socialism)는 생산수단(生産手段)의 공유(共有)란 민주주의(民主主義) 완성을 위한 많은 사회개조 수단들 중에서 단지 한 개의 수단에 불과하다고 주장한다. 이 사상은 1951년 7월 '민주사회주의 선언' 또는 '프랑크푸르트 선언'과 1962년 6월 '오슬로 선언(Declaration of Oslo)'의 전문(前文) 4개 장: ① 정치적 민주주의, ② 경제적 민주주의, ③ 사회적 민주주의, ④ 국제적 민주주의로 명시되어 있듯이 민주주의(民主主義)를 정치적·경제적·사회적·국제적 등 인간생활의 모든 영역에 확대·발전시키기 위하여 사회를 개조하자는 것이며, 사회개조를 통하여 민주주의(民主主義)를 완성해 나가자는 사상 및 노선이다. 어떤 측면에서 보면, 민주사회주의(民主社會主義, Democratic Socialism)는 이기적 탐욕으로 흐르기 쉬운 개인주의(個人主義)에 기초한 자유민주주의(Free Demorcracy)보다 더 우월한 정치체제가 될 수 있다.

따라서 중국이 향후 '복지국가(Welfare State)'로 이행하더라도, 복지국가(福祉國家)는 '정의로운 경제체제'가 아니며,[103)] 중국의 천문학적 인구수를 감안하면 엄청난 복지재정을

102) 도널드 서순(Donald Sassoon, 1946~현재) 교수가 그의 명저('도이처 상' 수상 작품)인 「사회주의 100년」(ONE HUNDRED YEARS OF SOCIALISM, 1996년)에서 20세기 서유럽의 14개 좌파(左派) 정당들이 자본주의와 함께 민주주의(民主主義)와 복지국가(福祉國家)를 완성하려고, 즉 사회민주주의(社會民主主義, Social Democracy)를 실현하기 위하여 어떻게 노력했는가를 사회·경제구조의 측면에서 분석하고 사회민주주의(社會民主主義, Social Democracy)의 한계가 드러났음을 역사적으로 상세히 서술하였다.

103) 존 롤스(John Rawls) 교수가 구분한 5개 경제체제는 다음과 같다: ① 자유방임 자유주의(laissez－faire Capitalism), ② 복지국가 자본주의(Welfare－State Capitalism), ③ 통제경제를 갖는 국가사회주의(State Socialism with a Command Economy), ④ 사유재산제 민주주의(Property－owning Democracy), ⑤ 민주적 사회주의(Democratic Socialism)이다. 그의 결론을 요약하면 다음과 같다(John Rawls, 2001, p. 138). 상기의 5개 경제체제 중에서 '자유방임 자본주의', '복지국가 자본주의',

필요로 할 것이며, 중국정부는 도저히 이 재정부담을 감당할 수 없을 것이다. 전술한 바와 같이, 심지어 서구의 '복지국가(Welfare State)'는 한결같이 재정 딜레마에 빠져 있다.

둘째, 민주사회주의(民主社會主義, Democratic Socialism)는 '정의로운 경제체제(A Justice-based Economic System)'인 반면에 사회민주주의(社會民主主義, Social Democracy)는 그렇지 않다. 그 이유는 존 롤스(John Rawls, 2001, p. 139)가 그의 「정의론」(1971년) · 「정치적 자유주의」(1993년) · 「공정으로서 정의」(Justice as Fairness: A Restatement, 2001년)에서 주장했듯이, 민주사회주의(民主社會主義, Democratic Socialism)는 생산수단(生産手段)이 사회에 의해 소유되지만 정치권력(政治權力)이 다수의 민주적 정당에 분산되어 있으며, 기업 내의 노동자 또는 노동자에 의해 선출된 대리인(代理人)에 의해 기업의 방침이나 관리가 이루어짐으로써 경제 권력 또한 분산되기 때문이다.

따라서 민주사회주의(民主社會主義, Democratic Socialism)는 '사유재산제 민주주의(Property-Owning Democracy)'와 같이 '평등한 정치적 자유의 공정한 가치'를 가진 기본적 자유와 공정한 기회의 균등을 보장하며, 비록 '차등의 원칙(The Difference Principle)'에 의하지 않더라도 '상호성(reciprocity)의 원리'에 따라 경제적 · 사회적 불평등을 해소함으로써 정의(正義)의 2개 원칙: ① 기본적 자유의 원칙과 ② 차등의 원칙에 의한 '최소 수혜자의 최대이익'에 부합하며 민주주의(民主主義)의 2개 가치: 자유(自由)와 평등(平等)을 모두 아우르는 '정의(正義)로운 경제체제(A Justice-based Economic System)'이다.[104)]

'통제경제를 갖는 국가사회주의'는 존 롤스(John Rawls)의 '정의(正義)의 2개 원칙': ① 기본적 자유의 원칙과 ② 차등의 원칙에 의한 '최소 수혜자의 최대이익' 중에서 적어도 한 개를 위배(違背)함으로써 '정의로운 경제체제'가 아니라는 것이다.

104) 존 롤스(John Rawls) 교수는 2개 경제체제(經濟體制): ① '사유재산제 민주주의(property-owning democracy)'와 ② '민주적 사회주의(democratic socialism)'는 '정의(正義)의 2개 원리'를 만족시키는 '정의로운 경제체제'라고 주장했다(John Rawls, 2001, p. 138). 그 이유는 상기의 두 경제체제(經濟體制)는 '평등한 정치적 자유의 공정한 가치'를 가진 기본적 자유와 공정한 기회의 균등을 보장하며, 비록 '차등의 원칙(The Difference Principle)'에 의하지 않더라도 상호성(reciprocity)의 원리에 따라 경제적 및 사회적 불평등을 해도될 수 있기 때문이다(John Rawls, 2001, p138). 여기서 유의할 것은 상기한 2개 경제체제: ① '사유재산제 민주주의(property-owning democracy)'와 ② '민주적 사회주의(democratic socialism)'는 재산권의 '일반권리'인 개인적 사유재산권(the right to private personal property)을 공통적으로 인정하고 있지만, 자연자원과 생산수단에서의 사유재산권(the right to private property)에 관한 규정에 관해서는 차이를 갖고 있다는 점이다. 우선, '사유재산제 민주주의(property-owning democracy)'는 생산수단의 사유 재산권을 허용하되 생산수단의 독점은 금지하여, 공정한 기회 균등을 위하여 생산 자산과 인적 자본(교육, 기술교육)에 대한 소유권을 분산시키고 덜 수혜 받은 사람에게 소득을 재분배한다(John Rawls, 2001, p. 139). 이와 반면에, '민주적 사회주의(Democratic Socialism)'는 생산수단이 사회에 의해 소유되지만 정치권력이 다수의 민주적 정당에 분

(3) 왜 국가자본주의(國家資本主義, State Capitalism)가 아니라 시장자본주의(Market Capitalism)인가?

전술한 바와 같이, 시장자본주의(Market Capitalism) 역시 많은 문제점을 안고 있다. 시장자본주의(Market Capitalism)의 만능을 신봉했었던 '자본주의 3.0'이 불과 30여 년 만에 동요되고 있으며, 이젠 소위 '자본주의 4.0'이 도래하고 있다고 요란하다. 다시 말하면, 신자유주의(新自由主義, New Liberalism) 및 신금융자본주의(新金融資本主義, New Financial Capitalism)에 의하여 야기되었던 2008년 하반기 글로벌 금융위기와 유럽의 재정위기를 목격한 세계인은 이제 더 이상 시장자본주의(市場資本主義, Market Capitalism)의 만능을 신뢰할 수 없다는 것을 통감하면서 시장과 정부의 새로운 관계 설정, 즉 '자본주의 4.0'을 모색하고 있다.

심지어, 서구의 일부 경제학자 및 정치가들은 2008년 하반기 신자유주의(新自由主義)가 저지른 참상을 보고 자유시장자본주의(Free Market Capitalism)보다 중국의 국가자본주의(State Capitalism)가 더 우월한 경제체제가 아닌가 하고 고심하고 있다. 그러나 상기한 서구의 일부 경제학자들은 신고전학파(新古典學派)의 경제이론에 집착한 나머지, 역사와 철학에 관한 지식의 빈곤 내지 부재에 함몰되어 있다. 그들은 그들이 탐욕스러운 정치가들과 야합하여 저질렀었던 죄상을 인식하지 못하고 또 다른 '죄악'을 구상하고 있는 듯하다. 조지프 슘페터(Joseph Schumpeter, 1883~1950)는 갈파했었듯이, 자유민주주의(自由民主主義)라는 인류의 최고 가치를 실현하는 데 있어서 시장자본주의(Market Capitalism)가 사회주의(Socialism)보다 더 효율적인 경제체제(經濟體制)이다.

그렇다면, 왜 중국(러시아 · 걸프만을 포함)의 경제체제(經濟體制)가 현행 국가자본주의(國家資本主義, State Capitalism)에서 '정의로운 경제체제(A Justice-based Economic System)'를 지향하는 시장자본주의(Market Capitalism)로 변환해야 하는가? 그 이유는 다음과 같다:

첫째, 중국의 현행 경제체제(經濟體制)는 국가사회주의(國家社會主義, State Socialism)[105)]

산되어 있으며, 기업 내의 노동자 또는 노동자에 의해 선출된 대리인에 의해 기업의 방침이나 관리가 이루어짐으로써 경제 권력 또한 분산된다. '자유주의적(민주적) 사회주의'에서는 자유로운 경쟁시장체제에서 경제활동이 이루어지고 자유로운 직업선택이 보장된다는 측면에서 '통제경제 국가사회주의'와 다르다(John Rawls, 2001, p. 138).

105) 국가사회주의(國家社會主義, State Socialism)는 자유지상주의적 사회주의(Libertarian socialism)와는 대립되는 개념으로서 국가가 경제를 간섭하고 주도하여 사회주의를 실현하려는 사상을 말한다. 리버테리언 사회주의(Libertarian Socialism)란 사회주의 흐름 중에서 리버테리어니즘 경향을 지닌 아나키즘과 좌파공산주의(리버테리언 마르크스주의라고도 부른다)를 포괄하는 사회주의 범주를 의미한다. 아나키즘이 리버테리언 사회주의에 포함되는 것이며, 두 용어는 동의어가 아니다. 리버테리언 사회주의

라기보다는 국가자본주의(國家資本主義, State Capitalism)이다. 국가자본주의(國家資本主義, State Capitalism)란 과거 사회주의식 중앙계획경제가 21세기에 걸맞게 탈바꿈한 것이 아니라 해당 국가의 상황에 알맞게 설계된 관료주의적(官僚主義的) 자본주의(資本主義)의 한 형태이다.[106)]

국가자본주의(國家資本主義, State Capitalism)는 하나의 통일된 모델이 없으나 하나같이 위험(危險)을 회피하려는 공통점이 있다. 즉, 정보, 사람, 돈, 상품, 서비스가 국경을 넘나드는 것을 허용하기로 했을 때 그 과정에서 생기는 위험(危險)을 세밀히 통제 혹은 관리하려고 한다. 그러한 노력이 권위주의적 정치·경제시스템인 국가자본주의(國家資本主義, State Capitalism)로 나타난 것이다.

그러나 국가자본주의(國家資本主義, State Capitalism)는 자본주의적 경제형태에 국가가 참여하는 것으로서 그것의 본질은 국가의 계급적 성격, 구체적인 역사적 상황, 그리고 해당국가의 경제적 특징 등에 의해서 결정된다. 국가자본주의(國家資本主義, State Capitalism)의 결정적 요인들 중의 하나는 국가자본주의적 소유인데, 이것은 항상 적자를 면하지 못하는 부문의 전기업체 또는 일부 업체를 국유화(國有化)함으로써 더욱 확대되었다. 또한 국가자본주의적 소유에는 국가가 개인 자본가 소유의 회사 주식을 구입하거나 사(私)기업체 소유의 기업에 국가기금을 투자함으로써 나타나는 '혼합기업' 형태의 혼합소유가 존재

(Libertarian Socialism)는 국가사회주의(State Socialism)라고 분류되는 사회주의 흐름과는 대립된다. 여기서 유의할 것은 정통적 사회주의자들(정통적 마르크스주의, 마르크스 레닌주의, 트로츠키주의, 좌파 공산주의, 아나키즘 등을 모두 포함하여)은 궁극적으로 국가의 소멸을 지향하는데 사회주의자들의 입장에서 국가(國家)는 지배계급의 집단적 이익을 수호하는 기관으로서 궁극적으로 사라져야 할 요소로 간주한다는 점이다. 유물론적 관점에서 노동자들이 자본과 기관을 직접적으로 제어함으로써 과거의 하나의 계급에 의한 지배인 국가가 사라짐으로써 '국가없는 사회'에 도달할 수 있다는 것이 정통적인 마르크시즘(Marxism)의 관점이다. 카를 마르크스(Karl Marx) 자신 또한 국가사회주의(國家社會主義, State Socialism)를 비판했다. 참고로, 한자 문화권에서는 'National Socialism'과 'State Socialism'을 서로 혼동하는 경우가 많다는 점에 유의할 필요가 있다. 즉, 'Nation'은 기본적으로 '민족'과 '국가'라는 두 가지 의미를 지니고 있으므로 'Nation'을 민족이 아닌 국가로 번역할 경우 한자문화권에서는 '국가'의 의미를 지니고 있는 State와의 혼동이 생긴다. 요컨대, 국가사회주의(National Socialism)는 나치즘(독일에서는 현재 NS(National Sozialistische)을 의미한다.

106) '국가자본주의(State Capitalism)'는 소련 붕괴로 공산권 국가가 대량 붕괴한 이후 국가자본주의는 국가통제주의적 지배하에서 국가적 정책을 행하는 자본주의 체제 안에서의 제도를 일컫는 용어이다. 자본주의 체제의 국가에서 국가자본주의는 하나의 과도 정책이 국가 경제 계획을 실천한다는 뜻이다. 그러나 공산주의계에서는 국가자본주의라고 부르지 않았고 신경제정책이라 불렸다. 오늘날 이 둘은 거의 같은 뜻이다. 그러나 좌파 공산주의자들과 아나키스트들을 비롯한 일부 좌파들은 소련 및 구(舊) 공산권 국가들의 신경제 정책이 사실 공산주의 본질에서 벗어났으며 자본주의로 우회하고자 했던 것이라고 비판한다.

한다. 제국주의(帝國主義) 국가에서는 국가자본주의(國家資本主義, State Capitalism)가 '국가독점자본주의(國家獨占資本主義)'의 성격을 띤다.

국가자본주의(國家資本主義, State Capitalism)의 경영수단은 국영석유·가스사업, 기타 국영기업, 국부펀드 등이며 자원민족주의(資源民族主義)는 국가자본주의(State Capitalism)의 핵심 요소다. 중국과 러시아가 세계에서 가장 영향력이 큰 국가자본주의(國家資本主義, State Capitalism) 국가라는 사실이 이를 대변해 준다. 중국은 역사적으로 혼란을 두려워했고 러시아는 정치적으로 수 세기에 걸쳐 중앙통제기법을 사용해 왔다.

이와 반면에, 자유시장자본주의(自由市場資本主義, Free Market Capitalism)는 시장(市場)을 개인에게 기회를 제공하는 원동력으로 간주하는 반면에 국가자본주의(國家資本主義, State Capitalism)는 관료주의적(官僚主義的) 자본주의(資本主義)의 한 형태로서 시장(市場)을 국익 또는 적어도 지배 엘리트 계층의 이익증진 수단으로 간주한다. 따라서 국가자본주의(國家資本主義, State Capitalism)하에서는 권력형 부정·부패가 심화 및 확대될 가능성이 높으며 시장기능의 저하로 경영혁신이 일어나기가 어렵다.

다시 말하면, 국가자본주의(國家資本主義, State Capitalism)를 수행하는 국가의 정부는 공공의 부(富), 공공투자 및 공영기업을 정권을 지속시킬 수 있는 확실한 통제수단으로 이용해 왔으며 자국경제의 모든 분야를 일일이 관리하고 시장에 대해서 영향력을 행사해 왔다. 현재, 이러한 국가자본주의(國家資本主義, State Capitalism) 국가들이 소유한 석유와 천연가스 기업들은 세계에너지 매장량의 대부분을 통제하며 전력생산, 통신, 광산, 무기제조, 자동차 및 항공 분야 등에서 다국적 기업과 경쟁하는 기업을 직접 소유하고 있거나 적극적으로 후원한다. 또한 이들 정부가 소유하고 운영하는 국부(國富)펀드를 비롯한 거대한 투자 포트폴리오는 현재 빠른 속도로 세계투자자본의 핵심이 되어가고 있다.

세계 최대 정치 리스크 컨설팅 회사인 미국 유라시아그룹의 이언 브레머(Ian Bremmer) 회장은 그의 저서 「자유시장의 종언」(The End of Free Market, Portfolio)에서 다음과 같이 주장한다: 지난 10년 동안 중국, 러시아, 인도, 브라질, 터키, 멕시코, 사우디아라비아, 아랍에미리트, 이집트, 알제리, 우크라이나, 남아프리카 공화국, 나이지리아, 인도네시아, 말레이시아 등 일부 체제전환국 및 자원부국들이 시장경제를 근본으로 하면서도 주요 국가자산을 정부소유로 두고 자국의 경제에 큰 영향력을 행사함으로써 정권을 유지하고 있다.

다시 말하면, 국가자본주의(國家資本主義, State Capitalism) 국가의 정치인들은 국가자본주의(國家資本主義, State Capitalism)의 경제운영체제를 경제를 재건하거나 불황에서 벗어나기 위한 일시적 조치로서 운용한 것이 아니라 그들의 장기집권전략의 일환으로서 의도적으로 선택했다. 따라서 국가자본주의(國家資本主義, State Capitalism)하에서는 정경유착(正經癒着)으로 인한 권력형 부정·부패가 심화 및 확대될 가능성이 높으며 시장기능의 저하로 지속 가능한 경제성장의 근원인 조지프 슘페터(Joseph Schumpeter, 1883~1950)의 '창조적 파괴(Creative Destruction)' 혹은 클레이턴 크리스텐슨(Clayton Christensen)의 '파괴적 혁신(disruptive innovation)'[107)]이 일어나기가 어렵다.

조지프 슘페터(Joseph Schumpeter, 1883~1950) '창조적 파괴(Creative Destruction)'의 개념에 따르면, 새로운 기술혁신(技術革新)으로써 새로운 상품을 생산하지는 못하는 기업은 결국 붕괴된다. 이는 곧 실업을 의미하고 급여를 받지 못하는 사람의 증가를 의미한다. 그런데 국가자본주의(國家資本主義, State Capitalism) 국가에서 이에 대한 책임은 전적으로 국가에 있다. 따라서 국가자본주의(國家資本主義, State Capitalism) 국가의 관료들은 '창조적 파괴(Creative Destruction)'를 용인했을 때 발생할지도 모르는 예상치 못한 부작용에 대한 책임을 모면하기 위해 그것을 받아들일 수가 없는 것이다.

요컨대, 권위주의(權威主義) 체제에서는 지속 가능한 성장의 토대가 되는 조지프 슘페터(Joseph Schumpeter, 1883~1950)의 '창조적 파괴(Creative Destruction)' 혹은 클레이턴 크리스텐슨(Clayton Christensen)의 '파괴적 혁신(disruptive innovation)'이 어렵다. 기업은 자연히 권력에 줄을 놓으려 한다. 권력과 기업 간에 주고받는 거래가 성립된다. 권력은 새로운 경쟁자의 시장 진입을 막아주고 기존 기업의 독과점을 방임하게 된다. 그 대가로 권력 엘리트는 기업으로부터 직접 뇌물을 받는 등 이권을 챙긴다. 이른바 정경유착(正經癒着)이다.

중국에서 시진핑(習近平)을 정점으로 하는 소수 엘리트의 권력은 점점 절대화되고 있다. 이들을 견제하는 세력은 없어지고 있다. 전인대에서 국가주석 임기 제한을 폐지하는 데 찬성률이 99%를 넘었다는 게 그 증거다. 이런 상황에서 권력이 기득권 기업을 위해 '파괴적 혁신' 기업을 규제하고 시장 진입을 봉쇄한들 누가 감히 이를 저지할 수 있을까?

친(親)중국 미래학자 존 나이스비트(John Naisbitt)가 그의 저서 「차이나 메가트렌드」(2009년)에서 중국의 '수직적 민주주의(Vertical Democracy)'를 칭송하지만, 저자는 중국의 '수직적 민주주의(Vertical Democracy)'가 권력형 부정·부패를 근절하는 것이 아니라 오히려 그것으로 인하여 정경유착(正經癒着)은 더욱 조직적으로 공고하게 할 것이라고 확신한다.

결국, 중국의 국가자본주의(國家資本主義, State Capitalism) 역시 '정실 자본주의(Crony

107) 클레이턴 크리스텐슨(Clayton Christensen) 교수는 그의 저서 「혁신 기업의 딜레마」(The Innovator's Dilemma, 1997년)에서 '파괴적 혁신(disruptive innovation)'이라는 용어를 주조(鑄造)하고 이를 단순하고 저렴한 제품이나 서비스로 시장의 밑바닥을 공략한 후 시장전체를 빠르게 장악하는 경영방식으로 정의했다.

Capitalism)'로 흘러 결국 '천민자본주의(賤民 資本主義)'가 될 가능성이 높다. 막스 베버(Max Webe, 1864~1920)가 그의 저서 「프로테스탄티즘의 윤리와 자본주의의 정신」(Die protestatische Ethikund der 'Geist' des Kapitalismus, 1903년 및 1905년)에서 '합리적 경쟁자본주의'를 제시하면서 '천민자본주의(賤民 資本主義, Pariakapitalismus)'를 호되게 비판했었다.

대런 애쓰모글루(Daron Acemoglu) 교수(MIT 경제학과)와 제임스 A. 로빈슨(James A. Robinson) 교수(하버드 정치학과)는 그들의 공저 「Why Nations Fail」(2017년)에서 권위주의적 체제하에서 정경유착(正經癒着)으로 인한 권력형 부정·부패가 어떻게 '착취적 정치 경제제도'를 만들어 국민을 빈곤에 빠뜨리는가를 상세히 논술하였다: *"착취적 제도를 장악한 이들이 사회 전체를 희생시켜가며 자신들의 배를 채울 수 있으므로 착취적 제도하의 정치권력을 탐내는 이들이 많아져 수많은 집단과 개인이 권력투쟁을 벌이게 된다."* 여기서 문제는 새로 권력을 장악한 이들 역시, 기존의 정치 제도를 고스란히 물려받으려 한다는 것이다. 그래야 기존 권력자들만큼 이득을 취할 수 있기 때문이다.

요컨대, 국가자본주의(國家資本主義, State Capitalism)하에서는 물질과 이기심에 대한 집착, 불공정한 경제 행위, 과도한 경제력 집중 등이 발생할 가능성이 높다. 중국에선 아직도 공산당(共産黨) 고위간부를 '권력을 지닌 귀한 신분'이란 뜻인 '권귀(權貴)', 기업인을 돈을 벌기 위해 간사한 상인이라는 뜻인 '간상(奸商)'이라고 각각 칭(稱)한다.

본 연구는 상기한 중국의 현행 정치·경제 체제의 구조적 전환(Structural Transformation): ① 정치체제(政治體制)의 측면에서 현행 인민민주주의(人民民主主義, People's Democracy) → 민주사회주의(民主社會主義, Democratic Socialism) → '질서정연한 민주사회(A well-ordered Democratic Society): ② 경제체제(經濟體制)의 측면에서 현행 국가자본주의(國家資本主義, State Capitalism) → '정의로운 경제체제(A Justice-based Economic System)' → '완전고용기반형 복지사회(A Full Employment-based Welfare Society)'로 변환 없이는 중국 경제 전반에 걸친 비효율(非效率)과 부정·부패(不正·腐敗)를 근절할 수 없을 것이라고 단언한다.

러시아와 중국은 현재 국가자본주의(國家資本主義, State Capitalism)하에서 사실상 시장자본주의(市場資本主義, Market Capitalism)를 운용하고 있으며, 상기 2개 체제(국가자본주의와 시장자본주의)의 부조화(不調和)는, 서방의 모든 국가들이 그렇게 하고 있듯이, 주요 전략적 산업은 국영기업으로 존속시키되 정부와 시장의 혼합경제체제(Mixed Economic System)하에서 '관리자유시장제도(管理自由市場制度)'로 효율적으로 해결할 수 있다.

여기서 유의할 것은 다음과 같다: 현대사회 거버넌스 원칙에 부합하는 국유기업(國有企業)의 관리방식에 의한 국유기업(國有企業) 개혁은 상기한 정치·경제체제의 구조적 변환

(Structural Transformation) 중에서 현행 국가자본주의(國家資本主義, State Capitalism) → '정의로운 경제체제(A Justice-based Economic System)' → '완전고용기반형 복지사회(A Full Employment-based Welfare Society)'와 직결된다. 예를 들면 국유기업(國有企業)의 수익을 재정 수입으로 전환하거나 국유기업(國有企業)의 지분을 '완전고용기반형 복지사회(A Full Employment-based Welfare Society)'를 위한 사회보장(社會保障) 기금으로 전환할 수 있다.

(4) 왜 중국 정치 · 경제체제의 구조적 전환이 동시적으로 필요한가?

본 연구의 권장 내용: 중국의 현행 정치 · 경제 체제의 구조적 전환(Structural Transformation): ① 정치체제(政治體制)의 측면에서 현행 인민민주주의(人民民主主義, People's Democracy) → 민주사회주의(民主社會主義, Democratic Socialism) → 질서정연한 민주사회(A Well-Ordered Democratic Society): ② 경제체제(經濟體制)의 측면에서 현행 국가자본주의(國家資本主義, State Capitalism) → 정의로운 경제체제(A Justice-based Economic System) → 완전고용기반형 복지사회(A Full Employment-based Welfare Society)에서 왜 정치 · 경제체제의 구조적 전환이 동시적으로 필요한가?

역사적으로 보면, 랄프 다렌도르프(Ralf Dahrendorf, 1929~2009)가 지적하였듯이, 모든 자본주의 사회가 정치적 민주주의로 발전한 것은 아니라는 역사적 사실에 유의할 필요가 있다.[108] 상기한 역사적 사실로서 독일 산업화가 분만했던 정치체제는 자유민주주의(自由民主主義) 국가가 아니라 권위주의적(權威主義的) 복지국가(福祉國家)였다는 점을 들 수 있다.

상술하면, 영국에서는 산업화(産業化)가 새로운 생산기술의 응용과 새로운 시장의 발견으로 거의 자연발생적으로 일어났었던 반면에, 독일에서는 산업화(産業化)가 상당히 계획적인 국가정책에 의해 추진되었다. 그리고 처음부터 독일의 산업화 과정은 중소기업의 역할이 거의 없이 대규모 단위의 기업체들에 의해 진행되었으며, 철도 · 광산 · 항만 등과 같은 대규모 산업자본은 국가가 거의 독점하고 있었다. 따라서 독일에서는 다른 서유럽 국가에서 볼 수 있었던 '야심에 찬 부르주아 상업계급'은 별로 번성하지 못했으며, 독일에서 생성된 부르주아는 기본적으로 국가의 보호하에 생존 및 번영할 수 있었다. 따라서 국가에 의존하는 계급이 국가의 권력을 제한해야 한다는 주장을 내세운다는 것은 불가능한 일이었다. 즉, 당시 독일경제는 자본주의 형태를 갖고 있었음에도 불구하고 실제에 있어서

108) Ralf Dahrendorf(1969), Society and Democracy in Germany, New York: Doubleday; Barrigton Moore, Social Origins of Dictatorship and Democracy, Boston: Beacon Press.

는 국가가 지배적 역할을 담당하고 있었다.

특히, 비스마르크(Bismarck) 체제의 독일국가가 산업기능에다 복지기능까지 추가했을 때, 대부분의 독일사람들은 이제 독일은 헤겔(Georg Wilhelm Friedrich Hegel, 1770~1831)이 말한 '이성적 국가(A Rational State)'를 달성했다고 믿고 있었다. 그리고 서방으로부터의 무질서한 부르주아 자유주의 세력의 위협과 동방으로부터의 전(前)근대적 보수주의 세력의 위협을 동시에 의식하였던 독일 사람들은 그들이 성취한 '이성적 국가(A Rational State)'를 보호하는 것이 이른바 '국가이성(國家理性, Staatsvernunft)'의 당연한 요구라고 믿게 되었다. 그러나 독일 사람들이 실제로 채택한 국가는 랄프 다렌도르프(Ralf Gustav Dahrendorf, 1929~2009)가 지적한 대로 자유민주주의(自由民主主義) 국가가 아니라 권위주의적(權威主義的) 복지국가(福祉國家)였다.

상기한 독일의 역사적 경험에서 유의할 것은 국가의 지배적 역할에도 불구하고 당시의 독일경제도 사회주의 경제가 아니라 자본주의 경제였다는 점이다. 따라서 자본주의 경제가 항상 정치적 민주주의를 탄생시킨다고 주장할 수 없다는 것은 분명하다. 정치적으로 독자적인 부르주아 계급 대신에 국가가 자본주의적 산업화를 주도하는 경우에는 권위주의적 국가가 잠재적 민주세력들을 흡수함으로써 자유민주주의(自由民主主義)의 출현을 사전에 예비한다고 말할 수 있다.

상기의 논거(論據)는 로버트 스칼라피노(Robert A. Scalapino, 1919~2011) 교수가 말하는 '권위주의적 다원체제'에서도 찾을 수 있다. 동아시아 국가들(예로서 한국과 대만)은 권위주의 체제하에서 산업화(産業化)를 추구했음에도 불구하고 외부적 충격 없이 민주화(民主化)가 가능하다는 사실을 보여주고 있다.

따라서 민주주의 세력을 탄생시키고 성장시켜주고 결국에는 정부의 억압으로부터 해방시켜주는 것은 사회주의(社會主義)가 아니라 자본주의(資本主義)라는 결론을 도출할 수 있다. 특히, 자본주의 자체가 전통적인 봉건체제의 이익을 대표하는 국가에 저항하는 독자적 세력인 산업부르주아 계급에 의해 추진된 경우 자본주의 혁명은 민주주의를 분만한다는 것을 알 수 있다. 즉, '권위주의적(權威主義的) 다원체제(多元體制)' 국가는 점진적으로 독자적 정치세력인 중산계급(中産階級)의 성장을 가능케 함으로써 자유민주주의(自由民主主義)의 출현을 사전에 예비한다는 것이다.[109)]

---

109) 로버트 스칼라피노(Robert A. Scalapino, 1919~2011) 교수는 후기 발전국가의 경우, 국가 자체가 자본주의적 산업화를 추진하는 패턴이 나타나며 부르주아 계급이 독자적 정치세력으로서 부재(不在)한 상태에서의 산업화(産業化)는 민주주의가 아니라 권위주의 체제를 강화한다고, 그러나 이 경우에서도 권위주의적 다원주의 정권은 점진적으로 독자적 정치세력인 산업부르주아 계급, 즉 중산계급(中産階

요컨대, 신(新)유학(Neoconfucianism)이나 중국 실용주의(實用主義)와 대조적으로, 본 연구의 신(新)실용주의(Neopragmatism)는 '정의로운 국가(A Justice-based State)'와 행복한 사회(A Happy Society)를 구현하기 위한 '질서정연한 민주주의 사회(A Well-Ordered Democratic Society)'와 '정의로운 경제체제(A Justice-based Economic System)'하에서, '선(先)성장·후(後)분배'가 아니라, 지속적 경제성장과 형평한 소득분배를 동시적으로 추구한다.

존 롤스(John Rawls, 1921~2002) 교수는 민주주의적 시민 개념과 연관하여 '질서정연한 민주주의 사회(A Well-Ordered Democratic Society)'를 다음과 같이 정의(定義)했다: 즉, 정의(正義)에 대한 합리적 견해를 모든 개인이 자발적으로 합의를 통해 수용하고, 이러한 정의의 원리가 사회의 '기본구조(basic structure)'에 실현되는 사회라는 것이다.[110] 또한 존 롤스(John Rawls)는 '정의로운 경제체제(A Justice-based Economic System)'를 그의 '정의(正義)의 원칙'이 작동하는 경제체제(經濟體制)로 정의했다.

5) 중국 정치 · 경제체제의 구조적 전환으로 인한 기대효과

사실, 중국은 근·현대사의 격랑(激浪) 속에서 끊임없는 사상 논쟁이 벌어졌었다. 즉, 1920년대 '신문화운동(新文化運動)'은 근대적 사상 논쟁의 시발점이었으며, 그 후 혁명·건국, 개혁·개방 등의 과정에서 치열한 사상 논쟁들이 있었다.

회고하면, 중국의 '5·4 운동'(1919년)은 당시 제국주의(帝國主義)·반(反)민족적 군벌주의(軍閥政府)·봉건주의(封建主義)를 반대하고 국력 신장을 위한 과학(科學)과, 인민의 자유(自由)·평등(平等)을 보장하는 민주주의(民主主義)를 제창함으로써 중국의 '신(新)민주주의(民主主義) 혁명(革命)'의 출발점이 되었다.

이젠, 1919년 '5·4 운동' 후 100년이 경과하면서 도광양회(韜光養晦) → 유소작위(有所作爲) → 책임대국론(責任大國論) → 돌돌핍인(咄咄逼人)으로 진화(進化)하여 중국은 경제대국 → 군사대국 → 금융대국으로 부상하였다. 2016년 10월, 위안화는 오랜 소망 끝에 국제통

級)의 성장을 가능케 함으로써 중국에는 민주주의(民主主義) 세력을 출현시킨다고 주장했다. 여기서 유의할 것은 독자적 민주세력의 등장을 막을 수 있는 길은 오직 '레닌주의적 체제'를 택하는 것뿐이라는 점이다.

110) 그러나 존 롤스(John Rawls)는 '정의의 원칙'이 확립된 사회를 '질서정연한 민주주의 사회(a well-ordered Democratic Society)'로 규정하였지만, 이러한 사회의 구현 방안을 제시하지 않았다. 이 방안을 제시하고자 하는 철학적 시도가 바로 저자가 수년 전 국내·외 학회에서 제시해온 신(新)실용주의(Neopragmatism)이다.

화(國際通貨), 즉 '준(準) 기축통화(基軸通貨)'가 되었다. 중국은 장기적으로 위안화를 기축통화(基軸通貨)로 만들기 위하여 자유태환(自由兌換)과 국제화(國際化) → 아시아 지역 중심통화(中心通貨) → 기축통화(基軸通貨)라는 한 로드 맵으로 소기의 전략을 추진하고 있다.

바로 이 시점에서, 본 연구는 다음과 같이 주장한다: 중화인민공화국(中華人民共和國)은 '지구촌 문화공동체(Global Cultural Community)'를 위한 비전을 제시함으로써 '만국(萬國)의 노동자(勞動者)'를 포함한 세계(世界)의 인민(人民)의 '공동부유(共同富裕)'와 세계평화(世界平和)를 추구할 시대적 소명을 인식 및 실천해야 한다. 왜냐하면 기존의 국제 정치·경제 질서(자유민주주의와 시장경제체제)가 2008년 하반기 글로벌 금융위기로 인하여 붕괴된 상황에서 미래에 대한 불확실성이 지속되고 뚜렷한 지도이념이나 공동목표가 설정되지 않고 있기 때문이다. 또한 서구 근대과학 문명(文明)은 자원고갈·생태계 파괴·도덕과 인간성 상실·국제범죄의 증가·대량살상무기의 발달 등으로 인하여 한계를 보이고 있기 때문이다.

시진핑(Xi Jinping, 習近平, 1953~현재) 중국공산당 총서기 겸 국가주석은 이미 '1인 지배체제'를 제도적으로 공고히 하였다. 즉, 그는 2018년 3월 11일 '전국인민대표대회'에서 국가주석의 연임 제한을 철폐하는 헌법 개정안을 99.79% 찬성률로 통과시켰다. 찬성이 2,958표였으며, 반대는 겨우 2표에 불과했었다. 이로써 시진핑(Xi Jinping, 習近平) 국가주석은 임기 제한 없이 장기집권(長期執權)이 가능하게 됐다. 이를 계기로 시진핑(Xi Jinping, 習近平) 국가주석을 정점으로 하는 소수 엘리트의 권력층은 점점 '절대화'되고 있으며 이들을 견제하는 세력은 점점 사라지고 있다.

시진핑(Xi Jinping, 習近平) 국가주석의 '1인 지배체제'는 중국의 현행 국가자본주의(國家資本主義, State Capitalism)의 성격을 더욱 '정실자본주의(情實 資本主義, Crony Capitalism)' 혹은 '천민자본주의(賤民 資本主義, Pariah Capitalism)'로 몰아넣을 수 있을 것이며, 또한 상기 체제는 로버트 스칼라피노(Robert A. Scalapino, 1919~2011) 교수가 말하는 '권위주의적 다원체제'와 정반대로서 민주주의(民主主義)의 기반세력인 중산계급(中産階級)의 성장을 제어(制御)할 수 있다.

그러나, 다른 한편으로 생각하면, 시진핑(Xi Jinping, 習近平) 국가주석의 '1인 지배체제' 공고화는 오직 시진핑(Xi Jinping, 習近平)만이 상기한 정치·경제 체제 전환을 유혈 충돌 없이 '평화적으로' 수행할 수도 있을 것이다. 그것은 다음과 같은 정치·경제체제의 구조적 변환(Structural Transformation)이다: ① 정치체제(政治體制)의 측면에서 현행 인민민주주의(人民民主主義, People's Democracy) → 민주사회주의(民主社會主義, Democratic Socialism)

→ 질서정연한 민주사회(A Well-Ordered Democratic Society); ② 경제체제(經濟體制)의 측면에서 현행 국가자본주의(國家資本主義, State Capitalism) → 정의로운 경제체제(A Justice-based Economic System) → 완전고용기반형 복지사회(A Full Employment-based Welfare Society)를 통하여 궁극적으로는 자유(自由)와 평등(平等)을 동시적으로 만족시킬 수 있는 '행복한 사회(A Happy Society)'와 '정의로운 국가(A Justice-based State)'라는 목적적 가치를 실현하자는 것이다.

상기한 정치 · 경제체제의 구조적 변환(Structural Transformation)을 위한 시진핑(Xi Jinping, 習近平, 1953~현재) 국가주석의 역사적 도전은 100년 전 '5 · 4 운동'(1919년)의 '신(新)민주주의(民主主義) 혁명(革命)'을 고(高)차원적으로 연장한 기 · 승 · 전 · 결(起 · 承 · 轉 · 結)이며 시진핑(習近平) 중국 공산당 총서기 겸 국가주석이 개혁 · 개방 40주년을 맞는 2017년 10월 18일 제19차 중국 공산당 전국대표대회 보고를 통해 제시한 '팍스 시니카(Pax Chinica)', 즉 '중국몽(中國夢)'을 위한 '신시대중국특색사회주의(新時代中國特色社會主義)'를 훨씬 뛰어넘어 세계만방에 고(告)하는 중국 인민의 합리적 '국가이성(國家理性, Staatsvernunft)'의 선언임과 동시에 인류의 공존 · 공영을 위한 '지구촌 문화공동체(Global Cultural Community)'의 비전(Vision)으로서 높이 평가받을 수 있을 것이다. 또한 상기한 정치 · 경제체제의 구조적 변환(Structural Transformation)은 다음과 같은 기대효과를 창출할 수 있을 것이다.[111)]

첫째, 상기한 정치 · 경제체제의 구조적 변환(Structural Transformation)은 중국사회의 핵심적 과제인 국유기업(國有企業) 개혁 문제를 해결할 수 있는 철학적 실마리를 제공할 수 있을 것이다. 현행 국가자본주의(State Capitalism)에서 '정의로운 경제체제(A Justice-based Economic System)'를 지향하는 시장자본주의(Market Capitalism)로 변환 문제는 기존 국유기업들을 얼마만큼 민영화(民營化, Privatization)를 추진할 수 있을 것인가에 달려있다.

사실, 국유기업 개혁은 중국이 '사회주의 시장경제체제' 정비의 돌파구이다.[112)] 국유기업 개혁은 중국이 계획경제체제에서 시장경제체제로 전환하는 과정에서의 핵심 문제일 뿐만 아니라 현대화 과정에서 해결해야 할 중대한 문제이다. 이로써, 중국 경제 전반에 걸친 비효율(非效率)과 부정 · 부패(不正 · 腐敗)를 근절할 수 있을 것이다.

둘째, 중국 사회의 중산층(中産層)을 크게 확충할 수 있을 것이다. 상기한 기대효과는

111) 임양택(2019), "중국의 정치 · 경제체제의 구조적 변환에 관한 연구: 인민민주주의(人民民主 義)와 국가자본주의(國家資本主義)의 측면에서", 동북아경제학회, [2019 경제학 공동학술대회]: 한국경제학회 일반세션, 2월 14일.

112) 중국산업브리핑 제12-47호, 해외현지리포트, 2012.11.30

매우 중요하다. 왜냐하면 서방의 유수한 시장자본주의(특히 미국 자본주의)에서도 신자유주의(New Liberalism)의 빈익빈(貧益貧) 부익부(富益富), 즉 양극화(兩極化)에 의하여 중산층(中產層)이 붕괴되고 있으며, 중국의 국가자본주의하에서도 소득분배구조의 악화와 양극화로 인하여 중산층(中產層)의 붕괴되고 있기 때문이다.[113] 중산층(中產層)은 자유민주주의(自由民主主義)의 토대이며 인민민주주의(人民民主主義, People's Democracy)의 근간은 공산당(共產黨)이 아니라 중산층(中產層)인 것이다.[114]

2015년 기준으로 중국에서 5만 달러에서 50만 달러 사이의 자산을 보유한 중산층(中產層) 인구는 모두 1억 9백만 명으로 집계되었으며, 세계 전체 중산층(中產層) 인구인 6억 6천4백만 명의 16.4%를 차지했다. 중국 성인 1명당 평균 보유 자산도 4배 증가한 2만 2천5백 달러로 증가했다. 그러나 중국의 국가통계국이 UN산하 세계은행(World Bank)이 규정한 계산방법에 의거하여 추정한 통계에 의하면 현재 전체 인구의 약 5퍼센트(%)인 6,500만 명 정도가 중산층(中產層, 연간 6만~50만 위안의 수입)인데, 이 비중이 50~60%가 되어야 '항아리 모양'의 안정적인 인구구조가 될 수 있다.

물론, 중국의 정치체제가 공산당(共產黨) 일원체제(一元體制)가 아닌 '권위주의적(權威主義的) 다원체제(多元體制)'로 변환함으로써 중산계급(中產階級)을 양성하여 자유민주주의(自由民主主義)의 출현을 예비할 수는 있을 것이다. 왜냐하면 민주주의적(民主主義的) 정치세

113) 프랜시스 후쿠야마(Francis Fukuyama)는 2012년 「Foreign Align」에 기고한 논문: '역사의 미래(The Future of History)'에서 빈익빈(貧益貧) 부익부(富益富)로 인하여 중산층(中產層)이 붕괴되고 있다. 이것은 자유민주주의(自由民主主義)의 종말을 야기할 수 있다고 프랜시스 후쿠야마(Francis Fukuyama, 1959~현재)는 2012년 「Foreign Align」에 기고한 논문: '역사의 미래(The Future of History)'에서 경고했다.

114) 마르크시즘(Marxism)은 다음과 같이 주장한다: 자본주의(資本主義)가 진행함에 따라 생산력이 증진하지만 중산계급(中產階級)은 몰락하여 프롤레타리아(Proletariat)로 전락하고, 프롤레타리아(Proletariat)는 점차로 궁핍해지며, 생산과 소비의 불균형에 의하여 경제가 불안정해진다고 각각 주장했었다 그러나 신(新)마르크스주의(NeoMarxism) 지도자의 한 사람인 루돌프 힐퍼딩(Rudolf Hiferding, 1877~1941)은 집중(集中)을 통하여 자본주의(資本主義)는 안정을 얻을 수도 있다고 하는 카를 마르크스(Karl Marx, 1818~1883)와 정반대의 추론을 제시했다. 상술하면, 독일사회민주당의 이론적 지도자이며 정치가인 루돌프 힐퍼딩(Rudolf Hilferding)은 그의 유명한 저서 「금융자본론」에서 금융자본주의(金融資本主義, Financial Capitalism)가 사회주의(社會主義)의 불가피한 출현에 앞서 자본주의(資本主義)의 궁극적인 최종단계라고 주장했다. 그는 자본주의 경제에 있어서 은행이 예금자에게 지급하는 예금이자와 대출이자의 차이는 엄청나게 커진다고 가정하에서 은행과 은행가들은 유일한 이익 창출자가 될 것이며, 결국 은행이 자본주의 경제의 지배자가 될 것이라고 주장했다. 금융자본주의(金融資本主義, Financial Capitalism)는 제2차 세계대전(1939~1945) 이후에도 사회주의자들이 고수한 원칙이었다. 예로서, 제2차 세계대전 후, 영국에 노동당 정부가 들어서자 은행을 즉각 국유화했으며, 몇 년 후 프랑스에서도 최초의 사회당 정부가 들어서자 주요 상업은행들을 국유화하였다.

력을 양성하는 것은 사회주의(社會主義)가 아니라 자본주의(資本主義)이기 때문이다. 즉, 자본주의 자체가 전통적인 봉건체제의 이익을 대표하는 국가에 저항하는 독자적 세력으로서의 산업부르주아 계급에 의해 추진된 경우, 자본주의(資本主義) 경제체제는 민주주의(民主主義)를 분만할 수 있다는 것이다.

셋째, 상기한 국가자본주의(國家資本主義, State Capitalism) → 정의로운 경제체제(A Justice-based Economic System) → 완전고용기반형 복지사회(A Full Employment-based Welfare Society)의 전환으로써 중국이 현재 봉착해 있는 '중진국의 함정(middle income trap)'으로부터 탈출할 수 있다.

중국은 2003년 1인당 국내총생산(GDP)이 10,000달러를 넘어서 중진국(中進國)이 됐다. 그러나 중국이 '중진국(中進國)의 함정(middle income trap)'에 빠질 위험이 갈수록 커지고 있다. '중진국의 함정(middle income trap)'이란 개발도상국이 경제발전 초기에는 순조롭게 경제성장을 하다가 개인소득이 1만~1만 5천 달러 수준의 중진국(中進國)에 이르면 경제성장이 장기간 둔화·정체하는 현상이다. 과거 일본이나 신흥공업국(NIEs)의 선례를 보자면, 각국 평균인 최소 7%는 되어야 '중진국의 함정(middle income trap)'을 탈출할 수 있다. 만약 중국의 실질 성장률이 4%라면 탈출 임계점을 넘지 못하고 '중진국의 함정(middle income trap)'에 빠질 수 있다.

중국은 세계 2위의 경제 규모, 세계 인구의 18%를 차지하는 국가로 중국경제의 미래에 대해서 많은 이들이 관심을 가지고 있다. 특히 중국경제가 계속 성장해서 미국을 넘어설 것인지, 아니면 '중진국(中進國)의 함정(middle income trap)'에 빠질 것인지에 대해서 논쟁이 치열하다. '세계은행'이 2006년 제기한 '중진국(中進國)의 함정(middle income trap)'은 2008년 하반기 글로벌 금융위기 이후 중국 내에서도 크게 주목받았다. 최근에 중국 경제학계에서 '중진국의 함정(middle income trap)' 논쟁이 치열하다.

우선, 후안강(胡鞍鋼) 중국 칭화(淸華)대 공공관리학원 교수[115]는 2012년 출판된 그의

115) 후안강(胡鞍鋼) 중국 칭화(淸華)대 공공관리학원 교수는 중국 정부의 '경제정책 브레인'이다. 20여 년 동안 정부의 각종 정책 입안에 중요한 역할을 해온 인물이다. 30대부터 두각을 나타내 중국 경제학계에서는 '앙팡테리블(무서운 아이)'로 불렸다. 1985년부터 사회과학원의 국정연구소조에 참여했고 2000년부터 칭화(淸華)대 국정연구센터 주임을 맡아 국정연구분야에서 40여 권의 책을 출판하는 등 독보적인 업적을 쌓았다. 그의 국정보고는 중국의 최고지도자들이 필독하고 정책에 반영하는 것으로 유명하다(한국경제, 2013.01.02). 그가 1993년 왕샤오광(王紹光) 홍콩중문대 교수와 함께 쓴 「중국국가능력보고」는 중국 세제개혁의 교과서 역할을 했다. 1998년에 나온 「중국의 실업문제와 취업전략」도 당시 주룽지(朱鎔基) 총리가 적극 정책에 반영해 한때 주 총리의 '꾀주머니'로 불리기도 했다. 2011년 말에는 「제2대 민족정책, 민족융합과 번영의 촉진」이라는 책에서 중화민족의 일체화를 주장했다. 최근 시진핑

저서 「2020년 중국」에서 다음과 같이 주장했다: "중국경제가 장기적으로 고도성장을 유지할 수 있을 것이며 중국이 2020년에는 미국을 제치고 세계 최대 경제대국이 될 것"이라고 전망했다. 중국 경제가 장기적으로 고도성장(高度成長)을 유지할 수 있을 것으로 보는 이유로서 그는 다음과 같이 논술한다: *"중국의 장기 경제 추세에 대한 관점에는 두 가지가 있다. 하나는 잠재성장률이 크게 떨어져 앞으로 상대적으로 낮은 성장을 유지할 수밖에 없다는 것이다. 가장 큰 이유는 인구가 줄고 요소자본, 특히 노동력 가격이 급격히 올라 비교우위가 사라진다는 것이다. 또 다른 관점은 잠재성장률이 여전히 높은 수준을 유지할 수 있다는 것이다. 나는 후자의 관점을 지지한다. 중국에는 성장동력이 다섯 가지가 있다. 도시화, 신흥공업화, 정보화 및 지식화, 기초설비 현대화, 그리고 국제화다. 지난해처럼 해외수요, 즉 국제화의 수요가 줄면 다른 네 개의 발전기(성장동력)가 강하게 움직여 중국 경제의 발전을 이끌어 낼 수 있다. 세계 어느 나라도 다섯 개의 발전기를 보유한 국가는 없다. 지난 10년간 중국의 노동인구 증가율은 1.18%밖에 안 된다. 그러나 같은 기간 대학(전문대 포함) 졸업 학력자의 인구 증가율은 연평균 10.1%나 된다. 인구증가는 둔화됐지만 우수한 인력자본은 오히려 크게 늘었다."*

그 후, 중국정부의 적극적인 경기부양책으로 경제가 두 자릿수 성장세를 이어가자 '중진국의 함정(middle income trap)' 논쟁은 수면 아래로 가라앉았다. 그러나 2018년부터 경제성장률이 급속하게 둔화되자 중국도 과거 대다수 개발도상국처럼 선진국 대열에 진입하지 못하고 주저앉을 수 있다는 우려가 고조되고 있다.

특히, 러우지웨이(樓繼偉) 중국 전(前)재정부 장관이 2019년 4월 초 한 포럼에서 다음과 같이 발언했었다: *"향후 5~10년 이내에 중국이 중진국의 함정에 빠질 확률은 50% 이상."*

상기한 사실이 알려지자 주요 언론과 경제학자들이 가세해 논쟁을 펼치고 있다. 중국 공식 통계조차 최근 경제 성장률은 연 6% 수준으로 이전만큼의 빠른 속도로 성장하지는 못하는 편이다. 공식 통계에서도 6% 성장률이 붕괴되기 일보 직전이니 실제 성장률은 매우 심각한 수준일 수 있다.

그 후, 2019년 6월 26일 열린 '문화미래리포트(MFR) 2019'에서는 제1세션(중국의 미래)부터 미국과 중국의 두 석학이 중국의 미래에 대한 비관론과 낙관론으로 엇갈려 충돌했다. 미국 내 최고 중국 전문가로 꼽히는 데이비드 샴보(David Shambaugh) 미국 조지워싱턴대 교수는 다음과 같이 지적했었다: *"1인에게 권력이 과집중돼 있는 시진핑(習近平) 국가주석의 정치체제에선 답보 상태가 계속돼 중진국의 함정을 극복할 수 없다."*

(習近平) 총서기가 말하는 '중화민족의 위대한 부흥'은 바로 이 책에서 등장하는 문구다.

이에 대응하여, 자칭궈(賈慶國) 베이징(北京)대 국제관계학원 교수는 다음과 같이 맞받아쳤다: *"중국패권론에 대해 음모론 수준의 얘기가 나오지만, 중국은 일반적인 국가 분석과 같은 잣대로 분석해선 안 된다"며 "중국이 '이중 정체성'을 잘 관리하면 미래는 낙관적이다."*

그러나 저자는 중국이 '중진국의 함정(middle income trap)'에 빠질 수 있으며, 그러한 조짐이 나타나고 있다고 주장한다. 그 근거는 다음과 같다:

우선, 중국 경제의 현황 및 미래에 관한 저자의 견해를 밝히면 다음과 같다: 중국 경제의 현황(2019년 기준)을 보면, 인구 14억 399만 명(세계 1위), 경제 규모(명목 GDP) 14조 1401억 달러(세계 2위), 경제 규모(PPP GDP) 27조 3,808억 달러(세계 1위), GDP 성장률 6.17%, 1인당 명목 GDP 10,099달러(세계 67위), 1인당 PPP GDP 19,503달러(세계 74위), 무역 규모 4조 2,350억 달러(2015년, 세계 1위), GDP 대비 공공부채 비율 46.3%(2016년, 세계 105위), 무디스 국가 신용등급 A1(2017년, 5등위), 피치 국가 신용등급 A+(2007년, 5등위), S&P 국가 신용등급 A+(2017년, 5등위)이다.

한편, 중국 GDP의 구성(2017년 기준)은 내수(53.7%), 가계소비(39.1%), 정부소비(14.6%), 투자(44.4%), 고정투자(43.3%), 재고투자(1.1%), 순수출(1.9%), 수출(19.7%), 수입(17.8%)이다. 가계소비의 비중(39.1%)은 채 40%가 되지 않고 있고, 공장설비 증설과 건설로 대표되는 고정자본투자의 비중은 43.3%로 매우 높다. 따라서 내수(內需)가 약하다고 평가받는 한국도 가계소비의 비중은 GDP의 48.1%에 달하는 것을 볼 때 중국의 내수(內需)의 비중(39.1%)이 매우 약하다고 볼 수 있다. 중국의 고정투자 비율(43.3%)이 비정상적으로 높은 것은 계획경제 체제의 고질적인 약점이다. 고정투자의 대부분이 정부의 방책으로 결정되니 자연히 관료제의 비효율성과 부패가 극심해진다. 게다가 서부 대개발과 일대일로(一帶一路) 프로젝트같이 대규모의 설비투자를 지속해야 하는 중국정부의 입장에선 고정투자를 줄일 수가 없다. 이 결과, 막대한 부채를 감당하면서까지 고정투자를 억지로 유지하고 있는 셈이다.

중국 제조업의 경쟁력 저하이다. 따라서 경제체제(經濟體制)의 측면에서 현행 국가자본주의(國家資本主義, State Capitalism) → 정의로운 경제체제(A Justice-based Economic System) → 완전고용기반형 복지사회(A Full Employment-based Welfare Society)는 총요소생산성(Total Factor Productivity)을 높여 중국의 실질 성장률을 높일 수 있다.

중국은 개혁·개방 이래 중국의 저(低)임금 노동력, 해외자본의 집약적 투자로 고도성장(高度成長)을 일구었으나 이젠 상기 요소투입 성장 전략은 한계에 이르렀다. 중국의 저

(低)임금 노동력 투입은 윌리엄 아서 루이스 경(Sir William Arthur Lewis, 1915~1991, 1979년 노벨경제학상 수상자, 평화상을 제외한 부문에서 노벨상을 받은 최초의 흑인)의 '루이스 전환점(Lewisian Turning Point)'을 통과하였다. 즉, 개발도상국에선 농촌의 잉여노동력이 도시로 유입되면서(이촌향도 현상) 공업화를 이루었는데, 어느 순간 농촌 잉여노동력이 고갈되면서 자연히 임금이 상승하고 성장률이 떨어지기 시작하였다.

임금 급등은 동부 수출지대의 피폐화를 가져오면서 그동안 작동되어왔던 동부(일자리 제공)와 중서부(노동력 제공) 간의 지역적 분업구조에 균열을 야기했으며, 새로운 여건에 부합하는 분업구조 재조정(동부의 산업 업그레이드, 과거 동부 산업의 중서부 이전)이 지체됨에 따라 지역 간 경쟁(중서부로의 인구 회류, 지방정부 간 기업유치 경쟁)을 부추기고 있다.

여기서 유의할 것은 중국 제조업체들의 생산비용이 큰 폭으로 증가한 요인은 단순한 인건비 상승이 아니라 높은 자금조달 비용, 납세 부담, 부동산 임대료 폭등 등의 문제점들이 복합적으로 반영된 결과라는 점이다. 중국 최대 증권사인 국태군안(國泰君安證券股份有限公司: 궈타이쥔안)이 발표한 중국 제조업 생산비용지수를 보면 (외자유치) 직접 경쟁국인 멕시코, 동남아, 인도와 비교해서 이미 상대적으로 경쟁력을 상실했다. 기업의 각종 납세 부담(조세, 준조세)은 경쟁 상대국인 태국보다 높다. 따라서 폭스콘이나 화웨이 같은 기업도 중국공장을 인도로 옮길 정도다. 인도의 경제성장률은 중국의 그것을 추월하였으며, 2015년에는 제조업 투자마저 지난 수십 년간 '세계의 공장' 타이틀을 가졌던 중국을 추월해 세계 1위가 됐다.

게다가 자본생산성도 한계에 달해 자본투입형 성장전략은 더 이상 유효하지 못한 상황이다. 1단위 경제성장에 필요한 투자규모인 한계자본계수(ICOR: Incremental Capital Output Ratio)가 급격히 상승해서 투자 효율성이 지속 저하되고 있다. 본래 중국의 한계고정자본계수(2009~2011: 5.0)는 과거 경기확장 당시 일본(1961~1970: 3.2)·한국(1981~1990: 3.2)·대만(1981~1990: 2.7)보다 높은 수준이었는데 근래에 더욱 투자 효율성이 낮아져 과거와 동일한 경기진작 효과를 내려면 2배나 더 많은 자본을 '서부대개발', '일대일로' 같은 대규모 경기부양에 투자해야 한다. 결국, 마지막 남은 선택지는 총요소생산성 증가뿐인데 중국 공식 통계조차 총요소생산성 증가율은 0%이다.

따라서 최근에 중국 기업들조차 저(低)임금 생산지를 찾아 베트남이나 인도와 같은 국가들에게 투자하고 있다. 중국 기업들이 외국기업들의 차이나 엑소더스(China Exodus)는 벌써 현실화되었다. 중화권에서 '재신(財神)'이라 불리는 리카싱의 청쿵그룹은 발 빠르게 중국에서 철수했다. 최근 중국에 투자하는 국외 대기업은 제너럴 모터스, 폭스바겐 같은 내수 주력 업종이거나 중국 공장을 베트남으로 슬금슬금 옮기다가 미운털이 박혀 중국 정부의 협박으로 울며 겨자 먹기로 중국에 반도체 공장을 세운 삼성전자 같은 기업 정도이다.

2008년 하반기 글로벌 금융위기와 그에 뒤이은 유럽의 재정위기로 인해 중국제품의 해외시장이 위축되자 중국의 전통적 수출산업들은 판로가 막히면서 설비과잉 문제에 직면했다. 한층 더 치열해진 수출시장 경쟁에서 살아남을 수 있는 경쟁력 있는 고(高)부가가치 산업의 발전이 더디다. 왜냐하면 산업 업그레이드에 필요한 고(高)부가가치 기술은 외국기업의 수혈(FDI)을 통해서든 혹은 본국기업들의 기술혁신을 통해서든 간에 적시(適時)에 제공되지 않기 때문이다. 게다가 수출시장을 대체할 수 있는 내수시장이 정체되어 있어 경제성장 부진을 피하기 어려운 상황이다.

설상가상으로, 글로벌 경기침체로 인한 중국의 경제성장률 하락을 방어하기 위하여 실시했었던 공격적인 경기부양책들은 당시 시의적절했지만 결과적으로 과도한 것으로 드러났다. 왜냐하면 공격적인 경기부양책들은 전통산업의 설비과잉 문제를 악화시키고 부동산 버블을 키우고 인프라 투자의 수익성을 악화시키는 부작용을 낳았기 때문이다. 부동산 경기가 과열로 치닫자 1년 여 만에 정책을 정반대로 뒤집어 긴축과 행정규제로 대응하자 부동산 시장이 급랭하는 과정에서 지방정부들의 취약한 재무구조에 대한 우려가 높아지고, 전반적인 경기부진 속에서 제도 금융권이 외면한 민간기업들은 한계 상황으로 내몰리게 되었다. 이 결과, 중국 경제는 어느덧 추격 전략(Fast Follower Strategy)이 먹혀들지 않게 되는 발전단계에 접근했다. 따라서 상기한 내수시장이 정체와 민간기업들의 한계 상황을 돌파하기 위해서 현행 국가자본주의(國家資本主義, State Capitalism) → 정의로운 경제체제(A Justice－based Economic System)의 전환이 필요한 것이다.

중국의 민간 부채는 2009년 하반기 글로벌 금융위기를 초래한 서브프라임 모기지 사태 당시 미국의 부채 비율보다 높으며 '잃어버린 30년'을 초래한 1990년대 초 광란의 버블 당시 일본의 부채 비율에 근접하고 있다. 그나마 일본과 미국의 버블 붕괴 당시 둘 다 고소득 선진국에 기축통화(엔화는 準기축통화) 국가이었으나 중국은 중소득 개도국에 불과하며 위안화는 달러는 고사하고 엔과 비교해도 국제신용도가 낮은 통화다. 2019년 기준으로 일본의 국민소득이 4만 2천 불, 미국이 6만 6천 불, 한국이 3만 3천 불, 중국이 1만 불이다. 소득은 미국의 6분의 1에 불과한데 빈부격차와 부채 증가율은 미국보다 높다.

후안강(胡鞍鋼) 교수는 중국 경제의 최대 리스크를 지방정부 지도자들의 과욕으로 인한 경기과열과 이로 인한 지방정부의 부채라고 지적했다. 그 논거는 중국경제의 침체가 채무불이행을 촉발하고 금융시스템을 흔드는 결과를 가져올 수 있다는 것이다. 이 결과, 중국

경제가 부정적 신용등급을 받을 수 있다. 따라서 지방정부의 부채 문제는 단기적으로 중국의 경기회복에 걸림돌로 작용할 소지가 있으며 중·장기적으로도 지방정부 부채가 누적된다면 중국 금융시장의 시스템 리스크로 전이될 가능성도 완전히 배제할 수 없다.[116)]

따라서 상기한 중국 지방정부의 부채와 금융시장의 시스템 리스크를 극복하기 위해서 현행 국가자본주의(國家資本主義, State Capitalism) → 정의로운 경제체제(A Justice-based Economic System)의 전환이 필요한 것이다.

위안화 평가절하로 인한 국내자금의 해외유출 가속화이다. 중국경제의 경(硬)착륙 가능성과 관련하여, 중국 외환당국이 가장 우려하는 리스크(risk)는 자금의 유출에 따라 위안화가 평가절하(平價切下)되고, 환차손 및 추가적 평가절하 기대가 확대되면서 다시 국내자금의 해외유출이 가속화되고 부동산 및 주식 등 자산시장이 붕괴되는 악순환이다.

사실, 중국 외환당국은 위안화가 평가절하(平價切下) 압력을 강하게 받을 때마다, 평가절상(平價切上) 압력을 행사함으로써 평가절하(平價切下) 폭을 축소하고자 노력했다. 상술하면, 2011년 9월 이후, 글로벌 금융시장의 불안이 확대됨에 따라 중국경제의 경(硬)착륙 가능성이 우려되고 불거지며 위안화의 평가절하(平價切下) 양상이 나타나자, 중국정부는 기준환율을 시장환율보다 낮은 수준으로 고시함으로써, 위안화의 인위적 평가절상(平價切上)을 도모했다. 또한 위안화의 평가절하(平價切下)가 사회적 이슈로 부각됐던 2011년 12월에는 고시환율을 시장환율보다 더욱 큰 폭으로 낮게 설정함으로써 위안화의 평가절하(平價切下) 추세를 강력하게 제어했다. 그러나 위안화의 평가절상(平價切上) 추세가 약화됨에 따라 그 부작용으로서 위안화 수요가 약화되고, 따라서 중국정부가 원대하게 추진 중인 '위안화의 국제화'의 속도는 감속(減速)하고 있다. 특히, 홍콩에서 발행되는 위안화 표시채권(딤섬 본드)의 인기가 시들해지고 홍콩의 위안화 예금잔액 증가율도 급격히 낮아지고 있다. 이와 같은 위안화 수요 약화는 '위안화의 국제화'에는 부정적인 요인이며, 심지어 아시아 경제블록화를 추진하기 위한 '위안화의 무역결제통화화(化)'도 정체국면을 맞을 수 있다.

상기와 같이, 중국은 강력한 환율관리정책의 덕분으로 환율의 안정성을 확보할 수 있었으나 그 대가로 불가피하게 자본의 자유로운 이동을 제한해야 하는 딜레마에 직면했다. 즉, 소위 '삼각 트라이레마(Trilemma)'에 따르면 개방경제하에서 한 국가가 3가지: ① 자본의 자유로운 이동, ② 환율의 안정성, ③ 통화정책의 자율성을 동시에 달성할 수 없다는

116) 중국의 국가부채 현황과 생성 과정 및 구조적 개선 방안은 임양택(2021), 「세계평화(世界平和)를 위한 신(新)실용주의적(實用主義的) 해법: 동아시아지역의 군사안보와 경제협력을 중심으로」, 도서출판 박영사에서 중국의 패권주의 한계와 관련하여 상세히 논술되어 있음.

것이다. 그동안 중국의 자본자유화(capital liberalization)의 진전이 저조했던 이유는 다음과 같이 3가지를 들 수 있다:

① 환율의 신축성이 미흡하기 때문이다.

② 금융규제가 과도하기 때문이다.

③ 전반적 사회제도의 미(未)성숙 등으로 인하여 자본자유화(Capital Liberalization)의 비용(금융위기)이 그것의 편익(경제성장)보다 클 것이라고 중국정부가 추정하기 때문이다.

상기와 같이, 중국은 자본시장 개방을 늦추면서 과도한 금융규제를 지속하여 왔으나 내부적으로는 '그림자 금융'의 만연, 직접금융시장의 발달 저해, 은행업의 발전가능성 제약 등의 여러 부작용이 누적되어 왔다. 따라서 중국은 IMF(2005)[117]가 규제를 통한 보호라는 관점에서 벗어나 환율제도 등을 개혁하고 금융규제를 완화해야 한다고 주장하는 점에 유의하여 금리자유화, 환율자유화, 위안화 국제화(3化)를 연계하여 추진할 필요가 있다.

중국은 1993년부터 경상거래의 개방을 추진하였고 1996년 12월부터 경상거래의 대부분 자유화하였다. 중국기업의 위안화 해외직접투자가 허용(2011.01)되었다. 그러나 중국은 대외 자본거래의 개방화가 매우 낮다. 2008년 기준으로, 11개의 자본항목 중 모든 항목에서 통제하고 있다. 이와 같이, 중국이 자본자유화(Capital Liberalization)를 통한 위안화의 통용 확대 등의 편익을 잘 알고 있음에도 불구하고 자본자유화(Capital Liberalization)를 서두르지 않는 이유는 그에 따른 금융불안과 중국 발(發)금융위기의 촉발 가능성을 우려하기 때문이다.

중국은 2000년까지 자본거래를 자유화하겠다는 계획을 발표하였으나 1998년 아시아 외환위기를 계기로 2020년 이후에나 자본자유화(Capital Liberalization)가 가능하다고 입장을 전환했다. 그 배경은 자본자유화(Capital Liberalization)로 인해 투기성 단기자금의 유·출입이 늘어나 경기변동이 단기화되고 중국발(發) 금융위기가 발생하는 등의 부작용을 우려하기 때문이다.

상기와 같이, 중국은 대외 자본거래의 개방을 늦추면서 과도한 금융규제를 지속하여 왔으나 내부적으로는 '그림자 금융(shadow banking)'의 만연, 직접금융시장의 발달 저해, 은행업의 발전가능성 제약 등의 여러 부작용이 누적되어 왔다.[118] 따라서 자본자유화

117) IMF(2005), "Putting the cart before the horse? Capital account liberalization and exchange rate flexibility in China"; Peterson Institute for International Economics(2011), "Capital account liberalization and the role of the Renminbi."

(Capital Liberalization)가 기업 및 공공부문의 지배구조 개선, 부패 방지, 공시의 투명성 제고 등을 촉진하여 민간기업의 자금조달비용을 낮추고 사회제도를 선진화시키는 데도 기여할 수 있다는 점을 고려하여 자본자유화와 금융규제 완화를 병행 추진할 필요가 있다. 나아가, 중국은 IMF(2005)가 "규제를 통한 보호"라는 관점에서 벗어나 환율제도 등을 개혁하고 금융규제를 완화해야 한다고 주장하는 점에 유의하여 3化: ① 금리자유화, ② 환율자유화, ③ 위안화의 국제화를 연계하여 추진할 필요가 있다.

따라서 '그림자 금융(shadow banking)'의 만연, 직접금융시장의 발달 저해, 은행업의 발전가능성 제약 등의 여러 부작용하기 위해서, 또한 자본자유화와 금융규제 완화를 병행 추진하기 위해서 현행 국가자본주의(國家資本主義, State Capitalism) → 정의로운 경제체제(A Justice-based Economic System)의 전환이 필요한 것이다.

바야흐로, '이념(理念, Ideology)' 대신에 '문화(文化, Culture)'가 미래의 가치 기준이 되는 시대가 도래하고 있다. 서구 근대과학 문명(文明, Civilization)은 자원고갈·생태계 파괴·도덕과 인간성 상실·국제범죄의 증가·대량살상무기의 발달 등으로 인하여 한계에 봉착해 있다. 따라서 인류문명사회를 존속 및 발전시키기 위해서는 인류의 공동의 가치기준과 규범을 세우고 공동목표를 정립함으로써 인류는 분열·투쟁·갈등으로부터 벗어나 '지구촌 문화공동체(Global Cultural Community)'로 지향해야 한다.

영국의 역사학자 겸 저널리스트인 마틴 자크(Martin Jacques)[119]는 그의 저서 「중국이 세상을 지배하는 날」(When China Rules The World, 2009년)에서 '문화(Culture)'가 바로 중국이 21세기의 '슈퍼 파워(Super Power)'가 될 수 있는 가장 핵심적 이유라고 주장한다. 또

118) 중국의 '그림자 금융(Shadow Banking)'의 현황과 생성 과정 및 구조적 개선 방안은 임양택(2021), 「세계평화(世界平和)를 위한 신(新)실용주의적(實用主義的) 해법: 동아시아지역의 군사안보와 경제협력을 중심으로」, 도서출판 박영사에서 중국의 패권주의 한계와 관련하여 상세히 논술되어 있음.

119) 마틴 자크(Martin Jacques)는 런던 정경대학 부설 국제관계 및 외교전략연구소(LSE IDEAS) 아시아경제연구센터의 초빙 연구위원이며, 정기적으로 「가디언」에 칼럼을 기고하고 있다. 최근 베이징 런민 대학과 아이치 대학 국제중국학연구센터, 리쓰메이칸 대학에서 초빙 교수로, 싱가포르 국립대학 아시아연구소에서 초빙 연구위원으로 있었다. 1977년부터 영국의 좌파 이론지 「마르크시즘 투데이(Marxism Today)」의 편집장을 맡아 1991년 폐간될 때까지 활약하면서 '신시대(New Times)' 사상운동을 이끌었고, 1993년에는 영국 정치권이 사회 변화를 제대로 반영하지 못하고 있다면서 공공 정책의 개선과 전문화를 위한 진보적 민간 두뇌 집단인 디모스(Demos)를 공동으로 설립했다. 또 「인디펜던트」의 부편집장을 역임했으며 「타임스」와 「선데이 타임스」에 칼럼을 기고하고 BBC의 TV 프로그램을 진행하기도 했다. 그의 저서로는 「대처리즘의 정치학」(The Politics of Thatcherism), 「신시대」(New Times) 등이 있으며, 논문으로는 "노동운동은 이제 중단되었는가(The Forward March of Labour Halted?)" 등이 있다.

한 그는 중국의 광대한 영토와 인구, 한족(漢族)이 중국전체 인구의 92%를 차지하는 문화적 동질성과, 중국문명이 세계의 중심이라는 뿌리 깊은 중화사상(中華思想)은 새로운 문화적 지배력의 원천이 될 것이라고 주장한다. 즉, 지난 200년의 굴욕을 딛고 부활하는 중국은 미국의 이미지를 모방한 중국이 아니라 유구한 중국 문화(文化)의 이미지에 충실한 중국이 될 것이라고 주장한다.[120)]

제러드 다이아몬드(Jared Mason Diamond, 1937～현재) 교수는 그의 저서 「문명의 붕괴」(Collapse, 2005년)에서 과거 위대했던 문명(文明)이 몰락하는 이유는 국가지도자의 잘못된 역할 때문이라고 주장했다.

요컨대, 중국이 21세기 '슈퍼 파워(Super Power)'가 될 수 있는 첩경(捷徑)은 인류의 공존·공영을 위한 '지구촌 문화공동체(Global Cultural Community)'를 건설하는 것이다. 경제력과 군사력을 바탕으로 팽창주의(膨脹主義)를 지향했었던 '팍스 브리테니카(Pax Britanica)'나 '팍스 아메리카나(Pax Americana)'와 달리, '팍스 시니카(Pax Chinica)'는 조화(調和)와 안정(安定)을 중시하는 세계평화주의(世界平和主義)를 지향할 것으로 저자는 소망하고 기대한다.

아무쪼록, 중국이 '지구촌 문화공동체(Global Cultural Community)'를 위한 비전(Vision)을 제시함으로써 '만국(萬國)의 노동자(勞動者)'를 포함한 세계(世界)의 인민(人民)을 위한 '공동부유(共同富裕)'와 세계평화(世界平和)를 추구할 시대적 소명을 인식 및 실천하기를 저자는 소망한다.[121)] 왜냐하면 기존의 국제 정치·경제질서(자유민주주의와 시장경제체제)가 2008년 하반기 글로벌 금융위기로 인하여 붕괴된 상황에서 미래에 대한 불확실성이 지속되고 뚜렷한 지도이념이나 공동목표가 설정되지 않고 있기 때문이다.

---

120) 심지어, 마틴 자크(Martin Jacques)는 상기 저서에서 중국이 미국에 필적하는 초강대국 지위를 확보하는 것은 의심의 여지가 없다는 확신을 갖고 '팍스 시니카(Pax Chinica)'의 미래를 다음과 같이 묘사하고 있다: 위안화가 달러화를 밀어내고, 뉴욕과 런던을 대신하여 상하이가 세계 금융의 중심지로 떠오르고, 유럽의 주요 도시들이 오늘날의 로마 혹은 아테네처럼 영광스러웠던 과거의 유물로 전락하고, 중국어와 영어가 나란히 세계 공용어로 자리 잡고, 공자(孔子, BC 551~479)가 플라톤(Plato, BC 428~347)만큼 세계 시민에게 친숙한 존재가 된다는 것이다.

121) 임양택(2021), 「세계평화(世界平和)를 위한 신(新)실용주의적(實用主義的) 해법: 동아시아지역의 군사안보와 경제협력을 중심으로」, 도서출판 박영사.

Ⅶ

신(新)실용주의 (Neopragmatism)와 마르크시즘(Marxism)의 차이점

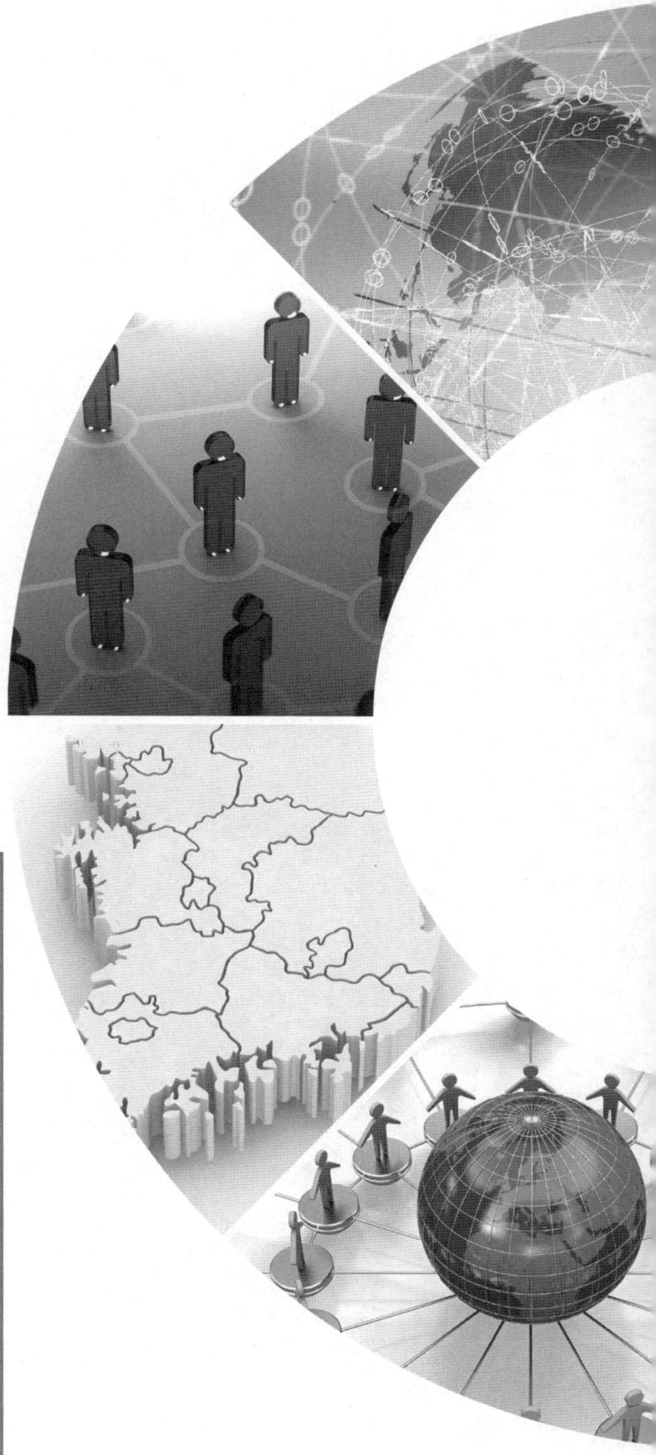

정의로운 국가와 행복한 사회를 위한
신(新)실용주의(實用主義) 철학과 정책

(The 'Neopragmatic Philosophy and Policy' for
'A Justice-based State' and 'A Happy Society')

01 마르크시즘(Marxism)의 개관

본 연구가 주창하는 신(新)실용주의(Neopragmatism)의 비교대상으로서 카를 마르크스(Karl Marx, 1818~1883) 및 프리드리히 엥겔스(Friedrich Engels, 1820~1895)의 '과학적 사회주의(Scientific Socialism)'의 차이점을 논술하고자 한다.[1)]

카를 마르크스(Karl Heinrich Marx, 1818~1883)[2)]는 독일의 사상가 · 혁명가 · '과학적 사회주의(科學的 社會主義)' 사상의 창시자이다. 2005년 영국 BBC 설문조사에서 카를 마르크스(Karl Heinrich Marx)는 역사상 '가장 위대한 사상가'로 뽑혔다. 4년 전 '마르크스 코뮤날레(2017.05.13, 성공회대)' 행사에 30여 개 연구단체와 비(非)정부기구(NGO) · 정치조직 관계자 · 개인 등 연인원 1,200여 명이 참석했다.

진보경제학자 로버트 L 하일브로너(Robert Heilbroner, 1919~2005)는 그의 저서 「세속의 철학자들」(Worldly Philosophers, 1953년)에서 다음과 같이 서술했다: *"카를 마르크스(Karl Marx)는 이윤(利潤)은 어떻게 떨어지는지, 자본가(資本家)들은 어떻게 새로운 기계를 추구했는지, 호황(好況)은 어떻게 파국(破局)으로 끝나 버리는지, 중소기업(中小企業)들은 위기 때마다 어떻게 대기업에 흡수되는지 등의 경향을 자본주의 체제의 '운동법칙(laws of motion)'이라 불렀다. … 이러한 예언 가운데 상당수는 현실로 나타났다. 사실, 이런 자본주의(資本主義)의 운동법칙은 19세기의 '우울한 발견'이다."*

한편, 저명한 미국인 경제학자 토드 부크홀츠(Todd G. Buchholz)는 그의 세계적인 베스트셀러인 「죽은 경제학자의 살아 있는 아이디어」(New Ideas From Dead Economists, 1989년)에서 다음과 같이 카를 마르크스(Karl Marx, 1818~1883)를 비판했다: *"상상력 · 독창성 ·*

---

1) 마르크스-레닌주의(Marxism-Leninism)와 북한의 '주체사상(主體思想, 金日星主義, Self-Reliance Ideology)'과의 차이점은 지면의 한계로 생략한다.

2) 카를 마르크스(Karl Heinrich Marx, 1818~1883)는 왕성한 독서가였으며 비상한 학식의 보유자였으며 천재 예언자였다. 그는 넓은 시야를 가진 인물이었으며, 인류문명과 수천 년의 발전 전체에 대한 역사적 안목으로 사물을 생각하는 것을 습관으로 삼고 지칠 줄 모르는 열성을 가지고 모든 사실과 주장들을 세부까지 철두철미하게 파고들었다. 그가 읽었던 것은 고스란히 모두 소화해냈다. 그의 저서에서는 열기(熱氣)까지 가지게 되어 뜨거운 어귀(語句)가 무수히 끓어오르는 물속에 깊숙이 담겨지는 듯하다(정도영, 1982, p. 1).

경영능력과 같은 것들을 카를 마르크스(Karl Marx)가 빠뜨렸다. 이윤증대에 있어 절대적으로 필요한 지식이나 경영과 같은 인적 자본을 간과했다.”

즉, 카를 마르크스(Karl Marx)는 엔지니어의 두뇌와 투자를 위한 경영자(經營者)의 대담한 용기 같은 것의 중요성을 인지하지 못했다는 것이다.

그러나 불평등(不平等)이 심화되고 실업(失業)이 폭등하고 불황(不況)이 닥칠 때마다 카를 마르크스(Karl Marx, 1818~1883)의 「자본론」(資本論, Das Kapital, 1867년)은 유령(幽靈)처럼 시장자본주의(市場資本主義) 사회의 주변을 어슬렁거리고 있다. 사실, 자본주의(資本主義)가 발전하면서 노동계급(勞動階級)의 절대적 ‘삶의 질’은 놀라울 정도로 향상됐지만 상대적(相對的) 빈곤(貧困)과 노동(勞動)의 소외현상(疎外現象)은 여전히 사회적 갈등을 유발하고 있다. 상기 문제를 근본적으로 해결하지 않는 한, 카를 마르크스(Karl Marx, 1818~1883)의 ‘과학적 사회주의(Scientific Socialism)’의 생명력은 인류사회와 함께 영원히 존속(存續)될 것이라고 저자는 사유한다.

카를 마르크스(Karl Heinrich Marx, 1818~1883)의 공산주의(共産主義) 이론의 사상적 배경은 ① 1789년 프랑스 혁명과 프랑스의 사회주의 사상과 ② 19세기 독일의 고전철학과 영국의 고전경제학이다:

독일의 19세기 고전철학이란 게오르그 빌헬름 프리드리히 헤겔(Georg Wilhelm Friedrich Hegel, 1770~1831)의 변증법적(辨證法的) 철학과 루드비히 포이에르바하(Ludwig Feuerbach, 1804~1872)의 유물론적(唯物論的) 인간주의(人間主義) 사상이다.

영국의 고전경제학 중에서, 카를 마르크스(Karl Heinrich Marx, 1818~1883)의 경제학 스승인 데이비드 리카도(David Ricardo, 1772~1823)[3]의 노동가치설(勞動價值說): *‘어떤 상품의*

3) 데이비드 리카도(David Ricardo, 1772~1823)는 영국 잉글랜드 출신의 고전학파 경제학자로서 아담 스미스(Adam Smith, 1723~1790) 이론을 계승 및 발전시킨 고전학파의 완성자이다. 그의 대표적 저서는 1817년 「정치경제학 및 과세의 원리」(Principles of Political Economy and Taxation)이다. 그는 아담 스미스(Adam Smith)의 ‘노동가치이론’을 더욱 발전시켜 비교우위론(Comparative advantage), 노동가치설(Labor theory of value), 차액지대론(Differential rent theory)을 제시했었다. 또한 데이비드 리카도(David Ricardo)는 사회적 생산물이 지주·노동자·소유자 사이에 분배되는 법칙을 분석하였다. 또한 상품의 국내 가치는 생산에서 소요되는 노동량에 의해 결정되며, 지대(地代)는 비용에 포함되지 않는다(노동가치설)는 사실을 발견하였다. 그리고 이윤과 임금, 지대의 소득관계를 밝혔는데 이윤(利潤)은 임금에 반비례하며 임금(賃金)은 생필품 비용에 따라서 변화하고, 지대(地代)의 상승은 한계경작비용과 인구의 증가에 따른다고 주장하였다(차액지대설). 그의 차액지대론은 인구가 늘어나면 자본가, 노동자, 지주 중에서 지주가 제일 돈을 많이 번다는 이론으로 지주가 차액지대라는 불로소득(不勞所得)을 취하게 된다는 이론이다. 또한 국가 간 무역에 있어 비교우위설을 주장하였으며 과세 문제를 상세히 다루었다. 그의 비교우위론은 각국이 상대적으로 유리한 산업에 집중하고 다른 국가와 무역하는 것이 양국 모두에

*진정한 가치는 그것을 생산하는 데 사용된 노동의 양과 같다'*는 명제(命題)로부터 자본가에 의한 노동의 착취설(잉여가치설)과 그에 따른 노동자 소외론(疏外論)을 이론화하였다.

상기한 사상적 배경으로, 카를 마르크스(Karl Heinrich Marx, 1818~1883)의 주요 저서로서 4개: ①「독일 이데올로기」(historischer Materialismus, The German Ideology, 1845~1846), ②「공산당 선언」(Communist Manifesto, Manifest der Kommunistischen Partei, 1848년), ③「정치경제학 비판 요강」(Critique of Political Economy, Grundrisse der Kritik der politischen Ökonomie, 1857~185년; 마르크스-엥겔스-레닌주의 연구소가 1939년 및 1941년에 두 권으로 출판), ④「자본론」(資本論, Das Kapital, Kritik der politischen Oeconomie, 1867년)이다.[4)]

특히「자본론」(資本論, Das Kapital, 1867년)은 초판 1,000부가 소진되는 데 5년이나 걸렸지만 이 책은 20세기를 뒤흔든 사회주의(社會主義) 열풍의 사상적 토대가 됐다. 20세기 말인 1999년 영국 BBC 설문조사에서 지난 천 년 동안 가장 큰 영향력을 끼친 책으로「자본론」(資本論, Das Kapital, 1867년)이 선정됐었다.

그렇다면, 사회주의(社會主義, Socialism)란 무엇인가? 사회주의(社會主義)란 생산수단의 사회적 소유와 그것의 민주적 통제로 특징되는 경제와 사회 체계의 집합을 의미한다. 사회주의(社會主義)라는 용어는 19세기에 대두되었다.[5)] 초기 사회주의자들은 계급투쟁(階級

게 유리하다는 국제 분업 이론이다. 특히, 데이비드 리카도(David Ricardo)의 '노동가치이론'은 훗날 '한계혁명'이 일어나기 전, 초창기 경제학의 특징인 객관적 가치론의 대표적인 학설이다. 즉, 주관적 요인, 즉 기호(嗜好)나 효용(效用)에 의해서 상품가치가 결정되는 것이 아니라 실제로 대상에 투입한 객관적 대상에 의해서 결정된다는 것이다. 그 객관적 대상을 아담 스미스(Adam Smith, 1723~1790)와 데이비드 리카도(David Ricardo, 1772~1823)는 노동(勞動)이라고 사유했다. 시간이라는 단위로 측정한 노동(勞動)이 얼마나 투입했느냐가 '상품가치'를 결정한다는 것이다. 그리고 이 가치에 의해서 사람들은 교환을 할 수 있다고 보았다. 그러나 훗날 카를 마르크스(Karl Heinrich Marx)는 데이비드 리카도(David Ricardo)의 분석에는 사회적 차원에서의 경쟁과 가치 이전의 동학(動學)이 배제되어 있어 충분한 설명을 제시하지 못한다고 비판하면서 자신의 '노동가치이론'으로 발전시켰다. 그의 노동가치설은 아담 스미스의 노동가치설을 이론적으로 다듬은 것으로 이후 카를 마르크스의 잉여가치론으로 비판적으로 계승된다. 데이비드 리카도(David Ricardo)의 영향은 현대 경제학이 발전해온 오늘날까지도 이어지고 있다. 대표적으로 피에로 스라파 등의 불완전경제이론을 주창한 학자들도 리카도의 영향을 받았다고 할 수 있다. 이들을 묶어 '네오리카도주의 경제학파'라고도 부른다. 1823년 병으로 의회에서 물러난 후 같은 해에 51세의 나이에 세상을 떠났다. 중이염이 뇌로 번져 패혈증으로 사망했다.

4) 박남원(1990),「과학적 사회주의의 기초이론」, 동지.

5) 영국에서는 감리교(Methodist Church) 노동공동체를 구상하던 로버트 오웬(R.Owen)은 '사회주의(社會主義)'란 용어를 정립하였으며, 그의 추종자들이 1827년 자신들을 설명하는 데에 처음으로 사용하였다. 프랑스에서는 1832년 '이상적 사회주의자'로 불리는 앙리 드 생시몽(C. H. de R. Saint-Simon)의 추종자들이 사용하였다. 1862년 독일의 사회주의자 페르디난트 라살레(Ferdinand Johann Gottlieb Lassalle)의 저서「노동자 강령」에서 처음으로 학술적 용어로서 사회주의(社會主義, Socialism)가 등장했다. 그

鬪爭)을 주장하지 않고 다만 새로운 사회의 건설을 위하여 부유한 자들이 가난한 자들과 함께해야 한다고 주장하였다. 다시 말하면, 초기 사회주의자들은 자본주의(資本主義)가 다음과 같은 문제를 내포한다고 사유했다: 자본을 쥐고 착취를 통해 부(富)를 축적한 사회의 극소수에게 권력(權力)과 부(富)가 집중되어 모든 사람이 자신의 가능성을 펼칠 수 있는 평등한 기회를 부여받지 못하고 기술과 자원의 이용이 제한당하며 자본주의적 소유관계가 생산력에 족쇄를 채운다는 것이다. 따라서 초기 사회주의자들은 폭넓은 대중에게 유리한 경제체제의 근간으로서 '평등한 사회'를 주장하였다.

그 후, 근대적(近代的) 사회주의(社會主義)는 생산수단의 사적 소유와 소수 관리에 반대하는 대신에 공동체의 행복 실현을 최고 가치로 간주하는 인간관 또는 윤리관의 기반으로 삼고 자원을 효율적으로 분배하며 생산수단을 공동으로 운영하는 협동경제와 모든 민중이 노동의 대가로서 정당하고 평등하게 분배받는 사회를 지향하는 다양한 사상을 통틀어 일컫는 개념이 되었다. 다시 말하면, 근대적(近代的) 사회주의(社會主義)는 극단적 개인주의(個人主義)보다 공동체주의(共同體主義)와 사회안정을, 경쟁보다 협동을, 정치계 지도자 또는 각 분야를 대표하는 엘리트보다는 대중 계층과 노동자들을 각각 중시하고 대중 계층과 노동자들이 권력을 실질적으로 행사할 수 있도록 하자는 것이었다.

1) 「독일 이데올로기」(The German Ideology, 1845~1846)

상기한 근대적(近代的) 사회주의(社會主義)에 대응하여, 카를 마르크스(Karl Marx, 1818~1883)와 프리드리히 엥겔스(Friedrich Engels, 1820~1895)는 그들의 최초의 공저 「독일 이데올로기」(Die Deutsche Ideology, 1845~1846년)[6]에서 기존 청년헤겔주의자들의 형이상학적 허구성을 비판하고 기존 '근대적(近代的) 사회주의(社會主義)'를 '이상주의적 사회주의'로 규정하고 비판하였다.

다시 말하면, 상기 저서 제1권에서 게오르그 빌헬름 프리드리히 헤겔(Georg Wilhelm

후 유럽 각지에서 장바티스트 조제프 푸리에(Jean-Baptiste Joseph Fourier) 등과 같은 진보적 학자들이 공동체주의(共同體主義)를 지향하며 이상적 사회를 꿈꾸는 사회주의(社會主義)는 발전되었다.

6) 「독일 이데올로기」(historischer Materialismus, The German Ideology, 1845~1846년)는 카를 마르크스(Karl Heinrich Marx, 1818~1883)와 프리드리히 엥겔스(Friedrich Engels, 1820~1895)가 공동으로 저술하였다. 그러나 여러 가지 사정으로 인해 출판되지 못하다가 1932년 소련의 '마르크스-엥겔스-레닌 연구소'에 의해서 공식적으로 출판되었다.

Friedrich Hegel, 1770~1831)의 관념론적 변증법(觀念論的 辨證法)을 전면적으로 비판하고 루드비히 포이에르바하(Ludwig Feuerbach, 1804~1872), 브루너 바우어(BrunoBauer), 막스 슈티르너(MaxStirner) 등에 의해서 대표되는 근대 독일 철학, 특히 '청년 헤겔학파'의 관념론적 측면을 비판하였으며, 상기 저서 제2권에서는 카를 그륀(Karl Grün, 1817~1887), 모제스 헤스(MosesHes) 등에 의해서 대표되는 독일 사회주의를 비판하였다.

특히, 카를 마르크스(Karl Marx)와 프리드리히 엥겔스(Friedrich Engels)는 루드비히 포이에르바하(Ludwig Feuerbach, 1804~1872)의 물질(物質)을 강조하는 유물론(唯物論)을 비판적으로 계승하여 유물론적 변증법(唯物論的 辨證法, Materialistic Dialectic)과 이것을 역사에 적용한 유물론적 역사관(唯物論的 歷史觀, Materialism)의 기본 개념을 최초로 정초(定礎)하고 체계화하였다. 그 근본적 사상은 역사(歷史)가 발전하는 원동력은 관념(觀念)이 아니라 물질(物質)이라는 것이다.

여기서 관념론(觀念論, Idealism)과 유물론(唯物論, Materialism)은 존재(存在)와 의식(意識) 중에서 어느 것을 근원적으로 보는가에 따라 구분된다. 관념론(觀念論)은 물질은 그 자체로 존재할 수 없지만, 심지어 존재하는 경우에도, 어떤 '정신적인 것'으로부터 파생된 2차적인 존재라고 주장하는 철학이다. 이와 반면에, 유물론(唯物論)은 물질(物質)이 인간의 의식으로부터 독립하여 그 자체로 존재한다고 주장하는 철학이다.

상기의 시각에서, 관념론적 변증법(觀念論的 辨證法)과 유물론적 변증법(唯物論的 辨證法)을 비교하면, 전자(Idealistic Dialectic)는 역학적이고 기계론적 세계관과 맥락을 같이하는 것인 반면에, 후자(Materialistic Dialectic)는 자연과 사회에 공통된 전면적 연관을 총합적으로 파악하는 것을 목표로 하여 사물의 운동·변화·발전의 내적 연관을 분석하려 한다. 또한 관념론적 변증법(觀念論的 辨證法)이 사물을 고정불변이라는 조건에서 파악하려는 것인데 비하여, 유물론적 변증법(唯物論的 辨證法)은 자연과 사회 모두가 사물이 전체적으로 끊임없는 운동·변화·발전 속에 존재함을 파악하려 한다. 따라서 관념론적 역사관(觀念論的 歷史觀)과 유물론적 역사관(唯物論的 歷史觀)은 사회와 그것의 역사를 보는 방식, 즉 역사관(歷史觀)에서 전자의 사회적 의식(社會的 意識)과 후자의 사회적 존재(社會的 存在) 중에서 어느 것을 근원적으로 보는가에 따라 구분된다.

카를 마르크스(Karl Marx, 1818~1883)는 ① 유물론적 변증법(唯物論的 辨證法, Materialistic Dialectic)과 ② 유물론적 역사관(唯物論的 歷史觀, Materialism)을 바탕으로 다음과 같이 주장하였다: '자본주의적 민주주의'가 자유(自由)·평등(平等)을 제대로 실현하지 못하는 원인이 자본주의(資本主義)의 경제적(經濟的) '개인주의(Individualism)' 때문이다.[7] 즉, '자본주의

(Capitalism)'는 개인 이윤을 목적으로 사적 소유를 위하여 시장 경쟁에 의하여 운영되기 때문이다. 따라서 자유(自由)·평등(平等)이라는 민주주의적(民主主義的) 가치(價値)를 본질적으로 실현하려면 자본주의(資本主義)의 경제적(經濟的) '개인주의(Individualism)'를 그 반대의 원리인 '사회주의(Socialism)'로 전환해야 한다. 즉, 자유(自由)·평등(平等)을 위한 '완전한 민주주의(Perfect Democracy)'를 실현하기 위해서는 자본주의(資本主義)의 사회적·경제적 모순의 근원인 사유재산제도(私有財産制度)를 폐지해야 한다는 것이다.[8)]

다시 말하면, 사회적(社會的) 불평등(不平等)에 따른 착취와 탄압의 구조가 파괴되지 않는 한, 인간은 '진정한 자유(自由)'를 확보할 수 없기 때문에 사회구조 자체를 재(再)구성함으로써 인간들이 모든 물질적(物質的) 소유욕(所有慾)으로부터 해방되어야만, 즉 인간이 자유(自由)로워야만, 비로소 '인간의 비(非)인간화(Dehumanization)' 현상, 즉 인간의 '자기소외(自己疏外)'를 극복할 수 있으며 나아가 인간성(人間性)은 회복(回復)될 수 있다는 것이다.[9)] 상기와 같이, 카를 마르크스(Karl Marx)에겐 공산주의(共産主義) 혁명(革命)이란 단순

---

7) 카를 마르크스(Karl Marx)가 생각했던 종류의 '자유(自由)'의 개념이 갖는 함의와 문제점에 대해서는 Sir Lsaiah Berlin(1969), Four Essays on Liberty, London: Oxford University Press, pp. 118~172를 참조.

8) 여기서 유의할 것은 카를 마르크스(Karl Heinrich Marx, 1818~1883년)와 장-자크 루소(Jean-Jacques Rousseau, 1712~1778)의 유사점과 차이점이다. 장-자크 루소(Jean-Jacques Rousseau, 1712~1778)는 공동체주의자(共同體主義者)이며 평등주의자(平等主義者)로서 그의 저서 「인간불평등기원론」(1755년)에서 일반국민의 재산권(財産權)이 사회적으로 불평등(不平等)한 경우 국가(國家)는 어떻게 해야 바람직한 것인가를 논술하였다. 즉, 카를 마르크스(Karl Marx)와는 달리, 장-자크 루소(Jean-Jacques Rousseau)는 인간의 역사를 문명의 진보에 따른 도덕의 타락과 퇴보의 과정으로 보고 그것을 해결하기 위한 방법이 무엇인지 성찰했다. 그의 주장은 다음과 같다: 인간은 '자연상태(自然狀態)'에서는 본래 평등하고 자유롭고 행복하고 선량하지만 '자연상태(自然狀態)'에서 벗어나 '사회상태(社會狀態)'로 들어가면 부자유스럽고 불행한 상태로 빠져 도덕적으로 타락하게 되어 인간성(人間性)이 손상된다. 그 이유는 인간의 욕망이 불평등(不平等)을 추구하기 때문이다. 즉, 공동체, 즉 사회의 형성과 거기서 비롯되는 소유(所有)와 권력(權力) 때문이다. 이 결과, 개인의 가치가 존재(存在)의 개념에서 소유(所有)의 개념으로 바뀌게 된다. 다시 말하면, 생산수단(生産手段)의 사유화(私有化)가 인간을 소외(疏外)시키고 인간을 소유(所有)에 종속시킨다. 즉, 사유재산제도(私有財産制度)가 바로 인간 불평등(不平等)의 근간이며 불행(不幸)의 근원이다. 따라서 '자연상태(自然狀態)'에서의 자유(自由)와 평등(平等)을 국가(國家)의 차원에서 보장하기 위하여 '일반의지(volonté général, 국민주권)'를 형성하여 상호간 사회계약을 맺고 개인이익과 공공이익을 동시에 실현하려는 에 의하여 정치사회를 운영해야 한다고 주장했다. 결코, 그는 카를 마르크스(Karl Marx)처럼 사회주의(Socialism)의 폭력혁명(暴力革命)을 주장하지 않았다.

9) 카를 마르크스(Karl Heinrich Marx, 1818~1883)와 프리드리히 엥겔스(Friedrich Engels, 1820~1895)는 인간과 인간의 의식을 무시한 것은 아니지만, 인간을 추상적인 인간이 아니라 어디까지나 '사회적 존재'로 규정하였던 것이다. 그들의 유물론적 변증법(唯物論的 辨證法, Materialistic Dialectic)은 선행한 형이상학적(形而上學的)이나 기계적(機械的) 유물론(唯物論)을 극복한 '사회적(社會的) 유물론(唯物論)'이었다. 이것이 마르크스(K. Marx)와 엥겔스(F. Engels)의 사회주의 이론의 토대가 되었다. 즉, 인간은 생산

히 사유재산(私有財産)의 공동소유(共同所有)가 아니라 인간소외(人間疎外)의 극복, 인간성(인간의 본성)의 회복을 의미하였다.

또한 현실적 측면에서, 카를 마르크스(Karl Marx, 1818~1883)는 당시 부르주아(자본가 계급)가 취약하고 무력했었던 독일의 상황에서, 부르주아가 혁명의 주체는 될 수 없다고 판단하고 그 대신 프롤레타리아(근대 노동계급)를 혁명(革命)의 주체로 간주하였다. 그는 독일의 해방은 단순한 정치적 해방(부르주아 민주주의 혁명)만으로는 불(不)충분하며, '인간적 해방'만이 독일의 '완전한 해방'을 실현할 수 있고, 이 '인간적 해방'을 수행할 수 있는 사회적 계급은 바로 프롤레타리아(Proletariat)라고 각각 사유했다. 여기서 '인간의 해방'이란 공산주의 혁명을 통한 모든 인간의 자기소외(自己疎外)의 극복과 계급으로부터의 해방을 의미하였다. 즉, 공산주의(共産主義)란 단순히 사유재산(私有財産)의 공동소유(共同所有)가 아니라 그것을 매개로 한 인간소외(人間疎外)의 극복, 적극적인 인간성(인간의 본질) 회복을 의미하였다.

2) 「공산당 선언」(Communist Manifesto, 1848년)

「독일 이데올로기」(historischer Materialismus, The German Ideology, 1845~1846)로부터 3년 후, 카를 마르크스(Karl Marx, 1818~1883)는 1848년 「공산당 선언」(The Communist Manifesto)[10]이 1848년 2월(1848년 '프랑스 2월 혁명' 직전) 런던에서 발표되었다.

「공산당 선언」(The Communist Manifesto, 1848년)은 카를 마르크스(Karl Heinrich Marx, 1818~1883)와 프리드리히 엥겔스(Friedrich Engels, 1820~1895)가 공동집필한 '과학적 사회주의(Scientific Socialism)'의 강령(綱領)을 담은 문서로서 맨 마지막 문장에 실로 웅변적으로 잘 나타나 있다[11]: *"노동자들이 잃을 것은 쇠사슬뿐이다. 그러나 그대들에게는 얻을 수 있는 세계가 있다. 만국의 노동자들이여 단결하라", "The proletarians have nothing*

을 중심으로 서로 일정한 사회적 관계를 맺는데, 한 시대의 생산관계는 그 시대의 생산력에 의하여 결정되며, 생산력과 그에 따른 생산관계라는 경제적 요인은 사회의 토대이며, 정치제도·법률·사상·종교·문화 등은 상기한 경제적 토대 위에 구축된 상부구조(上部構造)라는 것이다.

10) 「공산당 선언」은 불과 몇십 페이지밖에 안 되는 글이다. 당시 30세였던 카를 마르크스(Karl Heinrich Marx)가 주로 쓰고 당시 28세였던 F. 엥겔스(Friedrich Engels)가 다소 첨언한 것이다.

11) 상기 선언은 블라디미르 레닌(Vladimir Ihich Lenin, 1870~1924)의 '제국주의론(Imperialism)'에서도 나타난다.

to lose but their chains. They have a world to win. Working Men of All Countries, Unite!"

「공산당 선언」(Communist Manifesto, 1848년)의 주요 내용은 4개 부분: ① 부르주아와 프롤레타리아, ② 프롤레타리아와 공산주의자, ③ 사회주의와 공산주의의 문헌, ④ 각종 반(反)정부 · 당에 대한 공산주의자의 입장으로 구성되어 있다.

제1장 '부르주아와 프롤레타리아'에서는 모든 사회의 기본적 발전 법칙, 즉 계급투쟁을 해명하고 각 역사적 사회 구성체의 이행을 간결하게 개괄한 후 자본주의의 내적 모순에 의한 자본주의 붕괴의 필연성을 분석하였으며, 노동자 계급의 궁극적 목적, 즉 공산주의(共産主義)를 확인한다.

제2장 '프롤레타리아와 공산주의'에서는 노동자 계급의 전위로서 공산당(共産黨)의 역할과 강령을 서술하였다. 공산주의자의 투쟁의 기본 강령적 목표는 생산수단에 대한 사적 소유의 폐기 및 사회적 소유화, 이를 바탕으로 한 인간의 자유로운 발전 및 문화 · 과학의 발전을 위한 가능성을 창출하는 것이다. 그리고 국가에 관한 마르크스주의의 가장 중요한 사상의 하나인 프롤레타리아 독재사상을 정식화했다.

제3장은 부르주아적이거나 쁘띠 부르주아적인 비(非)프롤레타리아 사회주의의 조류들에 대해서 비판하고 있다.

제4장은 공산당(共産黨)의 전략 · 전술의 제 원칙을 서술한다. 즉, 공산주의자는 언제 어디서나 현재 사회 · 정치제도에 반대하는 일체의 혁명운동을 지지할 것, 봉건제에 대한 부르주아와의 공동투쟁도 지지할 것 등의 원칙이 지적되고 있으며, 또한 공산주의자는 자신의 기본적 의무, 즉 프롤레타리아와 부르주아 사이의 화해할 수 없는 적대적 모순에 기초한 계급의식을 노동자 사이에 양성하는 임무를 잠시라도 잊어서는 안 된다는 점, 노동자 계급의 목적은 현재 자본주의 제도의 폭력적 타도에 의해서만 달성 가능하다고 공언했다. 또한, 자신의 사회주의 이론을 기존 근대적(近代的) 사회주의(社會主義)와 구분하기 위하여 '공산주의(共産主義, Communism)'라고 명명하였다. 여기서 공산주의(共産主義)는 '생산력과 생산관계의 모순'이 극복된 사회를 의미한다.[12] 여기서 카를 마르크스(Karl Marx)는 자본주의적 생산관계를 청산하는 시기인 '프롤레타리아 독재'라는 기간을 상정하였고, 이 기간을 '프롤레타리아가 부르주아에 대해 투쟁하는 최상의 열기가 존재하며, 결국 프롤레타리아(Proletariat)의 승리로 확정되는 과도기'라고 규정하였다.

---

12) 상기한 공산주의(共産主義) 사회는 프리드리히 헤겔(Friedrich Hegel, 1770~1831)이 주장한 '절대정신(absoluter Geist)'과 같은 이상적 상태라고 말할 수 있다.

「공산당 선언」(The Communist Manifesto, 1848년)에서 카를 마르크스(Karl Heinrich Marx, 1818 ~1883)와 프리드리히 엥겔스(Friedrich Engels, 1820~1895)는 다음과 같이 주장했다: 자본주의(資本主義)가 진행함에 따라 생산력이 증진하지만 중산계급(中産階級)은 몰락하여 프롤레타리아(Proletariat)로 전락하고, 프롤레타리아(Proletariat)는 점차로 궁핍(窮乏)해지며, 생산과 소비의 불균형(不均衡)에 의하여 경제가 불안정해진다. 이 과정에서 소수 자본가(資本家)의 수중에 집중되어 있는 자본(資本)과 토지(土地)를 폭력(暴力)으로써 탈취하기 위한 투쟁이 야기된다. 따라서 계급투쟁(階級鬪爭)은 계급사회에서 생산력(生産力)과 생산관계(生産關係)의 모순(矛盾)에 의하여 나타나기 때문에 노동자의 계급투쟁(階級鬪爭)이야말로 사회를 발전시키는 원동력이다. 사회주의 혁명은 사회의 발전 과정에서 상기한 생산력(生産力)과 생산관계(生産關係)의 모순(矛盾)이 폭발함에 따라 발생하는 필연적이고 법칙적인 현상이다. 낡은 토대로부터 사회 전체를 바로 세우기 위해서는 상부구조(上部構造)의 혁명(革命), 즉 정치혁명(政治革命)은 불가결하다. 그러나 사회주의(社會主義) 사회가 실현되어 생산수단(生産手段)의 사유제(私有制)가 폐지되고 사회적 소유가 실현되면 계급투쟁(階級鬪爭)은 자연히 종식(終熄)된다.

3) 「정치경제학 비판 요강」(Critique of Political Economy, 1857~1858)

1848년 「공산당 선언」(The Communist Manifesto)으로부터 10년 후, 카를 마르크스(Karl Heinrich Marx)의 「정치경제학 비판 요강」(Critique of Political Economy, Grundrisse der Kritik der politischen Ökonomie, 1857~1858)이 구소련의 '마르크스－레닌주의 연구소'에 의해서 처음으로 그 전문이 「정치경제학 비판 요강」이라는 제목으로 출간되었다.[13)]

「정치경제학 비판 요강」(Critique of Political Economy)[14)]의 주제(主題)는 자본(資本)이

13) 「정치경제학 비판 요강」(Critique of Political Economy, Grundrisse der Kritik der politischen Ökonomie, 1857~1858년)의 시대적 배경은 영국 자본주의가 오토메이션·증기기관차 및 기선·전신전화 등으로 생산·교통·통신을 장악하고 런던만국박람회(1851년)로 상징되는 '자본의 문명화 작용'으로 인류가 현실적으로 세계시장에서 통합되어 가고 있었던 과정이었다([政治經濟學批判要綱, 마르크스사전, 도서출판, 2011년).

14) 「정치경제학 비판 요강」(Critique of Political Economy, Grundrisse der Kritik der politischen Ökonomie, 1857~1858년)은 흔히 「자본론」(資本論, Das Kapital, 1867년)의 초고(불과 10개월 동안에 작성)로 알려져 있다. 「정치경제학 비판 요강」(Critique of Political Economy)에는 카를 마르크스(Karl Heinrich Marx, 1818~1883)가 1857년 7월부터 1858년 5월까지 집필한 3편의 논고(論考): <바스티아

지배하는 근대 시민사회가 역사적 개체임을 논증하고, 형상(forma)에 대한 질료(materia)의 근원성(Materialismus), 이론(theoria)에 대한 실천(praxis)의 근원성을 논증하는 것이다. 따라서 자연적 질료와 사회적 형상을 분석 기준으로 한다.

「정치경제학 비판 요강」(Critique of Political Economy, 1857~1858년)은 초기 카를 마르크스(Karl Heinrich Marx, 1818~1883)의 경제 이론을 연구하는 데 소중한 자료를 제공해 준다. 「정치경제학 비판 요강」(Critique of Political Economy, 1857~1858년)은 3개 세부이론: ① 노동의 착취설(잉여가치설)과 노동자 소외론(疏外論), ② 사회구조와 발전 법칙(노동자·노동대상·노동수단·생산력의 관계, 생산력과 생산관계의 모순, '사회의 토대'로서 생산관계, 계급과 계급투쟁), ③ 발전과 전면적 연관(대립물과 통일의 투쟁, 양(量)에서 질(質)로의 전환, 부정(否定)의 부정(否定)의 법칙)으로 구성되어 있다.

「정치경제학 비판 요강」(Critique of Political Economy, 1857~1858년)은 크게 3가지: ① 「서설」, ② '화폐에 관한 장', ③ '자본에 관한 장'으로 구성되어 있다. ① 「서설」에서는 정치경제학 비판의 주제·방법·체계를 논하고 있다. ② '화폐 장'에서는 화폐란 인간 상호간의 관계가 사유관계에 의해 분리-매개된 물적 형태라고 파악하고, 상품물신성론과 '사회적 실체' 개념을 정초(定礎)했다. ③ '자본에 관한 장'은 '자본의 일반성', '자본의 특수화', '자본의 개별성'으로 나뉜다.[15)]

'자본의 일반성'은 화폐의 자본으로의 이행(자본과 노동의 교환), 노동과정, 가치증식과정, 상대적 잉여가치, 생산과정의 결과, 자본의 실현과정, 자본의 축적과정, 공동체의 3형태, 본원적 축적과정으로 이루어진다.

'자본의 특수화'는 자본의 유통(순환), 자본의 회전, 자본의 재생산으로 이루어진다. 자본의 재생산론은 기본적으로는 생산재를 내부 조달하여 소비재를 상품 생산하는 '단수 자본'의 재생산이다. '자본의 개별화'에서는 산업자본이 생산한 잉여가치의 분배 형태들을 산업이윤, 상업이윤, 이자로 분석한다. 여기서 이윤율의 경향적 저하법칙, 총계일치 2명

와 캐리>(1857년 7월), <서설>(1857년 8월), <정치경제학 비판 요강>(1857년 10월부터 1858년 5월까지)이 실려 있다. 상기 논고들은 1939년부터 1941년까지 구소련의 '마르크스-레닌주의 연구소'에 의해서 처음으로 그 전문이 「정치경제학 비판 요강」이라는 제목으로 출간되었다. 「정치경제학 비판 요강」(Critique of Political Economy)의 시대적 배경은 영국 자본주의가 오토메이션·증기기관차 및 기선·전신전화 등으로 생산·교통·통신을 장악하고 런던만국박람회(1851년)로 상징되는 '자본의 문명화 작용'으로 인류가 현실적으로 세계시장에서 통합되어 가고 있었던 과정이었다(政治經濟學批判要綱, 마르크스사전, 도서출판, 2011년).

15) 이러한 3구분은 「자본」의 '자본의 생산과정', '자본의 유통과정', '자본주의적 생산의 총과정'이라는 3구분에 대응한다.

제: 총가치 = 총(생산)가격; 총잉여가치 = 총이윤이 최초로 제시되었다.

특히, 마지막 제3장: '자본에 관한 장'에서 '잉여가치(剩餘價值)' 개념이 최초로 확립되었다. 상술하면, 카를 마르크스(Karl Heinrich Marx, 1818~1883)는 영국 고전경제학의 노동가치설(勞動價値說)을 기초로 '자본가에 의한 노동의 착취설', 즉 '잉여가치설(剩餘價値說)'을 도출하였다: 자본주의 사회에서 노동자는 생산수단을 소유하고 있는 자본가에게 고용되어 노동력을 상품으로 팔고 그 대가를 임금으로 받아서 생활한다. 그런데 노동자는 약자의 입장에 있으므로 자기의 노동력을 재생산(再生産)하는 데 필요한 시간 이상의 노동을 한다. 그럼에도 불구하고 지불받지 못하는 잉여노동시간이 창출한 가치, 즉 잉여가치(剩餘價値)는 당연히 노동자에게 돌아와야 하는데도 자본가의 수중으로 들어가 이윤(利潤)이 된다. 이윤(利潤)은 곧 노동자에 대한 자본가의 착취(搾取)의 결과이다. 그러나 자유경쟁하의 자본가는 노동자를 더욱 착취(搾取)하지 않고서는 시장경쟁에서 이길 수도 없으며 살아남을 수도 없는 것이 자본주의의 생리적 발전법칙이라고 카를 마르크스(Karl Heinrich Marx)는 주장했다.

4) 「자본론」(資本論, Das Kapital, 1867년)

「정치경제학 비판 요강」(Critique of Political Economy, 1857～1858년)으로부터 10년 후, 카를 마르크스(Karl Heinrich Marx, 1818~1883)와 프리드리히 엥겔스(Friedrich Engels, 1820~1895)는 그들의 대표적 저서로서 '사회주의의 바이블'로 평가되는 「자본론」(資本論, Das Kapital, Kritik der politischen Oeconomie, 1867년)을 출간하였다. 그들은 「자본론」(資本論, Das Kapital)을 '과학적 사회주의론(Scientific Socialism)'이라고 명명했다.[16)]

카를 마르크스(Karl Heinrich Marx)와 프리드리히 엥겔스(Friedrich Engels)의 대표적 저서로서 '사회주의의 바이블'로 평가되는 「자본론」(資本論, Das Kapital, 1867년)은 초판

16) 카를 마르크스(Karl Heinrich Marx)의 '과학적 사회주의(Scientific Socialism)'는 생시몽(Saint-Simon, C. H. de R.), 푸리에(Fourier, F. M. C.), 오웬(Owen, R.) 등이 도덕적 감정을 근거로 주창한 공상적 사회주의(空想的 社會主義, utopian socialism)와 다르다. 또한 이들의 주장은 각각 다르다. 생시몽(Saint-Simon, C. H. de R.)은 산업자의 사회를, 푸리에(Fourier, F. M. C.)는 개혁화된 협동사회를, 로버트 오언(Owen, R.)은 불평등(不平等)의 원인이 사유재산 제도에 있다고 협동조합운동을 각각 주장하였다. 프리드리히 엥겔스(Friedrich Engels, 1820~1895)는 카를 마르크스(Karl Heinrich Marx, 1818~1883)의 '과학적 사회주의(Scientific Socialism)'에 대비하여 상기한 사회주의를 '공상적 사회주의(utopian socialism)'라고 비판하였다.

1,000부가 소진되는 데 5년이나 걸렸지만 이 책은 20세기를 뒤흔든 사회주의(社會主義) 열풍의 사상적 토대가 됐다. 20세기 말인 1999년 영국 BBC 설문조사에서 지난 천 년 동안 가장 큰 영향력을 끼친 책으로 「자본론」(資本論, Das Kapital, 1867년)이 선정됐었다.

「자본론」(資本論, Das Kapital, 1867년)의 제1권 「자본의 생산과정」은 상품 · 화폐 · 자본 · 잉여가치의 생산과정과 자본주의적 축적을 기술하고 있는데, 제1권 「자본의 생산과정」은 카를 마르크스(K. Marx)의 생전에 발행되었다.

제2권 「자본의 유통과정」과 제3권 「자본주의적 생산의 총과정」은 카를 마르크스(Karl Heinrich Marx, 1818~1883)의 유고(遺稿)를 엥겔스(F. Engels)가 정리하여 1885년에 제2권 「자본의 유통과정」, 1894년에 제3권 「자본주의적 생산의 총과정」이 각각 출간되었다. 상기 제2권은 자본순환의 제(諸)형태, 자본의 회전, 사회총자본의 재(再)생산과정을, 상기 제3권은 생산가격 · 이윤 · 이자 · 토지 등의 형태를 한 잉여가치(剩餘價値)의 제(諸)계급에의 분배법칙과 자본주의 사회의 제(諸)계급에 관하여 각각 서술하고 있다.

현재 「자본론」(資本論, Das Kapital, 1867년)으로 불리는 것은 제3권 「자본주의적 생산의 총과정」이다. 제4권에 해당하는 「잉여가치학설사」(Theorienüberden Mehrwert)은 카를 마르크스(Karl Heinrich Marx, 1818~1883)와 프리드리히 엥겔스(Friedrich Engels, 1820~1895)의 「자본론」(資本論, Das Kapita, 1867년)의 제1권 「자본의 생산과정」이 출간된 지 약 40년 후, 1905~1910년 카를 요한 카우츠키(Karl Johann Kautsky, 1854~1938)가 편집하여 간행되었다.

「자본론」(資本論, Das Kapital, 1867년)은 자본주의 사회의 경제적 운동법칙을 명확히 규명하기 위하여 그것을 가장 간단하고 추상적인 경제학의 범주(範疇)인 상품분석에서부터 시작하여 순차적으로 복잡하고 구체적인 범주로 논증을 전개한다. 카를 마르크스(Karl Heinrich Marx, 1818~1883)와 프리드리히 엥겔스(Friedrich Engels, 1820~1895)가 「자본론」(資本論, Das Kapital, 1867년)에서 상품분석에서부터 시작한 이유는 상품 속에 자본주의 사회의 모순이 집약적으로 제시되어 있다고 생각하였기 때문이었다.[17]

17) 당시, 카를 마르크스(Karl Heinrich Marx, 1818~1883)와 프리드리히 엥겔스(Friedrich Engels, 1820~1895)는 자본주의 사회가 왜 붕괴하지 않을 수 없는지에 관한 경제학적 이론을 자세히 제시하지는 못하고 있었다. 따라서 그 이론을 제시하기 위하여 카를 마르크스(K. Marx)가 심혈을 기울여 저술한 것이 「자본론」(資本論)이다. 여기서 그의 소외론(疎外論)은 계승되고 있다. 그는 1848년 프랑스 2월 혁명이 좌절된 후 영국으로 망명하여 경제학 연구에 전념하였다.

02 카를 마르크스(K. Marx)와 프리드리히 엥겔스(F. Engels)의 '과학적 사회주의론 (Scientific Socialism)'

전술한 바와 같이, 카를 마르크스(Karl Heinrich Marx, 1818~1883)와 프리드리히 엥겔스(Friedrich Engels, 1820~1895)의 '과학적 사회주의(Scientific Socialism)' 이론은 5개 세부이론: ① 잉여가치론(剩餘價値論), 즉 노동착취이론(勞動搾取理論), ② 집중이론(集中理論), ③ 궁핍화(窮乏化)와 경기순환론(景氣循環論), ④ 계급투쟁에 의한 자본주의의 파멸불가피론(破滅不可避論), ⑤ 역사발전 5단계론(원시 공산주의 사회 → 고대 노예사회 → 중세 봉건사회 → 근대 자본주의 사회 → 공산주의 사회)으로 구성되어 있다.

상기 5개 이론의 기초는 2개: (1) 카를 마르크스(Karl Heinrich Marx) 자신이 '발전과 전면적 연관 및 운동에 관한 일반적 법칙에 관한 과학'으로 명명했었던 '유물론적 변증법(唯物論的 辨證法, Materialistic Dialectic)': ① '대립물의 통일과 투쟁', ② '양(量)에서 질(質)로의 전화 법칙', ③ '부정(否定)의 부정(否定)의 법칙과 (2) 유물론적 역사관(唯物論的 歷史觀, Materialism)이다. '과학적 사회주의론(Scientific Socialism)'의 설명원리는 노동가치설(勞動價値說)과 노동자 소외론(疏外論)이며, 상기 이론의 분석도구는 노동착취설(勞動搾取說)이다.

'과학적 사회주의(Scientific Socialism)' 이론의 결론(結論)은 2가지, 즉: ① '역사발전 5단계론(원시 공산주의 사회 → 고대 노예사회 → 중세 봉건사회 → 근대 자본주의 사회 → 공산주의 사회)'과 ② 국가(國家) 무용론(無用論)이다: *"국가는 한 계급이 다른 계급을 억압하기 위한 기구, 다른 예속된 계급들을 한 계급에 복종시키기 위한 기구에 불과하다"*

여기서 카를 마르크스(Karl Heinrich Marx)와 프리드리히 엥겔스(Friedrich Engels)는 자본주의적 생산관계를 청산하는 시기인 프롤레타리아(Proletariat) 독재라는 기간을 상정하였고, 이 기간을 '프롤레타리아(Proletariat)가 부르주아에 대해 투쟁하는 최상의 열기가 존재하며, 이와 동시에 그 투쟁이 프롤레타리아(Proletariat)의 승리로 확정되는 과도기'라고 정의하였다. 그리고 그들은 프롤레타리아(Proletariat)의 '폭력혁명(暴力革命)'을 주장했다.

1) '과학적 사회주의(Scientific Socialism)'의 사상·철학적 기초

카를 마르크스(Karl Heinrich Marx, 1818~1883)와 프리드리히 엥겔스(Friedrich Engels, 1820~1895)가 그들의 공저: 「자본론」(資本論, Das Kapital, 1867년)에서 제시한 '과학적 사회주의(Scientific Socialism)' 이론의 이론적 기초는 카를 마르크스(Karl Heinrich Marx) 자신이 '발전과 전면적 연관 및 운동에 관한 일반적 법칙에 관한 과학'으로 명명했었던 '유물론적 변증법(唯物論的 辨證法, Materialistic Dialectic)'과 데이비드 리카도(David Ricardo, 1772~1823)의 노동가치설(Labor theory of value)과 차액지대론(Differential Rent Theory)이다.[18)]

(1) 유물론적 변증법(唯物論的 辨證法, Materialistic Dialectic)

우선, 관념론적 역사관(觀念論的 歷史觀, Idealistic Dialectic)은 한 시대에 사는 사람들의 사회적 의식 형태를 근거로 역사를 설명하려 한다. 즉, 역사가 변화·발전하는 궁극적 원인을 사람의 정신적 동기, 지도자의 생각과 의식, 또는 신비적인 초자연적 어떤 힘에서 찾는다. 그러나 '정신적 동기'가 나타난 원인을 설명하지 못하기 때문에 역사 현상의 진정한 원인을 설명할 수 없으며, 따라서 역사를 객관적 법칙에 따른 발전으로 보지 못하고 결국 역사를 단순히 역사 사건의 연속이든가 또는 인간으로서는 인식할 수 없는 운명이라고 생각하게 된다.

이와 같이, 마르크스주의(Marxism) 이전의 역사관(歷史觀)은 관념론적 역사관(觀念論的 歷史觀, Idealistic Dialectic)이 지배하고 있었다. 즉, 역사의 추진력을 운명·섭리·세계정신 등 초자연적 관념에 두거나 영웅(英雄)이나 천재(天才)의 능력 등과 같은 요소로써 역사과정을 설명하였다. 혹은, 기후·풍토 등에 의해서 사회적 사상(事象)들이 결정되어 있는 지리적 결정론에 의존하고 있었다.

특히, 독일의 관념론자(觀念論者)였던 철학자 게오르그 빌헬름 프리드리히 헤겔(Georg

---

18) 데이비드 리카도(David Ricardo, 1772~1823)는 영국 잉글랜드 출신의 고전학파 경제학자로서 아담 스미스를 이어서 고전학파 경제학을 확립시켰다. 그가 후대에 남긴 유명한 주장으로는 비교우위론(Comparative advantage), 노동가치설(Labor theory of value), 차액지대론(Differential rent theory)이 있다.

Wilhelm Friedrich Hegel, 1770~1831)은 자신의 철학이 그리스도교의 교의(敎義)와 일치한다고 생각하였다. 그의 철학은 절대자(絕對者), 즉 신(神)이 역사(歷史)를 통하여 자아(自我)를 점차 실현해간다고 사유하는 것으로서 범신론(汎神論)의 색채가 짙었다.[19] 또한 헤겔(G. W. F. Hegel)은 정신과 자아가 스스로를 성립하고 자신 외부의 물질적인 것들을 개념화하고 틀을 만들었다. 그는 진정한 의미의 절대자(絕對者)를 '절대정신'으로 상정하고 이를 기초로 하여 존재와 자연의 변화와 역사의 발전을 설명하는 변증법(辨證法),[20] 즉 正-反-合의 원리를 제시했었다. 즉, 기존의 체계를 正이라고 하고, 그 후에 새롭게 등장하는 더 좋은 체계가 反이다. 새로운 체계는 이전의 체계의 장점을 받아들여서 더욱 진보한 체계로서의 合이 된다는 것이다.

나아가, 게오르그 빌헬름 프리드리히 헤겔(G. W. F. Hegel, 1770~1831)은 자연과 사회, 그리고 그것이 의식에 반영된 것인 정신세계 전체를 끊임없이 운동하고 변화하고 발전하는 과정으로 파악했고 이 운동과 발전 속의 내적 연관을 분석하였다. 특히, 그는 인류의 역사를 단순히 우연한 사건의 진행이 아니라 인간사회의 발전 과정으로서 파악했다. 여기서 유의할 것은 헤겔(G. W. F. Hegel)의 변증법(辨證法)은 끝없이 발전한다는 점이다. 이와 반면에, 후술할 마르크스(K. Marx)의 변증법(辨證法)은 역사발전 5단계에 맞추어 최종단계인 제5단계: 공산주의 사회에서 종결된다.

한편, 루드비히 포이에르바하(Ludwig Feuerbach, 1804~1872)는 상기한 헤겔(G. W. F. Hegel, 1770~1831) 철학의 이성주의(理性主義)를 철저히 비판하고 물질(物質)을 중시하는 유물론(唯物論): '사회의식 없는 유물론적 휴머니즘'을 주장하였다.[21] 마르크스(K. Marx)와

---

19) 독일 관념론(觀念論)의 완성자라고 불리는 게오르그 빌헬름 프리드리히 헤겔(Georg Wilhelm Friedrich Hegel, 1770~1831)의 사망(死亡)은 근대철학의 종결이자 현대철학의 시작을 의미한다.

20) 변증법(Dialektik)은 본래 그리스어인 'dialogos'에서 유래한 말이다. 'dialogos'는 두 사람이 서로 주고받는 말로서 대화(對話)를 의미한다. 그래서 변증법(辨證法)은 본래 對話術, 問答法을 말한다. 그러나 대화는 의견이 서로 대립하게 되면 논쟁으로 변하기 때문에 對話術은 논쟁술, 변론술로 발전하게 되었다. 아리스토텔레스(Aristotle, BC 384~322)가 그리스의 철학자 제논(영어: Zeno; 그리스어: Zēnōn ho Kyprios)을 변증법(辨證法)의 시조라고 하는 것은 바로 '운동은 없다'는 것을 증명하기 위해 사용한 논증방법, 즉 '운동이 있다'는 명제가 거짓이라면 '운동은 없다'는 것이 올바른 명제라고 상대방을 납득시키는 논증방법에서 유래한다. 변론(辯論)과 논증(論證)은 서로 대립하는 두 의견이 투쟁하는 데서 전개된다. 따라서 대립 투쟁을 변증법(辨證法)의 본질적인 형식인 것이다.

21) 유물론(唯物論, Materialism)과 관념론(觀念論, Idealism)은 존재(存在)와 의식(意識) 중에서 어느 것을 근원적으로 보는가에 따라 구분된다. 이와 마찬가지로, 관념론적 역사관(觀念論的 歷史觀)과 유물론적 역사관(唯物論的 歷史觀)은 사회와 그것의 역사를 보는 방식, 즉 역사관(歷史觀)에서 사회적 존재(社會的 存在)와 사회적 의식(社會的 意識) 중에서 어느 것을 근원적으로 보는가에 따라 구분된다. 관념론적

엥겔스(F. Engels)는 루드비히 포이에르바하(Ludwig Feuerbach)의 물질을 강조하는 유물론(唯物論)을 계승하여 물질적 재화의 평등(平等)만이 새로운 현실을 가져올 수 있다는 공산주의(共産主義) 이론의 토대를 구축하고 변증법적(辨證法的) 유물론(唯物論)을 정립하여 역사발전 5단계의 유물사관(唯物史觀)을 정립하였다.

다시 말하면, 카를 마르크스(Karl Heinrich Marx)와 프리드리히 엥겔스(Friedrich Engels)는 그들의 공저「독일 이데올로기」(DeutscheIdeology, 1845~1846년)에서 사회의 물질적 생산관계와 생산력이 역사발전의 원동력임을 규명하고 이데올로기나 정치는 물질적 생산관계의 변화에 따라 결정된다는 유물사관(唯物史觀)을 제시하였다. 이를 토대로, 그들은 게오르그 빌헬름 프리드리히 헤겔(Georg Wilhelm Friedrich Hegel, 1770~1831)의 변증법(辨證法)에서 파생된 독일의 각종 관념론(觀念論)과 루드비히 포이에르바하(Ludwig Feuerbach, 1804~1872)의 유물론(唯物論), 즉 '사회의식 없는 유물론적 휴머니즘'을 청산하고 유물론적 역사관(唯物論的 歷史觀, Materialism), 즉 유물사관(唯物史觀)을 창시했었던 것이다.

(2) 유물론적 역사관(唯物論的 歷史觀, Materialism)

카를 마르크스(Karl Heinrich Marx)와 프리드리히 엥겔스(Friedrich Engels)의 유물론적 변증법(唯物論的 辨證法, Materialistic Dialectic)은 자연과 사회 안에 있는 모든 것은 끊임없이 운동·변화한다는 것이다. 즉, '발전과 전면적 연관 및 운동에 관한 일반적 법칙에 관한 과학'으로 명명되었던 ① '대립물의 통일과 투쟁', ② '양(量)에서 질(質)로의 전화 법칙', ③ 부정(不正)의 법칙을 정립하여 역사발전 5단계의 유물론적 역사관(唯物論的 歷史觀, Materialism), 즉 유물사관(唯物史觀)은 인간사회의 역사적 발전에 관한 일반적 법칙이다. 즉, '사적 유물론', 즉 유물사관(唯物史觀)은 유물론적 변증법(唯物論的 辨證法, Materialistic Dialectic)을 역사(歷史)에 적용한 것이다.[22] 그 근본적 사상은 역사(歷史)가 발전하는 원동

변증법(觀念論的 辨證法)과 유물론적 변증법(唯物論的 辨證法)을 비교하면, 전자(Idealistic Dialectic)은 역학적이고 기계론적 세계관과 맥락을 같이하는 것인 반면에, 후자(Materialistic Dialectic)는 자연과 사회에 공통된 전면적 연관을 총합적으로 파악하는 것을 목표로 하여 사물의 운동·변화·발전의 내적 연관을 분석하려 한다. 또한 관념론적 변증법(觀念論的 辨證法)이 사물을 고정불변이라는 조건에서 파악하려는 것인 데 비하여, 유물론적 변증법(唯物論的 辨證法)은 자연과 사회 모두가 사물이 전체적으로 끊임없는 운동·변화·발전 속에 존재함을 파악하려 한다.

22) 관념론적 역사관(觀念論的 歷史觀)은 역사의 추진력을 운명·섭리·세계정신 등 초자연적 관념에 두거나 영웅이나 천재의 능력 등과 같은 요소로써 역사과정을 설명하였다. 혹은, 기후·풍토 등에 의해서 사회적 사상(事象)들이 결정되어 있는 지리적 결정론에 의존하고 있었다.

력은 관념(觀念)이 아니라 물질(物質)이라는 것이다. 다시 말하면, 유물사관(唯物史觀)이란 사회사(社會史)로서 역사의 실체가 자연과 노동에 의해서 자연에 작용하는 인간, 그리고 인간 상호 간의 관계를 규제하는 생산 관계 등과 같이 물질적인 것으로 성립되며 그것이 자기를 발전시킨다는 사유이다. 다시 말하면, 유물사관(唯物史觀)이란 사회사(社會史)로서 역사의 실체가 자연과 노동에 의해서 자연에 작용하는 인간, 그리고 인간 상호 간의 관계를 규제하는 생산 관계 등과 같이 물질적인 것으로 성립되며 그것이 자기를 발전시킨다는 사유이다.

유물론적 역사관(唯物論的 歷史觀)은 사회의 경제구조(토대)가 사회의 존재방식을 규정한다고, 나아가 경제구조의 존재방식을 연구함으로써 사회의 존재방식과 그 역사에 대한 객관적이고 법칙적인 과학적 인식을 할 수 있다고 각각 주장한다. 다시 말하면, 사회와 그 역사 속에서 과학적으로 인식할 수 있는 '객관적 발전법칙'이 있다고 간주한다. 상술하면, 인간은 노동을 통해 인간이 되고, 노동하지 않고는 살 수 없는 존재라는 점이 가장 근본적인 인간의 본질을 규정하고 있다. 즉, 인간은 의·식·주에 필요한 것을 모두 노동(勞動)에 의해 생산해야 하며, 사회의 경제적 구조(經濟的 構造), 즉 생산 노동의 존재 방식 또는 상품 유통의 존재 방식 등이 그 사회의 현실적 토대로서 하부구조(下部構造)인 경제적 구조(經濟的 構造)라는 것이다. 바로 이 토대에서, 각 시대의 법률적·정치적 제도, 종교적·철학적 이데올로기 등과 같은 상부구조(上部構造)가 존재한다는 것이다.

따라서 카를 마르크스(Karl Marx)와 프리드리히 엥겔스(Friedrich Engels)의 유물론적(唯物論的) 역사관(歷史觀)은 다음과 같이 주장한다: 인간은 자신의 의지와 의욕을 가지고 행동한다. 그리고 개인의 의지와 의욕은 상호작용하면서 사회와 역사의 흐름을 생산한다. 여기서 유의할 것은 사회와 역사를 움직이는 추진력은 개인의 의지와 의욕이 아니라 사회집단(즉, 민족과 계급 등)의 의지와 의욕이며, 사회와 역사를 움직이는 원동력이 되는 동기는 결국 경제적 구조(經濟的 構造)라는 현실적 토대에 의해 제약된다는 점이다.

유물론적 역사관(唯物論的 歷史觀)에 의하면 사회(社會)란 제1차적인 것으로서의 '토대(즉 '물질적 생산력의 일정한 발전 단계에 조응(照應)하는 생산 관계')'와 이 실제적 토대 위에 성립되는 '법률적·정치적 상부구조'로써 이루어지며 '일정한 사회적 의식 형태'가 그것과 조응(照應)한다. 그러나 법률적·정치적 상부구조(上部構造)는 '토대(생산 관계)'로부터 직선적·일방적으로 결정되어 버리는 것은 아니다. 어떤 시대의 법률적·정치적인 여러 관계와 과학·종교·예술 등 이데올로기의 여러 형태는 동시적으로 갖가지 모멘트(계기)에 의해서도 규정된다는 것이다.

따라서 토대(土臺)가 바뀔 때는 이에 걸맞도록 상부구조(上部構造)도 바뀐다는 것이다. 그런데 생산력은 정지해 있는 것이 아니라 인간의 지능, 과학기술의 발달에 의하여 발전한다. 그때는 새로운 생산력과 낡은 생산관계 사이에는 양립할 수 없는 모순이 생겨나고 이 모순은 계급관계로 이전된다. 다시 말하면, 낡은 생산관계의 유지에서 이득을 보는 유산계급(지배계급)과, 새로운 생산관계의 창설에서 이득을 볼 수 있는 무산계급(피지배계급) 간에는 투쟁이 일어나게 된다. 즉, 종래의 생산관계를 파괴하고 새로운 생산관계를 만들어 내려는 '사회주의 혁명'이 피(彼)지배계급 측에 의하여 일어나, 마침내 새로운 생산관계(경제제도)가 창설되고, 이에 따라 정치제도를 비롯한 상부구조(上部構造)도 바뀐다는 것이다.

유물론적(唯物論的) 역사관(歷史觀)의 핵심은 자본주의 사회에서 생산력과 생산관계의 모순은 반드시 '프롤레타리아 혁명'을 유발하고 프롤레타리아 혁명의 승리에 의하여 자본주의적 생산관계는 파괴되며, 마침내 생산수단의 공유를 기초로 하는 공산주의(共産主義) 사회에 도달한다는 것이다. 나아가, 카를 마르크스(Karl Marx, 1818~1883)와 프리드리히 엥겔스(Friedrich Engels, 1820~1895)는 「독일 이데올로기」(historischer Materialismus, The German Ideology, 1845~1846년)에서 유물사관(唯物史觀, Materialism)과 '유물적 변증법(唯物論的 辨證法, Materialistic Dialectic)'을 기초로 '프롤레타리아 혁명'의 정당성을 위한 소위 '과학적 사회주의(Scientific Socialism)' 이론, 즉 공산주의(共産主義) 이론을 정립하였다. 상기 이론의 설명원리는 노동가치설(勞動價値說)이며 분석도구는 잉여가치론(剩餘價値論)이다. 그들은 자본주의(資本主義)의 경제적 운동법칙을 밝힘으로써 자본주의(資本主義)의 필연적 멸망(滅亡)을 증명하였다.

유물론적(唯物論的) 역사관(歷史觀)을 자연과 사회와 그 반영인 인간의 사유를 꿰뚫는 '발전과 전면적 연관 및 운동에 관한 일반적인 법칙에 관한 과학'이라고 카를 마르크스(Karl Marx)와 프리드리히 엥겔스(Friedrich Engels)는 명명하였다. 그리고 상기한 유물론적 변증법(唯物論的 辨證法, Materialistic Dialectic)의 시각에서, 카를 마르크스(Karl Heinrich Marx, 1818~1883)와 프리드리히 엥겔스(Friedrich Engels, 1820~1895)는 자본주의 사회의 계급구조를 '해부학적'으로 규명하면서 ① 이데올로기(Ideology)는 본인의 사회적 존재에 따라 결정되며, ② 따라서 필연적으로 계급성·당파성을 지니고, ③ 피(被)지배계급은 지배계급의 이데올로기(Ideology)를 경제적 착취의 사실과 결부하여 폭로할 필요가 있다고 강조하였다. 즉, *"의식이 존재를 규정하는 것이 아니라 존재가 의식을 규정한다"*는 유물론적(唯物論的) 사유(思惟)가 이데올로기(Ideology)의 근저라는 것이다.[23] 그들은 관념론적(觀

23) 카를 마르크스(Karl Marx)와 프리드리히 엥겔스(Friedrich Engels)의 「도이치 이데올로기」(Die

念論的) 사유(思惟)는 허위적 의식이라고 규정하였다.

또한 블라디미르 레닌(Vladimir Ihich Lenin, 1870~1924)은 카를 마르크스(Karl Marx, 1818~1883년)의 변증법적 견해(사회 및 세계가 대립물의 성장 및 소멸을 통해 진보한다)에다가 물질적 사물은 정신과 독립적으로 존재하고 자연법칙은 객관적이라는 주장을 추가했다.[24)]

2) '과학적 사회주의(Scientific Socialism)'의 이론적 구조

전술한 바와 같이, 카를 마르크스(Karl Heinrich Marx, 1818~1883)와 프리드리히 엥겔스(Friedrich Engels, 1820~1895)의 '과학적 사회주의(Scientific Socialism)' 이론은 5개 세부이론: ① 노동착취이론(勞動搾取理論), ② 집중이론(集中理論), ③ 궁핍화(窮乏化)와 경기순환론(景氣循環論), ④ 계급투쟁에 의한 자본주의의 파멸불가피론(破滅不可避論), ⑤ 역사발전 5단계론(원시 공산주의 사회 → 고대 노예사회 → 중세 봉건사회 → 근대 자본주의 사회 → 공산주의 사회)으로 구성되어 있다.

(1) 노동착취이론(勞動搾取理論)

카를 마르크스(Karl Heinrich Marx, 1818~1883)와 프리드리히 엥겔스(Friedrich Engels, 1820~1895)의 '노동착취이론(勞動搾取理論)'은 다음과 같다: 노동자의 두뇌, 근육, 신경 등은 '잠재적 노동(Arbeitskraft)'[25)]의 기본(fund)이며 원료(stock)이다. 임금계약과 노예(奴隸)의 매매(賣買)는 본질적으로는 별로 다른 것이 없다. 즉, (자유)노동자를 고용하는 사람은 실제에 있어서 노예를 사는 경우처럼 노동자를 사는 것이 아니라 그들의 '잠재적 노동(潛在的 勞動)'의 전체 중의 일정량을 산다. 그러한 의미의 노동(노동용역이나 실재하는 노동시간이 아님)은 하나의 상품인 이상, 완전경쟁적 균형상태서는 생산에 투입된 노동시간의 양에 비례하는 임금이 지불되어야 한다.

Deutsche Ideology, 1846)에서, '이데올로기(Ideology)'는 비로소 사회의 전체적 구조에 계통적으로 관련지어졌고, 「경제학 비판」(1859)의 서문에서 '이데올로기 론(論)'의 성립했다.

24) 블라디미르 레닌(Vladimir Ilich Lenin, 1870~1924)은 소련의 「철학교정(哲學敎程)」에서 마르크스(K. Marx)와 엥겔스(F. Engels)가 철학적 유물론과 변증법적 유물론의 시각에서 경제학의 전체를 근본으로부터 개조하는 일에 평생을 바쳤다고 칭송했다.

25) 이 용어는 일반적으로 노동력(labor power)으로 번역된다.

그렇다면, 노동자의 체내에 저장되어 있는 '잠재적 노동(潛在的 勞動)'의 스톡(Stock)을 생산하는 데에는 얼마만큼의 노동시간이 투입되는 것인가? 사실, 노동자들을 길러내고 입히고 먹이고 주거를 마련해 주기 위하여 많은 노동시간이 소요된다. 이것은 스톡(Stock)의 가치를 구성하는 것이며, 노동자가 그 일부, 즉 일(日), 주(週), 연(年)으로 판다고 하면 이 부분의 노동가치(勞動價値)에 상당하는 임금을 받을 것이다. 이것은 노예상인이 균형상태에서 노예를 팔 때에는 그들의 총 노동시간에 상응하는 가격을 받게 되는 것과 같다.

그런데 자본가(資本家)는 일단 '잠재적 노동(潛在的 勞動)'의 스톡(Stock)을 수중에 넣기만 하면, 그들은 그 용역의 원료 내지는 잠재적 원료를 생산하는 데 필요한 시간 이상으로, 더 많은 실제용역을 산출할 수 있도록, 더 많은 시간을 일하게 할 수가 있다. 이 경우, 자본가(資本家)는 그들이 돈을 지불하고 산 노동시간보다도 더 많은 시간을 노동하도록 강요할 수 있게 된다.

노동의 결과로 나오는 생산품도 역시 그 생산에 투입된 노동시간에 비례하는 값으로 팔리기 때문에 노동자에게 지불한 가치와, 자본가(資本家)가 상품을 판매해서 얻는 가치 사이에는 차액이 생긴다. 상기 차액은 자본주의 시장의 메커니즘에 의해서 필연적으로 자본가의 주머니 속으로 들어간다. 이것이 바로 '잉여가치(剩餘價値, Mehrwert)'[26]인 것이다. 자본가(資本家)는 노동자에 대하여 '잠재적 노동(潛在的 勞動)'의 스톡(Stock)의 가치보다도 적게 지불하는 것이 아니며, 또한 소비자로부터 판매상품의 총가치보다도 더 많이 받는 것이 아니지만, 그 차액, 즉 '잉여가치(剩餘價値)'를 차지하는 것으로써 노동자를 착취(搾取)한다.

「정치경제학 비판 요강」(Critique of Political Economy, 1857~1858)의 마지막 제3장: '자본에 관한 장'에서 '잉여가치(剩餘價値)' 개념이 최초로 확립되었다.[27] 카를 마르크스(Karl

26) 잉여가치율(착취의 정도)은 '잉여가치(剩餘價値, Mehrwert)'와 가변자본(임금) 간의 비율이라고 정의된다.

27) 「자본론」(資本論, Das Kapital)의 이론적 기초는 '유물론적' 변증법(Materialistic Dialectic)과 데이비드 리카도(David Ricardo, 1772~1823)이다. 데이비드 리카도(David Ricardo, 1772~1823)는 영국 잉글랜드 출신의 고전학파 경제학자로서 아담 스미스를 이어서 고전학파 경제학을 확립시켰다. 그가 후대에 남긴 유명한 주장으로는 비교우위론(Comparative advantage), 노동가치설(Labor theory of value), 차액지대론(Differential rent theory)이 있다. 그의 비교우위론은 각국이 상대적으로 유리한 산업에 집중하고 다른 국가와 무역하는 것이 양국 모두에게 유리하다는 국제 분업 이론이다. 그의 노동가치설은 아담 스미스의 노동가치설을 이론적으로 다듬은 것으로 이후 카를 마르크스의 잉여가치론으로 비판적으로 계승된다. 그의 차액지대론은 인구가 늘어나면 자본가, 노동자, 지주 중에서 지주가 제일 돈을 많이 번다는 이론으로 지주가 차액지대라는 불로소득(不勞所得)을 취하게 된다는 이론이다. 특히 리카도는 고전학파의 창시자인 아담 스미스의 이론을 계승, 발전시킨 고전학파의 완성자로 알려져 있다. 상술하면, 그는 그의 대표적 저서 1817년 「정치경제학 및 과세의 원리」(Principles of Political Economy and

Heinrich Marx, 1818~1883)는 영국 고전경제학의 노동가치설(勞動價値說)을 기초로 '자본가에 의한 노동의 착취설', 즉 '잉여가치설(剩餘價値說)'을 도출하였다: 자본주의 사회에서 노동자는 생산수단을 소유하고 있는 자본가에게 고용되어 노동력을 상품으로 팔고 그 대가를 임금으로 받아서 생활한다. 그런데 노동자는 약자의 입장에 있으므로 자기의 노동력을 재생산(再生産)하는 데 필요한 시간 이상의 노동을 한다. 그럼에도 불구하고 지불받지 못하는 잉여노동시간이 창출한 가치, 즉 잉여가치(剩餘價値)는 당연히 노동자에게 돌아와야 하는데도 자본가의 수중으로 들어가 이윤(利潤)이 된다. 이윤(利潤)은 곧 노동자에 대한 자본가의 착취(搾取)의 결과이다. 그러나 자유경쟁하의 자본가는 노동자를 더욱 착취(搾取)하지 않고서는 시장경쟁에서 이길 수도 없으며 살아남을 수도 없는 것이 자본주의의 생리적 발전법칙이라고 카를 마르크스(Karl Heinrich Marx)는 주장했다.

상술하면, 카를 마르크스(Karl Heinrich Marx, 1818~1883년)는 게오르그 빌헬름 프리드리히 헤겔(Georg Wilhelm Friedrich Hegel, 1820~1895)의 형이상학적(形而上學的) '소외(疏外)' 개념을 유물론적(唯物論的)으로 변형하여 노동자가 자기 노동의 산출물을 누리지 못하는 소외현상(疎外現象), 즉 인간의 노동을 단순한 상품으로 형편없이 취급하는 현상, 이윤을

Taxation)」에서 사회적 생산물이 지주·노동자·소유자 사이에 분배되는 법칙을 분석하였다. 또한 상품의 국내 가치는 생산에서 소요되는 노동량에 의해 결정되며, 지대(地代)는 비용에 포함되지 않는다는 사실을 발견하였다. 즉, 사회적 생산물이 지주·노동자·자본가 사이에 분배되는 법칙을 분석하면서 이윤과 임금, 지대의 관계를 밝혔는데 이윤은 임금에 반비례하며 임금은 생필품 비용에 따라서 변화하고, 지대의 상승은 한계경작비용과 인구의 증가에 따른다고 주장하였다(차액지대설). 또한 상품의 국내 가치는 생산에서 소요되는 노동량에 의해 결정되며, 지대는 비용에 포함되지 않는다는 사실을 발견(노동가치설)하는 등 아담 스미스의 노동가치이론을 더욱 발전시켰다. 또한 국가 간 무역에 있어 비교우위의 개념을 도입하였다(비교우위설). 특히, '노동가치이론'은 훗날 '한계혁명'이 일어나기 전, 초창기 경제학의 특징인 객관적 가치론의 대표적인 학설이다. 즉, 주관적 요인, 즉 기호(嗜好)나 효용(效用)에 의해서 상품가치가 결정되는 것이 아니라 실제로 대상에 투입한 객관적 대상에 의해서 결정된다는 주장이다. 그 객관적 대상을 아담 스미스와 데이비드 리카도는 노동(勞動)이라고 사유했다. 시간이라는 단위로 측정한 노동(勞動)이 얼마나 투입했느냐가 '상품가치'를 결정한다는 것이다. 그리고 이 가치에 의해서 사람들은 교환을 할 수 있다고 보았다. 상기한 데이비드 리카도(David Ricardo)의 사상은 후대 경제학에 지대한 영향을 미쳤다. 그의 사상은 후대 경제학에 지대한 영향을 미쳤으며, 존 스투아트 밀에서 카를 마르크스에 이르기까지 많은 사상가들이 직접적으로 그의 사상을 계승하거나 적어도 상당한 영향을 받았다. 훗날 카를 마르크스(Karl Heinrich Marx)는 데이비드 리카도(David Ricardo)의 분석에는 사회적 차원에서의 경쟁과 가치 이전의 동학(動學)이 배제되어 있어 충분한 설명을 제시하지 못한다고 비판하면서 자신의 노동가치이론을 발전시키게 된다. 그의 영향은 현대 경제학이 발전해온 오늘날까지도 이어지고 있다. 대표적으로 피에로 스라파 등의 불완전경제이론을 주창한 학자들도 리카도의 영향을 받았다고 할 수 있다. 이들을 묶어 '네오리카도주의 경제학파'라고도 부른다. 1823년 병으로 의회에서 물러난 후 같은 해에 51세의 나이에 세상을 떠났다. 중이염이 뇌로 번져 패혈증으로 사망했다.

추구하는 자본주의 사회에서 나타나는 '인간의 비(非)인간화(Dehumanization)' 현상을 지적했다.

카를 마르크스(Karl Heinrich Marx, 1818~1883)는 사유재산(私有財産)이란 인간의 노동(勞動)이 대상화(對象化)된 것, 즉 객관적 형태로 나타난 것에 불과하다고 주장하고 인간 노동의 산물이 사유재산(私有財産)이 되면서 거꾸로 사유재산(私有財産)이 그것을 만들어낸 인간(노동자)을 지배하는 현상을 인간의 '자기소외(自己疏外)'라는 개념으로 파악하였다.

카를 마르크스(Karl Heinrich Marx)는 인간관계의 총체인 사회는 경제적 · 정치적 · 문화적 관계 등으로 구성되는데, 이들 중에서 특히 경제적 관계(經濟的 關係), 즉 생산관계(生産關係)가 가장 기초적이라고 사유한다. 그리고 생산관계(生産關係)는 사회의 생산력(生産力)의 발전단계에 따라 발전하는 사람의 사회적 관계이다. 생산력(生産力)과 생산관계(生産關係)가 결합되어 '사회(社會)의 생산양식(生産樣式)'을 결정한다. 생산양식(生産樣式)의 발전은 곧 사회 전체의 발전을 위한 기초가 된다. 사회의 경제구조를 형성하고 있는 생산관계(生産關係)들의 총체가 '사회(社會)의 토대(土臺)'이다. 이 토대 위에 쌓여지고 이 토대에 의해 규정되는 사회의 상부구조(上部構造)가 사회의 법적 · 정치적 제도들과 종교 · 도덕 · 예술 · 철학 등의 '이데올로기(사회적 의식 형태)'이다.

카를 마르크스(Karl Heinrich Marx)는 인간관계의 총체인 사회는 경제적 · 정치적 · 문화적 관계 등으로 구성되는데, 이들 중에서 특히 경제적 관계(經濟的 關係), 즉 생산관계(生産關係)가 가장 기초적이라고 사유한다. 그리고 생산관계(生産關係)는 사회의 생산력(生産力)의 발전단계에 따라 발전하는 사람의 사회적 관계이다. 생산력(生産力)과 생산관계(生産關係)가 결합되어 '사회(社會)의 생산양식(生産樣式)'을 결정한다. 생산양식(生産樣式)의 발전은 곧 사회 전체의 발전을 위한 기초가 된다. 사회의 경제구조를 형성하고 있는 생산관계(生産關係)들의 총체가 '사회(社會)의 토대(土臺)'이다. 이 토대 위에 쌓여지고 이 토대에 의해 규정되는 사회의 상부구조(上部構造)가 사회의 법적 · 정치적 제도들과 종교 · 도덕 · 예술 · 철학 등의 '이데올로기(사회적 의식 형태)'이다. 카를 마르크스(Karl Marx)는 사유재산(私有財産)이란 인간의 노동(勞動)이 대상화(對象化)된 것, 즉 객관적 형태로 나타난 것에 불과하다고 주장하고 인간 노동의 산물이 사유재산(私有財産)이 되면서 거꾸로 사유재산(私有財産)이 그것을 만들어낸 인간(노동자)을 지배하는 현상을 인간의 '자기소외(自己疏外)'라는 개념으로 파악하였다.

카를 마르크스(Karl Heinrich Marx)는 인간관계의 총체인 사회는 경제적 · 정치적 · 문화적 관계 등으로 구성되는데, 이들 중에서 특히 경제적 관계(經濟的 關係), 즉 생산관계(生産

關係)가 가장 기초적이라고 사유한다. 그리고 생산관계(生産關係)는 사회의 생산력(生產力)의 발전단계에 따라 발전하는 사람의 사회적 관계이다.

'생산력(生産力)'이란 노동대상(勞動對象) 및 노동수단(勞動手段)과 이들을 사용하는 노동자(勞動者)를 합친 것으로 정의된다.[28] 즉, '생산력(生産力)'이란 노동자가 자연에 작용할 때, 역사적으로 획득되어 발휘할 수 있는 모든 힘이다. 원시시대에서의 생산력(生産力)은 석기와 토기 등을 도구로 사용한 낮은 수준이었다. 그러나 현대에서의 생산력(生産力)은 대량생산체제에서 작용한다. 따라서 생산력(生産力)은 자연에 대한 노동의 관계에서 결정될 뿐만 아니라 생산 과정에서 사람과 사람의 관계, 즉 생산관계(生産關係)에 의하여 결정된다.[29]

'생산수단(生産手段)'은 노동대상(勞動對象)과 노동수단(勞動手段)을 합친 것이다. 여기서 '노동대상(勞動對象)'이란 사람이 생산적 노동을 할 때 노동을 가하는 대상(즉, 재료와 원료 등)이다. '노동수단(勞動手段)'이란 노동대상에 작용하기 위해서 사용되는 도구 · 기계 · 장치 등과 사용 장소(공장 · 토지 · 도로 · 철도 · 운하 · 전신 · 전화 등)를 합친 것이다.

여기서 중요한 사실은 생산수단(生産手段)이 사적 소유인가 혹은 공동소유인가에 따라 생산관계(生産關係)의 성격이 결정된다는 점이다. 생산수단(生産手段)을 공유(共有)하는 사회에서는 사람들의 관계가 평등(平等)한 사회가 되는 반면에 생산수단(生産手段)이 사유(私有)가 되면 불평등(不平等)한 사회가 된다. 생산수단(生産手段)의 사유(私有)가 행해지는 사회에서는 생산수단(生産手段)의 사적 소유자가 생산수단을 소유하지 않은 사람들을 지배하고 착취할 수 있다. 이와 반면에 생산수단(生産手段)을 공유(共有)하는 사회에서는 사람들이 상호협력하는 공동의 생산관계(生産關係)에 놓여 있다.

사회의 물질적 생산의 2개 측면인 생산력(生産力)과 생산관계(生産關係)는 불가분의 관

28) 사회주의(社會主義)는 노동대상(勞動對象)과 노동수단(勞動手段)을 합쳐 '생산수단(生産手段)'이라고 부른다. 여기서 '노동대상(勞動對象)'이란 사람이 생산적 노동을 할 때 노동을 가하는 대상(즉, 재료와 원료 등)이다. '노동수단(勞動手段)'이란 노동대상에 작용하기 위해서 사용되는 도구 · 기계 · 장치 등과 사용 장소(공장 · 토지 · 도로 · 철도 · 운하 · 전신 · 전화 등)를 합친 것이다.

29) 사회주의(社會主義) 이론에 의하면 사회의 물질적 생산의 2개 측면인 생산력(生産力)과 생산관계(生産關係)는 불가분의 관계에 놓여 있다. 상술하면, 생산력(生産力)이 어떤 발전 단계에 있는가에 따라 생산관계(生産關係)가 변한다. 생산력(生産力)이 아주 낮은 사회에서는 사람들은 모두 공동으로 일하는 생산관계, 즉 원시 공산제(原始 共産制))에서 살았다. 그런데 약간 생산력이 늘고 생산물에서 여유가 생겨 잉여생산물(剩餘生產物)이 나타나자 노예제(奴隸制) 생산관계가 나타났다. 이어서, 봉건 영주가 토지를 가지고 농민을 부리는 봉건제(封建制) 생산관계가 나타났다. 나아가 기계에 의한 대량생산체제(大量生産體制)의 거대한 생산력에 의해 대규모 생산이 가능해진 사회에서는 자본가에게 싼 임금으로 많은 노동자가 고용되어 일하는 생산관계가 형성된다.

계에 놓여 있다. 상술하면, 생산력(生産力)이 어떤 발전 단계에 있는가에 따라 생산관계(生産關係)가 변한다. 생산력(生産力)이 아주 낮은 사회에서는 사람들은 모두 공동으로 일하는 생산관계, 즉 원시 공산제(原始 共産制)에서 살았다. 그런데 약간 생산력이 늘고 생산물에서 여유가 생겨 잉여생산물(剩餘生産物)이 나타나자 노예제(奴隸制) 생산관계가 나타났다. 이어서, 봉건 영주가 토지를 가지고 농민을 부리는 봉건제(封建制) 생산관계가 나타났다. 나아가 기계에 의한 대량생산체제(大量生産體制)의 거대한 생산력에 의해 대규모 생산이 가능해진 사회에서는 자본가에게 싼 임금으로 많은 노동자가 고용되어 일하는 생산관계가 형성된다.

이와 같이 생산관계(生産關係)는 사회의 생산력(生産力)의 발전단계에 따라 발전하는 사람의 사회적 관계이다. 생산력(生産力)과 생산관계(生産關係)가 결합되어 '사회(社會)의 생산양식(生産樣式)'을 결정한다. 생산양식(生産樣式)의 발전은 곧 사회 전체의 발전을 위한 기초가 된다. 사회의 경제구조를 형성하고 있는 생산관계(生産關係)들의 총체가 '사회(社會)의 토대(土臺)'이다. 이 토대 위에 쌓여지고 이 토대에 의해 규정되는 사회의 상부구조(上部構造)가 사회의 법적·정치적 제도들과 종교·도덕·예술·철학 등의 '이데올로기(사회적 의식 형태)'이다.

한 사회는 하나의 생산관계로 이루어진 것이 아니라, 하나의 주요한 생산관계를 중심으로 하면서 이미 낡은 생산관계와 갓 태어난 미래의 생산관계와 함께 존재한다. 사회의 경제구조를 형성하고 있는 생산관계(生産關係)들의 총체를 '사회(社會)의 토대(土臺)'라고 부른다. 사회의 토대 위에 상부구조(上部構造)가 구축되며 그 상부구조(上部構造)의 성격은 토대의 성격에 의해 규정된다. 토대와 상부구조의 총체를 '사회구성체(社會構成體)'라고 한다. 이 토대 위에 쌓여지고 이 토대에 의해 규정되는 사회의 상부구조(上部構造)란 사회의 법적·정치적 제도들과 종교·도덕·예술·철학 등의 '이데올로기(사회적 의식 형태)'이다.

카를 마르크스(Karl Heinrich Marx, 1818~1883)는 생산력(生産力)과 생산관계(生産關係)의 모순(矛盾)이 발생하는 이유와 그 과정을 다음과 같이 설명한다:

노동대상(勞動對象)과 노동수단(勞動手段)을 합친 생산수단(生産手段)이 사적 소유인가 혹은 공동소유인가에 따라 생산관계(生産關係)의 성격이 결정된다. 생산수단(生産手段)을 공동으로 소유하는 사회에서는 사람들의 관계가 평등(平等)한 사회가 되는 반면에 생산수단(生産手段)이 사적 소유가 되면 불평등(不平等)한 사회가 된다. 생산수단(生産手段)의 사적 소유(私的 所有)가 행해지는 사회에서는 생산수단(生産手段)의 사적 소유자가 생산수단을 소유하지 않은 사람들을 지배하고 착취할 수 있다. 이와 반면에 생산수단(生産手段)을 공동소유(共同所有)하고 있는 사회에서는 사람들이 상호협력하는 공동의 생산관계(生產關係)에 놓여 있다.

생산력(生產力)이 발전함에 따라 생산관계(生產關係)와의 틈(Gap)이 서서히 커지게 된다. 즉, 생산양식(生產樣式)은 생산력과 생산관계로 형성돼 있으며, 생산력과 생산관계는 불가분의 관계로 결합되어 있다. 그러나 생산력(生產力)은 끊임없이 발전하는 경향이 있으나 생산관계(生產關係)는 한번 형성되면 고정 · 지속되려 하는 경향이 있다. 생산관계(生產關係)는 생산력(生產力)이 어느 정도 발전하면 그때까지는 생산력을 떠받치지만 그 후로는 생산력의 발전을 억누르고 가로막는 요인이 된다. 이 결과 생산력(生產力)과 생산관계(生產關係)는 모순(矛盾)될 수밖에 없게 된다.

상기한 과정에서, 생산력의 담당자인 노동자(勞動者)는 항상 연구하고 노력함으로써 기술을 발전시키려 한다. 또한 사업자(事業者)도 수입을 늘리려고 노동수단(勞動手段)을 개량하기 때문에 생산력(生產力)은 끊임없이 발전한다. 그런데 생산관계(生產關係)는 사람과 사람의 관계이고, 특히 생산수단(生產手段)이 사적으로 소유된 사회에서 생산관계(生產關係)는 한쪽의 사람이 다른 쪽의 사람을 지배하고 착취하는 인간관계이다. 따라서 이러한 생산관계(生產關係)가 한번 형성되면, 생산수단을 소유하고 있는 사람들은 이 생산관계를 고정시키고 영원히 지속시키려고 한다.

상기한 생산력(生產力)과 생산관계(生產關係)의 모순(矛盾)이 평소에 잠복되어 있다가 한꺼번에 표면화되면서 자본주의(資本主義) 사회에서는 불황(不況), 무역마찰(貿易摩擦), 공황(恐慌), 실업(失業), 산업 공동화(產業 空洞化) 등이 발생하게 된다. 이렇게 되면 그때까지의 낡은 생산관계를 버리고 새로운 생산력과 어울리는 새로운 생산관계를 만들고 사회 전체를 혁신해야만 한다. 이렇게 해서 사회혁명(事會革命)의 시기가 도래하게 된다고 사회주의(社會主義)는 주장한다.

카를 마르크스(Karl Heinrich Marx)는 모든 역사(歷史)를 착취(搾取)하는 소수의 부르주아와 밑바닥에 있는 다수의 프롤레타리아(Proletariat) 사이에서 벌어지는 투쟁(鬪爭)이라고 규정했다. 따라서 공산당(共產黨)을 세워 권력을 장악하고 '정의롭고 민주적인 사회주의 사회'를 수립하기 위하여 프롤레타리아(Proletariat) 계급의식을 일깨우자고 역설했다. 나아가, 그는 전술한 「공산당 선언」(The Communist Manifesto, 1848년)에서 '자본주의(Capitalism)'를 '사회주의(Socialism)'로 전환시킬 수단으로서 폭력혁명(暴力革命)에 의한 기존 질서의 전복(顚覆)을 역설했다.

(2) 집중이론(集中理論)

카를 마르크스(Karl Heinrich Marx, 1818~1883)와 프리드리히 엥겔스(Friedrich Engels, 1820~1895)의 '집중이론(集中理論)'은 자본주의 과정이 산업공장과 경영단위의 규모를 증대시키는 경향이 있음을 다룬 이론이다. 이와 관련된 그들의 「자본론」(資本論, Das Kapital, 1867년)을 요약하면 다음과 같다[30]: *"경쟁의 싸움은 상품가격의 저렴화라는 무기로써 싸워지며,"* 그것은 또 *"다른 모든 사정이 불변일 때 노동의 생산성에 의하여 성패(成敗)가 결정되는 것"*이지만, 생산성은 또 생산의 규모의 대소에 의하여 결정되며, *"보다 큰 자본이 보다 작은 자본에 이긴다."*

카를 마르크스(Karl Heinrich Marx, 1818~1883)와 프리드리히 엥겔스(Friedrich Engels, 1820~1895)의 「자본론」(資本論, Das Kapital)의 집중이론(集中理論)과 관련하여, 최근에 프랑스 경제학자 토마 피케티(Thomas Piketty, 1971~현재) 교수(파리경제대학)는 「21세기 자본」(Capital in the Twenty-First Century, 2014년)[31]에서 지난 200년 동안에 걸친 20개국 이상의 경제적·역사적 데이터를 수집하여 부(富)와 소득(所得)의 불평등(不平等)이 어떻게 진화해 왔는지를 상세히 분석하였다. 그의 실증적 분석 결과, 'r > g', 즉 r(자산수익률)이 g(경제성장률)보다 더 높게('r > g') 나타났으며, 이 결과 소득불평등이 점점 심화되고 있다고 주장한다. 상기 'r > g' 부등식은 "자본주의의 핵심 모순"이라고 토마 피케티(Thomas Piketty)는 지적한다. 그는 경제적 불평등의 정책적 대안으로 '누진세 제도'와 '글로벌 자본세'를 제시한다. 상기 저서에서 제시한 토마 피케티(Thomas Piketty)의 주장은 다음과 같다:

한 사회의 연간 소득(annual income) 대비 부(wealth)의 비율(富/연간소득)은 순(純)저축

30) 상기한 결론은 '수탈이론(Theory of Expropriation)'이라고 불린다. 「자본」(Das Kapital, 1867년), 제1권, 제25장, 제2절 참조.

31) 토마 피케티(Thomas Piketty)의 저서 「21세기 자본론」(2014년)은 800페이지에 가까운 두터운 '벽돌책'이자 이론서인데도 불구하고 베스트 셀러가 됐다. 세계에서 210만 부 이상 팔렸다. 한편, 토마 피케티(Thomas Piketty)의 저서 「21세기 자본론」(2013년)의 영문판을 펴냈었던 하버드대학 출판부는 「애프터 피케티」(After Piketty, 2017년)를 통해 '토마 피케티(Thomas Piketty)의 주장은 과연 옳았는가'라는 질문을 던진다. 토마 피케티(Thomas Piketty)는 1971년 프랑스 파리 인근의 클리시에서 태어나, 그랑제콜의 최고봉인 고등사범학교(에콜 노르말 쉬페리외르) 에서 수학과 경제학을 공부했다. 일약 22세에 프랑스 사회과학 고등연구원과 런던 정경대에서 부의 재분배에 관한 연구로 박사학위를 받았다. 만 22세에 박사를 받았으니, 한국에서는 학부 4학년에 해당하는 나이에 박사를 받은 것이며, 두말할 나위 없는 천재다. 이후 미국으로 건너가 1993년부터 3년간 MIT[4]의 조교수로 임용되어 경제학을 가르쳤다. 1995년 미국 경제학계의 수학을 중시하는 경향에 회의를 느끼고[5] 프랑스로 돌아와 프랑스 국립과학연구소 연구원을 지냈다. 2000년부터 파리경제대 교수로 재직 중이다.

률을 경제성장률로 나눈 비율과 일치할 때까지 성장한다 즉, 부(富)/연간소득 = 순(純)저축률/경제성장률이다. 경제성장 속도는 경제성장을 비교적 쉽게 할 수 있었던 산업화 시대에서 정점을 찍은 후에는 감소한다. 이와 반면에 순(純)저축은 점점 증가하는데, 그 요인은 누진세 제도의 퇴보, 20세기 초반 전쟁으로 인한 혼란과 파괴의 종료, 부자들이 축적하기보다는 자신들의 소득이나 부(富)를 소비에 사용해야 한다는 설득력 있는 사회적 이유가 부재(不在)하기 때문이다.

인구가 줄거나 정체되면 앞서 축적돼 있던 자본(資本)의 힘이 증가하며, 경제가 성장하지 않으면 기존 부(富)의 가치는 더욱 커진다. 이 경우 부유층 안에서도 부(富)가 분산되지 않고 집중돼 불평등(不平等)이 고착화될 것이다.

19세기 '도금시대(鍍金時代)'처럼 자본수익률이 경제성장률을 넘어섰다. 자본이 더 가져가면 상대적으로 노동 수익은 줄어들 수밖에 없다. 상대적으로 자본을 더 가진 상류층과 하류층의 격차도 커진다. 확대된 자본의 힘은 경제뿐만 아니라 정치, 문화를 좌지우지하며 자신들의 부(富)를 위협하는 혁신(革新)을 거부하는 기득권으로 작용한다. 불평등(不平等)이 높아지면 경제적 안정뿐 아니라 성장 잠재력에도 수많은 악(惡)영향을 미친다. 상속된 부(富)에 대한 과세(課稅)를 강화해 불평등(不平等)을 줄이고 노동(勞動)에 의한 혁신 동력을 유지해야 한다.[32)]

1940년대부터 국민소득 중에 상위 10퍼센트가 가져가는 몫이 일정하게 유지되었다. 미국 같은 경우, 상기 소득분배율이 35퍼센트에서 유지되다가 1970년대부터 치솟았다. 2013년에는 소득 상위 10퍼센트가 국민소득의 거의 50퍼센트를 가져간다. 그 다음 소득 상위 40퍼센트가 국민소득의 30퍼센트, 나머지 50퍼센트가 국민소득의 20퍼센트밖에 못 가져간다. 그래서 그 결과 지니계수는 0.5에 가깝게 커진다(지니계수는 클수록 불평등한 상태이며 가장 불평등하면 1이다). 미국이 현재와 같은 추세로 가다 보면 20년 정도 지났을 때, '아주 높은 불평등'한 사회가 될 것이다. 영국의 경우는 미국의 추세와 비슷하다. 현재 미국과 100년 전의 유럽이 비슷한 상황이다. 나머지 유럽은 오히려 1940년대부터 1970년까지 조금씩 떨어지는 추세였으나 1970년대 중반쯤부터 다시 올라갔다. 이 추세대로 가면 2100년쯤에는 총자산이 GDP의 7배 정도 될 것이다.

상기한 토마 피케티(Thomas Piketty, 1971~현재)의 분석결과가 시사하는 가장 핵심적인 내용 중 하나는 다음과 같다: 제2차 세계대전(1939~1945)의 여파와 높은 세율이 부(富)의 세습을 어렵게 만들었지만 1970년대부터는 미국의 1%들, 그리고 그중에서도 상위 0.1%들

32) 박호성(1994), 「평등론－자유민주주의·사회민주주의·마르크스주의의 이론과 현실」, 파주: 창작과 비평사.

에게 다른 국가들과는 비교할 수 없을 정도로 엄청난 부(富)가 집중되기 시작했다는 점이다. 그 요인은 자본과 상속에 의한 것이 아니라, '슈퍼매니저'들의 등장이다. 즉, 미국 내 0.1%들의 소득 중 60%가 기업의 관리직과 금융 전문가들에게 돌아간다는 것이다. 그리고 그들의 소득이 이렇게 엄청나게 치솟게 된 주된 원인이 최고소득세율의 인하에 있다는 것이다. 토마 피케티(Thomas Piketty)와 그의 동료들이 아메리칸 이코노믹 저널(American Economic Journal)에 실은 논문에서 최고소득세율 인하와 상위 1%의 소득 증가가 13개국에 걸쳐 거의 완벽에 가까울 정도로 강한 상관관계를 갖고 있음을 증명해 냈다.[33]

(3) 궁핍화(窮乏化)와 경기순환론(景氣循環論)

카를 마르크스(Karl Heinrich Marx, 1818~1883)와 프리드리히 엥겔스(Friedrich Engels, 1820~1895)의 '궁핍화(窮乏化, Verelendung, Immiserization) 이론'의 기초는 '산업예비군의 이론', 즉 생산과정의 기계화에 의하여 배출되는 실업(失業) 이론이다.[34] 그는 미(未)숙련 노동자에 의한 숙련노동자의 대체(代替)를 실업(失業)의 개념에 포함시켰다. 그는 대중의 빈곤이 점점 더 증대함을 강조하였다. 착취당하는 대중이, 부단히 확장하는 생산장치가 생산해 내거나 곧 생산해 내게 될 상품을 구입할 수 없기 때문에 이윤율(利潤率)은 기업 파산(破産)의 지경에까지 떨어지며, 이 두 가지 사실로 인하여 공황(恐慌)이나 불황(不況)이 일어난다고 결론지었다.

---

33) 상기 토마 피케티(Thomas Piketty, 1971~현재)의 저서: 「21세기 자본론(Capital in the Twenty－First Century)」(2014년)의 영문판을 펴냈던 하버드대학교 출판부는 「애프터 피케티」(After Piketty), 「21세기 자본론」 출판 후 3년, 2017년)를 통해 '피케티는 과연 옳았는가'라는 질문을 던진다. 상기 저서가 불평등을 다룬 방식과 분석은 정말 정확한가? 상기 화두에 대해 하버드대학은 특별 프로젝트를 계획하여 토마 피케티(Thomas Piketty)의 저서: 「21세기 자본론」(Capital in the Twenty－First Century, 2014년)이 제기한 문제를 21개 주제로 나눠 각계 전문가들에게 검증과 평가를 요청했다. 폴 크루그먼, 로버트 솔로 등 노벨 경제학상 수상자를 위시한 각 분야 전문가 21인이 피케티의 논지를 체계적으로 비판했다: 토마 피케티(Thomas Piketty)가 사용한 자본의 개념이 모호하고, 분석이 서구 중심적이며 노예제도의 영향을 과소평가했다. 하버드대학의 그레고리 맨큐, 마틴 펠트슈타인 교수 등 보수주의적 성향의 경제학자들은 토마 피케티(Thomas Piketty)의 주장이 너무 과장됐다고 비판하였다. 상기한 이례적인 비평서가 나온 것은 토마 피케티(Thomas Piketty)의 문제 제기가 그만큼 폭발적이라는 반증이다. 상기한 비판들에 관한 논술은 지면(紙面)의 한계로 생략한다.

34) 이런 종류의 실업을 다른 종류의 실업과 구별해야 한다. 특히 카를 마르크스(Karl Marx)는 사업활동의 주기적 변동에 의하여 생겨나는 시럽의 종류에 주목하였다. 그런데 양자는 서로 독립된 별개의 것이 아니고, 또 마르크스는 자기주장을 전개함에 있어 전자보다는 오히려 후자의 유형에 치중하였던 까닭에 해석상 곤란한 점들이 생기는데, 이 점에 대해서 모든 비판자들이 충분히 그것을 알고 있는 것 같지는 않다.

카를 마르크스(Karl Marx, 1818~1883)의 경기순환론(景氣循環論) 이론을 요약하면 다음과 같다: 자본주의 경제는 이윤율이 끊임없이 저하되는 경향을 갖는다. 자본주의 경제가 이러한 경제내적 현상, 즉 '이윤율의 하락 경향(TRPF: The Tendency of the Rate of Profit to Fall)'을 저지하고 지속적인 번영을 확보하기 위해서는 이윤율을 급격히 증진시킬 수 있는 경제외적 요인들이 필요하게 되는데, 이러한 경제외적 요소들로서 전쟁, 반혁명, 금광의 발견, 노동자 계급투쟁의 저지 등을 들 수 있다.

상술하면, 카를 마르크스(Karl Marx, 1818~1883)는 자본축적의 진전에 따른 '이윤율 저하의 경향(TRPF)'이 노동 착취도(S/V)의 증대, 노동력 가치 이하로의 임금저하, 불변자본 요소의 저렴화, 상대적 과잉인구, 외국무역 등에 의해서 상쇄될 수 있다고 주장하였다. 또한 카를 마르크스(Karl Marx, 1818~1883)에 의하면 이윤(李潤)은 또 하나 다른 이유, 즉 잉여가치율(剩餘價値率)의 저하(低下)에 의해서도 감소될 수 있다. 예로서 임금률의 상승이거나 법령에 의한 노동시간의 단축 등을 들 수 있다. 이것이 자본가로 하여금 노동을 노동절약적 자본재로 대체하도록 유인하게 된다. 그렇게 함으로써 신상품이나 기술진보의 충격파는 관계없이 일시적으로 투자의 증가를 유도할 수 있다.

그러나 자본주의 경제가 '이윤율의 하락 경향(TRPF: The Tendency of the Rate of Profit to Fall)'에 의하여 규정되면 자본주의 경제가 이러한 경제내적 현상, 즉 이윤율의 저하를 저지하고 지속적인 번영을 확보하기 위해서는 이윤율을 급격히 증진시킬 수 있는 몇몇 경제외적 요인들이 필요하게 된다는 것이다. 이러한 경제외적 요소들로서 전쟁, 반혁명, 금광의 발견, 노동자 계급투쟁의 저지 등을 들 수 있다고 한다. 또한 기술진보(技術進步)는 자본주의 경제의 단기적 자본주의적 위기를 일시적으로 극복하게 해 주는 하나의 수단에 불과한 것으로 간주한다.

한편, 마르크스주의자(Marxist)들은 상품 가격지수를 통한 장기파동을 관찰하면서 1815년, 1849년, 1873년 그리고 1896년에 중요한 전환점이 이루어지고 있음을 밝혀내었다. 이를 근거로 하여, 마르크스주의자(Marxist)들은 다음과 같이 주장하였다:

① 가격파동과 경제발전 사이에는 인과적인 관련성이 존재한다.

② 장기파동은 자본주의 생산양식의 본질적인 현상이다.

③ 장기파동은 순환적이며 내생적인 과정이다.

상기와 같이 카를 마르크스(Karl Marx, 1818~1883)는 경기순환의 주요인으로 간주하였던 자본재의 재(再)생산에 의한 메아리 파동(Echo-wave)을 장기파동(長期波動)의 본질로 보았고, 장기파동(長期波動)의 길이는 공장, 다리, 부두, 철도와 같은 자본재의 수명에 의해 결정된다고 주장하였다. 즉, 구(舊)자본은 기존의 사이클에 메아리(Echo)되어 새롭게 창출되는 신(新)자본에 의해 대체된다고 주장함으로써 신(新)사이클의 상승국면에 대한 내생적 동인에 대한 설명을 시도하였던 것이다.

여기서 프리드리히 엥겔스(Friedrich Engels)는 이보다 한 걸음 더 나아갔다. 카를 마르크스(Karl Marx)의 「자본론」(資本論, Das Kapital, 1867년) 제3권에 붙인 그의 각서는 그가 한층 더 장기적인 파장(波長)이 있는 것이 아닌가 하고 의심하고 있는 것을 보여주고 있다. 그는 니콜라이 콘드라티에프(Nicholai Kondratiev, 1892~1938)의 50~60년의 장기적 주기(Long Cycle)에 관한 연구를 예견한 듯하다.

장기파동(長期波動) 현상을 분석함에 있어서 정치경제학적 접근을 시도한 대표적인 학자는 어네스트 멘델(Ernest Mandel, 1923~1995)과 로버트 고든(Robert J. Gordon, 1940~현재)이다. 이들은 공통적으로 마르크스주의적 관점에서 세계경제의 장기파동(長期波動) 현상을 설명하였다. 특히 카를 마르크스(Karl Marx)의 「자본론」(資本論, Das Kapital, 1867년)에서 설명되고 있는 '이윤율의 하락 경향(TRPF: The Tendency of the Rate of Profit to Fall)'이 장기파동(長期波動)에 대한 설명에 있어 가장 중요한 개념 및 도구가 되고 있다. 즉, 이들은 카를 마르크스(Karl Marx)를 따라 자본주의 경제는 이윤율이 끊임없이 저하되는 경향에 의해 규정된다고 본다. 따라서 자본주의 경제가 '이윤율의 하락 경향(TRPF)'을 저지하고 지속적인 번영을 확보하기 위해서는 이윤율을 급격히 증진시킬 수 있는 몇몇 경제외적 요인들이 필요하게 된다. 어네스트 멘델(Ernest Mandel)은 이러한 경제외적 요소들로서 전쟁, 반(反)혁명, 금광의 발견, 노동자 계급투쟁의 저지 등을 들고 있다.

어네스트 멘델(Ernest Mandel)과 로버트 고든(Robert J. Gordon)의 장기파동(長期波動) 이론은 장기파동(長期波動) 현상에 대한 설명에 있어서 경제적 요인(이윤율의 하락 경향)을 기본적인 축으로 하면서도 장기파동의 상승국면을 설명할 때에는 사회정치적 변수의 결정적 중요성을 주장한다는 점에서 다른 이론들과는 구별된다. 그러나 이들은 동일한 정치경제학적 접근을 하면서도 다음과 같은 점에서 서로 다르다. 즉, 어네스트 멘델(Ernest Mandel)은 장기파동(長期波動)의 상승국면에 대한 설명에 있어 외생변수(전쟁, 반혁명, 금광의 발견)를 중요시하는 반면, 로버트 고든(Robert J. Gordon)은 내생변수, 즉 '사회적 축적구조(SSA)'에 있어서의 제반 변화만을 중요시하는 점에서 서로 차이를 보여주고 있다.

(4) 계급투쟁에 의한 자본주의의 파멸불가피론(破滅不可避論)

카를 마르크스(Karl Marx, 1818~1883)와 프리드리히 엥겔스(Friedrich Engels, 1820~1895)의 '유물사관(唯物史觀)'은 일종의 계급투쟁사관(階級鬪爭史觀)인 반면에 역사 발전에 있어서 경제적 요인을 중요시하는 데 그치는 일반적인 경제사관(經濟史觀)과는 구별된다. 카를 마르크스(Karl Marx)와 프리드리히 엥겔스(Friedrich Engels)의 유물사관(唯物史觀)의 핵심은 자본주의 사회에서 생산력과 생산관계의 모순은 반드시 '프롤레타리아 혁명'을 유발하고 프롤레타리아 혁명의 승리에 의하여 자본주의적 생산관계는 파괴되며, 마침내 생산수단의 공유를 기초로 하는 공산주의 사회에 도달한다는 것이다.

카를 마르크스(Karl Heinrich Marx, 1818~1883)는 자본주의 사회의 계급구조를 '해부학적'으로 규명하면서 ① 이데올로기(Ideology)는 본인의 사회적 존재에 따라 결정되며, ② 따라서 필연적으로 계급성·당파성을 지니고, ③ 피(被)지배계급은 지배계급의 이데올로기(Ideology)를 경제적 착취의 사실과 결부하여 폭로할 필요가 있다고 강조하였다. 즉, *"의식이 존재를 규정하는 것이 아니라 존재가 의식을 규정한다"*는 유물론적(唯物論的) 사유(思惟)가 이데올로기(Ideology)의 근저하는 것이다.[35] 그는 관념론적(觀念論的) 사유(思惟)는 허위적 의식이라고 규정하였다. 카를 마르크스(Karl Heinrich Mar)는 다음과 같이 주장했다: 사회주의(社會主義)는 생산력(生產力)과 생산관계(生產關係)의 모순(矛盾)은 계급투쟁(階級鬪爭)의 격화로 나타난다고, 자본주의 사회와 같은 계급사회(階級社會)에서 생산관계는 지배와 착취의 관계이므로 계급투쟁(階級鬪爭)의 근원은 생산관계 속에 내재되어 있다는 것이다.

원시시대에 생산수단이 공동소유였던 시대에서는 계급(階級)은 없었으나 생산수단이 사유화되면서부터 계급(階級)이 나타났다. 계급이 없었던 원시공산제(原始共産制) 사회에서는 국가(國家)는 존재하지 않았고, 계급의 발생과 함께 국가(國家)가 태어났다. 따라서 국가(國家)는 계급사회의 산물로서 계급이 소멸함과 동시에 사멸(死滅)해갈 역사적 성격을 띠고 있다. 계급사회(階級社會)에서 지배계급은 항상 소수이고, 이 소수가 다수인 인민을 지배하고 있다. 따라서 소수의 지배자들은 공동으로 그들의 계급적 조직으로서 국가(國家)를 만들어 정치적 지배를 해왔다. 국가는 다수에 대한 소수의 지배를 위한 기관이기 때문에 인민을 억압하기 위한 폭력 장치를 갖고 있다. 현대 국가는 군대·경찰·법원·감옥 등

35) 카를 마르크스(Karl Heinrich Marx)와 F. 엥겔스(Friedrich Engels)의 「도이치 이데올로기」(Die Deutsche Ideology, 1846)에서, '이데올로기'는 비로소 사회의 전체적 구조에 계통적으로 관련지어졌고, 「경제학 비판」(1859)의 서문에서 '이데올로기 론(論)'이 성립했다.

과 같은 물리적 권력기관들을 보유하고 있다. 따라서 국가권력을 종래 지배계급의 손에서 새로운 혁명적 계급의 손으로 옮기지 않으면 안 된다. 여기서 계급(階級)은 노예와 노예소유자, 농노와 봉건 영주, 노동자 계급과 자본가 계급 등이다.

카를 마르크스(Karl Heinrich Marx)와 프리드리히 엥겔스(Friedrich Engels)는 자본주의 사회와 같은 계급사회(階級社會)에서 생산관계는 지배와 착취의 관계이므로 계급투쟁(階級鬪爭)의 근원은 생산관계 속에 내재되어 있다고, 따라서 생산력(生産力)과 생산관계(生産關係)의 모순(矛盾)이 원동력이 되어 역사 발전(發展)이 추진된다고 각각 사유했다.[36] 이 모순(矛盾)이 평소에 잠복되어 있다가 한꺼번에 표면화되면서 자본주의(資本主義) 사회에서는 불황(不況), 무역마찰(貿易摩擦), 공황(恐慌), 실업(失業), 산업 공동화(産業 空洞化) 등이 발생하게 된다. 이렇게 되면 그때까지의 낡은 생산관계를 버리고 새로운 생산력과 어울리는 새로운 생산관계를 만들고 사회 전체를 혁신해야만 한다. 따라서 사회혁명(事會革命)의 시기가 도래하게 된다.

사회혁명(事會革命)은 넓은 의미에서는 생산력과 생산관계의 모순이 폭발함에 따라 상기 모순이 해결되는 유일한 형태로서 사회의 발전 과정에서 필연적이고 법칙적인 현상이다. 낡은 토대로부터 사회 전체를 바로 세우기 위해서는 상부구조(上部構造)의 혁명(革命) 즉 정치혁명(政治革命)이 불가결하다. 그러나 사회주의(社會主義) 사회가 실현되어 생산수단의 사유제가 폐지되고 사회적 소유가 실현되면 계급투쟁(階級鬪爭)은 자연히 종식된다. 카를 마르크스(Karl Marx)는 자본주의(資本主義)가 진행함에 따라 생산력이 증진하지만 중산계급(中産階級)은 몰락하여 프롤레타리아(Proletariat)로 전락하고, 프롤레타리아(Proletariat)는 점차로 궁핍해지며, 생산과 소비의 불균형에 의하여 경제가 불안정해진다고 각각 주장

36) 마르크시즘(Marxism)은 생산력(生産力)과 생산관계(生産關係)의 모순(矛盾)이 발생하는 이유와 그 과정을 다음과 같이 논술한다: 생산력(生産力)이 발전함에 따라 생산관계(生産關係)와의 틈(Gap)이 서서히 커지게 된다. 즉, 생산양식(生産樣式)은 생산력과 생산관계로 형성돼 있으며, 생산력과 생산관계는 불가분의 관계로 결합되어 있다. 그러나 생산력(生産力)은 끊임없이 발전하는 경향이 있으나 생산관계(生産關係)는 한번 형성되면 고정·지속되려 하는 경향이 있다. 생산관계(生産關係)는 생산력(生産力)이 어느 정도 발전하면 그때까지는 생산력을 떠받치지만 그 후로는 생산력의 발전을 억누르고 가로막는 요인이 된다. 이 결과 생산력(生産力)과 생산관계(生産關係)는 모순(矛盾)될 수밖에 없게 된다. 상기한 과정에서, 생산력의 담당자인 노동자(勞動者)는 항상 연구하고 노력함으로써 기술을 발전시키려 한다. 또한 사업자(事業者)도 수입을 늘리려고 노동수단(勞動手段)을 개량하기 때문에 생산력(生産力)은 끊임없이 발전한다. 그런데 생산관계(生産關係)는 사람과 사람의 관계이고, 특히 생산수단(生産手段)이 사적으로 소유된 사회에서 생산관계(生産關係)는 한쪽의 사람이 다른 쪽의 사람을 지배하고 착취하는 인간관계이다. 따라서 이러한 생산관계(生産關係)가 한번 형성되면, 생산수단을 소유하고 있는 사람들은 이 생산관계를 고정시키고 영원히 지속시키려고 한다.

했었다. 이 과정에서 소수 자본가(資本家)의 수중에 집중되어 있는 자본(資本)과 토지(土地)를 폭력혁명(暴力革命)으로써 탈취하기 위한 투쟁이 야기된다는 것이다.

상기와 같이, 카를 마르크스(Karl Heinrich Marx)는 모든 역사(歷史)를 착취(搾取)하는 소수의 부르주아와, 밑바닥에 있는 다수의 프롤레타리아(Proletariat) 사이에서 벌어지는 투쟁(鬪爭)이라고 규정했다. 따라서 공산당(共産黨)을 세워 권력을 장악하고 '정의롭고 민주적인 사회주의 사회'를 수립하기 위하여 프롤레타리아(Proletariat) 계급의식을 일깨우자고 역설했다. 나아가, 카를 마르크스(Karl Heinrich Marx)는 자신들의 유명한 「공산당 선언」(Manifest der Kommunistischen Partei, 1848년)에서 '자본주의(Capitalism)'를 '사회주의(Socialism)'로 전환시킬 수단으로서 폭력혁명(暴力革命)에 의한 기존 질서의 전복(顚覆)을 역설했다.

카를 마르크스(Karl Marx, 1818~1883년)는 자본주의의 진전은 자본주의 사회의 제도를 타파(打破)하거나 탈각(脫殼, outgrow)하게 될 것이라는 자본주의(資本主義)의 파멸불가피론(破滅不可避論, The Theory of the Inevitable Catastrophe)을 제시했다. 그의 '변증법적 추론'은 대중을 폭력혁명(暴力革命)으로 몰고 갈 빈곤과 억압의 증대에 기초를 두고 있다.

카를 마르크스(Karl Heinrich Mar)와 프리드리히 엥겔스(Friedrich Engels)는 다음과 같이 주장했다: 사회주의(社會主義)는 생산력(生産力)과 생산관계(生産關係)의 모순(矛盾)은 계급투쟁(階級鬪爭)의 격화로 나타난다고, 자본주의 사회와 같은 계급사회(階級社會)에서 생산관계는 지배와 착취의 관계이므로 계급투쟁(階級鬪爭)의 근원은 생산관계 속에 내재되어 있다는 것이다. 계급투쟁(階級鬪爭)은 계급사회에서 생산력과 생산관계의 모순에 의하여 나타나기 때문에 노동자의 계급투쟁이야말로 사회를 발전시키는 원동력이다. 혁명은 넓은 의미에서는 생산력과 생산관계의 모순이 폭발함에 따라 상기 모순이 해결되는 유일한 형태로서 사회의 발전 과정에서 필연적이고 법칙적인 현상이다. 낡은 토대로부터 사회 전체를 바로 세우기 위해서는 상부구조(上部構造)의 혁명(革命), 즉 정치혁명(政治革命)이 불가결하다. 그러나 사회주의(社會主義) 사회가 실현되어 생산수단의 사유제가 폐지되고 사회적 소유가 실현되면 계급투쟁(階級鬪爭)은 자연히 종식된다고 주장했다.

상기한 계급투쟁사관(階級鬪爭史觀)은 다음과 같은 마르크시즘(Marxism)의 '국가무용론(國家無用論)으로 직결된다: *"국가는 한 계급이 다른 계급을 억압하기 위한 기구, 다른 예속된 계급들을 한 계급에 복종시키기 위한 기구에 불과하다."*

왜냐하면 계급사회(階級社會)에서 지배계급은 항상 소수이고 이 소수가 다수인 인민을 지배하며 소수의 지배자들은 공동으로 그들의 계급적 조직으로서 국가(國家)를 만들어 정치적 지배를 해왔기 때문이라고 한다.

다시 말하면, 마르크스(K. Marx)와 엥겔스(F. Engels)의 유물사관(唯物史觀)에 의하면 생산수단이 공동소유였던 원시시대에서는 계급(階級)과 국가(國家)가 존재하지 않았으나 생산수단이 사유화되면서부터 계급(階級)이 나타났으며 이와 함께 국가(國家)가 태어났다는 것이다. 국가(國家)는 다수에 대한 소수의 지배를 위한 기관이기 때문에 인민(人民)을 억압하기 위한 폭력 장치를 갖고 있다고 한다. 특히 현대 국가는 군대 · 경찰 · 법원 · 감옥 등과 같은 물리적 권력기관들을 보유하고 있다. 따라서 국가권력을 종래 지배계급의 손에서 새로운 혁명적 계급, 즉 노동자 계급의 손으로 옮기지 않으면 안 된다는 것이다. 따라서 국가(國家)는 계급사회의 산물로서 계급이 소멸함과 동시에 사멸(死滅)된다고 한다.

요컨대, 카를 마르크스(Karl Heinrich Marx, 1818~1883)는 다음과 같이 주장했다: 자본주의(資本主義)가 진행함에 따라 생산력이 증진하지만 중산계급(中産階級)은 몰락하여 프롤레타리아(Proletariat)로 전락하고, 프롤레타리아(Proletariat)는 점차로 궁핍(窮乏)해지며, 생산과 소비의 불균형(不均衡)에 의하여 경제가 불안정해진다. 이 과정에서 소수 자본가(資本家)의 수중에 집중되어 있는 자본(資本)과 토지(土地)를 폭력(暴力)으로써 탈취하기 위한 투쟁이 야기된다. 따라서 계급투쟁(階級闘爭)은 계급사회에서 생산력(生産力)과 생산관계(生産關係)의 모순(矛盾)이 폭발함에 따라 발생하는 필연적이고 법칙적인 현상이기 때문에 노동자의 계급투쟁(階級闘爭)이야말로 사회를 발전시키는 원동력이라는 것이다.

따라서 사회주의 혁명은 낡은 토대로부터 사회 전체를 바로 세우기 위해서는 상부구조(上部構造)의 혁명(革命), 즉 정치혁명(政治革命)은 불가결하다. 그러나 사회주의(社會主義) 사회가 실현되어 생산수단의 사유제가 폐지되고 사회적 소유가 실현되면 계급투쟁(階級闘爭)은 자연히 종식(終熄)된다고 카를 마르크스(Karl Heinrich Marx)는 주장했다.

한편, 독일의 마르크스주의 학자로서 '정통 마르크스주의자(Orthodox Marxist)'라고 불리던 카를 카우츠키(Karl Kautsky, 1854~1938)를 비롯한 러시아 혁명기의 멘셰비키(Mensheviki)는 사회주의 혁명은 오직 충분히 발전된 자본주의 사회에서만 촉발될 수 있다고 주장했다. 즉, 자본주의(資本主義)가 발전하면 자본의 팽창에 따른 공황(恐慌)으로 인해 자본가는 최후의 선택을 하며, 자본주의 사회에 존재하는 노동자들과 계급대립이 정점에 이르면서, '자발적 혁명'이 일어날 것이라고 주장했다.

이와 대조적으로, 러시아 혁명기의 볼셰비키(Bolsheviki)는 상기한 멘셰비키(Mensheviki)의 주장을 '기계주의(機械主義)'라고 비판하고 그 대신에 '실천주의(實踐主義)'를 주장했다. 레닌주의자(Leninist)들은 이미 유럽 자본주의(資本主義)의 공황(恐慌)은 종국(終局)에 다다랐기 때문에 그 영향력이 이미 러시아에까지 영향을 준다고 사유했다. 즉, 자본의 팽창에 따른 공황(恐慌) 그리고 그 공황(恐慌)으로 인한 부정적 영향은 국경 단위로 이루어지지 않으며, 세계적 규모로 파급된다는 것이다. 그 근거로서 19세기 중반 이후부터 태동했던 독일과 프랑스의 공황(恐慌)으로 인한 주위 유럽 국가들의 경제적 혼란 조성을 예로 들었다. 여기서 볼셰비키(Bolsheviki)는 1800년대 프랑스 사회주의 혁명(1830년 7월 혁명, 1848년 2월 혁명, 1870년 파리 코뮌)이 실패한 이유는 유산계급에 헌신하는 국가의 무차별적 탄압이 너무 강했기 때문이었다고 주장했다.

상기 논쟁에서 블라디미르 레닌(Vladimir Ihich Lenin, 1870~1924)은 카를 마르크스(Karl Marx, 1818~1883)가 깊게 조명하지 못했었던 '과도기적 단계'에서의 프롤레타리아(Proletariat) 독재의 구체적인 청사진을 제시했다. 블라디미르 레닌(Vladimir Ihich Lenin)는 그의 저서「국가와 혁명」(1917년)에서 혁명적 분위기 조성 등을 통한 '세계혁명론(世界革命論)'을 다음과 같이 주장하였다: 사회주의 형성의 객관적 조건으로서 자본주의가 필수적인 것은 사실이지만, 자본주의 발전수준에 따른 '프롤레타리아 혁명'의 격발성은 국경 및 특정 국토 단위에 한정된 상태로 존재하지 않는다. 따라서 사회주의로 나아가는 길이 오직 '자본주의 성숙도에 따른 기계론적인 혁명'일 필요가 없다. 그러나 사회주의(社會主義)로 나아감에 있어서 자본주의(資本主義)가 필수인 이유는, 자본주의 자체가 산업 프롤레타리아 계급을 창조하며, 새로운 생산 관계로 나아가기 위한 새로운 모순성을 지니고 있기 때문이다. 산업 프롤레타리아트가 자본주의의 모순성을 인식하고 사회주의로 나아가기까지는 산업 프롤레타리아트의 역량에 달려 있다. 그러므로 자본주의 발전도에 따라 '프롤레타리아 혁명'의 열기는 더욱 강해질 수밖에 없다. 따라서 '혁명적 분위기 조성'이 필요하다. 그 후, 1917년 러시아의 공산주의자에 의해 '10월 혁명'이 일어났으며 1922년 소비에트 사회주의 공화국 연방이 탄생하였다.

20세기 초 러시아의 특수한 조건하에서 블라디미르 레닌(Vladimir Ilich Lenin, 1870~1924)에 의하여 마르크스-레닌주의(Marxism-Leninism)로 진화되었으며, 구(舊)소련·동유럽·중국·북한·인도차이나반도 등의 정치체제의 사상적 근거와 실천운동이 되었다. 그러나 1991년 소비에트 연방이 붕괴한 이후부터 공산주의(共産主義) 운동은 사실상 쇠퇴의 일로를 맞고 있다.

(5) 역사발전 5단계론: 원시 공산주의 사회 → 고대 노예사회 → 중세 봉건사회 → 근대 자본주의 사회 → 공산주의 사회

카를 마르크스(Karl Heinrich Marx, 1818~1883)와 프리드리히 엥겔스(Friedrich Engels,

1820~1895)는 인류역사에 나타난 여러 사회제도의 출현과 붕괴를, 생산력과 생산관계의 모순이라는 '사회발전의 법칙'에 의거해 설명하였다. 그리고 전술한 바와 같이, 상기 법칙에 따라 계급투쟁에 의한 자본주의(資本主義)의 파멸불가피론(破滅不可避論)을 결론지었다. 다시 말하면, 상기한 '사회발전의 법칙'에 입각하여, 그들은 노동자 계급이야말로 '사회주의 혁명'의 유일한 주체세력이라고, 노동자 계급의 계급투쟁(階級鬪爭)으로 폭력혁명(暴力革命)을 일으킴으로써 계급이 없는 이상적 사회인 '공산주의 사회'를 건설할 수 있다고 주장하였다.

나아가, 상기한 '사회발전의 법칙'에 입각하여, 카를 마르크스(Karl Marx)와 프리드리히 엥겔스(Friedrich Engels)는 인류가 거쳐온 기본적 생산양식의 역사발전은 5단계: 원시 공산주의사회 → 고대 노예사회 → 중세 봉건사회 → 근대 자본주의사회 → 공산주의 사회로 규정하고 현대 세계를 자본주의에서 사회주의로 이행(移行)되는 시기로서 파악하였다:

① 최초의 사회는 조직이 없는 사회였다. 그 후 인구증가에 따른 생존의 문제(식량재배를 위한 노동의 분화)로 인해 사람들을 조직화하려는 세력들이 발생하여 대립하게 되었다. 이들 세력들의 다툼 속에 조직화된 원시공동사회(原始共同社會)가 승리하게 된다.

② 그 후에 노동의 집적으로 인한 제국이 성립된다. 이 제국과 오랑캐들의 대립 속에서 오랑캐가 승리한다. 이로써 고대 노예사회(奴隸社會)가 성립된다.

③ 그 다음에, 제국(帝國)이 붕괴되고 중세 봉건사회가 성립된다.

④ 다음에, 봉건영주(封建領主)와 상·공업자(商·工業者)들 간의 갈등이 발생한다. 상·공업자(商·工業者)들이 승리하여 농노(農奴)와 기사(騎士)가 사라짐에 따라 상·공업자(商·工業者)들에 의한 근대 자본주의(資本主義) 사회가 성립된다.

⑤ 그러나 상·공업자(商·工業者)들과 노동자(勞動者)의 갈등·대립에서 노동자 계급(勞動者 階級)이 승리하게 되어 자본주의(資本主義)가 붕괴된다. 그 후 노동자들끼리 민주적(民主的)이며 공산적(共産的)인 이상사회(理想社會)를 건설하게 된다. 여기서 역사발전의 원동력인 계급(階級)이 사라짐에 따라 유물론적(唯物論的) 변증법(辨證法)은 종결된다.

그렇다면, 사회주의 혁명의 시기는 언제인가? 그 시기는 다음과 같은 경로에 의해서 결정된다고 카를 마르크스(Karl Marx)와 프리드리히 엥겔스(Friedrich Engels)는 주장했다: 사회의 물질적 생산력이 일정한 발전 단계에 이르면 현존하는 생산 관계와 모순에 빠지게 된다. 이것을 그 법제 면에서의 현상에서 보면 그 시기까지의 사회생활이 영위되어 온 소유관계와 모순되는 생산관계가 생산력 발전의 큰 장애가 된다. 그리고 경제적 기반의 변화와 더불어 거대한 상부구조가 무너진다. 이것은 급속히 이루어지기도 하고 완만하게 이루어지기도 한다. 여기서 유의할 것은 게오르그 빌헬름 프리드리히 헤겔(Georg Wilhelm Friedrich Hegel, 1770~1831)의 유심론적(唯心論的) 변증법(辨證法)은 끝없이 발전한다는 점이다. 이와 반면에, 카를 마르크스(Karl Heinrich Marx, 1818~1883)의 유물론적(唯物論的) 변증법(辨證法)은 상기한 '역사발전 5단계'에 맞추어 최종단계인 제5단계: 공산주의 사회에서 종결된다.

상기와 같이, 카를 마르크스(Karl Heinrich Marx, 1818~1883)와 프리드리히 엥겔스(Friedrich Engels, 1820~1895)는 상기한 '사회발전의 법칙(생산력과 생산관계의 모순)'에 의거하여 역사발전 5단계론(원시공산주의 사회 → 고대 노예사회 → 중세 봉건사회 → 근대 자본주의 사회 → 공산주의 사회)을 주장하였다. 그러나 카를 마르크스(Karl Marx, 1818~1883)는 상기한 '역사발전 5단계론'에서 자본주의(資本主義) 사회 → 공산주의(共產主義) 사회의 '과도기(過渡期)'가 어떠한 상황인가를 구체적으로 논하지 않았다. 이 결과, 자본주의(資本主義)에서 사회주의(社會主義)로 나아가는 혁명 과정에 대한 해석에서 수많은 후대 공산주의자들의 논쟁을 촉발하였다.

카를 마르크스(Karl Heinrich Marx, 1818~1883)는 1875년 「고타 강령(綱領) 비판」에서 '계급 없는 공산주의'의 비전을 제시하고 있는데, 여기서 공산주의(共產主義)를 2단계: ① '보다 낮은 단계'와 ② '보다 높은 단계'로 구별하였다. 공산주의(共產主義)의 제2단계, 즉 '보다 높은 단계'는 '완전한 공산주의'로 이행하는 과도기로서 계급적 독재, 즉 '프롤레타리아의 혁명적 독재'가 필요하다. 이 단계는 생산력의 높은 발전을 전제로 한다. 따라서 이 단계에서는 개인이 분업(分業)에 노예(奴隸)처럼 예속되는 상태가 소멸되며, 따라서 육체노동과 정신노동의 차이가 없어지고, 노동이 단지 생활의 수단이 아니라 생활의 '제일의 욕구(欲求)'로 되고, '개인은 능력(能力)에 따라 일하고 필요(必要)에 따라 분배를 받는다'는 것이다.

상기한 낭만적인 공산주의(共產主義)의 미래상은 20세기를 관류(貫流)한 공산주의, 즉 마르크스-레닌주의(Marxism-Leninism)에 그대로 계승되었다. 블라디미르 레닌(Vladimir Ilich Lenin, 1870~1924)은 공산주의(共產主義)의 제1단계를 '사회주의(社會主義)'라고 규정하였고, 따라서 프롤레타리아 혁명에 의하여 수립되는 '사회주의' 정권은 반드시 프롤레타리아의 독재정권이 되어야 한다고 주장하였다. 그리하여 블라디미르 레닌(Vladimir Ilich

Lenin, 1870~1924) 이후 공산주의자들은 마르크스주의(Marxism)를 강령으로 하지 않는 사회주의, 프롤레타리아 독재를 거부하는 사회주의는 결코 사회주의(社會主義)로 인정하지 않는 전통을 세웠다. 이 결과, 민주주의(民主主義)라는 용어와 마찬가지로, 사회주의(社會主義)라는 용어도 공산주의자와 비(非)공산주의자 사이에서는 전혀 별개의 의미로 사용되고 있다.

상기한 카를 마르크스(Karl Heinrich Marx, 1818~1883)와 프리드리히 엥겔스(Friedrich Engels, 1820~1895)의 역사발전 5단계론: 원시 공산주의 사회 → 고대 노예사회 → 중세 봉건사회 → 근대 자본주의 사회 → 공산주의 사회에 대응하여, 약 100년 후 왈트 로스토(Walt Whitman Rostow, 1916~2003)의 '경제발전 5단계'는 다음과 같다: 전통적 사회의 단계 → 도약 준비 단계 → 도약의 단계 → 성숙사회의 단계 → 대중적 대량소비의 사회의 단계이다.

왈트 로스토우(Walt Whitman Rostow) 교수는 특히 근대경제사의 연구를 통하여 인간을 이윤·효용 극대화만을 추구하는 '경제인(homoöconomicus)'으로 가정하는 경제이론이 지닌 경제결정론적 전제에 불만을 품고 인간의 행위를 경제요인과 사회·문화·정치적인 비(非)경제요인 간의 균형(均衡)의 산물이라고 사유하였다. 이에 그는 경제학(經濟學)을 새로이 확립하고 또 경제를 포함하는 사회의 발전과정을 새로이 설명할 것을 제창하고 그 자신이 이를 시도하였다. 왈트 로스토우(Walt Whitman Rostow) 교수는 비(非)경제적인 여러 요인을 경제요인들과 연결시키는 교량적 분석수단으로서 6개의 성향: ① 기초과학을 발달시키는 성향, ② 응용과학을 발달시키는 성향, ③ 혁신을 수용하는 성향, ④ 물질적 진보를 추구하는 성향, ⑤ 소비성향, ⑥ 산아(產兒) 성향을 제시하고 이것들을 계량화하여 근대경제학(近代經濟學)의 이론적 틀 속에 내생화(內生化)시키려고 노력하였다.[37)]

3) 마르크시즘(Marxism)에 대한 비판: 신(新)실용주의(Neopragmatism)의 시각

본 연구는 카를 마르크스(Karl Marx, 1818~1883)와 프리드리히 엥겔스(Friedrich Engels, 1820~1895)의 공동 저서: 「자본론」(資本論, Das Kapital, 1867년), 즉 그들의 '과학적 사회주의(Scientific Socialism)' 이론을 신(新)실용주의(實用主義)의 입장에서 비판하고자 한다.[38)]

37) Rostow, W. W(1960), The Stages of Economic Growth: A Non-Communist Manifesto, Cambridge: Cambridge University Press.

우선, 논리 전개상, 카를 마르크스(K. Marx)와 프리드리히 엥겔스(F. Engels)의 '과학적 사회주의론(Scientific Socialism)을 간결하게 정리할 필요가 있다: 상기 마르크시즘(Marxism)은 4가지 이론: ①「독일 이데올로기」(The German Ideology, 1845~1846년), ②「공산당 선언」(Communist Manifesto, 1848년), ③「정치경제학 비판 요강」(Critique of Political Economy, 1857~1858), ④「자본론」(資本論, Das Kapital, 1867년)으로 구성되어 있다.

마르크시즘(Marxism)의 철학적 기초는 4가지 가치관 혹은 가설: ① 유물론적 변증법(唯物論的 辨證法, Materialistic Dialectic) 및 유물론적 역사관(唯物論的 歷史觀), ② 노동자 소외론(疏外論)과 잉여가치설(剩餘價値說), 즉 노동의 착취설(搾取說), ③ 사회구조와 발전 법칙(노동자·노동대상·노동수단·생산력의 관계, 생산력과 생산관계의 모순, '사회의 토대'로서 생산관계(生産關係), 계급과 계급투쟁), ④ 발전과 전면적 연관(대립물과 통일의 투쟁, 양(量)에서 질(質)로의 전환, 부정(否定)의 부정(否定)의 법칙)으로 구성되어 있다.

상기한 유물론적 역사관(唯物論的 歷史觀)의 시각에서, 카를 마르크스(Karl Marx)와 프리드리히 엥겔스(Friedrich Engels)의 '과학적 사회주의(Scientific Socialism)'는 6가지 세부 이론: ① 착취이론(搾取理論), ② 집중이론(集中理論), ③ 궁핍화(窮乏化)와 경기순환론(景氣循環論), ④ 계급투쟁에 의한 자본주의의 파멸불가피론(破滅不可避論), ⑤ 역사발전 5단계론: 원시 공산주의 사회 → 고대 노예사회 → 중세 봉건사회 → 근대 자본주의 사회 → 공산주의 사회, ⑥ '프롤레타리아 혁명'과 '국가무용론(國家無用論)'으로 논술되어 있다.

상기 「과학적 사회주의(Scientific Socialism)」는 「자본론」(資本論, Das Kapital, 1867년)에서 집대성되었다. 이제, 「과학적 사회주의(Scientific Socialism)」를 신실용주의(新實用主義, Neopragmatism)의 입장에서 비판하기 위하여, 본 연구는 상기 마르크시즘(Marxism)의 4가지 철학적 기초 중에서 노동자 소외론(疏外論)과 잉여가치설(剩餘價値說), 즉 노동의 착취설(搾取說)을, 상기 마르크시즘(Marxism)의 6가지 이론 중에서 궁핍화(窮乏化)와 경기순환론(景氣循環論)과 계급투쟁(階級鬪爭)에 의한 자본주의(資本主義)의 파멸불가피론(破滅不可避論)을 각각 집중적으로 다루고자 한다.

38) 그러나 저자가 '파생' 사회주의: 사회민주주의, 민주사회주의, 인민민주주의, 북한의 주체사상(主體思想)을 분석 및 비판한 내용은 본 저서의 지면(紙面) 한계상 유보함을 아쉽게 생각한다.

(1) 노동자 소외론(疏外論)과 노동착취이론(勞動搾取理論)에 대한 비판

카를 마르크스(Karl Heinrich Marx)와 프리드리히 엥겔스(Friedrich Engels)는 그들의 공저 「독일 이데올로기」(DeutscheIdeology, 1845~1846년)에서 사회의 물질적 생산관계와 생산력이 역사발전의 원동력임을 규명하고 이데올로기나 정치는 물질적 생산관계의 변화에 따라 결정된다는 유물론적 역사관(唯物論的 歷史觀)을 제시하였다. 이를 토대로, 그들은 게오르그 빌헬름 프리드리히 헤겔(Georg Wilhelm Friedrich Hegel, 1770~1831)의 변증법(辨證法)에서 파생된 독일의 관념주의(觀念主義)와 루드비히 포이에르바하(Ludwig Feuerbach, 1804~1872)의 유물론(唯物論), 즉 '사회의식 없는 유물론적 휴머니즘'을 청산하고 공산주의(共産主義) 이론의 토대인 유물론적(唯物論的) 변증법(辨證法)·역사관(歷史觀)을 창시했었다. 이것은 선행한 형이상학적(形而上學的)이나 기계적(機械的) 유물론(唯物論)을 극복한 사회적(社會的) 유물론(唯物論)이었다.

'과학적 사회주의(Scientific Socialism)'와 '신실용주의(新新實用主義, Neopragmatism)'의 공통점과 차이점은 다음과 같다: 상기 2개 사상은 공히 '인간소외(人間疎外, Human Alienation)', 즉 '인간의 비(非)인간화(Dehumanization)' 현상: 물질문명(物質文明)의 주인인 인간이 거꾸로 물질문명(物質文明)에 의하여 인간성(人間性, Humanity), 즉 '인간이 인간답게 하는 인간의 본성'을 박탈당하여 물질문명(物質文明)에 예속되는 '비(非)인간화 (Dehumanization)' 현상으로부터 탈피하자는 사상이다.39)

그러나 상기 두 철학은 '인간소외(人間疎外, Human Alienation)'에 관한 철학적 사유가 다르며 '비(非)인간화(Dehumanization)' 문제를 해결하기 위한 철학적 시각과 현실적 방법론에서 극명한 차이가 있다. 그들의 차이점을 상술하면 다음과 같다:

우선, '과학적 사회주의(Scientific Socialism)'는 어떻게 '인간소외(人間疎外, Human Alienation)' 현상을 해석하며 카를 마르크스(Karl Marx)가 제시한 '인간성 회복' 방안은 무엇인가?

카를 마르크스(Karl Marx)는 유물사관(唯物史觀)의 시각에서 '인간소외(人間疎外, Human Alienation)의 원인을 자본주의(資本主義) 경제체제(經濟體制) 하에서 생산수단(生産手段)의 사유화(私有化) 즉, 사유재산제도(私有財産制度)라고 주장하였다. 즉, 사유재산제도(私有財産制度)가 인간을 소외(疏外)시키고 생산수단(生産手段)의 소유(所有)에 종속시키며 인간 불평

39) 정문길, 「소외론연구」, 문학과지성사, 1978; 한국철학사상연구회, 「건강한 욕망, 병든 욕망, 노동과 소외, 상품과 근대 사회」, 삶과 철학, 동녘, 1994; 이종훈·한면희, 「현대사회와 윤리」, 서울: 철학과 현실사, 1999; 이태건, 「마르크스 인간소외 이론의 재음미」, 인문연구29, 인하대학교 인문학연구소, 1999; 제러미 리프킨, 이민호 역, 「노동의 종말」, 민음사, 2003.

등(不平等)의 근간임과 동시에 불행(不幸)의 근원이라는 것이다.

다시 말하면, 카를 마르크스(Karl Marx)는 노동자가 자기 노동의 산출물을 누리지 못하는 소외현상(疎外現象), 인간의 노동을 단순한 상품으로 형편없이 취급하는 현상, 이윤을 추구하는 자본주의 사회에서 나타나는 '인간의 비(非)인간화(Dehumanization)' 현상 등을 지적했다. 그는 인간 노동의 산물이 사유재산(私有財産)이 됨에 따라 거꾸로 사유재산(私有財産)이 그것을 만들어낸 인간(노동자)을 지배하는 현상을 노동자의 '자기소외(自己疏外)'라는 개념으로 파악하였다.

카를 마르크스(Karl Marx)와 프리드리히 엥겔스(Friedrich Engels)는 「독일 이데올로기」(DeutscheIdeology, 1845~1846년)에서 다음과 같이 주장했다: 인간은 생산을 중심으로 서로 일정한 사회적 관계를 맺는데, 한 시대의 생산관계는 그 시대의 생산력에 의하여 결정되며, 생산력과 그에 따른 생산관계라는 '경제적 요인'은 사회의 토대(下部構造)이며, 정치제도 · 법률 · 사상 · 종교 · 문화 등은 상기한 경제적 토대 위에 구축된 상부구조(上部構造)이다. '자본주의적 민주주의'가 자유(自由) · 평등(平等)을 제대로 실현하지 못하는 원인은 자본주의(資本主義)의 경제적(經濟的) '개인주의(Individualism)' 때문이다.[40] 즉, '자본주의(Capitalism)'는 개인(個人)의 이윤(利潤)을 목적으로 사적 소유를 위하여 시장 경쟁에 의하여 운영되기 때문이다. 또한 '사유재산(私有財産)'이란 인간의 노동(勞動)이 대상화(對象化)된 것, 즉 객관적 형태로 나타난 것에 불과하며, 사유재산(私有財産)은 분명히 인간 노동의 산물임에도 불구하고 거꾸로 사유재산(私有財産)이 그것을 만들어낸 인간(노동자)을 지배하는 현상, 즉 인간의 '자기소외(自己疏外)'가 벌어진다.[41] 다시 말하면, 노동자가 자기 노동의 산출물을 누리지 못하는 '인간소외(人間疎外, Human Alienation)', 인간의 노동력을 단순한 상품으로 형편없이 취급하는 '인간의 비인격화(非人格化, Impersonalization)', 즉 '비

---

40) 카를 마르크스(Karl Marx)가 생각했던 종류의 '자유(自由)'의 개념이 갖는 함의와 문제점에 대해서는 Sir Lsaiah Berlin(1969), Four Essays on Liberty, London: Oxford University Press, pp. 118~172를 참조.

41) 카를 마르크스(K. Marx)는 그의 저서 「독일 이데올로기」(DeutscheIdeology, 1845~1846년)에서 말하는 '인간적 해방'이란 공산주의 혁명을 통한 모든 인간의 자기소외(自己疎外)의 극복과 계급으로부터의 해방을 의미하였다. 그에게 공산주의(共產主義)란 단순히 사유재산(私有財産)의 공동소유(共同所有)가 아니라 그것을 매개로 한 인간소외(人間疎外)의 극복, 인간성(인간의 본질)의 적극적인 회복을 의미하였다. 따라서 카를 마르크스(K. Marx)는 당시 부르주아(자본가 계급)가 취약하고 무력했었던 독일의 상황에서, 부르주아가 혁명의 주체는 될 수 없다고 판단하고 그 대신 프롤레타리아(근대 노동계급)를 혁명(革命)의 주체로 간주하였다. 그는 독일의 해방은 단순한 정치적 해방(부르주아 민주주의 혁명)만으로는 불충분하며, '인간적 해방'만이 독일의 완전한 해방을 실현할 수 있다고, 이 인간적 해방을 수행할 수 있는 사회적 계급은 바로 프롤레타리아트라고 각각 사유했었다.

(非)인간화(Dehumanization)'로 인하여 인간이 자신의 개성 · 이성 · 감성을 상실하여 인격적 존재가 아닌 거대한 사회의 분자(分子)로서 존재하게 된다.

카를 마르크스(Karl Heinrich Marx)와 프리드리히 엥겔스(Friedrich Engels)는 노동의 목적을 자아실현(自我實現)에서 찾았다. 개인은 노동을 통해서 자신의 잠재적 능력을 발휘하고 이를 통해서 자신의 능력을 확인하고 자기 인식을 할 수 있다. 그런데 자본주의(資本主義) 사회에서는 소외(疏外)된 노동으로 인해서 노동은 단지 생계를 유지하기 위한 수단으로 전락하였다. 더욱이 자본주의(資本主義) 사회에서는 억압과 착취로 인해서 노동자들이 생계를 유지하기도 어려울 정도로 빈곤화(貧困化)된다.

자본주의 경제의 발전에 따라 생산력이 높은 수준으로 향상되면서 자본주의(資本主義)의 경제적 모순이 심화되고 계급 사이의 갈등과 투쟁도 격화된다. 결국, 노동자들이 자신들의 생계 수단을 확보하기 위하여, 생산력을 전유(專有)하기 위한 폭력혁명(暴力革命)을 일으켜야 한다. 낡은 토대로부터 사회 전체를 바로 세우기 위해서는 상부구조(上部構造)의 혁명(革命), 즉 정치혁명(政治革命)은 불가결하다.

따라서 카를 마르크스(Karl Marx)는 그의 저서 「독일 이데올로기」(DeutscheIdeology, 1845~1846년)에서 단순한 정치적 해방(부르주아 민주주의 혁명)이 아니라, 프롤레타리아가 주도하는 '인간적 해방'이 필요하다고 사유했었다. 그가 말하는 '인간적 해방'이란 공산주의 혁명을 통한 모든 인간의 자기소외(自己疎外)의 극복과 계급으로부터의 해방을 의미하였다. 그에게 공산주의(共産主義)란 단순히 사유재산(私有財産)의 공동소유(共同所有)가 아니라 그것을 매개로 '사회적 존재'인 인간의 자기소외(自己疏外)의 극복, 인간성(인간의 본질)의 적극적인 회복을 의미하였다.

상기한 자본주의 사회에서 생산력과 생산관계의 모순은 반드시 '프롤레타리아 혁명'을 유발하고 프롤레타리아(Proletariat) 혁명의 승리에 의하여 자본주의적 생산관계는 파괴되며, 마침내 소수 자본가(資本家)의 수중에 집중되어 있는 자본(資本)과 토지(土地), 즉 생산수단(生産手段)의 공유(共有)를 기초로 하는 공산주의(共産主義) 사회에 도달한다는 것이다. 계급투쟁(階級鬪爭)은 계급사회에서 생산력(生産力)과 생산관계(生産關係)의 모순(矛盾)에 의하여 나타나기 때문에 노동자의 계급투쟁(階級鬪爭)이야말로 사회를 발전시키는 원동력이다. 사회주의 혁명은 사회의 발전 과정에서 상기한 생산력(生産力)과 생산관계(生産關係)의 모순(矛盾)이 폭발함에 따라 발생하는 필연적이고 법칙적인 현상이다. 만약 사회주의(社會主義) 사회가 실현되어 생산수단(生産手段)의 사유제(私有制)가 폐지되고 사회적 소유가 실현되면 계급투쟁(階級鬪爭)은 자연히 종식(終熄)된다. 이와 동시에, '인간의 비(非)인간화

(Dehumanization)' 현상, 즉 인간의 '자기소외(自己疏外)'를 비로서 극복할 수 있으며, 나아가 인간성(人間性, Humanity), 즉 인간이 인간답게 하는 인간의 본성은 회복(回復)될 수 있다는 것이다. 이것은 계급투쟁사관(階級鬪爭史觀)인 유물사관(唯物史觀)의 논리적 귀결이다.

상기한 유물사관(唯物史觀)에 입각하여, 카를 마르크스(Karl Heinrich Marx, 1818~1883)와 프리드리히 엥겔스(Friedrich Engels, 1820~1895)의 '궁핍화(窮乏化, Verelendung, Immiserization) 이론'의 기초는 '산업예비군의 이론', 즉 생산과정의 기계화에 의하여 배출되는 실업(失業) 이론이다. 그는 미(未)숙련노동자에 의한 숙련노동자의 대체(代替)를 실업(失業)의 개념에 포함시켰다. 그는 대중의 빈곤이 점점 더 증대함을 강조하였다. 착취당하는 대중이, 부단히 확장하는 생산장치가 생산해 내거나 곧 생산해 내게 될 상품을 구입할 수 없기 때문에 이윤율(利潤率)은 기업 파산(破産)의 지경에까지 떨어지며, 이 두 가지 사실로 인하여 공황(恐慌)이나 불황(不況)이 일어난다고 결론지었다.

이와 반면에, 본 연구의 신실용주의(新實用主義, Neopragmatism)는 다음과 같이 주장한다: '인간소외(人間疎外, Human Alienation)'는 산업사회에서 노동자－경영자(자본가가 아니라)의 생산관계에 의하여 발생하는 사회병리(社會病理) 현상임은 분명하다. 자본주의 경제체제에서 개인적으로나 사회적으로 해악적인 독소(毒素), 즉 '비인격화(非人格化, impersonalization)', 즉 '인간소외(人間疎外, Human Alienation)'를 야기시키는 근본적 요인은, 사유재산제도(私有財産制度)가 아니라, 개인적 실업(失業)과 사회적 대량실업(大量失業)에 의한 생활권적 기본권(基本權)의 상실로 인하여 인간의 존엄성(尊嚴性)·자율성(自律性)·창의성(創意性)의 파괴로 야기된다. 왜냐하면 고용(雇傭)은 삶의 터전이며 '고용이 최상의 복지'(임양택, 칼럼, 한국경제, 2011.10.07)이기 때문이다.

모름지기, '양호한 직장(Decent Job)'은 국가가 세금으로 '불완전 고용'의 형태로 인력을 '모집'하는 것이 아니라 기업이 이윤추구 목적의 일환으로서 경영 행위에 의하여 창출되는 것이다. 따라서 자본주의 경제체제를 프롤레타리아(근대 노동계급)의 폭력혁명(暴力革命)에 의하여 분쇄할 것이 아니라, 건전한 기업으로 하여금 '양호한 직장(Decent Job)'을 최대한 많이 창출할 수 있도록 인센티브를 제공해야 함이 옳을 것이다.

물론, 기업의 이윤 몫을 투자 및 고용을 담당하는 자본가의 이윤 몫과 생산과정에 노동을 제공하는 노동자의 임금 몫으로 어떻게 공정하게 나눌 것인가, 또한 모든 사회구성원(근로자뿐만 아니라 자본투자가와 경영인도 포함)의 인간으로서의 존엄성(尊嚴性)·자율성(自律性)·창의성(創意性)을 위한 생활권적 기본권(基本權): 고용, 교육, 주택, 의료, 연금을 라이프 사이클의 생애 복지를 어떻게 시장경제체제하에서 합리적으로 제도화할 것인가는 매우 중요하다. 그것이 본 저서의 주제(主題)이다.

「독일 이데올로기」(The German Ideology, 1845~1846년)가 출판된 것으로부터 2년 후 1848년 「공산당 선언」(The Communist Manifesto; Manifest der Kommunistischen Partei)[42)]이 1848년 2월(1848년 '프랑스 2월 혁명' 직전) 런던에서 발표되었다. 상기 선언서는 카를 마르크스(Karl Heinrich Marx, 1818~1883)와 프리드리히 엥겔스(Friedrich Engels, 1820~1895)가 공동집필한 '과학적 사회주의(Scientific Socialism)'의 강령(綱領)을 담은 문서이다.[43)]

'과학적 사회주의(Scientific Socialism)', 즉 마르크시즘(Marxism)의 정수(精髓)는 상기 「공산당 선언」(The Communist Manifesto, 1848년)의 맨 마지막 문장에 실로 웅변적으로 잘 나타나 있다.[44)]

"노동자들이 잃을 것은 쇠사슬뿐이다. 그러나 그대들에게는 얻을 수 있는 세계가 있다. 만국의 노동자들이여 단결하라."

"The proletarians have nothing to lose but their chains. They have a world to win. Working Men of All Countries, Unite!"

이에 대응하여, 본 연구의 신실용주의(新實用主義, Neopragmatism)는 다음과 같이 선언한다: *"노동자들이 잃을 것은 일자리뿐이다. 그대들이 얻을 수 있는 것은 대량실업뿐이다. 만국의 노동자들이여 각성하라."*

"The proletarians have nothing to lose but their jobs. They have a world to be confronted with mass unemployment. Working Men of All Countries, Recognize!"

요컨대, 카를 마르크스(Karl Heinrich Marx)와 프리드리히 엥겔스(Friedrich Engels)가 주장하였듯이, '사회적 존재'인 인간의 자기소외(自己疏外)의 극복, 인간성(인간의 본질)의 적

---

42) 1848년 「공산당 선언」(The Communist Manifesto; Manifest der Kommunistischen Partei)은 불과 몇십 페이지밖에 안 되는 글이지만 Karl Marx가 30세, Friedrich Engels가 28세 때의 공저(共著)로 카를 마르크스(Karl Heinrich Marx)가 주로 쓰고 F. 엥겔스(Friedrich Engels)가 다소 첨언한 것이다.

43) 그 후 1991년 12월 25일 소련의 대통령 미하일 고르바초프의 대통령직을 사임 및 소련 지도부 해체, 다음 날 소련 최고 소비에트의 142－H 선언(모든 소련의 공화국의 독립을 인정하며 독립국가연합(CIS) 수립을 허용)까지 143년의 역사를 가졌다.

44) 상기 선언은 블라디미르 레닌(Vladimir Ihich Lenin, 1870~1924)의 '제국주의론(Imperialism)'에서도 나타난다.

극적인 회복을 위한 방법은 노동자들이 자신들의 생계 수단을 확보하기 위한, 즉 생산력을 전유(專有)하기 위한 프롤레타리아의 폭력혁명(暴力革命)이라는 것은 '완전한' 논리적 비약이며 모순이다.

그렇다면, 프롤레타리아(Proletariat)의 폭력혁명(暴力革命)으로 생산수단(生産手段)의 사유제(私有制)가 폐지되고 사회적 소유가 실현된 공산주의(共産主義) 사회에서, 과연 누가 경영하고 생산할 것이며 기술혁신(技術革新)을 담당할 것인가? 새로운 지배세력('노동 귀족', 러시아의 경우 '실로비키(Siloviki)')이 된 공산주의(共産主義) 사회에서는 과연 생산력(生産力)과 생산관계(生産關係)의 모순(矛盾)과 '대량실업(大量失業)'이 발생하지 않을까? 그 사회에서는 결코 소득 불균등이 존재하지 않을까?

카를 마르크스(Karl Heinrich Marx)와 프리드리히 엥겔스(Friedrich Engels)의 '과학적 사회주의(Scientific Socialism)'의 '허구(虛構)'를 입증한 전형적 사례(事例)로서 다음과 같이 2가지 역사적 사례를 들고자 한다: 중국의 '대약진 운동(大躍進 運動, Great Leap Forward, 1958~1961년 말/1962년 초)' 및 '문화대혁명(文化大革命, 1966.05~1976.12)'과 소련의 홀로도모르(Holodomor, 1932~1933)이다.

첫째, '대약진 운동(大躍進 運動, Great Leap Forward, 1958~1961년 말/1962년 초)'은 공산혁명 후 중화인민공화국에서 근대적인 사회주의 사회를 만드는 것을 목적으로 마오쩌둥(毛澤東)의 주도로 시작된 농·공업의 대증산 정책이다. 1957년 중국의 제1차 5개년 계획이 끝난 후, 중국공산주의의 첫 번째 단계는 자급자족의 공산사회를 건설하는 것이니만큼, 마오쩌둥(毛澤東)은 공산주의 이행 속도를 증진해야 한다고 역설하였다. 이 목표를 달성하기 위해 '대약진 운동(大躍進 運動, Great Leap Forward, 1958~1961년 말/1962년 초)'이 시작되었다. 이것의 목표는 식량과 철강 생산을 증산하여 단번에 선진국으로 발돋움하려는 계획이었다. 농민들이 철강 생산에 매달린 데다가, 이런 철강 생산을 위한 연료로 쓰기 위해 목재를 남벌한 결과 1958년부터 여름마다 홍수가 나서 농경지는 침수되었다. 당시, 기근(饑饉)으로 사망한 이들은 2,000만~3,000만으로 추산된다. 이 기근은 1961년까지 계속되었다. 산업발달의 척도가 되는 철강 생산을 위해 전국적으로 각 마을마다 재래식 고로를 세우도록 하였다. 또 다른 목표인 식량증산을 위해서 농촌에 존재하던 소규모 협업조직인 호조조(互助組)를 해체하고 이를 대규모로 만들어 집단농업과 집단동원을 위한 인민공사를 설립하였다. 그러나 이것들은 재앙으로 밝혀졌다. 농민들이 농사보다는 질(質) 낮은 철을 생산하는 데 몰두했기 때문에, 전 산업계는 혼란에 휩싸였다. 이런 철(鐵)들은 목표량 달성에 급급한 관리들이 농민들을 몰아붙여 농가의 마당에 설치된 구식 화로에서 생산되었기 때문에 산업에는 아무짝에도 쓸모가 없었다. 동시에 한국전쟁 참전을 위해 중국 각지에서 철을 조달하여 농기구 조달난에 시달렸고 이는 농업 생산성 감소로 이어졌다. 1959년 8월 26일 장시성 루산(廬山)에서 열린 중국공산당 회의에서 공식적으로 대약진 운동의 실패를 인정했다. 1959년 마오쩌둥(毛澤東)은 '대약진 운동(大躍進 運動)' 실패의 책임을 지고 국가주석에서 사임했다. 이어서 류샤오치(劉少奇, Liú Shàoqí, 1898~1969)가 제2대 국가주석(1959.04~1968), 덩샤오핑(鄧小平, Dèng Xiǎopíng, 1904~1997)이 당총서기를 맡게 되었고, 총리 저우언라이(周恩来, Zhōu Ēnlái, 1898~1976)는 계속 유임되었다. 류샤오치(劉少奇)는 마오쩌둥(毛澤東)이 실시했던 여러 '도약' 정책을 종식시키는 정책을 실시하였다. 그리하여 인민공사와 같은 집단화를 해체하고, 대약진 이전으로 돌아가려고 하였다.

이어서, 문화대혁명(文化大革命, Cultural Revolution)은 1966년 5월부터 1976년 12월까지 중국의 청년 학생들과 민중들이 사상과 행동을 규합해 인민민주독재를 더욱 확고히 실현키 위해 "혁명 후의 영구적 계급투쟁"을 통해 이런 것들을 분쇄시켜야 한다고 하였다. 이는 중국 전역에서 벌어진 홍위병의 움직임으로 구체화되었다. 그러나 마오쩌둥(毛澤東) 자신이 시도한 '대약진 운동(大躍進 運動)'에서 파멸적인 결과를 빚어 중국공산당에 대한 권력과 영향력이 덩샤오핑과 류샤오치(劉少奇, Liú Shàoqí, 1898~1969)에게 넘어가려 하자, 극좌적 계급투쟁 형식을 빌려 이를 선회하기 위해 시도한 것이라는 것도 통설이다. 사인방(四人幇)의 재판에서 중국의 법원은 문화 대혁명(文化大革命) 기간(1966.05~1976.12) 중 729,511명이 박해를 받았고, 이 중 34,800명이 죽었다고 발표했다.

둘째, 홀로도모르(Holodomor, 1932년부터 1933년까지 소련의 자치 공화국인 우크라이나 소비에트 사회주의 공화국에서 발생한 대기근으로 250만 명에서 350만 명 사이의 사망자가 발생된 것으로 추정)를 들 수 있다. '홀로도모르(Holodomor)'는 우크라이나어(語)로 '기아로 인한 떼죽음(Mass killing by hunger)'이라는 뜻이다. 상술하면 다음과 같다: 이오시프 스탈린(Joseph Stalin, 1879~1953)은 1928년에 경제계획이 단행되면서 콜호스(kolkhoz)라는 집단농장 관리체계가 도입 및 정착되었다.[45] 이 과정에서 그동안 자본주의적 농업구조를 통하여 부(富)

45) 콜호스(kolkhoz)는 소련의 집단농장 체계이다. 당소유농장인 솝호스와는 달리 반당반민 농장 형식을 띠고 있다. 콜호스는 콜렉티브노예 호자이스트보(коллективное хозяйство)의 러시아어 약칭으로서 '공동 경영', '집단 농장'이라는 뜻이다. 농업 콜호스 이외에 어업 콜호스(kolkhoz), 임업 콜호스(kolkhoz)가 있다. 1917년 10월 혁명을 계기로 귀족정, 농노제가 폐지되면서 소련에서는 극심한 식량 부족 현상이 일어났다. 1928년 소련 정부가 발표한 이오시프 스탈린(Joseph Stalin)의 제1차 5개년 계획에 따른 농업의 집단화 정책을 계기로 도입되면서 소련 전국에서 콜호스(kolkhoz)가 조직되었다. 개인이 토지를 소유한 부농은 의무화가 되어 있지 않았지만 자발적 노동이라는 명목으로 참여했다. 1930년대 초반에는 급속한 집단화 정책에 반대하는 소요 사태가 일어나면서 여러 농민들이 체포되

를 축적한 부농(富農)들은 작물을 태우고 가축(家畜)을 도축하여 농업 황폐화(荒廢化)를 유도했었다. 그 결과, 1932년부터 1933년까지 소련의 자치 공화국인 우크라이나 소비에트 사회주의 공화국에서 발생한 대기근으로 250만 명에서 350만 명 사이의 사망자가 발생하였다. 그럼에도 불구하고, 이오시프 스탈린(Joseph Stalin)은 농업 집산화에 대하여 다음과 같이 역설하였다: *"이는 한 치의 양보도 할 수 없는 계급투쟁이다. 여기서 빈농(貧農) 계급이 승리하느냐, 부농(富農) 계급이 승리하느냐에 따라 사회주의 건설의 흥망이 결정될 것이다."*

그는 빈농(貧農)과 콜호스(kolkhoz)를 수호하기 위해 각 농지에 민병대 병력을 대거 투입하여 치안을 강화하였으며, 빈농(貧農) 중 일부를 선발한 후 무장시켜 자체적인 치안을 담당하게 하였다.

참고로, 인류 역사상 가장 많은 희생자(전쟁 중 사상자는 제외)를 낸 순위를 보면 마오쩌둥(毛澤東)에 의한 희생자 수는 약 8,000만 명 이상으로 1위이고, 조셉 스탈린(Joseph Stalin)에 의한 희생자 수는 자국 내 정적 및 불순분자 제거로 약 2,000만 명 이상으로 2위이며, 아돌프 히틀러(Adolf Hitler)에 의한 희생자 수는 유태인 학살로 약 600만 명 이상이다. 따라서 공산주의(Communism)로 인한 희생자가 모두 1억 명이다. 따라서 공산주의(Communism)는 반(反)인류적 이데올로기라는 것을 알 수 있다.

모름지기, 인류가 궁극적으로 소망하는 것은, 공산주의(共産主義) 사회가 아니라, 신실용주의(新實用主義, Neopragmatism)가 지향하는 철학적 목표는 플라톤(Plato, BC 427~347)의 '정의로운 국가'와 아리스토텔레스(Aristotle, BC 384~322)의 '행복한 사회(A Happy Society)'이다. '정의로운 국가'와 '행복한 사회'는 인류사회의 역사 자체이다. '정의로운 국가'와 '행복한 사회'를 위한 정치철학(政治哲學)은 자유민주주의(自由民主主義)이며, '정의로운 국가'와 '행복한 사회'를 위한 경제체제(經濟體制)는 시장자본주의(市場資本主義)이다.

었다. 이를 계기로 콜호스(kolkhoz)는 개척지 등에 설립된 솝호스(kolkhoz)와 함께 소련의 농업의 기본구조를 형성했다. 콜호스(kolkhoz)는 당소유지를 무료로 사용하고 경작을 실시하는 형식을 띠었으며 이에 따라 부농(富農)을 의미하는 쿨라크가 일소되었다. 농기구나 가축 등은 집단화하였으며 생산물은 당에 매각되었다. 각 개인의 주택에 부속된 소규모 농지에서 채소의 재배, 가축의 사육이 가능했고 개인이 생산한 생산물은 자유롭게 판매해도 되었다. 생산력 향상이 농민의 수입 증가에 직접 연결되는 이 자류지 재배는 집단농장보다 높은 효율성을 나타내서 취약한 소련 농업에 도움이 되었다. 1960년대 이후에 소련에서 공업화와 유통의 비효율성으로 인해 식량을 자급할 수 없는 현상이 일어나면서 콜호스(kolkhoz)는 생산성 향상에 문제점을 드러냈다. 1985년 미하일 고르바초프의 페레스트로이카 정책을 계기로 소련 각지의 콜호스(kolkhoz)에 독립채산권이 실시되면서 혼합 경제의 요소가 도입되었다. 1991년 소련의 붕괴를 계기로 독립한 구 소련 국가에서는 콜호스(kolkhoz)가 자발적으로 해체되었다.

'정의로운 국가'와 '행복한 사회'의 기본가치는, '과학적 사회주의(Scientific Socialism)'가 추구하는 평등(平等)만이 아니라, 자유(自由)와 평등(平等) 모두이다. 상기 2개 가치를 통합하는 철학적 방법론은 존 롤스(John Rawls, 1921~2002)의 정의론(正義論)에 입각하여 '자유주의적 평등주의'를 정의(正義)의 원칙: ① 正義의 첫째 원칙: 평등한 '기본적 자유' 우선의 원칙, ② 正義의 둘째 원칙(차등의 원칙): '최소수혜자의 최대수혜', ③ 正義의 우선순위에 따라 '질서정연한 민주주의 사회(A Well-Ordered Democratic Society)'와 '정의로운 경제체제(A Justice-based Economic System)'를 구현하는 것이다.

상기 2개 가치: 자유(自由)와 평등(平等)을 위한 본 연구가 주창하는 신실용주의(新實用主義, Neopragmatism)의 철학적 필요조건(必要條件)은 자원배분의 효율성(Paretian Optimum)과 소득분배의 공정성(Social Optimum)의 조화이다. 이를 위해서는 인간의 존엄성(尊嚴性)·자율성(自律性)·창의성(創意性)을 위한 생활권적 기본권(基本權): 고용, 교육, 주택, 의료, 연금이 보장되어야 한다. 한편, 본 연구가 주창하는 신실용주의(新實用主義, Neopragmatism)의 철학적 충분조건(充分條件)은 2가지:① 법치주의(法治主義): '법의 지배(Rule of Law)와 ② '질서 자유주의(Ordo-Liberalsim) 에 의한 '사회적 시장경제': 시장 질서('경쟁 원리')와 사회 질서('보완 원리')의 결합이다.

구체적으로, '실천철학(實踐哲學)'인 신실용주의(新實用主義, Neopragmatism)의 정책적 목표는 '완전고용기반형 복지사회(A Full Employment-based Welfare Society)'이다. 이것은 '정부주도형 복지국가(A Government-driven Welfare State)'와 대비된다. 전자는 시장(특히 노동/금융시장) 메커니즘에 의한 '가족중심적 복지사회(福祉社會, Welfare Society)'인 반면에 후자는 정부가 세금을 징수하여 정부가 복지지출을 행사하는 복지국가(福祉國家, Welfare State)이다.

본 연구가 주창하는 신실용주의(新實用主義, Neopragmatism)의 정책적 목표: '완전고용기반형 복지사회(A Full Employment-based Welfare Society)'는 '성장 → 고용 → 분배'의 선(善)순환(循環)에 의하여 자생적으로 지속가능하지만, 그 전제는 슘페테리언 테크노-경제발전 전략(Techno-Economic Development Strategy)에 의한 고용창출형 경제성장(Job-creating Growth)이다. 상기 전략에 의하여 '성장 → 고용'이 작동하게 되면, '고용 → 분배'는 노동생산성(勞動生産性)에 의하여 결정될 것이다.

특히, 자본주의 경제의 경기변동 중에서 특히 불황(不況) 타개를 위한 신(新)실용주의적 해법은 조지프 슘페터(1883~1950)의 혁신 이론과 경기변동 이론을 발전시킨 신(新)슘페테리언의 경기변동 이론: ① 멘쉬(G. Mensch)의 기본혁신군집이론, ② 반 듀인(J. J. van

Duijn)의 경기변동 이론, ③ 크리스토퍼 프리만(Christopher Freeman)의 신(新)기술체계론, ④ 칼로타 페레즈(Carleta Perez)의 기술－경제 패러다임 이론이다.

① 인간중심적 가치

사실, '인간소외(人間疎外, Human Alienation)' 현상은 산업사회(産業社會)에서 나타나는 병리현상(病理現象)으로서 카를 마르크스(Karl Marx, 1818~1883)에 앞서 100년 전에 장－자크 루소(Jean－Jacques Rousseau, 1712~1778)에 의하여 최초로 그의 저서 「인간불평등기원론」(1755년)에서 지적되었다.

그 후, 카를 마르크스(Karl Marx, 1818~1883)는 '인간소외(人間疎外, Human Alienation)'의 원인이 자본주의(資本主義) 경제체제(經濟體制)하에서 사유재산제(私有財産制)라고 그의 저서 「독일 이데올로기」(DeutscheIdeology, 1845～1846년)에서 주장하였다. 따라서 카를 마르크스(Karl Heinrich Marx, 1818～1883)와 장－자크 루소(Jean－Jacques Rousseau, 1712~1778)의 유사점과 차이점을 규명할 필요가 있다.

장－자크 루소(Jean－Jacques Rousseau)는 공동체주의자(共同體主義者)이며 평등주의자(平等主義者)로서 일반국민의 재산권(財産權)이 사회적으로 불평등(不平等)한 경우 국가(國家)는 어떻게 해야 바람직한 것인가를 논술하였다. 그는 인간의 역사를 문명의 진보에 따른 도덕의 타락과 퇴보의 과정으로 보고 그것을 해결하기 위한 방법이 무엇인가를 성찰했다.

장－자크 루소(Jean－Jacques Rousseau)의 주장은 다음과 같다: 인간은 '자연상태(自然狀態)'에서는 본래 평등하고 자유롭고 행복하고 선량하지만 '자연상태(自然狀態)'에서 벗어나 '사회상태(社會狀態)'로 진입함에 따라 사회공동체의 형성과 거기서 비롯되는 소유(所有)와 권력(權力)으로 인하여 인간이 부자유스럽고 불행한 상태로 빠져 도덕적으로 타락하게 되어 인간성(人間性, Humanity), 즉 '인간이 인간답게 하는 인간의 본성'이 손상된다. 상기의 근본적 이유는 인간의 욕망이 불평등(不平等)을 추구하기 때문이다. 이 결과, 인간의 가치(價値)가 존재(存在)의 개념에서 소유(所有)의 개념으로 바뀌게 된다. 다시 말하면, 생산수단(生産手段)의 사유화(私有化)가 인간을 소외(疏外)시키고 인간을 생산수단(生産手段)의 소유(所有)에 종속시킨다. 즉, 사유재산제도(私有財産制度)가 바로 인간 불평등(不平等)의 근간이며 불행(不幸)의 근원이다. 상기한 장－자크 루소(Jean－Jacques Rousseau, 1712~1778)의 주장은 카를 마르크스(Karl Marx, 1818~1883)가 그의 저서 「독일 이데올로기」(DeutscheIdeology, 1845～1846년)에서 주장한 바와 정확히 일치한다.

그러나 '인간소외(人間疎外, Human Alienation)'를 해소하는 방법론에서 장－자크 루소

(Jean-Jacques Rousseau, 1712~1778)와 카를 마르크스(Karl Marx, 1818~1883)는 전혀 다르다. 장-자크 루소(Jean-Jacques Rousseau)는 카를 마르크스(Karl Marx)처럼 사회주의(Socialism)의 폭력혁명(暴力革命)을 결코 주장하지 않았다. 그 대신에, 장-자크 루소(Jean-Jacques Rousseau)는 '자연상태(自然狀態, State of Nature)'에서의 자유(自由)와 평등(平等)을 국가(國家)의 차원에서 보장하기 위하여, '일반의지(volonté général, 국민주권)'을 형성하여 상호 간 사회계약(社會契約)을 맺고 개인이익과 공공이익을 동시에 실현할 수 있는 정치사회를 운영해야 한다고 주장했다.

본 연구가 주창하는 신실용주의(新實用主義, Neopragmatism)는 상기한 장-자크 루소(Jean-Jacques Rousseau)의 주장(상호 간 사회계약(社會契約)을 맺고 개인이익과 공공이익을 동시에 실현할 수 있는 정치사회를 운영)을 '정의로운 국가'와 '행복한 사회'를 위한 정치철학(政治哲學)으로서 자유민주주의(自由民主主義)와 경제체제(經濟體制)로서 시장자본주의(市場資本主義)를 통하여 '인간소외(人間疎外, Human Alienation)'를 극복하자고 주장하는 것이다.

본 연구의 신실용주의(新實用主義, Neopragmatism)는 '인간의 비(非)인간화(Dehumanization)' 현상, 즉 인간의 '자기소외(自己疏外)'라는 사회병리(社會病理) 현상을 결코 부정하지 않는다. 현대 산업사회는 인간, 기술, 기계로 작동된다. 인간의 생활은 기계를 통하여 편리하게 되었다. 그러나 기술과 기계로 인하여 인간의 개성은 무시된다. 물질적 생활이 중시됨에 따라 정신과 같은 자기 자신의 의미는 상실되고 도리어 자신이 경제를 위한 수단으로 변모된다. 따라서 인간이 본래 가지고 있는 인간성(人間性, humanity), 즉 '인간이 인간답게 하는 인간의 본성'은 박탈당하여 '비(非)인간화(Dehumanization)'되며 물질문명(物質文明)에 예속된다. 이것이 바로 '인간소외(人間疎外, Human Alienation)'이다.

또한 현대 산업사회는 기술과 기계로 생산된 상품과 서비스를 홍보하는 세계이다. 이러한 사회에서 살아가는 인간은 타인이 갖고 있는 것은 자기도 소유하고 싶어진다. 그러나 모든 사람들에게 가치충족의 욕구가 공평하게 허용된 것은 아니다. 가치충족의 욕구가 충족되지 못한 사람들은 가치충족의 욕구가 충족된 사람들에 대한 상대적 빈곤감에 시달리며 결국 자신들은 따로 구분되어 있다는 '자기소외(自己疏外)'를 스스로 인식하게 된다. 자기소외(自己疏外)는 불안, 절망, 우울, 자포자기, 자살 등의 징후를 유발하며, 때로는 광기와 환상의 세계로 틈입(闖入)해서 소외된 자기를 은폐하거나 도망치려는 정신질환의 병증으로 나타나기도 한다.

이와 같이 정신이 무력하게 되었을 때, 인간은 결단력을 잃어버려 타협에 빠지게 되는데, 정신의 무력화와 수단화가 기계와 대중의 시대인 현대의 특징이다. 수단화한 정신은 자기를 독자적 가치를 가진 것으로 생각하지 않고 자기 자신을 믿지 않으며, 또한 타인도 믿지 않게 된다. 또한 인간이 기계화한 시대에 있어서는 진정한 기쁨도 느낄 수 없다. 불만을 잊기 위하여 현대인은 연예, 오락, 모험, 스포츠, 도박, 사치, 유행, 취미 등에 호소한다. 심지어, 타인의 돈을 뺏기 위해 인간을 납치하거나 엽기적으로 살해하는 사회병리(社會病理) 현상이 발생하기도 한다.

한 걸음 더 나아가, '인간소외(人間疎外, Human Alienation)'의 근본적 요인은 장-자크 루소(Jean-Jacques Rousseau, 1712~1778)의 「인간불평등기원론」(1755년)과 카를 마르크스(Karl Marx, 1818~1883)의 「독일 이데올로기」(DeutscheIdeology, 1845~1846년)가 주장한 바와 같이 사유재산제도(私有財産制度)가 아니라 정보통신혁명(情報通信革命)으로 야기되고 있다.[46] 상술하면, 사이버 스페이스에 빠져든 개인은 자아의 정체성을 상실하고 있다. 손쉬운 정보의 획득과 사용은 개인의 프라이버시를 무너뜨리고 인간의 존엄성을 파괴한다. 신뢰와 익명성이 보장되지 않을 때 심리적으로 불안정을 느끼게 된다. 이것은 가족을 구심점으로 하여 형성되어 온 윤리 체계를 무너뜨리고 있다. 또한 정보화 과정에서 소멸되는 일자리가 대량실업을 초래하면 새로운 환경에 적응이 어려운 사람들은 무기력한 소외자로서 남게 된다. 이것 역시 사회로부터 소외되는 그룹을 만들어낸다.

② 실존주의(實存主義, Existentialism) 철학

심지어, 실존주의(實存主義, Existentialism) 철학자들(예로서 야스퍼스, 하이데거, 사르트르, 니체, 푸코 등)은 제1, 2차 세계대전 이후 '인간성 상실'을 현대문명으로 인하여 인간의 존엄성·가치성이 상실되고, 인간이 획일화·수단화 된 상태라고 규정하고 '인간성 시대의 종말'을 선언했다. 여기서 '실존주의(實存主義, Existentialism)'란 인간 이성(理性)의 힘을 무한하게 믿는 합리주의(合理主義)와 모든 현상을 과학적·법칙적으로 증명하려는 실증주의(實證主義)에 대한 비판과 도전으로서 인간의 '실존(實存, Existence)'[47]과 주체적 행위(개인

46) 정보통신혁명(情報通信革命)은 인류의 생활을 편리하게 만들고 있지만, 정보화에 따른 시간과 공간의 축소는 인류 공동체를 유지해온 가치체계와 윤리성을 붕괴시킬 잠재력을 가지고 있다. 대외적으로는 국제교류의 급속한 증가로 국가 간 상호의존 및 상호 협력이 심화되고, 교통·통신·기술의 발달과 정보화로 인하여 국경의 중요성이 점차 감소되고 있다. 지구촌 문화 공동체의 차원에서 보면, 정보화는 문화의 국경을 허물고 있다. 갈수록 민족 문화의 순수성을 지키기가 점점 어려운 상황을 맞이하게 되었다. 지구촌 정보 체계의 등장으로 소비주의 이데올로기 문화와 소비주의 세계관이 지구적으로 확산되고 있다. 이에 대해 미래학자 엘빈 토플러(Alvin Toffler, 1928~2016)는 과거 국민국가를 대신하여 새로운 지구 규모의 경쟁조직이 등장하고 있으며, 초국적 기업·초국적 전문가조직·로비스트·동업자조합·환경보호 단체 등과 같은 지구 규모의 조직들이 미래사회의 주역으로 급부상하고 있다고 주장했다.

의 자유·책임·주관성)를 중요시하는 철학적 흐름이다.

실존주의(實存主義, Existentialism) 철학자들의 대표적 예로서, 카를 야스퍼스(Karl Jaspers, 1883~1969)의 「세계관의 심리학」(1919년)과 마틴 하이데거(Martin Heidegger, 1889~1976)의 「존재와 시간」(1928년)은 '인간성 시대의 종말'을 선언한 실존주의(實存主義, Existentialism)의 탄생을 알리는 기념비적인 저작이었다. 패전국 독일과 마찬가지의 사회적 불안이 프랑스, 이탈리아를 비롯하여 세계 각국을 엄습하고 사람들이 심각한 '인간소외(人間疎外, Human Alienation)'를 절감함에 따라 인간의 주체성(主體性) 회복을 주제로 하는 실존주의(實存主義, Existentialism) 철학이 대두되었다.

제1차 세계대전(1914~1918) 후의 '인간소외(人間疎外, Human Alienation)'라는 사회병리(社會病理) 현상은 제2차 세계대전(1939~1945)의 전후에는 더욱 심각해져서 세계의 사람들을 불안과 절망 속으로 빠뜨렸다. 전쟁이 일으킨 잔혹한 살육, 비참하고 황폐한 생활, 인류 절멸 병기의 출현, 내일이 없는 인생에 대한 공포, 대중사회적 상황하에서의 생활 전면에 걸친 획일화가 보편적인 일상생활이 되자, 실존주의(實存主義, Existentialism)는 널리 세인의 주목을 끄는 사조가 되었다.

실존주의(實存主義, Existentialism)에 따르면 인간 개인은 단순히 생각하는 주체가 아니라(not merely the thinking subject), 행동하고, 느끼며, 살아가는 주체자(master)이다. '실존(實存, Existence)'이란 말은 이들의 사고양태(思考樣態)에 따라서 여러 가지로 표현되고 있으나, 공통된 사상은 인간에 있어서 '실존(實存, Existence)'은 본질(本質, Essence)에 선행(先行)한다는 것, 다시 말해서 인간은 주체성으로부터 출발되지 않으면 안 된다는 것이다. 그와 같은 실존(實存, Existence)은 '인간'이라고 하는 개념으로 정의되기 이전에 이미 존재하고 있다는 것이다.[48)]

여기서 유의할 것은 다음과 같다: 허무주의(虛無主義)가 '자아(自我)'를 강조한 나머지

47) 여기서 '실존(實存, Existence)'은 원래 이념적인 본질(Essence)과 대비하여 상용되는 철학적 용어로서 '현실적 존재'를 의미한다. 즉, "지금, 여기에, 이렇게 있다"는 것이 결정적인 중요성을 갖는 '현실적 존재'는 다른 것에 의해 대체될 수 없는 독자적인 '지금, 여기'를 사는, 이 현실의 '자기 자신'이라고 한다. 또한 '실존(實存, Existence)'은 인간으로서의 진실한 존재방식을 현실의 생존방식을 통해 실현해 가는 '자각적 존재'로서의 자기 자신을 의미하기도 한다. 무(無)자각적 존재는 모두 이미 지정되어 있는 본질(本質)에 따라서 그 현실의 존재방식이 결정되는 것에 반면에, '자각적 존재'인 인간은 '실존(實存)이 본질(本質)에 선행'하므로 현재의, 이 현실의, 자기의 생존방식에 의해서 인간 독자의 본질(本質), 즉 어떤 인간을 그 인간답게 하는 개성이 시시각각으로 새겨져 가는 것이다. 따라서 실존(實存)이 본질(本質)을 결정하고, 실존(實存)하는 것을 그 본질(本質)로 하는 '자각적 자신'이 진실한 '실존(實存)'이라는 것이다.

48) Taylor, Charles(1989), Sources of the Self, Cambridge: Harvard University Press.

세계(世界)를 부정하기에 이르는데 반면에, 실존주의(實存主義, Existentialism) 역시 '자아(自我)'의 실존(實存)을 강조함과 동시에 어떤 형태로든지 간에 '자아'와 '세계'를 연결지으려고 노력한다는 점이다. 즉, '내가 있다'고 하는 전제로부터 출발하여 '나'를 세계와 연결지음으로써 전제를 확인하려고 하는 것이다. 따라서 르네 데카르트(René Descartes, 1596~1650)가 말한 '나는 생각한다. 고로 존재한다(Cogito ergo sum)'라고 하는 논리를 거꾸로 어떻게 하면 '내가 존재'한다고 하는 사실을 먼저 파악할 수 있는가가 추구된다.

특히, 실존주의(實存主義, Existentialism) 사상을 대표하며 노벨 문학상 수상자로 선정되었으나 수상을 거절했었던 장폴 사르트르(Jean-Paul Sartre, 1905~1980)[49]는 '데카르트적 자아'를 넘어서 인간은 하나의 실존(實存)의 존재임을 밝히고 실존(實存)은 본질(本質)에 앞서며, 실존(實存)은 바로 주체성(主體性)이라는 명제를 제시하였다. 그의 강연집 「실존주의는 휴머니즘이다(L'existentialisme est un humanisme)」(1946년)는 실존주의(實存主義, Existentialism) 철학 사상의 선언문으로 간주된다. 여기서 그는 자유(自由)만큼 책임(責任)을 강조하는데 그 이유는 개인의 행동이 자신에게만 영향을 끼치는 것이 아니라 세상 만물에 영향을 끼치는 존재이기 때문이라고 한다. 모든 인식에 있어 무엇이 자기에게 진리인가를 궁극적으로 결정하는 것은 개별적 자아이다. 또한 인간의 의식과 자유의 구조를 밝히고 실존의 결단과 행동과 책임과 연대성을 강조하였다.

장폴 사르트르(Jean-Paul Sartre)의 소설 「구토」(La Nausée)에서 인간이 사물의 본질에 직면했을 때의 불안과 실존의식을 묘사했으며, 「벽」(Le Mur)에서 자아와 타인과의 관계 속에서 자아를 어떻게 유지해 나가야 하는지를 다루었으며, 「이방인(카뮈)」에서 부조리한

49) 장폴 사르트르(Jean-Paul Sartre, 1905~1980)의 주요 철학서로서 「존재와 무」(L'Être et le Néant)(1943년)와 「변증법적 이성 비판」(La Critique de la raison dialectique, 1960년)을 들 수 있다. 그는 「실존주의는 휴머니즘이다」(1945년)라는 조그만 책자에서 그의 실존주의 사상을 집약적으로 표현했다. 그는 행동적 지식인으로서 세계평화의 문제에 대해서도 깊은 관심을 가지고 여러 가지 발언과 평론을 하는 동시에, 소련의 공산주의(共産主義)에 대해서도 날카로운 비판을 가하였다. 그의 소설로는 「벽」(Le Mur), 「구토」(La Nausée), 「자유의 길」(Les Chemins de la liberté), 연극작품으로는 「파리떼」(Les Mouches), 「닫힌 방」(Huis clos), 「공손한 창부」(La Putain respectueuse), 「악마와 선한 신」(Le Diable et le Bon Dieu), 「알토나의 유폐자」(Les Séquestrés d'Altona) 등이 있다.

49) 프리츠 하이네만(Fritz Heinemann, 1889~1970)은 독일 뤼네부르크의 이름난 유태계 가정에서 태어났다. 게임브리지, 마부르크, 뮌헨, 벨르린 등 여러 도시에서 철학을 공부했고 "칸트의 순수이성비판의 구성과 시간의 문제"라는 논문으로 철학 박사학위를 받았다. 1921년 프랑크푸르트 암마인대학에서 교수직을 맡아 가르쳤다. 1937년까지 옥스퍼드 맨체스터대학에서 강의했다. 그의 저서로는 「실존철학을 넘어서」 등이 있다. 황문수 옮김, 프리츠 하이네만(Fritz Heinemann) 지음, 「실존철학 살았는가 죽었는가?」, 문예출판사, 2009년.

상황 속에서 허무한 본질을 버리고 자기 자신(실존)의 상태로 남아 새로운 본질을 설립하는 것을 보여주었다.

장폴 사르트르(Jean-Paul Sartre)의 사상은 다음과 같이 집약적으로 표현된다: 인간은 신(神)이나 초자연적 힘에 의해 결정된 불변의 본질(本質)을 가지고 태어나는 것이 아니라 본질적인 것이 없는 '무(無)의 존재'로 세상에 피투(被投)된 존재이지만, 자신의 자유의사에 따라 본질을 창조해나가는 존재이다. 도구와 같은 존재에 있어서는 본질이 존재에 앞서지만, 개별적 단독자인 실존(實存)에 있어서는 존재(存在)가 본질(本質)에 앞선다. "실존(實存)은 본질(本質)에 앞선다"라는 것은 자신의 자유의사에 의해 자신의 행동과 운명을 결정지을 수 있는 존재이기 때문에 인간은 자신의 행동결과에 대한 책임을 져야 한다는 것이다. 인간은 우선 실존하고 그 후에 스스로 자유로운 선택과 결단의 행동을 통하여 자기 자신을 만들어 나간다. 그리고 인간에게 삶의 의미를 제공해주었던 신(神)이 사라진 세계에서 인간에게 주어진 것은 무한의 자유(自由)이며, 이 허무의 바다에서 인간을 구출하는 것은 그의 결단이고 사회참여다. 이와 같이 실존(實存)에 의해 그 본질(本質)을 결정해가는 존재는 '자유로운 존재'이므로 실존(實存)의 본질은 자유(自由)이다. 그러나 여기서 자유(自由)는 가능한 선택 이전의 '관념적' 가능성으로서의 자유가 아니라, 일정한 선택의 필연성을 스스로 인수하는 '실존적' 자유이다. 그것은 현실의 자기가 무력하며 더럽혀져 있다는 것을 직시하고, 이러한 기존의 일상적 자기를 넘어서서 '밖에 서 있는다'고 하는 자기초극(自己超克)과 자기초월(自己超越)로써 진실한 본래적 자기 자신이 되려고 결단하는 것이다. 따라서 실존주의(實存主義, Existentialism)는 기성관념이 나타내는 형식적 보편성을 돌파하고 유한한 단독적 자기의 입장으로 되돌아와 거기서부터 재출발함으로써, 현존하는 자기의 유한성 밖으로 빠져나가는 인간 본래의 존재방식이다.

무한한 자기초극의 노력으로써 진실한 자기를 실현하려 하고, 이러한 자기의 결단으로 선택하는 것이 근원적 진리라고 하는 실존주의(實存主義, Existentialism) 철학의 주장은 추상적 관념이나 객관적 제도나 대중문화의 노예가 되어 개성과 주체성을 상실해 가고 있는 인간들에게 강력한 경종의 역할을 하고 있다. 실존주의(實存主義, Existentialism) 철학은 모든 도그마의 절대화 경향에 반항하고 인간 실존의 진실을 우선시킴으로써 현대 휴머니즘(Humanism) 철학으로서의 진가를 발휘한다.

③ 인간중심주의(Anthropocentrism)와 '인간성 회복 운동'50)

우리가 현대사회의 사회병리(社會病理) 현상인 '인간소외(人間疎外, Human Alienation)' 문제 극복을 위해서는, 현대사회의 위기를 극복을 위해 '가치(Value)'라는 행위 규범적 의미를 확실히 정립한 후 '인간중심적 가치'를 모색해야 된다.51) 여기서 제기될 수 있는 가장 본질적인 문제는 과연 '인간(人間)이란 무엇인가'이다. 인간(人間)의 본질적 문제는 카스만(O. Casmann)의 人間學(Anthropologic)에 상세히 논술되어 있다.52) 그 후 정립된 인간관(人間觀)은 크게 나누어 3가지, 즉 (1) 이성적(理性的) 인간관(人間觀), (2) 신학적(神學的) 인간관(人間觀), (3) 역사적(歷史的) 인간관(人間觀)으로 나눌 수 있다.

그렇다면, '인간중심주의(Anthropocentrism)'란 무엇인가? 인간중심주의적 가치로서 우선적으로 요청되는 것은 바로 인류공영(corporeality)이라는 지구공동체적 가치이다. 주지하다시피, 인간은 '폴리스적 동물', 즉 '공동체(Gemeinwesen) 동물'이다. 인간은 하나의 일정한 공동체의 전통 속에서 그 공동체의 한 구성원으로서 사회화 과정을 통해 자신의 '인격적 정체성(personal identity)'을 확립하고 이를 바탕으로 올바른 삶과 좋은 삶을 판단하고 추구하는 '성찰적 주체성(reflexive subjectivity)'을 발전시킨다. 이렇게 자기정체성 형성

---

50) 저자는 한때 '인간성 회복운동 추진 협의회(약어 '인추협')'을 창립하여 부회장 및 상임위원(1990년 12월~1995년 12월)을 역임한 바 있다. 상기 창립 기념회(1990.10.12)에서 '오늘의 인간성 상실 문제: 어떻게 극복할 것인가?: 기본방향과 실천방향을 모색한다'를 발표한 바 있다.

51) '가치(Value, Wert)'라는 말은 원래 근대 자본주의 경제의 성립과 함께 근대 경제학의 핵심개념으로 등장한 것으로서 교환관계에서의 계량적 척도로 쓰인 개념이다. 그런데 '가치(Value)'라는 용어가 경제학적 의미영역을 넘어서서 '사실(Fact)'과는 대립되는 의미로 사용되게 된 것은 19세기 주로 독일 철학자들에 의해서였다. 이들은 거의 모든 학문영역을 관통하여 존재하는 '당위적 요구'로서의 가치(Value)에 대한 일반론을 정립하고자 시도하였고, 이러한 '철학적 가치론(Axiology)'은 세계 철학계의 주요 관심사가 되었다. '철학적 가치론(Axiology)'은 19세기 및 20세기 초반 미국의 철학사상에 큰 영향을 미쳤고, 미국의 실용주의(實用主義) 철학의 성립에 있어서 중요한 역할을 담당하였다. 그리고 '철학적 가치론(Axiology)'의 주류를 이룬 것은 쾌락(pleasure)이나 만족(satisfaction)의 대상을 가치로 보는 쾌락주의적(hedonistic) 가치론과 욕구(desire)나 이해관계(interest)의 대상을 가치로 보는 이해관계론적 가치론이었다. 이러한 '철학적 가치론(Axiology)'들은 근본적으로 자본주의적 산업화를 핵심으로 하는 서구적 근대화가 지향하는 당위적 요구로서의 행위 패턴을 철학적으로 입론하는 것이었다. 무한하고 다양한 욕구를 가지고 이를 충족하기 위해 합리적으로 행위하는 경제인으로서의 '근대인(rational economic man)'이라는 개인주의적 인간관을 전제로 인간으로서의 당위적 행위 유형을 '철학적 가치론(Axiology)'으로 일반화한 것이었다.

52) 그 후 루이스 다우벤톤(Louis Jean Marie Daubenton), 요한 블루멘빠하(Johann Friedrich Blumenbach), 사무엘 죄머링(Samuel Thomas von Sömmering) 등의 생물학적 접근방법, 자연과학적 인간학회(Anthropologische Gesellschaft)의 접근방법, 막스 셸라(Max Scheler) · 글라게스(L. Klages) · 데오드 릿트(D. Litt) · 미헬란드만(M.Landmann)의 철학적 인간학(人間學)으로 발전되어 왔다.

에 있어서나 가치판단의 주체로서의 자기정립에 있어서나 인간은 공동체적 가치들에 의해 영향을 받게 된다.

개인의 자유와 권리의 신장을 도모하는 근대적 사유는 이러한 공동체 논리에 대항하는 담론을 발전시켰고, 이것은 이후 자본주의 경제체제의 성공적 관철과 함께 개인주의적 인간관과 가치관의 관철로 이어졌다. 그러나 개인 인격의 존엄성 확립과 개인의 자유와 권리의 신장이라는 측면에서, 이러한 발전은 문명사적으로 볼 때 매우 긍정적인 것이지만, 문제는 개인주의(個人主義)의 '절대화'이다. 공동체적 본질에 대한 망각은 곧 인간성에 대한 개인주의적 오해와 직결되어 있고, 도덕과 인간성 상실의 위기나 물질주의 · 향락주의는 이러한 절대적 개인주의의 윤리적 귀결 양태들이다. 상기한 절대적 개인주의에서 비롯된 사회윤리적 위기문제들에 직면하여 요구되는 것은 '공동체적 가치'의 회복이다. 물론, 이것은 단순한 회복이 아니라, 공동체적 가치의 인간중심주의적 회복이어야 한다. 다시 말해 개인의 자유와 권리의 신장과 함께, 더불어 사는 삶을 위한 공동체적 가치를 회복하는 것이어야 한다. 그렇다면, '인간성 회복(人間性 回復)'을 위해서 어떠한 노력과 접근방법이 필요한가?

첫째, 전술한 실존적 철학(Existentialism)의 심리적 및 정신적 접근방법이다. 즉, 현대사회에서 인간의 주체적 상실, 즉 '인간소외(人間疎外, Human Alienation)'를 극복함으로써 인간성 회복(人間性 回復)을 추구하자는 사상이다. 예로서 카를 야스퍼스(Karl Jaspers, 1883~1969)의 「세계관의 심리학」(1919년), 마틴 하이데거(Martin Heidegger, 1889~1976)의 「존재와 시간」(1928년), 마틴 하이데거(Martin Heidegger, 1889~1976)의 저서 「존재의 철학」(1927년), 장폴 사르트르(Jean-Paul Sartre, 1905~1980)의 강연집 「실존주의는 휴머니즘이다」(L'existentialisme est un humanisme, 1946년) 등을 들 수 있다.

둘째, 사회구조적 접근방법에 의한 인간성 회복(人間性 回復)을 들 수 있다. 미국의 심층심리학자 에리히 프롬(Erich Fromm, 1900~1980)은 다음과 같이 주장했다: 인간은 동물적 존재이면서도 동시에 정신적 존재이다. 따라서 육신적 생존을 위해서 필요한 욕구를 만족시켜 주려고 물질에만 치중하면 인간에게는 '소유(to have)'와 '사용(to use)'만이 있고 '존재(to be)'는 상실되어 결국 '비인격화(非人格化, impersonalization)'를 초래하게 된다. 따라서 현대사회에 있어서 인간성 회복(人間性 回復)을 위해서는 인간적 욕구와 다른 인간과의 연대성 및 그들에 대한 우애(友愛)가 필요하다는 것이다.

셋째, 미국의 경제학자 존 케네스 갈브레이드(John Kenneth Galbraith, 1908~2006)는 그의 저서 「신(新)산업국가」(The New Industrial State, 1967년)에서 다음과 같이 주장했다:

“우리들은 행동에 있어서와 마찬가지로 사상에 있어서도 우리가 우리에게 봉사하도록 만들어낸 기계(機械)의 하인이 되어가고 있다.”

상술하면, 고도로 전문화된 과학지식과 기술, 모든 산업의 기계화와 자동화, 사회조직의 관료화, 매스컴의 비약적 발달 등으로 오늘날 인간은 단지 산업사회의 부품으로서 존재하고 있다. 특히 최근에 더욱 급속도로 발달한 오토메이션, 컴퓨터, 로봇 등에 의하여 인간은 육체적 노동에서 해방되고 있을 뿐만 아니라 정신적 노동마저도 기계가 대행하는 경우가 차츰 증가되고 있어 인간은 자기고유의 인간, 주체적 기능과 인간성을 상실하게 된 것이다. 따라서 그는 ‘인간성 회복(人間性 回復)’을 위한 접근방안으로서 다음과 같이 2가지를 제시하였다:

① 냉전으로 인한 파괴적 무기생산의 경쟁으로부터 파괴적이 아닌 경쟁(예: 우주개발 경쟁)으로 전환해야 할 것이다.

② 사회공공영역에 대한 투자를 증대해야 할 것이다.

상기한 3가지 ‘인간성 회복(人間性 回復)’ 방법 중에서, 본 연구는 전술한 실존적 철학(Existentialism)과 존 케네스 갈브레이드(John Kenneth Galbraith, 1908~2006)의 접근방법(특히 사회공공영역에 대한 투자 증대)을 공감하되, 본서의 목적상 에리히 젤리히만 프롬(Erich Seligmann Fromm, 1900~1980)의 사회구조적 접근방법(인간적 욕구와 다른 인간과의 연대성 및 우애(友愛) 강화)을 선택한다.

에리히 프롬(Erich Fromm)은 그의 저서 「정상적 사회」(The Sane Society)에서 공정하고 밝은 사회를 건설하기 위한 덕목으로서 3가지, 즉 정의, 협동정신, 인간애를 들면서 다음과 같이 갈파하였다: *“아무도 다른 사람의 목적을 위한 수단이 아니고 예외 없이 자기 자신의 목적이며, 따라서 자기 자신의 인간적 능력의 발휘 이외의 다른 어떤 목적을 위해서 이용되거나 행동하는 일이 없는 사회가 건설되어야 한다.”* 따라서 물질과 권력은 인간을 위해서 중요한 수단적 가치이며, 목적으로서의 가치는 어디까지나 인간에게 있다. 권력이 공동체의 번영 내지는 사회구성원의 행복을 위하여 사용되지 않고 사사로운 목적을 위해서 남용되고 있다는 데 문제가 있는 것이다.

또한 카를 야스퍼스(Karl Jaspers, 1883~1969)가 “인간임은 인간됨이다”라고 말하였듯이, ‘인간성 회복’의 본질은 “人間됨”을 복구하기 위한 도덕과 윤리의 회복을 추구한다. 우선, 도덕(道德, Moral)이란 글자 그대로 道와 德으로서 구성되어 있다. 도(道)란 사람이 걸어다니는 길인 동시에 사람이면 마땅히 행하지 아니하면 안 되는 인간의 길로서 도덕의 객관적 요소를 구성한다. 즉, '인간의 當爲(sollen)'인 것이다. 이와 대조적으로, 덕(德)이란 인간의 '도(道)'를 실천할 수 있는 인간의 주관적 성품으로서 도덕의 주관적 요소를 구성하며, 즉 '인간의 能力(Konnen)'인 것이다. 다음으로, 윤리적(倫理的, ethics)이란 글자 그대로 倫과 理로서 구성되어 있다. '윤(倫)'이란 인간의 공동체를 의미하는 동시에 인간관계의 도덕적 권리를 나타낸다. 예를 들면, 삼강오륜(三綱五倫)은 '君民, 父子, 夫婦, 長幼, 親舊'라는 인간관계에 '義, 親, 別, 書信'이라는 도덕적 질서를 말하는 것이다. 한편, '이(理)'란 로고스(logos), 즉 이성(理性)을 뜻하는 것이다.

또한 「작은 것이 아름답다」(Small is Beautiful)의 저자인 슈마허(Ernst Friedrich Schumacher, 1911~1977)의 저서 「방황하는 현대인을 위한 길잡이」(A Guide for the Perplexed, 1981년)에서 현대사회의 위기는 '성장지상주의'와 '물질숭배'라는 현대적 우상에 의해서 인류사회가 '인간이 소외된 사회'로 전락되어 가는 데 있으며 '인간소외(人間疎外, Human Alienation)'의 책임은 과학적·도구적 합리주의(rationalismus)에 있다고 비판하고 참다운 인간정신을 부흥시켜 사회의 중심에 인간(人間)을 복원시키자고 주장하였다.[53)]

따라서 본 연구는 인간중심주의(Anthropocentricism) 사회에서 인간의 존엄성(尊嚴性)과 창의성(創意性)을 위한 물질적 기본욕구(基本欲求)는 5개: ① 직장, ② 주택, ③ 교육, ④ 의료, ⑤ 연금이라고 실증적 분석으로 규정하고 상기한 기본욕구(基本欲求)들을 충족시킬 수 있는 사회가 '완전고용기반형 복지사회(Full Employment-based Welfare Society)'이며, 이러한 사회가 시장기능과 사회제도로서 보장될 수 있는 정치·경제체제가 바로 '정의로운 국가(A Justice-based State)'와 '효율적이고 공정한 시장 자본주의(An Efficient and Equitable Market Capitalism)'라고 각각 정의한다.

(2) 궁핍화(窮乏化)·경기순환론(景氣循環論)·계급투쟁에 의한 자본주의의 파멸불가피론(破滅不可避論)에 대한 비판

본 연구가 지적하는 카를 마르크스(Karl Marx, 1818~1883)의 「자본론」(資本論, Das Kapital, 1867년)의 근본적인 오류(誤謬)는 다음과 같다: 기술혁신(技術革新)에 의한 자본주의 경제의 회복력 및 번영을 간과함으로써 궁핍화(窮乏化)와 경기순환론(景氣循環論), 계급투쟁에 의한 자본주의의 파멸불가피론(破滅不可避論)으로 논리적 오류를 범했었다는 점이다.

물론, 카를 마르크스(Karl Marx, 1818~1883년)는 기술혁신(技術革新)의 중요성을 잘 인

53) 박영철 역(1981), Schumacher, Ernst Friedrich, 「인간회복의 길」, 한벗.

식하고 있었지만 그 자체가 자본주의의 내재적 모순을 극복할 수 있는 것이 아니며, 오직 계급투쟁(階級鬪爭)을 통한 자본주의(資本主義) 착취구조(搾取構造)의 종식을 주장하였다. 즉, 그는 계급투쟁(階級鬪爭)의 열기가 기술혁신(技術革新)의 효과를 압도한다고 암묵적으로 가정했었던 것이다. 이 결과, 계급투쟁에 의한 자본주의의 파멸불가피론(破滅不可避論)이 도출되었던 것이다.

그러나 아이러니하게도, 붕괴된 것은 자본주의(資本主義)가 아니라 사회주의(社會主義)였다. 사회주의(社會主義)는 부(富)가 아니라 빈곤(貧困)을 창출하였다. 소련 공산당은 경제적 평등이 아니라 미증유의 경제적 특권을 누리는 노멘크라투라(nomen−klatura, 소련의 특권계급)를 양산하였다. 만약 카를 마르크스(Karl Marx)가 기술혁신(技術革新)이 계급투쟁(階級鬪爭)을 압도할 수 있다는 것을 인식 내지 수용했었다면, 자본주의 국가의 '생산력과 생산관계의 모순'과 사회주의 국가의 '본질적 생산력 부족 문제'는 계급투쟁(階級鬪爭)이나 농업집산화(農業集散化)가 아니라 기술혁신(技術革新)으로써 극복할 수 있었다고 본 연구는 강조한다.

상기한 본 연구의 지적은 카를 마르크스(Karl Marx) 생애(1818~1883)를 세계 자본주의 경제의 장기파동과 관련지어 보면 명확히 드러난다. 즉, 카를 마르크스(Karl Marx)의 사망연도인 1883년은 공황기(1873~1883)의 종점(終點)임과 동시에 회복기(1883~1892)의 시발점(始發點)으로서 그는 매우 불행하게도 제2차 산업혁명(1865~1900)의 기술혁신(제강법, 합성연료, 플라스틱, 인공염료, 인조섬유, 증기기관, 전동기, 가솔린 내연기관 등)을 통하여 자본주의 경제가 회생 내지 더욱 번성될 수 있다는 것을 육안으로 목격하지 못하고 사망하였다.

상술하면, 저자는 기술경제이론(Technological Economics)을 수십 년 동안 한양대학교에서 강의하면서 카를 마르크스(Karl Marx)의 궁핍화(窮乏化)와 단기적 경기순환론(景氣循環論)을 다음과 같이 수식(數式)을 사용하여 간략히 설명했다: 상기 이론의 기본 가정은 카를 마르크스(Karl Marx)의 「자본론」(資本論, Das Kapital, 1867년)이 설명하고 있는 '이윤율 저하의 경향(TRPF: The Tendency of the Rate of Profit to Fall)' 법칙이다.

$$P = \frac{S}{C+V} = \frac{S/V}{(C/V)+1}$$

여기서 P＝이윤율, S＝잉여가치, C＝불변자본, V＝가변자본
C/V = 자본의 유기적 구성도, S/V = 잉여가치율 혹은 노동착취율

여기서

- 이윤율(P) = 투자된 자본(불변자본과 가변자본)에 대해 자본가가 획득한 잉여가치(이윤, S)를 투자된 총자본(불변자본 C와 가변자본 V의 합)으로 나눈 비율(S/(C+V))
- 불변자본(C) = 생산수단
- 가변자본(V) = 노동력(즉, 상품을 생산하기 위하여 투입하는 인간의 신체적·정신적 능력의 모든 것)
- 잉여가치율(S/V) = 노동이 노동력의 가치를 능가하여 만들어낸 가치(잉여가치, S)를 가변자본(노동력, V)으로 나눈 비율(노동착취율)
- 자본의 유기적 구성도(C/V)=생산수단(불변자본, C)과 노동력(가변자본, V)의 상대적 비율
- 노동강도 = 동일한 노동시간에 어느 정도의 노동력이 투입되는가를 나타냄
- 상품 = 노동의 생산물, 즉 상품가치(상품 생산에 지불된 노동의 결정체)는 교환가치와 사용가치로 나누어지는데, 교환가치에서 사용가치를 뺀 나머지가 상품에 내포된 노동의 생산물이라는 것임

따라서 이윤율(P)이란 불변자본(C)과 가변자본(V)의 총액(C+V)에서 차지하는 잉여가치(S)의 비율(S/(C+V))로 정의된다. 이윤율(P)은 잉여가치율(S/V)에 정비례하고 자본의 유기적 구성도(C/V)에 반비례한다. 따라서 잉여 가치율(S/V)이 고정되어 있다는 가정하에서 자본의 유기적 구성도(C/V)의 고도화는 이윤율(P)을 저하시킨다. 즉, '이윤율의 저하경향'은 자본주의적 축적의 일반법칙으로서의 자본의 유기적 구성도(C/V)의 고도화의 직접적인 결과이다. 이것을 '이윤율 하락의 경향의 법칙(TRPF: The Tendency of the Rate of Profit to Fall)'이라고 부른다.

카를 마르크스(Karl Marx, 1818~1883)는 자본축적의 진전에 따른 '이윤율 저하의 경향(TRPF)'이 노동 착취도(S/V)의 증대, 노동력 가치 이하로의 임금저하, 불변자본 요소의 저렴화, 상대적 과잉인구, 외국무역 등에 의해서 상쇄될 수 있다고 주장하였다. 또한 이윤(李潤)은 또 하나 다른 이유, 즉 잉여가치율(剩餘價値率)의 저하(低下)에 의해서도 감소될 수 있다. 예로서 임금률의 상승이거나 법령에 의한 노동시간의 단축 등을 들 수 있다. 이것이 자본가로 하여금 노동을 노동절약적 자본재로 대체하도록 유인하게 된다. 그렇게 함으로써 신상품이나 기술진보의 충격파는 관계없이 일시적으로 투자의 증가를 유도할 수 있다. 여기서 기술진보(技術進步)는 자본주의 경제의 단기적 자본주의적 위기를 일시적으

로 극복하게 해 주는 하나의 수단에 불과한 것으로 간주한다.

상기한 기본가정하에서, 카를 마르크스(Karl Marx, 1818~1883)는 '궁핍화(窮乏化)와 경기순환론(景氣循環論)' 및 '파멸불가피론(破滅不可避論)'을 주장했다: 자본주의 경제는 이윤율(P)이 끊임없이 저하되는 경향을 갖는다. 자본주의 경제가 이러한 경제내적 현상, 즉 이윤율(P)의 저하를 저지하고 지속적인 번영을 확보하기 위해서는 이윤율(P)을 급격히 증진시킬 수 있는 경제외적 요인들이 필요하게 되는데, 이러한 경제외적 요소들로서 전쟁, 반혁명, 금광의 발견, 노동자 계급투쟁의 저지 등을 들 수 있다.

다시 말하면, 카를 마르크스(Karl Marx, 1818~1883)는 자본축적의 진전에 따른 '이윤율 저하의 경향(TRPF)'이 노동 착취도(S/V)의 증대, 노동력 가치 이하로의 임금저하, 불변자본 요소의 저렴화, 상대적 과잉인구, 외국무역 등에 의해서 상쇄될 수 있다고 주장하였다. 또한, 카를 마르크스(Karl Marx, 1818~1883)에 의하면 이윤(李潤)은 또 하나 다른 이유, 즉 잉여가치율(剩餘價値率)의 저하(低下)에 의해서도 감소될 수 있다. 예로서 임금률의 상승이거나 법령에 의한 노동시간의 단축 등을 들 수 있다. 이것이 자본가로 하여금 노동을 노동절약적 자본재로 대체 하도록 유인하게 된다. 그렇게 함으로써 신상품이나 기술진보의 충격파는 관계없이 일시적으로 투자의 증가를 유도할 수 있다. 그러나 자본주의 경제는 '이윤율의 하락 경향(TRPF: The Tendency of the Rate of Profit to Fall)'에 의하여 규정되기 때문에, 자본주의 경제가 이러한 경제내적 현상, 즉 이윤율의 저하를 저지하고 지속적인 번영을 확보하기 위해서는 이윤율을 급격히 증진시킬 수 있는 몇몇 경제외적 요인들이 필요하게 된다는 것이다. 이러한 경제외적 요소들로서 전쟁, 반혁명, 금광의 발견, 노동자 계급투쟁의 저지 등을 들 수 있다고 한다. 또한 기술진보(技術進步)는 자본주의 경제의 단기적 자본주의적 위기를 일시적으로 극복하게 해 주는 하나의 수단에 불과한 것으로 간주한다.

그러나 '이윤율 저하의 경향(TRPF: The Tendency of the Rate of Profit to Fall)'은 기술혁신(技術革新)에 의하여 제고될 수 있다는 것이 자본주의 경제발전의 역사적 사실이다. 다시 말하면, 마르크스(K. Marx)와 엥겔스(F. Engels)가 분석대상의 역사(歷史)를 장기(長期)에 두지 않고 단기(短期)에 국한함으로써 자본주의 경제체제의 '생산력과 생산관계의 모순'과 궁핍화(窮乏化)를 장기(長期) 현상인 기술혁신(技術革新)에 의하여 해결할 수 있다는 점을 간과했었다는 점이다. 이 결과, 카를 마르크스(Karl Marx, 1818~1883)의 「자본론」(資本論, Das Kapital, 1867년)은 자본주의 국가의 내구성과 안정성을 간과했다.

① 루돌프 힐퍼딩(Rudolf Hiferding, 1877~1941): 「금융자본론」(Das Finanzkapital, 1910년)

신(新)마르크스주의(NeoMarxism)를 표방하는 독일사회민주당의 이론적 지도자이며 정치가였던 루돌프 힐퍼딩(Rudolf Hiferding, 1877~1941)은 그의 유명한 저서 「금융자본론」(Das Finanzkapital, 1910년)에서 카를 마르크스(Karl Marx, 1818~1883)의 집중이론(集中理論)에 의한 자본주의 파멸불가피론(破滅不可避論)과는 정반대(正反對)로 오히려 집중(集中)을 통하여 자본주의(資本主義)는 안정을 얻을 수도 있다고 주장했다. 그리고 루돌프 힐퍼딩(Rudolf Hilferding)은 상기 저서 「금융자본론」(Das Finanzkapital, 1910년)에서 '금융자본주의(金融資本主義, Financial Capitalism)'라는 용어를 만들고 20세기의 마르크스 경제학을 구축하였다. 상기 저서에서, 그는 사회주의(社會主義)의 불가피한 출현에 앞서 '금융자본주의(金融資本主義, Financial Capitalism)'가 자본주의(資本主義)의 궁극적인 최종단계라고 주장했다. 그는 자본주의 경제에 있어서 은행이 예금자에게 지급하는 예금이자와 대출이자의 차이는 엄청나게 커진다고 가정하에서 은행과 은행가들은 유일한 이익 창조자로서 결국 자본주의 경제의 지배자가 될 것이라고 주장했다.[54]

몇 년 후, 블라디미르 레닌(Vladimir Ihich Lenin, 1870~1924)은 상기한 루돌프 힐퍼딩(Rudolf Hilferding, 1877~1941)의 주장을 공산주의(共産主義) 이론의 기초로 활용했다. 즉, 소련은 경제계획을 국립은행을 중심으로 추진하였으며, 은행대출의 할당을 통제했었다. 제2차 세계대전(1939~1945) 이후에도, '금융자본주의(金融資本主義, Financial Capitalism)'는 사회주의자들이 고수한 원칙이었다. 예로서, 제2차 세계대전 후, 영국에 노동당 정부가 들어서자 은행을 즉각 국유화(國有化)했으며, 몇 년 후 프랑스에서도 최초의 사회당 정부가 들어서자 주요 상업은행들을 국유화(國有化)하였다.

상기한 루돌프 힐퍼딩(Rudolf Hilferding)의 주장: 사회주의에 도달하기 전, '금융자본주의(金融資本主義, Financial Capitalism)'가 자본주의(資本主義)의 궁극적인 최종단계라는 것과 관련하여, 2008년 하반기 미국 주택시장에서 부동산 거품이 붕괴되면서 미국발(發) 글로벌 금융위기가 야기되었으며, 그 여파로 유럽의 재정위기와 2016년 6월 영국의 유럽연합 탈퇴(BREXIT)가 유발되었다. 이것은 세계화(Globalization)와 신(新)금융자본주의(New Financial Capitalism)의 실패를 의미한다.

54) 그러나 오늘날 루돌프 힐퍼딩(Rudolf Hilferding, 1877~1941)의 예언과는 달리, 예금과 대출의 금리 차이는 계속 줄어들고 있다. 상업은행들은 이자 수입만으로는 은행을 유지할 수 없게 되어 투자은행으로서 이윤을 창출하고 있다.

2008년 하반기 글로벌 금융위기의 근본적 요인은 신자유주의(New Liberalism)가 풍미했었던 지난 30년 동안 통제되지 않은 금융시스템의 위험성, 단기 수익 추구 방식의 주주자본주의 기업경영의 문제점, 극심한 소득 및 부(富)의 불평등, 사회양극화의 심화이다. 상술하면, 누적되고 있는 부(富)의 불평등과 그로 인한 소비 감축을 간과한 채, 신자유주의(New Liberalism)의 금융혁신은 임시방편적인 금융공급시스템으로 일관해왔다. 소득이 늘지 않는 99%에게 차입에 의한 추가 수요여력을 확대해줌으로써 소득 110%의 소비를 가능하게 해주었으며, 그렇게 소비가 늘어나는 한, 소득 불평등의 문제는 은폐될 수 있었다. 그러나 더 이상의 차입능력이 불가능해지고 거품이 꺼지면서 차입에 의한 소비 충족 시스템은 붕괴했다. 이젠, 비록 금융공급시스템이 복구되었더라도 추가 차입에 의하여 소비가 충족되는 것이 아니라 오히려 차입 상환을 해야 하는 시기가 도래한 것이다.

2008년 하반기 글로벌 금융위기에 대한 대응한 '새로운 정상적 경제(New Normal Economy)': 부채축소(Deleveraging) · 규제강화(Reregulation) · 탈(脫)세계화(DeGlobalization)가 글로벌 트렌드로 자리 잡아가고 있다. 이와 동시에, 세계 경제학자들은 정부실패 vs 시장실패(즉, 작은 정부 vs 큰 정부) 및 시장 자본주의 vs 국가 자본주의를 벌이고 있다. 그러나 상기의 논쟁에서 어느 쪽이든 간에, 저자는 동의할 수 없다. 왜냐하면 시장 자본주의(Market Capitalism)와 국가 자본주의(State Capitalism)의 선택에 관한 논쟁에서 당연히 자유시장경제체제를 근간으로 삼는 자본주의(Capitalism)는 사회주의(Socialism)에 비하여 민주주의(Democracy)를 실행하는 데 효율적인 경제체제이기 때문이며, 나아가 글로벌 경제위기의 근본 요인은 시장실패(Market Failure)와 정부실패(Government Failure)를 모두 포함하고 있기 때문이다. 여기서 문제의 핵심은 정부의 크기가 큰 것이냐 혹은 작은 것이냐 하는 '정부의 크기(Size)'가 아니라 '정부의 역할(Role)'이라고 저자는 확신한다.

사실, 2008년 하반기 글로벌 금융위기는 발생배경, 파급경로 및 확산범위의 측면에서 보면 세계대공황(1929~1939)과 유사한 패턴을 보이고 있다. 다시 말하면, 최근 글로벌 금융위기는 2000년 IT버블 붕괴 이후 10여 년간 지속되어 온 통화확대/저금리 정책기조 하에서 신용에 기반해서 형성된 자산버블이 뇌관으로 작용하였다. 그 파급경로도 주식시장을 넘어 실물경제로 급격히 전이되고 있으며, 금융개방에 따라 글로벌 연계성으로 인해 글로벌 확산이 진행 중이다.[55)]

55) 뉴욕대학의 누리엘 루비니(Nouriel Roubini) 교수가 2008년 글로벌 금융위기를 최초로 정확하게 예언함으로써 세상을 놀라게 함으로써 그는 '닥터 둠(Doctor Doom)'이라는 병명을 얻었다. 그는 최근에 2013년에는 세계 경제가 '퍼펙트 스톰(Perfect Storm)'을 당할 것이라고 예언하였다. 즉, 2013년에는 세계 경제의 악재(미국의 재정위기, 유럽의 채무위기, 중국의 경제성장 둔화, 일본의 대지진 타격 등)가 한꺼번

그러나 미국발(發) 글로벌 금융위기는 지구촌의 수많은 기업들과 선량한 시민들을 파산시키고 심지어 수많은 사람들을 자살시켰음에도 불구하고 미국 정부는 세계인을 향하여 '공식적 사과'가 없다. 이것은 국가의 도덕성(道德性) 문제이다. 2012년 1월 세계 각국 정계·관계·재계의 리더가 스위스의 다보스(Davos)에서 모여 세계 경제위기의 해법을 모색했지만 뾰족한 대책을 도출해내지 못하고 종료되었다. 세계경제포럼 회장 클라우스 슈바프(Klaus Schwab)는 신(新)자유주의(New Liberalism)의 실패를 인정하고 "우리가 죄를 지었다"고 고백했다.

② 안토니오 그람시(Antonio Gramsci, 1891~1937): 「옥중수고(Quaderni del carcere)」(1929~1935)

이탈리아 마르크스주의자인 안토니오 그람시(Antonio Gramsci, 1891~1937)[56]는 1918년에서 1921년 사이에 분출한 노동자 투쟁에 참여했다. 이탈리아 노동자들이 1917년 러시아를 휩쓴 혁명에 고무되어 공장을 점거했다. 그러나 그들의 투쟁은 1922년에 패배했고 파시스트 무솔리니가 권력을 장악했다. 안토니오 그람시(Antonio Gramsci)는 투옥됐다. 그는 노동자들이 사회주의 사상을 받아들이게 되는 과정을, 또한 사회주의 혁명이 러시아에서는 성공하였으나 이탈리아에서는 실패한 이유를 각각 연구했다.

안토니오 그람시(Antonio Gramsci, 1891~1937)의 「옥중수고(Quaderni del carcere)」(1929~1935년)는 그가 옥중에서 쓴 글들을 모은 저서로서 마르크스주의적 사회분석 수준을 한 단계 끌어올린 가장 창의적인 마르크스주의적 저작의 하나다. 그는 상부구조의 중요성, 특히 이데올로기와 국가의 중요성에 주목하였다. 지배적 이데올로기가 어떻게 대중적 지

에 몰아치는 최악의 상황이 전개될 것이며, 그 여파는 2008년 하반기 글로벌 금융위기보다 더 심각한 총체적 위기 상황을 초래할 것이라고 한다. Nouriel Roubini(2012), "A Global Perfect Storm", Project Syndicate, July 15.

56) 안토니오 그람시(Antonio Gramsci, 1891~1937)는 어린 시절 사고로 척추를 다치는 바람에 키가 매우 작았고 병약했으며 가난해서 제대로 된 치료도 받지 못하였다. 그러나 그는 선천적으로 매우 뛰어난 두뇌를 가진 데다, 특유의 노력이 더해져 젊은 시절부터 사상가로서의 면모를 떨쳤다. 안토니오 그람시(Antonio Gramsc)는 20대에 이탈리아 사회당에 입당했으나 무솔리니와의 갈등으로 탈퇴하고 마르크스-레닌주의를 추구하기 위해 독자적인 공산당을 창당했다. 당시, 파시즘에 저항하는 노동자의 사상을 일깨우고 일종의 일당독재에 대한 저항의식을 고취시키는 안토니오 그람시(Antonio Gramsci)와 그 동료들의 공격은 무솔리니 입장에선 정치적으로 매우 부담스러웠다. 결국, 무솔리니는 안토니오 그람시(Antonio Gramsci)의 공산당을 강제 해산시키고 그를 투옥시켰다. 그를 재판한 담당 판사는 '이탈리아를 멸망시킬 만한 두뇌를 가지고 있다'고 20년 형을 선고했었다. 안토니오 그람시(Antonio Gramsci)는 감옥에서 「옥중수고(Quaderni del carcere)」(1929~1935년)를 비롯한 여러 책들을 남기고 사망했다.

지를 얻으며 안정화되어 가는가에 관심을 가졌다. 당시, 고전적 마르크스주의학자들은 1871년 파리 꼼뮨을 전·후한 혁명적 노동운동을 자본주의 몰락의 징조로 간주했으며, 또한 레닌(Vladimir Ilich Lenin, 1870~1924)은 제1차 세계대전을 보면서 자본주의 몰락의 징조로 파악하였다. 이와 대조적으로, 안토니오 그람시(Antonio Gramsci)는 1871년 이후 혼란 속에서 자본주의가 안정화되고 확산되어 가는 국면에 접어들었다고 사유했다.

안토니오 그람시(Antonio Gramsci, 1891~1937)는 그의「옥중수고(Quaderni del carcere)」(1929~1935년)에서 자본주의 국가의 내구성과 안정성의 원인과 그것을 어떻게 설명할 것인가를 탐구했다. 그는 비(非)결정주의적 역사관에 입각하여 정치학적 견지에서 자본주의(資本主義)의 지속성을 규명하고자 했다. 즉, 역사와 사회의 변화가 객관적으로 존재하는 법칙성에 따라 결정되는 것이 아니라 주체로서 참가하는 인간의 투쟁, 의지, 참여에 의해 결정된다는 것이다. 그렇다고 해서 인류의 미래가 그때그때 인간의 자의에 의해 결정되는 우연의 연속이라고 본 것은 아니다. 기본적 지향은 사회주의이지만 그것의 필연적 승리가 보장되어 있는 것은 아니라는 것이다. 그는 낙관주의와 비관주의에 대해 양쪽 모두를 비판한다.

안토니오 그람시(Antonio Gramsci, 1891~1937)는 마르크스주의에 대한 '결정론적' 해석(경제적/기계론적 고전적 마르크스주의)을 거부했다. 1920년대와 1930년대에 정통적 마르크스주의들의 경제주의적 해석의 특징은 환원주의(還元主義)와 반영주의(反影主義)이다. 환원주의(還元主義)는 상부구조의 영역(정치문화 등)에 해당하는 모든 것을 궁극적으로 경제적 요인에 환원시켜 설명하려고 한 것이다. 이에 저항한 인물들이 루카치(계급의식의 중요성)와 그람시(정치, 문화, 이데올로기를 독자적 자율성을 갖는 영역으로 인식)이다. 반영주의(反影主義)는 국가는 부르주아 계급의 이익을 반영하는 도구적 기구라는 식으로 토대적인 것을 반영하는 기구로서 해석하는 것이다. 마르크스는 이데올로기를 허위의식이고 그 자체는 물질성을 갖지 않는다고 보았다. 이와 대조적으로, 안토니오 그람시(Antonio Gramsci)에게 이데올로기는 토대를 그대로 반영하고 피동적/비물질적인 것이 아니라 그 자체의 자율성을 갖는다는 것이다. 즉, 안토니오 그람시(Antonio Gramsci)는 역사(歷史)란 인간이 배제된 어떤 객관적 힘, 관계, 구조에 의해 결정된다는 마르크스주의를 배격했다. 그 이유는 상기 '결정론적' 해석은 심각한 경제위기가 노동자들을 자동으로 혁명가로 만들 것이라고 가정하기 때문이다.

안토니오 그람시(Antonio Gramsci, 1891~1937)는 프롤레타리아 혁명의 승리가 반드시 필연적이고 불가피한 것은 아니라고 사유했다. 그것은 인간의 투쟁과 노력, 승리와 패배

속에서 만들어진다는 것이다. 다시 말하면, 안토니오 그람시(Antonio Gramsci)는 마르크스주의자로서 자본주의 몰락과 프롤레타리아의 승리를 부인하고 있지는 않지만, 자본주의의 강고성과 노동자 계급의 패배를 목격하면서 상당한 기간의 노력을 통해서만 사회주의적 질서가 이루어질 수 있다고 사유했다.

안토니오 그람시(Antonio Gramsci, 1891~1937)는 마르크스주의에 대한 '결정론적' 해석(경제적/기계론적 고전적 마르크스주의) 대신에 문화적 헤게모니(hegemony) 이론[57]을 제시했다. 그는 지배계급이 어떻게 노동자들에게 자본주의만이 최상의 사회 운영 방식이라고 설득하는지를 연구했다. 그는 문화적 헤게모니(hegemony) 개념을 통해 서구권의 자본주의 국가에서 사회주의 혁명이 일어나지 않는 이유를 설명하고자 했다. 안토니오 그람시(Antonio Gramsci) 이전까지 지배와 피지배의 관계는 지배자의 일방적인 억압에 의한 것이라고 보았다. 그러나 피지배계층의 반발은 한정적인 것이었고, 이를 설명하기 위해 피지배 계층이 지배 계층의 권력에 동의한다는 발상을 문화적 헤게모니(hegemony)는 개념을 통해 압축해서 표현했다.

안토니오 그람시(Antonio Gramsci, 1891~1937)에 따르면 헤게모니(hegemony)란 그 사회의 지배적 사고를 가리킨다. 이에 맞춰서 개인들은 그에 복종하는 법을 배우게 되는데, 이를 위해 지배 계층은 자신들의 주도권을 계속해서 쥐기 위해서 문화적 영역 전반을 쥐고 헤게모니(hegemony)에 반대하는 사고를 검열한다. 이에 대항하려면 그들에게서 그들의 문화적 헤게모니(hegemony)에 반대하는 새로운 문화적 틀을 만들어내야 한다고 보았다.

다시 말하면, 사람들은 체제란 바꿀 수 없는 것이고 그저 열심히 일이나 하고 고분고분 살아야 한다고 믿게 된다. 사람들이 체제에 도전하지 않기 때문에 지배계급은 동의에 의한 지배를 주장할 수 있는 것이다. 이렇게 지배계급의 헤게모니 덕분에 정부와 기업은 거의 눈에 안 보이는 방식으로 노동계급을 계속 지배할 수 있다. 헤게모니(hegemony) 행사의 특징은 강제와 동의의 결합이고, 이 둘은 서로 보완적이다. 의회 민주주의와 시민적 자유가 국가의 '부드러운 벨벳 장갑'이라면 경찰과 군대는 '철권'이다.

따라서 안토니오 그람시(Antonio Gramsci, 1891~1937)는 선진 자본주의 사회의 혁명 전략으로서 '기동전(機動戰)', 즉 혁명을 시작하기 전에 '진지전(陣地戰)'에서 승리해야 한다고 주장했다. '진지전(陣地戰)'이란 사상 투쟁이고 이 투쟁에서 사회주의자들은 언론에서, 노

57) '헤게모니(hegemony)'의 사전적인 뜻은 어떠한 일을 주도할 수 있는 권력 또는 권한이다. 현재는 특정 국가가 다른 국가를 지배하여 영향력을 행사한다는 개념으로 통용된다. 19세기 후반 러시아 사회주의 운동 내에서 사용되기 시작해서 좌파 운동 내에서 간헐적으로 사용했다. 사용 계기는 서유럽의 자본주의 발전과 상이한 발전 경로를 보이는 러시아의 정치적 상황을 설명하기 위해서였다.

동조합 같은 노동계급 대중 조직에서, 학교와 대학에서 체제의 진정한 본질을 폭로하고 대안을 제시하는 것이다. 또한 독자적인 출판물을 내고 노동조합에서 조직하고 학생 단체를 운영하고 대규모 토론회를 열고 혁명정당을 건설하는 것이다.

상기와 같이, 문화적 헤게모니(hegemony) 개념을 통해 이전까지 게릴라 운동과 폭력투쟁으로 점철되어 있던 좌파 운동은 이에 대항하기 위한 진지를 구축하는 것이 중요하다는 것이다. 즉, 단순히 제도권을 폭력적으로 강탈하는 것이 아니라 헤게모니(hegemony)를 쥐기 위한 문화적 투쟁을 해야 한다는 것이다.

(3) 마르크시스트(Marxist)의 장기파동(長期波動) 이론

전술한 바와 같이, 카를 마르크스(Karl Marx, 1818~1883)는 이른바 궁핍화(窮乏化, Verelendung, Immiserization) 현상으로 인하여 대중의 빈곤(貧困)이 점점 더 증대함을 강조하였다. 착취당하는 대중이, 부단히 확장하는 생산장치가 생산하는 상품을 구입할 수 없기 때문에 이윤율(利潤率)은 기업 파산(破産)의 지경에까지 떨어지며, 이 두 가지 사실로 인하여 공황(恐慌)이나 불황(不況)이 일어난다고 결론지었다.

① 카를 마르크스(Karl Marx)의 '단기 경기순환론'

카를 마르크스(Karl Marx, 1818~1883)의 경기순환론(景氣循環論)은 사실상 과소소비론(過少消費論)의 하나로 지금까지 분류되어 왔다.[58] 7~11년의 고정된 투자 순환인 주글라 사이클(Juglar cycle)과 마찬가지로 카를 마르크스(Karl Marx)도 망설임 없이 '소폭적 파동으로 단속(斷續)되는(interrupted by minor fluctuations)' 10년 주기(週期)의 '단기 경기순환론'을 주장하였다.

사실, 카를 마르크스(Karl Marx)는 10년이라는 주기의 원인이 무엇인가에 대하여 깊은 흥미를 가졌고 면업(綿業)에 있어서의 기계의 내용수명(耐用壽命)과 어떤 관계가 있을지도 모른다는 생각을 깊이 검토하였다. 그 밖에도 공황(恐慌)과 구별되는 의미에서 경기순환(景氣循環)의 문제에 누구보다도 깊이 골몰했었다. 그의 주요 결론은 노동자 1인당의 절대적인 몫이 저하하거나 또는 적어도 증대되지는 않는다는 것이다. 특히, 프리드리히 엥겔

58) 투간 바라노프스키(Tugan Baranowsky)는 그의 저서 「마르크스주의의 이론적 기초」(Theoretische Grundlagen des Marxismus, 1905)에서 그러한 근거에 의거하여 카를 마르크스(Karl Marx)의 공황이론을 비판하였다. 또한 모리스 돕(Morris Dobb)은 그의 저서 「경제학과 자본주의」(Political Economy and Capitalism, 1937)에서 이에 대하여 좀 더 동정적인 입장을 취하였다.

스(Friedrich Engels, 1820~1895)는 「자본」(Das Kapital) 제3권에 붙인 그의 각서 중의 어떤 부분들은 그가 한층 더 장기적인 파장(波長)이 있는 것이 아닌가 하고 의심하고 있는 것을 보여주고 있다. 아마도, 그는 니콜라이 콘드라티에프(Nicholai Kondratiev, 1892~1938)의 '장기 파동론'을 예견한 듯하다.

② 마르크시스트(Marxist)의 장기파동(長期波動) 이론

경기변동(景氣變動)은 경제가 호황→후퇴→불황→회복의 경기 국면을 주기적으로 순환하는 현상을 말한다. 경기변동의 주요 파동으로 유명한 것은 40개월(3~5년) 주기로 움직이는 키친 파동(Kitchin cycles), 10년(7~11) 주기의 주글라 파동(Juglar cycles), 17년 주기의 한센 파동, 15~25년 주기의 쿠즈네츠 파동(Kuznets swing), 45~60년 주기의 콘트라티예프 파동(Kondratiev wave)이 있다.

소련의 경제학자이자 통계학자인 니콜라이 콘드라티예프(Nikolai Kondratiev, 1892~1938)는 1925년에 「장기파동론」(The Major Economic Cycles)을 발표했는데, 그는 19세기 물가행태와 관련된 각종 데이터를 바탕으로 경기순환의 장기적 주기(Long Cycle)가 45~60년의 기간을 두고 반복된다는 사실을 보여줬다. 즉, 상기한 콘드라티예프 파동(Kondratieff Wave)에 의하면 한 국가의 경제는 성장과 침체가 반복된다는 것이다.[59)]

장기파동(長期波動) 현상을 분석함에 있어서 정치경제학적 접근을 시도한 대표적인 학자는 어네스트 멘델(Ernest Mandel, 1923~1995)[60)]과 로버트 고든(Robert J. Gordon, 1940~현

59) 장기적인 경기순환을 처음 발견한 것은 구소련의 우파 경제학자인 니콜라이 콘트라티에프(Nikolai Kondratiev)였다. 하지만 그는 거대한 파동을 발견하였을 뿐, 그 파동의 명확한 이유는 제시하지 못하였다. 그런데 그의 발견에 영감을 얻은 오스트리아의 경제학자 조지프 슘페터(Joseph Schumpeter)가 증기기관이나 철도, 전기 등 중요한 기술 혁신과 장기적인 경기 파동이 겹치는 사실을 발견하고, 이를 바탕으로 기술 혁신의 관점에서 경제 성장의 순환을 설명한 이후 '장기파동 이론'이 큰 주목을 받게 되었다.

60) 어네스트 멘델(Ernest Mandel, 1923~1995)는 1923년 4월 5일 독일 프랑크푸르트에서 태어났다. 젊은 시절 앤트워프(Antwerp)에서 국제 트로츠키주의자 운동단체인 '제4인터내셔널(the Fourth International, 약칭 FI)' 벨기에 지부에 가담했다. 그의 아버지 앙리 만델(Henri Mandel)과 어머니 로자 만델(Rosa Mandel)은 폴란드에서 독일로 망명한 유대인이었는데, 아버지는 로자 룩셈부르크(Rosa Luxemburg)와 칼 리프크네히트(Karl Liebknecht)가 지도한 스파르타쿠스 동맹 조직원이었다. 그의 첫 대학 입학은 독일 점령군의 대학 폐쇄에 의해 중단되었다. 그는 제2차 세계대전 기간 동안 항독(抗獨) 레지스탕스 활동 중 두 번 체포되었고 두 번 탈출했다. 그러다가 도라(Dora)에 있는 나치 강제수용소에서 수감되었으나 살아남았다. 제2차 세계대전 종전 이후에는 벨기에의 트로츠키주의자 지도자 및 제4인터내셔널 국제서기국(당시 총서기는 미셸 파블로[Michel Pablo])의 가장 젊은 서기가 되었다. 그는 명쾌하고 생동감 있는 다작의 저술로 이름난 정통 마르크스주의 이론가로, 그리고 인기 있는 논객으로 존경받았다. 1946년 제4인터내셔널 국제회의 이후, 만델은 제4인터내셔널 국제서기국 수뇌부에 선임되었다. 그는 벨기에 사회당에

재)[61]이다. 이들은 공통적으로 마르크스주의적 관점에서 세계경제의 장기파동(長期波動) 현상을 설명하였다. 특히 카를 마르크스(Karl Heinrich Marx, 1818~1883)와 프리드리히 엥겔스(Friedrich Engels, 1820~1895)의 「자본론」(資本論, Das Kapital, 1867년)에서 설명되고 있는 이윤율의 하락 경향(TRPF: The Tendency of the Rate of Profit to Fall)이 장기파동(長期波

입당하여 당내 정파인 '전투적 사회주의 경향(militant socialist tendency)'의 지도자가 되었다. 또한 벨기에 노총(General Confederation of Labour of Belgium) 경제 연구위원회 위원 및 생디칼리스트 앙드레 르나르(Andre Renard)의 보좌관이 되었다. 그와 그의 동료들은 오래지 않아 벨기에 사회당과 기독교 사회주의자들과의 연정(역주: 사회당과 보수당 사이의 연립정부) 및 파업규제법에 반대하는 총파업을 주도한 탓으로 당으로부터 축출되었다. 1963년, 그는 제4인터내셔널 국제서기국과 1953년 이후 제4인터내셔널에서 탈퇴한 제임스 캐넌(James Cannon)의 미국 사회주의 노동자당(Socialist Workers Party)이 지도하는 공개 정파 제4인터내셔널 다수파 국제위원회(the International Committee of the Fourth International) 간 재결합의 주요 발기인이 되었다. 두 정파 간의 재결합으로 제4인터내셔널 통합서기국(the United Secretariat of the Fourth International, 약칭은 USFI 또는 "Usec")이 형성되었다. 1995년 죽을 때까지 그는 제4인터내셔널 통합서기국(USFI)과 제4인터내셔널 벨기에 지부인 SAP-POS(사회주의노동자당)의 가장 저명한 지도자이자 이론가로 활동했다. 1962년 프랑스에서 그의 가장 대중적인 저작인 「마르크스주의 경제이론」(Marxist Economic Theory)가 출간될 때까지 만델의 마르크스주의 관련 글들은 수많은 가명으로 쓰여졌으며 그의 제4인터내셔널 활동 역시 좌파 진영 외부에서는 거의 알려지지 않았다. 그는 다시 대학 공부를 시작하여 1967년 파리에서 파리대학교 에콜 프라티크 데 조트제튀드(Ecole Pratique des Hautes Etudes, 인류학자 레비-스트로스가 1950년부터 1974년까지 재직한 명문학교)를 졸업했다. 1968년이 되어서야 그는 유럽과 미국의 대학 캠퍼스를 순회하며 벌인 사회주의, 반(反)제국주의, 혁명에 대한 강연 활동으로 인해 저명한 마르크스주의 정치가로서 세상에 알려졌다. 서독으로부터 공식적으로 추방당했음에도(그리고 미국, 프랑스, 스위스, 호주 등을 포함한 다른 나라로부터도 여러 차례 추방당했음에도) 불구하고, 그는 1972년 베를린 자유대학에서 박사학위를 취득했으며, 주저 「후기자본주의」(1972년)를 출간했다. 그 후 그는 벨기에 브뤼셀 자유대학에서 강사 자리를 획득했다. 1978년 그는 영국 케임브리지 대학 알프레드 마셜(Alfred Marshall) 강좌에서 '자본주의 발전의 장기파동'이라는 주제에 대해 강연했다. 만델은 자신과 견해가 달라도 정치적인 억압으로 고통받는 수많은 좌파 지식인들을 옹호하는 활동을 벌이고, 제3세계가 선진국에 진 채무를 탕감하자는 운동의 투사로 싸웠으며, 소련에서 미하일 고르바초프가 집권한 이후 1936~1938년 모스크바 재판에서 기소되어 처벌받은 인사들의 복권을 청원하는 데 앞장섰다. 1970년대 때는 자유롭고 민주적인 사회주의의 비전을 방어하기 위해 러시아를 여행하기도 했다. 그는 일생동안 대략 2,000개의 글(article)과 30여 권의 책을 집필했는데, 여러 나라의 말로 번역되었다. 그는 자신의 임무를 스탈린주의와 냉전의 경험으로 변형된 고전적인 마르크스주의 사상의 유산들을 새로운 세대에 전승하는 것으로 간주했다.

61) 로버트 J. 고든(Robert J. Gordon, 1940~현재) 미국 노스웨스턴대 교수는 생산성과 경제성장, 인플레이션, 고용 등의 상관관계를 연구한 세계적인 거시(巨視) 경제학자다. 2013년 블룸버그가 선정한 10대 영향력 있는 사상가에 포함됐으며 2002년 출간된 저서 「거시경제학」(Macroeconomics)은 8개 국어로 번역됐다. 2012년 발표한 논문을 계기로 미국 내에서 혁신 논쟁이 불붙었다. 1940년 미국에서 태어나 하버드 대학교를 우등 졸업하고 영국 옥스퍼드대에서 석사, MIT에서 경제학 박사학위를 받았다. NBER 연구위원, 보스킨위원회(Boskin Commission) 위원을 역임했으며, 시카고 대학교를 거쳐 현재는 노스웨스턴 대학교의 스탠리 G. 해리슨 석좌교수로 재직 중이다.

動)에 대한 설명에 있어 가장 중요한 개념 및 도구이며 자본주의 경제는 '이윤율이 끊임없이 저하되는 경향(TRPF: The Tendency of the Rate of Profit to Fall)'에 의해 규정된다고 본다. 따라서 자본주의 경제가 이윤율의 저하를 저지하고 지속적인 번영을 확보하기 위해서는 이윤율을 급격히 증진시킬 수 있는 몇몇 경제외적 요인들이 필요하게 된다. 어네스트 멘델(Ernest Mandel)은 이러한 경제외적 요소들로서 전쟁, 반(反)혁명, 금광의 발견, 노동자 계급투쟁의 저지 등을 들고 있다.

어네스트 멘델(Ernest Mandel, 1923~1995)의 「후기 자본주의」(後期資本主義, Late-stage capitalism, 1972년) 및 장기파동(長期波動) 이론과 로버트 고든(Robert J. Gordon, 1940~현재)의 장기파동 이론은 장기파동(長期波動) 현상에 대한 설명에 있어서 경제적인 요인(이윤율의 하락 경향)을 기본적인 축으로 하면서도 장기파동(長期波動)의 상승국면을 설명할 때에는 사회정치적 변수의 결정적 중요성을 주장한다는 점에서 다른 이론들과는 구별된다. 그러나 이들은 동일한 정치경제학적 접근을 하면서도 다음과 같은 점에서 서로 다르다. 즉, 어네스트 멘델(Ernest Mandel)은 장기파동(長期波動)의 상승국면에 대한 설명에 있어 외생변수(전쟁, 반혁명, 금광의 발견)를 중요시하는 반면에, 로버트 고든(Robert J. Gordon)은 내생변수, 즉 '사회적 축적구조(SSA)'에 있어서의 제반 변화만을 중요시하는 점에서 서로 차이를 보여주고 있다.

특히, 어네스트 멘델(Ernest Mandel)은 이윤율을 급격히 증진시킬 수 있는 몇몇 경제외적 요인들로서 전쟁, 반(反)혁명, 금광의 발견, 노동자 계급투쟁의 저지 등을 들고 있다. 특히, 자본주의 경제 메커니즘에 관한 그의 설명은 다음과 같다: 자본주의의 기본적 운동법칙이란 자본축적의 법칙이며, 자본축적 속도의 완급은 평균 이윤율에 의하여 결정된다. 호황과 불황은 자본 축적의 가속(팽창)과 감속(정체 또는 위축)을 각각 의미한다. 결국, 장기파동은 이윤율의 상하(上下)운동에 달려 있는 것이다. 따라서 생산과정의 기계화에 따른 자본의 유기적 구성 고도화로 인하여, '이윤율 하락의 경향(TRPF)'이 나타나며, 이것이 단·장기의 경기순환 주기에서 하강국면, 즉 자본축적의 위기를 필연적으로 초래하는 원인이라는 것이다.

여기서 유의할 것은 어네스트 멘델(Ernest Mandel)의 장기파동(長期波動) 이론은 자본주의의 내적인 위기돌파 능력을 인정하지 않고 있다는 점이다. 기술혁신(技術革新)의 중요성은 인정하지만 계급투쟁(階級鬪爭)에 비해 부차적인 것으로서, 그리고 계급투쟁(階級鬪爭)에 종속적인 것으로 파악하였다. 또한 기술혁신(技術革新)을 단지 장기파동(長期波動)의 상승국면이 이미 시작된 다음에 이루어지는 것으로 봄으로써, 불황(不況) 국면을 타개하는데 기술혁신(技術革新)이 수행하는 역할을 올바르게 평가하지 못하고 있다. 그리고 기술변화를 계급투쟁 및 사회관계의 맥락에서 '노동자의 통제권 분쇄'의 목적으로만 해석하는 것은 논리적 비약이다.[62] 특히, 장기파동(長期波動)의 하위 전환점(하강 → 상승)에서의 사회·제도적 변화를 노동계급의 '패배'의 결과로만 해석하는 것은 너무 편협하고 지나친 논리이다.[63] 계급투쟁(階級鬪爭)의 역할을 장기파동(長期波動)의 하위 전환점(하강 → 상승)에는 관련시킨 반면에, 장기파동(長期波動)의 상승국면에는 관련시키지 않음으로 인하여 장기파동(長期波動)에 대한 논리적 설명이 균형을 상실하고 있다.

(4) 조지프 슘페터(Joseph Alois Schumpeter, 1883~1950)의 비판론

카를 마르크스(Karl Heinrich Marx)의 '과학적 사회주의(Scientific Socialism)'의 이론적 구조 중의 하나인 '궁핍화(窮乏化)와 경기순환론(景氣循環論)'에 대응하여, 조지프 슘페터(Joseph Schumpeter, 1883~1950)[64]의 「경제발전의 이론」(1934년)[65]을 비교하여 요약하면 다음과 같다:

카를 마르크스(Karl Heinrich Marx)와 조지프 슘페터(Joseph Alois Schumpeter) 모두 '자본주의는 경과적(transitory)이고 유기적(organic)'이라는 점에서 일치한다. 카를 마르크스(Karl Heinrich Marx)의 주장은 다음과 같다: *"자본주의의 발전은 영구성을 지니고 있지만 결국*

62) P. Blackburn, R. Coombs and K. Green(1985), Technology, Economic Growth and the Labour Process, New York: St. Martin's Press, Ch. 4.

63) R. Coombs, P. Saviotti and V. Walsh(1987), Economics and Technological Change, Totowa: Rowman and Littlefield Publishers, Ch. 7.

64) 경제학에서 1883년은 매우 기념비적인 해라고 할 수 있다. 왜냐하면 3월에 '공산주의 경제학의 창시자'인 카를 마르크스(Karl Heinrich Marx, 1818~1883)가 사망했었고, 같은 해 2월과 6월에는 '20세기 자본주의 경제학'을 대표한 조지프 슘페터(Joseph Alois Schumpeter, 1883~1950)와 존 메이너드 케인즈(John Maynard Keynes, 1883~1946)가 각각 출생했었기 때문이다. 조지프 슘페터(Joseph Alois Schumpeter)와 존 메이너드 케인스(John Maynard Keynes)가 활동했었던 20세기 초반의 세계는 제1차 세계대전(1914년 6월~1918년 11월), 공산주의 혁명(볼셰비키혁명 1917년 11월), 경제 대공황(1929년 10월), 제2차 세계대전(1939년 9월~1945년 8월) 등, 세계는 대혼란의 시대였다. 이 시대의 상기 두 명의 경제학자는 자본주의의 미래와 세계 경제의 미래에 대해 자신들의 이론을 주장했었다. 조지프 슘페터(Joseph Alois Schumpeter)가 공급(供給) 측면에서 기업과 기업가(企業家)의 역할을 강조했던 것과 대조적으로, 존 메이너드 케인스(John Maynard Keynes)는 수요(需要) 측면에서 정부(政府)의 역할을 강조함으로써 1930년대의 대공황과 대량실업을 극복하는 데 실질적이면서도 혁혁한 전공을 세웠다. 당대에 존 메이너드 케인즈(John Maynard Keynes)의 주장과 이론이 현실 경제에 많이 받아들여짐에 따라 조지프 슘페터(Joseph Alois Schumpeter)는 상대적으로 큰 각광을 받지는 못했다. 그러나 1970년대 이후 정부의 역할을 강조한 케인스 경제학이 잘 작동하지 않으면서 슘페터의 이론이 부활되고 있다.

65) Schumpeter Joseph A.(1934), The Theory of Economic Development, Cambridge, MA: Harvard University Press.

자본주의는 붕괴하고 자본주의는 사회주의로 대체될 것이다. 왜냐하면 자본주의는 발전하지만 그 발전으로 인하여 붕괴되기 때문이다."

이와 반면에, 조지프 슘페터(Joseph Alois Schumpeter)의 반박은 다음과 같다[66]: *"자본주의 발전은 영원하다. 왜냐하면 경제가 발전하면 인간의 사회 능력이 더욱더 커지기 때문이다."*

그러나 카를 마르크스(Karl Marx)는 기업에 관하여 전혀 적절한 이론을 갖고 있지 못했고, 기업가를 자본가와 구별할 줄 몰랐던 그의 실수는 그의 이론전개 기법상의 결함 등과 더불어 그가 도출했던 많은 부당한 추리(nonsequitur)와 많은 오류의 원인이 되었다.

이어서, 조지프 슘페터(Joseph Alois Schumpeter)는 다음과 같이 주장했다: *"경제발전 없이 기업가의 이윤은 없고 기업가의 이윤 없이는 경제발전이 없다. 또한 기업가의 이윤 없이는 재산 형성도 있을 수 없다. 재산 형성은 기업가 이윤의 결과로서 경제발전의 결과이다."*[67]

여기서 기업가의 이윤이란 무엇인가? 그것은 기업 경영에서 발생하는 수입과 지출의 차액, 즉 잉여(剩餘)이다. 19세기 철도와 20세기 자동차의 발전 같은 혁신(革新)은 기업가로부터 발생한 것이지 시장의 소비자로부터 발생한 것은 아니다. 혁신(革新), 즉 '창조적 파괴(creative destruction)'의 주체가 바로 기업가(企業家)이다. 기업가의 혁신(革新)에 의하여 창출된 순수익은 혁신의 주체인 기업가에게 돌아가야 한다. 혁신(革新)이란 '창조적 파괴(creative destruction)'이다. 즉, 새로운 재화 생산, 새로운 생산 방법 도입, 새로운 시장 개척, 새로운 원료 공급원 확보, 새로운 독점적 지위 형성이다. 혁신(革新)은 바로 경제발전(經濟發展)의 원동력이다. 예로서, 우편 마차가 지배하는 경제의 조건을 파괴하고 철도 산업이 지배하는 경제로 이행해야만 경제발전(經濟發展)이 시작된다.

그렇다면, *"왜 경제발전(經濟發展)의 진행은 연속적으로 진행되지 않고 단속적(斷續的)으로, 즉 상승(上乘) 운동 다음에 하강(下降) 운동이 이어져서 하강(下降) 운동을 통과하고 나서야 비로소 다음의 상승(上昇) 운동이 시작되는 것일까? 그 이유는 새로운 결합의 수행은 확률의 일반적 원리에서 기대되는 것처럼 시간적으로 균등하게 분포하고 있는 것이 아니라, 적어도 새로운 결합이 무리를 지어 불연속적으로 출현하기 때문이다."*

조지프 슘페터(Joseph Alois Schumpeter)는 자본주의 발전을 위하여 '기업가(entrepreneur)'

---

66) Schumpeter Joseph A.(1942), Capitalism, Socialism, and Democracy, New York: Harper & Row.

67) Schumpeter Joseph A.(1934), The Theory of Economic Development, Cambridge, MA: Harvard University Press.

의 ‘창조적 파괴(creative destruction)’를 위한 ‘혁신(Innovation)’: ① 새로운 제품의 발명 또는 개발, ② 새로운 생산 방법의 도입 또는 새로운 기술의 개발, ③ 새로운 시장의 개척, ④ 새로운 원료 또는 부품의 공급, ⑤ 새로운 산업과 새로운 조직의 형성을 강조했다.[68]

혁신(革新)이 가져오는 장기적인 발전과정은 파동을 통해 파악할 수 있는데, 통계적으로 확인할 수 있는 세 개의 장기파동이 있었다. 첫 번째 장기파동은 산업혁명(産業革命)이다. 두 번째는 1840년대에 시작한 증기기관(蒸氣機關)과 강철(鋼鐵) 산업이다. 세 번째는 1890년대에 시작해 1930년대까지 이루어진 전기(電氣)·화학(化學)·자동차(自動車) 산업이다. 이들 모두 새로운 산업을 통해 기존의 레옹 발라스(Léon Walras)의 ‘정태적 일반균형 상태’가 파괴되는 현상을 보여주었다.

그렇다면, 경제발전(經濟發展)은 이렇게 무한히 계속될 수 있는가? 그 요인은 진취적 기업가의 무한한 공급, 기술발전의 무한한 가능성이 자본주의 경제체제 내에 항상 존재하기 때문이다. 경제적 모순의 표출로 지적되는 공황(恐慌)도 자본주의 자체의 힘으로 극복할 수 있다. 이와 관련된 장기 파동이론(The Long Cycle Theory)은 제 V 장: 신(新)실용주의(實用主義)의 ‘청사진(靑寫眞)’ 제6절: ‘청사진 5’: 불황(不況) 타개를 위한 신(新)실용주의적 해법에서 상술되어 있다. 상기 이론은 멘쉬(G. Mensch)의 혁신군집이론, 반 듀인(J. J. Van Duijn)의 경기변동이론, 크리스토퍼 프리만(Christopher Freeman)의 신(新)기술체계론, 칼로타 페레즈(Carlota Perez)의 기술-경제 패러다임 이론 등을 들 수 있다.

다만, 자본주의 경제체제의 근본적 문제점은 카를 마르크스(Karl Heinrich Marx)와 프리드리히 엥겔스(Friedrich Engels)의 「자본론(Das Kapital, 1876년)」에서 지적한 ‘이윤율의 하락 경향(TRPF: The Tendency of the Rate of Profit to Fall)을 상쇄시킬 수 있는 슘페테리언(Schumpeterian) 기술혁신(技術革新)의 선(善)순환: 신기술 → 신투자 → 신성장 → 신고용을 효과적으로 추진할 수 있는 사회경제적 제도와 기업가 정신이 준비되어 있는지의 여부이다.

여기서 마르크스주의자인 어네스트 멘델(Ernest Mandel)은 ‘이윤율의 하락 경향(TRPF)’을 제지할 수 있는 경제이적 외생변수(전쟁, 반혁명, 금광의 발견 등)을 지적하는 반면에 슘페테리언 기술경제 이론가들(G. Mensch, Van Duijn, Carlota Perez 등)을 기술-경제 패러다임(Techno-Economic Paradigm)과 사회·제도적 구조의 상호보완적 정합(good-match)을 강조한다.

68) Schumpeter, Joseph. A.(1954), History of Economic Analysis, Oxford: Oxford University Press.

VIII

한국사회에 대한 신(新)실용주의 적용

정의로운 국가와 행복한 사회를 위한
신(新)실용주의(實用主義) 철학과 정책

(The ‘Neopragmatic Philosophy and Policy’ for
‘A Justice-based State’ and ‘A Happy Society’)

본 연구는 '한국몽(韓國夢)', 즉 한국의 비전(Vision)을 다음과 같이 규정한다: 그것은 '정의로운 국가(A Justice-based State)'와 '행복한 복지사회(A Happy Society)'를 구현하는 것이며, 이를 위해서는 '질서정연한 자유민주주의 사회(A Well-Ordered Free Democratic Society)'와 '효율적이고 공정한 시장자본주의(An Efficient and Equitable Market Capitalism)'를 구축(構築)하여 '완전고용기반형 복지사회(A Full Employment-based Welfare Society)'를 건설하는 것이다. 이로써 인간의 존엄성(尊嚴性)·자율성(自律性)·창의성(倡義性)이 보장되는 '현대판 대동사회(大同社會)'에서 긍정적 삶을 향유화는 것이다.

상기한 한국사회의 비전(Vision)을 뒷받침할 수 있는 경세제민(經世濟民)의 실천철학(實踐哲學)을 제시한 것이 제Ⅲ장에서 정의한 신(新)실용주의(新實用主義, Neopragmatism)이다: *"신(新)실용주의(Neopragmatism)란 국가 정체성 및 절차적 민주주의를 바탕으로, 대내적으로는 '질서 정연한 자유민주주의 사회(A Well-Ordered Free Democratic Society)'와 '효율적이고 공정한 시장자본주의(An Efficient and Equitable Market Capitalism)'를 구축하여 사회구성원의 '생활권적 기본권(生活權的 基本權)': 직장, 주택, 교육, 의료, 연금을 보장함으로써 인간의 비(非)인간화(Dehumanization)를 방지하고 인간의 존엄성·자율성·창의성이 발휘되는 '완전고용기반형 복지사회(A Full Employment-based Welfare Society)'를 위한 '정의로운 국가(A Justice-based State)'와 '행복한 사회(A Happy Society)'로 지향하는 '실천 철학(Practical Philosophy)'이며, 대외적으로는 동양(東洋)의 정신적 문화(文化)와 서양(西洋)의 물질적 문명(文明)이 조화(調和)되며 자유 vs 평등, 정의 vs 행복, 시장질서('경쟁원리', 경제적 자유) vs 사회질서('보완원리', 사회적 정의)의 상호갈등적 가치들이 상호보완적으로 융합(融合)될 수 있는 '지구촌 문화공동체(Global Cultural Community)'의 공동번영을 위한 '글로벌 철학(Global Philosophy)'으로서 '인본주의적(人本主義的, Anthropocentric)' 사유 패러다임(인식론적 원리와 존재론적 원리)이다."*

상기 신(新)실용주의 철학은 인간의 존엄성(尊嚴性)·자율성(自律性)·창의성(倡義性)을 위한 5개 '생활권적 기본권(生活權的 基本權)' 혹은 '행복추구권(幸福追求權)': ① 직장, ②주택, ③ 교육, ④ 의료, ⑤ 연금을 보장할 수 있는 정치체제로서 '질서정연한 민주주의 사회(a Well-Ordered Democratic Society)'와 경제체제로서 '정의로운 경제체제(A Justice-based Economic System)'를 통하여 플라톤(Plato, BC 427~347)의 '정의로운 국가(A Justice-based State)'와 아리스토텔레스(Aristotle, BC 384~322)의 '행복한 사회(A Happy Society)'를 실현하자는 '철학적 가치론(Axiology)'이다.

사실, '신실용주의(新實用主義, Neopragmatism)'는 자유 vs 평등, 정의 vs 행복, 자원배분의 효율성 vs 소득분배의 형평성, 시장질서('경쟁원리', 경제적 자유) vs 사회질서('보완원리', 사회적 정의)의 상호갈등적 가치들을 조화시킬 수 있는 새로운 '경제철학(Economic Philosophy)'을 모색하기 위하여 저자가 오랜 세월(40여 년) 동안 가슴앓이를 하면서 심혈(心血)을 쏟아 왔었던 고뇌(苦惱)이다.

본 연구의 '신실용주의(新實用主義, Neopragmatism)'가 지향하는 '완전고용기반형 복지사회(A Full Employment-based Welfare Society)'는 일찍이 공자(孔子, BC 551~479)가 꿈꾸었던 '대동사회(大同社會)', 플라톤(Plato, BC 427~347)의 '이상적 국가', 아리스토텔레스(Aristotle, BC 384~322)의 '좋은 국가'를 현대사회(現代社會)의 시각에서 구체화시키기 위한 시도이다.

또한, 상기 '완전고용기반형 복지사회(Full Employment-based Welfare Society)'은 임마누엘 칸트(Immanuel Kant, 1724~1804)의 '이성적 국가(A Rational State)', 에리히 프롬(Erich Fromm, 1900~1980)의 '정상적 사회(A Sane Society)', 카를 포퍼(Karl Popper, 1902~1994)의 '열린사회(The Open Society)', 존 케니스 갈브레이드(John Kennech Galbraith, 1908~2006)의 '풍요로운 사회(An Affluent Society)', 존 롤스(John Rawls, 1921~2002)의 '최소수혜자의 최대수혜'을 위한 '질서 정연한 민주주의 사회(A well-ordered Demonstrate Society)'라는 형이상학적 철학(形而上學的 哲學, Metaphysical Philosophy)을 실천철학(實踐哲學, Practical Philosophy)의 차원에서 설계한 청사진(靑寫眞)이다.

여기서 저자는 다음과 같이 주장한다: 14~16세기 르네상스 운동(Renaissance)이 '신(神)에서 인간(人間)으로' 눈을 돌려 이성(理性)에 바탕을 둔 '인본주의적 사회(Anthropocentric Society)'를 추구하려던 것이었던 반면에, 이젠 '물질(物質)에서 인간(人間)'으로 눈을 돌려 이성(理性)뿐만 아니라 도덕적 감성(感性)에 바탕을 둔 '지구촌 문화공동체(Global Cultural Community)'로 지향하는 제2의 '르네상스 운동'으로서 '글로벌 철학(Global Philosophy)'을 정립하여, 이를 바탕으로 동·서(東·西) 이념(理念)이 통섭(統攝)되어 분쟁(分爭)이 해소되고 인류의 보편적 가치인 자유(自由)와 평등(平等)이 함께 보장되도록 해야 할 것이다. 그러한 과정에서 동·서양(東·西洋)의 문화(文化)가 조화되어 정신(精神)과 물질(物質)이 융합될 수 있을 것이다. 이것이 바로 진정한 '세계화(世界化, Globalization)'라고 저자는 굳게 믿는다.

그렇다면 신(新)실용주의(Neopragmatism)는 한국 역사에 어떠한 함의(Implication)를 갖는가? 그것은 과거 조선(朝鮮) 후기의 실학파(방이지, 왕부지, 박세당, 안원, 이익, 홍대용, 박지원, 박제가, 김정희, 정약용, 최한기 등)가 주창하였던 실학사상(實學思想)의 이루지 못했던 '미완(未完)의 꿈'을 전술한 '한국몽(寒國夢)'으로 발전시키는 것이다. 구체적으로, 지난 60년의 산업화(Industrialization)와 민주화(Democratization)의 역사를 토대로, 대내적으로 '정의로운 국가(A Justice-based State)'와 '행복한 복지사회(A Happy Society)'를 구현하기 위한 '질서정연한 자유민주주의 사회(A Well-Ordered Free Democratic Society)'와 '효율적이고 공정한 시장자본주의(An Efficient and Equitable Market Capitalism)'를 구축하여 '완전고용기반형 복지사회(A Full Employment-based Welfare Society)'를 건설하고, 대외적으로는 강한 국가경쟁력을 바탕으로 인류사회의 보편적 가치(존엄성·자율성·창의성을 위한 자유와 평등)을 추구하는 선도적 국가로 발돋음하는 것이다.

[그림 Ⅷ-1] 산업화(보수)와 민주화(진보)를 넘어 '선진 복지사회'를 위한 청사진

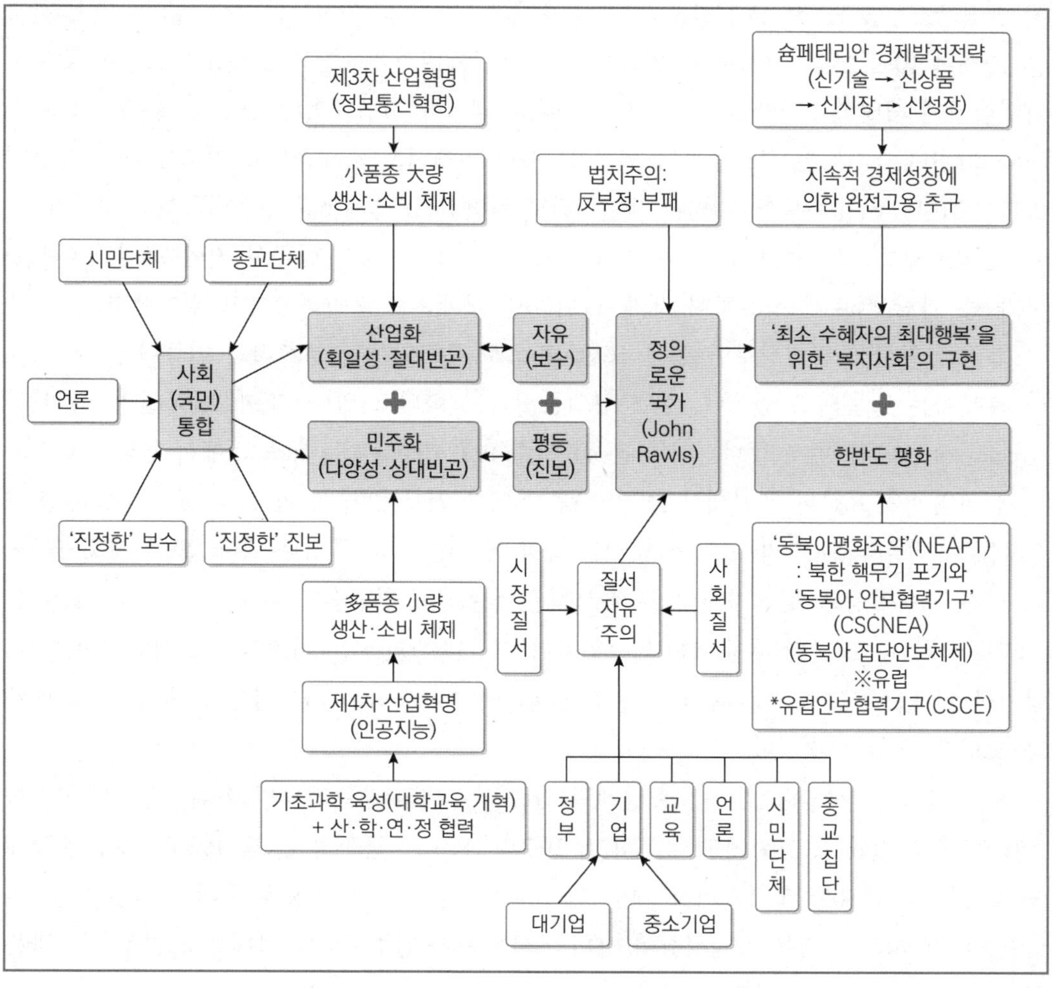

회고하면, 한국 산업화(産業化)의 시동이었던 1962년 '제1차 경제개발계획'이 추진된 지 약 60년이, 한국 민주화(民主化)가 회복되었던 1987년 '6·29선언' 이후 약 35년이 각각 경과했다. 1960년대 초반 한국은 정부조직과 경제제도의 광범위한 개혁과 더불어 '땀(汗)'으로 산업화(産業化)를 시작했다. 그 후 1980년대 후반에서 한국은 '피(血)'를 흘리며 민주화(民主化)를 이뤄냈다. 그것들이 합쳐져 오늘날 한국의 정치제도와 경제구조의 모습을 갖추게 되었다. 한국은 1945년 이후 산업화(産業化)와 민주화(民主化)를 가장 성공적으로 이뤄낸 유일한 국가라고 평가받았다.

사실, 한국이 산업화(産業化)에 성공한 것은 분명하다. 1960년 인구의 63%를 차지하던 농업인구는 이제 6%로 줄었다. 조선·전자·반도체·철강·섬유·석유화학이 모두 세계 5위 안에 들고 있다. '삼성'이 일본의 '소니'를 꺾었고 '현대'가 미국의 '포드'를 제쳤다. 한국은 1996년 10월 25일 '선진국 클럽'으로 불리는 경제협력개발기구(OECD)에 29번째 회원국 가입협정에 서명함으로써 소위 '선진국(先進國)' 대열에 진입했었다. 1997년에 닥친 외환위기와 2008년에 시작된 글로벌 금융위기 등 시련 속에서도 경제규모를 키우는 데는 성공했었다. 2015년, 국내총생산(GDP)은 세계 9위로 올라섰고, 세계 6위 수출대국이 됐다. OECD는 '한국경제보고서(OECD Economic Surveys: Korea 2016)'에서 한국이 지난 25년간 OECD 국가 중 가장 빠르게 성장하며 세계 11위 경제대국으로 도약하였다고 평가했다.

그러나 한국을 명실상부한 선진국(先進國)으로 부르기에는 부끄러운 면들이 많다. 경제성장 둔화는 지속되고 있으며, 주력 산업들이 사양화되고 있다. 또한, 한국인의 '삶의 질(Quality of Life)'은 매우 낮다. '더 나은 삶 지수(BLI: Better Life Index)'에서 한국은 OECD 34개 회원국을 포함한 조사대상 38개국 중 28위를 기록했다. '일과 삶의 균형(주당 평균 근무시간)'에서 한국은 터키(38위)와 멕시코(37위)에 이어 36위를 기록했다. 또한 사회양극화에 따른 계층갈등과 공직사회의 부정부패(不正腐敗)는 심각하다. 한국의 자살률(自殺率)은 OECD 국가 중 12년째 부동(不動)의 1위이며 자살률(自殺率)은 지속적으로 상승하고 있다. 상기한 지표들은 '과연 대한민국이 선진국(先進國)인가?' 하는 의구심을 들게 한다. 도대체 그 요인은 무엇인가?

사실, 압축적 산업화(産業化)는 경제력 집중, 부(富)와 소득격차의 확대, 계층의 고착화(固着化)를 가져왔다. 그럼에도 불구하고, 1979년 12·12 군사 반란 및 1980년 신군부(新軍府)의 등장과 1980년 5·17 비상 계엄 전국 확대 이후 헌법 개정을 통해 출범한 제5공화국(1981~1988)의 수립은 경제성장이 사회의 다원화와 민주주의의 확대를 가져올 것이라는 근대화(近代化) 이론을 완전히 뒤집었다.

한국의 산업화(産業化) 세대는 경제발전(經濟發展)을 위하여서는 민주주의(民主主義)의 유보가 필요했었다고 주장한다. 그러나 당시 국제적 경제상황에서 일본, 대만, 홍콩, 싱가포르와 같은 아시아 한자(漢字) 문화권 비(非)공산권 진영 중에 한국의 경제발전은 그다지 두드러지지 않았음(최하위)을 볼 때 상기한 산업화(産業化) 세대의 주장은 객관적 설득력이 없다. 상기 국가들 모두가 패전과 식민지의 시련을 딛고 부흥했었는데 한국만이 당시 시련을 당했던 것도 아니다.

또한, 한국의 민주화(民主化) 세대는 단지 국민이 선거권(選擧權)을 행사해 투표에 참여할 수 있는 것을 민주화(民主化)의 전부로 간주했었다. 그 결과 민주화(民主化)란 것은 다만 기존의 권력층에 맞서는 다른 권력층의 양성에 그치고 일반국민의 기회와 권익향상은 도모하지 못했었다. 따라서 한국의 민주주의는 절차 혹은 대표의 형식이 아니라 '다수의 지배', 즉 대중의 실질적 참여와 권력장악의 문제로 인식되었다.

이제 한국은 새로운 정치·경제의 틀을 수립해야 한다. 즉, 한국 사회는 또 한 단계를 뛰어넘어야 한다. 그것은 산업화(産業化)와 민주화(民主化)를 넘어 '선진 복지사회(福祉社會)'로 지향하는 것이다. 그것은 외부로부터의 단순한 모방이 아닌 새로운 국가권력구조와 시장제도를 창출해 나가려는 노력으로 시작해야 한다.

상기한 국가목표를 위한 철학적 토대는 본 연구의 신실용주의(新實用主義, Neopragmatism)라고 저자는 주장한다. 그 이유는 다음과 같다: 산업화(産業化)와 민주화(民主化)는 서로 보완적이기도 하고 대립적이기도 하다. 이들이 공통적으로 추구하는 자유·경쟁이라는 가치는 시장경제의 효율(效率)을 높이고 혁신(革新)을 자극하는 반면에 사회의 평등(平等)을 쉽게 무너뜨리기도 한다. 또한, 정치(政治)에서는 개인의 지식과 정보력, 판단력, 사회적 결정을 준수하는 책임의식 등에 상관없이 '1인 1표'로 대표된다. 그러나 시장(市場)에서는 자본력, 개인의 생산성, 계약을 실현할 수 있는 능력에 따라 생산과 분배에 대한 결정력이 달라진다. 따라서 효율(效率)과 평등(平等)을 동시적으로 추구하는 본 연구의 신실용주의(新實用主義, Neopragmatism)인 것이다.

따라서 이제 한국이 추구해야 할 것은 산업화(産業化)와 민주화(民主化)의 대결구도를 넘어 '다수결 정치문화를 배경으로 한 5년제 단임 중앙집권적 대통령제'를 '소수를 배려하는 합의제 정치문화를 지향하는 4년제 연임 분권형 대통령제'로의 개헌(改憲)이다. 산업화(産業化)와 민주화(民主化)의 대결구도는 다수결 선거제도와 양당제, 중앙집권화, 갈등적 정치문화를 배경으로 시작되었다. 그러나 상기 구도는 시간이 지나면서 1인 2표 정당명부식 비례대표제의 도입과 다당제, 지방 분권의 확산 그리고 타협적 정치의 필요성으로 그

수명을 다해가고 있다.

산업화(産業化)의 바탕인 자본과 기술은 빌려 쓰고 모방하면 되었다. 이와 반면에 민주화(民主化)의 바탕은 제도 · 규범 · 전통이다. 따라서 '진정한 자유민주주의를 위해서는 건전한 정당, 권위 있는 정부, 공정하고 정의로운 법원, 객관적이며 엄정한 언론, 타협과 절제의 문화가 필요하다. 무엇보다도 중요한 것은 한국 시민에게 '합리적 이성'이 배양되어야 한다. 이로써, 함량 미달의 정치인들이 혹세무민(惑世誣民)하는 포퓰리즘(Populism)과 그들의 위선(僞善)과 중우정치(衆愚政治, Ochlocracy)를 떨쳐버릴 수 있어야 하며, 나아가 사회학과 심리학을 통합한 사회심리학(社會心理學)의 개척자 에리히 프롬(Erich Fromm, 1900~1980)의 '건전한 사회(The Sane Society)' 혹은 정도전(鄭道傳)이 조선(朝鮮)의 건국 모델로 꿈꾸었던 '군자국(君子國)', 즉 '국민모두가 이(利)에 집착하지 않고 의(義)를 추구하며 성장하는 나라'를 세울 수 있어야 한다. 그것은 바로 본 연구가 주창하는 '정의로운 국가(A Justice-based State)'인 것이다.

여기서 유의할 것은 산업화(産業化)로 인하여 경제기반은 갖추어졌으며 민주화(民主化)로 인하여 시민의 인권과 자유는 신장되었고 개인과 이해집단의 목소리는 커졌으나 국가지도자의 국정철학(國政哲學) 부재(不在)로 인하여 국민의 생명과 재산이 위협받고 있다는 점이다. 모름지기, 정부의 역할은 국민의 재산권(財産權)은 물론이고 생명권(生命權) 보장이다. 그럼에도 불구하고, 한국정부가 '코로나 19'의 백신마저 제대로 못 구하는 지경에 이르렀다. 영국의 비영리기구인 '글로벌 체인지 데이터 연구소'가 운영하고 있는 '아워월드인데이터' 사이트에 따르면 한국의 백신 접종률은 3% 겨우 넘겨 OECD 37개국 중 34번째이며 칠레 · 콜롬비아 · 캄보디아보다도 낮으며, 한국에 이어 일본의 백신 접종률이 2021년 4월 15일 현재 0.93%로 36번째, 호주가 0.62%로 가장 낮다(뉴욕타임즈, 2021.04.17 보도).

그럼에도 불구하고, 부끄러움을 못 느끼는 특권층(特權層)은 정치권력의 남용과 오용에 의한 '내로남불(내가 하면 로맨스, 남이 하면 불륜, 로이터통신: "Naeronambul, If I do it, it's a romance. If you do it, it's an adultery")'이 자행되고 있다. 실로, '부끄러운 나라'가 되었다.

한편, 산업화와 관련하여, 본 연구가 주창하는 신실용주의(新實用主義, Neopragmatism)의 정책적 목표는 '기업의 혁신주도성장 정책'에 의한 '지속적 고용창출형 경제성장(Job-creating Growth)' → '완전고용(完全雇用)'의 달성 → 형평한 소득분배(所得分配)이다. 상기한 목표를 달성하기 위한 신(新)실용주의(實用主義) 해법은 슘페테리언 테크노-경제발전 전략(Techno-Economic Development Strateg)이다.

여기서 유의할 것은 다음과 같다: '성장 → 고용 → 분배'의 선(善)순환 관계가 악화 내지 단절된 요인은 수출주도형 경제구조하에서 '투자 → 고용 없는 수출 → 성장'이 이루어졌기 때문이라는 점이다. 즉, 1997년 외환위기 이후, 수출과 내수, 생산과 고용, 제조업과 서비스업의 선(善)순환 관계가 약화되었기 때문이다. 그 결과, 투자 → 고용 증대 → 생산 증가 → 수출증대 → 소득증대 → 내수(소비)증가 → 지속적 성장 및 형평한 분배의 연결고리가 거의 작동하지 못하게 되었다.

수출호조에 의한 경제성장이 국내 부가가치 및 고용창출로 연결되지 못하고 있는 구조적 요인은 수출이 부품·소재의 수입의존도가 높은 IT산업 위주로 추진됨에 따라 수출의 적하효과(適下效果; trickle-down effect)가 제대로 나타나지 못하고 있기 때문이다. 이에 따라 대량실업이 발생하였고, 이것은 다시 소득분배구조를 악화시켰다. 특히 1997년 외환위기 이후, 명예퇴직, 정리해고, 가계부채, 신용불량자 등으로 인해 소득양극화 현상이 악화되고 있으며, 소득불균등이 심화되고 있다. 그 결과, 수출 호황이 국민경제에 반영되지 못하고 있으며, 또한 '고용 없는 성장(Jobless Growth)'으로 인해 성장과 분배가 갈등관계에 놓이게 되었다.

따라서 '고용창출형 성장 전략(A Job-Creating Growth Strategy)'을 추진하기 위해서는 '대기업-완제품-마케팅-수출'과 '중견(소)기업-중간재(부품·소재)-생산·고용·공급-내수(소비)'의 상호보완적 산업연관관계를 정착시켜, 중소기업의 몰락을 예방하고 대량실업을 근절시키는 것이다. 이를 위해서는 중소 제조기업을 중심으로 부품·소재 산업을 집중적으로 지원해야 한다. 수출 증대 → 투자·고용 증대 → 생산 증가 및 소득 증대 → 내수(소비) 증가 → 지속적 성장 및 형평한 분배를 추구하는 것이다. 나아가, 대기업과 중견(소)기업의 상생적 산업연관관계, 제조업과 서비스산업의 상호보완적 산업연관관계, 실물부문과 금융부문의 순기능적 연계를 각각 정착시켜야 한다. 대기업과 중견(소)기업의 상생적 산업연관 관계는 대기업과 중견(소)기업 간의 기술계열화(技術系列化)를 통하여 산업조직 효율화를 도모해야 한다. 사용자와 근로자의 공동운명체적 유대와 번영을 위하여 '산업민주주의(Industrial Democracy)'가 정착되어야 한다. 또한 성장·분배·안정의 동시적 추구를 위한 사전조건인 경상수지 균형 기반을 구축하기 위해서는 대내적으로는 국가경쟁력 제고가, 대외적으로는 해외시장의 효율적 관리가 각각 필요하다. 이를 위해서는 한미 간·한일 간·한중 간·한러 간 전략적 제휴를 각각 추진함으로써, 한국을 '아시아의 부품·소재의 생산 및 공급기지'로 만들어야 한다.

모름지기, 정부의 목적은 사회구성원의 복지(福祉) 극대화이다. 이를 위한 계획기조는 복지(福祉)의 3대 요소: 지속적 성장·물가안정·형평한 소득분배를 조화 및 공존시키는 것이다. 이 세 가지 정책목표를 동시적으로 달성하기 위한 사전조건은 경상수지의 흑자기조의 정착이다. 경상수지의 흑자기조의 정착을 위해서, 대외적으로는 해외시장의 효율적 관리를 통하여 통상마찰을 근본적으로 해소할 수 있어야 하며, 대내적으로는 산업구조의 고도화와 건실화를 도모해야 한다. 우선, 해외시장을 효율적으로 관리하고, 나아가 통상마찰을 근본적으로 해소하기 위해서는 현재의 가격탄력적인 통상마찰형 수출구조를 소득탄력적인 세계수요 창출형 수출구조로 전환시켜야 한다. 다음으로, 산업구조의 고도화 및 건실화를 도모하기 위한 기본방향은 현재의 노동 및 자본집약적 산업을, 고(高)부가가치를 창출하는 지식 및 기술집약적 산업으로 전환함과 동시에 기계류·부품·소재 산업을 육성함으로써 대(對)일본 수입유발적 산업구조를 개방하의 자립적 산업구조로 전환하여 외화가득률과 부가가치율을 제고시켜야 한다. 특히, 한·일(韓·日) 간 산업기술협력체제를 정착 및 운용함으로써 전자·기계·자동차 등의 분야에서 한·일(韓·日) 간 수평분업체제를 구축해야 한다. 또한 현재의 에너지 다소비형 산업구조를 에너지 절약형 산업구조로 전환해야 한다.

한국의 산업경쟁력은 중국과 일본 사이에서 '샌드위치' 신세가 되어 있으며, 특히 첨단부품·소재 부문에서 일본과의 기술격차는 더욱 벌어지고 있다. 한국의 산업기술재단(2005)이 실시한 주요 산업의 기술 및 산업경쟁력 조사 결과, 한·중(韓·中) 간 기술경쟁력 평균격차는 2004년 4.4년에서 2005년 3.8년으로 축소되었으며, 중국의 기술추격이 가속화됨에 따라 2015년경에는 한·중(韓·中) 간 기술격차가 1~2년 내로 축소될 것으로 전망되었다. 한·중(韓·中) 간 기술격차를 업종별로 살펴보면, 조선·자동차·기계·소재 등 전통적 제조업에서 비교적 크게 나타난 반면에, 이동통신·2차전지 등 한국과 중국의 출발이 비슷한 신(新)산업에서는 작게 나타났다.

그렇다면, 향후 한국의 유망한 신(新)성장동력산업은 무엇인가? 그것은 한국이 국제경쟁력(國際競爭力)을 보유하고 있거나 향후 확보할 수 있는 기술분야로서 미래형 자동차, 차세대 반도체, 디지털TV 및 방송, 차세대 이동통신, 디스플레이 지능형 홈 네트워크, 디지털 콘텐츠/SW솔루션, 차세대 전지, 지능형 로봇, 바이오 신약 및 장기 등을 들 수 있다. 특히, 이들 산업분야의 주요 소재(素材) 및 부품(部品)의 개발은 만성적 대(對)일본 무역수지 적자를 근본적으로 해소할 수 있을 뿐만 아니라 대기업과 중소기업이 가장 실효성있게 상생(相生)할 수 있는 기반이 될 수 있다.

특히 부품·소재(parts·materials) 산업은 선진경제로 진입하기 위한 성장 동력으로 그 중요성이 매우 높아지고 있다. 세계경제의 글로벌화, 수요기업들의 세계적 경영 및 글로벌소싱 확대, 부품의 모듈화, 기술의 융합화 등의 경향으로 세계의 부품·소재 업계는 소수의 일류기업만 생존하는 체제로 전환하고 있다. 따라서 국내 부품·소재 기업들이 세계 일류화를 달성할 수 있는 전략을 도출하는 것은 선진경제로 진입하기 위해 가장 시급한 과제이다.

따라서 부품·소재 분야에의 집중적 및 효율적 투자로 대(對)일본(日本) 기술의존(技術依存)을 탈피함과 동시에 '부품·소재 선진 강국'으로서 한(韓)·중(中)·일(日) 분업구조(현재 경쟁 구도, 한국: 삼성전자와 SK하이닉스; 일본: 소니, 파나소닉 미쓰비시, 후지쯔, 히타치제작소 등; 중국: 칭화유니그룹)에서 기술주도권(技術主導權)을 확보해야 할 것이다. 한국이 일본·중국과의 기술경쟁에 대응하기 위해서는 과거 일본 전자·반도체 대붕괴의 교훈(유노가미 다카시, 2013)을 반면교사(反面教師)로 삼아 클레이튼 크리스텐슨(Clayton Christensen, 1952~현재) 교수(하버드대학교 경영대학원 교수)의 '파괴적 혁신(Disruptive Innovation)'에 의하여 새로운 '패러다임 시프트(Paradigm Shift)'를 추구하는 것 외엔 다른 방도가 없다.

따라서 한국이 산업기술강국(産業技術强國)이 되기 위해서는 다음과 같은 '기술경제 패러다임(Techno-Economic Paradigm)'하에서 국가경쟁력을 획기적으로 제고해야 한다: 교육개혁(특히 대학교육 개혁) → 창의성 개발 → 기초과학연구능력 확충 → 선진기술의 소화·흡수·개량·토착화 → 자체기술개발, 산업간 및 산업 내 대내적 기술확산과 국제기술협력 → 기술혁신의 촉진 → 기업경쟁력(자원 및 역량, 프로세스 경쟁력, 품질경쟁력, 시장경쟁력, 고객성과, 시장성과, 재무성과)의 제고 → 공정혁신에 의한 가격경쟁력(임금, 금리, 환율, 유가, 물류비용 등)의 제고 및 비(非)가격경쟁력(품질, 운송, 디자인, 에프터서비스 등)의 제고 → 국제경쟁력의 강화 → 경상수지 흑자(기계류·부품·소재의 대(對)일본 기술 및 수입의존도 감소, 에너지절약 및 대체에너지 개발 등) → 성장·고용·분배의 선(善)순환 → '최소수혜자의 최대수익'을 위한 '완전고용기반형 복지사회(A Full Employment-based Welfare Society)'이다.

'상기한 동태적 경로(dynamic path)를 위해서는 대기업과 중견(소)기업의 공존공영을 위하여 기술(技術) 계열화(系列化)를 중심으로 상생적 산업연관 관계, 제조업과 서비스산업의 상호보완적 산업연관관계, 실물부문과 금융부문의 순기능적 연계를 각각 맺도록 해야 한다. 또한 '고용창출형 성장 전략(Job-Creating Growth Strategy)'을 추진하기 위해서는 '대기업-완제품-마케팅-수출'과 '중견(소)기업-중간재(부품·소재)-생산·고용·공급-내수(소비)'의 상호보완적 산업연관관계를 정착시켜, 중소기업의 몰락을 예방하고 대량실업을 근절시키는 것이다. 상기한 산업기반하에서, 한미 간·한일 간·한중 간·한러

간 전략적 제휴를 각각 추진함으로써 한국을 '아시아의 부품 · 소재의 생산 및 공급기지'로 만들어야 한다. 이와 동시에, 사용자와 근로자의 공동운명체적 유대와 번영을 위하여 '산업민주주의(產業民主主義, Industrial Democracy)'가 정착되어야 한다.

여기서 저자는 다음과 같은 근본적 문제를 제기한다: 비록 선진국의 기술을 흉내 내는 낮은 수준의 모방형으로 시작했었지만 그동안 한국 과학계가 이룩한 기술개발의 성과는 놀라운 것이었다. 전형적인 예로서, 과학기술의 불모지에서 뒤늦게 출발했었던 한국이 오늘날 세계를 선도하는 반도체 · 자동차 · 조선 · 석유화학 · 원자력 · 정보기술(IT) 산업을 자랑할 수 있게 된 것은 과학자들의 끈질긴 노력 덕분이었다. 이젠, 노벨상 수상자를 양성하기 위한 목적으로, '미래창조과학부' 산하에 '기초과학연구원(IBS)'을 설립했다. 그런데도 한국이 노벨상을 기대하기는 쉽지 않을 것이라고 일반적으로 인식되고 있다. 왜 그럴까? 그 요인은 과학기술에 대한 철학(哲學) 부재(不在)라고 저자는 사유한다.

예로서 '기초과학연구원(IBS)'이 설립됨에 따라 명망 있는 과학자들은 '큰 밥그릇'을 챙겼다. 또한 '한국연구재단(KOSEF)'도 그 이름이 부끄럽다. 말이 연구재단이지 연구비나 관리하는 하수인에 불과하다. 한국연구재단(KOSEF) 수장의 목이 언제 날아갈지 모른다. 정권만 바뀌면 관료들은 신규 사업 만들기 바쁘고, 그때마다 힘없는 과학자들은 갈아타기, 헤쳐모여를 반복해야 한다(한국경제 2014.10.01). 이명박 정부 시절 '단군 이래 최대 국가과학프로젝트'라는 과학비즈니스벨트는 기초연구를 비즈니스와 억지로 엮었다. 그 성과는 천문학적 기초과학연구지원비에 비하여 군색하기 짝이 없다.

모름지기, 눈앞의 이익을 챙기려는 응용기술의 개발에 필요한 '기초연구'를 '기초과학'으로 왜곡하여 인식해서는 안 된다. 실용적 가치가 없다는 이유로 과학지식의 가치를 인정하지 못한다면 노벨상의 꿈은 '그림의 떡'이 될 수밖에 없다. 게다가 학생들이 어려워하고 싫어하는 과학 · 수학을 애써 가르칠 필요가 없다고 믿는 교육학자들의 손에 과학교육을 맡겨둔다면 노벨상은 영원히 공허한 꿈으로 남게 될 것이다.

한국의 기술혁신과 연구개발(R&D) 활동에 대한 OECD와 '월스트리트저널'의 비판 및 충고를 경청 및 실천할 필요가 있다. 우선, OECD는 한국의 연구개발(R&D) 시스템은 선진기술의 '국산화'와 '한국형' 사업에 집착해 비효율적이라고 분석했다. 다음으로, 월스트리트저널은 "많은 기업이 구글 · 아마존 · 페이스북을 따라하는 데 급급해 생산성 면에서 뒤떨어지고 있다"라고 지적했다. 즉, 눈에 보이는 단기 실적 내기에만 급급하다는 것이다.

2016년 다보스 포럼에서 세계경제포럼이 발표한 「제4차 산업혁명이 미치는 영향」 보고서에 따르면, 한국은 제4차 산업혁명의 요란한 구호를 내세우고 있지만 정작 제4차 산업혁명에 적응할 수 있는 국가의 순위에서 25위로 평가되었다. 또한 스위스 은행인 UBS가 발표한 보고서에서 세계 139개국을 대상으로 제4차 산업혁명에 적응할 수 있는 준비 정도를 평가한 결과 한국은 기술 수준이 23위, 교육 시스템은 19위로 각각 평가되었다. 특히 4차 산업혁명의 기반이 될 소프트웨어(SW) 부문에 대한 인적·물적 투자는 미미하다. 국내 SW 전문 인력은 2014년 20만 명에 불과했고, 소프트웨어(SW) 부문에 대한 R&D 투자는 반도체·디스플레이 R&D 투자액의 5분의 1 수준이다.

따라서 본 연구는 다음과 같은 연구개발(R&D)의 효율성 제고 방안을 제시한다: 기술혁신의 기본방향이 '모방(Imitation)에서 혁신(Innovation)'으로 전환해야 한다. 즉, 선진기술의 수동적 모방이 아니라 다양한 분야에서 '퍼스트 무버(First Mover)'가 되어야 한다. 다시 말하면, 연구개발(R&D) 투자가 신(新)상품 및 신(新)공정으로 연결될 수 있는 기술 허브를 구축해야 한다. 이와 함께, 산업 분야 간 융합과 조화를 목표로 하는 '제4차 산업혁명'의 잠재력을 개발 및 축적해야 한다. 이러한 기술혁신의 기본방향 전환을 위하여, 정부는 미래형 기술인력(技術人力) 양성, 지적재산권 보호, 글로벌 교류를 지원 및 강화해야 한다.

여기서 가장 중요한 것은 기술인력(技術人力)의 양성과 공급이다. 독일은 중소 제조업체를 중심으로 현장 실습이 강화된 직업교육(Dual System)을 통하여 기술인력(技術人力)을 양성하여 제조업에 숙련인력을 꾸준히 공급하고 있다. 독일 중소기업청에 따르면, 사회보험을 제공하는 기업의 21.7%가 직업교육에 참여하는데 훈련생의 약 83.2%가 중소기업에서 훈련받고 있다. 연방정부, 지방정부, 직업학교와 지역 상공회의소가 공동으로 참여하는 직업교육(Dual System)은 일주일 중 3일은 산업현장에서 나머지 2일은 학교에서 수업을 받는 형태로 3년제 과정(우리나라 고등학생에 해당)의 직업 훈련과정이다.

독일의 직업교육(고등학교 과정) 등록 비율은 49%로 높은데, 교육방식도 대부분 학교와 현장이 결합된 형태로 인력의 숙련도는 높게 유지하고 있다. 독일에서는 2011년 기준, 45.5만 개 기업에서 344개 직업에 대해 약 146만여 명에게 표준화·메뉴얼화된 현장 중심의 직업교육을 제공하고 있다. 따라서 상기한 독일의 기술인력 양성 및 공급 시스템을 벤치마킹하는 것은 양호한 기술인력의 공급 시스템을 확보하는 것일 뿐만 아니라 무너져가고 있는 중소기업과 대학(특히 공과대학)을 살릴 수 있는 혈로(血路)이며, 청년실업을 구제할 수 있는 유일한 방략(方略)이며, '병든 한국의 교육시스템'을 근본적으로 치유하려는 정책의지의 표현일 것이다. 즉, 중소기업들은 직업교육의 현장으로 변모되어야 한다. 직업교육 과정은 정부·대학·기업이 모두 참여하여 매뉴얼화될 때 인력의 전문성과 효율성을 모두 확보할 수 있을 것이다.

본 연구는 한국의 기술혁신의 기본방향이 '모방(Imitation)에서 혁신(Innovation)'으로 전환 위해서는 특히 소프트웨어(SW: Software) 인력을 시급히, 대대적으로 양성해야 한다고 주장한다. 소프트웨어(SW)란 컴퓨터 기계장치 같은 하드웨어를 작동하는 OS(운영체제) 등 고도의 알고리즘(algorithm)으로 이뤄진 제어프로그램이다. 스마트폰 애플리케이션, AP(칩) 프로그램, 차량 탑재 ECU(전자제어장치) 등이다. 대표적인 예로서 반도체에 내장돼 있어 전자·통신·항공·자동차 등 기계를 제어하는 임베디드(embedded) 소프트웨어를 들 수 있다.

한국 제조업이 소프트웨어(SW) 혁명에서 얼마나 낙후되어 있느냐는 것은 다음과 같은 정부(산업부) 통계에서 확인될 수 있다: 하드웨어에 내장돼 있는 고부가가치 소프트웨어(SW) 국산화율이 휴대용 통신 기기 15%, 로봇 5%, 자동차 5%, 조선 4%, 국방 1%에 불과하다. 한국 조선업이 세계 1위라지만 설계와 항해·정박 소프트웨어 장치 등 선박의 두뇌에 해당하는 부분은 모두 수입에 의존하고 있다. 또한 중공업 등 제조공정에 필요한 설계·3D 시뮬레이션 프로그램은 거의 100%를 수입하고 있다.

'정보통신산업진흥원(NIPA)'에 따르면 2011년 한국의 소프트웨어(SW) 인력은 73만 명이지만 56만 명(77%)이 전산실 관리 인력이다. 국내 소프트웨어(SW) 전문 인력은 17만 명에 불과하다. 2011년 현재 국내 소프트웨어 기업 숫자는 총 6,678개이다. 이 중 매출 10억 원 이하 영세 기업이 전체의 44.0%에 달한다(조선일보, 2013.08.03). 또한 '제4차 산업혁명'의 기반이 될 소프트웨어(SW) 부문에 대한 연구개발(R&D) 투자는 반도체·디스플레이 연구개발(R&D) 투자액의 5분의 1 수준이다. 국내 최고의 소프트웨어(SW) 기업으로 불리는 「안랩」조차도 세계시장에선 무명(無名)이다. 2012년 매출 1,315억 원 가운데 수출은 겨우 7%(87억 원)에 불과하다. 그나마 내수시장을 지키는 이유는 보안 소프트웨어(SW)의 경우 국가별로 자국 제품을 선호하는 경향이 강하기 때문이다. 국내 최고 SW 업체인 「안랩」조차 '우물 안 개구리' 신세인 셈이다(조선일보, 2013.08.03).

그럼에도 불구하고, 대학 교육은 소프트웨어(SW) 교육을 외면하고 있다. 예로서, 국내 유명 대학의 컴퓨터공학 등 소프트웨어 관련 학과는 정원조차 채우기가 버겁다. 한국의 전체 4년제 대학의 소프트웨어 전공 졸업생 수도 줄고 있다. 전산학·컴퓨터공학 등의 졸업생 수는 2012년 1만 7,188명이었다. 2008년 1만 9,707명 이후 한 해도 빠지지 않고 줄었다.

따라서 정부는 신(新)성장동력 산업을 육성하고 기업의 고용창출 여건을 만들어 주어야 한다. 즉, 한국의 교육시스템을 최근 기술진보 경향에 부합하는 방향으로 '이원화 교육

(학습·근로 병행교육)'으로 개혁해야 한다. 다시 말하면, 새로운 기술에 부합하는 인력들을 최대한 갖추어 나아가 변화에 대한 국민들의 적응력을 높여주어야 한다는 것이다. 이는 현재의 규제일변도 교육정책에서 탈피해 자율성과 유연성이 확보된 진화하는 교육 시스템으로 변모해가는 것을 의미한다. 또한 경쟁에서 낙오된 계층에게 재(再)교육과 같은 재기의 발판 및 사회안전망을 제공하여 다시 생산적 활동을 이어갈 수 있도록 하는 시스템이 필요하다. 또한 불필요한 정부 규제(規制)는 철폐해야 옳다. 예로서, 서비스업 기본법·지역별 전략산업을 위한 규제프리존법이 제정되어야 한다.

전술한 '한국몽(韓國夢)'을 구현하기 위한 신(新)실용주의(Neopragmatism)라는 국정철학(國政哲學)을 한국 정치권에 적용해보면, 상기 철학은 현재 첨예한 '사회적 갈등(社會的 葛藤)'의 주요 원인인 보수(右派) vs 진보(左派)와 우익(右翼) vs 좌익(左翼)의 '이념갈등(理念葛藤)'을 공동선(共同善, The Common Good)과 국가이익(國家利益, National Interest)을 위한 '정책(政策) 경쟁'으로 유도하고, 나아가 민족통합(民族統合)을 위한 남·북한의 화합(和合)을 도모하는 데 기여할 수 있을 것이라고 저자는 기대한다.

오늘날 '때늦은' 이념 갈등(理念 葛藤), 즉 '좌·우(左·右) 대립'은 게오르그 빌헬름 프리드리히 헤겔(Georg Wilhelm Friedrich Hegel, 1770~1831)의 '대립물의 통일과 투쟁'이라는 '변증법적 모순'조차도 제대로 이해하지 못하는 무지(無知)의 소치이다. 모름지기, '변증법적 모순'은 발전적 대립이되 파괴적 갈등은 아니며 모든 사물의 생명과 운동의 원천이며 원동력이다. 이러한 시각에서, 한국의 각종 현안문제들을 둘러싼 정쟁(政爭)은 正 → 反 → 合으로 지양(止揚)되어야 한다. 그것은 산업화(產業化) → 민주화(民主化) → 선진화(先進化)로 지향하는 역사의 발전과정인 것이다. 오른팔이 있으므로 왼팔이 존재하는 것이고, 왼손잡이(左腕)가 있으므로 오른손잡이(右腕)가 '정상인'으로 인정받는 것이다. 즉, 상대방의 존재가치가 바로 자신의 존재가치인 것이다. 좌·우 두 팔이 건전해야 몸이 균형(均衡)을 잡을 수 있으며 '힘'을 제대로 발휘할 수 있는 것이다.

모름지기, 사회를 변화시키거나 어떤 사회적 병리현상을 치료하기 위해서 일반적으로 크게 2가지 방법을 고려할 수 있다. 하나는 제도를 개선하는 것이며, 다른 하나는 국민의 의식수준을 제고시키는 것이다. 진보(進步)는 '구조(Structure)의 변화'를 추구하는 반면에 보수(保守)는 '문화(Culture)의 변화'를 추구한다. 그러나 보수(保守)와 진보(進步)는 '사상(思想)'이라기보다는 그 강령이 고정되어 있지 않은 상대적 개념이다. 예를 들어 신자유주의(新自由主義, New liberalism)는 과거에는 진보(進步)였지만 지금은 보수(保守)이다. 따라서 보·혁(保·革)의 건전한 논쟁은 시민의식을 일깨워주며 경쟁을 통하여 역사발전의 생산성

(生産性)을 높여준다. 그러나 '보수(保守)'와 '진보(進步)' 중에서 선택은 국민이 하는 것이며, 그 선택에 대하여 책임은 국민에게 있다. 따라서 국민은 항상 깨어 있어야 한다.

보·혁(保·革) 갈등(葛藤)은 세계 모든 국가에서 존재하며 자연스러운 것이고 심지어 바람직한 것이다. 사전적(辭典的) 의미로서 '보수(保守)'는 '보호하고 지킨다'라는 의미인 반면에 '진보(進步)'는 '앞으로 나아간다'라는 의미이다. 다시 말하면, 역사발전을 가속화하자는 것이 진보주의(進步主義, Progressivism)인 반면에 역사의 폐달을 신중하게 밟고 가자는 것이 보수주의(保守主義, Conservatism)이다. 즉, 보수주의(保守主義, Conservatism)란 어떤 변화도 인정하지 않고 가만히 있겠다는 것이 아니라 현 상황의 급진적인 변화보다는 과도기를 두면서 점진적인 변화 또는 보존·유지를 선호한다. 따라서 보수(保守)의 현상유지(現狀維持)에 대응하여 진보(進步)는 역사 발전을 위하여 반드시 필요하다. 이와 동시에, 보수주의(保守主義)는 진보주의(進步主義)의 격렬한 급진성을 제어하기 위해 반드시 필요하다. 마치, 자동차가 달리기 위해서는 엑서더가 필요함과 동시에 브레이크가 반드시 필요한 것과 같다. 상기한 시각에서, 본 연구는 한국사회에서의 보수(保守)와 진보(進步)의 발전 방향을 다음과 같이 제시한다:

① '보수주의(保守主義, Conservatism)'는 민족·국가·종교·전통·문화의 가치관을 유지 및 복원하고자 하는 이념이다. 따라서 한국의 보수주의(保守主義)가 건재할 수 있는 길은 현재 주어진 상황에서 오직 전통적 문화(윤리와 도덕)를 지키고 애국심(愛國心)·민족주의(民族主義)에 호소함으로써 국민 다수의 지지를 획득하는 것이다. 나아가, 한국의 보수(保守)는 대한민국의 정통성(正統性)과 정체성(政體性)을 강조하고 자유시장경제체제를 지향하면서 공동체 전체를 위해 법과 질서가 복원돼야 한다고 주장한다. 그리고 한국의 보수(保守)는 미국에 대해선 할 말은 하더라도 근본주의(根本主義) 성향의 반미(反美)는 인정하지 않는다.

그런데 1980～1990년대를 거치면서 민족주의(民族主義)에 대한 담론은 진보(進步) 진영의 전유물이 되어버렸다. 이 결과, 한국의 보수(保守)에게 남은 것은 시장경제체제(市場經濟體制)밖에 없게 되었다. 그러나 시장(市場)의 기능은 최근 신(新)자유주의(New Liberalism)의 실패로 세계적으로 비판을 받고 있다. 이 결과, 현재 한국의 보수(保守)는 정치적 이념(理念)의 질곡(桎梏) 상태에 빠져 있다. 따라서 한국의 보수(保守)는 어떠한 가치(價値)를 어떻게 지키고 발전시키겠다는 구체적 비전과 전략을 강구 및 제시해야 한다. 그러나, 그러한 청사진(靑寫眞)이 한국의 보수(保守)에겐 보이지 않는다. 그저 분노한 시민 혹은 학생들의 투쟁에 의하여 권력(權力)이 굴러올 것만을 기다리는 모습이다.

상기한 '정치적 딜레마'는 한국의 보수(保守)가 자초한 것이다. 왜냐하면 보수(保守)는 '민주주의(民主主義)'를 정치적 실천(특히 1987.06 민주항쟁)을 통해 '보편적 이념'으로 정착시켰으나 '자유주의(自由主義)'를 '반공주의(反共主義)'와 동일시함으로써 자유주의(自由主義)를 실천하는 것을 소홀히 했었기 때문이다. 즉, '자유주의(自由主義)'는 과도한 '국가중심주의(國家中心主義)'에 억눌렸거나 혹은 그 속에서 유보 내지 안주했었던 것이다.

상술하면, 군사독재체제는 '민주주의 확립'과 '공산주의 타도'라는 슬로건 아래 마치 자기들이 '민주주의의 수호자'인 것처럼 주장하면서 반공(反共)을 내걸고 그들의 정체성(政體性)을 확보하고자 했었다. 나아가, 군사 독재 세력은 그들의 정권 유지를 위해 그들에게 저항하는 민주 세력을 '좌익(左翼) 세력'으로 매도했었다. 이로 인해 민주 세력들은 '친북 좌파(親北 左派)'로 매도되어 곤혹을 치른 예는 수없이 많았다. 이에 대응하여, 군사 정권의 정당성을 비판하는 정치 세력들은 반공(反共)은 받아들이지만 민주주의 가치를 위해 군사독재(軍事獨裁)만은 안 된다는 주장을 내세우며 군사독재 정권에 도전하였었다. 군사정권이 종식되고 김영삼(金泳三)의 '문민정부(1993~1998)가 수립되자 이제는 군사 독재에 억눌렸었던 민주 세력들이 그 이전 군사 독재 정부에 참여한 인사들을 '수구 반동(守舊 反動)'으로 비판하였다.

한편, 한국의 진보(進步) 진영이 추진했었던 민주화(民主化) 운동에서도 자유주의(Liberalism, 自由主義)는 생소(生疏)했었다. 1987년 6월 민주화(民主化) 이후, 진보(進步) 세력은 마르크스주의(Marxism)이나 서(西)유럽의 복지체제인 사회민주주의(社會民主主義, Social Democracy)를 수용했었다. 물론, 진보(進步) 진영에는 여전히 자유주의(Liberalism, 自由主義)를 거부하고 의심의 눈초리로 보는 경향이 있었다.

이러한 상황에서, 한반도의 분단 상황과 얽혀 '수구 반동(守舊反動)' vs '친북 좌파(親北左派)'라는 정치적 낙인은 보수(保守)와 진보(進步)의 합리적 활동을 저해하여 왔다. 만약, 경제문제에 있어서 경제성장을 강조하면 그 반대 세력에 의해 '수구 반동(守舊 反動)'이라는 낙인이 찍혔다. 만약 경제성장보다는 소득분배가 우선이라고 하면, '친북 좌파(親北左派)'라는 낙인이 찍혔다. 따라서 한국의 정치 세력들은 모두가 자유민주주의(自由民主主義)를 강조하는 서구(西寇)의 보수주의적 입장에 있으면서도 군사정권 유지 세력과, 군사독재 정권의 종식을 강조하는 민주주의 세력으로 양분되었다. '보수(保守)'는 군사독재(軍事獨裁)의 협력세력이라는 의미로, '진보(進步)'는 '친북 좌파(親北 左派)'로 각각 확대 해석될 수 있는 '콤플렉스'를 갖게 됐다.

여기서 군사 독재에 기생하여 자기의 정치적 이익을 추구하여 온 일부 보수(保守) 세력들은 군사 독재가 사라진 후에도 반성의 기미를 보이지 않고 오히려 군사 정권하에서 경제발전의 성과만을 부각시킴으로써 자기의 과거 행동을 변명만 하고 있다. 한편, 한국의 진보(進步) 세력들은 일부 '통일이나 민족 등과 같은 거대 담론'에 치우쳐 '대중을 오만하게 계몽'하려 했던 운동권의 자세를 보임으로써 서구(西寇)의 사회민주주의적 이념, 즉 소득재분배정책과 복지국가로의 전환을 위한 청사진(靑寫眞)을 구체적으로 제시하지 못하고 있다. 그들의 두뇌는 국정철학(國政哲學) 대신에 권력 유지와 축재에 대한 탐욕(貪慾)으로 가득 찼으며 후안무치(厚顔無恥)의 권모술수(權謀術數)만이 난무한다.

이젠, 보수(保守)도 약자(弱者)에 대해 따뜻하고 온정적인 태도를 가져야 하며 부정·부패(不正·腐敗)에 대해 겸허히 반성하고 '진보(進步)'의 가치도 포용해야 한다. 즉, 보수(保守)가 진보(進步)를 이단(異端)으로 생각하는 사고방식을 버리고 '열린 보수'가 되어야 한다. 그리고, 핵(核)무기 문제는 제외하더라도, 대(對)북한 포용정책(包容政策)을 인정해야 한다. 왜냐하면 북한 정권(政權)이 아니라 북한 주민(住民)들을 돕는 것은 민족적 의무이자 휴머니즘(Humanism)의 발로이기 때문이다.

② 한국의 진보(進步)는 대한민국의 역사를 실패의 역사, 부도덕한 역사, 기회주의가 성공한 역사로 폄하(貶下)한다. 좌파(左派)는 과거엔 사회주의권을 의미했지만 국가나 시민사회에 의한 '조정된(coordinated market economy)'이 필요하다고 주장한다. 또한, 한국의 '진보(進步)'는 시장경제의 틀 속에서 좀 더 인간적이고 민주적인 복지국가(福祉國家)가 실현되는 시장경제로 가자고 주장한다. 과거에는 경제성장이 소득분배를 개선했었는데 최근 몇 년간 상기 선(善)순환 구조가 깨졌다. 게다가 수출과 내수, 제조업과 서비스업, 대기업과 중소기업 간의 연계가 약화되었다. 이 결과, 소득이 한곳에 몰리면서 소득분배구조의 불균형이 심화되었고 절대적·상대적 빈곤율 모두 악화되고 있다. 또한, 부익부(富益富) 빈익빈(貧益貧), 강익강(强益强) 약익약(弱益弱)이 만연되어 있다. 경제성장이 양극화(兩極化)를 부추기고 대다수의 박탈감만 높인다면 누굴 위한 경제성장이냐는 의문이 제기된다.

모름지기, 한국의 진보(進步)는 과거처럼 저항세력이 아니라 현재 주도세력으로서 국가를 경영하기 위해서는 다음과 같은 변화가 필요하다: 진보주의(進步主義, Progressivism)는 역사 발전을 저해하는 제반 요인들을, 특히 소득분배 불평등(不平等)과 양극화(兩極化) 현상과 그 요인을 과학적으로 분석하고 그 대안을 구체적으로 제시해야 한다.

여기서 유의할 것은 1991년 사회주의(社會主義)가 붕괴된 후, 이젠 자본주의(資本主義)가 위기상황으로 접어들고 있다는 점이다. 그 요인은 외부의 도전도, 내부의 저항도 부재(不在)하자 스스로 내파(內破)하고 있기 때문이다. 마침내 세계 대부분의 자본주의 국가들이 '1 대 99 사회'로 진입하고 있다.

그러나 소득분배 구조의 악화와 양극화(兩極化)가 사회적 이슈인 것은 자명한 사실이지만, 이보다 더 중요하고 시급한 것은 경제성장(經濟成長) 잠재력(潛在力)의 복원이다. 소득불평등·양극화, 저출산·고령화, 성장잠재력 둔화는 동전의 양면과 같다. 즉, 노동시장 접근에 소외되면서 소득이 불평등해졌고, 저출산·고령화로 인해 성장잠재력이 둔화되는 악순환이 이어지고 있는 것이다.

여기서 유의할 것은 진보주의(進步主義)의 가장 고귀한 상대적 가치는 도덕성(道德性)이라는 점이다. 주대환 사회민주주의연대 공동대표는 "한국 진보(進步)는 파산했다"며 '뉴레프트 운동'을 제안했는데, 그 주요내용은 대한민국을 긍정하며, 시장의 실패를 교정할 국가의 역할을 인정하고, 민족주의(民族主義)는 우파(右派)에게 돌려주고 세계주의(世界主義)를 회복하자는 것이다(조선일보, 2010.07.03).

모름지기, 한국의 진보(進步)는 대한민국의 정통성(正統性)과 정체성(政體性)을 인정하고 시장경제의 틀 속에서 좀 더 인간적이고 민주적인 복지사회(福祉社會)로 가자고 주장해야 한다. 그리고 평등(平等)의 개념을 '결과의 평등'이 아니라 '기회의 균등'으로 인식해야 한다. '교육의 평준화'는 '과정의 불평등'을 해소하지 않고 '결과의 평등'만을 추구한 결과, 지역별·계층별 불평등(不平等) 해소에 실패했다. 평준화(平準化)가 결코 평등(平等)은 아니다. 평준화(平準化)의 큰 틀 속에서 다양성과 경쟁 요소가 포함돼야 한다. '하향 평준화'는 '교실 붕괴'를 야기했다. 또한 과거 진보(進步)는 반미(反美) 성향을 보였지만, 이젠 한·미(韓·美) 동맹(同盟)을 중요시해야 한다. 왜냐하면 대한민국의 생존과 향후 민족통일을 위해선 사실상 미국의 역할이 결정적이기 때문이다.

③ 그렇다면, 보수(保守)와 진보(進步)가 공존(共存)하기 위해서는 어떻게 해야 하는가? 이젠, 상대편의 정치 세력을 비방하기 위하여 군사 독재를 떠올리게 하는 '수구 반동(守舊反動)'이나 냉전적 의미를 내포한 '친북 좌파(親北左派)'의 딱지를 붙이는 시대착오적 퇴행성(退行性)은 버려져야 한다.

주지하다시피, 한국의 민주화(民主化)는 독재(獨裁)에 반대하는 운동으로서 자유주의(自由主義)의 이념으로 추진되었다. 1987년 6월 민주항쟁 과정에서 시민들은 헌정주의(憲政主義)의 복원을 요구했었으며, 권위주의적(權威主義的) 군부독재(軍部獨裁) 정권에 의해 박탈(剝奪)당한 시민의 정치적 기본권과 자유를 돌려줄 것을 요구했었다. 당시, 시민들은 결코 계급혁명(階級革命)을 표방하지 않았으며 급진적인 사회경제적 개혁(改革)도 요구하지 않았다. 따라서 '1987년 체제'가 정착시킨 민주주의(民主主義)는 바로 자유주의(自由主義)였던 것이다.

여기서 유의할 것은 상기와 같은 정치풍토에서, 보수(保守)는 보수대로 진보(進步)는 진보대로 각각 자유주의(Liberalism, 自由主義)를 적극적으로 수용할 수 없다는 점이다. 다시 말하면, 민주주의(民主主義)는 현재 정착된 이념이지만, 자유주의(Liberalism, 自由主義)는 아직 정착되지 않았다. 심지어, 1987년 6월 민주항쟁으로 민주화(Democratization)가 됐으면 개인주의(個人主義)와 이익집단도 강화돼야 하는데 그러지 못하고 있다. 따라서 한국 사회에서 보수(保守)와 진보(進步)에 대한 논쟁은 자유민주주의(自由民主主義) 아래에서 개인의 권리나 자유의 강조냐 아니면 공익과 평등의 강조냐 하는 점에서 건전하게 이루어져야 국가발전에 기여할 수 있을 것이다.

사실, 보수(保守)만이 존재하는 사회는 진부(陳腐)하여 발전이 없는 반면에 진보(進步)만이 존재하는 사회는 불안정(不安定)하여 붕괴될 수 있다. 그러므로 선진국을 지향하는 한국사회는 상대에 대한 존중과 공존에 익숙해져야 한다. 자신의 견해를 주장하되 상대방의 주장을 존중해야 한다. 또한, 소수는 다수의 결정을 받아들여야 한다. 그러나 다수의 결정이라고 하더라도 그것이 소수의 이익을 해치는 것은 다수의 횡포로서 엄격히 규제되어야 한다.

④ 한국사회의 보수(保守)와 진보(進步)의 퇴행성(退行性)을 바로 잡기 위해서는 의사소통 구조의 다양화가 필요하다. 즉, 독일의 철학자이자 사회학자인 위르겐 하버마스(Jürgen Habermas, 1929~현재)의 '의사소통의 이성과 윤리(Communicative Reason and Ethics)'에 입각하여 구동존이(求同存異)에 의하여 사회통합(社會統合)을 추구하면 된다.

그렇게 함으로써, 한국의 보수(保守) 혹은 진보(進步)는 공통적으로 칼 포퍼(Karl Popper, 1902~1994)의 '열린사회(The Open Society)'를 지향 및 추구해야 한다. '열린사회(The Open Society)'는 '최대다수의 최대 행복'을 추구하는 공리주의(功利主義)의 원리를 배격한다. 왜냐하면 공리주의(功利主義) 원리는 전체주의적 독재를 위한 구실이 될 수 있으며 다수의 행복을 위해서 소수가 희생되기 때문이다. '열린사회(The Open Society)'는 다수의 행복을 위하여 소수의 고통을 요구하지 않으며 소수의 행복을 위하여 다수의 고통을 요구하지 않는 사회이다. 누구든지 사회적으로 희생되어야 한다고 전제하는 것은 '열린사회(The Open Society)'의 기본원리인 '개인의 불가침성'을 부정하는 것이다. 위르겐 하버마스(Jurgen Harbermas, 1929~현재)의 '의사소통의 이성과 윤리(Communicative Reason and Ethics)'란 동양적 사유로서 말하면 '열린 눈(Open Eye, 開眼)'이라고 저자는 정의(定義)한다. 서양(西洋)에서는 '철학(哲學)'이란 '지혜(智慧)를 사랑하는 것'을 의미하지만 동양(東洋)에서는 '밝은(哲) 눈(眼)을 갖는 것'이다.

⑤ 보수(保守)든 혹은 진보(進步)든 간에 국가 정체성에 대한 경쟁이 아니라 구체적 정책에 관한 경쟁을 해야 한다. 그 논쟁의 핵심은 성장 동력을 확충하는 것을 우선해야 할지, 사회적 양극화를 막는 데 먼저 힘을 쏟아야 할지, 아니면 상기 2개 목표를 모두 구현할 방법은 없는지에 관한 것이다. 물론, 이런 주제들에 대한 비전 제시와 정책 개발은 어느 한 집단이 독점할 수 있는 것이 아니다. 그것은 합리적인 토론에 기반한 국민적 공론에 의해 결정될 문제다.

여기서 유의할 것은 다원화(多元化) 사회에서 모든 정책은 양분될 수 없으며 이러한 복잡성을 양분하려고 하는 노력 자체는 논쟁의 핵심을 더욱 복잡하고 애매하게 만들 뿐이라는 점이다. 이러한 복잡성은 일반국민의 정책적 선택 기준을 어렵게 하고 나아가서는 명쾌하지도 않은 구별을 근거로 상대방을 비방하는 '반대를 위한 반대'만을 양산함으로써 국론(國論)을 분열시키고 국가적 에너지를 소진시킨다. 이러한 억지 구별 때문에 '중도 보수' 혹은 '중도 진보', '합리적 보수' 혹은 '건전한 진보'라는 용어가 난무하게 된다.

따라서 모든 정책들을 보수(保守)와 진보(進步)로 구분할 필요가 없으며, 그러한 시대도 이미 지났다. 또한 우파(右派)와 좌파(左派)의 이념적 구별이 유효하지 않은 21세기 자유민주주의(自由民主主義) 체제하에서는 의미가 없다. 다원화(多元化) 시대에 있어서 국민의 이해가 양분될 수 없는 현실에서 좌파(左派)와 우파(右派)의 이념은 정당 구별의 근거가 될 수 없다. 왜냐하면 현대 사회에서 정당은 '포괄성(包括性)'을 가질 수밖에 없기 때문이다.

모름지기, 국가의 생존과 번영을 위하여 필요한 것은 경세제민(經世濟民)을 위한 비전(Vision)과 청사진(靑寫眞)이다. 성경(聖經)의 잠언(箴言) 29장 18절: "묵시(默示)가 없으면 백성이 방자히 행하거니와 율법을 지키는 자는 복이 있도다. 꿈이 없는 백성은 망한다"고 말씀한다. 따라서 꿈과 비전(Vison)을 가져야 한다. 그것을 위한 국정철학(國政哲學)과 시대정신(時代精神)이 본 연구의 신(新)실용주의(Neopragmatism)인 것이다.

IX

요약 및 결론

정의로운 국가와 행복한 사회를 위한
신(新)실용주의(實用主義) 철학과 정책

(The 'Neopragmatic Philosophy and Policy' for
'A Justice-based State' and 'A Happy Society')

1) 인류사회의 궁극적 목표: '생활권적 기본권(生活權的 基本權)'이 보장되는 인간중심주의(Anthropocentricism) 사회와 '지구촌 문화공동체'

인류사회의 궁극적 목표는 인간의 삶이 정신적으로 고결하고 물질적으로 편익하고 풍요로우며, 이로써 인간적으로 각자가 생(生)의 보람을 느끼는 사회를 이루는 것이다. 사실, 인간(人間)은 신체적·정신적·사회적 생명체로서 출생에서 사망까지 전(全) 생애기간 동안 주어진 환경 및 사회와 끊임없는 상호작용을 통하여 의·식·주와 건강이 보장되어야 하는 존재이다. 따라서 인권(人權)이란 연령·성별·종교·사상·국가 등에 관계없이 누구나 인간으로서 존중받고 행복하게 살아갈 권리이다.

그러나 산업사회의 치열한 경쟁은 사람들을 승자와 패자로 갈라놓으며 부(富)와 소득의 불균형을 초래하게 된다. 이로 인하여 현대인의 불만이 누적되어 사회갈등으로 비화되고 있다. 사실, 물질과 권력은 인간을 위해서 중요한 수단적 가치이다. 그러나 목적으로서의 '가치(Value, Wert)'는 어디까지나 인간(人間)에게 있다. 그럼에도 불구하고, 물질(物質)이 도리어 인간(人間)을 압도함에 따라 주객(主客)이 전도(顚倒)되어 인간소외(人間疎外, Alienation)가 발생하고 있다. 또한 권력(權力)이 공동체의 번영 내지는 사회구성원의 행복을 위하여 사용되지 않고 사사로운 목적을 위해서 남용되고 있다. 따라서 본 연구는 물질과 권력의 중요성을 부인하는 것이 아니라 인간과 물질의 관계를 올바르게 회복할 수 있는 인간중심주의(Anthropocentricism) 사회가 건설되어야 한다고 강조하는 것이다.

이와 관련하여, 에리히 젤리히만 프롬(Erich Seligmann Fromm, 1900~1980)은 그의 저서 「정상적 사회」(The Sane Society, 1955년)에서 '공정하고 밝은 사회'를 건설하기 위한 덕목(德目)으로서 3가지: 정의, 협동정신, 인간애를 들면서 다음과 같이 갈파하였다: *"아무도 다른 사람의 목적을 위한 수단이 아니고 예외 없이 자기 자신의 목적이며, 따라서 자기 자신의 인간적 능력의 발휘 이외의 다른 어떤 목적을 위해서 이용되거나 행동하는 일이 없는 사회가 건설되어야 한다."*

한편, 글로벌 차원에서 보면, 최근에 정치·경제·사회·문화의 세계화(Globalization) 추세로 국제교류가 증가하고 국가 간 상호의존 및 협동이 심화되고, 교통·통신·기술의 혁명과 정보화로 인하여 시간과 공간이 압축됨으로써 국경의 중요성이 점차 감소되는 지구촌화(化)가 진행되고 있다.

그러나 인류사회는 현재 5가지 위기: ① 글로벌 경제위기, ② 에너지·환경위기, ③ 식량 위기, ④ 핵무기 위기, ⑤ '문명의 충돌'과 이슬람국가(IS) 테러 위기를 당면하고 있다.

따라서 인류사회는 세계평화와 인류사회의 공동 번영을 위해 새로운 가치기준과 규범, 즉 '글로벌 철학(Global Philosophy)'을 정립하고 '지구촌 문화공동체(Global Cultural Community)'를 건설하기 위한 공동목표의 정립이 절실하게 요구되고 있다. 그렇다면, 어떠한 '지구촌 문화공동체(Global Cultural Community)'가 바람직할 것인가? 그것은 동·서양의 문화가 조화되고 분쟁이 해소되고 자유(自由)와 평등(平等)이 함께 보장되는 글로벌 사회일 것이다.

일찍이, '지구촌 문화공동체(Global Cultural Community)'의 실현은 동·서양의 정치철학에서 공히 찾아볼 수 있다. 동양(東洋)의 경우, 고대 중국에서 유가(儒家)의 '대동사회(大同社會) 사상'과 강유위(康有爲, 1858~1927)의 저서인 「대동서」(大同書)를 대표적 예로 들 수 있다. 서양(西洋)의 경우, 이탈리아의 시인이었던 알리기에리 단테(Alighieri Durante, 1265~1321)의 정치학 논고인 「제정론」(帝政論, De Monarchia, 1312~1313)에서 논술된 '세계정부의 이상' 즉 '보편군주제하의 세계제국론', 임마누엘 칸트(Immanuel Kant, 1724~1804)의 「영구평화론」(Zum ewigen Frieden, 1795년)에서 '세계공화국론', 버트란드 러셀(Bertrand Russell, 1872~1970)의 '정치적 세계공동체', 앨빈 토플러(Alvin Toffler, 1928~2016)의 '초국가적 시민사회' 등을 들 수 있다. 현대에 이르러서는 '세계시민주의(Cosmopolitanism)'가 제기되고 있다.

특히, 임마누엘 칸트(Immanuel Kant, 1724~1804)는 그의 저서 「영구평화론」(Zum ewigen Frieden, 1795년)에서 '언어와 종교(Sprachen und Religionen)'의 차이가 민족 간 갈등과 전쟁의 원인이라고 갈파하였다. 한편, 사무엘 헌팅턴(Samuel Huntington, 1927~2008)은 탈(脫)냉전 이후에도 세계평화(世界平和)는 여전히 위협받고 있다고 주장했다. 예로서, 1993년 현재 세계에서 모두 약 48건의 민족분쟁이 벌어지고 있으며, 옛 소련에서만 164건의 국경선을 둘러싼 영토 민족 갈등이 불거졌으며 이 중 30건은 무력 분쟁으로 비화되었다고 한다.

2) 본 연구의 목적/목표

최근 철학적 관심의 흐름을 보면 현대 철학은 '형이상학적 철학(Metaphysical Philosophy)'에서 '실천 철학(Practical Philosophy)'으로 전환되고 있다. 예로서, 포스트모더니즘(Post Modernism)은 '윤리적 전환(Ethical Return)'을 주장하고 있으며, 공동체주의(Communitarianism)는 자유주의(Liberalism)의 '개인주의적' 도덕에 대하여 비판하고 있으며, 위르겐 하버마스(Jurgen Habermas, 1929~현재)는 의사소통적 규범론(Communicative Ethics)을 주장하면서 도덕적 보편주의의 재구성을 주장하였다.

본 연구의 목적/목표는 지구촌 문화공동체(Global Cultural Community)를 위한 '글로벌 철학(Global Philosophy)'을 모색 및 정립하기 위한 시도로서 2008년 하반기 글로벌 금융위기(Global Financial Crisis)를 야기시킨 신(新)자유주의(New Liberalism)와 신(新)금융자본주의(New Financial Capitalism)의 대안으로서 '신(新)실용주의(Neopragmatism)'라는 실천철학(實踐哲學, Practical Philosophy)을 제시하는 것이다.

본 연구는 '신(新)실용주의(Neopragmatism)'를 다음과 같이 정의(定義)한다(임양택, 1981, 1985, 2007, 2008, 2011, 2013, 2014, 2017, 2021; Yang－Taek Lim, 1978, 2006, 2007, 2010, 2011, 2012, 2014): *"신(新)실용주의(Neopragmatism)란 국가 정체성 및 절차적 민주주의를 바탕으로, 대내적으로는 '질서 정연한 자유민주주의 사회(A Well－Ordered Free Democratic Society)'와 '효율적이고 공정한 시장자본주의(An Efficient and Equitable Market Capitalism)'를 구축하여 사회구성원의 '생활권적 기본권(生活權的 基本權)': 직장, 주택, 교육, 의료, 연금을 보장함으로써 인간의 비(非)인간화(Dehumanization)를 방지하고 인간의 존엄성·자율성·창의성이 발휘되는 '완전고용기반형 복지사회(A Full Employment－based Welfare Society)'를 위한 '정의로운 국가(A Justice－based State)'와 '행복한 사회(A Happy Society)'로 지향하는 '실천 철학(Practical Philosophy)'이며, 대외적으로는 동양(東洋)의 정신적 문화(文化)와 서양(西洋)의 물질적 문명(文明)이 조화(調和)되며 자유 vs 평등, 정의 vs 행복, 시장질서('경쟁원리', 경제적 자유) vs 사회질서('보완원리', 사회적 정의)의 상호갈등적 가치들이 상호보완적으로 융합(融合)될 수 있는 '지구촌 문화공동체(Global Cultural Community)'의 공동번영을 위한 '글로벌 철학(Global Philosophy)'으로서 '인본주의적(人本主義的, Anthropocentric)' 사유 패러다임(인식론적 원리와 존재론적 원리)이다."*

상기한 '신(新)실용주의(Neopragmatism)'의 정의(定義)에서 '국가 정체성(國家 正體性)'이란 정치체제적 측면에서 '질서정연한 자유 민주주의 사회(A Well－Ordered Free Democratic Society)'를, 경제체제적 측면에서 '효율적이고 공정한 시장자본주의(An Efficient and Equitable Market Capitalism)'를 각각 의미한다.

'신(新)실용주의(Neopragmatism)'가 전제로 하는 '국가 정체성(國家 正體性)'이란 사회주의(1848.02, '공산당 선언')·사회민주주의(1919, 제3인터내셔널)·민주사회주의(1951.06, 프랑크푸르트선언; 1962.06, '오슬로 선언')가 아니라 자유민주주의(自由 民主主義, Free Democracy)이며, 중국과 러시아의 국가자본주의(國家資本主義, State Capitalism) 혹은 나치즘의 국가사회주의(國家社會主義, State Socilism)가 아니라 시장자본주의(市場資本主義, Market Capitalism)이다.

나아가 '신(新)실용주의(Neopragmatism)'가 추구하는 철학적 목표는 ① 국내적으로, '정의로운 국가와 행복한 사회'의 건설을 위하여 '질서정연한 자유 민주주의 사회(A Well-Ordered Free Democratic Society)와 '효율적이고 공정한 시장자본주의(An Efficient and Equitable Market Capitalism)를 제시하는 것이며, ② 세계적으로, '지구촌 문화 공동체(Global Cultural Community)의 공동번영'을 위하여 인류사회의 당면과제인 글로벌 경제위기, 에너지·환경위기, 식량 위기, 핵무기 위기, '문명의 충돌'과 이슬람국가(IS) 테러 위기를 해결하기 위한 사상적 기초를 제공하는 것이다.

'신(新)실용주의(Neopragmatism)'는 '질서정연한 자유민주주의(A Well-Ordered Free Democracy)'와 '효율적이고 공정한 시장자본주의(An Efficient and Equitable Market Capitalism)'라는 정치·경제체제하에서 타인의 침해를 받지 않는 자연권(自然權)으로서 自由(인간의 존엄성·자율성·창의성을 위한 자연권 즉 개인의 생명·건강·자유·재산에 관한 권리)와 平等('기회 균등'과 공정)의 동시적 실현을 위하여, 특히 5개 '생활권적 기본권(生活權的 基本權)': ① 고용, ② 교육, ③ 주택, ④ 의료, ⑤ 연금을 사회구성원에게 보장함으로써 현대사회의 위기인 인간소외(人間疎外)의 극복과 인간성 회복(人間性 回復)을 기대하는 경세제민(經世濟民)의 사유 패러다임이다.

따라서 본 연구는 인간중심주의(Anthropocentricism) 사회에서 인간(人間)의 존엄성(尊嚴性)·자율성(自律性)·창의성(倡義性)을 위한 '생활권적 기본권(生活權的 基本權)'으로서 5개: ① 직장, ② 주택, ③ 교육, ④ 의료, ⑤ 연금을 충족시킬 수 있는 사회가 '행복한 사회(A Happy Society)'이며, 이러한 사회가 시장기능과 사회제도로서 보장될 수 있는 정치·경제체제가 바로 '정의로운 국가(A Justice-based State)'라고 각각 정의한다.

사실, '생활권적 기본권(生活權的 基本權)'은 토마스 홉스(Thomas Hobbes, 1588~1679)가 일컬었던 '자연권(自然權)'으로서 기본적 인권 사상의 원형이며, 존 로크(John Locke, 1632~1704)가 자연상태(自然狀態)에서의 사회계약(社會契約)으로서 주창하였던 '자연권(自然權)'이다. 특히, 존 로크(John Locke)는 자유(自由)와 평등(平等)을 위한 '자연권(自然權: 개인의 생명, 건강, 자유, 재산에 관한 권리)' 중에서 사유재산권(私有財産權)이 가장 중요하고 우선되어야 한다고 주장하고 이를 보장하기 위한 사회계약론(社會契約論)을 제시했으며, 또한 이를 구현하기 위한 '헌정(憲政) 민주정치(民主政治)'를 주장했었다.

'신(新)실용주의(Neopragmatism)'가 규정한 '기본적 인권'이란 自由(인간의 존엄성·자율성·창의성을 위한 자연권(自然權), 즉 개인의 생명·건강·자유·재산에 관한 권리)와 平等('기회 균등'과 공정)을 동시적으로 실현하기 위한 5개 '생활권적 기본권(生活權的 基本權)': ① 고용, ②

교육, ③ 주택, ④ 의료, ⑤ 연금이다.

신(新)실용주의(Neopragmatism)가 추구하는 '기본적 인권'은 자유주의적(自由主義的) 평등주의자(平等主義者)인 존 롤스(John Rawlss, 1921~2002) 교수의 '정의론(正義論)'을 구성하는 '正義의 첫째 원칙'인 평등한 '기본적 자유(基本的 自由)'와 '正義의 둘째 원칙'인 '생활권적 기본권(生活權的 基本權)'을 의미한다. 여기서 '기본적 인권'은 2가지: ① '기본적 자유권(基本的 自由權, 신앙과 종교의 자유, 거주와 이전의 자유, 언론과 출판의 자유, 집회 및 결사의 자유, 직업 선택의 자유, 재산권의 자유 등)'과 ② '생활권적 기본권(生活權的 基本權, 교육을 받을 수 있는 권리, 자유롭게 노동할 수 있는 권리, 노동자의 단결권, 단체교섭권, 단체행동권, 그리고 인간다운 생활을 할 권리 등)'으로 나누어진다.

특히, 신(新)실용주의(Neopragmatism)의 '생활권적 기본권(生活權的 基本權)'은 UN 인간개발지수(HDI: Human Development Index)와 OECD 행복지수에 잘 나타나 있는 '행복추구권(幸福追求權)'이다. '행복추구권(幸福追求權)'은 1776년의 버지니아 권리장전 제1조에서 다음과 같이 명시하고 있다. *"… 행복과 안녕을 추구 획득하는 수단을 수반해서 생명과 자유를 향유하는 권리…"* 또한 1776년 미국 독립선언도 다음과 같이 선언하고 있다. *"… 생명, 자유 및 행복을 추구할 권리…"*

상기한 '신(新)실용주의(Neopragmatism)'의 '생활권적 기본권(生活權的 基本權)' 혹은 '행복추구권(幸福追求權)'의 필요성은 일찍이 맹자(孟子, BC 372~289)의 민본주의(民本主義): 無恒産·無恒心을 갈파(喝破)하였다. 즉, 맹자(孟子, BC 372~289)는 도덕적 평상심(平常心)을 가진 사회건설을 희망했으나 이는 가족의 생존과 부양을 일정하게 유지시켜 주는 생업(生業)이 보장될 때 가능하며, 그렇지 않으면 백성은 도덕심을 잃고 타락하게 된다고 「孟子」, 梁惠王章句 上, 7장에서 '무항산·무항심(無恒産·無恒心)'을 주장하였다: *"… 若民則 無恒産 因無恒心 苟無恒心 放僻邪侈 無不爲己…"*(滕文公上 3장).

다시 말하면, 맹자(孟子, BC 372~289)는 백성은 생업(恒産)이 없으면 도덕적 항심(恒心)도 없어진다고 하여 다음과 같이 경제적 삶을 우선시했다:

"항산(恒産)을 가진 자는 항심(恒心)을 가질 수 있으나, 항산(恒産)이 없는 자는 항심(恒心)도 유지할 수 없다. 만약 항심(恒心)이 없으면 방벽(放辟) 사치(奢侈)하지 않을 수 없으니…"("民之爲道也 有恒産者 有恒心, 無恒産者 無恒心, 苟無恒心, 放辟邪侈, 無不爲己"), "항산(恒産)을 보장하지 않고 죄를 짓게 한 다음, 형(形)으로 다스리면 백성에게 그물 치는 것과 같다…"("及陷乎罪, 然後從而形之, 是罔民也, 罔民而可爲也...")「孟子」, 滕文公上 3장.

철학적 측면에서는 카를 포퍼(Karl Popper, 1902~1994)가 '최대다수 최소고통'을 주장했다. 즉, 정치적 수단에 의해 행복(幸福)을 증진시키려고 노력하는 대신에 불행(不倖)의 요인인 고통(苦痛)을 제거하려고 노력해야 한다는 것이다. 다시 말하면, 추상적 선(善)을 실현하려고 하기보다는 실제적 악(惡)을 제거하도록 힘써야 한다는 것이다.

현대에서는 보 로스타인(Bo Rothstein, 1954~현재)이 그의 저서 「Just Institutions Matters: The Moral and Political Logic of the Universal Welfare States」(1998년)에서 국민이 자율적 개인으로 활동할 수 있도록 하기 위해서는 '숙고된 선택'을 가능케 하는 '기본적 능력(基本的 能力)'을 갖출 수 있는 권리를 국가가 부여해야 한다고 주장했다.

여기서 유의할 것은 상기한 5개 '생활권적 기본권(生活權的 基本權)': ① 고용, ② 교육, ③ 주택, ④ 의료, ⑤ 연금 중에서 고용(雇傭)이 가장 근본적인 생존권(生存權)이라고 본 연구는 규정한다는 점이다. 따라서 신(新)실용주의(Neopragmatism)가 추구하는 근본적 가치와 지향 목표는 '완전고용(完全雇用, Full Employment)'이다(Joan Robinson, 1937, 1952, 1953). 그 이유는 '고용이 최상의 복지'(임양택, 2011)이기 때문이며, '양극화(兩極化, Polarization)'의 근본적 해결방안은 '고용창출형 성장(Job-Creating Growth)'에 의한 '완전고용(完全雇用, Full Employment)'이기 때문이다.

사실, 존 메이너드 케인즈(John Maynard Keynes, 1883~1946)은 그의 명저 「고용·이자·화폐에 관한 일반이론」(1936년)에서 재정지출의 유효수요 창출에 의한 '완전고용(Full Employment)'을 추구하는 거시경제적 모형을 제시하였다. 또한 영국의 윌리엄 베버리지(William Beveridge, 1879~1963)는 그의 베버리지 보고서(Beveridge Report, 1942)에서 제2차 세계대전(1939~1945) 후의 사회적 피폐를 치유하기 위하여 전(全)국민을 상대로 '요람에서 무덤까지'의 사회보장(社會保障)을 위한 '보편적 복지국가(Universalistic Welfare State)'를 주창하고 이를 위한 사전조건으로서 '완전고용(Full Employment, 完全雇用)'을 강조했다.

따라서 본 연구가 주창하는 신(新)실용주의(Neopragmatism)는 형이상학적 개념의 '행복한 사회(A Happy Society)'가 아니라 '완전고용기반형 복지사회(A Full Employment-based Welfare Society)'를 추구한다. '신실용주의(新實用主義, Neopragmatism)'의 '완전고용기반형 복지사회(A Full Employment-based Welfare Society)'는 '정부주도형 복지국가(A Government-led Welfare State)'와 대립된다.

'정부주도형 복지국가(福祉國家, Welfare State)'에서는 복지(福祉)가 소위 '복지병(福祉炳)', 즉 근로의욕·저축의욕·투자의욕의 감퇴를 유발함으로써 만성적 재정위기(財政危機)를 야기함으로써 사회보장(社會保障)이 지속가능한 경제성장의 걸림돌이 되고 있다. 참고로, 재정위기 방지를 위한 재정준칙(fiscal rules for financial crisis prevention)의 예를 들면

다음과 같다: 독일의 2009년 헌법 제115조와 제109조를 개정한 사례, 미국의 예산통제법(Budget control act 2011)의 부채한도 사례, 스웨덴이 춘계재정계획안(Spring Fiscal PolicyBill, SFPB)에 예산여유분(Budget Margin)을 두어 경기변동에 대응하는 사례 등을 들 수 있다. 그러나 한국은 내부적 지침으로 인한 구속력의 한계를 가진 준칙을 가지고 있어 정치권이나 행정부의 불필요한 재정남용이 저질러질 수 있다.

이와 반면에 '신실용주의(新實用主義, Neopragmatism)'가 지향하는 '완전고용기반형 복지사회(福祉社會, Welfare Society)'에서는 완전고용(完全雇用)의 실현으로 현대인의 '생활권적 기본권(生活權的 基本權)': ① 고용, ② 교육, ③ 주택, ④ 의료, ⑤ 연금의 보장으로 인하여 개개인의 존엄성·창의성·자율성을 높일 수 있기 때문에 복지 재정위기(財政危機)와 소위 '복지병(福祉炳)', 즉 근로의욕·저축의욕·투자의욕의 감퇴가 발생할 수 없다.

상기한 '완전고용기반형 복지사회(A Full Employment-based Welfare Society)'의 개념에 가장 부합되는 것은 '스위스의 생산적 복지 모형'이다. 스위스에는 국가가 운영하는 의료보장(醫療保障)이 없으며 모든 국민에게 최소한의 소득보장(所得保障)을 실시하는 국가시스템조차 없다. 따라서 다른 선진 복지국가(福祉國家)에서 나타나고 있는 '복지병(福祉病)' 문제가 없다. 그럼에도 불구하고, 가난의 대물림이 어느 나라보다도 적다. 이것이 어떻게 이것이 가능할까? 그 이유는 스위스의 사회복지 시스템 때문이다.

스위스의 복지 설계는 2개 원칙: ① 가난을 완화시킬 방법과 ② 비(非)생산적인 복지를 지양할 방법으로 구조화되어 있다. 이를 위하여 2가지 원칙이 준수되고 있다: ① 복지 급여제공은 필요한 사람에게 일시적으로만 제공해야지 복지 혜택에만 의존하는 사람을 만들어선 안 되며, ② 복지 혜택을 받는 사람은 최선을 다함으로써 다음 세대로까지 가난을 세습하지 않도록 노력해야 한다는 것이다. 다시 말하면, 스위스는 복지(福祉)에 생산성(生産性) 개념을 도입한 것이다. 수혜자의 형편에 따라 혜택을 달리 하는 것은 물론, 본인의 노력 여하에 따라 또한 달라진다. 고령층과 장애인에 대해서는 무(無)제한 복지 혜택을 제공하지만, 그렇지 않은 사람들은 복지 혜택을 계속 받기 위해 본인이 '재활, 교육 및 사회 프로그램'을 통해 소득 창출을 위해 노력했다는 사실을 입증해야 한다. 그리고 복지 혜택을 받는 사람들은 사회로부터 받은 혜택을 되갚으려 노력해야 한다.

그렇다면, 스위스의 사회복지 시스템과 다른 선진국의 복지 시스템의 차이점을 비교해 보자. 다른 선진국의 경우, 복지정책의 목표는 동일한 소득계층 안에서 복지 혜택을 수혜자에게 얼마나 똑같이 잘 전달하느냐가 관건이며 복지 혜택을 받는 사람이 물리적 노력을 하지 않아도 동일한 복지 혜택을 지속적으로 전달해 준다. 이와 반면에, 스위스에서는 중앙정부가 통제하는 복지시스템이 없지만 직접민주주의(直接民主主義)를 표방하는 나라답게 지방자치단체 단위로 주민들의 의견을 수렴하여 거의 모든 세금과 복지 수준을 결정을 하고 집행한다. 이 결과, '복지'라는 이름으로 예산이 낭비되거나 비(非)생산적으로 사용되지 못하게 주민들이 감시하고, 그 세금을 모아 복지 혜택을 주는 만큼 복지 수혜자에게 그에 상응하는 책임을 묻는 것이다. 이 결과, 국가에 대한 스위스 국민의 신뢰나 복지 정책의 만족도는 세계에서 가장 높다.

상기한 스위스의 사례는 세금을 더 거두고 모든 것을 복지로 해결하려는 것이 결코 최선책이 아니라는 것을, 또한 사회 전반적인 부분에서 낭비적인 요소를 줄이면 보다 '생산적 복지'를 실현할 수 있다는 것을 각각 말해준다. 따라서 '생산적 복지'라는 개념을 갖고 경제성장과 소득분배의 선(善)순환 구조가 정착되어야 하고 이와 동시에 법적 구속력을 가진 재정준칙(財政準則)을 강화하여 재정 건전성(財政 健全性)을 엄격하게 관리해야 한다는 것을 알 수 있다.

본 연구가 주창하는 '신실용주의(新實用主義, Neopragmatism)'의 특징은 자원배분의 효율성(Pareto Efficiency)과 소득분배의 공정성(Social Optimum)의 공존을 추구함으로써 자유 vs 평등, 정의 vs 행복, 자원배분의 효율성 vs 소득분배의 형평성, 시장질서('경쟁원리', 경제적 자유) vs 사회질서('보완원리', 사회적 정의)와 같은 상호갈등적 '철학적 가치(Philosophical Value)'들을 조화시키고 사회경제정책으로 구현할 수 있는 실천철학(Practical Philosophy)이다.

요컨대, '신실용주의(新實用主義, Neopragmatism)'는 다음과 같은 선각자(先覺者)들의 이상과 지적 도전을 연장하여 하나의 실천철학(實踐哲學, Practical Philosophy)으로서 집대성한 것이라고 평가받을 수 있기를 저자는 소망한다: 공자(孔子, BC 551~479)의 '도덕 사회'와 덕치주의(德治主義)·인본주의(人本主義)·공생주의(共生主義), 플라톤(Plato, BC 427~347)의 '이상적 국가', 아리스토텔레스(Aristotle, BC 384~322)의 '좋은 국가', 임마누엘 칸트(Immanuel Kant, 1724~1804)의 '이성적 국가(A Rational State)', 에리히 프롬(Erich Fromm, 1900~1980)의 '정상적 사회(A Sane Society)', 카를 포퍼(Karl Popper, 1902~1994)의 '열린사회(The Open Society)', 존 케니스 갈브레이드(John Kennech Galbraith, 1908~2006)의 '풍요로운 사회(An Affluent Society)', 존 롤스(John Rawls, 1921~2002)의 '최소수혜자의 최대수익'을 위한 '질서 정연한 민주주의 사회(A Well-Ordered Demonstrate Society)' 등이다.

3) 신(新)실용주의(Neopragmatism)의 철학적 구조

본 연구가 주창하는 '신실용주의(新實用主義, Neopragmatism)'는 관념론(Idealism)이나 유물론(Materialism) 중에서 어느 것에도 치우치지 않고 그 대신에 정신과 물질을 공히 다루는 르네 데카르트(Rene Descartes, 1596~1650) 및 베네딕투스 스피노자(Benedictus De Spinoza, 1632~1677), 고트프리트 빌헬름 라이프니츠(Gottfried Wilhelm Leibniz, 1646~1716)의 합리론(Rationalism), 존 로크(John Rocke, 1632~1704) 및 데이비드 흄(David Hume, 1711~1776)의 경험주의 철학(Empiricism)을 모두 수용한다.

본 연구의 '신실용주의(新實用主義, Neopragmatism)'는 동양(특히, 고대 중국과 한국) 사상: 맹자(孟子, BC 372~289)의 민본주의(民本主義), 즉 무항산·무항심(無恒産·無恒心), 고증학(考證學)의 경세치용(經世致用), 조선(朝鮮) 후기의 이익(李瀷, 1681~1763) 및 정약용(丁若鏞, 1762~1836)의 위민(爲民)·애민(愛民) 사상 등과 맥락을 같이 한다.

또한 '신실용주의(新實用主義, Neopragmatism)'는 서양의 도덕철학(道德哲學) 중에서 토마스 홉스(Thomas Hobbes, 1588~1679)·아담 스미스(Adam Smith, 1723~1790)·데이비드 흄(David Hume, 1711~1776)·헨리 시지워크(Henry Sidgwick)·임마누엘 칸트(Immanuel Kant, 1724~1804)의 자유주의적 규범론·막스 베버(Max Weber, 1864~1920)의 「프로테스탄티즘의 윤리와 자본주의의 정신」(Die protestatische Ethikund der 'Geist' des Kapitalismus, 1903년 및 1905년)의 '윤리론' 등과 맥락을 같이 한다. 특히, 신(新)실용주의(Neopragmatism)는 임마누엘 칸트(Immanual Kant, 1724~1804)의 「순수이성 비판」(1781년)과 「실천이성 비판」(1788년)에 기초를 둔 '자유주의적 평등주의자'인 존 롤스(John Rawls, 1921~2002)의 사회계약론적 '정의론(正義論, Theory of Justice)' 및 「정치적 자유주의」(Political Liberalism, 1993년)에 기초를 둔다.

'신실용주의(新實用主義, Neopragmatism)'의 철학적 범주(範疇)는 자연과 과학의 관계와 인간과 도덕(윤리)의 관계이다. 우선, '자연과 과학의 관계'는 동·서양의 자연철학(自然哲學, Natural Philosophy)으로써 설명될 수 있다. 중국의 '격물치지설(格物致知說)'과 서구의 '기계론적 철학(Mechanical Philosophy)'의 차이는 과학기술 수준의 차이를 야기함으로써 19세기 서구와 아시아의 운명을 갈라놓았다. 예로서, 문화(文化) 대국인 중국의 청(淸)제국(1636.04~1912.02.12)은 서구의 함포(艦砲)에 속절없이 무너졌다.

동양(東洋)의 자연철학(自然哲學): 유학(儒學)의 인간중심주의(人間中心主義) 자연관(自然觀), 도가(道家)의 탈(脫)인간중심주의(人間中心主義) 자연관(自然觀), 주자학(朱子學)의 격물치지설(格物致知說), 양명학(陽明學)의 격물치지설(格物致知說), 실학(實學)의 자연학적(自然學的) 격물치지설(格物致知說)로써 설명된다. 격물치지(格物致知)는 「예기」의 「대학」편에 처음으로 나오는 철학적 개념이다. 그 뜻은 사물의 이치(理致)를 연구하여 자기의 지식(知識)을 다듬어 간다는 것으로 유학의 인식론 · 수양론 · 실천론의 핵심이다. 즉, 도덕적 수양: 성의(誠意) · 정심(正 心) · 수신(修 身)에 근거하여 사회적 실천: 제가(齊家) · 치국(治國) · 평천하(平天下)를 도모한다는 것이다.

서양(西洋)의 자연철학(自然哲學, Natural Philosophy): 플라톤(Plato, BC 427~347)의 '관념주의적 자연철학', 아리스토텔레스(Aristotle, BC 384~322)의 '경험주의적 자연철학', 스토아학파(BC 340~160)의 '결정론적 및 목적론적 자연철학'과 '윤리적 철학(無慾)', 에피쿠로스학파(BC 341~270)의 '비(非)결정론적 및 기계적 자연철학', 아르키메데스(BC 287~212)의 '기계론적 자연철학', 스콜라 철학(14~16세기)의 아리스토텔레스(BC 384~322)의 '경험주의적 자연철학'의 재(再)수용, 니콜라스 코페르니쿠스(1473~1543)의 '태양중심설('지동설')', 요하네스 케플러(1571~1630)의 '행성운동법칙', 갈릴레오 갈릴레이(1564~1642)의 '천문학과 근대 동력학(지상 역학)', 르네 데카르트(1596~1650)의 '기계론적 자연관과 二元論', 아이작 뉴턴(1642~1727)의 '기계론적 자연철학(케플러 '천체 물리학'과 갈릴레이 '지상 역학'의 통합)'과 아리스토텔레스(BC 384~322)의 '경험주의적 자연철학'의 붕괴로 진화되어 왔었다.

특히, 르네 데카르트(1596~1650)의 '기계론적 철학(Mechanical Philosophy)': '자연은 정확한 수학적 법칙에 의해 지배되는 완전한 기계'라는 것은 17세기 과학혁명(科學革命, (Scientific Revolution))의 기본 구조를 제공했다. 그 후 우주와 자연을 이해하는 방식을 두고 큰 변화가 진행되었다. 즉, 자연(自然)을 바라보는 관점, 현상(現像)을 기술하는 방식, 경험(經驗)을 대하는 태도에서 일어난 변화는 폭넓고 근본적인 것이었다. 이 결과, 기존 우주체계와는 전혀 모습이 다른 새로운 우주체계가 등장했고, 새로운 운동이론이 고안되었다.

'신실용주의(新實用主義, Neopragmatism)'의 또 하나의 철학적 범주(範疇): '인간과 도덕(윤리)의 관계'와 관련하여, 임마누엘 칸트(Immanuel Kant, 1724~1804)는 그의 불후의 명저 「순수이성 비판」(1781년)에서 이성(理性)을 비판적으로 고찰하여 '우리는 이성(理性)을 갖고 무엇을 할 수 있는가? 이성(理性)의 한계는 무엇인가?'를 논술하였다. 그는 형이상학(形而上學, Metaphysics)에서 확실한 인식을 얻을 수 있는 가능성을 부인하고 과학(科學)과 신(神)의 세계를 이성(理性)으로부터 각각 해방시켰다.

'신실용주의(新實用主義, Neopragmatism)의 철학적 주제(主題)는 '인간중심적 지구촌 문화공동체'를 위한 인류사회의 보편적 가치인 자유(自由)와 평등(平等), 이 두 개념이 통합된 '정의(正義)'와 '행복(幸福)'이다. 상기 주제는 플라톤(Plato, BC 427~347)의 '정의론'과 '정의로운 국가', 아리스토텔레스(Aristotle, BC 384~322)의 '행복주의 윤리학'과 '좋은 국가', 이에 대한 임마누엘 칸트(Immanuel Kant, 1724~1804)의 비판과 관련된다.

아리스토텔레스(Aristotle, BC 384~322)는 행복(幸福)을 도덕(道德)의 원리로 간주했었던 반면에, 합리론(合理論)과 경험론(經驗論)을 비판하고 종합한 철학자로서 서양철학의 획(劃)을 그었던 임마누엘 칸트(Immanuel Kant, 1724~1804)는 그의 불후의 명저 「실천이성비판」(1788년)에서 행복(The Good)과 정의(The Right)는 상호분리 불(不)가능하며 행복(幸福)보다 정의(正義)가 더 우선적으로 사유되어야 한다고 주장했다. 즉, 행복(幸福)의 전제조건은 도덕적 법칙, 즉 정언명령(定言命令)인 정의(正義)라는 것이다. 그는 다음과 같이 갈파(喝破)하였다: 사람들은 '목적의 왕국(The Kingdom of Ends)'의 일원으로서 행복(幸福)을 생각하지 말고 '실천이성(Practical Reason)'에 바탕을 둔 '도덕적 의무'를 지상명령(Categonical Imperative)으로 실천하라는 것이다. 다시 말하면, 자신의 행위의 격률(格率, Maxim)이 '보편적 법칙'과 일치하도록 하는 것이다. 그는 행복(幸福)의 원리와 도덕(道德)의 원리를 분명히 구분하였다. 즉, 행복론(Glückseligkeitslehre)과 도덕론(Sittenlehre) 사이에 분명한 경계선을 설정한 것이다. 그의 주장은 행복(幸福)은 도덕(道德)의 기준(基準)이나 동기(動機)가 될 수 없다는 것이다. 즉, 행복의 추구로 인하여 도덕성이 훼손되어서는 안 된다는 것이다.

또한 임마누엘 칸트(Immanuel Kant, 1724~1804)는 정의와 도덕을 '행복 극대화' 문제로 사유하는 공리주의(功利主義, Utilitarianism)는 잘못된 것이라고 비판하면서 쾌락(快樂)이 아니라 이성(理性, Reason)이 중요하다고 주장했다. 상기와 같은 맥락에서, 존 롤스(John Rawls, 1921~2002)는 그의 저서 「정의론」(1971년) 및 「정치적 자유주의」(1993년)에서 '정의(正義)'는 '행복(幸福)'의 필요조건임과 동시에 선결조건이며 정의(正義)는 행복(幸福)을 계산하는 산출근거라는 것이다.

'신실용주의(新實用主義, Neopragmatism)'의 철학적 주제(主題): '정의(正義)'와 '행복(幸福)' 중에서, 우선 정의(正義)와 '정의로운 국가(A Justice-based State)'의 개념은 동·서양 철학에서 다르게 규정된다.

우선, 동양(東洋)의 정의관(正義觀)은 고전적 유교사상: 孔子(BC 551~479)의 仁·孟子(BC 372~289)의 義·荀子(BC 298~238)의 禮, 공자(孔子)의 윤리적 경제철학: 德治主義, 見利思義, 節之以禮, 맹자(孟子)의 민본주의(民本主義) 경제철학: 修己以安百性, 無恒産 無恒心, 공생주의(共生主義) 경제철학: 井田制(토지균등배분)으로 나타났다. 중국인은 정의(正義)

를 '순환 사관(치세가 가면 난세가 오고, 난세를 잘 견디면 치세가 온다)'의 시각에서 '역사의 법칙'으로 간주한다.

다음으로, 서양(西洋)의 정의관(正義觀)은 토마스 홉스(Thomas Hobbes, 1588~1679)의 '정의론(正義論)', 아담 스미스(Adam Smith, 1723~1790)의 '정의론(正義論)': 도덕 감성과 사회적 정의, 경제적 효율성과 경제성장, 경제적 효율성과 사회적 정의, 정의(正義)를 위한 법률체계, 나아가, 절대적 관념론자로서 변증법(辨證法)의 원리를 제시한 게오르그 빌헬름 프리드리히 헤겔(Georg Wilhelm Friedrich Hegel, 1770~1831)은 행복(幸福)의 전제조건인 정의(正義)를 '역사의 정신'이라고 갈파(喝破)했다.

한편, '신(新)실용주의(Neopragmatism)'의 또 하나의 철학적 주제(主題)인 행복(幸福)과 '행복한 사회(A Happy Society)'의 개념 역시 동·서양 철학에서 다르게 규정된다. 동양(東洋)의 '행복관(幸福觀)'은 중국 상고시대 「서경」(書經)의 오복(五福, The Five Blessings)과 맹자(孟子, BC 372~289)의 고대 유가(儒家) 사상으로, 서양(西洋)의 '행복관(幸福觀)'은 고대 그리스의 에피쿠로스(Epicurus, BC 341~271)의 쾌락주의(快樂主義)와 유물론적 행복론, 제러미 벤담(Jeremy Bentham, 1748~1832)의 '양적 쾌락주의(공리주의), 존 스투아트 밀(John Stewart Mill, 1806~1873)의 '질적 공리주의('최대다수의 최대행복')'으로 각각 나타났다.

그러나 공리주의(功利主義, Utilitarianism)의 관심은 행복의 총합의 크기이지 그것의 내부구성이 아니다. 공리주의(功利主義)는 개인에게 적용되는 합리적 선택의 원리를 사회에 적용한다. 그 근거는 개인이 사회의 일부라는 것이다. 따라서 공리주의(Utilitarianism)는 매우 큰 빈부(嬪婦) 격차(隔差)를 허용할 수 있고 개인의 인간다운 삶을 보장해 주지 못한다. 또한 공리주의(Utilitarianism)는 전체를 위한 개인의 희생이 될 수 있다는 것을 의미하므로 개인의 존엄성을 위해(危害)할 수 있다. 따라서 공리주의(功利主義)는 개인의 권익을 충분히 보장할 수 없다. 그리고 공리주의(功利主義)는 행복을 누릴 자격이나 권리 등을 고려하지 않는다는 점에서 공리주의(功利主義)는 소득분배의 정의(正義) 문제를 제대로 다룰 수 없다.

한편, 카를 포퍼(Karl Popper, 1902~1994)에 의하면, 도덕적으로 해결해야 할 가장 긴급한 문제는 행복(幸福)의 증대가 아니라 고통(苦痛)의 감소라는 것이다. 그러므로 '최대다수의 최대행복'을 추구하는 공리주의(功利主義, Utilitarianism)의 원리를 '최대다수 최소고통'을 추구하는 원리로 바꾸지 않으면 안 된다고 카를 포퍼(Karl Popper)는 주창했다. 다시 말하면, '행복의 극대화 원칙'을 '고통의 극소화 원칙'으로 수정하자는 것이다.

한편, '신실용주의(新實用主義, Neopragmatism)'가 지향하는 '정의로운 국가(A Justice-based State)'와 '행복한 사회(A Happy Society)'의 기본가치는 자유(自由)와 평등(平等)이다. 미국의 16대 대통령 에이브러햄 링컨(Abraham Lincoln, 1809~1865)은 게티즈버그(Gettysburg) 연설에서 '자유와 평등'이라는 인류의 공통적 가치를 천명하였다. 이러한 미국의 역사는 게오르그 빌헬름 프리드리히 헤겔(Georg Wilhelm Friedrich Hegel, 1770~1831)이 일컫는 '절대정신(Absolute Spirit)'의 자기실현 과정인 것이다.

우선, 자유(自由)에 관한 사상 및 철학은 고전적 자유주의(Classic Liberalism), '적극적' 자유주의(Positive Liberalism), 신(新)자유주의(New Liberalism), 자유지상주의(Libertarianism)로써 설명될 수 있다. 다음으로, 평등(平等)에 관한 사상 및 철학; '원인(原因)의 평등' vs '결과(結果)의 평등', 밀턴 프리드먼(Milton Friedman, 1912~2006)의 '평등한 자유', 조지프 스티글리츠(Joseph Eugene Stiglitz, 1943~현재)의 「불평등의 대가」(The Price of Inequality, 2012년)로써 설명될 수 있다.

'신실용주의(新實用主義, Neopragmatism)'는 인간의 기본권(基本權)인 자유(自由)와 평등(平等)의 관계를 다음과 같이 사유한다: 자유(목표적 가치)는 평등(목적적 가치)을 지향한다는 것이다. 사회주의(社會主義)가 주장하듯이, 평등(平等)해짐으로써 자유(自由)를 누릴 수 있는 것은 결코 아니다. 즉, 어떤 억압으로부터 우선 자유(自由)스러워야 평등(平等)을 누릴 수 있는 것이다. 결과적 평등은 자유를 보장하지 않는다. 또한 평등(平等)의 대상은 기회이다. 자유주의론자인 밀턴 프리드먼(Milton Friedman, 1912~2006)은 '결과의 평등'이 아니라 '원인의 평등'으로서 '기회균등'을 강조했었다. 헨리 시지위크(Henry Sidgwick, 1838~1900)는 개인의 타고난 재능과 행운 등을 고려하여 '차별적 평등'을 역설했었다.

현대 정치철학의 대가였던 존 롤스(John Rawls, 1921~2002)는 '자유주의적(自由主義的) 평등주의(平等主義)'를 주창하고 정의(正義)를 자유(自由)와 평등(平等)의 결합체라고 그의 「정의론」(A Theory of Justice, 1971년)에서 정의(正義, Justice)의 2개 원칙과 '정의로운 경제체제'를 정립했다. 따라서 존 로크(John Locke, 1632~1704)의 '자유론'과 장-자크 루소(Jean-Jacques Rousseau, 1712~1778)의 '평등론'은 존 롤스(John Rawls, 1921~2002)의 '정의론'에서 결합될 수 있다.

이어서, 존 롤스(John Rawls, 1921~2002) 교수는 임마누엘 칸트(Immanuel Kant, 1724~1804)의 철학적 입장에서 자유(自由)와 평등(平等)을 '자유주의적 평등주의'로 통합하고, 사상(思想)의 제1덕목이 진리(眞理)인 것처럼 사회제도(社會制度)의 제1덕목은 정의(正義)라고 규정했다. 그리고 정의(正義)란 행복(幸福)의 계산 결과가 아니라 모든 계산의 출발점이며, 정의(正義)는 사회제도의 제1덕목으로서 행복(幸福)을 계산하는 산출근거라고 주장했다.

나아가, 존 롤스(John Rawls, 1921~2002) 교수는 존 로크(John Rocke, 1632~1704)와 장-자크 루소(Jean-Jacques Rousseau, 1712~1778)를 비롯한 근대의 '사회계약론(社會契約論)'을 새롭게 변형하여 그의 논문 "공정으로서의 정의"(Justice as Fairness, 1958년)와, 그의 필생의 대작인 「정의론」(正義論, A Theory of Justice, 1971년) 및 「정치적 자유주의」(Political Liberalism, 1993년)에서 다음과 같은 '정의론(正義論)'을 논술하였다: 정의(正義)의 원칙으로서 ① 正義의 첫째 원칙: 평등한 '기본적 자유' 우선의 원칙, ② 正義의 둘째 원칙(차등의 원칙): '최소수혜자의 최대이익', ③ 正義의 우선순위를 주창하였다. 요컨대, 존 롤스(John Rawls)의 '정의론(正義論)'은 '원초적 상태(original position)'하에서 상기한 '정의(正義)의 2개 원칙'에서 첫째 원칙인 '평등한 기본적 자유의 원칙'이 둘째 원칙인 '차등의 원칙(The Difference Principle)'에 우선하고, '차등의 원칙' 중에서 '기회균등의 원칙'이 '수혜의 원칙'에 우선한다는 것이다.

한편, 공동체주의적 사상가(Communitarianist)인 '마이클 샌델(Michael J. Sandel, 1953~현재)은 그의 논문 「자유주의의 한계와 정의」(Liberalism and the Limits of Justice, 1982년)에서 '자유민주주의적 규범론'인 존 롤스(John Rawls)의 '정의론(正義論)'에 대하여 신랄하게 비판하고 공동선(共同善, the common good)을 위한 '공동체주의(Communitarianism)'를 주장한다. 마이클 샌델(Michael Sandel)은 공동선(共同善)이란 '좋은 삶(Good Life)'을 위한 덕(德)이라고 정의하고 정의(正義)의 한계를 지적하였다.

그러나 마이클 샌델(Michael Sandel)은 '좋은 삶(Good Life)'의 내용인 공동선(共同善, the common good)의 기준이 무엇인지, 또한 이것을 어떻게 달성할 수 있는지를 밝히지 못하고 있다. 물론, 그 이유는 공동선(共同善, the common good)이란 시대마다 또는 사회(국가)마다 달리 정의(定義)될 문제이기 때문일 것이다. 그렇다면, '좋은 삶(Good Life)이나 '행복한 삶(Happy Life)이란 도덕(道德, Moral) 혹은 윤리(倫理, Ethnic)와 이성(理性, Reason), 특히 '실천 이성(Practical Reason)'을 필요로 하지 않을 수 없는 것이다. 상기한 마이클 샌델(Michael J. Sandel, 1953~현재)의 '정의론(正義論)'에 대하여 본 연구는 2가지 측면: ① 공동선(共同善, the common good), ② 공동체주의(communitarianism)의 측면에서 비판하였다.

요컨대, '신실용주의(新實用主義, Neopragmatism)'의 철학적 목표(目標)는 자유(自由)와 평등(平等)이 보장되는 '정의로운 국가(A Justice-based State)'를 토대로 '행복한 사회(A Happy Society)'를 추구하는 것이다. 다시 말하면, 자원배분 효율성을 위한 '파레토 최적(Paretian Optimum)과 소득분배의 공정성을 위한 '사회적 최적(Social Optimum)'을 동시적으로 추구하며, 나아가 '질서정연한 자유민주주의 사회(A Well-Ordered Free Democratic

Society)'와 '효율적이고 공정한 시장자본주의(An Efficient and Equitable Market Capitalism)'에 토대를 둔 '정의로운 국가(A Justice-based State)'와 '행복한 사회(A Happy Society)'를 지향한다. 상기한 철학적 목표(目標)를 위한 '신실용주의(新實用主義, Neopragmatism)'의 정책적 목표(目標)는 '완전고용기반형 복지사회(A Full Employment-based Welfare Society)'이다.

본 연구가 주창하는 '완전고용기반형 복지사회(A Full Employment-based Welfare Society)'를 위한 정치체제(政治體制)는 '정의로운 국가(A Justice-based State)'로서 '질서 정연한 자유민주주의 사회(A Well-Ordered Free Democratic Society)'이며, 그것을 위한 경제체제(經濟體制)는 '정의로운 경제체제(A Justice-based Economic System)'로서 '효율적이고 공정한 시장자본주의(An Efficient and Equitable Market Capitalism)'라고 각각 규정한다.

존 롤스(John Rawls, 1921~2002) 교수는 그의 저서 「정의론」(1971년)과 「정치적 자유주의」(1993년)에서 민주주의적 시민 개념과 연관하여 '질서정연한 민주주의 사회(a Well-Ordered Democratic Society)'를 다음과 같이 정의(定義)했다: 정의(正義)에 대한 합리적 견해를 모든 개인이 자발적으로 합의를 통해 수용하고, 이러한 정의(正義)의 2개 원칙: ① 평등한 자유(Equal Liberty)의 원칙과 ② 차등의 원칙(The Difference Principle)이 '포괄적 교의(Comprehensive Doctrine)'로서 사회의 '기본구조(basic structure)'에 실현되는 사회라는 것이다. 그리고 '정의로운 경제체제(A Justice-based Economic System)'란 상기한 정의(正義)의 2개 원칙을 준수하는 경제체제이다.

나아가, 존 롤스(John Rawls, 1921~2002)는 '정의로운 경제체제(A Justice-based Economic System)'를 규정하기 위한 목적으로 그의 '정의(正義)의 2개 원리('평등한 자유의 원리'와 '차등의 원리')'에 입각하여 다음과 같이 5개 유형의 경제체제의 특징을 규명하였다(John Rawls, 2001, p. 136): ① 자유방임 자유주의(laissez-faire capitalism), ② 사유재산제 민주주의(Property-owning Democracy), ③ 복지국가 자본주의(welfare-state capitalism), ④ 민주적 사회주의(democratic socialism), ⑤ 통제경제를 갖는 국가사회주의(state socialism with a command economy). 여기서 존 롤스(John Rawls)는 2개 경제체제: ① '사유재산제 민주주의(property-owning democracy)'와 ② '민주적 사회주의(democratic socialism)'는 '정의(正義)'의 2개 원리'를 만족시키는 '정의로운 경제체제(A Justice-based Economic System)'라고 주장했다(John Rawls, 2001. P.138).

상기의 두 경제체제는 '평등한 정치적 자유의 공정한 가치'를 가진 기본적 자유와 공정한 기회의 균등을 보장하며, 비록 '차등의 원칙(The Difference Principle)'에 의하지 않더라도 상호성(reciprocity)의 원리에 따라 경제적 및 사회적 불평등을 해도될 수 있다고 주장했다(John Rawls, 2001, p. 138).

그러나 존 롤스(John Rawls) 교수는 '사유재산제 민주주의(property-owning democracy)'를 이상적인 소득분배체제로서 간주하고 있지만 '민주적 사회주의(democratic socialism)'와 비교하여 어느 경제체제가 그의 '정의(正義)의 2개 원리'에 상대적으로 더 부합하는가에 대해서는 명확한 결정을 내리지는 않았다. 왜냐하면 상기의 2개 경제체제 중에서 또는 두 경제체제 사이의 어떤 체제가 결정될 것인지는 각 국가의 전통, 제도, 사회적 세력, 특수한 역사적 여건 등에 따라 달라질 수 있다고 보기 때문이다(John Rawls, 1999, p. 242; John Rawls, 2001, p. 139). 이와 반면에, 나머지 3개 경제체제: '자유방임 자본주의', '복지국가 자본주의', '통제경제를 갖는 국가사회주의'는 존 롤스(John Rawls)의 '정의(正義)의 2개 원칙('평등한 자유의 원리'와 '차등의 원리')' 중에서 적어도 한 개를 위배하는 경제체제이다.

여기서 유의할 것은 다음과 같다: 본 연구의 '신실용주의(新實用主義, Neopragmatism)'의 철학적 목표(目標)를 위한 정치체제(政治體制)는 단순히 자유민주주의(自由民主主義)가 아니라 '정의로운 국가(A Justice-based State)'로서 '질서 정연한 자유민주주의 사회(A Well-Ordered Free Democratic Society)'이며 상기 목표를 위한 경제체제(經濟體制)는 단순히 시장자본주의(市場資本主義)가 아니라 '정의로운 경제체제(A Justice-based Economic System)'로서 '효율적이고 공정한 시장자본주의(An Efficient and Equitable Market Capitalism)'라는 점이다. 그 이유를 밝히기 위하여, 우선 자유민주주의(自由民主主義)와 시장자본주의(市場資本主義)의 현황 및 문제점을 살펴볼 필요가 있다.

우선, 정치철학(政治哲學)의 측면에서, 자유민주주의(自由民主主義)에 관한 기존 이론으로서 ① 토마스 홉스(Thomas Hobbes, 1588~1679): '국민주권주의(國民主權主義)'와 사회계약론(社會契約論), ② 존 로크(John Locke, 1632~1704): 「시민정부론」(Two Treatises of Government, 1690년), 사회계약론(社會契約論)과 민주적 정치제도로서 '의회제도', ③ 장-자크 루소(Jean-Jacques Rousseau, 1712~1778): 「인간불평등기원론」(1755년), 「정치경제론」(1755년), 「사회계약론, 정치적 권리의 원칙」(1762년)을 들 수 있다,

다음으로, 경제체제(經濟體制)의 측면에서, 시장자본주의(市場資本主義)에 관한 기존 이론으로서 ① 막스 베버(Max Weber, 1864~1920): 「프로테스탄티즘의 윤리와 자본주의의 정신」(1904년), ② 한스-베르너 진(Hans-Werner Sinn, 1926~2012)의 「카지노 자본주의」(Kasino-Kapitalismus)」(2010년)을 들 수 있다.

여기서 유의할 것은 다음과 같다: 우선, 자유민주주의(自由民主主義)가 내재적 모순으로 위기를 맞기 시작했다는 점이다. 즉, 제2차 세계대전(1939~1945) 종전 후 구축된 국제적

가치와 질서인 '포스트 1945' 질서, 즉 자유민주주의 세계질서가 붕괴될 조짐을 보이고 있다는 것이다.

최근에 자유민주주의(自由民主主義)의 위기를 지적하는 논술로서 프랜시스 후쿠야마(Francis Fukuyama) 스탠퍼드대학 교수의 저서 「역사의 종언」(The End of History and the Last Men, 1989년, 2006년)과 '역사의 미래(The Future of History)[2012년 미국 격월간 외교전문지 「포린어페어스」(Foreign Affairs), 스티븐 월트(Stephen Walt) 하버드대학 교수의 '자유주의 세계질서의 붕괴(2016.05.26., 「포린폴리시」(Foreign Policy)), 래리 다이아몬드(Larry Diamond) 스탠퍼드대학 교수의 '민주주의의 쇠퇴(「포린어페어스」(Foreign Affairs))', 존 미클스웨이트(John Micklethwait)와 에이드리언 울드리지(Adrian Wooldridge)의 공저 「제4의 혁명」(The Fourth Revolution, 2014년) 등을 들 수 있다.

특히, 스티븐 월트(Stephen Walt) 하버드대 교수는 2016년 5월 26일 미국 외교전문지 「포린폴리시」(Foreign Policy)에 기고한 '자유주의 세계질서의 붕괴'에서 다음과 같이 주장했다: 미국과 그 동맹들은 전후 70년 동안 자유주의(自由主義)와 민주주의(民主主義)를 바탕으로 한 경제·안보 '블록' 구축에 힘써 왔다. 1990년대 공산주의(共産主義)와의 이념 대결에서 승리한 후에는 상기 '블록'이 지구적 평화와 번영을 가져올 수 있을 것이란 자신감이 팽배했었다. 북대서양조약기구(NATO)로 대표되는 양자·다자간 안보동맹은 물론, 세계무역기구(WTO) 체제로 대표되는 경제동맹도 영역을 넓혔었다. 그러나 서구적 가치의 일방적 주입은 곳곳에서 파열음을 냈다. 21세기에 들어, 영국은 미국과의 동맹으로서 이라크와 아프가니스탄에 민주주의 정부를 세웠지만 분쟁은 멈추지 않았다. 그 요인은 헌법 제정이나 정당 설립, 자유 선거 같은 껍데기보다 중요한 것은 상기의 가치가 구성원에게 스며드는 것이기 때문이다. 특히, 빈부 격차, 종교 갈등, 다원주의와 민족주의 발호 등을 간과한 결과, 반세기 넘게 구축된 세계질서 자체가 붕괴될 위기에 처했다는 것이다. 상기의 결과, *"전체주의와 공산주의를 잇달아 물리치고 자유주의와 민주주의 질서를 구축한 미국과 그 동맹 국가들이 내부로부터 무너지고 있다"*고, 또한 *"미국이 전 세계에 미국식 민주주의(民主主義)를 전파하는 '하드 파워(Hard Power)'라면 통합된 유럽은 '소프트 파워(Soft Power)'로서 동등한 영향력을 행사할 수 있다는 것이 유럽의 가치였지만 영국인들은 이상적(理想的) 가치보다 자유로운 주권 행사, 국경 통제권 같은 구(舊)질서에 끌렸고 '위대했던 과거' 같은 향수에 현혹됐다"*라고 스티브 월트(Stephen Walt) 교수는 주장했다.

또한, 래리 다이아몬드(Larry Diamond) 스탠퍼드대 교수는 외교 전문지 「포린어페어스」

(Foreign Affairs)에 기고한 '민주주의의 쇠퇴'란 칼럼에서 *"2000~2015년 러시아·터키·태국·케냐 등 27개국이 권위주의 국가로 회귀했다"*고 지적했다(중앙일보, 2016.07.02).

최근의 사례로서, 2021년 1월 6일, 자유민주주의 상징인 미국 의사당에 대통령 선거의 부정행위를 규탄하는 시민들이 난입하는 초유의 사태가 벌어졌다. 미(美) 의사당이 공격당한 것은 1814년 미영 전쟁 당시 영국군이 워싱턴 DC를 공격해 의사당에 불을 지른 후 207년 만이다. 여기서 저자는 미국 지도층에게 질문한다: 이러한 상황에서 다른 세계 국가들에게 '자유민주주의'를 권장할 수 있겠는가? 그러고서도, '미국의 가치(워싱턴 컨센서스, Washington Consensus)'를 앞세우고 팍스 아메리카나(Pax Americana)를 유지할 수 있을까? 모름지기, 미국 시민들은 깨어나서 '미국의 건국 정신'을 다시 찾아야 할 것이다.

다음으로, 시장자본주의(市場資本主義) 역시 붕괴될 위기에 처해 있다. 시장자본주의(市場資本主義)는 신(新)자유주의(New Liberalism)와 신(新)금융자본주의(New Financial Capitalism)로 구체화되었다.

신(新)자유주의(New Liberalism)와 신(新)금융자본주의(New Financial Capitalism)는 정보통신혁명에 힘입어 20년 동안 '황금기'를 구가하였으나 소득분배구조를 악화시켰으며 양극화(Polarization)를 심화시켰으며, 특히. 2008년 하반기 미국발(發) 글로벌 금융위기와 그 여파로 유럽의 재정위기와 2016년 6월 영국의 유럽연합 탈퇴(BREXIT)를 각각 야기하였다. 이것은 신(新)자유주의(New Liberalism)와 신(新)금융자본주의(New Financial Capitalism)의 실패를 의미한다. 또한 2008년 하반기 미국발(發) 글로벌 금융위기로 촉발되었던 글로벌 경제위기는 신(新)자유주의(New Liberalism)에 바탕을 둔 글로벌 스탠더드(특히 워싱턴 컨센서스)에 대한 신뢰를 무너뜨렸으며 세계화(Globalization)의 허상을 노출시켰다.

특히, 신자유주의(New Liberalism)는 개방하의 자유화(自由化)를 표방하고, 대내적으로는 규제완화(規制緩和)·작은 정부·큰 시장·민영화(民營化) 등을, 대외적으로는 세계화(Globalization)와 신(新)금융자본주의(New Financial Capitalism)를 각각 추구한다. 신(新)자유주의(New Liberalism)는 미국에서 레이거노믹스(Reaganomics, 시장의 자율성, 금융·자본 자유화, 작은 정부, 정부 규제 완화, 세금 인하 등)로, 영국에서는 대처리즘(Thatcherism, 공기업 민영화, 노조 파업 근절 등)으로 각각 구현되었다.

조지프 스티글리츠(Joseph Eugene Stiglitz, 1943~현재) 교수는 그의 저서 「세계화와 그 불만」(2002년), 「모두에게 공정한 무역」(2005년), 「인간의 얼굴을 한 세계화」(2008년) 등을 통하여 '신(新)자유주의(New Liberalism)'에 근거한 미국 주도의 세계화(Globalization)에 대하여 신랄하게 비판해왔다. 그는 '정부 실패(Government Failure)'보다 '시장 실패(Market

Failure)'의 폐해를 지적 및 강조한다. 또한 그는 '정부규제'보다 '정부의 무관심'을 더 규탄한다.

한편, 신(新)금융자본주의(New Financial Capitalism)는 고전적 금융자본주의(Classical Financial Capitalism)로부터 진화된 자본주의의 최종단계로서 그 변화 과정은 다음과 같다: 1933년 글라스 스티걸 법(Glass Steagall Act)과 1938년 친들러 법(Chandler Act)에 의하여 투자은행을 산업은행과 분리시키고 투자은행 주도의 기업구조 재편을 제한시켰었다. 그 후, 신(新)금융자본주의(New Financial Capitalism)는 1996년 금융감독규제 완화법(은행과 증권업의 겸업 확대 허용) 및 1999년 그람－리치－브리레이 법(Gramm－ Leach－Bliley Act, 즉 1933년 Glass Steagall Act의 폐지)을 근간으로 금융지주회사를 출범시켰다. 이 결과, 금융(金融)이 실물부문(특히 제조업)을 지배하는 경제구조가 정착되었다. 따라서 금융위기는 곧 실물위기로 쉽게 전이되는 메커니즘이 작동하게 되었다.

일반적으로, 2008년 하반기 미국 발(發) 글로벌 금융위기의 발생 원인을 2000년 IT버블 붕괴 이후 10여 년간 지속되어 온 통화 확대와 저(低)금리 기조하에서 끊임없는 신용창출(증권화) 과정을 통해 양산된 과잉 유동성이 투기자금화되어 자산가격의 버블화를 초래한 것과, 금융감독기능이 이 과정을 관리하는 데 실패한 것으로 지목된다.

그러나 2008년 하반기 미국발(發) 글로벌 금융위기의 근본적 요인은 '탐욕(Greed)'으로 인한 도덕성(道德性) 상실이었다. 가난한 미국시민들을 포함하여 지구촌의 수많은 기업들과 선량한 시민들을 파산시키고 심지어 수많은 사람들을 자살시켰음에도 불구하고 미국 정부는 세계인을 향하여 '공식적 사과'를 한 적이 없다. 이것은 미국 정부의 도덕성(道德性) 파산이다.

상기한 2008년 하반기 미국발(發) 글로벌 경제위기는 세계 각국의 일반 국민들로 하여금 새로운 가치관으로서 '사회정의(Social Justice)'를 갈구하도록 만들었다. 예로서, 마이클 무어(Michael Moore, 1954~현재)의 「자본주의: 러브 스토리」(Capitalism: A Love Story)와 최근 다큐멘터리(2009), 프랜시스 후쿠야마(Francis Fukuyama, 1952~현재)의 '미국 주식회사의 몰락(The Fall of America Inc., 뉴스위크, 2008.10.13)', 누리엘 루비니(Nouriel Roubini, 1959~현재) 교수(미국 뉴욕대학교)의 「위기 경제학」(Crisis Economics: A Crash Course in the Future of Finance, 2010년) 등을 들 수 있다.

미국 의회 금융위기조사위원회는 세계대공황(1919~1929) 이후 최악의 미국발(發) 글로벌 금융위기의 원인을 규명하기 위해 청문회(2010.01.13)를 열어 필 앤절리데스(Phil Angelides) 위원장은 다음과 같이 격노했었다: *"정부 지원으로 수조 달러를 받은 와중에*

기록적인 이익과 보너스를 챙겼다는 보도는 생계를 유지하려고 분투하는 많은 가족들에게 혼란을 주었고, 국민들은 분노하고 있다."

사실, 연방준비제도이사회(Federal Reserve Board)의 의장(재임: 2006~2013) 벤 버냉키(Ben Shalom Bernanke, 1953~현재)는 '파산 없는 자본주의'를 만듦으로써 특히 '부자들은 결코 무너지지 않는다'라는 일종의 신화(神話)를 만들어 버렸다. 이 신화(神話)를 위하여, 그는 가난한 시민들의 세금을 투입했었다. 결과적으로, 미국 정부는 부자들에게 최상의 '금융 복지'를 해주었던 셈이다. 이와 같이, 아무도 2008년 하반기 미국발(發) 글로벌 금융위기에 대하여 아무도 책임의식을 갖고 있지 않고 있다. 뒤늦게, 2012년 1월 세계 각국 정계·관계·재계의 리더들이 모인 스위스의 다보스(Davos)에서 세계경제포럼 회장 클라우스 슈바프(Klaus Schwab)는 신(新)자유주의(New Liberalism)의 실패를 인정하고 다음과 같이 고백했다: *"우리가 죄를 지었다."*

결국, 신(新)자유주의(New Liberalism)의 첨병인 〈국제통화기금(IMF)〉도 변하고 있다. 1997년 하반기 한국이 외환위기를 겪었던 당시 IMF는 냉혈했었다. 경제성장을 위해 불평등은 불가피하다고 했었다. 그러나 최근에 다음과 같이 말을 바꿨다: *"평등은 지속 가능한 성장에 도움이 된다."* 얼마 전에는 자신들이 전파하던 신자유주의(New Liberalism)가 *"옳은 것이 아닐 수도 있다"*고 실토했다.

이제, 세계는 미국의 금융위기와 유럽의 재정위기를 거쳐 글로벌 경기침체로 치닫고 있다. 급기야, 미국 정부는 2008년 하반기 미국발(發) '글로벌 금융위기'의 근본요인을 미국과 개도국(특히 중국) 사이의 '세계경제의 불균형(Global Imbalance)'으로 돌리고 있다.

그러나 제프리 삭스(Jeffrey Sachs, 1954~현재) 컬럼비아대 교수가 서울대학교 경영대학 SK관에서 열린 강연회(2010.11.08~09)와 국제회의 '통화전쟁의 진행과 세계경제회복'에 참석했다. 다양한 통계수치를 제시하며 시종일관 논리적으로 다음과 같이 주장했다(중앙일보, 2010.11.10):

"글로벌 불균형의 핵심은 중국이 아니라 미국이다. 중국의 경상수지 흑자가 미국 경상수지 적자의 원인은 아니다"

"미국의 경상수지 불균형은 미국의 재정정책과 가계의 저축률 탓에 온 것이지, 중국의 위안화나 아시아 국가의 재정정책과는 관계가 없다. 중국의 경상수지 흑자는 세계총생산(GWP)의 0.6%에 불과하며, 이는 미국에 영향을 줄 만큼 크지 않다."

"위안화를 20% 절상해도 미국 경상수지에 미치는 영향은 매우 적다. 비록 미국이 주장

하는 것처럼 위안화를 절상해도 글로벌 불균형이 없어지지는 않는다. 만약 위안화 환율을 상당 폭 절상하면 단기적으로 중국의 실업이 크게 늘고, 이는 다른 나라에까지 부정적인 파급효과를 가져올 것이다."

물론, 세계경제 회복을 위하여 가장 효과적인 방향은 '중국은 내수 강화, 미국은 수출 강화'를 통해 '글로벌 불균형(Global Imbalance)'을 해소할 수 있는 정책공조를 실현하는 것이다. 즉, 글로벌 불균형(Global Imbalance) 문제의 해결방향은 미국은 소비를 줄이는(즉, 저축을 늘리는) 반면에 중국은 소비(내수)를 늘리는(즉, 저축을 줄이는) 것이다.

그러나 본 연구는 2008년 하반기 '글로벌 금융위기'의 본질은 '글로벌 불균형(Global Imbalance)'의 문제가 아니라 '글로벌 철학(Global Philosophy)의 부재(不在) 문제라고 주장한다. 그 이유는 2008년 하반기 글로벌 금융위기뿐만 아니라, 중국경제가 부상하기 전이었던 세계대공황(1929~1939)도 모두 미국에서 발화된 경제위기였기 때문이다. 또한 세계대공황(1929~1939) 발발의 요인은 미국의 보호무역주의(保護貿易主義)의 방아쇠를 당겼던 스무트 홀리 관세법(Smoot Hawley Tarrif Act, 1930년)로 인하여 보호무역주의(Trade Protectionism)가 세계적으로 확산됐었듯이, 2008년 하반기 글로벌 금융위기뿐만 아니라 세계대공황(1929~1939)도 미국발(發)이었기 때문이다. 따라서 향후 미국발(發) 글로벌 경제위기가 다시는 발생하지 않을 것이라고 아무도 장담하지 못할 것이다.

그럼에도 불구하고, 경제학자들은 정부 실패 vs 시장 실패, 큰 정부 vs 작은 정부, 시장 자본주의 vs 국가 자본주의의 선택을 두고 격렬한 논쟁을 벌이고 있다. 예로서, 케인지언(Keynesian)인 조셉 스티글리츠(Joseph Eugene Stiglitz, 1943~현재) 및 폴 크루그먼(Paul Robin Krugman, 1953~현재) vs 신(新)자유주의자인 니콜라스 그레고리 맨큐(Nicholas Gregory Mankiew, 1958~현재)의 논쟁을 들 수 있다. 특히, 2008년 하반기 글로벌 금융위기의 처방을 둘러싼 논쟁에서, 조셉 스티글리츠(Joseph Stiglitz, 1943~현재) 교수를 제외한 나머지 대다수의 세계적 경제학자들은 정부의 금융규제에 관한 찬·반과 재정정책 혹은 통화정책의 선택에 초점을 두고 논쟁을 벌였다. 예로서, 니엘 퍼그슨(Niall Ferguson) vs 폴 크루그먼(Paul Krugman), 로렌스 서머스(Lawrence Summers) vs 벤 버냉키(Ben Bernanke) 등의 논쟁을 들 수 있다.

그러나 상기한 세계적 경제학자들은 경제정책의 상위 개념 혹은 그것의 뿌리인 경제철학(Economic Philosophy)에 대해서는 전혀 언급을 하지 않고 있다. 상기한 논쟁은 모두 동일한 경제현상을 두고 불완전하고, 반(反)본질적(imperfect and anti-fundamental) 처방일 뿐이다. 최소한, 미국의 경제학자들은 신(新)자유주의(New Libearalism)의 근간인 '부동산 투기 붐과 부채에 의한 경기부양'에 의하여 지탱해온 미국경제의 구조적 문제를 지적하고 이것의 개혁방안을 제시했어야 옳았다고 저자는 사유한다.

사실, 미국 경제의 본질적 위기는 재정적자 누증→공공부채+무역적자이다. 이것을 덮고 '미국 우선주의(America First)'와 신(新)고립주의(New Isolationism) 및 보호무역주의(Trade Protectionism)를 외치는 것은 '정치적 쇼'일 뿐이다. 세계적인 경제학자인 마틴 펠드스타인(Martin Feldstein, 1939~2021) 교수(하버드대학교 경제학 교수, 1967~2019; 대통령 경제자문위원장, 1982~1984)는 다음과 같이 지적했다: *"무역수지 적자의 원인은 국가경쟁력 상실이 아니라 재정적자 증가이다."*

2008년 하반기 글로벌 금융위기(Global Financial Crisis) 이후, 세계 각 국가는 수많은 재정·금융정책 패키지, 즉 '새로운 정상적 경제(New Normal Economy)': 부채축소(Deleveraging)·규제강화(Reregulation)·탈(脫)세계화(DeGlobalization)를 쏟아내면서 신(新)자유주의(New Liberalism)와 신(新)금융자본주의(New Financial Capitalism)가 저지른 '화마(火魔)를 끄느라고 동분서주하였다. 그러나 2008년 하반기 글로벌 금융위기로 인한 세계적 경기침체로부터 각 국가의 경기회복 여부는 자국의 재정 건전성 여부가 판가름 지었다. 한 걸음 더 나아가, 저자는 존 메이너드 케인즈(John Maynard Keynes, 1883~1946)가 추구하였던 경기부양 및 고용창출은 정부의 단기적 재정정책이 아니라 산업기술정책, 즉 '테크노-경제발전 전략(A Techno-Economic Development Strategy)'으로써 가능하다는 점을 강조한다(Lim 1996, 2000, 2006).

따라서 본 연구는 '신실용주의(新實用主義, Neopragmatism)'의 철학적 목표: '정의로운 국가(A Justice-based State)'를 토대로 한 '행복한 사회(A Happy Society)'를 위하여 2가지 정치·경제체제의 구조적 전환(Structural Transformation)의 방향: ① 정치체제로서 현행 자유민주주의(自由民主主義)를 개량하여 '질서 정연한 자유민주주의 사회(A Well-Ordered Free Democratic Society)', ② 경제체제로서 현행 시장자본주의(市場資本主義)를 개량하여 '효율적이고 공정한 시장자본주의(An Efficient and Equitable Market Capitalism)'를 주장한다.

여기서 유의할 것은 다음과 같다: 존 롤스(John Rawls) 교수는 '정의의 원칙'이 확립된 사회를 '질서정연한 민주주의 사회(A Well-Ordered Democratic Society)'로, 그러한 경제체제를 '정의로운 경제체제(A Justice-based Economic System)'로 각각 규정하였지만, 이러한 '질서정연한 민주주의 사회(A Well-Ordered Democratic Society)'와 '정의로운 경제체제(A Justice-based Economic System)'의 구현 방안을 제시하지 않았다는 점이다. 이 방안을 제시하고자 하는 철학적 시도가 바로 본 연구의 '신(新)실용주의(Neopragmatism)'이다(Yang-

Taek Lim, 1978, 2006, 2007, 2010, 2011, 2012, 2014; 임양택, 1981, 1985, 2007, 2008, 2011, 2013, 2014, 2017). 이것은 분명코 위대한 정치철학자 존 롤스(John Rawls) 교수가 미천하지만 열정적인 저자에게 상기한 기회를 준 숙제임과 동시에 선물이다.

존 롤스(John Rawls) 교수의 뜻을 받들어, 본 연구는 형이상학적 철학(形而上學的 哲學, Metaphysical Philosophy)이 아니라 실천철학(實踐哲學, Practical Philosophy)으로서 '신실용주의(新實用主義, Neopragmatism)'의 현실적 적합성을 담보하기 위하여, 즉 상기 철학이 '도덕주의적 이상주의'로 끝나지 않기 위하여, '신실용주의(新實用主義, Neopragmatism)'의 필요·충분조건을 다음과 같이 규정한다:

우선, '신실용주의(新實用主義, Neopragmatism)'의 필요조건(必要條件)은 파레토 효율(자원배분의 효율성)과 사회적 최적(소득분배의 공정성)의 조화를 위해서 인간의 존엄성(尊嚴性)·자율성(自律性)·창의성(倡義性)을 위한 5개 '생활권적 기본권(生活權的 基本權)': ① 고용, ② 교육, ③ 주택, ④ 의료, ⑤ 연금이 보장될 수 있는 존 롤스(John Rawls)의 ① '질서 정연한 자유민주주의 사회(A Well-Ordered Free Democratic Society)'와 ② '효율적이고 공정한 시장자본주의(An Efficient and Equitable Market Capitalism)'이다.

다음으로, '신실용주의(新實用主義, Neopragmatism)'의 현실적 적합성을 담보하기 위한 충분조건(充分條件)은 2가지이다:

첫째, '신실용주의(新實用主義, Neopragmatism)의 충분조건은 법실증주의(法實證主義), 즉 '법대로(Rule by Law)'가 아니라 법치주의(法治主義), 즉 '법의 지배(Rule of Law)'이다. '법치주의(法治主義, Rule of Law)란 헌정주의(憲政主義)가 보장하는 국가로부터 시민의 자유와 자율성을 확보하기 위해 국가권력을 제한하고 국가가 법의 테두리 내에서만 행동하도록 국가를 제약하고 감시하는 장치를 제도화하는 것이다. '법치주의(法治主義, Rule of Law)'의 필요성과 역사적 배경은 미국의 1781년 '연합 및 영속적 연방에 관한 규약'과 1791년 '권리장전'에 잘 나타나있다.

여기서 유의할 것은 법치주의(法治主義)가 말하는 법(法)은 공법(公法)과 같은 '조직(組織)의 규칙'이 아니라 '정의(正義)의 규칙'을 의미한다는 점이다. 아담 스미스(Adam Smith)는 '정의의 규칙(Rule of Justice)'이라고, 프리드리히 하이에크(Friedrich A. Hayek)가 그의 저서 「철학·정치학·경제학·사상사」(1967년)에서 법(法)을 '정의로운 행동규칙(Rule of Just Conduct)'이라고 각각 명명했다. 이들은 모두 '정의로운' 행동규칙의 테두리 내에서 개인은 비로소 자유로울 수 있다고 주장했다. '정의의 규칙(Rule of Justice)' 혹은 '정의로운 행동규칙(Rule of Just Conduct)'은 '자생적 질서(Spontaneous Order)'가 형성되기 위한 조건이다.

또한 법치주의(法治主義), 즉 '법의 지배(Rule of Law)'의 '규칙지향적 경제정책'은 법실증주의(法實證主義), 즉 '법대로(Rule by Law)'의 '구성주의적 정책(입법, 규제)'과 대비된다. 즉, 법실증주의(法實證主義)의 '구성주의적 정책'은 시민들의 상호작용을 통해서 생겨나는 결과를 수정하거나 이를 교체하려는 규제하는 것인 반면에, 법치주의(法治主義)의 '규칙지향적 경제정책', 즉 질서정책(Ordnungspolitik, Order Policy)은 결과가 무엇이든 그들이 자유로이 타인들과의 관계를 가질 틀을 마련하는 것이다. 법실증주의(法實證主義), 즉 '법대로(Rule by Law)'는 '힘이 정의(正義)이다'라는 원칙과 관련된다. 그리고 '법대로(Rule by Law)'라고 말할 때 그 법(法) 개념은 법실증주의(法實證主義)가 말하는 법(法) 개념이다. 이러한 법(法) 개념은 시민사회와 경제에 대한 정부개입의 범위와 규모를 엄격히 제한하기 때문에 시민들의 자유와 재산을 보호하기 어렵다.

둘째, '신실용주의(新實用主義, Neopragmatism)의 또 하나의 충분조건은 독일 프라이부르크 학파의 '질서-자유주의(Ordo-Liberalism)'이다. 즉, 구성주의적 합리주의(構成主義的 合理主義)의 '계획된 질서(Planed Order)'와 진화적 합리주의(進化的 合理主義)의 '자생적 질서(Spontaneous Order)', 시장 질서('경쟁 원리')와 사회 질서('보완 원리')의 결합인 '사회적 시장경제(Social Market Economy)'이다. 다시 말하면, '시장의 질서'는 '경쟁적 원리'에 의하여 형성되어야 하는 반면에 '사회적 질서'는 '보완적 원리'에 의하여 형성되어야 한다는 것이다. 요소시장이나 산출물 시장에서 경쟁의 원리를 도입하게 되면 경제적 효율이 증가되고, 이에 따라 지속적인 경제성장이 가능하지만, 경쟁원칙만으로는 사회적 문제의 해결이 어렵기 때문에 경제적 능력이 없거나 경제적으로 취약한 계층에 대해서는 정부의 적극적인 지원을 통해서 사회적 평화와 안정을 보장해 주어야 한다는 것이다. 다시 말하면, 국가는 '보완적 역할'만을 해야 한다는 점이다. 즉, 시장경제에서는 실업 · 질병 · 재해 · 노령 등의 사회적 문제를 개인 스스로 해결하도록 하는 것을 원칙으로 하되, 그것을 스스로 감당하기 어려운 경우에만 국가가 이를 지원해 주어야 한다는 것이다.

역사적 사례를 들면, 제2차 세계대전(1939~1945)의 패전으로 인하여 독일의 경제기반이 완전히 붕괴됨에 따라 경제적 혼란(물자 부족 · 인플레 · 실업 · 빈곤 등)이 극심했었던 상황에서, 루드비히 에르하르트(Ludwrig Erhar) 당시 경제부 장관(재임: 1949~1963)과 알프레드 뮐러-아르막(Alfred Müller-Armack, 1901~1978) 교수는 독일 프라이부르크 학파의 대표적 경제학자였던 루돌프 발터 오이켄(Rudolf Walter Eucken, 1891~1950)의 질서 자유주의(秩序自由主義, Ordo-liberalism)를 사상적 · 이론적 배경으로 사회적 문제(실업 · 질병 · 재해 · 노령

등)를 경쟁질서와 결합시키기 위하여 경제적 자유(Economic Freedom)와 사회정의(Social Justice) 및 사회보장(Social Security)의 통합개념인 '사회적 시장경제(Social Market Economy)'를 주창했었다. 즉, 그들은 '사회정책(Social Policy)'을 '경쟁정책(Competition Policy)'과 같은 수준으로 다루었다.

'사회적 시장경제(Social Market Economy)'의 핵심은 거시경제적 안정과 적정 경제성장률을 유지하면서 사회정의(Social Justice)와 사회보장(Social Security)을 실현하자는 것이었다. '사회적 시장경제(Social Market Economy)'가 추구하는 궁극적 목표는 자유(Freiheit) · 정의(Gerechtigkeit) · 안전(Sicherheit) · 복지(Wohlstand)이다. 상기 목표를 위한 사회적 시장경제(Social Market Economy)의 기본 개념은 다음과 같이 3가지를 들 수 있다: ① 경제문제를 시장에 모두 맡기는 것이 아니라 '시장과 정부 간의 공동 작용'을 최적화시키는 구상으로 경제질서(經濟秩序)를 중요시한다; ② 사회문제를 경제 문제에서 분리시키지 않고 경제질서(經濟秩序)의 한 부분으로 간주하고 정부와 경제계의 사회정책적 역할을 중요시한다; ③ 지나친 상업주의 대신에 공공분야의 중요성을 인식하고 정부와 경제의 역할 분담을 강조한다.

결과적으로, 제2차 세계대전(1939~1945) 종전 후 서독(당시)은 경제성장률, 물가, 고용, 국제수지의 모든 면에서 서양 선진국 중에서 가장 양호한 경제성과를 나타내었다. 서독 사람들은 자신들의 이러한 뛰어난 경제성장이 그들만의 독특한 사회적 시장경제(Social Market Economy, die sozialen Marktwirtschaft)의 덕분이라고 자부한다.

본 연구가 주창하는 '신실용주의(新實用主義, Neopragmatism)의 정책적 목표: 성장 → 고용 → 분배의 동태적 메커니즘에 의한 '완전고용기반형 복지사회(A Full Employment-based Welfare Society)'를 추구한다. 이것은 '정부주도형 복지국가(A Government-driven Welfare State)'와 대비된다. '완전고용기반형 복지사회(A Full Employment-based Welfare Society)'는 시장(특히 노동/금융시장) 메커니즘에 의한 '가족중심적 복지사회(福祉社會, Welfare Society)'인 반면에 '정부주도형 복지국가(A Government-driven Welfare State)'는 정부가 세금을 징수하여 정부가 복지지출을 행사하는 복지국가(福祉國家, Welfare State)이다.

서구(영국, 프랑스, 독일, 스웨덴, 핀란드 등)의 '복지국가(福祉國家, Welfare State)'는 구조적 위기(특히 재정위기)에 봉착해 있다. 참고로, 카를 마르크스(Karl Heinrich Marx, 1818~1883)와 프리드리히 엥겔스(Friedrich Engels, 1820~1895)는 다음과 같이 비난했었다: '복지국가론(福祉國家論)'은 자본주의 경제체제를 운용하는 국가의 본질을 숨기고 속이는 부르주아 이론의 전형이다. 즉, '복지국가(Welfare State)'는 '사회보장'과 '완전고용' 정책 등으로써

'사회복지' 정책을 실시함으로써 국민의 행복을 실현시킬 수 있다는 독점자본의 지배를 옹호하는 이데올로기(Ideology)라는 것이다. 따라서 본 연구가 주창하는 '완전고용기반형 복지사회(A Full Employment-based Welfare Society)'는 마르크시즘(Marxism)의 비판으로부터 자유로울 뿐만 아니라 신(新)마르크시스트(NeoMarxist)도 동의할 수 있으리라고 기대한다.

존 미클스웨이트(John Micklethwait)와 에이드리언 울드리지(Adrian Wooldridge)는 그들의 공저 「제4의 혁명: 우리는 누구를 위한 국가에 살고 있는가」(The Fourth Revolution, 2014년)에서 제1혁명(국민 국가의 탄생: 17세기 유럽의 왕자들이 중앙집권적 국가를 건립) → 제2혁명(자유주의 국가의 형성: 18세기 말부터 19세기까지 미국과 프랑스에서 일어났었던 혁명) → 제3혁명(공산주의의 일탈과 복지국가의 탄생)을 거쳐 이젠 '제4혁명(국가·정부의 스마트한 개혁 요구 증대)'이 필요하다고 역설했다. 상기 공저자들은 '보편적 복지(Universal Welfare)'에 집착하는 좌편향 정부나 자유시장을 맹신하는 우편향 정부 모두 '관료주의적인 큰 정부'의 함정에서 벗어나지 못했다고 비판했다.

따라서 본 연구의 신(新)실용주의(Neopragmatism)가 권장하는 2가지 정치·경제체제의 구조적 변환 방향: ① 정치체제로서 '질서정연한 자유 민주주의 사회(A Well-Ordered Democratic Society)', ②경제체제로서 '완전고용기반형 복지사회(A Full Employment-based Welfare Society)'는 존 미클스웨이트(John Micklethwait)와 에이드리언 울드리지(Adrian Wooldridge)의 「제4의 혁명: 우리는 누구를 위한 국가에 살고 있는가」(The Fourth Revolution, 2014년)에 대한 응답이라고 저자는 자평(自評)한다.

4) 신(新)실용주의(Neopragmatism)의 경제이론적 구조와 정책적 목표

본 연구는 신(新)실용주의(實用主義)의 실천철학적 목표로서 서구 '복지국가(福祉國家, Welfare State)'의 대안으로 제시한 '완전고용기반형 복지사회(A Full Employment-based Welfare Society)'의 유효성을 입증하기 위해 다음과 같이 수학적으로 증명하였다: 비교정태적(comparative static) 왈라지언 일반균형 모형(Walrasian General Equilibrium Model)하에서, 본 연구는 자유 vs 평등, 정의 vs 행복, 시장질서('경쟁원리', 경제적 자유) vs 사회질서('보완원리', 사회적 정의)의 상호갈등적 가치들을 조화될 수 있다는 점을 수학적 모형으로써 자원배분의 효율성(Pareto Efficiency), 즉 '파레토 최적(Paretian Optimum)'과, 소득분배의 공정성(Social Optimum)', 즉 사회적 최적(Social Optimum)의 공존을 증명하였다.

일찍이, 아담 스미스(Adam Smith, 1723~1790)는 그의 저서 「도덕감성론」(1759년) · 「국부론」(1776년) · 「법학강의」(1762년)에서 경제적 효율성(Economic Efficiency)과 사회적 정의(Social Justice)는 '공존(共存)'한다고 갈파(喝破)했었다.

존 롤스(John Rawls, 1921~2002) 교수는 그의 '정의론(Theory of Justice)' 및 「정치적 자유주의」(Political Liberalism, 1993년)에서 '최소 수혜자의 최대 혜택', 즉 시장의 경쟁에서 낙오된 '최소 수혜자'들의 혜택을 극대화시켜줌으로써 '정의로운 경제체제'를 구현할 수 있다고 설파(說破)하였다. 또한, 그는 '복지국가 자본주의(welfare-state capitalism)'는 기회 균등에 다소간 관심을 갖지만, 공정한 기회의 균등의 실현을 위한 정책을 추구하지 않는다(John Rawls, 2001, pp. 137~138)고 비판하였다. 물론, '복지국가 자본주의(welfare-state capitalism)'는 기본적 욕구(basic needs)를 충족시켜 주는 사회적 최저수준(social minimum)을 보장하고 있다. 그러나 '복지국가 자본주의(welfare-state capitalism) 경제체제에서는 소수계층이 경제적 통제권과 정치적 삶을 보유할 수 있도록 하기 위해 부동산(생산수단의 자산, 자연자원)의 소유에 높은 불평등을 용인함으로써 경제적 및 사회적 불평등을 통제할 상호성(reciprocity)의 원칙이 인정되지 않는다(John Rawls, 2001, p. 138).

한편, 세계적으로 유명한 복지제도 연구가인 요스타 에스핑-안데르센(Gosta Esping-Andersen, 1947~현재)은 그의 저서 「후기 산업경제의 사회적 기반」(Social Foundation of Post Industrial Economies, 1999년, p. 4)에서 과거 포드주의적 산업사회(Fordist Industry Society)에 기반한 복지국가(福祉國家, Welfare State)의 구조적 위기(構造的 危機)를 20년 전에 이미 지적하였다. 그러나 요스타 에스핑-안데르센(Gosta Esping-Andersen)은 복지국가(福祉國家, Welfare State)의 구조적 위기에 대한 해결방안을 제시하지 못했다.

복지국가(福祉國家, Welfare State)의 구조적 위기가 발생할 수 밖에 없는 요인은 다음과 같다: 제2차 세계대전(1939~1945) 이후 포드주의적 산업사회(Fordist Industry Society)에 기반하여 도입 및 발전되어 왔으나 후기(後期) 산업사회(産業社會)로 전환함에 따라 복지국가(福祉國家, Welfare State)의 사회경제적 조건[제조업을 중심으로 한 반(비)숙련 노동력, 1인 소득원(one bread winner)과 전업주부로 구성된 핵가족, 그리고 남성 소득원에 대한 소득보장]이 제조업의 반(비)숙련 노동력에 대한 수요 감소와 서비스 산업의 팽창, 여성의 노동시장 참여 증가, 그로 인한 핵가족의 붕괴 등으로 변화됨에 따라 복지국가의 기반이 결국 붕괴될 수 밖에 없다.

사실, 복지국가(福祉國家, Welfare State)의 '구조적 위기'란 재정위기(財政危機)이다. 이것을 극복하기 위하여, '보편적 복지국가(Universalistic Welfare State)'인 스웨덴, 노르웨이, 핀란드, 영국, 프랑스 등은 모두 '확정급여제(DBP: Defined-Benefits Plan)'에서 '확정기부제(DCP: Defined-Contribution Plan)'로의 복지개혁을 실시하였다. 이와 같이, 서구의 거의 모든 복지국가(福祉國家, Welfare State)들이 재정위기(財政危機)를 극복하기 위하여 단지 모수(母數) 혹은 제도(制度) 개혁을 추진하고 있을 뿐이다. 그러나 상기 모든 노력들은 복지국가(福祉國家, Welfare State)의 본질적 문제에 대한 근본적 해결은 아니다. 따라서 본 연구는 '정부주도 복지국가(A Government-led Welfare State)'의 대안(代案)으로서 복지재정 위기(福祉財政 危機)가 없는 '완전고용기반형 복지사회(A Full Employment-based Welfare Society)' 모형을 제시하였다.

아무쪼록, 본 연구가 주창하는 '완전고용기반형 복지사회(A Full Employment-based Welfare Society)' 모형은 최근에 재정위기(財政危機)를 겪고 있는 많은 '보편적 복지국가(Universalistic Welfare State)'뿐만 아니라 '선별적 복지국가(Selective Welfare State)'에게 경제성장과 사회보장의 균형발전을 위한 하나의 유용한 실마리를 제공할 수 있을 것으로 저자는 기대한다. 나아가, 본 연구의 '완전고용기반형 복지사회(A Full Employment-based Welfare Society)' 모형은 세계적으로 대량실업, 소득분배 불균형 및 양극화, 복지국가(福祉國家, Welfare State)의 재정위기 등이 심각한 사회경제적 당면과제로 대두된 상황에서 '의미있는(Significant)' 발전 방향이 될 수 있을 것이다.

신(新)실용주의(實用主義)의 '완전고용기반형 복지사회(A Full Employment-based Welfare Society)'를 건설하기 위한 청사진(靑寫眞)은 5가지로 구성된다:

'청사진 1'은 합리적 복지 개혁방향으로서 정부주도형 복지국가(A Government-driven Welfare State)에서 '완전고용기반형 복지사회(A Full Employment-based Welfare Society)로 전환할 수 있는 라이프-사이클 사회보장 모형이다.

'청사진 2'는 기술혁신(技術革新)에 의한 고용창출형 경제성장(Job-creating Growth)을 추구하는 슘페테리언 테크노-경제발전 전략(Schumpeterian Techno-Economic Development Strategy)이다. 자본축적률과 인구성장률의 변화가 도입된 동태적 모형(Dynamic Model): '장기 균형성장과 최적 사회보장(The Long-Run Equilibrium Growth and Optimal Social Security)'에서, 본 연구는 동태적 메커니즘: '고용창출형 경제성장(經濟成長)' → '완전고용(完全雇用)' → 형평한 소득분배(所得分配)의 동태적 균형(Dynamic Equilibrium)의 존재성(Existence)과 동태적 안정성(Dynamic Stability)을 다음과 같은 6개의 定理(Theorem)로써 증명하였다: 「定理 1」 현재세대와 미래세대에 대한 최적의 '수직적' 자원배분, 「定理 2」 민간경제부문과 사회보장부문에 대한 최적의 '수평적' 자원배분, 「定理 3」 동태적 효율성(Dynamic Efficiency)을 위한 필요조건, 「定理 4」 장기 균형성장과 최적 사회보장 정책의 관계, 「定理 5」 '장기 균형성장과 최적 사회보장'의 동태적 안정성(Dynamic Stability), 「定理 6」 '장기 균형성장과 최적 사회보장'에 대한 인구성장률의 파급효과이다.

상기한 6개 「定理」로부터 4가지 정책적 시사점: ① 확정급여제(DBP)에서 확정기여제(DCP)로의 전환, ② 합리적 복지 재원조달 방안: '토지 불로소득(土地 不勞所得)'에 대한 가칭 '최적 사회보장세(Optimal Social Security Tax)'의 부과, ③ '초과' 적립방식(Over-funded System)의 도입에 의한 '사회보장기금(Social Security Fund)'을 조성하여 상기 기금을 유망한 중소기업에 투자함으로써 '생활권적 기본권(生活權的 基本權)': ① 고용, ② 교육, ③ 주택, ④ 의료, ⑤ 연금 중에서 가장 중요한 고용(雇傭)을 창출하는 것이다.

'청사진 3': '슘페테리언 테크노-경제발전 전략(Schumpeterian Techno-Economic Development Strategy)'에 의한 '고용창출형 경제성장(Job-creating Growth)'이다. 상기한 전략에 의하여 '성장 → 고용'이 작동하게 되면, '고용 → 분배'는 노동생산성(勞動生産性)에 의하여 결정될 것이다. 상기한 신실용주의(新實用主義, Neopragmatism)의 슘페테리언 테크노-경제발전 전략(Schumpeterian Techno-Economic Development Strategy)는 존 메이너드 케인즈(John Maynard Keynes), 조안 로빈슨(Joan Robinson), 존 이트웰(John Eatwell) 등이 지적한 '불균형 동학(Disequilibrium Dynamics)'을 조지프 슘페터(Joseph A. Schumpeter 1933, 1934, 1942)의 '장기파동 이론'과 연계함으로써, '신기술 → 신산업 → 신시장'의 '창조적 파괴(Creative Destruction)'를 통하여 '불균형 → 균형 → 불균형'의 동태적 발전과정을 기존 경제이론의 패러다임 속에 끌어들일 수 있음을 보여준다. 이 결과, 최근의 장기 침체(Secular Stagnation)의 돌파구는 기술-경제 패러다임(Techno-Economic Paradigm)에 의거한 기술교착 상태(Technological Stalemate)의 타개(打開)라는 정책적 근거를 마련할 수 있다.

'청사진 4': 형평한 소득분배(所得分配)를 위한 신(新)실용주의적 해법으로서 니콜라스 칼도(Nicholas Kaldor, 1908~1986)의 거시경제적 소득분배 이론이다. 상기 이론은 완전고용(Full Employment)하에서 임금소득으로부터 자본소득에로의 소득재(再)분배(Income Redistribution)에 의하여 자본축적 → 실물투자 → 지속적 경제성장으로 선(善)순환하는 장기균형성장의 동태적 안정성(dynamic stability)을 도모할 수 있다는 이론적 모형을 제시한다. 따라서 상기 이론은 신(新)실용주의(Neopragmatism)의 '슘페테리언 테크노-경제발전전략(Shumpeterian Techno-Economic Development Strategy)에 의한 고용창출형 경제성장(Job-creating Growth)와 연계하여 '완전고용기반형 복지사회(A Full Employment-based Welfare Society)를 달성할 수 있다.

'청사진 5': 경기침체 혹은 불황(不況) 타개를 위한 신(新)실용주의적 해법으로서 슘페테리언(Schumpeterian) 및 신(新)슘페테리언(Neo-Schumpeterian)의 경기변동이론이다: 멘쉬(G. Mensch)의 혁신군집이론, 반 듀인(J. J. van Duijn)의 경기변동이론, 크리스토퍼 프리만(Christopher Freeman)의 신(新)기술체계론, 칼로타 페레즈(Carlota Perez)의 기술-경제 패러다임 이론을 예로 들 수 있다. 상기한 기술·경제이론의 측면에서 보면 불황(不況)은 호황(好況)의 전제이며, 경기침체에서 경기회복으로 전환할 수 있는 것은 신기술 → 신투자 → 신성장 → 신고용의 선(善)순환을 야기시키는 기술혁신(Technological Innovation)이다.

5) 미국/중국의 실용주의(Pragmatism)에 대한 비판과 신(新)실용주의(Neopragmatism)와의 비교

본 연구는 '글로벌 철학(Global Philosophy)'을 모색 및 정립하기 위한 시도로서 동·서양 철학사(哲學史)를 크게 3가지 측면: ① 인식론적 측면, ② 인간관의 측면, ③ 자연관의 측면에서 개관해보면 동·서양 철학 모두 '실용주의(Pragmatism)'에로 수렴(收斂)하고 있다는 것을 알 수 있다.

우선, 서양(西洋) 철학사(史)의 경우, 버트런드 러셀(bertrand Russel, 1872~1970)과 안토니 케니(Anthony Kenny, 1931~현재)의 주장에 의하면, '순수 인식론(도덕적 실천과 무관하게 지식 자체의 문제만을 다루고자 하는 사유 패러다임)'에 바탕을 둔 서양(西洋)의 근대 철학이 르네상스(Renaissance) → 경험주의(Empiricism) → 계몽주의(Illusionism) → 관념주의(Idealism) → 실증주의(Positivism)·실존주의(Existentialism) → 공리주의(Utilitarianism) → 실용주의(Pragmatism)의 과정을 겪으면서 발전되어 왔다.

다음으로, 동양(東洋) 철학사(史)의 경우, 노사광(勞思光, Sze-Kwang Lao, 1927~2012)의 주장을 연장하면, 동양(東洋)의 사유 패러다임(인식론적 원리와 존재론적 원리)은 유학(儒學) → 훈고학(訓詁學) → 주자학(朱子學) 혹은 성리학(性理學) → 양명학(陽明學) → 고증학(考證學) → 실학(實學) → 손문(孫文)의 삼민주의(三民主義) → 덩샤오핑(Dengxiaoping, 登小平)의 실용주의(實事求是, Pragmatism)로 발전되어 왔다.

상기한 동·서양 철학의 개관에서 유의할 것은 문화적으로나 역사적으로 보면 동양(東洋)사회가 정의(토지의 균등한 분배)를 추구한 반면에 서양(西洋)사회는 행복(물질적 풍요와 개인적 쾌락)을 추구하였다고 말할 수 있지만, 최근에 들어서는 상기의 특징이 도치(倒置)

되어 가고 있는 경향이 나타난다는 점이다. 즉, 동양사회(특히 중국)는 이젠 경제성장을 통하여 물질적 풍요를 위한 행복을 추구하고 있는 반면에, 서구 사회는 그동안 시장 자본주의 경제원리에 따라 효율성만 추구해오다가 이제는 형평한 소득분배를 위한 사회정의(社會正義)를 부르짖고 있다. 특히, 2008년 하반기에 발발했었던 글로벌 경제위기 이후, 대다수의 세계인은 '사회적 정의(Social Justice)'를 갈구하고 있으며 그러한 욕구가 자본주의의 메카인 미국과 유럽 등에서 분출하고 있다.

또한, 여기서 유의할 것은 동·서양 철학 모두 '실용주의(實用主義, Pragmatism)'로 수렴(收斂)하고 있다는 점이다. 그러나 본 연구는 신(新)실용주의(Neopragmatism)와 대비되는 기존 실용주의(實用主義): 미국의 실용주의(實用主義, Pragmatism)와 중국의 실용주의(實用主義, 實事求是)를 각각 비판하고 본 연구의 신(新)실용주의(Neopragmatism)와의 차이점을 각각 논술하였다.

6) 미국의 실용주의(Pragmatism)

우선, 미국의 실용주의(實用主義, Pragmatism)는 찰스 샌더스 피어스(Charles Sanders Peirce, 1839~1914)·윌리엄 제임스(William James, 1842~1910)·존 듀이(John Dewey, 1859~1952)·리처드 로티(Richard Rorty, 1931~2007) 등에 의하여 주창되었다. 미국의 실용주의(Pragmatism)는 독일의 관념론(Idealism)과 감각주의(Sensationalism)를 부정하는 대신에 청교도주의(Protestantism)와 영국의 경험주의(Empiricism)에 바탕을 두고 과학과 경험을 존중하고 이론과 실천의 불가분성을 강조하며 성과(成果)를 중요시한다. 따라서, 미국의 실용주의(Pragmatism)는 '성과 중심주의' 철학이라고 말할 수 있다.

미국 실용주의(Pragmatism)의 창시자인 찰스 샌더스 피어스(Charles Sanders Pierce)와 윌리엄 제임스(William James)는 다음과 같이 주장했다: 진리(眞理)란 실리(實利)이다. 즉, 진리(眞理)의 추구란 단지 실리(實利), 즉 물질적 행복(幸福) 추구의 한 종류에 불과하다. 상기한 '실리(實利)=진리(眞理)'라는 명제에서 실리(實利)란 유용성(有用性, Usefulness) 혹은 적합성(適合性) 또는 적절성(適切性)이다. 또한 진리(眞理)란 바로 인간이 원하는 것을 가져다줄 신념(信念)의 추구이다. 다시 말하면, 진리(眞理)란 이론화의 대상이 아니라 단지 실천적 행위 자체, 즉 '사회적 실행(Social Practice)'이다. 즉, 진리(眞理)는 사회에 통용되는 것, 혹은 믿어서 좋은 것, 관념(觀念)의 '현재가치(Present Value)'이다. 따라서 미국의 실용주의자들은 '진리(眞理)란 무엇인가'라는 '거창한 질문'은 '실천적 질문': 어떻게 인간들이 서로 다 함께 행복하게 살 수 있을까로 대체되어야 한다고 주장했다.

상기와 같이, 미국의 실용주의(Pragmatism)는 독일의 관념론(Ideology) 특히 임마누엘 칸트(Immanuel Kant)의 '도덕적 규범론'을 철저히 배격하고 '실용주의적 진리론': 실리(實利)=진리(眞理)와 반(反)본질주의(Anti-Fundamentalism)로 극단적으로 편향되었다. 이 결과, 미국의 실용주의(Pragmatism)는 합리성·객관성·필연성 등과 같은 철학적 개념들을 모두 부정한다.

나아가, 미국의 실용주의(Pragmatism)는 찰스 다윈(Charles Robert Darwin, 1809~1882)의 진화론(Evolutionary Theory)에 근거를 둔 약육강식(弱肉强食)의 '만인의 만인에 대한 투쟁'(The war of all against all)' 상태에서 가장 높은 경쟁력을 가진 오직 한 사람의 '승리자'에게 월계관을 씌워주고 그가 모든 실리(實利)를 독점하도록 허용 및 찬양한다.

따라서 미국의 실용주의(Pragmatism)는 이데올로기(Ideology)가 아니라 경험론·실험주의·도구주의(Instrumentalism)에 기반한 하나의 철학적 방법론이다. 즉, 미국의 실용주의(Pragmatism)는 자체적으로 추구하는 이데올로기적 지향점이 없다. 그 대신에 '필요하다면 어떠한 것이든 가져다 쓰는 것'이 목적적 가치를 추구한다. 미국의 실용주의(Pragmatism)와는 대조적으로, 자유주의(自由主義)의 이념적 목표는 인간의 존엄성 보장 및 자유의 증진인 반면에, 사회주의(社會主義)의 이념적 목표는 프롤레타리아 혁명을 통해 공산주의 사회(모두 고루 나눠가지는 사회)이다.

요컨대, 미국의 실용주의(Pragmatism)의 궁극적 목표는 철학적 논쟁의 수행을 분석방법론적으로 확립시키는 것이다. 즉, 미국의 실용주의(Pragmatism)는 합의된 방법으로서 철학적 논쟁을 수행하게 함으로써 궁극적으로 철학(哲學)을 과학(科學)의 한 부분으로 편입시키려는 시도라고 말할 수 있다. 미국 실용주의자의 대표적 인물인 존 듀이(John Dewey, 1859~1952)는 실용주의(Pragmatism)를 '과학적 탐구에의 논리와 윤리적 기반(the logic and ethics of scientific inquiry')'으로 정의한 바 있다.

그러나 미국의 실용주의(Pragmatism)는 지구촌 문화공동체(Global Cultural Community)를 위한 '글로벌 철학(Global Philosophy)'이 될 수 없다. 그 이유는 다음과 같이 3가지이다:

첫째, 미국 실용주의(Pragmatism)의 철학적 기초인 '실리(實利)=진리(眞理)'라는 명제, 즉 '실용주의적 진리론'은 하나의 철학으로 간주될 수 없기 때문이다. 물론, 미국의 실용주의자들이 주장하듯이, 지식(知識)은 하나의 도구(道具)가 될 수 있으며 진리(眞理)가 실리(實利)를 창출할 수는 있지만, 실리(實利) 자체가 진리(眞理)가 될 수 없는 것이다.

모름지기, 베네딕투스 스피노자(Benedictus de Spinoga, 1632~1677)는 진리(眞理)란 자연법칙처럼 '객관적이고 영원불변한 것'이어야 한다고 갈파했었다. 그러한 영원불변의 진리는 아니더라도 '보편타당한 진리'는 미국인을 포함한 모든 인류가 필요로 하는 가치인 것이다. 그것은 바로 1776년 선포된 <미국 독립 선언>과 1778년 선포된 「헌법」의 서문에 명시되어 있다.

심지어, 미국의 실용주의적 명제(命題)인 '실리(實利)=진리(眞理)'는 독선적이고 자의적일 수 있으며 실리(實利)의 범위에서 벗어난 개인 및 사회에게는 해악적일 수 있다. 즉, 과연 누구를 위한 실리(實利)인가, 어느 국가를 위한 정의(正義)인가라는 본질적 문제가 제기될 수 있다. 예로서 미국인의 소수 자본가들과 미국의 국가적 이해관계에 따라 '진리(眞理)'의 이름으로 '사회적 실행(Social Practice)'이 자행될 수 있다.

따라서 미국의 대내·외 정책이 미국의 실용주의(Pragmatism)에 의하여 입안 및 추진된다면, 그것은 일관성 없는 정책이 될 것은 자명한 일이다. 역사적 사례로서 20년 동안의 베트남 전쟁(1955.11.01~1975.04.30)을 들 수 있다. 1973년 1월 파리협정을 거쳐 1976년 7월 2일 베트남 사회주의 공화국으로 통일되었다. 그 후, 100만 명 내지 250만 명의 남(南)베트남인들이 재교육 훈련소에 보내졌으며 그 중에서 약 16만 5천 명이 사망했으며 10만 명 내지 20만 명이 처형되었다. 한편, 베트남 전쟁으로 58,220명의 미군(평균 연령 23세)이 전사하였고 5만 명이 부상당하였으며 이 중에서 2만 1천 명이 장애를 갖게 되었다. 이젠, 미국과 베트남은 대(對)중국 전선(戰線)을 펼치고 있다. 물론, 과거 적(敵)이라도 현재에서는 우군(友軍)이 될 수 있다. 그러나 베트남 전쟁에서 목숨을 잃은 병사들과 그 가족들의 한(恨)은 '위로금'으로 보상될 수 있을까?

또한 미국 실용주의(Pragmatism)가 주장하는 '실리(實利)=진리(眞理)'의 잣대인 유용성(有用性, Usefulness)이란 어떤 사물 혹은 서비스의 기능에 대한 소비자의 효용(效用)일 뿐이지, 그것은 진리(眞理)가 아니다. 즉, '유용성=실리≠진리'인 것이다. 설혹, 유용성(有用性, Usefulness) 대신에 상황적 적합성(適合性) 혹은 적절성(適切性)으로 대체하더라도 현재 시각의 특정 상황은 항상 가변적이고 시간이 경과할수록 예상하지 못한 상황들이 전개될 수 있다.

게다가 과학기술의 발달에 의하여 사물이나 인간능력의 유용성(Usefulness)은 한시적이다. 또한 미국의 실용주의(Pragmatism)는 과학과 경험을 존중한다. 그러나 서구사회에서 무려 2천 년 동안 신봉되어 왔었던 아리스토텔레스(Aristotle, BC 384~322)의 경험주의적 자연철학은 아이작 뉴턴(Issac Newton, 1642~1727)의 '자연철학(Natural Philosophy)'에 의하여 하루아침에 붕괴되었다. 이와 같이 과학과 경험은 시대에 따라 가변적이고 상대적인 것이지만, '지구는 둥글다'라는 사실은 불변의 진리(眞理)인 것이다.

둘째, 미국의 실용주의(Pragmatism)는 '유용성(有用性, Usefulness)'='실리(實利)=진리(眞理)'라는 '자의적' 명제하에서 찰스 다윈(Charles Robert Darwin, 1809~1882)의 진화론(Evolutionary Theory)에 근간을 둔 약육강식(弱肉强食)의 논리이기 때문에 '지구촌 문화공동체(Global Cultural Community)'를 위한 글로벌 철학(Global Philosophy)으로서는 부(不)적합하다.

모름지기, 생명은 창조되는 것일 뿐, 진화되는 것은 아니며, 생명체는 약육강식(弱肉强食)의 전쟁을 치르면서 생존 및 번영한 것이 아니라 협력하면서 개체 및 공동체를 보존해 왔다고 저자는 확신한다. 상기한 저자의 주장은 마틴 노왁(Martin Nowak)과 로저 하이필드(Roger Ronald Highfield)의 공저 「초협력자」(Supercooperation, 2012년)에 잘 서술되어 있다: *"지구상의 모든 종(種)을 통틀어 이렇게 다양한 협력(Cooperation)의 메커니즘을 놀랍게 반응하는 것은 인간뿐이다."*

따라서 본 연구의 신(新)실용주의(Neopragmatism)는 찰스 다윈(Charles Robert Darwin, 1809~1882)의 진화론(Evolutinary Theory)에 근거를 둔 적자생존(適者生存)의 신(新)자유주의(New Liberalism)를 배격한다. 그 대신에, 본 연구의 신(新)실용주의(Neopragmatism)는 소득 양극화(Income Polarization)를 나타내는 '아령형' 사회구조를 '다이아몬드형' 사회구조로 개혁함으로써 카를 마르크스(Karl Marx, 1818~1884)가 지적했었던 '인간의 비(非)인간화(Dehumanization), 즉 인간소외(人間疎外, Alienation) 현상을 극복 및 방지한다.

셋째, 미국의 실용주의(Pragmatism)는 진리(眞理)란 신념(信念)에 의해 옳다고 판명되는 것에 붙이는 이름일 따름이라고 주장한다. 따라서 상기 철학은 미국인의 사회적 인식 및 관행과 개척자 정신을 미국의 철학으로 정립한 것일 뿐, 그것이 지구촌 문화공동체(Global Cultural Community)를 위한 '글로벌 철학(Global Philosophy)'이 될 수 없다.

여기서 본 연구가 강조하고자 하는 것은 다음과 같다: 모름지기, 미국의 실용주의(Pragmatism)는 미국이라는 한정된 지역과 미국 사회에서만, 그것도 일부 부유한 소득계층에게만 적용될 수 있는 '국부적 철학(Local Philosophy)'이 아니라 보편타당한 '글로벌 철학(Global Philosophy)'으로서 거듭나야 한다는 것이다. 그것의 목표는 인류사회의 당면과제인 에너지 위기·환경위기·식량위기·핵무기 위기·이슬람국가(IS) 테러 위협 등을 해결하는 것이며, 나아가 '지구촌 문화 공동체(Global Cultural Community)'를 건설하는 것이다.

그렇다면, 미국의 실용주의(Pragmatism)가 상기한 인류사회의 당면과제들을 해결하는데 있어서 유발될 수 있는 사회적 비용(Social Cost)은 어떻게 조달할 것인가? 그 비용 문제는 예로서 걸프전쟁(1990년)과 이라크 전쟁(2003년) 등에서 지출된 4조 달러를 '마중물'로 사용함으로써 충분히 해결할 수 있다고 저자는 확신한다. 그것은 바로 미국 실용주의(Pragmatism)의 용어를 빌리면 진리(眞理)의 '사회적 실행(Social Practice)'인 것이다.

그럼에도 불구하고, 미국의 실용주의(Pragmatism)가 오늘의 미국을 세계에서 가장 부강한 국가로 만들었고 아직도 큰 잠재력을 갖고 있는 근본적 이유는 미국의 실용주의(Pragmatism)가 제대로 효력을 발생할 수 있도록 대다수 미국 시민이 신봉하고 있는 미국의 헌법 정신이 존재하고 있기 때문이라고 저자는 사유한다. 주지하다시피, 미국의 독립선언문(1776년)에는 영국의 존 로크(John Rocke, 1632~1704)의 「시민정부론」(1690년)이 흠뻑 녹아들어 있다. 또한 미국사회에 합리주의 · 철저한 준법정신 · 신의/성실의 원칙이 사회생활의 원칙으로 정착되었기 때문이다. 다시 말하면, 이미 청교도주의(Protestantism)라는 높은 도덕성이 미국의 자본주의 속에 스며들어 있었고, 신의/성실의 원칙이 미국인 개개인의 마음속에 새겨져 있었기 때문이다. 이 결과, 미국의 실용주의(Pragmatism)는 효율성과 능률이 가장 절실하게 요구되었던 시기에 등장하였기 때문에 탁월한 효과를 쉽게 발휘할 수 있었던 것이다.

그러나, 전술한 바와 같이, 2008년 하반기 글로벌 금융위기와 그 후의 글로벌 실물위기로 인하에 '신자유주의(New Liberalism)'는 객관적 설득력을 상실하였고 '금융 자본주의(Financial Capitalism)'의 모순과 병폐(국내적으로는 '양극화'와 국제적으로는 '글로벌 불균형')는 적나라하게 노출되었다. 여기서 유의할 것은 신자유주의(New Liberalism)는 미국의 레이거노믹스(Reagonomice)와 영국의 대처리즘(Thatcherism)에 의하여 각각 구체화되었는데, 바로 그 두 국가(미국과 영국)이 반(反)신자유주의 폭동의 근거지가 되었다는 점이다. 또한 영국에서는 2016년 6월 브렉시트(BREXIT)로, 미국에서는 도널드 트럼프(Donald Trump) 전임 대통령의 신(新)고립주의(New Isolationism)와 대중의 분노로 각각 분출되었다는 점이다.

따라서 본 연구는 미국의 경제체제의 구조적 변환의 방향으로서 현행 신자유주의(New Liberalism) · 신금융자본주의(New Financial Capitalism) → 인본자본주의(Anthropocentric Capitalism)로 전환하여 플라톤(Plato, BC 427~347)의 '정의로운 국가(A Justice-based State)'와 아리스토텔레스(Aristotle, BC 384~322)의 '행복한 사회(A Happy Society)'를 건설하기 위한 철학적 기초로서 본 연구의 '신(新)실용주의(Neopragmatism)'를 수용할 것을 권장한다.

만약 미국이 세계 만인이 공유할 수 있는 '글로벌 철학(Global Philosophy)'으로서 본 연구의 신(新)실용주의(Neopragmatism)를 수용 및 실천한다면, 다니엘 벨(Daniel Bell, 1919~2011)의 '미국 자본주의의 위기', 존 네이스비트(John Naisbitt, 1929~현재)의 '미국 파워의 퇴조',

프랜시스 후쿠야마(Francis Fukuyama, 1952~현재)의 '미국 주식회사의 몰락', 라비 바트라(Rabi Batra, 1943~현재)의 '미국 비즈니스 제국의 몰락' 등에서 경고된 우려를 잠재울 수 있을 것이다. 나아가, 라비 바트라(Ravi Batra)가 그의 2007년 저서 「뉴 골든 에이지」(New Golden Age)에서 예언한 바대로 미국은 다시 희망과 번영의 '뉴 골든 에이지(New Golden Age)'를 맞이할 수 있을 것이다.

한 걸음 더 나아가, 본 연구는 미국이 자국 중심의 팍스 아메리카나(Pax Americana)의 유지에만 몰입할 것이 아니라, 대외적으로 세계평화와 번영을 위해 '지구촌 문화공동체(Global Cultural Community)'라는 인류사회의 보편적 가치를 대국(大國)답게 정립 및 확산해 주기를 소망한다. 구체적으로, 인류사회의 당면과제인 '글로벌 에너지·환경·식량 위기'로부터, 또한 핵무기를 포함한 대량살상무기·테러리즘의 위협으로부터 각각 인류를 해방시킬 수 있는 팍스 아메리카나(Pax Americana)가 되어 주기를 저자는 기대한다. 또한 세계 도처에 만연되어 있는 지역 간·종교 간·인종 간 갈등을 해결함으로써 임마누엘 칸트(Immanuel Kant, 1724~1804)의 '세계공화국론'이 그렸던 '이상적 인류사회'를 건설할 수 있기를 저자는 소망한다.

상기로써, 링컨(Abraham Lincoln)의 노예 해방(1863년)에 이어서 케네디(John F. Kennedy)의 '뉴 프론티어(1960년), 존슨(Lyndon B. Johnson)의 '위대한 사회(1964년) 등과 같은 '未完의 꿈'은 실현될 수 있을 것이다. 또한 오스발트 슈펭글러(Oswald Spengler, 1880~1936)와 아놀드 토인비(Arnold Toynbee, 1889~1975)가 주장한 서양(유럽) 문명의 위기론을 불식(拂拭)할 수 있을 것이다.

한 걸음 더 나아가, 미국은 인류사회의 화합과 번영이 바로 '미국의 가치(워싱턴 컨센서스, Washington Consensus)라는 점과, 이를 실현하기 위한 기준이 바로 '글로벌 스탠다드(Global Standards)라는 것을 지구인의 가슴 속에 각인시킬 수 있다. 이 경우, 비로소 미국의 변화(change), 개혁(reform), 다양성(diversity), 화합(unity), 새로운 세대(new generation)는 '미국의 변화'뿐만 아니라 '세계의 변화', 나아가 '인류의 희망' 메시지가 될 수 있을 것이다.

7) 중국의 실용주의(實用主義)

역사적으로 보면, 중국의 5,000년 역사에서 '태평성세(太平盛世)'는 두 번뿐이었다. 첫 번째는 당(唐, 618~907) 태종(太宗)에서 현종(賢宗)에 이르는 약 100년이었으며, 두 번째는 청(淸) 왕조(1636~1912) 중기의 강희(康熙)·옹정(雍正)·건륭(乾隆)으로 이어지는 약 100년이었다. 그렇다면, 언제 다시 중국 역사의 황금기(Golden Age)는 다시 올 것인가? 청조(淸朝)가 멸망(1912.02.12)한 후 200년의 굴욕을 딛고 부활하는 현대 중국의 미래는 어떠한 것인가?

중국의 실용주의(實用主義)는 덩샤오핑(Dengxiaoping, 登小平, 1904~1997)이 주창한 '목표 중심주의적' 실사구시(實事求是) 즉 '흑묘백묘론(黑猫白猫論, 흰 고양이든 혹은 검은 고양이든 쥐만 잘 잡으면 된다)'과 '남파북파론(南坡北坡論, 남쪽으로든 북쪽으로든 정상에만 오르면 된다)'로 설명된다. 또한 그는 '한솥밭(大锅版)' 정신(생산 성과와 무관한 공평분배를 골자로 한 사회주의적 평균주의)를 배척하고 그 대신에 선부론(先富論), 즉 '불균형 성장 전략'을 주장했다.

중국의 실용주의(實用主義, 實事求是)는 제11기 중앙위원회 제3차 전체회의(1978.12.18.~22.)에서 '중국식 사회주의 현대화 건설'을 목표로 채택되었으며 '중국특색 사회주의(中國特色 社會主義)'는 즉 다음과 같은 방향으로 법제화(국가와 기업, 기업과 기업, 기업과 개인 간의 관계도 법률로써 확정)되었다: ① 자주적으로 경영하고 스스로 책임지는 자주기업제도를 확립한다. ② 대규모의 상품 교환이 가능한 대형 도매시장을 건설한다, ③ 극히 일부의 품목을 제외하고는, 공평하고 경쟁적으로 가격이 형성되도록 하기 위하여 적극적으로 가격 개혁을 추진해야 한다. ④ 국유재산제도를 개혁(소유권과 경영권을 분리시켜 책임과 권리 및 이익을 서로 통일시키는 경영체제로 전환)하여 대형국영기업의 경영 메커니즘으로 전환시켜야 한다. ⑤ 공유제(共有制)를 기초로 하여 각종 다양한 비(非)사회주의적 경제 성분을 발전시킨다. ⑥ 소득분배제도와 사회보장제도의 개혁을 심화시킨다.

상기한 중국특색 사회주의(中國特色 社會主義)는 다음과 같은 개혁·개방으로 남방에서 북방으로, 동부에서 서부로, 연해에서 내륙으로, 시험적인 점진적 단계를 거쳐 전면적으로 실시되었다: ① 1980년부터 광동성의 심천(深圳)·주해(珠海)·산두(汕頭) 및 복건성의 하문(厦門)을 경제특구(經濟特區)로 지정, ② 1984년부터 중국 연해의 14개 도시를 연해개방도시(沿海開放都市)의 설치, ③ 1985년부터 중국은 장강 삼각주·주강 삼각주 및 하문·장주·천주를 잇는 삼각지대를 연해경제개방구(沿海經濟開放區)로 선포, ④ 1991년부터 4연(四沿: 즉 연해·연강·연변·연로)의 전방위개방(全方位開放) 조치이다.

그 후, 1984년 중국공산당 제12기 3中全會에서 '경제개혁에 관한 결정(사회주의 경제를 '생산요소의 사회주의 공유제(共有制)에 기초한 계획적인 상품경제'라고 정의)'이 통과되었으며, 1992년 초 덩샤오핑(Dengxiaoping, 鄧小平, 1904~1997)의 남순강화(南巡講話, 1992.01.18.~02.22.)에 따라 1993년 3월 29일 제8기 전국인민대표자대회 제1차 회의에서 '중국특색사회주의(中國特色社會主義)'가 개정된 헌법에 명시됨으로써 중국이 지향하는 '중국식 사회주의 시장경제체제'로 확립되었다.

요컨대, 중국의 실용주의(實用主義)는 헌법 위에 공산당(共産黨) 당규가 지배하는 정치 구도하에서 시장 자본주의(Market Capitalism)가 아니라 국가 자본주의(State Capitalism)에 근간을 두고 있는 국가목표 지향적 이데올로기이다. 즉, 중국특색 사회주의(中國特色社會主義) 즉 '중국식 사회주의 시장경제체제'란 국가의 거시적 경제조절하에서 시장이 자원분배에 그 기초적 작용을 하는 경제체제이다. 다시 말하면, 국가가 경제에 대한 거시조절기능을 개선·강화함으로써 보다 나은 경제정책·경제법규·계획지도와 필요한 행정관리를 통해 시장을 보다 건전하게 발전할 수 있도록 유도한다는 것이다.

물론, 자본주의 경제와 사회주의 경제 모두 계획과 조절이 필요하지만, 사회주의 경제가 필요로 하는 계획과 조절의 목적은 바로 인민의 단기 이익과 장기 이익 그리고 국부(國富) 이익과 전체 이익을 상호 결합하고, 계획경제(計劃經濟)와 시장경제(市場經濟)의 두 제도가 지닌 장점을 최대로 발휘시켜서, 계급 간의 착취 현상을 제거하고, 빈부(貧富)의 양극화를 없애며, 사회정의(社會正義)를 실현하여 공동부유(共同富裕)를 달성하는 데 있다. 여기서 국가계획은 중요한 거시경제적 통제 수단 중 하나이다. 이 점이 바로 '중국식 사회주의 시장경제'와 자본주의 시장경제와 다른 점이다.

상기한 '중국식 사회주의 시장경제체제'하에서 덩샤오핑(Dengxiaoping, 鄧小平, 1904~1997)의 개혁·개방은 당시 중국에 부족했던 자본과 기술을 수입하기에 유리했었던 동부연안 지역의 지방정부들이 갖가지 특혜를 앞세워 외국기업들을 불러들여 중국 국유기업들과 합작을 성사시키고, 중국이 압도적 비교우위를 갖고 있던 저임 노동력을 이용해 상품을 생산, 해외시장에 수출하는 방식으로 추진되었다. 이 결과, 중국은 지난 20년간 9% 이상의 고도성장을 해왔다.

1980년대부터 본격적으로 추진되었던 '점(點) → 선(線) → 면(面)'의 외자유치 정책은 1990년대 미국 윌리엄 제퍼슨 클린턴(Wiliam Jefferson Clinton) 정부(1993~2001)의 대(對)중국 우호전략과 맞물리면서 크게 성공을 거두었다. 특히, 중국의 세계무역기구(WTO) 가입(2001.11)은 중국을 세계경제의 궤도에 올려놓았던 역사적 사건이었으며 중국경제의 고도

성장에 결정적 역할을 하였다. 사실, "1979년엔 자본주의만이 중국을 구할 수 있었다(只有資本主義才能救中國). 그러나 2009년엔 중국만이 자본주의를 구할 수 있었다(只有中國才能救資本主義)"라는 말이 2008년 하반기 글로벌 금융위기 후 회자(膾炙)되어 왔다. 사실, 당시 중국은 위안화 가치를 평가절하(平價切下)하지 않고 그대로 유지함으로써 세계 자본주의를 구출했었다.

그 후, 시진핑(Xi Jinping, 習近平, 1953~현재) 국가주석은 '중국식 사회주의 현대화 건설(농업·공업·과학기술·국방의 현대화)'에 이어서 '국가통치체계와 국가통치능력의 현대화'를 비롯한 '제5의 현대화(現代化)'의 동력으로 삼고 있다. 그는 덩샤오핑(Dengxiaoping, 鄧小平, 1904~1997)의 '선부론(先富論)' 대신에 사회경제적 불균형 개선을 위한 '공부론(共富論)'을 표방(2011.09)하고 법치주의(法治主義)를 강조한다. 이를 실현하기 위한 정치이념으로서, 시진핑(Xi Jinping, 習近平, 1953~현재) 국가주석은 '치국이정(治國以正)'을 밝혔다: 전쟁에 임할 때엔 용병이 필요하나(以奇用兵), 나라를 다스릴 땐 바름이 필요하다(以正治國)는 것이다. 다시 말하면, 마오쩌둥(Máo Zédōng, 毛澤東, 1893~1976)이 '사회주의신선인(社會主義新鮮人)'의 정신으로 '사회주의 건설'에 매진할 것을 강조했었던 것처럼, 시진핑(Xi Jinping, 習近平, 1953~현재)은 민족주의(民族主義)를 '국가통치체계와 국가통치능력의 현대화'를 비롯한 '제5의 현대화(現代化)'의 동력으로 삼고 있다.

또한 시진핑(Xi Jinping, 習近平) 국가주석(2013.03.14~현재)은 팍스 시니카(Pax Chinica)에의 도전을 위하여, 대내적으로 사회경제적 불균형 완화를 위하여 '선부론(先富論)' → 공부론(共富論)과 제조강국 → 무역대국 → 금융강국을 추구하고, 대외적으로는 팍스 시니카(Pax Chinica)의 도전을 위하여 '일대일로(一帶一路)'와 아시아인프라투자은행(AIIB)을 추진하고 있다.

이젠, 중국은 경제대국 → 군사대국 → 금융대국이 되었다. 드디어, 2016년 10월, 위안화는 오랜 소망 끝에 국제통화(國際通貨)에서 준(準)기축통화(基軸通貨)가 되었다. 그리고 중국은 도광양회(韜光養晦) → 유소작위(有所作爲) → 책임대국론(責任大國論) → 화평굴기(和平崛起) → 돌돌핍인(咄咄逼人) → 대국굴기(大國崛起) → 분발유위(奮發有爲) → 대(對)미국 신형대국관계(新型大國關係)의 단계에 이르렀다.

일찍이, 1803년경, 나폴레옹 보나파르트(Napoleon Bonaparte, 1769~1821)은 '잠자는 사자'인 중국을 깨우지 말라고, 만약 잠자고 있는 사자(獅子)가 깨어나면 세계가 벌벌 떨 것이라고 예언했었다. 이젠 중국은 중국 대륙에서의 사자(獅子)가 아니라 세계를 향한 용(龍)이 되어 불을 품고 있다.

이와 반면에, 중국의 대내적(對內的) 문제를 들여다보면, 정치·경제·사회적으로 매우 불안하다. 즉, 중국경제가 발전할수록 현행 정치·경제체제, 즉 인민민주주의(人民民主主義, People's Democracy)와 국가자본주의(國家資本主義, State Capitalism)의 '내재적 모순'이 분출되고 있다. 여기서 '내재적 모순'이란 인민민주주의(人民民主主義, People's Democracy)라는 정치체제와, 그것의 하부구조인 국가자본주의(國家資本主義, State Capitalism)라는 경제체제가 미스매치(Mismatch), 즉 부조화(不調和)되는 것을 의미한다. 즉, 정치는 공산당(共產黨)에 의하여, 경제는 소위 '중국식 자본주의 시장경제'에 의하여 각각 운영되고 있는 '구조적 모순'을 말한다.

상기한 '구조적 모순'은 덩샤오핑(Dengxiaoping, 鄧小平, 1904~1997)의 개혁·개방 시대에서 추진되었던 선부론(先富論), 즉 '불균형 성장 전략'에 의하여 야기된 필연적 결과로서 도농 간·지역 간·산업 간 및 기업 간·국유기업과 민간기업 간 소득격차이다. 중국의 지니(Gini)계수는 2014년 기준으로 0.469에 달한다. 이에 대응한 중국 정부의 소득재분배 개선 정책은 '낮은 것은 끌어올리고, 중간을 확대하고, 높은 것을 조절한다(提低, 扩中, 调橋)'는 것을 기본이념으로 민생부문에 대한 재정투입 확대와 사회보장제도 완비, 조세의 재분배 기능 강화 등을 추진하고 있다. 즉, 세제(稅制)를 과세(課稅) 편의 중심에서 소득재분배 기능 강화 방향으로 재편함으로써 소득분배 구조를 '피라미드형'에서 '올리브형'으로 변형하겠다는 것이다.

구체적으로, 누진세율이 적용되는 개인소득세 과세 대상 소득을 제반소득으로 확대하고 일부 고급 오락소비 및 고급 사치품을 소비세 징수 범위에 포함시켰다. 중국에서는 개인소득세가 전체 세수(稅收)의 5~6%에 불과한 반면에 부가가치세와 영업세 등 생산 단계에서 기업을 통해 거둬들이는 세금의 비중이 40% 남짓으로 압도적으로 높다. 이러한 세제 구조는 소득재분배 기능을 발휘하기 어렵다. 중국의 경우, 개인소득제 세수가 기업소득세 세수의 5배에 이르는 미국의 경우와 크게 대비된다.

상기와 같이, 중국은 '선부론(先富論)'→'공부론(共富論)'을 추구하지만, 중국사회의 사회경제적 불균형 심화는 자유(自由)와 평등(平等) 즉 자원배분의 효율성(Pareto Efficiency)과 소득분배의 공정성(Social Optimum)의 공존(共存)을 필연코 요구할 것이다.

이 결과, 중국사회는 또다시 '제2 천안문 사태', 즉 1976년 '톈안먼 사건(天安門 事件) 혹은 '6·4 천안문 사태'(1989.06)를 겪을 수 있으며, 이 결과 대외적 '중국의 꿈(中國夢)'은 도중에 좌절되거나 혹은 '안개'처럼 사라질 수 있다. '6·4 천안문 사태'는 1989년 6월 4일 천안문 광장에서 발생한 민주화 시위를 무력 진압해 수백~수천 명이 희생된 사건이다. 그것의 배경은 소득분배의 불균형과 각종 권력형 부조리·비리가 중국 인민들의 불만을 폭발시켰기 때문이었다.

사실, 중국의 5·4 운동(1919년), 4·5 운동(1976.04), 6·4 천안문 사태(1989.06),이후, 소위 '판샤오(潘曉) 논쟁'(1980년대 초반)과, 중국사회과학원 문학연구소 연구원(중국 사상사와 현대문학 전문)인 허자오톈(賀照田)의 저서 「당대 중국의 사상 무의식」(2018년)에 담겨져 있는 중국들의 허무 혹은 절망과 내면적 갈등이 표출되고 있다.

상기 '판샤오(潘曉) 논쟁'은 문화대혁명(文化大革命) 구시대(舊時代)와, 문혁(文革)의 유산을 청산한 후의 신시대(新時代) 사이의 복잡한 관계를 보여주는 사건이다. 허자오톈(賀照田) 연구원은 다음과 같이 진단한다: 중국이 공산혁명(共産革命)을 거치면서 중국정부가 선전하는 새로운 윤리 및 정서가 올바르다는 인식이 퍼졌고, 이것은 전통적 가치와 충돌했다는 것이다. 상기한 '정신적 공백' 상황에서 극단적 사회주의 운동인 문화대혁명(文化大革命)이 일어나자 많은 중국인들은 새로운 이데올로기(Idealogy)와, 공산당(共産黨)이 설파하는 올바름에 대해 회의감(懷疑感)을 갖게 되었다고 주장한다. 또한 천안문 사태(1989.06.04) 당시 학생 지도자 중 한 명이었던 왕단(王丹, Wáng Dān, 1969~현재)은 그의 「육사비망록(六四備忘錄)」(2014년)에서 '6·4 천안문 사태'(1989.06)의 발생 원인, 경과, 역사적 의의 등을 기술하고 있다. 현재 대만에서 망명생활을 하면서 중국사를 강의하고 있는 그는 현지 외신기자와의 회견에서 *"중국 공산당은 이미 기득권의 대변자가 됐기 때문에 중국 국민이 스스로 일어나 목소리를 낼 때만 변화가 가능할 것이며 천안문 시위는 아직도 진행 중이다"*라고 말했다(정치뉴스, 2014.06.01).

또한, 중국은 현재 '중진국의 함정(middle income trap)'에 빠져들고 있다. 상술하면, 기업/은행 등 구조조정 추진에 따른 금융권 부실채권, 부동산 가격 상승, 수출 급락, 지방정부 부채 문제 등의 '차이나 리스크(China risk)'가 상존하고 있다. 중국 금융당국은 '그림자 금융(Shadow Banking) 규모를 정확하게 밝히지 않고 있지만, 중국 「광파증권」은 최소 31조 5,000억 위안으로 추정해 금융가를 깜짝 놀라게 했다. 만약 이 추정이 사실이라면, 중국의 '그림자 금융(Shadow Banking)' 규모가 은행대출 규모 대비 50%에 달하는 셈이다. 국제통화기금(IMF) 부총재인 데이비드 립턴(David Lipton)이 2013년 6월 초 베이징에서 긴급 기자회견을 열고 *"중국의 신용거품이 위험 수준에 이르렀다"*고 경고했다. 그 주범은 중국판 '그림자 금융(Shadow Banking)'이라고 지목했다. 그 중심에 투신사 67개가 자리 잡고 있다. 이들 금융회사는 부유층으로부터 유치한 돈과 시중은행이나 단기자금 시장에서 빌린 돈을 갖고 머니게임(Money Game)을 벌이고 있다고 한다.

서방과 중국의 '신용거품'을 비교해보면 다음과 같은 특징을 발견할 수 있다: '신용 거품'의 근본적 요인은 서방의 경우 '자유방임'인 반면에 중국의 경우 '정부규제'이다. 즉, 중국의 경우, 인민은행과 감독 당국이 은행 대출 등을 통제함에 따라 '정부규제 밖 금융시장' 즉 '그림자 금융(Shadow Banking)'이 불어났다. 또한 서방의 '그림자 금융(Shadow Banking)'은 '시중은행권 밖의 금융시장(즉, 투자은행 · 보험사 · 헤지펀드 등)'에서 형성되며 그것의 주요 수단은 '파생금융상품'인 반면에 중국의 '그림자 금융'은 수출기업, 시중은행, 인민은행, 콜시장 등과 연결되어 '은행 시스템 내 금융시장'에서 형성된다.

또한, 중국 지방정부의 부채 문제는 중국 경제의 여러 위험요인들 중에서 가장 심각하다. 즉, 2009년 하반기 미국발 글로벌 금융위기 이후 중국 중앙정부의 대규모 경기부양책에 따른 지방정부의 무분별한 은행차입으로 인해 지방정부의 부채가 급증한 반면에, 투자 프로젝트의 낮은 수익성 및 부동산 시장의 위축 등으로 인한 지방정부의 상환능력 저하로 지방정부 부채의 디폴트 위험이 상승했다. 2010년 말 현재, 지방정부의 부채규모는 10.7조 위안 규모로 GDP대비 27%에 달하고 있으며 2011년도 부채규모는 전년도 수준을 상회한 11조 위안 내외로 추정되고 있다.

따라서 중국의 현행 정치 · 경제 체제하에서 지속적 경제성장 추구는 상기한 '중진국의 함정(middle income trap)'으로부터의 탈출을 불가능하게 할 것이다. 왜냐하면 상기 체제의 구조적 문제인 '그림자 금융(Shadow Banking)'과 지방정부의 부채는 지속적으로 확대 및 누적될 것이기 때문이다.

상기한 분석결과를 토대로, 본 연구는 중국의 정치 · 경제체제의 구조적 변환(Structural Transformation)의 방향으로서 2가지를 권장한다: ① 정치체제의 개혁으로서, 현행 인민민주주의(人民民主主義, People's Democracy) → 민주사회주의(民主社會主義, Democratic Socialism) → '질서 정연한 자유민주사회(A Well-Ordered Free Democratic Society)'로, ② 정치체제의 개혁으로서, 현행 국가자본주의(國家資本主義, State Capitalism) → '완전고용기반형 복지사회(A Full Employment-based Welfare Society)' → '정의로운 경제체제(A Justice- based Economic System)'로 각각 점진적으로 추진함으로써 자유(自由)와 평등(平等)을 동시적으로 확대하는 것이다.

만약 상기한 구조적 전환을 추진하지 않으면, 상기한 '중국의 꿈(中國夢)'은 무위(無爲)로 끝날 수 있을 것이다. 왜냐하면 최근에 상기한 국가체제적 모순이 노정됨에 따라 정치체제로서 인민민주주의(人民民主主義, People's Democracy)와 경제체제로서 국가자본주의(國家資本主義, State Capitalism)라는 이원적(二元的) 구조의 '유용성(有用性, Usefulness)'이 한계에 이르고 있기 때문이다.

상기한 정치·경제 체제의 구조적 전환(Structural Transformation)을 위한 새로운 '경제철학'으로서, 왕도정치(王道政治) 이념인 신유교(New Confucianism)가 아니라, 신(新)실용주의(Neopragmatism)를 수용하여 지구촌 문화 공동체(Global Cultural Community)의 공동번영을 추구해야 할 것이다.

여기서 유의할 것은 비록 중국의 실용주의(實用主義)가 공자(孔子) 사상(Confucianism)을 도입한다 하더라도 그것의 근간은 왕도정치(王道政治) 이념일 뿐이라는 점이다. 사실, 유학(儒學, Confucianism)에서, 공자(孔子, BC 551~479)는 仁을, 맹자(孟子, BC 372~289)는 善을, 순자(荀子, BC 298~238)는 禮를 각각 설파하였다. 그러나 개인의 권리(權利)는 왕도 정치체제(王道 政治體制)에서 형이상학적 덕치주의(德治主義)에 의하여 함몰되어버렸다. 이 결과, 중국 인민(人民)에겐 황제(皇帝)의 무한대 자유(自由)와 재산권(財産權)을 보장하기 위한 의무와 희생이 강제되었고, 이것은 인·의·예·지·신(仁·義·禮·智·信)으로 미화(美化)되었다. 또한 「서경(書經)」의 홍범편(弘範編)은 오복(五福)으로서 ① 수(壽, Longevity), ② 부(富, Wealth), ③ 강녕(康寧, Health), ④ 유호덕(攸好德, Love of Virtue), ⑤ 고종명(考終命, Peaceful Death)을 규정했었지만 오복(五福)의 실천방안은 허망하게도 일언반구(一言半句)도 없었다. 그러한 측면에서, 본 연구의 신(新)실용주의(Neopragmatism)가 특히 孟子(BC 372~289)의 민본주의(民本主義): '무항산·무항심(無恒産·無恒心)'을 받들어 인민의 기본권(基本權)을 보장하기 위한 실천철학과 실천방법론을 제시하는 것은 의의가 있다.

상기한 중국의 정치·경제 체제의 구조적 전환(Structural Transformation)은 본 연구의 슘페테리언 테크노-경제발전 전략(Schumpeterian Techno-Economic Development Strategy)으로써 동태적 발전 메커니즘: 신기술 → 신투자 → 신성장 → 신시장 → 소득 증대 → 고용 창출 → 소비 및 저축 증가 → 분배 개선 및 복지 증진 → 재(再)투자 → 고용 증대 → 복지 확충'을 통하여 복지재정 위기 없는 '완전고용기반형 복지사회(A Full Employment-based Welfare Society)'을 달성할 수 있을 것이다(임양택, 1981, 2007, 2011, 2012, 2014; Yang-Taek Lim, 1978, 2000, 2010).

전술한 바와 같이, 존 미클스웨이트(John Micklethwait)와 에이드리언 울드리지(Adrian Wooldridge)가 그들의 공저 「제4의 혁명: 우리는 누구를 위한 국가에 살고 있는가」(The Fourth Revolution, 2014년)에서 제1혁명(국민 국가의 탄생: 17세기 유럽의 왕자들이 중앙집권적 국가를 건립) → 제2혁명(자유주의 국가의 형성: 18세기 말부터 19세기까지 미국과 프랑스에서 일어났었던 혁명) → 제3혁명(공산주의의 일탈과 복지국가의 탄생)을 거쳐 이젠 '제4혁명(국가·정부의 스마트한 개혁 요구 증대)이 필요하다고 역설했다.

상기와 같은 맥락에서, 본 연구는 상기한 중국의 정치·경제 체제 전환은 인류사회의 '제4혁명(The Fourth Revolution)'으로서 세계만방에 고(告)하는 중국 인민의 합리적 '국가이성(國家理性, Staatsvernunft)'의 선언이 될 수 있을 것이다. 나아가, 상기한 정치·경제 체제 전환은 2008년 하반기 글로벌 금융위기가 발생한 후 자유시장자본주의(自由市場資本主義, Free Market Capitalism)의 문제점이 드러나고 있는 상황에서 인류의 공존·공영을 위한 '지구촌 문화 공동체(Global Cultural Community)'의 비전(Vision)이 될 수 있을 것이다. 그것이 바로 진정한 의미에서의 '중국몽(中國夢)'이 아닐까?!

8) 과학적 사회주의(Scientific Socialism)에 대한 비판과 신(新)실용주의(Neopragmatism)와의 비교

원래 '이념(理念)', 즉 '이데올로기(Ideology)'라는 용어는 18세기 프랑스의 유물론자(唯物論者)인 데스튀 드 트라시(Comte Destutt de Tracy, 1754~1836)가 그의 저서 「이데올로기 개론」(Projet d'Eléments d'Idéologie, 1801년)에서 최초로 학문적으로 사용했었다. 그러나 그의 이데올로기(Ideology)는 관념(觀念)의 형성과정을 개인의 심리적 기반에 결부시키는 것으로서 단편적 고찰에 그쳤었다.

정통적인 개념의 이념(理念), 즉 이데올로기(Ideology)란 인간·자연·사회의 총체에 대하여 사람들이 품게 되는 의식형태로서 4가지 구성요소: ① 그들의 존재에 어떤 근저적(根底的)인 뜻을 부여하며(가치체계), ② 자신과 객관적 조건에 대한 현실적 인식을 가져오며(분석체계), ③ 원망(願望)과 확신(確信)에 의해 자신의 잠재적 에너지를 의지적으로 활성화함(신념체계)과 더불어 ④ 구체적인 사회적 쟁점에 대한 수단과 태도의 선택 도식(選擇圖式)을 포함한다. 상기한 구성 내용(가치체계, 분석체계, 신념체계, 선택 도식)을 가진 의식형태가 사회집단(정당·조직·세대·계층·계급 등)에 의하여 공유(共有)되면 '사회적 이데올로기'가 성립된다.

이와 반면에 카를 마르크스(Karl Heinrich Marx, 1818~1883)와 프리드리히 엥겔스(Friedrich Engels, 1820~1895)는 그들의 공저(共著) 「경제학 비판」(1859년)의 서문에서 관념론적(觀念論的) 이데올로기(Ideology)는 허위적 의식이라고 규정하고 다음과 같이 강조하였다: ① 이데올로기(Ideology)는 본인의 사회적 존재에 따라 결정되며, ② 따라서 필연적으로 계급성

·당파성을 지니고, ③ 피(被)지배계급은 지배계급의 이데올로기(Ideology)를 경제적 착취의 사실과 결부하여 폭로할 필요가 있다. 즉, "의식이 존재를 규정하는 것이 아니라 존재가 의식을 규정한다"는 유물론적(唯物論的) 사고가 이데올로기(Ideology)의 근저(根底)라는 것이다. 이와 대칭적인 관념론적(觀念論的) 이데올로기(Ideology)는 '허위적 의식'이라고 규정하였다.

또한 카를 마르크스(Karl Heinrich Marx, 1818~1883)는 게오르그 빌헬름 프리드리히 헤겔(Georg Wilhelm Friedrich Hegel, 1770~1831)의 형이상학적(形而上學的) '소외(疏外)' 개념을 유물론적(唯物論的)으로 변형하여 노동자가 자기 노동의 산출물을 누리지 못하는 소외현상(疎外現象), 인간의 노동을 단순한 상품으로 형편없이 취급하는 현상, 이윤을 추구하는 자본주의 사회에서 나타나는 '인간의 비(非)인간화(Dehumanization)', 즉 '비인격화(非人格化, impersonalization)' 현상 등을 지적했다.

여기서 카를 마르크스(Karl Heinrich Marx, 1818~1883) 및 프리드리히 엥겔스(Friedrich Engels, 1820~1895)의 '과학적 사회주의(Scientific Socialism) 즉 마르크스주의(Marxism)와 본 연구의 신(新)실용주의(Neopragmatism)의 차이점을 2가지 측면: ① '인간의 비(非)인간화(Dehumanization) 혹은 인간소외(人間疎外, Human Alienation)와 ② '인간중심적 가치' 및 '인간성 회복'의 측면에서 각각 비교해 볼 필요가 있다.

결론적으로, 과학적 사회주의(Scientific Socialism), 즉 마르크스주의(Marxism)와 본 연구의 신(新)실용주의(Neopragmatism)는 공히 산업사회에서 발생하는 '인간소외(人間疎外, Human Alienation)'를 인식하지만, '인간중심적 가치' 및 '인간성 회복'을 위한 방법론에서는 전혀 다르다.

우선, 과학적 사회주의(Scientific Socialism)는 '인간소외(人間疎外, Human Alienation)'의 근본적 원인이 사회구조와 발전 법칙(노동자·노동대상·노동수단·생산력의 관계, 생산력과 생산관계의 모순, '사회의 토대'로서 생산관계(生産關係), 계급과 계급투쟁)이라고, '인간성 회복'을 위하여 공산주의 사회로의 이행이 필요하며, 이를 위해서는 '프롤레타리아 혁명'이 필요하다고 각각 주장했다.

이와 대조적으로, 인간중심주의적 가치인 인류공영(corporeality)이라는 지구공동체적 가치를 추구하는 신(新)실용주의(Neopragmatism)는 과학적 사회주의(Scientific Socialism)뿐만 아니라 실존주의(實存主義, Existentialism) 철학의 한계를 뛰어넘어서 현행 신(新)자유주의(New Liberalism)·신(新)금융자본주의(New Financial Capitalism) → 인본자본주의(人本資本主義, Anthropocentric Capitalism)로 전환함으로써 인간의 존엄성(尊嚴性)·자율성(自律性)·

창의성(倡義性)을 위한 5개 '생활권적 기본권(生活權的 基本權)': ① 직장, ② 주택, ③ 교육, ④ 의료, ⑤ 연금을 보장할 수 있는 정치·경제체제로서 ① '질서정연한 자유민주주의 사회(A Well-Ordered Free Democratic Society)'와 ② '효율적이고 공정한 시장자본주의(An Efficient and Equitable Market Capitalism)'를 통하여 플라톤(BC 427~347)의 '정의로운 국가(A Justice-based State)'와 아리스토텔레스(BC 384~322)의 '행복한 사회(A Happy Society)'를 실현할 것을 주장한다.

또한, 본 연구의 신(新)실용주의(Neopragmatism)는 인간의 '도덕성'과 '사회적 정의'를 '국가이성(國家理性, Staatsvernunft)'보다 더 높이 평가한다. 프랭클린 북맨(Franklin Nathaniel Daniel Buchman, 1878~1961)에 의하면 세계평화(世界平和)는 무기(武器)가 아닌 도덕적 재무장(MRA: Moral ReArmament)에 의해서만 실현될 수 있다는 것이다. 여기서 '노블레스 오블리주(noblesse oblige)', 즉 사회 지도층의 솔선수범(率先垂範)이 중요하다.

본 연구는 과학적 사회주의(Scientific Socialism), 즉 마르크스주의(Marxism)에 대한 비판을 체계화하기 위하여, 우선 카를 마르크스(K. Marx)와 프리드리히 엥겔스(F. Engels)의 사상/철학을 그들의 4개 저서: ① 「독일 이데올로기」(The German Ideology, 1845~1846년), ② 「공산당 선언」(Communist Manifesto, 1848년), ③ 「정치경제학 비판 요강」(Critique of Political Economy, 1857~1858), ④ 「자본론」(資本論, Das Kapital, 1867년)을 중심으로 개관 및 논술하였다.

또한, 본 연구는 마르크시즘(Marxism)의 가설(假說), 즉 철학적 기초: ① 유물론적(唯物論的) 변증법(辨證法) 및 역사관(歷史觀), ② 노동의 착취설(잉여가치설)과 노동자 소외론(疏外論), ③ 사회구조와 발전 법칙(노동자·노동대상·노동수단·생산력의 관계, 생산력과 생산관계의 모순, '사회의 토대'로서 생산관계(生産關係), 계급과 계급투쟁), ④ 발전과 전면적 연관(대립물과 통일의 투쟁, 양(量)에서 질(質)로의 전환, 부정(否定)의 부정(否定)의 법칙)을 각각 논술하였다.

상기한 가설(假說), 즉 철학적 기초를 토대로 정립된 '과학적 사회주의(Scientific Socialism)'의 이론적 구조; ① 착취이론(搾取理論), ② 집중이론(集中理論), ③ 궁핍화(窮乏化)와 경기순환론(景氣循環論), ④ 계급투쟁에 의한 자본주의의 파멸불가피론(破滅不可避論), ⑤ 역사발전 5단계론: 원시 공산주의 사회 → 고대 노예사회 → 중세 봉건사회 → 근대 자본주의 사회 → 공산주의 사회, ⑥ '프롤레타리아 혁명'과 '국가 무용론(無用論)'을 각각 논술하였다.

나아가, 본 연구는 '과학적 사회주의(Scientific Socialism)'를 구성하는 4개 이론: ① 1848년 「공산당 선언」(The Communist Manifesto), ② 「자본론」(資本論, Das Kapital, 1867년)의 '이

윤율 저하의 경향(TRPF)' 법칙, ③ 카를 마르크스(Karl Marx)의 '단기 경기순환론'과 마르크시스트(니콜라이 콘드라티에프, 어네스트 멘델, 로버트 고든)의 장기파동(長期波動) 이론, ④ 궁핍화(窮乏化)와 경기순환론(景氣循環論)과 계급투쟁에 의한 자본주의의 파멸불가피론(破滅不可避論)에 대응한 신(新)마르크시스트(NeoMarxist): ① 루돌프 힐퍼딩(Rudolf Hiferding, 1877~1941)의 「금융자본론」(Das Finanzkapital, 1910년), ② 안토니오 그람시(Antonio Gramsci, 1891~1937)의 「옥중수고(Quaderni del carcere)」(1929~1935년)를 각각 논술하였다.

카를 마르크스(Karl Marx, 1818~1883)는 1845년 자신의 저서 「독일 이데올로기」(Die Deutsche Ideology)에서 이전 청년 헤겔주의자들의 형이상학적 허구성을 비판했다. 그리고 그것을 「공산당 선언」(Communist Manifesto, 1848년)에서 '공산주의(共産主義, Communism)'라고 칭하였다. 그 후부터 마르크스주의자(Marxist)들의 견지에서 공산주의(共産主義)는 '생산력과 생산관계의 모순'이 극복된 사회를 의미한다. 여기서 카를 마르크스(Karl Marx)는 자본주의적 생산관계를 청산하는 시기인 '프롤레타리아 독재'라는 기간을 상정하였다. 그는 상기 기간을 '프롤레타리아가 부르주아에 대해 격렬하게 투쟁하는 시기이며, 그 투쟁의 결과는 프롤레타리아의 승리로 확정되는 과도기'라고 규정하였다.

카를 마르크스(Karl Heinrich Marx, 1818~1883)와 프리드리히 엥겔스(Friedrich Engels, 1820~1895)의 '과학적 사회주의(Scientific Socialism)'를 바탕으로 그들의 「공산당 선언」(The Communist Manifesto, Manifest der Kommunistischen Partei, 1848년)의 맨 마지막 문장에서 실로 웅변적으로 천명되었다: *"노동자들이 잃을 것은 쇠사슬뿐이다. 그러나 그대들에게는 얻을 수 있는 세계가 있다. 만국의 노동자들이여 단결하라"("The proletarians have nothing to lose but their chains. They have a world to win. Working Men of All Countries, Unite!").*

이에 대한 본 연구의 반론적(反論的) 선언은 다음과 같다: *"노동자들이 잃을 것은 일자리뿐이다. 그대들이 얻을 수 있는 것은 대량실업뿐이다. 만국의 노동자들이여 각성하라"("The proletarians have nothing to lose but their jobs. They have a world to be confronted with mass unemployment. Working Men of All Countries, Recognize!")*

전술한 바와 같이, 본 연구의 신(新)실용주의(Neopragmatism)의 '근본적 가치'는 '완전고용(Full Employment)'이다. 인간의 존엄성(尊嚴性)·자율성(自律性)·창의성(倡義性)을 위한 5개 '생활권적 기본권(生活權的 基本權)': ① 직장, ② 주택, ③ 교육, ④ 의료, ⑤ 연금은 '양호한 직장(decent job)'으로써 실현될 수 있는 것이다. 이것이 바로 '인간의 비(非)인간화(Dehumanization)' 혹은 인간소외(人間疎外, Human Alienation)를 극복할 수 있는 본질이고 첩경인 것이다.

따라서 카를 마르크스(Karl Heinrich Marx, 1818~1883)와 프리드리히 엥겔스(Friedrich Engels, 1820~1895)의 '과학적 사회주의(Scientific Socialism)'가 주장하는 '프롤레타리아 혁명'은 오히려 '양호한 직장(decent job)'을 창출하는 경제체제(經濟體制)를 파괴하는 반(反)인민주의적 슬로건이다.

요컨대, '과학적 사회주의(Scientific Socialism)'에 대한 본 연구의 비판은 다음과 같다: 마르크스(K. Marx)와 엥겔스(F. Engels)가 분석대상의 역사(歷史)를 장기(長期)에 두지 않고 단기(短期)에 국한함으로써 자본주의 경제체제의 '생산력과 생산관계의 모순'과 궁핍화(窮乏化)를 장기(長期) 현상인 기술혁신(技術革新)에 의하여 해결할 수 있다는 점을 간과했었다. 즉, '과학적 사회주의(Scientific Socialism)'의 이론적 구조 중에서 ① 카를 마르크스(Karl Marx)의 '단기 경기순환론' 및 마르크시스트(니콜라이 콘드라티예프, 어네스트 멘델, 로버트 고든)의 장기파동(長期波動) 이론과 ② '궁핍화(窮乏化)와 경기순환론(景氣循環論)과 계급투쟁에 의한 자본주의의 파멸불가피론(破滅不可避論)'을 뒷받침하는 기본 가정: '이윤율 저하의 경향(TRPF)'은 계급투쟁(階級鬪爭)이 아니라 기술혁신(技術革新)에 의하여 제고될 수 있다는 것이 자본주의 경제발전의 역사적 사실이다.

결론적으로, 자본주의(Capitalism)는 카를 마르크스(Karl Heinrich Marx)와 프리드리히 엥겔스(Friedrich Engels)가 예언한 경로에 의해서 파국(破局)으로 향하여 걷고 있지 않을 뿐만 아니라 오히려 진화하고 발전하여 새로운 산업의 혁신을 유도하고 있다. 즉, 그들의 예언과는 달리, 상대적 빈곤은 문제가 되지만, 노동자는 절대적 빈곤, 즉 궁핍(窮乏)에 헤매고 있지 않으며 오히려 노동자의 경제상태는 상대적으로 크게 개선됐다. 또한 중산계급(中産階級)이 붕괴되어 유산자(有産者)가 감소한다는 것도 사실과는 다르다.

그리고 카를 마르크스(Karl Heinrich Marx)는 모든 역사(歷史)를 착취(搾取)하는 소수의 부르주아와, 밑바닥에 있는 다수의 프롤레타리아 사이에서 벌어지는 투쟁(鬪爭)이라고 규정했다. 따라서 공산당(共産黨)을 세워 권력을 장악하고 '정의롭고 민주적인 사회주의 사회'를 수립하기 위하여 프롤레타리아 계급의식을 일깨우자고 역설했다. 나아가, 그는 자신의 유명한 「공산당 선언」(Manifest der Kommunistischen Partei, 1848년)에서 기존 질서의 폭력적 전복을 요구했다. 그러나 오히려 공산주의(共産主義)가 구(舊)소련과 동구에서 붕괴되었다. 아이러니하게도, 공산주의(共産主義)는 부(富)가 아니라 빈곤(貧困)을 창출하였으며, 경제적 평등이 아니라 미증유(未曾有)의 경제적 특권을 누리는 노멘크라투라(nomen-klatura, 소련의 특권계급)를 양산하였다.

9) 한국사회에 대한 신(新)실용주의(Neopragmatism) 적용

본 연구는 '한국몽(韓國夢)', 즉 한국의 비전(Vision)을 다음과 같이 규정한다: 그것은 '정의로운 국가(A Justice-based State)'와 '행복한 복지사회(A Happy Society)'를 구현하는 것이며, 이를 위해서는 '질서정연한 자유민주주의 사회(A Well-Ordered Free Democratic Society)'와 '효율적이고 공정한 시장자본주의(An Efficient and Equitable Market Capitalism)'를 구축(構築)하여 '완전고용기반형 복지사회(A Full Employment-based Welfare Society)'를 건설하는 것이다. 이로써 인간의 존엄성(尊嚴性)·자율성(自律性)·창의성(倡義性)이 보장되는 '현대판 대동사회(大同社會)'에서 긍정적 삶을 향유하는 것이다.

신(新)실용주의 철학은 인간의 존엄성(尊嚴性)·자율성(自律性)·창의성(倡義性)을 위한 5개 '생활권적 기본권(生活權的 基本權)' 혹은 '행복추구권(幸福追求權)': ① 직장, ②주택, ③ 교육, ④ 의료, ⑤ 연금을 보장할 수 있는 정치체제로서 '질서정연한 민주주의 사회(a Well-Ordered Democratic Society)'와 경제체제로서 '정의로운 경제체제(A Justice-based Economic System)'를 통하여 플라톤(Plato, BC 427~347)의 '정의로운 국가(A Justice-based State)'와 아리스토텔레스(Aristotle, BC 384~322)의 '행복한 사회(A Happy Society)'를 실현하자는 '철학적 가치론(Axiology)'이다.

본 연구가 주창하는 신실용주의(新實用主義, Neopragmatism)의 정책적 목표는 '기업의 혁신주도성장 정책'에 의한 '지속적 고용창출형 경제성장((Job-creating Growth)' → '완전고용(完全雇用)'의 달성 → 형평한 소득분배(所得分配)이다. 상기한 목표를 달성하기 위한 신(新)실용주의(實用主義) 해법은 슘페테리언 테크노-경제발전 전략(Techno-Economic Development Strateg)이며, 상기 전략의 목표는 산업기술강국(産業技術强國)이다.

한국이 산업기술강국(産業技術强國)이 되기 위해서는 다음과 같은 '기술경제 패러다임(Techno-Economic Paradigm)'하에서 국가경쟁력을 획기적으로 제고해야 한다: 교육개혁(특히 대학교육) → 창의성 개발 → 기초과학연구능력 확충 → 선진기술의 소화·흡수·개량·토착화 → 자체기술개발, 산업 간 및 산업 내 대내적 기술확산과 국제기술협력 → 기술혁신의 촉진 → 기업경쟁력(자원 및 역량, 프로세스 경쟁력, 품질경쟁력, 시장경쟁력, 고객성과, 시장성과, 재무성과)의 제고 → 공정혁신에 의한 가격경쟁력(임금, 금리, 환율, 유가, 물류비용 등)의 제고 및 비(非)가격경쟁력(품질, 운송, 디자인, 에프터서비스 등)의 제고 → 국제경쟁력의 강화 → 경상수지 흑자(기계류·부품·소재의 대(對)일본 기술 및 수입의존도 감소, 에너지절약 및 대체에너지 개발 등) → 성장·고용·분배의 선(善)순환 정착 → 최소수혜자의 최대수익을 위한 '완전고용기반형 복지사회(A Full Employment-based Welfare Society)'이다.

상기한 동태적 경로(dynamic path)를 위해서 대기업과 중견(소)기업의 공존공영을 위하여 기술(技術) 계열화(系列化)를 중심으로 상생적 산업연관 관계, 제조업과 서비스산업의 상호보완적 산업연관관계, 실물부문과 금융부문의 순기능적 연계를 각각 맺도록 해야 한다. 또한 '고용창출형 성장 전략(Job-Creating Growth Strategy)'을 추진하기 위해서는 '대기업-완제품-마케팅-수출'과 '중견(소)기업-중간재(부품·소재)-생산·고용·공급-내수(소비)'의 상호보완적 산업연관관계를 정착시켜, 중소기업의 몰락을 예방하고 대량실업을 근절시키는 것이다.

상기한 산업기반하에서, 한미 간·한일 간·한중 간·한러 간 전략적 제휴를 각각 추진함으로써 한국을 '아시아의 부품·소재의 생산 및 공급기지'로 만들어야 한다. 이와 동시에, 사용자와 근로자의 공동운명체적 유대와 번영을 위하여 '산업민주주의(産業民主主義, Industrial Democracy)'가 정착되어야 한다.

전술한 '한국몽(韓國夢)'을 구현하기 위한 신(新)실용주의(Neopragmatism)라는 국정철학(國政哲學)을 한국 정치권에 적용해보면, 상기 철학은 현재 첨예한 '사회적 갈등(社會的 葛藤)'의 주요 원인인 보수(右派) vs 진보(左派)와 우익(右翼) vs 좌익(左翼)의 '이념갈등(理念葛藤)'을 공동선(共同善, The Common Good)과 국가이익(國家利益, National Interest)을 위한 '정책(政策) 경쟁'으로 유도하고, 나아가 민족통합(民族統合)을 위한 남·북한의 화합(和合)을 도모하는 데 기여할 수 있을 것이라고 저자는 기대한다.

보·혁(保·革) 갈등(葛藤)은 세계 모든 국가에서 존재하며 자연스러운 것이고 심지어 바람직한 것이다. 사전적(辭典的) 의미로서 '보수(保守)'는 '보호하고 지킨다'라는 의미인 반면에 '진보(進步)'는 '앞으로 나아간다'라는 의미이다. 다시 말하면, 역사발전을 가속화하자는 것이 진보주의(進步主義, Progressivism)인 반면에 역사의 폐달을 신중하게 밟고 가자는 것이 보수주의(保守主義, Conservatism)이다. 즉, 보수주의(保守主義, Conservatism)란 어떤 변화도 인정하지 않고 가만히 있겠다는 것이 아니라 현 상황의 급진적인 변화보다는 과도기를 두면서 점진적인 변화 또는 보존·유지를 선호한다. 따라서 보수(保守)의 현상유지(現狀維持)에 대응하여 진보(進步)는 역사 발전을 위하여 반드시 필요하다. 이와 동시에, 보수주의(保守主義)는 진보주의(進步主義)의 격렬한 급진성을 제어하기 위해 반드시 필요하다. 마치, 자동차가 달리기 위해서는 엑서더가 필요함과 동시에 브레이크가 반드시 필요한 것과 같다. 상기한 시각에서, 본 연구는 한국사회에서의 보수(保守)와 진보(進步)의 발전 방향을 다음과 같이 제시한다:

① '보수주의(保守主義, Conservatism)'는 민족 · 국가 · 종교 · 전통 · 문화의 가치관을 유지 및 복원하고자 하는 이념이다. 따라서 한국의 보수주의(保守主義)가 건재할 수 있는 길은 현재 주어진 상황에서 오직 전통적 문화(윤리와 도덕)를 지키고 애국심(愛國心) · 민족주의(民族主義)에 호소함으로써 국민 다수의 지지를 획득하는 것이다. 나아가, 한국의 보수(保守)는 대한민국의 정통성(正統性)과 정체성(政體性)을 강조하고 자유시장경제체제를 지향하면서 공동체 전체를 위해 법과 질서가 복원돼야 한다고 주장한다. 그리고 한국의 보수(保守)는 미국에 대해선 할 말은 하더라도 근본주의(根本主義) 성향의 반미(反美)는 인정하지 않는다.

② 한국의 진보(進步)는 대한민국의 역사를 실패의 역사, 부도덕한 역사, 기회주의가 성공한 역사로 폄하(貶下)한다. 좌파(左派)는 과거엔 사회주의권을 의미했지만 국가나 시민사회에 의한 '조정된(coordinated market economy)'이 필요하다고 주장한다. 또한, 한국의 '진보(進步)'는 시장경제의 틀 속에서 좀 더 인간적이고 민주적인 복지국가(福祉國家)가 실현되는 시장경제로 가자고 주장한다. 과거에는 경제성장이 소득분배를 개선했었는데 최근 몇 년간 상기 선(善)순환 구조가 깨졌다. 게다가 수출과 내수, 제조업과 서비스업, 대기업과 중소기업 간의 연계가 약화되었다. 이 결과, 소득이 한곳에 몰리면서 소득분배구조의 불균형이 심화되었고 절대적 · 상대적 빈곤율 모두 악화되고 있다. 또한, 부익부(富益富) 빈익빈(貧益貧), 강익강(强益强) 약익약(弱益弱)이 만연되어 있다. 경제성장이 양극화(兩極化)를 부추기고 대다수의 박탈감만 높인다면 누굴 위한 경제성장이냐는 의문이 제기된다.

③ 그렇다면, 보수(保守)와 진보(進步)가 공존(共存)하기 위해서는 어떻게 해야 하는가? 이젠, 상대편의 정치 세력을 비방하기 위하여 군사 독재를 떠올리게 하는 '수구 반동(守舊反動)'이나 냉전적 의미를 내포한 '친북 좌파(親北左派)'의 딱지를 붙이는 시대착오적 퇴행성(退行性)은 버려져야 한다.

④ 한국사회의 보수(保守)와 진보(進步)의 퇴행성(退行性)을 바로 잡기 위해서는 의사소통 구조의 다양화가 필요하다. 즉, 독일의 철학자이자 사회학자인 위르겐 하버마스(Jürgen Habermas, 1929~현재)의 '의사소통의 이성과 윤리(Communicative Reason and Ethics)'에 입각하여 구동존이(求同存異)에 의하여 사회통합(社會統合)을 추구하면 된다.

⑤ 보수(保守)든 혹은 진보(進步)든 간에 국가 정체성에 대한 경쟁이 아니라 구체적 정책에 관한 경쟁을 해야 한다. 그 논쟁의 핵심은 성장 동력을 확충하는 것을 우선해야 할지, 사회적 양극화를 막는 데 먼저 힘을 쏟아야 할지, 아니면 상기 2개 목표를

모두 구현할 방법은 없는지에 관한 것이다. 물론, 이런 주제들에 대한 비전 제시와 정책 개발은 어느 한 집단이 독점할 수 있는 것이 아니다. 그것은 합리적인 토론에 기반한 국민적 공론에 의해 결정될 문제다.

모름지기, 국가의 생존과 번영을 위하여 필요한 것은 경세제민(經世濟民)을 위한 비전(Vision)과 청사진(靑寫眞)이다. 성경(聖經)의 잠언(箴言) 29장 18절: "묵시(默示)가 없으면 백성이 방자히 행하거니와 율법을 지키는 자는 복이 있도다. 꿈이 없는 백성은 망한다"고 말씀한다. 따라서 꿈과 비전(Vison)을 가져야 한다. 그것을 위한 국정철학(國政哲學)과 시대정신(時代精神)이 본 연구의 신(新)실용주의(Neopragmatism)인 것이다.

에필로그

이제, 저자는 에필로그(epilogue)로서 '마무리 발언'을 남기고자 한다. 회고해보면, 저자는 한국의 비전(Vision)을 이론적으로 정립 및 규명하기 위해 저자는 1978년 이후 약 40여 년의 장정(長程)을 걸어왔다(Lim, Yang-Taek; 1978, 2000, 2010; 임양택; 1981, 2007, 2011, 2012, 2013, 2014, 2018).

저자의 1978년 경제학 박사학위 논문 제목은 'Optimal Economic Growth and Social Security(최적 경제성장과 사회보장)'인데, 이것은 본 연구의 출발점이라고 말할 수 있다. 상기 논문을 이론적 배경으로, 본 연구는 동태적 일반균형 모형하에서 효율적 경제성장과 형평한 소득분배의 공존을 위한 장기 균형과 동태적 안정성을 보장할 수 있음을 증명하기 위하여 최적통제이론(Optimal Contol Theory)을 적용함으로써 6개의 정리(定理)를 도출하였다. 이것은 본 연구의 경제이론적 기초가 되었다.

저자가 한국사회의 비전(Vision)으로 다듬어 발표했었던 관련 저서(논문 제외)를 구체적으로 밝히면,[1] 「비전없는 국민은 망한다」, 매일경제신문사 출판부(1995년) → 「아시아 대예측」, 서울: 매일경제신문사 출판부(1999년) → 「21世紀 亞洲經濟的 展望与 挑戰」, 北京: 中國社會科學院(1999년) → Korea in the 21st Century, Hauppauge: NOVA Science Publishers, Inc.(2000년) → 「Neopragmatic Solutions to the Structural Problem of South Korean Peninsula and East Asian Community」, The International Institute for Advanced Studies in Systems Research and Cybernetics, Symposium, Baden-Baden, Germany(2010년) → 「한국의 비전과 국가경영전략」 파주: 나남(2007년) → 「쿼바디스 도미

1) 상기한 저서 외에 '한국의 비전'과 관한 컬럼들을 예로 들면 다음과 같다:
임양택(2011a), 기획 특집: 한국인에게 고함「1」 "피히테 총장의 「독일국민에게 고함」과 단재 신채호선생의 「대한의 희망」 및 도산 안창호 선생의 「한국개조론」", 데일리언, 08.29.; 임양택(2011b), 기획 특집: 한국인에게 고함「2」 "글로벌 경제위기와 한반도 위기", 데일리언, 08.30.; 임양택(2011c), 기획 특집: 한국인에게 고함「3」 "한국의 국가적 당면과제와 해결방향", 데일리언, 08.31.; 임양택(2011d), 기획 특집: 한국인에게 고함「4」 "한국사회의 보수(우익)와 진보(좌익)의 대립", 데일리언, 9.; 임양택(2011e), 기획 특집: 한국인에게 고함「5」 "신(新)실용주의의 제창", 09.04.

네: 성장 · 복지 · 통일을 위한 청사진」, 파주: 나남(2011년) → 「글로벌 경제와 한반도 위기: 한국의 비전 및 전략」 파주: 나남(2013년) → 「한국형 복지사회를 위한 청사진」, 서울: 한양대학교 출판부(2011년) → 「글로벌 금융 패러다임과 한국 금융산업: 이론과 정책」, 서울: 한양대학교 출판부(2018년) 등을 들 수 있다.

상기한 26년 동안, 저자는 대한민국의 비전(Vision)과 그것의 실현을 위한 청사진(靑寫眞)에 매진해왔다. 상기한 모든 지식과 정보가 하나의 용광로에 들어가 새로운 '쇳물'로 나온 것이 본 저서: 「정의로운 국가와 행복한 사회를 위한 신(新)실용주의(實用主義) 철학과 정책」이다. 이것은 역사적 사명감 없이는 불(不)가능한 도전이었을 것이다. 이젠, 학자로서 여한(餘恨)은 없으나, 부디 신(新)실용주의(Neopragmatism)의 필요/충분조건 중에서 최소한 필요조건: '생활권적 기본권'이 보장되는 한국사회가 되어주기를 기도할 뿐이다.

참고로, 밀양시 '표충비(사명대사의 높은 뜻을 새긴 비석, 경남도 유형문화재 15호)'는 국가적으로 중대한 사안(밀양시에 따르면 1894년 동학농민 운동, 1919년 3 · 1 독립만세운동, 1945년 8 · 15 해방, 1950년 6 · 25 전쟁, 2009년 김수환 추기경 선종, 2010년 천안함 침몰, 2017년 박근혜 대통령 탄핵심판 등)이 있을 때마다 땀을 흘려(汗出) 그 조짐을 미리 알려 준다는 이야기로 유명하다. 최근(2021.01.22~23.)에 16시간(오후 1시~새벽 5시) 동안 1리터(L)가량 땀을 흘렸다고 한다. 단지 기후 변화에 따른 현상이나 비석 자체의 결로(結露) 현상이 아니라면, '표충비(表忠碑)'는 과연 무엇을 알려주고 싶어 진땀을 흘리는 것인가? 임진왜란(壬辰倭亂, 1592~1598) 당시 5,000여 명의 의승도대장(義僧都大將)으로 평양(平壤)을 탈환했었던 사명대사(四溟大師) 유정(惟政, 1544~1610)은 '표충비(表忠碑)'를 통하여 어떠한 국난(國難)을 예고하시는 것일까? 아무쪼록, 향후 닥칠 국난(國難)을 바람직한 방향으로 극복할 수 있기를 기원한다.

이상으로써, 저자는 1978년 미국 Union University에서 경제학 교수로 재직하였다가, 아버님의 병환으로 급히 귀국 후 1979년 한양대학교에서 경제학 교수로 2014년 정년 퇴임한 후에도 7년 동안 학자의 길을 걸어온 42년의 장정(長程)을 마무리하는 셈인 본 저서의 집필에서 필(筆)을 놓는다.

부디, *'겨레에 복(福)이 있으라(시조 시인 李殷相, 1903~1982)*

주요 참고문헌

「국내문헌」

강대석(1991), 「현대철학의 이해」, 한길사.

김동식(1994), 「로티의 신실용주의」, 철학과 현실사.

김동식 역(1996), Richard, Rorty, 「실용주의의 결과」, 민음사.

김동식 역(2001), Louis, Menand, 「프래그머티즘의 길잡이」, 철학과 현실사.

김석원 역, E. Reimer(1971), 「학교는 죽었다」, 한마당.

김성수(2009), "독일의 사회적 시장경제에서 정부역할의 변화". 「한국국정연구」, Vol. 27(2), 한국외국어대학교 국정관리연구소.

김성열 외 역, M. Carnoy and H. Levin(1991), 「국가와 교육」, 배영사.

김성호 옮김(2003), 「서양 윤리학사」, 서광사.

김영문(1991), "덩샤오핑 政治思想에 관한 硏究", 「국제정치논총」, 제 30권 제2호, 한국국제 정치학회.

김영문·서보근(1994), 「덩샤오핑 정치사상」, 법문사.

김윤상 역(1997), 헨리 조지, 「진보와 빈곤」, 비봉출판사.

김태형(1997), "조선후기 실학에서의 현실과 이상", 「한국사상사방법론」, 소화.

김하룡(1987), "덩샤오핑체제와 중국적 사회주의", 「아세아연구」 30－2, 고려대학교 아세아문제연구소.

김환석·홍성범·이영희(1992), 「세계경제의 장기파동과 신기술의 국제확산 -장기파동이론의 한국에의 시사점－」, 한국과학기술연구원 정책·기획본부.

남기업(2009), "헨리 조지와 지대조세제", 희년·통일·교회; 희년에 근거한 통일방안과 교회의 역할, 평화한국정기세미나, 기독교사회문제연구소.

남기업(2010a), "헨리 조지의 경제사상", 법철학회.

남기업(2010b), "헨리 조지의 경제사상", 토지＋자유 비평 50호, 토지＋자유연구소.

노사광(1986), 「중국철학사」, 정인재 역, 서울: 탐구당.

박남원(1990), 「과학적 사회주의의 기초이론」, 동지.

박세일(1989), "아담 스미스의 도덕철학체계", 「아담 스미스 연구」, pp.26~62. 민음사.

박영식(2000), 「서양철학사의 이해」, 서울: 철학과 현실사.

박영철 역(1981), Schumacher, Ernst Friedrich, 「인간회복의 길」, 한벗.

박호성(1994), 「평등론－자유민주주의·사회민주주의·마르크스주의의 이론과 현실」, 창작과 비평사.

배동인 외 7명(1995), 「막스 베버 사회학의 쟁점들」, 민음사.

성태규(2002), "독일 질서 자유주의에서의 정치적 질서정책: 시장경제와 민주주의의 발전을 위한 함축", 「국제정치논총」 제42권 제2호.

오병국(1993), "덩샤오핑의 '중국적특색을 지닌 사회주의 건설'에 관한 논술", 「중소연구」 제17권, 제1호, 한양대학교 아태지역 연구센터.

오정근(2004), "조안 로빈슨의 생애와 경제사상: 탄생 100주년을 보내며", 「계간사상」, 봄 호, 사회과학원.

옥정무 외(1986), 「서양철학사」, 일월서.

유정석(2008), "디레버리지 시대의 도래와 글로벌 금융위기", 글로벌 경제동향 속보, 삼성경제연구소.

윤병운(1996), 「서양철학사」, 삼광출판사.

윤사순(2006), 「유학의 현대적 가용성 탐구」, 나남.

윤정일·강무섭 역(1990), 「교육과 사회발전」, 대영문화사.

이규호(1965), 「현대철학의 이해」, 대영사.

이중(2002), 「모택동과 중국을 이야기 하다」, 김영사.

이철승(2001), "중국 마르크스주의 철학에 나타난 진리관 문제－마오쩌둥과 덩샤오핑의 '실사구시'론 비교를 중심으로", 「시대와 철학」 제12권 제1호, 한국철학사상연구회.

이한구 역(1982), Karl Popper, 「열린사회와 그 敵들 Ⅰ」, 민음사.

이홍윤(1997), "존 롤스(John Rawls)의 분배적 정의에 관한 연구－분배적 정의에 관한 철학적 논의를 중심으로", 「경제경영」, Vol. 14, pp. 59~77.

이화대 교육사회학연구회(1989), "교육의 경제적 불평등을 통해서 본 한국교육의 사회적 성격", 「한국교육」, 한울 아카데미, pp. 11－30.

이환 역(2006), 플라톤, 「국가론」(이상국가를 찾아가는 끝없는 여정), 이환 옮김, 돋을새김.

임양택(1981), "最適經濟成長과 社會保障", 한국국제경제학회, 2월.

임양택(1985a), 「의료보험제도의 개선방향과 최적의료보험 정책」, 한양대학교 경제연구소 연구총서, No. 2.

임양택(1985b), 「기술진보의 동태적 분석과 적정기술의 선택 및 개발을 위한 정책방안」, 한국과학기술원.

임양택(1986a), "대일 기술의존의 축소방안에 관한 연구", 한국과학기술원.

임양택(1986b), "한일간 기술이전 모형에 관한 연구", 한국국제경제학회.

임양택(1987a), "산업내 및 산업간 기술확산속도에 관한 연구", 기술경제연구회, 12.

임양택(1987b), "우리나라 기술확산에 관한 연구", 한국국제경제학회, 12.

임양택(1991), "기술발전에 대한 자체기술개발과 선진기술도입의 효과분석: 한일간 기술이 전모형을 중심으로", 한국국제경제학회.

임양택(1992), “한일간 산업 및 기술협력 촉진방안”, 기술경제연구회.
임양택(1995), 「비전없는 국민은 망한다」, 매일경제신문사 출판부.
임양택(1995a), “기술입국의 모형과 기술개발전략”, 「21세기 경제사회연구」 제3집, 21세기 경제사회연구원.
임양택(1995b), “국내외 환경변화와 중소기업의 기술개발 대응전략”, 한국산업기술진흥협회, 「기술관리」 통권 제147호.
임양택(1995c), “우리나라 산업구조 고도화 및 건실화: 자본재 산업(기계공업)을 중심으로”, 한국기계공업진흥회, 「기계공업」 통권 222호.
임양택(1995d), “21세기를 대비한 자본재산업 육성방향”, 대한상공회의소 자본재산업육성추진위원회, 「자본재와 경쟁력」, 1995년 겨울(창간호).
임양택(1996), “한국제조업의 기술경제이론적 특성에 관한 계량적 연구: 기술입국 모형을 중심으로” 기술경영경제학회 제 8회 학술발표회, 01.30.
임양택(1997), 「UR (WTO) 시대의 자본재산업 육성 방안」, 대한상공회의소
임양택(1998), 「기술개발지원제도의 현황 및 개선방안」, KDI주관 1997년도 국가정책개발사업, 한국개발연구원.
임양택(1999), 「아시아 대예측」, 서울: 매일경제신문사 출판부.
임양택(2005), “성장·고용·분배에 대한 기술진보의 파급효과”, 2005 경제학공동 학술대회, 기술경영경제학회, 02.24.
임양택(2007), “지식기반경제의 첨단산업기술경쟁력의 추정 및 국제비교(1985~1999)”, 「국제 지역연구」, 국제지역학회, 제 11권 1호, pp. 329~353.
임양택(2007), 「한국의 비전과 국가경영전략」, 나남.
임양택(2008), “‘新실용주의’ 철학의 논리 구조에 관한 연구: 동·서양 철학을 중심으로”, 「경제연구」, 제29권 제2호, 한양대학교 경제연구소.
임양택(2011a), 「한국형 복지사회를 위한 청사진」, 한양대학교 출판부.
임양택(2011b), “최적 의료자원 배분 모형과 국민건강보험의 재정 안정화에 관한 연구”, 사회정책연합학술대회, 한국사회보장학회, 09.23.
임양택(2011c), “장기 균형성장과 최적 사회보장의 동태적 특성에 관한 연구”, 사회정책연합 학술대회, 한국사회보장학회, 09.24.
임양택(2012a), “보수·진보가 아니라 비전이 문제다!”, 월간조선 7월호.
임양택(2012b), “경제민주화 논쟁의 겉과 속–재벌개혁보다 기술부족 해결이 시급”, 월간조선 9월호.
임양택(2012c), 「퀴바디스 도미네: 성장·복지·통일을 위한 청사진」, 나남.
임양택(2013), 「글로벌 경제와 한반도 위기: 한국의 비전 및 전략」, 나남.

임양택(2014), 「최적 사회보장과 창조경제를 위한 기금의 자산운용전략」, 국민연금연구원(NPS).

임양택(2017a), "'글로벌 경제철학'을 위한 동·서양 철학의 비교분석", 국제지역학회, 2017년 동계학술대회, 경기대학교 강당, 12.08.

임양택(2017b), "새로운 패러다임 하에서 경세제민을 위한 신(新)실용주의: 철학과 정책", 한국국제경제학회 2017년 동계학술대회, 고려대학교 경영관, 12.15.

임양택(2018a), 「글로벌 금융패러다임과 한국금융산업: 이론과 정책」, 한양대학교 출판부.

임양택(2018b), "동아시아의 평화 정착과 경제발전을 위한 신(新)실용주의의 접근방향", 한국경제학회, 2018년 경제학 공동학술대회, 2월.

임양택(2018c), "정의로운 국가'와 '행복한 사회'를 위한 철학적 기초", 국제지역학회 동계학술대회, 12월 7일, 이화여자대학교 교육관 B동

임양택(2019), "중국의 정치·경제체제의 구조적 변환에 관한 연구: 인민민주주의(人民民主主義)와 국가자본주의(國家資本主義)의 측면에서", 동북아경제학회, [2019 경제학 공동학술대회]: 한국경제학회 일반세션, 2월 14일.

암양택(2021), 「조선(朝鮮)의 망조(亡兆), 대한제국(大韓帝國)의 자멸(自滅), 대한민국(大韓民國)의 위기(危機)」, 박영사.

장동진 외 옮김(2006), 「현대 정치철학의 이해」, 동명사.

장동진·김만권(2000), "로버트 노직(Robert Nozick)의 자유지상주의－소극적 자유의 이상", 「정치사상연구」 Vol.3, pp. 195~220.

전대호 역(2006), McClellan, James E., Dorn, Harold, 「과학과 기술로 본 세계사 강의」, 모티브북.

정인재 역, 勞思光(1986), 「중국철학사」, 탐구당.

조원희(2008), 「침몰하는 신자유주의 대안은 무엇인가」, 국회경제법 연구회 토론회 자료집.

주명건(1984), 「경제사상사」, 박영사.

철학문화연구소(1990), 「철학과 현실 1990 겨울호」, 철학문화연구소.

하봉찬(2008), "우리나라 서비스산업의 현황 및 문제점", 산업기술정책동향지, 제2－2호(총권 4호), 8월.

한국동양철학회(1982), 「동양철학의 본체론과 인생론」, 연세대학교 출판부.

한국철학사상연구회(1993), 「한국철학강좌」, 예문서원.

한성훈·임시영(2008), 「규제완화가 경제성장에 미치는 영향」, 한국은행 조사국 동향분석팀, 9월.

홍성우(1991), "임마누엘 칸트([Immanuel Kant) 윤리학에 관한 존 롤스(John Rawls)적 해석," 「역사와 사회」, Vol. 1, No. 6.

홍성우(2005), 「자유주의와 공동체주의 윤리학」, 선학사.

황경식 옮김(1971), 「사회정의론」, 서광사.

황경식 옮김(2006), 「정의론」, 이학사.

황경식·박정순 외(2009), 「존 롤스(John Rawls)의 정의론과 그 이후」, 철학과 현실사.
황문수 역(1991), Will Durant, 「철학 이야기」, 문예출판사
황필호 역(1989), A. J. 베임 외, 「비교철학입문」, 철학과 현실사.

「해외문헌」

Albert, Venn Dicey(1885), The Rule of Law in Introduction to the Study of the Law of the Constitution.
Arrow, Kenneth J.(1963), Social Choice and Individual Values, Hoboken, N.J: John Wiley.
Bell, Daniel(1960), The End of Ideology, New York: The Free Press.
Bell, Daniel and Irving Kristo(1981), The Crisis in Economic Theory, Basic Books Inc.
Bellah, R., et al.(1991), The Good Society, New York: Knopf.
Bergson, Abram(1966), Essays in Normative Economics, Cambridge, Massachusette: Harvard University Press.
Berlin, Sir Lsaiah(1969), Four Essays on Liberty, London: Oxford University Press.
Blau, Peter(1963), "A Note on Arrow's Theorem in the Theory of Social Choice", Econometrica.
Bowles, P and B. Wagman(1997), "Globalization and the Welfare State: Four Hypotheses and Some Empirical Evidence", Eastern Economic Journal, Vol.23, Issue 3.
Brodbeck, May (1968), Readings in the Philosophy of the Social Sciences, New York: Macmillan, Co.
Bronfenbrenner, Martin (1971), Income Distribution Theory, Aldine Publishing Company.
Carr, E. H(1961, 1996), What is History, University of Cambridge & Penguin Books(1961), New York: Vintage Books(1996).
Clayton, Matthew and Andrew Williams ed.(2004), Social Justice, Malden: Blackwell Publishing.
Cohen, Joshua(1986), "Review of Spheres of Justice", Journal of Philosophy Vol.83(August).
Dahrendorf, Ralf(1969), Society and Democracy in Germany, New York: Doubleday Doubleday.
Doppelt, Gerald(1990), "Beyond Liberalism and Communitarianism", D. Rasmussen, ed. Universalism vs. Communitarianism, Cambridge: The MIT Press.
Dosi, G., C. Freeman, R. Nelson, G. Silverberg, and L. Soete(1988), Technical Change and Economic Theory, Pinter Publishers Ltd.
Esping−Andersen, Gosta(1990), The Three Worlds of Welfare Capitalism, Princeton: Princeton University Press.

Esping－Andersen, Gosta(2002), Why we needs a new Welfare State, Oxford: Oxford University Press.

Farrell, M. J.(1973), Readings in Welfare Economics, Macmillan St. Martin's Press.

Feldstein, Martin S.(1975), "Toward a Reform of Social Security," The Public Interest Vol. 40, Summer.

Hahn, Frank and Martin Hollis(1979), Philosophy and Economic Theory, Oxford University Press.

Freeman, Christopher and Luc Soete(1987) ed, Technical Change and Full Employment, Oxford: Basil Blackivell Ltd.

Friedman, Benjamin(2005), Moral Consequence of Economic Growth. New York: Vintage.

Friedman, Milton(1962), Capitalism and Freedon, University of Chicago Press, 최정표 역 「자본주의와 자유」(1995), 형설출판사.

Galbraith, John Kenneth(1973), Economics and The Public Purpose, Houghton Mifflin Company Boston.

Galbraith, John Kenneth(1979), The Nature of Mass Poverty, Harvard University Press.

Geiger, Frances M.(1978), Welfare and Efficiency, The Macmillan Press.

George, Henry(1879), Progress and Poverty, New York: E.P. Dutton & Company.

Groot, L. F. M. ed.(2004), Basic Income, Unemployment and Compensatory Justice, Boston: Kluwer Academic Publishers.

Hahn, Frank and Martin Hollis(1979), Philosophy and Economic Theory, Oxford University Press.

Hayek, Friedrich A.(1944), The Road to Serfdom, Chicago. 김영청 역 「노예의 길」(1997), 동국대출판부.

Hayek, Friedrich A.(1948), Individualism and Economic Order, Gateway Editions.

Hayek, Friedrich A.(1965), "Individualism and Economic Order", In M. Bornstein(ed.), Comparative Economic System, Homewood, Ⅲ.: Richard D. Irwin, Chap. 8.

Harbermas, Jürgen(1970), Toward a Rational Society, translated by Jeremy Shapiro. Boston: Beacon Press.

Harbermas, Jürgen(1984), The Theory of Communicative Action, Volume I, translated by Thomas McCarthy. Boston: Beacon Press.

Harbermas, Jürgen(1987a), The Theory of Communicative Action, Volume II. translated by Thomas McCarthy. Boston: Beacon Press.

Harbermas, Jürgen(1987b), The Philosophical Discourse of Modernity. translated by Frederick Lawrence. Cambridge: The MIT Press.

Hausman, Daniel M.(1984), The Philosophy of Economics, Cambridge University Press.

Hausman, Daniel M. and Michael S. McPherson(1996), Economic Analysis and Moral Philosophy, Cambridge: Cambridge University Press.

Hayek, Friedich A.(1944), The Road to Serfdom, Chicago: The University of Chicago Press. 김영청 역 「노예의 길」(1997), 동국대출판부.

Hayek, Friedrich A.(1948), Individualism and Economic Order, Gateway Editions.

Hayek, Friedich A.(1976), "The Mirage of Social Justice", Law, Legislation and Liberty Vol. 2, London: Routledge and Kegan Paul.

Hicks, John R.(1974), The Crisis in Keynesian Economics, Oxford: Oxford University Press.

Huntington, Samuel P.(1993), "The Clash of Civilization?", Foreign Affairs, Summer.

Huntington, Samuel P.(1996), The Clash of Civilizations and the Remaking of World Order, New York: Simon & Schuster.

Kaldor, Nicholas(1955~1956), "Alternative Theories of Income Distribution", Review of Economic Studies, Vol. 23.

Kaldor, Nicholas(1957), "A Model of Economic Growth", Economic Journal, Vol. 68.

Kaldor, Nicholas and J. A. Mirlees(1962), "A New Model of Economic Growth", Review of Economic Studies.

Kant, Immanuel(1956), Critique of Practical Reason, translated by L.W. Beck. Indianapolis: Bobbs−Merrill.

Kant, Immanuel(1964), Groundwork of the Metaphysics of Morals, translated by H. J. Paton. New York: Harper and Row.

Kant, Immanuel(1970), Kant's Political Writings, edited by Hans Reiss. Cambridge: Cambridge University Press.

Kant, Immanuel(1991), The Metaphysics of Morals, translated by Mary Gregor. Cambridge: Cambridge University Press.

Keynes, John Maynard(1936), The General Theory of Employment, Interest and Money, New York: Harcourt Braceaed Co.

Klein, Laurence(1947), The Keynesian Revolution, New York: Macmillan Co.

Kolko, Gabriel(2009), World in Crisis: The End of the American Century, London: Pluto Press.

Lange, Oskar(1937), "On the Economic Theory of Socialism", Review of Economic Studies Vol. 4.

Lange, Oskar(1938), "On the Economic Theory of Socialism", In B. Lippincott (ed.), On the Economic Theory of Socailism, Twin Cities: University of Minnesota Press.

Lange, Oskar and Fred M. Taylor(1938), On the Economic Theory of Socialism, McGraw–Hill Book Company.

Lim, Yang–Taek(1978), Optimal Economic Growth and Social Security, Ph.D. Dissertation, Atlanta: Georgia State University.

Lim, Yang–Taek(1986), "A Study on Korea's Technological Dependence: Technology Transfer from Japan and Technology Diffusion in the Korean Machinery Industry," Korea Ministry of Technology and Science.

Lim, Yang–Taek(1996), "An International Comparative Study of Basic Science Research Capacity: OECD Countries, Taiwan and Korea", Technological Forecasting and Social Change Vol. 52, No. 1, May.

Lim, Yang–Taek(1997), "An Econometric Study on the Technology Gap between Korea and Japan: the general machinery and electric & electronic industries," Technological Forecasting and Social Change, Vol.55, No.3.

Lim, Yang–Taek(2000), "A New Measurement of the Level of S&T, Its International Comparison and Some Econometric Application in the Knowledge–based Economies", The Measurement of Industrial/Technological Competitiveness of the knowledge–based Economy, Taiwan Economic Development Institute, August 3.

Lim, Yang–Taek(2000a), Korea in the 21st Century, Hauppauge: NOVA Science Publishers, Inc.

Lim, Yang–Taek(2000b), "A Historical Perspective on the Korean Economic Development", Current Politics and Economics of Asia, New York: NOVA Science Publishers, Inc., Vol. 9, No. 3.

Lim, Yang–Taek(2002), "A Comprehensive Human Capital Index and Its Application to the Estimation of the Export and Import Functions in the Korean Manufacturing Industries", The Journal of the Korean Economy, Vol. 3, No. 2, Fall(co–authored with Joon–Suk Jung)

Lim, Yang–Taek(2003b), The Global Energy Crisis and Its Countermeasures, The Journal of Global Issues and Solutions, January~February issue, The Institute for the Advancement of Positive Global Solutions.

Lim, Yang–Taek(2006), "A New Techno–Economic Development Model: The Case of South Korea", In George E. Lasker & Kensei Hiwaki, ed., Sustainable Development and Global Community Vol. VII, Niagara Falls: Coutts Library Services, Ltd.

Lim, Yang–Taek(2007), "Optimal Economic Growth and Human Capital: Some Implications for the Korean Education System", In George E. Lasker & Kensei Hiwaki, ed., Sustainable

Development and Global Community Vol. VIII, Windsor, Ontario: The IIAS (the International Institute for Advanced Studies), pp. 31~43.

Lim, Yang-Taek(2010), "Neopragmatic Solutions to the Structural Problems of South Korean Economy, the Korean Peninsula and the East Asian Community", The International Institute for Advanced Studies in Systems Research and Cybernetics, Symposium, Baden-Baden, Germany.

Lim, Yang-Taek(2011), "Optimal Social Security for Intertemporal Resource Allocation", International Journal of Asian Economics, Vol.II, Spring, Seoul: Asian Peace & Economic Reserch Institute.

Lim, Yang-Taek(2012a), "A Philosophical Foundation for Neopragmatism", The Journal of Global Issues and Solutions, November/December, The Institute for the Advancement of Positive Global Solutions.

Lim, Yang-Taek(2012b), "Neopragmatism as an Alternative for New Liberalism", The Institue of Business and Economic Research Inha University.

Lim, Yang-Taek(2014), "A New Philosophy, 'Neopragmatism' for Korea Reform", The Journal of Global Issues and Solutions, November/December, The Institute for the Advancement of Positive Global Solutions.

Locke, John(1689/1980), Second Treatise of Government, Hacket.

MacIntyre, Alasdair(1988), Whose Justice? Which Rationality? Notre Dame: University of Notre Dame Press.

Nathan, Rosenberg(1982), Inside The Black Box: Technology and Economics, Cambridge University Press.

Novak, Michael(1994a), "Wealth & Virtue: The moral case for capitalism", National Review, Feb, 18.

Novak, Michael(1994b), Belief and Unbelief: A Philosophy of Self-Knowledge, New York: Macmillan, Co.

Nozick, Robert(1974), Anarchy, State, and Utopia, New York: Basic Books.

Perez, Carlota(1985), "Microelectronics, Long waves and the World Structural Change: New Perspectives for Developing Countries", World Development, Vol.13(3), Mar. 13, pp. 441~463.

Perez, Carlota(1987), The New Technologies: An Integrated View, SPRU, University of Sussex.

Pigou, A. C.(1952), The Economics of Welfare, 4th edition, London: MacMillan Publishing

Company.

Posner, Richard, A.(1987), Economic Analysis of Law, 4th ed, Little, Brown and Co., Rawls, John(1971), A Theory of Social Justice, Cambridge: Harvard University Press.

Rawls, John(1980), "Kantian Constructivism in Moral Theory", Journal of Philosophy Vol. 77, No. 9.

Rawls, John(1985), "Justice as Fairness: Political Not Metaphysical", Philosophy and Public Affairs Vol. 14, No. 3.

Rawls, John(1993), Political Liberalism, New York: Columbia University Press.

Rawls, John(1995), "Justice as Fairness: Political not Metaphysical", Philosophy and Public Affairs Vol. 14.

Rawls, John(1999), A Theory of Justice, revised. ed., Cambridge: The Belknap Press of Harvard University Press.

Rawls, John(2001), Justice as Fairness: A Restatement, Cambridge: Harvard University Press.

Rawls, John and Erin Kelly, ed.(2001), Justice as Fairness, A Restatement, Cambridge, MA: The Belknap Press of Harvard University Press.

Robinson, Joan(1933), The Economics of Imperfect Competition, London: Macmillan Co.

Robinson, Joan(1937), Introduction to the Theory of Employment, London: Macmillan Co.

Robinson, Joan(1952a), Introduction to the Theory of Employment, London: Macmillan Co.

Robinson, Joan(1953a), Essay in the Theory of Employment, Oxford: Basil Blackwell.

Robinson, Joan(1953b), "Imperfect Competition' Revisited", Economic Journal, Sept.

Robinson, Joan(1956), The Accumulation of Capital, London: Macmillan Co.

Robinson, Joan(1962), Essays in the Theory of Economic Growth, New York: St. Martin's Press.

Robinson, Joan(1970), Collected Economic Papers Ⅴ, Cambridge University Press.

Robinson, Joan(1971), Economic Heresis: Some Old－Fashioned Questions in Economic Theory, New York: Basic Books.

Robinson, Joan(1972), "The Second Crisis of the Economic Theory", American Economic Review.

Robinson, Joan(1978), Contribution to Modern Economics, Oxford: Basil Blackwell.

Rorty, Richard.(1982), Consequences of Pragmatism. Minneapolis: University of Minnesota Press.

Rorty, Richard.(1989), Contingency, Irony, and Solidarity. Cambridge: Cambridge University Press

Rorty, Richard.(1991), Objectivity, Relativism, and Truth. Cambridge: Cambridge University Press.

Rostow, W. W.(1960), The Stages of Economic Growth: A Non－Communist Manifesto, Cambridge: Cambridge University Press.

Rothstein, Bo(1998), Just Institutions Matter: The Moral and Political Logic of the Universal

Welfare State, Cambridge University Press.

Sachs, Jeffrey D.(2006), "The Social Welfare State, Beyond Ideology", Scientific America, October 16.

Sachs, Jeffrey D.(2009), Common Wealth: Economics for a Crowded Planet, New York: Penguine Press.

Samuelson. Paul A.(1947), Foundations of Economic Analysis, Harvard University Press

Samuelson. Paul A.(1975a), "The Optimum Growth Rate for Population", International Economic Review, Vol. 16, October, pp. 531~538.

Samuelson. Paul A.(1975b), "Optimum Social Security in a Life-Cycle Growth Model", International Economic Review, Vol. 25, October, pp. 539~544.

Sandel, Michael, J.(1982), Liberalism and the Limits of Justice, Cambridge: Cambridge University Press.

Sandel, Michael, J.(2005), Public Philosophy: Essays on Morality in Politics, Cambridge, MA: Harvard University Press.

Sandel, Michael(2010), Justice: What's the Right Thing to Do?, New York: Farrar Straus Giroux.

Scherer, F. M.(1984), Innovation and Growth Schumpeterian Perspectives, The MIT Press.

Schumpeter, Joseph, A.(1933), Business Cycle: A Theoretical Historical and Statistical Analysis of the Capitalistic Process, New York, McGnaw-Hill. INC.

Schumpeter, Joseph, A.(1934), The Theory of Economic Development, Cambridge, MA: Harvard University Press.

Schumpeter, Joseph, A.(1942), Capitalism, Socialism, and Democracy, New York: Harper & Row.

Schumpeter, Joseph, A.(1954), History of Economic Analysis, Oxford: Oxford University Press.

Smith, Adam(1759), The Theory of Moral Sentiments, edited by D. D. Raphael and A.L.

Smith, Adam(1776), An Inquiry into the Nature and Causes of the Wealth of Nations, edited by Campbell and Skinner(Glasgow Edition, 1976), Clarendon Press.

Smith, Adam(1778), Lectures on Jurisprudence, edited by R.L. Meek, D. D. Raphael, and P. G. Stein(Glasgow Edition, 1976), Clarendon Press.

Soete, Luc and Christopher Freeman(1985), "New Technologies Investment and Employment Growth in OECD", Employment Growth and Structural Change, Paris: OECD.

Stiglitz, Joseph E.(2002), Globalization and Its Discontents, London: W.W. Norton & Co., Inc.

Stiglitz, Joseph E.(2006), Making Globalization Work, London: W.W. Norton & Co., Inc.

Stiglitz, Joseph E.(2007), Fair Trade for All, London: W.W. Norton & Co., Inc.

Stiglitz, Joseph E.(2008), The Three Trillion Dollar War, London: W. W. Norton& Co. Inc.

Stiglitz, Joseph E.(2010), Freefall: America, Free Markets, and the Sinking of the World Economy, London: W.W. Norton & Co., Inc.

Tanamaha, B(2004), On the Rule of Law, Cambridge.

Taylor, Charles(1989), Sources of the Self, Cambridge: Harvard University Press.

林陽澤(1999), 「21世紀 亞洲經濟的 展望与 挑戰」, 北京: 中國社會科學院.

임양택(林陽澤)

(한양대학교 경제금융대학 명예교수)

E-mail: limyt@hanyang.ac.kr

학력 및 경력

- 부산중·고등학교 졸업(1967)
- 고려대학교 정치외교학과 졸업(1971)
- 미국 조지아주립대 경제학 박사(1978)
- 미국 유니온대학교 조교수(1978~1979)
- 한양대학교 경제금융대학 교수(1979. 7.~2014. 2.)
- 한양대학교 경제금융대학 학장(2001. 3.~2002. 8.; 2006. 8.~2008. 7.)
- 한국예탁결제원 상임감사(2012. 8. 12.~2014. 10. 29.)
- (사)아시아평화경제연구원 이사장(2012. 8.~현재)
- International Journal of Asian Economics의 편집인(Editor-in-Chief, 2010. 3.~현재)
- 미국 Oklahoma 州의 명예부지사(2002. 7. 25.~2006. 7.)
- 민주평화통일자문회의 상임위원(2011. 6.~2013. 5.) 및 자문위원(2013. 6.~현재)(경제과학기술위원회 소속)
- 재정경제부 금융발전심의회 위원(1992. 9.~1995. 8.)
- 국방부 정책자문위원(1988. 1.~2005. 2.)
- 보건사회부 국민복지연금실시준비위원(1984. 9.~1986. 8.)

수상

- 한양대학교 「백남학술상」(2002. 5. 15.)
- 미국 BWW Society: 「세계 문제 및 해결 학술상」 (Global Issues & Solutions Award)(프랑스 파리, 2002. 8. 8.)
- 캐나다 IIAS(International Institute for Advanced Studies in Systems Research and Cybernetics): 「우수학술상」 (Outstanding Scholarly Contribution Award)(독일 바덴바덴, 2008. 7. 30.)

정의로운 국가와 행복한 사회를 위한
신실용주의 철학과 정책

초판발행 2021년 7월 23일

지은이 임양택
펴낸이 안종만

편 집 황정원 · 최은혜
표지디자인 이미연
제 작 고철민 · 조영환

펴낸곳 도서출판 박영사
경기도 파주시 회동길 37-9(문발동)
등록 1952. 11. 18. 제406-3000000251001952000002호(倫)
전 화 02)733-6771
f a x 02)736-4818
e-mail pys@pybook.co.kr
homepage www.pybook.co.kr
ISBN 978-89-10-98020-9 93320

정 가 56,000원